D1347691

Andalousie

John Noble, Susan Forsyth, Paula Hardy

Sommaire

Les conseils fournis par Lonely Planet ne sont soumis à aucune influence commerciale. Lonely Planet réalise ses guides en toute indépendance et n'accepte aucune publicité. Tous les établissements et prestataires mentionnés dans l'ouvrage le sont sur la foi du seul jugement des auteurs, qui ne bénéficient d'aucune rétribution ou réduction de prix en échange de leurs commentaires.

Los libros de Lonely Planet ofrecen información independiente. La editorial no acepta ningún tipo de propaganda en las guías, así como tampoco endorsa ninguna entidad comercial o destino. Los escritores de Lonely Planet no aceptan descuentos o pagos de ningún tipo a cambio de comentarios favorables.

PROVINCIA DE CÓRDOBA
p. 287

PROVINCIA DE JAÉN
p. 357

PROVINCIA DE HUELVA
p. 143

PROVINCIA DE SEVILLA
p. 87

PROVINCIA DE GRANADA
p. 312

PROVINCIA DE ALMERÍA
p. 388

PROVINCIA DE CÁDIZ
p. 171

PROVINCIA DE MÁLAGA
p. 238

GIBRALTAR
p. 226

Destination Andalousie

Ce n'est un secret pour personne : La pointe méridionale du continent européen réserve à ses visiteurs la chance de pouvoir se dorer au soleil, au bord d'une mer scintillante, pendant une bonne moitié de l'année. En revanche, on sait moins que les plus belles plages d'Andalousie, qui sont aussi les moins fréquentées, s'étendent à ses extrémités ouest (la Costa de la Luz) et est (le Cabo de Gata). De tempérament fougueux, les Andalous aiment se rassembler et faire la fête, pour grignoter de savoureuses tapas ou pour se déchaîner toute la nuit, sollicités par d'innombrables fiestas. Sociables, passionnés, amoureux des couleurs et de l'action, ils croquent la vie sans retenue. Leur intense énergie s'exprime pleinement dans la passion d'un art qui leur est propre, le flamenco, combinaison survoltée de danse, de chants et de musique.

Les villes andalouses n'hésitent pas à marier les constructions modernes à leur incomparable héritage de monuments musulmans et chrétiens qui datent de plusieurs siècles – l'Alhambra de Grenade, l'Alcázar de Séville, la mosquée de Cordoue, les grandes cathédrales, les monastères et les forteresses – dont le mélange des formes et des couleurs constitue un régal pour les sens. Lorsqu'on s'éloigne des villes et des stations balnéaires pour se diriger vers les villages et collines, un nouvel univers se présente, qui s'applique à suivre le rythme des saisons en récoltant les olives, le raisin, les oranges et les amandes sous le soleil écrasant de l'été et dans le froid de l'hiver. L'Andalousie arbore de superbes paysages – des sommets couverts de neige à 3 000 m, des gorges sans fond où les vautours font leur nid, des collines vallonnées couvertes de forêts de chênes lièges à perte de vue. Cette magnifique région sauvage offre de multiples activités, non seulement aux randonneurs, mais aussi aux grimpeurs, aux observateurs de la faune et de la flore, aux cavaliers, aux véliplanchistes, aux marins et aux skieurs.

PAUL BERNHARDT

Son fabuleux patrimoine acquis au cours de plus de 2 000 ans d'histoire constitue l'attrait majeur de l'Andalousie. Les Romains ont laissé derrière eux des ruines impressionnantes à **Itálica** (p. 129) près de Sevilla et à **Baelo Claudia** (p. 212) près de Bolonia. Parmi les trésors de l'ère musulmane (711–1492) figurent des palais tels que la **Medina Azahara** de Córdoba (p. 295), les châteaux tels que l'**Alcazaba** d'Almería (p. 391) et une fascinante architecture vernaculaire comme celle de l'**Albayzín** de Granada (p. 326). Les siècles qui ont suivi la Reconquista (reconquête chrétienne) ont également laissé de superbes témoignages, qu'ils soient gothiques, Renaissance ou baroques : ne manquez pas la **cathédrale** de Sevilla (p. 95). Les vieux quartiers d'**Úbeda** (p. 373) et de **Baeza** (p. 368) à Jaén, et ceux de **Carmona** (p. 131) et d'**Écija** (p. 134) à Sevilla renferment tant de belles églises, de demeures et de monastères qu'ils prennent des airs de musées vivants. Les mordus d'histoire apprécieront aussi les **Lugares Colombinos** (p. 150), ensemble de sites liés aux voyages de Christophe Colomb.

Admirez la superbe architecture musulmane et les détails étonnants de la mosquée de Córdoba (p. 293)

DAMIEN SIMONIS

PAUL BERNHARDT

Contemplez les proportions parfaites de la Giralda de Sevilla (p. 95)

Entrez en communion avec les Rois Catholiques, Isabel et Fernando, dans la Capilla Real (p. 323) de Granada

CHRISTOPHER WOOD

JENNY JONES

Extasiez-vous devant la célébrissime citadelle de Granada, l'Alhambra (p. 318)

Admirez l'architecture musulmane de l'Alcázar (p. 98) à Sevilla

DAN HERRICK

Le calendrier andalou regorge de couleurs et de fêtes historiques. Les fêtes les plus célèbres sont celles de la **Semana Santa** (Semaine sainte, p. 421). La plupart des fêtes d'Andalousie reposent sur des croyances païennes profondément ancrées, et d'autres sont liées aux traditions locales. Le cycle religieux se termine en février ou mars avec un joyeux **Carnaval** (p. 421) – le plus grand se déroule à **Cádiz** (p. 178) – juste à temps pour le carême.

L'Andalousie accueille aussi une multitude de concerts, de spectacles de danse et de rencontres sportives tels que le **Bienal de Flamenco** (p. 114), le **Grand Prix de moto** (p. 196) et le **Festival Internacional de Música y Danza** (p. 330).

GUY MOBERLY

Ambiance de la fête à la Feria de Málaga (p. 248)

Participez aux danses de la Feria de Abril, à Sevilla (p. 114)

ROBIN CHAPMAN

JENNY JONES

Laissez-vous gagner par la solennité des processions de la Semana Santa de Sevilla (p. 112), les plus ferventes du pays

STEVE DAVEY

Faites honneur au passé des arènes de Ronda, parmi les plus anciennes d'Espagne, pendant la Feria de Pedro Romero (p. 271)

Défilé pendant la Feria du Corpus Christi à Granada (p. 330)

BETHUNE CARMICHAEL

NEIL SETCHFIELD

Procession au cours la Semana Santa à Málaga (p. 330)

Les deux *parques nacionales* (parcs nationaux) d'Andalousie et les 24 *parques naturales* (réserves naturelles) occupent plus de 15 000 km^2 d'un territoire spectaculaire. Le **Parque Nacional de Doñana** (p. 155) est un symbole écologique national, qui abrite des millions d'oiseaux et de nombreux mammifères. La **Sierra Nevada** (p. 341) offre deux zones distinctes. La partie supérieure est un parc national couvert d'une végétation alpine unique, tandis que les versants inférieurs, peuplés de villages pittoresques, constituent un fascinant parc naturel. Ne manquez pas les montagnes sauvages du **Parque Natural Sierra de Grazalema** (p. 202) ni les collines vallonnées et boisées du **Parque Natural Sierra de Aracena y Picos de Aroche** (p. 167).

Contemplez les villages des Alpujarras, Bubión et Capileira (p. 347) dans la réserve naturelle de la Sierra Nevada

DAVID TOMLINSON

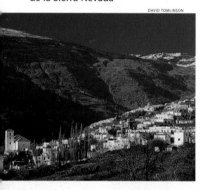

JOHN NOBLE

Explorez les montagnes spectaculaires dans la région de Cazorla (p. 378)

Traversez les superbes paysages du parc de Cabo de Gata-Níjar (p. 401)

JESSE MECHLING

Cathédrale (p. 95),
Sevilla

Intérieur traditionnel d'un édifice, Barrio de Santa Cruz
(p. 101), Sevilla

Torre del Oro (p. 104), Sevilla

Défilé de la Semana Santa
(p. 112), Sevilla

MICHAEL TAYLC

Plaza de Toros de la Real Maestranza (p. 105), Sevilla

Plaza de España (p. 108), Sevilla

PAUL BERNHARDT

MARTIN MOOS

Lieu de prédilection du flamenco
(p. 125), Sevilla

BILL WASSMAN

Mezquita (p. 293), Córdoba

DAMIEN SIMONIS

Détail d'un immeuble, Córdoba (p. 290)

Torre de la Calahorra (p. 296), Córdoba

DAVID ELSE

DAVID PEEVERS

Musicien *Gitano* (tzigane), Granada
(p. 315)

Generalife (p. 323), Alhambra, Granada

MARK AVELLINO

Corrida (p. 38)

MICHAEL TAYLOR

Au cœur des festivités (p. 11)

Danseuse de flamenco, Noche del Vino (nuit du vin p. 283), Cómpeta, province de Málaga

Maison blanchie à la chaux, province de Málaga (p. 238)

ANDERS BLOMQVIST

Grimpeur dans la gorge d'El Chorro (p. 276), province de Málaga

JEFF GREENBERG

Bateaux de pêche, Benalmádena (p. 255), Costa del Sol,
province de Málaga

Marina, Puerto Banús (p. 266), Costa del Sol, province de Málaga

NEIL SETCHFIE

Le rocher de Gibraltar (p. 232) vu du cimetière, Gibraltar

Taureau sacré (p. 171), province de Cádiz

L'huile d'olive, une production majeure en Andalousie (p. 307)

Parson's Lodge (p. 234), Gibraltar

OLIVER STREWE

Olives vertes de la province de Jaén
(p. 357)

Dîner en plein air, Sevilla (p. 90)

CHRISTOPHER GROENHOUT

Vignoble andalou (p. 81)

MASON FLORENCE

OLIVER STE

Le xérès de Jerez de la Frontera
(p. 191), province de Cádiz ; les
anglophones l'appellent sherry

Mise en route

Cette région aussi vaste que le Portugal nécessite que vous prépariez votre voyage en définissant à l'avance votre parcours et vos priorités. Tenez compte des temps de trajet : l'Andalousie peut se traverser en sept ou huit heures si l'on emprunte les principales voies rapides, mais les axes transversaux et les routes de corniche demandent beaucoup plus de temps. Vous trouverez, dans le chapitre *Itinéraires* (p. 13), différentes suggestions thématiques qui s'adaptent en fonction de la durée de votre séjour. Nous vous déconseillons de chercher à trop en voir, il serait en effet dommage de parcourir à la hâte une région d'une telle richesse. Mieux vaut organiser votre séjour autour d'un nombre limité d'étapes et de réserver du temps pour profiter des découvertes qui se présenteront au fil de vos pérégrinations.

L'Andalousie propose des formules d'hébergement et de restauration adaptées à tous les budgets, des auberges de jeunesse aux hôtels de très grand standing. De nombreuses options plaisantes sont disponibles dans la catégorie moyenne. Les transports publics assurent un service globalement satisfaisant. Louer un véhicule se révèle néanmoins simple et très abordable dans la plupart des cas et, dans la mesure où les routes sont en bon état, c'est l'un des meilleurs moyens de se déplacer dans la région.

QUAND PARTIR

L'Andalousie peut se visiter en toute saison, quoique le climat soit plus aléatoire de novembre à Pâques. Les meilleurs mois sont mai, juin, septembre et octobre : la campagne arbore ses plus belles couleurs et le temps varie du beau au splendide. Certaines villes éloignées du littoral, telles Séville, Cordoue et Ronda, connaissent ainsi leur plus importante période de fréquentation au printemps et à l'automne, car le cœur de l'été y est caniculaire. La mi-saison se prête idéalement aux activités de plein air comme la randonnée, l'équitation ou le golf (voir p. 64 pour plus d'informations).

Voir Climat (p. 418) pour plus de renseignements.

En juillet et en août, les températures montent parfois jusqu'à 45°C à l'intérieur des terres. Ces deux mois constituent la haute saison presque partout, en particulier dans les régions côtières, où l'afflux de touristes fait s'envoler le prix des chambres et transforme parfois la quête d'un hébergement en parcours du combattant.

N'OUBLIEZ PAS

- de vous renseigner sur les visas (p. 429) si vous souhaitez rester en Espagne plus de 3 mois
- de vous informer sur une assurance voyage (p. 416)
- de vous équiper d'un triangle de signalisation et d'un gilet fluorescent si vous circulez en voiture (p. 438)
- une pochette discrète où ranger votre argent et vos objets de valeur (portefeuille plat, pochette à porter sous les vêtements ou à la ceinture) (p. 420)
- un petit dictionnaire d'espagnol ou un guide de conversation
- un petit sac à dos
- une paire de lunettes de soleil
- quelques vêtements chauds et imperméables si vous voyagez entre octobre et mai

De la fin octobre à Pâques (à l'exception de la période entre Noël et le Nouvel An), les visiteurs se font plus rares et de nombreux hôtels diminuent leurs tarifs. Le climat s'avère, en revanche, incertain et parfois ponctué d'épisodes de froid mordant dans les terres.

La majorité des manifestations – festivals, ferias, processions, pèlerinages, rencontres sportives et grands concerts – se déroulent à l'époque la plus chaude, de Pâques à septembre. Chaque ville et chaque village organise sa feria durant cette période. Nombre de ces événements ont lieu en juillet ou en août dans les régions situées près des côtes tandis que, à l'intérieur des terres, l'on préfère attendre le printemps ou l'automne. Pour plus d'informations sur les dates des festivals andalous, reportez-vous p. 421 et aux rubriques *manifestations annuelles* des villes que vous allez visiter.

reportez-vous p. 421

COÛT DE LA VIE

Les voyageurs seront agréablement surpris par le niveau des prix en Andalousie. Hébergement, repas, boissons, transport, location de voiture et divertissements coûtent, en règle générale, nettement moins cher qu'en France ou en Belgique.

Des dépenses calculées au plus juste vous permettront de vous débrouiller avec 30 à 40 € par jour, à condition naturellement de choisir la formule d'hébergement la moins coûteuse, d'éviter les restaurants (sauf pour un repas bon marché), et de fréquenter modérément les musées, les spectacles et les bars. Pour plus de confort, il vous faudra débourser entre 60 et 100 € par jour : de 20 à 40 € pour l'hébergement, de 3 à 4 € pour un petit-déjeuner léger, de 15 à 25 € pour un bon déjeuner ou dîner plus un autre repas plus léger, de 6 à 15 € pour les transports publics et les entrées dans les musées ou les sites touristiques. L'argent restant vous permettra de vous offrir un ou deux verres, d'emprunter les transports interurbains et de faire un brin de shopping.

Si vous disposez de 150 à 200 € par jour, vous pourrez descendre dans d'excellents hôtels et goûter aux meilleures spécialités andalouses.

Voyager à deux revient moins cher si l'on partage une chambre. De nombreuses maisons, appartements ou chambres peuvent héberger jusqu'à 6 personnes, ce qui réduit encore le coût par personne. C'est notamment une bonne option si vous voyagez en famille, surtout si vous disposez d'une cuisine où préparer les repas. Vous ferez en outre des économies en évitant les saisons les plus touristiques, lorsque le prix des chambres grimpe en flèche.

Les enfants et, plus rarement, les étudiants et les plus de 60 ans, bénéficient de tarifs réduits dans un certain nombre de musées, de monuments et de lieux touristiques. Quelques musées permettent un accès libre une journée par semaine – à retenir si vous souhaitez emmener toute la famille.

LIVRES À EMPORTER

L'Andalousie fait beaucoup rêver les écrivains anglo-saxons. L'Américain Washington Irving installa sa résidence dans le palais de l'Alhambra à Grenade, alors livré à l'abandon, dans les années 1820. Ses *Contes de l'Alhambra* (Phébus, 1998) rassemblent une série d'histoires enchanteresses sur les personnages qu'il côtoya durant son séjour.

Laurie Lee quitta son Gloucestershire natal à pied en 1934. Il marcha du nord de l'Espagne jusqu'en Andalousie en jouant du violon pour subsister. *Un beau matin d'été* (Payot, 1994) restitue avec délice les paysages, les odeurs et l'atmosphère de la turbulente Espagne d'avant la guerre civile.

QUELQUES PRIX

Trajet en bus ou en train de 2 heures 12 €

Entrée dans un grand monument ou un musée 5-7 €

Chambre double de catégorie moyenne en haute saison 60-110 €

Éventail décoratif 10 €

Affiche-souvenir d'une corrida à votre nom 5 €

L'INDICE LONELY PLANET

Litre d'essence 0,90 €

Bouteille d'eau minérale (1,5 L) 0,45 €

Bouteille de bière 1,50 €

T-shirt souvenir 10 €

Tapas 1,80 €

TOP 10

NOS FESTIVALS ET MANIFESTATIONS PRÉFÉRÉES

Les Andalous adorent faire la fête et il se passe toujours quelque chose quelque part. Pour connaître le calendrier annuel des festivals et des animations en Andalousie, voir p. 421 et la rubrique *Manifestations annuelles* de votre ville de destination.

- **Carnaval** (p. 178) février ou mars ; le plus animé se déroule à Cádiz
- **Semana Santa** (Semaine sainte, p. 112) mars ou avril ; la plus spectaculaire a lieu à Sevilla
- **Feria de Abril** (p. 114) avril ou début mai ; Sevilla
- **Motorcycle Grand Prix** (p. 196) avril ou mai ; Jerez de la Frontera, province de Cádiz
- **Feria del Caballo** (Foire du cheval ; p. 193) début mai ; Jerez de la Frontera, province de Cádiz

- **Concurso de Patios Cordobeses** (Concours de patios ; p. 299) 1re moitié de mai ; Córdoba
- **Romería del Rocío** (Pèlerinage à El Rocío; p. 157) mai ou juin ; El Rocío, province de Huelva
- **Festival Internacional de Guitarra** (Festival international de la guitare ; p. 299) fin juin ou début juillet ; Córdoba
- **Feria de Málaga** (p. 248) mi-août ; Málaga
- **Bienal de Flamenco** (p. 114) septembre des années paires ; Sevilla

LES CHAMBRES AVEC VUE

Les établissements suivants jouissent d'un panorama exceptionnel :

- **Cortijo Catifalarga** (p. 348) Capileira, province de Granada
- **Las Chimeneas** (p. 351) Mairena, province de Granada
- **Parador de Ronda** (p. 273) Ronda, province de Málaga
- **La Casa Grande** (p. 199) Arcos de la Frontera, province de Cádiz`
- **Hostal Mamabel's** (p. 408) Mojácar, province d'Almería

- **Hotel Toruño** (p. 159) El Rocío, province de Huelva
- **Hotel Dos Mares** (p. 218) Tarifa, province de Cádiz
- **Hotel Gran Sol** (p. 211) Zahara de los Atunes, province de Cádiz
- **Refugio Poqueira** (p. 344) Mulhacén, province de Granada
- **Hotel Arco de la Villa** (p. 204) Zahara de la Sierra, province de Cádiz

LES PLUS BEAUX VILLAGES

Ces villages, situés à la campagne ou sur le littoral, offrent un cadre et une atmosphère sans pareils :

- **Capileira** (p. 347) Province de Granada
- **Bolonia** (p. 212) Province de Cádiz
- **Los Caños de Meca** (p. 208) Province de Cádiz
- **Ferreirola** (p. 349) Province de Granada
- **Cazalla de la Sierra** (p. 139) Province de Sevilla

- **Grazalema** (p. 203) Province de Cádiz
- **Zahara de la Sierra** (p. 204) Province de Cádiz
- **Zuheros** (p. 308) Province de Córdoba
- **Segura de la Sierra** (p. 384) Province de Jaén
- **Alájar** (p. 167) Province de Huelva

Ma Ferme andalouse (Lattès, 1999) est un best-seller distrayant et fouillé décrivant le quotidien d'une modeste ferme au sud de Grenade. Il a été écrit par un Britannique, récemment installé en Espagne, Chris Stewart, l'ex-batteur de Genesis devenu fermier puis écrivain.

Avec *Andalus* (2004) récit tragi-comique (en anglais) où se mêlent aventure, voyage et histoire, Jason Webster revisite l'héritage mauresque au cours d'un périple à travers l'Andalousie contemporaine effectué en compagnie d'un immigré clandestin marocain.

Andalucía (1998) de Michael Jacobs aborde la culture et l'histoire andalouse de manière à la fois érudite et satirique. Un ouvrage parfait pour ceux qui se demandent si leur hôtel porte le nom d'un dramaturge du XVIe siècle ou d'un général du XIXe. On y trouve aussi quantité d'informations sur l'Andalousie moderne.

SITES INTERNET

Il n'y a qu'une Andalucía (www.andalucia.org). Très complet, le site officiel du tourisme de Turismo Andaluz est accessible en français. Il comporte des informations détaillées sur toutes les villes et les villages, une centaine de plans, et répertorie tout ce dont vous pourriez avoir besoin, des hébergements aux meilleurs chemins de randonnée.

Andalucia.com (www.andalucia.com). Vaste condensé de renseignements pratiques et historiques.

Ambassade d'Espagne à Paris (www.emb-espagne.fr). Intéressantes informations pratiques.

Lonely Planet (www.lonelyplanet.com). Vous trouverez de brefs résumés sur le séjour en Andalousie, le fameux bulletin Thorn Tree, l'actualité du voyage et la rubrique Subwwway, ainsi que des liens vers d'autres sites relatifs aux voyages.

Turespaña (www.spain.info). Ce site de l'organisme de promotion du tourisme espagnol à l'étranger propose une multitude d'informations (disponible en plusieurs langues, dont le français).

Itinéraires
SÉJOURS CLASSIQUES

TROIS CITÉS ILLUSTRES
10-15 jours

Imprégnez-vous de la culture et de l'histoire de l'Andalousie en visitant ses 3 grandes villes inscrites au Patrimoine mondial : **Sevilla** (p 90), **Córdoba** (p. 290) et **Granada** (p. 315). Des vols desservent Sevilla et Granada, mais il peut s'avérer plus économique d'acheter, au début de votre séjour, un aller-retour pour Málaga et de voyager par voie de terre jusqu'à Sevilla.

Chaque ville vous réserve la visite d'un monument islamique remarquable – l'**Alcázar** à Sevilla (p. 98), la **Mezquita** à Córdoba (p. 293), l'**Alhambra** à Granada (p. 318) – ainsi qu'une collection d'autres trésors, allant des églises baroques et du **Museo de Bellas Artes** de Sevilla (p. 105) à l'**Alcázar de los Reyes Cristianos** de Córdoba (p. 296), sans oublier l'historique **Capilla Real** (p. 323) et le vieux quartier musulman, l'**Albayzín** (p. 326), de Granada. Ces villes universitaires, très animées, sont représentatives de la culture andalouse moderne.

Pour changer de rythme et de paysage, hasardez-vous hors des villes jusqu'au merveilleux site romain d'**Itálica** (p. 129), non loin de Sevilla, jusqu'au palais du calife, la **Medina Azahara** (p. 295) près de Córdoba ou jusqu'aux plus hauts sommets du cœur de l'Espagne, la **Sierra Nevada** (p. 341), proches de Granada.

Seuls 300 km séparent Sevilla de Granada *via* Córdoba. En comptant une nuit à Málaga au début ou à la fin de votre voyage, et une demi-journée de trajet sur chaque partie de l'itinéraire, vous pourrez voir beaucoup de sites en passant quatre nuits à Sevilla, deux à Córdoba et trois à Granada. Tant mieux s'il vous reste quelques jours.

GUERRIERS ET CITADELLES

3 semaines

Cet itinéraire apprécié vous fera traverser les deux périodes essentielles de l'histoire animée de l'Andalousie : les huit siècles de domination islamique (711–1492) et la Reconquista (reconquête chrétienne) qui suivit.

Partez de **Málaga** (p. 241), principal port de la région, dominé par le monumental **Castillo de Gibralfaro** (p. 245) et l'immense **cathédrale** (p. 243) construite après la reconquête. Rendez-vous ensuite devant les joyaux architecturaux d'**Antequera** (p. 278), au nord, qui abrite environ 30 églises. L'histoire de la région remonte à près de 5 000 ans, ce qu'attestent ses **dolmens** préhistoriques (p. 279). Toujours vers le nord, vous arriverez à **Córdoba** (p. 290), dont la célèbre **Mezquita** (p. 293) incarne le choc des cultures musulmane et chrétienne. Prenez le temps d'explorer les spectaculaires forteresses à flanc de colline qui se dressaient près de la frontière entre musulmans et chrétiens à la fin de la période islamique, comme celles d'**Almodóvar del Río** (p. 305) et de **Zuheros** (p. 308), ainsi que le site fantastique du **Castillo de Santa Catalina** (p. 364), à Jaén. La campagne vallonnée que vous traversez a nourri de riches villes rurales telles que **Priego de Córdoba** (p. 309) et les exceptionnelles vitrines de la Renaissance que sont **Úbeda** (p. 373) et **Baeza** (p. 369).

En obliquant vers le sud, gagnez **Granada** (p. 315), ville de l'inégalable **Alhambra** (p. 318), la dernière citadelle musulmane vaincue par la Reconquista. Puis dirigez-vous vers **Almería** (p. 390), que domine l'une des plus belles forteresses d'Andalousie, l'**Alcazaba** (p. 391). Avant de retourner à Málaga, attardez-vous quelques jours sur les plages peu fréquentées de la magnifique côte de **Cabo de Gata** (p. 401).

Des montagnes enveloppées de brume et des andains vert olive jusqu'à l'unique désert européen, cet itinéraire présente, de nombreux contrastes ; il en va de même dans l'architecture, quand les citadelles imprenables s'opposent à l'extravagance baroque. Ces 850 km peuvent se parcourir en trois semaines, ce qui vous permettra de sortir des sentiers battus.

Trois semaines devraient amplement suffire pour effectuer ce circuit. Les transports publics relient généralement les villes entre elles, mais le nombre restreint des correspondances peut vous inciter à préférer votre véhicule personnel.

SIERRAS, XÉRÈS ET BORD DE MER   3 - 4 semaines

Commencez cette boucle côté ouest par un séjour à **Málaga** (p. 241), ville toujours animée dont le nouveau **Museo Picasso** (p. 245) attire enfin l'attention sur ses richesses culturelles. Rendez-vous aux imposantes gorges d'**El Chorro** (p. 276) et au site mozarabe de **Bobastro** (p. 277), puis poursuivez jusqu'au spectaculaire et historique village de **Ronda** (p. 267). Prenez ensuite la direction de l'ouest et de la province de Cádiz, jusqu'au petit village de **Grazalema** (p. 203), point de départ de merveilleuses randonnées.

Toujours vers l'ouest, arrêtez-vous dans l'étonnante vieille ville d'**Arcos de la Frontera** (p. 197),qui surplombe la falaise, avant d'atteindre **Jerez de la Frontera** (p. 190), patrie du xérès, des chevaux superbes, et l'un des foyers du flamenco. Visitez au moins l'une des deux autres villes, très particulières, du "triangle du xérès", **Sanlúcar de Barrameda** (p. 187) et **El Puerto de Santa María** (p. 182), avant de plonger dans la ville portuaire historique et pittoresque de **Cádiz** (p. 173). Descendez ensuite la Costa de la Luz, où les plus belles étendues de sable de l'Andalousie font face à l'océan Atlantique. Les petits refuges côtiers de **Los Caños de Meca** (p. 208), **Zahara de los Atunes** (p. 210) et **Bolonia** (p. 212) sont tous parfaits pour vous rafraîchir avant d'atteindre **Tarifa**

Ce circuit autour des principales attractions naturelles et culturelles de l'Andalousie s'étend sur 600 km. Trois semaines suffisent à l'apprécier mais quatre semaines vous permettent de contempler davantage de paysages spectaculaires, d'explorer les villes historiques, de vous attarder chez les producteurs de xérès et de vous détendre sur les plages.

(p. 212), ville ancienne à l'extrémité sud de l'Espagne, fréquentée par une clientèle internationale huppée qui pratique la planche à voile et le kitesurf.

En revenant vers Málaga, faites une halte à **Gibraltar** (p. 226), étonnante singularité historique, ainsi qu'à **Marbella** (p. 260), si la Costa del Sol titille votre curiosité.

Ce circuit peut s'effectuer entièrement en train et en bus. Toutefois, de Bobastro vous devrez retourner à El Chorro pour prendre le train si vous vous dirigez vers Ronda (pour plus de détails sur les transports, reportez-vous au chapitre concernant chaque destination).

SÉJOURS SUR MESURE

OBSERVATION DE LA FAUNE ET LA FLORE

L'Andalousie s'avère idéale pour observer la faune et la flore. Depuis Málaga, rendez-vous d'abord à **Gibraltar** (p. 226) pour voir les célèbres singes de la péninsule et faire une croisière à la rencontre des dauphins de la baie. La côte qui longe le **Détroit de Gibraltar** (p. 232) permet de contempler les oiseaux migrateurs pendant plusieurs mois de l'année. Dans le détroit, **Tarifa** (p. 212) est le port d'attache des bateaux qui pourront vous amener observer les dauphins et les baleines. Rejoignez Sevilla puis partez au sud-ouest vers **La Cañada de los Pájaros** (p. 130) et **Dehesa de Abajo** (p. 130), pour une étude ornithologique de première classe, puis vers le lieu de rencontre des amoureux de la nature en Andalousie, le **Parque Nacional de Doñana** (p. 155), avec ses cerfs, ses sangliers, ses millions d'oiseaux et quelques lynx ibériques (vous avez peu de chance d'en apercevoir). Si vous aimez les oiseaux, poursuivez un peu plus à l'ouest jusqu'au **Paraje Natural Marismas del Odiel** (p. 150) avant de revenir vers l'est pour admirer la colonie de vautours fauves et peut-être quelques bouquetins dans le **Parque Natural Sierra de Grazalema** (p. 202).

Traversez le centre de l'Andalousie vers l'est, jusqu'à la **Laguna de Fuente de Piedra** (p. 281), la plus grande zone espagnole de reproduction du magnifique flamant rose. Ensuite, si vous voyagez en été, rendez-vous en altitude, au **Parque Nacional Sierra Nevada** (p. 341), qui abrite environ 5 000 bouquetins, que vous pourrez observer tout à loisir. La dernière halte, le magnifique **Parque Natural de Cazorla** (p. 381), permet de rencontrer les grands mammifères d'Andalousie – cerfs et daims, sangliers, mouflons, bouquetins – et quantité d'oiseaux.

L'ANDALOUSIE POUR LES ENFANTS

Les enfants de tous âges s'enthousiasmeront devant les attractions qui jalonnent la Costa del Sol à l'ouest de Málaga : l'**Aquapark** (p. 258) de Torremolinos ; le parc d'attraction **Tivoli World** (p. 258) et l'aquarium **SeaLife** (p. 258) de Benalmádena ; le **Parque Acuático Mijas** (p. 258) de Fuengirola ; l'**Aquarium de Puerto Banús** (p. 266), à Puerto Banús ; et le parc naturel de **Selwo Aventura** (p. 266) à Estepona.

À **Gibraltar** (p. 233), les enfants adorent le téléphérique, les singes et les grottes et tunnels du rocher supérieur. Arrêtez-vous aussi à Jerez de la Frontera, pour son **zoo** (p. 193) et les chevaux caracolant du **Real Escuela Andaluza del Arte Ecuestre** (p. 193). À Sevilla, l'**Isla Mágica** (p. 110) plaira à coup sûr à tous les enfants en quête d'aventure.

Dirigez-vous vers l'ouest vers l'énorme mine à ciel ouvert et le train d'époque de **Minas de Riotinto** (p. 162) ainsi que la **Gruta de las Maravillas** (p. 164) à Aracena. À l'est, visitez la **Reserva Natural Castillo de las Guardas** (p. 112), avant d'atteindre le musée de la Science de Granada, le **Parque de las Ciencias** (p. 330), et **Mini Hollywood** (p. 399), un décor de ville du Far West situé dans le désert au nord d'Almería. En rentrant à Málaga, arrêtez-vous au **Parque Ornitológico Loro-Sexi** (p. 354), la volière d'oiseaux tropicaux de Almuñécar et la spectaculaire **Cueva de Nerja** (p. 286).

SAVEURS DU SUD

Dînez dans l'un des meilleurs restaurants d'Andalousie à **Málaga** (p. 241) et à **Ronda**, dans la montagne (p. 267), avant de partir vers l'ouest pour **Cádiz** (p. 173) où vous attend un formidable éventail de fruits de mer. Rendez-vous ensuite à **El Puerto de Santa María** (p. 182) pour un grand choix de coquillages, puis à **Sanlúcar de Barrameda** (p. 187) pour de succulentes crevettes. À **Jerez de la Frontera** (p. 190), goûtez aux *riñones al jerez* (rognons braisés au xérès), et dégustez les meilleurs xérès et eaux-de-vie. Pour des fruits de mer encore plus alléchants, partez plus à l'ouest, vers **Huelva** (p. 146) avant de prendre la direction du nord et de changer de rythme à l'intérieur du **Parque Natural Sierra de Aracena y Picos de Aroche** (p. 164), où le gibier pullule. Régalez-vous de succulent *jamón ibérico de bellota* (jambon issu de la race ibérique de porc nourrie uniquement de glands) à **Jabugo** (p. 167) ou choisissez un plat typique de la Sierra, au **Finca Buen Vino** (p. 170). En partant vers l'est, rendez-vous à **Córdoba** (p. 290) pour goûter aux spécialités mozarabes telles que le *cordero mozárabe* (agneau braisé au miel). Achetez directement au producteur de l'huile d'olive à **Baena** (p. 307) ou des fromages crus à **Zuheros** (p. 308) et arrosez-les du vin léger de **Montilla** (p. 306). Pour finir, rejoignez **Sevilla** (p. 90), dont les bars à tapas cosmopolites offrent le meilleur de la cuisine andalouse.

Les auteurs

JOHN NOBLE
Auteur-coordinateur, Cádiz, Granada, Sevilla

Au milieu des années 1990, John, originaire de Ribble Valley en Angleterre, et son épouse Susan Forsyth ont décidé de s'installer dans un village de montagne andalou où ils résident encore aujourd'hui avec leurs enfants Isabella et Jack, devenus bilingues. Écrivain spécialiste de l'Espagne et de l'Amérique latine, John a sillonné toute l'Andalousie dont il est un fervent amateur de la musique, des danses, de l'architecture, de l'histoire, des tapas, du vin, des villages labyrinthiques et de la campagne sauvage. John a co-écrit les deux premières éditions du guide *Andalucía* avec Susan et il est aussi l'auteur du chapitre Andalucía du guide Lonely Planet *Walking in Spain*. Pour cette présente édition, John a rédigé la majorité des chapitres d'introduction et une grande partie du chapitre consacré à la province de Sevilla, ainsi que certains passages concernant les provinces de Cádiz et de Granada.

Mon Andalousie

Donnez-moi dix jours de liberté, et je me rendrai dans les vallées de Las Alpujarras (p. 345). Les superbes villages blanchis à la chaux, accrochés à des ravins vertigineux, dégagent une atmosphère unique et occupent une place particulière dans l'histoire en tant que derniers bastions des musulmans andalous. Je commencerai

Sierra Nevada Las Alpujarras

par quelques jours de marche sur les sentiers immémoriaux pour aller de village en village – Pampaneira, Capileira, Ferreirola, Cástaras, Cádiar, Jorairátar, Ugíjar, Mairena, Yegen, Mecina Bombarón, Bérchules, Trevélez. Ensuite, je me dirigerai vers les montagnes : l'imposante Sierra Nevada (p. 341), qui s'élève au-dessus du côté nord des Alpujarras. En trois jours de marche, je peux atteindre le sommet du Mulhacén (3 479 m), de Veleta (3 395 m) et d'Alcazaba (3 366 m), qui sont respectivement au premier, troisième et cinquième rangs des plus hauts sommets d'Espagne, pour regagner un lit confortable à Capileira (p. 347) la troisième nuit.

SUSAN FORSYTH
Cádiz, Granada

Susan, australienne, vit depuis une dizaine d'années en Andalousie et voyage, mène des recherches et écrit en Espagne, au Mexique et en Amérique centrale. L'hispanisation de sa vie va de pair avec celle de ses enfants, en immersion totale dans la vie locale. La culture, le mode de vie andalou et la langue espagnole l'ont toujours fascinée : elle s'émerveille devant l'héritage architectural et artistique de l'Andalousie, admire ses paysages variés et y trouve beaucoup de similarités avec son pays d'origine - les longues plages de l'océan, les grands espaces et l'immense ciel bleu. Susan a co-écrit les deux premières éditions d'*Andalucía* avec John Noble et elle a rédigé une grande partie de toutes les éditions du guide Espagne de Lonely Planet. Pour ce guide, Susan a participé aux chapitres consacrés à la ville de Granada et à la province de Cádiz.

PAULA HARDY · Almería, Córdoba, Gibraltar, Huelva, Jaén, Málaga

Fascinée par la culture indépendante des Méditerranéens, Paula a passé les quatre dernières années à arpenter le pourtour méditerranéen pour publier de nombreux écrits, de l'histoire culturelle de la Libye à ses participations aux guides Lonely Planet sur la Sicile, le Maroc et l'Andalousie. Ses recherches pour les chapitres consacrés aux provinces de Málaga, d'Almería, de Huelva, de Jaén et de Córdoba lui ont donné une excuse parfaite pour creuser encore plus dans les recoins complexes de la culture orientale et occidentale qui rend l'Andalousie infiniment passionnante, ainsi que pour s'accorder un peu de repos après un dur labeur. En tant que journaliste indépendante, Paula a aussi contribué à des articles de voyage dans le *Telegraph*, l'*Independent* et l'*Express*. Pour ce guide, Paula a aussi écrit le chapitre *La cuisine andalouse*.

AUTRES COLLABORATIONS

Heather Dickson a rédigé les sections *Où se restaurer*, *Où se loger*, *Où prendre un verre*, *Où sortir* et *Achats* des chapitres consacrés à Sevilla et à la ville de Granada. Heather est la directrice éditoriale de Lonely Planet pour les guides sur l'Espagne et le Portugal et elle donne des conférences sur la préparation des voyages en Espagne lors de différentes rencontres et salons.

Instantané

On en viendrait presque à se demander si l'Andalousie a connu une telle prospérité depuis que Christophe Colomb a découvert l'Amérique, hissant alors Séville au rang de ville la plus riche au monde. De nos jours, grâce à la croissance constante du tourisme et de l'industrie, aux colossales subventions européennes accordées aux agriculteurs andalous et au dynamisme actuel du secteur du bâtiment, le taux de chômage est descendu à un niveau jamais atteint jusqu'ici.

En 2004, les élections législatives ont rendu le pouvoir, après une parenthèse de huit ans, au Partido Socialista Obrero Español (PSOE, Parti socialiste ouvrier espagnol), laissant entrevoir un avenir favorable à l'Andalousie puisque ce parti de centre-gauche est également à la tête du gouvernement régional de Séville. La région peut donc espérer une plus grande coopération sur différents dossiers, de la préservation du lynx ibérique (voir p. 55) au règlement par Madrid de sa dette à l'Andalousie, qui s'élève à 2,5 milliards d'euros. Le PSOE a, toutefois, suscité le mécontentement des agriculteurs de l'est de l'Andalousie en annonçant l'abandon du projet de dérivation des eaux du Río Ebro, destiné à irriguer une zone très aride, du nord de la péninsule.

Les élections de 2004 se sont déroulées tout juste trois jours après les attentats tragiques du 11 mars, perpétrés dans des trains madrilènes, qui ont fait 200 morts et 2 000 blessés. Ces actes criminels seraient, semble-t-il, le fait d'extrémistes islamistes originaires pour la plupart du Maroc. Le lendemain des événements, à l'instar de l'ensemble de la population espagnole, les Andalous sont descendus en masse dans la rue afin de témoigner leur chagrin et leur solidarité à la capitale. Proche du Maroc – situé à 15 km par le détroit de Gibraltar – l'Andalousie a toujours représenté, pour le monde musulman, une voie naturelle d'accès à l'Espagne. La région recense aujourd'hui environ 100 000 des 600 000 musulmans – en majorité des travailleurs immigrés marocains – de la péninsule Ibérique. Mise à l'épreuve par les attentats de Madrid et par l'ampleur des récents flux migratoires en provenance d'Afrique, d'Amérique latine et d'Europe de l'Est, toute l'Espagne s'attache désormais à maintenir un climat d'entente entre ses différentes communautés. L'Andalousie, qui présente une longue tradition d'intégration, devra rester vigilante et s'efforcer d'éviter de nouvelles agressions racistes envers des Marocains, comme celles survenues dans la région d'El Ejido en 2000.

Le tourisme s'est emparé de la Costa del Sol il y a un demi-siècle. L'Andalousie d'antan, essentiellement rurale, très pauvre et arc-boutée sur ses traditions, a maintenant cédé la place à une région en plein essor. Son littoral, où se succèdent les stations balnéaires, possède aussi des centres commerciaux, des universités, des écoles internationales et des voitures luxueuses. Le niveau de vie des habitants s'est considérablement accru et les codes sociaux se révèlent beaucoup moins rigides que par le passé. Si les salaires et le niveau d'éducation demeurent inférieurs à la moyenne nationale, les avancées économiques sont tangibles et un réel climat de confiance s'est établi. Les Andalous demeurent très soudés, fortement attachés à leur famille et à leur communauté, mais aussi à leurs coutumes ancestrales (fêtes religieuses, ferias et flamenco, notamment). Car cette nouvelle ère de prospérité n'a pas pour autant fait disparaître le souvenir des moments difficiles de l'histoire andalouse, ni affaibli la grande tradition d'entraide au sein de la famille et de la collectivité.

QUELQUES CHIFFRES

Superficie : 87 000 km² (Portugal : 92 000 km²)

Population : 7,4 millions (Espagne : 41 millions)

Nombre de lynx : 150 à 400

Nombre de bouquetins : 12 000 (estimation)

Nombre de loups : 50 (estimation)

Oliviers : 80 millions

Taux de chômage (2004) : 18% (Espagne : 11%)

Salaire mensuel moyen (2003) : 1 452 € (Espagne : 1 599 €)

Chambres d'hôtel : 210 000 (Espagne : 1,4 million)

Histoire

L'Andalousie se situe au point de rencontre de la mer Méditerranée avec l'océan Atlantique, à l'endroit où l'Europe cède le pas à l'Afrique. De l'époque préhistorique jusqu'au XVIIᵉ siècle, cette situation stratégique a dévolu à cette région un rôle prééminent dans l'histoire espagnole et lui a même permis, à certaines époques, d'être un élément moteur de l'histoire mondiale. Par la suite, plusieurs siècles de mauvaise gestion économique ont fait sombrer l'Andalousie dans l'oubli, dont elle a commencé à émerger dans les années 1960.

LES PREMIERS TEMPS

Un fragment d'os, vieux de peut-être 1 à 2 millions d'années, découvert en 1982 près d'Orce (province de Grenade) pourrait bien être le plus ancien fossile humain connu en Europe. Il proviendrait du crâne d'un ancêtre de l'*Homo sapiens*.

Le Paléolithique (début de l'âge de la pierre), qui dura au-delà de la dernière période glaciaire jusqu'aux environs de 8000 av. J.-C., fut moins froid en Andalousie que dans les régions plus septentrionales. Cela permit à une population humaine relativement importante de vivre ici de la chasse et de la cueillette. L'art rupestre de la Cueva de Ardales (p. 277), la Cueva de la Pileta (p. 275) près de Ronda, et d'ailleurs, atteste de cette présence.

La civilisation néolithique (ou nouvel âge de la pierre), qui gagna l'est de l'Espagne vers 6000 av. J.-C., après s'être épanouie en Égypte et en Mésopotamie, apporta une foule d'innovations telles que la charrue, l'agriculture, l'élevage, la poterie, le tissage, et la fondation de villages. Entre 3000 et 2000 av. J.-C., apparurent à Los Millares, près d'Almería, les premières civilisations espagnoles de l'âge des métaux. C'est également au Chalcolithique (l'âge du cuivre) que vit le jour la première civilisation mégalithique, avec la construction de monuments funéraires en blocs de pierre appelés dolmens. Les plus imposants dolmens d'Espagne se situent près d'Antequera (p. 279), dans la province de Málaga.

L'autre grande avancée technologique fut ensuite la découverte de la fonte du bronze, un alliage de cuivre et d'étain, beaucoup plus robuste que le cuivre. Le village d'El Argar, dans la province d'Almería, fut sans doute le premier de la péninsule à connaître l'âge de bronze, vers 1900 av. J.-C.

TARTESSOS

Environ 1 000 ans av. J.-C., une brillante civilisation s'épanouit dans l'ouest de l'Andalousie, région propice à l'agriculture et à l'élevage, et riche en métaux précieux. L'essor de cette civilisation dut beaucoup à l'influence des marchands phéniciens (le plus souvent originaires de Tyr et de Sidon, dans l'actuel Liban), qui troquaient vin, parfums, huile, étoffes, bijoux et ivoire contre de l'argent et du bronze. Pour pratiquer leur commerce, ils fondèrent des comptoirs, notamment à Adra (à l'ouest d'Almería), à Almuñécar (qu'ils appelaient Ex ou Sex), à Málaga

LE SAVIEZ-VOUS ?

Les Phéniciens et les Grecs apportèrent à l'Andalousie l'olivier, la vigne, l'âne, l'écriture et le tour du potier.

CHRONOLOGIE

VIIIᵉ et VIIᵉ siècles av. J.-C.	206 av. J.-C.
La culture de Tartessos, influencée par les Phéniciens et les Grecs, est en plein essor dans l'Andalousie occidentale.	Fondation, près de Séville, d'Itálica, première ville romaine d'Espagne.

(Malaca), à Cadix (Gadir) et à Huelva (Onuba). Au VIIᵉ siècle av. J.-C., les Grecs vinrent également exercer un commerce de biens similaires.

Avec leurs dieux de type phénicien et leur remarquable orfèvrerie, Phéniciens et Grecs influencèrent la culture de l'Andalousie occidentale des VIIIᵉ et VIIᵉ siècles av. J.-C., connue sous le nom de civilisation de Tartessos. Le fer devint le métal le plus important. Des siècles plus tard, les auteurs grecs, romains et bibliques évoquent la richesse inouïe de Tartessos, dont personne ne sait s'il s'agissait d'une ville, d'un État ou d'une région. Selon certains, c'était un comptoir proche de l'actuelle Huelva ; pour d'autres, Tartessos se situerait dans les marais proches de l'embouchure du Río Guadalquivir.

Dès le VIᵉ siècle av. J.-C., Phéniciens et Grecs furent chassés de l'ouest de la Méditerranée par une ancienne colonie phénicienne de l'actuelle Tunisie – Carthage. Les Ibères, venus du nord de l'Espagne, investirent l'Andalousie où ils créèrent une multitude de petits États souvent constitués d'un village unique.

L'ANDALOUSIE ROMAINE

"L'Andalousie se plia rapidement à la colonisation romaine et devint l'une des régions les plus civilisées et les plus riches de l'empire, en dehors de l'Italie"

Inévitablement, les Carthaginois entrèrent en conflit avec la nouvelle puissance méditerranéenne, Rome. Après avoir perdu la première guerre punique (264–241 av. J.-C.), au cours de laquelle Rome enleva la Sicile, Carthage conquit le sud de l'Espagne. La deuxième guerre punique (218–201 av. J.-C.) vit non seulement Hannibal tenter de franchir les Alpes avec ses éléphants pour marcher sur Rome, mais aussi des légions romaines débarquer en Espagne pour combattre Carthage. La victoire romaine à Ilipa, près de l'actuelle Séville, en 206 av. J.-C., s'avéra décisive. La première cité romaine établie en Espagne, Itálica (p. 129), fut fondée peu après, à proximité du champ de bataille.

L'Andalousie se plia rapidement à la colonisation romaine et devint l'une des régions les plus civilisées et les plus riches de l'empire, en dehors de l'Italie. Rome importait des produits andalous tels que le blé, les légumes, le raisin, les olives, le cuivre, l'argent, le plomb, les poissons et le *garum* (un condiment à base de poisson, préparé dans des fabriques dont on peut encore voir les ruines à Bolonia, p. 212, et à Almuñécar, p. 353). L'Andalousie donna à Rome les empereurs Trajan et Hadrien, tous deux originaires d'Itálica. La colonisation romaine laissa en Espagne un important patrimoine d'aqueducs, de temples, d'amphithéâtres et des thermes. La langue (depuis 2000 ans, l'espagnol est en fait du latin parlé), et les fondements du système juridique font également partie de l'héritage de l'ère romaine qui fut aussi l'époque de l'arrivée de nombreux juifs, qui se disséminèrent dans la partie méditerranéenne de l'empire. Le christianisme fut également introduit au IIIᵉ siècle, sous l'influence sans doute des marchands, ainsi que des soldats venus d'Afrique du Nord.

L'influence de la province romaine de Baetica et de Corduba (Córdoba), sa capitale, s'étendait largement autour de l'Andalousie.

LES WISIGOTHS

Quand la pression des Huns, venus d'Asie à la fin du IVᵉ siècle, déplaça des populations germaniques vers l'ouest de l'empire romain décadent, quelques unes d'entre elles envahirent la péninsule Ibérique.

711

Les Wisigoths, peuple germanique chrétien, s'emparent de la péninsule Ibérique.

Les envahisseurs musulmans débarquent à Gibraltar et se rendent maîtres de la péninsule Ibérique en quelques années.

Les Wisigoths prirent Rome en 410. Ayant épargné l'empereur, ils pacti-sèrent avec lui, s'engageant à débarrasser la péninsule Ibérique des autres envahisseurs en échange de terres dans le sud de la Gaule. Cependant, au début du VIe siècle, les Wisigoths furent chassés de Gaule par un autre peuple germanique, les Francs ; ils s'établirent alors dans la péninsule Ibérique et firent de Tolède, dans le centre de l'Espagne, leur capitale.

Les Wisigoths aux cheveux longs, au nombre de 200 000, n'avaient pas de culture propre et leur domination précaire sur les Hispano-Romains plutôt sophistiqués fut minée par des querelles intestines dans leur noblesse. Les liens entre la monarchie wisigothe et les Hispano-Romains furent toutefois renforcés en 587, lorsque le roi Reccared se convertit au catholicisme en s'appuyant sur la conception aryenne qu'avaient les Wisigoths du christia-nisme (qui niait que le Christ fût l'incarnation de Dieu).

AL-ANDALUS
Après la mort du prophète Mahomet en 632, les Arabes étendirent les limites des terres musulmanes dans tout le Moyen-Orient et l'Afrique du Nord, en y apportant leur nouvelle religion, l'islam. Selon la légende, ils furent finalement invités à envahir la péninsule Ibérique pour se venger du dernier roi wisigoth, Roderic (Rodrigo). Les chroniques racontent en effet comment Roderic séduisit la jeune Florinda, fille de Julian, le gouverneur wisigoth de Ceuta en Afrique du Nord ; et comment Julian chercha à se venger en proposant aux Arabes un plan d'invasion de l'Espagne. En réalité, les rivaux de Roderic ne recherchaient sans doute que des alliés étrangers pour gagner leur conquête du trône wisigoth.

En 711, le gouverneur de Tanger, Tariq ibn Ziyad, arriva à Gibraltar avec environ 10 000 hommes, essentiellement berbères (natifs d'Afrique du Nord) ayant pour alliés des Wisigoths rivaux de Roderic. L'armée de ce dernier fut décimée, sans doute près du Río Guadalete ou du Río Barbate dans la province de Cadix, et lui-même se noya probablement au cours de sa fuite. Quelques années suffirent aux musulmans pour conquérir le reste de la péninsule Ibérique, hormis quelques petites zones irréductibles des Asturies, au nord. Les musulmans (souvent désignés sous le nom de Maures) restèrent la force dominante dans la péninsule Ibérique durant plus de quatre siècles. Entre les guerres et les rébellions, les régions musulmanes de la péninsule virent se développer la société la plus raffinée de l'Europe médiévale. Le nom donné aux territoires musulmans, Al-Andalus, survit dans le nom moderne de celle qui demeura de tous temps la terre de prédilection de la culture musulmane, l'Andalousie.

Les frontières du royaume d'Al-Andalus se déplacèrent continuelle-ment, en reculant globalement vers le sud, au rythme de l'avancée des chrétiens pendant les 800 ans que dura la Reconquista (reconquête). Jusqu'au milieu du XIe siècle, la frontière passait au nord de la péninsule Ibérique, en suivant approximativement une ligne qui allait du sud de Barcelone jusqu'au nord du Portugal. Au nord de cette frontière se développèrent un certain nombre de petits États chrétiens qui restèrent toutefois trop faibles et trop enclins aux querelles intestines pour re-présenter une menace sérieuse contre Al-Andalus. Des deux côtés, les

Pour en savoir plus sur cette page de l'histoire mouvementée de l'Andalousie médiévale, on consultera *Al-Andalus* un essai de Pierre Guichard un historien, spécialiste de l'Espagne musulmane.

756–929

L'émirat musulman de Cordoue dirige la majeure partie de la péninsule Ibérique.

929–1031

Califat de Cordoue, apogée politique et culturelle d'Al-Andalus (régions d'Espagne et du Portugal dirigées par les musulmans).

conflits étaient tels que parfois des musulmans en vinrent à sceller des alliances avec des chrétiens contre les leurs.

Le siège du pouvoir politique et le foyer de l'essor culturel musulmans se situèrent d'abord à Cordoue (756–1031), puis à Séville (1040–1248) et enfin à Grenade (1248–1492). Dans ces cités, les musulmans édifièrent de magnifiques palais, mosquées et jardins, créèrent des *zocos* (marchés) très animés ainsi que des bains publics (auxquels les gens se rendaient environ une fois par semaine) et ouvrirent des universités. Dans les campagnes, ils améliorèrent l'irrigation et introduisirent de nouvelles cultures (oranges, citrons, canne à sucre, riz).

Si les expéditions militaires menées contre les chrétiens du Nord se réglaient dans le sang, les maîtres d'Al-Andalus accordaient cependant la liberté de culte aux juifs et aux chrétiens qui vivaient sous leur loi. Les juifs, dans l'ensemble, prospérèrent, mais les chrétiens établis en territoire musulman (en espagnol *mozárabes*) devaient acquitter un impôt spécial, si bien que la plupart d'entre eux se convertirent à l'Islam (devenant ce qu'on appellerait les *muladíes ou* Muwallads) ou se réfugièrent dans le Nord chrétien.

La classe dirigeante arabe, composée de divers groupes enclins aux frictions, imposait sa volonté à une communauté plus importante de Berbères, qui possédaient des terres de médiocre qualité et qui, maintenus dans des positions de second ordre, se rebellaient fréquemment.

Rapidement, des mariages rapprochèrent les communautés et, souvent même, pour des motifs politiques, unirent des membres de l'aristocratie musulmane du Sud aux chrétiens du Nord.

L'émirat de Cordoue (756–929)

Au début, l'Espagne musulmane n'était qu'une province de l'émirat d'Afrique du Nord. En 750, la dynastie des Omeyyades de Damas, qui régnait sur le monde musulman, fut renversée par un clan rival révolutionnaire, les Abbassides, qui transférèrent le califat à Bagdad. Cependant, l'un des Omeyyades, Abd ar-Rahman, qui avait échappé au massacre, gagna tant bien que mal Cordoue, où, en 756, il réussit à s'imposer en tant qu'émir indépendant sous le nom d'Abd ar-Rahman Ier. Sous sa dynastie, Al-Andalus resta plus ou moins unifiée pendant de longues périodes, bien qu'une résistance prolongée fut organisée par Omar ibn Hafsun, rebelle muwallad réfugié dans les collines de la région de Bobastro (province de Málaga), qui contrôla durant un temps le territoire s'étendant de Cartagena au détroit de Gibraltar.

Le califat de Cordoue (929–1031)

En 929, Abd ar-Rahman III (912–961) s'attribua le titre de calife (c'est-à-dire de "successeur de Mahomet", chef suprême du monde musulman) pour asseoir son autorité face aux Fatimides, autre dynastie musulmane qui gagnait en puissance en Afrique du Nord. Il inaugura ainsi le califat de Cordoue, qui à son apogée couvrait la majeure partie de la péninsule Ibérique au sud du Río Duero, les îles Baléares et une part de l'Afrique du Nord. Cordoue devint la plus grande et la plus éblouissante cité d'Europe occidentale. La cour d'Abd ar-Rahman III était fréquentée par des érudits juifs, arabes et chrétiens. Elle développait l'astronomie, la médecine, les mathématiques, la philosophie, l'histoire et la botanique.

1212	1248
Bataille de Las Navas de Tolosa : victoire de l'armée chrétienne d'Espagne du Nord face aux dirigeants almohades d'Al-Andalus.	Séville tombe aux mains de Fernando III de Castille.

Par la suite, au Xe siècle, le terrifiant général cordouan Al-Mansour (ou Almanzor) terrorisa le Nord chrétien en lançant 50 *razzias* (incursions) en 20 ans. En 997, il détruisit la cathédrale de Santiago de Compostela, au nord-ouest de l'Espagne, où se pratiquait le culte de Santiago Matamoros (Saint-Jacques-le-Tueur-de-Maures), source d'inspiration précieuse pour les guerriers chrétiens. Après la mort d'Al-Mansour, le califat éclata en une multitude de *taifas* (petits royaumes), à la merci de potentats locaux, souvent des généraux berbères.

Les Almoravides et les Almohades

Dans les années 1040, Séville, dans la basse vallée du Guadalquivir, apparut comme le plus puissant *taifa* d'Andalousie. Vers 1078, sa dynastie des Abbassides contrôlait la région s'étendant du sud du Portugal jusqu'à Murcia, ce qui ramena en partie la paix et la prospérité en Andalousie.

Entre-temps, les petits États chrétiens du Nord commençaient à prendre forme, devenant plus menaçants. Quand l'un d'eux, la Castille (Castilla en espagnol), arracha Tolède à ses dirigeants musulmans en 1085, Séville appela à la rescousse les Almoravides, une secte musulmane rigoriste de Berbères du Sahara, qui avait conquis le Maroc. Les Almoravides arrivèrent, vainquirent le roi de Castille, Alfonso VI, et se rendirent maîtres d'Al-Andalus, qu'ils gouvernèrent depuis le Maroc comme une colonie en persécutant juifs et chrétiens. Toutefois, les charmes d'Al-Andalus eurent raison de leur austérité : à partir de 1143, une nouvelle vague de révoltes déferla et, quelques années plus tard, Al-Andalus était à nouveau divisée en *taifas*.

Une nouvelle minorité musulmane stricte, les Almohades (Berbères), supplanta les Almoravides au Maroc et commença en 1160 à infiltrer Al-Andalus, qu'ils conquirent entièrement en 1173. Mais le domaine sur lequel ils régnaient était considérablement réduit par rapport à l'Al-Andalus de la grande époque, au Xe siècle : sa frontière allait approximativement du sud de Lisbonne au nord de Valencia. Les Almohades firent de Séville la capitale de leur royaume et encouragèrent les arts et l'enseignement à Al-Andalus. En 1195, le roi Yousouf Yacoub al-Mansour écrasa l'armée de Castille à Alarcos, au sud de Tolède. Ce succès eut pour effet de renforcer l'unité des États chrétiens du Nord contre lui. En 1212, les armées de Castille, d'Aragón et de Navarre mirent en déroute une importante force almohade à Las Navas de Tolosa, au nord-est de l'Andalousie. Quand, après 1224, un conflit successoral divisa l'État almohade, les chrétiens s'engouffrèrent dans la brèche.

Quand les royaumes chrétiens du Portugal, de León et d'Aragón s'étendirent respectivement vers le sud-ouest, le centre-ouest et l'est de la péninsule Ibérique, Fernando III de Castille (El Santo, le Saint) pénétra en Andalousie, s'empara de la ville stratégique de Baeza en 1227, de Cordoue en 1236 et de Séville, après deux ans de siège, en 1248.

L'émirat nasride de Grenade

L'émirat de Grenade était un morceau de territoire taillé dans le royaume almohade désintégré par Mohammed ibn Yousouf ibn Nasr, d'où son nom d'émirat nasride. Il englobait les provinces actuelles de Grenade, Málaga et Almería, ainsi que les petites zones frontalières de Cadix,

1248–1492

L'émirat de Grenade reste le dernier État musulman de la péninsule Ibérique.	**1469** Isabel, héritière de Castille, épouse Fernando, héritier d'Aragón, unissant ainsi les deux plus puissants États de la péninsule.

L'héritage musulman

Les musulmans ont laissé une profonde empreinte en Andalousie, et ce, bien au-delà des trésors de l'architecture. Pour commencer, du fait des nombreux mariages mixtes de l'époque médiévale, beaucoup d'Espagnols, voire la plupart d'entre eux, comptent une ascendance musulmane. Le plan typique des villes et des villages andalous, avec leurs rues étroites et labyrinthiques, ainsi que le goût pour les fontaines, l'eau courante et l'utilisation de plantes décoratives, sont d'origine musulmane.

De nombreuses églises andalouses étaient, à l'origine, des mosquées, et le chant flamenco a très nettement des racines islamiques. La langue espagnole recèle de nombreux termes d'origine arabe, tels que *arroz* (riz), *alcalde* (maire), *naranja* (orange) et *azúcar* (sucre). Quantité d'aliments courants en Andalousie ont été introduits par les musulmans. Dans bien des régions, le système d'irrigation et de cultures en terrasses date de l'époque musulmane.

C'est à travers Al-Andalus qu'une grande partie du savoir de la Grèce ancienne a été transmise à l'Europe chrétienne. Les Arabes, au cours de leurs conquêtes en Méditerranée orientale, ont assimilé les traditions scientifiques et philosophiques grecques. Ils ont traduit les œuvres classiques en arabe et développé des sciences telles que l'astronomie et la médecine. Au Moyen Âge, il existait au sud de l'Europe deux points de rencontre entre les mondes islamique et chrétien, d'où ces connaissances pouvaient trouver une voie vers le nord : l'un était le sud de l'Italie, l'autre Al-Andalus.

Séville, Cordoue et Jaén. Avec une population de 300 000 âmes, il demeura le dernier État de la péninsule Ibérique pendant 250 ans.

Les Nasrides régnaient depuis le somptueux palais de l'Alhambra. Grenade voyait les derniers flamboiements de la culture musulmane en Espagne. L'émirat atteignit son apogée au XIVe siècle, sous les règnes de Yousouf Ier et de Mohamed V, durant lesquels l'Alhambra se para de ses plus beaux atours. Entre deux combats, Grenade continua son commerce avec l'Espagne chrétienne, vendant soie, fruits secs, sucre et épices, et achetant sel, huile et autres denrées.

Deux incidents précipitèrent la chute de Grenade. L'un fut le refus qu'opposa, en 1476, l'émir Abu al-Hasan de continuer à payer un tribut à la Castille (Ibn Nasr avait accepté en 1246 de verser la moitié de ses revenus à la Castille). Le second fut l'unification en 1479 de la Castille et de l'Aragón, les deux plus grands États chrétiens de la péninsule, grâce au mariage de leurs monarques, Isabel et Fernando (Isabelle et Ferdinand). Connus sous le nom de Reyes Católicos (Rois Catholiques), Isabel et Fernando lancèrent la croisade finale de la reconquête contre Grenade en 1492 (voir p. 315).

"Les souverains de Grenade étaient minés par des jalousies de harem et autres rivalités. La situation dégénéra en guerre civile."

À cette époque, les souverains de Grenade étaient minés par des jalousies de harem et autres rivalités. La situation dégénéra en guerre civile et les chrétiens en profitèrent pour attaquer l'émirat, assiégeant les villes et dévastant les campagnes. Ils s'emparèrent de Málaga en 1487 et entrèrent dans Grenade le 2 janvier 1492, après huit mois de siège.

Les termes de la capitulation s'avérèrent assez généreux pour Boabdil (p. 315), qui obtint les vallées de Las Alpujarras, au sud de Grenade, comme fief personnel. Cependant, il partit en Afrique un an plus tard. On promit aux musulmans de respecter leur religion, leur culture et leur propriété, mais ceci ne dura pas.

Isabel et Fernando réussirent à unifier l'Espagne sous un gouvernement unique pour la première fois depuis le temps des Wisigoths. Tous deux

1481	1492
Premier tribunal, à Séville, de l'Inquisition espagnole.	Les Rois Catholiques conquièrent Grenade, chassent les juifs de leurs terres et financent l'expédition de Colomb vers les Amériques.

sont enterrés dans la Capilla Real de Grenade (p. 323), ce qui témoigne de l'importance accordée à leur conquête de la ville.

LA RECONQUÊTE DE L'ANDALOUSIE

À mesure que les chrétiens reconquéraient l'Andalousie au XIIIe siècle, les musulmans étaient nombreux à s'enfuir pour se réfugier à Grenade ou en Afrique du Nord. Ceux qui restaient furent appelés les Mudéjars. Les nouveaux souverains chrétiens attribuaient de vastes terres aux nobles et aux ordres de chevaliers, tels que l'Orden (Ordre) de Santiago et l'Orden de Calatrava, qui avaient joué un rôle majeur dans la reconquête. Les raids menés par les musulmans depuis Grenade incitaient souvent les petits fermiers à s'enfuir ou à vendre leurs terres aux nobles et aux ordres, dont les propriétés croissaient d'autant. C'est là l'origine des *latifundia* (immenses domaines), qui demeurent aujourd'hui une caractéristique de l'Andalousie rurale. Les propriétaires terriens se contentaient pour l'essentiel d'y faire paître des moutons, laissant en friche des terres autrefois productives. En 1300, la campagne de l'Andalousie chrétienne était presque vide.

Le fils de Fernando III, Alfonso X (El Sabio, le Sage ; 1252–1284) fit de Séville l'une des capitales de Castille et encouragea sa renaissance culturelle en attirant autour de lui des érudits, en particulier des juifs, connaissant l'arabe et le latin, capables de traduire les textes anciens en castillan. La noblesse castillane, suffisamment enrichie par la production de laine sur ses immenses domaines, laissait aux juifs et aux étrangers, en particulier aux Génois, le quasi-monopole du commerce et de la finance en Castille.

Spanish History Index (vlib.iue.it/hist-spain/index.html) fournit une multitude de liens Internet à tous ceux qui veulent interroger l'Histoire.

La persécution des juifs

Au XIVe siècle, la peste noire et une série de mauvaises récoltes décimèrent la population de l'Andalousie chrétienne. Le mécontentement trouva finalement son exutoire chez les juifs, qui, dans les années 1390, furent victimes de pogroms un peu partout dans la péninsule. En conséquence, certains se convertirent au christianisme (on les appelait des *conversos*) ; d'autres se réfugièrent à Grenade. Les Rois Catholiques, la pieuse Isabel et le machiavélique Fernando, fondèrent l'Inquisition espagnole pour extirper du pays ceux qui ne pratiquaient pas le christianisme selon les règles édictées par l'Église catholique. Dans les années 1480, elle s'en prit surtout aux *conversos*, accusés de continuer à pratiquer la religion juive en secret. Durant ses trois siècles d'existence, l'Inquisition fut sans doute responsable de près de 12 000 morts, dont 2 000 dans les années 1480.

En 1492, Isabel et Fernando ordonnèrent l'expulsion de leur territoire de tous les juifs qui refusaient le baptême. Environ 50 000 à 100 000 juifs se convertirent, mais quelque 200 000 autres, les premiers séfarades (juifs d'origine espagnole), quittèrent l'Espagne pour d'autres régions méditerranéennes. La monarchie confisqua tous les biens juifs invendus. Une classe moyenne urbaine talentueuse fut ainsi décimée.

*Pour une vue d'ensemble de l'histoire espagnole, reportez-vous à l'*Histoire des Espagnols*, du VIe au XXe siècles, de l'universitaire toulousain Bartolomé Bennassar, qui a également publié maints autres ouvrages sur l'Espagne, dont une anthologie des voyageurs francophones en Espagne, du XVIe au XIXe siècles.*

Les révoltes et l'expulsion des morisques

Le cardinal Cisneros, confesseur d'Isabel et maître de l'Inquisition, fut chargé de convertir les musulmans de l'ancien émirat de Grenade. Il imposa des baptêmes de masse, fit brûler les ouvrages islamiques et interdit

XVIe siècle	XVIIe siècle
Des musulmans se convertissent au christianisme ; Séville devient l'une des plus importantes villes d'Europe.	Les morisques sont chassés d'Espagne (1609–1614) ; dépression économique, épidémies et famines.

l'usage de la langue arabe. S'ajoutant à leur expropriation, ces mesures déclenchèrent, en 1500, une révolte dans les vallées des Alpujarras, qui se propagea à travers tout l'ancien émirat, de Ronda à Almería. Les musulmans se virent obligés de se convertir au christianisme ou de quitter le pays. La plupart d'entre eux (300 000, estime-t-on) se firent baptiser afin de pouvoir rester. On les surnomma *moriscos* (morisques ou musulmans convertis) ; cependant, ils n'assimilèrent jamais la culture chrétienne. Quand Felipe II (Philipe II ; 1556–1598), catholique fanatique, interdit en 1567 aux morisques d'utiliser la langue, les vêtements ou les noms arabes, une nouvelle révolte, née dans les Alpujarras, s'étendit à tout le sud de l'Andalousie et résista durant deux ans avant d'être écrasée. Elle entraîna la déportation des morisques de l'est vers l'ouest de l'Andalousie et vers des régions espagnoles plus septentrionales. Cela eut pour effet de faire péricliter l'industrie de la soie de Grenade. Les morisques furent finalement expulsés d'Espagne par Felipe III entre 1609 et 1614.

SÉVILLE ET LES AMÉRIQUES : PROSPÉRITÉ ET DÉCLIN

En avril 1492, les Rois Catholiques accordèrent au navigateur génois Christophe Colomb (Cristóbal Colón, en espagnol) les fonds nécessaires pour entreprendre le voyage qui consistait à traverser l'Atlantique afin de découvrir une nouvelle route commerciale vers l'Orient. La découverte des Amériques par Colomb (voir p. 151) ouvrit de nouvelles perspectives à l'Espagne et plus particulièrement au port fluvial de Séville.

Sous le règne de Carlos Ier (Charles Ier ; 1516–1556), premier représentant de la dynastie des Habsbourg en Espagne, les impitoyables mais brillants conquistadores Hernán Cortés et Francisco Pizarro soumirent les empires aztèque et inca avec l'aide d'une petite bande d'aventuriers, et d'autres conquérants et colonisateurs espagnols occupèrent de vastes étendues du continent américain. Les nouvelles colonies envoyèrent des cargaisons infiniment précieuses d'argent, d'or et d'autres trésors vers l'Espagne, où la Couronne prélevait un cinquième des richesses (le *quinto real*, ou cinquième royal).

"Le pays gaspilla sa fortune dans une série de guerres européennes, perdant ainsi toute chance de développer sa puissance industrielle, encore embryonnaire"

Séville devint le grand centre du commerce mondial, creuset cosmopolite où se mêlait toute une population bigarrée appâtée par l'argent. Elle resta la principale cité d'Espagne jusque vers la fin du XVIIe siècle, même si Madrid, ville encore modeste, fut érigée au rang de capitale nationale en 1561. Grâce au statut cosmopolite de Séville, l'Andalousie urbaine s'ouvrit aux idées nouvelles et aux mouvements artistiques européens. La ville devint un fleuron de l'âge d'or de l'Espagne (voir p. 107). Les retombées de la prospérité se faisaient sentir à Cadix dans la région du bas Guadalquivir et, dans une moindre mesure, dans les villes telles que Jaén, Cordoue et Grenade. Cependant, dans les campagnes, un nombre restreint de grands propriétaires sous-exploitaient d'immenses domaines, y laissant seulement paître des moutons. Les paysans qui vivaient encore de la terre n'avaient aucun moyen d'améliorer leur sort et la grande majorité des Andalous ne possédaient aucune terre ou propriété.

Il n'existait aucun plan d'action pour absorber cette nouvelle richesse américaine et faire face à l'inflation qu'elle provoquait. Le pays gaspilla sa fortune dans une série de guerres européennes, perdant ainsi toute chance de développer sa puissance industrielle, encore embryonnaire.

1717	1810–1812
Le contrôle du commerce avec les Amériques est transféré de Séville à Cadix.	Cortes de Cadix : le parlement espagnol réuni à Cadix résiste au siège des Français.

Dédaignant le commerce et l'industrie, la petite noblesse laissait les marchands génois et germaniques dominer le monde des affaires. Elle consacrait ses terres à l'élevage et obligeait le pays à importer du blé.

Au XVIIᵉ siècle, plusieurs cargaisons d'argent venant d'Amérique disparurent dans des naufrages. Des épidémies et une succession de mauvaises récoltes décimèrent près de 300 000 personnes, dont la moitié de la population de Séville en 1649. Après l'expulsion des juifs et des morisques, ces pertes laissèrent l'Andalousie dépeuplée. Le bas Guadalquivir, lien vital entre Séville et l'Atlantique, s'envasa progressivement, et en 1717 la Casa de la Contratación, l'office de contrôle du commerce avec les Amériques, fut transférée à Cadix.

LES BOURBONS

Au XVIIIᵉ siècle, sous la nouvelle dynastie des Bourbons (toujours en place aujourd'hui), l'Espagne se releva quelque peu des désastres précédents. La monarchie finança des industries naissantes telles que la manufacture de tabac de Séville. Une nouvelle route, la Carretera General de Andalucía, fut construite pour relier Madrid à Séville et à Cadix. De nouvelles terres furent cultivées et produisirent du blé et de l'orge. Ce fut alors le grand siècle de Cadix, dont le rôle commercial s'accrût. Des décrets sur la liberté de commerce datant de 1765 et de 1778 autorisèrent les autres ports espagnols à commercer avec les Amériques, ce qui favorisa l'essor de Málaga. L'Andalousie attira des immigrants des autres régions d'Espagne. En 1787, elle comptait environ 1,8 million d'habitants.

L'INVASION NAPOLÉONIÈNNE

Quand, en 1793, Louis XVI, cousin de Carlos IV, fut guillotiné, l'Espagne déclara la guerre à la France. Deux ans plus tard, alors que les forces françaises occupaient le nord du pays, l'Espagne changea de tactique et s'engagea à soutenir militairement la France contre la Grande-Bretagne, à condition qu'elle se retire de son territoire. En 1805, la flotte franco-espagnole fut vaincue par l'amiral Nelson, au large du cap Trafalgar (à Los Caños de Meca, province de Cadix). Cette défaite signa la fin de la puissance maritime de l'Espagne.

Deux ans plus tard, Napoléon Bonaparte et l'Espagne convinrent de partager le Portugal, allié de la Grande-Bretagne. Les forces françaises déferlèrent en Espagne, sous prétexte de gagner le Portugal. L'occupation française de l'Espagne se confirma en 1808. Dans la guerre d'indépendance qui s'ensuivit, la population espagnole prit les armes à la manière d'une guérilla et, assistée des forces britanniques et portugaises menées par le duc de Wellington, expulsa les Français en 1813. La cité de Cadix assiégée résista de 1810 à 1812. Un Parlement national réuni dans la ville adopta une nouvelle Constitution proclamant la souveraineté du peuple et réduisant les droits de la monarchie, de la noblesse et de l'Église.

LIBÉRAUX ET CONSERVATEURS

La Constitution de Cadix ouvrit la voie à un siècle de conflits entre les libéraux espagnols, promoteurs de réformes vaguement démocratiques, et les conservateurs, qui entendaient maintenir le *statu quo*. Le roi Fernando VII (1814–1833) abolit la nouvelle Constitution, persécuta les

1891–1918	1936–1939
Les ouvriers agricoles andalous appauvris déclenchent des vagues de grèves anarchistes.	Guerre civile : le général Franco, à la tête des nationalistes, s'oppose au gouvernement de gauche et prend le pouvoir

opposants et rétablit temporairement l'Inquisition. Durant son règne, le Mexique et la plupart des colonies d'Amérique centrale et d'Amérique du Sud profitèrent des problèmes espagnols pour gagner leur indépendance. Ces nouvelles étaient catastrophiques pour Cadix, qui dépendait entièrement du commerce avec les colonies.

Conformément aux lois de "Desamortización" de 1836 et 1855, les gouvernements libéraux ordonnèrent de vendre aux enchères les terres de l'Église et des communes pour tenter de résorber la dette nationale. La bourgeoisie se réjouit de pouvoir ainsi acquérir de nouveaux domaines, mais ce fut un désastre pour les paysans qui virent la suppression des pâtures communales. L'Andalousie, qui en 1877 abritait un quart des 12 millions d'habitants de l'Espagne, connut un tel déclin qu'elle devint l'une des régions les plus défavorisées d'Europe. Sa société se partageait entre deux extrêmes : d'un côté les nobles propriétaires et la bourgeoisie ; de l'autre, un très grand nombre de gens pauvres appelés *jornaleros* – ouvriers agricoles journaliers qui ne travaillaient même pas la moitié de l'année. L'analphabétisme, la maladie et la disette étaient très répandus.

En 1873, un gouvernement libéral proclama la république – précisément une fédération de 17 États. Mais cette première République fut incapable de conserver un contrôle sur les provinces et ne dura que 11 mois, avant que l'armée ne rétablisse la monarchie.

Désespérés par la suppression des pâtures communales et les aléas du travail misérablement payé, les paysans andalous déclenchèrent des émeutes à répétition, chaque fois sauvagement réprimées. Les idées de l'anarchiste russe Mikhaïl Bakounine firent de nombreux adeptes en Andalousie, en particulier dans la région du bas Guadalquivir, où le monopole des propriétaires fonciers sur les terres cultivables était presque total. Bakounine prônait les grèves, le sabotage et les révoltes pour provoquer une révolution spontanée des oppressés qui donnerait naissance à une société libre dans laquelle des groupes populaires autonomes coopéreraient volontairement.

C'est à Séville que le puissant syndicat anarchiste, la Confederación Nacional del Trabajo (CNT), fut fondé en 1910. En 1919, elle comptait 93 000 membres en Andalousie. Ses adhérents considéraient la grève générale comme principale arme pour créer une société anarchiste.

En 1923, un général exentrique de Jérez de la Frontera, Miguel Primo de Rivera, établit une dictature militaire modérée, qui obtint la coopération du grand syndicat socialiste, l'Unión General de Trabajadores (UGT), alors que les anarchistes entraient dans la clandestinité. Primo tenta une politique industrielle, la construction de meilleures routes, de trains ponctuels, de nouvelles digues et de centrales électriques, mais il fut destitué en 1930 à la suite d'un recul économique et du mécontentement d'une partie de l'armée.

LA SECONDE RÉPUBLIQUE

Après l'écrasante victoire du mouvement républicain aux élections municipales d'avril 1931, Alfonso XIII partit en exil en Italie. La seconde République (1931–1936) fut une période idéaliste, tumultueuse, qui s'acheva par une guerre civile. Le système républicain fut accueilli avec enthousiasme par la gauche et les masses pauvres, mais suscita la panique

LE SAVIEZ-VOUS ?

Pendant la première République, certaines villes d'Espagne proclamèrent leur indépendance et certaines, telles que Séville et sa voisine Utrera, se déclarèrent même la guerre.

1939–1975

Sous la dictature de Franco, la guerre civile laisse place aux "années de faim" ; le tourisme s'empare de la Costa del Sol.

1975–1978

Transition vers la démocratie après la mort de Franco.

chez les conservateurs. Les élections de 1931 portèrent au pouvoir une coalition de socialistes, de centristes et de républicains. La Constitution de décembre 1931 mécontenta les catholiques en supprimant la rémunération des prêtres, en légalisant le divorce et en interdisant l'enseignement aux ordres cléricaux.

Les perturbations provoquées par les anarchistes, une crise économique, l'hostilité des grandes entreprises et les divisions de la gauche contribuèrent à la victoire de la droite aux élections de 1933. La gauche, dont la force communiste émergente, aspirait de façon de plus en plus pressante à la révolution. En 1934, la spirale incontrôlable de la violence s'empara du pays. Quand les comités de travailleurs qui avaient pris le pouvoir dans la région minière des Asturies, au nord, furent sauvagement écrasés par l'armée, le pays entier était profondément divisé entre la droite et la gauche.

Lors des élections de février 1936, une coalition de gauche battit de peu le Front national. Cependant, les violences persistèrent entre les deux camps. La CNT comptait désormais un million de membres et les paysans étaient au bord de la révolution.

Le 17 juillet 1936, la garnison espagnole de Melilla, en Afrique du Nord, se souleva contre le gouvernement de gauche, suivie le lendemain par d'autres garnisons sur le continent. Cinq généraux dirigeaient le complot. Le 19 juillet, l'un d'eux, Francisco Franco, se rendit des îles Canaries au Maroc pour prendre le commandement de ses légionnaires. La guerre civile venait de commencer.

LA GUERRE CIVILE

La guerre civile espagnole coupa en deux les communautés, divisa les familles et sépara les amis. Au cours des premières semaines, d'atroces massacres et représailles furent commis de part et d'autre. Les rebelles, qui se disaient nationalistes, fusillèrent ou pendirent des dizaines de milliers de partisans de la république. Les républicains agirent de même à l'égard de ceux qu'ils soupçonnaient être des sympathisants de Franco, allant jusqu'à tuer 7 000 prêtres, moines et nonnes dans le pays. L'appartenance politique était souvent un prétexte pour résoudre de vieux conflits. La guerre décima environ 350 000 Espagnols.

Dans certaines régions contrôlées par les républicains, de nombreuses villes tombèrent entre les mains des anarchistes, des communistes ou des socialistes. Une révolution sociale s'ensuivit. En Andalousie, les anarchistes s'imposèrent, abolissant la propriété privée, incendiant églises et couvents. De vastes domaines furent occupés par les paysans et une centaine de communes agraires virent le jour. Entre-temps, la rébellion nationaliste prit l'accent d'une âpre croisade contre les ennemis de Dieu.

La ligne de front s'établit dans la semaine qui suivit le soulèvement de Melilla. Les villes dont les garnisons soutenaient les rebelles (ce qui était fréquent) et qui étaient suffisamment puissantes pour mater la résistance tombèrent immédiatement dans l'escarcelle nationaliste. Ce fut le cas de Cadix, de Cordoue, d'Algeciras et de Jerez. Séville tomba aux mains des nationalistes en moins de trois jours. Puis ce fut le tour de Grenade. Selon les estimations, les nationalistes exécutèrent

La politique et les mouvements sociaux qui précédèrent la guerre civile sont relatés de façon impressionnante dans *Le labyrinthe espagnol : origines sociales et politiques de la guerre civile*, de Gerald Brenan.

La guerre d'Espagne : juillet 1936-mars 1939, de Hugh Thomas, compte parmi les études les plus complètes sur la question. Dense et détaillé, cet ouvrage est cependant facile d'accès et agréable à lire.

1982–1996	**1982**
Felipe González, natif de Séville et membre du PSOE, parti de centre gauche, devient Premier ministre.	Le nouveau système espagnol d'autonomie régionale donne à l'Andalousie un parlement régional, où le PSOE est majoritaire.

4 000 personnes dans Grenade et ses environs après la prise de la ville. Les régions républicaines s'illustrèrent elles aussi par le nombre des exécutions. On estime que 2 500 personnes furent massacrées en quelques mois dans Málaga, tenue par les anarchistes. Une troupe venue de cette ville exécuta environ 500 personnes à Ronda au cours du premier mois de la guerre.

Depuis Séville, les troupes nationalistes avaient balayé la majeure partie de l'ouest de l'Andalousie dès la fin de juillet. Málaga tomba aux mains des troupes nationalistes espagnoles et des Italiens en février 1937. Quand les nationalistes reprirent les villes républicaines, ils se vengèrent de façon sanglante des atrocités commises précédemment et exécutèrent des milliers de personnes après s'être emparé de Málaga.

Les positions militaires en Andalousie ne varièrent guère après la chute de Málaga. Les provinces d'Almería et de Jaén, mais aussi de Grenade (la moitié est) et de Cordoue (le nord) demeurèrent républicaines jusqu'à la fin de la guerre.

Franco prit la tête de tous les nationalistes à la fin de 1936 en se proclamant Generalísimo (général en chef). Il s'attribua également le titre de Caudillo, à peu près équivalent à celui de Führer en allemand.

Les nationalistes obtinrent l'appui de l'Allemagne nazie et de l'Italie fasciste, qui fournirent des armes, des avions et 92 000 hommes (pour la plupart italiens). Les républicains bénéficiaient d'un certain soutien soviétique (avions, chars, artillerie et conseillers), et de celui de quelque 25 000 Français et de nombreux étrangers de brigades internationales qui combattirent à leur côté.

À la fin de 1936, le gouvernement républicain fut transféré de Madrid assiégée à Valencia, puis à Barcelone en automne 1937. Les tensions internes républicaines se traduisirent alors par une explosion de violence et de combats de rue à Barcelone en mai 1937. Les communistes, sous l'influence soviétique, écrasèrent les anarchistes et les trotskistes. En 1938, Franco lança un mouvement vers l'est et réussit à isoler Barcelone de Valencia. L'URSS se retira du conflit. Les nationalistes s'emparèrent de Barcelone en janvier 1939 et de Madrid en mars. Franco déclara la guerre terminée le 1er avril.

L'ESPAGNE DE FRANCO

En fait de réconciliation, le pays connut un nouveau bain de sang et les prisons se remplirent de prisonniers politiques. Après la guerre civile, 100 000 personnes, estime-t-on, trouvèrent la mort dans les prisons du pays. Quelques communistes et républicains espagnols entrèrent en résistance. Le combat prit la forme d'une guerre de maquis dans les montagnes andalouses et ailleurs. Cette situation perdura jusqu'aux années 1950.

Franco maintint le pays à l'écart de la seconde guerre mondiale. Par la suite, l'Espagne fut exclue de l'Organisation des Nations unies jusqu'en 1955. La décision prise par l'ONU de boycotter le commerce avec l'Espagne contribua à faire de la fin des années 1940 des *años de hambre* (années de faim), en particulier dans les régions pauvres telles que l'Andalousie où, parfois, les paysans subsistaient d'une maigre soupe d'herbe et de plantes sauvages.

1986	1992
L'Espagne rejoint la Communauté européenne (aujourd'hui Union européenne) ; il en découle cinq ans d'expansion économique.	La foire mondiale "Expo 92" se déroule à Séville ; inauguration du train à grande vitesse (AVE) sur la ligne Madrid–Séville.

Franco exerçait un pouvoir absolu, en tant que chef des armées, chef du gouvernement et chef du parti unique, le Movimiento Nacional. Des garnisons militaires étaient maintenues à la porte de chaque grande ville, le droit de grève fut supprimé, le divorce interdit, les écoles secondaires furent confiées aux Jésuites et les mariages à l'église devinrent obligatoires.

Malgré l'apparition de quelques nouvelles industries et l'essor rapide d'un tourisme de masse étranger sur la Costa del Sol à la fin des années 1950, de nombreux villages andalous manquaient toujours, dans les années 1970, d'eau et d'électricité, mais aussi de routes goudronnées.

LA NOUVELLE DÉMOCRATIE

Franco se choisit pour successeur le prince Juan Carlos, petit-fils d'Alfonso XIII, qui monta sur le trône en 1975, à l'âge de 37 ans, deux jours après la mort de Franco. Il fut le grand artisan de l'évolution démocratique qui succéda au franquisme. Il nomma Premier ministre Adolfo Suárez qui soutint devant les Cortes (le Parlement), remplis de franquistes, la proposition d'un nouveau système parlementaire à deux chambres. L'année 1977 fut marquée par la légalisation des partis politiques, des syndicats, du droit de grève, et vit la suppression du Movimiento Nacional. Le parti centriste de Suárez remporta près de la moitié des sièges aux élections des nouveaux Cortes. Le Partido Socialista Obrero Español (PSOE, Parti socialiste ouvrier espagnol), dont le chef était un jeune avocat de Séville, Felipe González, arriva en seconde position.

Le pays connut alors une vague de libéralisation après Franco. La contraception, l'homosexualité, l'adultère et le divorce ne furent plus considérés comme des délits. C'est à cette époque qu'apparut la *movida* – les bars et les night-clubs permettant aux Espagnols de faire la fête toute la nuit, aux quatre coins du pays.

En 1982, l'Espagne rompit de façon définitive avec le passé en votant à une large majorité pour le PSOE. Felipe González resta Premier ministre pendant 14 ans et recruta beaucoup d'Andalous. Jeune et instruite, la direction du PSOE appartenait à cette génération qui avait ménagé des ouvertures dans le régime de Franco à la fin des années 1960 et au début des années 1970. Elle améliora l'éducation et mit au point un système de santé publique. En 1986, l'Espagne entra dans la Communauté européenne (aujourd'hui Union européenne), ce qui favorisa un boom économique.

Le PSOE, parfois en coalition avec l'Izquierda Unida (gauche unie) communiste, a également dirigé le gouvernement régional andalou à Séville depuis son inauguration en 1982, dans le cadre de la décentralisation qui a suivi la période franquiste. Manuel Chaves, du PSOE, était à la tête de l'exécutif andalou, appelé la Junta de Andalucía, depuis 1990. Au niveau national et régional, le gouvernement PSOE améliora la conditions des plus pauvres en Andalousie dans les années 1980 et au début des années 1990 grâce à des subventions, une politique d'emplois ruraux et un système d'indemnités de chômage beaucoup plus généreux.

Cependant, au milieu des années 1990, le PSOE se trouva impliqué dans une série de scandales et confronté à une crise économique. Il perdit les élections de 1996 au profit du PP (Partido Popular), un parti de centre droit dont le leader, un ancien inspecteur des impôts, s'appelait

LE SAVIEZ-VOUS ?

Entre 1950 et 1970, 1,5 million d'Andalous émigrèrent pour trouver du travail dans d'autres régions d'Espagne ou d'Europe.

1996

Le PP, parti de centre droite, et son leader José María Aznar, gagnent les élections.

1996- 2004

Grâce au boom de la construction, l'Andalousie connaît un progrès économique.

José María Aznar. Celui-ci a présidé huit années de progrès économique constant. Le taux de chômage de l'Andalousie reste supérieur à la moyenne nationale (18% en 2003), mais il s'est réduit pratiquement de moitié pendant l'époque où le PP fut au pouvoir. En outre, il semble évident que nombre d'Andalous travaillent bien qu'ils soient inscrits au chômage. L'économie de l'Andalousie a bénéficié de la croissance régulière du tourisme et de l'industrie, d'importantes subventions de l'Union européenne pour l'agriculture (qui représente toujours un emploi sur huit) et une explosion de la construction pendant une dizaine d'années, intensifiée par l'introduction de l'euro en 2002, qui permit à des sommes considérables d'argent "sale" d'être investies dans l'immobilier.

Toutefois, la manière forte de José María Aznar déplut à un grand nombre d'Espagnols. Le soutien qu'il apporta à l'invasion américaine de l'Irak en 2003 se révéla très impopulaire, de même que sa décision d'envoyer 1 300 soldats rejoindre les forces de coalition américaines en Irak après la guerre. Le PP fut battu par le PSOE lors des élections de 2004, qui eurent lieu trois jours après les attentats de Madrid du 11 mars. Deux cents victimes furent dénombrées, et au moins 1 800 blessés. La défaite du PP résulta de son attitude à propos de l'Irak et de la tromperie que ressentirent de nombreux électeurs lorsque les attentats furent attribués à l'ETA, le groupe terroriste basque, alors que toutes les preuves démontraient l'implication d'islamistes. Pendant la campagne électorale, le leader du PSOE, José Luis Rodríguez Zapatero, avait promis de retirer les soldats espagnols basés en Irak : il tint parole dans les deux semaines qui suivirent son installation au pouvoir, au mois d'avril 2004.

Trois semaines après les attentats, le gouvernement révéla qu'une organisation appelée Groupe islamique des combattants marocains, soupçonnée d'être en relation avec Al-Qaïda, était au centre des investigations. À la fin du mois d'avril 2004, seize personnes furent accusées d'être liées à cet attentat ; quatorze étaient de nationalité marocaine.

Culture et société

IDENTITÉ RÉGIONALE

Le goût prononcé des Andalous pour la fête ne signifie pas pour autant qu'ils n'aiment pas le travail. L'activité professionnelle occupe simplement la place qu'elle mérite, à l'instar d'autres aspects tout aussi essentiels du quotidien, comme le fait de voir ses amis ou de se distraire. Pour les Andalous, horaires et emplois du temps ne sont pas aussi stricts que pour la plupart des cultures occidentales. Toutefois, les trains n'ont pas de retard et les séances de cinéma, les mariages, et les manifestations sportives commencent à l'heure dite.

Les Andalous apprécient la vie en société ; la famille joue un rôle fondamental et les enfants offrent toujours un bon sujet de conversation. Ceux qui sont contraints de quitter leur foyer – étudiants ou travailleurs éloignés – rentrent régulièrement chez eux le week-end et les jours fériés, ainsi qu'à l'occasion des nombreuses fiestas. Familles et communautés sont ravies de se réunir lors de la féria locale, d'une fête religieuse ou d'une grande occasion familiale (baptême, première communion, mariage...). Ces retrouvailles rythment la vie quotidienne et ponctuent les saisons. Les Andalous saisissent tous les prétextes pour faire la fête et aiment se réunir dans l'exubérance.

À quelques exceptions près – lorsque les Sévillans, par exemple, revêtent leurs plus beaux atours pour assister à une fiesta ou à une corrida –, les Andalous se montrent relativement ouverts en matière de codes vestimentaires et de convenances. Une tendance qui s'emplifie au fur et à mesure qu'on s'éloigne de la ville. Les Andalous peuvent se montrer avares en "*gracias*", sans que cela témoigne pour autant d'une quelconque froideur ou impolitesse. Ils sont généralement tolérants et accueillants envers les millions d'étrangers qui viennent passer leurs vacances et dépenser leur argent, mais il est cependant assez rare de voir s'établir une réelle communication entre Andalous et touristes (surtout si ces derniers ne parlent pas espagnol). Si l'occasion se présente, ne refusez pas une invitation chez des Andalous.

"**Les Andalous saisissent toutes les occasions de faire la fête et se réunissent dans l'exubérance**"

MODE DE VIE

La plupart des Andalous vivent en ville, dans un appartement aménagé avec tout le confort moderne dans la mesure où leurs moyens le leur permettent. Certaines familles de classe moyenne habitent une maison récente, mitoyenne ou individuelle, située en banlieue ou dans une ville dortoir. Pour nombre d'Andalous, le progrès social consiste encore aujourd'hui à quitter les terres isolées de leurs ancêtres, même si certains ne coupent pas totalement les ponts avec leur village ou leur ville et conservent une petite *finca* (maison de campagne) pour le week-end. Cela fait une dizaine d'années seulement que le tourisme vert a pris un certain essor, depuis que les populations urbaines ont redécouvert les charmes de l'air pur et de la verdure. Les Andalous, plutôt sédentaires par nature, passent souvent leurs congés annuels dans une station balnéaire.

Même s'ils tiennent encore beaucoup à la famille au sens large, les Andalous vivent de plus en plus souvent en cercles restreints. En 1975, le taux de natalité était de 3,1 enfants par femme contre 1,3 à peine aujourd'hui, un chiffre supérieur à la moyenne nationale, mais insuffisant pour compenser le taux de mortalité. Interdit sous Franco, le divorce ne cesse d'augmenter et dépasse à présent le nombre de 4 000 par an en Andalousie (un taux néanmoins inférieur au niveau national).

La vie sociale joue un rôle considérable pour tout Andalou, et peut-être plus particulièrement encore pour les adolescents et les moins de 30 ans. Le week-end, la plupart sortent faire la fête jusqu'à la *madrugada* (l'aube). Les jeunes aiment à se rassembler sur les *plazas*. Ils apportent leurs propres bouteilles afin de contourner les limites d'âge sur la consommation d'alcool et le coût élevé des boissons dans les bars. Le téléphone portable constitue un autre accessoire indispensable à la vie sociale du jeune andalou.

La répartition des rôles entre les sexes reste définie de façon plus traditionnelle en Espagne que dans le nord de l'Europe ou en Amérique du Nord. Alors qu'un certain nombre de femmes exercent une activité professionnelle, leur salaire ne dépasse pas 70% de celui des hommes. Souvent, elles assument l'essentiel des tâches domestiques. Dans les villages, il est encore rare de voir un homme faire les courses ou une femme prendre un verre dans un bar.

Il est plus facile de vivre son homosexualité au grand jour dans les villes importantes, où la communauté gay est plus vaste et les mentalités plus ouvertes.

POPULATION

L'Andalousie compte 7,4 millions d'habitants, soit 18% de la population totale du pays, et dépasse les 17 régions espagnoles en nombre d'habitants. Les habitants se concentrent énormément autour des capitales provinciales. Les villes de Sevilla (710 000 habitants), Málaga (547 000), Córdoba (319 000), Granada (238 000) et Huelva (145 000) sont toutes cinq fois plus grandes que les autres villes de leur province. Un andalou sur cinq environ vit dans un village ou une petite ville. Fermes et maisons de campagne sont de nos jours rarement habitées à l'année : les propriétaires s'y rendent en général quotidiennement depuis leur village ou ne les occupent que le week-end.

Parmi les ancêtres des Andalous, figurent des chasseurs venus d'Afrique au temps de la préhistoire, des Phéniciens, des Juifs et des Arabes du Moyen-Orient, des Carthaginois et des Berbères d'Afrique du Nord, des Wisigoths des Balkans, des Celtes d'Europe centrale, des Romains et des Espagnols du Nord qui étaient eux-mêmes des descendants de populations anciennes également mélangées. À la fin du Moyen Âge, toutes ces influences s'étaient étroitement mêlées. Depuis, le tableau ethnique andalou a connu trois ajouts majeurs : les *gitanos* (des Roms, anciennement appelés Tsiganes), les expatriés venus du nord de l'Europe et les immigrés originaires des pays en voie de développement.

L'Espagne compte à peu près 600 000 gitanos, soit plus qu'aucun autre pays d'Europe occidentale, dont environ la moitié vivent en Andalousie. On pense qu'ils sont venus d'Inde, en se dirigeant vers l'ouest autour du IXe siècle, et qu'ils ont atteint l'Espagne au XVe siècle.

En 2002, l'Andalousie comptait officiellement 212 000 résidents étrangers (soit 17% du nombre total de résidents étrangers en Espagne), dont 91 000 venant de pays de l'Union européenne (principalement de de France, de Grande-Bretagne, d'Allemagne et de Scandinavie), 53 000 d'Afrique (pour l'essentiel du Maroc), 38 000 d'Amérique latine et 13 000 d'Europe de l'Est. Ces chiffres, et plus particulièrement les trois derniers, ne cessent d'augmenter et l'estimation globale pour 2004 s'élevait à 280 000 immigrants environ. Un chiffre qu'il faut doubler si l'on comptabilise les ressortissants étrangers vivant en Andalousie de façon clandestine.

SPORTS
Football

En Espagne, le fútbol rivalise avec la tauromachie pour le titre de sport national. Chaque week-end, de septembre à mai, des millions de personnes ont les yeux rivés sur leur petit écran afin de suivre les matchs de la Primera División (1re division). Le temps d'antenne consacré à chaque rencontre est ici considérable.

Aujourd'hui, l'Andalousie compte trois grandes équipes de Primera División : Séville (voir p. 126), le Real Betis de Séville (p. 126) et Málaga (p. 252), toutes classées en général en milieu de tableau. De nombreux Andalous soutiennent également le Real Madrid. De plus, une demi-douzaine d'autres équipes andalouses figurent en *Segunda División*. Les rencontres ont lieu surtout le dimanche, parfois le samedi. Pour tout savoir des matchs à venir, consultez la presse locale et les journaux sportifs *AS* ou *Marca*, ou bien le site **Planet Fútbol** (planetfutbol.diariosur.es).

LE SAVIEZ-VOUS ?

C'est à Huelva, en Andalousie, que le football a été introduit en Espagne dans les années 1870 par des marins britanniques ; Recreativo de Huelva (fondé en 1899) a été le premier club espagnol.

Tauromachie

La *corrida de toros* (tauromachie) est un spectacle solennel, riche d'une longue histoire et comportant des règles précises, et non une alternative barbare à l'abattoir. Si nombre de spectateurs sont mal à l'aise au moment de la mise à mort – la cruauté des derniers instants est indéniable – les aficionados répliquent que les taureaux de combat sont dressés pour se battre et que, jusqu'à ce jour fatidique, ils sont traités comme des rois. Confrontation directe avec la mort, la corrida exige bravoure et talent et les matadors courent un réel danger. S'inscrivant dans la culture espagnole comme un véritable art où se mêlent à la fois la technique, la performance physique et la fête, elle reste très prisée des Espagnols et, pour de nombreux Andalous, la question d'une quelconque cruauté ne s'envisage même pas. Si beaucoup ne s'intéressent pas à la corrida, peu s'y opposent activement. Les pressions anti-corrida se font davantage sentir dans certaines régions du nord de la péninsule. Le conseil municipal de Barcelone a même voté en 2004 une motion demandant l'interdiction des corridas. Parmi les organismes espagnols de protection des animaux qui luttent contre la tauromachie, citons l'**Asociación para la Defensa de los Derechos del Animal** (ADDA, Association pour la défense des droits des animaux ; ☎ 934 59 16 01 ; www.addaong.org ; Calle Bailén 164, Local 2 interior, 08037 Barcelona). On peut également consulter le site **www.anticorrida.org** qui dispense de nombreuses informations sur l'alliance internationale contre les corridas.

Les Romains organisèrent sans doute les premières corridas espagnoles. La *lidia*, version moderne où le torero est à pied, s en Espagne depuis le milieu du XVIIIe siècle. Trois générations de la famille Romero, originaire de Ronda dans la province de Málaga, ont mis au point les principales règles de la lidia. Depuis, l'Andalousie est devenue l'un de ses berceaux. Auparavant, le torero montait à cheval et il s'agissait d'une sorte d'activité équestre réservée à la noblesse. Les combats à cheval, *corridas de rejones*, sont toujours pratiqués et le cavalier doit fait preuve d'un grand art.

Pour connaître la prochaine corrida prévue dans les environs ou découvrir, par exemple, la biographie d'un torero, consultez le site www.portaltaurino.com

EL MATADOR ET LA CUADRILLA

Seuls les matadors vainqueurs gagnent un pécule. Les autres perdent parfois de l'argent. En effet, le matador doit payer une *cuadrilla* (équipe d'assistants), verser une somme pour combattre le taureau et acheter ou louer l'habit et l'équipement.

La cuadrilla se compose de plusieurs *peones*, jeunes toreros, qui ont pour mission de détourner l'attention de l'animal au moyen de grandes capes et de l'inciter à adopter la posture souhaitée. Interviennent ensuite les *banderilleros*, qui tentent de plonger une paire de *banderillas* (petits harpons) dans le garrot de la bête pour l'exciter. À cheval, les picadores enfoncent alors une lance dans le garrot de l'animal pour l'affaiblir.

Ensuite, le matador entre en scène, parfois vêtu tel un danseur de flamenco. Dans les grandes occasions, il arborera le *traje de luces* (habit de lumière), de couleurs vives et pailleté. Tous les toreros (matadors, banderilleros...) sont coiffés d'une *montera* noire. Les armes classiques du torero se composent de l'*estoque* ou *espada* (épée) et d'une lourde *capa* (cape) en soie et en percale. En revanche, seul le matador possède une cape différente – une *muleta*, étoffe plus petite fixée à un bâton en bois, utilisée pour diverses passes.

LA CORRIDA

Le combat commence généralement à 18h. En règle générale, six taureaux sont à l'affiche et trois matadors combattent chacun deux animaux. Chaque rencontre dure environ 15 minutes.

Au début du spectacle, le taureau charge dans l'arène. Les peones l'excitent puis le calment. Intervient alors le matador, qui exécute des *faenas* (passes) avec l'animal, notamment en pivotant devant ses cornes. Plus le matador reste calme et proche du taureau, plus l'approbation des spectateurs sera grande. Ayant prouvé son habileté, le matador cède la place aux banderilleros puis aux picadores, avant de revenir pour le dernier acte. Lorsque le taureau semble à bout, le matador choisit le moment pour le tuer. Affrontant l'animal, il tentera de plonger précisément l'épée dans son échine pour provoquer une mort instantanée : c'est l'*estocada*.

Si le matador a réalisé une bonne prestation et réussi à tuer rapidement le taureau, il aura droit à une ovation de la foule qui agitera un mouchoir pour inciter le président de la corrida à le gratifier d'une oreille de la bête. Le président attend en général de jauger l'enthousiasme de l'assistance avant de laisser tomber un mouchoir blanc dans sa loge. Si le combat a été excellent, le matador peut *cortar dos orejas*, couper les deux oreilles.

MATADORS

Si vous voulez assister à une corrida, surveillez les grands noms de la tauromachie, même si la participation d'une célébrité ne garantit nullement la qualité du spectacle, qui dépend aussi de l'animal. Parmi les vedettes, citons Enrique Ponce, un merveilleux matador originaire de la province de Jaén ; Julián "El Juli" López, né à Madrid en 1982 (entré chez les seniors alors qu'il n'avait que 15 ans) ; José Tomás, autre jeune star ; Morante de la Puebla, très populaire à Séville, sa ville natale ; Finito de Córdoba, grand favori de Córdoba où il est né, et Jesulín de Ubrique, à la réputation de grand séducteur.

ÉTHIQUE DU COMBAT

Il arrive qu'un torero meure dans l'arène. Le risque est cependant réduit de nos jours en raison de la pratique déloyale de l'*afeitado*, qui consiste à raccourcir les cornes du taureau. Cela rend l'animal légèrement moins combatif et perturbe son évaluation des distances et des angles. Lorsqu'en 1997, des mesures furent prises pour mettre fin à ce procédé, les matadors se mirent en grève.

OÚ ET QUAND

En Andalousie, la saison tauromachique débute le dimanche de Pâques et dure jusqu'en octobre. Il est possible d'assister à une corrida en dehors

"Si le matador réalise une bonne prestation et réussit à tuer rapidement le taureau, il a droit à une ovation des spectateurs qui agitent un mouchoir"

de cette période sur la Costa del Sol et parfois ailleurs. La plupart des corridas sont programmées dans le cadre d'une fiesta organisée par une ville. À l'exception de celle de Sevilla, peu d'arènes planifient des combats pendant toute la saison.

En Andalousie, la saison tauromachique débute vraiment à Sevilla, avec la Feria de Abril (foire d'avril ; p. 114). Des combats sont prévus presque tous les jours de la semaine et de la semaine précédente. C'est également à Sevilla que se clôture la saison, le 12 octobre, jour de la fête nationale. Voici quelques autres temps forts du calendrier tauromachique de l'Andalousie :

Fiesta de Jerez de la Frontera (fin avril-début mai).

Feria de Nuestra Señora de la Salud (fin mai-début juin). À Córdoba, bastion de la tauromachie.

Feria de Corpus Christi (fin mai 2005, mi-juin 2006 ; p. 330). À Granada.

El Puerto de Santa María (juin à août). Presque chaque dimanche.

Costa del Sol (juin à août). Presque chaque dimanche, dans les arènes de Fuengirola, Marbella, Torremolinos ou Mijas.

Fiestas Colombinas (3-9 août ; p. 148). À Huelva.

Feria de Málaga (mi-août ; p. 248). Une feria qui se déroule à Málaga durant 9 jours.

Feria de la Virgen del Mar (dernière semaine d'août). À Almería.

Corrida Goyesca (début sept). À Ronda, se produisent les matadors les plus talentueux, vêtus comme les personnages des gravures de Goya.

Voir la rubrique *Manifestations annuelles* des villes présentées dans ce guide pour plus d'informations sur les manifestations tauromachiques locales. Des magazines spécialisés, comme l'hebdomadaire *6 Toros 6*, diffusent toutes les informations : participants, dates et lieux des corridas. Dans chaque localité, des affiches annoncent les événements tauromachiques. Outre les corridas prestigieuses qui attirent les grands noms de la tauromachie et la foule, de nombreuses autres, moins spectaculaires, se déroulent dans les petites villes et les villages. Il s'agit souvent de *novilladas*, au cours desquelles de jeunes taureaux (*novillos*) sont combattus par des toreros non confirmés (*novilleros*).

Autres sports

L'un des événements sportifs majeurs en Espagne, le Grand Prix moto de Jerez de la Frontera, attire en mai quelque 150 000 spectateurs (voir p. 196).

Le *Baloncesto* (basket) est également un sport populaire. L'Unicaja de Málaga et la Caja San Fernando de Sevilla constituent les meilleures équipes andalouses de la Liga ACB, le championnat national professionnel.

L'Andalousie organise plusieurs tournois de golf professionnels chaque année. Les Volvo Masters se sont déroulés ces dernières années en novembre à Valderrama, près de Sotogrande (au nord-est de Gibraltar). Ils représentent le tournoi final de la saison du circuit européen. Pour la première fois en 1999, un Espagnol a remporté cette épreuve : il s'agit de la star andalouse de la Ryder Cup, Miguel Ángel Jiménez, originaire de Churriana, près de Málaga.

MINORITÉS ETHNIQUES

Les gitans d'Espagne, qui ont été persécutés par l'État jusqu'au XVIIIe siècle au moins, sont toujours restés en marge de la société – une mise à l'écart qui leur inspira sans doute la danse et le chant du flamenco (voir p. 41). De nos jours, la plupart des gitans andalous mènent une vie sédentaire, dans les villes et les villages, demeurant souvent dans les quartiers les plus pauvres. Ils vivent en relative bonne entente avec les autres Espagnols, mais ont tendance à ne pas se mélanger au reste de la population.

Le nombre d'immigrés présents en Andalousie et en Espagne en général, originaires d'autres pays européens ou de pays en développement, a fortement augmenté (voir p. 36). De nombreux Espagnols reconnaissent que la péninsule a besoin de l'immigration pour alimenter sa main d'œuvre et venir gonfler les tranches d'âge les plus jeunes. La faiblesse du taux de natalité ne permettrait pas de maintenir la population à son niveau actuel.

Les relations intercommunautaires subissent un regain de tension, avec l'arrivée d'immigrés venant des pays en voie de développement, essentiellement du Maroc et d'Amérique du Sud. Mus par l'espoir de trouver du travail en Espagne, nombre de ces immigrés prennent de grands risques : selon les années, ce sont des dizaines, voire des centaines de personnes qui, après avoir quitté le sol marocain, périssent par noyade en tentant de traverser le détroit de Gibraltar sur de petites embarcations afin d'entrer clandestinement en Andalousie. Des milliers d'autres (19 000 personnes en 2003) sont interceptés tous les ans par les garde-côtes ou par la police et sont renvoyés chez eux. Ceux qui réussissent à leur échapper sont très certainement bien plus nombreux. Les points de débarquement habituels se situent sur les plages de la province de Cadix, près de villes telles que Tarifa ou Algeciras, mais de nombreux bateaux font aussi voile vers les provinces d'Almería et de Grenade. Une fois en Espagne, soumis à la crainte perpétuelle de l'expulsion, les travailleurs clandestins sont particulièrement vulnérables à toutes les formes d'exploitation : maigres salaires, mauvaises conditions de travail, prostitution forcée, menaces de violences.

On estime que 30 000 immigrés, réguliers ou clandestins, pour la plupart de jeunes Maghrébins illettrés, âgés d'une vingtaine d'années, travaillent dans les cultures intensives de légumes sous plastique de la province d'Almería, dans des conditions souvent extrêmement misérables et pour des salaires bien inférieurs à ceux que recevraient des Espagnols pour la même tâche. Les tensions entre Espagnols et Marocains dans la région d'El Ejido, dans la province d'Almería, ont donné lieu en 2000 à une vague de violentes agressions contre des Marocains à la suite de l'assassinat de trois Espagnols par certains de leurs compatriotes.

Pour davantage d'informations sur les gitans espagnols, essayez le site de l'organisation gitane Unión Romaní (www.union romani.org). De nombreux liens vous sont proposés pour mieux appréhender la culture tsigane

RELIGIONS

Connue pour sa tolérance vis-à-vis des "trois cultures religieuses", l'Andalousie médiévale sous domination maure permit aux musulmans, aux chrétiens et aux juifs de vivre en paix. À certaines époques, chrétiens et juifs furent néanmoins victimes de persécutions ou se virent imposer des taxes discriminatoires. Il n'était pas rare que les chrétiens déclenchent des mouvements de rébellion. Différentes religions parvinrent néanmoins à cohabiter, de manière particulièrement fructueuse sous l'égide du calife de Cordoue, Abd ar-Rahman III. Le roi chrétien du XIIIe siècle, Alfonso X, entretint pendant quelque temps ce climat de tolérance, mais les souverains catholiques qui lui succédèrent obligèrent juifs et musulmans à se convertir et les soumirent à des persécutions avant d'ordonner leurs expulsions massives. Au XVIIe siècle, l'Espagne était devenue un État catholique. Éradiqué au XVIe siècle, le protestantisme ne s'implanta que plus tard dans la péninsule Ibérique.

Environ 90% des Andalous se déclarent catholiques, mais seulement 20% s'affirment pratiquants. L'Andalousie connaît également une tradition anticléricale profondément ancrée. L'Église était d'ailleurs considé-

LE SAVIEZ-VOUS ?

En 1982, les séfarades (juifs d'origine espagnole) ont été officiellement invités à revenir en Espagne, 490 ans après leur expulsion par les Rois Catholiques.

rée comme l'ennemi à abattre par les anarchistes et les révolutionnaires du XIXᵉ siècle. Cette hostilité a atteint un paroxysme sanglant durant la guerre civile, au cours de laquelle 7 000 prêtres, moines et nonnes furent assassinés en Espagne. La grande majorité des Andalous sont toutefois restés fidèles aux sacrements du baptême, du mariage et de l'enterrement. Ainsi, une famille consacre-t-elle en moyenne 2 000 € à la fête (tenue vestimentaire comprise) organisée pour la première communion d'un enfant. Le mot d'esprit du philosophe du XXᵉ siècle Miguel Unamuno semble avoir un fond de vérité : "Nous, les Espagnols, sommes tous catholiques, même les athées".

La population musulmane a fortement progressé ces dernières années en Espagne. En 2004, on estimait leur nombre à 600 000 personnes, parmi lesquelles 100 000 résident en Andalousie – essentiellement des travailleurs immigrés marocains mais aussi un millier d'Espagnols, dont certains sont des immigrés naturalisés et les autres, d'anciens catholiques convertis à l'islam. Outre la région d'El Ejido, dans la province d'Almería, où de nombreux Marocains travaillent dans l'agriculture, la plus vaste communauté musulmane d'Andalousie est implantée à Granada (20 000 représentants). Les autorités musulmanes du pays ont toutes condamné les attentats perpétrés en mars 2004 dans des trains, à Madrid.

La communauté juive compte quelques milliers de personnes, dont beaucoup sont originaires du Maroc.

ARTS
Flamenco

Le flamenco, qui combine avec passion la musique, le chant et la danse, reste la forme artistique la plus représentative de l'Andalousie. Ce mode d'expression a pris naissance chez les gitans de la basse vallée du Guadalquivir (le berceau du flamenco) au tournant du XVIIIᵉ et du XIXᵉ siècle. Peut-être englobe-t-il dans ses origines la musique et la poésie de l'Andalousie musulmane, des chants importés en Andalousie par les gitans eux-mêmes et même la liturgie byzantine des églises wisigothes. Le flamenco des origines, le *cante jondo* (chant profond), correspondait à la complainte déchirante et tragique des gitans, qui souffraient de la répression et de l'exclusion. La *Jondura* (profondeur) reste toujours considérée comme l'essence même du flamenco. Un artiste de flamenco capable de communiquer la passion de ces chants ne pourra guère vous laisser insensible et vous serez rapidement transporté. Ce don d'émouvoir l'auditoire est évoqué sous le nom de *duende* (esprit). C'est en déclenchant cette étincelle chez son public que l'artiste parvient à l'entraîner dans son émotion.

Un chanteur de flamenco s'appelle un *cantaor* (ou *cantaora* s'il s'agit d'une chanteuse), un danseur est un *bailaor (a)*. La plupart des chants et des danses sont accompagnés à la guitare par le *tocaor (a)*. Les percussions se font en tapant des pieds ou en claquant des mains, parfois avec des castagnettes. Les *coplas* (chants flamencos) prennent différentes formes (*palos*), de la *soleá*, angoissée, ou la *siguiriya*, profondément désespérée, à l'*alegría*, la plus vivante, ou la *bulería*, le palo le plus enlevé. Les rythmes et les gammes du flamenco peuvent déconcerter l'oreille du néophyte. Pour être un peu technique, disons que le flamenco utilise le mode phrygien, dans lequel l'intervalle entre deux notes d'une gamme à huit notes, est un demi-ton. Dans la musique occidentale classique, cet intervalle est d'un ton.

Les costumes traditionnels du flamenco – pour les femmes, la longue *bata de cola* (robe à traîne) à volants, le châle et l'éventail ; pour les

Le film *Flamenco* (1995), de Carlos Saura, offre la meilleure introduction qui soit à cette expression car il fait figurer nombre des plus grands artistes du genre, dont Paco de Lucía, Manolo Sanlúcar et Joaquín Cortés.

hommes, le chapeau andalou et le pantalon noir serré – correspondent à la mode en Andalousie à la fin du XIXe siècle, époque où le flamenco fit son apparition sur la scène publique.

Quant à la très populaire *sevillana*, que l'on voit très souvent dans les fiestas, elle ne fait pas référence au flamenco, malgré les apparences. Elle comporte quatre séries successives de mouvements des bras que le danseur interrompt brutalement et correspond sans doute à une version andalouse de la danse castillane appelée *seguidilla*.

LES LÉGENDES DU FLAMENCO

La première personne à avoir vécu du flamenco, El Fillo, naquit vers 1820 dans la région de Cádiz. Son nom se perpétue dans l'expression *voz afillá*, qui désigne la voix du jondo classique, rauque, puissante et éraillée par le tabac et l'alcool. Les grands chanteurs de la fin du XIXe siècle furent Silverio Franconetti, de Sevilla, et Antonio Chacón, de Jerez. Au début du XXe siècle leur succédèrent La Niña de los Peines, de Sevilla, la première grande cantaora, et Manuel Torre, de Jerez, dont la légende veut que, sous l'effet de son chant, les gens déchiraient leur chemise et renversaient les tables.

La Macarrona, de Jerez, et Pastora Imperio, de Sevilla, les premières bailaoras célèbres, dansèrent à Paris et en Amérique du Sud. Vinrent

Vous trouverez sur les sites Flamenco World (www.flamenco-world.com), Centro Andaluz de Flamenco (caf.cica.es) et Deflamenco.com (www.deflamenco.com) de nombreuses informations relatives au flamenco, dont le programme des concerts et des manifestations à venir.

FESTIVALS DE FLAMENCO ET DE MUSIQUE EN ANDALOUSIE

Voici quelques-uns des meilleurs rendez-vous musicaux andalous :

- **Festival de Jerez** (fin fév-début mars ; p. 193). Deux semaines de festivités autour du flamenco, à Jerez de la Frontera.
- **Potaje Gitano** (juin). Ce festival de flamenco, organisé à Utrera, est la première de trois soirées du samedi consacrées à cette musique dans la province de Sevilla.
- **Festival Torre del Cante** (juin). Autre festival de flamenco se déroulant sur une soirée à Alhaurín de la Torre, près de Málaga.
- **Festival Internacional de Guitarra** (fin juin-début juil ; p. 299). Deux semaines de manifestations autour de la guitare à Córdoba.
- **Festival Internacional de Música y Danza** (fin juin-début juil ; p. 330). À Granada, ce festival international de musique classique et de danse dure deux semaines et demie.
- **Caracolá Lebrijana** (juin-juil). Deuxième samedi du festival de flamenco de la province de Sevilla. Se tient à Lebrija.
- **Etnosur** (mi-juil ; www.etnosur.com). Ce rendez-vous de la world music est organisé à Alcalá la Real, dans la province de Jaén.
- **Blues Cazorla** (fin juil ; www.bluescazorla.com). Festival de blues se déroulant sur un week-end à Cazorla, dans la province de Jaén.
- **Gazpacho Andaluz** (juil-août). Dernier samedi consacré au flamenco sévillan. À Morón de la Frontera.
- **AV Festival** (juil-août ; www.avfestival.com). Week-end de musique électronique, de cyber-jazz et de post-rock organisé à Castillo de Sohail, Fuengirola.
- **Bienal de Flamenco** (sept, année paire ; p. 114). Elle attire à Sevilla, durant un mois, les artistes majeurs du flamenco.
- **Festival Internacional de Jazz** (nov). Il se déroule dans plusieurs villes andalouses.
- **Fiesta Mayor de Verdiales** (28 déc ; p. 248). Ce grand rassemblement autour d'une musique populaire typique de la région de Málaga a lieu à Puerto de la Torre.

ensuite La Argentina et, sa cadette, La Argentinita, qui formèrent les premières troupes de danseurs et transformèrent le flamenco en spectacle théâtral. Quant à Carmen Amaya (1913-1963), de Barcelone, sa manière de danser, rapide, énergique et fougueuse et sa vie tapageuse ont fait d'elle la danseuse gitane légendaire de tous les temps. Celui qui fut longtemps son partenaire, Sabicas, est considéré comme le père du solo de guitare du flamenco moderne.

Les grands chanteurs du milieu du XXe siècle furent Antonio Mairena et Manolo Caraco. Ils gardèrent vivace la flamme du flamenco pur à une époque où le flamenco dénaturé des *tablaos* – spectacles touristiques de médiocre qualité jouant sur le côté plaisant et sexy – risquait de l'emporter. Le *flamenco puro* connut un nouveau souffle dans les années 1970 grâce à des chanteurs tels que Terremoto et La Paquera, de Jerez, Enrique Morente, de Granada, et surtout grâce à El Camarón de la Isla, de San Fernando, près de Cádiz. La grande amplitude vocale de Camarón et ses choix personnels imprévisibles ont fait de lui une légende, bien avant sa mort tragique en 1992.

Paco de Lucía, né en 1947 à Algeciras, a fait de la guitare, qui n'était alors que le parent pauvre de la trinité flamenca, un instrument d'expression solo allant bien au-delà des limites traditionnelles grâce à de nouvelles techniques, gammes, mélodies et harmonies. De Lucía joue avec une telle virtuosité qu'on croirait entendre jouer deux ou trois guitaristes ensemble. Il a annoncé que sa tournée mondiale de 2004 serait la dernière de sa carrière ; reste à souhaiter qu'il reviendra sur cette décision. Le double album *Paco de Lucía Antología* est une merveilleuse introduction à son œuvre.

Pour son passionnant roman intitulé *Duende* (2003), le jeune auteur Jason Webster a plongé corps et âme, deux années durant, dans l'univers enflammé du flamenco, en quête du véritable esprit de cet art.

LE FLAMENCO CONTEMPORAIN

C'est peut-être aujourd'hui que le flamenco connaît son véritable âge d'or. Jamais il n'a été si populaire ni si créatif. Plusieurs grands artistes tels Enrique Morente, Carmen Linares et Chano Lobato rencontrent toujours le même succès, tandis que les jeunes générations contribuent à élargir l'audience du flamenco. Artiste universellement reconnu, José Mercé, de Jerez, est l'auteur d'albums enthousiasmants, *Del Amanecer* (De l'Aube ; 1999), *Aire* (Air ; 2000) et *Lío* (Enchevêtrement ; 2002), qui ont enregistré des ventes record. El Barrio, de Cádiz, sorte de poète urbain du XXIe siècle, Estrella Morente (fille d'Enrique) de Granada, Arcángel de Huelva et Miguel Poveda, né à Barcelone et non gitan, sont autant d'étoiles montantes chez les cantaores qui rencontrent un vif succès auprès de la jeunesse. Parmi les autres chanteurs de premier plan, dont il ne faudra pas manquer un concert, citons José Menese, Remedios Amaya, Aurora Vargas et Juan "El Lebrijano" Peña.

De tous les arts flamencos, le plus propice au passage des frontières, la danse, a atteint des rives encore plus audacieuses en la personne de Joaquín Cortés, né à Córdoba en 1969. Cortés associe le flamenco à la danse contemporaine, au ballet et au jazz. Au cours de performances aussi sonores qu'un concert rock, il lui arrive de danser à moitié dévêtu ou habillé en femme. Il organise régulièrement, en solo ou avec son ensemble, des tournées triomphales en Espagne et dans le monde entier.

Le jeune danseur le plus prometteur, Farruquito, né à Sevilla en 1983, n'est autre que le petit-fils du légendaire danseur de flamenco, Farruco, décédé en 1997. Parmi les autres illustres danseurs de flamenco, se produisant seuls ou avec leur propre troupe, figurent Sara Baras, Antonio Canales, Manuela Carrasco, Cristina Hoyos et Eva La Yerbabuena. Autre jeune talent particulièrement créatif à surveiller, Israel Galván, de Sevilla,

---

L'INVENTION DE LA GUITARE

Clapton, Santana et le King doivent tout à l'Andalousie. Au IXᵉ siècle, un musicien de la cour de Cordoue, du nom de Ziryab, ajouta une cinquième corde au luth à quatre cordes importé par les Arabes, et l'usage de la guitare allait se répandre dans toute l'Espagne au cours des siècles suivants. Autour des années 1790, une sixième corde fut ajoutée, probablement par un fabricant de guitares de Cadix appelé Pagés. Dans les années 1870, Antonio de Torres, d'Almería, donna à l'instrument sa forme moderne en élargissant ses deux renflements et en déplaçant le chevalet pour donner à ce qui est devenu la guitare, toute sa puissance.

---

a dansé sur les *Métamorphoses* de Kafka et sur des chansons des Doors, suscitant quelques grincements de dents chez les puristes.

Parmi les guitaristes, suivez l'excellent Manolo Sanlúcar, de Cádiz, Vicente Amigo (qui joue avec José Mercé) et Tomatito, d'Almería, qui a accompagné El Camarón de la Isla.

LA FUSION FLAMENCA

Après que Paco de Lucía leur eut ouvert la voie, une nouvelle génération de musiciens des années 1970 s'aventura à mêler le flamenco au jazz, au rock, au blues, au rap et à d'autres styles. Ce nouveau (*nuevo*) flamenco a beaucoup élargi l'audience de cet art. Le premier à avoir fait école fut l'album de flamenco-rock-folk intitulé *Veneno* (Venin, 1977), réalisé par le groupe du même nom centré autour de Kiko Veneno et Raimundo Amador, tous deux de Sevilla. Après quoi, Amador et son frère Rafael formèrent le groupe Pata Negra, qui a sorti quatre beaux albums de flamenco-jazz-blues dont l'aboutissement fut *Blues de la Frontera* (1986). Depuis lors, Raimundo a fait carrière en solo et a réalisé en 2003 l'album *Isla Menor*, qui associe rap, reggae et *pasos dobles* à la fusion.

Le groupe Ketama, dont les trois membres importants appartiennent à la famille flamenca des Montoya de Granada, a fusionné le flamenco avec des rythmes africains, cubains, brésiliens et autres. Deux de ses meilleurs albums sont intitulés *Songhai* (1987) et *Songhai 2* (1995). En 1993, Radio Tarifa s'est fait connaître avec *Rumba Argelina* (rumba algérienne), un fascinant mélange de flamenco, de musique nord-africaine et de sonorités médiévales andalouses. Le groupe a depuis réalisé trois albums, dont le dernier est *Fiebre* (Fièvre ; 2003).

Chef de file de la jeune génération d'artistes de flamenco, Niña Pastori, de Cádiz, a débuté à la fin des années 1990 en chantant du flamenco mâtiné de jazz et d'influences latines. Ses albums *Entre dos Puertos* (Entre deux ports ; 1997), *Eres Luz* (Tu es lumière ; 1999), *Cañailla* (2000) et *María* (2002) méritent vraiment d'être écoutés. Chambao, un groupe de Málaga, a su mêler avec brio flamenco et tempos électroniques sur *Flamenco Chill* (2002) et *Endorfinas en la Mente* (De l'endorphine dans la tête ; 2004). Enfin, le tout dernier triomphe de la fusion flamenca, l'album intitulé *Lágrimas Negras* (Larmes noires ; 2003), a pris la forme d'un duo entre le chanteur Diego El Cigala et le pianiste cubain octogénaire Bebo Valdés.

ASSISTER À UN SPECTACLE DE FLAMENCO

C'est principalement en été que l'on peut voir du flamenco, lors des représentations organisées par les villes dans le cadre de leurs nombreuses ferias ou fiestas (voir l'encadré p. 42). Ces spectacles peuvent se prolonger toute la nuit. Le reste de l'année, les grands noms du flamenco se produisent de temps à autre dans des théâtres, à l'occasion d'une série de concerts, mais des soirées flamenco se déroulent aussi régulièrement dans les bars ou les clubs de certaines villes – parfois pour le prix d'une simple boisson. Les amateurs de flamenco se réunissent dans des clubs appelés *peñas*, où sont organisés des spectacles le soir – la plupart laissent entrer les visiteurs intéressés, qui découvriront une ambiance très chaleureuse. Sevilla, Jerez de la Frontera, Cádiz et Granada sont le berceau du flamenco, mais vous l'apprécierez aussi à Málaga, Córdoba et Almería et, plus rarement, dans d'autres villes.

Les *tablaos* sont des spectacles à prix élevés destinés aux touristes, qui ne sont pas forcément de bonne qualité. C'est certainement ce que vous proposeront les offices du tourisme si vous ne précisez pas ce que vous recherchez.

Autres musiques

Dans ce pays à forte tradition musicale, toutes les grandes villes proposent un calendrier très complet d'événements musicaux, de la musique classique au jazz en passant par la pop et la musique électronique ; le week-end, vous n'aurez que l'embarras du choix. Les concerts de toutes sortes constituent, par ailleurs, un élément essentiel des nombreuses fiestas andalouses.

Rares sont les artistes andalous, quel que soit leur genre musical, chez qui l'on ne retrouve pas trace de la tradition du flamenco. L'un des musiciens les plus intéressants et les plus talentueux, le chanteur compositeur Kiko Veneno, a passé la plus grande partie de sa vie du côté de Sevilla et de Cádiz. Bien qu'il pratique aussi la fusion flamenca (voir p. 44), il se situe plutôt maintenant dans le camp du rock-R&B. Il mélange rock, blues, rythmes africains et flamenco avec des paroles qui vont des moments *simpático* et humoristiques de la vie de tous les jours à des poèmes de Lorca. Ses compilations, *Puro Veneno* (Pur poison ; 1997) et *Un Ratito de Gloria* (Un Instant de gloire ; 2001), constituent un excellent aperçu de sa musique.

Toujours vert, lui aussi, l'iconoclaste Joaquín Sabina d'Úbeda (province de Jaén), assure depuis plus de deux décennies une production prolifique de rock folk lyrique sur des thèmes contestataires. Ainsi a-t-il déclaré : "Je serai toujours hostile à ceux qui sont au pouvoir" ou encore : "Chaque fois que je regarde une télé, j'ai envie de vomir". Son double album paru en 2000, *Nos Sobran Los Motivos* (Plus de raisons qu'il n'en faut), offre une bonne introduction à sa musique.

Parmi les autres musiciens andalous qui méritent l'attention, signalons La Mala Rodríguez, chanteuse de rap sévillane ; Los Planetas, groupe basé à Granada du courant indie ; Tabletom, formation ouvertement hippie qui mêle Frank Zappa au blues, au jazz et à l'hédonisme de Málaga depuis les années 1970 ; Lagartija Nick, groupe de techno punk originaire de Grenade et décrit comme une "tyrannique tempête de bruits" ; Las Niñas, trio sévillan qui associe R&B afro-américain et ingrédients du rap ; et l'incontournable groupe de heavy rock Medina Azahara, de Córdoba.

Dans le domaine de la musique classique, celui qu'on peut qualifier de plus grand compositeur espagnol, Manuel de Falla, naquît à Cádiz en 1876. Il grandit en Andalousie puis séjourna à Madrid et à Paris, revint vers 1919 vivre à Granada jusqu'à la fin de la guerre civile avant de partir en Argentine. Ses trois œuvres principales, toutes composées pour des ballets, ont de profondes racines andalouses : *Noches en los Jardines de España* (Nuits dans les jardins d'Espagne) évoque le passé musulman et les bruits et sensations d'une chaude nuit andalouse, tandis que *El Amor Brujo* (L'Amour sorcier) et *El Sombrero de Tres Picos* (Le Tricorne)

Pour connaître tous les concerts et les festivals, connectez-vous sur le site de Rock Indie (www.indyrock.es). Vous trouverez auprès de Clubbing Spain (www.clubbingspain.com) et de Satisfaxion (www.satisfaxion.com) tous les renseignements concernant les rendez-vous des musiques techno et house.

s'inspirent du flamenco. Andrés Segovia, de la province de Jaén, restera l'un des plus grands guitaristes classiques du XXᵉ siècle et Carlos Álvarez, de Málaga, figure aujourd'hui parmi les meilleurs barytons sur la scène internationale de l'opéra.

Littérature
LA PÉRIODE MUSULMANE

Le XIᵉ siècle connut une floraison d'œuvres de poésie arabe et hébraïque en Andalousie. Essentiellement consacrée au thème de l'amour, la poésie arabe permit à Ibn Hazm et à Ibn Zaydun de Cordoue, ainsi qu'à Ibn Ammar et au roi Al-Mutamid de Séville de s'illustrer. Parmi les poètes juifs, Judah Ha-Levi, considéré comme l'un des plus grands écrivains hébraïques post-bibliques, passa sa vie entre Grenade, Séville, Tolède et Cordoue, avant de décider que le retour en Palestine était la seule solution possible pour les juifs espagnols.

Le philosophe Averroès, ou Ibn Ruchd (1126-1198), de Cordoue, écrivit des commentaires sur Aristote en s'efforçant de concilier la science et la foi religieuse ; il eut une grande influence sur la pensée chrétienne des XIIIᵉ et XIVᵉ siècles. Cet extraordinaire esprit encyclopédique fut également juge, astronome, mathématicien, ainsi que le médecin et le conseiller personnel de deux souverains almohades.

LE SIGLO DE ORO

En Andalousie, le Siècle d'or, du milieu du XVIᵉ au milieu du XVIIᵉ siècle, commença avec le cercle qui se rassembla à Séville autour de l'arrière-

---

L'ANDALOUSIE À TRAVERS LE ROMAN

L'auteur de *Ma ferme andalouse*, Chris Stewart, n'est pas, loin s'en faut, le premier étranger à qui l'Andalousie a inspiré un élan de créativité littéraire. En fait, des milliers d'autres nouveaux expatriés, attirés par la perspective d'une vie plus paisible et moins onéreuse, dans un cadre relativement exotique où le soleil ne manque pas, voyageurs et écrivains du XIXᵉ siècle ont été séduits par l'image ambivalente d'une région souffrant de retard et de pauvreté et d'une terre de volupté, mystérieuse et riche spirituellement. Le charme intemporel des villes, le chant et la danse flamenco, l'histoire pleine de légendes, l'amour des Andalous pour l'apparat, la fête et la corrida, les sierras rocheuses hantées par les histoires de brigands, la chaleur, les femmes aux yeux et cheveux d'ébène ont contribué à donner de l'Andalousie une image romantique.

Un des premiers écrits romantiques qui planta son décor en Andalousie (en l'occurrence à Séville) fut *Don Juan*, le chef d'œuvre de Lord Byron. Ce dernier arriva en Andalousie en 1809 et écrivit cette épopée comique à la fin de sa vie, au début des années 1820. En 1826, le vicomte de Chateaubriand publia *Les Aventures du Dernier Abencerage*, une nouvelle très originale et pleine de mélancolie, l'histoire d'un prince musulman de Grenade retournant chez lui après la conquête chrétienne. L'Alhambra devint la quintessence de l'Andalousie romantique dans *Les Orientales* (1829) de Victor Hugo (qui ne connaissait pas Grenade), et dans les *Contes de l'Alhambra* (1832) de l'Américain Washington Irving (qui habita le palais quelques mois). L'histoire tourmentée d'amour et de vengeance, à Séville, contée par Prosper Mérimée dans *Carmen*, ajouta une note de sensualité subtropicale à la mystique Andalouse.

Les compositeurs furent eux aussi influencés par les images qu'évoque l'Andalousie. Les aventures de Don Juan (pièce à l'origine écrite par le dramaturge espagnol du XVIIᵉ siècle Tirso de Molina) inspirèrent Mozart au XVIIIᵉ siècle pour son *Don Giovanni*. Si Don Juan fit passer l'Andalou pour un séducteur machiste, en 1875, l'opéra de Georges Bizet, *Carmen*, tirée de la nouvelle de Mérimée, renforça le stéréotype de l'Andalouse fougueuse, rusée et d'une beauté éclatante.

Alexandre Dumas résume presque tout cela lorsqu'il décrit l'Andalousie comme "une terre charmante et gaie, avec des castagnettes à la main et une guirlande sur le front". Plus d'un siècle plus tard, l'Andalousie peine encore à se défaire de ces images d'Épinal.

petit-fils de Christophe Colomb, Álvaro Colón. Au sein de ce groupe figuraient notamment les dramaturges Juan de la Cueva et Lope de Rueda.

Le cordouan Luis de Góngora (1561-1627) passe pour être le plus grand auteur espagnol de sonnets. Beaucoup le considèrent même comme le meilleur poète de la péninsule. Ses vers descriptifs, riches en métaphores, se veulent avant tout source de plaisir sensuel. Certains d'entre eux célèbrent les aspects idylliques de la vallée du Guadalquivir.

L'illustre Miguel de Cervantès (1547-1616) n'était pas andalou, mais passa dix années tumultueuses en Andalousie, durant lesquelles il omit de s'acquitter de ses impôts et vendit de manière illicite de l'huile et du blé aux marins espagnols. Au cours de cette même période, Cervantès fut poursuivi en justice à plusieurs reprises, effectua des séjours en prison et fut même excommunié – autant de mésaventures qui fournirent certainement matière à inspiration à l'un des pères du roman. *El Ingenioso Hidalgo Don Quijote de La Mancha* parut en 1605. Les pérégrinations de Don Quichotte et de son fidèle compagnon Sancho Panza se déroulent surtout dans les plaines de La Mancha, mais il leur arrive de s'égarer, pendant quelques épisodes loufoques, dans la Sierra Morena. Certaines des courtes *Novelas Ejemplares* (Nouvelles exemplaires) font la chronique de la vie mouvementée à Séville au XVIᵉ siècle.

"Au cours de son séjour en Andalousie, Cervantès fut plusieurs fois poursuivi en justice, effectua des séjours en prison et fut même excommunié"

LES GÉNÉRATIONS DE 98 ET DE 27

Pour voir une explosion de créativité littéraire en Andalousie, il faut attendre la fin du XIXᵉ siècle. Sous le nom de Génération de 98 se regroupaient divers intellectuels éprouvant une même inquiétude face au déclin national engendré par la perte des dernières colonies espagnoles en 1898. Le poète le plus fameux, Antonio Machado (1875-1939), venait de Séville, mais il passa sa vie d'adulte loin de l'Andalousie, hormis quelques années durant lesquelles il l'enseigna à Baeza, où il acheva *Campos de Castilla* (*Champs de Castille*), série de poèmes mélancoliques évoquant les paysages de Castille. Son ami Juan Ramón Jiménez (1881-1958), originaire de Moguer, près de Huelva, fait revivre sa ville de façon amusante et émouvante dans *Platero y Yo* (*Platero et moi*). Ce poème en prose raconte ses balades d'enfant avec son âne et confident Platero. Jiménez obtint le prix Nobel de littérature en 1956 et établit une sorte de lien entre la Génération de 98 et celle de 27, qui doit son nom aux conférences et aux lectures que ses membres organisèrent à Séville en 1927 à l'occasion du tricentenaire de la mort de Luis de Góngora.

Dans le groupe peu structuré de la Génération de 27 figuraient les poètes Rafael Alberti, d'El Puerto de Santa María, ainsi que Vicente Aleixandre (prix Nobel 1977) et Luis Cernuda, tous deux originaires de Séville. Salvador Dalí, Luis Buñuel et le compositeur Manuel de Falla étaient également proches d'eux, mais la figure la plus marquante du groupe – considérée par beaucoup comme le plus grand écrivain espagnol depuis Cervantès – reste le grenadin Federico García Lorca.

Federico García Lorca, publié par Ian Gibson en 1990, est une excellente biographie du plus célèbre écrivain andalou. Du même auteur, *La mort de García Lorca, enquête sur le crime* (1974), lève le voile sur le mystère entourant l'exécution de Lorca durant la guerre civile, près de Grenade.

FEDERICO GARCÍA LORCA

Lorca (1898-1936) était musicien, artiste, directeur de théâtre, poète, dramaturge et davantage encore. Pourtant charismatique et populaire, il se sentait aussi rejeté par sa ville, Grenade ("un désert habité par la pire bourgeoisie d'Espagne"), que par la société espagnole en général, en raison de son homosexualité, de ses idées de gauche et, certainement, de son talent même. Lorca s'identifiait avec les gitans marginalisés d'Andalousie et aspirait à la spontanéité et à la vivacité. Il vantait les charmes à la fois du passé musulman de sa ville et de ce qu'il considérait comme l'Andalousie "authentique" (que l'on rencontrait à Málaga, à Cordoue, à Cadix... partout sauf à Grenade).

Lorca remporta son premier grand succès populaire avec *El Romancero Gitano* (*Romancero gitan*), un recueil en vers publié en 1928 où il évoque les gitans andalous, associant la richesse des métaphores et la simplicité du chant flamenco. Suivent ensuite, entre 1933 et 1936, ses trois tragédies les plus célèbres, *Bodas de Sangre* (*Noces de sang*), *Yerma* (*Yerma*) et *La Casa de Bernarda Alba* (*La Maison de Bernarda Alba*) – œuvres sombres et puissantes, qui traitent de l'enfermement et de la libération, de la passion et de la répression. Lorca mourut exécuté par les nationalistes durant la guerre civile.

Lorca a-t-il réellement été assassiné ? Dans *La Luz Prodigiosa*, le film qu'il a réalisé en 2003 en Andalousie, Miguel Hermoso part d'une rumeur selon laquelle le grand écrivain aurait survécu aux nationalistes chargés de l'exécuter.

LA LITTÉRATURE CONTEMPORAINE

La plupart des écrivains phares de l'après-guerre viennent plutôt du nord de la péninsule. Néanmoins, Antonio Muñoz Molina, né à Úbeda, dans la province de Jaén, en 1956, s'impose comme l'un des grands romanciers contemporains espagnols pour son art de conteur, son imagination et sa profondeur. Son meilleur roman reste sans doute *El Jinete Polaco* (1991), qui se déroule à "Mágina", une sorte d'Úbeda imaginaire, au milieu du XXᵉ siècle.

Poète, romancier et essayiste, José Manuel Caballero Bonald est né à Jerez de la Frontera en 1926. Son roman *Dos Días de Septiembre*, publié en 1962, évoque les inégalités sociales de l'Andalousie rurale en usant de techniques narratives expérimentales telles que le "flux de conscience". *Ágata Ojo de Gato* (1974), œuvre qui se déroule en Andalousie à une époque et dans un lieu non identifiables, approche une forme de réalisme magique.

Auteur dramatique, poète et romancier, Antonio Gala (né en 1930), originaire de Cordoue, situe une grande partie de son œuvre dans le passé, dont il se sert pour éclairer le présent. Son roman le plus célèbre s'intitule *Turca* (*La Passion turque* ; 1993).

Architecture

Les monuments les plus célèbres d'Andalousie – l'Alhambra (p. 318) de Grenade et la Mezquita (p. 293) de Cordoue – illustrent l'apogée de la période musulmane (711-1492). Pour en savoir plus, reportez-vous au chapitre *Architecture hispano-mauresque* p. 71.

Les principales structures prémusulmanes importantes sont romaines : ainsi, à Itálica (p. 129), près de Séville, subsiste le plus grand de tous les amphithéâtres romains ; à Baelo Claudia (à Bolonia ; p. 212), se trouve un théâtre ; et à Carmona (p. 131), une nécropole. Les Romains ont légué à l'Andalousie cette délicieuse oasis qu'est le patio intérieur, idée adoptée plus tard par les musulmans.

LE GOTHIQUE

L'architecture chrétienne arriva au nord et à l'ouest de l'Andalousie avec la Reconquista (reconquête) au XIIIᵉ siècle. Le style dominant était alors le gothique, avec ses arcs en ogive, ses plafonds nervurés, ses arcs-boutants et ses découpes de fenêtres. La cathédrale de Séville (p. 95), la plus grande d'Espagne, possède une structure presque entièrement gothique. L'Andalousie abrite d'innombrables églises, châteaux et demeures présentant une architecture intégralement ou partiellement gothique. Nombre de bâtiments commencés à l'époque gothique ont été terminés ou modifiés par la suite et mêlent ainsi plusieurs styles successifs. C'est le cas de la cathédrale de Jerez de la Frontera (gothique, mudéjar, baroque et néoclassique ; p. 190) et de la cathédrale de Málaga (gothique, Renaissance et baroque ; p. 243).

Contemporain du règne des Rois Catholiques, le style Isabelin correspond à la dernière forme du gothique espagnol. La chapelle royale où sont enterrés les Rois Catholiques, la Capilla Real (p. 323), à Grenade, en est l'un des fleurons, de même que le Palacio de Jabalquinto (p. 370) à Baeza. Le style Isabelin se caractérise par des arcs aux formes souples, des tympans ajourés et des façades avec dentelures et bas-reliefs (dont une multitude d'écus héraldiques).

LA RENAISSANCE

La Renaissance, en architecture, peut se traduire comme un retour aux anciens idéaux grecs et romains valorisant l'harmonie et l'équilibre des proportions, dans un style où dominent colonnes et formes carrées, circulaires ou triangulaires.

Dans l'architecture espagnole, la Renaissance se subdivise en trois phases. En premier lieu apparut le style *plateresque*, un genre qui affecta d'abord davantage la décoration que la structure, et dont le nom vient de l'espagnol *platero,* qui signifie orfèvre. Les portails en plein cintre étaient encadrés de colonnes classiques et de sculptures en pierre.

Puis vint le style proprement Renaissance, plus pur, qui atteignit sa plus belle expression dans le Palacio de Carlos V (p. 323) à l'Alhambra de Grenade, conçu par l'Espagnol Pedro Machuca, formé à Rome.

La dernière phase, la plus sobre, vit apparaître le style herrerien, du nom de Juan de Herrera (1530-1597), l'architecte du grand palais monastère de l'Escorial, près de Madrid, et de l'Archivo de Indias à Séville (p. 101).

L'un des plus beaux ensembles Renaissance du pays, conciliant ces trois phases, reste l'œuvre de l'architecte Andrés de Vandelvira (1509-1575), qui construisit nombre d'édifices de la ville d'Úbeda, dans la province de Jaén (p. 373). Il fut largement influencé par Diego de Siloé (1495-1563), natif de Burgos, qui fut le principal architecte des cathédrales de Grenade, de Málaga et de Guadix.

La Renaissance vit la construction par les nobles de somptueuses demeures urbaines au cœur desquelles se cachent de délicieux patios entourés d'harmonieuses galeries en arcades, comme le Palacio de la Condesa de Lebrija (p. 106), la Casa de Pilatos (p. 107) à Séville ou le Palacio de Vázquez de Molina (p. 375) à Úbeda.

LE BAROQUE

La réaction à la sobriété de la Renaissance se manifesta dans le goût pour les couleurs et les mouvements qui caractérisent le baroque, école qui atteignit son expression la plus élaborée au XVIIIᵉ siècle. L'Andalousie est l'une des régions où le baroque connut son plus bel épanouissement.

Classique à la base, le baroque affichait une profusion d'éléments décoratifs en façade et des intérieurs saturés de sculptures en stuc très ornées et de peintures dorées. Les retables – grandes pièces d'autel présentes dans de nombreuses églises espagnoles et illustrant les grands épisodes de la vie chrétienne et leurs enseignements – atteignirent des sommets d'exubérance.

Avant l'apogée du baroque se glissa une phase transitoire dont témoignent des œuvres plus sobres comme la façade de la cathédrale de Grenade, conçue par Alonso Cano au XVIIᵉ siècle (p. 324). L'expres-

"Le baroque connut en Andalousie l'un de ses plus beaux épanouissements"

sion la plus exagérée du baroque est qualifiée de "churrigueresque", du nom d'une famille d'architectes et de sculpteurs de Barcelone, les Churriguera.

Séville est sûrement l'une des villes au monde qui possède le plus d'églises baroques au kilomètre carré. Néanmoins, l'église du monastère de La Cartuja (p. 329) à Grenade, œuvre de Francisco Hurtado Izquierdo (1669-1728), compte parmi les plus somptueuses créations baroques de toute l'Espagne. Les disciples de Hurtado ornèrent la petite ville de Priego de Córdoba (p. 309) de sept ou huit églises baroques.

LE NÉOCLASSICISME

Au milieu du XVIIIᵉ siècle, dans toute l'Europe, revint la mode des lignes plus sobres et nettes du néoclassicisme, nouveau retour aux idéaux grecs et romains lié à la philosophie des Lumières qui prévalait à l'époque. Cadix possède le plus riche patrimoine néoclassique d'Andalousie. Cependant, le plus remarquable édifice de ce style reste la très grande et presque monastique Antigua Fábrica de Tabacos (l'ancienne manufacture de tabac ; p. 108) de Séville, construite pour abriter l'une des premières industries soutenues par l'État.

XIXᵉ ET XXᵉ SIÈCLES

Le XIXᵉ siècle constitua un retour aux styles architecturaux antérieurs. On vit ainsi apparaître en Andalousie du néogothique, et même un peu de néobaroque, mais surtout du néomudéjar et du néo-islamique. C'est à cette époque que l'on construisit, en imitant avec succès les styles architecturaux mauresques, de grandes demeures privées, comme le Palacio de Orleans y Borbón (p. 187), à Sanlúcar de Barrameda, et toutes sortes de bâtiments publics, des gares ferroviaires de Séville jusqu'aux marchés de Málaga et de Tarifa. L'Exposición Iberoamericana de 1929 fut l'occasion de constructions fantaisistes à Séville, inspirées de presque tous les styles andalous passés.

À l'époque de Franco, de tristes immeubles ouvriers de style soviétique poussèrent dans de nombreuses villes. Les nouveaux édifices publics, tels que l'hôtel de ville de Huelva, arboraient un air de classicisme d'une froideur toute stalinienne ou mussolinienne. C'est également durant cette période que commença le bétonnage désordonné des longues étendues du littoral andalou pour accueillir hôtels et complexes touristiques, un type d'aménagement balnéaire qui se caractérise par son absence de cohérence et d'harmonie.

L'Expo'92 de Séville a entraîné la construction de plusieurs nouveaux ponts spectaculaires sur le Guadalquivir et d'une nuée de pavillons d'exposition d'avant-garde.

Peinture, sculpture et travail du métal

L'art andalou remonte aussi loin que l'âge de la pierre. Au fil du temps, il a atteint son apogée au XVIIᵉ siècle.

AVANT L'ART CHRÉTIEN

Vivant de la chasse et de la cueillette, les premiers hommes qui vécurent dans la région laissèrent d'impressionnantes peintures rupestres d'animaux, de personnages et de figures mythologiques dans des grottes telles que la Cueva de la Pileta (p. 275), près de Ronda, dans la province de Málaga, et la Cueva de Los Letreros (p. 413), près de Vélez Blanco, dans la province d'Almería. Plus tard, les Ibères réalisèrent une profusion de sculptures de pierre représentant des animaux, des divinités et d'autres figurines, souvent influencés par les Carthaginois et les Grecs. Les musées

LE SAVIEZ-VOUS ?

Après des visites annuelles de 1891 à 1900 pour les vacances à Málaga, Picasso n'y revint jamais par la suite et s'installa définitivement en France en 1904.

archéologiques de Séville (p. 108) et de Cordoue (p. 297), ainsi que le Museo Provincial de Jaén (p. 364), exposent de belles collections ibères.

Parmi les vestiges artistiques de l'époque romaine, les plus beaux sont les mosaïques et les sculptures, dont il subsiste de merveilleux exemples à Itálica, Écija et Carmona (dans la province de Séville), dans le Palacio de la Condesa de Lebrija de Séville et dans les musées archéologiques de Cordoue et de Séville.

Dans l'Andalousie sous domination arabe (711-1492), les arts décoratifs atteignirent leur apogée en se mettant au service de l'architecture – voir p. 71 pour plus d'informations sur l'architecture musulmane.

L'ART GOTHIQUE ET RENAISSANCE

Séville s'impose comme le grand foyer artistique de toute la région depuis la reconquête chrétienne. Chef-d'œuvre de l'art gothique, le gigantesque retable de la cathédrale de Séville, conçu par le sculpteur flamand Pieter Dancart en 1482, comporte plus d'un millier de figures bibliques. À peu près au même moment, le Français Lorenzo Mercadante de Bretaña, suivi par son disciple local, Pedro Millán, fit preuve d'un sens nouveau du naturalisme et du détail dans la sculpture sévillane. Puis l'essor de Séville au XVIe siècle ouvrit la ville aux tendances humanistes et classiques de la Renaissance. Alejo Fernández (1470-1545), artiste sans doute originaire d'Allemagne, introduisit les nouvelles tendances de la Renaissance dans la peinture ; l'Italien Pietro Torrigiano (1472-1528) fit de même pour la sculpture.

Un maître artisan du XVIe siècle, connu sous le nom de Maestro Bartolomé, réalisa certaines des plus ravissantes *rejas* (grilles en fer forgé) d'Espagne pour des églises de la province de Grenade et de Jaén.

LE SIGLO DE ORO

Au début du XVIIe siècle, certains artistes sévillans, comme Francisco Pacheco et Juan de Roelas, adoptèrent une approche plus naturaliste, annonçant le baroque. C'est en effet en Andalousie que prit racine le baroque, avec ses grandes images colorées facilement lisibles. Parmi ces illustres maîtres sévillans du siècle d'or espagnol figurent le mystique Francisco de Zurbarán, Diego Velázquez, qui quitta Séville vers l'âge de 20 ans pour devenir peintre officiel à la cour de Madrid et s'imposer finalement comme le plus grand artiste de l'âge d'or espagnol, et les maîtres du baroque flamboyant Bartolomé Esteban Murillo et Juan de Valdés Leal, ainsi que les sculpteurs Juan Martínez Montañes et Pedro Roldán. Voir p. 107 pour en savoir plus sur ces artistes.

Alonso Cano (1601-1677), ami de Velázquez, étudia sous l'influence de Pacheco, de Séville. Néanmoins, c'est dans les cathédrales de Grenade et de Málaga que ce talentueux architecte, peintre et sculpteur réalisa ses plus belles œuvres. Le plus recherché des sculpteurs andalous de son temps, Pedro de Mena (1628-1688), qui vécut à Málaga, réalisa toutes sortes de saints, d'enfants Jésus et d'autres œuvres religieuses.

"L'art andalou a atteint son apogée au XVIIe siècle"

XVIIIe ET XIXe SIÈCLES

Durant cette période d'appauvrissement, l'Espagne ne donna naissance qu'à un seul artiste d'exception, le grand Francisco de Goya (1746-1828). Bien qu'originaire d'Aragón, dans le nord de l'Espagne, Goya représenta des scènes de tauromachie vues à Ronda. Il est possible qu'il ait peint ses célèbres tableaux intitulés *La Maja Vestida* et *La Maja Desnuda* – deux représentations dans une pose identique d'une même femme, habillée puis dévêtue – dans un pavillon de chasse royal de ce qui est aujourd'hui le Parque Nacional de Doñana. On peut admirer en Andalousie quelques-unes des œuvres de Goya, notamment dans la cathédrale de Séville et à l'Oratorio de la Santa Cueva à Cadix.

XXᵉ SIÈCLE

Pablo Picasso (1881-1973) est né à Málaga mais il partit dans le nord de l'Espagne dès l'âge de 9 ans. Au fil de la carrière de l'artiste, sa peinture ne cessa d'évoluer par brusques à-coups. Sa période bleue (1901-1904), particulièrement désespérée, fut suivie de la période rose, plus légère. Quelque temps plus tard, avec Georges Braque, Picasso développe le cubisme. Un grand musée Picasso a enfin ouvert ses portes à Málaga en 2003 (voir p. 245), présentant une importante collection d'œuvres données par la belle-fille de l'artiste, Christine Ruiz-Picasso. Ce musée assurera ainsi à la ville quelques retombées de la célébrité de cet enfant du pays.

Parmi les autres artistes talentueux du XXᵉ siècle à avoir quitté l'Andalousie sur les traces de Picasso figure le peintre expressionniste abstrait José Guerrero (1914-1991), natif de Grenade. Il accéda à la notoriété à New York dans les années 1950. Un musée consacré à ses œuvres a ouvert à Grenade en 2000. Parmi les artistes contemporains à avoir effectivement travaillé en Andalousie, les plus remarquables furent Julio Romero de Torres (1880-1930), de Cordoue, peintre de nus féminins sombres et sensuels, Daniel Vázquez Díaz (1882-1969), portraitiste originaire de Huelva, Carmen Laffón, née à Séville en 1934, peintre intimiste de la vie quotidienne au style réaliste. Parmi les principaux artistes contemporains travaillant actuellement en Andalousie figurent Chema Cobo, né à Tarifa en 1952, et Pedro García Romero, né à Aracena en 1964.

Cinéma

L'Andalousie ne se situe pas au premier plan de l'industrie cinématographique dans un pays où le septième art, freiné dans sa créativité par un manque de moyens, est essentiellement concentré à Madrid. Une pointe d'accent andalou s'avèrerait même un handicap pour les acteurs tentant de percer dans la capitale espagnole. S'ils ne réalisent pas de gros scores à l'échelle internationale, quelques films de qualité ont néanmoins été produits en Andalousie. Ainsi, la société de production andalouse Canal Sur a récemment travaillé sur plusieurs longs métrages, dont *Nadie Conoce a Nadie* (Jeu de rôles ; 1999), thriller psychologique de Mateo Gil se déroulant à Séville durant la Semaine sainte, et *Carlos Contra el Mundo* (Carlos contre le monde ; 2002), comédie de Chiqui Carabante sur un adolescent originaire de Málaga qui, à la suite du décès de son père, se retrouve face à des responsabilités parfois lourdes à porter. Autre belle production andalouse : *Atún y Chocolate* (Thon et chocolat ; 2004), film humoristique de Pablo Carbonell tourné à Barbate, dans la province de Cadix (p. 210), et dont l'intrigue s'inspire de trois grands thèmes, le mariage, la pêche au thon et le trafic de haschich.

Parmi les autres productions évoquant des thèmes chers à l'Andalousie figurent le délicieux *Al Sur de Granada* (Au Sud de Grenade ; 2003), tiré du roman de l'écrivain anglais Gerald Brenan retraçant sa vie dans un village andalou au cours des années 1920 (réalisé par Fernando Colomo), et *800 Balas* (800 Balles ; 2002), hommage d'Alex de la Iglesia (le réalisateur de *Perdita Durango*) au western spaghetti, qui permit à la région d'apporter sa pierre à l'édifice du cinéma. Au début des années 1960, les producteurs de westerns se sont en effet aperçus que les paysages désertiques des environs de Tabernas, dans la province d'Almería, constituaient de formidables lieux de tournage. En outre, les coûts en Espagne, s'avéraient sans comparaison avec ceux pratiqués à Hollywood. La trilogie de l'*Homme sans nom* avec Clint Eastwood réalisée par Sergio Leone – *Pour une poignée de dollars, Et pour quelques dollars de plus* et *Le bon, la brute et le truand* – demeure la plus célèbre des 150 films tournés en dix ans à Almería. Trois décors de villes du Far West ont été conservés et transformés en attractions touristiques (voir l'encadré p. 399).

Durant cette même époque, l'Andalousie servit de cadre, au moins en partie, à plusieurs autres réalisations majeures, dont *Laurence d'Arabie*. Ainsi, certains édifices sévillans telles la Casa de Pilatos (p. 107) et Plaza de España (p. 108) apparaissent-t-ils dans des scènes se déroulant au Caire, à Jérusalem ou à Damas. Afin de recréer la prise du port d'Aqaba, on reconstitua toute la ville sur les bords de l'Almería, près de Carboneras. Pour son film sur les croisades *Kingdom of Heaven (sortie en 2005)*, avec Orlando Bloom, le réalisateur britannique Ridley Scott (*Alien, Gladiator, Blade Runner* et *La Chute du faucon noir*) tourna en 2004, dans la Casa de Pilatos et à l'Alcázar (p. 98), à Séville, des scènes évoquant la Jérusalem médiévale. Le désert de Tabernas et le promontoire de Cabo de Gata (province de Almería) servirent de toile de fond à certains passages de grands classiques comme *Cléopâtre, Le docteur Jivago* et *Indiana Jones et la dernière croisade*.

Seule star andalouse connue dans le monde entier, Antonio Banderas est né à Málaga en 1960. Cet acteur élégant et talentueux a gagné ses lettres de noblesse en interprétant des rôles parfois délicats face à la caméra du maître du cinéma espagnol contemporain, Pedro Almodóvar, notamment dans *Femmes au bord de la crise de nerfs* et *Attache-moi*. Il a ensuite poursuivi sa carrière à Hollywood où il enchaîne les belles réussites (*Philadelphia, Le Masque de Zorro* et *Spy Kids*, notamment).

Sur les traces d'Antonio Banderas, Paz Vega, née à Séville, s'impose comme l'étoile montante du cinéma espagnol, depuis qu'elle a reçu en 2001 le prix d'interprétation féminine au festival de Cannes pour son rôle torride et grave dans *Lucía y el Sexo* (Lucía et le sexe ; 2001). Cette performance fut suivie d'un autre succès, plus léger cette fois, dans *El Otro Lado de la Cama* (L'Autre côté de la chambre ; 2002).

L'Andalousie joue en outre un rôle croissant dans la production cinématographique hispanique en accueillant tous les ans le *Festival de Cine Español*. Créé en 1998, cet évènement se déroule sur une semaine de la fin avril à la mi-mai et gagne chaque année en taille et en importance.

> "Avec le western spaghetti, l'Andalousie apporta sa pierre à l'édifice du cinéma"

Environnement

GÉOLOGIE

L'Andalousie comprend quatre zones géographiques, qui la traversent toutes plus ou moins d'est en ouest : la Sierra Morena, la vallée du Guadalquivir, les montagnes et la plaine littorale.

La Sierra Morena, chaîne de collines qui atteignent rarement 1 000 m, s'étend au nord de l'Andalousie. La région est peu peuplée et couverte d'une part de forêts de chênes à feuillage persistant et de maquis, et d'autre part de pâturages.

La vallée fertile du Río Guadalquivir, le fleuve le plus long d'Andalousie (660 km), est située au sud de la Sierra Morena. Le Guadalquivir prend sa source dans la province de Jaén, coule en direction de l'ouest en passant par Córdoba et Sevilla et se jette dans l'Atlantique au niveau de Sanlúcar de Barrameda. La partie inférieure du Guadalquivir est traversée par une vaste plaine : avant de se jeter dans l'océan, le fleuve forme un delta marécageux connu sous le nom de Las Marismas del Guadalquivir, qui comprend le Parque Nacional de Doñana. Le Guadalquivir est navigable en amont jusqu'à Sevilla.

Entre la vallée du Guadalquivir et la côte méditerranéenne s'élève la Cordillera Bética, massif de montagnes abruptes qui part de l'ouest de l'Andalousie pour atteindre une largeur d'environ 125 km à l'est. La Cordillera Bética se poursuit à l'est de l'Andalousie pour traverser les régions de Murcia et de Valencia, puis resurgit de la Méditerranée pour former les îles Baléares. Cette chaîne a subi une pression de la plaque tectonique africaine sur le sous-plateau ibérique, il y a 15 à 20 millions d'années. Elle est composée en majorité de calcaire, ce qui donne de magnifiques reliefs karstiques.

En Andalousie, la cordillera (chaîne de montagnes) se divise en deux chaînes principales : au nord, le Sistema Subbético et au sud, le Sistema Penibético. Ces deux chaînes sont séparées par une série de vallées, de plaines et de bassins. Le Sistema Penibético inclut la Sierra Nevada, de 75 km de long, au sud-est de Granada, avec une série de monts de plus de 3 000 m, dont le Mulhacén (3 479 m), point culminant de l'Espagne continentale.

La plaine côtière d'Andalousie atteint 50 km de large à l'extrême ouest pour se réduire presque à néant dans certaines parties des provinces de Granada et d'Almería, où la Sierra de la Contraviesa et la Sierra de Cabo de Gata descendent brusquement jusqu'à la Méditerranée sous forme de falaises vertigineuses.

LE SAVIEZ-VOUS ?

Le nom Guadalquivir provient du mot arabe Wadi al-Kabir (grand fleuve). Les Romains l'appelaient le Betis et les Grecs, le Tartessos.

FAUNE ET FLORE

La faune et la flore d'Andalousie font partie des plus variées de toute l'Europe, grâce à un milieu naturel contrasté et souvent sauvage, qui a permis la survie de plusieurs espèces déjà disparues dans d'autres pays.

Animaux

De nombreux animaux vivent la nuit, mais si vous souhaitez observer la nature, et si vous ouvrez le bon œil, vous aurez peu de chances d'être déçu. Voir p. 16 pour un itinéraire qui intègre les meilleurs sites d'observation.

MAMMIFÈRES

L'Andalousie compte environ 12 000 bouquetins (*cabra montés*), chèvres râblées des montagnes dont les mâles ont de longues cornes caractéristiques.

Wildlife Travelling Companion Spain de John Measures recense 150 des meilleurs sites espagnols pour l'observation de la faune et de la flore – dont la plupart sont en Andalousie – avec toutes les indications nécessaires pour y accéder. Il contient aussi un guide simple présentant quelques animaux et plantes.

UN LYNX MENACÉ

Le lynx ibérique (ou pardelle ; *lince ibérico* pour les Espagnols, *Lynx pardina* pour les scientifiques) est un superbe félin que l'on ne trouve que sur la péninsule Ibérique. Il est deux fois plus grand qu'un chat domestique, avec une fourrure marron tachetée de noir, une courte queue au bout noir et des oreilles aux longs pinceaux de poils noirs. Il vit jusqu'à 15 ans et mange surtout du lapin, qu'il attrape avec une grande agilité et en un éclair de seconde. Le lynx occupe souvent les forêts denses méditerranéennes parsemées d'étendues broussailleuses et de grands espaces ; néanmoins, il s'agit du premier félin en voie de disparition depuis le machairodonte (tigre à dents de sabre).

Le lynx était encore assez répandu pour être chassé jusqu'en 1966, mais en 1988, on n'en comptait plus que 1 000 à 1 200 têtes. Aujourd'hui, les plus optimistes avancent qu'il en resterait encore 400. Les pessimistes pensent au contraire qu'ils sont moins de 200. Les lieux de reproduction seraient limités à deux sites andalous : le premier, la Sierra Morena, à l'est, avec au moins 100 lynx, et peut-être plus de 200, surtout dans le Parque Natural Sierra de Andújar et dans le Parque Natural Sierra de Cardeña y Montoro ; et le second, le Parque Nacional de Doñana, ainsi que l'adjacent Parque Natural de Doñana, avec environ 50 lynx.

Plusieurs facteurs se conjuguent pour expliquer ce déclin :

- les épidémies désastreuses qui ont décimé les lapins
- l'extension des terres agricoles, les nouvelles routes, les barrages et les plantations de pins ou d'eucalyptus qui ont dégradé le milieu naturel
- le braconnage et les pièges destinés à d'autres animaux
- les accidents de la route

Les hommes politiques espagnols ont attendu très longtemps avant de prendre des mesures. Les recherches, conférences et stratégies proposées étaient nombreuses, mais les actions étaient rares et manquaient de coordination. De 1996 à 2004, les deux grands acteurs de la saga, le ministère national de l'Environnement à Madrid et le département écologique andalou de Séville, étaient entre les mains de partis politiques opposés – le Partido Popular (PP ; parti populaire) et le Partido Socialista Obrero Español (PSOE ; parti socialiste espagnol des travailleurs) – qui semblaient incapables de trouver un terrain d'entente pour quelque problème que ce soit.

Des installations spécifiques pour un programme de reproduction en captivité ont été mises en place dans le parc national de Doñana à El Acebuche dès 1992, mais ce n'est qu'en 2001 que la Commission nationale de la protection de la nature approuva enfin un projet de reproduction en captivité. Fin 2002, le département écologique andalou refusait toujours d'autoriser la capture des lynx dans le cadre de ce projet. C'est alors que Nicolás Guzmán, coordinateur du Plan national de préservation du lynx, annonça que des études récentes indiquaient qu'il ne restait plus que 160 lynx. Au milieu de l'année 2003, Sevilla et Madrid signèrent enfin un accord de coordination et décidèrent d'accélérer le programme de reproduction en captivité. Le 31 décembre 2003, un mâle en âge de procréer de la Sierra Morena, surnommé Garfio (crochet), fut enfin transféré à El Acebuche pour y rejoindre quatre femelles (Esperanza, Sali, Aura et Morena). Garfio fut rejoint en mars 2004 par Cromo, un jeune mâle retrouvé l'année précédente en train de mourir de faim dans la Sierra de Andújar, mais qui s'était remis sur pieds en compagnie d'un jeune lynx américain (lynx roux) au zoo de Jerez de la Frontera. Un autre mâle devait être capturé à Doñana pour rejoindre le programme.

Pendant ce temps, d'autres actions se poursuivent afin d'essayer de sauver le lynx sauvage. La plupart des lynx vivant sur des terres privées, le gouvernement national et les administrations régionales, ainsi que quelques organisations de protection ont signé plus de 100 contrats avec des propriétaires afin d'améliorer les milieux naturels où évoluent les lynx et de permettre une augmentation de la population des lapins .

Entre 2000 et 2006, les gouvernements andalou et espagnol et l'UE ont dépensé plus de 30 millions d'euros pour financer différents programmes afin de venir en aide au lynx ibérique (soit 75 000/150 000 € par lynx existant).

Le bouquetin passe l'été en haute montagne et descend plus bas en hiver. Environ 5 000 bouquetins vivent dans la Sierra Nevada, 2 000 ou plus dans le parc naturel de Cazorla, 1 500 dans les Sierras de Tejeda et Almijara et 1 000 dans la Sierra de las Nieves.

Sur la cinquantaine de loups (*lobos*) encore présents dans la Sierra Morena, la plupart vivent dans le Parque Natural Sierra de Andújar de la province de Jaén. En 1986, le loup a été déclaré espèce menacée en Andalousie, et afin d'essayer de le protéger des chasseurs et des fermiers, ces derniers recevant désormais une indemnité si leurs animaux sont attaqués par des loups. Néanmoins, le niveau de population atteint reste dangereusement bas. Environ 1 500 à 2 000 loups vivent aujourd'hui dans le nord de l'Espagne. Voir *Un lynx menacé* (p. 55) pour connaître l'histoire d'une autre espèce menacée en Andalousie.

Parmi les animaux les plus courants figurent le sanglier sauvage (*jabalí*), qui évolue dans les forêts denses, près des marécages et des plantations de tubercules, le cerf (*ciervo*), le chevreuil (*corzo*) et le daim (*gamo*), que l'on trouve dans les bois et les forêts ; la genette (*gineta*), qui vit surtout la nuit, dans les bois et les broussailles, ressemble à un chat court sur pattes avec une fourrure blanche tachetée de noir et une longue queue à rayures ; la mangouste égyptienne (*meloncillo*), qui vit elle aussi la nuit, dans les bois, les broussailles et les marécages, surtout dans le sud-ouest de l'Andalousie ; l'écureuil roux (*ardilla*), dans les forêts d'altitude, le blaireau (*tejón*), dans les sous-bois les plus épais, le renard (*zorro*), que l'on voit fréquemment dans les zones clairsemées, la loutre (*nutria*), sur les rives, et la marte (*garduña*), dans les forêts à feuilles caduques et sur les affleurements montagneux et les falaises. Le mouflon (*muflón*), mouton sauvage, a été intégré au parc naturel de Cazorla et dans deux ou trois autres zones alentour afin de satisfaire les chasseurs, nombreux dans la région.

Gibraltar est célèbre pour sa colonie de magots (voir p. 233), les seuls primates sauvages que l'on trouve en Europe. La Bahía de Algeciras et le détroit de Gibraltar accueillent une multitude de dauphins (*delfines*; communs, à rayures et à gros nez) et quelques baleines (*ballenas*; globicéphales, épaulards et cachalots) – voir p. 235.

OISEAUX

L'Andalousie est un paradis pour les ornithologues amateurs. Les chaînes de montagnes abruptes et les terres marécageuses en abondance fournissent des milieux naturels parfaitement adaptés à de nombreuses espèces.

Rapaces

L'Andalousie compte 13 espèces de rapaces endémiques et plusieurs autres espèces qui migrent d'Afrique en été. Vous pourrez les voir planer au-dessus des collines en maints endroits.

La Sierra Morena est le fief du plus grand oiseau européen, le vautour moine (*buitre negro*), une espèce extrêmement rare. Le fait de pouvoir en observer quelques centaines de couples en Espagne constitue un phénomène unique au monde.

Un autre oiseau, aussi emblématique que rare, l'aigle impérial espagnol (*águila imperial*), ne se trouve dans aucun autre pays. Ses "épaules" blanches le distinguent des autres aigles impériaux. Parmi les 130 couples recensés aujourd'hui, une trentaine vivent en Andalousie, dont 7 dans le Parque Nacional de Doñana. Tout comme le lynx, l'aigle impérial a été victime de la disparition progressive des lapins, mais les appâts empoisonnés mis en place par les fermiers et les chasseurs sont ses plus grands ennemis.

LE SAVIEZ-VOUS ?

Les loups ont tué environ 1 500 têtes de bétail en Andalousie depuis 1990 ; les agriculteurs sont mécontents des indemnités versées par le gouvernement régional, qui seraient insuffisantes et demanderaient plusieurs années d'attente.

Les amateurs d'oiseaux pourront aussi se procurer un guide spécialisé tel que le *Guide des oiseaux de France et d'Europe* de Roger Tory Peterson ou encore, le *Guide ornitho : Les 848 espèces d'Europe en 4000 dessins* de Grant, Mullarney, Sven.

Parmi les autres oiseaux de proie d'Andalousie figurent l'aigle royal (*águila real*) et plusieurs autres aigles, ainsi que le vautour fauve (*buitre leonado*) et le vautour percnoptère (*alimoche*), qui occupent tous les régions montagneuses. On trouve également parmi les rapaces plus petits, qui vivent souvent dans les bois et dans les forêts, la crécerelle (*cernícalo*), la buse (*ratonero*), l'épervier (*gavilán*), différents busards (*aguiluchos*), sans oublier le milan royal (*milano real*). Vous verrez peut-être aussi l'acrobatique milan noir (*milano negro*) à proximité des marécages, des rivières et des décharges.

Cigognes

La grande et maladroite cigogne blanche (*cigüeña blanca*), qui est en fait noire et blanche, fait son nid au printemps et en été sur des poteaux électriques, des arbres et des tours – parfois au beau milieu de la ville – dans l'ouest de l'Andalousie. Elle attirera votre attention par les grands claquements de becs que vous entendrez au sommet de ces perchoirs. Beaucoup plus rares, quelques couples de cigognes noires (*cigüeña negra*), font aussi leur nid dans l'Andalousie occidentale, en général au bord des falaises. Au printemps, ces deux espèces de cigognes quittent l'Afrique en direction du nord *via* le détroit de Gibraltar (p. 219).

Oiseaux aquatiques

L'Andalousie est une terre d'élection pour les oiseaux aquatiques, avant tout en raison des vastes terres marécageuses qui longent la côte atlantique, et s'étendent à l'embouchure des fleuves Guadalquivir et Odiel. Des centaines de milliers d'oiseaux migrateurs, dont environ 80% sont des canards sauvages (*patos*) d'Europe de l'Ouest, passent l'hiver dans les marais de Doñana à l'embouchure du Guadalquivir, et beaucoup d'autres y font escale au printemps et en automne.

La Laguna de Fuente de Piedra, près d'Antequera, est le principal lieu de reproduction du flamand rose (*flamenco*) en Europe, avec 20 000 couples qui s'installent pour nourrir leurs petits au printemps et en été. Ce superbe oiseau de couleur rose peut aussi être observé, entre autres, à Cabo de Gata, à Doñana et dans les Marismas del Odiel.

Autres oiseaux

L'Andalousie compte bien d'autres oiseaux hauts en couleurs : le loriot d'Europe (*oropéndola*), présent dans les vergers et les bois à feuilles caduques en été (le mâle a un corps jaune vif caractéristique) ; la huppe orange et noire (*abubilla*), avec sa crête typique, qui occupe surtout les bois à découvert, les terres arables et les parcours de golf, enfin le guêpier doré, marron et turquoise (*abejaruco*), qui fait son nid sur les bancs de sable en été.

AUTRES ESPÈCES ANIMALES

Du printemps à l'automne, l'Andalousie attire aussi les amateurs de papillons. La plupart des papillons (*mariposas*) d'Europe se trouvent en Espagne. On y voit aussi plusieurs espèces de chauves-souris (*murciélago*), de salamandres (*salamandras*), de caméléons (*camaleones*; plus nombreux dans la région d'Axarquía), de nombreux lézards (*lagartos*) et des serpents (*serpientes*).

Plantes

La variété de la flore andalouse est surprenante, comme le montrent les spectaculaires champs de fleurs sauvages au printemps et au début de l'été.

Le site ornithologie.free.fr récolte de nombreux compte-rendus sur l'observation des oiseaux. Plusieurs pages sont consacrées à l'Espagne. On peut par ailleurs se procurer Le *Guide de l'ornithologue* de Philippe Dubois et Marc Duquet.

LE SAVIEZ-VOUS ?

La majorité des célèbres terres marécageuses de Doñana ont été formées par les dépôts sédimentaires des 3 000 dernières années.

L'Andalousie compte environ 5 000 espèces de plantes, dont 150 qui sont uniques – une abondance épargnée par la dernière ère glaciaire, puisque de nombreuses plantes qui avaient disparu alors, plus au nord, ont réussi à survivre sous cette latitude.

PLANTES DE HAUTE MONTAGNE

La Sierra Nevada, au sud-est de Granada, avec plusieurs sommets d'au moins 3 000 m, abrite 2 100 espèces de plantes. Une soixantaine d'entre elles n'existent que dans la Sierra Nevada. Le parc naturel de Cazorla, au nord-est de l'Andalousie, autre région montagneuse, comprend 2 300 espèces de plantes, dont 24 ne poussent nulle part ailleurs. Lorsque la neige fond, les zones alpines et subalpines situées au-dessus de la limite supérieure de la forêt voient fleurir de petites plantes sur les roches et les pâturages d'altitude sont parsemés de gentianes, d'orchidées, de crocus et de narcisses.

FORÊTS ET BOIS

De nombreux versants sont couverts de pinèdes (*pino*), souvent plantées à des fins commerciales. Le grand pin noir (*pino laricio*), doté de branches à l'horizontale qui se regroupent à la cime, pousse en général au-dessus de 1 300 m. Le pin maritime (*pino resinero ou pino maritimo*), avec sa cime arrondie, peut pousser à jusqu'à 1 500 m d'altitude. Le pin d'Alep (*pino carrasco*), doté d'une extrémité touffue et de branches bien distinctes et souvent nues, pousse au-dessous de 1 000 m. Le charmant pin parasol (*pino piñonero*), avec son vaste sommet en forme de parasol et ses amandes comestibles, préfère les zones de basse altitude ou le littoral – on le trouve surtout dans la région de Doñana.

De nombreux versants de basse altitude et collines vallonnées sont couverts d'essences méditerranéennes naturelles, avec des arbres adaptés à un climat chaud et plutôt sec, tel que l'olivier sauvage (*acebuche*), le caroubier (*algarrobo*), le chêne vert (*encina*), le chêne-liège (*alcornoque*) et le chêne à la noix de galle (*quejigo*). Ces chênes sont plus noueux et leurs feuilles sont plus petites et plus piquantes que celles des grands chênes des régions plus tempérées. Les dernières étendues de forêts méditerranéennes se trouvent dans les parcs naturels de la Sierra de Grazalema et de Los Alcornocales dans la province de Cádiz. De vastes zones boisées, dans ces régions et dans la Sierra Morena, ont été transformées au cours des siècles en pâturages-bois appelés *dehesas*, qui fournissent un bel exemple de symbiose durable entre les hommes, les plantes et les animaux. L'écorce épaisse du chêne-liège est retirée un été sur neuf pour récupérer le liège ; vous pourrez observer des cicatrices – couleur terre cuite si elles sont récentes – sur certains arbres. Le chêne vert peut être élagué tous les quatre ans et les chutes servent à faire du charbon de bois. Pendant ce temps, le bétail peut paître et à l'automne, les cochons sont nourris de glands, un régime qui garantit un jambon des plus savoureux.

Le rare sapin espagnol (*pinsapo*), un beau vestige de l'ère tertiaire (qui s'est achevée il y a environ 2,5 millions d'années), est encore présent dans la Sierra de Grazalema, la Sierra de las Nieves et la Sierra Bermeja, toutes situées dans le sud-ouest de l'Andalousie et dans le nord du Maroc. Il pousse surtout sur les versants orientés au nord, jusqu'à 1 800 m. Il peut atteindre 30 m de hauteur et vivre jusqu'à 500 ans.

À l'automne, les forêts andalouses accueillent 2 000 espèces de champignons (*setas*) à . La plupart sont comestibles et se vendent sur les marchés et dans les restaurants, mais d'autres sont vénéneux – pour les reconnaître, mieux vaut se fier aux experts de la région !

Les amateurs de fleurs peuvent emporter des ouvrages récemment parus : le *Guide panoramique des fleurs sauvages* de Jean-Denis Godet ou encore, *Voir les fleurs* de Farid Bensettiti. Près de 300 espèces européennes sont décrites, photos à l'appui.

Ils n'ont rien de sauvage mais dominent les paysages de plusieurs régions (surtout les provinces de Jaén et de Córdoba) : les oliviers (*olivos*) s'étendent à perte de vue. L'Andalousie produit environ 20% de l'huile d'olive mondiale (voir p. 360) et abrite aussi de nombreux amandiers (*almendro*), avec de belles fleurs roses en hiver, et des châtaigniers (*castaño*). Sans oublier l'eucalyptus (*eucalipto*), de moins en moins cultivé en raison de sa soif inextinguible, mais qui reste recherché pour son bois.

En été, de nombreux cours d'eau voient leurs rivages recouverts de lauriers-roses (*adelfa*) en fleurs.

MAQUIS ET STEPPE

En dehors des zones boisées et agricoles, la terre est souvent couverte de maquis (*matorral*) ou de steppe (*estepa*). Parmi les plantes du maquis figurent les ajoncs (*tojo*), le genièvre (*enebro*), des arbustes de la famille des cistes (*jara*) et des herbes aromatiques telles que la lavande (*lavanda*), le romarin (*romero*), le fenouil (*hinojo*) et le thym (*tomillo*). Les orchidées, les glaïeuls et les iris peuvent fleurir sous ces arbustes.

La formation de la steppe est parfois due à un pâturage trop intensif, mais elle se développe aussi naturellement dans des régions chaudes et très arides, telles que le sud-est de la province d'Almería. La végétation est éparse en Andalousie, mais certaines régions deviennent hautes en couleurs après la pluie.

PARCS ET AUTRES ZONES PROTÉGÉES

L'Andalousie se partage pour l'essentiel entre des étendues sauvages et des terres agricoles cultivées de façon traditionnelle. Ses paysages spectaculaires et d'une surprenante beauté jouent également un rôle écologique important, aussi cet exceptionnel environnement est-il en grande partie sous protection officielle.

L'Andalousie bénéficie du plus vaste programme de protection écologique de toute l'Espagne, avec plus de 90 zones protégées qui couvrent environ 17 000 km^2 – soit 20% du territoire andalou et plus de 60% de la zone protégée en Espagne.

Outre la protection officielle (que l'on doit avant tout à la Junta de Andalucía, depuis les années 1980), des progrès ont été réalisés en matière d'information du public dans ces zones souvent isolées et difficiles d'accès – centres d'accueil des visiteurs et points info, cartes détaillées, sentiers balisés, davantage de gîtes ruraux (et de meilleure qualité), et agences touristiques dynamiques proposant randonnée, équitation, observation de la faune et de la flore, escalade, spéléologie, canyoning, etc.

La responsabilité concernant la protection de la nature en Espagne appartient à la fois au gouvernement national de Madrid et aux gouvernements régionaux tels que la Junta de Andalucía. On compte au moins 17 catégories de zones protégées. Elles peuvent toutes être visitées, mais il existe différents degrés d'accès. La protection même est variable d'un site à l'autre : de nombreux parcs ne bénéficient toujours pas d'un cadre juridique officiel pour leur gestion, aussi les écologistes et les responsables mènent-ils un combat sans fin contre les constructions illicites, les carrières, la chasse et autres désagréments menaçant les zones protégées.

Les *Parques nacionales* (parcs nationaux), administrés à la fois au niveau national et régional, constituent des zones d'une importance capitale pour la faune, la flore, la géomorphologie ou le paysage et ces zones protégées sont strictement contrôlées. Elles sont en général

Pour obtenir des informations officielles sur les zones protégées, visitez les sites Internet du Ministerio de Medio Ambiente, ministère de l'environnement espagnol (www.mma.es), ou de la Consejería de Medio Ambiente, département écologique de la Junta de Andalousie (www.juntadeandalucia.es/medioambiente).

MEILLEURS PARCS ET ZONES PROTÉGÉES D'ANDALOUSIE

Parc	Caractéristiques	Activités	Meilleure période	Page
Parque Nacional de Doñana	marécages, dunes, plages et bois ; nombreuses espèces d'oiseaux	circuits 4x4	toute l'année	p. 145
Parque Natural de Doñana	zone tampon du Parque Nacional Doñana avec des milieux naturels et des espèces similaires	observation de la nature, excursions en 4x4, équitation et randonnée	toute l'année	p. 145
Parque Nacional Sierra Nevada	faune et flore de haute montagne avec de nombreux bouquetins et plantes endémiques	randonnée	de juil à début sept	p. 341
Parque Natural Sierra Nevada	les versants inférieurs abritent des villages hors du temps et des cascades	randonnée, équitation, VTT, ski et escalade	en fonction de l'activité	p. 341
Parque Natural Cabo de Gata-Níjar	plages de sable, falaises volcaniques, flamands et végétation semi-désertique	baignade, observation des oiseaux, randonnée, équitation, plongée	toute l'année	p. 401
Parque Natural Los Alcornocales	collines vallonnées couvertes de forêts de chênes-lièges	randonnée	avr-oct	p. 221
Parque Natural Sierra de Aracena y Picos de Aroche	paysages vallonnés de la Sierra Morena avec de vieux villages	randonnée et équitation	avr-oct	p. 167
Parque Natural Sierra de Grazalema	belle région humide et vallonnée avec des vautours, des bois méditerranéens et des sapins	randonnée, escalade, spéléologie, canyoning et parapente	oct-juin	p. 202
Parque Natural Sierra de las Nieves	région escarpée avec de profondes vallées, des bouquetins, des sapins espagnols	randonnée	avr-juin, sept-nov	p. 275
Parque Natural Sierra Norte	paysages vallonnés de la Sierra Morena, villages anciens et fleurs sauvages	randonnée et équitation	mars-oct	p. 138
Parque Natural Sierras de Cazorla, Segura y Las Villas	montagnes escarpées, vallées profondes, forêts denses et faune et flore très variée	randonnée, équitation, circuits 4x4	mars-nov	p. 381
Paraje Natural Desfiladero de los Gaitanes	gorges vertigineuses d'El Chorro	escalade	sept-juin	p. 276
Paraje Natural Torcal de Antequera	montagne couverte de spectaculaires formations calcaires	randonnée et escalade	mars-nov	p. 281
Reserva Natural Laguna de Fuente de Piedra	lac peu profond et plus grande concentration de flamands en Espagne	observation des oiseaux	fév-août	p. 281

PARCS ET AUTRES ZONES PROTÉGÉES

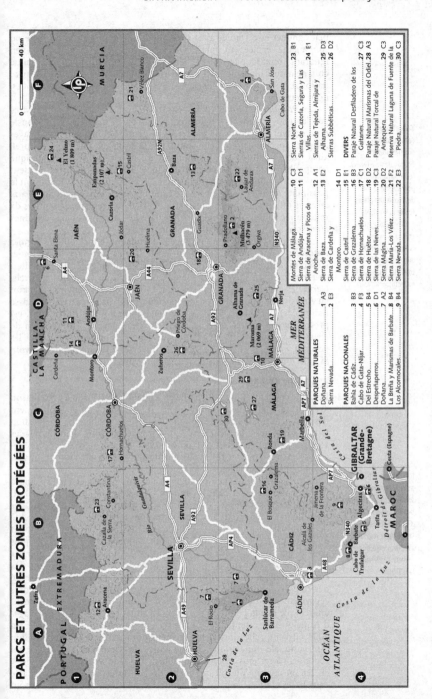

0 — 40 km

PARQUES NATURALES

Doñana...	1 A3
Sierra Nevada.................................	2 E3

PARQUES NACIONALES

Bahía de Cádiz..............................	3 B3
Cabo de Gata-Níjar.......................	4 F3
Del Estrecho..................................	5 B4
Despeñaperros...............................	6 D1
Doñana..	7 A2
La Breña y Marismas de Barbate..	8 B4
Los Alcornocales...........................	9 B4

Montes de Málaga........................	10 C3
Sierra de Andújar........................	11 D1
Sierra de Aracena y Picos de	
Aroche..	12 A1
Sierra de Baza.............................	13 E2
Sierra de Cardeña y	
Montoro.......................................	14 D1
Sierra de Castril...........................	15 E1
Sierra de Grazalema....................	16 B3
Sierra de Hornachuelos................	17 C1
Sierra de Huétor...........................	18 D2
Sierra de las Nieves.....................	19 C3
Sierra Mágina...............................	20 D2
Sierra María-Los Vélez.................	21 F2
Sierra Nevada...............................	22 E3

Sierra Norte.................................	23 B1
Sierras de Cazorla, Segura y Las	
Villas...	24 E1
Sierras de Tejeda, Almijara y	
Alhama..	25 D3
Sierras Subbéticas........................	26 D2

DIVERS

Paraje Natural Desfiladero de los	
Gaitanes......................................	27 C3
Paraje Natural Marismas del Odiel 28 A3	
Paraje Natural Torcal de	
Antequera....................................	29 C3
Reserva Natural Laguna de Fuente de la	
Piedra..	30 C3

peu habitées et certaines aires nécessitent une autorisation de visite ou sont même fermées au public. Des voyagistes peu scrupuleux ou bien ignorants(pour leur accorder le bénéfice du doute), affirment que chaque coin de nature ou le moindre parc périurbain bénéficie d'un label de parc national. Il n'en est rien : l'Espagne ne compte que 13 *parques nacionales*, dont deux en Andalousie.

Les *Parques naturales* (parcs naturels) sont déclarés et administrés par les gouvernements régionaux. Les 24 parcs naturels d'Andalousie représentent la majorité de son territoire protégé et incluent les paysages les plus spectaculaires. Leur statut vise à protéger l'héritage culturel, ainsi que la nature, et à promouvoir un développement économique compatible avec la protection écologique. Les infrastructures incluent souvent des routes, des villages ou même des petites villes, avec souvent la possibilité de loger dans le parc. Le camping est généralement limité aux terrains officiels. Dans certains parcs, il existe des réseaux de sentiers de randonnée balisés. Au même titre que dans les parcs nationaux, certaines aires sont soumises à une autorisation d'entrée.

Les autres types de zones protégées d'Andalousie incluent des *parajes naturales* (zones naturelles ; il en existe 32) et des *reservas naturales* (réserves naturelles ; on en compte 28). Elles sont en général plus petites, peu habitées, et suivent les mêmes objectifs que les parcs naturels. Certaines étendues sauvages espagnoles – qui couvrent environ 900 km² en Andalousie – sont des *reservas nacionales de caza* (réserves de chasse nationales). La chasse, bien qu'elle soit soumise à des restrictions, est profondément ancrée dans le mode de vie espagnol. Les réserves de chasse sont souvent situées à l'intérieur de zones protégées telles que les *parques naturales*, et vous risquez d'en traverser une sans même le savoir. Si vous entendez des coups de feu, méfiez-vous !

ENVIRONNEMENT

La faible concentration industrielle en Andalousie et, jusqu'à présent, son agriculture relativement traditionnelle, lui confèrent un environnement des plus propres. Il existe néanmoins des zones à problèmes. La question la plus grave reste la sècheresse, qui a frappé la région dans les années 1950 et 1960 et au début des années 1990, et ce malgré d'énormes investissements dans des réservoirs d'eau (qui sont les plus importants au monde proportionnellement à la taille du pays).

La prise de conscience écologique en Andalousie et en Espagne a fait un bond en avant dans les années 1980 sous le pouvoir national du Partido Socialista Obrero Español (PSOE ; parti socialiste espagnol des travailleurs), qui attribua aux administrations régionales la responsabilité de la plupart des questions écologiques. En 1981, l'Espagne comptait 35 zones protégées couvrant 2 200 km². Aujourd'hui, il en existe plus de 400, qui couvrent plus de 25 000 km², et l'Andalousie est au premier rang dans ce domaine (voir p. 59). Mais le contrôle insuffisant des constructions, souvent destinées au tourisme, en particulier à proximité des côtes, conduit encore à la destruction des bois, des marais et d'autres écosystèmes littoraux, à des restrictions d'eau, ainsi qu'à un développement anarchique et à la pollution des eaux. La situation écologique des plages d'Andalousie – essentielles pour le secteur touristique – est mitigée. En 2004, 60 d'entre elles dressaient fièrement le drapeau bleu de l'organisation internationale qui attribue chaque année des drapeaux aux plages qui répondent à certains critères de qualité de l'eau, de sécurité et de services, en tenant compte du fait qu'"aucun déchet industriel ou nuisance liée eaux usées n'affecte la plage". Au contraire, 34 plages andalouses, surtout

Visitez le site de la Fondation pour l'Education Environnementale (www. fee-international.org) pour obtenir la liste des meilleures plages (drapeau bleu), et celui des Ecologistas en Acción (www. ecologistasenaccion. org, en espagnol) pour connaître les plages à éviter (drapeau noir).

L'Andalousie espère pouvoir produire 15% de son électricité en utilisant de l'énergie renouvelable d'ici 2006. Le vent sera la principale ressource, avec la construction de milliers d'éoliennes dans la région.

dans les provinces de Málaga et de Cádiz, ont reçu des *banderas negras* (drapeaux noirs) de la part du groupe écologiste régional Ecologistas en Acción, avant tout en raison de la pollution des eaux rejetées en mer ou pour les constructions littorales peu respectueuses de l'environnement. Dans la province de Cádiz, par exemple, explique Ecologistas en Acción, on ne compte aucune station de purification des eaux usées vouées à se déverser dans la mer, sur les territoires municipaux d'Algeciras, de Tarifa, de Barbate, de Vejer de la Frontera ou de Chipiona.

La pollution industrielle de l'air est préoccupante dans la région de Huelva. La culture intensive de légumes sur d'immenses étendues de serres en plastique (270 km²), dans la région aride d'Almería épuise les nappes d'eau souterraines dont elle dépend, produit d'énormes quantités de déchets qui ne sont pas biodégradables et a entraîné l'empoisonnement aux pesticides de plusieurs travailleurs (voir p. 400). Le gouvernement national PP au pouvoir de 1996 à 2004 prévoyait de détourner de l'eau du Río Ebro au nord de l'Espagne pour venir en aide à l'agriculture des régions d'Almería, de Murcia et de Valencia dans l'est de l'Espagne. Mais les habitants de la région d'Ebro s'y opposèrent, de même que les écologistes inquiets de l'équilibre fragile du vaste delta d'Ebro. Le gouvernement PSOE qui remplaça le PP en 2004 annula le transfert, avec le nouveau projet de construire une série d'usines de dessalement.

La plus grande catastrophe écologique connue par l'Andalousie ces dernières années s'est produite en 1998 lorsque le Río Guadiamar, l'un des plus grands cours d'eau qui alimente les terres marécageuses de Doñana, a été envahi de déchets miniers toxiques après l'effondrement d'un barrage, à la mine de Los Frailes d'Aznalcóllar. Des digues construites à la hâte empêchèrent le cours d'eau toxique d'affecter l'environnement, à l'exception d'une partie du parc national, mais pas moins de 100 km2 de terres marécageuses alentour furent contaminées et le cours d'eau fut dévasté sur 70 km. Depuis, un coûteux programme de nettoyage semble aider l'écologie locale à se redresser progressivement.

Ce sont les Romains qui ont commencé à couper massivement les arbres des forêts andalouses pour en faire des charpentes, des combustibles, des armes, et aussi pour étendre les terres agricoles. Imités par les musulmans, ils ont ouvert de grands espaces à l'agriculture *via* l'irrigation et la culture en terrasses. Plus tard, le surpâturage d'immenses troupeaux de moutons a causé l'érosion d'une grande partie de la couche arable, la forte demande de bois de la part des autorités royales espagnoles pour le secteur de la construction navale a décimé de nombreuses forêts et plusieurs marécages ont été asséchés pour l'agriculture. Cette atteinte aux milieux naturels a contribué, avec la chasse, à la diminution préoccupante de nombreuses espèces d'animaux et d'oiseaux.

L'organisation écologique la plus importante et la plus active d'Andalousie est **Ecologistas en Acción** (www.ecologistasenaccion.org en espagnol). **SEO/BirdLife** (www.seo.org en espagnol), l'Association d'ornithologie espagnole, prend aussi des mesures de protection. Parmi les organisations internationales engagées en Andalousie figurent **WWF** (www.panda.org).

Activités sportives en Andalousie

Avec ses milieux naturels variés et son littoral très étendu, l'Andalousie attire les amateurs d'action avec la promesse d'aventures sans fin. Voici un aperçu des activités sportives à pratiquer dans la région.

SPORTS AQUATIQUES
Planche à voile
Bénéficiant de vents forts pratiquement tout au long de l'année, Tarifa (voir *Le paradis des surfeurs* p. 213), sur le détroit de Gibraltar, est l'un des hauts lieux européens de la planche à voile. Les longues plages de sable ajoutent au charme du site, qui offre une ambiance internationale branchée allant de pair avec les planches et les vagues. La location d'une planche, d'une voile et d'une combinaison revient à quelque 35 €/h, ou 65 €/jour. Comptez 50 € pour un cours de 2 heures. Autres sites réputés pour leurs vents, Los Caños de Meca (p. 208), Sancti Petri (p. 206) et El Puerto de Santa María (p. 182), plus haut sur l'Atlantique, dans la province de Cádiz. Sur la côte méditerranéenne, les débutants pourront s'exercer sur la Costa del Sol, à La Herradura (p. 355) et à Roquetas de Mar (p. 401).

Kitesurf
Le kitesurfer utilise une planche mais la voile est une sorte de cerf-volant auquel ils est relié comme à un parachute. Ce sport en plein essor ne nécessite pas des vents aussi forts que la planche à voile. Les experts peuvent atteindre des vitesses surprenantes et réaliser des figures complexes dans les airs. Cours, location et vente de matériel : Tarifa offre à peu près toutes les prestations possibles. Notez cependant que le prix de revient est plus élevé que pour la planche à voile. Les néophytes doivent absolument prendre des leçons pour ne pas être un danger pour lui-même et les autres. Un cours de 6 heures pour débutant coûte entre 175 et 200 €. Si vous possédez votre propre équipement, vous pouvez également pratiquer le kitesurf sur la côte méditerranéenne.

Surf
La côte atlantique de la province de Cádiz se prête bien au surf en hiver, surtout à El Palmar (p. 207), où les vagues peuvent atteindre 3 m, et à Los Caños de Meca (p. 208). Certaines plages méditerranéennes conviennent parfaitement aux débutants – celles de la région d'Estepona (p. 266) sont réputées. Le body-board est pratiqué sur toutes les côtes andaloues et des planches sont en vente un peu partout.

Plongée sous-marine et snorkelling
Beaucoup moins spectaculaires que les eaux tropicales, les côtes andalouses n'en restent pas moins propices à la plongée et vous aurez l'embarras du choix concernant les écoles et les magasins de plongée pour vous adonner à cette activité. La plupart des établissements proposent des cours sous l'égide d'organisations de plongée internationales telles que **PADI** (www.padi.com) ou **NAUI** (www.nauiww.org), ainsi que des sorties réservées aux plongeurs qualifiés. Comptez quelque 40 € pour une plongée avec l'équipement complet. Un "baptême" et des cours d'initiation (3 heures max.) coûtent entre 35 et 75 €. La certification PADI de 5 jours revient à quelque 350 €.

Andalucía (www.andalucia.org), site officiel du tourisme andalou, présente 20 centres de plongée.

Voici, d'ouest en est, les meilleurs sites de plongée d'Andalousie :
Tarifa (p. 216). Épaves et faune marine variée, mais températures basses et de forts courants – plus adapté aux plongeurs expérimentés.
Gibraltar (p. 235). Idéal pour découvrir des épaves.
Littoral de la province de Granada. Surtout La Herradura/Marina del Este (p. 355) et les environs des stations balnéaires de Calahonda et de Castell de Ferro (p. 351) ; falaises abruptes, eaux profondes, quelques grottes.
Cabo de Gata (p. 401)

Le snorkelling, ou plongée avec masque, palmes et tuba, est particulièrement agréable le long des sections rocheuses de la côte méditerranéenne – entre Nerja et Adra, et de Cabo de Gata à Mojácar.

> Pour plus d'informations sur les différents sites de plongée, consultez les sites web www.simplydiving.com (en version française) et www.indalosub.com (en espagnol).

Voile

Plus de 40 marinas et ports d'ancrage se succèdent le long des côtes andalouses entre Ayamonte, à la frontière portugaise, et Garrucha dans la province d'Almería. Les traversées les plus prisées du littoral méditerranéen passent par le détroit de Gibraltar et vont jusqu'à la Costa de la Luz, jusqu'au Portugal, ou encore jusqu'au Maroc. Les marinas les plus grandes et les plus chics d'Andalousie sont celles de Puerto Banús (p. 266) et de Benalmádena (p. 255) sur la Costa del Sol, ainsi que celle d'Almerimar près d'Almería, chacune comptant plus de 900 points d'ancrage. À côté, il existe aussi une multitude de ports de plaisance plus petits et plus intimes, tel San José (p. 403) sur le Cabo de Gata, ou la Marina del Este (p. 355) près de La Herradura. Pour en savoir plus sur les marinas, les points d'ancrage et les clubs de voile, consultez le site officiel du tourisme andalou **Il n'y a qu'une Andalucía** (www.andalucia.org), **Andalucia.com** (www.andalucia.com) et le site de la **Federación Andaluza de Vela** (fédération andalouse de voile ; www.federacionandaluzavela.com en espagnol). Nombre de marinas proposent toutes sortes de bateaux à louer. Pour affréter un yacht, contactez **Costa del Sol Charter** (www.costadelsolcharter.com) ou **Viento y Mar** (www.vientoymar.com en espagnol).

Le **Gibraltar Sailing Centre** (www.gibraltar-sailing.com) propose des cours de navigation agréés par la Royal Yachting Association britannique.

ÉQUITATION

Le cheval fait partie de la vie rurale andalouse. La région est le principal lieu de reproduction de l'élégant et très célèbre pur-sang espagnol (aussi appelé *Cartujano* ou cheval andalou). Quantité de pistes superbes sillonnent la campagne et de plus en plus de *picaderos* (écuries) proposent des sorties guidées, ainsi que des leçons d'équitation. Les montures sont bien sûr andalouses ou arabo-andalouses – de taille moyenne, et, en général, agiles et faciles à maîtriser. Dans nombre d'écuries, vous utiliserez une selle et des étriers andalous : les selles sont plus grosses que les selles anglaises et recouvertes de peau de mouton pour un meilleur confort, tandis que les étriers sont assez grands pour accueillir tout le pied.

Une randonnée ou une leçon d'équitation coûte de 20 à 25 € de l'heure, de 50 à 60 € pour une demi-journée, et de 80 à 100 € pour une journée. Les écuries proposent des cours adaptés à tous les niveaux. Comme pour les randonnées pédestres, les mois les plus agréables pour une excursion à cheval sont mai, juin, septembre et octobre.

Les provinces de Sevilla et de Cádiz accueillent le plus grand nombre de chevaux et d'écuries de la région. Le site **Il n'y a qu'une Andalucía** (www.andalucia.org), fournit les coordonnées de plus de 90 écuries et autres établissements équestres, dans toute l'Andalousie.

Parmi les randonnées équestres les plus remarquables, citons celles dans les Alpujarras (p. 345) et dans la Sierra Nevada (p. 341), ainsi que les promenades sur les plages et les dunes à proximité de Tarifa, sur la Costa de la Luz de Cádiz (p. 205). Reportez-vous aux rubriques *Alájar* (p. 167), *Baeza* (p. 368), *Cazalla de la Sierra* (p. 139), *Cómpeta* (p. 283), *El Rocío* (p. 158), *Grazalema* (p. 203), *Los Caños de Meca* (p. 208), *Parque Natural de Cazorla* (p. 381), *Parque Natural Sierra de Hornachuelos* (p. 306), *Ronda* (p. 267) et *San José* (p. 403) pour connaître les différentes écuries recommandées.

Tous les amoureux d'équitation ne manqueront pas d'inclure Jerez de la Frontera (p. 190) dans leur itinéraire. La ville accueille des rendez-vous équestres réputés comme la Feria del Caballo (salon équestre) en mai. Sa célèbre Real Escuela Andaluza del Arte Ecuestre (École royale andalouse d'art équestre), ainsi que le centre de reproduction de Yeguada del Hierro del Bocado (p. 197) sont intéressants à visiter.

ESCALADE

Desnivel (www. escuelasdeescalada.com) fournit une liste complète des sites d'escalade andalous, avec moult informations utiles.

Grâce au climat sud-méditerranéen, la région s'avère idéale pour l'escalade en toutes saisons, même s'il fait parfois trop chaud en juillet/août. La plupart des sites sont constitués de roches calcaires et l'escalade sportive remporte plus de succès que l'escalade traditionnelle.

Les parois abruptes des gorges d'El Chorro (p. 276), au nord de la province de Málaga, remportent un franc succès, avec plus de 600 parcours répertoriés. Des dalles aux parois vertigineuses, en passant par les voies à plusieurs longueurs de corde, El Chorro présente une grande variété de voies d'escalade sportive et traditionnelle. En outre, la région ne manque pas de lieux d'hébergement pour tous les budgets. Le célèbre guide d'escalade *Costa Blanca, Mallorca & El Chorro* ,(Rockfax) est épuisé depuis peu, mais l'éditeur va publier un guide consacré à El Chorro en 2005. D'ici là, vous pouvez obtenir un mini-guide sur El Chorro à l'adresse www.rockfax.com.

Parmi les autres sites notoires d'escalade, citons :

Benaocaz (p. 204 ; province de Cádiz). Une centaine de voies, surtout destinées à l'escalade sportive, niveaux 5–7, idéal en hiver.

Los Cahorros (p. 345 ; près de Monachil, province de Granada). 300 voies d'escalade sportive et traditionnelle, niveaux 6–8, praticable toute l'année.

El Torcal (p. 281 ; province de Málaga). 300 voies d'escalade sportive et traditionnelle de niveau 6–7 dans un paysage calcaire insolite, idéal au printemps et à l'automne.

Parque Natural Sierra de Grazalema (p. 202 ; province de Cádiz). De bons parcours classiques sur le rocher escarpé du Peñón Grande, du printemps à l'automne.

La Cueva de Archidona (Archidona, nord de la province de Málaga). Superbes voies d'escalade sportive de niveau 7–9, du printemps à l'automne.

Loja (province de Granada). Comprend 175 voies de niveau 6–7 surtout destinées à l'escalade sportive, idéal de l'automne au printemps.

Mijas (p. 259 ; province de Málaga). Environ 100 parcours de niveau 5–7, praticables en hiver.

San Bartolo (p. 212 ; près de Bolonia, province de Cádiz). Rares rochers en grès avec 300 voies allant jusqu'au niveau 6, idéal en hiver.

Villanueva del Rosario (province de Málaga). Meilleur site d'escalade de blocs d'Andalousie ; comprend aussi des voies d'escalade sportive et traditionnelle.

Les débutants partiront pour de petites escalades en s'adressant à la **Finca La Campana** (www.el-chorro.com) et **Girasol Andalusian Tours** (p. 216 ; www.girasol-adventure.com), à Tarifa. Dans la plupart des villes, les magasins de sports vendent du matériel d'escalade ; essayez **Deportes La Trucha** (Carte p. 253 ; ☎ 952 21 22 03; Calle Carretería 100) à Málaga.

LA RANDONNÉE EN ANDALOUSIE

Les vallées verdoyantes et les collines découpées d'Andalousie sont sillonnées de milliers de kilomètres de sentiers et de pistes permettant de faire de splendides randonnées. Dans certaines régions, vous pourrez transformer une promenade d'une journée en une excursion de plusieurs jours, en faisant halte dans différents *hostales* (petits hôtels sans prétention ou maisons d'hôte), refuges de montagne ou terrains de camping, et même parfois faire du camping sauvage. Le climat est idéal pendant près de la moitié de l'année et, dans la plupart des régions, les mois les plus agréables pour marcher sont mai, juin, septembre et octobre. La randonnée en Andalousie est de plus en plus prisée, de nombreuses agences spécialisées proposent des randonnées sur plusieurs jours, mais vous rencontrerez rarement une foule de marcheurs sur votre chemin.

Le balisage est irrégulier : certains sentiers sont bien signalés par des numéros d'itinéraire, mais d'autres doivent se contenter d'une simple tache de peinture sur une pierre indiquant la bonne direction. Ailleurs, vous devrez vous en remettre à votre intuition et à votre sens de l'orientation.

En Espagne, les deux principales catégories de sentiers sont les *senderos de gran recorrido* (GR, sentiers de grande randonnée) et les *senderos de pequeño recorrido* (PR, sentiers de petite randonnée, parfaits pour une journée ou un week-end). D'autres sentiers n'appartiennent pas à ces catégories. Le GR-7 traverse l'Espagne d'Andorre, au nord, à Tarifa, au sud, et fait partie de l'itinéraire européen E-4 qui relie la Grèce à l'Andalousie. Il débute en Andalousie près d'Almaciles, dans le nord-est de la province de Granada, puis se divise en deux à Puebla de Don Fadrique, partant d'un côté vers les provinces de Jaén et de Córdoba, et de l'autre traversant les Alpujarras, au sud-est de Granada, pour atteindre la région d'Antequera dans la province de Málaga. La signalisation de ce sentier est en cours d'achèvement.

Les chapitres régionaux apportent d'autres informations sur les randonnées. Les offices du tourisme et les centres d'information touristiques peuvent vous conseiller et vous renseigner sur les itinéraires et l'état des sentiers. Pour plus d'informations sur les cartes, voir p. 417.

La Axarquía

Les villages de montagne, tels Cómpeta, Canillas de Albaida, Canillas de Aceituno et Alfarnate, dans la partie orientale de la province de Málaga, aussi appelée La Axarquía (p. 282), permettent d'accéder à de nombreux sentiers et pistes de bonne qualité. Vous pourrez monter jusqu'au sommet pour admirer une superbe vue, ou vous balader tranquillement dans les vallées à proximité des villages.

Villes et villages d'accès : Málaga (p. 241), Vélez Málaga (p. 282), Cómpeta (p. 283), Nerja (p. 283)

Las Alpujarras

Parmi les régions les plus pittoresques d'Andalousie, Las Alpujarras (p. 345) s'étire, sur 70 km, en une succession de vallées, sur le versant sud de la Sierra Nevada, de la province de Granada à Almería. Ses versants arides, séparés par de profonds ravins, alternent avec des villages blancs entourés de potagers, de vergers, de torrents et de terres boisées. D'anciens sentiers relient entre eux des villages de style berbère. Nombre de ces villages disposent d'hôtels, d'*hostales* ou de terrains de camping, vous laissant la possibilité de partir en randonnée sur plusieurs jours ou de faire des balades d'une journée à partir d'un même point de départ.

Villes et villages d'accès : Granada (p. 315), Órgiva (p. 346), Laujar de Andarax (p. 400)

Parque Natural Cabo de Gata-Níjar

L'aridité du climat associée aux falaises volcaniques qui plongent dans les eaux turquoises de la Méditerranée crée un paysage majestueux autour du promontoire de Cabo de Gata (p. 401), au sud-est d'Almería. Certaines des plus belles plages d'Espagne et des moins fréquentées s'étendent entre les falaises et les caps de ce promontoire. Vous pouvez longer à pied les 60 km de littoral en trois ou quatre jours. Les hébergements ne manquent pas sur cet itinéraire, dont quatre terrains de camping. Septembre et octobre sont les mois les plus agréables pour la randonnée : les températures sont moins étouffantes qu'en été et la mer reste chaude (elle est plus chaude en octobre qu'en juin).

Ville d'accès : Almería (p. 390)

Parque Natural de Cazorla

Le Parque Natural de Cazorla (p. 381) est la zone protégée la plus vaste d'Espagne (2 143 km²). Il s'agit d'une région au relief accidenté, avec différentes chaînes montagneuses – d'altitude moyenne mais d'une grande beauté – séparées par de hauts plateaux et de profondes vallées où coulent des rivières. La majeure partie du parc est couverte d'épaisses forêts et l'on peut y observer des animaux sauvages. Mieux vaut utiliser un véhicule pour effectuer des randonnées d'une journée dans les zones les plus reculées. Le camping sauvage n'est pas autorisé et il est difficile d'envisager des randonnées de plusieurs jours car les hôtels et les terrains de camping sont concentrés dans certaines régions.

Principale ville d'accès : Cazorla (p. 378)

Parque Natural Sierra de Aracena y Picos de Aroche

Parfois luxuriante et parfois très austère, cette région du Parque Natural Sierra de Aracena y Picos de Aroche (p. 167) s'étend dans l'extrême nord-ouest de l'Andalousie (province de Huelva). Parsemée de villages de pierre intemporels, elle comporte un vaste réseau de sentiers balisés. Une région idéale pour une marche de plusieurs jours – vous trouverez à vous loger dans de nombreux villages.

Principale ville d'accès : Aracena (p. 164)

Parque Natural Sierra de Grazalema

Les collines du Parque Natural Sierra de Grazalema (p. 202), dans la province de Cádiz, présentent une grande variété de paysages splendides : vallées luxuriantes, forêts épaisses, sommets rocheux gorges vertigineuses. Les plus belles randonnées se font dans une réserve ; une autorisation d'entrée et un guide sont nécessaires. Réservez quelques jours à l'avance. Les lieux d'hébergement ne manquent pas dans les villages alentour.

Villages d'accès : Grazalema (p. 200), El Bosque (p. 202), Zahara de la Sierra (p. 204), Benamahoma (p. 202), Benaocaz (p. 204)

Parque Natural Sierra de las Nieves

Au sud-est de la vieille ville de Ronda, la Sierra de las Nieves (p. 275) comprend le haut sommet de du Torrecilla (1 919 m), que l'on peut gravir en une journée au départ de Ronda, en traversant des forêts à feuillage persistant à basse altitude.

Villages d'accès : Ronda (p. 267), Yunquera (p. 275), El Burgo (p. 275)

Parque Natural Sierra Norte

Au nord de la province de Sevilla, la Sierra Morena offre des vallées et des collines verdoyantes, des étendues boisées, des rivières, de petites bourgades et de vieux villages pittoresques (voir p. 138). Au printemps, on peut admirer de magnifiques fleurs sauvages. De nombreux sentiers balisés permettent de découvrir la région, et l'on peut y passer quelques jours fort agréables car les hébergements ne manquent pas.

Villes d'accès : Cazalla de la Sierra (p. 139), Constantina (p. 141), El Pedroso (p. 138)

Sierra Nevada

Au sud-est de Granada, cette chaîne montagneuse aux sommets enneigés, dominée par le Mulhacén (3 479 m), compte d'autres montagnes de plus de 3 000 m. La Sierra Nevada (p. 341) est la région d'Andalousie la plus propice aux randonnées de haute montagne : vous découvrirez là de vastes parois déchiquetées constituées de roches noires et de rochers escarpés. En juillet, août et début septembre – les meilleurs mois pour la randonnée, même si la météo n'est jamais fiable en haute montagne – un service de bus permet d'accéder à la partie supérieure de la chaîne à partir des versants sud et nord. L'ascension du Mulhacén ou du Veleta (3 395 m) peut se faire en une journée. Il y a quelques refuges si vous souhaitez passer la nuit en montagne. Le camping dans la Sierra Nevada est autorisé au-dessus de 1 600 m, sous certaines conditions (voir p. 344).

Principales villes d'accès : Granada (p. 315), Estación de Esquí Sierra Nevada (p. 341), Capileira (p. 347), Trevélez (p. 350).

SKI ET SNOWBOARD

La Estación de Esquí Sierra Nevada (station de ski de la Sierra Nevada, p. 341), à 33 km au sud-est de Granada, très fréquentée, est la seule station de ski d'Andalousie et la plus méridionale de toute l'Europe. Ses pistes et ses équipements sont suffisamment développés pour pouvoir accueillir des compétitions. La saison de ski s'étend approximativement de décembre à avril, et la station s'avère souvent bondée (avec une vie nocturne très animée) le week-end, pour les fêtes de fin d'année et pendant les vacances du Día de Andalucía (28 février).

La station comprend 67 pistes balisées de différents niveaux, couvrant 76 km au total, ainsi que des pistes de ski de fond et une aire de snowboard. Certaines pistes démarrent presque au sommet du Veleta (3 395 m), le deuxième sommet de la Sierra Nevada.

Un forfait à la journée (avec location de skis, chaussures et bâtons, ou location d'un snowboard et de chaussures) coûte 40 à 55 €, en fonction de votre destination. Six heures de cours collectifs dans une école de ski reviennent à 57 €.

Si la station ne manque pas de lieux d'hébergement, il est cependant préférable de réserver : une chambre double coûte au minimum 80 €. Les meilleures offres sont les forfaits-ski, que vous pouvez réserver sur le site Web de la station ou par téléphone, affichés à partir de 150 € pour deux jours et deux nuits, avec demi-pension (petit-déjeuner et déjeuner ou dîner).

Walking in Andalucía de Guy Hunter-Watts fournit des informations détaillées et des cartes sur 34 randonnées d'une journée.

CYCLOTOURISME ET VTT

Avec ses plaines, ses collines ondoyantes et ses chaînes de montagne, l'Andalousie a tout pour séduire les adeptes de la petite reine. Des balades sur les *carriles de cicloturismo* (routes adaptées au cyclotourisme) dans les basses terres qui entourent le parc national Doñana (voir p. 155 pour en savoir plus sur le Carril de Cicloturismo Pinares de Aznalcázar–La Puebla) aux parcours montagneux les plus ardus, chacun y trouvera son bonheur. Le cyclisme sur route a toujours été très populaire en Espagne, et le VTT encore plus aujourd'hui. Des milliers de kilomètres de pistes plus ou moins bien entretenues attendent les plus aventureux, et les routes de campagne, assez peu fréquentées, offrent une multitude de possibilités pour le cyclotourisme. Le printemps et l'automne sont les meilleures saisons car la température est plus tempérée.

Nombre d'offices du tourisme disposent d'informations sur les pistes et les parcours possibles, et **Il n'y a qu'une Andalucía** (www.andalucia.org) détaille, avec des cartes, 15 pistes de VTT dans chacune des huit provinces andalouses. La brochure *Mountain Bike* vendue par les offices du tourisme de la Junta de Andalucía présente également ces itinéraires. Anciennes voies ferrées transformées en chemins de randonnée équestre et pédestre, les **Vías Verdes** (www.viasverdes.com) offrent plusieurs centaines de kilomètres de belles pistes pour VTT.

UN MOMENT DE BONHEUR

Faites-vous plaisir et ravivez vos sens dans l'Andalousie musulmane médiévale : essayez l'un des nouveaux Baños Árabes (bains maures) qui ont ouvert leurs portes dans des villes comme Granada (p. 329), Córdoba (p. 298) et Málaga (p. 247), recréant une institution clé d'Al-Andalus (la Córdoba médiévale comprenait plus de 60 bains publics). Enivrez-vous de la senteur des huiles essentielles en vous prélassant dans des bains à différentes températures. Offrez-vous une aromathérapie ou un massage avant de siroter un délicieux thé à la menthe.

Vous pouvez acheter un bon vélo de cyclotourisme ou un VTT pour quelque 200 € dans un hypermarché ou dans un magasin de cycles (il en existe au moins un dans chaque ville de taille moyenne), mais comptez environ le double pour une machine de qualité. De plus en plus d'agences louent des VTT en Andalousie, moyennant quelque 10 à 12 € par jour, et vous pouvez participer à de nombreuses sorties guidées.

Des agences de location et des voyagistes spécialisés réputés sont installés à Monachil (p. 345), dans la Sierra Nevada (p. 341), à Pampaneira, Bubión et Capileira (p. 347) et La Herradura (p. 355) dans la province de Granada ; Vejer de la Frontera (p. 205) et Tarifa (p. 212) dans la province de Cádiz ; Ronda (p. 267), Ardales et El Chorro (p. 276) et Estepona (p. 266) dans la province de Málaga ; à San José (p. 403) à Almería.

GOLF

L'Andalousie accueille chaque année quelque 700 000 touristes, venus essentiellement pour jouer au golf, et de plus en plus d'Andalous s'y mettent aussi. La région compte 69 terrains de golf, dont plus de la moitié disséminés le long ou à proximité de la Costa del Sol, entre Málaga et Gibraltar. La météo clémente et les nombreux parcours superbement aménagés et entretenus, conçus par les meilleurs spécialistes, font la joie des golfeurs. Il existe même un parcours éclairé la nuit, La Dama de Noche, à Marbella. Les terrains plats étant assez rares en Andalousie, la plupart des parcours de golf sont en pente. L'entrée coûte en général 45 à 70 €. Sur la Costa del Sol, les golfs de la plus haute catégorie, comme Valderrama (qui accueillit la prestigieuse Ryder Cup en 1997), Sotogrande, Las Brisas et Aloha à Marbella, sont plus onéreux (250 à 275 € à Valderrama, le plus cher). La plupart des terrains proposent des cours (quelque 25 €/h), ainsi que des clubs (15 € environ par parcours), des caddies (5 € environ) et des voiturettes (30 € environ) à la location.

Parmi les sources d'informations utiles, citons encore le site **Il n'y a qu'une Andalucía** (www.andalucia.org) et celui de la **Federación Andaluza de Golf** (www.golf-andalucia.com), qui donnent les coordonnées des clubs de la région, ainsi que le journal gratuit *Andalucía Costa del Golf*, disponible dans certains offices du tourisme. Nombre de golfeurs étrangers participent à des voyages organisés, incluant parcours, hébergement et autres, mais vous pouvez tout à fait préparer votre séjour de golf par vous-même. Le site de **Golf Service** (www.golf-service.com) propose des tarifs réduits et un service de réservation.

Retrouvez les plus belles randonnées dans le chapitre *Andalucía* du guide Lonely Planet *Walking in Spain* de John Noble.

AUTRES ACTIVITÉS

Tennis, spéléologie, canyoning, canoë, kayak, aviron, pêche, parapente, deltaplane et ULM sont quelques-uns des autres sports et activités à pratiquer en Andalousie. Consultez les sites **Andalucia.com** (www.andalucia.com) et **Il n'y a qu'une Andalucía** (www.andalucia.org). La région enchantera également ceux qui aiment découvrir les oiseaux et d'autres espèces animales – pour en savoir plus sur la vie sauvage et l'observation des animaux en Andalousie, voir p. 16 et p. 54.

L'architecture hispano-mauresque

L'Andalousie fut le cœur d'Al-Andalus (nom donné aux territoires de la péninsule Ibérique sous domination islamique) et les sept siècles de civilisation musulmane (711–1492) laissèrent en héritage un ensemble impressionnant d'édifices – palais, mosquées, minarets, forteresses – qui confèrent à cette région un caractère unique en Europe.

Après la Reconquista (reconquête chrétienne), qui eut lieu par étapes entre 1227 et 1492, beaucoup d'édifices musulmans d'Espagne furent reconvertis pour un usage chrétien. Ainsi, nombre d'églises andalouses actuelles sont d'anciennes mosquées (la plus célèbre étant celle de Cordoue) et nombre de clochers étaient à l'origine des minarets. Quant au dédale de ruelles des centres-villes, il est fondé sur le plan labyrinthique des médinas arabes. À ce titre, le quartier d'Albayzín à Grenade fait figure d'exemple le plus illustre.

LES OMEYYADES

L'islam fut fondé au VIIe siècle par le prophète Mahomet dans la cité arabe de La Mecque. La nouvelle religion se répandit rapidement et atteignit l'Espagne en 711. Les premiers chefs de l'islam, qui portaient le titre de calife (successeur), furent choisis parmi les compagnons du Prophète. Cependant, vers 660, Muawiya, récemment converti à l'islam et membre d'une des plus riches familles de La Mecque, s'empara du pouvoir et institua un califat héréditaire. Ainsi naquit la dynastie des Omeyyades qui, à partir de 661, gouverna depuis Damas, en Syrie. En 750, les Omeyyades furent renversés par un groupe de révolutionnaires musulmans non arabes, les Abbassides. Un seul membre de la famille des Omeyyades parvint à s'échapper, le jeune Abu'l-Mutarrif Abd ar-Rahman bin Muawiya, alors âgé de 20 ans. Il se réfugia un temps au Maroc, avant de gagner l'Espagne. En 756, il se proclama émir indépendant de Cordoue sous le nom d'Abd ar-Rahman Ier, instaurant ainsi la dynastie omeyyade d'Al-Andalus, qui allait perdurer jusqu'en 1009.

Entre-temps, les Abbassides avaient transféré la capitale du califat à Bagdad. Situé à l'autre extrémité du monde musulman, à l'ouest, Al-Andalus, devint le dernier poste avancé de la civilisation omeyyade.

L'Architecture maure en Andalousie, de Marianne Barrucand et Achim Bednorz, allie à de superbes illustrations un texte érudit mais abordable qui donne envie de découvrir l'héritage musulman de la région.

La Mezquita de Cordoue

Le plus ancien des monuments d'exception de l'Espagne musulmane encore visible aujourd'hui est sans doute aussi le plus beau et celui qui eut la plus grande influence. Édifiée par Abd ar-Rahman Ier en 785, la Mezquita (mosquée ; p. 293) de Cordoue connut ensuite d'importantes extensions sous ses successeurs : Abd ar-Rahman II dans la première

---

L'ARC OUTREPASSÉ OU EN FER À CHEVAL

En Espagne, l'architecture omeyyade s'est enrichie de styles et de techniques empruntés aux Wisigoths chrétiens, prédécesseurs des musulmans dans la péninsule Ibérique. Parmi ces emprunts devenus caractéristiques de l'architecture hispano-mauresque figure, en première place, l'arc en fer à cheval, ainsi nommé car il est plus étroit à la base qu'au sommet.

moitié du IXe siècle, Al-Hakim II dans les années 960, et Al-Mansour dans les années 970. La mosquée était le plus prestigieux édifice de la capitale de l'émirat, celui où tous les hommes adultes devaient se rendre pour la prière solennelle du vendredi midi.

LA MOSQUÉE DU VIIIe SIÈCLE

La mosquée d'origine d'Abd ar-Rahman Ier occupait un espace carré subdivisé en deux rectangles : une salle de prière couverte et une cour ouverte où les fidèles faisaient leurs ablutions avant d'aller prier. La salle de prière était partagée en 11 nefs par des rangées de doubles arcades alternant la brique rouge et la pierre blanche. Les colonnes relativement peu élevées qui servirent pour sa construction provenaient de l'église qui occupait auparavant le site, ainsi que d'autres édifices de Cordoue. Les constructeurs cherchèrent donc à gagner de la hauteur (pour couvrir une surface suffisamment grande sans que le plafond ne paraisse trop bas) en superposant des arcs outrepassés et des arcs en plein cintre. La Mezquita se distingue ainsi de la verticalité des grandes réalisations antérieures de l'architecture islamique, telle la mosquée des Omeyyades à Damas ou le dôme du Rocher à Jérusalem. Elle conserve en revanche le plan "basilical" inspiré des églises paléochrétiennes du Moyen-Orient, avec sa nef centrale plus large que les autres. Cette nef mène au mihrab, la niche qui indique la direction de La Mecque et, ainsi, de la prière, axe essentiel dans le plan d'une mosquée.

Des agrandissements postérieurs étendirent les rangées d'arcs qui finirent par couvrir près de 120 m^2, faisant de la Mezquita l'une des plus vastes mosquées du monde musulman. Cette forêt de colonnes et d'arcades offre des perspectives changeantes au gré des angles et de la lumière et compose un cadre unique en son genre, totalement fascinant.

LA MOSQUÉE DU Xe SIÈCLE

Le plus important des agrandissements ultérieurs de la mosquée fut celui d'Al-Hakim II, au Xe siècle. On parle parfois d'architecture califale pour qualifier cette période, du fait que le souverain cordouan portait le titre de calife, depuis qu'Abd ar-Rahman III, père d'Al-Hakim II, se l'était attribué à lui-même ainsi qu'à ses successeurs. Toujours est-il qu'Al-Hakim II modifia la structure de base de la mosquée, comme Abd ar-Rahman II l'avait fait un siècle plus tôt, en prolongeant les nefs de la salle de prière et en créant un nouveau mihrab à l'extrémité sud de la nef centrale. Le trait spécifique de cette époque réside dans la splendeur de ce nouveau mihrab, ainsi que dans le traitement de la *maksura*, l'espace fermé par une clôture à claire-voie où le calife et sa suite venaient prier. Les arcades de la maksura et de ses abords sont merveilleusement décorées d'une profusion d'arcs en fer à cheval et d'arcs polylobés plus intriqués et plus richement ornés qu'aucun autre dans la Mezquita. Autre spécificité : les coupoles nervurées de la maksura s'embellissent de somptueux motifs paradisiaques et sont soutenues chacune par quatre paires de nervures parallèles qui s'entrecroisent, une technique particulièrement élaborée.

La maksura contribue à former une sorte d'axe transversal de l'édifice, une travée qui longe le mur où est aménagé le mihrab, appelé mur *qibla* car il indique lui aussi la qibla, la direction de La Mecque. Le plan en T que dessinent cet axe transversal et la nef centrale constitue l'un des traits marquant de nombreuses mosquées.

La plus impressionnante de toutes les modifications apportées par Al-Hakim II reste la porte d'accès au mihrab lui-même : un arc en fer à

LE SAVIEZ-VOUS ?

Le toit de la Mezquita de Cordoue, dans sa forme finale achevée au Xe siècle, était supporté par 1 293 colonnes.

LES MOTIFS DÉCORATIFS

Les mosaïques qui ornent le pourtour de la porte d'accès au mihrab construit par Al-Hakim II au Xᵉ siècle présentent les trois types de motifs décoratifs autorisés dans les lieux saints musulmans : des inscriptions stylisées en arabe classique, des motifs géométriques, ainsi que des motifs végétaux et floraux simplifiés.

À ce stade précoce du style hispano-mauresque, les décors de fleurs et de plantes conservent encore un caractère naturaliste. Par la suite, ils seront stylisés, plus géométriques et plus répétitifs, agencés selon des combinaisons mathématiques appelées arabesques. À l'époque de la construction de l'Alhambra de Grenade, au XIVᵉ siècle, les motifs végétaux ne se distinguent presque plus des motifs géométriques.

cheval et son encadrement rectangulaire appelé *alfiz*, que surmonte une arcature aveugle. Pour décorer l'alfiz, le calife demanda à l'empereur chrétien de Constantinople (l'actuelle Istanbul), Nicéphore II Phocas, de lui envoyer un artiste capable d'imiter les superbes mosaïques de la grande mosquée de Damas, l'un des plus beaux édifices de la Syrie omeyyade du VIIIᵉ siècle. En réponse, l'empereur envoya un excellent mosaïste, ainsi que 1 600 kg de tesselles d'or dont le scintillement contribue à donner au mihrab de Cordoue le chatoyant mystère des églises byzantines. Une telle splendeur ne visait pas seulement à suggérer le paradis musulman mais aussi à glorifier le calife.

La Culture maure en Espagne, de Titus Burckhardt, est un classique du genre écrit par l'un des plus grands spécialistes du XXᵉ siècle dans le domaine de l'art sacré.

Le mihrab perdit plus tard sa position centrale sur le mur sud, à la suite de l'élargissement de la mosquée par Al-Mansour. La cathédrale chrétienne, bâtie au XVIᵉ siècle en plein milieu de l'édifice, ne fit que rendre encore plus difficile la perception de l'ensemble tel qu'il se présentait à l'époque d'Al-Hakim II. Néanmoins, quand on se trouve à l'intérieur de la mosquée, on peut encore distinguer les différentes étapes de sa construction.

Les autres monuments omeyyades

En 936, Abd ar-Rahman III décida de se faire édifier une nouvelle capitale à l'ouest de Cordoue. Baptisée Médina Azahara, en hommage à Azahara, l'épouse favorite du calife, cette cité devait permettre d'établir le palais royal et le siège du gouvernement à l'écart de l'agitation de la ville, comme l'avaient fait les Abbassides avec la cité royale de Samara, au nord de Bagdad. L'architecte en chef de la Médina Azahara fut Al-Hakim, le fils d'Abd ar-Rahman III, celui qui allait faire de la Mezquita de Cordoue un véritable joyau. À la différence des palais moyen-orientaux, dont la salle de réception typique est un *iwan* (une salle voûtée ouvrant d'un côté sur une cour), celles de la Médina Azahara adoptaient un plan basilical, chacune comportant au moins trois nefs parallèles, comme dans les mosquées.

Ravagée lors de l'effondrement du califat de Cordoue, soit moins d'un siècle après sa construction, la Médina Azahara est aujourd'hui partiellement reconstruite.

LE SAVIEZ-VOUS ?

Le palais le plus important des *taifas* (petits royaumes) d'Espagne ne se trouve pas en Andalousie mais dans le nord du pays. Il s'agit de l'Aljafería de Saragosse.

Rares sont les autres édifices omeyyades qui subsistent en Espagne. Parmi ceux-ci, la petite *mezquita* du Xᵉ siècle de l'Almonaster la Real (p. 168), perdue au fin fond de la province de Huelva, est l'un des plus charmants monuments islamiques du pays. Bien que convertie en église, la mosquée d'origine, relativement bien conservée, évoque une version miniature de la mosquée de Cordoue, avec ses rangées d'arcades délimitant cinq nefs, dont celle du centre mène à un mihrab en plein cintre aménagé dans le mur est.

LES PALAIS DU XIᵉ SIÈCLE

La plupart des "roitelets" de l'époque des turbulents *taifas* (petits royaumes) des palais qui ont à peu près tous disparu. À Málaga, l'Alcazaba (p. 246), bien que reconstruit ultérieurement, a conservé une série de salles du XIᵉ siècle aux arcs en fer à cheval typiques du style califal. À l'intérieur de l'Alcazaba d'Almería (p. 391) subsiste le Palacio de Almotacín, construit par le plus puissant *taifa* de la ville.

LE SAVIEZ-VOUS ?

Originaires d'Iran ou de Syrie, les *muqarnas* (voûtes à "stalactites" ou en "rayon de miel") apparaissent pour la première fois en Occident musulman en Algérie, dans la mosquée almoravide de Tlemcen.

LES ALMORAVIDES ET LES ALMOHADES

Le règne des Almoravides, des Berbères venus du Maroc entre la fin du XIᵉ siècle et le milieu du XIIᵉ siècle, ne laissa guère de constructions remarquables en Espagne. Seconde vague de Berbères à conquérir Al-Andalus, les Almohades édifièrent d'immenses mosquées du Vendredi dans les grandes cités de leur empire, en particulier à Séville. Leur architecture se caractérise par la simplification et l'épuration des volumes, ainsi que par ses vastes salles de prière respectant le plan en T introduit par Al-Hakim II dans la mosquée de Cordoue lors de son agrandissement. Des coupoles et des *muqarnas* (voûtes à "stalactites" ou en "rayon de miel") en stuc surmontaient les travées à la jonction des nefs et du transept quibla, formant des centaines, voire des milliers, de minuscules alvéoles ou niches. De grands panneaux de briques flammées dessinaient des réseaux losangés sur les murs. La fin du XIIᵉ siècle vit l'apparition de hauts minarets carrés richement décorés. La Giralda (p. 95), le minaret de la mosquée de Séville, possède un merveilleux décor de panneaux de brique qui en fait le plus beau monument almohade d'Espagne encore visible aujourd'hui. De cette mosquée, détruite au XVᵉ siècle pour laisser place à la cathédrale, subsistent également la cour, désormais appelée Patio de los Naranjos (p. 98), et la porte nord, la Puerta del Perdón (p. 96).

Une autre mosquée almohade, qui ressemble plus à une chapelle palatiale qu'à un lieu voué aux grands rassemblements de fidèles, se dresse à

LES HAMMAMS

La propreté et les *hammams* (bains publics) tenaient une telle place dans la vie quotidienne au pays d'Al-Andalus que les chrétiens en vinrent à soupçonner ces bains d'abriter des orgies et à considérer avec la plus grande méfiance le fait de se laver. Pour bien marquer leur position, certains moines espagnols mirent même un point d'honneur à porter le même habit de laine d'un bout à l'autre de l'année. L'expression *Olor de Santidad* (odeur de sainteté) devint un euphémisme pour qualifier les odeurs particulièrement repoussantes. Après la reconquête de l'Andalousie, les morisques (musulmans convertis au christianisme) avaient interdiction formelle de prendre des bains.

Toujours est-il que des bains mauresques sont restés intacts dans certaines villes andalouses. Ils comportent généralement une succession de salles – vestiaire, salle froide, salle tempérée et salle chaude. La chaleur y monte par le sol grâce à un système appelé hypocauste. Parmi les beaux exemples de hammams, avec leurs salles bordées de galeries en arcades et éclairées par des lucarnes étoilées, citons :

- **Baño de Comares** (p. 322) Alhambra, Grenade
- **Baños Árabes El Bañuelo** (p. 327) Albayzín, Grenade
- **Baños Árabes** (p. 192) Alcázar, Jerez de la Frontera
- **Baños Árabes** (p. 363) Palacio de Villardompardo, Jaén
- **Baños Árabes** (p. 270) Ronda
- **Baño Moro** (p. 384) Segura de la Sierra

l'intérieur de l'Alcázar de Jerez de la Frontera (p. 191). C'est un édifice en brique, élevé et austère, bâti sur un plan octogonal inscrit dans un carré. Nombre de salles et de patios de l'Alcázar de Séville (p. 98) datent de l'époque almohade, mais seul le Patio del Yeso en a conservé des vestiges substantiels. L'un des côtés de cette cour agrémentée d'un bassin tout en longueur et de parterres de fleurs est orné d'un treillage d'une extrême délicatesse fait d'un entrelacs de multiples arcatures.

L'ALHAMBRA

La magnifique citadelle de Grenade est le seul grand palais du monde musulman médiéval qui nous soit parvenu intact. L'Alhambra (p. 313) était la résidence des émirs nasrides de Grenade qui régnèrent sur le dernier État musulman de la péninsule Ibérique, de 1249 à 1492. Ce n'était pas seulement une cité palatiale dans la tradition de la Médina Azahara, mais aussi une forteresse, l'Alcazaba, avec 2 km de remparts, 23 tours et quatre portes. Dans l'enceinte de ses murailles, l'Alhambra abritait sept palais distincts, des mosquées, des casernes, des bureaux, des logis, des bains, une résidence d'été (le Generalife), ainsi que des jardins.

Un art unique alliant la nature à l'architecture a présidé à la conception de l'Alhambra. Les architectes ont utilisé avec un talent inouï les bassins et les cours d'eaux, les arbres et les bosquets méticuleusement taillés, les parterres de fleurs, les paysages et les encadrements de fenêtres, les points de vue judicieusement placés. Ils ont joué avec *maestria* des contrastes d'ombre et de lumière, de chaleur et de fraîcheur. L'harmonie conjuguée des fontaines, des bassins et des jardins avec les salles de réception à coupoles

L'ouvrage intitulé *Alhambra*, de Michael Jacobs, examine en détail le chef-d'œuvre de l'architecture hispano-mauresque en Andalousie.

FORTIFICATIONS

Le royaume d'Al-Andalus peut se vanter d'avoir édifié le plus grand nombre de citadelles et de fortifications de tout le monde musulman.

L'ère du califat

Ces fortifications comportaient des tours rarement plus hautes que les murs. Deux des plus belles forteresses de cette époque sont le château ovale de Baños de la Encina (p. 368), dans la province de Jaén, et l'Alcazaba (p. 391), perchée sur une colline surplombant Almería.

La période des taifas

Au cours de ce XIᵉ siècle marqué par des luttes de pouvoir intestines, nombre de villes renforcèrent leurs défenses. Niebla (p. 153), dans la province de Huelva, en offre un bel exemple avec ses remparts aux massives tours rondes ou rectangulaires. C'est également le cas du quartier d'Albayzín (p. 326) à Grenade. Les portes de Niebla, dotées de barbacanes (doubles tours de défense des portes) et de passages coudés sont particulièrement innovantes.

Les fortifications almohades

Dès le XIIᵉ siècle et au début du XIIIᵉ siècle, les Almohades rebâtirent des fortifications, notamment à Cordoue, à Séville et à Jerez de la Frontera. La Torre de la Calahorra (p. 296), à Cordoue, et la Torre del Oro (p. 104), à Séville, sont deux têtes de pont fort bien construites. Cette dernière, dressée à un angle des remparts de la ville, ne gardait pas vraiment le pont, mais devait plutôt servir à tendre une chaîne défensive jusqu'à une tour jumelle qui se dressait probablement sur l'autre rive du Guadalquivir.

Les fortifications nasrides

Nombre de constructions défensives andalouses furent restaurées au XIIIᵉ, XIVᵉ et XVᵉ siècles, à l'époque où l'émirat nasride de Grenade devait lutter pour sa survie. C'est le cas en particulier de celles d'Antequera (p. 278) et de Ronda (p. 267), ainsi que du Castillo de Gibralfaro de Málaga. Les grandes tours rectangulaires, comme à Málaga ou à Antequera, suggèrent l'influence de l'ennemi chrétien. La forteresse la plus impressionnante de l'époque reste l'Alhambra de Grenade (p. 318), même si on l'évoque plus souvent comme palais.

atteint un haut degré de perfection. Pour conserver à l'Alhambra son rôle de palais d'agrément, nombre de ses tours défensives servaient également de palais d'été miniatures.

La décoration de l'Alhambra repose sur des jeux d'arcs aux formes et aux ornementations extrêmement variées. La réussite des architectes nasrides tient avant tout au suprême raffinement dont ils firent preuve dans l'utilisation des techniques décoratives existantes, qui atteignent là un sommet de délicatesse, d'élégance et d'harmonie. Ils ont notamment employé le stuc sculpté, les panneaux de marbre, la marqueterie, le bois ouvragé, l'épigraphie (qui répète à l'infini la devise "Il n'y pas d'autre vainqueur qu'Allah") et les carreaux de céramique richement colorés. Les motifs étoilés en mosaïque ont depuis lors été repris pour orner de long en large les murs du monde musulman, en particulier dans le Maghreb, où l'influence artistique de la Grenade nasride reste vivace aujourd'hui.

L'apogée de la splendeur de Grenade correspond aux règnes des émirs Yousouf Ier (1333–1354) et Mohammed V (1354-1359 et 1362-1391). On doit au premier le Palacio de Comares (palais des Comares) et au second le Palacio de los Leones (palais des Lions). Le Salón de Comares abrite un plafond en marqueterie illustrant les sept paradis musulmans et couronné par une coupole représentant le trône d'Allah. Durant des siècles, ce plafond allait servir de modèle dans les salles officielles arabes.

Le Palacio de los Leones s'organise autour du fameux Patio de los Leones (cour des Lions), entouré d'une galerie à colonnes et flanqué de pavillons, au milieu duquel une fontaine crache de l'eau par la gueule de douze lions de pierre. La Sala de Dos Hermanas (salle des deux sœurs), l'une des salles de réception, présente une fantastique coupole à *muquarnas* composée de 5 000 alvéoles minuscules rappelant les constellations.

L'ARCHITECTURE MUDÉJARE ET MOZARABE

Le terme de mudéjar – de l'arabe *mudayyan* qui signifie soumis – fut appliqué aux musulmans qui habitaient dans les régions reconquises par les chrétiens. Ainsi, appelle-t-on architecture mudéjare celle qui utilise les talents d'artisans musulmans pour la construction d'édifices destinés à des chrétiens. L'exemple le plus classique, le Palacio de Don Pedro (p. 100), fut bâti au XIVe siècle pour un roi chrétien à l'intérieur de l'Alcázar de Séville. Ce souverain, Pedro Ier de Castille, entretenait des relations amicales avec Mohammed V de Grenade qui envoya ses meilleurs artisans pour la construction du palais. Le Palacio de Don Pedro est par conséquent un palais nasride, et l'un des plus beaux du genre.

Le style mudéjar se caractérise notamment par ses motifs géométriques en brique et/ou stuc, souvent enrichis de carreaux de céramique. Les plafonds en bois finement sculpté signent également le travail mudéjar. On appelle *artesonado* les plafonds où l'entrelacs des poutres ménage de multiples caissons décorés. Les plafonds de style mudéjar ne comportent que des motifs floraux ou purement géométriques. Il n'est pas rare de voir les styles mudéjar et gothique coexister dans un même édifice.

Le terme de mozarabe (de l'arabe *musta'rib* qui signifie "arabisé") fait référence aux chrétiens qui vivaient ou avaient vécu dans les territoires de la péninsule Ibérique sous domination musulmane. C'est surtout dans des territoires reconquis, tel le León, que se développa l'architecture mozarabe, marquée bien sûr par l'influence musulmane. Seul vestige notoire de style mozarabe en Andalousie : l'église rupestre de Bobastro (p. 277), qui mérite une visite pour son site pittoresque et son histoire poignante.

Cuisine

Si l'on évoque la cuisine espagnole (et andalouse en particulier), on ne pense pas tout de suite à des artichauts à la sauce mandarine, à des sardines accompagnées de cheveux d'ange ou à des blinis aux agrumes, mais plutôt à une combinaison rassurante de paella, tortilla, gazpacho et tapas. Toutefois, au cours des dix dernières années, une nouvelle vague de restaurants contemporains, inspirés de Martín Berasategui, Juan Mari Arzak et Ferran Adriá, a révolutionné la cuisine espagnole.

Il est vrai que ce boom culinaire n'a touché l'Andalousie que tardivement. Cette grande région, qui englobe les hautes sierras et la côte tropicale du sud, présente des avantages considérables en ce qui concerne les traditions culinaires et les matières premières. Sa cuisine témoigne de diverses influences, romaine, juive, *gitano* (tsigane), de l'Amérique préhispanique, et arabe, cette dernière étant la plus perceptible. Elle se prête magnifiquement aux expériences. La palette comprend, entre autres, des ingrédients exotiques comme les oranges, les citrons, les abricots, les aubergines, la menthe, les épinards et des épices telles que la cannelle et le cumin, ainsi que des ingrédients de base comme le gibier et les fruits de mer.

Plus que la modernité, cette nouvelle vague de cuisine espagnole recherche le raffinement, le respect des traditions et l'utilisation d'ingrédients variés. Des établissements tels que le Restaurante Tragabuches (p. 273) et le Café de Paris (p. 250), dans la province de Málaga, ont radicalement modifié les plats régionaux, donnant ainsi une nouvelle vie à la cuisine provinciale.

Les librairies proposent une multitude de livres de cuisine, pour apprendre à faire les tapas, et les plats traditionnels espagnols. Parmi les éditions récentes (2004), citons *Délicieuses recettes de Tapas* de Maurice Duroy et *Le Grand Livre de la cuisine espagnole* de Razika Cherif.

SPÉCIALITÉS LOCALES

Typiquement méditerranéenne, la cuisine andalouse utilise généreusement l'huile d'olive, l'ail, les oignons, les tomates et les poivrons. Elle se compose traditionnellement de plats paysans simples, préparés avec des produits frais et relevés d'une pointe d'herbes et d'épices. Dans les montagnes, les jambons sont fumés et les plats de gibier abondent. Les ragoûts à base de haricots secs constituent un élément essentiel de la cuisine familiale traditionnelle, et, sur les côtes, les fruits de mer prédominent.

Pain

En Espagne, chaque repas s'accompagne de *pan*. Chaque quartier possède sa *panadería* (boulangerie) où l'on produit quotidiennement des pains de toutes formes et de toutes tailles. Au petit déjeuner, on propose des *bollos* ou des *molletes* (petits pains moelleux), ainsi que des *tostadas* (pain grillé souvent servi avec diverses garnitures telles que des tomates ou de l'huile d'olive). Le simple pain de campagne, *pan de campo*, accompagne idéalement chaque repas. Les restes sont utilisés pour épaissir les soupes et les sauces.

Fromage

Le célèbre fromage espagnol, le *manchego*, provient de la région centrale de La Mancha. Salé et savoureux, il se prépare avec du lait de chèvre et on le sert souvent en *tapa* (en-cas). Quand il est frais, le *manchego* présente une consistance crémeuse et douce ; les demi-secs sont plus fermes et ont un goût plus prononcé. Affinée plus de trois mois, la pâte du *manchego* devient piquante. Parmi les fromages typiquement andalous, citons la *grazalema*, originaire des montagnes de Cádiz (au lait de brebis, elle rappelle le *manchego*), le *málaga*, fromage de chèvre conservé dans de l'huile d'olive, et le *cádiz*, fromage de chèvre frais au goût très prononcé, fabriqué dans la campagne environnante de Cádiz. Enfin, vous trouverez du *burgos*, fromage de brebis très doux souvent servi en dessert accompagné de miel, de noix et de fruits.

Poissons et fruits de mer

Les villes côtières d'Andalousie offrent une variété impressionnante de poissons et de fruits de mer. Au bord de la mer, les *boquerones* (anchois) marinés dans l'ail, l'huile d'olive et le vinaigre et les sardines grillées constituent la base de toutes les *tapas*, de même que les *gambas* (crevettes), servies grillées, frites dans l'ail ou froides, accompagnées d'un bol de mayonnaise maison (les plus petites garnissent les paellas et servent aux soupes, alors que les grandes, que l'on fait griller, sont appelées *langostinos*). Les Andalous apprécient également les *chipirones* ou *chopitos*

LES TAPAS

Les amuse-gueules servis dans des soucoupes connus sous le nom de tapas (qui signifie "couvercle") font partie de l'art de vivre espagnol et se présentent sous d'infinies variétés. Ils auraient fait leur apparition en Andalousie, dans la région produisant le vin de xérès (la province de Cádiz), au XIXe siècle, lorsque les gérants de cafés posaient un morceau de pain sur le verre afin de dissuader les mouches. Cette coutume laissa bientôt place à une autre, qui consistait à mettre un petit quelque chose de salé sur le pain, par exemple des olives ou des tranches de saucisson, pour encourager les clients à boire.

Les tapas les plus courantes comprennent des olives, du fromage, de l'omelette et de la *charcutería/chacinas*. Des *garbanzos con espinacas* (pois chiches aux épinards), une petite portion de *solomillo* (filet de porc) ou de *lomo* (échine de porc) avec garnitures, des *brochetas* ou *pinchos* (mini-brochettes), des *flamenquines* (veau ou jambon pané) ou des *boquerones* (anchois), marinés dans du vinaigre ou en beignets, sauront combler vos papilles. En combinant saveurs et ingrédients, la gamme des possibilités est infinie pour les cuisiniers inventifs. En la matière, Sevilla se place à l'avant-garde. C'est là que vous pourrez déguster des courgettes au roquefort ou des cœurs d'artichaut farcis aux champignons.

Les tapas de fruits de mer sont particulièrement savoureuses. C'est dans le triangle du xérès de la province de Cádiz (voir p. 182) que l'on déguste les meilleurs crustacés : les *conchas finas* (palourdes) de l'Atlantique, les *cangrejos* (petits crabes cuits entiers), les *búsanos* (escargots de mer ou buccins). Les *langostinos a la plancha*, grosses crevettes grillées au gros sel, sont un vrai régal.

Les abats, comme les *sesos* (cervelle), les *callos* (tripes), les *criadillas* (testicules de taureau ou d'agneau), les *riñones* (rognons) et l'*hígado* (foie) peuvent être servis dans un petit plat en terre, accompagnés de sauce tomate ou de sauce à la viande. Certains apprécieront davantage les tapas de salade, telles que la *pipirrana* (à base de dés de tomates et de poivrons rouges), le *salpicón* (la même chose avec des morceaux de fruits de mer), l'*ensaladilla* (salade russe) et l'*aliño* (toute salade préparée en vinaigrette).

Les bars présentent souvent un assortiment de tapas sur le comptoir. Parfois, ils possèdent une carte des tapas, ou en inscrivent la liste sur un tableau. Si ce n'est pas le cas, les choses se compliquent : un établissement qui semble ne pas servir de tapas peut s'avérer être un spécialiste en la matière ! Demandez alors quelles sont les tapas du jour.

Une *ración* correspond à une portion équivalent à un repas, une *media-ración* en représentant la moitié. Prendre deux *media-raciones* différentes revient quasiment à faire un repas complet de tapas. Si vous êtes plusieurs, vous pouvez partager une *ración* ou une *tabla*, un assortiment de tapas comprenant généralement plusieurs sortes de jambons, de saucissons, de fromages et d'*ahmudos* (poissons fumés).

(petits calamars) et à Málaga le menu comprend aussi des *chanquetes* (de la petite friture). Enfin, Cádiz regorge d'*ostras* (huîtres).

Fruits et légumes

On prétend que, grâce à son climat généreux, l'Andalousie possède les plus beaux fruits et légumes d'Espagne. Dans les plaines jalonnant les côtes subtropicales, vous trouverez des *plátanos* (bananes), *aguacates* (avocats), *mangos* (mangues) et même de la *caña de azúcar* (canne à sucre). La province d'Almería, à l'est de Málaga, est le jardin d'hiver de l'Europe avec ses kilomètres de serres couvertes de plastique où l'on pratique la culture intensive des légumes. Arbres fruitiers et amandiers couvrent les pentes des *sierras*, à côté des célèbres *naranjas* (oranges) amères – uniquement utilisées pour la production de marmelade – introduites par les Arabes.

La province de Córdoba est célèbre pour ses plats de légumes, tels que les *alcachofas con almejas* (artichauts aux palourdes), *esparragos revueltos* (asperges sauvages accompagnées d'œufs brouillés), et beaucoup de *berenjenas* (aubergines) violettes.

Jambon et saucisses

Pour nombre d'Espagnols, rien n'est plus appétissant que quelques tranches fines et succulentes de *jamón* fumé. La plupart des jambons sont du *jamón serrano* (jambon fumé des montagnes). Encore plus fin, le *jamón ibérico,* ou *pata negra* (jambe noire), est fabriqué avec du cochon noir ibérique, le plus goûteux étant le *jamón ibérico de bellota* – les porcs sont nourris de *bellotas* (glands). Considéré comme le meilleur, le *jamón ibérico* de Jabugo, dans la province de Huelva (voir p. 167), est issu de porcs élevés en liberté dans les forêts de chêne de la Sierra Morena. Les meilleurs jambons de Jabugo sont classés de une à cinq *jotas* (J) : on dit que ceux qui portent la mention JJJJJ (*cinco jotas*) proviennent de porcs n'ayant jamais rien mangé d'autre que des glands.

Le jambon non fumé, appelé couramment *jamón York,* risque de vous sembler fade.

LE SAVIEZ-VOUS ?

L'Espagne est le plus grand producteur mondial d'huile d'olive.

Huile d'olive

Plantées à l'origine par les Romains, les grandes oliveraies des provinces de Córdoba, Jaén et Sevilla, contribuent à faire de l'Espagne le plus grand producteur mondial d'huile d'olive. La production de l'*az-zait* (jus de l'olive) – d'où vient le terme *aceite,* nom générique actuel de l'huile d'olive – fut ensuite développée par les Musulmans. Les olives et leur huile demeurent la base de la cuisine andalouse. Pour des raisons de contrôle de qualité, l'Espagne compte aujourd'hui six labels accrédités de Denominación de Origen (DO : domaines qui produisent des huiles de haute qualité), dont quatre situés en Andalousie : Baena et Priego de Córdoba à Córdoba, Sierra de Segura et Sierra Mágina à Jaén. L'excellence absolue, telle que l'huile de Núñez de Prado (voir p. 307), ne présente aucune acidité.

Riz

Avec l'arrivée des Arabes, l'Andalousie acquit un nouvel aliment de base, l'*arroz* (riz). Bien que le plat espagnol le plus connu, la paella, ne soit pas une spécialité andalouse (elle est en fait originaire de Valencia), elle reste très demandée dans les restaurants de la région.

Dans sa version andalouse, la paella contient des fruits de mer et/ou du poulet. Sur la Costa del Sol, il est fréquent de mélanger des petits pois, des palourdes, des moules et des crevettes, ainsi qu'une garniture de poivrons rouges et de tranches de citron. Dans les provinces de Sevilla et de Cádiz, on ajoute plutôt des grosses crevettes et parfois du homard. La paella doit son nom à la grande poêle à deux anses dans laquelle elle est mise à cuire – de préférence dehors, sur un feu de bois. Le riz absorbe les jus parfumés des autres ingrédients en cuisant tout doucement. Sa couleur d'un jaune éclatant vient traditionnellement du safran, souvent remplacé par du *pimentón* (paprika), meilleur marché.

Parmi les variantes, citons l'*arroz a la Sevillana*, riz aux fruits de mer originaire de Sevilla, qui comporte du crabe, des saucisses et du jambon ; l'*arroz con almejas* (riz aux palourdes) ; et les *calamares en su tinta* (calmars cuits dans leur encre avec du riz).

Ragoûts

Autrefois, le *cocido,* mélange de viande, de saucisse, de haricots et de légumes, était le plat de base de l'alimentation locale. Bien que sa préparation nécessite un temps fou, on sent toujours son parfum dans les rues des villages andalous. Le *cocido* peut constituer un repas complet : on consomme d'abord le bouillon, puis les légumes, et enfin la viande.

Plaisirs gourmands d'Espagne, de Marion Trutter et Michael Ditter (1999) : une véritable encyclopédie abondamment illustrée des spécialités, plats, vins et fromages espagnols, classés par régions.

De nos jours, on prépare un ragoût plus simple, le *guiso,* qui se présente sous trois formes traditionnelles en Andalousie – *las berzas,* avec du chou et du bœuf ou du porc, *el puchero,* avec du poulet et du bacon ainsi que des navets et de la menthe et *los potajes,* avec des haricots secs et du chorizo. Granada est réputée pour des plats tels que les *habas con jamón* (grands haricots et jambon) et l'omniprésent *rabo de toro* (ragoût de queue de bœuf).

Soupes

Le vrai *gazpacho*, plat typiquement andalou, est une soupe froide composée d'un mélange de tomates, de poivrons, de concombres, d'ail, de miettes de pain, de citron et d'huile. Il est servi dans un pichet avec des glaçons, accompagné de petites assiettes de légumes crus coupés en morceaux, par exemple des concombres et des oignons. Plusieurs plats similaires sont constitués de soupes froides contenant de l'huile, de l'ail et des miettes de pain, comme le *salmorejo cordobés,* crème de gazpacho typique de Córdoba, sans poivrons ni concombres, avec des œufs durs en garniture, ou l'*ajo blanco,* soupe d'amandes et d'ail pilés, souvent accompagnée de raisins, populaire dans la province de Málaga.

LE LABEL DOC, OU L'ÉTIQUETTE DU BON GOÛT

Vous pouvez vous faire une certaine idée de la qualité des vins espagnols d'après leur étiquette. Hormis le xérès, les meilleurs vins espagnols proviennent en grande partie du nord du pays. Les lettres DOC signifient *Denominación de Origen Calificada* et est accordée aux vins provenant de régions où une haute qualité de production a été maintenue en continu sur une longue période. Pour l'instant, seul le rioja, du nord de l'Espagne, a reçu la DOC. La DO, *Denominación de Origen,* correspond à un échelon inférieur à la DOC. Il existe environ 50 régions bénéficiant du label DO. Une étiquette portant la mention DOC ou DO indique que le vin a été produit par des vignerons sérieux, bien que chaque DOC ou DO recouvre une large gamme de vins de qualités variables.

Le *vino joven* doit être consommé immédiatement, tandis que le *vino de crianza* doit avoir été conservé pendant un minimum de temps : 2 ans s'il s'agit de vin rouge, dont un minimum de 6 mois en fût de chêne ; 1 an dans le cas du blanc ou du rosé. Une *reserva* rouge nécessite 3 ans de conservation, alors qu'un blanc ou un rosé demande 2 ans. La *gran reserva* est une appellation accordée à des crus particulièrement bons qui doivent avoir passé au moins 2 ans en fût et 3 ans en bouteille. Elle concerne principalement les vins rouges.

Le gazpacho a fait son apparition en Andalousie grâce aux *jornaleros*, ouvriers agricoles journaliers, qui recevaient régulièrement des rations de pain et d'huile. Ils faisaient tremper le pain dans l'eau pour obtenir une base de soupe, puis ajoutaient de l'huile et de l'ail, ainsi que les légumes frais qu'ils avaient sous la main. Le plat qui en résultait était relativement rafraîchissant et nourrissant.

Le site www.sherry.org est une mine d'informations sur le xérès et les sociétés qui en produisent.

BOISSONS
Vin
La production de *vino* a commencé en Andalousie avec les Phéniciens, probablement dès 1100 av. J.-C. Aujourd'hui, presque chaque village possède son propre vin : le vin campagnard bon marché est connu sous le simple nom de *mosto*. Huit régions produisent une gamme de bons vins, sans DO, que l'on peut goûter sur place : ils ont pour nom aljarafe et los palacios (province de Sevilla) ; bailén, lopera et torreperogil (province de Jaén) ; costa albondón (province de Granada) ; laujar de Andarax (province d'Almería) ; et villaviciosa (province de Córdoba).

La DO montilla-morales s'étend dans le sud de la province de Córdoba. Ce vin, similaire au xérès, n'est pas liquoreux – on apprécie surtout le *fino*. La province de Málaga constitue l'autre DO d'Andalousie : doux et velouté, le málaga dulce a ravi bien des palais depuis Virgile jusqu'aux ladies de l'Angleterre victorienne. Malheureusement, les vignobles furent attaqués par le mildiou vers le début du XXe siècle, si bien que la région de Málaga est aujourd'hui la plus petite DO d'Andalousie. Quelques bars de la ville proposent du vin de Málaga tiré directement au tonneau.

Le vin n'accompagne pas seulement les repas : on le consomme aussi dans les bars. En outre, son prix est raisonnable (un vin correct vaut 5 € dans le commerce et 12 € dans un restaurant). Le *vino de mesa* (vin de table) revient à moins de 1,50 € le litre dans les boutiques. Vous pouvez commander du vin à la *copa* (verre) dans les bars et les restaurants : le *vino de la casa* (vin de la maison) peut être tiré d'un tonneau et servi en pichet (environ 1 €).

LE SAVIEZ-VOUS ?

Le verre à xérès, au fond arrondi et au bord étroit est une invention arabe, attribuée à Ziryah, musicien à la cour d'Abd ar-Rahman II.

Xérès
Le xérès, le célèbre vin liquoreux d'Andalousie, est produit dans les villes de Jerez de la Frontera, El Puerto de Santa María et Sanlúcar de Barrameda, qui représentent le "triangle du xérès" de la province de Cádiz (voir p. 182). Cette production unique résulte à la fois du climat, des terrains crayeux qui absorbent le soleil mais retiennent l'humidité, ainsi que d'un procédé de vieillissement spécial, appelé système *solera* (voir p. 189).

Le xérès est essentiellement connu sous deux désignations : *fino* (sec et de couleur paille) et *oloroso* (doux et de couleur sombre, d'un bouquet puissant). L'*amontillado* est un *fino* ambré modérément sec, au goût de noisette et au taux d'alcool plus élevé. Un *oloroso*, combiné avec un vin doux, produit une "crème de xérès". La *manzanilla*, de couleur camomille, n'est pas tout à fait un xérès ; c'est un *fino* non liquoreux qui, dit-on, doit son parfum délicat aux brises marines qui soufflent jusque dans les *bodegas* (caves) de Sanlúcar de Barrameda.

Bière
La façon la plus commune de commander une *cerveza* (bière) est de demander une *caña*, une petite bière pression (250 ml) ou un *tubo*, plus grand (environ 300 ml), servi dans un verre droit. Si vous demandez simplement une *cerveza*, on vous servira probablement une bière en bouteille, souvent plus chère. Une petite bouteille (250 ml) se dit *botellín*

ou *quinto*, une plus grande (330 ml) *tercio*. San Miguel, Cruzcampo et Victoria sont trois bonnes marques de bière andalouse.

Café

Les amateurs devront préciser : un *café con leche* se compose de 50% de café et de 50% de lait chaud. Demandez-le *grande* ou *doble* si vous le voulez dans une grande tasse, *en vaso* si vous le préférez dans un verre ou *sombra* si vous le prenez avec beaucoup de lait. Un *café solo* est un café noir et un *café cortado* un café noir avec un peu de lait.

Thé

Le *té* servi dans les bars et les cafés est souvent très léger. Demandez-le *leche aparte* (lait à part), si vous ne voulez pas vous retrouver devant une tasse d'eau laiteuse au milieu de laquelle flotte un sachet de thé. La plupart des établissements servent aussi du *té de manzanilla* (thé à la camomille). Les *teterías* (salons de thé de style arabe), devenues à la mode dans certaines villes, proposent toutes sortes de thés ainsi que des *infusiones* (tisanes).

Chocolat chaud

Les Espagnols ont rapporté le chocolat du Mexique au milieu du XVIᵉ siècle et l'ont adopté avec enthousiasme. Le chocolat *caliente* (chaud) est servi onctueux et épais. Il arrive même qu'il figure parmi les *postres* (desserts) sur la carte. En général, on le consomme au petit déjeuner, accompagné de *churros* (longs beignets sucrés).

Vous pouvez commander le guide *The New Spain: Vegan and Vegetarian Restaurants*, qui recense plus de 100 restaurants végétariens en Espagne, sur le site www.vegetarian guides.co.uk.

Eau

Les Andalous boivent couramment l'eau claire et froide qui coule des fontaines publiques ou du robinet – assurez-vous toutefois qu'elle est potable. Au restaurant, si vous voulez une carafe d'eau, demandez de l'*agua de grifo*. D'innombrables marques proposent de l'*agua mineral* (eau minérale) en bouteille, soit *con gas* (gazeuse), soit *sin gas* (plate).

PLATS DE FÊTE

Les Espagnols ont toujours un prétexte pour faire la fête. La plupart des festivités sont familiales avec des accents religieux. Il s'agit généralement de la célébration d'un saint patron. Des évènements plus importants, tels que la Semana Santa ou Noël, sont l'occasion de savourer des spécialités. À Pâques, vous verrez des *monas de Pascua* (figures en chocolat), des *torrijas* (pain français grillé) ou des *torta pascualina* (tarte aux épinards et aux œufs). La Toussaint voit apparaître les *huessos santos* (os des saints, pains sucrés), et à Noël, tous les enfants dévorent un *roscón de Reyes* (beignet spongieux décoré de fruits secs et de sucre). La période de Noël s'avère la plus gastronomique : on déguste alors le célèbre *turrón* (nougat à base d'amandes, de miel et de blancs d'œufs) et quantités d'autres *pasteles* (pâtisseries ou gâteaux). Si la majorité des familles partagent toujours une dinde, certains préfèrent le traditionnel *bacalao* (morue) ou le *besugo* (brème rouge).

ÉTABLISSEMENTS

Si vous voulez vivre comme les Espagnols, vous passerez de longs moments dans les cafés et les bars. Vous aurez le choix entre des *bodegas* (bars à vin à l'ancienne), des *cervecerías* (bars à bière), des *tascas* (bars spécialisés dans les tapas), des *tabernas* (tavernes) et même des *pubs*. La plupart d'entre eux servent des tapas, les autres proposant parfois des plats plus consistants. Vous économiserez souvent de 10% à 20% en mangeant au bar plutôt qu'à une table.

COUTUMES LOCALES

- *Buenos días* (bonjour) ou *buenas tardes* (bonsoir) est la formule de politesse habituelle dans les bars et restaurants.
- Les Andalous ne font pas de cérémonie, aussi, si vous sirotez votre xérès en apéritif, il n'est pas rare que les clients passant devant votre table vous souhaitent *¡Buen provecho!* Bon appétit !).
- On déguste généralement les tapas avec une fourchette ou un *palillo* (bâtonnet), jamais avec les mains, quoique par ailleurs tout le monde trempe son pain dans la sauce.
- Attention : vous ne trouverez pas beaucoup de salles non-fumeurs dans les restaurants et les bars d'Andalousie. Les fumeurs demeurent très nombreux en Espagne.

Les *restaurantes* andalous préparent une nourriture simple et correcte à des prix abordables. Un *mesón* est un restaurant sans prétention attenant à un bar, servant une cuisine familiale ; un *comedor* désigne en général une salle à manger associée à un bar ou à un *hostal* (pension ou petite maison proposant un hébergement comme à l'hôtel) qui offre une nourriture rudimentaire à des prix très raisonnables. Une *venta* est (ou était autrefois) une auberge en bordure de route qui prépare souvent une nourriture délicieuse et bon marché. Un restaurant de fruits de mer s'appelle une *marisquería*, et on nomme *chiringuito* un petit bar, un kiosque en plein air ou un restaurant au bord d'une plage.

VÉGÉTARIENS
L'Andalousie regorge de fruits et légumes délicieux et frais tout au long de l'année, mais ne dispose malheureusement que de quelques restaurants officiellement végétariens. Sachez que les assiettes traditionnelles de "légumes" peuvent contenir de la viande (par exemple des haricots avec des morceaux de jambon). Les végétariens choisiront plutôt des salades, du gazpacho ou de l'*ajo blanco*. Ils peuvent aussi opter pour le *pisto*, mélange de courgettes, poivrons verts, oignons et pommes de terre frits ; l'*esparragos trigueros* (fine asperge sauvage) grillée ou accompagnée de *revueltos* (œufs brouillés) constitue également un repas satisfaisant. Cependant, dans l'ensemble, les *tapas* telles que les *pimientos asados* (poivrons rouges grillés), les *alcachofas* (artichauts) et le fromage sont la meilleure solution pour les végétariens.

AVEC DES ENFANTS
En Espagne, les enfants sortent dîner avec leurs parents dès leur plus jeune âge et sont généralement bien reçus dans les restaurants. En conséquence, on attend des petits Espagnols qu'ils se comportent bien et laissent les adultes prendre leur repas tranquillement. Peu d'établissements proposent des menus enfants, mais vous pouvez demander de réduire les portions à un *medio plato* (demi-assiette). Nombre de restaurants disposent de chaises hautes, mais nous recommandons de vous renseigner préalablement ou même d'en apporter une si vous le pouvez.

US ET COUTUMES
Manger à l'heure espagnole atteint parfois des extrêmes en Andalousie. Mieux vaut mettre la pendule de votre estomac à l'heure locale si vous ne voulez pas prendre vos repas dans la seule compagnie d'autres touristes. Comme la majorité des Espagnols, les Andalous commencent la journée par un *desayuno* (petit déjeuner) léger, en général un café accompagné d'une *tostada*. Autre option très appréciée, les *churros con chocolate* – de

"Des cours de cuisine de qualité commencent à apparaître."

longs beignets sucrés que l'on trempe dans du chocolat chaud bien épais. Si vous avez faim, choisissez une *tortilla* (omelette). À moins que vous ne préfériez des *huevos fritos* (œufs sur le plat), *revueltos* (brouillés) ou *cocidos* (durs). Vers 11h ou 12h, rendez-vous dans un bar ou un café prendre une *merienda* (en-cas), puis à nouveau vers 18h ou 19h pour un apéritif. Outre les *tapas*, vous pourrez savourer des *bocadillos*, petits sandwiches au pain blanc garnis de fromage, de jambon, de salade ou encore de *tortilla*.

La *comida* ou l'*almuerzo* (déjeuner), habituellement le repas principal de la journée, se prend entre 14h et 16h. Il peut être composé de plusieurs plats, par exemple une soupe ou une salade, un plat principal constitué de viande ou de poisson accompagné de légumes ou un plat de riz ou encore un ragoût de haricots, suivis d'un dessert. Vous pouvez commander à *la carta* (le menu principal), mais vous avez presque toujours la possibilité de choisir la solution préférée des petits budgets, le *menú del día* (menu du jour). Certains restaurants proposent aussi des *platos combinados* qui combinent plusieurs ingrédients dans une même assiette. Sachez que les prix des fruits de mer et du poisson sont parfois indiqués au poids, ce qui peut se révéler trompeur. Les desserts ne sont pas toujours les mieux représentés, le choix se limitant le plus souvent à une *helado* (glace), à de l'*arroz con leche* (riz au lait) ou à un *flan*.

Le repas du soir, la *cena*, a tendance à être plus léger que le déjeuner et se prend parfois très tard, à 22h ou 23h. Il arrive, bien sûr, que les Andalous sortent dîner au restaurant. Mais, avant 21h, vous ne verrez s'attabler que des étrangers.

www.spaingourmetour.com est un site sérieux et complet sur la gastronomie espagnole.

COURS DE CUISINE

Étant donné le renouveau auquel on assiste dans les restaurants espagnols haut de gamme et le désir croissant des voyageurs de participer davantage à la culture locale, il n'est pas étonnant que des cours de cuisine de qualité commencent à apparaître. En voici deux excellents :

Finca Buen Vino (☎ 959 12 40 34 ; www.fincabuenvino.com). Une cuisine chaleureuse et un cours excellent dans le fantastique cadre rural du Parque Natural Sierra de Aracena y Picos de Aroche (voir p. 170).

Turismo Rural Hidalgo (☎ 954 88 35 81 ; www.turismoruralhidalgo.com). Vous voulez vous familiariser avec la nouvelle cuisine créative espagnole ? Essayez ce cours d'une semaine dans la charmante vieille ville de Cazalla de la Sierra (voir p. 139).

LES MOTS À LA BOUCHE

La cuisine andalouse est si riche que, même après des années d'exploration du terroir, on découvre encore de nouveaux plats, et de nouvelles appellations. Le glossaire qui suit devrait tout de même vous aider à vous familiariser avec les plus courants.

Phrases utiles

Une table pour..., s'il vous plaît.	Una mesa para..., por favor.
Puis-je consulter le menu ?	¿Puedo ver el menú, por favor?
Avez-vous un menu en français ?	¿Tienen un menú en francés?
Je suis végétarien.	Soy vegetariano/a.
Que me conseillez-vous ?	¿Qué recomienda?
Quelle est la spécialité de la maison ?	¿Cuál es la especialidad de este restaurante?
Je voudrais la formule déjeuner, s'il vous plaît.	Quisiera el menú del día, por favor.
L'addition, s'il vous plaît.	La cuenta, por favor.
Acceptez-vous les cartes de crédit ?	¿Aceptan tarjetas de crédito?

Glossaire culinaire

GÉNÉRALITÉS

arroz – riz
bocadillo – petit sandwich garni
bollo ou *mollete* – petit pain moelleux
gazpacho –soupe froide mixée, composée de tomates, poivrons, concombres, ail, miettes de pain, citron et huile
huevo – œuf
media-ración – demi portion
menú del día – menu du jour
mollete ou *bollo* – petit pain
montadito – petit sandwich ou tartine
paella – plat de riz avec coquillages, poulet et légumes

pan – pain
plato combinado – "plat garni" ; fruits de mer/omelette/viande avec garniture
queso – fromage
ración – portion de *tapas* équivalente à un plat
revueltos – œufs brouillés
rosquilla – petit pain grillé
tapas – en-cas légers, accompagnant généralement une boisson
tortilla – omelette
tostada – tranche de pain grillée souvent servie avec une variété d'accompagnements tels que des tomates et de l'huile d'olive

CARNE (VIANDE)

cabra – chèvre
cabrito – cabri
carne de monte – "viande de la montagne", gibier local
carne de vaca – bœuf
caza – gibier
charcutería – charcuterie
choto ou *cabrito* – cabri
chorizo – saucisse de porc épicée
codorniz – caille
conejo – lapin
cordero – agneau
hígado – foie

jamón – jambon
jamón ibérico – jambon issu de la race de porc ibérique noir
jamón ibérico de bellota – jambon issu des porcs ibériques nourris de glands
jamón serrano – jambon fumé des montagnes
jamón York – jambon non fumé
liebre – lièvre
ato – canard
pavo – dinde
pollo – poulet
riñón, riñones (pl) – rognons
ternera – veau

FRUTAS Y VERDURAS (FRUITS ET LÉGUMES)

aceituna – olive
aguacate – avocat
ajo – ail
alcachofa – artichaut
apio – céleri
berenjena – aubergine
calabacín – courgette
calabaza – citrouille
cebolla – oignon
cereza – cerise
frambuesa – framboise

fresa – fraise
lima – citron vert
limón – citron
manzana – pomme
manzanilla – camomille
melocotón – pêche
naranja – orange
piña – ananas
plátano – banane
sandía – pastèque
uva – raisin

PESCADOS Y MARISCOS (POISSONS ET FRUITS DE MER)

almeja – palourde
anochoa ou *boquerón* – anchois
atún – thon
bacalao – morue
bogavante – homard
boquerón ou *anochoa* – anchois
caballa – maquereau
cangrejo – crabe
chipirón, chipirones (pl) ou *chopito* – petit calmar

chopito ou *chipirón* – petit calmar
gamba –crevette
langosta– langouste
langostino – crevette royale
mellijón, mejillones (pl) – moule (s)
merluza – colin
ostra – huître
sardina – sardine
trucha – truite

TARTAS Y POSTRES (GÂTEAUX ET DESSERTS)

arroz con leche – riz au lait
churro – long beignet sucré (chichi)
flan – flan
helado – glace

pastel – pâtisserie ou gâteau
torta – tourte ou tarte
turrón – nougat

TÉCNICAS (MÉTHODES DE PRÉPARATION)

a la brasa – grillé ou sur la braise
a la parrilla – grillé
a la plancha – grillé sur une plaque chauffante
ahumado/a – fumé/e
al carbón – carbonisé
asado – rôti
cocido – cuit, ragoût

crudo – cru
frito/a – frit/e
guiso – ragoût
rebozado/a – en beignet
relleno/a – farci/e
salado/a – salé/e
seco/a – sec, séché/e

Glossaire des boissons

BOISSONS NON ALCOOLISÉES

agua de grifo – eau du robinet
agua mineral – eau minérale
agua potable – eau potable
café con leche – 50% café, 50% lait chaud
café cortado – café noir avec un peu de lait
café solo – café noir

caliente –chocolat chaud
con gas – gazeuse (eau minérale)
refresco – boisson gazeuse
sin gas – plate (eau minérale)
té – thé
zumo – jus de fruit

CERVEZA (BIÈRE)

botellín ou *quinto* – bière en bouteille (250 ml)
caña – bière pression (250 ml) servie dans un verre droit

quinto ou *botellín* – bière en bouteille (250 ml)
tercio – bière en bouteille (330 ml)
tubo – bière pression (300 ml) servie dans un verre droit

VINO (VIN)

blanco – blanc
de la casa – de la maison
rosado – rosé

tinto – rouge
vino de la casa – vin de la maison
vino de mesa – vin de table

AUTRES BOISSONS ALCOOLISÉES

aguardiente – alcool à base de raisin (rappelant la *grappa*)
anís – liqueur d'anis

coñac – cognac
sangría – punch au vin rouge

Provincia de Sevilla

Antique et fière, Sevilla (Séville en français), la plus grande des villes andalouses, est le joyau de la province. On ne peut qu'être séduit par ses merveilles artistiques et architecturales, ses ferias réputées, ses intrigants *barrios* (quartiers), ses divertissements, la convivialité de ses bars à tapas et l'intensité de sa vie nocturne. Cette cité moderne, où l'on vit à un rythme trépidant, jouit d'un patrimoine et de traditions uniques : à la Giralda, minaret almohade aux proportions parfaites, et à l'Alcázar, superbe palais mudéjar, s'ajoutent nombre de musées et d'églises baroques recélant des sculptures et des architectures exceptionnelles.

Mais l'attrait de la province ne se limite pas à sa riche capitale. S'étendant dans la vallée fertile, non loin de l'embouchure du Río Guadalquivir, la provincia de Sevilla se situe à l'avant-garde de l'Andalousie sur le plan économique et culturel, depuis que la civilisation de Tartessos y fleurit, plusieurs siècles avant notre ère. Vous pourrez admirer les plus belles ruines romaines d'Andalousie à Itálica et découvrir, au milieu des plaines verdoyantes de l'est de la province (connues sous le nom de La Campiña), de séduisantes cités historiques, telle Carmona, Écija et Osuna, dont les édifices évoquent les grandes heures andalouses. Les amateurs de nature seront charmés par les paysages vallonnés et changeants de la Sierra Morena, dans la région peu peuplée de la Sierra Norte. Ces collines offrent de belles promenades et permettent l'observation d'oiseaux et de fleurs sauvages au printemps. Elles abritent également des villes et des villages pittoresques qui méritent une visite.

À NE PAS MANQUER

- S'émerveiller devant les plus beaux monuments de Sevilla : l'**Alcázar** (p. 98), la **cathédrale** (p. 95) et la **Giralda** (p. 95)

- Visiter le **Museo de Bellas Artes** (p. 105) de Sevilla, riche en œuvres d'art du Siècle d'or espagnol

- Faire la tournée des **bars à tapas** (p. 121) à Sevilla

- Assister aux émouvantes processions de la **Semana Santa** (p. 112) et participer aux festivités de la **Feria de Abril** (p. 114) à Sevilla

- Découvrir, au détour d'une promenade, les collines, les oiseaux et les fleurs sauvages du **Parque Natural Sierra Norte** (p. 138)

- Remonter le temps en visitant les vestiges romains d'**Itálica** (p. 129) et les cités historiques de La Campiña : **Carmona** (p. 132), **Écija** (p. 134) et **Osuna** (p. 136)

- Vibrer au son d'une guitare dans l'un des **repaires du flamenco** (p. 125) à Sevilla, et lors de la **Bienal de Flamenco** (p. 114) de la ville

POPULATION :	TEMPÉRATURES MOYENNES :	ALTITUDE :
1,78 MILLION D'HABITANTS	JAN/AOÛT 15°C/36°C	0 m-959 m

PROVINCIA DE SEVILLA

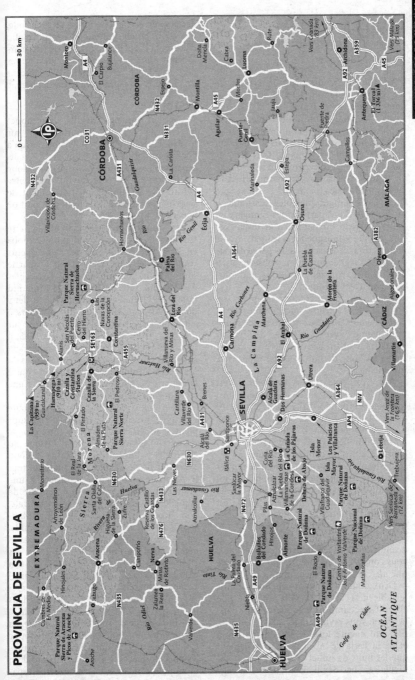

SEVILLA

710 000 habitants / 30 m

À la fois capitale et plus grande ville d'Andalousie, Sevilla offre un rythme de vie des plus intenses. La cité accueille les magnifiques processions de la Semana Santa (Semaine sainte), ainsi que la feria la plus courue et la plus impressionnante, sans oublier les meilleurs bars à tapas. On y croise les plus élégants de tous les Andalous. Vous découvrirez la vie sévillane en déambulant à travers ses nombreuses ruelles médiévales tortueuses et sur ses petites places romantiques bien dissimulées, où flotte le doux parfum des orangers en fleurs. Berceau du flamenco et de la corrida, Sevilla s'enorgueillit d'un patrimoine architectural et artistique sans pareil dans le sud de l'Espagne, puisqu'on y observe aussi bien les styles roman, mauresque, gothique, Renaissance et baroque.

Sevilla est également réputée pour son art de la fête et son ambiance unique. Flâner parmi la foule joyeuse par une douce soirée de printemps, avant de s'arrêter de déguster des tapas dans un bar puis de prolonger la soirée en boîte de nuit, est une expérience inoubliable.

Aux yeux des véritables *sevillanos*, il n'est besoin de nulle autre ville au monde. Ainsi le poète Fernando Villalón (1881-1930) déclara-t-il : "Le monde se divise en deux parties : Sevilla et Cádiz". Plus catégorique, le matador Rafael Guerra (1862-1941) exprima, après un combat à Coruña, à l'extrême nord-ouest du pays, le vœu de rentrer chez lui le soir même. "Mais monsieur, lui répondit-on, Sevilla est très loin." "Sevilla très loin ? En aucune manière. Sevilla est là où elle doit être. C'est votre ville qui se trouve très loin," répliqua Guerra.

On naît Sévillan, on ne le devient pas. En déambulant dans la ville avec quelques amis, vous constaterez néanmoins qu'elle dégage une *alegría* (joie) très communicative.

Deux ombres viennent cependant ternir le tableau. D'abord, Sevilla est une ville chère. Une chambre louée 50 € ailleurs dans la région vous reviendra ici à 80 €. Les prix montent encore lors de la Semana Santa et de la Feria de Abril. Sachez également que les mois de juillet et d'août y sont caniculaires. Les Sévillans prennent la sage décision de quitter leur ville à cette période, et certains hôtels diminuent leurs tarifs afin d'attirer la clientèle. Le printemps (fin mars à début juin) s'avère la saison idéale pour découvrir la ville en profitant de la douceur du climat et de l'atmosphère particulière.

HISTOIRE

À l'époque romaine, Sevilla, alors appelée Hispalis, était un important port sur le Río Guadalquivir – navigable jusqu'à l'océan Atlantique, à 100 km de là – mais cependant éclipsée par Córdoba (Cordoue en français). Hispalis devint un centre culturel, sous l'impulsion notamment de saint Isidoro (565-636), éminent érudit de la période wisigothe.

Les musulmans appelaient la cité Ishbiliya. À la chute du califat de Córdoba en 1031, elle devint l'un des *taifas* (petits royaumes) les plus puissants de l'Espagne sous domination musulmane. Les califes Al-Mutadid (1042-1069) et Al-Mutamid (1069-1091) étaient également tous deux poètes. Al-Mutamid, l'un des premiers à succomber au charme de Sevilla, régna sur une cour hédoniste à l'Alcázar. En 1085, il fut contraint de demander leur soutien aux souverains musulmans fondamentalistes du Maroc, les Almoravides, pour lutter contre la menace de plus en plus pressante d'une reconquête chrétienne.

Les Almoravides s'imposèrent sur toute l'Espagne musulmane, avant d'être supplantés, au XIIe siècle, par un autre groupe musulman extrémiste venu d'Afrique du Nord, les Almohades. Le calife Yacoub Youssouf fit de Sevilla la capitale de tout le royaume almohade et construisit une grande mosquée, sur l'emplacement de laquelle fut ensuite érigée la cathédrale. Son successeur, Youssouf Yacoub al-Mansour, l'agrémenta d'un minaret, la Giralda. La puissance almohade s'affaiblit après la défaite cinglante infligée, en 1212, par les chrétiens, à Las Navas de Tolosa. Le roi castillan Fernando III (El Santo, le Saint) s'empara alors de Sevilla, en 1248.

Fernando installa 24 000 Castillans dans la cité qui, au XIVe siècle, était devenue la plus importante du royaume de Castille. La découverte de l'Amérique par Christophe Colomb, en 1492, valut à Sevilla ses heures les plus glorieuses. En 1503, jouissant d'un monopole officiel sur le commerce espagnol avec le nouveau continent, elle devint rapidement un lieu cosmopolite, un foyer de richesse et de misère, de vice et de vertu, attirant mendiants, *pícaros* (joueurs de cartes et de dés), marchands italiens, artistes de génie et membres du clergé (avec plus d'une centaine d'institutions religieuses). Sevilla fut alors surnommée *puerto y puerta de Indias* (port et porte des Indes), la Babylone espagnole et, même, la nouvelle Rome. On érigea un grand nombre de somptueux édifices de type Renaissance et baroque, et la population passa de 40 000 en 1500 à 150 000 habitants en 1600.

En 1649, l'épidémie de peste qui s'abattit sur la ville décima la moitié de la population. Au fil des ans, le Río Guadalquivir, toujours plus ensablé, devint moins navigable pour des navires toujours plus gros, dont nombre s'échouèrent sur la barre de sable au niveau de son embouchure, non loin de Sanlúcar de Barrameda. En 1717, la Casa de la Contratación, organe officiel contrôlant le négoce avec les Amériques, fut transférée à Cádiz. En 1800, une nouvelle épidémie de peste emporta 13 000 personnes. Puis les troupes napoléoniennes, qui occupèrent la ville entre 1810 et 1812, dérobèrent, dit-on, 999 œuvres d'art.

Le développement industriel, au milieu du XIXe siècle, apporta une certaine prospérité à Sevilla. Le premier pont enjambant le Guadalquivir, le Puente de Triana (ou Puente de Isabel II), fut construit en 1852, et l'ancienne muraille almohade fut abattue en 1869, afin que la cité puisse s'étendre. Mais le peuple de la ville et de la région demeurait, pour l'essentiel, très pauvre. En 1936, Sevilla tomba aux mains des nationalistes dès le début de la guerre civile, malgré la résistance de la classe ouvrière (ce qui donna lieu à des représailles sauvages).

Dans les années 1980, la situation s'améliora enfin, lorsque Sevilla devint capitale de la nouvelle région autonome de l'Andalousie, au sein d'une Espagne démocratique, et que le Partido Socialista Obrero Español (PSOE), de centre-gauche, arriva au pouvoir avec, à sa tête, le Sévillan Felipe González. Outre les millions de visiteurs, l'Exposition universelle de 1992, accueillie à l'occasion du 500e anniversaire de la découverte de l'Amérique, permit à Sevilla de se doter de huit ponts traversant le Guadalquivir, d'une nouvelle ligne ferroviaire AVE (Alta Velocidad Española), à grande vitesse, la reliant à Madrid, ainsi que d'un opéra et de plusieurs milliers de chambres d'hôtel. La ville souffrit du revers de la médaille dans les années qui suivirent l'Expo'92, marquées par la récession. Depuis, l'économie de la cité s'avère en progression constante, grâce au dynamisme conjugué du tourisme, du commerce, de la technologie et de l'industrie.

ORIENTATION

Sevilla s'étend des deux côtés du Río Guadalquivir, mais c'est la rive est qui présente le plus d'intérêt. Le centre apparaît comme un enchevêtrement d'anciennes ruelles étroites et sinueuses et de petites places, à l'exception de la Plaza Nueva et de l'Avenida de la Constitución, large artère filant tout droit. Elle part du sud de la Plaza Nueva et rejoint la Puerta de Jerez, intersection animée marquant la limite sud du centre. Juste à l'est de l'Avenida de la Constitución se dressent les principaux monuments sévillans : la cathédrale et sa fameuse tour, la Giralda, et le palais de l'Alcázar. Le pittoresque Barrio de Santa Cruz, à l'est de la cathédrale et de l'Alcázar, regorge d'hôtels et de restaurants. Le véritable centre de Sevilla (El Centro) se trouve un peu plus au nord, vers la Plaza de San Francisco et la Plaza Salvador. La partie située entre l'Avenida de la Constitución et le fleuve s'appelle El Arenal.

Les principales gares se situent à la périphérie du centre et sont desservies par les bus qui en font le tour (p. 129) : la gare routière Prado de San Sebastián, Plaza San Sebastián, à 650 m au sud-est de la cathédrale, est accessible à pied du Barrio de Santa Cruz ; la gare routière de Plaza de Armas apparaît à 900 m au nord-ouest de la cathédrale et se rejoint à pied depuis El Arenal. Quant à la gare ferroviaire de Santa Justa, elle s'étend à 1,5 km au nord-est de la cathédrale, sur l'Avenida Kansas City.

RENSEIGNEMENTS
Accès Internet

Ciber Alcázar (carte p. 92 ; ☎ 954 21 04 01 ; Calle San Fernando 35 ; 1,80 €/h ; ☯ lun-ven 10h15-22h30, sam-dim 12h-22h30).

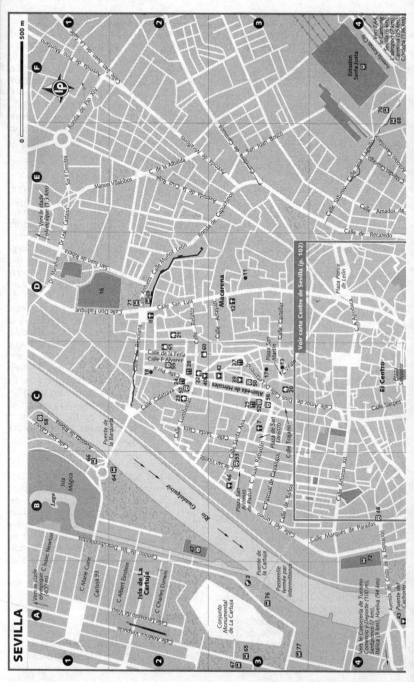

SEVILLA

500 m

0

Voir carte Centre de Sevilla (p. 102)

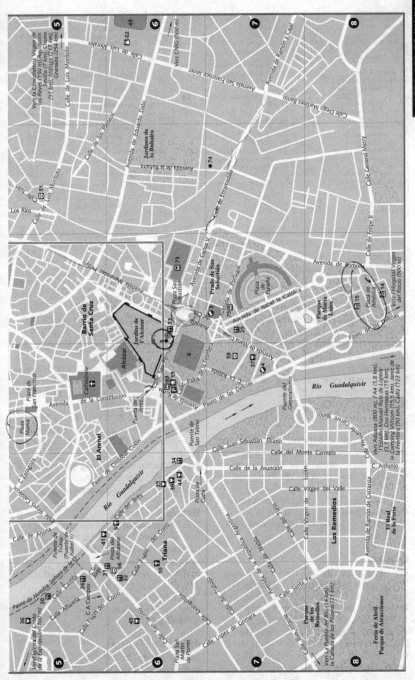

First Center (carte p. 102 ; Avenida de la Constitución 34 ; 2 €/h ; ☽ lun-ven 9h-22h, sam 10h-21h30, dim 12h-21h).
Internetia (carte p. 102 ; Avenida Menéndez Pelayo 46 ; 2,20 €/h ; ☽ lun-ven 10h30-1h30, sam-dim 12h-1h30).
Interpublic (carte p. 102 ; Calle O'Donnell 3 ; 1,80 €/h ; ☽ lun-ven 10h-23h, sam 10h-15h et 17h-23h, dim 17h-23h).
Seville Internet Center (carte p. 102 ; ☎ 954 50 02 75 ; Calle Almirantazgo 2 ; 0,05 €/min ; ☽ lun-ven 9h-22h, sam-dim 10h-22h).

Argent

Ce ne sont pas les banques et les DAB qui manquent dans le centre-ville. La gare de Santa Justa, l'aéroport et les deux gares routières disposent de DAB. Vous trouverez des bureaux de change Avenida de la Constitución et à la Estación Santa Justa.
American Express (carte p. 102 ; ☎ 954 21 16 17 ; Plaza Nueva 8 ; ☽ lun-ven 9h30-13h30 et 16h30-19h30, sam 10h-13h).

Laveries

Les laveries font ltout le travail pour vous : lavage, séchage et pliage de votre linge, pour le même prix (comptez une demi-journée).
Auto-Servicio de Lavandería Sevilla (carte p. 102 ; ☎ 954 21 05 35 ; Calle Castelar 2C ; 6 €/machine ; ☽ lun-ven 9h30-13h30 et 17h-20h30, sam 9h-14h).
La Segunda Vera (carte p. 102 ; ☎ 954 54 11 48 ; Calle Alejo Fernández 3 ; 7,80 €/machine ; ☽ lun-ven 9h30-13h30 et 17h-20h, sam 10h-13h30).

Librairies

Casa del Libro (carte p. 102 ; ☎ 954 50 29 50 ; Calle Velázquez 8 ; ☽ lun-sam 9h30-21h30). Guides de voyage en plusieurs langues, cartes, dictionnaires et livres d'espagnol.
Librería Beta (carte p. 102 ; ☎ 954 56 28 17 ; Avenida de la Constitución 9) Constitución 27 (carte p. 102 ; ☎ 954 56 07 03 ; Avenida de la Constitución 27). Cartes et guides de voyage en plusieurs langues.
LTC (carte p. 102 ; ☎ 954 42 59 64 ; Avenida Menéndez Pelayo 42-44 ; ☽ fermé sam). Meilleure boutique de cartes géographiques d'Andalousie. Vend aussi des guides en espagnol.
Vértice International Bookshop (carte p. 92 ; ☎ 954 21 16 54 ; Calle San Fernando 33). Vaste rayon de romans en langue étrangère et quelques guides de voyage.

Médias

El Giraldillo. Distribué gratuitement par les offices du tourisme et certains hôtels, ce magazine présente les manifestations prévues dans toute l'Andalousie, et plus particulièrement à Sevilla.
Sevilladc. La gazette gratuite éditée par l'*ayuntamiento* (hôtel de ville) annonce les événements culturels.
Tourist. Revue gratuite destinée aux touristes, pour les informer sur les choses à voir et à faire.
Welcome & Olé. Idem.

Offices du tourisme

Infhor (carte p. 92 ; ☎ 954 54 19 52 ; Estación Santa Justa ; ☽ lun-ven 8h-22h, sam 8h-14h et 16h-22h, dim et jours fériés 8h-14h et 18h-22h). Office du tourisme indépendant situé dans la gare ferroviaire.

Office du tourisme municipal (carte p. 102 ; ☎ 954 22 17 14 ; barranco.turismo@sevilla.org ; Calle de Arjona 28 ; ☉ lun-ven 9h-21h, sam-dim 9h-14h, horaires réduits durant la Semana Santa et la Feria de Abril).

Office du tourisme régional Constitución (carte p. 102X ; ☎ 954 22 14 04 ; otsevilla@andalucia.org ; Avenida de la Constitución 21 ; ☉ lun-ven 9h-19h, sam 10h-14h et 15h-19h, dim 10h-14h, fermé jours fériés) ; Estación Santa Justa (carte p. 102 ; ☎ 954 53 76 26 ; Santa Justa ; ☉ lun-ven 9h-20h, sam-dim 10h-14h, fermé jours fériés ; aéroport (☎ 954 44 91 28 ; ☉ lun-ven 9h-20h30, sam 10h-18h, dim 10h-14h, fermé jours fériés). Le personnel de l'office de l'Avenida de la Constitución peut répondre à de nombreuses questions mais est souvent débordé.

Turismo Sevilla (carte p. 102 ; ☎ 954 21 00 05 ; Plaza del Triunfo 1 ; ☉ lun-ven 10h30-19h). Dispose de renseignements sur toute la province de Sevilla.

Poste

Bureau de poste principal (carte p. 102 ; Avenida de la Constitución 32 ; ☉ lun-ven 8h30-20h30, sam 9h30-14h).

Services médicaux

Centro de Salud El Porvenir (carte p. 102 ; ☎ 955 03 78 17 ; angle Avenida Menéndez Pelayo et Avenidad de Cádiz). Clinique publique disposant d'un service d'urgence.

Hospital Virgen del Rocío (carte p. 92 ; ☎ 955 01 20 00 ; Avenida de Manuel Siurot s/n). Principal hôpital général, à 1 km au sud du Parque de María Luisa.

Sites Internet

Discover Sevilla (www.discoversevilla.com). Site à la mode indiquant aux touristes et aux étudiants mille manières d'apprécier Sevilla.

Explore Seville (www.exploreseville.com). Nombre d'informations pour les visiteurs ou les résidants de la ville.

Sevilla Online (www.sol.com). Renseignements sur les lieux d'attraction, les écoles de langue, les hébergements et les festivals.

Seville Tourism (www.turismo.sevilla.org). Le site officiel du tourisme à Sevilla dispose d'informations utiles, dont un guide dressant la liste des hôtels, restaurants, musées, etc. accessibles aux personnes handicapées.

Turismo de la Provincia (www.turismosevilla.org). Le site officiel du tourisme dans la province de Sevilla.

Téléphone

Le centre-ville regorge de téléphones publics. Les centres d'appel ci-dessous proposent des communications bon marché vers l'étranger (0,20 €/min ou moins vers l'Europe occidentale ou le Canada) :

Ciber Alcázar (carte p. 92 ; ☎ 954 21 04 01 ; Calle San Fernando 35 ; ☉ lun-ven 10h15-22h30, sam-dim 12h-22h30).

First Center (carte p. 102 ; Avenida de la Constitución 34 ; ☉ lun-ven 9h-22h, sam 10h-21h30, dim 12h-21h).

Urgences

Ambulance (☎ 061).
Pompiers (☎ 085).
Policía Local (police municipale ; ☎ 092).
Policía Nacional (police nationale ; ☎ 091).

DANGERS ET DÉSAGRÉMENTS

Sevilla est connue pour les petits larcins commis à l'encontre des touristes par des pickpockets ou des arracheurs de sac. Vous ne courrez en réalité pas plus de risques que dans les autres grandes villes d'Andalousie. Demeurez simplement vigilant. Pour savoir comment éviter ces désagréments, voir p. 420.

À VOIR

Les principaux monuments de la ville – la cathédrale, la Giralda et l'Alcázar – se dressent tout juste à l'est de l'Avenida de la Constitución et au sud du véritable centre de Sevilla (El Centro). El Centro et le quartier voisin, El Arenal, comptent eux aussi quantité de centres d'intérêt, tout comme le sud, le nord et l'ouest de la cité.

La Cathédrale et la Giralda

L'immense **cathédrale** (carte p. 102 ; ☎ 954 21 49 71 ; www.catedralsevilla.org en espagnol ; adulte/tarif réduit 7/1,50 €/gratuit dim ; ☉ sept-juin lun-sam 11h-18h, dim 14h30-19h, juill-août lun-sam 9h30-16h30, 14h30-19h dim, fermé 1er et 6 jan, dimanche des Rameaux, Fête-Dieu, 15 août, 8 et 25 déc) de Sevilla, l'une des plus grandes au monde, occupe l'emplacement de la grande mosquée almohade du XIIe siècle et la Giralda, son minaret. Lorsque la ville passa aux mains des chrétiens, en 1248, la mosquée fit office d'église jusqu'en 1401 ; elle était alors dans un tel état de délabrement que les autorités décidèrent de tout démolir et de repartir de zéro. "Érigeons un édifice qui fasse croire aux générations futures que nous étions fous", tel aurait été leur dessein selon la légende. Avec ses 126 m de long et 83 m de large, le résultat fut à la hauteur de leur ambition. De style gothique, la cathédrale fut achevée en 1507, mais après l'effondrement du dôme central en 1511, les travaux de réfection s'inspirèrent davantage du style Renaissance.

L'intérieur de la vaste cathédrale à cinq nefs est obscurci par une accumulation de structures et de décorations typiques des cathédrales espagnoles, qui viennent s'ajouter à un véritable musée d'art et d'artisanat, à lui seul aussi riche que toutes les églises du pays confondues.

Le système des entrées et les horaires de visite de la cathédrale changent fréquemment. Les règles en vigueur sont en général affichées de façon claire. Lors de notre passage, l'entrée principale se situait à côté de la Puerta de los Príncipes, sur le flanc sud de la cathédrale.

L'EXTÉRIEUR

L'imposante façade de la cathédrale ne donne qu'un faible aperçu des trésors qu'elle renferme. On remarquera quand même la **Puerta del Perdón**, Calle Alemanes (un héritage de l'édifice musulman), et deux **entrées** gothiques du XVe siècle, situées Avenida de la Constitución et enrichies de reliefs en terre cuite et de statues de Lorenzo Mercadante de Bretaña et de Pedro Millán.

La **Giralda**, la tour au nord-est de la cathédrale, mesure plus de 90 m. Construite en brique entre 1184 et 1198, à l'apogée du califat almohade, la Giralda constituait le minaret de la mosquée. Ses proportions, sa décoration raffinée et sa couleur, qui varie en fonction de la lumière, en font le joyau de l'architecture musulmane en Espagne. Sa partie supérieure, à partir de la cloche, fut ajoutée au XVIe siècle, époque où les Espagnols "améliorèrent" les vestiges mauresques. La girouette en bronze qui trône au sommet de la Giralda, connue sous le nom d'**El Giraldillo**, représente la Foi, et devint le symbole de Sevilla (l'entrée de la Giralda se trouve à l'intérieur de la cathédrale – p. 95).

LA SALA DEL PABELLÓN

Située juste après la billetterie, cette salle présente une sélection d'œuvres d'art provenant de la collection de la cathédrale. La plupart de ces chefs-d'œuvre, comme tous ceux de la cathédrale, ont été réalisés par des artistes du XVIIe siècle, durant l'âge d'or de Sevilla (p. 107).

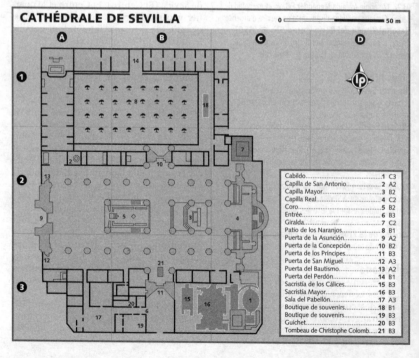

CATHÉDRALE DE SEVILLA

0 ⸻ 50 m

Cabildo	1 C3
Capilla de San Antonio	2 A2
Capilla Mayor	3 B2
Capilla Real	4 B2
Coro	5 B2
Entrée	6 B3
Giralda	7 C2
Patio de los Naranjos	8 B1
Puerta de la Asunción	9 A2
Puerta de la Concepción	10 B2
Puerta de los Príncipes	11 B3
Puerta de San Miguel	12 A3
Puerta del Bautismo	13 A2
Puerta del Perdón	14 B1
Sacristía de los Cálices	15 B3
Sacristía Mayor	16 B3
Sala del Pabellón	17 A3
Boutique de souvenirs	18 B1
Boutique de souvenirs	19 B3
Guichet	20 B3
Tombeau de Christophe Colomb	21 B3

LES CHAPELLES SUD ET NORD

Les chapelles longeant les côtés nord et sud de la cathédrale recèlent quantité de sculptures et de tableaux. La **Capilla de San Antonio**, au nord-ouest, abrite un grand tableau de Murillo, datant de 1666, représentant la vision de saint Antoine de Padoue. En 1874, des voleurs découpèrent et dérobèrent le saint agenouillé. La toile fut retrouvée à New York et restaurée.

LES VOÛTES ET LES VITRAUX

Admirez les magnifiques voûtes gothiques et les vitraux aux couleurs éclatantes. Les plus anciens, dont on distingue nettement la différence de ton, furent réalisés entre 1478 et 1483 par un artiste allemand surnommé Enrique Alemán. C'est à ce maître artisan que l'on attribue également les vitraux des cinq chapelles situées aux extrémités ouest de la nef, ainsi que ceux des quatre travées les plus à l'ouest du niveau supérieur de la nef.

LE TOMBEAU DE CHRISTOPHE COLOMB

À proximité de la **Puerta de los Príncipes** se dresse l'impressionnant tombeau de Christophe Colomb (Cristóbal Colón), même si ce n'est certainement pas le célèbre navigateur qui repose à l'intérieur. Le monument funéraire, érigé en 1902, est porté par les quatre représentants des grands royaumes espagnols au moment de l'expédition de 1492 : Castilla (portant Granada à la pointe de son épée), León, Aragón et Navarra. Après avoir été enterrée une première fois à Valladolid, en Espagne, en 1506, la dépouille de Christophe Colomb fut déplacée à plusieurs reprises. Les restes humains placés dans le tombeau de la cathédrale sont toutefois arrivés de Cuba en 1899. Saint-Domingue prétendant depuis longtemps détenir la dépouille du navigateur, des chercheurs ont procédé en 2003 à une série de tests sur les ossements inhumés à Sevilla. En août 2004, la presse internationale révélait que les restes étaient en réalité ceux d'un homme décédé environ 15 ans avant Christophe Colomb, certainement Diego, l'un de ses fils. Il est donc probable que le grand navigateur repose bien à Saint-Domingue.

LE CORO

Au centre de la cathédrale, admirez le grandiose *coro* (chœur) formé de 117 stalles gothico-mudéjares. Les stalles inférieures sont ornées d'une décoration en marqueterie représentant la Giralda. Leurs miséricordes sont agrémentées de représentations du vice et des péchés.

LA CAPILLA MAYOR

La Capilla Mayor (chapelle principale) se trouve à l'est du Coro. Joyau de la cathédrale, son retable gothique passe pour le plus grand du monde. Commencées par le sculpteur flamand Pieter Dancart en 1482 et achevées par d'autres artistes en 1564, les boiseries polychromes agrémentées de dorures sont gravées de plus de 1 000 scènes bibliques. Au centre de la partie inférieure trône la statue de la Virgen de la Sede (Vierge de l'archevêché), patronne de la cathédrale ; sculptée en cèdre plaqué d'argent, elle date du XIIIe siècle.

LES CHAPELLES EST

À l'est de la Capilla Mayor, vous trouverez d'autres chapelles adossées au mur est de la cathédrale. L'accès en est général interdit, ce qui est regrettable car la plus centrale, la **Capilla Real** (chapelle royale), abrite les tombeaux de deux grands rois castillans – Fernando III et Alfonso X.

LA SACRISTÍA DE LOS CÁLICES

Au sud de la Capilla Mayor, vous pénétrez dans des salles renfermant les principaux trésors de la cathédrale. Dans la salle la plus à l'ouest, la sacristie des calices, le tableau de Goya, *Santas Justa y Rufina* (1817), est exposé au-dessus de l'autel. Ces deux potières, martyres de Sevilla, furent suppliciées par les Romains en 287. L'une d'elles est représentée avec un lion lui léchant les pieds.

LA SACRISTÍA MAYOR

De style plateresque (courant décoratif imitant les motifs de l'orfèvrerie), cette vaste salle à coupole, à l'est de la Sacristía de los Cálices, fut construite entre 1528 et 1547. L'arc gravé ornant son portail date du XVIe siècle. Le *Descendimiento* (descente de croix, 1547) de Pedro de Campaña, au-dessus de l'autel central, du côté sud, ainsi que la *Santa Teresa* de Zurbarán, à sa droite, figurent parmi les chefs-d'œuvre de la cathédrale. Le point d'orgue de la salle est la **Custodia de Juan de Arfe**, énorme ostensoir en argent pesant 475 kg réalisé dans les années 1580 par Juan de Arfe, célèbre orfèvre de la Renaissance. Cette salle possède aussi une statue de Pedro Roldán représentant *San Fernando* (Fernando III, 1671) et une autre de Alonso Martínez intitulée *La Inmaculada* (Marie, l'Immaculée) datant de 1657. Toutes deux, de même que l'ostensoir, sont portées lors des processions de la Fête-Dieu de Sevilla. Derrière une vitrine sont exposées les clefs de la ville, remises à Fernando III lorsqu'il s'empara de Sevilla en 1248.

LE CABILDO
Ce joli chapitre à coupole, également appelé Sala Capitular, dans l'angle sud-est de la cathédrale, fut construit entre 1558 et 1592 pour les réunions des religieux. Il a été dessiné par Hernán Ruiz, l'architecte du clocher de la Giralda. Au-dessus du siège de l'archevêque, côté sud, est exposé le chef-d'œuvre de Murillo, *La Inmaculada*. Profitez-en pour admirer les huit autres saints de Murillo présentés tout autour du dôme.

LA GIRALDA
Dans le coin nord-est de la cathédrale, vous accéderez au passage pour monter jusqu'au clocher de la Giralda. L'ascension est facilitée par des rampes – et non des marches, pour que les gardes puissent gravir la tour à cheval. D'en haut, une vue magnifique s'offre sur la ville et la forêt d'arcs-boutants et de pinacles qui entoure la cathédrale.

LE PATIO DE LOS NARANJOS
En sortant par le flanc nord de la cathédrale, vous découvrirez l'ancienne cour intérieure de la mosquée, un patio planté de 66 *naranjos* (orangers). Une fontaine wisigothe trône toujours au centre. À l'angle sud-est du patio, la réplique d'un crocodile empaillé – l'original était un don du sultan d'Égypte à Alfonso X – est suspendue au plafond. Sur le côté nord du patio, remarquez la Puerta del Perdón, belle porte musulmane.

L'Alcázar
Le splendide et incontournable **Alcázar** (carte p. 102 ; ☎ 954 50 23 23 ; www.patronato-alcazarsevilla. es ; adulte/tarif réduit 5 €/gratuit ; ☼ avr-sept mar-sam

ALCÁZAR DE SEVILLA

0 ▭▭▭▭ 50 m

Apeadero	1 B2
Baños de Doña María de Padilla (entrée)	2 B3
Cámara Regia	3 B3
Capilla	4 B3
Cuarto del Príncipe	5 A3
Cuarto Real Alto (entrée)	6 A3
Jardín de las Danzas	7 B3
Patio de la Montería	8 B2
Patio de las Banderas (sortie)	9 B1
Patio de las Doncellas	10 B3
Patio de las Muñecas	11 A3
Patio del Crucero	12 B3
Patio del León	13 A2
Patio del Yeso	14 B2
Puerta del León (entrée)	15 A1
Sala de Audiencias	16 A3
Sala de la Justicia	17 B2
Sala de las Bóvedas	18 B3
Salón de Embajadores	19 B3
Salón del Almirante	20 A2
Salón del Techo de Felipe II	21 B3

Plaza del Triunfo

Palacio de Don Pedro

Salones de Carlos V

Calle Deán Miranda

Muralla

almohade

Jardins

9h30-20h, dim et jours fériés 9h30-18h, oct-mars mar-sam 9h30-18h, dim et jours fériés 9h30-14h30) se dresse au sud de la cathédrale, en traversant la Plaza del Triunfo.

Construit en 913 comme fort pour les gouverneurs cordouans de Sevilla, l'Alcázar fut étroitement associé aux vies et aux amours de plusieurs souverains, notamment l'extraordinaire roi chrétien Pedro Ier de Castilla (1350-1369), appelé El Cruel ou El Justiciero (le justicier), selon votre vision de l'histoire.

Au cours de ses onze siècles d'existence, l'Alcázar subit de nombreuses transformations lui valant sa complexité actuelle et la fascination qu'il exerce. Lorsque la cité devint capitale du *taifa* au XIe siècle, ses seigneurs firent ériger un palais qu'ils baptisèrent Al-Mubarak (le Béni), à l'emplacement correspondant à l'actuelle partie ouest de l'Alcázar. À l'est, les califes almohades du XIIe siècle ajoutèrent un autre palais autour du Patio del Crucero. Lorsque Sevilla passa aux mains des chrétiens, en 1248, Fernando III s'installa dans l'Alcázar. Les monarques chrétiens qui lui succédèrent en firent souvent leur résidence principale. Le fils d'Alfonso X, Fernando, transforma le palais almohade en édifice gothique. En 1364-1366, Pedro Ier fit construire le joyau de la couronne, le somptueux palais mudéjar appelé le Palacio de Don Pedro, situé en partie à l'emplacement de l'ancien palais Al-Mubarak. Les Rois Catholiques, Fernando et Isabel, y installèrent leur cour dans les années 1480, juste avant de s'emparer de Granada. Les monarques suivants dessinèrent aussi les jolis jardins de l'Alcázar.

PATIO DEL LEÓN

Depuis la billetterie située à l'intérieur de la **Puerta del León** (porte du Lion), vous pénétrez directement dans le Patio del León, qui faisait office de cour de garnison à l'époque du palais d'Al-Mubarak. À côté s'ouvre la **Sala de la Justicia**, dotée de magnifiques plâtres mudéjars et d'un plafond *artesonado* (plafond comportant des caissons en bois aux motifs entrelacés). Cette salle fut réalisée vers 1340 par le roi Alfonso XI qui venait ici en compagnie de l'une de ses maîtresses, Leonor de Guzmán, la plus belle femme d'Espagne disait-on. Les conquêtes féminines d'Alfonso valurent à son héritier,

Pedro Ier, cinq demi-frères adultérins et une cruelle rivalité fraternelle. Pedro aurait tué une douzaine de proches et d'amis pour se maintenir sur le trône. L'un de ses demi-frères, Don Fadrique, trouva la mort dans la Sala de la Justicia même.

La salle donne sur le joli **Patio del Yeso**, vestige du palais almohade du XIIe siècle, reconstruit dans sa forme actuelle au XIXe siècle.

PATIO DE LA MONTERÍA

Les salles situées à l'ouest de ce patio faisaient partie de l'initiale Casa de la Contratación (chambre de commerce), fondée par les monarques catholiques en 1503 pour contrôler le négoce avec les colonies espagnoles en Amérique. Le **Salón del Almirante** (salon de l'amiral) recèle des peintures des XIXe et XXe siècles illustrant des événements historiques et des personnages associés à Sevilla. La salle située à l'extrémité nord renferme une collection internationale de charmants petits éventails. La **Sala de Audiencias** (salle d'audience) est décorée des armes des amiraux de la flotte espagnole et d'un tableau datant de 1530, le premier à dépeindre la découverte des Amériques, *Virgen de los Mareantes* (Vierge des marins) d'Alejo Fernández. On y distingue Christophe Colomb, Fernando El Católico, Carlos Ier, Amerigo Vespucci, ainsi que des Indiens, tous abrités sous le manteau de la Vierge. Cette salle possède également un modèle réduit de la *Santa María*, l'un des navires de Christophe Colomb.

CUARTO REAL ALTO

L'Alcázar est toujours un palais royal. C'est là qu'a eu lieu, en 1995, la réception du mariage de l'infante Elena, fille du roi Juan Carlos Ier, à l'issue de la cérémonie religieuse célébrée dans la cathédrale de Sevilla. Le Cuarto Real Alto (appartements royaux), composé des pièces réservées à la famille royale espagnole, est accessible aux visites guidées. Celles-ci (une douzaine par jour) durent une demi-heure (3 €) et se déroulent alternativement en espagnol et en anglais. Un maximum de 15 personnes par visite étant imposé, mieux vaut réserver à l'avance au ☎ 954 56 00 40. S'il reste des places non réservées, elles sont en vente à la billetterie principale. La visite commence à l'angle sud-ouest du Patio de la Montería :

parmi les temps forts figurent le Salón de Audiencias, du XIVe siècle, qui reste de nos jours la salle de réception du roi, et la chambre de Pedro Ier, avec ses splendides azulejos et ses décorations en stuc.

PALACIO DE DON PEDRO

On oublierait presque les méfaits de Pedro Ier devant la magnificence des décorations de ce palais (également appelé le Palacio Mudéjar), rivalisant avec la splendeur de l'Alhambra (p. 318) à Granada. Parce qu'il ne pouvait accorder sa confiance à ses coreligionnaires, Pedro Ier entretint une alliance durable avec l'émir musulman de Granada, Mohammed V, principal commanditaire des décorations magnifiques de l'Alhambra. En 1364, lorsque Pedro décida de construire un nouveau palais dans l'enceinte de l'Alcázar, Mohammed lui envoya ses meilleurs artisans. Ils furent rejoints par d'autres, venus de Sevilla et de Toledo. Leur ouvrage, empruntant aux traditions des Almohades et du califat de Córdoba, aboutit à une synthèse unique de l'art ibéro-musulman.

Les inscriptions sur la **façade** du palais, face au Patio de la Montería, résument bien l'esprit inhabituel de toute l'entreprise. L'une rappelle en espagnol que le créateur de l'édifice est "le majestueux, noble et conquérant Don Pedro, par la grâce de Dieu roi de Castilla et León". L'autre répète inlassablement en arabe : "Il n'est de conquérant qu'Allah."

Au cœur du palais se trouve le merveilleux **Patio de las Doncellas** (patio des servantes), entouré d'arcs magnifiques et décoré de dentelles de stuc et d'azulejos. Les portails fixés à chaque extrémité sont les plus beaux jamais réalisés par les charpentiers de Toledo. En 2004, des archéologues ont mis au jour un jardin enfoui au centre du patio, jusque là dissimulé sous des plaques de marbre datant du XVIe siècle.

La **Cámara Regia** (quartiers du roi), au nord du patio, est agrémentée de magnifiques plafonds, ainsi que de dentelles de stuc et d'azulejos encore plus splendides. La salle du fond servait probablement de chambre à coucher royale en été.

En allant vers l'ouest, vous aboutirez au petit **Patio de las Muñecas** (patio des poupées), au cœur des quartiers privés du palais, paré de délicates décorations de style Granada.

La verrière et la galerie supérieure furent ajoutées au XIXe siècle à la demande de la reine Isabel II. Le plâtre dont elles sont décorées provient de l'Alhambra. Le **Cuarto del Príncipe** (chambre du prince), au nord, possède de somptueux plafonds et était probablement la chambre à coucher de la reine.

L'impressionnant **Salón de Embajadores** (salon des ambassadeurs), à l'ouest du Patio de las Doncellas, constituait la salle du trône du palais de Pedro Ier, comme il l'avait été dans le palais d'Al-Mubarak (dont Pedro conserva les arcs de l'entrée). L'extraordinaire coupole en bois de cette salle, parée de multiples motifs en étoile symbolisant l'univers, fut rajoutée en 1427. Cette forme en dôme donna à la salle son autre nom, *Sala de la Media Naranja* (salle de la moitié d'orange). Le stuc coloré n'est pas moins admirable. C'est dans cette salle que Pedro tendit un traquenard à celui que l'on a appelé le Roi rouge, qui avait temporairement détrôné Mohammed V à Granada. Au cours d'un banquet, des hommes armés surgirent et s'emparèrent du Roi rouge et des 37 hommes de sa suite. Tous furent exécutés quelques jours plus tard en dehors de Sevilla.

Côté ouest du Salón de Embajadores, le somptueux **Arco de Pavones**, ainsi nommé en raison de ses motifs de paons, mène au **Salón del Techo de Felipe II**, au plafond Renaissance (1589-1591). Longeant le côté sud du Patio de las Doncellas, la **Capilla** (chapelle) possède également un plafond des plus raffinés (datant des années 1540).

SALONES DE CARLOS V

Accessibles par un escalier à l'angle sud-est du Patio de las Doncellas, ces salles remodelées à maintes reprises remontent au palais gothique d'Alfonso X (XIIIe siècle). C'est ici que se réunissait la cour intellectuelle d'Alfonso et qu'un siècle plus tard Pedro Ier installa sa favorite, María de Padilla. Ces salles portent aujourd'hui le nom du roi espagnol du XVIe siècle Carlos Ier, qui se faisait appeler Charles Quint, empereur du Saint-Empire romain. Il y célébra son mariage le 11 mars 1526. La **Sala de las Bóvedas** (salle des voûtes) est aujourd'hui ornée de superbes faïences réalisées vers 1570 par Cristóbal de Augusta, à la demande du fils du roi, Felipe II, pour commémorer les noces de son père.

PATIO DEL CRUCERO

Situé à l'extérieur des Salones de Carlos V, ce patio constituait, à l'origine, la partie supérieure du patio central du palais almohade du XIIᵉ siècle. Initialement, il se composait d'allées longeant les quatre côtés et de deux autres diagonales qui se croisaient au milieu. Des orangers avaient été plantés au niveau inférieur, et ceux qui avaient le privilège de fréquenter les galeries de l'étage pouvaient en cueillir les fruits. Tout le niveau inférieur dut être reconstruit au XVIIIᵉ siècle, à la suite d'un tremblement de terre.

LES JARDINS ET LA SORTIE

Depuis les Salones de Carlos V, vous pouvez accéder aux vastes et paisibles jardins de l'Alcázar. Sis en face des Salones de Carlos V et du Palacio de Don Pedro, ils doivent leur aspect actuel aux XVIe et XVIIᵉ siècles. Juste en face des bâtiments, de petits jardins se succèdent en enfilade, dotés parfois de bassins et de fontaines. De l'un d'entre eux, le **Jardín de las Danzas** (jardin des danses), un corridor passant sous les Salones de Carlos V mène aux **Baños de Doña María de Padilla** (bains). Admirez les voûtes sous le Patio del Crucero – à l'origine le niveau inférieur du patio – et une grotte qui remplaça le bassin du patio.

Les jardins à l'est, de l'autre côté d'un long mur, sont des créations du XXᵉ siècle. Vous rejoindrez la sortie *via* l'**Apeadero**, l'entrée du palais au XVIIᵉ siècle, et le **Patio de las Banderas** (patio des drapeaux).

Archivo de Indias

À l'ouest de la Plaza del Triunfo, l'**Archivo de Indias** (archives des Indes ; carte p. 102 ; ☎ 954 21 12 34 ; Calle Santo Tomás) renferme, depuis 1785, les principales archives de l'empire américain d'Espagne. Conçu au XVIᵉ siècle par Juan de Herrera, le bâtiment abritait à l'origine la Lonja (Bourse) de Sevilla, qui gérait le commerce avec les Amériques. Ses huit kilomètres de rayonnages contiennent 80 millions de pages de documents allant de 1492 à la fin de l'empire, au XIXᵉ siècle. Lors de notre passage, il était fermé pour restauration. Renseignez-vous à l'office du tourisme.

Avant la fermeture, des présentoirs tournants exposaient des cartes et des documents dignes d'intérêt, dont des manuscrits originaux de Christophe Colomb, Cervantès, Cortés ou Pizarro.

Barrio de Santa Cruz   Carte p. 102

À l'est de la cathédrale et de l'Alcázar se présente un enchevêtrement pittoresque de venelles sinueuses et de gracieuses petites places agrémentées de fleurs et d'orangers : le Barrio de Santa Cruz. Si vous ne séjournez pas dans l'un des nombreux établissements du quartier, flânez dans ses ruelles où acheter des souvenirs ou faire une pause, le temps d'un verre ou d'un repas. Après la reconquête chrétienne de Sevilla, en 1248, ce barrio devint la *Judería* (quartier juif). La Judería connut une véritable prospérité sous le règne de Pedro Iᵉʳ, qui comptait dans sa cour nombre de bailleurs de fonds et de percepteurs des impôts juifs. Les tensions religieuses finirent par déclencher un pogrom qui vida la Judería en 1391.

Autre lieu enchanteur, en bas des petites ruelles depuis la Plaza del Triunfo, la **Plaza Doña Elvira** est une halte plaisante, avec ses restaurants et ses bancs en azulejos à l'ombre des orangers. À quelques pas se tient la Plaza de los Venerables, où vous pourrez visiter l'**Hospital de los Venerables Sacerdotes** (☎ 954 56 26 96 ; adulte/enfant moins de 12 ans/étudiant/senior 4,75/gratuit/2,40/2,40 €, gratuit dim après-midi ; ⊙ 10h-14h et 16h-20h). Faisant office, jusque dans les années 1960, de résidence pour prêtres âgés, cet édifice du XVIIᵉ siècle possède une ravissante cour centrale et plusieurs salles exposant des œuvres artistiques, dont une collection de gravures représentant Sevilla. L'église renferme des peintures murales de Juan de Valdés Leal et de jolies sculptures de Pedro Roldán.

Quelques ruelles plus loin à l'est, sur la charmante **Plaza de Santa Cruz**, se dresse la croix de 1692, qui a donné son nom au barrio et constitue l'un des modèles les plus élaborés de ferronnerie réalisés à Sevilla. À quelques mètres de là, vers le nord, la **Casa de la Memoria de Al-Andalus** (☎ 954 56 06 70 ; Calle Ximénez de Enciso 28 ; 1 € ; ⊙ 9h-14h et 18h-19h30), demeure du XVIIIᵉ siècle occupe l'emplacement d'une ancienne maison juive de l'époque médiévale et présente une exposition sur les séfarades (juifs d'origine espagnole).

El Arenal   Carte p. 102

Une petite marche en partant à l'ouest de l'Avenida de la Constitución mène aux rives

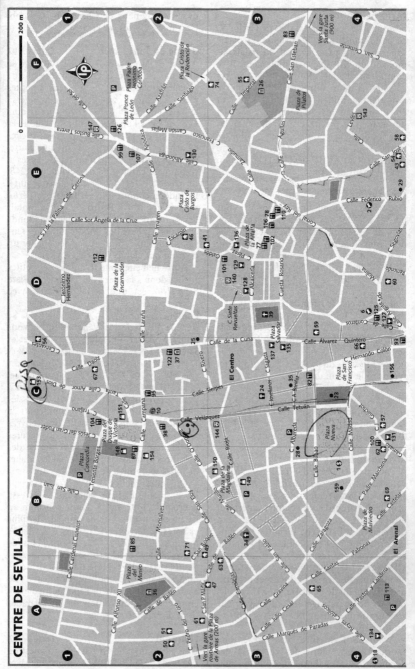

CENTRE DE SEVILLA

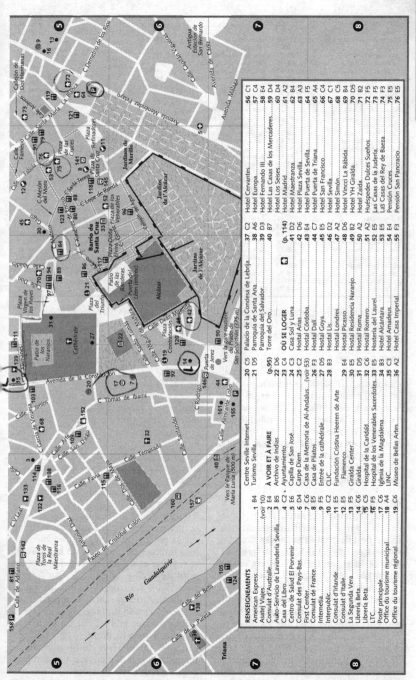

du Río Guadalquivir, un excellent lieu de promenades. On y trouve certaines des attractions les plus intéressantes de la ville.

TORRE DEL ORO

Cette "Tour d'or" est une tour de guet almohade du XIIIe siècle, construite juste sur la rive. Elle couronnait autrefois un angle des remparts de la ville qui s'étendaient jusqu'ici depuis l'Alcázar et était probablement recouverte d'azulejos dorés. À l'intérieur, découvrez son petit **musée maritime** (☎ 954 22 24 19 ; 1 € ; ☺ mar-ven 10h-14h, sam-dim 11h-14h, fermé août). La collection de maquettes de navires célèbres mérite une visite.

HOSPITAL DE LA CARIDAD

De merveilleuses créations artistiques nées de l'âge d'or sévillan agrémentent l'église de l'**Hospital de la Caridad** (hospice de personnes âgées ; ☎ 954 22 32 32 ; Calle Temprado 3 ; 4 €, gratuit dim et jours fériés ; ☺ lun-sam 9h-13h30 et 15h30-19h30, dim et jours fériés 9h-13h). Situé à une rue à l'est du fleuve, cet hospice fut fondé par Miguel de Mañara. Selon la légende, ce libertin notoire aurait changé de mœurs après avoir eu une vision de ses propres funérailles. À sa demande, l'église fut alors enrichie, vers 1670, d'une série d'œuvres traitant du thème de la mort et de la rédemption, signées des trois plus

grands artistes sévillans de l'époque : Bartolomé Esteban Murillo, Juan de Valdés Leal et Pedro Roldán. L'optimisme des tableaux de Murillo contraste très vivement avec les souffrances représentées par Roldán et l'interprétation sans merci de Valdés Leal.

Les deux chefs-d'œuvre de Valdés Leal, illustrant la vanité de la puissance face à la mort, sont exposés du côté ouest de l'église. *Finis Gloriae Mundi* (la fin de la gloire terrestre), accroché au-dessus de la porte d'entrée, représente un évêque, un roi et un chevalier étendus dans des cercueils et dévorés par les vers et les cafards, tandis que la main du Christ soupèse leurs vertus et leurs péchés. *In Ictu Oculi* (en un clin d'œil), sur le mur d'en face, met en scène la figure squelettique d'un mort soufflant sur la bougie de la vie, tout en piétinant les symboles du pouvoir, de la gloire, de la richesse et du savoir. Toujours du côté nord de l'église, admirez le *San Juan de Dios* (saint Jean de Dieu veillant sur un invalide), *Anunciación* (l'annonciation) et *Moisés Haciendo Brotar el Agua de la Roca* (Moïse faisant jaillir l'eau du rocher) de Murillo. Sous cette dernière toile figure un ravissant enfant Jésus de Murillo, auquel répond, sur le mur d'en face, un saint Jean-Baptiste tout aussi charmant.

La sculpture du retable supérieur, de style baroque, illustre l'ultime acte de compassion, l'enterrement du mort (en l'occurrence le Christ). Pedro Roldán, qui avait le sens du mouvement, signa ce chef-d'œuvre. À gauche du retable supérieur, quelques marches descendent vers la crypte où est enterré Miguel de Mañara.

Du côté sud de l'église, une autre admirable sculpture de Roldán, représentant le Christ priant avant sa crucifixion, est présentée entre deux autres tableaux de Murillo, *La Multiplicación de Panes y Peces* (la multiplication des pains et des poissons) et *Santa Isabel de Húngria* (sainte Isabelle de Hongrie veillant sur les pauvres et les malades). Les quatre grandes toiles de Murillo exposées dans l'église appartiennent à un ensemble de huit tableaux commandés à l'artiste sur le thème de la compassion et de la miséricorde, deux façons de transcender la mort. Les quatre autres toiles ont été pillées par les troupes napoléoniennes au début du XIXᵉ siècle.

PLAZA DE TOROS DE LA REAL MAESTRANZA

L'**arène** (☎ 954 22 45 77 ; www.realmaestranza.com ; Paseo de Cristóbal Colón 12 ; visites guidées adulte/senior 4/3,20 € ; ☯ toutes les 30 min 9h30-18h30, jours de corrida 9h30-15h) de Sevilla est l'une des plus prestigieuses du pays, et probablement la plus ancienne (sa construction commença en 1758). C'est dans cette arène et celle de Ronda que la tauromachie à pied fut instaurée, au XVIIIᵉ siècle. Très intéressantes, les visites commentées en anglais et en espagnol permettent de découvrir l'arène et le musée, puis de jeter un coup d'œil à l'infirmerie des toreros blessés. Pour plus de détails sur la tauromachie à Sevilla, voir p. 126 ; et, sur un plan plus général, la rubrique du même nom dans le chapitre *Culture* p. 35.

IGLESIA DE LA MAGDALENA

Petit bijou parmi les églises baroques de Sevilla, l'**Iglesia de la Magdalena** (Calle San Pablo 12 ; ☯ heures de messe, souvent 8h-11h30 et 18h30-21h) fut construite entre 1691 et 1709. Deux tableaux de Zurbarán sont exposés dans la Capilla Sacramental (la première chapelle sur la droite après l'entrée), et une belle crucifixion, *El Cristo del Calvario* (le Christ du calvaire), sculptée en 1612 par Francisco

de Ocampo, se trouve dans la chapelle à droite du retable principal.

L'église abrite la confrérie de la Quinta Angustia, dont le tableau du XVIIᵉ siècle, le *Descendimiento*, illustrant la descente de la croix de Jésus, est porté à travers les rues de Sevilla lors de la Semana Santa. Il est en général exposé dans la chapelle, à gauche en franchissant le seuil de l'église. Ce christ est attribué à Pedro Roldán.

MUSEO DE BELLAS ARTES

Aménagé dans l'ancien Convento de la Merced, le **Museo de Bellas Artes** (musée des Beaux-Arts ; ☎ 954 22 07 90 ; Plaza del Museo 9 ; 1,50 €, gratuit ressortissants UE ; ☯ mar 14h30-20h30, mer-sam 9h-20h30, dim 9h-14h30) rend justice à la contribution artistique de tout premier plan de Sevilla au Siècle d'or espagnol (voir l'encadré *Le Siècle d'or à Sevilla*, p. 107), le XVIIᵉ siècle. Le musée est équipé d'ascenseurs, de toilettes pour handicapés et d'un fauteuil roulant.

La salle I illustre les débuts de l'école sévillane au XVᵉ siècle. Les remarquables sculptures en terre cuite de Pedro Millán sont d'un réalisme rare dans l'art espagnol de l'époque.

Dans la salle II, qui faisait office de réfectoire du couvent, sont exposées des pièces Renaissance en provenance de Sevilla et d'ailleurs, notamment des sculptures de Pietro Torrigiano. Cet artiste italien s'installa à Sevilla en 1522 et devint une figure majeure de l'art sévillan au début de la Renaissance.

La salle III est consacrée aux retables sévillans de la Renaissance et aux tableaux sévillans du début du XVIIᵉ siècle. Le portrait captivant de Don Cristóbal Suárez de Ribera, peint par Velázquez durant sa jeunesse, attire immédiatement l'attention, tout comme l'étonnant *Las Ánimas del Purgatorio* (les âmes du purgatoire) d'Alonso Cano, exposé dans l'angle entre les salles III et IV.

Principalement consacrée au maniérisme (transition entre les styles Renaissance et baroque), la salle IV présente la grande *Sagrada Cena* (la Cène) d'Alonso Vázquez. Non signées, les charmantes statuettes de l'enfant Jésus et de saint Jean-Baptiste enfant, offrent un contraste saisissant avec la tête macabre de saint Jean-Baptiste (1591), sculptée par Gaspar

Núñez Delgado et exposée au centre de la salle. Depuis cette salle, il est possible d'accéder, *via* le joli cloître principal, à la salle V, l'église du couvent, où sont exposés des tableaux des maîtres du baroque sévillan, dont Murillo. Son *Inmaculada Concepción Grande* représentant la Vierge portée par des chérubins, laisse apparaître un dynamisme et un mouvement caractéristiques du baroque.

À l'étage, parmi les tableaux les plus remarquables de la salle VI figurent le typiquement espagnol *Santiago Apóstol* (saint Jacques l'apôtre) de José de Ribera, et le très sombre *Cristo Crucificado* (Christ crucifié) de Zurbarán, probablement l'œuvre la plus émouvante du musée. La salle VII est réservée à Murillo et à ses disciples, tandis que la salle VIII est consacrée à Valdés Leal. La salle IX présente de l'art baroque européen.

Vouée à Zurbarán, la salle X renferme néanmoins quelques sculptures de Juan Martínez Montañés et de Juan de Mesa. Dans la *Visita de San Bruno a Urbano II*, le contraste entre le pape Urbain II, attaché aux plaisirs de la terre, et l'ascétique saint Bruno, est magistralement mis en évidence.

Dans la salle XI, galerie circulaire close à l'étage supérieur, sont exposés des tableaux espagnols du XVIIIᵉ siècle, période sans grande envergure. Les scènes de ferias sévillanes représentées par Domingo Martínez sont néanmoins admirables de précision. La peinture des XIXᵉ et XXᵉ siècles occupe les salles XII à XIV. Les principaux artistes représentés sont originaires de Sevilla, mais on y admire aussi un portrait de Don José Duaso, peint par Goya en 1824. Parmi les œuvres sévillanes, ne manquez pas les portraits romantiques d'Antonio María Esquivel (1806-1857), les premières représentations du flamenco par Manuel Cabral Bejarano (1827-1891), ainsi que les réalisations éclectiques de Gonzalo Bilbao (1860-1938), qui fut influencé par les impressionnistes.

El Centro   Carte p. 102

Le véritable centre de Sevilla s'étend au nord de la cathédrale. C'est un quartier très peuplé, où les rues tortueuses donnent sur des places autour desquelles s'anime depuis toujours la vie sévillane.

PLAZA DE SAN FRANCISCO ET CALLE SIERPES

Correspondant à l'emplacement du marché de l'époque musulmane, puis au théâtre des bûchers de l'Inquisition, la Plaza de San Francisco est, depuis le XVIᵉ siècle, la place principale de Sevilla. À l'ouest, l'**ayuntamiento** (hôtel de ville) présente deux caractéristiques : sa face sud comporte de ravissantes gravures des années 1520 et 1530, tandis que sa face nord, ajoutée au XIXᵉ siècle, est plutôt dépouillée.

Piétonne, la Calle Sierpes, qui file vers le nord depuis la place, et la rue parallèle, la Calle Tetuán/Velázquez, constituent les artères commerçantes les plus chics de la ville. Entre les deux, Calle Jovellanos, ne manquez pas la **Capilla de San José** (☽ 8h-12h30 et 18h30-20h30). Lourdement décorée dans le style baroque, cette petite chapelle du XVIIIᵉ siècle a été construite par la corporation des charpentiers.

Le **Palacio de la Condesa de Lebrija** (☎ 954 22 78 02 ; www.palaciodelebrija.com ; Calle de la Cuna 8 ; rez-de-chaussée 4 € , palais entier 7 € ; ☽ oct-avr lun-ven 10h30-13h30 et 16h30-19h, sam 10h-13h, mai-sept lun-ven 10h30-13h30 et 17h-19h30, sam 10h-13h), à une rue à l'est de la Calle Sierpes, est une demeure du XVIᵉ siècle abritant une somptueuse collection d'art et d'artisanat, ainsi qu'une magnifique cour Renaissance-mudéjare. Accessible uniquement en visite guidée, l'étage mérite le détour. La comtesse de Lebrija, archéologue aujourd'hui décédée, avait réaménagé la demeure en 1914 pour installer, dans la plupart des pièces, les trésors recueillis lors de ses voyages. Spécialiste de la Rome antique, elle a laissé une bibliothèque remplie de livres sur l'Antiquité et quantité de vestiges d'Itálica (p. 129), notamment quelques superbes mosaïques (la plus remarquable étant dans le patio principal). À l'étage, on peut visiter des salles consacrées à l'art musulman, chinois et espagnol. On admirera la cage d'escalier, décorée sur trois niveaux d'azulejos des XVIᵉ et XVIIᵉ siècles et surmontée d'un plafond à caissons transporté de l'ancien palais de Marchena, aujourd'hui démoli.

PLAZA SALVADOR

À quelques rues au nord-est de la Plaza de San Francisco se trouvait le principal forum de l'Hispalis romaine. Imposante église baroque construite en 1674-1712, la

Parroquia del Salvador se dresse sur la place, à l'emplacement de la première grande mosquée d'Ishbiliya. Bien avant la mosquée, ce site accueillit jadis un temple romain, puis plusieurs églises remontant aux premiers chrétiens. Lors de notre passage, l'église était fermée pour restauration, et en raison de fouilles archéologiques visant à déterminer l'âge exact de la mosquée. Des passerelles devaient être aménagées pour permettre au public de suivre l'avancée des opérations. Sous les fondations de l'église, des centaines de sépultures du XVIIIe siècle figuraient parmi les premières découvertes des archéologues en 2003. Au nord de l'édifice,

on remarque le petit **patio** de la mosquée, sa fontaine, ses orangers et quelques colonnes romaines à demi enterrées.

CASA DE PILATOS

Autre demeure aristocratique raffinée de Sevilla, la **Casa de Pilatos** (☎ 954 22 52 98 ; 1er étage 5 €, maison entière 8 €, gratuit mar 13h-17h ressortissants UE ; ☽ mars-sept 9h-19h, oct-fév 9h-18h) est toujours habitée par les ducs de Medinaceli. L'édifice mêle l'architecture mudéjare, gothique et Renaissance, le tout agrémenté de magnifiques azulejos et de plafonds artesonados, qui rappellent la décoration de l'Alcázar.

LE SIÈCLE D'OR À SEVILLA

Cité la plus prospère et la plus importante du pays durant *el Siglo de Oro* (Siècle d'or), qui s'étendit de la fin du XVIe siècle à la fin du XVIIe siècle, Sevilla a joué un rôle essentiel dans l'épanouissement artistique qui a marqué la période, en s'ouvrant notamment aux grandes influences en provenance d'Italie. À l'aube du XVIIe siècle, des peintres comme Juan de Roelas (1560-1625) et Francisco Pacheco (1564-1644) adoptèrent une approche de plus en plus naturaliste, marquant le début de la transition entre le style plutôt idéalisé du maniérisme vers les courbes fluides du baroque. L'atelier de Pacheco était le centre d'un cercle humaniste qui a influencé les plus grands artistes andalous du siècle. Le peintre conseillait à ses élèves d'"aller vers le naturel, pour tout".

Né en Extremadura, Francisco de Zurbarán (1598-1664) vécut la plus grande partie de sa vie à Sevilla et dans les environs, avant de mourir dans le dénuement à Madrid. Dans ses tableaux lumineux et empreints de spiritualité, représentant des saints, des ecclésiastiques et des scènes de la vie monastique, ce mystique a souvent eu recours à de violents contrastes entre ombre et lumière – une technique que l'on retrouve chez deux de ses contemporains, l'Italien Caravage et José de Ribera, un Espagnol qui passa une grande partie de sa vie en Italie.

Né à Sevilla et gendre de Pacheco, Diego Rodríguez de Silva y Velázquez (1599-1660) montra lui aussi un goût pour le naturalisme et utilisa de remarquables jeux d'ombre et de lumière dans ses premières toiles – scènes religieuses (dont les modèles étaient de simples gens de la rue), scènes de la vie quotidienne et portraits – peintes à Sevilla. Velázquez quitta la ville en 1623 pour s'installer à Madrid, où il devint peintre officiel de la cour. Il demeure le plus grand artiste espagnol de l'époque.

Tous deux nés à Sevilla, Bartolomé Esteban Murillo (1617-1682) et son ami Juan de Valdés Leal (1622-1694) ouvrirent la voie à l'art baroque. Dernier d'une famille de 14 enfants, Murillo devint orphelin à 9 ans. Sa technique habile et les sujets de ses tableaux – enfants et scènes religieuses représentés dans un joli flou vaporeux soulignant l'optimisme des récits bibliques – étaient très appréciés en ces temps de déclin économique. Les plus belles œuvres de Valdés Leal, qui faisait montre à la fois d'un grand humour et d'un pessimisme amer, sont exposées, aux côtés de quelques Murillo, à l'Hospital de la Caridad de Sevilla (p. 104).

Le réalisme et l'intensité dramatique des œuvres en bois réalisées par le sculpteur sévillan Juan Martínez Montañés (1568-1649) lui valurent le surnom d'"El Dios de la Madera" (le dieu du bois). On peut admirer ses réalisations dans de nombreuses églises d'Andalousie, mais aussi lors des processions de la Semana Santa à Sevilla : un grand nombre des statues que portent les confréries portent sa signature. Parmi ses nombreux disciples, Juan de Mesa (1583-1627) se distingue par la grande émotion que dégagent ses œuvres, notamment ses crucifixions.

Le plus grand sculpteur sévillan de la deuxième moitié du XVIIe siècle fut Pedro Roldán (1624-1699), dont on retrouve les plus belles réalisations à l'Hospital de la Caridad. C'est à sa fille, María Luisa Roldán, dite "La Roldana" (1654-1704), que l'on attribue traditionnellement la statue de la Vierge de La Macarena, qui occupe la place d'honneur lors de la Semana Santa de Sevilla.

Deux hypothèses s'affrontent sur l'origine du nom de la demeure (maison de Pilate) : son premier propriétaire, Don Fadrique Enríquez de Ribera, qui vécut au XVIe siècle, aurait voulu copier le palais de Ponce Pilate à Jérusalem, où il s'était rendu en pèlerinage. Autre hypothèse, cette maison aurait été la première halte de la *Via Crucis* des pénitents qui refont symboliquement ce chemin de croix. La première station représenterait Jésus devant Pilate.

Le **Patio Principal** est couvert de ravissants azulejos du XVIe siècle et de stuc mudéjar. À chaque coin trône une statue antique : une Athéna grecque et des statues romaines. Le long des murs, on peut admirer les bustes de figures historiques ou mythologiques de la Rome antique, ainsi que celui du roi Carlos Ier d'Espagne.

Le nom des salles donnant sur le Patio Principal rappelle le palais de Ponce Pilate. Le **Descanso de los Jueces** (salle de repos des juges), le **Salón Pretorio** (salon du palais) et le **Gabinete de Pilatos** (cabinet de Pilate) sont surmontés de plafonds artesonados. En sortant du Salón Pretorio, prenez le **Zaquizami**, un corridor orné de sculptures romaines et d'inscriptions. Le Gabinete de Pilatos conduit au **Jardín Grande** (grand jardin), bordé de loggias de style italien.

La **cage d'escalier** reliant le Patio Principal à l'étage possède les plus beaux azulejos de l'édifice. Elle est surmontée d'un splendide dôme artesonado doré. La visite de l'**étage**, en partie habité par les Medinaceli, est assurée par un guide. Ne manquez pas les portraits de la famille à travers les siècles et un petit Goya représentant une corrida.

Le sud de la ville   Carte p. 92
ANTIGUA FÁBRICA DE TABACOS

L'**Antigua Fabrica de Tabacos** (ancienne manufacture de tabac ; Calle San Fernando ; ☺ lun-ven 8h-21h30, sam 8h-14h) – l'endroit où travaillait Carmen, l'héroïne de l'opéra de Bizet – fut érigée au XVIIIe siècle et fit office de manufacture jusqu'à la moitié du XXe siècle. La fabrique constitua longtemps la pierre angulaire de l'économie de la ville. Elle disposait de sa propre prison, d'étables pour 400 mules, de 21 fontaines, de 24 patios, et même d'une crèche pour enfants à la disposition des employés, essentiellement des femmes.

De style néoclassique, l'impressionnant bâtiment – le plus grand en Espagne après l'Escurial de Madrid, paraît plutôt lugubre. Le portail principal arbore des sculptures évoquant la découverte des Amériques, d'où était arrivé le tabac. On reconnaît Christophe Colomb, Cortés (conquérant de l'empire aztèque) et deux Indiens, dont l'un fume la pipe. Au sommet du portail, la Renommée souffle dans une trompette.

L'ancienne manufacture de tabac fait à présent partie de l'Universidad de Sevilla (université de Sevilla) où il n'est pas interdit de flâner.

PARQUE DE MARÍA LUISA ET PLAZA DE ESPAÑA

Une immense zone au sud de l'ancienne manufacture fut aménagée pour l'Exposición Iberoamericana de 1929. Les architectes s'adonnèrent à une débauche de constructions élégantes et originales, rappelant pour la plupart le passé glorieux de Sevilla. Parmi cet ensemble, le **Parque de María Luisa** (☺ sept-juin 8h-22h, juil-août 8h-24h) constitue, avec son labyrinthe de chemins, ses parterres de fleurs, ses fontaines, ses pelouses ombragées et ses 3 500 arbres, un havre de paix à l'abri de l'agitation de la ville.

Face au côté nord-est du parc, en traversant l'Avenida de Isabel la Católica, la **Plaza de España** est l'endroit favori des Sévillans en quête de tranquillité. Dotée de fontaines et de petits canaux, elle est entourée du plus grandiose des édifices de 1929 : un bâtiment en brique formant un arc de cercle, recouvert d'azulejos représentant chaque province espagnole au moyen d'une carte et d'une scène historique – tous dessinés par le grand architecte sévillan de l'Exposición Iberoamericana, Aníbal González.

Occupée par une nuée de colombes blanches (qui se précipiteront vers vous si vous achetez les graines vendues 1,50 €), la **Plaza de América**, à l'extrémité sud du parc, compte deux musées qui valent le détour. Parmi les richesses du grand **Museo Arqueológico** (☎ 954 23 24 01 ; 1,50 €, gratuit ressortissants UE ; ☺ mar 15h-20h, mer-sam 9h-20h, dim et jours fériés 9h-14h), citons une salle réservée aux bijoux en or des mystérieux Tartessos, ainsi que la remarquable collection ibérique de sculptures animalières et de mosaïques romaines. Le musée expose également un grand nombre de sculptures romaines, dont les statues de deux empereurs d'Itálica – cité proche de Sevilla – Hadrien (Adriano) et Trajan (Trajano), auquel il manque la moitié de la tête.

Face au Museo Arqueológico se trouve le **Museo de Artes y Costumbres Populares** (☎ 954 23 25 76 ; 1,50 €, gratuit ressortissants UE ; ☺ mar 15h-20h, mer-sam 9h-20h, dim et jours fériés 9h-14h). Ce pavillon mudéjar, érigé lors de l'exposition de 1929, fit office de palais arabe pour les besoins du film *Lawrence d'Arabie*. Le musée possède une collection de maquettes d'ateliers de divers métiers locaux et des costumes somptueux revêtus autrefois lors des fêtes.

Triana

Sur l'autre rive du Guadalquivir, on accède à Triana, autrefois le *barrio gitano* (quartier gitan) de Sevilla. Triana fut l'un des berceaux du flamenco et le quartier où apparurent les premières mosaïques sévillanes. Dans les années 1960 et 1970, les gitans furent déplacés vers de nouvelles zones de banlieue. En flânant dans ce quartier au charme sans pareil, vous découvrirez une multitude de restaurants et de bars sympathiques, où sont régulièrement organisées des soirées flamenco.

À proximité de l'intersection entre la Calle Alfarería et la Calle Antillano Campos (carte p. 92), le **quartier des potiers et des céramistes** abrite des ateliers et de magasins qui proposent encore aujourd'hui des azulejos de grande qualité. Quatre églises et chapelles méritent un détour. À l'extrémité nord de Triana se dresse l'**Iglesia del Cristo de la Expiración** (carte p. 92 ; ☎ 954 33 33 41 ; Calle Castilla 182 ; ☺ mar-sam 10h30-13h30 et 18h-21h30, dim 10h30-13h30), où est exposé un christ sur la croix de 1682. Les Sévillans sont très attachés à ce christ, qui joue un rôle majeur dans les processions de la Semana Santa à Sevilla. Antonio Ruiz Gijón, sculpteur de cette œuvre intitulée El Cachorro (le chiot), aurait été inspiré par le cadavre d'un chanteur gitan portant ce surnom et décédé dans cette même rue après une altercation. Dans la partie sud de Triana, la **Capilla del Rocío** (carte p. 92 ; Calle Evangelista 23) abrite la Hermandad del Rocío de Triana. Le jeudi précédant la Pentecôte, les chevaux et les chars enrubannés de cette confrérie se rendent en procession jusqu'à El Rocío (voir *Romería del Rocío*, p. 92X), pour un pèlerinage des plus colorés et des plus émouvants. À la **Capilla de los Marineros** (carte p. 92 ; ☎ 954 33 26 45 ; Calle de la Pureza 53 ; ☺ lun-sam 9h-13h et 17h30-21h), vous pourrez admirer une image merveilleusement décorée de la Virgen de la Esperanza (Vierge de l'espoir), patronne des marins de Triana, qui occupe également une place de choix dans les processions de la Semana Santa. La **Parroquia de Santa Ana** (carte p. 102 : Calle de la Pureza 80), construite en 1280, abrite quantité de tableaux très anciens à thème religieux. D'après la tradition, les femmes en quête de mari doivent, si elles souhaitent voir leur vœu exaucé, frapper du pied "El Negro", caveau du XVIe siècle recouvert d'azulejos représentant un chevalier gisant. Malgré les bancs et autres obstacles placés à cet endroit afin d'empêcher la dégradation de l'œuvre d'art, la coutume se perpétue.

Isla de la Cartuja   Carte p. 92

Au nord de Triana, dans la partie nord de l'île enserrée par les bras du Guadalquivir, se trouve la site de l'Expo'92. La Isla de la Cartuja abrite aujourd'hui le parc à thème Isla Mágica, le site technologique de Cartuja 93 et l'ancien monastère de La Cartuja. Les bus C1 et C2 (p. 129) desservent la Isla de la Cartuja.

CONJUNTO MONUMENTAL DE LA CARTUJA

Fondé en 1399, le **Conjunto Monumental de la Cartuja** (monastère de la Cartuja ; ☎ 955 03 70 70 ; entrée avec/sans expositions 3/1,80 €, gratuit mar ressortissants UE ; ☺ lun-ven 10h-21h, sam 11h-21h, dim 10h-15h, oct-mars lun-ven jusqu'à 20h, dernière entrée 1 h avant fermeture) est le lieu où Christophe Colomb, le roi Felipe II et d'autres figures du Siècle des lumières avaient l'habitude de séjourner. Les restes de l'explorateur y furent déposés entre 1509 et 1536. Au fil des siècles, le monastère s'enrichit d'une splendide collection d'œuvres d'art sévillanes, dons de bienfaiteurs. En 1836, au moment de la *desamortisación* (vente aux enchères des biens de l'Église par l'État), les moines furent expulsés. Trois ans plus tard, l'édifice fut acquis par Charles Pickman, originaire de Liverpool, qui le transforma en manufacture de céramique. Pickman construisit les immenses fours en forme de bouteille qui se dressent, de manière incongrue, à côté du monastère. La fabrique fonctionna jusqu'en 1982.

L'ensemble fut restauré pour l'Expo'92. L'entrée s'effectue par la façade ouest du monastère, Calle Américo Vespucio. Du monastère subsiste une **église** du XVe siècle plutôt dépouillée, un joli **cloître** mudéjar de la même époque et la **Capilla de Santa Ana**, faisant office de mausolée de la famille Colomb. A également été conservé le **Capítulo de Monjes** (salle capitulaire), rempli de statues funéraires d'un réalisme désarmant, représentant les membres de la famille Ribera (qui comptait parmi les principaux bienfaiteurs du monastère) et datant du XVIe siècle. Vous pouvez visiter le **Centro Andaluz de Arte Contemporáneo** (centre contemporain d'art andalou), qui possède une vaste collection d'art moderne andalou et accueille régulièrement des expositions temporaires d'artistes contemporains.

CARTUJA 93

Nombre de pavillons exotiques de l'Exposition font désormais partie de ce site technologique, qui accueille près de 200 entreprises employant quelque 9 000 personnes. Beaucoup présentent encore un aspect futuriste, même si certains sont menacés de décrépitude. Durant la journée, il est possible de déambuler entre les pavillons, mais la plupart ne sont accessibles que par l'ouest (Calle Américo Vespucio).

ISLA MÁGICA

Le parc à thème **Isla Mágica** (☎ 902 16 17 16 ; www.islamagica.es en espagnol ; adulte/tarif réduit mi-juin à mi-sept 21/14,50 € journée complète, 14,50/11 € soirée ou nuit, reste de la saison 19/13 € journée complète, 13/10 € soirée ou nuit ; ⏰ avr à mi-juin mar-ven 11h-19h, sam-dim 11h-22h ; mi-juin à mi-juil mar-jeu et dim 11h-22h, ven-sam 11h-24h ; 2e moitié juil dim-jeu 11h-22h, ven-sam 11h-24h ; août tlj 11h-24h ; 1re moitié sept tlj 11h-22h ; 2e moitié sept ven-dim 11h-21h ; oct sam-dim 11h-21h, fermé nov-mars) attire un million de visiteurs par an et enchante les enfants et les amateurs de montagnes russes. Les horaires d'ouverture variant légèrement d'une année sur l'autre, vérifiez-les avant de vous y rendre. Un billet soirée est valable de 17h à 21h les jours où le parc ferme ses portes à minuit et, les autres jours, de 15 ou 16h jusqu'à la fermeture. Les billets nuit, en vente uniquement les jours où le parc ferme à minuit, sont valables de 21h à la fermeture.

Le thème se résume à l'aventure coloniale espagnole au XVIe siècle. Citons, parmi les attractions les plus impressionnantes, **El Jaguar**,

des montagnes russes avec virages à 360° à grande vitesse, et l'**Anaconda**, où l'on franchit des chutes vertigineuses. Il faut parfois attendre 45 min pour les attractions les plus courues. On peut également assister à des spectacles de pirates, des projections, des démonstrations de dressage d'oiseaux de proie et à de nombreuses prestations relevant du théâtre de rue. Le parc compte un grand nombre d'endroits où se rafraîchir et se restaurer.

Le nord de la ville   Carte p. 92

La zone ouvrière au nord de la Calle Alfonso XII et de la Plaza Ponce de León contraste avec le centre de la ville. Vous y trouverez des petits recoins charmants, un des marchés les plus intéressants de Sevilla (Calle de la Feria, jeudi matin – p. 127), ainsi que des restaurants, des bars et des cafés hauts en couleur.

LA BASÍLICA DE JESÚS DEL GRAN PODER

Cachée derrière un imposant portail baroque, à l'angle de la Plaza de San Lorenzo, la **Basílica de Jesús del Gran Poder** (☎ 954 91 56 72 ; Plaza de San Lorenzo 13 ; ⏰ sam-jeu 8h-13h30 et 18h-21h, ven 7h30-22h) fut érigée dans les années 1960. Elle abrite cependant une célèbre sculpture beaucoup plus ancienne : un christ portant la croix (auquel l'église doit son nom). Réalisée en 1620 par Juan de Mesa, cette statue inspire une grande dévotion aux Sévillans, qui lui réservent une place d'honneur lors des processions du Vendredi saint se déroulant durant la Semana Santa. De chaque côté de l'autel se tiennent une sculpture de saint Jean l'Évangéliste, également de Juan de Mesa, et une autre, anonyme, la *Virgen del Mayor Dolor* (la Vierge de la grande douleur), remontant au XVIIIe siècle, voire à une époque antérieure.

ALAMEDA DE HÉRCULES

Longue promenade poussiéreuse de 350 m, ce *paseo* fut créé vers 1570 sur un marais asséché. Deux colonnes, vestiges d'un temple romain, furent érigées à son extrémité sud. Des statues d'Hercule et de Jules César les surmontent, sculptées par Diego de Pesquera. Plantée d'*álamos* (peupliers), d'où elle tire son nom, la Alameda fut un lieu de rencontre à la mode au XVIIe siècle. Quartier chaud dans les années 1980, il a depuis lors été réhabilité. La vie nocturne demeure néanmoins particulièrement animée et la scène alternative et bohème, bien présente.

BASÍLICA DE LA MACARENA

Si vous voulez vous faire une idée de l'ambiance qui règne à Sevilla pendant la Semana Santa, allez visiter la **Basílica de la Macarena** (☎ 954 90 18 00 ; Calle Bécquer 1 ; ☾ 9h-14h et 17h-21h), qui date des années 1940. Donnant sur la Calle San Luis, l'église abrite l'image sacrée la plus vénérée à Sevilla, la *Virgen de la Esperanza Macarena* (la Vierge de l'espérance), qui aurait été sculptée au milieu du XVIIe siècle par María Luisa Roldán (dite "La Roldana"). Représentation suprême de la mère du Christ, affligée mais espérant encore, la Macarena, comme on l'appelle également, est la patronne des toreros. Coiffée d'une couronne d'or, vêtue de luxueux habits, parée de cinq broches en diamants et émeraudes offertes par Joselito El Gallo, célèbre matador du XXe siècle, elle est placée derrière le retable principal.

Dans une chapelle sur la gauche de l'église, une autre statue superbe, *El Cristo de la Sentencia* (le Christ de la sentence), fut réalisée en 1654 par Felipe Morales. Ces deux statues franchissent la porte de l'église chaque Vendredi saint à minuit pour traverser la ville. La Semana Santa atteint alors son paroxysme. Des foules entières attendent leur retour à l'église vers 13h30.

Au **musée** (adulte/tarif réduit 3/1,50 € ; ☾ 9h30-14h et 17h-20h) de l'église sont exposés de somptueux habits de la Macarena, des tenues de toreros données par de célèbres matadors et les deux *pasos* (plateformes) sur lesquels sont portées les deux statues lors des processions de la Semana Santa. Le paso d'*El Cristo de la Sentencia* est en fait un tableau qui représente Ponce Pilate se lavant les mains pendant la lecture de l'ordre de crucifixion.

Les bus C1, C2, C3 et C4 (p. 129) s'arrêtent à proximité de la Basílica de la Macarena, Calle Andueza. De l'autre côté de la rue se trouve le **Parlamento de Andalucía**, parlement régional d'Andalousie (généralement fermé aux visiteurs). À l'est de l'église apparaît ce qu'il reste des **remparts almohades** du XIIe siècle.

IGLESIA DE SAN LUIS

L'une des plus impressionnantes églises sévillanes, l'**Iglesia de San Luis** (☎ 954 55 02 07 ; Calle San Luis s/n ; gratuit ; ☾ mar-jeu 9h-14h, ven-sam 9h-14h et 17h-20h, fermé août), se dresse à 500 m au sud de la Basílica de la Macarena. Édifié

en 1731 pour les jésuites par Leonardo de Figueroa, cet édifice baroque possède un plan original en forme de croix à branches égales, 16 piliers tournants en pierre et un magnifique dôme montant vers le ciel. Des représentations des saints et des vertus, sculptées par Pedro de Mena, trônent en équilibre précaire sur des socles dans les niveaux inférieurs du dôme. Religio (la Religion) semble prête à basculer et à s'écraser au sol. Utilisé comme église durant quelques décennies seulement, San Luis fit ensuite office d'hospice, avant d'être abandonné en 1877. Récemment restauré, l'édifice a rouvert ses portes aux visiteurs.

COURS
Flamenco et danse

Sevilla compte de nombreuses écoles de danse et de flamenco. En voici un échantillon :
Espacio Meteora (carte p. 92 ; ☎ 954 90 14 83 ; www.espaciometeora.com ; Calle Duque Cornejo 16A). Centre artistique innovant qui dispense, presque toute l'année, des cours de flamenco ou d'autres danses.
Fundación Cristina Heeren de Arte Flamenco (carte p. 102 ; ☎ 954 21 70 58 ; www.flamencoheeren. com ; Calle Fabiola 1). Formations longues sur tous les arts flamenco et stage intensif d'un mois en été.
Sevilla Dance Centre (carte p. 92 ; ☎ 954 38 39 02 ; Calle Conde de Torrejón 19). Salsa, flamenco, hip-hop, danse classique et contemporaine.
Taller Flamenco (carte p. 92 ; ☎ 954 56 42 34 ; www.tallerflamenco.com ; Calle Peral 49). Cours de danse et de guitare flamenco, et leçons d'espagnol.

Pour plus d'informations, renseignez-vous auprès des offices du tourisme, ou consultez le magazine *El Giraldillo* (p. 94).

Langue

À l'instar de Granada, Sevilla est l'une des villes andalouses les plus prisées pour apprendre l'espagnol. Nous citons quelques-unes des meilleures écoles : toutes proposent des formations en cycles courts et longs, accessibles à différents niveaux. Presque toutes offrent la possibilité de participer à des sorties ou à d'autres activités annexes.
Carpe Diem (carte p. 102 ; ☎ 954 21 85 15 ; www.carpediemsevilla.com ; Calle de la Cuna 13). Petite école conviviale qui propose également des cours d'histoire de l'art, de culture, de traduction et d'espagnol des affaires.
CLIC (carte p. 102 ; ☎ 954 50 21 31 ; www.clic.es ; Calle Albareda 19). Un centre linguistique réputé avec

d'intéressantes activités culturelles, plus des cours d'espagnol des affaires et d'études hispaniques.

Giralda Center (carte p. 102 ; ☎ 954 21 31 65 ; www. giraldacenter.com ; Calle Mateos Gago 17). Réputation de sérieux, ambiance détendue et nombreuses sorties sont ici les points forts.

Lenguaviva (carte p. 92 ; ☎ 954 90 51 31 ; www. lenguaviva.es ; Calle Viriato 24). Renommée pour ses activités annexes, Lenguaviva dispense notamment des cours d'espagnol des affaires.

LINC (carte p. 102 ; ☎ 954 50 04 59 ; www.linc.tv ; Calle General Polavieja 13). Petit établissement très couru, activités culturelles et excursions intéressantes.

SPÉCIAL ENFANTS

Les plus jeunes pourront se dépenser au bord du **Guadalquivir** et dans le **Parque de María Luisa** (p. 108), où ils se feront une joie de nourrir les colombes. Une sortie à l'**Isla Mágica** (p. 110) séduira les enfants de tous âges, même si les plus de dix ans profiteront davantage des manèges. Autre activité envisageable : une **visite de la ville** en bus à impériale ou en fiacre (ci-contre). Le dimanche matin, ne manquez pas le **marché aux animaux**, Plaza de la Alfalfa (carte p. 102).

Le **Teatro Alameda** (p. 126), tout comme d'autres établissements, organise régulièrement des représentations destinées au jeune public.

Nous recommandons également :

Aquópolis Sevilla (carte p. 92 ; ☎ 954 40 66 22 ; www.aquopolis.es en espagnol ; Avenida del Deporte s/n ; adulte/enfant moins de 11 ans 12,90/8,90 € ; ☼ fin mai-début sept 11h-19h ou 20h). Au programme : toboggans nautiques et autres piscines à vagues, dans le barrio Las Delicias, à l'est de la ville (par l'A92 en direction de Málaga).

Reserva Natural Castillo de las Guardas (☎ 955 95 25 68 ; Finca Herrerías Bajas s/n, Carretera A-476 à 6,82 km ; adulte/enfant moins de 13 ans 14/10 € ; ☼ mar-dim 10h30-18h, dernière entrée 16h30). Un millier d'animaux en provenance des quatre coins de la planète évoluent ici en semi-liberté. À observer depuis votre véhicule ou à bord du train du parc. Spectacles de fauconnerie. Cette réserve se trouve à 58 km au nord-ouest de Sevilla, dans le village d'El Castillo de las Guardas, par la N433 vers Aracena.

CIRCUITS ORGANISÉS

Cruceros Turísticos Torre del Oro (carte p. 102 ; ☎ 954 56 16 92 ; adulte/enfant moins de 14 ans 12 €/gratuit). Au niveau de la jetée proche de Torre del Oro. Croisières de 1 heure toutes les 30 min à partir de 11h. De mai à sept, croisières aller-retour d'une journée (sam ou dim) à Sanlúcar de Barrameda, à 100 km en aval du fleuve (adulte/enfant moins de 14 ans/senior 27/15/21 €). Comptez 4 heures 30 de croisière dans chaque sens, et autant de temps à Sanlúcar.

Discover Sevilla (☎ 954 22 66 42 ; www. discoversevilla.com). Excursions originales en dehors de Sevilla, équitation sur les plages de Doñana, ou observation des baleines et des dauphins dans le détroit de Gibraltar par exemple (entre 35 et 75 €).

Voitures à cheval. Les fiacres qui stationnent aux alentours de la cathédrale, de la Plaza de España et de Puerta de Jerez, demandent 30 € (jusqu'à 4 pers) pour une promenade d'une heure autour du Barrio de Santa Cruz et du Parque de María Luisa. À proximité des arrêts, des panneaux indiquent les prix.

Sevilla Tour (☎ 902 10 10 81 ; www.citysightseeing-spain.com). Les bus à impériale et les trams assurent des visites de la ville qui durent 1 heure, avec des écouteurs individuels disponibles en plusieurs langues pour les commentaires. Comptez 11 € pour un billet, valable 48 heures. Vous pouvez monter ou descendre au Paseo de Cristóbal Colón (carte p. 102 ; près de Torre del Oro), dans l'Avenida de Portugal derrière la Plaza de España (carte p. 92) ou à l'Isla de La Cartuja (carte p. 109). Les bus partent généralement toutes les 30 min, de 7h à 20h.

Sevilla Walking Tours (☎ 902 15 82 26 ; www. sevillawalkingtours.com). Assure des visites guidées en anglais du quartier le plus intéressant de la ville. Les sorties, d'une durée d'environ 1 heure 30, ont lieu tous les jours à 9h30 et 11h30. Propose également des visites guidées de la cathédrale et de l'Alcázar.

Tour por Sevilla/Guide Friday (☎ 954 56 06 93 ; sevirama.cjb.net). Organise des circuits du même genre, qui ne commencent qu'à 10h.

Walking in Seville with Carmen. D'une durée de 90 min, cette découverte de Sevilla en compagnie d'une jeune guide enthousiaste mêle visite à pied, scènes de théâtre de rue et leçons d'histoire. La visite se déroule en anglais et est organisée plusieurs jours par semaine de mars à oct (sauf en juil). Vous trouverez dans les établissements du Barrio de Santa Cruz les prospectus de Carmen précisant les lieux et heures de rendez-vous. Participation libre.

FÊTES ET FESTIVALS
Semana Santa

Mélange de splendeur et de souffrance, de spectacle et de solennité, et baignant dans une adoration sans borne pour la Vierge, La Semana Santa à Sevilla donne un aperçu particulier du catholicisme espagnol et du poids considérable des traditions locales.

Chaque jour de la Semaine sainte – du dimanche des Rameaux au dimanche de Pâques –des sculptures richement décorées et des tableaux représentant des scènes de l'histoire pascale sont portés à travers les

LA SEMANA SANTA

Les processions de la Semaine sainte à Sevilla sont organisées par plus de cinquante *hermandades* ou *cofradías* (confréries, dont certaines sont ouvertes aux femmes). Chaque confrérie transporte en général deux *pasos*, plateformes généreusement décorées. Le premier paso soutient une sculpture du Christ, crucifié ou portant la croix, ou un tableau illustrant une scène de la Passion. Le second paso arbore une représentation de la Vierge. Les pasos sont portés par des équipes de quarante personnes appelées *costaleros*, qui se relaient, car les plateformes sont lourdes : chaque costalero supporte environ 50 kg. Les porteurs avancent avec une sorte de mouvement de balancier rituel, au son de leur orchestre et selon les indications du *capataz* (chef), qui sonne une cloche pour annoncer le départ ou l'arrêt du paso.

Chaque paire de pasos est suivie par une foule pouvant aller jusqu'à 2 500 personnes costumées, appelées *nazarenos*. La plupart arborent de longues capes, qui recouvrent la tête et ne comportent qu'une fente au niveau des yeux. Les pénitents les plus pieux marchent pieds nus et portent des croix. Être membre d'une hermandad constitue un honneur vivement recherché, même par des personnes qui, par ailleurs, n'assistent jamais à la messe.

Chaque jour, du dimanche des Rameaux au Vendredi saint, sept ou huit hermandades quittent leur église dans l'après-midi ou en début de soirée pour arriver, entre 17h et 23h Calle Campana, à l'extrémité nord de la Calle Sierpes dans le centre-ville. C'est le début de la *carrera oficial* (itinéraire officiel), qui longe la Calle Sierpes en passant par la Plaza San Francisco, puis emprunte l'Avenida de la Constitución pour se rendre à la cathédrale. Les processions entrent dans la cathédrale du côté ouest et repartent par l'est pour émerger Plaza Virgen de los Reyes et rentrer dans leur église entre 22h et 3h du matin.

La semaine atteint son apothéose lors de la *madrugada* (premières heures) du Vendredi saint, lorsque les hermandades les plus respectées et/ou populaires défilent dans les rues de la ville. La première à atteindre la carrera oficial, vers 1h30 du matin, est la confrérie la plus ancienne, El Silencio, qui observe le silence le plus complet. Ensuite, vers 2h du matin, c'est le tour de Jesús del Gran Poder, dont le christ datant du XVIIe siècle figure parmi les chefs-d'œuvre de la sculpture sévillane. Elle est suivie, vers 3h du matin, par La Macarena, qui possède la vierge la plus vénérée. Viennent ensuite El Calvario de la Iglesia de la Magdalena, Esperanza de Triana, et enfin, vers 6h du matin, Los Gitanos, la hermandad gitane.

Le samedi soir, seules quatre confréries se dirigent vers la cathédrale. Le dimanche de Pâques intervient l'Hermandad de la Resurrección.

Les hermandades du centre-ville, à l'instar d'El Silencio, sont par tradition liées à la bourgeoisie. Sérieux et austères, ses membres recourent peu ou pas du tout à la musique. Ils portent des tuniques noires mais pas de cape. Les hermandades des classes ouvrières, originaires des quartiers excentrés, comme la Macarena, sont accompagnées d'orchestres. Leurs pasos sont plus richement parés et leurs nazarenos portent des tuniques colorées, avec des capuchons en soie, en velours ou en laine. Venant de plus loin, ils restent parfois dans la rue pendant plus de douze heures.

rues depuis les églises de Sevilla jusqu'à la cathédrale. Ils sont accompagnés par de longues processions, qui défilent devant des foules immenses et mettent plus d'une heure à se dérouler. Remontant au XIVe siècle, ces rites prirent leur forme actuelle au XVIIe siècle, époque à laquelle nombre d'images saintes, parfois de véritables chefs-d'œuvre, furent créées.

Les programmes indiquant l'horaire et l'itinéraire de chaque procession sont disponibles un peu partout, avant et pendant la Semana Santa. Le journal *ABC* publie des cartes indiquant l'emplacement des églises et les points de passage recommandés. Le site **Semana-Santa.org** (www.semana-santa.org) est exclusivement consacré à la Semana Santa à Sevilla. Les itinéraires des processions ne sont pas compliqués à comprendre. Vous pouvez en suivre une quand elle traverse son barrio, ou lorsqu'elle quitte ou revient dans son église, moment d'intense émotion. Les foules amassées le long de la *carrera oficial* (itinéraire officiel) barrent la vue, mais vous pouvez espérer trouver une place assise. Les billets sont en vente dans les guichets à proximité, à des prix variant de 10 € pour la Plaza Virgen de los Reyes, derrière la cathédrale, à 25 € ou davantage le matin du Vendredi saint pour la Calle Sierpes. En revanche, si vous arrivez tôt en soirée, vous pourrez vous approcher de la cathédrale : vous serez aux premières loges et cela ne vous coûtera rien.

Voir l'encadré *La Semana Santa* (p. 113) pour de plus amples renseignements sur cette semaine unique à Sevilla.

Feria de Abril

La Foire d'avril, qui a lieu dans la deuxième moitié du mois (et déborde parfois sur mai), est un moment de décontraction après la solennelle Semana Santa. La plus importante et la plus colorée de toutes les *ferias* andalouses se déroule dans un lieu particulier, El Real de la Feria, dans le quartier de Los Remedios, à l'ouest du Guadalquivir. Le rituel éclairage du site de la feria, le lundi soir, donne le coup d'envoi à six nuits de festins, de bavardages, de musique et de danse, auxquelles les Sévillans et les Sévillanes, vêtues de leurs plus belles robes à volant, prennent part jusqu'à l'aube. La majeure partie du site est occupée par des tentes privées appartenant à des clubs, associations, familles et groupes d'amis. Il existe aussi des espaces publics où l'on s'amuse tout autant.

L'après-midi, à partir de 13h, les propriétaires de chevaux et de chariots paradent sur le champ de foire et sillonnent la ville dans leurs plus élégants atours (les chevaux sont aussi souvent apprêtés). Quant aux corridas – les plus importantes de la saison –, elles se déroulent également pendant la *feria*.

Autres festivals et manifestations

Parmi les autres manifestations sévillanes, mentionnons :

Bienal de Flamenco (sept des années paires ; www. bienal-flamenco.org). La plupart des grands noms du flamenco prennent part à ce rendez-vous majeur. Représentations, presque tous les soirs, pendant environ un mois, à l'Alcázar ou dans les théâtres de la ville.

Fête-Dieu (fin mai ou en juin – 26 mai 2005, 15 juin 2006). Importante procession, à l'aube, de la "Custodia de Juan de Arfe" portant les images de la cathédrale.

OÙ SE LOGER

Le pittoresque Barrio de Santa Cruz, à proximité de la cathédrale, de l'Alcázar et de la gare routière du Prado de San Sebastián, compte quantité d'établissements dans toutes les gammes de prix. Mais il en existe également dans les quartiers d'El Arenal (à l'ouest de Santa Cruz en direction du fleuve, près de la gare routière de Plaza de Armas) et d'El Centro (le véritable centre-ville, au nord de Santa Cruz).

Les tarifs des chambres indiqués ici correspondent à la haute saison– une notion qui varie selon les lieux, mais couvre en règle générale la période allant de mars à juin, puis celle allant de septembre à octobre. Les hôtels petit budget, ou *hostales* (pensions simples ou petits hôtels), maintiennent parfois un tarif identique presque toute l'année. En revanche, tous les hébergements ou presque, à Sevilla, coûtent plus cher pendant la Semana Santa et la Feria de Abril. L'augmentation est en général de 30 à 60% par rapport au tarif de haute saison, et quelques établissements n'hésitent pas à multiplier leurs prix par deux. Certains hôtels prolongent même cette *temporada extra* (très haute saison) d'un mois entier, du début de la Semana Santa à la fin de la feria. Réservez, si vous souhaitez malgré tout séjourner à Sevilla durant cette période, de même qu'en temps normal, car la demande est importante.

Barrio de Santa Cruz   Carte p. 102
PETITS BUDGETS

Huéspedes Dulces Sueños (☎ 954 41 93 93 ; Calle Santa María La Blanca 21 ; s/d 40/50 €, avec sdb commune 20/40 € ; ⊠). L'accueillant "Faites de beaux rêves" est un petit *hostal* proposant 7 chambres impeccables. Celles sur rue s'avèrent lumineuses et ravissantes. Seules les doubles possèdent la clim.

Hostal Arias (☎ 954 22 68 40 ; www.hostalarias. com ; Calle Mariana de Pineda 9 ; s/d 41/56 € ; ⊠). Couvre-lits à fleurs et azulejos du hall d'entrée ajoutent une note charmante à cet établissement chaleureux (avec ascenseur). Quatorze chambres, toutes équipées de téléphone et d'un coffre.

Pensión San Pancracio (☎ /fax 954 41 31 04 ; Plaza de las Cruces 9 ; d 42 €, s/d avec sdb commune 18/30 €). Sur une petite place tranquille jouissant d'un peu de fraîcheur en été, cette pension tenue par une famille séduira les voyageurs à budget serré. Le mobilier des 9 chambres semble avoir l'âge des murs, mais le tout est parfaitement entretenu.

Pensión Cruces (☎ 954 22 60 41 ; Plaza de las Cruces 10). De l'autre côté de la place, face au San

Pancracio, cette belle demeure ancienne possède deux patios verdoyants décorés d'azulejos. Fermée pour rénovation lors de notre visite, la pension devrait rouvrir ses portes en 2005.

CATÉGORIE MOYENNE

Hostal Córdoba (☎ 954 22 74 98 ; Calle Farnesio 12 ; s/d 50/70 €, avec sdb commune 40/60 € ; 🕸). Sis dans une paisible rue piétonne, le Córdoba est géré par un couple de retraités adorables qui loue 12 chambres claires et bien tenues. Atrium sur trois niveaux orné de plantes.

Hostal Goya (☎ 954 21 11 70 ; hgoya@hostalgoya. e.telefonica.net ; Calle Mateos Gago 31 ; s/d avec douche 43/60 €, d avec sdb 70 €). De superficie moyenne, les 20 chambres du Goya sont égayées de jolis azulejos et de quelques tableaux et gravures. Hostal bien tenu et très fréquenté (réservation vivement recommandée).

Hotel YH Giralda (☎ 954 22 83 24 ; www.yh-hoteles. com ; Calle Abadés 30 ; ch 69,55 € ; 🅿 🕸 🖳). Il ne s'agit pas d'une auberge de jeunesse mais d'un agréable petit hôtel aménagé dans un ancien presbytère du XVIIIᵉ siècle. Dans un état impeccable, les 14 chambres avec marbre ou carrelage possèdent des lits confortables et le téléphone. Décoration sobre mais de bon goût.

Hotel Alcántara (☎ 954 50 05 95 ; www.hotelalcantara.net ; Calle Ximénez de Enciso 28 ; s/d 64/80 € ; 🕸). Installé dans une rue piétonne, ce petit hôtel récent et chaleureux dispose de 21 chambres lumineuses (avec baignoire et téléphone) donnant sur le patio. Ascenseur et une chambre aménagée pour les handicapés. On peut se faire servir le petit déjeuner.

Hotel Amadeus (☎ 954 50 14 43 ; www.hotelamadeussevilla.com ; Calle Farnesio 6 ; s/d 65,50/81,30 € ; 🅿 🕸 🖳). Une adorable famille de musiciens a transformé cette belle demeure du XVIIIᵉ siècle en un hôtel tout à fait unique, destiné à une clientèle de musiciens et de mélomanes. Il abrite une salle de répétition, isolée phoniquement et équipée d'un piano. Un autre piano trône dans le foyer où des concerts classiques se déroulent fréquemment. Chacune des 14 chambres et suites, toutes très confortables et du meilleur goût, porte le nom d'un compositeur (l'une d'elles contient un piano). L'ensemble est décoré de tableaux et d'œuvres d'art. Un ascenseur en verre permet

d'accéder à la terrasse qui offre une belle vue sur la Giralda.

Hotel Puerta de Sevilla (☎ 954 98 72 70 ; www.hotelpuertadesevilla.com ; Calle Santa María la Blanca 36 ; s/d 64,20/83,45 € ; 🅿 🕸). Bien situé, ce petit hôtel a ouvert ses portes récemment et affiche un style classique plein de charme (motifs floraux, azulejos dans les sdb et réception agrémentée d'antiquités). Chambres soignées et tout confort. Un ascenseur dessert les trois étages.

Hostería del Laurel (☎ 954 22 02 95 ; www.hosteriadellaurel.com en espagnol ; Plaza de los Venerables 5 ; s/d avec petit déj 71,70/103,80 € ; 🕸). Au-dessus d'un vieux bar plein de caractère sur une petite place du quartier de Santa Cruz, il y a là 21 chambres simples, spacieuses et lumineuses, avec sol en marbre et grande sdb. On raconte que c'est lors d'un séjour dans cet hôtel, en 1844, que le dramaturge José Zorrilla trouva l'inspiration pour sa pièce *Don Juan Tenorio*, une des versions les plus connues des aventures de Don Juan. Chaque chambre porte le nom d'un personnage de la pièce. Les prix chutent de 25% en juillet et en août, ainsi que de novembre à février.

Hostal Dalí (☎ 954 22 95 05 ; Puerta de Jerez 3 ; ch 85,10 € ; 🕸). Des camaïeus de bleu et d'abricot pour les 18 chambres pimpantes de cet hostal qui donnent, pour la plupart, sur des rues passantes (double-vitrage aux fenêtres). Personnel accueillant et réduction de 25% au moins appliquée de juin à août, puis de novembre à février. Toutes les chambres sont à l'étage (pas d'ascenseur).

Hostal Picasso (☎ 954 21 08 64 ; Calle San Gregorio 1 ; ch 85,10 € ; 🕸). La réception lumineuse, agrémentée de plantes et située au pied d'un atrium à trois niveaux, s'avère plus réussie que les 17 chambres, jolies et dotées de lits en fer forgé confortables mais relativement étroites. Appartient à la même chaîne d'hostales que le Dalí (prix évoluant de façon similaire selon la saison).

CATÉGORIE SUPÉRIEURE

Las Casas de la Judería (☎ 954 41 51 50 ; www.casasypalacios.com ; Callejón de Dos Hermanas 7 ; s/d à partir de 108,05/166,90 € ; 🅿 🕸). Cet hôtel ravissant se compose de plusieurs demeures restaurées, entourant des patios charmants et de jolies fontaines. D'un style classique, les 116 chambres offrent pour la plupart un lit à baldaquin, une baignoire plus une dou-

PROVINCIA DE SEVILLA

che, un bureau, la TV câblée, le téléphone et un coffre. Le soir, on se détend dans un salon cosy où trône un piano. Petit déjeuner inclus.

Hotel Fernando III (☎ 954 21 73 07 ; www. fernando3.com ; Calle San José 21 ; s/d 132,70/156,20 € ; P ⊠ ⊡ ⊠). Valeur sûre, le Fernando III possède 155 chambres sans originalité mais très confortables, avec balcon, téléphone, TV et coffre, ainsi qu'un restaurant, un bar, un vaste salon, un parking et une piscine sur le toit (ouverte au printemps et en été).

Hotel Los Seises (☎ 954 22 94 95 ; www.hotellos seises.com ; Calle Segovias 6 ; s/d 147,65/202,25 € ; ⊠ ⊠). Ce luxueux établissement faisait jadis partie du palais de l'archevêque, un bâtiment du XVIe siècle. Les 42 chambres, spacieuses, donnent sur le patio et offrent une vaste sdb, un sol en tomettes et le standing qui sied à cette catégorie d'hébergement. Bon restaurant et piscine sur le toit avec vue sur la Giralda.

Hotel Alfonso XIII (carte p. 92 ; ☎ 954 91 70 00 ; www.westin.com/hotelalfonso ; Calle San Fernando 2 ; s/d 371,30/486,85 ; P ⊠ ⊠ ⊡ ⊠). Un cran au-dessus dans la catégorie des hôtels de luxe, ce splendide palais, juste au sud de l'Alcázar, marie les styles traditionnels sévillans, le marbre, l'acajou et les azulejos. Conçu pour accueillir les chefs d'État lors de l'Exposición Iberoamericana de 1929, l'établissement compte 147 chambres d'une élégance infinie, une piscine, un restaurant réputé et un bar raffiné.

El Arenal   Carte p. 102
PETITS BUDGETS
Hostal Residencia Naranjo (☎ 954 22 58 40 ; fax 954 21 69 43 ; Calle San Roque 11 ; s/d 30/44 € ; ⊠). Dessus-de-lit colorés et meubles en pin apportent une note chaleureuse à cet *hostal*, presque en face de l'Hotel Zaida. 27 chambres avec TV et téléphone.

Hotel Zaida (☎ 954 21 11 38 ; www.hotelzaida. com ; Calle San Roque 26 ; s/d 36,50/55 € ; ⊠). Ce bâtiment du XVIIIe siècle, agrémenté d'un ravissant patio à arcades de style mudéjar, loue 27 chambres sans cachet, mais correctes (téléphone, lampes de chevet). Situé dans une rue calme, l'établissement possède un ascenseur. Les chambres du rez-de-chaussée donnent directement dans le hall.

Hotel Madrid (☎ 954 21 43 07 ; fax 954 21 43 06 ; Calle San Pedro Mártir 22 ; s/d 40/55 € ; P ⊠). Un petit hôtel à l'ambiance familiale qui abrite 21 chambres

d'un bon rapport qualité/prix, décorées dans des tons jaune pâle et équipées de matelas fermes, de jolies sdb ornées d'azulejos bleu et de petits balcons donnant sur des rues tranquilles. Les tarifs chutent parfois durant les périodes creuses. Aucune chambre simple (si vous voyagez seul, vous bénéficierez d'une double au prix d'une simple).

Hostal Roma (☎ 954 50 13 00 ; www.sol.com/hostales-sp ; Calle Gravina 34 ; s/d 48,15/55,65 € ; P ⊠). Cet hostal avenant, avec ascenseur, offre 17 chambres (avec doubles-vitrages, téléphone, bureau et estampes sur les murs). Les propriétaires gèrent également trois autres hostales non loin de là.

Nous recommandons également :
Hostal Londres (☎ 954 50 27 45 ; www.londreshotel. com ; Calle San Pedro Mártir 1 ; s/d 43,85/57,80 € ; ⊠). Joli hall carrelé et 23 chambres basiques mais convenables, avec TV et tél., parfois agrémentées de petits balcons.
Hostal Romero (☎ 954 21 13 53 ; Calle Gravina 21 ; d 40 €, s/d avec sdb commune 18/30 €). Option conviviale pour voyageurs à budget limité. Une douzaine de chambres, rudimentaires mais propres, avec des lits un peu durs.

CATÉGORIE MOYENNE
Hotel Simón (☎ 954 22 66 60 ; www.hotelsimonsevilla. com ; Calle García de Vinuesa 19 ; s/d 49,65/74,45 € ; ⊠). Mieux vaut réserver longtemps à l'avance dans ce ravissant hôtel hébergé dans une jolie demeure du XVIIIe siècle, bâtie autour d'un patio où trône une fontaine. Des antiquités et des azulejos ornent les couloirs, les salons et la vaste cage d'escalier. Belles faïences dans certaines des 29 chambres spacieuses et impeccables (avec tél. et bureau).

Hotel Puerta de Triana (☎ 954 21 54 04 ; www. hotelpuertadetriana.com ; Calle Reyes Católicos 5 ; s/d 64,20/85,60 € ; ⊠). Un hôtel de qualité alliant décoration traditionnelle et confort moderne. Les 65 chambres douillettes sont assez grandes et dotées d'un sol en marbre, d'un bureau, du tél. et de fenêtres donnant sur la rue ou le patio. Vaste salon au rez-de-chaussée. Petit déjeuner compris.

Hotel Maestranza (☎ 954 56 10 70 ; www. hotelmaestranza.com ; Calle Gamazo 12 ; s/d 49/87 € ; ⊠ ⊡). Petit hôtel chaleureux dans une rue tranquille, le Maestranza loue 18 chambres proprettes mais sans charme (tél. et coffre). Les simples sont petites. Le prix des doubles peut descendre jusqu'à 65 € voire moins, de juin à août et de novembre à février.

À mentionner également :

Hotel Europa (☎ 954 21 43 05 ; www. hoteleuropasevilla.com ; Calle Jimios 5 ; s/d 77,05/95,25 € ; P). Chambres tout confort et spacieuses, avec tél. et sol en marbre, aménagées dans une belle bâtisse du XVIIIᵉ siècle.

Hotel Plaza Sevilla (☎ 954 21 71 49 ; info@hotelplazasevilla.com ; Calle Canalejas 2 ; s/d avec petit déj 47/67 € ; P). Cet hôtel géré avec efficacité propose des chambres cosy.

CATÉGORIE SUPÉRIEURE

Hotel Vincci La Rábida (☎ 954 50 12 80 ; www. vinccihoteles.com ; Calle Castelar 24 ; s/d 154,10/181,90 € ; P). Installé dans un palais du XVIIIᵉ siècle rénové, ce quatre-étoiles s'articule autour d'un splendide atrium sur quatre niveaux, orné de colonnes, qui fait office de salon. Les 81 chambres de grand standing, avec sol en tomettes et marbre et gravures raffinées, donnent pour la plupart sur le patio. La terrasse sur le toit avec bar et jacuzzi, est ouverte en saison. La vue est imprenable sur la cathédrale. Service raffiné et très professionnel.

El Centro   Carte p. 102
PETITS BUDGETS

Casa Sol y Luna (☎ 954 21 06 82 ; casasolyluna@auna. com ; Calle Pérez Galdós 1A ; d 42 € ; s/d/tr avec sdb commune 22/35/54 €). Voici un *hostal* parfait, dans une bâtisse d'époque modernisée avec goût. Les jeunes hôtes réservent un accueil chaleureux à leur clientèle. Les 9 chambres donnent presque toutes sur un salon agréable. Jolis tableaux, grands miroirs, bureaux et lampes de chevet témoignent du soin porté à l'établissement. Les sdb communes (jamais partagées par plus de deux chambres) sont les plus belles de tous les *hostales* d'Andalousie !

Hostal Lis (☎ 954 21 30 88 ; www.hostallis.com ; Calle Escarpín 10 ; s/d/tr 21/42/63 € ;). Pour avoir autrefois appartenu à un fabricant d'azulejos, cet hostal sympathique regorge de ces anciennes faïences aux couleurs vives. Chambres bien tenues (ventil.), aménagées sur deux étages, autour du patio à ciel ouvert. Terrasse sur le toit et accès Internet gratuit pour les clients.

CATÉGORIE MOYENNE

Hotel San Francisco (☎ /fax 954 50 15 41 ; Calle Álvarez Quintero 38 ; s/d 55/68 € ;). Dans une rue piétonne reliant El Centro au Barrio de Santa Cruz, cet hôtel accueillant, d'un bon rapport qualité/prix, est aménagé dans une demeure familiale du XVIIIᵉ siècle reconvertie depuis peu. Seize chambres spacieuses (sol en marbre, TV et chauffage) donnent presque toutes sur la rue ou le patio.

CATÉGORIE SUPÉRIEURE

Hotel Las Casas de los Mercaderes (☎ 954 22 58 58 ; www.casasypalacios.com ; Calle Álvarez Quintero 9-13 ; s/d 94,15/136,95 € ; P). Conçu autour d'un joli patio du XVIIIᵉ siècle sur deux niveaux et surmonté d'un toit en vitrail, cet hôtel possède 47 chambres raffinées, ainsi qu'un café où l'on sert le petit déjeuner.

Las Casas del Rey de Baeza (☎ 954 56 14 96 ; www.hospes.es ; Plaza Jesús de la Redención 2 ; s/d 162,65/189,40 € ; P). Hôtel paisible, parfaitement tenu et décoré à merveille, aménagé dans d'anciens immeubles collectifs disposés autour de patios du XVIIIᵉ siècle. Les 41 chambres luxueuses, aux tons élégants, sont décorées d'objets d'art modernes. Toutes bénéficient de lecteurs CD/DVD et d'une connexion Internet. Un salon confortable, un excellent restaurant de spécialités sévillanes et une piscine complètent les installations. Le décor reprend des éléments traditionnels andalous, notamment les stores extérieurs en alfa.

Hotel Casa Imperial (☎ 954 50 03 00 ; www. casaimperial.com ; Calle Imperial 29 ; s/d 235,40/256,80 € ; P). Un des plus luxueux et des plus somptueux hôtels de Sevilla. Ce palais du XVIᵉ siècle compte trois patios ravissants agrémentés de plantes. L'un d'eux abrite également une fontaine et accueille, de temps à autres, un guitariste. Parfois un peu exigües, les 24 suites, aux couleurs vives, sont toutes équipées de kitchenette et d'un salon. Restaurant de qualité et terrasse sur le toit offrant un superbe panorama.

Au nord de la ville
PETITS BUDGETS

Hotel Sevilla (carte p. 102 ; ☎ 954 38 41 61 ; www. hotel-sevilla.com ; Calle Daoíz 5 ; s/d 35/55 € ;). Sur une petite place calme, un hôtel récemment rénové qui pratique des tarifs assez avantageux. Une trentaine de chambres de taille moyenne, dans les tons vert et rose, équipées de belles sdb, de grands miroirs, d'un bureau, de lampes de chevet et de téléphone. Grand hall donnant sur un agréable patio verdoyant.

CATÉGORIE MOYENNE

Hotel Corregidor (carte p. 92 ; ☎ 954 38 51 11 ; fax 954 38 42 38 ; Calle Morgado 17 ; s/d 77,05/96,30 € ; Ⓟ Ⓧ). Dans une petite rue paisible en allant vers l'Alameda de Hércules, cet hôtel tout confort et bien décoré constitue une valeur sûre. Il loue 77 chambres de taille convenable (tél. et TV). Au rez-de-chaussée, vaste salon et petit patio ouvert. Petit déjeuner inclus.

Patio de la Cartuja (carte p. 92 ; ☎ 954 90 02 00 ; www.patiosdesevilla.com ; Calle Lumbreras 8-10 ; s/d 69/97,90 € ; Ⓟ Ⓧ). Juste au nord de l'Alameda de Hércules, l'établissement occupe l'emplacement d'un ancien *corral* (immeuble de trois étages autour d'un patio, autrefois habitat typique de la classe moyenne sévillane). Aménagé en 30 appartements très agréables, avec chambre double, cuisine et salon équipé d'un convertible à deux places, voilà une bonne option, si vous ne craignez pas d'être excentré. Abrite aussi un café.

Patio de la Alameda (carte p. 92 ; ☎ 954 90 49 99 ; www.patiosdesevilla.com ; Alameda de Hércules 56 ; s/d 69/97,90 € ; Ⓟ Ⓧ). Tenu par les mêmes propriétaires que le précédent, l'hôtel pratique les mêmes tarifs et offre des prestations similaires.

LOCATION D'APPARTEMENTS À SEVILLA

Il est possible de louer un bel appartement pour quatre personnes, bien situé, propre et tout confort, pour moins de 100 euros par nuit. Si vous n'êtes que deux, le tarif sera généralement compris entre 30 et 70 €. Les prestations sont souvent à la hauteur de celles proposées, au même prix, par un hôtel ou un *hostal* (maison d'hôtes simple ou petit hôtel).

Plusieurs sites web vous renseignent sur les différents types d'appartements à louer à Sevilla. La plupart ne permettent pas de réserver en ligne, mais vous pourrez vous informer sur les disponibilités et obtenir une confirmation de la réservation par e-mail. Essayez les adresses suivantes :

Apartamentos Embrujo de Sevilla (☎ 625 060 937 ; www.embrujodesevilla.com).

Sevilla5.com (☎ 637 011 091 ; www.sevilla5.com).

Sol (www.sol.com).

Le site d'**Explore Seville** (www.exploreseville.com) détaille des informations supplémentaires..

CATÉGORIE SUPÉRIEURE

Hotel Cervantes (carte p. 102X ; ☎ 954 90 02 80 ; www.hotel-cervantes.com ; Calle Cervantes 10 ; s/d 85,95/122 € ; Ⓟ Ⓧ). Un hôtel charmant et moderne dans une rue paisible d'un vieux quartier pittoresque, en remontant vers l'Alameda de Hércules. Les 54 chambres avec parquet (tél., bureau et baignoire) sont meublées avec goût dans un style art moderne. Petit déjeuner buffet.

Hotel San Gil (carte p. 92 ; ☎ 954 90 68 11 ; www.fp-hoteles.com ; Calle Parras 28 ; s/d 125,20/157,30 € ; Ⓟ Ⓧ Ⓢ). À deux pas de la Basílica de la Macarena, le San Gil est l'un des petits joyaux de Sevilla. Cet édifice rénové qui date du début du XXᵉ siècle s'articule autour d'une jolie cour verdoyante et allie décoration moderne, azulejos anciens et autres notes traditionnelles. Les 61 chambres raffinées, très confortables, possèdent une sdb en marbre. Restaurant, bar et piscine.

Autres quartiers

Le **Camping Villsom** (carte p. 92 ; ☎ /fax 954 72 08 28 ; Carretera Sevilla-Cádiz à 554,8 km ; 2 pers, tente et véhicule 15,45 €), bien équipé et ombragé, est situé à Dos Hermanas, à 15 km au sud de Sevilla en direction de Cádiz. Le **Camping Sevilla** (carte p. 92 ; ☎ 954 51 43 79 ; 2 pers, tente et véhicule 14 €) ne se trouve qu'à 6 km de la ville, mais son emplacement s'avère moins attrayant, sur l'A4 juste avant l'aéroport de Sevilla.

OÙ SE RESTAURER

Pour vous imprégner de l'atmosphère de la ville, lancez-vous dans la tournée des bars à tapas et des bodegas. Les restaurants plus élégants ne manquent pas non plus. La plupart ne renient pas leurs origines espagnoles et proposent des amuse-gueules tout aussi savoureux, mais avec une touche *alta cocina* (haute cuisine).

Restaurants
BARRIO DE SANTA CRUZ ET SES ENVIRONS   Carte p. 102

Si vous ne craignez pas la foule et les endroits trop touristiques, vous trouverez de quoi vous sustenter dans le dédale de rues étroites et de places à l'est de l'Alcázar. Certains restaurants ont heureusement gardé leur caractère.

Restaurant La Cueva (☎ 954 21 31 43 ; Calle Rodrigo Caro 18 ; plats 10,75-23,50 €). En flânant sur la Plaza Doña Elvira, humez les senteurs de fleur d'oranger qui se mêlent aux odeurs de cuisine émanant de ce restaurant de fruits de mer très couru. Exquise cassolette de poisson (23,50 € pour deux), ou copieuse *caldereta* (navarin, 10,75 €) pour les amateurs de viande.

Hostería del Laurel (☎ 954 22 02 95 ; Plaza de los Venerables 5 ; plats 10-20 €). Jouxtant le bar à tapas et l'hôtel du même nom (p. 115), ce restaurant séduit par la gentillesse de ses serveurs, son atmosphère de ruche et ses prix raisonnables. Le *Pollo a la Sevillana* (11,50 €) n'est rien d'autre qu'un poulet-frites en sauce, néanmoins délicieux.

Corral del Agua (☎ 954 22 07 14 ; Callejón del Agua 6 ; plats 12-18 €, menú 23 € ; ☼ lun-sam 12h-16h et 20h-24h). Une excellente cuisine inventive. Réservez une table dans la cour verdoyante, très agréable en été, et commandez un ragoût – l'une des spécialités – puis un dessert oriental (à base d'orange, de carotte et de cannelle).

Restaurante La Albahaca (☎ 954 22 07 14 ; Plaza de Santa Cruz 12 ; plats 18-22 €, menú 27 €). Ce restaurant à la mode ne recule devant rien lorsqu'il s'agit de création gastronomique. Goûtez aux pieds de porc servis avec de l'ail frais, des champignons et de la mousse de petits pois (18 €).

El Giraldillo (☎ 954 21 45 25 ; Plaza Virgen de los Reyes 2 ; menú 27 €). Tout en profitant de la vue magnifique sur la cathédrale, vous dégusterez une délicieuse paella à l'andalouse (19 €/pers), preuve qu'on sert ici autre chose qu'un menu touristique.

Cervecería Giralda (☎ 954 22 74 35 ; Calle Mateos Gago 1 ; petit déj 3-5 €). Pour dissiper les effets de la nuit précédente, venez prendre un petit déjeuner dans ces anciens bains de l'époque musulmane. Jetez-vous sur les *tostadas* (tartines grillées, de 1,10 à 4,20 €) (voir p. 121).

Restaurante Las Lapas (☎ 954 21 11 04 ; Calle San Gregorio 6 ; menú 9 € ; ☼ fermé dim). Installé dans une rue où passent sans cesse les fiacres, et fréquenté, semble-t-il, par toute la population estudiantine de Sevilla, l'endroit se révèle plutôt bruyant, à l'extérieur comme à l'intérieur. Il mérite néanmoins le détour pour son chorizo aux pommes de terre (7,50 €).

Restaurante San Marco (☎ 954 21 43 90 ; Calle Mesón del Moro 6 ; plats 5,90-8,90 € ; ☼ fermé lun). Sevilla compte quantité de restaurants italiens servant pâtes et pizzas, tous assez similaires.

Aménagé dans un ancien hammam (qui vaut le coup d'œil), celui-ci sort du lot par son cadre exotique mais guère par la qualité de sa cuisine.

La Calle Santa María La Blanca regorge de restaurants aux terrasses bondées.

Carmela (Calle Santa María La Blanca 6 ; menú 7 €). Les serveuses en fichu et tablier donnent un air rustique au lieu. Cuisine saine (quiche lorraine, 6 €).

Altamira Bar-Café (☎ 954 42 50 30 ; Calle Santa María La Blanca 4 ; raciones 7,20-8,10 €). Compte parmi les tables les plus chics de la rue. Les *raciones* (tapas en portion équivalente à un plat) de fruits de mer sont fameuses.

Bar Casa Fernando (Calle Santa María La Blanca ; menú 7 €). Les clients se pressent ici pour le menu du jour, très avantageux. Parmi les différentes options, pourquoi ne pas choisir la petite portion de paella, suivie de poisson frit puis d'une savoureuse crème caramel.

Restaurante Modesto (☎ 954 41 68 11 ; www.gru-pomodesto.com ; Calle Cano y Cueto 5 ; plats 7,35-42,60 €). Ne vous fiez pas au nom de cet élégant restaurant qui, associé à La Judería, présente toute une gamme de poissons (cabillaud à la sévillane, 12,60 €).

Restaurante La Judería (☎ 954 41 20 52 ; Calle Cano y Cueto 13A ; menú 28 €). La Judería sert pratiquement les mêmes plats que le Modesto, dans un décor différent.

Au nord de la cathédrale, les restaurants se parent de toutes leurs lumières pour attirer les touristes. Vous voilà prévenu !

Las Escobas (☎ 954 21 94 08 ; Calle Álvarez Quintero 62 ; plats 15 €). Un repas à la carte incluant, par exemple, un gaspacho, une crème caramel, une bière et un café vous reviendra à 26 €. Gageons que vous n'en laisserez pas une miette !

Casa Robles (☎ 954 21 31 50 ; Calle Álvarez Quintero 58 ; plats 20 €). Des produits naturels dans un cadre chic. Une attention toute particulière est portée à la présentation des plats, des queues de taureaux braisées aux salades.

EL ARENAL   Carte p. 102

Mesón Serranito (☎ 954 21 12 43 ; Calle Antonia Díaz 9 ; platos combinados 8 €). On déguste ici de savoureuses *media-racións*, notamment du *jamón serrano* (8 €), sous l'œil attentif des impressionnantes têtes de taureaux.

Enrique Becerra (☎ 954 21 30 49 ; Calle Gamazo 2 ; plats 14,50-20,20 € ; ☼ fermé dim). Le restaurant chic du quartier prépare une généreuse

PROVINCIA DE SEVILLA

cuisine andalouse qui en ravira plus d'un (agneau farci aux épinards et aux pignons arrosé d'une sauce au miel, 17,50 €).

Bar Gloria Bendita (Calle de Adriano 24 ; platos combinados 8 €). L'odeur du café et celle des fromages se mêlent ici de façon indissociable. Installez-vous au petit bar avec les Sévillans, ou prenez votre *bocadillo* (sandwich, 3,60 €) et allez vous asseoir à l'extérieur.

EL CENTRO   Carte p. 102

Confitería La Campana (angle Calle Sierpes et Calle Martín Villa). Cette boulangerie célèbre confectionne de sublimes gâteaux depuis 1885. Installez-vous dehors avec une pâtisserie et un café (1,60 € – 1,10 € au comptoir).

Bar Laredo (angle Calle Sierpes et Plaza de San Francisco). Très prisé pour le petit déjeuner, ce bar vous préparera sur-le-champ un bocadillo (3 €) si vous avez un petit creux.

Restaurante San Marco (☎ 954 21 24 40 ; Calle de la Cuna 6 ; pizzas 8 €, plats de pâtes 8,95-11,95 €). Aménagé dans un palais du XVIIIe siècle, le plus raffiné des établissements de la chaîne San Marco vend sa pizza *4 saisons* à 8 €.

Alfalfa 10 (☎ 954 21 38 41 ; Plaza de la Alfalfa 10). Le petit déjeuner multivitaminé (4,75 €), et le yaourt naturel au miel (1,50 €) sont aussi délicieux que possible.

Horno de San Buenaventura (Plaza de la Alfalfa 10 ; angle Calle Pagés del Corro et Calle Covadonga). Un seul établissement San Buenaventura ne suffisait pas : il en existe deux autres où succomber aux bons gâteaux et petit déjeuner. Pâtisseries présentées en vitrine comme de véritables joyaux. Un café accompagné d'une *tostada* au jambon serrano coûte 2,80 €.

Habanita (☎ 606-716456 ; Calle Golfo 3 ; raciones 6-9 € ; ☯ lun-sam 12h30-16h30 et 20h-00h30, dim 12h30-16h30). Un restaurant de choix où trouver une grande variété de plats cubains, andalous, végétariens et végétaliens. Goûtez les tomates à la mozzarella et au basilic (media-ración 4 €) en sirotant une piña colada, tout en discutant avec les habitués.

Bodegón Alfonso XII (☎ 954 21 12 51 ; Calle Alfonso XII 33 ; platos del día 6 €). Si vous venez visiter le Museo de Bellas Artes, pourquoi ne pas faire une halte ici. Café avec tostada au bacon facturé 3 €.

Horno del Duque (☎ 954 21 77 33 ; Plaza del Duque de la Victoria ; plats 7-11 €). Les gens qui font leurs courses se pressent dans cet établissement très couru, où goûter la traditionnelle paella Valenciana au poulet (10,50 €).

Café Bar Duque (Plaza del Duque de la Victoria ; platos combinados 5 €). Particulièrement réputé pour ses délicieux *churros con chocolate* (beignets à tremper dans un épais chocolat chaud ; 1,80 €).

Los Alcazarés (Plaza de la Encarnación ; tapas 1,80-3 €). Véritable institution, ce bar à tapas dégage une atmosphère d'antan. Parfait pour un petit creux après un détour par le marché, situé à proximité.

AU NORD DE LA VILLE   Carte p. 92

La Piola (angle Alameda de Hércules et Calle Relator ; plats 4-7 €). Un établissement particulièrement branché de l'Alameda, où grignoter une salade mixte (3,80 €) accompagnée d'un jus d'orange fraîchement pressé (1,80 €).

Badaluque (angle Calle Calatrava et Calle Pacheco y Núñez de Prado ; petit déjeuner 2,20-4 €, pizzas 6,80-9,50 €). Autre adresse de l'Alameda, beaucoup plus sobre, où prendre un petit déjeuner d'un bon rapport qualité/prix. Thé avec tostada jambon-fromage à 2,20 €.

AU SUD DE LA VILLE

Café-Bar Puerta de Jerez (carte p. 102 ; Puerta de Jerez ; tapas 1,80 €). Un emplacement idéal pour suivre le ballet des calèches et des voitures autour de la fontaine de Puerta de Jerez, tout en sirotant un café (1,60 €).

Restaurant San Fernando (carte p. 102 ; ☎ 954 91 70 00 ; Calle San Fernando 2 ; ☯ 7h-11h, 13h-16h et 20h30-23h30 ; plats 14-27 €). À l'intérieur de l'élégant Hotel Alfonso XIII, voici un restaurant tout aussi élégant qui régale sa clientèle distinguée de plats raffinés abordables (pintade sauvage aux pommes de terre râpées et chanterelles, 20 €).

Restaurante Egaña Oriza (carte p. 92 ; ☎ 954 22 72 11 ; Calle San Fernando 41 ; plats 15-40 € ; ☯ fermé sam midi et dim). Figurant toujours parmi les meilleurs restaurants de Sevilla, l'Egaña Oriza concocte une excellente cuisine andalouse et basque, sans oublier de copieux plats de viande (steak tartare, 23,45 €). Dommage qu'il se situe dans un quartier pollué par les gaz d'échappement.

La Raza (carte p. 92 ; ☎ 954 23 20 24, 954 23 38 30 ; Avenida de Isabel la Católica 2 ; plats 10-17 €). L'ombre des tables du Parque de María Luisa est idéale pour un café matinal ou une bonne paella (11,50 €/pers ; 2 pers min).

TRIANA

Kiosco de las Flores (carte p. 102 ; ☎ 954 27 45 76 ; Calle del Betis ; media-raciones 5 €, raciones 9 €, plats 5-40 € ;

☺ fermé dim soir et lundi). Ce restaurant a transformé ses locaux vieux de 70 ans en un luxueux jardin d'hiver (jetez un coup d'œil aux photos sur les murs). Il régale toujours ses hôtes d'un délicieux *pescaíto frito* (poisson frit).

Río Grande (carte p. 92 ; ☎ 954 27 39 56, 954 27 83 71 ; Calle del Betis ; fruits de mer 15-28,50 €). Un endroit merveilleusement situé en face de la Torre del Oro – qui fascine bien des clients. Pourquoi ne pas essayer la seiche (10 €) si le reste de la carte vous semble peu original ?

Ristorante Cosa Nostra (carte p. 102 ; ☎ 954 27 07 52 ; Calle del Betis 52 ; pizzas 5,40-7,50 ; ☺ fermé lun). Les adresses proposant des pâtes à la chaîne ne manquent pas Calle del Betis, mais ce *ristorante* offre une ambiance plus chaleureuse que les autres. Tortellinis au gorgonzola (6,50 €) particulièrement réussies.

Casa Cuesta (carte p. 92 ; ☎ 954 33 33 37 ; Calle de Castilla 3-5 ; plats 9-10 €). Le comptoir en bois poli et les pompes à bière rutilantes en disent long sur la fierté qu'inspire l'établissement à ses propriétaires. Et ils ont raison : voici un endroit de choix qui séduira aussi bien les gourmets que les amateurs de bière.

La Triana (carte p. 92 ; ☎ 954 33 38 19 ; Calle de Castilla 36 ; menú 10 €, plats 9,60-15,80 €). Les hôtes de La Triana réservent un accueil courtois dans un cadre minimaliste. Les portions sont en revanche généreuses et au menu du jour figurent notamment un *pisto* (une poêlée de légumes à l'huile) et un plat de viande. Sur une partie du fleuve relativement paisible.

Tapas

Rien de tel pour rencontrer des gens que de faire la tournée des bars à tapas de Sevilla, en compagnie de quelques amis. Cet art de vivre se pratique du déjeuner au coucher, quelle que soit l'heure. Dans certains bars, le serveur inscrit vos commandes à la craie sur le comptoir et additionne le tout lorsque vous partez. Pour obtenir quelques informations indispensables avant de vous lancer, voir p. 77.

BARRIO DE SANTA CRUZ   Carte p. 102
Bodega Santa Cruz (☎ 954 21 32 46 ; Calle Mateos Gago ; tapas 1,40-1,70 €). Étape essentielle dans le circuit des bars à tapas, cette bodega offre un choix extraordinaire de petits plats savoureux. Popularité rime ici avec qualité.

> **AMATEURS DE CHOCOLAT**
>
> Les Sévillans raffolent d'un petit plaisir : boire un bon chocolat chaud, épais et savoureux. Pour goûter à ce délice, il suffit d'entrer dans une *chocolatería*. L'une des meilleures de Sevilla est la **Chocolatería Virgen de los Reyes** (carte p. 92 ; ☎ 954 57 66 10 ; Virgen de los Reyes Hotel, Avenida Luís Montoto 131), où l'on fouette un chocolat des plus crémeux (1,35 € la tasse).

Cervecería Giralda (☎ 954 22 74 35 ; Calle Mateos Gago 1 ; tapas 1,60-2,10 €). Cette brasserie bien située combine plats traditionnels, comme la *pechuga bechamel* (blanc de poulet à la béchamel), et spécialités plus exotiques (voir p. 119).

Café-Bar Campanario (☎ 954 56 41 89 ; Calle Mateos Gago 8 ; tapas 1,80-2,40 €). Ici, on élabore tout un choix de tapas classiques, notamment de la tortilla (épaisse omelette aux pommes de terre), des aubergines au fromage et de divines croquettes au jambon et à la béchamel. Contrairement aux bars anciens, on ne s'y sent pas à l'étroit.

Cafe Alianza (Plaza de la Alianza ; tapas 1,80-2,50 €). Les réverbères à l'ancienne, la fontaine et les plantes accrochées aux murs font de cette petite place un endroit ravissant pour une pause café. Les tapas sont excellentes.

Café Bar Las Teresas (☎ 954 21 30 69 ; Calle Santa Teresa 2 ; tapas 1,80-4 €, media-raciones 6-8 €). Dans la salle où quantité de jambons sont suspendus au plafond, vous apprécierez, entre deux bières, les authentiques tapas.

Bar Entrecalles (Calle Ximénez de Enciso ; tapas 2,20 €). Savourez les succulentes pommes de terre à l'*alioli* (aïoli) de cette adresse réputée.

EL ARENAL   Carte p. 102
Mesón Cinco Jotas (☎ 954 21 05 21 ; Calle Castelar 1 ; tapas 3 €, media-raciones 6,95 €). Ici, il faut goûter le merveilleux jambon Jabugo, issu de cochons ayant mangé les meilleurs glands. Le restaurant appartient à Sánchez Romero Carvajal, le plus gros producteur de jambon Jabugo.

La Gitana (Calle Antonia Díaz ; tapas 2 €, plats 9,60-13,20 €). Des serveurs à nœud papillon proposent un vaste choix de tapas. Les Sévillans plébiscitent cette Gitana....

Bar Pepe-Hillo (☎ 954 21 53 90 ; Calle Adriano 24 ; tapas 1,65-2,10 €). Une ambiance décontractée et des tapas simples mais de qualité.

Mesón de la Infanta (Calle Dos de Mayo 26 ; tapas 1,80-3,10 €). Ce bar prisé concocte d'exquises tapas pour une clientèle plus élégante. Amateurs de xérès bienvenus.

La Tienda de Eva (Calle Arfe ; tapas 2 €). Un lieu qui sort de l'ordinaire, décoré comme une petite boutique de village. Installez-vous avec une bière et quelques tranches de chorizo (2,50 €) et admirez la présentation des conserves et les beaux jambons.

EL CENTRO   Carte p. 102

La Plaza de la Alfalfa rassemble plusieurs bars à tapas de premier ordre. Après les produits de la mer de **La Trastienda** (Calle Alfalfa ; tapas 1,80-3 €), près de l'extrémité est de la plaza, passez au jambon et au xérès de **La Bodega** (Calle Alfalfa ; tapas 1,60-2,10 €). Niché entre les deux, le **Bar Alfalfa** (angle Calle Alfalfa et Calle Candilejo ; tapas 1,80-3,10 €) propose des tapas traditionnelles dans un cadre intime.

Bodega Extremeña (☎ 954 41 70 60 ; Calle San Esteban 17 ; tapas 1,60-2,10 €). Un décor rustique pour cette bodega où il fait bon goûter des spécialités de viande, dont un succulent *solomillo ibérico* (filet de porc ibérique).

El Rinconcillo (☎ 954 22 31 83 ; Calle Gerona 40 ; tapas 1,60-4 €). Le plus ancien bar de Sevilla (fondé en 1670) connaît toujours un grand succès. Tapas assez simples mais la recette de la *tortilla de jamón serrano* (4 €) est parfaitement au point.

La Giganta (☎ 954 21 09 75 ; Calle Alhóndiga 6 ; tapas 1,80 €). Bar beaucoup plus récent, où savourer des tapas tout aussi réussies que celles d'El Rinconcillo.

Taberna los Terceros (Calle del Sol ; tapas 2,20-2,40 €). Complétant le palmarès des bars à tapas du quartier, celui-ci attire une clientèle dynamique autour d'excellentes tapas.

El Patio San Eloy (Calle San Eloy 9 ; tapas 1,30-1,60 €). Dans une salle où sont suspendus des jambons, on choisit ici dans une gamme classique de tapas, à moins de préférer les *burguillos* (petits pains fourrés).

Robles Placentines (☎ 954 21 31 62 ; Calle Placentines 2 ; tapas 2 €). On sert là de savoureuses spécialités, telles les asperges blanches de la Sierra de Córdoba.

AU NORD DE LA VILLE   Carte p. 92

La Ilustre Víctima (Calle Doctor Letamendi 35 ; tapas 2,20 €, raciones 6,60 €). Venez déguster dans cet établissement quelques *pinchos de pollo* (petites brochettes de poulet ; 3,40 €). Ses célèbres tapas végétariennes, notamment les *calabacines al roque* (courgettes au roquefort ; 2,20 €), sont toujours aussi savoureuses. Et pour faire passer le tout, commandez un thé à la menthe (1,25 €).

Bar-Restaurante Las Columnas (Alameda de Hércules ; tapas 1,35-2,10 €). Les hercules viennent ici avaler de bonnes tapas sans prétention, par exemple des *albondigas* (boulettes de viande ; 2,20 €).

TRIANA   Carte p. 92

Las Columnas (Calle San Jacinto 29 ; tapas 2,20-3 €). Géré par les propriétaires du Patio San Eloy (voir ci-contre), ce bar sert des mets tout aussi savoureux que son grand frère.

Mariscos Emilio (☎ 954 33 25 42 ; Calle San Jacinto 39 ; www.mariscos-emilio.com en espagnol ; tapas 1,80 €). Le roi des fruits de mer concocte des spécialités à la vapeur, grillées ou frites. La ville compte plusieurs établissements de cette enseigne.

Faire ses courses

EL CENTRO   Carte p. 102

Le **Mercado del Arenal** (Calle Pastor y Landero) et le **Mercado de la Encarnación** (Plaza de la Encarnación) sont les deux marchés du centre de Sevilla. L'Encarnación, où l'on vend essentiellement du poisson et des fruits et légumes, attend la construction de locaux définitifs depuis... 1973 !

Au sous-sol d'**El Corte Inglés** (Plaza del Duque de la Victoria), vous trouverez un supermarché bien achalandé.

OÙ PRENDRE UN VERRE ET SORTIR

Sevilla s'enorgueillit d'une vie nocturne très animée et diversifiée. Que vous souhaitiez danser sur de la musique live en buvant un verre, assister à une pièce de théâtre d'avant-garde ou encore découvrir un spectacle de flamenco torride, il y a de quoi faire. Les bars ouvrent d'ordinaire de 18h à 2h en semaine, et de 20h à 4h le week-end. Le vendredi et le samedi (et en semaine quand il fait chaud), on ne commence réellement à boire et à s'amuser que vers minuit, les choses allant en s'animant au fil des heures. Plaza del Salvador et dans d'autres endroits rassemblant plusieurs bodegas, des dizaines de jeunes envahissent la rue et se tiennent autour de voitures et de scooters couverts de bouteilles. Vous pourrez écouter des groupes de musique pratiquement tous les soirs, sauf peut-être le lundi, et certains bars disposent de tout l'espace nécessaire pour danser. Chaque soir aussi, les DJs entrent en piste, leur musique de prédilection étant actuellement de la bonne house jazzy.

Procurez-vous dans un office du tourisme l'un des mensuels gratuits *Welcome & Olé* ou *Qué Hacer?*, qui répertorient les manifestations. Ou connectez-vous sur www.discoversevilla.com, un site très complet, ou sur www.exploreseville.com. Pour connaître les manifestations de flamenco et leurs lieux, consultez l'adresse www.tallerflamenco.com.

Bars

Installez-vous sur un tabouret au bar d'une bodega et commandez une *cerveza* (bière) pour accompagner vos tapas. L'une et l'autre sont aussi chères au cœur des Espagnols.

En été, d'innombrables bars saisonniers en plein air ouvrant jusque tard dans la nuit (*terrazas de verano*) occupent les deux rives du Guadalquivir. Accueillant pour la plupart des groupes de musique, ils disposent d'une grande piste de danse. Ils changent de nom et d'ambiance d'un été à l'autre.

BARRIO DE SANTA CRUZ ET SES ENVIRONS   Carte p. 102
P Flaherty Irish Pub (☎ 954 21 04 15 ; Calle Alemanes 7). Avec son authentique décor irlandais, voici l'un des bars les plus fréquentés du quartier. On peut y avaler une Guinness et regarder un match de foot – ou toute autre retransmission sportive majeure.

Antigüedades (Calle Argote de Molina 40). Drôles de personnages et brochettes de petits pains accrochées au plafond : on se laisse attirer dans ce lieu étrange mais sympathique, où écouter de la musique douce.

La Subasta (Calle Argote de Molina 36 ; ⏰ 20h-3h). Avec son bric-à-brac d'objets anciens, cet établissement accueille une clientèle un peu plus conventionnelle.

Casa de la Moneda (Calle Adolfo Jurado). Dans un ensemble de vieux bâtiments pleins de recoins, ce bar au charme désuet permet de déguster des tapas tout en regardant un match de foot à la télévision.

Au cœur du Barrio de Santa Cruz, la **Bodega Santa Cruz** (p. 121), le **Bar Entrecalles** (p. 121) et le **Café Bar Las Teresas** (p. 121) sont des bars à tapas et à bière très prisés.

EL ARENAL   Carte p. 102
Isbiliyya Café (☎ 954 21 04 60 ; Paseo de Cristóbal Colón 2). Ce bar gay animé organise d'extravagants spectacles de drag queens le jeudi et le dimanche soir.

Les bars de la Calle de Adriano reçoivent une clientèle légèrement différente. Le **Clan Scottish Pub** (Calle de Adriano 3) attire une clientèle un peu "grunge". L'**Elefunk** (Calle de Adriano 10) se remplit pour sa part de jeunes créatures qui virevoltent au son des derniers tubes.

EL CENTRO   Carte p. 102
Du milieu de soirée jusqu'à 1h du matin, une grande animation règne Plaza del Salvador, parfaite pour déguster, sous les étoiles, la bière locale, la Cruzcampo. Prenez votre boisson à **La Antigua Bodeguita** (☎ 954 56 18 33) ou à **La Saportales**, juste à côté, et allez vous asseoir sur les marches de la Parroquia del Salvador.

Bar Europa (☎ 954 22 13 54 ; Calle Siete Revueltas 35). Agréablement décoré d'azulejos de couleurs vives, ce bar est idéal pour boire un verre et bavarder. Pour changer, on peut aussi commander du thé (0,90 €) et des croissants (1,05 €).

Cervecería International (☎ 954 21 17 17 ; Calle Gamazo 3). Vous pourrez discuter avec vos voisins devant une bière (1,50 € à la pression).

La Calle Pérez Galdós, qui donne sur la Plaza de la Alfalfa, compte plusieurs bars musicaux animés : le **Bare Nostrum** (Calle Pérez Galdós 26), le **Cabo Loco** (Calle Pérez Galdós 26), le **Nao** (Calle Pérez Galdós 28) et **La Rebótica** (Calle Pérez Galdós 11). Si votre humeur vous incite à faire la fête, vous dénicherez bien le lieu qui vous conviendra.

ALAMEDA DE HÉRCULES   Carte p. 102
À première vue, l'Alameda de Hércules n'est qu'un terrain vague poussiéreux où rôdent des individus louches. Ce quartier bohème et alternatif abrite cependant plusieurs bars, dont certains organisent des concerts.

Bulebar Café (☎ 954 90 19 54 ; Alameda de Hércules 83 ; ⏰ à partir de 16h). On profite d'une agréable fraîcheur en début de soirée, avant que l'endroit ne se remplisse de jeunes clients. Asseyez-vous confortablement dans un vieux fauteuil ou dans la cour.

El Corto Maltés (Alameda de Hércules 66). Le premier des trois bars dignes d'intérêt regroupés à l'extrémité nord-est de l'Alameda.

Le Corto, tranquille dans la journée, accueille une foule bruyante le soir.

Café Central (☎ 954 38 73 12 ; Alameda de Hércules 64). Installez-vous sous les lumières jaunes du bar, l'un des plus en vogue de Sevilla, au milieu d'un essaim de jeunes et splendides créatures.

La Ilustre Víctima (Calle Doctor Letamendi 35). Une clientèle internationale se presse dans cet établissement où l'on écoute du jazz house de qualité (voir aussi p. 122).

TRIANA
Si vous voulez vraiment vous faire plaisir, offrez-vous une balade, un verre à la main, en bordure du Guadalquivir, à Triana. Le mur qui longe la Calle del Betis constitue un bar merveilleux. Achetez votre boisson à l'**Alambique**, au **Big Ben**, au **Sirocca** ou au **Mú d'Aquí**, qui se situent tous Calle del Betis 54 (carte p. 92) et ouvrent à 21h.

Maya Soul (carte p. 102 ; Calle del Betis 41-42). Canapés en cuir craquelés et musique soul font de cet établissement une halte reposante l'après-midi. L'ambiance bat son plein le soir.

Café de la Prensa (carte p. 92 ; Calle del Betis 8). Un peu de vague à l'âme en fin de soirée ? Venez boire une ou deux bières et jouer aux cartes dans ce bar prisé de Betis.

Au nord de la Calle del Betis, la Calle de Castilla regroupe aussi de bons bars, fréquentés par les jeunes Sévillans le week-end, dont le **Casa Cuesta** (carte p. 92 ; Calle de Castilla 3-5) et l'**Aníbal Café** (carte p. 92 ; Calle de Castilla 98).

La Otra Orilla (carte p. 92 ; Paseo de Nuestra Señora de la 0). Quelques passages permettent d'accéder aux berges du fleuve. Dans l'un d'entre eux vous attend ce bar musical très animé et agrémenté d'une belle terrasse.

Madigan's (carte p. 92 ; ☎ 954 27 49 66 ; Plaza de Cuba 2 ; ☺ à partir de midi). Ce bar irlandais bruyant, le meilleur de la Plaza de Cuba, est l'un des nouveaux lieux de prédilection de la jeunesse sévillane.

Shiva (carte p. 92 ; Calle San Jacinto 68). Serveurs séduisants, bougies et odeurs d'encens… Si l'alcool ne vous tente pas, vous pourrez toujours reprendre vos esprits devant un thé vert (1,50 €).

Clubs et discothèques
Les clubs et les discothèques apparaissent et disparaissent à une vitesse étonnante, mais certains parviennent à résister au temps.

N'oubliez pas de faire une bonne *siesta*, car la fête ne commence vraiment qu'entre 2h et 4h du matin le week-end.

Si un prospectus d'invitation publicitaire d'une discothèque tombe entre vos mains, gardez-le précieusement – il vous permettra peut-être d'entrer gratuitement. Le week-end, une tenue plus élégante s'impose (évitez le sportswear) car la sélection s'avère plus drastique à l'entrée des clubs.

Les établissements suivants sont tous indiqués sur la carte de Sevilla (p. 92).

Boss (Calle del Betis 67 ; gratuit sur prospectus ; ☺ mar-dim 20h-7h). Ne vous laissez pas rebuter par les videurs à l'entrée. Une fois à l'intérieur, vous découvrirez un merveilleux endroit pour danser au son d'une musique éclectique.

Weekend (☎ 954 37 88 73 ; Calle del Torneo 43 ; 7 € ; ☺ jeu-sam 23h-8h). Situé en face du fleuve, cet établissement figure parmi les meilleures scènes de concert de la ville et accueille d'excellents DJs.

Lisboa Music Club (Calle Faustino Álvarez 27 ; 6 € ; ☺ mer-sam 24h-6h). Non loin de l'Alameda de Hércules, voici un club très branché, où écouter de la house et de la techno dans un décor très tendance inspiré des années 1960.

Apandau (Avenida de María Luisa s/n ; ☺ été, sam-dim à partir de 20h). On dirait plus un palais de verre qu'une discothèque, mais les amateurs de salsa apprécient ses trois salles.

Aduana (☎ 954 23 85 82 ; www.aduana.net ; Avenida de la Raza s/n ; ☺ jeu, ven et sam, à partir de 24h). À 1 km au sud du Parque de María Luisa, cette gigantesque discothèque offre de la musique jusqu'au bout de la nuit pour les danseurs survoltés.

Musique live
Pour les concerts les plus importants, les billets sont en vente au magasin de musique **Sevilla Rock** (carte p. 102 ; Calle Alfonso XII 1). Pour en savoir plus sur le flamenco à Sevilla, voir l'encadré page suivante.

Fun Club (carte p. 92 ; ☎ 95 825 02 49 ; Alameda de Hércules 86 ; soirs de concerts 3-6 €, gratuit autres soirs ; ☺ jeu-dim à partir de 23h30, 21h30 les soirs de concert). Cette salle de danse accueille sur sa petite scène des groupes de funk, de musique latino, de hip-hop et de jazz, pour le plus grand plaisir des amateurs, qui en ont fait l'un de leurs repaires. Concerts le vendredi et/ou le samedi.

LES REPAIRES DU FLAMENCO À SEVILLA

Sevilla est l'une des capitales espagnoles du flamenco. Le *barrio* (quartier) de Triana, sur la rive occidentale du Guadalquivir, ancien quartier *gitano* (rom), en est l'un des berceaux. Les représentations impromptues de flamenco dans les petits bars enfumés de Triana ou des alentours de l'Alameda de Hércules appartiennent plutôt au passé, mais il est possible d'assister à des spectacles de flamenco (avec chants, danses et guitares) dans maints endroits. Les hôtels et les offices du tourisme vous indiqueront les *tablaos* (spectacles destinés aux touristes facturés au prix fort), parfois avec dîner. Ils peuvent s'avérer surfaits et très décevants. Cependant, **Los Gallos** (☎ 954 21 69 81 ; www.tablaolosgallos. com ; Plaza de Santa Cruz 11), dans le Barrio de Santa Cruz, constitue l'exception. Certains danseurs de premier ordre y ont fait leurs débuts. Deux représentations de deux heures y sont programmées chaque soir, la première à 21h et la seconde à 23h30. Comptez 27 € (une boisson incluse).

Vous apprécierez davantage l'atmosphère plus authentique des nombreux bars organisant régulièrement des soirées de flamenco, généralement sans droit d'entrée. La qualité n'est toutefois pas garantie. Lors de notre visite, nous avons apprécié les prestations des bars suivants :

Casa de la Memoria de Al-Andalus (carte p. 102 ; ☎ 954 56 06 70 ; Calle Ximénez de Encisco 28 ; adulte/enfant/réduction 11/5/9 € ; ☯ tlj 21h). Un spectacle chaudement recommandé qui se déroule dans un superbe patio.

El Mundo (carte p. 102 ; Calle Siete Revueltas 5 ; entrée libre ; ☯ mar 23h). Un repaire du flamenco idéalement situé dans El Centro.

El Tamboril (carte p. 102 ; Plaza de Santa Cruz ; entrée libre ; ☯ à partir de 22h). Rejoignez les Sévillans venus passer la nuit à écouter du flamenco.

La Carbonería (carte p. 102 ; ☎ 954 21 44 60 ; Calle Levíes 18 ; entrée libre ; ☯ 20h-4h). Ancien dépôt de charbon dans le Barrio de Santa Cruz, avec deux grandes salles, pourvues chacune d'un bar, qui ne désemplissent pas : tous les soirs, Sévillans et touristes s'y retrouvent pour le plaisir mais aussi pour des concerts – du flamenco presque toujours.

La Sonanta (carte p. 92 ; ☎ 954 34 48 54 ; Calle San Jacinto 31 ; entrée libre ; ☯ jeu 22h). Bar de Triana où l'on joue du flamenco chaque jeudi.

Sol Café Cantante (carte p. 102 ; ☎ 954 22 51 65 ; Calle Sol 5 ; adulte/réduction 18/11 €). De jeunes talents du flamenco se produisent régulièrement dans ce café réputé (spectacles du mercredi au samedi, à 21h).

Les grands noms du flamenco montent régulièrement sur les planches des théâtres sévillans, notamment au Teatro Central (p. 126), qui organise des saisons flamenco baptisées Flamenco Viene del Sur. Sevilla abrite également l'un des plus grands festivals de flamenco, la Bienal de Flamenco (p. 114). Si vous vous trouvez dans la capitale andalouse au moment de la Feria de Abril, vous ne manquerez pas de spectacles de flamenco.

Naima Café Jazz (carte p. 92 ; ☎ 954 38 24 85 ; Calle Trajano 47 ; gratuit ; concerts à partir de 22h). Une ambiance intime règne dans ce café où l'on entend du jazz apaisant. Groupes, parfois excellents.

La Buena Estrella (carte p. 92 ; Calle Trajano 51). Un café décontracté, pour siroter un thé l'après-midi ou assister, le soir, aux sessions de jazz hebdomadaires.

Jazz Corner (carte p. 92 ; Calle Juan Antonio Cavestany ; ☯ mar-sam à partir de 19h, dim à partir de 17h). Une adresse assidûment fréquentée par les amateurs de jazz.

La Imperdible (carte p. 92 ; ☎ 954 38 82 19 ; sala@imperdible.org ; Plaza San Antonio de Padua 9 ; 4,80-6 €). À quelques rues à l'ouest de l'Alameda de Hércules, La Imperdible constitue l'épicentre des arts expérimentaux à Sevilla. Ses petites scènes accueillent des compagnies de danse contemporaine, un peu de théâtre et de musique, généralement à partir de 21h. Dans son bar, l'**Almacén** (☎ 954 90 04 34), ont lieu diverses manifestations musicales gratuites – soul, blues, punk psychédélique ou DJs mixant de la techno ou de la musique "industrial breakbeat".

Théâtres

Sevilla accueille de nombreuses manifestations culturelles, qu'il s'agisse de théâtre, de danse contemporaine, de flamenco ou de world music. Voici quelques endroits où assister à ces spectacles :

Auditorio de la Cartuja (carte p. 92 ; ☎ 954 50 56 56 ; Isla de La Cartuja). L'étape incontournable des grandes représentations.

Teatro Central (carte p. 92 ; ☎ 95 503 72 00 ; Calle José Gálvez s/n). Au programme, de grands spectacles de flamenco, des pièces de théâtre et de la danse contemporaine.

Teatro de la Maestranza (carte p. 102 ; ☎ 954 22 65 73 ; Paseo de Cristóbal Colón 22). Privilégie l'opéra et la musique classique.

Teatro Lope de Vega (carte p. 92 ; ☎ 954 59 08 53/54 ; Avenida de María Luisa s/n). Vous serez charmé par ce théâtre d'aspect baroque où passent les spectacles plus divers.

Il existe également deux théâtres gérés par la ville qui proposent des créations d'avant-garde :

Sala La Fundición (carte p. 102 ; ☎ 954 22 58 44 ; Calle Matienzo s/n). Spectacles originaux.

Teatro Alameda (carte p. 92 ; ☎ 954 90 01 64 ; Calle Crédito 13). Non loin de l'extrémité nord de l'Alameda de Hércules.

Cinémas

Avenida 5 Cines (carte p. 92 ; ☎ 954 29 30 25 ; Calle Marqués de Paradas 15 s/n ; 4,80 €). Le meilleur cinéma de Sevilla pour voir un long-métrage en v.o. (*versión original*). Vous pourrez choisir parmi une quinzaine de films et trois séances quotidiennes.

Cine Nervión Plaza (☎ 954 42 61 93 ; Avenida de Luis Morales s/n ; lun-ven 3,90 €, sam-dim 4,80 €). Ce multiplexe de 20 salles, dans le centre commercial Nervión Plaza, organise 3 à 6 séances par jour.

Sports

D'une capacité de 60 000 places, le récent Estadio Olímpico (carte p. 92) se tient à l'extrémité nord de l'Isla de La Cartuja. Il n'a pas suffi à faire la différence pour que les Jeux olympiques de 2012 soient organisés à Sevilla, mais il reste encore l'échéance de 2016.

La Teatral (carte p. 102 ; ☎ 954 22 82 29 ; Calle Velázquez 12). Située dans El Centro, cette billetterie vend des places pour les corridas, les matchs de football et certains concerts. Il faut réserver longtemps à l'avance pour les événements populaires.

CORRIDAS

Les corridas se déroulant à la **Plaza de Toros de la Real Maestranza** (carte p. 102 ; Paseo de Cristóbal Colón 12 ; www.realmaestranza.com) figurent parmi les meilleures d'Espagne. Fréquentée par des aficionados, l'arène (qui peut recevoir jusqu'à 14 000 spectateurs) est l'une des plus anciennes et des plus élégantes du pays. La saison commence le dimanche de Pâques, pour finir début octobre. Les combats ont lieu tous les dimanche, généralement vers 18h30, et quasiment tous les jours pendant la Feria de Abril et la semaine précédente.

Dès le début de la saison, jusqu'à fin juin et début juillet, des matadors confirmés interviennent dans la plupart des corridas (tous les grands noms de la tauromachie apparaissent au moins une fois par an à la Maestranza). Il s'agit des combats *abono* (abonnement), pour lesquels les Sévillans achètent les meilleures places au moment des réservations. Souvent, seuls les sièges *sol* (au soleil au début du combat) restent disponibles pour les autres. Les prix commencent à 20-28 €, et les places les plus chères atteignent 100 €. Le reste de la saison, vous pouvez assister à des *novilleras* (débutants), qui voient s'affronter de jeunes taureaux et des toreros juniors. Les tickets coûtent entre 9 € et 42 €. Vous pouvez les acheter à l'avance auprès de l'**Empresa Pagés** (carte p. 102 ; ☎ 954 50 13 82 ; Calle de Adriano 37) ou bien, les jours de corrida, à partir de 16h30 aux guichets (*taquillas*) de l'arène.

Pour en savoir plus sur la Plaza de Toros de la Real Maestranza, voir p. 105.

FOOTBALL

Sevilla compte deux clubs professionnels – et très passionnés – le **Real Betis** (www.realbetisbalompie.es) et **Sevilla** (www.sevillafc.es). Le Betis tient la première position depuis ces dix dernières années, mais les deux clubs occupent une bonne place dans le championnat de Primera Liga, puisqu'ils terminent en général dans les dix premiers. Parmi les célébrités jouant au Betis, citons Joaquín, à l'origine de l'élimination de l'Espagne du Mondial 2002 pour avoir manqué un penalty contre la Corée du Sud, et le défenseur central international Juanito.

Le Betis joue à l'Estadio Manuel Ruiz de Lopera (carte p. 102), à côté de l'Avenida de Jerez (la route de Cádiz), à 1,5 km au sud du Parque María Luisa (bus n°34 en direction du sud, à prendre en face de l'office du tourisme principal). Le Sevilla occupe l'**Estadio Sánchez Pizjuán** (Calle de Luis Morales), à l'est du centre.

À l'exception des grands matchs, contre le Real Madrid ou Barcelone, ou lorsque les deux équipes sévillanes s'affrontent, vous pouvez acheter votre billet à l'entrée, entre 25 € et 60 €.

ACHATS

Sevilla possède l'un des plus jolis quartiers commerçants piétons d'Europe. Les Calles Sierpes, Velázquez, Tetuán et de la Cuna (toutes indiquées sur la carte p. 102) ont conservé tout leur charme et sont bordées de petites boutiques vendant aussi bien des robes de flamenco à pois (*trajes de flamenca*) ou des chaussures Camper, que des bagues en diamants ou des éventails anciens. La plupart des commerces ouvrent de 9h à 21h, avec une pause siesta entre 14h et 17h.

Flâner Calle Amor de Dias et Calle Doctor Letamendi, non loin du centre stratégique de la scène alternative sévillane, l'Alameda de Hércules (carte p. 92), ne manque pas d'intérêt. Ces deux rues abritent des boutiques spécialisées dans les tissus, les bijoux et l'artisanat d'Afrique ou d'Asie, les enregistrements musicaux rares, les vêtements d'occasion, etc.

Le Barrio de Santa Cruz (carte p. 102), à l'est de l'Alcázar, regorge de boutiques artisanales s'adressant aux touristes. Beaucoup vendent de très jolis azulejos et céramiques de la région aux motifs colorés inspirés de l'art musulman, des peintures de la vie rurale et d'autres articles, dont des T-shirts sans grande originalité.

El Postigo (angle Calle Arfe et Calle Dos de Mayo). Ce marché artisanal couvert regroupe plusieurs boutiques, où trouver notamment des poteries, des étoffes et de l'argenterie.

Sevilla Rock (carte p. 102 ; Calle Alfonso XII No 1). Cet excellent magasin de musique propose des CD bon marché. N'oubliez pas de jeter un coup d'œil dans la salle du fond, réservée aux maxi-promotions.

Record Sevilla (carte p. 102 ; Calle Amor de Dias 27). Une boutique spécialisée dans les vinyles, du flamenco à la house. Et les vendeurs connaissent en général les concerts à venir.

Nervión Plaza (carte p. 92 ; ☎ 954 98 91 41 ; Avenida Luis de Morales s/n). Ce vaste centre commercial se situe à 1,5 km à l'est du Barrio de Santa Cruz, près de l'Avenida de Eduardo Dato.

Le grand magasin El Corte Inglés – où l'on trouve presque toujours son bonheur –

occupe quatre immeubles séparés dans le centre de Sevilla : deux sont situés Plaza de la Magdalena, les deux autres Plaza del Duque de la Victoria. Une succursale assez vaste est installée Calle Montoto.

Marchés

Le marché de rue le plus haut en couleurs, **El Jueves** (carte p. 92 ; Calle de la Feria ; ☺ jeu), à l'est de l'Alameda de Hércules, étale toutes sortes de trouvailles, des chapeaux aux appareils électroménagers d'autrefois. On peut y faire quelques bonnes affaires, ou simplement profiter du spectacle. Les Plaza del Duque de la Victoria et de la Magdalena abritent également des **marchés** (☺ jeu-sam) qui proposent, entre autres, des sacs en cuir et des colliers hippies.

DEPUIS/VERS SEVILLA
Avion

L'**Aeropuerto San Pablo** (carte p. 92 ; ☎ 954 44 90 00) de Sevilla assure quantité de liaisons nationales et internationales. Au moment de la rédaction de ce guide, la ville n'était desservie par aucune compagnie charter. **Iberia** (carte p. 92 ; ville ☎ 902 40 05 00 ; Avenida de la Buhaira 8 ; aéroport ☎ 954 26 09 15) relie quotidiennement et directement Sevilla et Londres, Paris, Madrid, Barcelona, Valencia, Bilbao et, six jours par semaine, Santiago de Compostela. **Spanair** (☎ 954 44 91 38, 902 131415 ; aéroport) et **Air Europa** (☎ 902 40 15 01, 954 44 91 79 ; billets auprès d'Halcón Viajes, Avenida de la Constitución 5) affrètent chaque jour des vols directs vers/depuis Barcelona. Il existe également des liaisons quotidiennes directes vers/depuis les villes suivantes : Londres sur **British Airways** (☎ 902 11 13 33, 954 44 90 69 ; aéroport), Paris sur **Air France** (☎ 901 11 22 66, 954 44 92 52 ; aéroport) et Bruxelles sur **Brussels Airlines** (☎ 902 90 14 92, 954 44 91 86 ; aéroport). **Air Berlin** (☎ 901 11 64 02 ; aéroport), **LTU** (☎ 954 44 91 99, 901 33 03 20 ; aéroport) et **Hapag-Lloyd Express** (☎ 902 02 00 69 ; www.hlx.com ; aéroport) relient les villes allemandes et autrichiennes, parfois avec une correspondance.

Bus

Sevilla possède deux gares routières. Les bus depuis/vers le nord de la province de Sevilla, la province de Huelva, l'Extremadura, le nord-ouest de l'Espagne, Madrid et le Portugal utilisent l'**Estación de Autobuses Plaza de Armas** (carte p. 92 ; ☎ 954 90 80 40, 954 90 77 37), à côté du Puente del Cachorro. D'autres bus partent de l'**Estación de Autobuses Prado de San Sebastián** (carte p. 92 ; ☎ 954 41 71 11 ; Plaza San Sebastián), au sud-est du Barrio de Santa Cruz.

De la Plaza de Armas, des bus partent fréquemment pour Aracena (5,35 €, 1 heure 15, 2 /j), Ayamonte (9,40 €, 2 heures, 4 à 6/j), Cáceres (14,15 €, 4 heures, au moins 6/j), El Rocío (4,50 €, 1 heure 30, 3 à 5/j), Huelva (6,10 €, 1 heure 15, au moins 18/j), Isla Cristina (8,95 €, 2 heures, 1 à 3/j), Madrid (15,95 €, 6 heures, 14/j), Matalascañas (5,45 €, 2 heures, 3 à 5/j), Mérida (10,50 €, 3 heures, 12/j) et Minas de Riotinto (4 €, 1 heure, 3/j).

Pour plus d'informations sur les bus vers/depuis le Portugal, voir p. 432. La Plaza de Armas est aussi le point de départ de bus à destination de Santiponce (0,80 €, 30 min) et de la Sierra Norte, dans la province de Sevilla (p. 138).

Depuis le Prado de San Sebastián, au moins 10 bus quotidiens rallient Cádiz (9,50 €, 1 heure 45), Córdoba (8,60 €, 1 heure 45), Granada (16,45 €, 3 heures), Jerez de la Frontera (5,40 €, 1 heure 15), Málaga (13,05 €, 2 heures 30), Carmona (1,80 €, 45 min), Écija (5,05 €, 1 heure 15), Osuna (5,65 €, 1 heure 15), Sanlúcar de Barrameda (7,40 €, 1 heure 30, au moins 5 /j), El Puerto de Santa María (7,50 €, 1 heure 30, 5/j), Vejer de la Frontera (10,80 €, 3 heures, 5/j), Tarifa (14 €, 3 heures, 4/j), Algeciras (13,35 € à 14,75 €, 3 heures 30, 4/j), Arcos de la Frontera (6,35 €, 2 heures, 2/j), Ronda (8,40 €, 2 heures 30, au moins 5/j), Antequera (9,90 €, 2 heures, 6/j), Jaén (15,25 €, 3 heures, 3 à 5/j). Des bus desservent également les villes situées sur la côte méditerranéenne, de la Costa del Sol à Barcelona. Du lundi au vendredi, un bus part à 17h30 à destination de Conil (10,10 €, 2 heures), Los Caños de Meca (11,55 €, 2 heures 30), Barbate (12,45 €, 3 heures) et Zahara de los Atunes (13,25 €, 3 heures 30).

Voiture et moto

Certaines agences de location locales sont moins chères que les grandes compagnies internationales. Réserver un véhicule avant votre départ (p. 437) s'avère néanmoins l'option la moins onéreuse. Plusieurs agences locales sont installées Calle Almirante Lobo, non loin de la Puerta de Jerez. La plupart sont ouvertes aux horaires habituels, du lundi au samedi, ainsi que le dimanche matin :

ATA Rent A Car (carte p. 102 ; ☎ 954 22 17 77 ; Calle Almirante Lobo 2).

Good Rent A Car (carte p. 102 ; ☎ 954 21 03 44 ; Calle Almirante Lobo 11).

Triana Rent A Car (carte p. 102 ; ☎ 954 56 44 39 ; Calle Almirante Lobo 7).

Les plus grandes agences possèdent un comptoir à l'aéroport ou dans la gare ferroviaire :

Atesa (☎ 954 41 26 40 ; aéroport).

Avis aéroport (☎ 954 44 91 21) ; Estación Santa Justa (☎ 954 53 78 61).

Europcar aéroport (☎ 954 25 42 98) ; Estación Santa Justa (☎ 954 53 39 14).

Hertz (☎ 954 51 47 20 ; aéroport).

Train

La gare ferroviaire **Estación Santa Justa** (carte p. 92 ; ☎ 954 41 41 11 ; Avenida Kansas City) de Sevilla se trouve à 1,5 km au nord-est du centre. Vous pouvez aussi vous rendre dans le centre-ville au **centre d'information et billetterie de la Renfe** (carte p. 102X ; Calle Zaragoza 29).

Au moins quatorze trains AVE (à grande vitesse), roulant jusqu'à 280 km/h, assurent quotidiennement la liaison Sevilla-Madrid et retour (59 à 65 €, 2 heures 30). Il existe également deux services quotidiens "Altaria", légèrement moins chers, mais le trajet dure une heure de plus (tarifs et renseignements complémentaires p. 433).

Parmi les autres destinations, citons Antequera (10,60 €, 1 heure 45, 3 départs/jour), Barcelona (50 à 77,50 €, 10 heures 30 à 13 heures, 3/j), Cáceres (14,65 €, 5 heures 45, 1/j), Cádiz (8,40 à 22,50 €, 1 heure 45, au moins 9/j), Córdoba (7 à 24 €, 40 min à 1 heure 30, au moins 21/j), El Puerto de Santa María (7 à 20 €, 1 heure à 1 heure 30, au moins 10/j), Granada (17,65 €, 3 heures, 4/j), Huelva (6,40 à 15,50 €, 1 heure 30, 4/j), Jaén (14,70 €, 3 heures, 1/j), Jerez de la Frontera (5,85 à 19 €, 1 heure à 1 heure 15, au moins 9/j), Málaga (13,15 €, 2 heures 30, 5/j), Mérida (11 €, 3 heures 45, 1/j), Osuna (5,85 à 6,55 €, 1 heure, 6/j) et Zafra (8,25 €, 3 heures 45, 1/j). Pour Ronda ou Algeciras, il faut prendre le train à Málaga et changer à Bobadilla. Pour Lisbonne (49,65 € en 2e classe, 16 heures), vous devez changer, de nuit, à Cáceres.

TRANSPORTS LOCAUX
Depuis/vers l'aéroport

L'aéroport de Sevilla se trouve à 7 km à l'est du centre, en empruntant l'A4 en direction de Córdoba. Du lundi au vendredi, les bus **Amarillos Tour** (☎ 902 21 03 17) assurent la liaison entre la Puerta de Jerez et l'aéroport (2,30 €, 30 à 40 min), toutes les 30 min de 6h15 à 14h45 et de 16h30 à 23h. Dans le sens aéroport (terminal des arrivées)-Puerta de Jerez, le service est assuré de la même manière de 6h45 à 23h30. Les samedi, dimanche et jours fériés, seuls 15 bus quotidiens font le trajet dans chaque sens. Les bus font halte à la gare ferroviaire de Santa Justa.

La course en taxi revient à 15 € (18 € de 22h à 6h et les samedi, dimanche et jours fériés).

Bus

Les bus C1, C2, C3 et C4 suivent un itinéraire circulaire pratique reliant les principales gares au centre-ville. Le C1, qui se dirige vers l'est, au départ de la gare ferroviaire de Santa Justa, circule dans le sens des aiguilles d'une montre *via* l'Avenida de Carlos V (près de la gare routière Prado de San Sebastián et du Barrio de Santa Cruz), l'Avenida de María Luisa, Triana, l'Isla de la Cartuja (il passe par l'Isla Mágica) et la Calle de Resolana. Le C2 suit le même itinéraire, mais en sens inverse. Le bus n°32 (même arrêt que le C2 devant la gare de Santa Justa), circule vers/depuis la Plaza de la Encarnación au nord du centre-ville.

Le C3, qui roule dans le sens des aiguilles d'une montre, vous conduira de l'Avenida Menéndez Pelayo (à proximité de la gare routière de Prado de San Sebastián) à la Puerta de Jerez, Triana, la gare routière de Plaza de Armas, Calle del Torneo, Calle de Resolana et Calle de Recaredo. Le C4 effectue le même itinéraire en sens inverse. Cependant, une fois à la gare de Plaza de Armas, il file vers le sud, *via* la Calle de Arjona et le Paseo de Cristóbal Colón, au lieu de traverser le fleuve pour atteindre Triana.

Un seul trajet en bus revient à 1 €. Vous pouvez vous procurer un plan de la *Guía del Transporte Urbano de Sevilla* auprès des offices du tourisme ou des guichets d'information des principaux arrêts, dont la Plaza Nueva, la Plaza de la Encarnación et l'Avenida de Carlos V.

Voiture et moto

Le nombre de rues piétonnes ou à sens unique dans Sevilla rend la circulation difficile aux automobilistes et aux motards. Les hôtels avec parking font généralement payer ce service aussi cher qu'en ville, de 10 à 15 €/j, mais au moins aurez-vous votre véhicule à proximité. La plupart des parkings souterrains facturent quelque 16 €/24h – pour connaître leurs emplacements, voir les plans de Sevilla (p. 92) et du centre-ville (p. 102). Le **Parking Paseo de Colón** (carte p. 102 ; angle Paseo de Colón et Calle Adriano ; jusqu'à 10 heures 1,15 €/h, 10-24 heures 11,40 €) s'avère un peu moins onéreux.

Taxi

Du lundi au vendredi, de 6h à 22h, une course en taxi revient à 0,95 €, plus 0,65 € par kilomètre. En dehors de ces horaires, le week-end et les jours fériés, comptez 1,15 € plus 0,80 € par kilomètre.

ENVIRONS DE SEVILLA

SANTIPONCE
7 000 habitants / 20 m

La petite ville de Santiponce, à 8 km au nord-ouest de Sevilla, compte deux centres d'intérêt exceptionnels : Itálica, le plus impressionnant site romain d'Andalousie, ainsi que le Monasterio de San Isidoro del Campo, édifice classé, d'une grande valeur artistique. Un **office du tourisme** (☎ 955 99 80 28 ; Calle La Feria s/n ; 🕑 mar-ven et dim 9h-16h) tient près du théâtre romain.

Itálica (☎ 955 99 65 83 ; Avenida de Extremadura 2 ; 1,50 €, gratuit ressortissants UE ; 🕑 avr-sept mar-sam 8h30-20h30, dim et jours fériés 9h-15h ; oct-mars mar-sam 9h-17h30, dim et jours fériés 10h-16h, fermé 1er et 6 jan, 28 fév, Vendredi saint, 1er mai, 15 août, 1er nov, 25 déc) fut la première ville romaine d'Espagne, fondée en 206 av. J.-C. pour les soldats blessés lors de la bataille d'Ilipa (qui se déroula à proximité). Dirigée par le général Scipion l'Africain, l'armée romaine, victorieuse, mit ainsi un terme aux ambitions carthaginoises dans la péninsule Ibérique. Itálica est aussi la ville natale de l'empereur romain Trajan, qui vécut au IIe siècle, père adoptif d'Hadrien, qui lui succéda et fut en partie élevé dans cette cité.

La plus grande partie de la *vetus urbs* (cité ancienne) romaine originale est située sous Santiponce. Les vestiges que vous visiterez appartiennent surtout à la *nova urbs* (cité nouvelle), bâtie par Hadrien à l'extrémité nord de la ville. Le site comprend de vastes rues pavées, l'un des plus imposants amphithéâtres romains (pouvant contenir jusqu'à 20 000 spectateurs), ainsi que les ruines de plusieurs maisons construites autour de patios décorés de très belles mosaïques. Parmi les demeures les plus remarquables figurent la **Casa del Planetario** (maison du planétarium), où découvrir une mosaïque représentant les dieux des sept jours de la semaine, et la **Casa de los Pájaros** (maison des oiseaux).

Au sud, dans l'ancienne cité, un **théâtre romain** restauré accueille, en avril ou en mai, des représentations de pièces classiques, montées dans le cadre du festival européen de théâtre gréco-latin. Itálica a subi des pillages successifs au cours des siècles. Certains bâtiments de Santiponce, Sevilla et d'autres localités ont ainsi été construits avec des matériaux extraits du site. Vous pouvez admirer des statues et d'autres mosaïques provenant d'Itálica dans le Palacio de la Condesa de Lebrija (p. 106) et au Museo Arqueológico (p. 108) de Sevilla.

Le **Monasterio de San Isidoro del Campo** (☎ 955 99 69 20 ; 2 € ; ☾ mer-jeu 10h-14h, ven-sam 10h-14h et 17h30-20h30 (16h-19h oct-mars), dim et jours fériés 10h-15h) se tient à l'extrémité sud de Santiponce, à 1,5 km de l'entrée d'Itálica. Le monastère fut fondé en 1301 par Guzmán El Bueno, devenu un véritable héros après avoir défendu Tarifa, en 1294 (p. 188). Au XVe siècle, l'ordre des moines ermites hiéronymites, qui occupait les lieux, orna le Patio de Evangelistas et le cloître central

---

DÉTOUR : OISEAUX ET FORÊTS DE PINS

Un détour à la limite nord-est de la région de Doñana sur la route d'El Rocío (p. 158), ou une excursion d'une journée au départ de Sevilla, comblera les amoureux de la nature. Vous apercevrez de grands oiseaux – flamants roses, cigognes, aigles, hérons – avant même d'être descendu de votre voiture.

Quittez Sevilla par le sud-ouest en empruntant l'Avenida de la República Argentina, puis suivez l'A3122 vers Coria del Río et La Puebla del Río. Pour obtenir des renseignements sur la région de Doñana, faites donc halte dans le sympathique et compétent **Punto de Información Puebla del Río** (☎ 955 77 20 03 ; www.rutasdedonana.com ; Avenida Pozo Concejo s/n ; ☾ 9h-14h et 17h-19h30), près de l'A3122, à La Puebla del Río, à 15 km du centre de Sevilla. Sur la même route, 7 km plus loin, se trouve **La Cañada de los Pájaros** (☎ 955 77 21 84 ; www.canadadelospajaros.com ; Carretera Puebla del Río-Isla Mayor à 8 km ; adulte/enfant moins de 13 ans/étudiant/senior 6 €/gratuit/4/5/5 € ; ☾ 10h-crépuscule), une réserve naturelle où vivent des milliers d'oiseaux, faciles à observer, appartenant à plus de 150 espèces différentes, notamment des flamants roses et plusieurs autres espèces du Parque Natural de Doñana.

Une pause déjeuner ? Au niveau de l'embranchement pour Villafranco del Guadalquivir, 1,75 km après Cañada de los Pájaros, la **Venta El Cruce** (☎ 955 77 01 19 ; Carretera Puebla del Río-Isla Mayor à 9,5 km ; raciones 10 €) sert des plats typiques de viandes et de poissons. Dans cette région de rizières et d'oiseaux sauvages, la spécialité est le *pato con arroz* (canard au riz), au menu le samedi et le dimanche. Si vous préférez pique-niquer, empruntez la jonction pour Villafranco, obliquez sur la droite après 600 m et suivez la pancarte "Carril de Cicloturismo Pinares de Aznalcázar-La Puebla". Cette route à travers de belles forêts de grands pins mène au village d'Aznalcázar. Il s'agit désormais d'une *vía paisajística* (route panoramique), équipée de ralentisseurs destinés à limiter la vitesse à 40 km/h et de réflecteurs sur les bas-côtés afin de signaler les véhicules aux animaux la nuit. Six kilomètres plus loin s'étend l'**Área Recreativa Pozo del Conejo**, où des tables de pique-nique ont été aménagées sous les arbres.

Revenez sur la route principale et tournez à droite, vers le sud-ouest. Sur la droite, 4 km plus loin, se trouve la **Dehesa de Abajo**, une réserve naturelle d'1,5 km2. Dans ce parc, des chemins de promenade conduisent à des affûts surplombant un lac, ainsi qu'à des plateformes d'où observer la plus vaste colonie européenne de cigognes blanches (400 couples) nidifiant en zone boisée. Quantité de rapaces se reproduisent également dans la réserve. Pour rejoindre El Rocío depuis Dehesa de Abajo, poursuivez vers le sud-ouest jusqu'à la digue de Vado de Don Simón sur le Río Guadiamar, peu profond. Au bout de la digue, tournez à droite (vers le nord) en direction de Villamanrique de la Condesa. Du village, il vous restera 20 km à parcourir vers le sud-ouest jusqu'à El Rocío, sur une route de terre, ou 43 km par une route goudronnée *via* Pilas, Hinojos et Almonte.

d'un ensemble exceptionnel de fresques murales, représentant des saints et des motifs géométriques ou floraux de style mudéjar. Un siècle plus tard, le monastère renfermait l'une des plus belles bibliothèques d'Espagne. L'un des moines, Casiodoro de Reina, réalisa la première traduction de la Bible en espagnol (publiée en 1559). Jugeant Reina et d'autres trop influencés par les idées de Luther, l'Inquisition fit dissoudre ce qu'elle considérait comme une communauté protestante émergente. Elle fit emprisonner et exécuter certains moines, d'autres parvinrent à s'exiler.

En 1568, le monastère hébergea un autre ordre hiéronymite, non ermite cette fois, pour lequel Juan Martínez Montañés, grand sculpteur sévillan du XVIIᵉ siècle, réalisa l'un de ses chefs-d'œuvre – le retable de la plus vaste des chapelles jumelles du monastère –, ainsi que les effigies de Guzmán El Bueno et de son épouse María Alonso Coronel, placées dans les niches murales de chaque côté du retable, au-dessus de leurs tombeaux. Dans la chapelle jumelle extérieure se trouvent les caveaux du fils de Guzmán, Juan Alonso Pérez de Guzmán, surnommé "El Gran Batallador", et de sa femme Urraca Ossorio de Lara, brûlée vive par Pedro El Cruel à Sevilla, pour lui avoir refusé ses charmes.

Au XIXᵉ siècle, les moines furent de nouveau chassés du monastère, qui fit ensuite successivement office de prison pour femmes, de brasserie et de fabrique de tabac. Après 12 années de travaux de restauration, menés par la Junta de Andalucía, l'édifice a récemment rouvert ses portes aux visiteurs.

Santiponce compte plusieurs établissements où se restaurer. La **Casa Venancio/Gran Venta Itálica** (☎ 955 99 67 06 ; Avenida Extremadura 9 ; plats 6-13 €), face à l'entrée d'Itálica, propose un menu relativement varié. Goûtez le lapin ou la perdrix au riz (16,50 €/2 pers). Si vous préférez des fruits de mer ou d'autres plats à base de riz, optez pour **La Caseta de Antonio** (☎ 955 99 63 06 ; Calle Rocío Vega 10 ; plats 10-18 € ; ♥ fermé dim soir, lun et août), légèrement plus raffinée, au sud de la Casa Venancio, à quelques mètres dans rue transversale.

Du lundi au vendredi, de 6h30 à 23h, des bus relient au moins toutes les demi-heures la gare routière de la Plaza de Armas de Sevilla à Santiponce (0,80 €, 30 min).

Le service est un peu moins fréquent le week-end. À Santiponce, les bus font halte près du monastère, avant de rejoindre leur terminus, à la station-service, devant l'entrée d'Itálica.

LA CAMPIÑA

Cette région vallonnée, à l'est de Sevilla et au sud du Río Guadalquivir, est traversée par l'A4, qui va vers Córdoba, et l'A92, qui file en direction de Granada et Málaga. Parsemée de villes et de villages épars, la Campiña est encore aujourd'hui divisée en d'immenses domaines fonciers, propriétés d'une minorité. Dans cette région au riche passé, on peut admirer les traces du passage des Tartessiens, des Ibères, des Carthaginois, des Romains, des premiers chrétiens, des Wisigoths, des musulmans et de nombreuses autres civilisations. Trois villes présentent un patrimoine architectural et artistique méritant un détour : Carmona et Écija, sur l'A4, et Osuna, sur l'A92.

CARMONA
27 000 habitants / 250 m
Juchée sur une petite colline juste à la sortie de l'A4, à 38 km à l'est de Sevilla, cette charmante cité historique s'enorgueillit d'édifices remarquables de différentes époques, d'un beau panorama, sans oublier quelques hôtels de standing et quelques bonnes tables. Carmona jouit d'une position stratégique qui profita tant aux Carthaginois qu'aux Romains, lesquels établirent un plan des rues, toujours inchangé aujourd'hui. La Via Augusta, qui va de Rome à Cádiz, débouche à Carmona *via* la Puerta de Córdoba à l'est, et repart *via* la Puerta de Sevilla à l'ouest. Les musulmans érigèrent un rempart tout autour de la cité mais Carmona tomba aux mains de Fernando III en 1247. Plus tard, la ville s'agrémenta de nombreuses églises, couvents et demeures conçus par des artisans mudéjars et chrétiens.

Orientation et renseignements
La partie ancienne de Carmona s'étend sur la colline du côté est de la ville : la Puerta de Sevilla marque le début de la vieille ville. Le très efficace **office du tourisme** (☎ 954 19 09 55 ; www.turismo.carmona.org ; ♥ lun-sam 10h-18h, dim et jours fériés 10h-15h) se trouve Puerta de

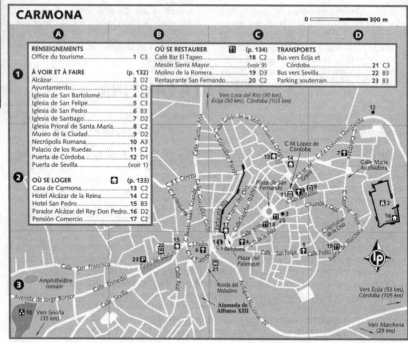

CARMONA

RENSEIGNEMENTS	**OÙ SE RESTAURER** 🍴 (p. 134)	**TRANSPORTS**
Office du tourisme..............................1 C3	Café Bar El Tapeo........................18 C2	Bus vers Écija et
	Mesón Sierra Mayor....................(voir 9)	Córdoba..............................21 C3
À VOIR ET À FAIRE (p. 132)	Molino de la Romera....................19 D3	Bus vers Sevilla.......................22 B3
Alcázar...2 D2	Restaurante San Fernando...........20 C2	Parking souterrain...................23 B3
Ayuntamiento....................................3 C2		
Iglesia de San Bartolomé..................4 C3		
Iglesia de San Felipe.........................5 C3		
Iglesia de San Pedro.........................6 B3		
Iglesia de Santiago............................7 D2		
Iglesia Prioral de Santa María..........8 C2		
Museo de la Ciudad...........................9 D2		
Necrópolis Romana..........................10 A3		
Palacio de los Ruedas......................11 C2		
Puerta de Córdoba...........................12 D1		
Puerta de Sevilla.............................(voir 1)		
OÙ SE LOGER 🛏 (p. 133)		
Casa de Carmona.............................13 C2		
Hotel Alcázar de la Reina.................14 C2		
Hotel San Pedro...............................15 B3		
Parador Alcázar del Rey Don Pedro..16 D2		
Pensión Comercio............................17 C2		

Sevilla. Des banques avec distributeurs sont installées Paseo del Estatuto et Calle San Pedro, à l'ouest de la Puerta de Sevilla, et Plaza de San Fernando, principale place du vieux Carmona.

À voir
NECRÓPOLIS ROMANA

L'impressionnant **Necrópolis Romana** (nécropole romaine ; ☎ 954 14 08 11 ; Avenida de Jorge Bonsor s/n ; gratuit ; 🕑 15 juin-14 sept mar-sam 9h-14h ; reste de l'année mar-ven 9h-17h, sam-dim 10h-14h, fermé jours fériés) se situe à un peu plus d'1 km au sud-ouest de la Puerta de Sevilla. On peut y découvrir au moins une douzaine de sépultures familiales taillées dans la roche au Ier ou au IIe siècle. Elles sont assez élaborées pour la plupart, et dotées de plusieurs chambres (une lampe torche est utile). La majorité des défunts furent incinérés, et les parois des tombes sont pourvues de niches en pierre qui reçoivent les urnes contenant les cendres.

Ne ratez pas la **Tumba de Servilia**, tombe d'une grande famille hispano-romaine, aussi vaste qu'un temple, ni la **Tumba del Elefante**, ornée d'une petite statue d'éléphant.

De l'autre côté de la rue, vous surplombez un **amphithéâtre** romain du Ier siècle av. J.-C.

PUERTA DE SEVILLA ET SES ENVIRONS

L'impressionnant portail principal de l'ancienne ville a été fortifié voilà plus de 2000 ans. Il abrite aujourd'hui l'office du tourisme, où acheter des tickets pour visiter les niveaux supérieurs de l'ensemble, l'**Alcázar de la Puerta de Sevilla** (adulte/tarif réduit 2/1 € ; 🕑 lun-sam 10h-18h, dim et jours fériés 10h-15h). Comportant à l'étage un patio almohade avec des vestiges d'un temple romain, l'Alcázar offre une vue magnifique. Une brochure d'information permet de distinguer les différentes étapes – carthaginoise, romaine, musulmane et chrétienne – de la construction de l'Alcázar.

Depuis la Puerta de Sevilla s'étendent les **remparts** de Carmona, du moins ce qu'il en reste. À l'ouest de la Puerta, l'**Iglesia de San Pedro** (☎ 954 14 12 77 ; Calle San Pedro ; 1,20 € ; 🕑 jeu-lun 11h-14h) mérite une halte, afin d'admirer la richesse de son intérieur baroque. Et si sa tour vous semble familière, c'est parce qu'il s'agit d'une réplique de la Giralda de Sevilla (p. 95).

PROMENADE À PIED DANS LA VIEILLE VILLE

Depuis la Puerta de Sevilla, la Calle Prim monte vers la Plaza de San Fernando (ou Plaza Mayor), dont les édifices du XVIᵉ siècle sont peints de couleurs variées. Non loin de là, le patio de l'**ayuntamiento** (☎ 954 14 00 11 ; Calle El Salvador ; gratuit ; ✆ lun-ven 8h-15h, mar et jeu 16h-18h), datant du XVIIᵉ siècle, recèle une grande et belle mosaïque romaine figurant la Gorgone.

Au nord-est de la Plaza de San Fernando, la Calle Martín López de Córdoba mène du **Palacio de los Ruedas**, à l'allure seigneuriale, jusqu'à la splendide **Iglesia Prioral de Santa María** (☎ 954 19 14 82 ; 3 € ; ✆ 1er avr-20 août lun-ven 9h-14h et 17h30-19h30, sam 9h-14h, 22 sept-31 mars lun-ven 9h-14h et 17h-19h, sam 9h-14h, fermé 21 août-21 sept), édifiée à l'emplacement de la principale mosquée de l'époque musulmane. Santa María fut construite, essentiellement aux XVᵉ et XVIᵉ siècles, en brique et en pierre, matériaux typiques de Carmona. Vous entrez par le Patio de los Naranjos (ancienne cour des ablutions de la mosquée), dont l'un des piliers est gravé d'un calendrier wisigoth du VIᵉ siècle. À l'intérieur de l'église, ne manquez pas les magnifiques colonnes gothiques, les dentelles du plafond et le retable plateresque.

Derrière Santa María, le **Museo de la Ciudad** (musée historique de la ville ; ☎ 954 14 01 28 ; www.museociudad.carmona.org ; Calle San Ildefonso 1 ; adulte/tarif réduit 2/1 € ; gratuit mar ; ✆ 16 juin-31 août mer-lun 10h-14h et 16h30-21h30, mar 10h-14h, reste de l'année mer-lun 11h-19h, mar 11h-14h), aménagé dans une demeure bâtie entre le XVIᵉ et le XVIIIᵉ siècle, présente une collection d'archéologie et d'histoire permettant d'approfondir l'exploration de la ville. Ne manquez pas les salles romaine et tartessienne, cette dernière abritant une collection unique de vastes récipients en terre cuite ornés de motifs moyen-orientaux.

Depuis l'église, la Calle Santa María de Gracia et la Calle de Dolores Quintanilla vont jusqu'à la **Puerta de Córdoba**, une porte romaine d'où admirer de beaux panoramas vers l'est.

En revenant vers le haut de la colline et en prenant au sud-ouest jusqu'à la Calle Calatrava, vous arrivez à l'**Iglesia de Santiago**, dotée d'une jolie tour mudéjare. Au sud, vous découvrez les ruines de l'**Alcázar**, forteresse almohade qui abrite un luxueux parador (hôtel géré par l'État) depuis les années 1970. Au XIVᵉ siècle, Pedro Ier transforma l'édifice en résidence de style mudéjar ressemblant à ses quartiers dans l'Alcázar de Sevilla. Les Rois Catholiques procédèrent à d'autres embellissements, avant que l'édifice ne soit gravement endommagé lors de tremblements de terre, en 1504 et en 1755. De belles vues et un magnifique patio font de ce lieu une agréable escale pour prendre un verre ou un repas.

D'ici, vous pouvez longer la Puerta de Marchena, du côté sud de la ville, et vous diriger vers le dédale de ruelles pour jeter un coup d'œil sur l'**Iglesia de San Felipe**, du XIVᵉ siècle, ornée d'une élégante tour mudéjare et d'une façade Renaissance, et sur l'**Iglesia de San Bartolomé**, édifiée entre le XVᵉ et le XVIIIᵉ siècle.

Où se loger

Dans tous les établissements cités, à l'exception du parador, les prix peuvent être majorés de 30% ou 50% durant la Semana Santa et la Feria de Abril de Sevilla.

Hotel San Pedro (☎/fax 954 14 16 06 ; Calle San Pedro 3 ; ch 42 € ; ✻). Moins attachant que la Pensión Comercio, aux tarifs comparables, cet hôtel récemment rénové dispose néanmoins de chambres confortables avec TV.

Pensión Comercio (☎ /fax 954 14 00 18 ; Calle Torre del Oro 56 ; s/d 32/45 € ; ✻). Aménagée dans un vieil édifice ravissant décoré d'azulejos et doté d'une arche et d'un patio de style mudéjar, cette pension (le meilleur choix dans cette gamme de prix) loue 14 chambres douillettes. Restaurant (fermé dim) aux tarifs raisonnables (*menú* 6,60 €).

Hotel Alcázar de la Reina (☎ 954 19 62 00 ; www.alcazar-reina.es ; Plaza de Lasso 2 ; s/d avec petit déj 100,05/126,80 € ; P ✻ 🖳 🐾). L'ancien jardin d'un monastère sert de cadre à cet hôtel moderne et luxueux de 68 chambres. L'un des deux patios est agrémenté d'une piscine. Bon restaurant.

Parador Alcázar del Rey Don Pedro (☎ 954 14 10 10 ; www.parador.es ; Alcázar s/n ; s/d 100,05/128,10 € ; P ✻ 🖳 🐾). On séjourne ici dans ce qui fut l'Alcázar de Pedro Ier, palais aux allures de forteresse mêlant influences musulmane et chrétienne. Atmosphère médiévale donc dans les 63 chambres spacieuses et les parties communes, agrémentées d'antiquités et de beaux meubles anciens. Excellent restaurant et piscine spectaculaire.

Casa de Carmona (☎ 954 14 41 51 ; www.casade carmona.com ; Plaza de Lasso 1 ; ch avec petit déj à partir de 160 € ; 🅿 ✖ 🗓 🏊). Un hôtel de luxe dans une superbe demeure du XVIe siècle très aristocratique : quatre jolis patios, de vastes salons, une bibliothèque, un restaurant, des antiquités et des parquets qui craquent. Le personnel est chaleureux et les 33 chambres toutes différentes, avec livres, CD et vidéocassettes.

Où se restaurer

Parador Alcázar del Rey Don Pedro (☎ 954 14 10 10 ; www.parador.es ; Alcázar s/n ; menú 26,80 €). Ce restaurant aux allures de réfectoire est l'une des meilleures tables de la ville. Goûtez les spécialités, les *espinacas de Carmona* (épinards aux épices) ou la *cartuja de perdiz* (perdrix aux légumes).

Casa de Carmona (☎ 954 14 41 51 ; www.casa-decarmona.com ; Plaza de Lasso 1 ; plats 16-22 €, menú 24-48 €). L'élégant restaurant du luxueux hôtel du même nom régale ses hôtes d'une cuisine gastronomique aux influences andalouses, doublée d'une belle carte des vins.

Restaurante San Fernando (☎ 954 14 35 56 ; Calle Sacramento 3 ; plats 12-15 €, menú 25 € ; ⏰ mar-dim 13h30-16h, mar-sam 21h-24h). Un restaurant de grande classe donnant sur la Plaza de San Fernando. Le *menú* comprend cinq éléments ; vous pourrez commencer par un velouté de pommes vertes, enchaîner sur un feuilleté de saumon et finir par des poires au vin rouge, le tout entrecoupé d'autres délices.

Mesón Sierra Mayor (☎ 954 14 44 04 ; Calle San Ildefonso 1 ; tapas 1,25-2,25 €). Hébergé dans le Museo de la Ciudad, cet établissement sert de délicieuses tapas et *raciones* dans son petit patio, dont des spécialités de viande et des fromages des montagnes de la province de Huelva.

Molino de la Romera (☎ 954 14 20 00 ; Calle Sor Ángela de la Cruz 8 ; menú 4 plats 2 boissons 17,50 € ; ⏰ fermé dim soir). Un beau moulin à huile du XVe siècle, qui comprend un restaurant, un bar et un café. Le premier sert des repas andalous copieux et soigneusement mitonnés.

Plusieurs bars et cafés autour de la Plaza de San Fernando servent *raciones* et tapas ; le sympathique **Café Bar El Tapeo** (☎ 954 14 43 21 ; Calle Prim 9 ; tapas/raciones 1,50/5 €, menú 9 €) fait recette avec ses plats sans chichi.

Depuis/vers Carmona

Les bus **Casal** (☎ 954 41 06 58) desservent Carmona, au départ de la gare routière du Prado de San Sebastián de Sevilla (1,80 €, 45 min, lun-ven 20 départs, sam 10 départs, dim 7 départs). À Carmona, l'arrêt se situe Paseo del Estatuto, à 300 m à l'ouest de la Puerta de Sevilla. Des bus **Alsina Graells** (☎ 954 41 86 11) partent vers Écija (3,30 €, 45 min) et Córdoba (6,75 €, 2 heures), à 8h et à 14h30, d'une esplanade face à la Puerta de Sevilla.

Le parking souterrain, Paseo del Estatuto, est ouvert 24h/24 (3/6/10/24 heures 2/4,25/7,25/11,75 €).

ÉCIJA

38 000 habitants / 110 m

Écija (prononcez *ess*-i-ha), à 53 km à l'est de Carmona par l'A4, est surnommée *la ciudad de las torres* (la ville des tours), en raison de ses nombreuses tours d'églises ornées de carreaux colorés, mais aussi *la sartén de Andalucía* (la fournaise de l'Andalousie), à cause de ses températures estivales, atteignant parfois 50°C. Les importants chantiers archéologiques en cours, le nombre croissant de monuments et de musées ouverts au public, ainsi que la politique de rénovation et d'embellissement du centre-ville sont autant d'éléments justifiant une halte à Écija. La cité doit une grande partie de sa splendeur au XVIIIe siècle, époque à laquelle la noblesse locale, enrichie grâce à la culture du blé et de l'huile, fit ériger de majestueuses demeures. Les clochers des églises, endommagés par le tremblement de terre de 1757, furent alors reconstruits. Le travail des archéologues apporte, peu à peu, une meilleure connaissance du plus lointain et passionnant passé d'Écija.

Renseignements

L'utile **office du tourisme** (☎ 955 90 29 33 ; www. ecija.org ; Plaza de España 1 ; ⏰ lun-ven 9h30-15h, jusqu'à 14h juil-août, sam, dim et jours fériés 10h30-13h30) se trouve face à l'*ayuntamiento* (la mairie) sur la place principale. Il fournit un plan de la ville indiquant les lieux à visiter.

À voir

Les fouilles récemment entreprises **Plaza de España** (place principale d'Écija ; également surnommée El Salón) ont mis au jour de véritables trésors. Alors qu'on creusait sous la place afin d'y construire un parking souterrain, un ancien cimetière musulman, datant du IXe au XIIe siècle et renfermant quelque 4 000 tombes, fut découvert dans sa moitié ouest (près de l'ayuntamiento). À l'extrémité est se tenaient des thermes romains, dont un bassin rempli de sculptures dissimulées à cet endroit depuis le IIIe siècle. Lors de notre visite, les bains romains étaient temporairement masqués au public dans l'attente de nouvelles fouilles. Le cimetière musulman faisait, quant à lui, l'objet de nouvelles explorations avant d'être éventuellement remplacé par le parking.

L'**ayuntamiento** (Plaza de España 1 ; ☾ lun-ven 9h30-15h, jusqu'à 14h juin-août, sam, dim et jours fériés 10h30-13h30) s'enorgueillit d'une belle mosaïque romaine représentant le châtiment de la reine Dircé, attachée aux cornes d'un taureau. Pour la voir, adressez-vous à l'office du tourisme : un employé vous accompagnera et, s'il le peut, vous montrera les œuvres d'art qu'abrite la Sala Capitular (salle capitulaire), datant du XIXe siècle. De plus, les employés font fonctionner une **cámara oscura** (2,50 € ; ☾ 10h30-13h30), qui projette en direct des images animées de la ville sur écran. On peut notamment admirer les merveilleuses flèches des églises, les clochers et les palais, ainsi que la place principale, juste au-dessous.

L'**Iglesia de Santa María** (Plaza Santa María), non loin de la Plaza de España, possède l'une des plus spectaculaires tours d'Écija. À une rue au sud de la place, par la Calle Cintería, le très intéressant **Museo Histórico Municipal** (☎ 955 90 29 19 ; Plaza de la Constitución ; gratuit ; ☾ juin-sept mar-dim 9h-14h ; oct-mai mar-ven 9h30-13h30 et 16h30-18h30, sam, dim et jours fériés 9h-

14h) est aménagé dans le ravissant Palacio de Benamejí du XVIIIe siècle. Point d'orgue de la visite : les plus belles sculptures romaines découvertes Plaza de España, notamment une amazone grandeur nature, le buste d'un athlète et une tête d'homme (peut-être le dieu Mars) sculptée dans du marbre blanc. Les autres collections, tout aussi instructives, illustrent l'histoire de la cité depuis son origine, et présentent des sculptures ibères et des mosaïques romaines.

À quelques rues à l'est, l'imposant **Palacio de Peñaflor** (Calle Emilio Castelar 26 ; gratuit ; ☾ juin-sept lun-ven 9h-13h30, oct-mai lun-ven 10h-13h et 16h30-19h30, sam-dim 11h-13h), du XVIIIe siècle, s'orne d'une façade incurvée comportant des fresques. Entrez admirer le majestueux escalier et le joli patio sur deux niveaux, qui abrite la bibliothèque municipale et deux salles d'exposition. De l'autre côté de la rue, le **Palacio de Valhermoso** arbore une charmante façade Renaissance. Empruntez la Calle Cadenas, face au palais, et dirigez-vous vers l'élégante tour de l'**Iglesia de San Gil** (Calle San Antonio). Juste après l'église, sur la droite, se trouve la **Plaza de Armas**, où des fouilles dégagent actuellement une Alcazaba (forteresse) musulmane du XIIe siècle et, dans les niveaux encore inférieurs, des vestiges des époques romaine et tartessienne. Ont également été découverts à cet emplacement des céramiques phéniciennes et une mosaïque, la seule connue à ce jour, représentant le dieu romain de l'année, Annus. Ce site devrait être transformé en musée *in situ*.

Repassez devant le Palacio de Valhermoso et admirez les tours de l'**Iglesia de**

L'AMAZONE D'ÉCIJA

Haute de 2,11 m, la magnifique amazone (femme guerrière légendaire) en marbre d'Écija garde encore des traces de la peinture rouge dont elle était autrefois parée. Sculptée avec grande délicatesse, cette amazone d'allure étonnamment pacifique aurait jadis été exposée à Rome, avec quelques autres copies romaines d'une même statue grecque du Ve siècle av. J.-C. L'original, œuvre du sculpteur Polyclète, décorait le temple d'Artémis à Éphèse, en Turquie, l'une des sept merveilles du monde. Au Ier siècle, pour une raison inconnue, on transporta l'une des reproductions romaines à Colonia Augusta Firma Astigi (ainsi que s'appelait alors Écija). La statue fut dissimulée, avec d'autres de grande valeur, dans la piscine des thermes du forum, au IIIe siècle, époque où les premiers chrétiens détruisaient massivement les idoles païennes. Ce bassin s'avéra la meilleure des cachettes : l'amazone d'Écija ne revit la lumière du jour que le 7 février 2002, lorsque des archéologues fébriles dégagèrent la terre recouvrant la piscine.

D'autres copies de la sculpture de Polyclète, découvertes à Rome aux XVIIe et XIXe siècles, sont exposées dans des musées de Berlin, Copenhague et New York.

San Juan (Plaza San Juan) et du **Convento de San Pablo y Santo Domingo** (Plazuela de Santo Domingo) – ce dernier est souvent représenté avec un rosaire à la main –, avant de vous diriger vers la **Parroquia Mayor de Santa Cruz** (Plazuela de Nuestra Señora del Valle ; gratuit ; ☻ juin-sept lun-sam 9h-13h et 18h-21h, dim 10h-13h et 18h-21h30 ; oct-mai lun-sam 9h-13h et 17h-21h, dim 10h-13h et 16h-20h). Aujourd'hui église principale d'Écija, cette ancienne mosquée a conservé des éléments musulmans, dont quelques inscriptions en arabe. Arches, fontaines et patios provenant d'un précédent édifice qui a perdu son toit se dressent sur les trois flancs de l'église, dans un effet des plus romantiques. L'autel principal est un superbe sarcophage en pierre datant des premiers chrétiens, au Ve siècle, gravé d'inscriptions en grec et de représentations d'Abraham, d'Isaac, de Jésus-Christ et de Daniel. De l'autre côté de la rue, le **Palacio de los Palma** (☎ 955 90 20 82 ; Calle Espíritu Santo 10 ; 3 € ; ☻ 10h-14h), édifié entre le XVIe et le XVIIIe siècle, est agrémenté d'un patio à portiques et de murs généreusement décorés et dotés d'*artesonados* mudéjars. Vous êtes ici à quatre rues au sud de la Plaza de España.

Où se loger et se restaurer

Pensión Santa Cruz (☎ 954 83 02 22 ; Calle Practicante Romero Gordillo 8 ; s/d avec sdb commune 13/26 €). Adresse conviviale et bon marché. Les très vieilles salles, ornées de meubles anciens, entourent un charmant patio.

Hotel Platería (☎ 955 90 27 54 ; hotelplateria@ retemail.es ; Calle Platería 4 ; s/d 35,30/59,90 € ; ☒). À une rue à l'est de la Plaza de España, cet hôtel offre un excellent rapport qualité/prix. Les 18 chambres, coquettes et spacieuses, donnent pour la plupart sur une agréable cour centrale. Le restaurant, ouvert pour tous les repas, sert des plats remarquables, à prix très corrects (7 à 11 €).

Hotel Palacio de los Granados (☎ 955 90 10 50 ; www.palaciogranados.com ; Calle Emilio Castelar 42 ; ch/ste avec petit déj 120/160 € ; ☒ ☐ ☒). Cette demeure du XVIIIe siècle s'articulant autour de deux patios propose 11 chambres sublimes, toutes uniques et décorées dans un style raffiné alliant tradition et modernité. Œuvres d'art contemporain aux murs. Dîner sur demande, et organisation de visites des chantiers archéologiques, des églises et des haras d'Écija.

Las Ninfas (☎ 955 90 45 92 ; Calle Elvira ; 3 plats 9 € ; ☻ fermé lun ; ☒). À côté du Museo Histórico Municipal, ce restaurant accueillant, décoré d'objets d'artisanat de la région, propose de délicieuses spécialités de la région.

Bisturí (☎ 954 83 10 66 ; Plaza de España 23 ; menú 10 et 15 € ; ☒). Sur la place centrale, le Bisturí plaît à tout le monde et pratique des tarifs raisonnables. On s'y restaure sur la *terraza* (terrasse) ou dans la salle climatisée.

Bodegón del Gallego (☎ 954 83 26 18 ; Calle Arcipreste Juan Aparicio 3 ; plats 10-13 €). Les gens se pressent dans ce restaurant orné de poutres apparentes pour se régaler de fruits de mer.

Depuis/vers Écija

Linesur assure 11 liaisons quotidiennes entre Écija et Sevilla (Prado de San Sebastián ; 5,05 €, 1 heure 15). Alsina Graells effectue au moins trois trajets par jour vers Córdoba (3,40 €, 1 heure 15) et deux ou trois vers Carmona (3,30 €, 45 min). L'**arrêt de bus** (☎ 954 83 02 39) se trouve à côté du terrain de football, Avenida de Andalucía, à six rues au sud de la Plaza de España.

OSUNA

18 000 habitants / 330 m

À 91 km au sud-est de Sevilla, Osuna n'a rien d'exceptionnel vue de l'A92 mais, une fois en ville, on découvre une agréable cité historique avec nombre d'édifices en pierre datant du XVIe au XVIIIe siècle. Les plus remarquables furent édifiés par les ducs d'Osuna, l'une des plus riches familles d'Espagne depuis le XVIe siècle.

Renseignements

Sur la Plaza Mayor, l'**Oficina Municipal de Turismo** (☎ 954 81 57 32 ; www.aytoosuna.es ; ☻ lun-sam 9h-14h) et l'**Asociación Turístico Cultural Osuna** (☎ 954 81 28 52 ; ☻ lun-ven 10h-14h et 17h-20h, sam-dim 10h-14h) possèdent des brochures touristiques et fournissent des guides en plusieurs langues détaillant les monuments de la ville. L'Asociación Turístico propose également les services de guides francophones (demi-journée/journée 50/100 €).

À voir

PLAZA MAYOR

Cette place centrale verdoyante ne manque pas de cachet avec, d'un côté, l'**ayuntamiento** du XVIe siècle, en partie rénové et, de l'autre, une vaste **halle**, mais aussi l'église du XVIe siècle du **Convento de la Concepción**.

DEMEURES BAROQUES

On ne peut généralement pas visiter ces demeures mais plusieurs d'entre elles présentent d'admirables façades. Le **Palacio de los Cepeda** (Calle de la Huerta), derrière l'hôtel de ville, aligne des rangées de colonnes churrigueresques, surmontées de hallebardes en pierre portant le blason de la famille Cepeda. Il héberge désormais un tribunal. Le portail, datant de 1737, du **Palacio de Puente Hermoso** (Palacio de Govantes y Herdara ; Calle Sevilla 44), quelques rues à l'ouest de la Plaza Mayor, présente des colonnes torsadées incrustées de grappes et de feuilles de raisin.

En allant au nord de la Plaza Mayor, par la Calle Caballos, puis la Calle Carrera, vous passerez devant l'**Iglesia de Santo Domingo** (1531), avant d'atteindre l'angle de la Calle San Pedro. Sur la **Cilla del Cabildo Colegial** (Calle San Pedro 16) est gravée une représentation de la Giralda de Sevilla et des martyres de Sevilla, Santa Justa et Santa Rufina. En descendant la rue, le **Palacio del Marqués de La Gomera** (Calle San Pedro 20) possède des piliers ornementés ; le blason de la famille est apposé au sommet de la façade. Le bâtiment abrite aujourd'hui un hôtel (p. 138), où l'on peut aussi prendre un verre.

MUSEO ARQUEOLÓGICO

À l'est de la Plaza Mayor, la Torre del Agua, tour almohade du XIIe siècle, abrite le **Museo Arqueológico** d'Osuna (musée archéologique ; ☎ 954 81 12 07 ; Plaza de la Duquesa ; 1,60 € ; ☺ oct-avr mar-dim 11h30-13h30 et 16h30-18h30 ; mai-sept mar-dim 11h30-13h30 et 17h-19h, juil-août fermé dim après-midi). Les collections, composées essentiellement de vestiges ibériques et romains découverts à proximité, méritent le détour pour admirer les copies du Toro de Osuna, célèbre taureau ibérique, et de bronzes romains dont les originaux sont exposés au Louvre à Paris, et au musée national d'archéologie de Madrid.

COLEGIATA ET SES ENVIRONS

Les monuments les plus impressionnants d'Osuna surplombent le centre depuis la colline au-dessus du Museo Arqueológico. La **Colegiata de Santa María de la Asunción** (☎ 954 81 04 44 ; Plaza de la Encarnación ; visite guidée

2 € ; ☺ oct-avr mar-dim 10h-13h30 et 15h30-18h30, mai-sept mar-dim 10h-13h30 et 16h-19h, juil-août fermé dim après-midi), collégiale du XVIe siècle, recèle une précieuse collection d'œuvres d'art rassemblées par les ducs d'Osuna, descendants de son fondateur, Juan Téllez Girón, comte d'Ureña.

Au cœur de l'église, le *Cristo de la Expiración*, œuvre de José de Ribera, illustre merveilleusement l'utilisation du clair-obscur au XVIIe siècle. On y admire aussi un retable baroque ouvragé, ainsi qu'un autre, très différent, du XIVe siècle, dans la Capilla de la Virgen de los Reyes. Dans la Capilla de la Inmaculada se trouve une crucifixion réalisée en 1623 par Juan de Mesa. La sacristie de l'église contient quatre œuvres de Ribera. La tour abrite également le lugubre Sepulcro Ducal souterrain, creusé en 1548 pour faire office de caveau familial des Osunas, dont les membres sont inhumés dans les niches murales.

Face à la Colegiata, le **Monasterio de la Encarnación** (☎ 954 81 11 21 ; Plaza de la Encarnación ; 2 € ; ☺ voir Colegiata), aujourd'hui reconverti en musée d'art religieux, mérite largement une visite. Les azulejos du cloître, remontant au XVIIIe siècle, représentent les cinq sens, les saisons, l'Alameda de Hércules de Sevilla, des scènes bibliques, monastiques, de chasse ou de tauromachie, et figurent parmi les plus belles faïences sévillanes. L'église du monastère est, quant à elle, ornée de nombreuses sculptures et œuvres d'art baroques. À l'étage, une salle présente une collection originale d'enfants Jésus du XVIIIe siècle.

Sur le sommet de la colline, juste au-dessus de la Colegiata, l'**Universidad de Osuna**, édifice carré aux tours pointues s'articulant autour d'un imposant patio Renaissance, fut fondée en 1548 par le comte d'Ureña, afin de lutter contre le protestantisme. C'est à présent une antenne de l'université de Sevilla, où l'on dispense des cours de soins infirmiers et de commerce. Derrière le Monasterio de la Encarnación, en redescendant, l'**Iglesia de la Merced** (Cuesta Marruecos), du XVIIe siècle, présente une tour et un portail baroques.

Où se loger et se restaurer

Hostal 5 Puertas (☎ 954 81 12 43 ; Calle Carrera 79 ; s/d 22/41 € ; ⛨). On trouve ici 14 petites chambres convenables, dotées de TV, téléphone et chauffage. Certaines sont louées à des étudiants de l'université.

Hostal Esmeralda (☎ 955 82 10 73 ; www.hostalesmeralda.com ; Calle Tesorero 7 ; s/d avec douche et lavabo 21/33 €, avec sdb 24/36 € ; ✗ ▢). À 200 m au sud de la Plaza Mayor, cette pension familiale proprette et sympathique loue des chambres (avec TV) simples et de taille raisonnable, s'ouvrant sur des couloirs ornés d'azulejos, près d'un petit patio à ciel ouvert.

Hostal Caballo Blanco (☎ 954 81 01 84 ; Calle Granada 1 ; s/d 28,35/44,40 € ; P ✗). Cette accueillante "Auberge du cheval blanc", ancien relais de poste à l'angle de la Calle Carrera, à 350 m au nord de la Plaza Mayor, dispose d'un parking dans sa cour, ainsi que de 13 chambres douillettes de couleur rouge ou bleu foncé, équipées de lampes de chevet etornées d'estampes délicates. Restaurant (fermé dim).

Hotel Palacio Marqués de la Gomera (☎ 954 81 22 23 ; www.hotelpalaciodelmarques.com ; Calle San Pedro 20 ; s/d 77,05/96,30 € ; P ✗ ▢). Aménagé dans une des plus belles demeures baroques d'Osuna, ce luxueux hôtel compte 20 chambres spacieuses, ravissantes et toutes différentes, donnant sur un patio central à deux niveaux avec de jolies arcades. Le palais abrite deux restaurants : **La Casa del Marqués** (plats 9-18 €), assez chic, proposant un menu mi-andalou mi-espagnol alléchant, et l'**Asador de Osuna**, où goûter principalement des viandes grillées au charbon de bois.

Restaurante Doña Guadalupe (☎ 954 81 05 58 ; Plaza Guadalupe 6 ; 4 plats 12,30 €, plats 11-16 € ; ☽ fermé mar et 1er-15 août ; ✗). Sur une petite place entre la Calle Quijada et la Calle Gordillo, à côté de la Calle Carrera, vous pourrez opter pour les chaises en osier du bar, le grand restaurant à l'arrière ou encore la cour extérieure. On mitonne ici de délicieux plats andalous (perdrix au riz, cassolette d'asperges sauvages, etc.), sans oublier une généreuse carte de vins espagnols.

El Mesón del Duque (☎ 954 81 28 45 ; Plaza de la Duquesa 2 ; raciones 8-11 €). Installé à la terrasse donnant sur le Museo Arqueológico, avec des vues sur la Colegiata, vous savourerez des mets du cru soigneusement préparés.

Depuis/vers Osuna

La **gare routière** (☎ 954 81 01 46 ; Avenida de la Constitución) se situe à 500 m au sud-est de la Plaza Mayor. Jusqu'à 11 bus circulent chaque jour depuis/vers Sevilla (Prado de San Sebastián ; 5,65 €, 1 heure 15). Il existe quatre liaisons quotidiennes vers Fuente de Piedra (3,90 €, 45 min) et Antequera (4,40 €, 1 heure 15), et deux vers Málaga (7,45 €, 2 heures 30) et Granada (10,40 €, 3 heures 15).

Six trains circulent quotidiennement depuis/vers Sevilla (5,80 à 6,55 €, 1 heure) et trois depuis/vers Antequera (5,55 €, 1 heure), Granada (11,80 €, 2 heures 30) et Málaga (7,85 €, 1 heure 30). La **gare ferroviaire** (Avenida de la Estación) se trouve à 1 km au sud-ouest du centre.

PARQUE NATURAL SIERRA NORTE

S'étendant au nord de la province de Sevilla, ce parc naturel de 1 648 km2 englobe la magnifique Sierra Morena, vallonnée et souvent sauvage. Il offre un paysage toujours changeant, avec des vallées et des collines verdoyantes, des forêts et des rivières, sans parler des pittoresques villages et des cités historiques agrémentés de forts ou de châteaux de l'époque musulmane, d'églises de style partiellement mudéjar et d'étroites venelles zigzagantes encore chaulées. Ici, la plupart des visiteurs sont des Sévillans en quête d'air frais et de verdure.

On peut également découvrir la région en suivant des sentiers de randonnée balisés (il en existe au moins 14), détaillés sur la carte au 1/100 000 éditée par l'IGN/Junta de Andalucía, intitulée *Parque Natural Sierra Norte* ; et également décrits (en espagnol) dans la brochure *Cuaderno de Senderos*, disponible au Centro de Interpretación El Robledo (p. 141).

Cazalla de la Sierra et Constantina, les deux principales bourgades, s'étendent à 20 km l'une de l'autre, au cœur du parc.

EL PEDROSO
2 500 habitants / 415 m

Ravissant village aux larges rues pavées, El Pedroso est à 16 km au sud de Cazalla de la Sierra, en empruntant l'A432 au départ de Sevilla. Remontant au XVe siècle, l'**Iglesia de Nuestra Señora de la Consolación**, dans le centre, renferme une *Inmaculada* réalisée en 1608 par le grand sculpteur Juan Martínez Montañés (dans la chapelle à droite de l'autel).

L'une des plus belles promenades du parc, le **Sendero del Arroyo de las Cañas**, circuit balisé de 10 km autour des plaines à l'ouest d'El Pedroso, débute face au Bar Triana, dans l'ouest de la ville. Vous traverserez un paysage rocheux qui, au printemps, se couvre de splendides fleurs sauvages.

L'**Hotel Casa Montehuéznar** (☎ 954 88 90 00 ; www.montehueznar.com ; Avenida de la Estación 15 ; s/d avec petit déj 35/55 € ; ✖) loue 8 chambres confortables décorées de beaux meubles en bois, à l'étage supérieur autour d'un patio. Situé dans la rue qui monte vers le centre du village (à 500 m), face à la gare ferroviaire, l'hôtel héberge un restaurant de qualité, normalement ouvert du vendredi au dimanche. Sinon, essayez le **Bar-Restaurante Serranía** (☎ 954 88 96 03 ; Avenida de la Estación 30 ; platos combinados 5-8 €), dans le bas de la rue.

Restaurante Los Álamos (☎ 954 88 96 11 ; Carretera Cantillana à 29,5 km ; raciones à la viande 6 €), sur l'A432 juste au sud d'El Pedroso, est parfait pour une pause déjeuner. On s'attable dans une vaste véranda surplombant le jardin, où virevoltent de nombreux oiseaux, pour déguster des spécialités de viandes et un fromage local délicieux.

CAZALLA DE LA SIERRA
5 200 habitants / 600 m

Cette jolie petite ville blanche éparpillée autour du sommet d'une colline, à 85 km au nord-est de Sevilla, offre un bon choix d'hébergements de qualité. Fernando III s'empara en 1247 de ce site qui comptait alors un chateau musulman. Aux XVIe et le XVIIe siècles, Cazalla était réputée pour ses vins et ses eaux-de-vie, alors exportés vers les Amériques.

Renseignements

Un nouvel office du tourisme devrait ouvrir Plaza Mayor, près de l'Iglesia de la Consolación. En attendant, adressez-vous à l'**ayuntamiento** (☎ 954 88 42 36 ; Plaza Doctor Nosea s/n ; ✖ lun-ven 8h-15h). Vous trouverez quantité de banques avec distributeurs dans la rue piétonne du centre, la Calle La Plazuela et, non loin, dans la Calle Llana, principale artère traversant la ville.

À voir

Le plus impressionnant monument des anciennes rues labyrinthiques de Cazalla est l'imposante **Iglesia de Nuestra Señora de la Consolación** (Plaza Mayor ; ✖ messe mar-sam 7h30, dim 12h), érigée pour l'essentiel entre le XIVe et XVe siècle dans des matériaux typiques de la région (brique et pierre). Très endommagée durant la guerre civile, elle est surtout remarquable de l'extérieur.

La Cartuja de Cazalla (☎ 954 88 45 16 ; adulte/enfant 3/1 € ; ✖ 9h-14h et 16h-20h), grand monastère du XVe siècle, se dresse dans un coin reculé mais superbe de la Sierra Morena, à 4 km de Cazalla (prenez la route de Constantina, l'A455, sur 2,5 km). Construit sur l'ancien emplacement d'un moulin et d'une mosquée, le monastère était en ruine depuis le XIXe siècle. Il fut racheté en 1977 par une amatrice d'art, Carmen Ladrón de Guevara, qui se consacre depuis à sa reconversion en centre artistique – le monastère abrite un atelier de céramique et une galerie d'art, et l'église restaurée fait office de salle de concert. Une maison d'hôtes est également prévue (p. 140).

À faire
PROMENADES

Deux sentiers mènent de Cazalla vers la vallée de Huéznar. En les combinant, vous effectuerez un tour complet de 9 km. Les chemins traversent des forêts de chênes verts, des oliveraies, des petits lopins de terre cultivés, quelques châtaigneraies et des vignobles, autant de paysages typiques de la Sierra Norte.

L'un des sentiers, le **Sendero de las Laderas**, commence à la fontaine El Chorrillo, du côté est de Cazalla, au pied de la Calle Parras. Un panneau indiquant "Sendero Las Laderas 900m" sur le Paseo El Moro, juste après la Posada del Moro, vous conduit au point de départ. Le chemin descend jusqu'au Puente (pont) de los Tres Ojo, sur le Río Huéznar, d'où vous remontez un peu par la rive ouest pour passer sous le Puente del Castillejo, le pont de chemin de fer (l'aire de pique-nique sur l'autre rive est parfaite pour une pause). Vous revenez à Cazalla par le **Camino Viejo de la Estación** (ancien chemin de la gare). Vous pouvez aussi effectuer cette promenade depuis la gare Cazalla–Constantina en suivant le chemin "Molino del Corcho", descendant de Huéznar (1 km) vers le Puente del Castillejo.

ÉQUITATION
Natif de la région et grand cavalier, Ángel Conde tient la **Cuadras Al Paso** (☎ 689-944451 ; www.al-paso.com ; Plaza JM López-Cepero 3 ; h/j/sem

18/100/600 €), écurie réputée où il élève lui-même ses chevaux, descendants de pur-sang andalous, arabes et anglais.

Cours

Le **Turismo Rural Hidalgo** (☎ /fax 954 88 35 81 ; www.turismoruralhidalgo.com ; Calle Virgen del Monte 19 ; cours avec hébergement en hostal 260-310 €/sem), géré par un couple de Hollandais habitant Cazalla, organise presque toute l'année des ateliers d'une durée d'une à trois semaines (danse et guitare flamenco, danse *sevillana*, peinture, céramique, cuisine andalouse et langue espagnole, dont quelques cours pour les enfants).

Où se loger et se restaurer

Posada del Moro (☎ /fax 954 88 48 58 ; Paseo El Moro s/n ; s/d avec petit déj 50/60 € ; 🍴 🛥). Non loin de l'entrée sud de la ville, cet hôtel accueillant, tenue par deux sœurs et un personnel cordial, loue des chambres confortables et spacieuses (avec carrelage rouge et meubles en liège) ouvrant, pour la plupart, sur un jardin coquet. Le restaurant (plats 10-15 €) sert des spécialités locales (asperges sauvages et gibier par exemple). Bar convivial où se restaurer à prix doux.

Las Navezuelas (☎ 954 88 47 64 ; www.lasnavezuelas.com ; s/d avec petit déj 45,60/63,15 €, app 4 pers 117,70 € ; 🕙 fermé début jan-fin fév ; 🅿 🛥). Installée sur un site habité depuis des temps immémoriaux, cette superbe ferme du XVIᵉ siècle, dans la campagne près de Cazalla, fut autrefois une exploitation viticole, puis un pressoir à huile. Une adresse au charme exceptionnel donc, qui séduit par la gentillesse des propriétaires, son cadre rural paisible, ses chambres raffinées et ses excellents repas à base de produits de la ferme. C'est aussi le point de départ de belles balades et Luca, votre hôte italienne, organise des séances d'observation d'oiseaux ou de randonnées à cheval. L'un des meilleurs hébergements d'Andalousie. Depuis Cazalla, empruntez sur 2 km la route de Sevilla, puis un chemin de terre (signalisé) sur 1 km à l'est.

Hospedería de la Cartuja (☎ 954 88 45 16 ; www.skill.es/cartuja ; s/d avec petit déj 58,85/96,30 €, dîner 21,40 € ; 🅿 🍴 🛥). La maison d'hôtes de la Cartuja de Cazalla (p. 139) propose 8 chambres modernes. Vous admirerez aux murs les œuvres d'artistes qui ont résidé dans cet hôtel. Il existe également des suites et une petite maison pour les

familles, deux belles piscines et des écuries (promenade/leçon d'équitation 20/15 €/h). Quant au dîner, délicieux, il se compose essentiellement de produits maison et est servi dans l'ancien monastère. Le prix du séjour baisse en fonction de la durée.

Palacio de San Benito (☎ 954 88 33 36 ; www.palaciodesanbenito.com ; Paseo El Moro ; ch 128,40-224,70 ; 🅿 🍴). Ce luxueux hôtel agrémenté d'antiquités occupe ce qui fut au XVᵉ siècle un monastère et une auberge de pèlerins. Il abrite toujours une église mudéjare. Ses 10 chambres de grand standing sont toutes différentes. Ouvert à tous, le restaurant propose toutes sortes de plats (14–20 €), dont des spécialités locales (venaison, perdrix et saumon).

Nous recommandons également : **Bodeguita Que Me Deje** (Plaza JM López-Cepero y Muru ; raciones 5-6 €). Une valeur sûre si vous êtes en quête de tapas et raciones, près de La Plazuela, la principale rue piétonne.

Casa Palacio (☎ 955 60 02 07, 677-329526 ; casapala@terra.es ; Calle Llana 2 ; app 2 pers 60 € ; 🍴). Cette demeure du XVIᵉ siècle, où Felipe V séjourna en 1730 durant ses vacances d'été à Cazalla, loue d'agréables appartements.

Hostal Castro Martínez (☎ 954 88 40 39 ; Calle Virgen del Monte 36 ; ch 29-35 € ; 🍴). Un établissement économique du centre-ville, un peu bruyant.

Achats

Cazalla est célèbre pour ses *anisados* (liqueurs à base d'anis), que vous pourrez acheter au magasin d'artisanat **La Artesa** (Calle La Plazuela 1) ou à **La Destilería** (Calle Llana 1). L'anisado *guinda* (cerise sauvage) est un breuvage riche, savoureux et réconfortant.

VALLÉE D'HUÉZNAR

Le Río Huéznar (ou Huesna) coule du nord au sud à travers la campagne, à mi-chemin entre Cazalla de la Sierra et Constantina. La route Cazalla–Constantina, l'A455, franchit la rivière juste à l'est de la gare ferroviaire de Cazalla y Constantina. Un chemin d'1 km, accessible en voiture, descend le long de la rivière jusqu'au Puente del Castillejo (le pont de chemin de fer) et l'Área Recreativa Molino del Corcho (p. 139). En amont, la route SE168 longe la rivière et continue sur 13 km jusqu'au village de San Nicolás del Puerto. L'**aire de pique-nique de l'Isla Margarita** se trouve 1 km avant la rivière au départ de la gare. Depuis l'Isla Margarita, un chemin monte vers la rive est jusqu'à San Nicolás del Puerto. Après 4 km, il rejoint une ligne de chemin de fer désaffectée menant à San Nicolás et aux anciennes mines de Cerro del Hierro (vous pouvez suivre cette ligne au lieu d'emprunter le chemin). Les impressionnantes **Cascadas del Huesna** (chutes) surgissent 2 km avant San Nicolás.

Trois campings ont été aménagés sur ce tronçon de la rivière :

Área de Acampada El Martinete (☎ 955 88 65 83 ; Carretera SE168 à 12 km ; camping pers/tente/voiture 3,20 €/3,50 €/gratuit ; **P**). Le site ombragé, à 2 km de San Nicolás, héberge le Restaurante El Martinete (raciones 7 €), de qualité. Des sentiers mènent rapidement aux Cascadas del Huesna.

Camping La Fundición (☎ 955 95 41 17 ; Carretera SE168 à 2 km ; camping pers/tente/voiture 3,45/2,55/1,65 € ; **P** ☒). Un vaste terrain ombragé sur la rive ouest, 1 km après l'Isla Margarita. Restaurant, bar et piscine.

Camping Batán de las Monjas (☎ 955 88 65 48 ; Carretera SE168 à 7 km ; camping pers/tente/voiture 2,80/2,80/2,70 € ; **P**). Aménagé dans une ferme à l'est de la rivière, ce terrain compte 20 emplacements. Quittez la SE168 et empruntez sur 1 km le chemin, accessible aux véhicules, avec passage à gué.

CONSTANTINA

6 900 habitants / 555 m

Agréablement située dans la vallée, Constantina est la capitale de la Sierra Norte.

Le centre d'information pour visiteurs du Parque Natural Sierra Norte, le **Centro de Interpretación El Robledo** (☎ 955 88 15 97 ; Carretera Constantina-El Pedroso à 1 km ; ☽ oct-juin mar-jeu et dim 10h-14h, ven 18h-20h, sam 10h-14h et 18h-20h ; juil-sept mar et jeu 11h-13h , ven 18h-20h, sam-dim 10h-14h et 18h-20h ; fermé 1er et 6 jan, heures supp certains jours fériés), se trouve à 1 km à l'ouest sur l'A452, la route d'El Pedroso au départ de la sortie sud de Constantina. Il propose d'intéressantes expositions sur la flore et la faune du parc, et sur son histoire. Il comprend également un jardin botanique, qui présente clairement les plantes andalouses et mérite au moins une demi-heure de visite, surtout au printemps. Dans le jardin, quelques enclos abritent des oiseaux de proie devenus inaptes à la vie sauvage.

Les bus s'arrêtent devant le **Bar Gregorio** (☎ 955 88 10 43 ; Calle El Peso 9), dans le centre. Plusieurs banques de l'artère principale, piétonne, la Calle Mesones, disposent de distributeurs automatiques.

À voir et à faire

La partie ouest de Constantina est dominée par un **fort musulman** en ruines, datant de l'ère almoravide, qui offre un panorama méritant à lui seul un détour. Plus bas, des rues médiévales abritent les demeures du XVIIIe siècle du **Barrio de la Morería**. Dans le

---

DÉTOUR : LA CAPITANA

Si vous vous dirigez au nord vers l'Extremadura ou que vous envisagez une journée d'excursion au départ de Cazalla ou Constantina, ne manquez pas les magnifiques panoramas qu'offre La Capitana (959 m), le plus haut sommet de la province de Sevilla.

Roulez vers le nord par l'A432 depuis Cazalla ou par la SE163 depuis Constantina, dépassez Alanís puis poursuivez sur 11 km par l'A432 jusqu'à Guadalcanal. À l'embranchement, à l'entrée du village, suivez le panneau "Sendero de la Capitana", indiquant une route de contournement qui monte sur la droite. À 1,5 km, au-dessus du village, obliquez à gauche sur une petite route qui descend, avant de tourner presque immédiatement à droite sur une voie non goudronnée, signalée par une nouvelle pancarte "Sendero de la Capitana". Bien qu'indiquée comme un *sendero* (sentier), cette route est tout à fait praticable avec un véhicule normalement surélevé et un minimum de précautions. Suivez la route qui monte vers le nord-ouest en longeant la Sierra del Viento (montagne du vent). À chaque intersection, choisissez la voie la plus large. Après 1,6 km, une vue dégagée se dessine alors que vous dépassez un belvédère sur votre gauche, puis deux tours-relais de télévision à droite, l'une à 2,1 km, l'autre à 4,3 km. Guettez les vautours et les oiseaux de proie tourbillonant dans les airs le long de cette crête battue par les vents. Quelque 500 m après la seconde tour, vous franchissez un portail : garez-vous juste après et suivez la pancarte "Mirador de la Sierra del Viento 300m" tout droit jusqu'au sommet de la colline. Vous arrivez en haut de La Capitana où, si le temps le permet, vous bénéficierez d'un panorama splendide sur toute la région. Remarquez, au sud, les nombreuses montagnes de la Sierra Norte et, au nord, les plaines infinies d'Extremadura. Avec un peu de chance, vous aurez la colline pour vous tout seul et ne serez dérangé que par le bruit du vent, des oiseaux et des moutons qui bêlent. Même itinéraire au retour.

centre, l'**Iglesia de Santa María de la Encarnación** (Plaza Llano del Sol) est un édifice mudéjar orné d'un portail plateresque du XVIe siècle. Son beffroi (prisé des cigognes qui aiment y faire leur nid) fut ajouté en 1567 par Hernán Ruiz, qui réalisa également celui de la Giralda de Sevilla.

Promenade balisée de 7 km, qui part de l'extrémité nord du Paseo de la Alameda, au nord de la ville, le **Sendero Los Castañares** vous emmène à travers des forêts de châtaigniers jusqu'au sommet d'une colline avec vue panoramique. Vous débouchez ensuite dans Constantina, en-desssous du fort (prévoyez deux heures en tout).

Où se loger et se restaurer

Hotel San Blas (☎ 955 88 00 77 ; www.fp-hoteles.com ; Calle Miraflores 4 ; s/d 44,95/62,05 € août, Semana Santa et sam toute l'année, 33,15/46 € reste de l'année ; ✖ ✖). Cet hôtel moderne et accueillant loue des chambres mignonnes et spacieuses (grande sdb), donnant sur le château ou la piscine. Bien indiqué, il se trouve à 200 m de la route principale venant de Cazalla.

Hotel Casa Rural Las Erillas (☎ 955 88 17 90 ; www.constantina.org/erillas ; s/d avec petit déj 60/80 € ; ✖ ✖). À 500 m du Sendero Los Castañares, une confortable ferme-auberge entourée d'un charmant jardin avec piscine. Bons repas préparés à partir de produits locaux.

Mesón de la Abuela Carmen (☎ 955 88 00 95 ; Paseo de la Alameda 39 ; raciones 7-11 € ; ✖ mar-dim 9h30 jusque tard). La population locale se presse dans cette vaste brasserie aux allures d'écurie, à l'extrémité nord de la ville, afin de déguster de succulentes viandes grillées (salades et fruits de mer pour les végétariens).

Bodeguita Tomás (Calle El Peso 1 ; tapas/media-raciones 1,75/3,50 €). À côté de l'arrêt des bus, cette bodega remporte un franc succès avec ses appétissantes tapas (venaison ou frites au roquefort).

DEPUIS/VERS LE PARQUE NATURAL SIERRA NORTE
Bus

Des bus **Linesur** (☎ 954 98 82 20) circulent trois fois (deux fois samedi-dimanche) par jour entre Sevilla (Plaza de Armas), Cazalla de la Sierra (5,45 €, 1 heure 45 à 2 heures 15) et Guadalcanal (6,90 €, 2 heures 45), et trois à six fois par jour jusqu'à El Pedroso (4,65 €, 1 heure 15) et Constantina (5,45 €, 1 heure 45).

Train

La gare de Cazalla y Constantina se trouve sur l'A455 reliant Cazalla à Constantina, à 7 km de la première et 12 km de la seconde. Deux trains par jour circulent depuis/vers Sevilla (4,35 €, 1 heure 45) et s'arrêtent à El Pedroso avant de rejoindre Guadalcanal. Un train quotidien part depuis/vers Zafra, Mérida et Cáceres en Extremadura. Le train qui part à 16h30 de Sevilla arrive à 18h22 à Cazalla y Constantina. Vous pouvez ainsi prendre le bus Constantina-Cazalla qui s'arrête à 19h30 à la gare du lundi au vendredi (au besoin, vérifiez ces horaires).

Provincia de Huelva

La province de Huelva est un peu le parent pauvre de Sevilla, sa somptueuse voisine. Traversé par l'autoroute qui conduit au Portugal, le sud du territoire, en particulier, semble être le grand oublié des projets de développement. Huelva plonge pourtant ses racines dans un passé antique – c'est là qu'aurait fleurit, au VIIᵉ siècle av. J.-C., la mystérieuse civilisation de Tartessos, dont la cité fondatrice serait enfouie quelque part sous les plaines méridionales inondables. Les Tartessiens tiraient leur richesse de l'exploitation du cuivre et du bronze dans les mines du Río Tinto. Les civilisations qui suivirent prospérèrent également grâce à cette activité et, plus récemment, une compagnie minière internationale a emprunté son nom à la rivière couleur de rouille qui descend vers le sud jusqu'aux ports de l'Atlantique.

La province n'est pas uniquement vouée à l'extraction des minerais. Son sol rouge fertile, ses plaines détrempées et son climat propice font d'elle le site d'une des principales réserves naturelles d'Europe – un marais de 500 km² où séjournent les oiseaux migrateurs du continent. Le magnifique Parque Natural Sierra de Aracena y Picos de Aroche est une immense étendue de collines parsemée de rustiques *pueblos blancos* (villages blancs) .

Certes, Huelva n'a ni l'aspect spectaculaire de Sevilla, ni le romantisme de Granada, ni même le dynamisme de Málaga. En revanche, elle présente au visiteur le visage authentique de l'Andalousie profonde, celui d'une province d'ouvriers et de paysans dont l'existence n'a guère été altérée par le tourisme de masse qui sévit dans l'est de la région.

À NE PAS MANQUER

- Assistez, comme plus d'un million de fidèles, au plus grand pèlerinage d'Andalousie qui a lieu à **El Rocío** (p. 157)

- Explorez le **Parque Nacional de Doñana** (p. 155) et les paisibles marais de l'arrière-pays

- Marchez sur les traces de Christophe Colomb aux **Lugares Colombinos** (p. 150)

- Remontez le temps dans les villages ruraux du **Parque Natural Sierra de Aracena y Picos de Aroche** (p. 167), et laissez-vous tenter par la gastronomie régionale à la **Finca Buen Vino** (p. 170)

- Profitez des plages sauvages et ventées de la **Costa de la Luz** (p.153)

- Visitez la petite *mezquita* d'**Almonaster la Real** (p. 168), à l'écart des foules

Parque Natural Sierra de Aracena y Picos de Aroche
★ Almonaster la Real

Lugares
★ Colombinos
★ El Rocío
★ Parque Nacional de Doñana
★
Costa de la Luz

POPULATION : 465 000 HABITANTS	TEMPÉRATURES MOYENNES : JAN/AOÛT 12°C/24° C	ALTITUDE : 0–913 m

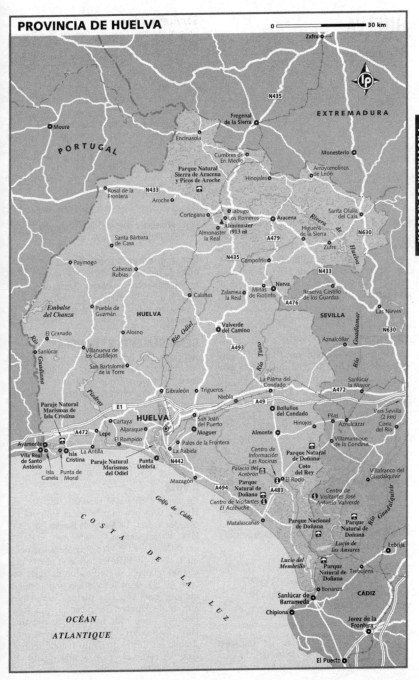

HUELVA

145 000 habitants

Installée au confluent de l'Odiel et du Tinto, la capitale de la province est une ville portuaire laborieuse. Si les usines prolifèrent à la périphérie, le centre de Huelva reste néanmoins plaisant. La cité fut probablement fondée par les Phéniciens, il y a quelque 3 000 ans, sous le nom d'Onuba. Ces derniers exploitèrent sa situation à l'embouchure de l'estuaire pour exporter dans le bassin méditerranéen le produit des mines de l'arrière-pays. À l'époque romaine, la ville se développa grâce au commerce des minerais. Plus tard, elle commanda les routes de l'or et de l'argent en provenance des colonies espagnoles d'Amérique, mais perdit ce monopole en 1503 au profit de la puissante Séville. Le tremblement de terre qui dévasta Lisbonne en 1755 détruisit en partie Huelva. La renaissance urbaine et l'industrialisation tous azimuts qui s'ensuivit l'ont transformée en une ville résolument moderne et peu attachante.

ORIENTATION

Le centre-ville s'étend sur 1 km². La gare routière se trouve du coté ouest, et la gare ferroviaire au sud, Avenida de Italia. Depuis la Plaza de las Monjas, l'artère principale, Avenida Martín Alonso Pinzón (ou Gran Vía), mène vers l'est et devient l'Alameda Sundheim. Parallèlement à l'Avenida Pinzón, s'étire une étroite rue piétonne commerçante portant différents noms, de Calle Concepción à Calle Berdigón.

RENSEIGNEMENTS
Numéros d'urgence
Policía Local (☎ 959 24 84 22 ; Avenida Tomás Domínguez 2). En face de la poste principale.
Policía Nacional (☎ 959 24 84 22 ; Avenida de Italia ; ☎ 959 24 05 92 ; Paseo Santa Fe)

Accès Internet
Cyber Huelva (Calle Amado de Lázaro ; 1,50 €/h ; ⏰ 11h-14h30 et 17h-10h30 lun-jeu, jusqu'à 24h ven-sam, 16h30-10h30 dim)

Consigne
La gare routière dispose de **consignes automatiques** (3 €/j ; ⏰ 8h-20h lun-ven), la gare ferroviaire également(mêmes horaires).

Services médicaux
L'hôpital principal, **l'Hospital General Juan Ramón Jiménez** (☎ 959 20 10 88, urgences ☎ 959 20 10 00 ; Ronda Exterior Norte), se situe à 4 km au nord du centre-ville.
Croix-Rouge (Cruz Roja ; ☎ 959 26 12 11 ; Paseo Buenos Aires s/n). En face de la cathédrale. Assure les traitements d'urgence.

Argent
Les banques et les DAB sont dans le centre-ville. La gare routière dispose également d'un DAB, ainsi que d'un comptoir de change, ouvert du lundi au samedi, qui accepte les chèques de voyage

Poste
Poste principale (Avenida Tomás Domínguez 1 ; ⏰ 8h30-20h30 lun-ven, 9h30-14h sam)

Renseignements touristiques
Office du tourisme (☎ 959 25 74 03 ; www.ayuntamientohuelva.es en espagnol ; Avenida de Alemania 12 ; ⏰ 9h-19h lun-ven, 9h-14h30 sam). À deux pas de la gare routière. Le personnel vous renseignera utilement

DÉSAGRÉMENTS ET DANGERS

À l'image de beaucoup de cités portuaires, Huelva peut parfois sembler fruste, mais la majorité des habitants se montrent ouverts et accueillants. On risque toutefois de rencontrer çà et là quelques individus louches (la ville connaît des problèmes de drogue) quand on s'éloigne du centre. Prenez garde à vos affaires où que vous alliez et ne laissez rien dans les voitures en stationnement.

À VOIR

En dépit d'un passé reconnu, les sites de Huelva sont peu nombreux et éloignés les uns des autres. Le **Museo de Huelva** (☎ 959 25 93 00 ; Alameda Sundheim 13 ; entrée libre ; ⏰ 15h-20h mar, 9h-20h mer-sam 9h-14h dim) traite principalement de la préhistoire locale et abrite une section relative à la civilisation de Tartessos (voir p. 21), dont les vestiges reposeraient quelque part sous les plaines inondables autour de Huelva. La pièce la plus intéressante – une roue hydraulique romaine, jadis manœuvrée par des esclaves pour drainer les mines du Tinto – a été remisée dans les réserves et on ignore quand elle sera de nouveau visible.

L'histoire des mines (voir p. 163) a produit un curieux patrimoine. À la fin du XIXe siècle, la compagnie minière britannique Rio Tinto fit en effet venir des ouvriers à Huelva, qu'elle logea dans des lotissements de style victorien. L'un d'eux, le **Barrio Reina Victoria**, s'étend à l'extrémité est de l'Alameda Sundheim.

Une autre balade associée au Río Tinto s'offre à vous le long du **Muelle Río Tinto**, impressionnante jetée métallique s'incurvant jusqu'à l'estuaire de l'Odiel, à 500 m au sud du port. Elle fut construite dans les années 1870 par George Barclay Bruce, disciple britannique de Gustave Eiffel, à la demande de la compagnie Rio Tinto.

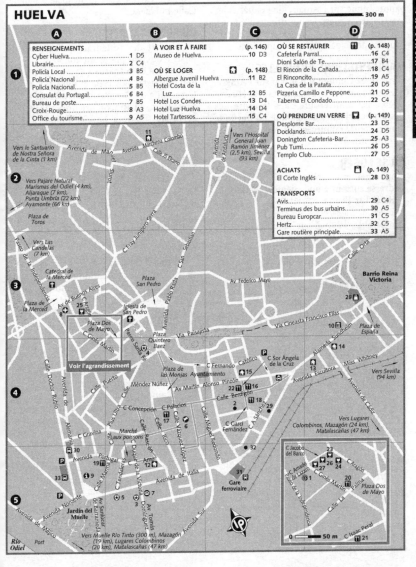

PROVINCIA DE HUELVA

HUELVA

0 ————— 300 m

RENSEIGNEMENTS
Cyber Huelva	1 D5
Librairie	2 C4
Policía Local	3 B5
Policía Nacional	4 B4
Policía Nacional	5 B4
Consulat du Portugal	6 B5
Bureau de poste	7 B5
Croix-Rouge	8 A3
Office du tourisme	9 A5

À VOIR ET À FAIRE (p. 146)
Museo de Huelva	10 D3

OÙ SE LOGER (p. 148)
Albergue Juvenil Huelva	11 B2
Hotel Costa de la Luz	12 B5
Hotel Los Condes	13 D4
Hotel Luz Huelva	14 D4
Hotel Tartessos	15 C4

OÙ SE RESTAURER (p. 148)
Cafetería Parral	16 C4
Dioni Salón de Te	17 B4
El Rincon de la Cañada	18 C4
El Rinconcito	19 A5
La Casa de la Patata	20 D5
Pizzeria Camillo e Peppone	21 D5
Taberna El Condado	22 C4

OÙ PRENDRE UN VERRE (p. 149)
Desplome Bar	23 D5
Docklands	24 D5
Donington Cafeteria-Bar	25 A3
Pub Tumi	26 D5
Templo Club	27 D5

ACHATS (p. 149)
El Corte Inglés	28 D3

TRANSPORTS
Avis	29 C4
Terminus des bus urbains	30 C5
Bureau Europcar	31 C5
Hertz	32 C5
Gare routière principale	33 A5

Le **Santuario de Nuestra Señora de la Cinta** (☎ 959 25 93 00 ; entrée libre ; ⏰ 8h-18h), une chapelle, à 2 km au nord du centre-ville à hauteur de l'Avenida de Manuel Siurot, aurait reçu la visite de Christophe Colomb avant son embarquement. Cet épisode a été immortalisé par l'artiste Daniel Zuloaga sur des carreaux. L'emplacement du sanctuaire au sommet d'une colline offre une vue panoramique sur l'estuaire de l'Odiel et les marécages à l'ouest. Le bus urbain n°6 (1 €), qui part du terminal à l'extérieur de la gare routière principale, vous y emmènera.

MANIFESTATIONS ANNUELLES

Christophe Colomb mit le cap sur l'Amérique le 3 août 1492. Chaque année, Huelva célèbre cet anniversaire dans le cadre des **Fiestas Colombinas**, une semaine où musique danse, sport, culture et tauromachie sont à l'honneur.

OÙ SE LOGER

L'hébergement, très limité à Huelva, s'adresse surtout à une clientèle d'affaires.

Hotel Luz Huelva (☎ 959 25 00 11 ; Alameda Sundheim 26 ; s/d 84/99 € ; P ⌗). Terne mais confortable, le meilleur établissement de la ville occupe un affreux bâtiment jaune doté de balcons en béton. Téléphonez à l'avance pour être sûr d'obtenir une place de parking.

Hotel Costa de la Luz (☎ 959 25 64 22 ; fax 959 25 32 14 ; Calle José María Amo 8 ; s/d 27/47,58 €). Malgré la proximité du marché aux poissons, le Costa de la Luz offre un confort honnête et l'équipe de réception se montre affable. Le décor rappelle les années 1970.

Hotel Los Condes (☎ 959 28 24 00 ; www.hotel-loscondes.com en espagnol ; Alameda Sundheim 14 ; s/d 38,95/56,85 € ; P ⌗). Les tarifs sont moitié moins chers que ceux de l'Hotel Luz, situé dans le même périmètre. En dépit d'un cadre spartiate, les installations et les chambres climatisées sont correctes.

Hotel Tartessos (☎ 959 28 27 11 ; fax 959 25 06 17 ; Avenida Martín Alonso Pinzón 13 ; s/d 53,50/64 € ; P ⌗). Immense et moderne, cet établissement compte une centaine de chambres bien équipées. Situé le long de l'artère principale quand on arrive en ville par l'*autovía* (autoroute à quatre voies, sans péage), il jouit d'un emplacement pratique pour ceux qui ne veulent pas rester bloqués dans le trafic des routes à deux voies.

Albergue Juvenil Huelva (☎ 959 25 37 93 ; Avenida Marchena Colombo 14 ; dort moins/plus de 26 ans 12,90/17,25 €). Une auberge de jeunesse moderne, avec des installations de bon niveau (toutes les chambres ont une sdb), mais excentrée, à 2 km au nord de la gare routière. Le bus urbain n°6 (1 €), qui part du terminal situé devant la principale gare routière, s'arrête cependant juste à l'angle, Calle JS Elcano.

OÙ SE RESTAURER

La plupart des restaurants et des bars à tapas n'ouvrent pas avant 20h30.

El Rincon de la Cañada (☎ 959 54 03 21 ; Calle Garcí Fernández 5 ; plats 15 €). Malgré un sol en terre cuite et des meubles rustiques sans prétention, El Rincon est un endroit chic et prisé, toujours bondé, même à 17h. L'établissement dispose aussi d'une autre salle de l'autre côté de la rue. Allez-y pour le poisson frais que l'on choisit dans une vitrine réfrigérée.

Las Candelas (☎ 959 31 83 01 ; Carretera Punta Umbría ; plats 8-14 € ; ⏰ fermé dim). Le restaurant le plus réputé de Huelva vous attend à Aljaraque, à 7 km à l'ouest. Comme La Cañada, il a fait du poisson frais sa délicieuse spécialité, à déguster dans un décor d'auberge traditionnelle.

Taberna El Condado (Calle Sor Ángela de la Cruz 3 ; tapas 1,50 €). Un sympathique bar à tapas, en fait une unique salle dominée par un comptoir croulant sous les jambons. Les chaises de metteur en scène et les tables installées dans la rue piétonne invitent, le soir, à siroter une bière.

La Casa de la Patata (☎ 959 28 25 75 ; Calle Ginés Martín ; pommes de terre au four 1,20-3,30 € ; ⏰ mardim). Au nord de la ville, dans une rue chic à hauteur du Paseo de la Independencia, ce restaurant moderne et soigné sert des pommes de terre au four encore fumantes à des étudiants affamés. À l'écart du centre, il permet de déjeuner dans un environnement tranquille pour une somme raisonnable.

El Rinconcito (Calle Marina 4 ; raciones 7-9 €). Un bar sommaire fréquenté par une clientèle masculine, dans les rues sales et ordinaires qui entourent le marché aux poissons. Les plats de poisson authentiques et l'atmosphère de pêcheurs sont ici à l'ordre du jour, si toutefois vous parvenez à vous frayer un chemin au milieu des gens rassemblés à côté du bar.

Cafetería Parral (Calle Sor Ángela de la Cruz 2 ; tapas 2,50 €, raciones 3-4 €). En face d'El Condado, cet honnête café ouvrier est réputé pour ses *platos combinados* (fruits de mer, omelette ou viande avec garniture ; 5 €), ses menus de trois plats à 7 € , ainsi que ses tapas et ses raciones (grosses portions de tapas) de viande ou de poisson.

Pizzeria Camillo e Peppone (Calle Isaac Peral ; pâtes et pizzas 4,50-7 € ; ⊗ fermé mer). Très animé le week-end. On vient y savourer des pizzas et des pâtes assez authentiques.

Dioni Salón de Te (Calle Palacios 3). Cadre plaisant et pâtisseries appétissantes, exposées sur un comptoir scintillant.

Au nord de la Plaza Quintero Baez, l'Avenida Pablo Rada est bordée de restaurants avec terrasse, qui ouvrent pour le déjeuner. Vous pouvez y manger des en-cas ou vous attabler pour un vrai repas, mais cette large avenue embouteillée manque de charme.

OÙ BOIRE UN VERRE

Après 21h, certains bars à tapas de l'Avenida Martín Alonso Pinzón, dont la Taberna El Condado et la Cafetería Parra I (voir p. 148), sont assez animés. Plus tard, la foule afflue aux bars et aux terrasses de l'Avenida Pablo Rada et, dans une moindre mesure, aux bars qui jalonnent la Plaza de la Merced. Autour de l'université (Plaza de la Merced) se concentre un groupe d'établissements, tel le pub irlandais **Docklands** (Calle Aragón), l'élégant **Donington Cafeteria- Bar** (Calle Aragón), le **Desplome Bar** (Calle Jacobo del Barco), le **Pub Tumi** (Calle Jacobo del Barco) et le **Templo Club** (Calle Jacobo del Barco) au décor étrange. Tous ouvrent leurs portes vers 20h30 et attirent surtout une clientèle estudiantine.

ACHATS

Le grand magasin **El Corte Inglés** (Plaza de España) présent dans chaque ville d'Espagne, vend toute une gamme de produits, des vêtements à l'alimentation. Pratique pour regrouper vos achats.

La rue piétonne qui relie la Calle Concepción à la Calle Berdigón abrite une multitude de petits commerces.

COMMENT S'Y RENDRE ET CIRCULER
Bus

La compagnie **Damas** (☎ 959 25 69 00 ; www. damas-sa.es) dessert fréquemment Sevilla (6,15 €, 1 heure 15, au moins 18 départs quotidiens). Son site web fournit les horaires de toutes les lignes de la province, particulièrement utiles pour certains services limités à un seul bus le week-end.

Il existe des liaisons régulières avec les villes alentour, dont les stations balnéaires de Mazagón (1,55 €, 35 min, 15/jour lunven, 10 sam-dim), Matalascañas (3,50 €, 50 min, 5/j lun-ven, 3 sam-dim) et Isla Cristina (3,45 €, 1 heure, 11/j). D'autres concernent La Rábida (0,85 €, 25 min, 7/j minimum), Minas de Riotinto (4,85 €, 1 heure 15, 5/j lun-sam), Punta Umbría (1,70 €, 30 min, 14/j), Almonaster la Real (5,75 €, 2 heure 30, un/j lun-ven) et Ayamonte (3,85 €, 1 heure, 11/j lun-ven, 6 sam-dim), juste avant la frontière avec le Portugal.

Des bus se rendent également à Madrid (18,70 €, 7 heures, 3 par jour). Pour les autres destinations en dehors de la province de Huelva, il faut normalement changer à Sevilla. Des bus partent de Huelva pour Faro (2 heures 15, 2/j lun-sam) au Portugal. Pour gagner le Portugal, reportez-vous p. 431.

Voiture et moto

La conduite à Huelva relève du défi. Il existe un parking en bordure de rue près des gares routières et ferroviaires, ainsi qu'un parking gardé de 500 places en remontant l'Avenida de Italia depuis la gare routière. Le parking coûte 0,30/1,10 € pour 35/122 min ou 12 € pour 24 heures. Si votre voiture part à la fourrière, rendez-vous au poste de la **Policía Local** (☎ 959 24 84 22 ; Avenida Tomás Domínguez 2) ou téléphonez au ☎ 959 24 93 50.

Des taxis attendent près de la gare routière, Plaza de la Merced et Plaza de las Monjas. Sinon, vous pouvez appeler un taxi (☎ 959 28 13 13 et ☎ 959 25 00 22).

Pour louer un véhicule, contactez **Avis** (☎ 959 28 38 36 ; Avenida de Italia 107), **Hertz** (☎ 959 26 04 60 ; Avenida de Italia) ou **Europcar** (☎ 959 28 53 35), dans la gare ferroviaire.

Train

De la **gare ferroviaire** (☎ 959 24 56 14 ; www. renfe.com ; Avenida de Italia) partent chaque jour 3 trains pour Sevilla (6,40 €, 1 heure 30), et un *Talgo 200* pour Córdoba (15,50 €, 2 heures) et Madrid (55 €, 4 heures 15) l'après-midi.

ENVIRONS DE HUELVA

PARAJE NATURAL MARISMAS DEL ODIEL

Cette réserve marécageuse de 72 km^2 s'étend de part et d'autre de l'estuaire de l'Odiel, juste à côté de Huelva. En hiver, jusqu'à 1 000 flamants roses et 4 000 couples de spatules élisent domicile dans le parc. Vous pourrez notamment observer des balbuzards, des hérons cendrés et des hérons pourprés. Certains de ces oiseaux peuvent facilement être aperçus depuis la route qui traverse les marais sur de 20 km.

On peut rejoindre les marais par la route A497 de Punta Umbría, à l'ouest de Huelva, puis en traversant le pont du Río Odiel, avant de bifurquer à droite en direction de "Ayamonte, Corrales, Dique Juan Carlos I", et de tourner immédiatement à gauche vers Espigón, ce qui vous ramène en direction de Huelva. Cependant, avant de retraverser le pont, prenez à droite et suivez l'indication "Dique Juan Carlos Ier". Cette route mène au **Centro de Visitantes Calatilla** (☎ 959 50 02 36 ; ☾ 10h-14h et 17h-21h, fermé les jours fériés). Plusieurs sentiers partent vers le sud ; demandez au centre lesquels sont ouverts.

Erebea SL (☎ 660 41 49 20 ; www.erebea.com en espagnol ; Carretera Las Islas km 2,5) organise des visites guidées de la réserve en bateau (25 €/pers, 4 heures), en 4x4 (4 €), à pied (15 €) ou à cheval (6 €, 1 heure 30). Si vous n'êtes pas motorisé, on peut vous prendre à Huelva (pour d'autres circuits, voir *Punta Umbría*, p. 159).

LUGARES COLOMBINOS

L'histoire épique de Christophe Colomb constitue le principal titre de gloire de Huelva, et son atout touristique. Les Lugares Colombinos (les "lieux de Colomb") englobent les localités de La Rábida, Palos de la Frontera et Moguer.

Bordant la rive est de l'estuaire du Tinto, ces bourgades peuvent faire l'objet d'une jolie excursion de 40 km aller-retour depuis Huelva. (Voir p. 158 pour savoir comment vous y rendre.)

C'est à La Rábida, le premier et le plus important des trois sites, que Colomb trouva refuge dans un monastère franciscain, après le rejet de son grand projet par le roi du Portugal João II. Il y rencontra l'abbé Juan

Pérez (ancien confesseur de la reine Isabelle la Catholique), qui épousa sa cause et l'aida à obtenir les faveurs de la cour.

La Rábida
400 habitants

Les moines franciscains du **Monasterio de la Rábida** (☎ 959 35 04 11 ; 2,50 €, 3 € avec audio-guide ; ☾ 10h-13h et 16h-19h mar-sam avr-sept, 10h-13h et 16h-18h15 mar-sam oct-mars, 10h-13h et 16h45-20h mar-sam août, 10h45-13h dim toute l'année) jouèrent un rôle crucial dans le succès de Christophe Colomb. Ils apportèrent un soutien à son projet d'expédition et une grande partie de l'organisation du voyage fut étudiée dans leurs murs.

Niché au milieu des pins, ce monastère du XIVe siècle de style mudéjar est un havre de paix désormais consacré au mythe de Colomb. Les religieux assurent de passionnantes visites de 50 minutes (en espagnol). Celles-ci comprennent les peintures murales réalisées dans les années 1930 par l'artiste de Huelva Daniel Vázquez Díaz, l'église où repose le capitaine Martín Alonso Pinzón, ainsi qu'une chapelle abritant une Vierge en albâtre du XIIIe siècle, devant laquelle pria le navigateur. À l'étage, dans la **Sala Capitular** (salle capitulaire), Colomb, Fray Pérez (l'abbé de La Rábida) et les frères Pinzón réglèrent les derniers détails de l'expédition.

Les jardins enchanteurs du **Parque Botánico** (☎ 959 53 05 35 ; 1,50 € ; ☾ 10h-21h mar-dim avr-sep ; 10h-19h mar-dim oct-mars) exposent une impressionnante collection de plantes et de fleurs d'Amérique du Sud. Dans les jardins du monastère, le **Centro de Recepción** (☎ 959 53 05 35), suit les mêmes horaires que l'édifice. Il fournit des renseignements sur tous les sites de la région, qui sont par ailleurs très mal indiqués.

Pour en savoir plus sur La Rábida, adressez-vous à l'**office du tourisme** (☎ 949 53 05 35 ; Paraje de la Rábida s/n ; ☾ 10h-14h et 17h-21h mar-ven, 10h-15h mar-dim oct-mars).

Aucune excursion sur les traces de Christophe Colomb ne serait complète sans une visite au **Muelle de las Carabelas** (Quai des caravelles ; ☎ 959 53 05 97 ; 3 € ; ☾ 10h-14h et 17h-21h mar-ven, 11h-21h sam, dim et fêtes avr-sept, 10h-19h mar-dim oct-mars), où découvrir des répliques grandeur nature des trois caravelles du navigateur (la *Niña*, la *Pinta* et la *Santa María*), amarrées le long d'un quai du XVe siècle reconstitué.

Vous serez étonné par la petite taille des navires, dont aucun ne dépasse les 30 m de long, et par les horribles conditions de vie à bord qui donnent un aperçu de l'exploit. Quelques mannequins kitsch, dont quelques Indiens dénudés sont censés apporter un supplément de réalisme.

À côté du monastère, l'**Hostería de La Rábida** (☎ 959 35 03 12 ; d 51,30 €), auberge traditionnelle, propose cinq chambres bien aménagées. Située dans un jardin verdoyant, cette adresse agréable affiche souvent complet, longtemps à l'avance.

Le seul autre établissement proche de La Rábida, l'**Hotel Santa María** (▶ ☎ 959 53 00 01 ; fax 959 35 04 99 ; Carretera La Rábida-Palos, km 16 ; s/d 20/40 €), à 1 km sur la route de Palos de la Frontera, possède 18 chambres douillettes.

Palos de la Frontera
7 900 habitants

La petite ville de Palos de la Frontera, à 4 km au nord-est de La Rábida, est le port où s'embarqua Christophe Colomb. La cité lui fournit d'ailleurs deux vaisseaux, ainsi que la moitié des hommes qui constituèrent son équipage. Aujourd'hui, quoique plaisante, Palos ne connaît plus la même effervescence. Depuis qu'elle a perdu son accès à l'embouchure du Tinto, à la suite de son envasement, ce n'est plus qu'une bourgade provinciale comme une autre, même si elle reste fière du rôle joué dans la découverte de l'Amérique grâce aux frères Pinzón. En témoigne la statue de Martín Alonso Pinzón qui trône sur la place centrale. En remontant la Calle Cristóbal Colón vers le nord-est, vous atteindrez rapidement la **Casa Museo Martín Alonso Pinzón** (Calle Cristóbal Colón 24 ; entrée libre ; 🕙 10h-14h et 17h-19h30 lun-ven), fermée à l'heure où nous rédigeons. Située en réalité entre les n°32 et 36, vous la repérerez à sa belle porte ancienne. C'est dans cette maison que résidait le capitaine de la *Pinta* et où, comme le proclame une inscription, la découverte de l'Amérique fut organisée.

PROVINCIA DE HUELVA

LES QUATRE TRAVERSÉES DE CHRISTOPHE COLOMB

En avril 1492, Christophe Colomb (Cristóbal Colón en espagnol) reçut enfin l'appui de la royauté espagnole pour son projet d'expédition en Orient, riche en épices. Ce projet, qui se traduisit par quatre voyages entrepris par le navigateur dans les dix dernières années de sa vie, allait engendrer en Espagne un fabuleux âge d'or.

Colomb partit de Palos le 3 août 1492, avec cent hommes et trois vaisseaux : la *Santa María*, navire amiral, la *Niña* et la *Pinta*. Après un séjour d'un mois dans les îles Canaries, Colomb mit le cap sur l'ouest et, au bout de trente et un jours de mer, accosta, le 12 octobre, sur l'île de Guanahaní, aux Bahamas, qu'il baptisa San Salvador. Poursuivant son périple, il découvrit Cuba et Haïti qu'il baptisa Hispaniola, où coula la *Santa María*. Le bois de l'épave servit à construire un fort (Fuerte Navidad).

En janvier 1493, les deux bateaux rescapés rentrèrent au bercail, laissant 33 Espagnols à Fuerte Navidad. Le 15 mars, ils revinrent à Palos de la Frontera avec, à leur bord, six Indiens des Caraïbes (représentés de façon ridicule sur le Muelle de las Carabelas, p. 150), des animaux, des plantes et des ornements d'or. Colomb reçut un accueil triomphal. Tout le monde pensait en effet qu'il avait atteint les Indes orientales (il s'était, en fait, trompé de 12 800 km dans ses calculs !).

En 1493 et en 1498, le navigateur entreprit deux autres traversées qui se soldèrent par la découverte de la Jamaïque, de Trinidad et d'un certain nombre d'îles des Caraïbes. Cependant, Colomb se montra incompétent en tant qu'administrateur colonial, réduisant les Indiens à l'esclavage et les contraignant au travail forcé dans les mines d'or destinées à alimenter sans cesse les coffres de l'État espagnol. Sa gestion désastreuse de la situation déboucha sur la révolte des colons d'Hispaniola. Avant qu'il n'ait pu mettre fin à ce soulèvement, il fut arrêté par un émissaire royal venu d'Espagne et renvoyé dans la péninsule Ibérique. Toujours en quête de la route des Indes, son quatrième et dernier voyage, en avril 1502, le conduisit au Honduras et à Panama. Mais il resta bloqué pendant toute une année en Jamaïque, ses vaisseaux ayant été mangés par les vers marins.

De retour en Espagne, Colomb connut une triste fin. Il mourut pauvre, à Valladolid, au nord du pays, en 1506, croyant avoir atteint l'Asie. Ses restes reposèrent au monastère de la Cartuja, à Séville, avant d'être transférés à Hispaniola en 1536, d'où ils furent emmenés à Cuba, puis de nouveau rapportés en 1899 à la cathédrale de Séville, où ils se trouvent encore aujourd'hui – mais la sépulture monumentale du navigateur renferme sans doute un corps qui n'est pas le sien (voir p. 97).

En descendant la rue, vous découvrirez **l'Iglesia de San Jorge** (Calle Cristóbal Colón ; 10h-12h et 19h-20h mar-dim) qui date du XIVe siècle. Avant leur embarquement, le 3 août 1492, Colomb et ses hommes y reçurent la communion et franchirent le portail mudéjar face à la petite place. Dix semaines auparavant, l'édit royal ordonnant à la ville d'aider Colomb avait été lu à haute voix sur la place, où un mémorial indique le nom des 35 habitants de Palos qui accompagnèrent le navigateur dans son périple.

Un peu plus bas dans la rue, vous pourrez observer, dans un petit parc, **La Fontanilla** (Calle Cristóbal Colón), un puits en brique où l'équipage de Colomb puisa de l'eau en prévision de la traversée. Au-dessus, une plateforme d'observation porte une plaque désignant l'emplacement de la jetée d'où partirent les trois vaisseaux.

Proche de la place centrale, la **Pensión Rábida** (959 35 01 63 ; Calle Rábida 9 ; s/d 9/20 €), une pension standard, propose des chambres propres et très bon marché. Sa cafétéria sert des *platos combinados* entre 5 et 7 €.

Plus grand et meilleur que le précédent, l'**Hotel La Pinta** (959 35 05 11 ; fax 959 53 01 64 ; Calle Rábida 79 ; s/d 24/48 €) se trouve à deux pas, dans la même rue. Certes un cran au-dessus de son voisin, il pratique cependant des prix exagérés pour des chambres toutes simples. Le restaurant de l'établissement affiche un *menú* (menu à prix fixe) à 10 €.

Moguer
16 000 habitants

Moguer est une ravissante petite ville blanche, teintée de baroque andalou, qui partage une histoire commune avec Palos, tout en présentant un charme propre. Sa beauté ensoleillée a été abondamment célébrée par le poète local Juan Ramón Jiménez (1881–1958), lauréat du prix Nobel de littérature en 1956. Les rues portent des plaques comportant des citations de *Platero y Yo* (*Platero et moi* ; voir p. 47), l'une de ses œuvres. Son ancienne demeure a été transformée en musée.

ORIENTATION
Il n'est pas toujours évident de trouver son chemin. Si vous arrivez en voiture par le sud, guettez les panneaux indiquant un parking situé en bordure de l'office du tourisme, bien pratique pour accéder dans le centre.

Si vous venez du nord-ouest, mieux vaut vous garer dès que possible pour circuler à pied. Une fois que vous aurez repéré la place centrale, la Plaza del Cabildo, avec son charmant jardin dans lequel se dresse la statue de Juan Ramón Jiménez, les choses seront plus simples.

RENSEIGNEMENTS
Un **office du tourisme** efficace (959 37 18 98 ; www.aytomoguer.es en espagnol ; Calle Castillo s/n ; 10h30-13h30 et 18h-20h lun-ven avr-sept, 10h30-13h30 et 17h-19h lun-ven oct-mars) occupe le vieux château de Moguer, en cours de restauration. L'office fournit une foule d'informations, de même qu'une brochure permettant de suivre un itinéraire consacré à Ramón Jiménez. Le château se tient à deux pâtés de maisons au sud de la Plaza del Cabildo, à hauteur de la Calle Rábida.

À VOIR
Le premier des plaisirs consiste tout simplement à se balader le matin dans les rues animées de Moguer. Partout vous découvrirez de beaux bâtiments, dont l'**ayuntamiento** (hôtel de ville ; Plaza del Cabildo ; 10h30-14h30 lun-ven), élégant édifice italianisant du XVIIIe siècle doté d'une façade néoclassique à arcades superposées. Jetez un coup d'œil à l'intérieur pour admirer son charmant patio.

C'est dans le **Monasterio de Santa Clara** (959 37 01 07 ; Plaza de las Monjas ; visite guidée 1,80 € ; 11h-13h et 17h-19h mar-ven) que Colomb, de retour de sa première expédition, passa sa première nuit. Il s'était promis de prier jusqu'au matin s'il sortait vivant de la terrible tempête qui s'était abattue sur les Açores. Ce monastère du XIVe siècle possède un joli cloître mudéjar, d'anciennes cellules monacales et une précieuse collection d'art sacré Renaissance, composée notamment de sculptures, de tapisseries et d'argenterie.

À 5 min à pied de la Plaza del Cabildo (suivez la Calle Burgos y Mazo), la **Casa Museo Zenobia y Juan Ramón** (959 37 21 48 ; Calle Juan Ramón Jiménez 10 ; 1,80 € ; 10h15-13h15 et 17h15-19h15 mar-sam 10h15-13h15 dim), ancienne demeure de Juan Ramón Jiménez, renferme des souvenirs liés à la vie du poète et de son épouse, Zenobia Camprubí. Les visites guidées durent une heure.

Monument baroque du XVIIIe siècle, l'**Iglesia de Nuestra Señora de la Granada**, à un pâté de maisons au sud-est de la Plaza del

---

DÉTOUR : NIEBLA

À une trentaine de kilomètres de Huelva, sur la A472 qui mène à Sevilla, la cité médiévale de Niebla, l'une des mieux conservées d'Andalousie, se cache derrière une muraille ocre rouge de 2 km, défendue par 50 tours et dotée de cinq portes. Pour l'atteindre, il faut franchir un pont romain du IIe siècle, soigneusement restauré après sa destruction lors de la guerre civile.

À l'intérieur des remparts le dédale des ruelles est agréable à explorer. Au cœur de la vieille ville, la **Mezquita-Iglesia Santa María de la Granada** (Plaza Santa María) associe les caractéristiques d'une mosquée et d'une église gothico-mudéjare (clé disponible à la Casa de Cultura qui jouxte l'édifice). L'énorme **Castillo de los Guzmanes** (4 €), sur les hauteurs de la ville, était initialement une forteresse à laquelle Enrique de Guzmán fit de nombreux ajouts au XVe siècle. Aujourd'hui, il accueille en été des pièces de théâtre.

L'**office du tourisme** municipal (☎ 959 36 22 70 ; Plaza Santa María ; ⊙ 10h-18h), dans le centre de la partie fortifiée, fournit des informations sur les monuments de la ville et sur les spectacles.

Marqués, est flanquée d'une tour immortalisée par Jiménez, qui la compara, vue de loin, à la Giralda de Sevilla.

OÙ SE LOGER ET SE RESTAURER

Hostal Pedro Alonso Niño (☎ 959 37 23 92 ; Calle Pedro Alonso Niño 13 ; s/d 13,85/22 €). Proche du Convento de Santa Clara, au bout de la Calle Monjas, cet endroit chaleureux abrite de confortables chambres (avec douche), dont les meilleures donnent sur un patio.

Hostal Platero (☎ 959 37 21 59 ; Calle Aceña 4 ; s/d 15,20/26 €). Ce petit *hostal* (sorte de pension) loue des chambres simples et propres mais l'accueil est moins avenant qu'à l'Hostal Pedro, tout proche.

Mesón El Lobito (Calle Rábida 31 ; raciones 4,50-9 €). Installé dans une vieille bodega (bar à vin traditionnel), l'endroit ne vous laissera pas indifférent. Les murs noircis par la fumée sont couverts de graffitis. Des toiles d'araignées et de curieux objets pendent au plafond. Les gens du cru viennent ici vendre leurs primeurs. Poissons et viandes grillés *a la brasa* (sur la braise) y sont savoureux et le vin bon marché (0,15 € le verre).

Mesón La Parralla (Plaza de las Monjas 22 ; plats 5-12 €). La meilleure table de la ville, en vedette sur sa plus belle place (en face du monastère de Santa Clara), est une taverne familiale. On y sert d'excellentes grillades et des spécialités de poisson, ainsi que des tapas classiques et un *menú* d'un bon rapport qualité-prix.

Bodeguita de Los Raposo (Calle Fuente 60 ; petites/moyennes/grandes assiettes 1/1,50/2,20 €). Voilà encore un endroit formidable ! On commande ici une assiette de taille variable parmi plus d'une quarantaine de plats de poisson, de viande et de salades.

En matière de vins locaux, on a l'embarras du choix. Essayez le "Licor de Viagra", qui fait des merveilles, aux dires du patron, toujours souriant.

Comment s'y rendre et circuler

Douze bus quotidiens quittent Huelva toutes les demi-heures à destination de Palos (0,90 €, 25 min) ; le service est toutefois moins fréquent le week-end. Il existe trois embranchements pour le centre-ville de Palos sur la route La Rábida–Moguer ; le plus au nord jouxte La Fontanilla (voir p. 152).

Une dizaine de bus de la compagnie Damas relient chaque jour la gare routière de Huelva à La Rábida et à Palos de la Frontera ; certains continuent jusqu'à Mazagón, mais la plupart ont leur terminus à Moguer (0,95 €, 30 min). À Moguer, les véhicules partent de la Calle Coronación, au nord de la Plaza Cabildo.

SUD-EST DE HUELVA

Une longue plage de sable s'étire sur 60 km, au sud-est des faubourgs de Huelva, jusqu'à l'embouchure du Río Guadalquivir. Bien que parfois ventée, elle jouit d'un climat propice la majeure partie de l'année et partage les caractéristiques de nombreuses plages plus réputées de la Costa de la Luz, dans la province de Cádiz : sable blanc, dunes et vaste barrière de pins. Fréquentées surtout par les vacanciers espagnols, les villes de Mazagón et de Matalascañas, à chaque extrémité de la route littorale, sont des stations balnéaires banales et sans prétention.

MAZAGÓN

3 000 habitants

Sans grand attrait à première vue, Mazagón s'avère pourtant une station balnéaire avenante en été, avec des immeubles bas et une atmosphère de vacances qui lui est propre. L'**office du tourisme** (☎ 959 37 63 00 ; Carretera de la Playa ; ☺ 10h-14h lun-ven) se tient dans l'artère principale. La Carretera de la Playa s'étire sur 1 km, de la N442 jusqu'à la plage et une grande marina. La partie résidentielle de la ville longe, vers l'est, l'Avenida de los Conquistadores, en bordure de plage, sur 3 km, mais n'a guère de cachet. En dehors de la plage, le véritable cœur de la station se situe au milieu de la Carretera de la Playa, Avenida Fuentepiña, une avenue piétonne jalonnée de bars et restaurants agréables.

À l'est de Mazagón, vous pouvez aisément accéder à la **plage** à côté du Parador de Mazagón, à 3 km de la ville. À **Cuesta de Maneli**, 9 km plus loin, une promenade en planches de 1,2 km de long part d'un parking et rejoint la plage. Elle traverse une forêt de pins et de genévriers et franchit des dunes de 100 m de haut. Une partie de la plage de Cuesta de Maneli est réservée aux naturistes.

Où se loger et se restaurer

Parador de Mazagón (☎ 959 53 63 00 ; www.parador. es en espagnol ; Playa de Mazagón ; d basse/haute saison 106,80/123 € ; P ⊠ ⊠). À 3 km à l'est de la ville, ce *parador* couvert de plantes grimpantes est un pur produit des années 1970. À mi-chemin entre le bungalow de plage californien et le ranch, avec de larges vérandas, des plafonds en bois et des literies jaune pâle, ainsi que des pelouses et des haies méticuleusement taillées, il propose des chambres luxueuses. Les hôtes bénéficient d'un accès facile à la plage depuis les jardins aménagés au sommet de la crête.

Hotel Albaida (☎ 959 37 60 29 ; www.hotelalbaida. com ; Carretera Huelva-Matalascañas km 18,3 ; s/d 50/80 € ; P ⊠). À 600 m à l'est du centre-ville, le plus élégant des établissements de catégorie moyenne, occupe une villa d'allure classique au milieu des pins. Les chambres sont claires et confortables, décorées avec goût dans des couleurs primaires.

Hostal Álvarez Quintero (☎ 959 37 61 69 ; Calle Hernández de Soto 174 ; d 34 € ; ⊠) Calme et sans chichi, cet *hostal* est proche de l'extrémité de la Carretera de la Playa, côté mer. Il pratique des tarifs très raisonnables pour des chambres climatisées un rien monastiques.

Hostal Hilaria (☎ 959 37 62 06 ; Calle Buenos Aires 20 ; d 51 €). Plus loin en montant, à hauteur de la Carretera de la Playa, un autre hostal économique et accueillant qui dispose de chambres (bruyantes en été) donnant sur une terrasse au-dessus d'un bar. Vous pourrez même louer des bicyclettes.

Camping Playa de Mazagón (☎ 959 37 62 08 ; Cuesta de la Barca s/n ; camping adulte/tente/voiture 4/4/4 € ; ☺ toute l'année). À 2 min de marche de la plage, un immense camping boisé offre des emplacements à l'ombre et à l'abri du vent. Idéal quand il fait très chaud.

Mazagón compte des dizaines de restaurants, le long de la Carretera de la Playa et de l'Avenida Fuentepiña. Les soirs d'été, le front de mer est très animé.

Las Dunas (Avenida de los Conquistadores 178 ; plats 7-12 €). À l'extrémité ouest du front de mer, près du port des yachts, vous dégusterez là de délicieuses spécialités de poisson en profitant de la vue sur la marina.

El Remo (Avenida de los Conquistadores 123 ; plats 8-12 €). Une table de fruits de mer pourvue d'une vaste terrasse pour dîner dehors. Simplement grillés ou frits, les poissons constituent toujours le meilleur choix – mention spéciale pour la *dorada* (dorade) et la *merluza* (merlu), succulentes.

El Choco (Avenida Fuentepiña 47 ; tapas 1,50 €). Il règne une bonne ambiance dans ce bar à tapas où se pressent les gens du coin.

Depuis/vers Mazagón

Des bus quotidiens relient Huelva à Mazagón (1,55 €, 35 min, 15/j lun-ven, 10/j samdim) *via* La Rábida et Palos de la Frontera, et *vice-versa*. Service réduit le week-end et les jours fériés. Il y a un arrêt de bus sur la Carretera de la Playa, près du croisement avec l'Avenida Fuentepiña.

MATALASCAÑAS

500 habitants

Envahie de grands hôtels aux couleurs de sucre d'orge et d'immeubles résidentiels assez bas, cette station balnéaire moderne présente un curieux contraste avec les étendues sauvages du parc national de Doñana, qui la jouxte. Une superbe plage (la plus belle portion se trouve à l'extrémité est, vers le parc) et une foule d'animations en font, l'été, une des escapades favorites des Sévillans, malgré son esthétique contestable. Plutôt réussi, le Parque Dunar, un champ de dunes parsemé d'aires de pique-nique et sillonné de pistes cyclables et de sentiers pédestres, a ouvert récemment. Hors saison, les rues et les centres commerciaux de la ville sont déserts.

Orientation et renseignements

Matalascañas s'étend sur 4 km, au sud-est de la jonction de l'A494 qui vient de Mazagón avec l'A483 en provenance d'El Rocío. De là, l'Avenida de las Adelfas descend vers la plage et passe devant l'**office du tourisme** (☎ 959 43 00 86 ; www.aytoalmonte.es en espagnol ; Avenida de las Adelfas s/n ; ⏰ 9h30-14h lun-ven, 10h-14h sam). L'arrêt de bus se trouve à Torre Higuera, au rond-point situé à l'extrémité de l'Avenida de las Adelfas, du côté de la plage. Du côté est de l'avenue s'égrène un chapelet de boutiques et de restaurants.

Où se loger et se restaurer

El Cortijo de los Mimbrales (☎ 959 42 22 37 ; www. cortijomimbrales.com en espagnol ; Carretera del Rocío A483 Km 20 ; d/villa 4 pers 125/350 € ; ⓟ ⊠ ⓡ). À une dizaine de kilomètres au nord de Matalascañas, à la lisière du Parque Nacional de Doñana, ce charmant cortijo (domaine rural) de style hacienda, qui mêle couleurs franches et antiquités dans un style très contemporain, fait partie des meilleurs hôtels de Huelva. L'hébergement se fait dans des chambres doubles et des villas. Même si vous n'y logez pas, son excellent restaurant (plats 8-15 €) mérite le détour.

Hotel Flamero (☎ 959 44 80 20 ; Ronda Maestro Alonso ; d 78,50 € ; ⓟ ⊠ ⓡ). Ce grand établissement avantageux dispose de chambres modernes et d'installations telles que piscine et courts de tennis.

Hostal Victoria (☎ 959 44 09 57 ; Sector O n°8 ; d 48 € ; ⊠). Un hostal fonctionnel, dans Matalascañas même, avec des chambres climatisées bien équipées.

Camping Rocío Playa (☎ 959 43 02 40 ; 2 pers, tente et voiture 22 € ; ⏰ toute l'année). Ce gigantesque camping, d'une capacité de 4 000 places, occupe un emplacement de choix, juste au-dessus de la plage, mais il manque de coins ombragés. Pour y accéder, suivez la large piste sablonneuse qui part de l'A494, juste avant le rond-point à l'entrée de Matalascañas quand vous arrivez de Mazagón.

Deux autres établissements, l'**Hostal Los Tamarindos** (☎ 959 43 01 19 ; Avenida de las Adelfas 31 ; d 60 €) et l'**Hostal El Duque** (☎ 959 43 00 58 ; Avenida de las Adelfas 34 ; d 48,25 €), offrent un hébergement correct.

Plusieurs restaurants, regroupés derrière la plage près de l'extrémité de l'Avenida de las Adelfas, servent un menú de trois plats typique, à 8,50 € environ, et des platos combinados à 5,50 €.

Depuis/vers Matalascañas

Il existe un service quotidien depuis Huelva (3,50 €, 50 min, 5/j lun-ven, 3/j sam-dim) via Mazagón qui part à 14h45. Dans l'autre sens, seuls deux bus quittent Matalascañas, à 7h et 16h, uniquement en semaine. Des liaisons supplémentaires sont parfois mises en place l'été. El Rocío et Sevilla (voir p. 159) sont également desservies.

PARQUE NACIONAL DE DOÑANA

Le Parque Nacional de Doñana, la plus grande réserve naturelle d'Espagne et l'un des marais les plus vastes d'Europe, est un endroit d'une somptueuse beauté à l'histoire empreinte de romanesque. Propriété des ducs de Medina Sidonia au XVIe siècle, il porte le nom de Doña Ana, épouse du septième duc, qui hante à jamais, dit-on, les forêts marécageuses dans la partie basse du Guadalquivir. Le parc correspond aussi au site présumé de la légendaire Tartessos. Aujourd'hui, il possède même une sainte patronne, la très vénérée Nuestra Señora del Rocío (voir p. 158) qui, espérons-le, saura protéger son environnement des menaces qui le guettent.

Le parc national jouxte en majeure partie le Parque Natural de Doñana, qui se divise en quatre zones distinctes d'une superficie totale de 540 km^2 et joue le rôle d'espace tampon. La zone protégée (qui inclut le Parque Natural de Doñana) de 1 080 km^2 constitue un endroit vital, non seulement en tant que refuge d'espèces en voie de disparition, comme le lynx d'Espagne et l'aigle impérial ibérique (dont subsistent respectivement 25 et 14 couples), mais aussi en tant qu'habitat essentiel pour des millions d'oiseaux migrateurs. Doñana devint parc national en 1969. Le World Wildlife Fund (WWF, Fonds mondial pour la protection de la nature) collecta la plus grande partie de la somme nécessaire à l'achat des terres.

Dans *Iberia*, James Michener raconte comment les membres d'un club de chasse danois furent amenés à délier les cordons de leur bourse : "Messieurs, si les lacs de Doñana disparaissent, dans cinq ans il n'y aura plus de canards au Danemark."

Cependant, la pression touristique et le danger de nouvelles implantations industrielles suscitent des inquiétudes constantes. S'ajoute à cela, de l'avis de nombreux habitants, le fait que les intérêts du parc prennent injustement le pas sur le besoin criant d'emplois dans la région. En 1998, l'effondrement d'un barrage près de la mine de métaux lourds de Los Frailes, à Aznalcóllar (50 km au nord), a rompu le fragile équilibre entre industrie et protection de la nature. Des digues érigées à la hâte ont empêché les eaux empoisonnées de pénétrer très avant dans le parc. En revanche, la catastrophe a contaminé quelque 100 km² de zones humides au nord-est et ravagé sur 70 km les terres cultivées le long du Río Guadiamar. Depuis, les choses sont largement rentrées dans l'ordre. Néanmoins, le barrage réparé demeure en place, et des projets de nouvelles stations touristiques au nord de Sanlúcar de Barrameda, dans la province de Cádiz, ont reçu le feu vert.

Orientation et renseignements

L'accès au parc national lui-même est restreint. Chacun a le droit de se promener le long des 28 km de plage atlantique, entre Matalascañas et l'embouchure du Guadalquivir (que l'on peut traverser en bac à Sanlúcar de Barrameda), mais pas de pénétrer dans les terres. Pour découvrir l'intérieur du parc, il faut réserver et participer à une visite guidée qui part du **Centro de Visitantes El Acebuche** (☎ 959 44 87 11 ; www. parquenacionaldonana.com en espagnol ; Carretera A483 Almonte-Matalascañas km 26 ; 🕒 8h-21h mai-sept ; 8h-19h oct-avr), un centre d'accueil des visiteurs, ou de Sanlúcar de Barrameda (p. 187).

Pour atteindre El Acebuche, roulez 4 km vers le nord depuis Matalascañas, ou 12 km vers le sud depuis El Rocío, le long de l'A483, puis empruntez l'embranchement sur 1,6 km. Le centre fournit des cartes et possède un café, une boutique et un lieu d'exposition sur le parc. Des petits sentiers conduisent à des coins cachés surplombant une lagune.

Pour observer les oiseaux, rendez-vous au **Centro de Información Las Rocinas** (☎ 959 44 23 40 ; 🕒 9h-15h et 16h-20h), où un itinéraire de 2 km, le "Charco de la Boca", serpente à travers les marais jusqu'à des sites dissimulés le long de la rivière.

Le troisième centre d'accueil, le **Palacio del Acebrón** (🕒 9h-15h et 16h-20h), a été aménagé dans un ancien pavillon de chasse. Il propose une exposition ethnographique sur le parc. Des chemins traversent la forêt environnante et font le tour du lac Acebrón.

Juste à l'extérieur du parc, le **Centro de Visitantes José Antonio Valverde** (Centro Cerrado Garrido ; 🕒 10h30-19h30) s'avère parfait pour l'observation des oiseaux car il donne sur un *lucio* (mare).

En matière de cartes, la meilleure est celle de l'IGN au 1/50 000, *Parque Nacional de Doñana* (1992), vendue au centre d'El Acebuche.

Circuits organisés

Les circuits au départ d'El Acebuche à destination du parc national se font en véhicules tout terrain (pouvant transporter quelque 20 personnes chacun), sont mis sur pied par la **Cooperativa Marismas del Rocío** (☎ 959 43 04 32 ; 20 €/pers ; 🕒 8h30 mar-dim toute l'année, 15h oct-avr, 15h mai-sept). À l'exception des visites organisées depuis Sanlúcar de Barrameda (voir p. 188), il n'y a pas d'autre moyen d'accéder au parc. Il faut réserver par téléphone : au printemps, en été et les jours fériés, les circuits affichent souvent complet un mois à l'avance. Munissez-vous si possible de jumelles et emportez de l'eau. Les produits antimoustiques sont conseillés. La visite dure quatre heures et les commentaires sont en espagnol. L'itinéraire (environ 80 km) longe la plage jusqu'à l'embouchure du Río Guadalquivir, puis revient en boucle en s'approchant des dunes mouvantes, des marécages et des bois, où vous avez des chances d'entrevoir des daims et des sangliers. Les ornithologues avertis seront peut-être déçus par les possibilités limitées d'observer les oiseaux.

Un autre opérateur sérieux, **Discovering Doñana** (☎ 959 44 24 66 ; www.discoveringdonana. com ; Calle Acebuchal 14, El Rocío), propose des circuits guidés, axés sur l'observation des oiseaux, qui combinent le parc naturel et le parc national au nord (voir détails p. 158).

Pour parcourir le parc national à cheval, contactez le **Club Hípico** (☎ 959 44 82 41 ; Sector G, Parcela 90, Matalascañas) qui propose des formules adaptées à tous les niveaux et à tous les âges. Il s'agit d'une excursion formidable à entreprendre avec des enfants car elle se concentre sur les plages et les dunes.

Faune et flore

Déclaré réserve de biosphère et classé au patrimoine mondial de l'Unesco, le parc national accueille six millions d'oiseaux, qui y passent au moins une partie de l'année.

Les écosystèmes qui s'interpénètrent composent un environnement d'une fabuleuse diversité. Près de la moitié du territoire est constituée par les marais du delta du Guadalquivir, qui se jette dans l'Atlantique. Les marais du parc sont quasiment à sec entre juillet et octobre. En automne, ils commencent à se remplir, ne laissant apparaître que quelques îlots de terre sèche. Près de 500 000 oiseaux marins en provenance du nord hivernent dans ce parc, dont environ 80% de canards sauvages d'Europe occidentale. Au printemps, lorsque le niveau des eaux baisse, d'autres oiseaux – flamants roses, spatules, cigognes, hérons, avocettes, huppes, guêpiers, échasses – arrivent pour nicher. Les oisillons affluent autour des *lucios* (petits étangs) et, quand ceux-ci s'assèchent en juillet, les hérons, les cigognes et les milans s'y installent pour se gaver de perches.

Des dunes mouvantes séparent les 28 km de plage des marais. Le vent aidant, cette zone avance de 6 m par an vers l'intérieur : des pins et d'autres arbres que les rapaces utilisent pour nicher poussent dans les légères dépressions creusées entre les dunes. Lorsque les dunes atteignent les marais, les rivières ramènent le sable vers la mer, qui le nettoie, puis le cycle reprend. La plage et les dunes mouvantes occupent jusqu'à 102 km² de la superficie du parc.

Dans d'autres endroits du parc, le sable stable supporte 144 km² de *coto* (zone où le droit de chasse est réservé à un groupe de personnes spécifique), habitat préféré d'une abondante population de mammifères – 33 espèces dont des cerfs, des daims, des sangliers, des mangoustes et des genettes. La végétation variée du *coto* se compose de bruyère, de broussailles, d'épais fourrés boisés, de massifs de pins parasols et de chênes-lièges où résident une foule d'oiseaux.

PROVINCIA DE HUELVA

LA ROMERÍA DEL ROCÍO

Le plus grand pèlerinage d'Espagne attire des centaines de milliers de fidèles et de confréries vers le sanctuaire de Nuestra Señora del Rocío (Notre-Dame de la Rosée).

À l'instar de la plupart des images sacrées de l'Espagne, Nuestra Señora del Rocío, également appelée la Blanca Paloma (la colombe blanche), tire son origine d'une légende. Selon celle-ci, au XIIIe siècle, un chasseur originaire du village d'Almonte aurait trouvé une effigie de la Vierge dans un arbre des marais et aurait décidé de l'emmener chez lui. Lorsqu'il s'arrêta pour se reposer, la Vierge serait retournée dans son arbre.

Plus tard, une chapelle, qui devint un lieu de pèlerinage, fut érigée à l'emplacement de l'arbre (El Rocío). Vers le XVIIe siècle, les *hermandades* (confréries) des cités voisines décidèrent d'accomplir un pèlerinage annuel à El Rocío lors de la Pentecôte, le septième week-end après Pâques. Aujourd'hui, la **Romería del Rocío** (pèlerinage à El Rocío) donne lieu à des festivités religieuses qui attirent des fidèles des quatre coins de l'Espagne. Il existe plus de 90 *hermandades*, comptant pour certaines plusieurs milliers de membres, hommes et femmes, qui gagnent toujours El Rocío à pied, à cheval ou à bord de chariots couverts et décorés.

Solennel n'est pas le mot exact pour qualifier cet évènement typiquement andalou. Dans une atmosphère semblable à celle de la Feria de Abril (p. 114) sévillane, les pèlerins, habillés de costumes andalous traditionnels, chantent, dansent, boivent et s'amusent, pour agrémenter leur voyage vers El Rocío. Le nombre total de visiteurs peut atteindre un million.

Le point culminant du week-end se situe aux premières heures du lundi : les membres de la *hermandad* d'Almonte, réclamant la Vierge pour eux seuls, font irruption dans l'église et s'emparent de la statue, qu'ils installent sur un char. Autour, des mains bataillent violemment pour avoir l'honneur de porter la Blanca Paloma. Malgré le chaos et la cohue, l'ambiance reste bon enfant. La statue fait le tour des confréries puis retrouve, dans l'après-midi, sa place dans l'église.

Depuis/vers le Parque de Doñana

Le premier bus de la compagnie **Damas** (www.damas-sa.es) qui circule d'El Rocío en direction de Matalascañas (0,90 € environ, 15 min) part à 7h en semaine, à 7h15 le samedi. Il arrive à temps à El Acebuche pour le circuit guidé du matin. Vérifiez néanmoins les horaires.

EL ROCÍO

1 500 habitants

Au nord de Matalascañas, surplombant un pittoresque *marisma* (marais), s'étend le surprenant village d'El Rocío, avec ses rues ensablées qui passent devant des rangées de maisons à véranda où règne un silence presque inquiétant. Les traces de sabots, les poteaux pour attacher les chevaux et les hommes chapeautés ne contribuent guère à dissiper cette curieuse ambiance de Far West. Mais, en dépit des apparences, il ne s'agit pas d'une ville fantôme : ces habitations, en excellent état, appartiennent essentiellement aux pèlerins membres des 90 *hermandades* (fraternités), qui affluent à la Romería del Rocío (voir p. 157) à la Pentecôte.

Renseignements

L'**office du tourisme** (☎ 959 44 26 84 ; Avenida de la Canaliega s/n ; ☷ 10h-14h), situé juste au sud de l'Hotel Puente del Rey, à la lisière ouest du village, fournit un plan d'El Rocío et des informations sur les excursions dans le parc national.

Le DAB d'El Monte, sur le côté nord de l'Ermita del Rocío, accepte la plupart des cartes de crédit.

À voir et à faire

Au cœur du village, dominant une vaste place couverte de sable, la jolie église de l'**Ermita del Rocío** (entrée libre ; ☷ 8h30-14h30 et 16h30-20h) abrite la très vénérée **Nuestra Señora del Rocío**, une statuette en bois de la Vierge parée d'une longue robe incrustée de joyaux, qui trône au-dessus du maître-autel. Chaque jour de l'année, des fidèles viennent se recueillir devant elle. Dans le mur sud de l'édifice, une salle est réservée aux cierges votifs, qui dégagent une telle chaleur et une fumée si dense que des ventilateurs fonctionnent sans discontinuer pour aérer les lieux.

Les **marais** d'El Rocío ne s'assèchent jamais grâce à la présence du Río Madre de las Marismas. Ils constituent donc un endroit idéal pour observer les oiseaux et d'autres animaux. Vous verrez des cerfs et des chevaux en train de paître ou, si vous avez de la chance, un nuage de flamants roses s'envoler vers les nues. L'observatoire de la société espagnole d'ornithologie, l'**Observatorio Madre del Rocío** (☎ 959 50 60 93 ; entrée libre ; ☷ 10h-14h et 16h-19h mar-dim), équipé de télescopes, se trouve à 150 m à l'est, en longeant la rive depuis l'Hotel Toruño.

Le pont enjambant la rivière sur l'A483, à 1 km au sud du village, constitue également un bon poste pour observer la faune du parc. Juste après le pont se tient le **Centro de Información Las Rocinas** (☎ 959 44 23 40 ; ☷ 9h-15h et 16h-20h). De là, des petits sentiers mènent aux cachettes des ornithologues amateurs, près d'un cours d'eau qui coule toute l'année. Bien que situé en dehors du parc proprement dit, cet espace qui regorge d'oiseaux a le statut de *zona de protección* (zone protégée).

Pour une promenade plus longue depuis El Rocío, traversez le Puente del Ajolí, à la sortie nord-est du village, puis suivez le chemin qui s'enfonce dans les bois. C'est là que commence le **Coto del Rey**, une large étendue boisée où l'on peut se promener. Il est sillonné par des sentiers que les véhicules peuvent emprunter en saison sèche. Tôt le matin ou tard le soir, il se peut que vous repériez des cerfs ou des sangliers.

Discovering Doñana (☎ 959 44 24 66 ; www.discoveringdonana.com ; Calle Acebuchal 14, El Rocío ; circuit 3/6 pers 110/140 €) organise quotidiennement des circuits d'observation des oiseaux dans le Parque Natural de Doñana. Le trajet s'effectue à bord de véhicules tout terrain et le prix comprend un guide et des jumelles. La compagnie propose également une gamme de forfaits vacances de plus longue durée, incluant l'hébergement et des excursions quotidiennes.

On peut louer des chevaux à l'heure ou à la journée pour se balader. Adressez-vous à l'**Hotel Toruño** (☎ 959 44 23 23 ; hotel-toruno@terra.es ; Plaza Acebuchal 22), ou contactez **Doñana Ecuestre** (☎ 959 44 24 74), ou encore **Turismo a Caballo** (☎ 959 44 20 84 ; Calle Boca del Lobo 3). Le tarif tourne autour de 15 € de l'heure, ou de 60 € la journée. Doñana Ecuestre organise aussi des circuits en 4x4 dans le parc national.

Où se loger et se restaurer

Durant la Romería, inutile d'espérer dénicher une chambre à moins de réserver très longtemps à l'avance. Et encore ! La plupart des hôtels sont réservés d'une année sur l'autre et les prix s'envolent.

Hotel Toruño (☎ 959 44 23 23 ; hotel-toruno@terra. es ; Plaza Acebuchal 22 ; d avec petit déj 75 € ; P 🏊). Non loin de l'observatoire et à 100 m seulement de l'église, cette séduisante villa donnant sur les *marismas* loue 30 chambres bien équipées. Celles qui portent des numéros impairs (de 207 à 217) ont vue sur le marais, et celles du 1er étage disposent de balcons.

Pensión Cristina (☎ 959 44 24 13 ; Calle El Real 58 ; s/d 30/36 €). Situé derrière l'église, il s'agit de l'un des deux *hostales* petits budgets du village. Il possède des chambres d'un confort correct et un honnête restaurant affichant un *menú* à 9 €. La réception fournit de nombreuses informations sur les circuits ornithologiques de Discovering Doñana (p. 158).

Pensión Isidro (☎ 959 44 22 42 ; Avenida de los Ánsares 59 ; s/d 20/40 €). L'autre pension économique, à 400 m au nord de l'église.

Les bars et les restaurants d'El Rocío connaissent la plupart du temps une intense activité, mais leur cuisine est plutôt adaptée à la satisfaction des foules qu'à celle des gourmets. Si vous dînez à l'extérieur, pensez à l'anti-moustiques.

Bar-Restaurante Toruño (Plaza Acebuchal ; plats 9-17 €). Une des meilleures options du village, avec une belle salle aux poutres apparentes décorée de céramiques et donnant sur les marais. Le poisson de qualité et le bœuf bio proviennent du parc national.

Aires de Doñana (☎ 959 44 27 19 ; Avenida de la Canaliega 1 ; plats 11-16 € ; 🕐 fermé lun et juil.). Des baies vitrées du sol au plafond, une carte imaginative et une charmante petite véranda vous changeront agréablement des autres restaurants d'El Rocío au décor rustique. Au printemps, le marais se remplit d'oiseaux que l'on peut observer sans même quitter la table.

La plupart des sympathiques bars et restaurants qui jalonnent la rue principale servent des tapas copieuses mais de qualité médiocre. Pour bénéficier d'un plus grand choix, essayez le **Bar Cafetería El Real** (raciones 8-11 €, tapas 1,50 €), face au côté nord de l'église.

Depuis/vers El Rocío

La compagnie Damas assure des liaisons de Sevilla à El Rocío (4,50 €, 1 heure 30, 3 à 5/j) puis à Matalascañas (5,45 €, 1 heure 45). Des bus circulent aussi dans les deux sens, le long de l'A483, entre Almonte et Matalascañas (2,45 €, 40 min, 3 à 6/j), avec un arrêt à El Rocío. Tous s'arrêtent (parfois seulement à la demande) devant les centres d'accueil des visiteurs Las Rocinas et El Acebuche.

De Huelva, empruntez un bus Damas pour Almonte (3,65 €, 45 min, 6/j en semaine, moins le week-end), puis un autre jusqu'à El Rocío (1,15 €, 18 min, 5/j).

OUEST DE HUELVA

La côte séparant Huelva de la frontière portugaise, à 53 km de là, longe des estuaires, des marécages, de belles plages sablonneuses, des stations balnéaires et des ports de pêche. Les villes du littoral recèlent peu de sites intéressants et l'endroit demeure surtout une destination de vacances pour les Espagnols.

PUNTA UMBRÍA

13 000 habitants

Créée en 1880 par la compagnie Rio Tinto comme lieu de villégiature (ses ingénieurs en vacances rejoignaient la côte à bord d'un bateau à aube), Punta Umbría continue d'être en été la station préférée des *onubenses* (habitants de Huelva), d'où une extrême affluence en juillet-août.

D'un urbanisme banal et sans cachet, la cité jouit en revanche d'une situation attrayante entre le littoral atlantique et le Paraje Natural Marismas del Odiel (voir p. 150), une zone de plaine déclarée "paysage d'intérêt national", et qui comprend deux réserves d'élevage de hérons et de spatules. Comme dans le reste de la province, de magnifiques plages de sable bordent les côtés nord et sud de la pointe, qui portent tous deux le drapeau bleu signalant la pureté de leurs eaux.

La ville possède un **office du tourisme** efficace (☎ 959 31 46 19 ; Avenida Ciudad de Huelva ; 8h-15h et 16h-20h lun-ven, 10h-14h sam-dim), et **Turismar** (☎ 959 31 55 26) organise des excursions en bateau dans les marais de l'Odiel et l'estuaire.

Punta Umbría compte un nombre impressionnant de lieux d'hébergement, mais ceux-ci affichent complet en juillet-août. À quelques kilomètres de la ville, en retrait de la route de Huelva, deux campings offrent un accès pratique à de jolies plages.

L'**Hotel Barceló Punta Umbría** (☎ 959 49 54 00 ; puntaumbria@barcelo.com ; Avenida Océano s/n ; d 110,70 € ; P 🛏 🖭) est un grand complexe de style andalou qui donne sur l'Atlantique et surplombe la plage. Cet hôtel moderne de la chaîne Barcelo offre les prestations que l'on attend de sa catégorie et dispose d'une piscine.

À proximité de l'estuaire, à l'extrémité est de la ville, l'**Hotel Emilio** (☎ 959 31 18 00 ; Calle Ancha 21 ; d 54,25 € ; P 🛏), ancien hostal récemment rénové, dispose de chambres ordinaires mais convenables, avec TV. Son emplacement, dans la Calle Ancha, remplie de bars, le rend néanmoins un peu bruyant.

L'**Hostal Casa Manuela** (☎ 959 31 07 60 ; Calle Carmen 8 ; d 30 €), également rafraîchi depuis peu, abrite des chambres sobres et lumineuses, plus calmes que celles du précédent.

Aménagé dans un vieux ferry kitsch, le **Bar Chimbito** (Paseo de Pascasio s/n ; raciones 4-8 €), où l'ambiance bat son plein, régale ses hôtes de tapas et *raciones* à base de fruits de mer.

Depuis Huelva, des bus desservent toutes les heures Punta Umbría, entre 7h15 et 21h (1,70 €, 30 min, 14/j). En été, des ferries partent également toutes les heures du Muelle de Levante, sur port de Huelva (1,80 €).

EL ROMPIDO

À 16 km au nord-ouest de Punta Umbría, sur l'estuaire du Río Piedras, vous découvrirez cette station balnéaire discrète en plein développement, avec des plages sablonneuses sur fond de pinèdes. Il s'agit essentiellement d'un village de pêcheurs ayant pris de l'ampleur, d'où son atmosphère encore paisible.

En semaine, plusieurs bus relient Huelva à El Rompido (1,80 €, 30 min, 7/j).

ISLA CRISTINA

19 000 habitants

Station balnéaire (bondée en août), Isla Cristina possède aussi une flotte de pêche assez importante. Matin et soir, quand les bateaux débarquent leurs poissons, l'ani-mation règne sur le **Puerto Pesquero** (port de pêche), avant que la marchandise ne soit expédiée sur les marchés de Sevilla, de Córdoba et de Madrid.

Au nord de la ville, la route se dirigeant vers l'A472 traverse le **Paraje Natural Marismas de Isla Cristina**, une zone d'estuaires et d'étangs que les flamants roses et les spatules fréquentent en nombre. À 2 km au nord d'Isla Cristina, une pancarte mentionne le **Sendero de Molino Mareal de Pozo del Camino**, un sentier de randonnée de 1 km à travers les marais.

À l'est d'Isla Cristina, la station balnéaire de La Antilla, un ensemble de villas et d'appartements de vacances, s'étend sur 9 km le long d'une belle et large plage comprise entre Isla Cristina et le Río Piedras. Cet endroit plaisant est quasi désert hors saison.

Orientation et renseignements

De la plaza, la Gran Vía Román Pérez descend vers le sud pendant environ 1 km pour rejoindre la plage aux eaux limpides à l'extrémité ouest d'Isla Cristina. L'**office du tourisme** (☎ 959 33 26 94 ; Avenida Madrid ; 🕙 10h-14h et 17h-21h) se situe à 150 m à l'est de la Gran Vía Román Pérez.

Où se loger et se restaurer

Les hôtels sont concentrés autour de l'Avenida de la Playa, près de la Playa Central.

Hotel Los Geranios (☎ 959 33 18 00 ; geraniosh@yahoo.com ; Avenida de la Playa ; s/d 66,98/96,98 € ; P 🛏 🖭). Occupant un immeuble des années 1970, cet hôtel a été réaménagé avec imagination et chaque chambre arbore une couleur gaie particulière. La plage n'est qu'à 150 m et le personnel, avenant se montre extrêmement efficace.

Hotel Paraíso Playa (☎ 959 33 02 35 ; www. hotelparaisoplaya.com ; Avenida de la Playa ; s/d 48/85 € ; 🛏 🖭). Un emplacement en bordure de mer, une amusante façade jaune et blanche, des chambres agréables et un personnel sympathique font de cet établissement une bonne adresse de catégorie moyenne.

Camping Giralda (▶ ☎ 959 34 33 18 ; adulte/tente/voiture 4,80/4,50/4 €). Au milieu des pins, à la lisière est de la ville, ce camping peut accueillir 2 200 personnes. La Playa Central n'est qu'à un jet de pierre et l'on peut pratiquer sur place la voile et le canoë.

La Palmera (Paseo de los Gavilanes ; menu 7,25 €), un bar accueillant et sans chichi, vous attend à côté du grand rond-point situé à l'extrémité de la route qui mène de l' A472 à Isla Canela. L'**Acosta Bar-Restaurante** (Plaza de las Flores ; plats de fruits de mer 5-12 €) sert de savoureux poissons. Vous pouvez également tenter les bars-restaurants de fruits de mer sur la place, en face du Puerto Pesquero, comme le **Bar-Restaurante Hermano Moreno**. Avec son restaurant haut de gamme à l'étage et son bar à tapas au rez-de-chaussée, il mérite résolument le détour. D'autres tables bordent également la Playa Central.

Depuis/vers Isla Cristina

Des bus desservent Huelva (3,45 €, 1 heure, 6/j), Ayamonte (1,20 €, 25 min, 3/j) et Sevilla (8,95 €, 2 heures, 1 à 3/j).

Pour vous rendre à La Antilla depuis El Rompido, roulez vers l'ouest puis vers l'intérieur des terres jusqu'à l'A472, avant de tourner en direction du sud à Lepe. De Huelva, des bus (1,70 €, 13/j) circulent toutes les heures, entre 8h15 et 21h.

AYAMONTE

17 500 habitants

Ayamonte a conservé sa joyeuse animation de ville frontalière, même si l'on peut désormais entrer au Portugal par le superbe Puente del Guadiana qui enjambe le Río Guadiana. Si vous avez l'âme nostalgique, vous traverserez le fleuve en empruntant le ferry qui relie Ayamonte à Vila Real de Santo António.

Orientation et renseignements

Le cœur d'Ayamonte est la Plaza de la Coronación et sa voisine la Plaza de Ribera, face à l'artère principale, l'Avenida Vila Real de Santo António, qui longe le port.

L'arrêt de bus se trouve Avenida de Andalucía, 700 m à l'est des places centrales. Le *muelle transbordador* (quai du ferry) est situé Avenida Muelle de Portugal, 300 m au nord-ouest des places.

L'**office du tourisme** (☎ 959 32 18 71 ; La Casa Grande, Avenida Ramón y Cajal s/n ; ☺ 10h-13h et 18h-21h) occupe un hôtel particulier restauré sur la Plaza del Rosario. Il fournit un plan de la ville et des informations sur les logements à louer.

Derrière la Plaza de Ribera, les rues piétonnes comptent plusieurs banques dotées de DAB. On peut y changer de l'argent aux

heures habituelles d'ouverture, du lundi au vendredi.

À voir et à faire

La Plaza de la Coronación et la Plaza de Ribera (avec ses sièges en céramique et des statues de cupidons joufflus), constituent les deux principaux centres d'animation. Les deux places sont bordées de bars et de restaurants. Derrière s'étend un dédale de ruelles bordées de boutiques et de cafés. En s'enfonçant dans la vieille ville, on découvre quelques édifices intéressants et de belles églises, telle l'**Iglesia de San Francisco** (Calle San Francisco) et la **Parroquia de El Salvador** (Calle San Francisco), dont l'inclinaison des colonnes remonte au tremblement de terre de Lisbonne, en 1755. Vous pouvez grimper dans le clocher de la seconde pour profiter d'une vue sur le port.

De vieux ferries sillonnent le Guadiana toutes les 30 min, reliant Ayamonte à Vila Real de Santo António, au Portugal. D'autres bateaux remontent le fleuve jusqu'à Sanlúcar. Cette traversée peut être organisée par l'intermédiaire de **Guadi Tour** (☎ 959 47 16 30 ; www.guaditour.com en espagnol ; Avenida Andalucía 31).

ISLA CANELA

La station balnéaire d'Ayamonte, **Isla Canela**, à 6 km au sud de la ville, s'étire jusqu'au vieux village de pêcheurs de **Punta del Moral**. Vaste et sablonneuse, la plage aux eaux limpides couvrant plusieurs kilomètres reste relativement épargnée par les constructions, hormis quelques petits immeubles bas et un grand hôtel de luxe, le Riu Canela (voir ci-dessous).

Où se loger et se restaurer

Hotel Riu Canela (☎ 959 47 71 24 ; www.riu.com ; Paseo de los Gavilanes s/n ; s/d 135 € ; P ⊠ ⊠). D'un luxe ostentatoire, cet énorme complexe de style andalou construit sur le front de mer, dispose de tout le confort et de toutes les installations imaginables.

Parador de Ayamonte (☎ 959 32 07 00 ; www.parador.es en espagnol ; El Castillito ; d basse/haute saison 74,40/97,10 € ; P ⊠ ⊠). Perché sur une colline à 1,5 km au nord du centre-ville, ce parador moderne, décoré dans des tons précieux de pêche et de vert menthe, fait face au vaste estuaire. Malgré un aménagement soigné, le lieu manque de caractère.

Hotel Diego (☎ 959 47 02 50 ; Avenida Ramón y Cajal 2 ; s/d 51/65,50 € ; Ⓟ ⓧ). Seul véritable établissement de catégorie moyenne d'Ayamonte, cette vilaine pâtisserie rose, à l'est du port, loue des chambres avec TV (supplément de 15 € pour la clim).

Hostal Los Robles (☎ 959 47 09 59 ; Avenida de Andalucía 121 ; d avec sdb individuelle/commune 30,65/24 €). Un lieu décontracté dans un immeuble moderne impersonnel, proche de la gare routière. Bien que correctes, les chambres n'ont rien de franchement accueillant. Le bar-restaurant sert des *platos combinados* et des *bocadillos* (sandwiches) à 2,50 €.

Casa Luciano (Calle Palma 2 ; menu 12 €). L'endroit se prête à un bon repas dans une ambiance agréable. Le cadre ne paye pas de mine, mais le poisson s'avère d'une fraîcheur irréprochable.

Citons aussi la **Casa Barberi** (Plaza de la Coronación 12 ; plats 4-12 €) et la **Mesón La Casona** (Calle Lusitania 2 ; menu 8 €), populaires et animées.

Si vous séjournez deux ou trois jours à Ayamonte, poussez jusqu'à Punta del Moral, dont la rue principale non goudronnée regroupe d'excellents bars à tapas.

Comment s'y rendre et circuler

Il n'y a aucun contrôle de douane ou d'immigration, que l'on circule en voiture ou en ferry.

BATEAU

Transportes Fluvial del Guadiana SL (☎ 959 47 06 17) dessert chaque jour Vila Real de Santo António, avec des traversées toutes les 30 min, de 9h30 à 21h, de juil à sept, et toutes les 40 min, de 9h à 21h, d'oct à juin. L'aller simple coûte 3,50 € pour une voiture et son conducteur, et 1 € par passager adulte supplémentaire. De nombreux trains et bus relient l'Algarve au départ de Vila Real de Santo António.

BUS

Plusieurs services quotidiens sont assurés depuis Huelva (3,85 €, 1 heure, 11/j lun-ven, 5/j sam-dim), Sevilla (9,40 €, 2 heures, 4-6/j) et Madrid (22,30 €, 8 heures 30, 4/j). Quelques bus se rendent également dans l'Algarve et à Lisbonne. Renseignez-vous à la **gare routière** (☎ 959 32 11 71). De juin à sept, des bus (1,35 €) partent toutes les 30 min pour Isla Canela depuis Ayamonte, le premier à 9h (dernier départ d'Isla Canela à 20h30). Le reste de l'année, le bus du retour part à 14h45.

VOITURE ET MOTO

Rouler en ville ne pose pas de difficulté (sauf l'été, quand il y a de la circulation). On trouve un parking le long du front de mer, en face de la Plaza de la Coronación, mais il faut se battre pour avoir une place le matin et en début de soirée. Sinon, un parking payant se trouve à l'extrémité est du port.

LE NORD

Les collines ondoyantes de la partie de la Sierra Morena incluse dans la province de Huelva sont couvertes d'un épais manteau de chênes-lièges, de pins et de châtaigniers. Ici et là surgissent des falaises spectaculaires, de charmants villages et de plus grosses bourgades, telle Aracena, la "capitale" de la région. Ces collines, relativement pluvieuses et un peu plus fraîches que le reste de l'Andalousie en été, forment le **Parque Natural Sierra de Aracena y Picos de Aroche**. D'une superficie de 1 840 km², ce parc est la deuxième plus grande réserve d'Andalousie. À des années-lumières des zones industrialisées de la côte sud, ses paysages sauvages vous transportent hors du monde et du temps.

MINAS DE RIOTINTO
4 500 habitants / 420 m

Isolés à 68 km au nord-est de Huelva, comme à l'abri des regards, les puits contaminés des Minas de Riotinto correspondent à l'un des plus anciens sites miniers au monde. Le Río Tinto tire son nom de la teinte du cuivre et des oxydes de fer rejetés par les minerais que ses eaux charrient jusqu'à l'Atlantique.

Orientation

Minas de Riotinto s'étend à 5 km à l'est de l'A461, à hauteur de la N435 reliant Huelva à Jabugo. En arrivant en ville, tournez à droite au premier rond-point pour vous rendre au Museo Minero, 400 m plus haut. Les bus s'arrêtent Plaza de El Minero, un peu après ce même rond-point.

À voir

Le Museo Minero, bien indiqué, abrite également le centre d'accueil et le guichet vendant les billets pour la mine à ciel ouvert de Corta Atalaya et le Ferrocarril Turístico-Minero. Ces activités sont gérées par **Aventura Minaparque** (☎ 959 59 00 25). Vous bénéficierez d'une petite réduction si vous prenez part à plus d'une visite. Assurez-vous des horaires par téléphone, surtout si souhaitez effectuer la visite en train.

Le Museo Minero (Plaza Ernest Lluch s/n ; adulte/enfant moins de 14 ans 3/2 € ; ⏱ 10h30-15h et 16h-19h) est une véritable mine d'or pour les passionnés d'archéologie industrielle. Son plus grand attrait réside dans la reconstitution d'une mine romaine, que l'on découvre avec un guide (commentaires en espagnol), et qui comprend une roue hydraulique. Galeries et salles sont très éloquentes, à condition de ne pas souffrir de claustrophobie. Prévoyez une demi-heure de visite.

Une vaste section est consacrée aux chemins de fer que la compagnie Rio Tinto aménagea pour desservir les mines. À une certaine époque, 143 locomotives à vapeur, la plupart de fabrication britannique, fumaient le long des voies. Le musée s'enorgueillit de posséder le **Vagón del Maharajah**, luxueux wagon construit en 1892 en prévision d'un périple en Inde de la reine Victoria. Ce voyage n'eut jamais lieu, mais le wagon servit au roi Alfonso XIII d'Espagne lorsqu'il visita les mines.

Le principal circuit partant du musée vous conduit jusqu'à **Corta Atalaya** (adulte/enfant 5/4 €, musée et mine adulte/enfant 7/5 €), un impressionnant bassin de 1,2 km de long et 335 m de profondeur, à 1 km à l'ouest de la ville. Parmi les plus grandes mines à ciel ouvert du monde, le site évoque, avec ses flancs en terrasse, un gigantesque amphithéâtre, n'était la teinte cuivrée de ses profondeurs. Le commentaire (interminable) de la visite se déroule uniquement en espagnol.

À l'heure actuelle, l'exploitation minière a lieu à environ 1 km au nord de Minas de Riotinto, à la **Corta Cerro Colorado**, une autre mine à ciel ouvert sur la route en direction d'Aracena. Une plateforme d'observation, le Mirador Cerro Colorado, permet de découvrir les activités en cours ; difficile de croire qu'il y a un siècle encore le Cerro Colorado était une colline.

La manière la plus simple et la plus agréable d'explorer les mines (en particulier avec des enfants) consiste à prendre le **Ferrocarril Turístico-Minero** (adulte/enfant 9/8 €, billet pour le musée, la mine et le train adulte/enfant 15/12 €), un

---

LA RIVIÈRE DE FEU

Depuis des siècles, les richesses cachées des mines de Huelva attirent les d'industriels et les entrepreneurs. Une légende populaire y voyait d'ailleurs les mines du roi Salomon. Toujours est-il que l'extraction du cuivre dans la région remonte à quelque 3 000 ans avant notre ère, et que vers le premier millénaire av. J.-C., les Phéniciens commencèrent l'exploitation systématique des gisements d'argent et de fer. Ils baptisèrent Ur-yero, rivière de feu, le cours d'eau qui charriait, dit-on, des morceaux de minerais jusqu'aux portes de leur cité.

Au IVe siècle, les Romains creusèrent d'arrache-pied, ramenant à la surface de véritables montagnes d'argent dont, d'après Avienus, les "pentes scintillaient et resplendissaient dans la lumière". Pour répondre à la demande, ils employaient quantités d'esclaves que les substances toxiques faisaient mourir en quelques semaines. Les immenses norias qui drainaient l'eau nécessitaient un apport constant de main-d'œuvre pour monter les baquets depuis des profondeurs de 100 m et plus. À l'intérieur de la mine, les esclaves travaillaient dans des galeries d'1 m de large, éclairées par de minuscules lampes à huile. Ces conditions dantesques ont été reconstituées au Museo Minero. Les 50 millions de tonnes de scories laissées par les Romains donnent un aperçu de l'ampleur de ce chantier d'avant l'ère industrielle.

Après la période romaine, les filons furent négligés jusqu'à leur achat par la compagnie britannique Río Tinto, en 1872. Celle-ci transforma la région en l'un des plus grands centres miniers du monde pour l'extraction du cuivre, détournant des rivières, creusant toute une colline riche en minerais, Cerro Colorado, et fondant la ville de Minas de Riotinto pour remplacer un village qu'elle avait détruit. En 1954, les mines passèrent sous contrôle espagnol. Aujourd'hui, les activités se concentrent surtout à Cerro Colorado.

train à vapeur restauré qui vous transporte, sur 22 km, à travers un paysage escarpé surréaliste. Le trajet débute à 2,5 km à l'est de Minas de Riotinto, depuis les Talleres Mina, anciens ateliers ferroviaires, à proximité de la route de Nerva. Le train part chaque jour à 13h30, de juin à septembre, et également à 17h en août. Contactez **Aventura Minaparque** (☎ 959 59 00 25) pour connaître les horaires d'hiver. Prévoyez suffisamment de temps, car vous devrez vous rendre à la gare par vos propres moyens ; renseignez-vous sur les taxis auprès du musée.

Sur la gauche de l'A461 lorsque l'on vient de l'ouest (en face de l'embranchement pour le centre-ville) se dressent les maisons victoriennes du XIXe siècle qui hébergeaient les employés de la compagnie Rio Tinto. Connu sous le nom de **Barrio de Bella Vista**, ce quartier exclusivement réservé aux Anglais comportait jadis une clôture pour empêcher la population locale d'y pénétrer.

Où se loger et se restaurer

Hotel Santa Bárbara (☎ 959 59 11 88 ; Cerro de los Embusteros s/n ; d 52 € ; P). Perché sur les hauteurs à la lisière est du bourg, cet hôtel-restaurant sérieux et confortable offre le meilleur hébergement de la ville, ainsi qu'un *menú* à 9 €.

Hostal Galán (☎ 959 59 08 40 ; Avenida La Esquila 10 ; s/d avec sdb 22,25/35,40 €). Moins cher que le précédent et bien situé, proche du Museo Minero, cet *hostal* dispose de chambres convenables (certaines avec sdb) et d'un restaurant pratique (*menú* à 7,80 €.).

La ville voisine de Nerva dispose également de lieux d'hébergement corrects :

La Estación (☎ 959 58 00 34 ; Carretera Nerva-Riotinto s/n ; dort moins/plus de 26 ans 11,10/14 €) propose une excellente formule d'hébergement de type auberge de jeunesse, dans l'ancienne gare ferroviaire de Nerva. Cet établissement sympathique et d'une propreté impeccable offre aussi la demi-pension ou la pension complète. Le personnel peut organiser diverses excursions et activités, notamment des balades à vélo dans la zone minière, et saura vous fournir une foule d'informations sur la région.

L'**Hotel Vázquez Díaz** (☎ /fax 959 58 09 27 ; Calle Cañadilla 51 ; s/d 30/40 €). Cet hôtel moderne et accueillant situé à Nerva loue des chambres raisonnables et se double d'un restaurant (*menú* 7,80 €).

Depuis/vers Minas de Riotinto

Des bus Damas relient Huelva à Minas de Riotinto (4,85 €, 1 heure 15, 5/j lun-sam) et à Nerva. Casal assure des liaisons entre Aracena et Minas de Riotinto (2,20 €, 40 min, 2/j lun-sam), tôt le matin et en début de soirée (vérifiez les horaires exacts auprès de l'office du tourisme d'Aracena).

De Sevilla (Plaza de Armas), des bus **Casal** (Sevilla ☎ 954 99 92 90) desservent Minas de Riotinto (4 €, 1 heure, 3/j).

ARACENA

7 000 habitants / 730 m

Après les paysages plats et monotones du sud de Huelva, rien n'égale les pittoresques montagnes du Parque Natural Sierra de Aracena y Picos de Aroche. La brise humide chargée de sel cède la place à l'air pur des sommets et les nationales rectilignes sont remplacées par de petites routes qui serpentent toujours plus haut dans les épaisses forêts. Au cœur de la Sierra, la ville d'Aracena, animée et pleine de charme, s'inscrit dans un site de choix, au pied d'une colline couronnée par une église médiévale et un château en ruine. Entourée de bourgs ruraux du même type, elle constitue une base d'exploration idéale.

Orientation

La ville s'étend essentiellement entre la colline du château, Cerro del Castillo, au sud, et la N433, qui relie Séville au Portugal, à l'est et au nord. La Plaza del Marqués de Aracena est la place principale, d'où part vers l'ouest l'artère majeure recouverte de pavés, l'Avenida de los Infantes Don Carlos y Doña Luisa (plus connue sous l'appellation de Gran Vía). À quelques minutes à pied, au sud-est de la place, vous trouverez l'arrêt et les guichets des bus Casal et Damas, Avenida de Andalucía.

Renseignements

Centro de Salud (☎ 959 12 62 56 ; Paseo Buenos Aires s/n). Dispensaire installé en face du principal arrêt de bus.

Centro de Turismo Rural y Reservas (☎ 959 12 82 06 ; Calle Pozo de la Nieve ; 9h-14h et 16h-19h). Office du tourisme face à l'entrée de la Gruta de las Maravillas.

Centro de Visitantes Cabildo Viejo (☎ 959 12 88 25 ; Plaza Alta 5 ; 10h-14h et 18h-20h avr-sept ; 10h-14h et 16h-18h oct-mars. Principal centre d'informations du Parque Natural Sierra de Aracena y Picos de Aroche. Dispense aussi des renseignements sur Aracena.

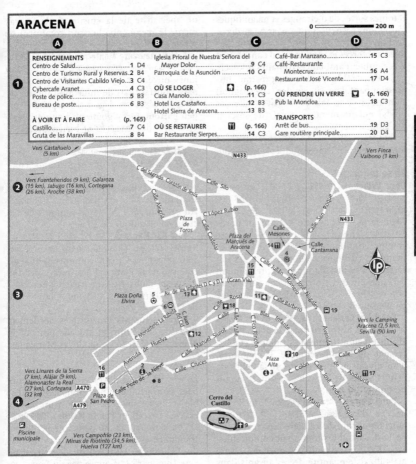

ARACENA

0 — 200 m

RENSEIGNEMENTS

Centro de Salud.......................................1 D4
Centro de Turismo Rural y Reservas.2 B4
Centro de Visitantes Cabildo Viejo....3 C4
Cybercafe Aranet......................................4 C3
Poste de police...5 B3
Bureau de poste..6 B3

À VOIR ET À FAIRE (p. 165)

Castillo...7 C4
Gruta de las Maravillas 8 B4

Iglesia Prioral de Nuestra Señora del
  Mayor Dolor...9 C4
Parroquia de la Asunción 10 C4

OÙ SE LOGER (p. 166)

Casa Manolo...11 C3
Hotel Los Castaños................................12 B3
Hotel Sierra de Aracena.......................13 B3

OÙ SE RESTAURER (p. 166)

Bar Restaurante Sierpes.......................14 C3

Café-Bar Manzano................................15 C3
Café-Restaurante
  Montecruz..16 A4
Restaurante José Vicente.....................17 D4

OÙ PRENDRE UN VERRE (p. 166)

Pub la Moncloa.......................................18 C3

TRANSPORTS

Arrêt de bus...19 D3
Gare routière principale.......................20 D4

Vers Castañuelo
(5 km)

Vers Finca
Valbono (1 km)

N433

Vers Fuenteheridos (9 km), Galaroza
(15 km), Jabugo (16 km), Cortegana
(26 km), Aroche (38 km)

C. del Sagrado Corazón de Jesús

Calle Silo

Calle Alcerá

C López Rubio

Plaza de
Toros

Calle Cadiz

Plaza del
Marqués de
Aracena

Calle
Mesones

Calle San Roque

N433

Calle
Cantarrana

14

Av. de los Infantes D C y D L (Gran Via)

15

Calle Julián

Calle José Nogales

Plaza Doña
Elvira

5

6

13

11

Calle
Rosal

Calle Barbero

Calle Romero

19

C Monasterio La Rábida

C Juan
del Cid

18

Calle
Calle
Blas
Infante

Vers le Camping
Aracena (2,5 km),
Sevilla (90 km)

12

Calle Foro Rincón

Avenida de Huelva

Calle Manuel Siurot

Calle Cruces

Plaza
Alta

10

C. Colón

Calle José Andrés Vázquez

Avenida de Andalucía

17

Vers Linares de la Sierra
(7 km), Alájar (9 km),
Alamonaster la Real
(27 km), Cortegana
(32 km)

16

A470

Calle Pozo de la Nieve

2

1

8

Plaza de
San Pedro

A479

Cerro del
Castillo

3

C Jesús y María

7

9

20

1

Piscine
municipale

Vers Campofrío (23 km),
Minas de Ríotinto (34,5 km),
Huelva (127 km)

Cybercafe Aranet (Calle José Nogales s/n ; 1,50 €/h ;
10h-14h30 et 18h-22h lun-ven). Accès Internet.
Policía Local (☎ 959 12 62 32 ; Plaza de Doña
Elvira s/n)
Poste (☎ 959 12 81 52 ; Calle Juan del Cid 6 ; 8h30-
20h30 lun-ven, 9h30-14h sam)

À voir

Dominant la ville de manière spectaculaire,
les ruines du **château**, un fort pittoresque, se
dressent au sommet d'une colline abrupte
où se tient aussi l'**Iglesia Prioral de Nuestra
Señora del Mayor Dolor** (entrée libre ; 11h-19h),
du XIIIe siècle. L'église gothico-mudéjare
associe un bel extérieur en brique et un
intérieur orné de voûtes nervurées. On
accède au château par une route escarpée

partant de la Plaza Alta, jolie place pavée
qui correspondait autrefois au centre-ville.
Elle accueille désormais l'office du tourisme,
installé dans le **Cabildo Viejo** (ancien hôtel de
ville) du XVe siècle. En face de ce dernier,
vous découvrirez une imposante église ina-
chevée de style Renaissance, la **Parroquia de
la Asunción** (horaires des offices).

Au-dessous du château s'étend un dédale de grottes et de galeries hérissées de
stalactites et des stalagmites, la **Gruta de las
Maravillas** (grotte des merveilles ; ☎ 959 12 83 55 ; Calle
Pozo de la Nieve ; visite toutes les heures adulte/moins de
16 ans 7,70/5,50 ; 10h-13h30 et 15h-18h), site
majeur d'Aracena qui attire chaque année
150 000 personnes. L'itinéraire de 1,2 km
ouvert aux visiteurs compte 12 salles, 6 lacs

et toutes sortes de d'étranges et magnifiques formations rocheuses qui ont servi de décor au film *Voyage au centre de la terre*. Lumières colorées et fond musical contribuent à accentuer l'ambiance romantico-kitsch, mais l'ensemble s'avère malgré tout impressionnant. La visite guidée (en espagnol) culmine avec la **Sala de los Culos** (salle des fonds) qui ne manque jamais de susciter des gloussements.

Limités à 35 pers, les groupes affichent souvent complet l'après-midi et le week-end.

Où se loger

Finca Valbono (☎ 959 12 77 11 ; Carretera de Carboneras km 1 ; d basse/haute saison 63,10/83,15 €, appart 4 pers basse/haute saison 126/139 € ; Ⓟ Ⓧ Ⓡ). Cette ferme reconvertie à 1 km au nord-est d'Aracena est sans conteste l'adresse la plus charmante du secteur, avec des chambres rustiques de bon goût et des sdb carrelées. Les installations comprennent un bar, une piscine, un centre équestre et un bon restaurant (prix abordables) dans une immense salle voûtée.

Hotel Los Castaños (☎ 959 12 63 00 ; Avenida de Huelva 5 ; d basse/haute saison 36/84 € ; Ⓟ Ⓧ). D'allure peu attirante, le principal établissement de la ville compte 33 chambres, d'un niveau un peu supérieur à celles de l'Hotel Sierra de Aracena, et un restaurant proposant un *menú* à 12 € .

Hotel Sierra de Aracena (☎ 959 12 61 75 ; Gran Vía 21 ; d week-end/semaine 52/47 € ; Ⓟ Ⓧ). Un hôtel réputé qui devrait être rénové, où disposer de chambres tout à fait confortables, avec TV. Seul le petit déjeuner est assuré mais il existe quantité de restaurants dans les environs.

Casa Manolo (☎ 959 12 80 14; Calle Barbero 6 ; s/d 12,85/23,50 €). Située juste au sud de la Plaza del Marqués de Aracena, cette minuscule et sympathique *pensión*, seul établissement petit budget d'Aracena, abrite sept chambres spartiates. L'endroit ne dispose pas de chauffage et il peut faire assez froid l'hiver.

Où se restaurer

Restaurante José Vicente (☎ 959 12 84 55 ; Avenida de Andalucía 53 ; menu de 3 plats 15 €). La meilleure table d'Aracena, où déguster le célèbre jambon de la région, le *jamón ibérico de bellota* (issu de petits cochons noirs élevés aux glands), des champignons, du filet de porc et même des escargots. Le patron étant

un spécialiste de la cuisine de la Sierra, même le *menú* (une boisson comprise) se révèle excellent.

Café-Restaurante Montecruz (☎ 959 12 60 13 ; Plaza de San Pedro ; platos combinados 6-12 €). Toujours ouvert et bondé, le Montecruz ne paye pourtant pas de mine avec son décor bleu foncé et ses légumes suspendus un peu partout. On y goûte un honnête steak grillé avec des frites (12 €), bien appréciable quand tout est fermé en ville.

Bar-Restaurant Sierpes (Calle Mesones 13 ; raciones 4,85 €). Aménagé dans une demeure ancienne juste au-dessus de la Plaza del Marqués de Aracena, ce bar agréable dispose d'une somptueuse salle de restaurant attenante. Au programme : des tapas à moins de 1 € et un *menú* autour de 10 €.

Café-Bar Manzano (☎ 959 12 63 37 ; Plaza del Marqués de Aracena ; tapas 1,20-1,80 €, platos combinados 6-9 € ; Ⓨ mer-lun). Ce café en terrasse, situé du côté sud de la Plaza del Marqués, constitue un poste d'observation parfait pour contempler l'animation urbaine. Choix varié de tapas et de *raciones*.

Des restaurants touristiques bordent la Plaza de San Pedro et la Calle Pozo de la Nieve, à côté de la Gruta de las Maravillas.

Où sortir

La vie nocturne d'Aracena se limite aux bars. Pour profiter d'une compagnie agréable et siroter un verre à une heure indue, essayez l'excellent **Pub La Moncloa** (Calle Rosal ; Ⓨ 22h-4h avr-sept), caché dans une petite rue tranquille, et qui conserve un *pozo* (puits) du XVIe siècle. Hors saison, le lieu ferme vers 1h et parfois n'ouvre pas du tout.

Depuis/Vers Aracena

Casal (Sevilla ☎ 954 ℘9 92 90) assure des liaisons depuis/vers Sevilla, Plaza de Armas (5,35 €, 1 heure 15, 2/j). Minas de Riotinto (2,20 €, 40 min, 2/j lun-dim) et les villages du nord de la province de Huelva (voir p. 170) sont également desservis depuis Aracena, ainsi que Rosal de la Frontera (tlj à 10h30). De cette localité frontalière, on peut poursuivre vers le Portugal en changeant de bus. Depuis le même arrêt, Avenida de Andalucía, **Damas** (www.damas-sa.es) assure également une liaison depuis/vers Huelva (6,80 €, 2 heures, 2/j) et un service direct pour Lisbonne (3 heures 30), les lun, mer et ven, à 10h30.

OUEST D'ARACENA

L'ouest d'Aracena occupe l'une des régions andalouses les plus surprenantes par sa beauté. Tantôt luxuriante, tantôt austère et parsemée de vieux villages, cette contrée semble échapper au temps. Beaucoup de vallées sont très boisées, tandis qu'ailleurs prospère la *dehesa* – forêt de chênes toujours verts –, où les célèbres porcs ibériques cherchent des glands pour se nourrir.

Un réseau dense de sentiers de randonnée sillonne le **Parque Natural Sierra de Aracena y Picos de Aroche**, et notamment la zone séparant Aracena de Aroche. La majorité des villages sont desservis par des bus, ce qui rend possible des randonnées de plusieurs jours, et beaucoup disposent d'hébergements. Mieux vaut réserver une chambre par téléphone au préalable.

Entre Aracena et Aroche, la N433 traverse Galaroza et passe à proximité de Fuenteheridos, de Jabugo et de Cortegana. Pour un itinéraire pittoresque jusqu'à Cortegana (le trajet dure une heure, car la route et assez étroite et sinueuse), prenez la A470 *via* Santa Ana la Real et Almonaster la Real (non loin de Linares de la Sierra et Alájar). Plusieurs routes et chemins coupent à travers les collines pour rejoindre ces deux voies.

Randonnées

La meilleure source d'information sur les chemins de randonnée dans la région d'Aracena reste la brochure *Senderos de la Sierra de Aracena y Picos de Aroche* (en espagnol), qui décrit un certain nombre de circuits. Renseignez-vous auprès du Centro de Turismo Rural y Reservas à Aracena, ou à l'office du tourisme de Huelva. La carte *Parque Natural Sierra de Aracena y Picos de Aroche* (1/75 000), publiée par la Junta de Andalucía, et les cartes du SGE au 1/50 000 intitulées *Aracena, Aroche et Santa Olalla del Cala*, donnent un bon aperçu de la topographie, mais ne suffisent pas vraiment pour trouver sa route. La première devrait être disponible localement, mais les cartes du SGE ne se vendent généralement que dans les grandes villes.

Linares de la Sierra

300 habitants / 505 m

Nichée au creux d'une vallée fluviale, à 7 km à l'ouest d'Aracena sur l'A470, Linares semble surgir d'une autre époque : des ruelles pavées, des recoins sans issue, une minuscule arène en terre battue, des villageois mutiques vêtus de noir et un silence pesant, le tout au cœur d'une nature verdoyante. S'il n'existe aucun lieu d'hébergement, le village compte en revanche une table réputée, le **Restaurant Al Arrieros** (☎ 959 46 37 17 ; Calle Arrieros 2 ; plats 9-11 € ; ⌚ jeu-mar août-juin) avec, en été, une terrasse donnant sur la vallée et, en hiver, un plaisant feu de cheminée. Une halte sympathique sur le circuit pédestre qui va d'Aracena à Alájar (voir p. 169). Pensez toutefois à réserver.

Alájar

750 habitants / 574 m

Situé à 5 km à l'ouest de Linares de la Sierra, Alájar est le village le plus typique de la région. Plus important que son voisin, il conserve de petites ruelles pavées et des maisons en pierre cubiques, ainsi qu'une jolie église baroque. Au-dessus, sur un éperon rocheux appelé **Peña de Arias Montano**, trône une chapelle du XVIe siècle, l'**Ermita de Nuestra Señora Reina de los Ángeles** (⌚ horaires des offices), qui jouit d'une vue magnifique sur le bourg. L'*ermita* se dresse à 1 km en montant la route en direction de Fuenteheridos. Celle-ci part de l'A470, pratiquement en face de l'embranchement pour Alájar. L'église, qui abrite une sculpture de la Vierge du XIIIe siècle, fait l'objet d'un pèlerinage, le 7 septembre. À cette occasion, les habitants montent à cheval la pente abrupte qui conduit au sanctuaire.

La Posada (☎ 959 12 57 12 ; Calle Médico Emilio González 2 ; s/d 45/55 €). Cette adresse chaleureuse située près de l'église, gère 8 chambres et un restaurant. On peut y louer des chevaux (7 €/h) et des vélos (3,50 $/h ou 10 €/j).

Jabugo

2 500 habitants

Célèbre dans toute l'Espagne pour son *jamón ibérico*, Jabugo possède même son propre système de classification de une à cinq *jotas* (J), cette notation qualifiant des jambons provenant de porcs exclusivement nourris aux glands de la Sierra. Enlaidie par d'affreuses usines de salaison, la bourgade ne présente guère d'intérêt si vous n'êtes pas amateur de jambon.

Dans la partie est de la localité, toute une rangée de bars et de restaurants vous attendent pour goûter le meilleur *jamón*

OUEST D'ARACENA

du pays. À la **Mesón Cinco Jotas** (☎ 959 12 15 15 ; Carretera San Juan del Puerto), appartenant au plus gros producteur, Sánchez Romero Carvajal, une part de jambon de premier choix, le *cinco jotas* (5 J), vous reviendra à 7 €. Vous pouvez aussi opter pour un *cinco jotas* et des œufs au plat (10 €.). Des boutiques comme **De Jabugo la Cañada** (☎ 959 12 12 07 ; Carretera San Juan del Puerto 2) vendent de la cochonnaille. Le *jamón* à emporter coûte quelque 20 € le kg. Comptez 250 €. pour un jambon entier (7 kg) de qualité supérieure.

La Finca la Silladilla (☎ 959 50 13 50 ; silladi@teleline.es ; Los Romeros-Jabugo ; d 89 €, villas 108-178 € ; P X 2), juste à l'ouest de Jabugo sur la route de Los Romeros (tournez à gauche au bout de 3 km au panneau indiquant La Silladilla), est une superbe petite *finca* (ferme), aménagée dans un ancien moulin à drap, au milieu d'un océan de cistes et de chênes. On peut y loger ou louer l'un des quatre bâtiments de ferme équipés. Sur place, une petite boutique vend de l'épicerie et sert des tapas.

Almonaster la Real
2 000 habitants / 613 m

À l'ombre du mont Almonaster (913 m), point culminant de la Sierra, Almonaster la Real dissimule, derrière son allure de grosse bourgade sans cachet, un véritable joyau de l'architecture islamique. La **mezquita** (mosquée ; entrée libre ; ⏰ 9h30-20h), car c'est d'elle qu'il s'agit, trône au sommet d'une colline, à 5 min de marche de la place principale. Si vous trouvez porte close, demandez la clé à l'hôtel de ville, sur la place.

Construite au Xe siècle, la mosquée ressemble à une réplique miniature de la grande mosquée de Córdoba. Trois siècles plus tard, les Castillans la transformèrent en église, mais laissèrent pratiquement intacts ses éléments islamiques : un immense arc en fer à cheval, un *mihrab* semi-circulaire, une fontaine à ablutions et diverses calligraphies en arabe. Les chrétiens ajoutèrent une abside romane au nord, là où les éléments brisés d'un autel wisigoth, gravé d'une colombe et d'ailes d'ange, ont été rassemblés.

Sur le côté du bâtiment principal s'élève le minaret d'origine, une tour carrée à trois niveaux. On peut grimper jusqu'à la plus haute pièce pour contempler les **arènes** d'Almonaster (des *corridas* ont lieu en août), qui datent du XIXe siècle, mais il faut faire attention aux fenêtres ouvertes dépourvues de tout garde-fou. Dans le village, ne manquez pas l'église mudéjare, l'**Iglesia de San Martín** (Placeta de San Cristóbal), qui possède un portail du XVIe siècle de style manuelin, unique dans la région.

Le premier week-end de mai, Almonaster accueille le festival de flamenco de la **Cruz de Mayo**, un prétexte à des démonstrations du fandango local et à un étalage de costumes traditionnels fabuleux. Durant tout le mois de mai, des festivals similaires se déroulent dans les villages de la Sierra.

DÉTOUR : RANDONNÉES PÉDESTRES À LINARES DE LA SIERRA ET ALÁJAR

Nombre de circuits partent d'Aracena. Un itinéraire en boucle de 12 km peut être entrepris en quittant la ville par son extrémité ouest, entre la Piscina Municipal et l'A470. Ce chemin en montagnes russes descend vers une vallée verdoyante jusqu'à Linares de la Sierra.

Pour revenir par le sentier PRA39, plus au sud, repérez le petit pont de pierre au-dessus de la rivière qui coule au pied de Linares. Après ce pont, le sentier contourne Cerro de la Molinilla, passant devant les anciennes mines de fer, puis traverse un ruisseau. Il monte ensuite une pente caillouteuse qui débouche sur l'A479, au sud-ouest d'Aracena.

Vous pouvez prolonger la randonnée en suivant le PRA38 vers l'ouest, pendant 4 km, de Linares à Alájar, *via* le hameau de Los Madroñeros. De beaux panoramas vous attendent sur ce tronçon. D'Alájar, vous pouvez repartir dans l'autre sens (30 km aller-retour), ou prendre le bus de l'après-midi (tlj sauf dim), à destination d'Aracena (renseignements sur les bus p. 170).

L'**Hotel Casa García** (☎ 959 14 31 09 ; fax 959 14 31 43 ; Avenida San Martín 2 ; s/d 35,40/51,45 € ; Ⓟ ⊠), un petit établissement chic, vous attend à l'entrée du village en arrivant de l'A470. Parmi les meilleurs hébergements de la Sierra, il propose des chambres de style campagnard, dont certaines avec balcon. Son restaurant, également très prisé, a pour spécialité les plats de viande du cru (9-12 €).

Situé sur une agréable placette, l'**Hostal La Cruz** (☎ 959 14 31 35 ; Plaza El Llano 8 ; s/d 24/30 €) renferme quelques chambres sans prétention et un bar-restaurant (*raciones* 5 € environ).

Cortegana
5 000 habitants / 673 m

Cortegana, situé à 6 km au nord-ouest d'Almonaster, fournit une grande partie de l'*anís* (liqueur anisée) consommé lors de la fête de cette dernière. Ce bourg de taille respectable est dominé par un **castillo** du XIIIe siècle (1,25 € ; ☼ 11h-14h et 17h-19h), qui abrite une exposition plutôt ennuyeuse sur les fortifications médiévales du nord de la province de Huelva. À côté se tient la **Capilla de Nuestra Señora de la Piedad**, du XVIe siècle. Ne manquez pas non plus l'**Iglesia del Divino Salvador** (Plaza del Divino Salvador), de style gothico-mudéjar. Venez de préférence en août, pour les **Jornadas Medievales**, une grande fête où tout le monde revêt des costumes du Moyen-Âge et s'adonne à des réjouissances bien arrosées, telles que tournois, démonstrations de fauconnerie et concours de tir à l'arc.

L'**Hostal Cervantes** (☎ 959 13 15 92 ; Calle Cervantes 27B ; d sans/avec sdb 18/24 €), d'un bon rapport qualité/prix, loue des chambres qui donnent pour certaines sur le jardin. Il se trouve aux abords de la Plaza de la Constitución.

Aroche
3 500 habitants / 406 m

À un jet de pierre de la frontière portugaise, Aroche a toujours été un territoire disputé. Aujourd'hui, il reçoit cependant peu de visiteurs et fait partie des localités les moins touristiques, accessibles depuis Cortegana, le long du N433, ou du sentier pédestre PRA2 qui traverse la large vallée ouverte. Cette sympathique et charmante petite bourgade compte d'étroites ruelles pavées. Il existe un parc de stationnement dans la Calle Dolores, à l'entrée de la cité près du la gare routière.

Le **château** du XIIe siècle (entrée libre ; ☼ 10h-14h et 17h-19h sam-dim et fêtes), au sommet du village, a été transformé en arène. En dehors des horaires d'ouverture, adressez-vous à la **Casa Consistorial** (hôtel de ville ; Plaza de Juan Carlos I) ou à la **Cafetería Lalo** (☎ 959 14 02 61 ; ☼ 9h30-14h et 17h-19h), en haut des marches qui jouxtent la précédente ; le guide local Manuel Amigo vous conduira au château.

Juste sous le château, la grande **Iglesia de Nuestra Señora de la Asunción** renferme une sculpture remarquable de La Roldana, fille du célèbre Pedro Roldán, et d'Alonso Cano. L'étrange **Museo del Santo Rosario** (☎ 959 13 16 31 ; Paseo Ordóñez Valdéz ; ☼ renseignez-vous à la Cafetería Lalo) expose une collection de plus de mille chapelets venant des quatre coins du monde, donnés par des personnalités aussi diverses que Mère Teresa, Richard Nixon et Franco.

L'**Hostal Picos de Aroche** (☎ 959 14 04 75 ; Carretera de Aracena 12 ; s/d 18/30 €), pratique, simple et impeccable, borde la route qui monte de la N433 jusqu'à la ville. Il est préférable de réserver.

À L'USAGE DES GASTRONOMES

Le meilleur jambon d'Espagne provient de la Sierra Morena, le plus goûteux étant celui de Jabugo. Dans les vastes forêts de chênes de la région, les porcs se nourrissent de glands tombés des arbres en octobre. Ils y vivent comme des coqs en pâte jusqu'à l'abattage de printemps, appelé localement *matanza*. À cette occasion, des gens vont de village en village avec la rude tâche d'aider à transformer la viande en jambons et en *morcillas* (saucisses). Les multiples ustensiles nécessaires à l'opération sont exposés dans le remarquable Museo de Artes y Costumbres Populares (voir p. 363) de Jaén. Après salage, les imposants cuisseaux doivent être suspendus pour exsuder leur eau. La longueur du séchage – parfois jusqu'à deux ans – détermine la qualité et le prix du jambon.

Pour vous immerger dans l'histoire, les traditions et les usages de la cuisine de la Sierra, réservez un séjour à la **Finca Buen Vino** (959 12 40 34 ; www.fincabuenvino.com ; Los Marines, Carretera N433 km 95 ; Ⓡ 60 €, villa 300/1 015 € par sem en basse/haute saison ; Ⓟ Ⓡ), une ferme en activité. Le stage d'une semaine, dispensé par Jeannie, intéressera particulièrement les apprentis gourmets. Formée par un cordon-bleu, elle vous fera voyager à travers le répertoire des gastronomies andalouse, marocaine et méditerranéenne. Les jours consacrés à la cuisine alternent avec des visites dans les fabriques locales de fromages et de jambons, les boutiques de produits régionaux, les bodegas de cognac et les restaurants du cru. Les repas arrosés de vin ont lieu dans une splendide salle à manger décorée de boiseries, où le jambon de choix trône, entier, dans sa *jamonera*. Les stages ont lieu de l'automne au printemps, moyennant 1 200 € tout compris pour six nuits. Certaines installations sont adaptées aux personnes en fauteuil roulant.

Le **Centro Cultural Las Peñas** (Calle Real ; tapas 1,20-1,50 €, raciones 8-11 €), rempli d'hommes sirotant l'*anís* local, sert de savoureuses tapas et *raciones* dans une atmosphère typique.

Autres villages

Entre Jabugo et Aracena, on peut rejoindre plusieurs villages depuis la N433. Si vous avez le temps, **Galaroza**, **Fuenteheridos** et, surtout, **Castaño del Robledo**, méritent une halte. De ce petit village modeste, sur une route secondaire reliant Fuenteheridos à la N435, se dégage une atmosphère médiévale. Ses deux grandes églises, dans un état de délabrement avancé, dominent des toits de tuiles affaissés. Quelques bars bordent la Plaza del Álamo, derrière l'Iglesia de Santiago el Mayor (l'église au clocher le plus pointu).

Depuis/vers l'ouest d'Aracena

BUS

Beaucoup de ces villages sont desservis par la compagnie **Casal** (à Sevilla ☎ 954 99 92 90) depuis Sevilla (Plaza de Armas) et Aracena. Des bus relient Aracena à Cortegana (2,20 €, 50 min, 2/j lun-sam) *via* Linares de la Sierra

(0,70 €, 15 min, 2/j lun-sam), Alájar (0,80 €, 20 min, 2/j lun-sam) et Almonaster la Real (1,55 €, 40 min, 2/j lun-sam), dont un continue jusqu'à Aroche (2,95 €, 1 heure 15) et l'autre jusqu'à Sevilla. Quatre bus quotidiens circulent dans chaque sens entre Aracena et Cortegana *via* Fuenteheridos, Galaroza et Jabugo, dont trois poursuivent leur route jusqu'à Aroche et Rosal de la Frontera.

Damas assure le service de Huelva à Almonaster la Real (5,75 €, 2 heures 30, 2/j lun-ven) et Aroche (6,80 €, 2 heures 30, 2/j lun-ven)

TRAIN

Des trains relient Huelva aux gares d'Almonaster-Cortegana (4,95 €, 1 heure 45, 2/j) et de Jabugo-Galaroza (5,50 €, 2 heures, 2/j). Au moment de la rédaction de ce guide, ils quittaient Huelva à 9h35 et à 13h. Ils ont leur terminus en Extremadura, respectivement à Fregenal de la Sierra et à Zafra. La gare d'Almonaster-Cortegana est à 1 km de la route Almonaster–Cortegana, à mi-chemin entre les deux villages. La gare de Jabugo-Galaroza se trouve à El Repilado, sur la N433, 4 km à l'ouest de Jabugo.

Provincia de Cádiz

Cádiz est peut-être la province d'Andalousie aux attraits les plus variés. S'étendant de l'embouchure du Guadalquivir, jusqu'au détroit de Gibraltar, sa côte offre les plus belles plages d'Andalousie. Dans les villes et les villages côtiers, qui ne connaissent pas le développement immobilier dont souffrent d'autres parties du littoral andalou, vous goûterez de savoureux fruits de mer. Quant à l'arrière-pays, il s'étire jusqu'aux splendides montagnes de Grazalema et aux majestueuses forêts de chênes-lièges du Parque Natural Los Alcornocales. Une foule d'activités se pratiquent dans la région : planche à voile, kitesurfing, plongée, escalade, canyoning, observation des oiseaux, ou encore randonnées à cheval, en VTT ou à pied.

Les cités de cette province comptent parmi les plus passionnantes d'Andalousie – du port séculaire de Cádiz, célèbre pour sa population chaleureuse et cultivée, ou Jerez de la Frontera, avec ses bodegas de xérès, ses spectacles équestres et son flamenco, jusqu'aux ports de Tarifa ou d'El Puerto de Santa María. Sans oublier les petites cités balnéaires décontractées, dont Los Caños de Meca et Bolonia, ni les villages de montagnes, comme Arcos de la Frontera, Grazalema et Zahara de la Sierra. La prolifération des lieux appelés "de la Frontera" remonte à l'époque de la Reconquista (reconquête chrétienne) quand, du milieu du XIIIe à la fin du XVe siècle, cette région resta une *frontera* (frontière), marquant la limite avec la terre chrétienne.

À NE PAS MANQUER

- Profitez du surf et des plages de **Tarifa** (p. 212) – l'un des meilleurs sites de planche à voile et de kitesurfing d'Europe.

- Explorez la cité portuaire de **Cádiz** (p. 173), où a lieu le **carnaval** (p. 178) le plus fou d'Espagne.

- Découvrez **Jerez de la Frontera** (p. 191), réputée pour son xérès, ses chevaux, son flamenco et ses festivals.

- Faites la tournée des bars à tapas d'**El Puerto de Santa María** (p. 182) ou dégustez un succulent dîner de fruits de mer à **Sanlúcar de Barrameda** (p. 187).

- Partez à la découverte des villages blancs et des montagnes escarpées du **Parque Natural Sierra de Grazalema** (p. 202).

- Savourez la **Costa de la Luz** (p. 205), bordée de longues plages de sable fin, de villages à l'atmosphère décontractée, et des ruines romaines de **Baelo Claudia** (p. 212) à Bolonia.

■ POPULATION : 1,6 MILLION D'HABITANTS	■ TEMPÉRATURES MOYENNES : JAN/AOÛT 15°C/30°C	■ ALTITUDE : 0 m–1 654 m

CÁDIZ

135 000 habitants

Une fois traversés les marécages de la côte et les tentaculaires faubourgs industriels de Cádiz, vous débouchez dans une élégante ville portuaire, principalement construite aux XVIIIe et XIXe siècles, en train de regagner sa grandeur passée grâce à un programme dynamique de restauration urbaine. Cádiz est coincée à l'extrémité d'une longue péninsule, comme un immense bateau affrontant l'océan. La cité possède une histoire longue et fascinante, quantité de monuments et de musées, ainsi qu'un bon nombre de bars et de restaurants forts

agréables. Toutefois, ce sont les *gaditanos* (habitants de Cádiz) qui font l'originalité du lieu. Chaleureux, ouverts, hospitaliers, cultivés et libres d'esprit, la majorité des *gaditanos* souhaitent avant tout profiter de la vie – qu'il s'agisse du simple plaisir de siroter un café ou une bière entre amis dans un bar de la ville, ou de rester très tard dehors pendant les étouffants mois d'été pour profiter de la fraîcheur nocturne, ou de participer au carnaval le plus exubérant d'Espagne à la fin de l'hiver.

HISTOIRE

Cádiz pourrait être la plus ancienne ville d'Europe. Elle fut fondée sous le nom de Gadir par les Phéniciens, venus y échanger

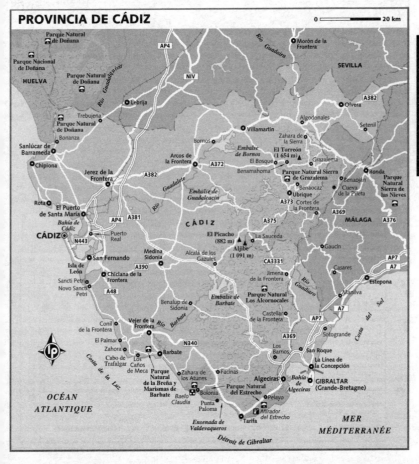

PROVINCIA DE CÁDIZ

0 ————— 20 km

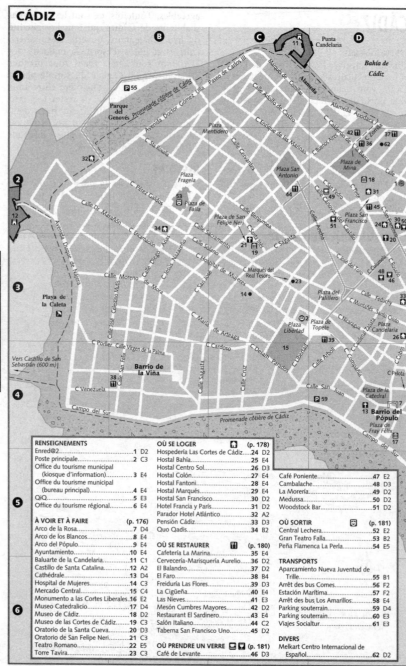

CÁDIZ

PROVINCIA DE CÁDIZ

Parque del Genovés

Playa de la Caleta

Vers Castillo de San Sebastián (600 m)

Barrio de la Viña

Punta Candelaria

Bahía de Cádiz

Alameda Apodaca

Plaza Mentidero

Plaza Fragela

Plaza de Falla

Plaza San Antonio

Plaza de San Felipe Neri

Plaza San Francisco

Plaza San Francisco

Plaza de Mina

Plaza del Palillero

Plaza Libertad

Plaza de Topete

Plaza Candelaria

Barrio del Pópulo

Plaza de la Catedral

Plaza de Fray Félix

Promenade côtière de Cádiz

Campo del Sur

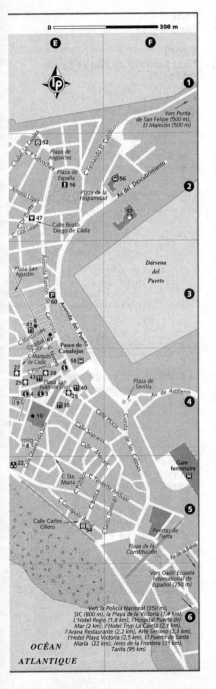

de l'ambre de la Baltique et de l'étain britannique contre de l'argent espagnol. Les sources classiques situent sa création vers 1100 av. J.-C mais, d'après les pièces archéologiques, Gadir existait déjà au VIIIe siècle av. J.-C. Elle servit ensuite de base navale aux Romains, qui l'appelaient Gades et ne tarissaient pas d'éloges sur les délices culinaires, musicales et sensuelles de la cité.

Cádiz commença à prospérer au moment de la découverte de l'Amérique. C'est en effet de ce port que Christophe Colomb embarqua lorsqu'il entreprit ses deuxième et quatrième voyages. La ville attira également les ennemis du royaume espagnol : en 1587, l'Anglais Sir Francis Drake "roussit la barbe du roi d'Espagne" en lançant une attaque du port, qui entraîna la dispersion de la fameuse Armada. En 1596, les assaillants anglo-hollandais incendièrent presque entièrement la cité.

Au cours du XVIIIe siècle, Cádiz connut son âge d'or, pendant lequel elle profita de 75% du commerce espagnol avec les Amériques. Devenue la cité la plus riche et la plus cosmopolite d'Espagne, elle donna naissance à la première bourgeoisie progressiste et libérale du pays. Les beaux monuments de la ville datent de cette époque.

Les guerres napoléoniennes ramenèrent les navires de guerre britanniques, qui firent le blocus de la cité et la bombardèrent, puis anéantirent la flotte espagnole à la bataille de Trafalgar, toute proche, en 1805. Après le retournement de l'Espagne contre Napoléon, Cádiz résista à deux années de siège à partir de 1810. Pendant ce temps, un Parlement national, appelé Cortes de Cádiz, fut organisé. Cette assemblée plus ou moins libérale adopta la Constitution espagnole de 1812, proclamant la souveraineté du peuple et plantant le décor pour un siècle de luttes entre libéraux et conservateurs.

Au XIXe siècle, la perte des colonies d'Amérique précipita Cádiz dans un marasme dont elle émerge à peine. Sa province affiche toujours le taux de chômage le plus élevé d'Espagne (24% en 2004), qui s'explique en partie par le déclin de la construction navale et de la pêche. Le tourisme tient une place importante dans le plan de reconstruction de la cité : un admirable programme de rénovation est en train de rétablir l'ancienne splendeur de la ville et de nouveaux monuments s'ouvrent au public.

ORIENTATION

Les places procurent d'agréables espaces de fraîcheur entre les rues enchevêtrées de la vieille ville. Citons les quatre principales : la Plaza San Juan de Dios, la Plaza de la Catedral et la Plaza de Topete formant un arc au sud-est, et la Plaza de Mina au nord. La Calle San Francisco, piétonne, relie la Plaza San Juan de Dios et la Plaza de Mina.

La gare ferroviaire se trouve à l'est de la vieille ville, tout près de la Plaza de Sevilla. La principale gare routière (avec la ligne Comes) étant à 900 m au nord, sur la Plaza de la Hispanidad. Le port principal s'étend entre les deux gares.

Les Puertas de Tierra (portes de la terre), du XVIIIᵉ siècle, marquent la limite est de la vieille ville. La Cádiz moderne s'étale vers l'intérieur de la péninsule, en direction de la ville de San Fernando.

RENSEIGNEMENTS

Librairies

QiQ (☎ 956 20 57 66 ; Calle San Francisco 31 ; ⏲ 10h-14h et 17h30-21h lun-sam). Guides en plusieurs langues, ouvrages sur la région.

Urgences

Ambulance (☎ 061).
Policía Nacional (☎ 091 ; Avenida de Andalucía 28). À 500 m au sud-est des Puertas de Tierra.

Accès Internet

Enred@2 (angle des Calles Isabel La Católica et Antonio López ; 1,50 € /h ; ⏲ 11h-23h lun-sam).

Services médicaux

Hospital Puerta del Mar (☎ 956 00 21 00 ; Avenida Ana de Viya 21). Principal hôpital général, à 2,25 km au sud-est des Puertas de Tierra.

Argent

Banques et DAB bordent la Calle San Francisco et l'Avenida Ramón de Carranza.

Renseignements touristiques

Office du tourisme municipal bureau principal (☎ 956 24 10 01 ; Plaza San Juan de Dios 11 ; ⏲ 9h-14h et 16h-19h lun-ven, 17h-20h l'après-midi de la mi-juin à la mi-sept) ; kiosque d'informations (Plaza San Juan de Dios ; ⏲ 10h-13h30 et 16h-18h sam, dim et jours fériés, 17h-19h30 l'après-midi entre mi-juin et mi-sept).
Office du tourisme régional (☎ 956 25 86 46 ; Avenida Ramón de Carranza s/n ; ⏲ 9h-19h lun-ven, 10h-13h30 sam, dim et jrs fériés).

Poste

Bureau de poste principal (Plaza de Topete).

À VOIR

Plaza San Juan de Dios et Barrio del Pópulo

La vaste Plaza San Juan de Dios est entourée de cafés et dominée par l'imposant **ayuntamiento** (hôtel de ville), de style néoclassique, édifié vers 1800. Derrière l'*ayuntamiento*, le quartier du Barrio del Pópulo – une enceinte fortifiée détruite par les assaillants anglo-hollandais en 1596 – était le centre de Cádiz au Moyen Âge. Ses limites sont toujours marquées par trois portes du XIIIᵉ siècle, l'**Arco de los Blancos**, l'**Arco de la Rosa** et l'**Arco del Pópulo**. Le Barrio del Pópulo a été récemment le centre du programme de restauration de la ville. Aujourd'hui, ses rues propres et attrayantes, piétonnes pour la plupart, comptent quantité de boutiques d'artisanat et de galeries.

Dans la partie du Barrio del Pópulo proche de la mer, jetez un coup d'œil aux fouilles du **Teatro Romano** (Théâtre romain ; ☎ 956 21 22 81 ; Campo del Sur s/n ; gratuit ; ⏲ 10h-14h). Vous pouvez longer la galerie située sous les gradins. Les ruines de la scène sont toujours ensevelies sous des bâtiments adjacents.

La cathédrale et ses alentours

L'histoire de la **cathédrale** (☎ 956 25 98 12 ; Plaza de la Catedral ; adulte/enfant 4/2,50 € ; ⏲ 10h-13h30 et 16h30-19h mar-ven, 10h-12h30 sam) au dôme jaune, qui fait face à une grande et jolie place piétonne, se confond avec celle de la ville entière durant les XVIIIᵉ et XIXᵉ siècles. Sa construction fut décidée en 1716, en raison du transfert imminent de la Casa de la Contratación, chargée de contrôler le commerce espagnol avec les Amériques, de Sevilla à Cádiz. La cathédrale ne fut cependant achevée qu'en 1838, date à laquelle des éléments néoclassiques (dont le dôme, les tours et la façade principale) vinrent contrarier la conception baroque originale de Vicente Acero. De plus, les fonds s'étaient taris, entraînant des réductions en termes de dimension autant que de qualité. Il s'agit néanmoins d'un édifice magnifique et impressionnant, particulièrement remarquable la nuit, quand il est illuminé. À l'intérieur de la cathédrale, l'élément le plus original est la grande crypte circulaire souterraine en pierre, exhumée du fond de la mer, où est enterré le compositeur Manuel de Falla, né à Cádiz.

D'une autre entrée située sur la Plaza de la Catedral, vous pouvez monter dans la **Torre de Poniente** (Tour occidentale ; adulte/enfant/sénior 3/2/2 € ; ⏲ 10h-18h, jusqu'à 20h de mi-juin à mi-sept), la plus haute tour de Cádiz, qui offre de splendides vues sur la vieille ville. Remarquez les nombreuses tours de guet édifiées au XVIIIe siècle afin que les habitants puissent surveiller les mouvements des bateaux sans sortir de chez eux.

Le billet d'entrée à la cathédrale permet aussi de visiter le **Museo Catedralicio** (Musée de la cathédrale ; Plaza de Fray Félix ; ⏲ 10h-13h30 et 16h30-19h mar-ven, 10h-12h30 sam) voisin, où l'on découvre une rue médiévale exhumée et des documents concernant la mise à sac de la cité par les Anglais et les Hollandais en 1596, ainsi que divers objets d'art.

Plaza de Topete et ses alentours

À quelques rues au nord-ouest de la cathédrale, cette place est l'une des plus animées de Cádiz, avec ses stands de fleurs et le grand **Mercado Central** (marché central), adjacent. On l'appelle encore communément par son ancien nom, Plaza de las Flores (place des fleurs). Un peu plus au nord-ouest, la **Torre Tavira** (☎ 956 21 29 10 ; Calle Marqués del Real Tesoro 10 ; 3,50 € ; ⏲ 10h-18h, jusqu'à 20h de mi-juin à mi-sept), la plus haute et la plus importante des anciennes tours de guet de la ville, offre un panorama magnifique de Cádiz. Une *camera oscura* projette des images animées de la ville sur un écran (toutes les demi-heures). Au XVIIIe siècle, Cádiz ne comptait pas moins de 160 tours de guet.

Dans les environs se trouve l'**Hospital de Mujeres** (☎ 956 22 36 47 ; Calle Hospital de Mujeres 26 ; chapelle 0,80 € ; ⏲ 10h-13h30 lun-sam), ancien hôpital pour femmes datant du XVIIIe siècle, dont la chapelle est richement décorée. Elle abrite le tableau *Extasis de San Francisco* (Extase de saint François) du Greco.

Un peu plus loin au nord-ouest, vous atteindrez le **Museo de las Cortes de Cádiz** (☎ 956 22 17 88 ; Calle Santa Inés 9 ; gratuit ; ⏲ 9h-13h et 16h-19h mar-ven oct-mai, 9h-13h et 17h-19h mar-ven juin-sept, 9h-13h sam-dim), rempli d'objets historiques liés aux Cortes (parlement) de Cádiz de 1812. Le musée abrite une grande maquette très détaillée de Cádiz au XVIIIe siècle, réalisée en acajou et en ivoire dans les années 1770 pour Carlos III. Dans la même rue, l'une des plus belles églises baroques de Cádiz, l'**Oratorio de San Felipe Neri** (☎ 956 21 16 12 ; Plaza de San Felipe Neri ; 1,20 € ; ⏲ 10h-13h lun-sam), fut le lieu de réunion du Parlement. L'intérieur, d'une forme ovale inhabituelle, est doté d'un magnifique dôme. Un des chefs-d'œuvre de Murillo, une *Inmaculada* de 1680, occupe la place d'honneur dans le retable principal.

Plaza de Mina et alentours

Au nord-est de l'Oratorio de San Felipe Neri, en direction de la Plaza de Mina, se trouve la **Calle Ancha**, dont les cafés et les accueillirent les réunions des membres des Cortes de 1812. Fidèle à son nom (rue large), la Calle Ancha est aujourd'hui une agréable artère piétonne, idéale pour faire une pause en dégustant une glace (voir p. 180).

La Plaza de Mina, l'une des plus verdoyantes places de Cádiz, héberge le plus important musée de la ville, le **Museo de Cádiz** (☎ 956 21 22 81 ; Plaza de Mina ; ressortissant de l'UE gratuit, non-ressortissant de l'UE 1,50 €, gratuit le dim ; ⏲ 14h30-20h mar, 9h-20h mer-sam, 9h30-14h30 dim). Le département archéologique au rez-de-chaussée possède deux sarcophages phéniciens sculptés, en pierre blanche. On y voit aussi de beaux bijoux phéniciens, de la vaisselle romaine, ainsi que des statues romaines dépourvues de têtes et une statue de l'empereur Trajan (avec tête), provenant des ruines de la cité romaine de Baelo Claudia (voir p. 212). À l'étage, la collection de peintures inclut un superbe ensemble de 21 tableaux de Francisco de Zurbarán, représentant des saints, des anges et des moines, ou encore l'œuvre qui coûta la vie à Murillo : le retable de la chapelle du Convento de Capuchinas – l'artiste mourut en 1682 après avoir chuté d'un échafaudage.

L'**Oratorio de la Santa Cueva** (☎ 956 22 22 62 ; Calle Rosario 10 ; 2 € ; ⏲ 10h-13h et 17h-19h30 mar-ven, 10h-13h sam-dim), à quelques rues au sud-est de la Plaza de Mina, est une église néoclassique des années 1780. L'austère Capilla Baja (chapelle inférieure), en sous-sol, offre un contraste saisissant avec la Capilla Alta (chapelle supérieure), de forme ovale et richement décorée. Trois des huit arches de la Capilla Alta encadrent des peintures de Francisco de Goya.

À quelques rues à l'est, Plaza de España, se dresse le **Monumento a las Cortes Liberales**, édifice néoclassique raffiné dédié au Parlement de 1812.

PROVINCIA DE CÁDIZ

PROMENADE CÔTIÈRE À CÁDIZ

Ce circuit vous fait découvrir le front de mer de Cádiz, de la Plaza de Mina à la cathédrale – une promenade de 4,5 km qui dure au moins 1 heure 15. Rendez-vous à une rue de la Plaza de Mina, qui aboutit sur le front de mer au nord de la ville et donne sur la Bahía de Cádiz et El Puerto de Santa María. De là, partez vers le nord-ouest en longeant le jardin de l'**Alameda** (avec deux caoutchoutiers véritablement gigantesques) jusqu'au fort **Baluarte de la Candelaria** (qui accueille parfois des expositions artistiques). Tournez en direction du sud-ouest vers le **Parque del Genovés**, créé, comme l'Alameda, au XIXᵉ siècle, et agrémenté d'arbres joliment taillés. Vous pouvez faire une pause et vous rafraîchir au Parador Hotel Atlántico, à l'extrémité sud-ouest du parc. Poursuivez jusqu'au **Castillo de Santa Catalina** (☎ 956 22 63 33 ; gratuit ; ☉ 10h30-18h, jusqu'à 20h mai-août), en forme d'étoile, construit pour défendre la ville après l'assaut anglo-hollandais de 1596 : il abrite une exposition historique sur Cádiz et la mer, ainsi qu'une galerie consacrée aux expositions temporaires. La **Playa de la Caleta** (bondée en été) sépare Santa Catalina d'un autre fort, le **Castillo de San Sebastián** du XVIIIᵉ siècle, fermé au public. Toutefois, vous pouvez suivre la digue de 750 m qui mène à sa porte. À marée basse, vous pouvez vous promener autour des rochers qui bordent le chemin. Enfin, empruntez la large promenade vers l'est, le long du **Campo del Sur** jusqu'à la cathédrale au dôme jaune.

Plages

La vieille ville possède une petite plage en courbe, la Playa de la Caleta (voir *Promenade côtière*, ci-dessus). Quant à la cité moderne, elle donne sur une vaste et superbe plage de sable fin, la **Playa de la Victoria**, qui commence à environ 1,5 km après les Puertas de Tierra et s'étend sur près de 4 km le long de la péninsule. Les week-ends d'été, pratiquement toute la ville semble s'y donner rendez-vous. À l'extrémité de Cádiz, la plage se prolonge sous le nom de **Playa de la Cortadura**. Le bus n°1 "Plaza España–Cortadura", qui part de la Plaza de España, vous conduira aux deux plages (0,80 €).

COURS

Cádiz dispose de quelques écoles de langue très populaires.

Gadir Escuela Internacional de Español (☎ /fax 956 26 05 57 ; www.gadir.net ; Calle Pérgolas 5). À quelques rues au sud-est des Puertas de Tierra, propose des cours de langue ainsi que des cours de culture.

Melkart Centro Internacional de Español (☎ /fax 956 22 22 13 ; www.centromelkart.com ; Calle General Menacho 7). Dans la vieille ville.

SIC (☎ 956 25 27 24 ; www.spanishincadiz.com ; Calle Condesa Villafuente Bermeja 7). À environ 1 km au sud-est des Puertas de Tierra.

FÊTES ET FESTIVALS

Aucune ville d'Espagne ne célèbre le **carnaval** (www.carnavaldecadiz.com en espagnol) avec autant d'exubérance que Cádiz, où il prend la forme d'une fête costumée de dix jours où l'on chante, danse et boit, et qui couvre deux week-ends (du 3 au 13 février 2005 et du 23 février au 5 mars 2006). Tout le monde se déguise et la gaieté, entretenue par la consommation d'énormes quantités d'alcool, est communicative. Des groupes costumés, les *murgas*, parcourent la ville à pied ou sur des chars, en dansant, en interprétant des chansonnettes satiriques, ou en jouant des sketches (seuls les bons hispanisants pourront comprendre la célèbre verve des *gaditanos*). Outre les quelque 300 *murgas* reconnus officiellement et récompensés par un jury dans le Gran Teatro Falla (p. 181), des *ilegales* – groupes anonymes de personnes qui descendent dans les rues en jouant de la musique ou en chantant – se joignent à la fête.

Des spectacles très animés se déroulent dans le quartier ouvrier du Barrio de la Viña, entre le Mercado Central et la Playa de la Caleta, ainsi que dans la Calle Ancha et la Calle Columela, où les *ilegales* aiment à se rassembler.

Pendant le carnaval, les chambres de Cádiz sont réservées des mois à l'avance. Si vous n'en trouvez pas, venez passer la nuit à vous amuser à Cádiz, avant de retourner à Sevilla ou ailleurs. Beaucoup de gens le font, en venant costumés.

OÙ SE LOGER

Les tarifs indiqués ici concernent le mois de juillet et peuvent doubler pendant le carnaval. Ils augmentent aussi parfois au mois d'août, mais diminuent de 20% à 25% le reste de l'année.

Petits budgets

Les établissements les moins chers sont concentrés au nord de la Plaza San Juan de Dios.

Hostal Centro Sol (☎ /fax 956 28 31 03 ; www.hostalcentrosolcadiz.com ; Calle Manzanares 7 ; s/d 40/49 €). Efficace et accueillant, cet *hostal* (maison d'hôtes ou petit hôtel), qui occupe une agréable demeure néoclassique datant de 1848, dispose de petites chambres claires, avec TV câblée et mobilier en bois de diverses époques. Service de petit déjeuner. Le propriétaire parle français.

Hostal Fantoni (☎ 956 28 27 04 ; www.hostalfantoni.com ; Calle Flamenco 5 ; d 40 €, s/d avec sdb commune 20/30 €). Tenu par une famille chaleureuse, dans une maison du XVIIIᵉ siècle, cet établissement abrite 15 chambres impeccables aux murs blancs agrémentés de jolies gravures de fleurs. La terrasse sur le toit permet de prendre l'air en été.

Hostal Colón (☎ 956 28 53 51 ; Calle Marqués de Cádiz 6 ; ch avec sdb commune/privée 40/50 €). Les chambres lumineuses et de bonnes dimensions, toutes avec lits douillets et TV, donnent sur une rue tranquille.

Hostal San Francisco (☎ 956 22 18 42 ; Calle San Francisco 12 ; ch avec sdb commune/privée 37/48 €). Un peu plus loin, dans la vieille ville, on trouve ici des chambres correctes bien que petites, avec TV et mobilier plaqué en pin. Certaines reçoivent peu de lumière du jour. Location de vélos pour 6 €/j.

Quo Qadis (☎ /fax 956 22 19 39 ; www.quoqadis.com ; Calle Diego Arias 1 ; dort avec petit déj 6-12 €, d avec petit déj et sdb commune/privée 24/30 € ; ✗). Auberge de jeunesse indépendante installée dans une maison ancienne restaurée proche du Gran Teatro Falla. Sommaire et souvent bondée, elle subit un ménage quotidien, entre 11h et 17h, alors que les clients sont obligés de sortir. Dîner végétarien, 3 €. Si vous avez un sac de couchage, vous pouvez dormir sur le toit terrasse, moyennant 6 €. En été, l'endroit est assez fréquenté et il vaut mieux réserver. Les propriétaires louent des vélos pour 6 €/j et organisent des excursions sur les plages et dans les montagnes de la province de Cádiz.

Parmi les autres options économiques, citons :

Hostal Marqués (☎ 956 28 58 54 ; Calle Marqués de Cádiz 1 ; d 30-36 €, s/d avec sdb commune 18/25 €).

Pensión Cádiz (☎ 956 28 58 01 ; Calle Feduchy 20 ; ch avec douche commune/privée 34/42 €).

Catégorie moyenne

Parador Hotel Atlántico (☎ 956 22 69 05 ; www.parador.es ; Avenida Duque de Nájera 9 ; s 63,70-121,90 €, d 79,60-152,40 € ; P ⊠ ⌨ ⛶). Ce parador occupe un hideux bâtiment en béton. Toutefois, l'intérieur s'avère aussi confortable, spacieux et attrayant qu'on peut l'attendre dans cette chaîne de luxe. Toutes les chambres sont dotées d'une terrasse privée avec vue sur la mer (les meilleures sont celles de devant). L'endroit dispose d'une piscine, entourée de pelouses dominant l'océan.

Hostal Bahía (☎ 956 25 90 61 ; hostalbahia@terra.es ; Calle Plocia 5 ; s/d 47,05/64,20 € ; ⊠). Juste à côté de la Plaza San Juan de Dios, le Bahía propose 21 chambres (toutes à l'extérieur) propres et nettes, ave tél. et TV.

Hotel Francia y París (☎ 956 21 23 19 ; www.hotelfrancia.com en espagnol ; Plaza San Francisco 2 ; s/d 61,70/77,15 € ; ⊠ ⌨). Un hôtel plus vaste (57 chambres) mais sans cachet, avec des chambres confortables.

Hotel Regio (☎ 956 27 93 31 ; www.hotelregiocadiz.com ; Avenida Ana de Viya 11 ; s/d 52/88 € ; P ⊠). Un peu à l'écart de la Playa de la Victoria, cet établissement de 42 chambres (avec téléphone) se révèle accueillant mais banal. Il possède un café.

Catégorie supérieure

Hospedería Las Cortes de Cádiz (☎ 956 21 26 68 ; www.hotellascortes.com en espagnol ; Calle San Francisco 9 ; s/d avec petit déj 98,45/128,40 € ; P ⊠ ⌨). Un nouvel hôtel de charme installé dans une demeure des années 1850 centrée sur un élégant atrium de quatre étages, avec balustrade. Les 36 chambres présentent un beau mobilier dans le style de l'époque et tout le confort moderne. Chacune porte le nom d'un personnage ou d'un lieu relatif aux Cortes de Cádiz, et contient une peinture à l'huile sur ce thème, exécutée spécialement pour l'établissement. Trois d'entre elles peuvent accueillir des personnes handicapées. Le toit est agrémenté d'une terrasse et il y a une salle de gym et un jacuzzi.

Hotel Playa Victoria (☎ 956 20 51 00 ; www.palafoxhoteles.com ; Glorieta Ingeniero La Cierva 4 ; s/d à partir de 115,55/166,40 € ; P ✗ ⊠ ⛶). Le meilleur des hôtels du front de mer, donnant directement sur la Playa de la Victoria, à 2,6 km des Puertas de Tierra. Ses 188 chambres élégantes disposent toutes d'un balcon mais demandez-en une avec vue sur l'océan (un tiers d'entre elles n'en ont pas).

Hotel Tryp La Caleta (☎ 956 27 94 11 ; Avenida Amílcar Barca 47 ; s/d 87,75/144,45 € ; P X ⊠). Ici aussi, seule la moitié des 143 chambres donne sur la plage, à 400 m à l'ouest de l'Hotel Playa Victoria. Informez-vous sur les forfaits week-end, petit déj compris.

OÙ SE RESTAURER
Plaza San Juan de Dios
Les cafés et les restaurants qui jalonnent cette place animée permettent tous d'observer la vie des *gaditanos*.

Cafetería La Marina (☎ 956 25 55 31 ; Plaza San Juan de Dios 13 ; petit déj 3 €). Un endroit sympathique pour prendre un petit déj ou un verre, avec un gâteau, un croissant ou un *empanada* (feuilleté).

La Cigüeña (☎ 956 25 01 79 ; Calle Plocia 2 ; plat principal 12-16 € ; ⊗ fermé dim). À quelques encablures de la place, le chef hollandais de cette "cigogne" propose une cuisine expérimentale excellente, dont du canard caramélisé, accompagné d'une omelette aux pommes de terre et d'une sauce aux raisins. La disposition des tables à l'air un peu formelle mais le personnel est chaleureux et décontracté.

Restaurant El Sardinero (☎ 956 26 33 37 ; Plaza San Juan de Dios 4 ; plat principal 10-15 €). Excellente adresse pour les fruits de mer. Tables disposées à l'extérieur. Toutefois, les poissons frais pêchés dans la baie s'avèrent un peu chers, à 25 € et plus.

Las Nieves (Plaza Mendizábal ; menú 7 € ; ⊗ fermé dim). Dans la vieille ville. Ses poutres apparentes, son petit déj et son *menú* du déjeuner remportent un franc succès auprès de la population active de Cádiz.

Plaza San Francisco et Plaza de Mina
Mesón Cumbres Mayores (☎ 956 21 32 70 ; Calle Zorrilla 4 ; tapas 1,50-2 €, plat principal 5-15 €). Cet établissement très fréquenté, où sont suspendus des jambons et de l'ail, abrite un excellent bar à tapas à l'avant et un restaurant à l'arrière. Tous deux servent une cuisine délicieuse à des prix raisonnables. Au bar, il n'y a rien de mieux que les *montaditos* (tartines) au jambon et au fromage. Dans le restaurant, la salade d'endives et d'avocat à la sauce au roquefort constitue un repas à elle seule : si vous avez encore faim, continuez avec des *guisos* (ragoûts), des fruits de mer ou de la viande grillée.

Taberna San Francisco Uno (Plaza San Francisco 1 ; raciones 6,50-10 €). Un bar confortable, avec quelques tables installées sur la plaza. Large éventail très tentant de viandes, de poissons et de ragoûts, sans parler de la carte des vins, des plateaux de jambon, de fromages, de saucisses et de poisson fumé à partager.

El Balandro (☎ 956 22 09 92 ; Alameda Apodaca 22 ; tapas 3,50 € ; ⊗ fermé dim soir et lun). Trouvez une place au bar en forme de U ou asseyez-vous à côté des fenêtres donnant sur la baie et régalez-vous de très copieuses tapas.

Cervecería-Marisquería Aurelio (☎ 956 22 10 31 ; Calle Zorrilla 1 ; tapas 1,50-2 €, raciones 6-10 €). Ne résistez pas aux tapas de fruits de mer de cet établissement carrelé de blanc étincelant.

Salón Italiano (☎ 956 22 18 97 ; angle Calles Ancha et San José ; glace 1-4,20 €). Large choix de glaces.

Plaza de Topete
Freiduría Las Flores (☎ 956 22 61 12 ; Plaza de Topete 4 ; fruits de mer 2,50-4,50 €/250g) Cádiz est spécialisée en poissons et fruits de mer frits et Las Flores est l'endroit idéal pour les déguster, en commandant au poids. Demandez un *surtido* (un assortiment).

Barrio de la Viña
El Faro (☎ 956 22 99 16 ; Calle San Felix 15 ; plat principal et raciones 7-15 € ; X). Dans l'ancien quartier des pêcheurs proche de la Playa La Caleta, voici le restaurant de fruits de mer le plus réputé de Cádiz, décoré de jolies céramiques. On peut préférer le bar attenant, pour savourer d'excellentes tapas de fruits de mer à des prix plus raisonnables. Pourquoi ne pas commencer par les *tortillitas de camarones* (beignets de crevettes) ? Non loin, la Calle Virgen de la Palma, bordée d'orangers, compte plusieurs bars et restaurants bon marché spécialisés dans le poisson et les fruits de mer. Venez donc ici la nuit !

Playa de la Victoria
Sur le front de mer, vous trouverez un vaste choix le long du Paseo Marítimo. Les deux établissements suivants se trouvent entre les hôtels Playa Victoria et Tryp La Caleta :

Arana Restaurante (☎ 956 20 50 90 ; Paseo Marítimo 1 ; plat principal 10-18 € ; X). Viande et fruits de mer andalous de qualité (entrecôte au vin doux de Pedro Ximénez, baudroie à la sauce au vin blanc), à déguster dans un cadre élégant et moderne.

Arte Serrano (☎ 956 27 72 58 ; Paseo Marítimo 2 ; plat principal 8-12 €). On vient là pour les spécialités de viande des collines d'Andalousie.

OÙ PRENDRE UN VERRE

Pour boire un café, une bière, du vin ou observer les passants, prenez place dans l'un des cafés de la Plaza San Juan de Dios, de la Plaza San Francisco ou de la Plaza de Mina.

Le quartier de la Plaza San Francisco, la Plaza de España et la Plaza de Mina concentrent la majorité des bars de nuit, qui commencent généralement à s'animer vers 23h ou minuit. L'ambiance est plutôt calme dans la première partie de la semaine, où certains bars restent fermés.

Cambalache (Calle José del Toro 20 ; ☺ à partir de 20h30 lun-sam). Un bar un peu sombre et tout en longueur, où écouter du jazz et du blues (concerts live de temps à autres).

Medussa (Calle General Luque 8). Les étudiants espagnols et étrangers se rassemblent ici, soit dans la rue, soit à l'intérieur. Au programme : décibels et lumières rouges.

Voici encore d'autres lieux très fréquentés la nuit :

Café de Levante (Calle Rosario 35 ; ☺ 20h-1h). Bar gay/non gay décontracté décoré de photos de stars des arts et du showbiz.

Woodstock Bar (☎ 956 21 21 63 ; angle Calles Sagasta et Cánovas del Castillo). *"Música, paz y cerveza"*.

Café Poniente (Calle Beato Diego de Cádiz 18 ; ☺ fermé dim et lun). Pub gay/non gay où l'on donne parfois des spectacles de travestis.

En été, l'animation nocturne se déplace vers le Paseo Marítimo, le long de la Playa de la Victoria. Là, après l'Hotel Playa Victoria et au-delà, quantité de bars avec de la musique live attire une foule de joyeux fêtards. La plupart restent dans la rue ou se contentent de flâner sur la plage. Un taxi depuis la vieille ville revient à quelque 5 €. Jusqu'à 1h30, vous pouvez emprunter le bus n°1 depuis la Plaza de España (0,80 €).

Passez donc à **La Morería** (Calle San Pedro 5 ; ☺ à partir de 16h), élégant salon de thé marocain, pour siroter toutes sortes de breuvages servis dans des théières en argent.

OÙ SORTIR

Pendant les chaudes nuits d'été, il règne une ambiance extraordinaire sur plusieurs plazas de la vieille ville, telle la Plaza de Mina. Les bars et les cafés ne désemplissent pas jusqu'après minuit ; les enfants jouent au football, font du vélo ou du skate-board. La vie culturelle s'avère également très animée : demandez un programme dans l'un des offices de tourisme.

Peña Flamenca La Perla (☎ 956 25 91 01 ; Calle Carlos Ollero s/n). Cádiz est l'un des véritables berceaux du flamenco. Lors de la rédaction de ce guide, ce club épatant, semblable à une caverne, organisait des soirées flamenco le vendredi à 22h.

Gran Teatro Falla (☎ 956 22 08 28 ; Plaza de Falla). Le principal théâtre de la ville, superbe édifice néo-musulman en brique rose, programme pièces de théâtre, spectacles de danse et concerts.

Central Lechera (☎ 956 22 06 28 ; Plaza de Argüelles s/n). Cet établissement plus petit accueille des spectacles expérimentaux de musique, de danse et de théâtre.

Pour danser, longez le côté nord du port jusqu'au *puerto deportivo* (marina) à Punta de San Felipe. Ce quartier des noctambules invétérés abrite plusieurs bars où l'on danse, notamment **El Malecón** (☎ 956 22 45 19 ; Paseo Pascual Pery ; ☺ à partir de minuit ven et sam), haut lieu de la musique latino à Cádiz.

DEPUIS/VERS CÁDIZ
Bateau

Pour des informations concernant le ferry qui traverse la baie jusqu'à El Puerto de Santa María, reportez-vous à la p. 186.

Bus

La plupart des bus affrétés par **Comes** (☎ 956 80 70 59) partent de la Plaza de la Hispanidad. Ils assurent des liaisons vers Algeciras (8,70 €, 2 heures 30, 10/j), Algodonales (8,20 €, 1 heure 45, 5/j), Arcos de la Frontera (4,80 €, 1 heure 15, 6/j), Barbate (4,75 €, 1 heure, 14/j), Córdoba (18,35 €, 3 heures, 1-2/j), El Puerto de Santa María (1,45 €, 30-40 min, 23/j), Granada (25,95 €, 4 heures 30, 4/j), Jerez de la Frontera (2,55 €, 40 min, 23/j), Los Caños de Meca (4,50 €, 1 heure 15, 2/j lun-ven) *via* El Palmar, Málaga (18,05 €, 4 heures, 6/j) *via* Marbella, Ronda (11,80 €, 2 heures, 3/j), Sevilla (9,50 €, 1 heure 45, 11/j), Tarifa (6,95 €, 1 heure 45, 5/j), Vejer de la Frontera (4,10 €, 50 min, 8/j) et Zahara de los Atunes (6,15 €, 2 heures, 4/j). Certaines destinations sont moins desservies le samedi et le dimanche.

PROVINCIA DE CÁDIZ

Les bus Los Amarillos rallient El Puerto de Santa María (1,25 €, 30-40 min) et Sanlúcar de Barrameda (2,75 €, 1 heure 15), jusqu'à 11 fois par jour (5 sam et dim) et Arcos de la Frontera (4 €, 1 heure 15) et El Bosque (6,40 €, 2 heures) 5 fois par jour du lundi au vendredi (2/j sam-dim). Les départs ont lieu à l'extrémité sud de l'Avenida Ramón de Carranza. Pour acheter vos billets et obtenir des renseignements, adressez-vous à **Viajes Socialtur** (☎ 956 29 08 00 ; Avenida Ramón de Carranza 31). Pour une correspondance vers Grazalema, prenez le bus de 12h30 pour El Bosque (seulement du lundi au samedi).

Voiture et moto

Emprunter l'autoroute AP4 de Sevilla à Puerto Real, à l'est de la Bahía de Cádiz, revient à 6 €. Seule alternative, la N4, gratuite, est beaucoup plus encombrée et plus lente. Depuis Puerto Real, un pont enjambe la partie la plus étroite de la baie et rejoint la N340/A48 du sud pour Cádiz.

Train

La **gare ferroviaire** (☎ 956 25 10 01) jouxte la Plaza de Sevilla, près des Puertas de Tierra. Jusqu'à 36 trains desservent chaque jour El Puerto de Santa María (à partir de 2 €, 30-35 min) et Jerez de la Frontera (2,50-2,75 €, 40-50 min). Il existe au moins 9 liaisons depuis/vers Sevilla (8,40-22,50 €, 1 heure 45), et quatre depuis/vers Córdoba (15,75-32 €, 3 heures).

COMMENT CIRCULER

La vieille ville compte quelques parkings :
Aparcamiento Nueva Juventud de Trille (4,50 €/24h). Parking en plein-air proche du Parque del Genovés.
Parking souterrain (Campo del Sur ; 9 €/24h).
Parking souterrain (Paseo de Canalejas ; 6,50 €/24h).

LE TRIANGLE DU XÉRÈS

Au nord de Cádiz, les villes de Jerez de la Frontera, Sanlúcar de Barrameda et El Puerto de Santa María sont connues dans le monde entier comme étant le berceau du xérès. D'autres bonnes raisons incitent à visiter la région : les plages, la musique, les chevaux, l'histoire, ainsi que le Parque Nacional de Doñana, tout proche.

EL PUERTO DE SANTA MARÍA
76 500 habitants

Une manière simple et agréable de se rendre à El Puerto (à 10 km au nord-est de Cádiz en traversant la Bahía de Cádiz - à 22 km par la route) consiste à prendre le ferry. Alfonso X conquit la cité pour les chrétiens en 1260 et la nomma Santa María del Puerto. Christophe Colomb résida chez les chevaliers d'El Puerto de 1483 à 1486 : c'est ici qu'il rencontra le propriétaire de son vaisseau amiral de 1492, la *Santa María*, Juan de la Cosa, qui fut son capitaine lors de son grand voyage. Du XVIe au XVIIIe siècles, le port servit également de base à la flotte royale espagnole. El Puerto connut son apogée au XVIIIe siècle, grâce à l'essor du commerce avec l'Amérique. On l'appelait alors la "Ciudad de los Cien Palacios" (la ville aux cent palais). Aujourd'hui, elle attire les *gaditanos,* les *jerezanos* et autres habitants de la région, qui viennent sur ses plages, ainsi que dans ses bodegas (caves) de xérès et ses bars à tapas. En été, la ville se révèle très animée.

Orientation et renseignements

La majeure partie d'El Puerto se trouve sur la rive nord-ouest du Río Guadalete, un peu en amont de son embouchure, bien que l'urbanisation s'étende peu à peu le long des plages, vers l'est et l'ouest. Le ferry *El Vapor* arrive en plein centre, sur la jetée Muelle del Vapor, à côté de la Plaza de las Galeras Reales. De là, la Calle Luna, l'une des rues principales, part vers l'intérieur des terres. La gare ferroviaire est à 10 min à pied au nord-est du centre-ville, non loin de la route pour Jerez. Certains bus s'y arrêtent, d'autres vont jusqu'à la Plaza de Toros (les arènes), cinq rues au sud de la Calle Luna.
Internet (Calle Palacios 39 ; 1,80 €/h ; ⏱ 11h-14h et 18h-22h lun-ven, 18h-22h dim).
Bureau de poste (Avenida Aramburu de Mora). À quatre rues au sud de la Calle Luna.
Office du tourisme (☎ 956 54 24 13 ; www. elpuertosm.es ; Calle Luna 22 ; ⏱ 10h-14h et 18h-20h mai-sept, 10h-14h et 17h30-19h30 oct-avr). Excellent, fournit nombre de renseignements sur les sports aquatiques, l'équitation et les autres activités.

À voir et à faire

Commencez vos explorations par la fontaine ancienne à quatre becs appelée **Fuente de las Galeras Reales** (fontaine des galères

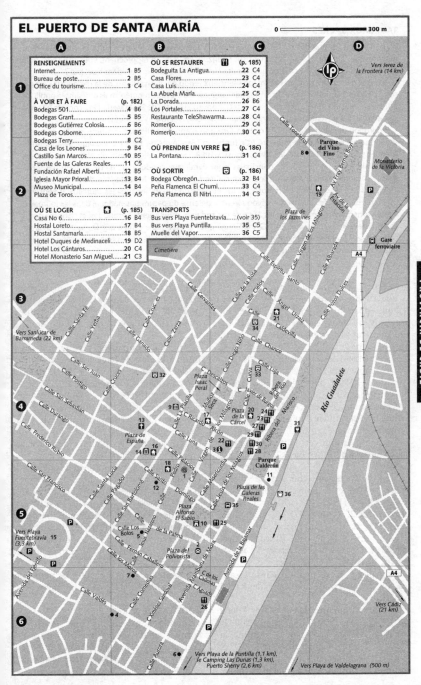

EL PUERTO DE SANTA MARÍA

0 _____ 300 m

RENSEIGNEMENTS
Internet....................................1 B5
Bureau de poste.....................2 B5
Office du tourisme..................3 C4

À VOIR ET À FAIRE (p. 182)
Bodegas 501...........................4 B6
Bodegas Grant........................5 B5
Bodegas Gutiérrez Colosía.....6 B6
Bodegas Osborne....................7 B6
Bodegas Terry.........................8 C2
Casa de los Leones 9 B4
Castillo San Marcos...............10 B5
Fuente de las Galeras Reales..11 C5
Fundación Rafael Alberti.......12 B5
Iglesia Mayor Prioral.............13 B4
Museo Municipal....................14 B4
Plaza de Toros.......................15 A5

OÙ SE LOGER (p. 185)
Casa No 6..............................16 B4
Hostal Loreto.........................17 B4
Hostal Santamaría.................18 B5
Hotel Duques de Medinaceli...19 D2
Hotel Los Cántaros................20 C4
Hotel Monasterio San Miguel..21 C3

OÙ SE RESTAURER (p. 185)
Bodeguita La Antigua............22 C4
Casa Flores............................23 C4
Casa Luis...............................24 C4
La Abuela María.....................25 C5
La Dorada..............................26 B6
Los Portales..........................27 C4
Restaurante TeleShawarma....28 C4
Romerijo...............................29 C4
Romerijo...............................30 C4

OÙ PRENDRE UN VERRE (p. 186)
La Pontana............................31 C4

OÙ SORTIR (p. 186)
Bodega Obregón....................32 B4
Peña Flamenca El Chumi........33 C4
Peña Flamenca El Nitri...........34 C3

TRANSPORTS
Bus vers Playa Fuentebravía......(voir 35)
Bus vers Playa Puntilla...........35 C5
Muelle del Vapor...................36 C5

Vers Jerez de la Frontera (14 km)

Parque del Vino Fino

Monasterio de la Victoria

Plaza de los Jazmines

Gare ferroviaire

A4

Cimetière

Vers Sanlúcar de Barrameda (22 km)

Plaza de España

Plaza Isaac Peral

Plaza de la Cárcel

Parque Calderón

Plaza de las Galeras Reales

Plaza Alfonso El Sabio

Plaza del Polvorista

Río Guadalete

Vers Playa Fuentebravía (3,3 km)

Vers Cádiz (21 km)

A4

Vers Playa de la Puntilla (1,1 km), le Camping Las Dunas (1,3 km), Puerto Sherry (2,6 km)

Vers Playa de Valdelagrana (500 m)

PROVINCIA DE CÁDIZ

TAUREAUX SACRÉS

En parcourant les grandes routes d'Espagne, vous apercevrez de temps à autre la silhouette d'un gigantesque taureau noir se détachant sur l'horizon. En vous en rapprochant, vous réaliserez qu'il s'agit d'un simple panneau métallique, monté sur un échafaudage. Mais dans quel but ?

Non, ce n'est nullement un hommage silencieux rendu par les habitants de la région à la corrida, ni un panneau signalant que vous entrez dans une zone d'élevage réputée, mais une simple publicité pour le xérès et le cognac des établissements Osborne d'El Puerto de Santa María. On a compté 92 *toros de Osborne*, qui pèsent jusqu'à 4 tonnes chacun, le long des routes de tout le pays.

Pourquoi, demanderez-vous, la maison Osborne n'appose-t-elle pas son nom sur les taureaux si son but est de faire de la publicité ? Ce fut bel et bien le cas de 1957 (date à laquelle apparut le premier taureau sur la route Madrid–Burgos) à 1988. Une nouvelle loi interdit alors les panneaux publicitaires le long des routes principales pour éviter aux conducteurs d'être distraits. Osborne laissa les taureaux mais retira son nom, ce qui sembla satisfaire les autorités, du moins jusqu'en 1994, lorsqu'il fut question de renforcer la loi, et donc de supprimer aussi les taureaux. Il s'ensuivit un immense tollé : les intellectuels évoquèrent la défense du patrimoine national dans les journaux, le gouvernement régional classa les 21 taureaux andalous monuments historiques, et Osborne porta l'affaire devant les tribunaux. En 1997, la Cour suprême espagnole estima que les taureaux avaient dépassé leur fonction première d'objet publicitaire et qu'ils faisaient désormais partie du paysage andalou. Ils sont donc toujours là.

royales), sur la plaza du même nom. C'est là que s'approvisionnaient en eau les navires qui appareillaient pour l'Amérique. En poursuivant deux rues en direction du sud-ouest et en revenant vers l'intérieur, on découvre le **Castillo San Marcos** (☎ 956 85 17 51 ; Plaza Alfonso El Sabio 3 ; gratuit ; ◷ 10h-14h mar). Considérablement restauré au XXᵉ siècle, ce splendide château, qui inclut une mosquée, fut construit par Alfonso X après qu'il eut pris possession de la cité, en 1260. Le temps fort de la visite guidée d'une demi-heure est l'ancienne mosquée, transformée en église.

Un peu plus loin vers l'intérieur, la **Fundación Rafael Alberti** (☎ 956 85 07 11 ; Calle Santo Domingo 25 ; 2,50 € ; ◷ 11h-16h mar-dim) est consacrée à l'un des enfants chéris de la ville, le poète, peintre et responsable communiste Rafael Alberti (1902–1999), figure de la Génération de 27 (voir p. 47), qui demeurait dans cette maison étant enfant.

Non loin de là, le petit **Museo Municipal** (☎ 956 54 27 05 ; Calle Pagador 1 ; gratuit ; ◷ 10h-14h mar-ven, 10h45-14h sam et dim) abrite des salles d'archéologie et de peintures intéressantes, où découvrir des tableaux de Rafael Alberti.

L'impressionnante **Iglesia Mayor Prioral** (☎ 956 85 17 16 ; ◷ 8h30-12h45 lun-ven, 8h30-12h sam, 8h30-13h45 dim, 18h30-20h30 tlj) domine la Plaza de España. Construit entre le XVᵉ et le XVIIIᵉ siècle, cet édifice en grès arbore un somptueux portail plateresque et baroque,

la Puerta del Sol, qui donne sur la place. L'église héberge dans sa Capilla del Sagrario (à droite de l'autel principal) un gigantesque retable en argent fabriqué au Mexique au XVIIᵉ siècle. Si vous vous intéressez à la corrida, poursuivez vers le sud-ouest jusqu'à la **Plaza de Toros** (gratuite ; ◷ 11h-13h30 et 18h-19h30 mar-dim mai-sept, 11h-13h30 et 17h30-19h mar-dim oct-avr). Ces arènes du XIXᵉ siècle, qui peuvent recevoir 15 000 spectateurs, figurent parmi les plus importantes d'Andalousie. Elles ferment au public la veille et le lendemain des corridas. Pour savoir quand ont lieu les courses de taureaux, reportez-vous à la p. 186.

À quelques minutes à pied de la Plaza de España, en direction du nord-est, se dresse la **Casa de los Leones** (maison des lions ; ☎ 956 87 52 77 ; Calle La Placilla 2 ; gratuite ; ◷ 10h-14h et 18h-20h), l'une des plus belles demeures baroques construites au XVIIIᵉ siècle, durant l'âge d'or de la ville. L'édifice a été récemment aménagé en plusieurs appartements de vacances. On peut admirer son impressionnante façade et consulter les panneaux d'information dans le patio intérieur.

BODEGAS DE XÉRÈS

Téléphonez au moins une journée à l'avance pour visiter l'une ou l'autre des fameuses caves, **Bodegas Osborne** (☎ 956 86 91 00 ; Calle los Moros) ou **Bodegas Terry** (☎ 956 85 77 00 ; Calle Toneleros s/n). Des visites guidées (5 €)

sont organisées du lundi au vendredi. Chez Terry, on visite aussi un musée de voitures d'attelage. Les guides parlent espagnol.

Vous pouvez également vous rendre dans trois autres caves sans réservation préalable :

Bodegas 501 (☎ 956 85 55 11 ; Calle Valdés 9 ; 4 € ; ✆ 10h-13h lun-ven).

Bodegas Grant (☎ 956 87 04 06 ; Calle Los Bolos 1 ; 2,10 € ; ✆ circuits 12h30 et 13h30 sam).

Bodegas Gutiérrez Colosía (☎ 956 85 28 52 ; Avenida de la Bajamar ; 3 € ; ✆ circuits 13h30 sam).

PLAGES

Après avoir visité la ville, vous aurez sans doute envie d'aller à la plage, où vous attendent toutes sortes d'activités, du canoë à la planche à voile. L'office du tourisme distribue une brochure donnant tous les renseignements.

Bordée de pins, la **Playa de la Puntilla**, est située à une demi-heure de marche au sud-ouest du centre-ville. Elle est desservie par le bus n°26 (0,60 €) qui emprunte l'Avenida Aramburu de Mora vers le sud. Partant de la même station, le bus n°35 (0,60 €) vous emmène à la **Playa Fuentebravía**, plus à l'ouest. Entre les deux plages, une marina très chic a été aménagée et baptisée, comme il se doit, **Puerto Sherry** (le xérès, en anglais, se nomme sherry).

Circuits organisés

Des visites guidées gratuites de la ville partent de l'office du tourisme le samedi à 11h (et le mardi de juillet à septembre).

El Vapor (☎ 629-468014) propose des croisières nocturnes de 1 heure 30 (5 €) dans la baie, avec départ à 21h45 le mardi, jeudi et samedi, du 1er juillet au 7 septembre.

Fêtes et festivals

Feria de la Primavera (fête du printemps ; début mai). Environ 200 000 demi-bouteilles de xérès sont consommées pendant cette manifestation de quatre jours.

Campeonato del Mundo de Motociclismo de Jerez (début mai). Lors du week-end du Grand Prix moto de Jerez (voir p. 196), le centre d'El Puerto accueille un nombre impressionnant de motards.

Où se loger

Réservez à l'avance si vous venez en juillet-août. Hors saison, les prix chutent.

Hotel Duques de Medinaceli (☎ 956 86 07 77 ; www.jale.com/dmedinaceli ; Plaza de los Jazmines 2 ; s/d 212/234 € ; P 🅿 🅰 🅰). Un tout nouvel hôtel

de catégorie supérieure, dans une demeure du XVIIIᵉ siècle, reconvertie, qui regorge d'antiquités. C'était auparavant la résidence des Terry, la famille irlandaise du xérès. Les 28 chambres offrent tout le confort.

Hotel Monasterio San Miguel (☎ 956 54 04 40 ; www.jale.com/monasterio ; Calle Virgen de los Milagros 27 ; s/d à partir de 144/179 € ; P 🅿 🅰). Luxueusement aménagé dans un monastère du XVIIIᵉ siècle, le Monasterio représente la deuxième option de catégorie supérieure à El Puerto. Jardin tropical, piscine, œuvres d'art et restaurant gastronomique.

Casa No 6 (☎ 956 87 70 84 ; www.casano6.com ; Calle San Bartolomé 14 ; r/f petit déj compris 60/100 €, app de 4 pers 120 € ; P). Les propriétaires anglo-espagnols ont magnifiquement restauré cette demeure du début du XIXᵉ siècle. Les vastes chambres, plafond hauts et poutres apparentes, sont charmantes et impeccables Situées autour d'un joli patio à ciel ouvert, dotées de lits confortables , elles sont décorées de céramiques à l'ancienne. À l'étage, deux appartements bénéficient d'une terrasse.

Hotel Los Cántaros (☎ 956 54 02 40 ; www.hotel-los cantaros.com ; Calle Curva 6 ; s/d 88/105 € ; P 🅿). Cet hôtel (qui doit son nom aux cruches d'eau du XVIIIᵉ siècle que des archéologues ont découvertes sous le bâtiment) loue 39 chambres sous le signe de l'élégance et du confort, certaines avec balcon. Le restaurant donne sur un petit jardin.

Hostal Loreto (☎ /fax 956 54 24 10 ; Calle Ganado 17 ; s/d/tr 48/48/72 €, avec sdb commune 42/42/60 €). Un établissement chaleureux de 23 chambres, avec vue sur la rue ou sur l'agréable cour verdoyante et fleurie.

Hostal Santamaría (☎ 956 85 36 31 ; Calle Pedro Muñoz Seca 38 ; s/d 13/28 €, avec sdb commune 12/25 €). Cette pension accueillante loue 12 chambres simples mais propres. L'enseigne indique uniquement "CH" et "Camas".

Camping Las Dunas (☎ 956 87 22 10 ; www.lasdunascamping.com ; adulte/tente/voiture 4/4/3,40 €). Cette aire de camping ombragée et bien équipée, s'étend derrière la Playa de la Puntilla.

Où se restaurer

El Puerto ne peut que ravir les amateurs de fruits de mer et de bars à tapas.

Romerijo (☎ 956 54 12 54 ; Ribera del Marisco s/n ; fruits de mer à partir de 3 €/250 g). La foule se presse dans cette institution d'El Puerto, répartie dans deux bâtiments qui se font face. L'un se spécialise dans les produits cuits à l'eau, l'autre dans la friture. On achète là des portions de fruits de mer dans des cornets en papier, à emporter ou à déguster sur place. Il n'y a qu'à regarder, faire son choix et acheter par portions de 250 g. Comptez 3 € pour des morceaux de *cazon* (roussette) frit ou 4,80-12,50 € pour différentes sortes de crevettes bouillies.

Casa Flores (☎ 956 54 35 12 ; Ribera del Río 9 ; entrées 5-11 €, plat principal 14-34 €). Face à la rivière, un endroit plus raffiné qui propose un vaste choix d'entrées, telles les feuilles d'endive au roquefort, ainsi que toutes sortes de fruits de mer. Plat fameux et le plus cher : le poisson cuit au four dans une croûte de sel (34 €).

Los Portales (☎ 956 54 21 16 ; Ribera del Río 13 ; plat principal 8,50-15 €). Table élégante pour amateurs de poisson grillé ou de fruits de mer. La spécialité locale, l'*urta roteña* est une dorade cuite avec du vin blanc, des tomates, des poivrons et du thym ; 12 €).

Restaurante TeleShawarma (☎ 956 87 64 23 ; Ribera del Marisco s/n ; falafel 3 € ; plat 9 €). Les végétariens adoreront ce petit restaurant tout simple, voisin du Romerijo. La cuisine, authentiquement libanaise et grecque, change agréablement des plats habituels. Le falafel est inégalable. Parmi les plats à base de viande, citons les souvlaki.

La Calle Misericordia compte une demi-douzaine de bars à tapas où déguster de succulentes spécialités.

Bodeguita La Antigua (Calle Misericordia 8 ; tapas 2,70 €). Ici, l'on vous présente les menus en français ou en espagnol. Les clients apprécient le *serranito*, petit pain garni de porc, de poivron vert frit et de quelques pommes de terre frites (2,70 €).

Casa Luis (Ribera del Marisco s/n ; tapas/raciones 2,0/7 € ; ☽ 13h30-16h et 21h30-23h mar-dim). On peine à se frayer un passage jusqu'au bar, sans même envisager de s'asseoir à l'une des tables toutes prises d'assaut par les amateurs de tapas créatives de Luis : *paté de cabracho* (pâté de rascasse) ou *hojaldres* (feuilletés) au fromage et aux anchois.

On se presse également dans les bars à tapas des rues au sud de la Plaza de las Galeras Reales.

La Abuela María (☎ 956 85 61 40 ; Avenida Aramburu de Mora s/n ; tapas/media-raciones/raciones/plat principal 1,80/3,60/6,60/10 €). Dans une salle proprette et

assez grande, où sont exposées des sculptures, on vient ici déguster des spécialités de fruits de mer. Essayez le *bacalao rebozado* (morue panée).

La Dorada (☎ 956 85 52 14 ; Avenida de la Bajamar 26 ; tapas/media-raciones 1,80/5 € ; ☽ fermé lun). Cet établissement un peu moins raffiné a pour spécialité le *choco a la plancha* (petites seiches grillées).

Où sortir et prendre un verre

Le centre et la partie sud de la ville, autour de la Playa de Valdelagrana, rassemblent une multitude de bars fréquentés par des jeunes.

La Pontana (Parque Calderón ; ☽ à partir de 16h). Un bar-discothèque à l'ambiance maritime qui flotte sur la rivière, au nord de la Plaza de las Galeras Reales. Il offre de belles vues et c'est *le* lieu où aller à partir de 23h.

Certains week-ends, on peut écouter du flamenco à la **Peña Flamenca El Nitri** (☎ 956 54 32 37 ; Calle Diego Niño 1) et à la **Peña Flamenca El Chumi** (☎ 956 54 00 03 ; Calle Luja 15). La **Bodega Obregón** (Calle Zarza 51), le bar le plus vieux de la ville, propose du flamenco le dimanche, de 12h30 à 15h30.

Tous les dimanches de juillet et août, des matadors de renom se produisent **Plaza de Toros** (arènes ; ☎ 956 54 15 78 ; www.justo-ojeda. com ; Plaza Elías Ahuja ; sièges au soleil/ombre à partir de 10/21 €).

Depuis/vers El Puerto De Santa María

BATEAU

Le ferry de passagers *Adriano III*, mieux connu sous le nom d'*El Vapor* ou d'**El Vaporcito** (☎ 956 85 59 06 ; www.vapordeelpuerto.com en espagnol), part pour El Puerto (3 €, 45 min) de l'Estación Marítima (port des passagers) de Cádiz, tlj à 10h, 12h, 14h, 16h30 et 18h30, du 8 février au 9 décembre (sauf les lundis non fériés entre le 9 septembre et le 30 mai), plus à 20h30 du 1er juillet au 8 septembre. En sens inverse, les bateaux partent une heure plus tôt qu'indiqué ci-dessus, depuis la Muelle del Vapor. L'*Adriano III* et ses prédécesseurs, l'*Adriano I* et l'*Adriano II*, assurent cette liaison essentielle entre les deux villes depuis 1929.

BUS

Du lundi au vendredi, des bus pour Cádiz (1,25-1,45 €, 30-40 min) partent des arènes, pratiquement toutes les demi-heures entre

6h45 et 22h, et au moins 7 fois par jour entre 8h30 et 23h30 de la gare ferroviaire. Le week-end, le service est réduit à peu près de moitié. Il existe entre 9 et 15 liaisons quotidiennes pour Jerez de la Frontera (1,05 €, 20 min) à partir de la gare ferroviaire, et 9 depuis les arènes, du lundi au vendredi (une seule sam et dim). Sanlúcar de Barrameda (1,50 €, 30 min) et Chipiona (2,25 €, 30 min), sont desservies entre 5 et 11 fois par jour depuis les arènes. Cinq bus relient quotidiennement la gare ferroviaire à Sevilla (7,50 €, 1 heure 30).

TRAIN
On compte jusqu'à 36 trains quotidiens depuis/vers Jerez (à partir de 1,15 €, 12 min) et Cádiz (à partir de 2 €, 30-35 min), et jusqu'à 10 depuis/vers Sevilla (7-20 €, 1 heure-1 heure 30).

Comment circuler
On peut se garer sans difficulté sur le front de mer, notamment au sud de la Plaza de las Galeras Reales. Le stationnement est généralement gratuit, sauf dans l'espace semi-organisé proche de la plaza, où les 24h coûtent 1,60 €.

SANLÚCAR DE BARRAMEDA
62 000 habitants
À la pointe nord du triangle du xérès et à 23 km au nord-ouest d'El Puerto de Santa María, Sanlúcar est une station de villégiature prospère. Outre une atmosphère agréable, elle jouit d'une excellente situation sur l'estuaire du Guadalquivir, face au Parque Nacional de Doñana.

Lorsqu'il entreprit son troisième voyage vers les Antilles, en 1498, Christophe Colomb embarqua de Sanlúcar. Et le Portugais Ferdinand Magellan fit de même en 1519, en allant chercher une route par l'ouest – comme avait tenté de le faire Christophe Colomb – vers les îles et les épices d'Indonésie. Magellan réussit à contourner le continent sud-américain, mais il fut tué aux Philippines. Son capitaine, le Basque Juan Sebastián Elcano, regagna Sanlúcar avec un seul des cinq navires, le *Victoria*.

Orientation et renseignements
Sanlúcar s'étire le long de la rive sud-est de l'estuaire du Guadalquivir. L'artère principale, la Calzada del Ejército (souvent appelée La Calzada), part du Paseo Marítimo, en bordure de mer, et se prolonge sur 600 m vers l'intérieur des terres. Elle possède un parking souterrain. À un pâté de maisons derrière l'extrémité de La Calzada se trouve la Plaza del Cabildo, centrale. La gare routière se situe Avenida de la Estación, à 100 m au sud-ouest du milieu de La Calzada.

Le Bajo de Guía, ancien quartier des pêcheurs qui rassemble les meilleurs restaurants de Sanlúcar et d'où partent les bateaux pour Doñana, est situé à 750 m au nord-est, le long du fleuve en partant de La Calzada. La Calle San Juan, qui part vers le sud-est depuis la Plaza del Cabildo, comporte des banques.

Centro de Visitantes Bajo de Guía (☎ 956 38 09 22 ; Bajo de Guía s/n ; ⏰ 10h-14h mar-dim et 16h-18h jrs fériés et veille de jrs fériés). Dirigé par la Junta de Andalucía, ce centre de visiteurs fournit des renseignements sur le Parque Natural de Doñana (ne pas confondre avec le Parque Nacional – voir la différence p. 155) et les autres espaces naturels d'Andalousie.
Centro de Visitantes Fábrica de Hielo (☎ 956 38 16 35 ; Bajo de Guía s/n ; ⏰ 9h-19h ou 20h). Ce centre de visiteurs est dirigé par les équipes des parcs nationaux qui organisent sur place des expositions et donnent des informations sur le Parque Nacional de Doñana.
Cibercafe Guadalquivir (Calle Infanta Beatriz ; Internet 1,80 €/h ; ⏰ 10h-1h). En plein centre-ville, à côté de l'Hotel Guadalquivir.
Office du tourisme (☎ 956 36 61 10 ; Calzada del Ejército s/n ; ⏰ 10h-14h toute l'année et 16h-18h oct-avr, 17h-19h mai, 18h-20h juin-sept). Dans La Calzada, côté intérieur des terres. Son personnel, compétent, vous livrera quantité d'informations.

À voir et à faire
PROMENADE À PIED
Depuis la Plaza del Cabildo, traversez la Calle Ancha vers la Plaza San Roque et remontez la Calle Bretones pour admirer la belle façade gothique de **Las Covachas**, un ensemble de caves à vin du XVᵉ siècle adossé à la muraille extérieure du Palacio de los Duques de Medina Sidonia (voir ci-dessous). La rue devient ici la Calle Cuesta de Belén et part en épingle à cheveux vers l'entrée du **Palacio de Orleans y Borbon** (gratuit ; ⏰ 10h-13h30 lun-ven). La création, au XIXᵉ siècle, de ce magnifique palais néo-mudéjar, construit pour servir de résidence d'été à l'aristocratique famille Montpensier, favorisa le développement de Sanlúcar

en tant que station balnéaire. Il accueille aujourd'hui l'*ayuntamiento* (hôtel de ville). Des visites guidées gratuites sont organisées le lundi, mercredi et vendredi à 12h30.

Depuis l'entrée de l'hôtel de ville, en haut de la Calle Cuesta de Belén, prenez une rue à gauche le long de la Calle Caballero pour découvrir l'**Iglesia de Nuestra Señora de la O** (Plaza de la Paz; ☿ 9h-13h dim, 19h30-20h dim-ven), du XVe siècle, dotée d'une façade et d'un plafond de style mudéjar. Juste à côté, le **Palacio de los Duques de Medina Sidonia** (☎ 956 36 01 61; www.fcmedinasidonia.com ; Plaza Condes de Niebla 1 ; 3 € ; ☿ 9h30-14h dim), une grande demeure majestueuse, remonte au XIIIe siècle, à l'époque du premier Duque de Medina Sidonia, Guzmán El Bueno (voir p. 216). Cette influente famille d'aristocrates possédait autrefois plus de biens que quiconque en Espagne. L'actuelle occupante, Luisa Isabel Álvarez de Toledo, n'a cessé de se battre pour conserver à Sanlúcar les archives de Medina Sidonia, d'une inestimable valeur. La maison regorge de mobilier ancien, de tableaux de célèbres peintres espagnols, tels Goya et Zurbarán, ainsi que d'autres objets splendides. Faites une pause dans le **café** attenant (☿ 9h-14h et 15h30-21h), et dégustez, en musique (classique), café, thé et gâteaux.

Quelque 200 m plus loin, toujours dans la même rue, le **Castillo de Santiago** (Plaza del Castillo ; ☿ fermé au public), un château du XVe siècle, se dresse au milieu de bâtiments appartenant à Barbadillo, la plus importante société productrice de xérès de Sanlúcar. Un projet visant à transformer le château en centre culturel, salle de concerts, restaurant et boutiques semble en voie de réalisation. Quand il sera achevé, les tours du château offriront des vues impressionnantes. Du château, vous pouvez redescendre directement jusqu'au centre-ville.

PLAGE
La belle plage de sable de Sanlúcar s'étire le long du fleuve et sur plusieurs kilomètres vers le sud-ouest.

BODEGAS
Sanlúcar produit un vin de xérès particulier, la manzanilla. Trois bodegas organisent des visites guidées (généralement en espagnol, mais pouvant s'adapter à un groupe) pour lesquelles il n'est pas nécessaire de réserver :

Barbadillo (☎ 956 38 55 00 ; Calle Luis de Eguilaz 11 ; visite 3 € ; ☿ 12h et 13h lun-sam ; Museo de Manzanilla 11h-15h lun-sam). Près du château. Le musée (gratuit), installé dans un édifice du XIXe siècle, retrace les 200 ans d'histoire de l'exceptionnelle manzanilla de Sanlúcar et celle de la famille Barbadillo, les premiers producteurs qui ont mis de la manzanilla en bouteille. Le processus de production est décrit du début à la fin.

Bodegas Hidalgo-La Gitana (☎ 956 38 53 04 ; Calle Banda Playa ; visite 3 € ; ☿ 11h30 et 12h30).

La Cigarrera (☎ 956 38 12 85 ; Plaza Madre de Dios ; visite 2,50 € ; ☿ 10h-14h lun-sam).

Circuits organisés
Pour chacune de ces excursions, prévoyez un anti-moustique et un pull.

Real Fernando (Centro de Visitantes Fábrica de Hielo ; ☎ 956 36 38 13 ; www.visitasdonana.com ; 3 heures 30 adulte/enfant de moins de 13 ans/enfant de moins de 16 ans 15,05/6,50/10,50 € ; ☿ 10h nov-fév, 10h et 16h mars-mai et oct, 10h et 17h juin-sept). Ce bateau effectue une ou deux croisières quotidiennes sur le Guadalquivir à partir de Bajo de Guía. Malgré les haltes au parc national et au Parque Natural de Doñana, ces excursions ne sont pas conçues pour les véritables amoureux de la nature. Réservez 2-3 jours à l'avance, et une semaine ou plus à l'avance en été ou lors des périodes de vacances.

Viajes Doñana (☎ 956 36 25 40 ; Calle San Juan 20 ; 3 heures 30 33 €/pers ; ☿ 8h30 et 16h30 mar et ven mai–mi-sept, 8h30 et 14h30 mar et ven de mi-sept à avr). Ces visites du parc national partent du Bajo de Guía : après avoir traversé le fleuve, l'excursion se poursuit en 4x4 (20 pers). Les sites visités sont plus ou moins les mêmes qu'avec les excursions au départ d'El Acebuche (voir p. 156). Réservez dès que possible.

Fêtes et festivals
Feria de la Manzanilla (fin mai/début juin). À Sanlúcar, l'été commence par une grande fête.

Music Festivals (juillet et août). L'été bat son plein avec des festivals de jazz, de flamenco et de musique classique, ainsi que des concerts donnés par d'excellents groupes espagnols.

Carrereras de Caballos (août ; www.carrerassanlucar. com). Depuis 1845, deux courses de chevaux d'une durée de 3-4 jours ont lieu chaque année au mois d'août : des pur-sang galopent sur le sable de l'estuaire du Guadalquivir.

Où se loger
Pensez à réserver longtemps à l'avance pour les périodes de vacances. Les établissements bon marché sont rares.

Hotel Posada de Palacio (☎ 956 36 48 40 ; www.posadadepalacio.com ; Calle Caballeros 11 ; s/d/qua 85/105/149 € ; ⓟ ⊠ ▣). Cette char-

LE SYSTÈME SOLERA

Une fois les grappes de xérès récoltées et pressées, on laisse le moût fermenter. Au bout de quelques mois, un voile mousseux de levure, appelé *flor*, apparaît à la surface. Le vin est alors transféré vers les bodegas (caves) dans de grands tonneaux de chêne américain.

Le vin est soumis au système *solera* lorsqu'il atteint un an d'âge. Les fûts, remplis environ aux 5/6, sont alignés sur au moins trois niveaux : ceux de l'étage inférieur, appelé *solera* (de *suelo*, sol), contiennent le vin le plus vieux. Environ trois fois par an, 10% du vin est tiré de ces fûts. Il est alors remplacé par une quantité équivalente prélevée dans les fûts de l'étage supérieur, laquelle est remplacée à son tour par du vin de la couche suivante. On laisse ainsi vieillir les vins de trois à sept ans. Avant de mettre le vin en bouteille, on y ajoute une petite quantité de cognac afin de le stabiliser. Le degré d'alcool est ainsi porté à 16-18%, ce qui arrête la fermentation.

Les caves de xérès sont souvent installées dans des bâtiments au cadre enchanteur. Une visite vous permettra de découvrir les caves où le vin est entreposé pour vieillir, de vous renseigner sur le processus de vinification et l'histoire des producteurs de xérès et, bien sûr, de faire une dégustation. Vous pouvez aussi acheter du xérès dans les bodegas – ou dans n'importe quel supermarché.

Pour connaître les variétés de xérès, reportez-vous à la p. 81.

---

mante demeure du XVIIIe siècle, sise dans la partie haute de la ville, dispose de 27 chambres, de deux jolis patios et d'une terrasse sur le toit. Le mobilier à l'ancienne se révèle plutôt lourd. Très somptueux, l'établissement ne convient pas réellement aux enfants.

Hotel Tartaneros (☎ 956 38 53 94 ; Calle Tartaneros 8 ; s/d 81/102 € ; P ⊠). Au bout de la Calzada del Ejército, côté intérieur de la ville, cette maison centenaire abrite de belles chambres confortables. Les prix dépassent les prestations.

Hotel Guadalquivir (☎ 956 36 07 42 ; www.hotel guadalquivir.com en espagnol ; Calzada del Ejército 20 ; s/d 77/97 €). Un grand hôtel moderne, très spacieux, qui fait face à l'office du tourisme. Les prix baissent de 50% de janvier à mars.

Hostal La Bohemia (☎ 956 36 95 99 ; Calle Don Claudio 5 ; s/d 20/38 €). De jolies chaises peintes agrémentent les corridors de ce petit *hostal* aux chambres nettes, situé à l'écart de la Calle Ancha, à 300 m au nord-est de la Plaza del Cabildo.

Hostal Blanca Paloma (☎ 956 36 36 44 ; hostal blancapaloma@msn.co ; San Roque 15 ; s/d/tr 15/27/39 €). Les prix restent fixes toute l'année. Les 10 chambres simples et nettes sont peintes en blanc et en orange.

Où se restaurer

Les restaurants de fruits de mer qui donnent sur le fleuve, à Bajo de Guía, valent à eux seuls une visite à Sanlúcar. Regarder le soleil se coucher sur le Guadalquivir en dégustant un délicieux poisson frais, arrosé de manzanilla, représente une expérience idyllique. Il suffit de se promener et de choisir un restaurant adapté à sa bourse. Le **Restaurante Virgen del Carmen** (Bajo de Guía ; poisson 6-11 €), assez réputé, pratique des prix raisonnables. Choisissez un poisson à la *plancha* (grillé) ou *frito* (frit), et n'omettez pas les entrées, notamment les *langostinos* (langoustines) et les savoureuses *coquines al ajillo* (palourdes à l'ail), toutes deux affichées à 7 €. La demi-bouteille de manzanilla coûte 4,50 €. Parmi les autres restaurants très fréquentés de ce secteur, citons le Restaurante Poma, la Casa Bigote, la Casa Juan et le Bar Joselito Huerta.

Casa Balbino (Plaza del Cabildo 11 ; tapas/raciones 1,50/9 €). Il existe de nombreux bars et cafés, dont plusieurs servent la manzanilla directement au tonneau, autour de la Plaza del Cabildo. La Casa Balbino, avec des tables sur la place, régale ses hôtes de merveilleux fruits de mer et en-cas, tels les *tortillas de camarones* (beignets de crevettes). Les habitants apprécient le *coctel de bogavante* (cocktail de homard).

Bar El Cura (Calle Amargura 2 ; plats de viande 4-10 €, poisson 5-21 €). Dans une ruelle nichée entre la Calle San Juan et la Plaza San Roque, on se presse à l'El Cura à l'heure du déjeuner pour ses plats imaginatifs et économiques.

Où sortir

Des bars animés, avec de la musique live, savent créer l'ambiance dans le quartier

JEREZ DE LA FRONTERA

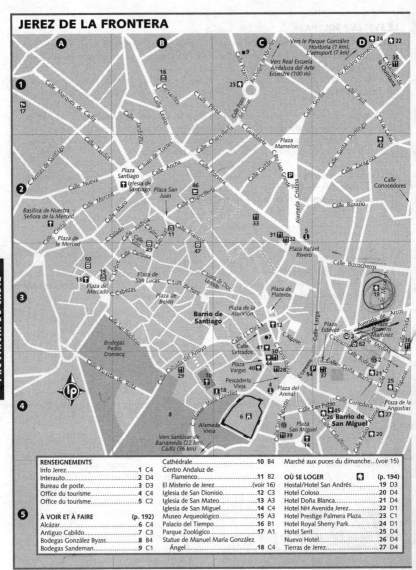

RENSEIGNEMENTS		Cathédrale.............................10 B4	Marché aux puces du dimanche...(voir 15)
Info Jerez.............................1 C4		Centro Andaluz de	
Interauto.............................2 D4		Flamenco.............................11 B2	**OÙ SE LOGER** (p. 194)
Bureau de poste.....................3 D3		El Misterio de Jerez............(voir 16)	Hostal/Hotel San Andrés...........19 D3
Office du tourisme..................4 C4		Iglesia de San Dionisio..........12 C3	Hotel Coloso.........................20 D4
Office du tourisme..................5 C2		Iglesia de San Mateo.............13 A3	Hotel Doña Blanca..................21 D4
		Iglesia de San Miguel.............14 C4	Hotel NH Avenida Jerez...........22 D1
À VOIR ET À FAIRE (p. 192)		Museo Arqueológico...............15 A3	Hotel Prestige Palmera Plaza......23 C1
Alcázar.............................6 C4		Palacio del Tiempo.................16 B1	Hotel Royal Sherry Park...........24 D1
Antiguo Cabildo....................7 C3		Parque Zoológico..................17 A1	Hotel Serit..........................25 D4
Bodegas González Byass............8 B4		Statue de Manuel María González	Nuevo Hotel.........................26 D4
Bodegas Sandeman..................9 C1		Ángel.............................18 C4	Tierras de Jerez....................27 D4

de la Calzada del Ejército et de la Plaza del Cabildo. De nombreux concerts sont organisés durant l'été.

Depuis/vers Sanlúcar
BATEAU
Bien que vous puissiez visiter Sanlúcar dans le cadre d'une excursion en bateau depuis Sevilla (voir p. 112), il est impossible de prendre un aller simple pour remonter le fleuve de Sanlúcar à Sevilla.

BUS
Tous les bus partent de la gare routière de l'Avenida de la Estación. **Los Amarillos** (☎ 956 38 50 60) affrète jusqu'à 10 bus

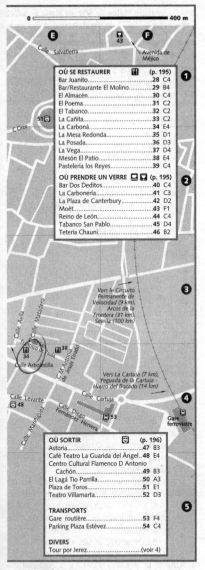

JEREZ DE LA FRONTERA

191 000 habitants / 55 m

Du xérès, des chevaux et du flamenco – Jerez ne pourra que vous séduire !

S'étendant sur une faible crête dans la campagne vallonnée, à 36 km au nord-est de Cádiz, la ville de Jerez est connue dans le monde entier pour son vin – le xérès – fait à partir du raisin cultivé sur le sol crayeux des environs. Nombre de touristes viennent ici pour visiter les bodegas, mais Jerez (en andalou, heh-reh) est aussi la capitale andalouse du cheval et, à côté d'une classe bourgeoise fortunée, abrite une communauté *gitano* (Rom) qui contribue à sa réputation de haut lieu du flamenco.

Les Britanniques ont toujours fait preuve d'un goût particulier pour le xérès (sherry en anglais), et leurs capitaux ont contribué au développement des vignobles, à partir des années 1830. Aujourd'hui, la grande bourgeoisie de Jerez se compose d'Andalous et de Britanniques, à la suite de mariages entre les différentes familles de négociants en vin depuis plus de 150 ans. Mais depuis les années 1980, des multinationales ont entrepris de racheter des vignobles détenus jusque là par une quinzaine de familles.

Jerez respire littéralement l'argent et la ville possède moult boutiques de luxe, de larges artères, de vieilles demeures, ainsi que de belles églises disséminées dans le vieux quartier. Elle accueille par ailleurs de fantastiques fiestas, au cours desquelles d'élégants Andalous donnent libre cours à leur passion pour les beaux chevaux et le flamenco. De grands projets prévoient de faire revivre le vieux quartier.

Histoire

Les Maures appelaient la cité "Scheris", à l'origine de "Jerez" et de "sherry". La boisson était déjà célèbre en Angleterre du temps de Shakespeare. Jerez connut sa part de conflits vers la fin du XIXe siècle, lorsque l'anarchisme gagna du terrain en Andalousie. Un jour de 1891, des milliers de paysans armés de faux et de bâtons marchèrent sur la ville, qu'ils occupèrent pendant quelques heures, ce qui eut pour seul effet de renforcer la répression. Plus récemment, l'industrie du xérès a apporté une réelle prospérité, le *coñac* de Jerez (appelé brandy en anglais), largement consommé en Espagne, représentant une part non négligeable de ces profits : 63 millions de bouteilles sont produites chaque année.

par jour depuis/vers El Puerto de Santa María (1,50 €, 30 min) et Cádiz (2,75 €, 1 heure 15), et jusqu'à 10 depuis/vers Sevilla (7,40 €, 1 heure 30). **Linesur** dessert Jerez de la Frontera (1,50 €, 30 min) au moins 14 fois par jour, dans les deux sens. À Jerez, prenez une correspondance pour Arcos de la Frontera et El Bosque.

Orientation et renseignements

Le centre de Jerez se trouve entre l'Alameda Cristina et la Plaza del Arenal, reliées par la Calle Larga, orientée nord-sud, puis par la Calle Lancería qui la prolonge (ces deux rues sont piétonnes). Le vieux quartier se situe à l'ouest de la Calle Larga.

Vous trouverez nombre de banques et de DAB dans et autour de la Calle Larga.

Info Jerez (Calle San Agustín 15 ; Internet 1,80 €/h ; ⊗ 11h-14h et 16h-22h lun-sam, 15h-22h dim). Propose aussi un service de télécopie, des téléphones à carte et des communications bon marché vers plusieurs pays.

Interauto (Calle Bodegas s/n ; Internet 1,50 €/h ; ⊗ 10h-22h). En face de l'Hotel Doña Blanca, ce cybercafé offre des connexions rapides.

Bureau de poste (☎ 956 34 22 95 ; angle des Calles Cerrón et Medina). À l'est de la Calle Larga.

Office du tourisme (www.webjerez.com ; ⊗ 10h-14h et 17h-19h lun-ven, 9h30-14h sam-dim de mi-juin à mi-sept, 9h30-15h et 16h30-18h30 lun-ven, 9h30-14h30 sam-dim de mi-sept à mi-juin) ; Alameda Cristina (☎ 956 33 11 50) ; Plaza del Arenal (☎ 956 35 96 54). Le personnel est efficient, courtois et polyglotte.

À voir et à faire

LE VIEUX QUARTIER

Pour faire le tour du vieux quartier, dont une partie des murailles subsiste, le mieux est de partir de la forteresse almohade des XIᵉ et XIIᵉ siècles, au sud-ouest de la Plaza del Arenal, l'**Alcázar** (☎ 956 31 97 98 ; Alameda Vieja ; entrée avec/sans camera obscura 3,30/1,30 € ; ⊗ 10h-20h lun-sam, 10h-15h dim de mi-juin à mi-sept, 10h-18h de mi-sept à avr, 10h-20h mai à mi-juin). À l'intérieur, vous admirerez la belle **mezquita** (mosquée), transformée en chapelle par Alfonso X en 1264, ainsi qu'un impressionnant ensemble de **Baños Árabes** (bains arabes) et le **Palacio Villavicencio** du XVIIIᵉ siècle, édifié sur les ruines de l'ancien palais arabe. Ne manquez pas les jardins, qui, avec leurs parterres géométriques de plantes et leurs fontaines, recréent l'ambiance de jadis.

Terminez votre visite par une vue aérienne de la ville : dans la tour du palais, une *camera oscura* offre un panorama vivant et pittoresque de Jerez, accompagné d'un commentaire intéressant en diverses langues, dont le français. Ces séances, (15 min), débutent toutes les demi-heures et s'arrêtent 30 min avant la fermeture.

De l'esplanade bordée d'orangers qui entoure l'Alcázar, on découvre de splendides vues sur l'ouest. Au premier plan, on remar-

que la grande **statue de Manuel María González Ángel** (1812–1887), le fondateur des Bodegas González Byass (p. 193). Le célèbre xérès Tio Pepe tient son nom de l'oncle de cet homme, José Ángel (*tío* signifie "oncle" et Pepe est un diminutif de José). Derrière la statue se dresse la **cathédrale** (entrée libre ; ⊗ 11h-13h et 18h-20h lun-sam, 11h-14h dim), construite pour l'essentiel au XVIIIᵉ siècle, et comportant des éléments gothiques, baroques et néoclassiques. Elle fut édifiée sur le site de la principale mosquée de la cité maure. On peut voir le clocher gothico-mudéjar du XVᵉ siècle, légèrement à l'écart.

À deux rues au nord-est de la cathédrale, la Plaza de la Asunción abrite le splendide **Antiguo Cabildo** (ancien hôtel de ville), du XVIᵉ siècle, et la ravissante **Iglesia de San Dionisio** du XVᵉ siècle, de style mudéjar, qui doit son nom au saint patron de la ville.

Au nord et à l'ouest s'étend le **Barrio de Santiago**, quartier qui accueille une importante population de *gitans* et l'un des plus grands centres de flamenco. Le barrio possède des églises consacrées aux quatre apôtres, dont l'**Iglesia de San Mateo**, de style gothique, avec des chapelles mudéjares, sur la Plaza del Mercado.

Sur cette même place, l'excellent **Museo Arqueológico** (musée archéologique ; ☎ 956 33 33 16 ; 1,75 € ; ⊗ 10h-14h30 mar-dim de mi-juin à août, 10h-14h et 16h-19h mar-ven, 10h-14h30 sam, dim et jrs fériés de sept à mi-juin) s'enorgueillit de posséder, dans la salle 4, un casque grec datant du VIIᵉ siècle av. J.-C., trouvé dans le Río Guadalete. Dans la salle 3, deux idoles cylindriques, aux grands yeux circulaires et portant des tatouages sur le visage, étaient peut-être liées au culte de la déesse de la terre, à l'âge du cuivre. Un **marché d'antiquités** se tient le dimanche sur la plaza.

Dans ce quartier se trouve aussi la **Centro Andaluz de Flamenco** (centre andalou du flamenco ; ☎ 956 34 92 65 ; www.caf.cica.es ; Plaza de San Juan 1 ; ⊗ 9h-14h lun-ven). Jerez est située au cœur de l'axe Sevilla–Cádiz, où est né le flamenco et dont elle demeure le fief aujourd'hui. Ce centre constitue une sorte de musée-école destiné à la préservation et la promotion du flamenco. Sa bibliothèque contient des milliers d'ouvrages, ainsi qu'une salle consacrée à la musique. Une vidéothèque permet de visionner des films le matin.

Au sud-est de la Plaza del Arenal se dresse l'une des plus jolies églises de Jerez, l'**Iglesia de San Miguel** (Plaza San Miguel ; ⊗ messe à 20h). Édifiée au XVIᵉ siècle dans le style gothique isabélin, elle arbore une façade baroque, de splendides sculptures de pierre, de beaux vitraux et un remarquable retable de Juan Martínez Montañés. La flèche a été réalisée en céramique bleue et blanche.

BODEGAS DE XÉRÈS

Dans la plupart des bodegas, il est nécessaire de téléphoner pour réserver la visite. Nous vous conseillons de vérifier les horaires auprès des bodegas ou des offices du tourisme, parfaitement renseignés. La plupart des caves commentent les visites en espagnol et en français.

Parmi les bodegas que l'on peut visiter sans réservation, citons :

Bodegas González Byass (☎ 956 35 70 00 ; www. gonzalezbyass.es ; Calle Manuel María González 12 ; 7 € ; ☻ 11h30-14h et 15h30-17h30 lun-sam, 11h30-13h30 dim). L'un des plus grands producteurs de xérès, situé à l'ouest de l'Alcázar.

Bodegas Sandeman (☎ 956 15 17 11 ; www. sandeman.com ; Calle Pizarro 10 ; 5 € ; ☻ 10h30-15h30 lun-ven). Les xérès Sandeman portent le logo du "don", l'homme à la cape noire.

REAL ESCUELA ANDALUZA DEL ARTE ECUESTRE

Au nord de la ville, la **Real Escuela Andaluza del Arte Ecuestre** (École royale andalouse d'art équestre ; ☎ 956 31 80 08 ; www.realescuela.org ; Avenida Duque de Abrantes) est l'une des attractions de Jerez. L'école entraîne des chevaux et des cavaliers au **dressage** (6 € ; ☻ 10h-13h lun, mer et ven mar-juil et sept-oct, 10h-13h lun et mer août, 10h-13h lun, mar, mer et ven nov-fév). Toute l'année, le jeudi à 12h et le mardi à 12h de mars à octobre (sauf les jours fériés), ainsi que le vendredi au mois d'août, un **espectáculo** (spectacle ; 13-21 €) présente de magnifiques chevaux blancs qui exécutent des figures en musique.

PALACIO DEL TIEMPO ET EL MISTERIO DE JEREZ

Non loin de l'école d'équitation, le **Palacio del Tiempo** et **El Misterio de Jerez** (le palais du temps et le mystère de Jerez ; Centro Temático La Atalaya ; %956 18 21 00 ; www.elmisteriodejerez.org ; Calle Cervantes 3 ; Palacio del Tiempo 5,10 €, El Misterio de Jerez 6 €, double entrée 9 € ; h10h-14h et 18h-20h mar-sam, 10h-14h dim) regroupe le musée de la Montre et de l'Horloge de la ville, remis au goût du jour avec de multiples effets spéciaux, et un nouveau musée du Xérès, avec acteurs et projections d'images sur écrans géants.

PARQUE ZOOLÓGICO

Quelque 2 km à l'ouest du centre-ville, le **Parque Zoológico** (Zoo Jerez ; ☎ 956 18 23 97 ; www. zoobotanicojerez.com en espagnol ; Calle Taxdirt s/n ; adulte/enfant 4,20/2,70 € ; ☻ 10h-20h mar-dim juin-sept, 10h-18h mar-dim oct-mai) accueille 1 300 animaux et dispose de beaux jardins et d'un centre de soins pour les espèces sauvages.

PLAZA DE BELÉN ET CIUDAD DE FLAMENCO

L'*ayuntamiento* a lancé l'ambitieux projet Ciudad de Flamenco (ville du flamenco), qui vise à redonner de la vitalité au vieux quartier et à célébrer, préserver et promouvoir le flamenco. Le site, la Plaza de Belén, se trouve au centre du quartier du flamenco, le Barrio de Santiago, qui fut autrefois le cœur de la Jerez musulmane. On prévoit la construction d'un auditorium, d'une bibliothèque, d'une école de flamenco et d'un musée, organisés autour d'un jardin. Les édifices envisagés, bien que modernes, feront écho au passé par leurs murs et leurs tours aux décorations de style islamique.

Circuits organisés

Tour por Jerez (☎ 954 56 06 93 ; 8 € ; ☻ visites toutes les 30 min juil - août, toutes les heures sept-juin). Effectue un circuit commenté des principales curiosités dans un bus à impériale. On peut monter et descendre du bus à sa guise pendant 24 heures. Il stationne devant l'office du tourisme de la Plaza del Arenal.

Fêtes et festivals

Festival de Jerez (fin février/début mars). Deux semaines consacrées à la musique et à la danse, notamment au flamenco. Une très bonne occasion de voir sur scène les grands noms du flamenco. Nombre de spectacles se tiennent au Teatro Villamarta (p. 196).

Feria del Caballo (mai). La foire du cheval de Jerez, qui a lieu pendant la première quinzaine du mois de mai, est l'un des festivals andalous les plus importants, avec musique, danse, corridas et toutes sortes de concours hippiques. Des parades hautes en couleurs traversent le champ de foire du Parque González Hontoria, au nord de la ville. Les cavaliers, au maintien très aristocratique, arborent des chapeaux plats, des chemises à jabot, des pantalons noirs et des jambières de cuir, tandis que leurs compagnes, assises en *crupera* (en amazone), revêtent de longues robes traditionnelles à volants et à pois. Le Grand Prix moto de Jerez (voir p. 196) a souvent lieu pendant la Feria del Caballo.

Fiestas de Otoño (septembre). Durant près de trois semaines, les fêtes d'automne, organisées à l'occasion des vendanges, accueillent des spectacles de flamenco, des manifestations équestres et des cérémonies traditionnelles, comme le foulage des premières grappes de raisin sur la Plaza de la Asunción. Elles se terminent par une grande parade réunissant les cavaliers sur leur monture et les attelages.

Fiesta de la Bulería (septembre). Pendant tout un samedi, Jerez donne sa contribution à la musique, aux chansons et à la danse flamenco.

Où se loger

Les prix montent en flèche pendant la Feria del Caballo et il faut réserver longtemps à l'avance.

La plupart des hébergements bon marché se concentrent autour de l'Avenida de Arcos et de la Calle Medina, à l'est de la Calle Larga. Les établissements haut de gamme se trouvent au nord de la ville, le long de l'Avenida Álvaro Domecq et de sa parallèle, l'Avenida Duque de Abrantes. Le buffet du petit déj coûte 6-7 €.

Hotel Prestige Palmera Plaza (☎ 956 03 18 00 ; www.palmeraplaza.com ; Calle Pizarro 1 ; s/d 192/224 € ; ⓟ ⓧ 🖳 🐾). À l'extrémité sud de l'Avenida Duque de Abrantes, cet hôtel de grand luxe, avec 48 chambres, occupe les spacieux terrains et les bâtiments d'une bodega du XIXe siècle. Il y a beaucoup d'espace et le mobilier léger, élégant et moderne, complète les éléments chic du design.

Hotel Royal Sherry Park (☎ 956 31 76 14 ; www.sherryparkhotel.com ; Avenida Álvaro Domecq 11 ; s/d 109/137 € ; ⓟ ⓧ 🖳 🐾). Depuis longtemps l'un des hôtels les plus appréciés de Jerez, notamment pour ses 170 chambres insonorisées, ses remarquables piscines intérieure et extérieure, ses jardins, son restaurant, son café et sa salle de réception. Les doubles atteignent 267 € pendant la Feria del Caballo, mais passent à 77 € le week-end, hors saison.

Hotel NH Avenida Jerez (☎ 956 34 74 11 ; www.nh-hoteles.com ; Avenida Álvaro Domecq 10 ; s/d 95/105 € ; ⓟ ⓧ 🖳). 90 chambres au confort et à l'apparat qui conviennent à un hôtel de cette catégorie, avec un décor que la publicité décrit comme "moderne sans fausses notes". Des œuvres d'art d'avant-garde ajoutent du cachet au lieu.

Hotel Doña Blanca (☎ 956 34 87 61 ; www.hotel donablanca.com en espagnol ; Calle Bodegas 11 ; s/d 79/96 € ; ⓟ ⓧ 🖳). Sis dans une petite rue tranquille, cet excellent établissement dispose de 30 chambres peintes dans des tons bleu clair apaisants, avec parquet, sdb

correcte, TV sat. et coffre-fort. Les prix s'envolent à 118/164 € au mois de mai.

Hotel Serit (☎ 956 34 07 00 ; www.hotelserit.com ; Calle Higueras 7 ; s/d nouveau bâtiment 77/96 €, bâtiment ancien 66/85 € ; ⓟ ⓧ). Refait à neuf, le Serit compte 37 chambres confortables avec TV sat. Les chambres les plus luxueuses, et plus chères, occupent un nouveau bâtiment de l'autre côté de la rue. Dans l'ancien édifice, quelques chambres du rez-de-chaussée sont adaptées aux personnes en fauteuil roulant. Le parking coûte 7 €/j.

Tierras de Jerez (☎ 956 34 64 00 ; www.groupho teles.com ; Calle Corredera 58 ; s/d 58/91 € ; ⓟ ⓧ 🖳). Un nouvel établissement bienvenu à Jerez, avec 30 chambres décorées avec goût (et tout le confort moderne, dont TV sat. et sèche-cheveux). Sa situation dans le centre-ville le rend particulièrement commode. Ascenseur et parking (8,50 €/j).

Nuevo Hotel (☎ 956 33 16 00 ; www.nuevohotel. com ; Calle Caballeros 23 ; s/d 21/35 € ; ⓧ). Installé dans une demeure modernisée, le meilleur hôtel bon marché de Jerez loue 27 chambres (9 simples et 18 doubles spacieuses), toutes dotées de TV et du chauffage en hiver. Certains espaces sont adaptés aux fauteuils roulants. Les tarifs augmentent de quelques euros au mois d'août et pendant les manifestations importantes. Le petit déj buffet (6 €) est servi dans la salle à manger. Réservation indispensable. Parking public situé sous la Plaza Estévez.

Hotel Coloso (☎ 956 34 90 08 ; www.elcoloso hotel.com ; Calle Pedro Alonso 13 ; s/d 33/52 € ; ⓟ). Ne vous laissez pas rebuter par le foyer lugubre et la réception parfois peu aimable car la situation du Coloso, en bas de la rue et à l'angle du Nuevo Hotel, s'avère pratique, et les prix raisonnables, pour des chambres assez lumineuses, avec TV sat. Parking (5 €/j).

Hostal/Hotel San Andrés (☎ 956 34 09 83 ; www.telefonica.net/web/hotelsanandres en espagnol ; Calle Morenos 12 ; s/d 24/38 €, avec sdb commune 20/28 € ; ⓧ). Avec son entrée-patio carrelé agrémenté de plantes vertes, le San Andrés est l'un des plus charmants hôtels de Jerez. Deux autres patios se trouvent un peu plus loin. Propres et douillettes, avec TV, les chambres bénéficient de l'hôtel 16 chambres de l'*hostal* sont plus rudimentaires. Seul l'*hostal* dispose de chambres avec sdb commune. Les deux sections louent des chambres avec sdb privée.

Où se restaurer

La cuisine de Jerez mêle l'héritage maure et l'influence de la mer, le tout saupoudré de quelques touches française et britannique. Le xérès entre tout naturellement dans la composition de nombreuses spécialités locales, tels les *riñones al jerez* (rognons au xérès) et le *rabo de toro* (ragoût de queue de bœuf).

BOULANGERIES

Pastelería Los Reyes (Calle San Agustín ; toast, café et jus d'orange 3,50 € ; ⏰ au moins 8h-21h30). Une petite boulangerie-pâtisserie où prendre votre petit déj en compagnie des habitants et déguster de délicieux gâteaux, pâtisseries ou pains. Les amateurs de thé sont aussi à la fête.

RESTAURANTS ET CAFÉS

La Mesa Redonda (☎ 956 34 00 69 ; Calle Manuel de la Quintana 3 ; plat principal 12-15 €). Un petit restaurant intime situé en bas d'un ensemble d'immeubles de style soviétique. Le décor et les costumes du personnel sont à l'ancienne ; sur un fond de musique douce, des plats excellents, préparés de façon audacieuse, arrivent sur les tables. Les portions sont un peu chiches.

Mesón El Patio (☎ 956 34 07 36 ; Calle San Francisco de Paula 7 ; salades 4 €, raciones de poisson 6-10 €, menú 20 € ; ⏰ fermé le lun). Ici, une touche de raffinement se combine à la convivialité locale. Les hauts plafonds, les tons chauds et une collection de vieilles radios ajoutent au charme du lieu. Mais, surtout, la cuisine se révèle fantastique, et le choix immense.

La Carboná (☎ 956 34 74 75 ; Calle San Francisco de Paula 2 ; plat principal 10,50-12,50 €). Situé dans une ancienne bodega qui ressemble à une cave, ce restaurant réputé propose un *menú* excentrique. Parmi les spécialités, citons les viandes grillées et le poisson frais. Les cailles au foie gras et aux pétales de rose font partie des originalités.

La Posada (Calle Arboledilla 2 ; plat principal 12 €). Cet établissement de charme qui occupe les deux côtés de la rue, est très couru pour sa succulente cuisine familiale. Le choix reste toutefois limité.

Bar/Restaurante El Molino (☎ 956 33 71 86 ; Plaza Domecq 16 ; menú 7 € ; ⏰ fermé le dim soir). Les tables sont disposées à l'extérieur, dans la rue, endessous de la cathédrale, mais le bruit de la circulation décroît à l'heure du déjeuner.

Parmi les meilleurs plats : les aubergines farcies à la béchamel.

La Vega (Plaza Estévez s/n ; petit déj 4 € ; raciones 7,50 €). Observez la vie locale dans ce café animé, idéal, quoique bruyant, pour le petit déj. Achetez des *churros* (longs beignets sucrés ; 1,50 €/250 g) à la baraque du marché d'à côté et venez les tremper ici dans un chocolat chaud ou un café.

BARS À TAPAS

Bar Juanito (Pescadería Vieja 8-10 ; tapas 1,80-2,50 €, media-raciones 3-6,60 €). On vient ici déguster quelques tapas accompagnés d'un verre de xérès. Vous pouvez vous asseoir ou rester au bar, vous attabler dehors ou dans la salle à manger, à l'arrière (la Pescadería Vieja, à une rue de la Plaza del Arenal, est rafraîchissante quand il fait chaud).

El Almacén (Calle Ferros 8 ; montaditos 1,50 €, tapas 2-3 €). Installez-vous dans la salle du fond qui ressemble à une cave, commandez une *tabla* (sélection de tapas) de pâtés et de fromages ou de jambons et de saucisses, et profitez de l'ambiance.

À 500 m environ au nord, la petite Plaza Rafael Rivero, bien tranquille, est bordée d'excellents bars à tapas qui sortent des tables à l'extérieur. Venez ici après 21h30 ou tard le dimanche matin et ne manquez pas les *montaditos* ou *panes* (grandes tartines) d'**El Poema**, qui valent 1,50-4,50 €. Le propriétaire crée des compositions inspirées. Puis déplacez-vous de quelques tables et dégustez du jambon à **El Tabanco**.

La Cañita (Calle Porvera 11 ; montaditos 1,50 €, tapas 1,50-6 €) est le fleuron d'une autre série de bars à tapas non loin de la Plaza Rafael Rivero – s'il vous reste un petit creux ! Là encore, les *montaditos* sont délicieux, bien que petits : goûtez le brie aux anchois.

Où prendre un verre

Tetería Chauni (Calle Chancillería 10 ; thé 1,20-2,50 €, pâtisseries orientales 3 € ; ⏰ 17h30-tard lun-sam, 15h30-22h dim). Ce paradis des jeunes buveurs de thé a pour modèle les salons de thé de l'Albayzín de Granada (voir p. 326). La décoration est de style marocain, avec des tapis et des coussins sur le sol et des tables en céramique de différentes hauteurs, avec chaises assorties. Sirotez l'un des remarquables thés – noir, rouge, vert, aux herbes, aphrodisiaque. Les pâtisseries orientales sont servies par sélection de quatre.

Les ruelles situées au nord de la Plaza del Arenal accueillent plusieurs bars où, certains soirs, une clientèle jeune met de l'ambiance. Essayez le **Bar Dos Deditos** (Plaza Vargas 1), le **Reino de León** (Calle Ferros) et le **La Carbonería** (Calle Letrados 7), qui programment parfois des concerts. De l'autre côté de la Plaza del Arenal, les bars de la Calle San Pablo, piétonne, restent parfois ouverts jusqu'à 2h. Très vivant, le **Tabanco San Pablo** (Calle San Pablo 12 ; ☺ fermé le dim) a des allures de taverne avec ses gros tonneaux de xérès.

Au nord-est du centre, **La Plaza de Canterbury** (Calle N de Cañas), avec ses nombreux bars installés autour d'une cour centrale, attire une clientèle jeune.

Si vous recherchez des bars où écouter de la musique ou des endroits pour danser, dirigez-vous vers le nord-est de La Plaza de Canterbury jusqu'à l'Avenida de Méjico, et rendez-vous au **Moët**, très prisé des jeunes. Des centaines d'adolescents préfèrent rester sur le trottoir pour boire un verre après minuit, dans la Calle Salvatierra, ou sur la Plaza del Arenal.

Où sortir

Pour vous tenir au courant des manifestations à Jerez, rendez-vous à l'office du tourisme, connectez-vous sur www.webjerez. com et guettez les affiches. Les journaux *Diário de Jerez* et *Jerez Información* publient également quelques renseignements sur les spectacles. Enfin, le **Teatro Villamarta** (☎ 956 32 95 07) ; Plaza Romero Martínez) édite un programme mensuel. L'**Astoria** (Calle Francos) est un espace en plein air où sont organisés des concerts. D'autres sont parfois lieu sur la **Plaza de Toros**. Le **Café Teatro La Guarida del Ángel** (☎ 956 34 91 52 ; Calle Porvenir 1 ; ☺ 20h-tard) est un lieu chic où écouter de la musique (latino, entre autres) ou assister à une représentation théâtrale.

Il existe pusieurs *peñas flamencas* (clubs de flamenco), notamment dans le Barrio de Santiago. Les véritables amateurs sont généralement admis. Procurez-vous le programme auprès de l'office du tourisme, qui peut vous indiquer 16 *peñas flamencas*. Le **Centro Cultural Flamenco D Antonio Cachón** (☎ 956 34 74 72 ; Calle Salas 12) accueille d'authentiques nuits flamenco.

Au mois d'août, des spectacles de flamenco sont organisés chaque vendredi à l'Astoria, dans le cadre des **Viernes Flamencos**.

Le tout se termine par la **Fiesta de la Bulería**, un festival de chant et de danse flamenco qui se tient sur la Plaza de Toros, un samedi de septembre. **El Lagá Tío Parrilla** (☎ 956 33 83 34 ; Plaza del Mercado) programme, du lundi au samedi à 22h30 et 0h30, des spectacles de flamenco plutôt destinés aux touristes, mais qui ont gardé quelque authenticité.

Le **Circuito Permanente de Velocidad** (☎ 956 15 11 00 ; www.circuitodejerez.com ; Carretera de Arcos Km 10), sur l'A382, 10 km à l'est de Jerez, accueille des courses de voiture et de moto tout au long de l'année, et notamment, en avril ou mai, un Grand Prix comptant pour le **Championnat du monde de moto**. Cet événement sportif majeur en Espagne attire plus de 150 000 spectateurs, qui envahissent Jerez et les villes alentours. Un Grand Prix de Formule 1 a parfois lieu ici aussi.

Depuis/vers Jerez de la Fontera
VOIE AÉRIENNE

L'**aéroport** (☎ 956 15 00 00) de Jerez, le seul desservant la provincia de Cádiz, se situe à 7 km au nord-est de la ville sur la NIV. La compagnie économique **Ryanair** (www.ryanair. com) relie Londres (Stansted) deux fois par jour et trois fois le samedi. **Iberia** (☎ 956 15 00 09) propose tous les jours au moins deux vols directs depuis/vers Madrid et un depuis/vers Barcelona.

BUS

La **gare routière** (☎ 956 34 52 07 ; Calle Diego Fernández Herrera) se trouve à 1 km au sud-est du centre-ville. **Comes** (☎ 956 34 21 74) rejoint Cádiz (2,55 €, 40 min, 23/j), El Puerto de Santa María (1,05 €, 20 min, jusqu'à 19/j), Barbate (6,35 €, 1 heure 30, 1/j lun-ven), Ronda (8,90 €, 3 heures, 3/j) *via* Arcos de la Frontera (2,15 €, 45 min) pour poursuivre vers Málaga (16,10 €, 5 heures) et Algeciras (9,20 €, 3 heures, 3/j) *via* Tarifa (8,25 €, 2 heures 30). De juin à septembre, Comes dessert Los Caños de Meca (5 €, tlj, 1 heure 30). **Los Amarillos** (☎ 956 32 93 47) propose davantage de bus vers Arcos et dessert El Bosque (5 €, 1 heure 30) et Ubrique (7 €, 2 heures) de deux à sept fois par jour. **Linesur** (☎ 956 34 10 63) assure quantité de services pour Sevilla (5,40 €, 1 heure 15), également reliée neuf fois par jour par Comes. Linesur dessert également Sanlúcar de Barrameda (1,50 €, 30 min) au moins 7 fois par jour, et Algeciras (7,35 €, 3 heures) 6 fois par jour.

TRAIN

La **gare ferroviaire** (☎ 956 34 23 19 ; Plaza de la Estación) est située à 300 m à l'est de la gare routière. Comptez quelque 3 € pour vous y rendre depuis le centre-ville. Jerez se trouve sur la ligne Cádiz–El Puerto de Santa María–Sevilla, avec des trains pour Sevilla (5,85-19 €, 1 heure-1 heure 15, au moins 9/j), El Puerto de Santa María (1,15 €, 12 min, jusqu'à 36/j) et Cádiz (2,50-2,75 €, 40-50 min, jusqu'à 36/j).

Transports locaux

Il n'est pas difficile de se déplacer en voiture à Jerez, mais mieux vaut marcher ou prendre le bus pour rallier les sites un peu plus éloignés, afin d'éviter les encombrements du centre-ville.

Les lignes bleues sur la route correspondent à des places de parcmètres (payants de 9h à 13h30 et de 17h à 20h du lundi au vendredi, de 9h à 14h le samedi). La durée de stationnement est limitée à deux heures (2 €). Vous trouverez un parking souterrain au **Parking Plaza Estévez** (1h/24h 1/11 €).

ENVIRONS DE JEREZ DE LA FRONTERA
La Cartuja et Yeguada de la Cartuja – Hierro del Bocado

Merveille architecturale créée au XVᵉ siècle, au milieu de splendides jardins, le **monastère de La Cartuja** (☎ 956 15 64 65 ; jardins Ⓨ 9h30-11h15 et 12h45-18h30 lun-sam) est en bordure de l'A381 en direction de Medina Sidonia, à 9 km du centre de Jerez. C'est aux premiers moines chartreux que l'on attribue l'élevage du célèbre pur-sang, appelé aussi *Cartujano* ou *Andaluz*, réputé pour sa grâce et son caractère paisible. On peut se promener dans les jardins et admirer la façade baroque de l'église (il est interdit d'y pénétrer).

Yeguada de la Cartuja – Hierro del Bocado (☎ 956 16 28 09 ; www.yeguadacartuja.com ; Finca Fuente del Suero ; adulte/enfant 10/6 € ; Ⓨ 11h-13h sam) est un haras qui se consacre à l'amélioration de la race Cartujano, où vous pourrez voir des poulains en liberté, des démonstrations effectuées par des juments, et du dressage. Mieux vaut réserver. Pour y aller, prenez l'A381 et bifurquez au panneau "La Yeguada", 5 km après La Cartuja. Suivez la petite route sur 1,6 km jusqu'à l'entrée.

ARCOS ET LA SIERRA DE GRAZALEMA

Au nord-est de la province de Cádiz, la Sierra de Grazalema est l'une des régions montagneuses d'Andalousie les plus belles et les plus vertes. Entre le parc naturel et Jerez de la Frontera se trouve la vieille et pittoresque cité d'Arcos de la Frontera.

ARCOS DE LA FRONTERA
29 000 habitants / 185 m

Arcos est située à 30 km à l'est de Jerez sur l'A382, qui traverse de magnifiques champs de blé et de tournesols, des vignes et des vergers. La vieille ville occupe un emplacement saisissant, sur une corniche bordée de précipices. La cité vaut le détour avec son dédale de rues dont l'agencement a peu changé depuis le Moyen Âge, ses palais Renaissance et ses belles églises.

Histoire

Arcos a toujours été très appréciée pour sa situation stratégique. Au XIᵉ siècle, elle fut pendant un temps un royaume maure indépendant, jusqu'à son rattachement à Sevilla. En 1255, Alfonso X s'empara de la cité qu'il repeupla de Castillans et de Leoneses. La poignée de musulmans qui y restèrent se rebellèrent en 1261 et furent expulsés en 1264. En 1440, Arcos passa aux mains des membres de la famille Ponce de León, connue sous le nom de Duques de Arcos, qui participèrent activement à la conquête de Granada. Lorsque le dernier Duque de Arcos mourut sans héritier, en 1780, ses terres revinrent à sa cousine, la Duquesa de Benavente. Celle-ci favorisa le remplacement des pâturages de moutons par la culture des céréales et des oliviers, la plantation de vignes et l'élevage de chevaux.

Orientation et renseignements

Depuis la gare routière, située Calle Corregidores, dans la nouvelle ville, la vieille ville est à 1,5 km à pied en haut de la colline, en traversant le luxuriant Paseo de Andalucía. De la Plaza España, au-dessus du Paseo de Andalucía, le Paseo de los Boliches et la Calle Debajo del Corral (qui devient la Calle Corredera) montent tous deux vers l'est jusqu'à la Plaza del Cabildo, place principale de la vieille ville.

PROVINCIA DE CÁDIZ

Les banques et les DAB se concentrent sur la Calle Debajo del Corral et la Calle Corredera, en descendant vers l'ouest depuis la vieille ville.

Bureau de poste (Paseo de los Boliches 24 ; ☻ 8h-14h lun-ven, 9h-13h sam). À l'ouest de la vieille ville.

Kiosque d'informations (Paseo de Andalucía ; ☻ 10h30-13h30 lun-sam toute l'année, 17h30-19h lun-ven de mi-mars à mi-oct, 17h-18h30 lun-ven de mi-oct à mi-mars). Dans la nouvelle ville.

Office du tourisme (☎ 956 70 22 64 ; Plaza del Cabildo ; ☻ 10h-14h lun-sam toute l'année, 16h-20h lun-sam de mi-mars à mi-oct, 15h30-19h30 lun-sam de mi-oct à mi-mars). Sur la place principale de la vieille ville.

À voir

Flânez dans la vieille ville aux étroites rues pavées, en admirant les bâtiments Renaissance et les maisons blanchies à la chaux. La **Plaza del Cabildo** est entourée d'édifices anciens et dominée par un **mirador** offrant un panorama vertigineux sur la rivière et la campagne. À l'ouest de la plaza se dresse la fierté d'Arcos, le **Castillo de los Duques**, du XIᵉ siècle, une propriété privée, fermée au public. Du côté nord, allez voir la **Basílica-Parroquia de**

Santa María (1 € ; ☻ 10h-13h et 16h-19h lun-ven, 10h-14h sam), dont la construction, entamée au XIIIᵉ siècle à l'emplacement d'une mosquée, ne fut achevée qu'au XVIIIᵉ siècle. Sa façade est gothique, mais la tour, édifiée plus tard, est baroque. La stalle de chœur est magnifiquement sculptée. À l'est de la place, le **parador** (p. 199) est une reconstruction des années 1960 de la demeure d'un magistrat du XVIᵉ siècle, la Casa del Corregidor.

En explorant les rues qui partent vers l'est, vous passerez devant quelques beaux édifices, dont le **Convento de la Encarnación** (Calle Marqués de Torresoto), bâtiment du XVIᵉ siècle à la façade gothique. Construite dans le style gothique du XVᵉ siècle, l'**Iglesia de San Pedro** (Calle Núñez de Prado ; 1 € ; ☻ 10h-13h et 16h-19h lun-sam, 10h-13h30 dim) possède néanmoins des éléments baroques, telle son impressionnante façade du XVIIIᵉ siècle et son clocher. Elle abrite un imposant retable doré. À proximité, le **Palacio Mayorazgo** (gratuit ; ☻ 10h-14h et 17h-20h lun-sam, 11h-14h dim), construit au XVIIᵉ siècle, arbore une façade Renaissance et de jolis patios. C'est aujourd'hui un foyer pour personnes âgées.

ARCOS DE LA FRONTERA

0   200 m

RENSEIGNEMENTS		OÙ SE LOGER	(p. 199)	Los Faraones	18 B1
Bureau de poste	1 B1	Hostal San Marcos	10 B2	Mercado	19 B2
Kiosque d'information touristique	2 A1	Hotel El Convento	11 B2	Mesón Los Murales	20 B2
Office du tourisme	3 A2	Hotel Los Olivos	12 B1	Restaurante-Asador Los Murales	21 A2
		Hotel Real de Veas	13 C1		
À VOIR ET À FAIRE	(p. 198)	La Casa Grande	14 D2	OÙ SORTIR	(p. 201)
Basílica-Parroquia de Santa María	4 A2	La Fonda Hotel	15 A2	Carpas de Verano	22 A1
Castillo de los Duques	5 A2	Parador Casa del Corregidor	16 A2	El Burlaero	23 A1
Convento de la Encarnación	6 A2				
Iglesia de San Pedro	7 D2	OÙ SE RESTAURER	(p. 201)	TRANSPORTS	
Belvédère	8 A2	Bar San Marcos	(voir 10)	Gare routière	24 A1
Palacio Mayorazgo	9 D2	El Convento	17 B2	Parking	25 A1

DÉTOUR : D'ALCALÁ DE LOS GAZULES À UBRIQUE

Cette autre route vers la Sierra de Grazalema vous fait traverser les magnifiques forêts situées au nord du Parque Natural Los Alcornocales. Au début de l'été, vous pourrez admirer par endroits de superbes fleurs sauvages le long de la route. Si vous avez toute une journée devant vous, vous pouvez escalader l'un des plus hauts sommets du parc, El Picacho (882 m) ou l'Aljibe (1 091 m).

De Jerez ou de Cádiz, ou de toute autre cité du littoral de la province de Cádiz, dirigez-vous d'abord vers la ville d'Alcalá de los Gazules, en haut d'une colline, non loin de l'A381, au centre de la province : c'est ici que débute cet itinéraire. Sur la Plaza San Jorge, tout en haut de la ville, le bureau de la **Consejería de Medio Ambiente** (☎ 956 41 33 07 ; ☽ 9h-14h lun-ven, 9h30-12h sam-dim) délivre l'autorisation requise pour escalader l'Aljibe ou El Picacho (il suffit de montrer son passeport).

D'Alcalá, prenez l'A375 vers le nord-est. Après environ 8 km, le rocher en grès d'El Picacho se dresse devant vous, et, à 11 km d'Alcalá, en face de l'entrée de l'aire de pique-nique Área Recreativa El Picacho, le point de départ des sentiers grimpant vers **El Picacho** et son voisin **Aljibe** est signalé par des cartes placées en bordure de route. Comptez environ 5 heures pour l'aller-retour vers le Picacho (environ 3 km dans les deux sens ; ascension de 500 m) et 7 heures pour l'Aljibe (6 km dans les deux sens ; ascension de 700 m).

Pour continuer, empruntez l'A375 en direction d'Ubrique, en ignorant les bifurcations vers toute autre ville. La route monte et descend en serpentant à travers d'épaisses forêts de chênes-lièges, d'oliviers sauvages, de caroubiers et d'autres arbres de la région, offrant parfois de merveilleux panoramas. Après 30 km, au col de Puerto de Mogón de la Víbora (595 m), tournez à gauche sur l'A373 pour parcourir les neuf derniers kilomètres vers **Ubrique**, tache blanche sur le fond spectaculaire de la Sierra de Grazalema. Ubrique est une ville très animée : pour trouver du cuir de qualité (sac, serviette, porte-feuille, veste ou ceinture), de la couleur que vous voulez, descendez la rue principale, l'Avenida Solís Pascual, bordée de boutiques qui vendent ces produits de la région.

Depuis Ubrique, il ne reste que 26 km jusqu'au village de Grazalema, en traversant **Benaocaz** (p. 204) et **Villaluenga del Rosario**.

PROVINCIA DE CÁDIZ

Circuits organisés

Des visites guidées (5 € ; 1 heure) de la vieille ville partent de l'office du tourisme, à 10h30 et à 17h du lundi au vendredi, et à 10h30 le samedi. Un circuit découverte des jolis patios de la ville quitte l'office du tourisme à 12h et à 18h30 du lundi au vendredi, uniquement à 12h le samedi.

Fêtes et festivals

Semana Santa (Semaine sainte ; mars/avril). Ces spectaculaires processions traversent les rues étroites de la ville. Le dimanche de Pâques voit une impressionnante course de taureaux.

Fiesta de la Virgen de las Nieves (début août). Cette fête de 3 jours est marquée par une excellente nuit du flamenco, organisée généralement le 5 août sur la Plaza del Cabildo.

Feria de San Miguel (vers le 29 septembre). Arcos fête son saint patron avec une *feria* (foire) de 4 jours.

Où se loger

Arcos compte plusieurs adresses de charme dans les catégories moyenne et supérieure, mais peu d'établissements bon marché dans la vieille ville.

Parador Casa del Corregidor (☎ 956 70 05 00 ; www.parador.es ; Plaza del Cabildo ; s/d 97/120 € ; ☒). L'on bénéficie ici du luxe habituel des paradors, ainsi que d'une vue splendide. Huit des 24 chambres possèdent des balcons donnant sur la falaise.

La Casa Grande (☎ /fax 956 70 39 30 ; www.lacasagrande.net ; Calle Maldonado 10 ; d 80 €, ste 87-94 € ; ☒). Construite à flanc de colline, cette magnifique demeure du XVIIIe siècle a appartenu au danseur de flamenco Antonio Ruiz Soler. Elle ne compte que 5 chambres et suites, mais deux doubles avec terrasse sont en cours d'aménagement. On dispose d'une terrasse sur le toit, à flanc de colline. Le copieux petit déj coûte 7 €.

Hotel El Convento (☎ 956702333 ; www.webdearcos.com/elconvento ; Calle Maldonado 2 ; s/d 55/65 €, d avec terrasse 80 €). À l'est de la Plaza del Cabildo, ce beau couvent du XVIIe siècle abrite 11 chambres différentes décorées avec goût. Essayez d'obtenir l'une des 6 chambres avec vue, ou avec terrasse. Il y a grande terrasse commune à flanc de colline.

Hotel Los Olivos (☎ 956 70 08 11 ; losolivos.profesionales.org ; Paseo de los Boliches 30 ; s/d 45/70 € ;

RANDONNÉES À GRAZALEMA

La Sierra de Grazalema est un site propice à la randonnée, notamment en mai, juin, septembre et octobre. Armez-vous de la meilleure carte possible, de préférence la *Sierra de Grazalema* (1/50 000), éditée par l'IGN et la Junta de Andalucía, ainsi que de guides de randonnées. Vous en trouverez certains sur place, mais le mieux est de vous les procurer avant de venir.

La réserve centrale (*área de reserva*), zone de 30 km2, englobe les trois principales randonnées du parc naturel : El Torreón, le Pinsapar et le Garganta Verde. Pour effectuer une randonnée dans la réserve, il vous faut obtenir une autorisation (gratuite) auprès du bureau du parc à El Bosque (voir p. 202), le nombre de personnes admises sur les itinéraires étant limité. Vous pouvez téléphoner ou vous rendre sur place jusqu'à 15 jours à l'avance, ou demander à retirer votre autorisation au centre pour visiteurs de Zahara de la Sierra, ainsi qu'à l'office du tourisme de Grazalema (le personnel ne parle souvent qu'espagnol). Seuls les week-ends et les jours fériés nécessitent une réservation préalable. L'été, lorsque le risque d'incendie est élevé, il est obligatoire de se faire accompagner par un guide dépendant d'un prestataire local autorisé, tel Horizon (p. 203) ou Al-qutun (p. 203).

El Torreón

La voie classique vers El Torreón (1 654 m), commence à 100 m à l'est de la borne marquant le km 40 sur la route Grazalema–Benamahoma, à près de 8 km de Grazalema. De là, comptez 2 heures 30 de marche pour atteindre le sommet, et 1 heure 30 pour redescendre. Par temps clair, vous apercevrez Gibraltar, la Sierra Nevada et la chaîne du Rif au Maroc.

Grazalema–Benamahoma *via* le Pinsapar

Cette randonnée de 14 km dure 6 heures. Elle traverse un *pinsapar* de 3 km2, forêt de beaux et rares sapins espagnols (*pinsapo*) la mieux préservée du pays.

Depuis Grazalema, prenez la route de Zahara jusqu'au sentier qui traverse les versants nord de la Sierra del Pinar (40 min de marche). Après 300 m d'ascension, vous parvenez à proximité d'une courbe, à 1 300 m d'altitude. Dans le deuxième tiers de la randonnée, au-dessus des flancs les plus abrupts de la chaîne, vous traverserez la partie la plus dense du *pinsapar*. On ne rencontre le sapin espagnol vert foncé en nombre significatif que dans des poches isolées au sud-ouest de l'Andalousie et au nord du Maroc. Cet arbre est une survivance des vastes forêts méditerranéennes de sapins de l'ère tertiaire.

Garganta Verde

Le chemin qui mène à ce ravin d'au moins 100 m de profondeur à la végétation luxuriante, commence à 3,5 km de Zahara de la Sierra, sur la route de Grazalema. Après le point de vue d'où il est possible d'observer une colonie d'énormes vautours communs, il serpente vers le fond de la grotte (300 m de dénivelé). Courage pour remonter ! Pour cette belle randonnée, comptez 3 à 4 heures si vous allez au point de départ en voiture.

Autres randonnées

De magnifiques promenades ne font pas partie de la réserve et ne nécessitent aucune autorisation. Pour les deux dernières, vous avez besoin d'un bon guide (imprimé ou...en chair et en os !) :

Benamahoma–Zahara de la Sierra. Belle excursion de 15 km (environ 5 heures sans compter les haltes) sur des sentiers *via* le Puerto de Albarranes, la Laguna del Perezoso et le Puerto de Breña.
Salto del Cabrero. Impressionnante fissure à la surface de la terre (profonde de 100 m et longue de 500 m), à quelque 2 heures de marche vers le sud-ouest depuis Grazalema, ou 1 heure 15 vers le nord depuis Benaocaz.
Casa del Dornajo. Environ 2 heures de marche vers le sud-ouest depuis Grazalema, ou 1 heure 30 vers le nord depuis Benaocaz, pour aboutir à une fermette en ruines au milieu d'une superbe vallée où vivent des bouquetins.

NB : Vous pouvez combiner le Salto del Cabrero et la Casa del Dornajo dans un circuit d'une journée partant de Grazalema ou de Benaocaz.

P ⊠). Pour atteindre cet hôtel accueillant, doté de 19 chambres et d'un patio intérieur, descendez la colline depuis la Plaza del Cabildo en direction du Paseo de Andalucía. Le petit déj revient à 6 €.

Hotel Real de Veas (☎ 956 71 73 70 ; Calle Corredera 12 ; s/d 48/72 €). L'accueil est sympathique dans cette ancienne maison traditionnelle située à la limite occidentale de la vieille ville. Le patio est couvert d'un vitrage et une terrasse sur le toit offre un panorama à 360°. Le mobilier en bois, rustique, les équipements métalliques, le marbre et les lavabos verts, les céramiques ornées de motifs et les couleurs douces rendent les chambres agréables. Possibilité de massage.

La Fonda Hotel (☎ 956 70 00 57 ; Calle Corredera 83 ; s/d 30/50 € ; ⊠). Cette auberge du XIXe siècle rénovée abrite de vastes chambres aux lits douillets, avec TV et chauffage en hiver, mais donne sur une rue bruyante. Les anciennes écuries accueillent un restaurant.

Hostal San Marcos (☎ 956 70 07 21 ; Calle Marqués de Torresoto 6 ; s/d 25/35 € ; ⊠). À l'est de la Plaza del Cabildo, le San Marcos est un établissement tout simple, qui loue quatre charmantes petites chambres bénéficiant d'un ventil ou de la clim. On peut profiter d'une terrasse sur le toit, et d'un café bon marché au rez-de-chaussée (voir *Où se restaurer*).

Camping Lago de Arcos (☎ 956 70 83 33 ; Santiscal s/n ; adulte/tente/voiture 3,20/3,70/3,80 € ; P ⊠). Un terrain de premier choix, ouvert toute l'année, installé à El Santiscal, près du Lago de Arcos, au nord-est de la ville. Le plus simple pour s'y rendre depuis la vieille ville est de prendre l'A382, puis la Carretera El Bosque y Ubrique (A372). Tournez à gauche après le pont qui enjambe le barrage. Un bus local relie le camping à Arcos, en passant par le Paseo de Andalucía.

Où se restaurer

Toutes les adresses citées ici se trouvent dans la vieille ville.

Restaurante-Asador Los Murales (☎ 956 71 79 53 ; www.restaurantelosmurales.com en espagnol ; Calle Marqués de Torresoto ; menú 15 €). Un établissement assez raffiné, avec musique douce et décor harmonieux, qui est spécialisé dans les viandes et les poissons *a la brasa* (grillés ; 8-14 €).

El Convento (☎ 956 70 32 33 ; Calle Marqués de Torresoto 7 ; plat principal 8-15 € ; menú 24 €). Installé dans le patio orné de colonnes d'un pa-

lais du XVIIe siècle, cet élégant restaurant concocte des plats du terroir, notamment de l'agneau aux herbes, des steaks de biche et des asperges sauvages au *jamón ibérico* (jambon issu des porcs ibériques noirs).

Mesón Los Murales (☎ 956 70 06 07 ; Calle Boticas 1 ; plat principal 5,40-8,40 € ; menú 7,50 € ; ☽ fermé le jeu). Une option bon marché, avec des tables dressées sur la Plaza de Boticas, qui compte quelques autres restaurants.

Bar San Marcos (☎ 956 70 07 21 ; Calle Marqués de Torresoto 6 ; tapas et montaditos 1,50-2,50 €, platos combinados 4-5 €, menú 6 €). Un lieu sympathique et tout à fait correct. Les tapas aux carottes rapées s'avèrent originales et les *platos combinados* (plats garnis) d'un bon rapport qualité/prix. Le propriétaire adore la musique flamenco.

Le *mercado* (marché) se trouve en face du Mesón Los Murales.

En descendant vers la nouvelle ville, **Los Faraones** (☎ 956 70 06 12 ; Calle Debajo del Corral 8 ; menú 9 €), est restaurant égyptien qui propose une cuisine correcte, d'inspiration moyen-orientale. Menus fixes (végétariens ou non) servis au déj et au dîner.

Les environs du Paseo de Andalucía comptent nombre de lieux où se restaurer d'un en-cas. Hors de la ville, sur l'A382 en direction de Jerez, la **Venta Mesón La Coruña** (☎ 956 70 25 15 ; tapas 1-2 €, raciones et plat principal 6-10 €, menú 6 €) a bonne réputation.

Où sortir et prendre un verre

El Burlaero (Avenida Miguel Mancheño). Tous les jeudis, à partir de 23h, ce repaire de noctambules, proche de l'extrémité nord-ouest du Paseo de Andalucía, programme des concerts de guitare et des chansons.

Les **Jueves Flamencos** d'Arcos se tiennent tous les jeudis de juillet et août, à partir de 22h30, à divers endroits de la vieille ville, telle la petite Plaza del Cananeo, pleine de caractère. De mi-juin à fin août, des concerts gratuits de pop, salsa, rock, etc. se déroulent le vendredi soir au **Carpas de Verano**, espace de spectacles en plein air sur l'Avenida Duque de Arcos.

Depuis/vers Arcos de la Frontera

Du lundi au vendredi, des bus Los Amarillos et/ou Comes partent de la **gare routière** (☎ 956 70 49 77) vers Jerez (2,15 €, 45 min, 24/j), Cádiz (4,80 €, 1 heure 15, 11/j), El Puerto de Santa María (3,50 €, 1 heure 15, 5/j), El Bosque

(2,35 €, 45 min, 8/j), Ronda (7 €, 2 heures, 4/j) et Sevilla (6,35 €, 2 heures, 2/j). Liaisons moins fréquentes le week-end.

Transports locaux

Vous pouvez stationner dans la vieille ville autour de la Plaza del Cabildo et sous le Paseo de Andalucía, dans le parking souterrain. Un minibus local (0,80 €) relie la vieille ville à la Plaza de España, toutes les 30 min entre 7h45 et 23h15 du lundi au vendredi, et entre 9h15 et 23h15 le samedi.

PARQUE NATURAL SIERRA DE GRAZALEMA

Chapelet de chaînes montagneuses déchiquetées qui s'étend à travers presque toute l'Andalousie, la Cordillera Bética commence dans la Sierra de Grazalema, dans le nord-est de la province de Cádiz. Cette belle région est parsemée de vertes vallées, de villages blancs, de gorges abruptes et de sommets rocheux. La ville de Grazalema détient le record national des précipitations, avec une moyenne de 2 153 mm de pluie par an. Il neige fréquemment à la fin du mois de janvier et en février.

Outre la randonnée (voir p. 200), on peut aussi pratiquer l'escalade, la spéléologie, l'ornithologie, le parapente ou la pêche à la truite. La forêt méditerranéenne de chênes verts, d'oliviers sauvages (*acebuche*) et de caroubiers (*algarrobo*), est omniprésente. Les genêts en fleur ajoutent une touche de jaune.

Les 517 km2 du Parque Natural Sierra de Grazalema couvre cette partie de la province de Cádiz, mais aussi le nord-ouest de la province de Málaga, englobant la Cueva de la Pileta, près de Ronda (p. 275).

El Bosque
2 000 habitants / 385 m

À 33 km à l'est d'Arcos, après avoir traversé un paysage vallonné, vous arrivez à El Bosque, remarquablement située au pied des forêts de la Sierra de Albarracín, côté sud-est. Vous pratiquerez le deltaplane ou le parapente ou pêcherez la truite.

RENSEIGNEMENTS

Le **Punto de Información El Bosque** (☎ 956 72 70 29 ; Avenida de la Diputación s/n ; ⏰ 10h-14h et 17h-19h lun-ven, 9h-14h et 17h-19h sam, 9h-14h dim) du parc naturel est situé en bas d'une petite route

qui part de l'A372, à l'extrémité ouest du village (en face de l'Hotel Las Truchas). Un nouveau centre pour visiteurs devrait ouvrir en 2005 à côté de l'arène (juste en face de l'Hotel Las Truchas).

OÙ SE LOGER ET SE RESTAURER

Hotel Las Truchas (☎ 956 71 60 61 ; www.tugasa.com ; Avenida Diputación s/n ; s/d 34,25/56,20 € ; plat principal 6-12 € ; 🅿 ❄ 🐾). La plupart des chambres, toutes confortables, ont un balcon. Le salon, la salle à manger et le foyer se parent de poutres apparentes. La terrasse du restaurant surplombe la campagne environnante. Goûtez la truite, spécialité locale.

Hostal Enrique Calvillo (☎ 956 71 61 05 ; Avenida Diputación 5 ; s/d 21/35 € ; 🐾). Tout proche du bureau du parc, cet hostal compte 30 chambres dont la restauration est en cours. Plafonds aux poutres apparentes, meubles en bois ciré et sdb joliment carrelées devraient être prêts en 2005.

Albergue Campamento Juvenil El Bosque (☎ 956 71 62 12 ; Molino de Enmedio s/n ; petit déj compris, pour les moins de 26 ans 9,05-13,75 €/pers, plus de 26 ans 12,25-18,35 €/pers ; ⏰ fermé environ du 20 déc au 8 jan ; 🐾). D'une capacité de 131 pers, cette auberge de jeunesse modernisée occupe une zone boisée, à 800 m de l'Hotel Las Truchas. Les chambres, pouvant accueillir 2, 3 ou 4 pers, ont presque toutes une sdb privée. Trois d'entre elles sont adaptées aux handicapés.

Mesón El Tabanco (☎ 956 71 60 81 ; Calle Huelva 1 ; plat principal et menú 8-12 € ; ⏰ 9h ou 10h-1h30 lun-sam, 9h-19h dim, fermé 7-12 jan et 2nde moitié de juin). Dans le centre du village, on vient ici déguster d'excellents plats de viande dans une salle à manger à ciel ouvert ornée d'outils agricoles traditionnels. Le bar attenant propose de succulentes tapas.

Benamahoma
400 habitants / 450 m

La petite bourgade de Benamahoma, 4 km à l'est d'El Bosque sur l'A372 en direction de Grazalema, est réputée pour ses jardins maraîchers, ses élevages de truites et son industrie artisanale de sièges à fond canné de jonc. Le **Camping Los Linares** (☎ 956 71 62 75 ; www.campingloslinares.com en espagnol ; Camino del Nacimiento s/n ; adulte/tente/voiture 4/4/3,50 € ; bungalows pour 2-4 pers 28/50 € ; ⏰ tlj de mi-juin à mi-sept, 15h ven–12h dim et jrs fériés de mi-sept à mi-juin ; 🐾) se trouve au-dessus de la rivière Breña del

Agua, derrière le village. Les bungalows en bois, avec sdb et TV, se révèlent une bonne affaire pour 3ou 4 pers peu fortunées. Restaurant et piscine à disposition.

Grazalema
2 200 habitants / 825 m

Depuis Benamahoma, l'A372 serpente vers l'est en-dessous de la Sierra del Pinar et traverse le Puerto del Boyar (1 103 m) jusqu'à Grazalema. Par temps de brume, la route devient vite dangereuse.

Grazalema est un joli village pittoresque, surtout lorsqu'il est recouvert de neige. Il se niche au creux d'un beau paysage montagneux, au pied du Peñón Grande. Les rues pavées, étroites et pentues, sont bordées de maisons blanchies à la chaux ornées de grilles noires, aux fenêtres fleuries et aux solides portes cloutées fixées dans des portails de pierre sculptée. Depuis plusieurs siècles, l'artisanat local produit des couvertures et des tapis en pure laine.

RENSEIGNEMENTS
Au centre du village, la charmante Plaza de España abrite l'**office du tourisme** (☎ 956 13 22 25 ; ⏱ 10h-14h et 17h-19h mar-dim). La boutique à l'étage vend des articles en laine et autres produits de l'artisanat local (les couvertures et les tapis ne coûtent pas moins de 55 €). Sur la Plaza de España, deux banques disposent de DAB.

À VOIR ET À FAIRE
La Plaza de España est dominée par la jolie **Iglesia de la Aurora** du XVIIIᵉ siècle. Elle compte aussi deux sapins espagnols qui font la réputation de la région (voir l'encadré p. 200 pour des détails concernant ces magnifiques sapins).

Horizon (☎ /fax 956 13 23 63 ; www.horizonaventura.com ; Calle Corrales Terceros 29). Installée non loin de la Plaza de España, cette agence expérimentée dans le tourisme d'aventure organise diverses activités (escalade, saut à l'élastique, spéléologie, canyoning, randonnée pédestre et ornithologie), accompagnées de guides anglophones. Les prix s'échelonnent de 13 €/pers environ pour une demi-journée de marche jusqu'à plus de 30 €/pers pour des sorties de spéléologie ou de canyoning.

Al-hazán (☎ 956 13 22 96 ; www.al-hazan.net ; équitation 2/6 heures 35/90 €). Basé à quelque 4 km de la bourgade, Al-hazán propose toutes sortes de randonnées à cheval dont la durée peut aller de une heure à une semaine.

FÊTES ET FESTIVALS
Pendant plusieurs jours, à la mi-juillet, Grazalema célèbre les **Fiestas del Carmen**, qui sont l'occasion de multiples spectacles de musique et de danse. Les festivités se terminent un lundi par un lâcher de taureaux à travers les rues.

OÙ SE LOGER
Hotel Peñón Grande (☎ /fax 956 13 24 35 ; Plaza Pequeña 7 ; s/d 36/52 € ; 🅿). À côté de la Plaza de España, cet hôtel accueillant et confortable loue 17 spacieuses chambres d'un agréable style rustique, avec de solides meubles en bois ciré, des carreaux en terre-cuite et des murs bleus et jaunes.

Casa de las Piedras (☎ /fax 956 13 20 14 ; Calle Las Piedras 32 ; s/d 34/42,50 €, avec sdb commune 10/20 € ; plat principal 6-10 €). D'un bon rapport qualité/prix, ce sympathique *hostal* occupe une jolie maison ancienne à proximité de la Plaza de España, agrémentée de deux patios et d'un salon avec cheminée. Les chambres s'avèrent très ordinaires, mais propres et douillettes, avec chauffage en hiver. Le restaurant sert des repas roboratifs.

La Mejorana (☎ /fax 956 13 23 37 ; www.lamejorana.net en espagnol ; Calle Santa Clara 6 ; ch 54 € ; 🅿). Cette charmante maison de village ne compte que 5 chambres d'un ravissant style campagnard, avec de magnifiques têtes de lit en fer forgé, ainsi qu'un grand salon, une cuisine et un jardin verdoyant avec piscine. Petit déj sur commande.

Hotel Puerta de la Villa (☎ 956 13 23 76 ; www.grazalemahotel.com en espagnol ; Plaza Pequeña 8 ; s/d 102,95/128,70 € ; plat principal 10-16 € ; 🅿 🈳 🅿). Un hôtel haut de gamme qui loue de vastes et confortables chambres décorées avec goût, et dispose d'une salle de gym, d'un restaurant élégant et de boutiques d'artisanat. Les prix baissent considérablement hors saison (de mi-juillet à mi-septembre et de début décembre à début janvier), jusqu'à moins de 50% pour les offres promotionnelles.

Camping Tajo Rodillo (☎ 956 13 24 18 ; Carretera a El Bosque ; adulte/tente/voiture 4/4/3,50 €, bungalow pour 4 pers 65 € ; ⏱ tlj de mi-juin à mi-sept, 15h ven-12h dim et jrs fériés de mi-sept à mi-juin ; 🅿). Installé en haut du village, ce petit camping dispose d'un restaurant.

OÙ SE RESTAURER

Mesón El Simancón (☎ 956 13 24 21 ; Plaza Asomadero ; plat principal 5-12 €). À côté du parking principal, voilà l'un des meilleurs restaurants du cru, où goûter des spécialités locales bien préparées – jambon, bœuf, cailles, gibier, *revueltos* (œufs brouillés) dans une salle à manger décorée de têtes de cerfs empaillées.

Restaurante El Pinsapar (☎ 956 13 22 02 ; Calle Dr Mateos Gago 24 ; plat principal 6-11 €, menú 7-14 €). On vient ici, non loin de la Plaza de España, se régaler de savoureuses *carnes a la brasa* (viandes grillées).

La Calle Agua, qui sépare la Plaza de España du parking, compte encore une multitude de lieux où se restaurer :

Bar La Posadilla (☎ 956 13 20 43 ; Calle Agua 19 ; platos combinados 2-4 € ; ☽ fermé le jeu). Une cuisine excellente et bon marché.

Restaurant El Torreón (☎ 956 13 23 13 ; Calle Agua 44 ; plat principal 5-11 € ; ☽ fermé le mer).

Zahara de la Sierra

1 500 habitants / 550 m

Village le plus au nord du parc naturel, dominé par un château en ruines au sommet d'un rocher escarpé, Zahara de la Sierra est installé sur un site spectaculaire. Il donne l'impression d'être en dehors du monde, en particulier lorsque l'on vient de parcourir les 18 km depuis Grazalema dans un brouillard épais, en passant par le Puerto de los Palomas (le col des colombes, à 1 331 m, où l'on voit en fait plus de vautours que de colombes). Un vaste réservoir s'étire en dessous du village, vers le nord et l'est.

ORIENTATION ET RENSEIGNEMENTS

Le village se concentre autour de la Calle San Juan, flanquée d'une église à chaque extrémité. À un bout du village se trouve le **Punto de Información Zahara de la Sierra** (☎ /fax 956 12 31 14 ; Plaza del Rey 3 ; ☽ 9h-14h et 17h-19h lun-sam, 9h-14h dim) du parc naturel. Si vous venez en voiture, poursuivez la rue à sens unique sur 150 m : vous pourrez alors vous garer.

À VOIR ET À FAIRE

Les rues de Zahara invitent à la flânerie. Vous découvrirez de jolies vues, rehaussées de grands palmiers ou de bougainvillées rose-vif en été, et d'orangers en hiver. Pour accéder au **château** du XIIe siècle, prenez le chemin presque en face de l'entrée de l'Hotel Arco de la Villa, et grimpez

pendant 10-20 min. La prise du château par Abu al-Hasan de Granada au cours d'une audacieuse attaque nocturne, en 1481, déclencha la dernière phase de la reconquête chrétienne de l'Andalousie, qui se termina par la chute de Granada en 1492.

Installé à Algodonales, à 7 km au nord de Zahara, **Al-qutun** (☎ 956 13 78 82 ; www.al-qutun.com) propose canyoning, parapente, canoë, spéléologie, escalade ou randonnées.

OÙ SE LOGER ET SE RESTAURER

Hostal Marqués de Zahara (☎ /fax 956 12 30 61 ; www.marquesdezahara.com ; Calle San Juan 3 ; s/d 30/39,60 € ; plat principal 7-10 €). Cette demeure en plein centre du village loue 10 chambres confortables, quoique banales, avec chauffage en hiver. Elle possède un restaurant. Les chambres avec balcon coûtent quelques euros de plus.

Hotel Arco de la Villa (☎ 956 12 32 30 ; www.tugasa.com ; Paseo Nazarí s/n ; s/d 34,25/56,20 € ; Ⓟ ☒). Hôtel moderne et confortable, installé en haut d'une colline, l'Arco abrite 17 chambres avec téléphone et TV qui bénéficient de vues splendides.

Hostal Los Tadeos (☎ 956 12 30 86 ; Paseo de la Fuente s/n ; s/d/tr 25/39,50/50 € ; Ⓟ ☒). En direction de la piscine municipale, à l'extrémité sud-ouest du village, cet hôtel propose 11 belles chambres avec un joli sol carrelé et des meubles en bois.

Vous ne serez pas déçus en choisissant l'un des deux restaurants voisins de la Calle San Juan, qui dressent des tables à l'intérieur et en terrasse :

Restaurante Los Naranjos (☎ 956 12 33 14 ; plat principal 7-12 €).

Bar Nuevo (☎ 956 12 31 94 ; menú 8 €).

Benaocaz

700 habitants / 790 m

Au sud du parc, dans une région calcaire, le joli village de Benaocaz, situé sur l'A374 entre Ubrique et Grazalema, dispose de quelques hébergements à prix modérés et constitue le point de départ de plusieurs belles randonnées. La région est aussi propice à l'escalade.

Les sept salles du **Museo Histórico de Benaocaz** (☎ 956 12 55 00 ; Calle Jabonería 7 ; gratuit ; ☽ 11h30-13h30 et 18h-20h sam-dim) sont consacrées à l'histoire du canton, de l'âge de la pierre jusqu'au XXe siècle.

Hostal San Antón (☎ 956 12 55 77 ; Plaza de San Antón s/n ; s/d 18/36 €). À l'extrémité nord de Benaocaz, le San Antón loue cinq jolies chambres avec kitchenette et cheminée. Celles à l'étage bénéficient d'une terrasse bien fraîche. La même famille sympathique propose aussi deux appartements confortables pour six personnes, la Casa Noelia et la Casa Rebeca, au prix de 106 € chacun, dans une maison de style traditionnel.

Casa Olivia (☎ 956 12 55 98 ; Calle Lavadero s/n ; plat principal 5-10 € ; ◔ déj tlj, dîner ven et sam). À l'extrémité sud du village, on sert ici des spécialités locales de qualité, dans une salle à manger ornée de tableaux représentant des paysages de la région.

Depuis/vers le Parque Natural Sierra de Grazalema

Les horaires des bus sont variables. Du lundi au vendredi, Los Amarillos (☎ 902 21 03 17) dessert El Bosque 8 fois par jour depuis Jerez (5 €, 1 heure 30) et Arcos de la Frontera (2,35 €, 45 min), 5 fois depuis Cádiz (6,40 €, 2 heures). Le samedi et le dimanche, ces services ne sont assurés que par un ou deux bus. Sevilla (gare routière de Prado de San Sebastián) est reliée deux fois par jour (6,30 €, 1 heure 45) à El Bosque. La majorité de ces bus poursuivent d'El Bosque à Ubrique. Depuis El Bosque, des bus partent pour Grazalema (1,90 €, 30 min) via Benamahoma, à 6h45 et à 15h15 du lundi au vendredi, plus à 19h30 le vendredi. Les départs Grazalema–El Bosque ont lieu à 5h30 du lundi au vendredi, plus à 19h le vendredi.

Los Amarillos assure également deux liaisons par jour de Málaga à Ubrique via Ronda, Grazalema et Benaocaz. Grazalema se trouve à 35 min de Ronda (1,95 €) et à 2 heures 30-3 heures de Málaga (9,50 €). En sens inverse, les bus s'arrêtent à Benaocaz à 7h35 (8h35 le samedi, dimanche et jours fériés) et à 15h35, puis à Grazalema environ 25 min après.

Comes (à Ronda ☎ 95 287 19 92) assure deux liaisons dans les deux sens, du lundi au vendredi, entre Ronda et Zahara de la Sierra (3 €, 1 heure), via Algodonales. Les bus quittent Ronda à 7h et à 13h. Depuis Zahara, ils partent à 8h15 et à 14h. Pour aller de Zahara à Sevilla, Arcos, Jerez ou Cádiz, vous devez prendre une correspondance à Algodonales. Aucun bus ne relie Zahara et Grazalema.

COSTA DE LA LUZ

Les 90 km de côte qui s'étendent entre Cádiz et Tarifa peuvent s'avérer venteux et les eaux de l'Atlantique, légèrement plus fraîches que celles de la Méditerranée. Cependant, le rivage préservé, souvent sauvage, est parsemé de longues plages de sable blanc magnifiques et de quelques petites villes et villages. La région s'appelle Costa de la Luz – côte de la lumière – en raison de l'éblouissante réverbération du soleil sur le sable blanc. Les Andalous viennent ici par milliers en juillet et en août, apportant une joyeuse atmosphère de fiesta dans ces lieux habituellement paisibles. Mieux vaut à cette période réserver les chambres à l'avance.

Bien avant l'époque romaine, et jusqu'à l'apparition du tourisme au XXe siècle, la principale activité sur cette côte a été la pêche au thon. Aujourd'hui encore, des bancs de thons énormes, certains pesant 300 kg, sont capturés dans des filets longs de plusieurs kilomètres, lorsque les poissons quittent les eaux de l'Atlantique pour rejoindre leurs frayères en Méditerranée, puis à nouveau quand ils reviennent en juillet et en août. Barbate compte la plus grosse flottille de pêche au thon d'Espagne.

VEJER DE LA FRONTERA
13 000 habitants / 190 m

Perchée au sommet d'une colline rocheuse, cette ville blanche isolée au charme désuet surplombe l'A48, à 50 km au sud-est de Cádiz et à 10 km à l'intérieur des terres depuis El Palmar. Vejer voit actuellement affluer les étrangers. Boutiques chic et *hostales* dirigés par des étrangers sont en constante augmentation. Il existe aussi un artisanat local.

Orientation

Le quartier le plus ancien de la ville, où se dressent toujours une partie des fortifications, et dont les rues sinueuses et étroites rappellent clairement ses origines maures, s'étend sur les hauteurs. Juste en-dessous se trouve une petite Plazuela, plus ou moins le cœur de la ville, avec l'Hotel Convento de San Francisco. Les bus s'arrêtent dans l'Avenida Los Remedios, la route qui part de l'A48, à environ 500 m en contrebas de la Plazuela.

DÉTOUR : SANCTI PETRI ET MEDINA SIDONIA

Si vous descendez l'A48 en voiture, entre Cádiz et Vejer de la Frontera, et que vous avez une demi-journée devant vous, vous pouvez effectuer deux détours très différents, mais d'attrait équivalent, depuis le carrefour de Chiclana de la Frontera, où l'A48 croise l'A390, à 22 km au sud-est de Cádiz.

Sancti Petri

Partez vers l'ouest en direction de la côte depuis le carrefour de l'A48 et de l'A390 : la route contourne l'extrémité sud de Chiclana. Suivez les panneaux "Puerto Deportivo", qui mènent à Sancti Petri, petit village de pêcheurs à l'histoire passionnante, aujourd'hui abandonné mais toujours rempli de bateaux de pêche et même d'une marina. Il dispose d'un centre nautique et de sports marins et s'avère un site idéal pour la planche à voile. Vous pouvez louer l'équipement, ainsi que des catamarans et des kayaks sur la plage (Playa de Sancti Petri). Au large, l'Isla de Sancti Petri, possède un **château** en ruines, datant du XIXe siècle, au-dessous duquel se trouvent les vestiges d'un temple romain dédié à Hercules, consacré à l'origine au dieu phénicien Melkart. **Cruceros Sancti Petri** (☎ 617-378894 ; Playa de Sancti Petri ; excursion de 1 heure 9 €/pers) organise des visites quotidiennes de l'île entre le 1er juillet et le 15 septembre.

Medina Sidonia

Si vous empruntez l'A390 en direction de l'est, un trajet de 19 km vous conduira à l'intéressante cité de **Medina Sidonia**, en haut d'une colline, dont l'histoire agitée remonte aussi loin que la colonie phénicienne de Bulla Assido. Par la suite, elle tomba aux mains d'envahisseurs aussi divers que les Byzantins et les Normands. Quand les chrétiens reprirent la ville aux musulmans, en 1264, elle devint un objet de discorde entre la monarchie castillane et la puissante famille Guzmán (voir p. 188), changeant successivement de mains jusqu'en 1445, date à laquelle le roi Juan II la céda à Juan Alfonso Guzmán III. Ce dernier devint ainsi le Duque de Medina Sidonia, premier d'une longue et puissante lignée aristocratique (qui engendra le capitaine de l'infortunée Armada en 1588).

En arrivant, montez au sommet de la colline jusqu'à l'**office du tourisme** (☎ 956 41 24 04 ; Plaza de la Iglesia Mayor ; 🕙 10h-14h et 17h-18h mar-dim), très utile, puis allez découvrir les principaux monuments alentours – les vestiges d'un **château** des XIIe et XVe siècles ; l'**Iglesia de Santa María La Coronada** (édifiée au XVIe siècle quand la hiérarchie de la cathédrale de Cádiz se réfugia ici des assaillants anglais et portugais) ; et le **Conjunto Romano** (parties bien préservées d'une rue et d'égouts romains). Descendez vous sustenter sur la grande Plaza de España, où le **Restaurante Bar Cádiz** (plat principal 6-12 €) propose un grand choix de succulents plats andalous.

Renseignements

Bureau de poste (Calle Juan Bueno).

Office du tourisme (☎ 956 45 17 36 ; www.turismovejer.com ; Avenida Los Remedios ; 🕙 9h30-14h30 et 17h-20h lun-ven, 11h-14h30 et 17h30-20h30 sam-dim de mi-juin à sept, 9h30-14h30 et 16h-20h lun-sam, 11h-14h dim d'avr à mi–juin et d'oct à déc, 9h-14h30 lun-ven de déc à mars).

À voir et à faire

Les remparts de Vejer datent du XVe siècle. Quatre portes et deux tours sont toujours debout. Dans le quartier fortifié, l'**Iglesia del Divino Salvador** (☎ 956 45 00 56 ; 🕙 10h30-13h30 mar et jeu, 10h30-13h30 et 18h30-20h30 ven-lun et mer) présente un intérieur mudéjar côté autel, et gothique à l'autre extrémité. Quant au **château**

(🕙 10h-21h), en grande partie restauré, avec de splendides points de vue du haut de ses remparts, il abrite un petit musée où est conservée l'une des robes noires couvrant tout le corps (sauf les yeux), que portaient encore les femmes de Vejer il y a vingt ou trente ans. Ne manquez pas la jolie **Plaza de España**, agrémentée de palmiers et d'une belle fontaine aux carreaux de céramique de Sevilla (à 10 min à pied par la Calle Marqués de Tamarón qui monte depuis la Plazuela).

En face de l'arrêt de bus, **Discover Andalucía** (☎ 956 44 75 75 ; Avenida Los Remedios 45), loue des VTT (à partir de 12,50 €/j) de bonne qualité. Sa filiale, **Natural Sur** (☎ 956 45 14 19 ; www.naturalsur.com), organise des activités (de 16 à 36 €) pour une personne ou pour un petit groupe. Vous avez le choix entre trekking, kayak et vélo.

Fêtes et festivals

Dimanche de Pâques (mars/avril). Une Toro Embolao (course de taureaux) est organisée à 12h et à 16h.

Feria (10-24 août). On joue de la musique et on danse sur la Plaza de España, avec une soirée consacrée uniquement au flamenco.

Où se loger

Hotel Convento de San Francisco (☎ 956 45 10 01 ; www.tugasa.com ; Plazuela s/n ; s/d 48,50/68,50 € ; 🅿 🛇). Ce couvent du XVIIᵉ siècle restauré possède 25 chambres toutes simples mais pleines de charme. Le personnel se montre très efficace.

Hotel La Casa del Califa (☎ 956 44 77 30 ; www.vejer.com/califa ; Plaza de España 16 ; s petit déj compris 52-84 €, d petit déj compris 66-98 € ; 🛇). Ce petit établissement épatant, sur plusieurs étages, loue 19 chambres paisibles et confortables à la décoration mauresque (la ferronnerie provient de Marrakech et les tableaux de peintres d'Algérie, de Granada et du Maroc).

El Cobijo de Vejer (☎ 956 45 50 23 ; Calle San Filmo 7 ; www.elcobijo.com ; ch petit déj compris 62-78 € ; 🛇). Ici, dans la rue du marché, sept chambres et appartements (dont certains indépendants, avec terrasse et vues sur les toits de la ville en direction de la mer et au-delà, sur les montagnes du Maroc) entourent un joli patio carrelé doté d'une fontaine et de vignes. Petit déj sain et succulent.

Casablanca (☎ 956 44 75 69 ; www.andaluciacasablanca.com ; Calle Canalejas 8 ; ch 50 € ; 🕓 fermé 22 déc–15 jan). Adresse chaleureuse. Les quatre appartements indépendants sont répartis autour d'un patio traditionnel.

Hostal Buena Vista (☎ 956 45 09 69 ; Calle Machado 4 ; s/d 21/42 € ; 🅿). Cet hostal familial abrite des chambres spacieuses et impeccables, dont certaines avec vue sur la vieille ville.

Hostal La Janda (☎ 956 45 01 42 ; Calle Machado s/n ; s/d 20/40 € ; 🅿). Un établissement simple et accueillant en face du vieux quartier fortifié.

Où se restaurer et prendre un verre

Pour vous restaurer à Vejer, vous n'avez que l'embarras du choix.

El Jardín del Califa (☎ 956 44 77 30 ; Plaza de España 16 ; plat principal 7,80-17 €). Au pied de l'Hotel La Casa del Califa (voir ci-dessus) et se prolongeant dans le jardin, voici le restaurant le plus agréable de Vejer. La cuisine et le décor sont d'inspiration arabe : couscous, tagines et viandes grillées, sans oublier les sauces savoureuses. Prenez place dans le jardin et profitez de l'ambiance. Les tables au carrelage marocain dressées sous les grands arbres, le parfum du jasmin, et les murs aux briques anciennes créent une atmosphère particulière.

Restaurante Trafalgar (☎ 956 44 76 38 ; Plaza de España 31 ; plat principal 10-17 €). Tenu par les propriétaires du Casablanca, le Trafalgar se révèle un lieu raffiné, où savourer des spécialités de poisson et de fruits de mer.

La Bodeguita (☎ 956 45 15 82 ; Calle Marqués de Tamarón 9 ; tapas et montaditos 0,90-1 €). L'atmosphère de ce bar simple mais décoré avec goût s'avère agréable. On y vient pour le petit déj, d'excellents tapas et en-cas, ainsi que pour la musique. Il se situe juste avant l'Arco de la Segur, Calle Marqués de Tamarón.

Pastelería Galvin (Calle Altocano 1). Une formidable pâtisserie, réputée pour ses thés, ses cafés et ses gâteaux, à l'angle de la Plazuela.

Bar Joplin (Calle Marqués de Tamarón). Face à La Bodeguita, ce bar décontracté, qui porte bien son nom, se révèle parfait pour prendre un verre tard le week-end.

Depuis/vers Vejer de la Frontera

Vous trouverez tous les renseignements sur les bus au petit bureau de **Comes** (☎ 956 44 71 46 ; Plazuela). Des liaisons sont assurées depuis/vers Cádiz (4,10 €, 50 min) et Barbate (0,95 €, 10 min) jusqu'à 10 fois par jour. D'autres bus relient ces mêmes villes, ainsi que Tarifa (3,40 €, 50 min, environ 10/j), Algeciras (4,75 €, 1 heure 15, environ 10/j), La Línea de la Concepción (5,50 €, 1 heures 30-2 heures, 7/j), Málaga (13,80 €, 2 heures 45, 2/j) et Sevilla (10,80 €, 3 heures, 5/j) depuis l'arrêt de La Barca de Vejer, sur l'A48, au pied de la colline. Vejer se trouve à 4 km de là par la route (à 15 min de marche, en empruntant le raccourci, facile à trouver).

EL PALMAR

800 habitants

La bourgade assoupie d'El Palmar, à 10 km au sud-ouest de Vejer de la Frontera, possède une grande plage de sable blanc qui s'étend sur 4,8 km et se prête bien au bodysurfing et au surf (d'octobre à mai). Entourée de champs cultivés ou dévolus aux troupeaux de vaches, El Palmar s'anime durant la Semana Santa et en plein été.

La **Nickolas Surfing Co** (☎ 610-676323) loue des planches et des combinaisons isothermiques et propose des cours de surf (50 €, 1 heure 30-2 heures) pour 1ou 2 pers. Les professeurs savent s'y prendre avec les enfants. Téléphonez ou passez dans leur baraque sur la plage, en face d'El Chancla.

Camping El Palmar (☎ 956 23 21 61 ; 2 adultes, tente et voiture 39 € ; 🏊). Un terrain de camping bien aménagé, avec un supermarché, à 900 m de la plage en empruntant un petit sentier de terre.

Juste devant la plage, l'**Hostal Casa Francisco** (☎ 956 23 22 49 ; s/d peti déj compris 50/60 €, d avec vue sur la mer et petit déj compris 80 € ; menú 15 €), le meilleur des quelques *hostales* de la ville, possède un bon restaurant. Il reste ouvert presque toute l'année.

Installé dans une ancienne conserverie de thon, **El Chancla** (plat principal 8 €) est très fréquenté pour ses savoureux plats de viande et de poisson. Il ferme en février.

Deux bus assurent la liaison depuis/vers Cádiz, du lundi au vendredi (4,10 €, une heure).

LOS CAÑOS DE MECA
200 habitants

Ancienne destination hippie, Los Caños s'étire de manière un peu anarchique entre de magnifiques criques de sable au pied d'une colline de pins, à 7 km au sud-est d'El Palmar et 12 km à l'ouest de Barbate. L'endroit garde son aspect décontracté et un peu décalé, même en plein été. L'architecture informelle des environs constitue un mélange éclectique des styles marocain, andalou, surfeur et autres.

Renseignements
Le personnel efficace de l'office du tourisme (p. 210) fournit des renseignements sur toute la région.

À voir et à faire
En arrivant d'El Palmar ou de Vejer, on traverse le village de Zahora, à quelques kilomètres de Los Caños. À l'extrémité ouest de la ville, une petite route conduit à un phare qui se dresse sur le célèbre Cabo de Trafalgar. En 1805, c'est au large de ce cap que les forces navales espagnoles furent anéanties en quelques heures par la flotte

britannique commandée par l'amiral Nelson. Plusieurs plages splendides s'étirent de part et d'autre du Cabo de Trafalgar. À l'extrémité est de Los Caños, la rue principale, appelée Avenida Trafalgar dans sa plus grande portion, rejoint la route de Barbate. La grande plage se trouve juste en face. Les amateurs de naturisme se rendent de l'autre côté de la petite pointe rocheuse située à son extrémité est. À l'autre bout de la plage, on trouve de bonnes vagues pour surfer en hiver.

Entre Los Caños et Barbate, la côte est en grande partie composée de falaises atteignant parfois jusqu'à 100 m. La route qui les relie par l'intérieur des terres traverse une forêt de pins parasols. Ces falaises et cette forêt, ainsi que les terres marécageuses à l'est et au nord de Barbate, forment le **Parque Natural de la Breña y Marismas de Barbate**. Deux sentiers de randonnée partent de la route. L'un mène à la Playa de la Hierbabuena, à l'ouest de Barbate, l'autre à la Torre del Tajo, une tour du XVIᵉ siècle, au sommet d'une falaise. De cette route, on peut rejoindre une autre tour, la Torre de Meca (du XVIIIᵉ siècle), sur la colline située derrière Los Caños. Vous pouvez aussi monter jusque là depuis Los Caños.

L'Hostal Madreselva (ci-dessous) propose des activités telles que l'équitation, le surf ou le VTT.

Où se loger
Les tarifs indiqués ici correspondent à la haute saison et dépassent largement ceux des autres périodes de l'année.

Casas Karen (☎ 956 43 70 67 ; www.casaskaren. com ; Fuente del Madroño 6 ; ch 85-90 €, qua 102-159 €, cabañas traditionnelles pour 2 pers 480 €/sem ; 🅿). Ce domaine excentrique appartient à la chaleureuse et dynamique Karen Abrahams, installée ici depuis une vingtaine d'années. Son vaste terrain joliment planté de mimosas et de genêts comporte sept bâtiments différents, tous avec cuisine, sdb, salon, terrasse et hamac. On peut choisir entre la ferme aménagée et la traditionnelle cabane au toit de chaume (*choza*), construite à partir de matériaux de la région. Le décor est de style andalou-marocain. Possibilité de massage. On accède à ces logements par la route principale, à 500 m à l'est de la bifurcation pour Cabo de Trafalgar. Des carreaux de céramique dans un mur blanchi à la chaux indiquent "Apartamentos y Bungalows". Suivez sur 500 m la route qui part du panneau, puis tournez à droite et après 80 m vous verrez une clôture en bois : c'est là. Karen loue également un appartement en face de la plage (114 € pour 4 pers maximum).

Hostal Madreselva (☎ 956 43 72 55 ; www.madre selvahotel.com ; Avenida Trafalgar 102 ; s/d 62/74 € ; ste 145 € ; ⊙ 27 mars–30 sept ; ℗ 🏊). Le propriétaire du Hurricane Hotel, près de Tarifa, a remanié les lieux. Le personnel est sympathique, et certaines des 18 chambres disposent d'un petit jardin. Toutes, y compris un appartement récemment rénové, doté d'un grand patio, sont décorées avec goût. Vous pouvez pratiquer le VTT, l'équitation ou le surf.

Casa Meca (☎ 956 43 14 50, 639-613402 ; www. casameca.com ; Avenida Trafalgar s/n ; studio d 450 €/ sem, app à 2 ch 640 €/sem ; ℗). Une maison de charme entourée de jardins, à 100 m à l'est de la bifurcation pour le Cabo de Trafalgar. L'endroit, qui compte trois appartements pimpants, avec cuisine, sdb, salon, terrasse et belle vue, bénéficie de doubles vitrages et du chauffage central. Un bon choix donc, quelle que soit la période de l'année.

Hotel Fortuna (☎ 956 43 70 75 ; www.hotelfortuna. net ; Avenida Trafalgar 34 ; s/d 53/66 € ; ℗). À quelques mètres du carrefour de Barbate, cet hôtel loue des chambres avec terrasse et vue sur la mer, coffre-fort et TV satellite.

Hostal Mar de Frente (☎ 956 43 70 25 ; Avenida Trafalgar 3 ; s/d 45/80 €, ch avec terrasse 103,30 € ; ℗). De jeunes propriétaires dirigent cet hostal tout neuf, réparti sur plusieurs étages au bord de la falaise dominant l'extrémité est de la plage. Les chambres, lumineuses et confortables, disposent de la TV sat.

Hostal Alhambra (☎ /fax 956 43 72 16 ; Carretera Caños de Meca Km 9,5 ; ch 65-80 € ; ⊙ fermé 25 déc–14 jan ; ℗). En face du Camping Caños de Meca de Zahora, un endroit sympathique, décoré dans le style de l'Alhambra, qui offre un restaurant et d'agréables chambres avec un beau mobilier et de petites vérandas.

Trois terrains de camping de taille moyenne ouvrent d'avril à septembre, et savèrent assez fréquentés et bruyants en plein été :

Camping Faro de Trafalgar (☎ 956 43 70 17 ; 2 adultes, tente et voiture 20,60 €). À proximité de la plage, à 1,7 km à l'ouest du carrefour de la route de Barbate, dans le village de Los Caños.

Camping Camaleón (☎ 956 43 71 54 ; Avenida Trafalgar s/n ; 2 adultes, tente et voiture 13 €). Proche du centre-ville, à 1 km à l'ouest du carrefour de Barbate, ce terrain dispose d'emplacements ombragés.

Camping Caños de Meca (☎ 956 43 71 20 ; www. camping-canos-de-meca.com ; Carretera Caños de Meca, Km 10 ; 2 adultes, tente et voiture 18,35 €). Sur la route principale de Zahora.

Où se restaurer

Bar-Restaurante El Caña (Avenida Trafalgar s/n ; fruits de mer à partir de 8,50 €). Merveilleusement situé au sommet d'une petite falaise qui surplombe la plage, non loin du carrefour de Barbate, cet établissement n'ouvre qu'en haute saison.

El Pirata (Avenida Trafalgar s/n ; media-raciones de fruits de mer 5 €). Dominant la plage à quelques centaines de mètres à l'ouest d'El Caña, le Pirata s'avère idéal quand il fait beau. Les succulents *revueltos de gambas* (œufs brouillés aux crevettes) coûtent 6,60 €. On vient aussi y prendre un verre, les soirs de week-end, l'hiver.

Restaurante El Capi (Carretera Caños de Meca 276 ; media-raciones 7 €, plats de poisson 10-14 €). En hiver, quand les restaurants du village sont fermés, venez tester ici de bonnes tapas et de délicieux plats de poisson (dont un cake au poisson fait maison) près d'une cheminée. Dépendant de l'*hostal* du même nom, l'El Capi se trouve sur la route de Zahora.

Las Dunas (Carril El Faro ; tapas 1,80 €). Sur la route menant au Cabo de Trafalgar, cet agréable établissement ouvert toute l'année, incite à déguster des en-cas, des jus de fruits frais et prendre un petit déjeuner tardif. L'édifice en pierre est coiffé d'un toit de style *choza*.

La Pequeña Lulu (Avenida Trafalgar s/n ; crêpes, salades et raciones de fruits de mer 5-6 €). Cette crêperie, à l'extrémité est du village, donne à l'arrière sur le parc naturel, et reste ouverte jour et nuit tout au long de l'année.

Où sortir et prendre un verre

Quand la saison bat son plein, vous avez le choix entre **Los Castillejos**, assez décontracté, à l'extrémité est du village, le **Café-Bar Ketama** qui fait face au El Pirata, et quelques bars plus animés, avec de la musique, sur la route menant au Cabo de Trafalgar, notamment **Las Dunas** (ci-dessus), ouvert très tard et qui dispose d'un billard anglais. **La Pequeña Lulu** (ci-dessus) accueille souvent des musiciens.

Depuis/vers Los Caños de Meca

Du lundi au vendredi, des bus desservent Barbate (0,80 €, 15 min) trois fois par jour dans les deux sens, et Cádiz (4,50 €, 1 heure 15) deux fois par jour. Il existe d'autres liaisons avec Sevilla et Cádiz de la mi-juin à début septembre.

BARBATE
20 000 habitants

Ville de pêche et de conserveries assez morne, avec une longue plage de sable et un grand port, Barbate devient un lieu de villégiature très animé en été. Vous devrez peut-être y faire étape si vous voyagez en bus. Il se peut aussi que vous souhaitiez avoir un aperçu de la vie ordinaire des Espagnols plutôt que l'image renvoyée par les stations balnéaires de la côte.

Renseignements

L'**office du tourisme** (☎ 956 43 39 62 ; Calle Vázquez Mella s/n ; ⏱ 8h-15h et 16h30-19h30 lun-ven, 10h-14h sam) est le seul de la région Los Caños–Barbate–Zahara de los Atunes. En venant de la gare routière par l'Avenida del Generalísimo en direction de la plage, tournez à gauche à mi-chemin, dans la Calle Agustín Varo, et suivez-la jusqu'à la Calle Vázquez Mella. L'office du tourisme se trouve quelques mètres plus loin, au sud. En juillet et août, un kiosque d'informations ouvre à côté de la plage, à l'extrémité de l'Avenida del Generalísimo. Les banques se trouvent sur l'Avenida del Generalísimo.

Où se loger

Hotel Chili (☎ 956 45 40 33 ; www.madreselvahotel. com ; angle de la Calle Real 1 et de l'Avenida José Antonio ; s/d petit déj compris à partir de 69/80 € ; **P** 🗙). Ici, les influences autrichiennes et cubaines se mêlent à des touches marocaines et asiatiques. Le piano du restaurant (voir plus bas) est certainement inspiré de l'Autriche, mais que penser de la Harley Davidson installée dans le bar ? Les chambres, simples, sont décorées de couleurs douces. L'établissement se trouve sur l'Avenida José Antonio, à près de 1 km du rond-point proche de la gare routière.

Hotel Galia (☎ 956 43 33 76 ; fax 956 43 04 82 ; Calle Doctor Valencia 5 ; s/d 35/50 € ; **P** 🗙). Un hôtel accueillant qui loue d'excellentes chambres, à quelques rues de la gare routière en direction de la mer.

Hotel Nuro (☎ 956 43 48 84 ; Avenida José Antonio s/n ; d 30-54 € ; **P** 🗙). À 100 m de l'intersection de l'Avenida José Antonio et de l'Avenida del Generalísimo, ainsi que de la gare routière, voici des chambres simples et confortables, avec TV. L'une est adaptée aux fauteuils roulants.

Où se restaurer

L'excellent marché se tient sur l'Avenida de Andalucía. Quantité de restaurants de fruits de mer du Paseo Marítimo proposent des spécialités locales.

Café-Bar Estrella Polar (Avenida del Generalísimo 106 ; salades 3,60 €, plat principal 7,80-8,40 €). À l'écart de la plage, ce café-bar sert de copieuses portions à prix doux. Essayez l'espadon ou un plateau de poissons frits.

El Campero (☎ 956 43 23 00 ; Avenida de la Constitución 5C ; entrées 7,20-11,50 €, plats de poisson 15,50-16,50 €). En longeant l'Estrella Polar, rendez-vous à El Campero, spécialisé dans les poissons, pour faire quelques folies. Goûtez la *urta a la roteña* (dorade cuite dans du vin blanc avec des tomates, des poivrons et du thym) ou à l'*atún a la plancha* (thon frais grillé). Sans oublier le succulent *atún encebollado* (ragoût de thon aux oignons et aux tomates), savoureuse spécialité régionale.

El Chile (☎ 956 45 40 33 ; angle Calle Real 1 et Avenida José Antonio ; plat principal 13 €). Le restaurant de l'Hotel Chili propose un menu avec poisson et fruits de mer. Un pianiste s'y produit le vendredi soir et le dimanche midi.

Depuis/vers Barbate

La **gare routière Comes** (☎ 956 43 05 94 ; Avenida del Generalísimo) se situe à plus de 1 km de la plage, à l'extrémité nord de la longue rue principale. Des bus assurent la liaison depuis/vers La Barca de Vejer (à 4 km de Vejer de la Frontera ; voir p. 207) et Cádiz (4,75 €, une heure, jusqu'à 14/j), Vejer de la Frontera (0,95 €, 10 min, jusqu'à 10/j), Tarifa (3,60 €, 50 min, 1/j) et Algeciras (5,20 €, 1 heure 20, 1/j). Du lundi au vendredi, 5 bus (2 sam-dim) desservent Zahara de los Atunes (0,80 €, 15 min) dans les deux sens.

ZAHARA DE LOS ATUNES
1 000 habitants

Excepté une vaste plage de sable de 12 km, donnant vers l'ouest, Zahara est un village posé au milieu de nulle part. En son centre se dressent les murs en ruine de l'ancienne **Almadraba**, qui fut autrefois un dépôt et un refuge pour les pêcheurs de thon locaux. Dans *La Ilustre Fregona*, Miguel de Cervantes a écrit que personne ne méritait le nom de *pícaro* (canaille), à moins d'avoir passé deux saisons à pêcher le thon à Zahara. Les *pícaros* devaient néanmoins exceller dans leur métier, puisque les registres ne mentionnent pas moins de 140 000 thons rapportés à l'Almadraba en 1541. L'industrie du thon a aujourd'hui disparu, mais le village a trouvé un second souffle en devenant une station balnéaire de plus en plus fréquentée, pour ne pas dire à la mode. Avec ses rues étroites à l'ancienne, c'est, de fait un endroit merveilleux pour profiter du soleil, de la mer et du vent – et de la vie nocturne en été.

Renseignements

Un **kiosque d'informations** (☎ 956 44 95 25 ; 12h-18h lun-ven, 12h-17h du sam de la Semana Santa à mi-sept) se tient sur le sable près de l'Almadraba. Unicaja et Caja Rural, dans la Calle María Luisa, en face de la Plaza de Tamarón, disposent de DAB.

Où se loger

Hotel Gran Sol (☎ 956 43 93 09 ; www.gransolhotel.com ; Avenida de la Playa s/n ; s/d petit déj compris 101/110 €, d avec vue sur la mer petit déj compris 121 € ; P ✂ ☎). Le Gran Sol occupe le meilleur emplacement devant la mer, donnant directement sur la plage et faisant face, à l'arrière, aux murs de l'ancienne Almadraba. En plus de chambres confortables et spacieuses, avec tous les équipements nécessaires, il dispose de deux salles à manger – le restaurant (voir ci-dessous), presque sur le sable, offre une vue splendide sur la mer.

Hotel Doña Lola (☎ 956 43 90 09 ; Plaza Thompson 1 ; s/d 90/115 € ; P ✂ ☎). Près de l'entrée du village, à 2 min à peine de la plage, cet établissement moderne au milieu de vastes terrains magnifiques, loue des chambres attrayantes décorées à l'ancienne.

Hotel Nicolás (☎ 956 43 92 74 ; www.hotel-nicolas.tuweb.net en espagnol ; Calle María Luisa 13 ; s/d 39,10/51,10 €, demi-pension 51/80,10 € ; P ✂). Un sympathique hôtel qui ne compte que 11 chambres simples mais plaisantes, avec TV, sdb et chauffage, ainsi qu'un restaurant (voir ci-dessous). La demi-pension (lit, petit déj et déj ou dîner) est obligatoire en haute saison.

Hostal Monte Mar (☎ 956 43 90 47 ; Calle Bullón 17 ; s/d 25/48 € ; P). Cet hostal fréquenté par les plaisanciers, installé juste sur le sable, à l'extrémité nord du village, n'est pas le plus confortable, mais le plus susceptible d'avoir une chambre libre, quand tous les autres affichent complet, en juillet et en août.

Camping Bahía de la Plata (☎ 956 43 90 40 ; Avenida de las Palmeras ; 2 adultes, tente et voiture 16,35 €, qua bungalow 84,15 €). Un bon terrain boisé en face de la plage, à l'extrémité sud de Zahara.

Où se restaurer

La plupart des restaurants, rassemblés sur la Plaza de Tamarón, derrière l'Hotel Doña Lola, ont des cartes similaires, proposant du poisson, des fruits de mer, des salades, de la viande et parfois des pizzas.

Patio la Plazoleta (Plaza de Tamarón ; poisson 9 €, pizzas 10 €). Cet endroit en plein air qui entoure un ancien bâteau de pêche propose un *pez limón a la plancha* (thon grillé aux légumes et au citron) ou des pizzas.

Café-Bar Casa Juanita (Calle Sagasta). À l'écart de l'artère principale, dans une petite rue piétonne faisant face à la Plaza de Tamarón, voilà un bon établissement où goûter un vaste assortiment de tapas, souvent à base de poisson. Recommandé aussi pour le petit déjeuner.

Deux hôtels (voir ci-dessus) disposent de restaurants :

Hotel Nicolás (Calle María Luisa 13 ; plat principal 6,50-11 €). Régalez-vous ici de tapas, d'entrées, de *raciones* (grandes portions de tapas) et de repas complets, où figurent poissons et fruits de mer. Dégustez le poisson rôti en croûte de sel (11 €) ou un cocktail de fruits de mer (7,50 €).

Hotel Gran Sol (Avenida de la Playa s/n ; paella pour 2 : 25 €). Du restaurant en terrasse, sur le sable, contemplez la mer ou l'ancienne Almadraba, tout en dégustant une paella entre amis. Vous pouvez aussi choisir du poisson frit à la manière de Cádiz (12 €).

Où sortir et prendre un verre

En juillet et en août, une succession de auvents et de cabanes de fortune, installés le long de la plage au sud de l'Almadraba, font office de bars, de discothèques et de *teterías* (salons de thé de type arabe). L'animation commence aux alentours de minuit. Certains proposent du flamenco.

Chiringuito La Gata (Playa Zahara de los Atunes). Mêlez-vous aux artistes et aux musiciens espagnols en vacances à Zahara. L'emplacement devant la plage rend ce lieu idéal pour admirer le coucher de soleil, puis écouter de la musique live. Vous pouvez prendre des repas dans la journée.

Depuis/vers Zahara de los Atunes
Comes assure 5 liaisons quotidiennes depuis/vers Barbate (0,80 €, 15 min), 4 depuis/vers Cádiz (6,15 €, 2 heures) *via* Barbate, ainsi qu'une du lundi au vendredi depuis/vers Tarifa (2,85 €, 45 min). Les bus sont plus nombreux de mi-juin à septembre.

BOLONIA
125 habitants
Ce minuscule village, sur la côte à 10 km de Zahara et à 20 km au nord-ouest de Tarifa, offre une belle plage de sable blanc propice à la planche à voile, quelques restaurants et petits *hostales*. S'y trouvent également les ruines de la cité romaine de **Baelo Claudia** (☎ 956 68 85 30 ; non-ressortissant de l'UE 1,50 €, gratuit pour les ressortissants de l'UE ; 10h-19h mar-sam mars-mai et oct, 10h-20h mar-sam juin-sept, 10h-18h mar-sam nov-fév, 10h-14h dim toute l'année). Là, vous découvrirez les vestiges importants d'un théâtre, d'un forum pavé entouré de parties de temples ou d'autres édifices, ainsi que des ateliers où se fabriquait ce qui rendit Baelo Claudia célèbre dans tout le monde romain : le poisson salé et la pâte *garum* (une sauce épicée à base de poisson). La cité prospéra sous Claudius, de 41 à 54, puis connut un déclin économique à la suite d'un tremblement de terre survenu au IIe siècle.

À l'ouest des ruines s'étend une **dune** imposante que vous pouvez escalader. Le rocher de grès de **San Bartolo** (ou San Bartolomé), qui se dresse à l'est de Bolonia, attire les amateurs d'escalade. `

Bolonia montre quelques signes de prospérité : pavement d'une partie de la rue principale, installation de lampadaires, plantation de palmiers.

Où se loger
Les établissements répertoriés ici restent ouverts toute l'année. Il en existe quatre autres qui ferment en basse saison.

Hostal Lola (☎ 956 68 85 36 ; www.hostallola.com ; El Lentiscal 26 ; ch avec sdb commune/privée 40/50 € ; P). Cet hostal s'améliore chaque année.

Des lavabos design ont été installés dans la sdb commune et vous verrez une multitude de tableaux plaisants. Huit chambres se partagent les trois sdb. À la disposition des hôtes : un charmant jardin couvert de fleurs et une petite terrasse d'inspiration marocaine. Les 16 chambres sont simples, mais attrayantes. Suivez les panneaux apposés sur les planches de surf géantes avant et après l'Hostal Miramar.

Hostal Bellavista (☎ 956 68 85 53 ; s/d 40/45 € ; P). En plein centre du village, le Bellavista dispose d'appartements et de chambres, dont certaines avec terrasse donnant sur la mer.

La Hormiga Voladora (☎ 956 68 85 62 ; El Lentiscal 15-16 ; ch 48 €, avec terrasse 60 € ; P). Un nouvel établissement installé en bord de mer.

Hostal Miramar (☎ 956 68 42 04 ; ch 42 €, qua à 2 ch 73 € ; P). Les sympathiques gérants sont originaires de Tarifa. L'endroit, sans chichi mais acceptable, bénéficie de belles vues.

Où se restaurer
En été, trois ou quatre restaurants en plein air sont installés sur la plage, à l'extrémité est du village, dont le **Chiringuito Los Troncos** (plat principal pour environ 10 € ; ☼ avr-oct), prisé pour ses légumes frais, son poisson, ses fruits de mer et ses viandes. Dans le village même, dans l'artère principale, allez vous régaler de fruits de mer au **Restaurante Marisma** (plat principal 4,50-11 € ; ☼ tlj de la Semana Santa à oct, le week-end toute l'année), qui installe les tables dehors, ou optez pour le **Bar Restaurante Las Rejas** (salade 4 €, paella 8 €/pers ; ☼ toute l'année), très fréquenté et un peu plus raffiné. Les serveurs se feront un plaisir de vous détailler les suggestions du jour.

Depuis/vers Bolonia
La seule route qui mène à Bolonia bifurque à l'ouest de la N340, à 15 km de Tarifa. En juillet et en août, un bus relie généralement Tarifa et Bolonia (pour plus d'informations, reportez-vous à la p. 221). Si vous n'êtes pas motorisé, vous devrez parcourir 7 km à pied à travers les collines depuis la route principale. Vous pouvez aussi marcher 8 km en longeant la côte à partir d'Ensenada de Valdevaqueros *via* Punta Paloma.

TARIFA
16 500 habitants
Même au plus fort de la saison, Tarifa reste une ville attrayante et décontractée. Ceci

LE PARADIS DES SURFEURS

Comment mieux commencer sa journée qu'en enfilant une combinaison et en saisissant sa planche à voile pour descendre les vagues et s'ébattre dans l'océan ? Nul besoin de thérapies alternatives. L'âge ne constitue pas vraiment une barrière, bien que ce sport soit surtout pratiqué par des êtres jeunes et beaux. Et puis, il y a l'après-surf…

La côte atlantique de la province de Cádiz offre à l'Espagne, et selon certains, à l'Europe, les meilleures conditions pour pratiquer planche à voile et kitesurfing. Ces activités se concentrent surtout autour de Tarifa, qui abrite une population internationale et décontractée, mais il existe aussi d'autres endroits.

Planche à voile

Les lieux les plus fréquentés se situent sur la côte entre Tarifa et Punta Paloma, à 10 km au nord-ouest. Les meilleurs sites dépendent du vent et des vagues. El Porro, l'un des spots les plus réputés, sur la baie d'Ensenada de Valdevaqueros, offre des facilités de parking ainsi que de l'espace pour s'installer. D'autres points de départ appréciés sont le Río Jara, à 3 km au nord-ouest de Tarifa, ainsi que devant les hôtels Arte-Vida, Hurricane et Valdevaqueros (situés sur la N340 en-dehors de la ville ; voir p. 217-218).

Ici, le slalom est la forme la plus courante de sailboarding, mais les planchistes sont heureux quand souffle le *poniente* (vent d'ouest venant de l'Atlantique), notamment au printemps et en automne, et pendant la pleine lune. Les vagues les mieux adaptées au wave-riding se trouvent plus haut sur la côte, à Los Caños de Meca (p. 208), bien que les vents y soient moins fiables.

Vous pouvez acheter du matériel d'occasion à Tarifa dans les boutiques spécialisées bordant la Calle Batalla del Salado. Pour louer une planche ou prendre des cours, rendez-vous dans des agences, dont le **Club Mistral** (au Hurricane Hotel ☎ 956 68 49 19, à l'Hotel Valdevaqueros ☎ 956 23 67 05) ou **Spin Out** (☎ 956 23 63 52), qui se situe sur la plage devant le Camping Torre de la Peña II, près d'El Porro. Chez Spin Out, la location de planche, voile et combinaison coûte 34/66 € par heure/jour, et un cours de 6 heures pour débutants revient à 150 €.

Des compétitions ont lieu toute l'année, dont une compétition internationale organisée à Pâques par la PWA (Professional Windsurfing Association : association professionnelle de planche à voile).

Plus loin sur la côte, Sancti Petri (p. 206) et El Puerto de Santa María (p. 182) bénéficient aussi de vents favorables. Sancti Petri offre le choix entre l'embouchure de la rivière, la mer et une lagune.

Kitesurfing

Cette activité enivrante a pris d'assaut le littoral de Tarifa mais, lorsque le vent se lève pour de bon, les planches à voile reprennent leurs droits. Les prestataires qui louent du matériel de planche à voile proposent aussi l'équipement pour le kitesurfing. Il est indispensable que les débutants prennent des cours : Spin Out demande 69 € pour une initiation de 2 heures au kitesurfing, 207 € pour 3 sessions de 2 heures. Tarifa a accueilli des compétitions internationales de kitesurfing.

Surf

Tarifa permet de pratiquer le boardriding mais est plus adaptée au bodyboard. Entre octobre et mai, vous pouvez surfer à Los Caños de Meca (p. 208) ou, mieux encore, à El Palmar (p. 207).

Pour des informations générales concernant ces sports, reportez-vous à la p. 64.

peut toutefois changer, avec l'apparition de boutiques aux vitrines luxueuses et le développement constant de la cité. Relativement peu connue il y a une vingtaine d'années, elle est devenue l'un des hauts lieux des amateurs de planche à voile et, plus récemment, des kitesurfeurs. D'où sa transformation en une station balnéaire chic et internationale, dotée d'une multitude de restaurants, de bars et d'hôtels. Les plages de sable blanc offrent d'excellentes vagues, et l'arrière-pays est verdoyant, avec un hiver humide et plutôt frisquet. Promenez-vous dans la vieille ville, aux ravissantes rues étroites, aux maisons blanchies à la chaux et aux balcons en fer forgé abondamment fleuris. Le château de Tarifa se révèle aussi très intéressant.

Grâce à sa beauté naturelle et à sa population hétérogène, Tarifa connaît une vie artistique très riche.

Le seul point négatif – mais pas pour les surfeurs, ni pour les centaines d'éoliennes sur les collines à l'intérieur des terres – est le vent, auquel Tarifa doit cependant sa nouvelle prospérité. Pendant la majeure partie de l'année, le *levante* (vent de l'est) ou le *poniente* (de l'ouest) souffle : impossible de s'asseoir tranquillement sur la plage. Pourtant, les célèbres vents de Tarifa se sont adoucis au fil des dernières années. Les éoliennes ont été financées en grande partie par l'Union européenne, afin de fournir de l'énergie au réseau national espagnol.

Histoire

Sans doute aussi ancienne que la cité phénicienne de Cádiz, Tarifa fut en tout cas un village romain, mais doit son nom à Tarif ibn Malik, qui conduisit une attaque maure en 710, un an avant la grande invasion islamique de la péninsule. Les Maures érigèrent la forteresse au Xe siècle pour se protéger des assaillants scandinaves et africains. À cette époque, les pirates de la région soutiraient apparemment une taxe aux bateaux qui empruntaient le détroit de Gibraltar, pour passer en toute sécurité de l'Atlantique à la Méditerranée : ce serait peut-être également l'origine du mot *tarifa*, qui signifie tarif. Les chrétiens prirent Tarifa en 1292, mais la paix ne fut vraiment rétablie que lorsqu'ils s'emparèrent d'Algeciras en 1344. Par la suite, Tarifa participa activement à la colonisation des Amériques et une grande partie de sa population émigra au Pérou au cours des XVIe et XVIIe siècles.

Orientation

Depuis la N340, deux routes mènent à Tarifa. La première arrive du nord-ouest, devient la Calle Batalla del Salado et aboutit dans l'Avenida de Andalucía (orientée est-ouest), d'où la Puerta de Jerez conduit, à travers les fortifications, dans la vieille ville. La seconde arrive de l'est et devient la Calle Amador de los Ríos, qui croise également l'Avenida de Andalucía au niveau de la Puerta de Jerez.

La rue principale de la vieille ville est la Calle Sancho IV El Bravo, à l'extrémité est de laquelle apparaît l'Iglesia de San Mateo.

Au sud-ouest de la ville se dresse la **Isla de las Palomas**, un promontoire occupé par les militaires, qui est sur le point le plus méridional de l'Europe continentale, tandis que le détroit de Gibraltar s'étend au sud et à l'est, et l'océan Atlantique, à l'ouest. Le continent africain n'est qu'à 14 km.

Renseignements

Les banques et les DAB se concentrent sur la Calle Sancho IV El Bravo et la Calle Batalla del Salado, la principale artère commerçante. Les visiteurs trouveront des renseignements utiles sur les sites www.tarifainfo.com et www.tarifa.net.

Al Sur (Calle Batalla del Salado). Presse internationale et un vaste choix de magazines de surf. En face de la Puerta de Jerez.

Centro de Salud (Centre de soins ; ☎ 956 68 15 15/35 ; Calle Amador de los Ríos).

Lavandería Acuario (Calle Colón 14 ; lavage 4 €/4 kg, lavage, séchage, pliage 7-8 €/4 kg ; ✆ 10h15-13h30 et 19h30-21h lun-ven).

Pandora's Papelería (Calle Sancho IV El Bravo ; Internet 3 €/h ; ✆ 10h-14h et 17h-21h).

Planet (Calle Santísima Trinidad ; Internet 0,75 €/15 min ; ✆ 10h30-14h30 et 17h30-22h lun-sam, 17h30-22h dim).

Policía Local (Police locale ; ☎ 956 61 41 86 ; Plaza de Santa María).

Bureau de poste (☎ 956 68 42 37 ; Calle Coronel Moscardó 9).

Office du tourisme (☎ 956 68 09 93 ; www.tarifaweb. com en espagnol ; ✆ 9h-15h). Près de l'extrémité supérieure du Paseo de la Alameda, bordé de palmiers.

À voir et à faire

Pour découvrir Tarifa, le mieux est de se promener dans les rues tortueuses de la vieille ville jusqu'aux fortifications du château, et de faire une halte sur le port animé et les plages.

La **Puerta de Jerez**, de style mudéjar, a été érigée après la Reconquista. Ne manquez pas le **marché** (Calle Colón) néo-mudéjar, avant de vous diriger vers le cœur de la vieille ville et l'**Iglesia de San Mateo** du XVe siècle. Les rues au sud de l'église ont peu changé depuis l'époque musulmane. Montez les marches au bout de la Calle Coronel Moscardó, puis tournez à gauche dans la Calle Aljaranda pour rejoindre le **Mirador El Estrecho**, qui domine une partie des fortifications du château et d'où la vue, grandiose, s'étend jusqu'à l'Afrique.

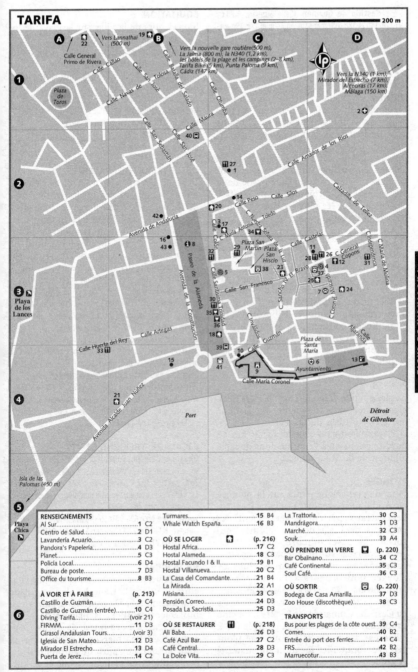

TARIFA

0 — 200 m

Vers Lannathai (500 m)

Calle General Primo de Rivera

Plaza de Toros

Vers la nouvelle gare routière(500 m), La Jaïma (800 m), la N340 (1,2 km), les hôtels de la plage et les campings (2–8 km), Tarifa Bike (5 km), Punta Paloma (9 km), Cádiz (147 km)

Vers la N340 (1 km), Mirador del Estrecho (7 km), Algeciras (17 km), Málaga (150 km)

Calle Callao

Calle San Tolosa

Calle Batalla del Salado

Calle Navas del Tolosa

Calle Olmos

Calle San José

Calle San Sebastián

Calle Maura

Calle Amador de los Ríos

Zahadilla de Téliz

Avenida de Andalucía

Calle Peso

Calle Silos

Calle Antonia Toledo

Calle Nuestra Señora de la Luz

Calle Castelar

C General Copons

C María de Molina

Chilladismos

Paseo de la Alameda

Plaza San Martín

Plaza San Hiscio

Avenida de la Constitución

Calle Santo Domingo

Calle Sancho IV El Bravo

Calle San Francisco

Calle Colón

Calle Trinidad

Calle Artegas

Calle Huerta del Rey

Playa de los Lances

Paseo Pulido

Calle Guzmán

Calle Aljaranda

Plaza de Santa María

Ayuntamiento

Calle María Coronel

Avenida Alcalde Juan Núñez

Port

Détroit de Gibraltar

Isla de las Palomas (450 m)

Playa Chica

PROVINCIA DE CÁDIZ

Le **Castillo de Guzmán** (Calle Guzmán ; 1,80 € ; ☾ 11h-14h et 18h-20h mar-sam, après-midi 17h-19h avr-juin, 16h-18h oct-mars) se dresse à l'ouest, mais on y accède de l'autre côté, par la Calle Guzmán. Les billets s'achètent à la papeterie en face de l'entrée du château. Celui-ci doit son nom au héros de la Reconquista, Guzmán El Bueno. Lorsque, en 1294 les Mérénides du Maroc menacèrent de tuer le fils qu'ils lui avaient enlevé, à moins qu'il ne leur cède la forteresse, Guzmán jeta son poignard, acceptant la mort de son fils. Les descendants de Guzmán, les Duques de Medina Sidonia, gouvernèrent pendant longtemps la majeure partie de la province de Cádiz comme leur propre fief, et demeurèrent les plus gros propriétaires terriens d'Espagne jusque très avant dans le XXᵉ siècle.

L'imposante forteresse fut bâtie à l'origine en 960, sur ordre du calife de Córdoba, Abd ar-Rahman III. Vous pourrez vous promener le long des parapets et monter sur la Torre de Guzmán El Bueno du XIIIᵉ siècle, d'où l'on jouit d'une vue panoramique. À l'intérieur, un petit musée contient des statues et des bustes de Guzmán El Bueno, ainsi que des photos et des souvenirs du passé de la ville et du château.

PLAGES

La plage la plus fréquentée est la **Playa Chica**, bien abritée mais très petite, sur l'isthme qui mène à l'Isla de las Palomas. De là, la **Playa de los Lances** s'étend sur 10 km au nord-ouest, jusqu'à l'énorme dune de sable d'Ensenada de Valdevaqueros.

PLONGÉE

Pour des renseignements sur la plongée en Andalousie, reportez-vous à la p. 64. Les bateaux partent généralement des environs de l'Isla de las Palomas, qui abrite une base militaire. Entre autres, vous pourrez admirer épaves, coraux, dauphins, pieuvres. Quelques clubs de plongée sont installés à Tarifa – essayez **Tarifa Diving** (☎ 639-186070 ; www.tarifadiving. com en espagnol ; Calle Alcalde Juan Núñez 8), basé à La Casa del Comandante (p. 217). Ce club propose des initiations à la plongée (75 €, 3 heures). Comptez 60 € pour une plongée avec bouteille, location du matériel et guide.

ÉQUITATION

Situées hors de la ville, sur la Playa de los Lances, deux écuries louent des chevaux et les services d'excellents guides. Une heure de promenade sur la plage coûte 25 €. Les randonnées de 4-5 heures, qui combinent des itinéraires sur la plage et dans l'arrière-pays, se montent à 60-80 €.

Aventura Ecuestre (☎ 956 23 66 32). À l'Hotel Dos Mares (p. 218), à environ 4,5 km de Tarifa.

Club Hípica (☎ 956 68 90 92) À l'Hurricane Hotel (p. 217), à 6 km de Tarifa.

OBSERVATION DES BALEINES

Vous ne serez pas déçu ! Trois sociétés au moins organisent des sorties en mer avec des biologistes, d'une durée de 2-3 heures, pour repérer et observer les dauphins et les baleines (adulte/enfant de moins de 14 ans 27/18 €). À moins de monter à bord du *Turmares*, attendez-vous à être trempé sur les autres bateaux si la mer est mauvaise.

FIRMM (Fondation pour l'information et la recherche sur les animaux marins ; ☎ 956 62 70 08, 619-459441 ; www.firmm.org ; Calle Pedro Cortés 4). Proche du Café Central. Chaque excursion sert à enregistrer des données.

Turmares (☎ 956 68 07 41, 696-448349 ; www.turmares.com ; Avenida Alcalde Juan Núñez 3 ; observation des dauphins et des baleines, adulte/enfant de moins de 14 ans 25/15 €, observation d'épaulards 40/20 €). Possède le plus grand bateau (avec un fond en verre).

Whale Watch España (☎ 956 68 22 47, 639-476544 ; www.whalewatchtarifa.com en espagnol ; Avenida de la Constitución 6). Point de rendez-vous au Café Continental, sur le Paseo de la Alameda.

ESCALADE, TREKKING ET VTT

Girasol Andalusian Tours (☎ 615-456506 ; www.gira-sol -adventure.com ; Calle Colón 12 ; escalade et orientation 28 €, trekking 40 €/6 heures, excursions en vélo 20-40 €). Escalade et orientation, cours de tous niveaux et escalades à San Bartolo, près de Bolonia.

Tarifa Bike (☎ 696-973656 ; Apartamentos Las Flores, Carretera N340 Km 77,1 ; location 2 heures/j 8/16 €). Location de VTT de qualité et visites guidées.

Où se loger

Vous pourrez séjourner dans la vieille ville, ainsi que dans la Calle Batalla del Salado et les alentours. De nombreux autres établissements bordent la plage et la N340, sur 10 km au nord-ouest de Tarifa, mais aucun n'est bon marché. Les chambres se font rares en été, ainsi qu'au moment des compétitions de planche à voile et de kitesurfing. Mieux vaut réserver pour le mois d'août. Les prix indiqués ici concernent cette période. Sinon, comptez de 25 à 40% de moins le reste de l'année dans la plupart des établissements.

EN VILLE

Posada La Sacristía (☎ 956 68 17 59 ; www.lasacristia. net ; San Donato 8 ; ch petit déj compris 115-135 €). L'hôtel le plus récent du centre de Tarifa, installé dans une maison de ville du XVIIe siècle élégamment rénovée, offre de belles vues depuis son toit. L'attention accordée au détail s'avère impressionnante. Repeintes en blanc et meublées de manière assez neutre, les huit chambres, réparties sur plusieurs niveaux autour d'une cour centrale, disposent de grands lits.

Misiana (☎ 956 62 70 83 ; www.misiana.com en espagnol ; Calle Sancho IV El Bravo ; s/d petit déj compris 86/112 €). Après plusieurs rénovations, le Misiana se révèle aujourd'hui confortable, moderne, presque futuriste par son design et ses couleurs. Les chambres de tout un étage sont peintes en lilas et argent. Il en existe aussi de couleur rouge et turquoise, ainsi que d'autres offrant de belles vues. Toutes possèdent un ventil. et la TV sat.

Hostal Alameda (☎ 956 68 11 81 ; www.hostal alameda.com ; Paseo de la Alameda 4 ; s/d 30/50 € ; 🍴). D'un excellent rapport qualité/prix, cet hostal se trouve à la limite de la vieille ville, face au port. Les chambres douillettes sont dotées du chauffage et de la TV sat. Certaines bénéficient de vues sur la mer, d'autres donnent sur l'Alameda ou sur les jolis toits de Tarifa.

Hostal Africa (☎ 956 68 02 20, 606-914294 ; hostal _africa@hotmail.com ; Calle María Antonia Toledo 12 ; s/d 30/45 €, avec sdb commune 25/35 €). Les propriétaires accueillants de cette vieille demeure rénovée, bien située, à proximité du marché, ont beaucoup voyagé et savent de quoi leurs clients ont besoin. Les chambres sont claires et agréables. Vous pouvez profiter de la grande terrasse sur le toit d'où l'on aperçoit l'Afrique, et entreposer planches et bicyclettes.

La Mirada (☎ 956 68 06 26 ; Calle San Sebastián 41 ; www.hotel-lamirada.com ; s/d 42/66 € ; Ⓟ). Installé sur la Playa de los Lances, voilà un autre établissement d'un très bon rapport qualité/prix. Sur les 24 chambres spacieuses, 14 jouissent d'une vue sur la mer. Cependant, tous les clients peuvent profiter du panorama de la côte et du détroit vers l'Afrique depuis la grande terrasse. Les personnes qui se déplacent en fauteuil roulant sont les bienvenues.

La Casa del Comandante (☎ /fax 956 68 19 25 ; www.tarifadiving.com/casadelcomandante ; Calle Alcalde Juan Núñez 8 ; s/d sans vue 60/73 €, avec vue 73/85 €, cabaña 54/60 € ; Ⓟ). En face du port, La Casa abrite un restaurant en terrasse avec vitres (entrées 5 €, poisson 14 €), 9 belles chambres colorées pourvues de lits confortables, ainsi que quelques *cabañas* (bungalows).

Hostal Villanueva (☎ 956 68 41 49 ; Avenida de Andalucía 11 ; s/d 40/75 €). Construit sur les fortifications de la vieille ville, non loin de la Puerta de Jerez, cet *hostal* loue des chambres pratiques. Certaines avec TV, d'autres avec vue sur le château. Il y a une terrasse et l'aimable propriétaire parle français.

Pensión Correo (☎ 956 68 02 06 ; Calle Coronel Moscardó 8 ; 15-22,50 €/pers). Une bonne pension pour les petits budgets, sise dans l'ancien bureau de poste et gérée par d'aimables propriétaires Italiens et Espagnols. Les chambres peintes de couleurs éclatantes, certaines avec sdb, sont correctes. La double à l'étage supérieur jouit de vues superbes et d'une petite terrasse privée.

Hostal Facundo I et II (☎ 956 68 42 98 ; hotelfacundo@terra.es ; Calle Batalla del Salado 47 ; ch 65 €, s/d avec sdb commune 40/55 € ; Ⓟ). Parmi les aménagements nécessaires graduellement effectués, citons une cuisine commune, un salon avec TV et de nouveaux matelas. Les véliplanchistes disposent d'un lieu où entreposer leur matériel et apprécient les prix, très raisonnables, qui chutent en basse saison. Les chambres sont inégales. Préférez celles donnant directement sur la rue.

SUR LA CÔTE

Tous ces établissements se trouvent sur la N340 ou dans ses environs, au nord-ouest de Tarifa :

Hurricane Hotel (☎ 956 68 49 19 ; www.hurricane hotel.com ; ch petit déj compris côté terres/océan 133/150 € ; Ⓟ 🍴 🛏). Si votre budget vous le permet, choisissez ce magnifique hôtel de style marocain, à 6 km de Tarifa. Situé en bordure de plage, dans un jardin semi-tropical, il compte une trentaine de grandes chambres confortables, deux piscines (dont une chauffée), deux restaurants (voir p. 220) et un club de remise en forme. Ses murs hébergent également le célèbre Club Mistral, école de planche à voile et de kitesurfing, ainsi qu'une boutique de location de matériel, et le Club Hípica, école d'équitation (voir p. 216). Le délicieux petit déj buffet se compose de toutes sortes de douceurs maison. Les propriétaires débordent d'énergie, ce qui a permis le réaménagement de plusieurs hôtels bordant cette route.

Hotel Dos Mares (☎ 956 68 40 35 ; www. dosmares hotel.com en espagnol ; s/d à l'intérieur petit déj compris 107/135 €, bungalow petit déj compris à partir de 102/127 € ; P ✖ ☂). Une excellente adresse, à l'architecture éclectique, surtout d'inspiration mauresque, directement sur la plage, à 4,5 km de Tarifa. Vous avez le choix entre une chambre dans le bâtiment principal (7 chambres) et l'un des 29 bungalows installés sur la plage ou dans les jardins. Du bar, très prisé, on découvre une vue superbe sur l'Afrique. L'hôtel abrite un centre équestre de qualité (voir p. 216).

Hotel Valdevaqueros (☎ 956 23 67 05 ; www.hurri canehotel.com ; ch 86 €, app de 3-/4-pers petit déj compris 112 € ; ☽ mars-nov ; P). À 20 m de la plage, à Valdevaqueros, cette séduisante vieille ferme appartient aux propriétaires du Hurricane Hotel, qui l'ont soigneusement rénovée et décorée en utilisant des matériaux naturels de la région. Outre un magnifique jardin, le bar, orné de mosaïques, se prolonge à l'extérieur vers des espaces couverts remplis de plantes. À l'écart de la N340, opposé au 100% Fun (voir plus bas), un panneau métallique avec des têtes de chevaux et de vaches est suspendu au début d'une longue allée cahoteuse menant au *cortijo* (ferme).

Hotel Arte-Vida (☎ 956 68 52 46 ; www.hotelarte vida.com ; N340 Km 79,3 ; s/d petit déj compris 118/139 € ; P). À 5 km du centre-ville, l'Arte-Vida dispose d'un jardin avec une pelouse qui s'ouvre sur la plage, d'un excellent restaurant (p. 220) offrant des vues splendides, et de jolies chambres de taille moyenne. Le tout dans un décor minimaliste d'inspiration orientale (éléments blancs, rotin et bambou).

100% Fun (☎ 956 68 03 30 ; www.tarifa.net/ 100fun ; ch petit déj compris 85-102 € ; P ☂). Sur la N340, non loin de Punta Paloma, de beaux jardins tropicaux décorés de mâts totémiques sont le décor d'un restaurant Tex-Mex au toit de chaume et de quelques chambres. les 11 chambres du vaste patio disposent d'une véranda fleurie. Cet hôtel abrite aussi une excellente boutique de matériel de surf.

Hotel Tres Mares (☎ 956 68 06 65 ; www.tresmares hotel.com en espagnol ; N340 Km 76 ; s/d 83/102 € ; ☽ mars-nov ; P ☂). Il appartient aux mêmes propriétaires que le Dos Mares, mais se trouve à côté du 100% Fun, à quelques kilomètres de Tarifa. Les chambres, donnant sur la mer, sont réparties sur deux étages d'un édifice sans intérêt, de style années 1970. L'originalité du lieu : de vastes jardins agrémentés de meubles orientaux en bois, d'un éléphant en bois, d'une tente marocaine, de hamacs et d'un bar-restaurant. Les espaces où se rafraîchir ne manquent pas.

Hotel Punta Sur (☎ 956 68 43 26 ; www.hotelpunta sur.com en espagnol ; N340 Km 77 ; s/d 103/136 € ; P ☂). Proche de la pharmacie sur la N340, cet hôtel, dont le logo représente un surfeur sur une vague, est une autre réalisation du Hurricane Hotel. Ici, l'équipe a agité sa baguette magique et accompli des miracles sur ce qui fut un hôtel ordinaire en bord de route. Un restaurant, la réception et un billard occupent un large espace ouvert décoré avec fantaisie. Les chambres confortables, au décor excentrique, sont disséminées dans d'immenses jardins incluant un court de tennis.

Hostal Oasis (☎ 956 68 50 65 ; ch 42 €, bungalow pour 2 pers 60 €). Installé au milieu de vastes terrains à quelque 8 km de Tarifa, 11 bungalows pimpants (avec cuisine équipée) entourent la grande pelouse. Les chambres du bâtiment principal sont moins plaisantes.

OTB (☎ 661-030446 ; www.otb-tarifa.com ; N340 Km 81 ; dm 12 €, ch 15 €/pers ; ☽ mars-nov ; P ☂). Géré par des Italiens, l'OTB attire les voyageurs à petit budget avec un dortoir, des chambres doubles et quadruples, ainsi qu'une cuisine commune, la TV et une laverie. Il se situe à près de 1 km de la ville en direction de Cádiz.

Ouverts toute l'année, six **terrains de camping** (www.campingsdetarifa.com) pouvant accueillir plus de 4 000 campeurs sont regroupés à proximité de la plage, entre Tarifa et Punta Paloma, à 10 km au nord-ouest de Tarifa le long de la N340. Comptez 16-32 € pour deux pers avec une tente et une voiture. Les deux sites de la Torre de la Peña figurent parmi les plus modernes.

Où se restaurer

En raison du grand nombre de résidents et de visiteurs étrangers, vous trouverez à Tarifa des spécialités culinaires de tous les pays.

OISEAUX DE HAUT VOL DANS LE DÉTROIT DE GIBRALTAR

Ceux que les oiseaux passionnent voudront sans doute se rendre au détroit de Gibraltar, point de passage privilégié des rapaces, des cigognes et autres oiseaux migrant entre l'Afrique et l'Europe. Les migrations en direction du nord s'effectuent entre mi-février et début juin, celles en direction du sud entre fin juillet et début novembre. Lorsque le vent souffle de l'ouest, l'idéal consiste à observer les oiseaux de Gibraltar même. Si le vent se calme ou vient de l'est, mieux vaut se rendre dans les environs de Tarifa (notamment au Mirador del Estrecho, 7 km à l'est de la ville).

Les oiseaux de grande envergure; tels les rapaces et les cigognes, traversent le détroit de Gibraltar parce qu'ils dépendent des courants thermiques ascendants, inexistants sur de plus grandes étendues d'eau. Les cigognes blanches se rassemblent parfois en nuées de 3 000 individus pour franchir le détroit (vers le nord en janvier et février, vers le sud en juillet et août). Il n'existe que deux endroits où la mer est assez étroite pour qu'elles puissent gagner l'Europe de la sorte : le Bosphore (détroit entre la Mer Noire et la Mer de Marmara) et le détroit de Gibraltar.

EN VILLE

La Calle Sancho IV El Bravo compte toutes sortes d'échoppes de plats à emporter.

Ali Baba (Calle Sancho IV El Bravo). Ce restaurant populaire prépare de délicieux et copieux plats orientaux bon marché à base d'ingrédients bien frais, à déguster sur un banc ou debout à une table dehors. Les végétariens apprécieront les excellents falafels à 2,50 € ; les amateurs de viande prendront des kebabs à 3 €.

Café Central (Calle Sancho IV El Bravo 8 ; petit déj 2,50-3,40 €). L'endoit idéal pour regarder l'animation de la rue, savourer de succulents *churros con chocolate* (longs beignets trempés dans du chocolat chaud), et toute une variété de petits déj et de thés.

La Trattoria (☎ 956 68 22 25 ; Paseo de la Alameda ; pâtes et pizzas 5,50-9 €, plat principal 9,50-13 €). Les restaurants italiens se multiplient à Tarifa. Voici l'un des meilleurs, grâce à son emplacement, sa formidable cuisine et son excellent service.

Souk (☎ 956 68 07 08 ; Huerta del Rey 11 ; entrées 4-6 €, plat principal 9-12 € ; 🕑 fermé le mar). Dans un décor marocain chargé, aux lumières tamisées, on goûte ici de savoureuses spécialités d'inspiration marocaine et asiatique. Le *thai rojo de verduras* (légumes thaï à la noix de coco) complète bien le *hojaldre de espinacas* (feuilleté d'épinards à la feta et aux épices). Vous pouvez aussi choisir tagines ou couscous.

Mandrágora (☎ 956 68 12 91 ; Calle Independencia 3 ; plat principal 9-15 € ; 🕑 dîner uniquement, fermé le dim). Derrière l'Iglesia San Mateo, ce restaurant à l'ambiance intime concocte une cuisine arabo-andalouse. L'agneau aux pruneaux et aux amandes, les crevettes à la sauce *nora* (poivron doux andalou) figurent parmi les grandes réussites.

Misiana (☎ 956 62 70 83 ; www.misiana.com en espagnol ; Calle Sancho IV El Bravo ; tapas 2,20-5 €). Cet établissement chic au décor accrocheur, sis dans un salon de l'hôtel Misiana (p. 217), dresse des tables en bois dans la rue. Les serveurs portent de longs tabliers. Son *menú* éclectique propose des plats savoureux. Au petit déj, essayez le yaourt aux fruits (1,80-2,80 €), les œufs brouillés et les omelettes (environ 3 €), et peut-être les amandes au curry ou les bâtonnets de saumon accompagnés de sauce au yaourt et à la moutarde au déjeuner.

Café Azul Bar (Calle Batalla del Salado ; petit déj 4-7 € ; 🕑 avr-oct). On sert ici les meilleurs petits déjeuners de la ville. Ne manquez pas le généreux muesli accompagné de salade de fruits au yaourt. Le café est bon, les jus de fruits excellents et l'on peut parfois déguster des plats thaï au déjeuner.

La Dolce Vita (Plaza San Martín ; petit déj 2,50 € ; 🕑 mars-nov). Ce petit restaurant, avec tables en extérieur sur la place, offre une atmosphère différente. Au programme : lassis, thés, petits déj de tous les pays, quiches, glaces et cocktails.

Lannathai (☎ 956 68 14 13 ; Calle Pintor GP Villalta 60 ; plat principal 8-12 € ; 🕑 fermé le mer). Donnant sur la Playa de los Lances, à près de 1 km du centre-ville, le Lannathai est géré par un couple thaï et allemand. Vous pouvez acheter certains éléments du mobilier ou du décor thaï. La propriétaire, Sujinda, cultive elle-même les produits de sa cuisine.

PROVINCIA DE CÁDIZ

SUR LA CÔTE

La plupart des hôtels et des *hostales* possèdent leur propre restaurant.

Miramar (☎ 956 68 52 46 ; www.hotelartevida.com ; N340 Km 79,3 ; plat principal 8-15 €). Le restaurant de l'Hotel Arte-Vida (p. 218) se révèle fidèle à son nom avec sa belle vue sur l'océan et l'Afrique. Ici, les chefs concoctent une variété de pâtes et de plats internationaux à base de viande, ainsi que des fruits de mer et du poisson de la région.

Terrace Restaurant (☎ 956 68 49 19 ; www.hurricanehotel.com ; déj 7-10 €, dîner 10-18 €). Faisant partie du Hurricane Hotel (p. 217), cet établissement décontracté est idéal pour un déjeuner bon marché (diverses salades, poulet, poisson et fruits de mer). Le soir, le restaurant à l'intérieur de l'hôtel élabore une cuisine originale, notamment de très bonnes salades (7-8 € ; goûtez celle au saumon, à l'avocat et au pamplemousse), et des plats tels que les côtelettes d'agneau à l'ail et au romarin.

Hotel Valdevaqueros (☎ 956 23 67 05 ; www.hurricanehotel.com ; plat principal 7-10 € ; ⊗ mars-nov). Proche du Hurricane (voir p. 217), cet établissement rassasie les véliplanchistes avec une bonne assiette de poulet, de la salade, du pain et des condiments.

Chiringuito Tangana (plat principal 4-7, 50 € ; ⊗ 12h-19h). Non loin, à côté du Spin Out, sur la plage, on sert ici tartes, lasagnes, délicieuses pâtisseries et *bocadillos* (petits pains garnis). Rafraîchissez-vous dans l'herbe ou reposez-vous sur les tapis marocains qui agrémentent le patio au toit en verrière.

Où sortir et prendre un verre

Soul Café (Calle Santísima Trinidad 9). Très apprécié, ce bar branché tenu par des Italiens voyageurs accueille des DJ milanais qui passent leurs disques préférés. Venez après 23h, mais pas en hiver (les propriétaires sont alors en voyage).

Bodega de Casa Amarilla (Calle Sancho IV El Bravo 9). Tenu par la même famille que le Café Central (p. 219), ce bar-restaurant *típico* (typique) à l'ambiance conviviale reçoit parfois des artistes de flamenco.

Bar Obaïnano (Calle Nuestra Señora de la Luz). Ici, on sert des jus de fruits frais et des cocktails exotiques sur fond de musique entraînante. Projections de séquences de surf et clientèle française.

Misiana (☎ 956 62 70 83 ; www.misiana.com en espagnol ; Calle Sancho IV El Bravo). Le bar futuriste de l'hôtel Misiana (p. 217), éclairé de bleu, accueille chaque semaine des musiciens, parfois de flamenco (surtout en été). Un des lieux incontournables de Tarifa.

Café Continental (Paseo de la Alameda). Réputé pour prendre un verre, un café ou des tapas, ce café programme des groupes locaux sans prétention pendant les week-ends d'été.

La Jaima (Playa de los Lances). En été, une grande tente marocaine est plantée sur la plage. Salon de thé à la mode nord-africaine de 19h à 22h, elle se transforme en discothèque animée au premier coup de minuit.

Zoo House (ancienne Tanakas ; Plaza de San Hiscio). Des musiciens se produisent dans cette discothèque du centre-ville. À l'étage, un bar à tapas attire une clientèle plus âgée.

Depuis/vers Tarifa
BATEAU

FRS (☎ 956 68 18 30 ; www.frs.es ; Avenida Andalucía). Un ferry rapide de cette compagnie relie Tarifa à Tanger, au Maroc (passager/voiture/moto 24,50/73/23 €, 35 min aller simple) jusqu'à 4 fois par jour (davantage en juillet et août). Le bateau part tous les jours de Tarifa à 9h et à 11h30 et de Tanger à 17h et 19h30 (heure marocaine). Renseignez-vous au port, auprès de FRS ou à l'agence **Marruecotur** (☎ 956 68 18 21 ; Avenida de la Constitución 5/6).

Tarifa est en cours d'aménagement pour devenir un véritable port Schengen : les voyageurs de toutes nationalités pourront alors y embarquer. En 2004, Tarifa opérait en pratique comme un port Schengen, sauf en juillet et août : seules les personnes détentrices d'un passeport ou d'un titre de séjour de l'UE étaient admises à bord des ferries. Pour connaître la situation actuelle, renseignez-vous auprès de FRS ou de l'office du tourisme.

BUS

Les guichets et l'arrêt de bus **Comes** (☎ 956 68 40 38, 956 65 57 55 ; Calle Batalla del Salado) se situent au nord de l'Avenida de Andalucía. La compagnie assure au moins 5 liaisons quotidiennes vers Cádiz (6,95 €, 1 heure 45), Algeciras (1,55 €, 30 min) et La Línea de la Concepción (3,25 €, 45 min), 3 vers Jerez de la Frontera (8,25 €, 2 heures 30), 4 vers Sevilla (14 €, 3 heures), 2 vers Málaga (10,80 €,

2 heures) et 6 vers Barbate (3,60 €, 50 min). Du lundi au vendredi, un bus dessert Zahara de los Atunes (2,85 €, 45 min).

Le bureau dispose d'une *consigna automática* (consigne). Sachez que l'on prévoit la création d'un nouvel arrêt de bus, en face de la station-service située à l'extrémité nord de la Calle Batalla del Salado. Le bureau de Comes s'installera à côté.

VOITURE ET MOTO

Arrêtez-vous au Mirador del Estrecho, à environ 7 km de Tarifa sur la N340 en direction d'Algeciras, pour admirer le somptueux panorama qui englobe le détroit de Gibraltar, la Méditerranée, l'Atlantique et les deux continents. Prenez garde aux fréquents contrôles de police dans la zone de Pelayo (vitesse limitée à 50 km/h), quelques kilomètres à l'est.

Transports locaux

En juillet et août, des bus locaux partent toutes les 90 min de Tarifa et remontent la côte ouest jusqu'à Punta Paloma. Certains poursuivent sur Bolonia. Procurez-vous les horaires auprès de l'office du tourisme. Il y a un arrêt en bas du Paseo de la Alameda. L'arrêt principal se situera bientôt à proximité de la station-service, à l'extrémité nord de la Calle Batalla del Salado. Les horaires et les tarifs devraient y être affichés. Des taxis (13 € environ) stationnent sur l'Avenida de Andalucía, près de la Puerta de Jerez. Pour la location de vélos, reportez-vous à la p. 216.

LE SUD-EST

PARQUE NATURAL LOS ALCORNOCALES

Cet immense et magnifique parc naturel (1 700 km2) s'étend du détroit de Gibraltar vers le nord sur 75 km jusqu'à la limite sud du Parque Natural Sierra de Grazalema. La succession de ses chaînes de montagnes de moyenne altitude, tantôt vallonnées, tantôt plus escarpées, est un point de passage privilégié des oiseaux migrateurs et se couvre en majorité de forêts de chênes-lièges (*alcornocales*).

Ce parc présente un intérêt majeur du point de vue archéologique et historique, mais reste peu visité en raison de son accès difficile. Outre les randonnées, il offre toutes sortes d'activités, mais vous aurez besoin d'un véhicule pour l'explorer dans sa totalité (voir p. 199). Parmi les centres d'accueil des visiteurs et les offices de renseignements du parc, citons :

Centro de Visitantes Cortes de la Frontera (☎ 952 15 43 45 ; Avenida de la Democracia s/n, Cortes de la Frontera ; ☺ 10h-14h jeu toute l'année, 10h-14h et 18h-20h ven-dim avr-sept, 10h-14h et 16h-18h ven-dim oct-mars).

Centro de Visitantes Huerta Grande (☎ 956 67 91 61 ; N340 Km 96, Pelayo ; ☺ 10h-14h jeu toute l'année, 10h-14h et 18h-20h ven-dim avr-sept, 10h-14h et 16h-18h ven-dim oct-mars). Sur la route Tarifa–Algeciras.

Punto de Información Castillo de Castellar (☎ 956 23 68 87 ; Taraguilla, Castellar de la Frontera ; ☺ 11h-14h et 17h-18h mer-dim mai-sept, 10h-14h et 15h-17h mer-dim oct-avr).

Punto de Información Jimena de la Frontera (☎ 956 64 05 69 ; Calle Misericordia s/n, Jimena de la Frontera ; ☺ 11h-13h et 16h-18h lun-ven, 10h-13h et 16h-19h sam-dim).

La petite ville de **Jimena de la Frontera**, située sur l'A369 reliant Algeciras à Ronda, à la limite est du parc, constitue une bonne base. Un superbe château de l'époque maure surplombe la cité, qui compte quelques *hostales*, et est desservie par le train et le bus depuis Algeciras et Ronda.

La CA3331 qui part vers le nord-ouest vous conduira à **La Sauceda**, un village abandonné, occupé aujourd'hui par une aire de jeu et un centre éducatif. La région de La Sauceda, contrée magnifique, fut autrefois un repaire de bandits, de contrebandiers et même de guerrilleros durant la guerre civile espagnole (le village fut d'ailleurs bombardé par les avions de Franco). C'est le point de départ de l'ascension de l'Aljibe, le plus haut sommet du parc (voir p. 199).

ALGECIRAS

109 000 habitants

Principal port de liaison entre l'Espagne et l'Afrique, Algeciras est aussi une cité industrielle, un important port de pêche et une plaque tournante du trafic de drogue. Guère séduisante, cette localité polluée n'est cependant pas dénuée d'intérêt. La proximité de l'Afrique imprime une atmosphère particulière au port, et les améliorations apportées au centre-ville en font un secteur où il fait bon se promener. Algeciras a conservé quelques édifices anciens ornés de balcons en fer forgé et compte quelques bons restaurants. En été, le port voit arriver des centaines de milliers de Marocains qui travaillent en Europe et rentrent passer les vacances dans leur pays.

Histoire

Port important à l'époque des Romains, c'est Alfonso XI de Castilla qui le reprit aux Mérénides du Maroc en 1344, mais la cité fut ensuite entièrement rasée par Mohamed V de Granada. En 1704, Algeciras attira une grande partie de la population qui avait fui Gibraltar après l'arrivée des Britanniques. L'industrie s'est développée pendant le règne de Franco.

Orientation

Algeciras est située à l'ouest de la Bahía de Algeciras, en face de Gibraltar. L'Avenida Virgen del Carmen, orientée nord-sud et parallèle à la mer, devient l'Avenida de la Marina vers l'entrée du port. C'est de là que la Calle Juan de la Cierva (qui devient la Calle San Bernardo) part vers l'intérieur des terres, le long d'une voie ferrée désaffectée, jusqu'à la gare routière Comes (à 350 m) et la gare ferroviaire (à 400 m). La place centrale, Plaza Alta, se trouve deux rues derrière l'Avenida Virgen del Carmen. La Plaza Palma, où se tient chaque jour (sauf le dimanche) un marché très animé, est une rue à l'ouest de l'Avenida de la Marina.

Renseignements

Si vous voulez acheter des dirhams marocains, sachez que les banques pratiquent de meilleurs taux de change que les agences de voyage. Les banques et DAB sont regroupés Avenida Virgen del Carmen et autour de la Plaza Alta. D'autres DAB sont installés sur le port.

La consigne du port est ouverte entre 8h et 21h, moyennant 1,80-2,50 €. Pour les objets de valeur, utilisez les casiers qui ferment à clé (2,40 €). Les gares routières Comes et Portillo/Alsina Graells (plus petite) disposent l'une et l'autre d'une consigne.

Hospital Punta de Europa (☎ 956 02 50 50 ; Carretera de Getares s/n). À environ 3 km à l'ouest du centre-ville.

Policía Nacional (☎ 956 66 04 00 ; Avenida de las Fuerzas Armadas 6). À côté du Parque de María Cristina, au nord-ouest du centre-ville.

Bureau de poste (☎ 956 58 74 05 ; Calle José Antonio). Au sud de la Plaza Alta.

Office du tourisme (☎ 956 57 26 36 ; Calle Juan de la Cierva s/n ; ☼ 9h-14h lun-ven). À une rue derrière l'Avenida de la Marina, dispose d'un tableau d'affichage fort utile .

Désagréments et dangers

Soyez extrêmement vigilant sur le port, à la gare routière ou au marché, et marchez d'un pas résolu si vous vous déplacez le soir entre les gares routières Comes et Portillo. Pour garer votre voiture, la solution la plus sûre consiste à utiliser le parking à étages à l'intérieur du port (25 € les 24h).

À voir et à faire

Allez flâner sur la Plaza Alta, bordée de palmiers et agrémentée d'une jolie fontaine en céramique. À l'ouest se dresse l'**Iglesia Nuestra Señora de la Palma** du XVIIIᵉ siècle et, à l'est, le **Santuario Nuestra Señora Virgen de Europa** du XVIIᵉ siècle, qui valent tous deux le détour. Certaines maisons des rues alentours, assez délabrées, dégagent un charme surranné.

Le luxuriant **Parque de María Cristina**, quelques rues plus au nord, offre un refuge bienvenu, loin du bruit et de l'agitation du port. Le **Museo Municipal** (Calle Nicaragua), au sud de l'office du tourisme principal, est d'un intérêt assez relatif. Si vous disposez d'un véhicule, allez plutôt faire un tour sur les deux plages de sable de la ville, la **Playa Getares** (au sud) et la **Playa del Rinconcillo** (au nord), qui sont propres.

Fêtes et festivals

Feria (aux alentours du 19 juin). Foire de 9 jours.

Fiesta del Virgen de la Palma (15 août). La ville rend hommage à sa sainte patronne en organisant un pélerinage marin (les pélerinages marins espagnols, très plaisants à regarder, sont des occasions de s'amuser).

Où se loger

Les rues derrière l'Avenida de la Marina rassemblent les hébergements pour petits budgets, mais la circulation autour du marché dès les premières lueurs de l'aube rend les nuits courtes. En outre, certaines adresses se révèlent peu agréables.

Hotel Reina Cristina (☎ 956 60 26 22 ; www.reinacristina.com en espagnol ; Paseo de la Conferencia s/n ; s/d 77/116 € ; ⓟ ⌧ ⌧). Si votre budget vous le permet, partez du port en direction du

ALGECIRAS

RENSEIGNEMENTS	
Consulat du Maroc..........................1 C2	
Bureau de poste..............................2 B1	
Office du tourisme...........................3 C2	
À VOIR ET À FAIRE (p. 222)	
Iglesia Nuestra Señora de la	
Palma...4 B1	
Santuario Nuestra Señora Virgen de	
Europa.......................................5 B1	

OÙ SE LOGER (p. 222)	
Hostal Marrakech............................6 C2	
Hostal Nuestra Señora de la Palma..7 B2	
Hotel Al-Mar...................................8 C2	
Hotel Marina Victoria......................9 C2	
Hotel Octavio................................10 B3	
OÙ SE RESTAURER (p. 223)	
Marché..11 B2	
Pastelería-Cafe La Dificultosa.........12 B2	

Restaurante Casa Blanca...............13 C2	
Restaurante Casa María.................14 B2	
Restaurante Montes......................15 B2	
TRANSPORTS	
Arrêt des bus Bacoma/Alsa/Enatcar.16 D2	
Comes..17 B3	
Estación Marítima (Port)................18 D2	
Parking en étages..........................19 D2	
Gare des bus Portillo/Alsina Graells..20 B1	

sud vers cet hôtel de style colonial qui loue 188 chambres à l'ancienne, et possède deux piscines au milieu de jardins tropicaux. On prétend que durant la seconde guerre mondiale, c'était un nid d'espions qui obervaient les bateaux dans le détroit de Gibraltar.

Hotel Octavio (☎ 956 65 27 00 ; www.husa.es ; Calle San Bernardo 1 ; s/d 100/125 € ; P X). Les parties communes sont un peu négligées, mais les 74 grandes chambres, avec TV sat., sèche-cheveux, etc., représentent un progrès par rapport à d'autres hôtels de la ville.

Hotel Al-Mar (☎ 956 65 46 61 ; Avenida de la Marina 2-3 ; s/d 46/81 € ; P X). Deux immenses lampes marocaines ornent le foyer de ce confortable hôtel de catégorie moyenne, sis non loin du port. Il compte 192 chambres, dont certaines donnent sur la mer.

Hotel Marina Victoria (☎ 956 63 28 65 ; Avenida de la Marina 7 ; ch 47 € ; X). Une option de choix, offrant une vue magnifique sur le port.

Hostal Marrakech (☎ 956 57 34 74 ; Calle Juan de la Cierva 5 ; s/d avec sdb commune 18/25 €). Une famille marocaine très serviable gère ce lieu propre et sûr, aux chambres décorées avec goût et au salon commun disposant d'une TV.

Hostal Nuestra Señora de la Palma (☎ 956 63 24 81 ; Plaza Palma 12 ; s/d 20/28 €). En face du marché, cet *hostal* accueillant loue 25 chambres confortables avec TV. Toutefois, le quartier est bruyant.

Où se restaurer

Restaurante Montes (☎ 956 65 42 07 ; Calle Juan Morrison 27 ; menú 7,50 €, plat principal 10-18 €). On se presse pour le *menú* de midi dans cet établissement un peu clinquant, à quelques rues au nord-ouest de l'office du tourisme, où goûter quantités de plats délicieux, dont le *pargo a la espalda* (dorade coupée en deux et grillée).

Restaurante Casa María (☎ 956 65 47 02 ; Calle Emilio Castelar 53 ; menú 7,50 €). Autre restaurant apprécié au déjeuner, situé un peu plus bas que le Montes et pratiquant des tarifs similaires. Le poisson à la carte s'accompagne de diverses sauces et l'on sert aussi des steaks.

Restaurante Casa Blanca (Calle Juan de la Cierva 1 ; menú 7,50 €). Ce restaurant proche de l'office du tourisme propose un *menú* d'un bon rapport qualité/prix et de succulentes tapas.

Le marché de la ville présente un extra-ordinaire assortiment de fruits, légumes frais, jambons ou fromages. Non loin, la **Pastelería-Cafe La Dificultosa** (Calle José Santacana ; petit déj 2 €) est idéale pour le petit déjeuner ou pour une pause café.

La Plaza Alta rassemble quelques terrasses. Celle de l'Hotel Reina Cristina (p. 222) est agréable pour prendre le thé.

Où sortir
En été, des concerts de flamenco, de rock ou de musique classique se déroulent dans le Parque de María Cristina et sur la Plaza de Toros. L'office du tourisme dispose d'une liste des manifestations.

Depuis/vers Algeciras
Le quotidien *Europa Sur* donne des renseignements précis sur les heures d'arrivée et de départ des transports.

BATEAU
Trasmediterránea (☎ 956 58 34 00, 902 45 46 45 ; www.trasmediterranea.es), **EuroFerrys** (☎ 956 65 11 78 ; www.euroferrys.com) et d'autres compagnies proposent chaque jour des traversées en ferry (passager et véhicule) depuis/vers Tanger et Ceuta, l'enclave espagnole sur la côte marocaine (en général au moins 16 passages vers Tanger et autant vers Ceuta). De mi-juin à septembre, les ferries tournent pratiquement 24h/24 pour absorber le flot de passagers vers le Maroc – il faut parfois prendre la file d'attente pendant 3 heures. Achetez votre billet au port ou dans les agences de l'Avenida de la Marina : les tarifs sont les mêmes partout.

Pour Tanger, les tarifs en aller simple sur un ferry effectuant la traversée en 2 heures 30 s'élèvent à 25,30/78,80/27,30 € par passager/voiture/moto de plus de 500cc. Un aller simple de 1 heure 15 sur un ferry rapide coûte 27,20/67/22,30 € par passager/voiture/moto.

Les ferries rapides rallient Ceuta en 35 min. Prévoyez 21,40/62,70/13,40 € par passager/voiture/moto de plus de 500cc. **Buquebus** (☎ 902 41 42 42) relie également Algeciras à Ceuta en 35 min pour un prix similaire.

BUS
Comes (☎ 956 65 34 56 ; Calle San Bernardo) affrète des bus pour La Línea (1,60 €, 30 min) toutes les demi-heures de 7h à 21h30 du lundi au vendredi, toutes les 45 min entre 8h et 19h30 le week-end. Il existe aussi 12 dessertes quotidiennes vers Tarifa (1,55 €, 30 min), jusqu'à 10 vers Cádiz (8,70 €, 2 heures 30) et 4 vers Sevilla (13,35-14,75 €, 3 heures 30). Du lundi au vendredi, un bus par jour rallie Jimena de la Frontera (plus un le samedi ; 3 €, 30 min), Zahara de los Atunes (4,40 €, 1 heure), Barbate (5,20 €, 1 heure 15) et Ronda (8 €, 1 heure 30). **Daibus** (☎ 956 65 34 56 ; www.daibus.es en espagnol) assure 4 liaisons quotidiennes avec Madrid (23,55 €, 8-9 heures) en partant du port puis en s'arrêtant à la gare de Comes.

Portillo & Alsina Graells (☎ 956 65 10 55 ; Avenida Virgen del Carmen 15) assure chaque jour 5 liaisons directes vers Málaga (9,30 €, 1 heure 45), 4 vers Granada (17,60 €, 3 heures 30) et 2 vers Jaén (3,65 €, 5 heures). D'autres bus rallient Málaga (9,05 €, 3 heures) tous les jours en s'arrêtant dans les villes qu'ils traversent.

Sur le port, **Bacoma/Alsa/Enatcar** (☎ 902 42 22 42 ; www.alsa.es) propose 4 services par jour vers Murcia, Alicante, Valencia et Barcelona, ainsi que vers le Portugal (1/j), la France, l'Allemagne et les Pays-Bas (3/sem).

TRAIN
La **gare** (☎ 956 63 02 02) est adjacente à la Calle San Bernardo. Il existe 2 liaisons quotidiennes depuis/vers Madrid (35-52,50 €, 6-11 heures) et 3 depuis/vers Granada (15,75 €, 4 heures-4 heures 30). Tous les trains passent à Ronda (5,85-15,50 €, 1 heure 45) et Bobadilla (9,65-27,50 €, 2 heures 45), traversant de somptueux paysages. À Bobadilla, il est possible d'emprunter une correspondance pour Málaga, Córdoba et Sevilla, et de prendre d'autres trains en direction de Granada et Madrid.

LA LÍNEA
DE LA CONCEPCIÓN
62 000 habitants

À 20 km à l'est d'Algeciras, de l'autre côté de la baie, s'étend La Línea, incontournable étape vers Gibraltar. La cité fut édifiée en 1870, en réaction à l'expansion britannique autour du rocher de Gibraltar.

Orientation et renseignements
En tournant à gauche dès la sortie de la gare routière de La Línea, vous débouchez sur l'Avenida 20 de Abril qui, sur

quelque 300 m, relie la place principale, la Plaza de la Constitución, à la frontière de Gibraltar.

Office du tourisme municipal (☎ 956 17 19 98 ; Avenida Príncipe Felipe s/n ; 🕑 9h-20h lun-ven, 9h-14h sam). À l'extrémité de l'Avenida 20 de Abril, en face de la frontière.

Office du tourisme régional (☎ 956 76 99 50 ; 🕑 9h-15h lun-ven, 10h-13h sam). À l'angle de la place principale.

À voir et à faire

Le centre-ville de La Línea a été rénové et compte deux musées qui méritent une visite. Le **Museo del Istmo** (Plaza de la Constitución ; 🕑 10h-14h et 17h-21h lun-sam, 10h-13h dim) abrite des pièces trouvées lors de fouilles archéologiques, ainsi que des peintures, sculptures et expositions temporaires. Le **Museo Cruz Herrera** (Calle Doctor Villar ; 🕑 10h-14h et 17h-21h lun-sam, 10h-13h dim), en face de la Plaza Fariñas, bordée de palmiers, est consacré à l'œuvre de José Cruz Herrera, un peintre à succès du début du XXe siècle natif de La Línea. L'artiste a peint beaucoup de belles Andalouses, mais l'influence du Maroc, où il a vécu et travaillé quelque temps, est aussi perceptible.

On peut également visiter des blockhaus édifiés pendant la seconde guerre mondiale en face de Gibraltar.

Où se loger et se restaurer

La Línea compte environ quatre établissements de catégories moyenne et supérieure. Vous trouverez des chambres meilleur marché autour de la Plaza de la Constitución.

Hotel Quercus (☎ 956 79 21 59 ; www.quercusalcaid esa.com ; Urbanización La Alcaidesa ; s/d 100/150 € ; 🅿 🗙). Près du terrain de golf, cet hôtel élégamment décoré, qui ne comporte que 9 chambres, conviendra à ceux qui apprécient une ambiance intime.

Hostal La Campana (☎ 956 17 30 59 ; Calle Carboneros 3 ; s/d 39/46 €). Ce sympathique *hostal*, juste à l'ouest de la Plaza de la Constitución, loue des chambres correctes avec ventil. et TV. Son restaurant sert un *menú* de trois plats (6,50 €).

Pensión Carlos II (☎ 956 66 21 35 ; Calle Méndez Núñez 12 ; s/d 32/36 € ; 🗙). Des chambres convenables (avec TV sat), à proximité de l'Iglesia de la Inmaculada, à 5 min de marche de la place principale.

Pensión Florida (☎ 956 17 13 00 ; Calle Sol 37 ; s/d 18/36 €). Un autre établissement agréable en centre-ville, un peu au nord du Campana et du Carlos II, possédant un restaurant.

Cafetería Okay (Calle Real 23). Juste après l'angle nord-ouest de la Plaza de la Constitución, cette bonne boulangerie-cafétéria propose des petits déjeuners (café et petit pain grillé à 3 €).

Dans la journée, essayez les bars et les restaurants de la Plaza del Pintor Cruz Herrera, agrémentée d'une jolie fontaine en céramique et d'orangers.

Depuis/vers La Línea de la Concepción
BUS

Comes (☎ 956 17 00 93) affrète des bus toutes les 30 min environ depuis/vers Algeciras (1,60 €, 30 min) entre 7h et 21h30 du lundi au vendredi, et toutes les 45 min entre 8h et 19h30 le week-end. Il existe 6 services quotidiens vers Tarifa (3,25 €, 45 min), 4 vers Cádiz (10,30 €, 2 heures 30), 3 vers Sevilla (18,40 €, 4 heures) et 2 vers Granada (16 €, 4 heures). Un bus dessert Jimena de la Frontera (3,60 €, 45 min) à 15h du lundi au vendredi. Les bus Portillo assurent la liaison vers Málaga (9,40 €, 2 heures 30, 4/j) et Estepona (3,20 €, 1 heures, 8/j).

VOITURE ET MOTO

Les files d'attente à la frontière de Gibraltar étant généralement très longues, nombre de visiteurs préfèrent garer leur véhicule à La Línea et traverser la frontière à pied. À La Línea, les parcmètres coûtent 0,90 € l'heure ou 4,50 € les 6 heures. Le stationnement est gratuit de 22h30 à 9h du lundi au vendredi, et du samedi 14h au lundi 9h. Les places de stationnement (payantes) ne manquent pas sur l'Avenida Príncipe Felipe, en face de la frontière. Le Parking Fo Cona, souterrain, à proximité de l'Avenida 20 de Abril, revient à 1/6,30 € l'heure/la journée. Vous pouvez vous garer dans la rue mais ne laissez aucun objet en évidence.

Gibraltar

Telle la proue d'un navire prêt à s'élancer à la pointe méridionale de l'Espagne, Gibraltar, territoire britannique, concentre les curiosités. Certes, il y a cette ambiance de petite Angleterre des années 1960, ces numéros de téléphone à 5 chiffres, ces boîtes aux lettres rouges et ces agents de police typiquement "british", mais ce minuscule mouchoir de poche (5 km de long sur seulement 1,6 km de large) offre un étonnant cocktail issu des cultures juive, génoise, nord-africaine, portugaise, espagnole, maltaise, indienne et britannique, qui l'ont rendu incroyablement prospère au cours des trois derniers siècles.

Bien évidemment, son principal centre d'intérêt est l'impressionnant rocher, une vaste crête de calcaire de 426 m de haut, avec des falaises abruptes tombant à pic sur les côtés nord et est. Les Grecs et les Romains y voyaient l'une des colonnes d'Hercule (séparée de l'autre colonne, le djebel Musa, montagne du littoral marocain, à 25 km au sud, au cours de ses Douze Travaux). Les deux promontoires marquaient les limites du monde antique, et les mers agitées du détroit de Gibraltar ouvraient la voie vers la Méditerranée.

Cette position stratégique a toujours attiré les convoitises, de Jules César à Franco, et Gibraltar reste un sujet de dissension entre les gouvernements espagnol et britannique. Toutefois, ces dernières années, les esprits se sont apaisés des deux côtés de la frontière, juste à temps pour les festivités d'août 2004 célébrant le 300ᵉ anniversaire de l'autorité britannique.

À NE PAS MANQUER

- Observer les **dauphins** (p. 235) dans la Bahía de Algeciras
- Partir à la découverte des premiers habitants de Gibraltar dans l'**Apes' Den** (p. 233)
- Explorer l'un des meilleurs systèmes de défense au monde dans les grottes, les sentiers et les anciennes installations militaires de l'**Upper Rock Nature Reserve** (p. 233)
- S'envoler jusqu'au sommet du Rocher à bord du **téléphérique** (p. 233) pour embrasser la vue sur la Bahía de Algeciras
- **Plonger** (p. 235) au milieu des épaves et découvrir le monde sous-marin du Rocher
- Se perdre dans les rues en dédale de **Gibraltar Town** (p. 233)

GIBRALTAR

⬛ POPULATION :	⬛ TEMPÉRATURES MOYENNES :	⬛ ALTITUDE :
28 600 HABITANTS	JAN/AOÛT 15°C/24°C	0–426 m

HISTOIRE

Chaque mètre carré de Gibraltar raconte une histoire qui remonte jusqu'aux hommes de Neandertal, comme l'attestent les crânes d'hominidés découverts en 1848 et en 1928. Le premier, celui d'une femme, fut en réalité mis au jour huit ans avant la découverte d'un crâne d'homme dans la vallée de Neander, en Allemagne (d'où le terme anthropologique "homme de Neandertal" – même si celui de "femme de Gibraltar" serait plus légitime).

Phéniciens et Grecs y ont laissé des traces, mais Gibraltar n'entra vraiment dans l'histoire qu'en 711, lorsque Tariq ibn Ziyad, le gouverneur musulman de Tanger, en fit la première tête de pont pour l'invasion islamique de la péninsule Ibérique, débarquant avec une armée de quelque 10 000 hommes. Le nom de Gibraltar est une déformation de l'arabe "djebel al-Tariq", la montagne de Tariq.

Les Almohades fondèrent ici une cité en 1159, demeurée aux mains des musulmans jusqu'à sa conquête par la Castille, en 1462. Puis, en 1704, durant la guerre de succession d'Espagne, une flotte anglo-hollandaise s'empara de Gibraltar. L'Espagne céda le Rocher à l'Angleterre par le traité d'Utrecht, en 1713, sans pour autant renoncer à le récupérer. L'échec du grand Siège (1779–1783) mit un terme à ses tentatives. Suite à la capture du Rocher, la plupart des habitants espagnols prirent la fuite vers ce qui est aujourd'hui le Campo de Gibraltar, région de la Bahía de Algeciras (ou baie de Gibraltar), trouvant refuge dans des villes comme San Roque, Algeciras et La Línea de la Concepción.

Ultérieurement, la Grande-Bretagne fit de Gibraltar une importante base navale et, au cours de la Seconde Guerre mondiale, le territoire servit de base pour les débarquements alliés en Afrique du Nord. Et si les Britanniques ont retiré leur garnison au début des années 1990, la flotte anglaise se sert encore constamment de Gibraltar. Ces liaisons maritimes et son statut de port franc n'ont fait que renforcer les relations entre la population locale et la Grande-Bretagne, et continuent toujours à attirer des investisseurs.

En 1969, Franco ferma la frontière entre l'Espagne et Gibraltar, exaspéré par un référendum dans lequel les habitants de Gibraltar choisirent par 12 138 voix contre 44 de rester sous la souveraineté britannique. Cette fermeture eut pour conséquence la cessation totale des relations transfrontalières et la polarisation, apparemment irréversible, des attitudes et des sentiments, à Gibraltar comme en Espagne. La même année, une nouvelle constitution engagea l'Angleterre à respecter les souhaits de la population locale en matière de souveraineté, et donna à Gibraltar une autonomie sur le plan intérieur, ainsi que son propre parlement, la House of Assembly. En 1985, juste avant l'entrée de l'Espagne dans la C.E.E. (devenue l'U. E.), en 1986, la frontière fut rouverte, après 16 longues années, donnant un nouveau souffle au Rocher.

GOUVERNEMENT ET POLITIQUE

Les deux dernières élections (en 2000 et 2004) ont été remportées par le parti de centre droit de Peter Caruana, le Gibraltar Social Democrat Party. L'opposition est représentée par le Gibraltar Socialist Labour Party, dirigé par Joe Bossano. Caruana s'est déclaré prêt à entamer des discussions avec l'Espagne sur l'avenir de Gibraltar, mais s'oppose toujours résolument à toute concession en matière de souveraineté.

Quand l'Espagne veut faire pression sur Gibraltar, elle recourt à d'obscures querelles diplomatiques et à des méthodes telles que le renforcement des procédures de douane et d'immigration, provoquant ainsi des attentes de plusieurs heures à la frontière. L'Espagne a proposé une période de souveraineté conjointe hispano-britannique avant que Gibraltar ne devienne la dix-huitième communauté autonome d'Espagne, dotée de plus d'autonomie que les autres.

Le tourisme, les activités portuaires et la finance constituent les piliers de l'économie de Gibraltar. La police espagnole déplore le fait que le territoire, où sont domiciliées plus de 70 000 sociétés, soit un paradis pour le blanchiment de l'argent du crime organisé et pour l'évasion fiscale d'autres pays européens. Une bonne partie de cet argent serait réinvestie dans l'immobilier, dans le sud de l'Espagne. Caruana ne nie pas que Gibraltar soit un paradis fiscal, mais il affirme que celui-ci est sous contrôle. La contrebande de cigarettes de Gibraltar vers l'Espagne, autre point litigieux entre les deux pays, semble avoir diminué sous le gouvernement de Caruana.

LE PARADIS DE LA CONTREBANDE

Autrefois repaire de contrebandiers qui fournissaient des produits aux bandits de Ronda, Gibraltar reste un paradis fiscal – l'une des pommes de discorde pour le gouvernement espagnol. Avec ses produits électroniques, ses chocolats, ses parfums, ses alcools et ses cigarettes bon marché (deux fois moins chers qu'en Espagne), en raison de son exemption de TVA, la contrebande va toujours bon train. Notamment la contrebande de cigarettes. Pas étonnant alors que les contrôles à la frontière soient parfois très longs. D'autant que la police des douanes est en alerte permanente, afin de tenter de confondre et de contrecarrer tout commerce frauduleux.

L'Espagne ne cesse de se plaindre auprès du gouvernement britannique de la contrebande à Gibraltar, ainsi que du blanchiment d'argent *via* ses 75 000 institutions financières "off-shore", qui serviraient pour l'argent de la mafia russe. Gibraltar, avec ses trois marinas, est certainement une ville très riche et aurait beaucoup à perdre si l'Espagne mettait un terme à ces magouilles lucratives.

Les gouvernements britanniques successifs ont toujours refusé de céder sur la question de la souveraineté de Gibraltar. Mais, lors du sommet européen de Barcelone de mars 2002, l'Espagne et la Grande-Bretagne sont parvenues à un accord de partage de la souveraineté, soutenu par les 15 États de l'Union européenne. Gibraltar a vivement réagi contre ce qu'ils considèrent comme un accord conclu, dans leur dos, par Tony Blair et son homologue espagnol José María Aznar. Pour les Gibraltariens, la Grande-Bretagne a offert à l'Espagne une souveraineté "de principe" sur la colonie, en violation des engagements inscrits dans la Constitution de 1969.

Le 18 mars 2002, vingt mille Gibraltariens ont manifesté pacifiquement dans les rues, à l'appel de Peter Caruana, exprimant avec détermination leur attachement à la nationalité britannique. En juin 2002, il apparut clairement que les négociations hispano-britanniques buttaient sur la question du contrôle de la base navale et de l'aéroport militaire de Gibraltar.

Début septembre 2002, le gouvernement de Gibraltar annonça la tenue d'un référendum, le 7 novembre 2002, sur la question du partage de la souveraineté entre la Grande-Bretagne et l'Espagne. Résultat : les habitants de Gibraltar rejetèrent en masse toute idée de co-souveraineté.

La Grande-Bretagne et l'Espagne refusèrent toutes deux d'accorder une quelconque légitimité à ce référendum. Le gouvernement britannique a malgré tout fait savoir qu'il ne modifierait pas le statut du Rocher contre la volonté des habitants, tout en insistant sur le fait qu'il ne reconnaîtrait pas comme légitime tout référendum non organisé par le gouvernement britannique.

Alors que Gibraltar a fêté 300 ans de souveraineté britannique en 2004, il semble que la plupart des Gibraltariens ne considèrent plus la Grande-Bretagne comme leur mère patrie, même s'ils vivent toujours dans la tradition britannique. La question de cette anomalie territoriale ne se résoudra sans doute que par le biais d'un compromis politique et économique. Il faut mettre en place un accord dont puisse bénéficier aussi bien Gibraltar que l'Espagne, et qui satisfasse le désir de la population de conserver sa citoyenneté britannique, sans pour autant heurter la sensibilité des Espagnols.

POPULATION

Gibraltar compte quelque 77% de Gibraltariens, 14% de Britanniques et 9% d'autres nationalités. Les Gibraltariens ont une ascendance mêlée de Juifs, de Portugais, d'Espagnols, de Maltais, d'Indiens, de Britanniques et de Génois, ces derniers ayant été appelés par les Britanniques au XVIIIᵉ siècle pour réparer les bateaux. Les résidents d'autres nationalités sont souvent marocains, venus, pour la plupart, avec des contrats de travail temporaires.

LANGUE

Les habitants de Gibraltar parlent à la fois anglais, espagnol et un curieux mélange chantant des deux, passant sans cesse d'une langue à l'autre, souvent au beau milieu d'une phrase. Les panneaux sont en anglais.

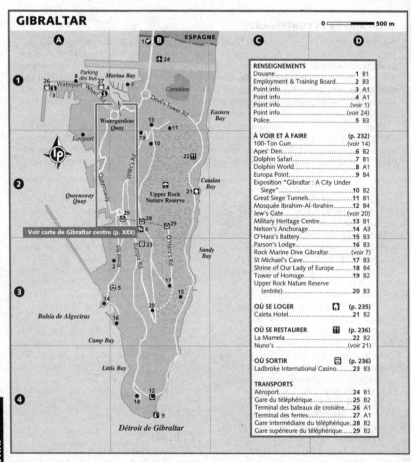

GIBRALTAR

0 — 500 m

RENSEIGNEMENTS
Douane	1 B1
Employment & Training Board	2 B3
Point info	3 A1
Point info	4 A1
Point info	(voir 1)
Point info	(voir 24)
Police	5 B3

À VOIR ET À FAIRE (p. 232)
100-Ton Gun	(voir 14)
Apes' Den	6 B2
Dolphin Safari	7 B1
Dolphin World	8 A1
Europa Point	9 B4
Exposition "Gibraltar : A City Under Siege"	10 B2
Great Siege Tunnels	11 B1
Mosquée Ibrahim-Al-Ibrahim	12 B4
Jew's Gate	(voir 20)
Military Heritage Centre	13 B1
Nelson's Anchorage	14 A3
O'Hara's Battery	15 B3
Parson's Lodge	16 B3
Rock Marine Dive Gibraltar	(voir 7)
St Michael's Cave	17 B3
Shrine of Our Lady of Europe	18 B4
Tower of Homage	19 B2
Upper Rock Nature Reserve (entrée)	20 B3

OÙ SE LOGER (p. 235)
Caleta Hotel	21 B2

OÙ SE RESTAURER (p. 236)
La Mamela	22 B2
Nuno's	(voir 21)

OÙ SORTIR (p. 236)
Ladbroke International Casino	23 B3

TRANSPORTS
Aéroport	24 B1
Gare du téléphérique	25 B2
Terminal des bateaux de croisière	26 A1
Terminal des ferries	27 A1
Gare intermédiaire du téléphérique	28 B2
Gare supérieure du téléphérique	29 B2

ORIENTATION

La ville frontière de La Línea de la Concepción (p. 224) permet de rejoindre Gibraltar depuis l'Espagne. Juste au sud de la frontière, la route croise la piste de l'aéroport de Gibraltar qui coupe la péninsule. La ville et le port de Gibraltar s'étendent au pied de la face ouest du Rocher, moins abrupte, en face de la Bahía de Algeciras.

RENSEIGNEMENTS
Librairies

Voici deux adresses où trouver quantité de livres, en anglais bien entendu :
Bell Books (Carte p. 232 ; ☎ 76707 ; 11 Bell Lane)
Gibraltar Bookshop (Carte p. 232 ; ☎ 71894 ; 300 Main St)

Électricité

Le courant électrique est le même qu'en Grande-Bretagne – 220V ou 240V, avec des prises à trois fiches plates.

Urgences

Les fonctionnaires de police portent l'uniforme britannique.
Urgences (☎ 199). Pour appeler la police ou une ambulance.
Commissariat de police (Carte p. 230 ; ☎ 72500 ; Rosia Rd). Dans la partie sud de la ville, dans New Mole House.
Poste de police (Carte p. 232 ; ☎ 72500 ; 120 Irish Town)

Consulats étrangers

Onze pays, la plupart européens, possèdent un consulat à Gibraltar. Les offices du tourisme en détiennent la liste.

Accès Internet

General Internet Business Centre (Carte p. 232 ; ☎ 44227 ; 36 Governor's St ; ☺ 10h-22h mar-sam, 12h-21h dim et lun). Comptez 3 £/h, mais vous pouvez prendre un forfait allant jusqu'à 15 jours.

Adresses Internet

Pour obtenir des informations utiles sur Gibraltar, consultez les sites suivants :
www.gibraltar.gi
www.gibraltar.gov.uk. Mis en place par le gouvernement de Gibraltar.

Services médicaux

Health Centre (centre de soins ; Carte p. 232 ; ☎ 72355, 77003 ; Grand Casemates Square). Soins d'urgence 24h/24.
St Bernard's Hospital (Carte p. 232 ; ☎ 79700; Hospital Hill). Soins d'urgence 24h/24 également.

Argent

En usage à Gibraltar, la livre de Gibraltar et la livre sterling sont interchangeables. Vous pouvez utiliser des euros (sauf dans les cabines téléphoniques et à la poste), mais le change est plus intéressant en livres. Les taux de change pour acheter des euros sont un peu plus intéressants qu'en Espagne. Comme il est impossible d'utiliser la devise locale en dehors de Gibraltar, dépensez ou changez vos dernières livres avant de partir.

Les banques ouvrent de 9h à 15h30, du lundi au vendredi. Vous en trouverez plusieurs sur Main St. (avec des DAB), ainsi que des bureaux de change, ouverts plus longtemps.

Poste

Bureau de poste principal (Carte p. 232 ; 104 Main St ; ☺ 9h-14h15 lun-ven et 10h-13h sam de mi-juin à mi-sept, 9h-16h30 lun-ven et 10h-13h sam de mi-sept à mi-juin).

Téléphone

Pour téléphoner à Gibraltar depuis l'Espagne, faites le ☎ 9567 avant de composer le numéro local à cinq chiffres. Depuis les autres pays, composez le code d'accès international, puis le ☎ 350 (code de Gibraltar) et le numéro local. Les numéros des téléphones mobiles comportent huit chiffres et commencent toujours par un ☎ 5.

À Gibraltar, vous pouvez passer des appels internationaux ou locaux depuis les cabines publiques. Pour appeler en Espagne, il suffit de composer le numéro à neuf chiffres. Pour téléphoner dans un autre pays, composez le code d'accès international (☎ 00), puis l'indicatif du pays, de la région et enfin le numéro.

Offices du tourisme

Gibraltar Tourist Board (Carte p. 232 ; ☎ 45000, 74950 ; www.gibraltar.gov.uk ; Duke of Kent House, Cathedral Square ; h9h-17h30 lun-ven). Très utile et dispose d'une foule de brochures gratuites.
Points info aéroport (Carte p. 230 ; ☎ 73026; ☺ lun-ven, pour les vols à l'heure du déj uniquement) ; terminal des bus (Carte p. 230 ; ☎ 78198 ; Waterport Wharf Rd ; ☺ 9h-16h30 lun-ven, 10h-15h sam) ; terminal des croisières (Carte p. 230 ; ☎ 47670 ; ☺ ouvert lorsqu'un navire mouille dans le port) ; douane (Carte p. 230 ; ☎ 50762 ; Frontière ; ☺ 9h-16h30 lun-ven et 10h-15h sam)
Office du tourisme (Carte p. 232 ; ☎ 74982 ; Grand Casemates Square ; ☺ 9h-17h30 lun-ven, 10h-15h sam, 10h-13h dim et jours fériés)

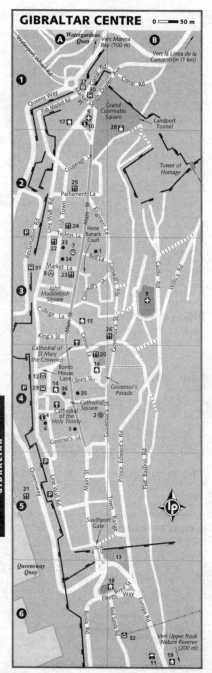

GIBRALTAR CENTRE 0 ⊏══ 50 m

Travailler à Gibraltar
Dénicher un emploi à Gibraltar n'est pas facile. Vous pouvez néanmoins vous renseigner sur les possibilités de travail auprès de l'**Employment & Training Board** (Carte p. 230 ; ☎ 74999 ; Rosia Rd). Si l'on excepte Palma de Mallorca, Gibraltar est l'endroit le plus favorable de la péninsule Ibérique pour trouver une place non payée dans l'équipage d'un bateau de plaisance. Renseignez-vous au port de Marina Bay.

À VOIR
Le Rocher de Gibraltar   Carte p. 230
Bien évidemment, le Rocher constitue le principal intérêt de Gibraltar. Cet énorme pic de calcaire élève ses versants abrupts jusqu'à 426 m de hauteur. Commençant juste au-dessus de la ville, les parties supérieures du Rocher, classées réserve naturelle, offrent

des panoramas spectaculaires. Les billets pour l'**Upper Rock Nature Reserve** (adulte/enfant/véhicule 7/4/1,50 £, piétons sans les attractions 0,50 £; ◷ 9h30-19h, dernière visite 18h30) comprennent l'entrée à la St Michael's Cave, à l'Apes' Den, aux Great Siege Tunnels, au Military Heritage Centre, à la Tower of Homage et à l'exposition "Gibraltar: A City Under Siege". Cette réserve où ont été réunies 600 espèces de plantes, s'avère idéale pour observer les migrations d'oiseaux entre l'Europe et l'Afrique (voir *Oiseaux de haut vol dans le détroit de Gibraltar* p. 219).

Les habitants les plus célèbres du Rocher sont la colonie de magots, les seuls primates sauvages d'Europe. Certains occupent les abords de l'**Apes' Den** (le ravin des singes), à la hauteur de la gare intermédiaire du téléphérique, mais on en rencontre aussi au niveau de la gare supérieure et des Great Siege Tunnels. La légende dit que, lorsque les singes (qui auraient été introduits depuis l'Afrique du Nord au XVIIIe siècle) disparaîtront de Gibraltar, il en sera de même pour les Britanniques. Quand la population simienne a diminué pendant la seconde guerre mondiale, les Britanniques décidèrent de faire venir des primates d'Afrique. Dernièrement, la population s'est accrue rapidement, au point que différentes séries de mesures ont été envisagées, des implants contraceptifs au "rapatriement" en Afrique. L'été est la saison idéale pour observer les nouveaux-nés, mais gardez vos distances pour échapper à leurs dents acérées et à leurs sautes d'humeur. Pour ceux qui craignent les animaux ou qui voyagent avec des enfants en bas âge, une visite guidée est préférable car les guides officiels connaissent bien les réactions et les habitudes des singes.

Pour rejoindre l'Apes' Den et la partie supérieure du Rocher, prenez le **téléphérique** (voir p. 237). Au sommet, la gare offre de superbes vues sur la Bahía de Algeciras, et l'on peut même voir la côte marocaine par temps clair. De là, on peut également contempler les précipices vertigineux du versant est du Rocher, surplombant les anciens capteurs d'eau qui canalisaient la pluie vers les réservoirs souterrains.

À environ 15 min à pied vers le sud, en descendant St Michael's Rd depuis la gare supérieure du téléphérique, O'Hara's Rd mène sur la gauche, en montant, à **O'Hara's Battery**, une batterie de canons située au sommet du Rocher. Juste au niveau du portail, vous verrez le haut des Mediterranean Steps (voir p. 234). En descendant encore quelques minutes (ou en montant 20 min depuis l'Apes' Den), vous arriverez à l'extraordinaire **St Michael's Cave** (St Michael's Rd; 2 £; ◷ 9h30-19h), vaste grotte naturelle qu'agrémentent des stalagmites et des stalactites. Autrefois, les habitants pensaient que la grotte reliait le Rocher à l'Afrique. Aujourd'hui, elle attire des foules de touristes et accueille des concerts, des pièces de théâtre et des défilés de mode. Pour une visite guidée plus approfondie des grottes, qui mènent à un lac souterrain, contactez l'office du tourisme (p. 231).

À environ 30 min de marche vers le nord (en descendant) depuis de la gare supérieure du téléphérique, on rejoint la Princess Caroline's Battery, qui héberge le **Military Heritage Centre**. De là, une route descend à la Princess Royal Battery, autre batterie de canons, tandis qu'une autre voie monte jusqu'aux **Great Siege Tunnels** (ou Upper Galleries, galeries supérieures), système de défense complexe taillé dans le Rocher par les Britanniques au cours du siège de 1779-1783. Elles ne représentent qu'une infime partie des plus de 70 km de tunnels et de galeries creusés dans le Rocher, dont l'essentiel n'est pas accessible au public.

Dans Willis'Rd, qui descend de la Princess Caroline's Battery jusqu'à la ville, vous pourrez visiter l'**exposition "Gibraltar : A City Under Siege"**, dans le premier bâtiment britannique du Rocher (un ancien magasin de munitions), et la **Tower of Homage**, vestige d'un château musulman construit en 1333. La tour fait actuellement l'objet d'une rénovation et, lors de la rédaction de ce guide, la date de réouverture n'était pas fixée (renseignez-vous à l'office du tourisme pour obtenir des informations plus récentes).

La ville de Gibraltar   Carte p. 232

Bien que les boutiques, les pubs et les restaurants qui bordent la rue piétonne de Main St, dégagent un évident parfum britannique, le centre-ville de Gibraltar s'anime en milieu de matinée d'une manière toute méditerranéenne. La petite touche espagnole que l'on retrouve ici,

GIBRALTAR

PROMENADE SUR LE ROCHER

L'une des meilleures façons de découvrir le haut du Rocher consiste à emprunter les Mediterranean Steps (l'escalier de la Méditerranée ; carte p. 230). Cette superbe promenade de deux heures sur le versant est du Rocher emmène le visiteur sur des sentiers qui zigzaguent entre des falaises de calcaire et à travers une réserve d'oiseaux à la végétation dense, sorte de jardin musulman semi-sauvage. Depuis les sentiers reliés entre eux par plusieurs escaliers, on découvre des points de vue prodigieux. La dernière portion conduit à l'O'Hara's Battery, point culminant du Rocher. Les Mediterranean Steps, qui datent du XVIIIe siècle, relient plusieurs batteries de canons aujourd'hui en ruine. Détériorés par endroits, les escaliers ne sont pas dangereux, mais nous déconseillons d'emprunter cet itinéraire à la descente (prenez le téléphérique ou redescendez à pied par la route). Mieux vaut vous lancer dans la montée, plus fatigante, mais ne présentant aucun passage dangereux et praticable par toute personne en forme physique normale. Le sentier des Mediterranean Steps démarre à Jew's Gate, entrée de l'Upper Rock Nature Reserve, accessible à pied ou en taxi par Engineer Rd. À gauche du bâtiment de plain-pied situé derrière Jew's Gate, un panneau en piteux état indique le début de l'itinéraire. On se repère sans grande difficulté, mais vous avez tout intérêt à vous procurer auprès de l'office du tourisme un dépliant décrivant le parcours, schéma à l'appui, et donnant quelques indications sur la faune et la flore à découvrir en chemin.

ajoutée à la présence de Marocains en djellaba, rappelle que l'on est toujours dans l'Europe méditerranéenne et que le Rocher a été musulman pendant plus de 700 ans et espagnol pendant 240 ans.

Aujourd'hui, le Rocher témoigne de 300 ans de présence militaire et administrative britannique, regorgeant de ruines de fortifications, de portes et de batteries de canons britanniques.

Pour vous familiariser avec les différentes influences culturelles et l'histoire pleine de rebondissements de Gibraltar, visitez le **Gibraltar Museum** (74289 ; Bomb House Lane ; adulte/enfant de moins de 12 ans 2/1 £ ; 10h-18h lun-ven, 10h-14h sam), qui présente des expositions très intéressantes sur l'histoire, l'architecture et l'armée, en remontant même jusqu'à la préhistoire. Parmi les fleurons du musée, signalons des bains maures bien préservés du XIVe siècle, ainsi que la réplique du crâne de femme datant de 100 000 ans découvert à Forbes Quarry, sur le versant nord du Rocher, en 1848 (l'original est exposé au Natural History Museum de Londres).

Pour une leçon d'histoire plus poignante, rendez-vous au **Trafalgar Cemetery** (Prince Edward's Rd ; 9h-19h), juste au sud de la Southport Gate, pour découvrir les tombes des marins britanniques morts à Gibraltar, lors de la bataille de Trafalgar (1805). Plus au sud, le **Nelson's Anchorage** (Rosia Rd ; 1 £ ; 9h30-17h15 lun-sam) abrite un énorme canon de l'époque victorienne pesant 100 tonnes, fabriqué en Grande-Bretagne en 1870. C'est

là que le corps de l'amiral britannique Nelson aurait été conservé, dans un tonneau de rhum, avant d'être ramené sur le rivage par le HMS Victory. Un peu plus au sud se trouve la batterie de canons de **Parson's Lodge** (Rosia Rd ; adulte/enfant 1/0,50 £ ; 10h-18h lun-ven), perchée sur une falaise à 40 m de hauteur. Sous l'emplacement des canons se cache un dédale de galeries avec d'anciens magasins de munitions et des quartiers d'habitation.

Ne manquez pas non plus de déambuler dans les **Alameda Botanical Gardens** (jardins botaniques ; Europa Rd ; entrée libre ; 8h-coucher du soleil), qui inspirèrent à James Joyce une fameuse scène d'*Ulysse*.

Europa Point
Carte p. 230

La pointe méridionale de Gibraltar est connue sous le nom d'**Europa Point**. Là se dressent le premier phare de Gibraltar, pillé par l'infâme corsaire Barberousse, et le **Christian Shrine of Our Lady of Europe** (sanctuaire chrétien de Notre-Dame-d'Europe ; 71230 ; 10h-13h et 14h-19h lun-ven, 11h-13h et 14h-19h sam et dim), dont la statue de la Vierge à l'enfant du XVe siècle a été miraculeusement épargnée lors de l'attaque du pirate. Non loin, symbole de la symbiose raciale et religieuse du passé et, dans une certaine mesure, du présent de Gibraltar, se tient la **mosquée d'Ibrahim-Al-Ibrahim** (47694), inaugurée en 1997. Construite sur l'ordre du Roi Fahd d'Arabie Saoudite pour accueillir tous les Marocains qui travaillaient sur le Rocher, il s'agirait de la plus grande mosquée en terre non-musulmane. Téléphonez à l'avance pour connaître les heures d'ouverture.

À FAIRE
Observation des dauphins
La Bahía de Algeciras héberge à longueur d'année une population relativement importante de dauphins. Au moins six bateaux proposent des sorties pour les observer. D'avril à septembre, la plupart effectuent au moins deux excursions quotidiennes et, le reste de l'année, au moins une par jour. Les bateaux partent en général du Watergardens Quay ou de la Marina Bay, au nord-ouest du centre-ville. Les excursions durent 2 heures 30, moyennant quelque 20 £/pers. Les enfants bénéficient d'un demi-tarif. Vous avez toutes les chances d'observer des dauphins de très près, et peut-être même d'apercevoir des baleines. Adressez-vous par exemple à **Dolphin World** (Carte p. 230 ; ☎ 54481000 ; Ferry Terminal, Waterport ; adulte/enfant de moins de 12 ans 20/10 £) ou à **Dolphin Safari** (Carte p. 230 ; ☎ 71914 ; Marina Bay ; adulte/enfant de moins de 12 ans 20/10 £), sachant qu'il faut réserver à l'avance.

Plongée
Le Rocher offre de bons sites de plongée, à des tarifs intéressants. Les paysages marins sont uniques, avec de nombreuses épaves. **Rock Marine Dive Gibraltar** (Carte p. 230 ; ☎ 73147; The Square, Marina Bay) propose différentes sorties pour 17,50 à 25 £, avec une plongée de nuit comprise.

Plages
Pour prendre un bain de soleil, prenez le bus n°4 au départ de Line Wall Rd (toutes les 15 min) jusqu'à **Catalan Bay**, un minuscule village de pêcheurs sur la côte est du Rocher.

CIRCUITS ORGANISÉS
Les chauffeurs de taxi proposent une visite d'1 heure 30 des principaux sites de Gibraltar, pour 7 £/pers (4 pers minimum), entrée à l'Upper Rock Nature Reserve en sus. La plupart des chauffeurs sont bien informés. Nombre de voyagistes offrent des excursions similaires, moyennant 11 à 12,50 £.

Bland Travel (Carte p. 232 ; ☎ 77012 ; 81 Irish Town), **Parodytur** (Carte p. 232 ; ☎ 76070; Cathedral Square) et **Exchange Travel** (Carte p. 232 ; ☎ 76151 ; 241 Main St)

organisent des sorties d'une journée jusqu'à Tanger pour 48 £, déjeuner compris.

OÙ SE LOGER
Caleta Hotel (Carte p. 230 ; ☎ 76501 ; www.caletahotel. com ; Sir Herbert Miles Road ; d sans/avec vue sur la mer 74/81 £ ; P ⊠ ☐ ☎). Le meilleur hôtel 4 étoiles de Gibraltar, sur un superbe site dominant Catalan Bay (à 5 min de la ville). Accrochées à une paroi rocheuse, les terrasses en cascade offrent une vue panoramique sur la mer. Les prestations de luxe incluent une salle de sport et un sauna.

Rock Hotel (Carte p. 232 ; ☎ 73000 ; www.rockhotel-gibraltar.com ; 3 Europa Rd ; d sans/avec balcon 165/175 £ ; P ⊠ ☎). Construit par le marquis de Bute en 1932, cet établissement récemment rénové a accueilli des hôtes prestigieux, notamment Winston Churchill et Noel Coward. Peignoirs de bain, lecteurs CD et parking gratuit figurent parmi les prestations de cet hôtel de luxe.

Bristol Hotel (Carte p. 232 ; ☎ 76800 ; www.gibraltar.gi/bristolhotel ; 10 Cathedral Square ; s/d sans vue sur la mer 49/64 £, s/d avec vue sur la mer 53/69 £ ; P ⊠ ☎). En plein centre ville, le Bristol profite d'un agréable jardin avec piscine. La plupart des 60 chambres, refaites à neuf, donnent sur la mer. Les places de parking sont à retenir au moment de la réservation.

Cannon Hotel (Carte p. 232 ; ☎ 51711 ; www.cannonhotel.gi ; 9 Cannon Lane ; s/d avec sdb collective et petit déj 24,50/36,50 £, d avec sdb privée et petit déj 45 £). Un charmant hôtel de 18 chambres, dans un quartier très commerçant. Les chambres, certaines donnant sur un joli patio, sont meublées simplement. Situation idéale, à proximité de tous les centres d'intérêt. Bon rapport qualité/prix.

Eliott Hotel (Carte p. 232 ; ☎ 70500 ; www.gibraltar.gi/eliotthotel ; 2 Governor's Parade ; d 165-220 £, ste 200-420 £ ; P ⊠ ☎). Sis sur une place verdoyante, l'Eliott s'avère légèrement plus fade, mais il compte quantité d'installations, dont une salle de gym et une piscine sur le toit. Parking gratuit.

Queen's Hotel (Carte p. 232 ; ☎ 74000 ; www.queenshotel.gi ; 1 Boyd St ; s/d avec petit déj 40/60 £ ; P ⊠). Vaste édifice rose et moderne, le Queen offre une remise de 20% aux étudiants et aux voyageurs de moins de 25 ans.

Emile Youth Hostel (Carte p. 232 ; ☎ 51106, 57686000 ; fax 78581 ; Montagu Bastion, Line Wall Rd ; dort/s/d 15/17/30 £). Cette auberge de jeunesse qui accueille souvent des marins. Elle compte

43 chambres bon marché, pouvant loger 1 à 8 pers. Les chambres sont simples, et les dortoirs pour 8, exigus. Une adresse que les femmes seules devraient éviter.

Si vous êtes découragé par les tarifs de Gibraltar, la ville frontière de La Línea de la Concepción (p. 224) dispose de lieux d'hébergement plus économiques.

OÙ SE RESTAURER

La plupart des pubs de la ville servent des repas typiquement britanniques.

Nuno's (Carte p. 230 ; ☎ 76501; Caleta Hotel, Sir Herbert Miles Road ; plats principaux 13-16 £). Un luxueux restaurant italien situé dans le Caleta Hotel, avec des vues fabuleuses depuis la terrasse. Accompagnez les délicieuses pâtes maison d'un des nombreux vins proposés, pour un repas chic et romantique.

Claus on the Rock (Carte p. 232 ; ☎ 48686; 14 Queensway Quay ; plats principaux 7,50-14 £ ; ☺ fermé dim). Situé sur la dernière marina en date, le luxueux Queensway Quay, cet élégant restaurant propose un choix large de spécialités internationales. Au menu, des plats des Caraïbes ou du Moyen-Orient.

La Mamela (Carte p. 230 ; ☎ 72373 ; Catalan Bay ; plats principaux 9,50-16 £). Excellent restaurant de poisson de la Catalan Bay, à l'extrémité sud de la plage. Enlevez le sable de vos chaussures et prenez place pour déguster une délicieuse paella ou du poisson.

Clipper (Carte p. 232 ; ☎ 79791 ; 78B Irish Town ; roast dinner 5,95 £). L'un des meilleurs bars du cru. Boiseries vernies et carte éclectique incluant un traditionnel *Sunday roast* (rôti du dimanche). Concerts live le week-end.

House of Sacarello (Carte p. 232 ; ☎ 70625 ; 57 Irish Town ; plats du jour 5,50-6,10 £ ; ☺ fermé dim). Un restaurant chic où se régaler de plats végétariens et de savoureuses soupes maison, pour environ 2 £. Vous pouvez vous prélasser autour d'un *afternoon tea for two* (7,75 £) de 15h à 19h30.

Cannon Bar (Carte p. 232 ; ☎ 77288 ; 27 Cannon Lane ; plats principaux environ 4,75 £). Réputé pour ses copieux *fish and chips*, les meilleurs de la ville. On peut lui préférer des tourtes au bœuf et aux rognons, ou des salades, dans la même gamme de prix.

Star Bar (Carte p. 232 ; ☎ 75924 ; 12 Parliament Lane ; petit déj 4,25 £ ; ☺ 24h/24). Le plus ancien bar de Gibraltar, et l'un des plus fameux. Ouvert tous les jours en continu.

Three Roses Bar (Carte p. 232 ; ☎ 51614 ; 60 Governor's St ; petit déj 3,50 £, plats principaux 2,90-6,50 £ ; ☺ 11h-tard le soir). On vient ici savourer un copieux petit déj, avec œufs, saucisses, bacon, pain frit, haricots, tomates et champignons – mais seulement pour les lève-tard. Spécialités écossaises au menu.

Figaro (Carte p. 232 ; 9 Market Lane ; plats principaux 4-8 £). Aussi appelé "Le salon de thé", voici un café-restaurant qui mitonne des scones traditionnels à la confiture et à la crème, ainsi que de bons plats du jour.

Dans Marina Bay, un peu en dehors du centre, vous trouverez de bons cafés et restaurants en bord de mer.

OÙ SORTIR

Des concerts de pop, rock, jazz et folk ont lieu dans différents pubs de Gibraltar. **UnderGround** (Carte p. 232 ; ☎ 40651 ; 8 West Place of Arms) comporte deux pistes de danse et une terrasse en plein air. Pleine de charme, la salle de **St Michael's Cave** programme des concerts et divers spectacles (renseignez-vous à l'office du tourisme). Outre une roulette et des machines à sous le **Ladbroke International Casino** (Carte p. 230 ; ☎ 76666 ; 7 Europa Rd), propose des spectacles, et dispose d'une discothèque et d'un restaurant. Entrée libre et tenue décontractée acceptée.

ACHATS

Les grandes chaînes britanniques sont représentées dans Main St ou dans le centre Europort, à l'extrémité nord du port principal. **Gibraltar Crystal** (Carte p. 232 ; ☎ 50136 ; Grand Casemates Square) fabrique de la verrerie fine (démonstration gratuite). Les boutiques ouvrent en général de 9h à 19h30 du lundi au vendredi, et jusqu'à 13h le samedi.

DEPUIS/VERS GIBRALTAR

La frontière reste ouverte tous les jours, 24h/24. Prévoyez une bonne marge en quittant Gibraltar si vous devez prendre un bus à La Línea. Les véhicules et les piétons doivent patienter avant de traverser la piste de l'aéroport lorsque des avions atterrissent ou décollent (2 à 3 fois par jour). Vous risquez aussi de prendre du retard à la douane espagnole, bien que la fouille des bagages s'avère souvent superficielle.

Avion

Au moment de la rédaction de ce guide, Gibraltar n'était desservi qu'au départ du Royaume-Uni.

GB Airways (☎ 79300 ; www.gbairways.com) propose des vols quotidiens vers/depuis Londres. Un vol aller/etour depuis Londres coûte 76 à 205 £, en fonction de la saison et des offres spéciales.

Monarch Airlines (☎ 47477 ; www.flymonarch. com) relie chaque jour Gibraltar à Londres Luton. Un aller-retour coûte de 94 à 235 £.

À Gibraltar, les bureaux des compagnies aériennes se trouvent dans l'aéroport, mais vous pouvez aussi réserver auprès d'une agence de voyages.

Bateau

Au moment de la rédaction de ce guide, un seul ferry (adulte aller/et retour 18/30 £, enfant aller/et retour 9/15 £, voiture aller/et retour 46/92 £, 80 min) reliait chaque semaine Gibraltar et Tanger, au Maroc (départ de Gibraltar le ven à 18h). Le ferry part du terminal situé devant le parking des bus. Vous pouvez acheter des billets chez **Turner & Co** (Carte p. 232 ; ☎ 78305 ; turner@gibnynex.gi ; 65 Irish Town). Mieux vaut réserver à l'avance. Les ferries vers/depuis Tanger sont plus fréquents au départ d'Algeciras (p. 224).

Pour plus d'informations sur les ferries Gibraltar–Tanger et Algeciras–Tanger, consultez le site www.frs.es.

Bus

Les bus d'Espagne ne vont pas à Gibraltar même, mais à la gare routière de La Línea de la Concepción (p. 225), à quelques minutes à pied de la frontière, d'où partent quantité de bus pour le centre-ville.

TRANSPORTS LOCAUX

La marche à pied de 1,5 km pour aller de la frontière au centre-ville s'avère insolite, car il faut traverser la piste de l'aéroport. En tournant à gauche (au sud) dans Corral Rd, vous passerez sous le Landport Tunnel (autrefois seul accès terrestre pour franchir les remparts de Gibraltar), uniquement piétonnier, pour déboucher dans Grand Casemates Square et sur Main St.

Bus

Les bus n°3, 9 et 10 relient la frontière au centre-ville, toutes les 15 min environ en semaine, et toutes les 30 min le samedi et le dimanche. Le bus n°9 rejoint Market Place (Grand Casemates Gate). Il circule de 7h15 à 20h30 du lundi au samedi, et de 9h à 20h45 le dimanche. Le bus n°3 s'arrête à Cathedral Square et à la gare inférieure du téléphérique, avant de regagner Europa Point. Le service est assuré de 6h30 à 21h du lundi au samedi, et de 7h30 à 21h le dimanche. Le bus n°10 va de la frontière à Europort (avec un arrêt au supermarché Safeway), puis emprunte Queens Way jusqu'à Reclamation Rd, non loin du centre-ville. Le bus n°4 relie Catalan Bay, du côté est du Rocher, au centre et à Europort. Tous les trajets coûtent 60 p/40 p/30 p par adulte/enfant/senior.

Téléphérique

Le **téléphérique** (Carte p. 230 ; Red Sands Rd ; adulte aller/et retour 6/7,50 £, enfant aller/et retour 3,50/4 £ ; ☼ 9h30-17h15 lun-sam) fournit un excellent moyen d'explorer Gibraltar. Les prix indiqués ne comprennent pas l'entrée aux sites du haut du Rocher (voir p. 232). Pour l'Apes' Den, descendez à la gare intermédiaire. Vous pourrez ensuite reprendre le téléphérique pour rejoindre la gare supérieure. La cabine passe fréquemment (l'attente est de quelques minutes), la dernière descendant à 16h45. Attention : le téléphérique ne fonctionne pas en cas de mauvais temps, surtout en cas de vent fort.

Voiture et moto

Les rues de Gibraltar sont très encombrées et il est parfois difficile de se garer. Compte tenu des files d'attentes à la frontière, mieux vaut stationner à La Línea et traverser la frontière à pied. Pour vous rendre à Gibraltar en voiture, il faut un certificat d'assurance, une carte grise et un permis de conduire. Vous n'avez aucune taxe à acquitter : certaines personnes se sont vues extorquer une dizaine d'euros par des escrocs affirmant que le passage d'un véhicule était payant. On conduit du côté droit à Gibraltar. Au moment de la rédaction de ce guide, l'essence coûtait environ 10% moins cher qu'en Espagne. Il existe des parkings Line Wall Rd et Reclamation Rd (voir la carte p. 232), ainsi que Winston Churchill Ave (parking de l'aéroport) ; comptez quelque 60 p pour une heure de stationnement.

Provincia de Málaga

À la fin du XIXᵉ siècle, la province de Málaga connaissait une grande activité. C'était l'aube d'une nouvelle ère, mélange de mutations et d'incertitudes, d'opportunités et de brigandage, de romantisme et d'affairisme impitoyable. La cité de Málaga abritait pêle-mêle patrons d'industrie, artistes bohèmes et matadors en quête de gloire. Ainsi se présentait-elle quand naquit Pablo Picasso, le plus moderniste de ses fils.

Aujourd'hui, le nombre de touristes qui traversent chaque année le territoire frise les 14 millions. Pour autant, la population n'a pas perdu sa bonne humeur courtoise et, en dépit des pressions évidentes, parvient toujours à fournir d'excellents équipements et services aux visiteurs sans prendre de grands airs. Certes, Málaga ne dispose pas du riche patrimoine historique de Sevilla, Córdoba ou Granada, mais il s'agit d'une province vivante qui va de l'avant. Si la Costa del Sol privilégie les divertissements, l'arrière-pays, avec ses fascinants villages blancs et ses massifs montagneux spectaculaires, se révèle plein de charme. Ces montagnes se prêtent à toutes sortes d'activités de plein air, notamment l'équitation, la randonnée, la spéléologie et le kayak.

Entre 2000 et 2004, le prix de l'immobilier a enregistré une hausse astronomique de 80% du fait du nombre croissant d'expatriés s'installant dans la province – Málaga apporte désormais la plus forte contribution financière au gouvernement régional d'Andalousie. Il semblerait que l'attrait pour sa côte ensoleillée demeure toujours aussi vif et sans complexe.

À NE PAS MANQUER

- Suivez les festivités les plus exubérantes de la Costa del Sol : la **Feria de Málaga** (p. 248), la **Feria de San Bernabé** (p. 263) et le **Día de la Virgen del Carmen** (p. 259)
- Remontez le temps à Málaga, en visitant le **Castillo de Gibralfaro** (p. 245) ou admirez la remarquable collection du nouveau **Museo Picasso** (p. 245)
- Découvrez l'histoire de la tauromachie, ressuscitée à Ronda lors de la **Feria de Pedro Romero** (p. 271)
- Escaladez les impressionnantes gorges calcaires d'**El Chorro** (p. 276) ou descendez en kayak les eaux tumultueuses du **Río Genil** (p. 276)
- Explorez la campagne vallonnée de **La Axarquía** (p. 282)
- Prélassez-vous sur les plages des stations balnéaires de la **Costa del Sol** (p. 254)

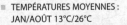

POPULATION :	TEMPÉRATURES MOYENNES :	ALTITUDE :
1,3 MILLION D'HABITANTS	JAN/AOÛT 13°C/26°C	0 m–2 069 m

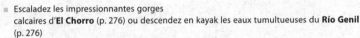

PROVINCIA DE MÁLAGA

PROVINCIA DE MÁLAGA

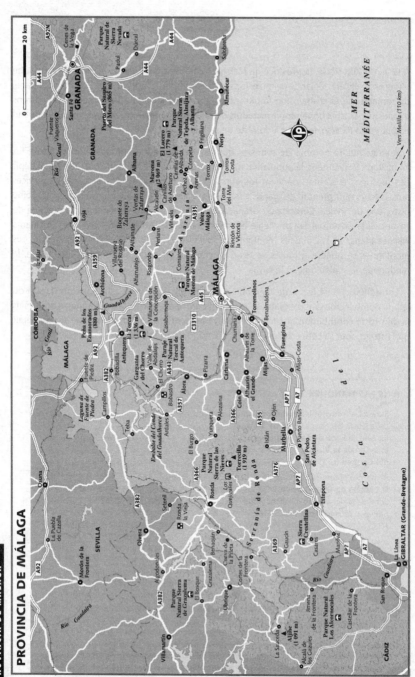

20 km

MER MÉDITERRANÉE

Vers Melilla (110 km)

GRANADA

Cenes de la Vega
Parque Natural de Sierra Nevada
Padul
Dúrcal
Salobreña
Santa Fé
Fuente Vaqueros
Río Genil
Puerto del Suspiro del Moro (865 m)
Almuñécar
GRANADA
Loja
Íllora
Alhama
Nerja
El Lucero (1 779 m)
Cómpeta
Torrox
Torrox Costa
Maroma (2 069 m)
Canillas de Aceituno
Canillas de Albaida
Frigiliana
Parque Naturel Sierras de Tejeda, Almijara y Alhama
Boquete de Zafarraya
Ventas de Zafarraya
Alcaucín
Árchez
Sedella
Torre del Mar
Villanueva del Rosario
Alfarnate
Alfarnatejo
Periana
Viñuela
Arenas
Vélez Málaga
Rincón de la Victoria
A359
Archidona
A92
Riogordo
La Axarquía
A335
Comarca Parque Naturel Montes de Málaga
CÓRDOBA
MÁLAGA
Peña de los Enamorados (880 m)
Villanueva de la Concepción
Casabermeja
A45
MÁLAGA
Fuente de Piedra
Antequera
El Torcal (1 336 m)
Paraje Natural Torcal de Antequera
Bobadilla
Campillos
Valle de Abdalajís
Garganta del Chorro
El Chorro
A343
Álora
Pizarra
Cártama
Torremolinos
Benalmádena
Laguna de Fuente de Piedra
A382
Bobastro
A357
Cártama
Churriana
Alhaurín de la Torre
Fuengirola
Teba
Ardales
Embalse del Conde del Guadalhorce
Alozaina
A366
Coín
Alhaurín el Grande
Mijas
Mijas-Costa
Osuna
A382
El Burgo
Yunquera
A355
Ojén
AP7
A7
SEVILLA
Parque Natural Sierra de las Nieves
Torrecilla (1 919 m)
Istán
Marbella
Puerto Banús
San Pedro de Alcántara
La Puebla de Cazalla
Setenil
Ronda la Vieja
A366
Ronda
Los Quejigales
A376
Morón de la Frontera
Olvera
A369
Serranía de Ronda
Estepona
A92
A382
Algodonales
Benaoján
Gaucín
Sierra Crestellina
Casares
AP7
Grazalema
Cueva de la Pileta
Parque Natural Sierra de Grazalema
El Bosque
Cortes de la Frontera
Manilva
Río Guadiaro
La Línea
GIBRALTAR (Grande-Bretagne)
Ubrique
San Roque
Villamartín
Río Guadalete
Río Guadaira
La Sauceda
Aljibe (1 091 m)
Jimena de la Frontera
Castellar de la Frontera
Alcalá de los Gazules
Parque Natural Los Alcornocales
CÁDIZ

MÁLAGA

547 000 habitants

Málaga n'a pas réellement grand chose à voir avec la Costa del Sol toute proche. C'est, bien entendu, une ville très moderne, mais c'est également une cité historique, où règne cette atmosphère particulière, propre à un authentique port méridional.

Passé l'ordinaire paysage en béton de la périphérie, on découvre un centre très animé. Sur fond étincelant de Méditerranée, ses larges boulevards sont agrémentés d'espaces verts et de superbes monuments, participent à un cadre plein de charme.

Si Málaga a tardé à se mettre en avant d'un point de vue touristique, les choses sont en train de changer, avec l'ouverture en 2003 d'un musée consacré à Pablo Picasso, natif de la ville, et d'un nouveau musée d'art contemporain.

Cet essor se traduit également par la création, un peu partout, de commerces et d'entreprises jeunes et dynamiques. Ouverts et sociables, les *Malagueños* aiment faire la fête. Aussi, la cité vit-elle tard le soir, l'animation commençant vraiment vers 22h.

ORIENTATION

Le Rio Guadalmedina sépare nettement la partie est de la partie ouest de Málaga. L'axe central, qui traverse le fleuve d'est en ouest et pénètre dans la ville, est l'Avenida del Andalucía. Celle-ci prend ensuite le nom d'Alameda Principal avant devenir le Paseo del Parque (qui se termine dans le quartier chic de La Malagueta).

De La Malagueta, l'Avenida Pries, qui change plusieurs fois de nom, conduit, vers l'est, jusqu'aux plages de Pedregalejo et d'El Palo.

Sur les hauteurs, au-dessus de la moitié est du Paseo del Parque, se dressent l'Alcazaba et le Castillo de Gibralfaro qui dominent les ruelles du *casco antiguo* (vieille ville). Les rues principales qui mènent au nord dans la vieille ville sont la Calle Marqués de Larios, débouchant sur la Plaza de la Constitución, et la Calle Molina Lario.

Le quartier commerçant se situe entre la Calle Marqués de Larios et la Calle Puerta del Mar.

L'aéroport se trouve à 9 km du centre – voir p. 253 pour la desserte.

RENSEIGNEMENTS

Librairies

Librería Alameda (carte p. 242 ; Alameda Principal 16). Une des plus grandes librairies de Málaga, où trouver des livres en français, ainsi qu'un rayon bien fourni en guides de voyage.

Urgences

Policía Local (carte p. 242 ; ☎ 952 12 65 00 ; Avenida de la Rosaleda 19)

Policía Nacional (carte p. 242 ; ☎ 952 31 71 00 ; Plaza de Manuel Azaña). Commissariat principal.

Accès Internet

N@veg@web (carte p. 244 ; Calle Molina Lario 11 ; 1,50 €/h ; ☺ 16h-22h). Vaste cybercafé bien situé.

Pasatiempos (carte p. 242 ; Plaza de la Merced 20 ; 1-2 €/h suivant l'heure de la journée ; ☺ 10h-23h). Beaucoup d'ordinateurs et un personnel avenant.

Consigne

La **gare routière** (carte p. 242 ; Paseo de los Tilos) et la **gare ferroviaire** (carte p. 242 ; Explanada de la Estación) disposent de consignes à bagages (3 €/j) ouvertes de 8h à 20h en semaine.

Médias

La Costa del Sol est inondée de magazines gratuits remplis de petites annonces immobilières. Le condensé hebdomadaire du quotidien local *Sur* est le plus intéressant.

Services médicaux

Farmacia Caffarena (carte p. 244 ; ☎ 952 21 28 58 ; Alameda Principal 2). Pharmacie du centre fonctionnant 24h/24.

Hospital Carlos Haya (carte p. 242 ; ☎ 952 39 04 00 ; Avenida de Carlos Haya). Le principal hôpital de la ville, 2 km à l'ouest du centre.

Argent

Un grand nombre de banques avec DAB sont regroupées dans la Calle Puerta del Mar et la Calle Marqués de Larios, de même que dans le hall d'arrivée de l'aéroport.

Poste et communications

Poste principale (carte p. 242 ; Avenida de Andalucía 1 ; ☺ 8h30-20h30 lun-ven, 8h30-14h sam). Dans le centre.

Téléphone

On trouve des cabines téléphoniques partout en ville et l'on peut acheter des cartes dans les tabacs et chez les marchands de journaux.

PROVINCIA DE MÁLAGA

MÁLAGA

0 — 400 m

MER MÉDITERRANÉE

Vers l'Hôtel Los Naranjos (400 m), CNIG (1 km)

Vers Playa de Pedregalejo (4,5 km), Nueva Malaga (6,5 km), Casa Pedro (3,5 km), Playa del Palo (4,5 km), Restaurante Tintero (4,5 km), Nerja (56 km)

Paseo Maritimo Pablo Ruiz Picasso

La Malagueta

Paseo de Sancha

Paseo Marítimo

Av de Pries

Paseo de Reding

Calle Cervantes

Calle Keromnes

Cementerio inglés

Jardines de Alcalde Pedro Ruiz Alonso

Jardines de Puerta Oscura

Gibralfaro

Camino de Gibralfaro

Footpath

Puerto Marítimo Ciudad de Melilla

Playa de la Malagueta

Paseo de la Farola

Vélez-Málaga

C. Reding

Plaza General Torrijos

Av. de Cervantes

Paseo del Parque

Paseo de los Curas

Calle Alcazabilla

Plaza de la Aduana

Plaza de la Merced

C. Álamos

Calle Carretería

Vieille ville

Calle Molina Lario

Plaza de la Marina

Voir carte Centre de Málaga p.244

Marqués de Larios

Plaza de la Constitución

Calle Cister

Huerta del Rey

Puerta Nueva

Pasillo de Santa Isabel

Avenida de la Rosaleda

Calle Fátima

Calle Sevilla

Calle Trinidad

Calle Santo Domingo

C. Cerrojo

C. Arenal de la Mota

C. Cuervos

Calle Mármoles

Avenida de Barcelona

Calle Pelayo

Calle Maldonado

Calle Eugenio Gross

Calle Baden

C. de Palencia

Don Juan de Austria

Vers l'Estadio de la Rosaleda (800 m), dimanche matin du marché aux puces (3,5 km), le Jardin Botánico La Concepción (800 m), l'Hôtel Cortijo La Reina (20 km), Antequera (50 km)

Vers l'Hôpital Carlos Haya (200 m), Puerto de la Torre (5,2 km)

Calle Atarazanas

Alameda Principal

C. Tomás de Heredia

Alameda de Colón

Calle Córdoba

Calle Vendeja

Calle Alameda

Río Guadalmedina

Avenida de Andalucía

Avenida Héroe

Gare ferroviaire (Málaga-Centro)

C. Medellín

C. Cuarteles

Estación Marítima

Puerto

Antepuerto

Calle Alemania

Paseo de la Farola

Callejón del Perú

Calle Cuarteles

Plaza de la Solidaridad

Estava

Calle Canales

Calle Cuarteles

Esplanada de la Estación

Gare ferroviaire (Málaga RENFE)

Paseo de los Tilos

C. Mauricio Moro Pareto

Vers Cortijo de Torres (site de la foire, 1,9 km)

Calle Héroe de Sostoa

Vers Instalación Jovenil Málaga (100 m); la Policía Nacional (300 m)

Vers l'aéroport (9 km),
Torremolinos
(14 km)

Vers Melilla (180 km)

Vers Melilla (180 km)

Vers Melilla (180 km)	
Ayuntamiento	1 E2
Consulat de Grande-Bretagne	2 A3
Consulat du Canada	3 E3
Consulat d'Allemagne	(voir 2)
Kiosque d'information	4 D3
Librería Alameda	5 C3
Office du tourisme municipal	6 D2
Pasatiempos	7 D1
Policía Local	8 C1
Bureau de poste	9 C3

À VOIR ET À FAIRE	
Alcazaba	10 D2
Casa Natal de Picasso	11 D1
Castillo de Gibralfaro	12 E2

Centro de Arte Contemporáneo	13 C3
Mercado Atarazanas	14 C3
Museo de Artes y Costumbres Populares	15 C2
Palacio de la Aduana	16 D2
Paseo de España	17 D2
Plaza de Toros	18 E2
Théâtre romain	19 D2

OÙ SE LOGER	
Hostal Aurora I	20 C2
Hostal Aurora II	21 C2
Hostal Cisneros	22 C3
Hostal El Cenachero	23 C3
Hotel California	24 F2
Hotel Sur	25 C3

Hotel Venecia	26 C3
Parador Málaga Gibralfaro	27 E2

OÙ SE RESTAURER	
Adolfo	28 F3
Antigua Casa de Guardia	29 C3
Café de París	30 D3
El Vegetariano de la Alcazabilla	31 D2
El Yamal	32 C3
Mesón Astorga	33 C3
Parador Málaga Gibralfaro	(see 27)
Restaurante Antonio Martín	34 F3

OÙ PRENDRE UN VERRE	
Calle de Bruselas	35 D1

OÙ SORTIR	
Albéniz Multicines	36 D2

ACHATS	
El Corte Inglés	37 B3

TRANSPORTS	
Bus n° 11 pour El Palo	38 D2
Bus n° 35 pour Castillo de Gibralfaro	(voir 38)
Gare routière	39 A4
Bus pour la Costa del Sol	40 C3
Parking de nuit gratuit	41 B2
Bus Málaga Tour	42 D3
Trasmediterránea	43 D3

(p. 252)

(p. 252)

(p. 249)

(p. 248)

(p. 243)

(p. 251)

Renseignements touristiques

Office du tourisme municipal (carte p. 242 ; ☎ 952 13 47 30 ; Avenida de Cervantes 1, www.malagaturismo. com en espagnol ; 9h-14h30 et 16h-19h lun-ven, 9h30-13h30 sam-dim). Il vous procurera des plans de la ville et des brochures, dont *Qué Hacer?*, qui dresse jour par jour le programme des manifestations culturelles dans la province. L'office possède aussi un grand kiosque d'information sur la Plaza de la Marina, et des bureaux plus petits dans la gare routière principale et sur la Plaza de la Merced.

Office du tourisme régional (carte p. 244 ; ☎ 952 21 34 45 ; Pasaje de Chinitas 4 ; www.andalucia.org ; 9h-20h lun-ven, 10h-14h sam-dim). Dans une ruelle à la hauteur de la Plaza de la Constitución, il fournit toute une gamme de renseignements (notamment sur la randonnée et le cyclotourisme), ainsi que les cartes des villes de la région (0,60 € pièce). Le personnel est polyglotte. Il existe un autre bureau à l'aéroport.

DÉSAGRÉMENTS ET DANGERS

Prenez garde en permanence à vos objets de valeur et surveillez vos sacs, en particulier aux terrasses des cafés (sur la Plaza de la Merced, notamment) et à la gare routière, où opèrent des spécialistes du vol à la tire. Dans l'ensemble, Málaga est assez sûre la nuit, mais mieux vaut éviter les petites rues sombres et peu fréquentées. Les jeunes adorent boire le soir sur des places comme la Plaza de la Merced, ce qui provoque parfois des débordements. Ne laissez rien la nuit dans une voiture en stationnement et utilisez les parkings gardés du centre.

À VOIR

La charmante vieille ville et ses abords, au pied de l'Alcazaba et du Castillo de Gibralfaro rassemblent les principaux monuments. La plupart des visiteurs consacrent cependant un ou deux jours supplémentaires aux plages situées à la lisière est de Málaga.

Vieille ville

Essentiellement de style Renaissance, avec de larges boulevards et des façades décoratives, Málaga porte l'empreinte du roi Fernando et de son épouse Isabel, qui s'employèrent à transformer l'Andalousie musulmane après sa reconquête au XVᵉ siècle.

CATHÉDRALE

La construction de la **cathédrale** de Málaga (carte p. 242 ; 952 21 59 17 ; Calle Molino Lario, entrée sur la Calle Cister ; cathédrale et musée 3 € ; 10h-18h45

PROVINCIA DE MÁLAGA

lun-sam, sauf fêtes), entreprise au XIVᵉ siècle, se poursuivit pendant 200 ans sur le site de l'ancienne mosquée principale, dont ne subsiste que le **Patio de los Naranjos** – petite cour plantée d'orangers odorants où se tenait jadis la fontaine à ablutions. Pas moins de cinq architectes participèrent à l'ambitieux projet.

En y entrant, on comprend aisément la durée du chantier. Le fabuleux plafond voûté de l'édifice s'élève à 40 m au-dessus du sol et la vaste nef à colonnes abrite dans le chœur d'imposantes stalles sculptées en bois de cèdre. Les bas-côtés ouvrent sur quinze chapelles dotées de superbes retables et quantités d'œuvres d'art du XVIIIᵉ siècle. En 1782, les problèmes rencontrés par l'Es-

pagne dans ses colonies américaines obligèrent à mettre un terme à la construction, véritable gouffre financier. En conséquence, l'un des deux clochers resta inachevé, ce qui vaut à la cathédrale le surnom de *La Manquita* (la manchote).

PALACIO EPISCOPAL

En face de la cathédrale, sur la somptueuse Plaza del Obispo, se dresse le **palais épiscopal** (carte p. 244 ; Plaza del Obispo ; entrée libre ; ☻ 10h-14h et 18h-21h mar-dim) rouge sang, qui accueille désormais des expositions. La place a récemment servi de décor pour une scène du film *The Bridge of San Luis Rey,* avec Robert De Niro, montrant les bûchers de l'Inquisition.

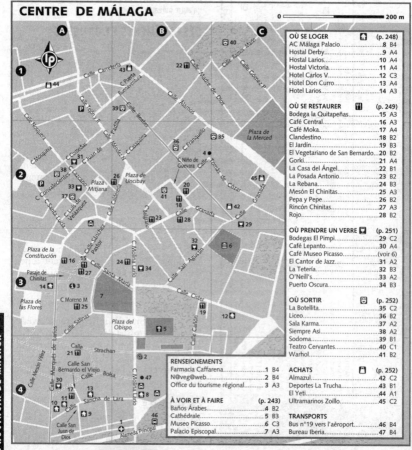

CENTRE DE MÁLAGA

0 ————— 200 m

OÙ SE LOGER 🏠 (p. 248)
AC Málaga Palacio.................8 B4
Hostal Derby........................9 A4
Hostal Larios.......................10 A4
Hostal Victoria.....................11 A4
Hotel Carlos V......................12 C3
Hotel Don Curro....................13 A4
Hotel Larios.........................14 A3

OÙ SE RESTAURER 🍴 (p. 249)
Bodega la Quitapeñas...........15 A3
Café Central........................16 A3
Café Moka...........................17 A4
Clandestino.........................18 B2
El Jardín.............................19 B3
El Vegetariano de San Bernardo..20 B2
Gorki..................................21 A4
La Casa del Ángel.................22 B1
La Posada Antonio................23 B2
La Rebana...........................24 B3
Mesón El Chinitas.................25 A3
Pepa y Pepe........................26 B2
Rincón Chinitas....................27 A3
Rojo...................................28 B2

OÙ PRENDRE UN VERRE 🍷 (p. 251)
Bodegas El Pimpi..................29 C2
Café Lepanto.......................30 A4
Café Museo Picasso..............(voir 6)
El Cantor de Jazz..................31 A2
La Tetería...........................32 B3
O'Neill's..............................33 A2
Puerto Oscura......................34 B3

OÙ SORTIR 🎭 (p. 252)
La Botellita.........................35 C2
Liceo.................................36 B2
Sala Karma.........................37 A2
Siempre Asi.........................38 A2
Sodoma..............................39 B1
Teatro Cervantes..................40 C1
Warhol...............................41 B2

RENSEIGNEMENTS
Farmacia Caffarena...............1 B4
N@veg@web.........................2 B4
Office du tourisme régional......3 A3

À VOIR ET À FAIRE (p. 243)
Baños Árabes.......................4 B2
Cathédrale..........................5 B3
Museo Picasso.....................6 C3
Palacio Episcopal..................7 A3

ACHATS 🛍 (p. 252)
Almazul..............................42 C2
Deportes La Trucha...............43 B1
El Yeti...............................44 A1
Ultramarinos Zoillo................45 C2

TRANSPORTS
Bus n°19 vers l'aéroport.........46 B4
Bureau Iberia.......................47 B4

LE RETOUR DE L'ENFANT DU PAYS

Peut-être est-ce dû à la luminosité particulière de la ville ou aux formes anguleuses des dizaines de pueblos (villages) de la région, mais Picasso pensait que, pour "être cubiste, il fallait être né à Málaga". Banni d'Espagne par Franco qui qualifiait son art de "dégénéré", l'artiste passa une grande partie de sa vie en France, déclarant qu'il ne retournerait pas dans son pays tant que le dictateur resterait au pouvoir. Pourtant, sa passion pour Málaga ne se démentit jamais. Quand l'idée d'un musée consacré à Picasso fut suggérée pour la première fois, en 1954, la municipalité demanda au peintre d'envoyer quelques toiles depuis Paris. Celui-ci répondit qu'"il n'enverrait pas un ou deux exemplaires, mais des camions entiers de tableaux." Un demi-siècle plus tard, avec l'ouverture spectaculaire du Museo Picasso, quelque 200 peintures, dessins, céramiques et gravures (dont beaucoup avaient été entreposés dans la chambre forte d'une banque madrilène) ont enfin été exposés. Ces œuvres couvrent pratiquement toute la carrière du maître, du cubisme au modernisme.

Entouré de femmes, Picasso fut inspiré durant toute sa vie par celles de sa famille puis par une kyrielle de muses, dont les plus célèbres furent Olga Kokhlova, Dora Maar, Françoise Gilot et Jacqueline Roque. Elles forment le thème le plus récurrent du musée, à travers des tableaux comme *Olga Kokhlova à la Mantille* (1917), *Femme aux bras levés* (1939) et *Jacqueline assise* (1954), chacune incarnant une approche stylistique différente de la part de l'artiste.

Comme toujours, les colombes figurent aussi dans les collections. On prétend que ces oiseaux lui rappelaient sa petite enfance, quand ils venaient se poser sur le rebord de la fenêtre donnant sur la Plaza de la Merced. Pour mieux connaître la vie du peintre, on peut se procurer *La vie de peintre de Pablo Picasso*, de Pierre Daix (Le Seuil ,Coll. Biographie, 1977).

HOMMAGE À PICASSO

De la cathédrale, il suffit de monter la Calle San Agustín pour arriver au **Museo Picasso** (carte p. 244 ; ☎ 902 44 33 77 ; www.museopicasso malaga.org ; Palacio de Buenavista, Calle San Agustín 8 ; collection permanente 6 €, exposition temporaire 4,50 €, billet combiné 8 €, réduction de 50% pour les étudiants de moins de 26 ans et les seniors ; ☽ 10h-20h mar-jeu et dim, 10h-21h ven-sam), nouveau fer de lance de la scène touristique locale. Il possède une remarquable collection de 204 œuvres, offertes ou prêtées par la belle-fille et le petit-fils du peintre, Christine et Bernard Ruiz-Picasso. Tablant sur 600 000 visiteurs en 2004, le musée devrait avoir un retentissement international et largement contribuer à la renaissance économique et culturelle de Málaga.

Le gouvernement régional d'Andalousie a également investi quelque 66 millions d'euros dans la restauration du **Palacio de los Condes de Buenavista** (XVIᵉ siècle), qui héberge le musée. Le résultat est prodigieux. Ne manquez surtout pas les **vestiges archéologiques** exposés au sous-sol ni le Café Museo Picasso (voir p. 252).

Pour appréhender de manière plus intime l'enfance modeste de l'artiste, visitez la **Casa Natal de Picasso** (carte p. 242 ; ☎ 952 06 02 15 ; Plaza de la Merced 15 ; entrée libre ; ☽ 10h-14h et 17h-20h lun-sam, 10h-14h dim), où il naquit en 1881. La maison a depuis été transformée en centre de recherche sur le peintre et renferme un petit nombre d'objets personnels. Ironie du sort, la famille Picasso fut contrainte de déménager pour s'installer au numéro 17, moins onéreux.

Dans la forteresse
CASTILLO DE GIBRALFARO

Les remparts à pic du **Castillo de Gibralfaro** (carte p. 242 ; ☎ 952 22 51 06 ; 1,80 € ; ☽ 9h-20h30 avr-sept, 9h-18h oct-mars), perché de façon spectaculaire sur les hauteurs de la ville, témoignent de son passé musulman. Édifié par l'émir de Córdoba Abd ar-Rahman Iᵉʳ au VIIIᵉ siècle, puis rebâti au XIVᵉ siècle lorsque Málaga était le port principal de l'émirat de Granada, le château servait à l'origine de phare et de caserne.

Il ne reste pas grand-chose de l'intérieur, mais le chemin de ronde offre la meilleure vue qui soit sur Málaga. À noter aussi, un **musée** militaire comportant un modèle réduit de l'ensemble du château et de l'Alcazaba. Cette maquette montre clairement le mur rideau du XIVᵉ siècle, en cours de restauration, qui reliait les deux édifices. L'ascension et la promenade autour des remparts prennent une matinée entière, mais vous pourrez déjeuner ou prendre un rafraîchissement sur la terrasse panoramique du Parador Málaga Gibralfaro (p. 250) à proximité.

PROVINCIA DE MÁLAGA

La façon la plus simple d'accéder au château consiste à suivre à pied le pittoresque Paseo Don Juan de Temboury, au sud de l'Alcazaba. L'artère, en pente raide, serpente à travers des terrasses verdoyantes dominant la ville. Vous pouvez également monter en voiture le Camino de Gibralfaro ou prendre le bus n°35 depuis l'Avenida de Cervantes.

ALCAZABA

S'élevant en contrebas du Gibralfaro, L'**Alcazaba** (carte p. 242 ; ☎ 952 22 51 06 ; Calle Alcazabilla ; Alcazaba 1,80 €, Alcazaba et Castillo de Gibralfaro 3 € ; ⏱ 9h30-20h mar-dim avr-sept, 8h30-19h mar-dim oct-mars), construit au XIᵉ siècle, était le palais fortifié des gouverneurs musulmans de Málaga. L'édifice aux multiples facettes, aux cours d'eau sinueux et aux terrasses luxuriantes découvrant des points de vue successifs, constitue un lieu agréable à visiter dans la chaleur de l'été. Juste au pied du palais, des fouilles ont mis au jour un petit **théâtre romain** qui devrait, à terme, accueillir des manifestations en plein air.

Pour accéder directement à l'Alcazaba, prenez l'ascenseur Calle Guillén Sotelo (derrière l'office du tourisme municipal) qui vous conduira au cœur du bâtiment.

Alameda Principal

Artère aujourd'hui très fréquentée, l'Alameda Principal fut tracée à la fin du XVIIIᵉ siècle le long des sables de l'estuaire du Guadalmedina. Planté de très vieux arbres originaires d'Amérique, l'Alameda aligne des bâtiments des XVIIIᵉ et XIXᵉ siècles.

Dans les années 1890, le **Paseo del Parque**, bordé de palmiers, fut ouvert en prolongement de l'Alameda sur un terrain conquis sur la mer. Le jardin qui le longe au sud, le **Paseo de España** (carte p. 242), planté d'essences tropicales, est un refuge agréable, loin du tumulte de la ville. Du côté nord se tient le **Palacio de la Aduana** (carte p. 242 ; Paseo del Parque ; entrée libre ; ⏱ 15h-20h mar, 9h-20h mer-ven, 9h-15h sam-dim), qui accueille une exposition temporaire d'œuvres du **Museo de Málaga** (initialement installé dans le musée Picasso). La collection comprend des tableaux d'artistes majeurs originaires de la ville, comme Zurbarán, Murillo, Ribera et Pedro de Mena.

Au nord de l'Alameda, dans le quartier commerçant, on pénètre dans le **Mercado Atarazanas** (carte p. 242 ; Calle Atarazanas) de style néo-musulman par une arche en fer à cheval. Bruyant et animé, ce sympathique marché quotidien vend toutes sortes de produits alimentaires. De gros jambons suspendus et des chapelets de saucisses y côtoient fruits, légumes, poissons, fromages et sucreries. Vous croiserez sans doute au passage de vieilles femmes hautes en couleur tirant leur chariot à provisions. Non loin, la Calle Herrería del Rey, une rue piétonne, regorge de cafés.

En vous dirigeant au sud de l'Alameda, vous tomberez sur un nouveau musée, le sélect **Centro de Arte Contemporáneo** (carte p. 242 ; ☎ 952 12 00 55 ; Calle Alemania ; entrée libre ; ⏱ 10h-20h mar-dim), installé sur l'estuaire dans un marché de gros des années 1930 habilement reconverti. Le curieux plan triangulaire du bâtiment et ses formes cubistes se marient brillamment avec l'art moderne exposé. Entièrement blanc, le musée donne à voir de grands noms du XXᵉ siècle, tel Roy Lichtenstein, Gerhard Richter et Miquel Barceló. La visite guidée d'une demi-heure, gratuite, constitue une bonne entrée en matière.

La Malagueta et les plages

L'élégant quartier résidentiel de La Malagueta se déploie au bout du Paseo del Parque, sur une langue de terre. Ses immeubles ont vue sur la mer et certains des meilleurs restaurants de Málaga se trouvent à côté, près de la **Playa de la Malagueta** (la plage la plus proche du centre-ville). Promenez-vous sur le plage avant de vous attabler chez Adolfo (p. 250) pour un déjeuner de poisson, et de visiter le musée de la **Plaza de Toros** (carte p. 242 ; Paseo de Reding ; 1,80 € ; ⏱ 10h-13h et 17h-20h lun-ven). Ce dernier contient des objets relatifs à la tauromachie, mais ne vaut pas le musée de Ronda (p. 271). L'arène de Málaga est la plus active de la côte. La principale saison de corridas se déroule en août, pendant onze jours (c'est la plus longue de toute la province), à l'occasion de la Feria de Málaga. Les billets coûtent entre 12 et 50 €, suivant les places.

À l'est de la Playa de la Malagueta, des plages de sable bordent la majeure partie du front de mer sur plusieurs kilomètres. Les deux plus proches sont la **Playa de Pedregalejo** et la **Playa del Palo** (El Palo était à l'origine le port de pêche de la ville). L'endroit est parfait pour se détendre l'après-midi devant une bière fraîche et une délicieuse assiette de fruits de mer. Par ailleurs, la municipalité a déployé de gros efforts pour nettoyer la plage et ses eaux. Le bus n°11 au départ du Paseo del Parque dessert ces sites.

Jardín Botánico La Concepción

À 4 km au nord du centre-ville, le vaste **Jardín Botánico La Concepción** (carte p. 242 ; ☎ 952 25 21 48 ; adulte/enfant 2,80/1,40 € ; ⏱ 10h-16h mar-dim oct-mars, 10h-18h30 avr-sept, fermé 25 déc-1ᵉʳ jan) a été créé au milieu du XIXᵉ siècle à l'initiative d'un couple d'aristocrates, Amalia Heredia Livermore et Jorge Loring Oyarzabal, décidé à recréer l'environnement de la forêt tropicale sur les rivages de la Méditerranée. La visite guidée de 90 min permet de découvrir quelques-unes des 5 000 espèces végétales, ainsi que des cascades et des étangs.

En voiture, il faut prendre l'A45 d'Antequera au nord de la rocade de Málaga (A7) jusqu'au Km 166, puis suivre les panneaux "Jardín Botánico". Le week-end et les jours fériés, le bus n°61 part de Málaga, depuis l'Alameda Principal, toutes les heures à partir de 11h. Sinon, le bus de MalagaTour (p. 247) s'y arrête aussi.

ACTIVITÉS

Malgré son animation, Málaga offre peu d'activités. Aux **Baños Árabes** (bains arabes ; carte p. 244 ; ☎ 952 21 23 27 ; Calle Tomás de Cózar 13 ; bain sans/avec massage 21/50 € ; ⏱ 10h-22h, femmes uniquement 15h-22h mar, hommes uniquement 15h-22h jeu), ouverts récemment, vous pourrez vous délasser dans la pénombre d'un bain de vapeur. Mieux vaut réserver. Les massages spéciaux, tels les soins ayurvédiques et d'aromathérapie, se font sur rendez-vous.

COURS DE LANGUES

Les cours d'espagnol assurés par l'**Universidad de Málaga** (carte p. 242 ; ☎ 952 27 82 11 ; fax 952 27 97 12 ; Avenida de Andalucía 24, 29007 Málaga) sont très prisés. Les stages intensifs de quatre semaines coûtent 508 €. Pour plus d'informations, écrivez à l'Universidad de Málaga, Cursos de Español para Extranjeros, Inés Carrasco Cantos (Directora) suivi de l'adresse. En outre, il existe une vingtaine d'écoles de langues privées ; les principaux offices du tourisme vous en donneront les coordonnées.

MÁLAGA POUR LES ENFANTS

Les enfants sont les bienvenus dans la ville, que ce soit sur les plages très fréquentées qui s'étirent sur des kilomètres, mais aussi au centre ville – compact, où il est aisé de circuler et dans les restaurants, qui accueillent volontiers les petits.

Votre progéniture appréciera particulièrement les remparts à pic du **Castillo de Gibralfaro** (p. 245) qui leur procurera une matinée de divertissement. Le **Museo de Artes y Costumbres Populares** (carte p. 242 ; ☎ 952 21 71 37 ; Pasillo de Santa Isabel 10 ; adulte/enfant 2 €/gratuit ; ⏱ 10h-13h30 et 16h-19h lun-ven, 10h-13h30 sam) qui illustre la vie rurale à travers des objets agricoles et du matériel de pêche, devrait aussi leur convenir. À noter, les vitrines renfermant des *barros* (figurines en argile) à l'effigie de personnages du folklore local.

Il va sans dire qu'une journée passée sur les **plages** (p. 246), à manger du poisson dans les *chiringuitos* (paillotes improvisées servant des produits de la mer) remportera tous les suffrages, surtout quand il s'agit de manger des tapas avec les doigts (voir *La route des tapas*, p. 251). Vous pouvez aussi envisager une promenade au **Jardín Botánico La Concepción** (ci-dessus), idéal pour un pique-nique discret au milieu de la flore tropicale. Sinon, les plus grands s'amuseront beaucoup dans la vapeur des **Baños Árabes** (voir plus haut).

Moins chère que la Costa del Sol, Málaga constitue également une bonne base pour profiter des attraits de la côte à moindre coût. Un service de bus fréquent et efficace (voir p. 254) relie la ville aux autres localités de la Costa del Sol, rendant possible des excursions d'une journée dans les parcs de loisirs et les aquariums (voir *La Costa del Sol pour les enfants* p. 258).

CIRCUITS ORGANISÉS

Pour prendre le bus à plateforme de **MalagaTour** (carte p. 242 ; ☎ 902 10 10 81 ; www.citysightseeing-spain.com ; adulte/enfant 12/5,50 € ; ⏱ 9h30-19h toutes les demi-heures), rendez-vous sur l'Avenida Manuel Agustín Heredia ou à l'extrémité est du Paseo del Parque. Le circuit comprend des arrêts sur les principaux sites, où l'on peut monter ou descendre à volonté. Il s'agit d'un bon moyen de découvrir la ville, en particulier avec de jeunes enfants. Valable 24 heures, le billet inclut un audio-guide multilingue.

FÊTES ET FESTIVALS

Une foule d'événements ont lieu dans la province de Málaga tout au long de l'année. La brochure *Qué Hacer ?*, disponible à l'office du tourisme municipal, détaille le programme. Les grands rendez-vous annuels sont les suivants :

Semana Santa (Semaine sainte). Chaque soir, entre le dimanche des Rameaux et le Vendredi saint, six ou sept *cofradías* (confréries) transportent les statues de leurs saints durant plusieurs heures à travers la ville, devant un public nombreux. L'Alameda Principal constitue un bon endroit pour suivre les processions.

Costa Pop (fin mai). Quelque 100 000 spectateurs assistent à ce gigantesque concert, anciennement baptisé World Dance Costa del Sol, qui réunit pendant une nuit des vedettes de la pop espagnole et latino-américaine.

Feria de Málaga (mi-août). La fête de Málaga, qui dure neuf jours, débute par un immense feu d'artifice le vendredi de l'ouverture ; c'est la plus importante et la plus trépidante des *ferias* andalouses de l'été. Pendant la journée, des spectacles de musique et de danse se déroulent dans la rue. L'animation se concentre principalement autour de la Plaza Uncibay, la Plaza de la Constitución, la Plaza Mitjana et la Calle Marqués de Larios. La nuit, l'action se déplace sur un grand champ de foire à Cortijo de Torres, 4 km au sud-ouest du centre, où des concerts de rock et des spectacles de flamenco sont donnés chaque soir. Des bus spéciaux desservent le champ de foire depuis tous les coins de la ville.

Fiesta Mayor de Verdiales (28 décembre). Des milliers de personnes convergent vers Puerto de la Torre à l'occasion d'un grand rassemblement de groupes de *verdiales* qui interprètent une musique euphorique accompagnée de danses, propres à la région de Málaga. Le bus n°21 au départ de l'Alameda Principal dessert Puerto de la Torre.

OÙ SE LOGER

Destination peu touristique, Málaga ne possède qu'un nombre assez limité d'hôtels. En dehors de la haute saison, la plupart des établissements réduisent leurs prix de manière significative. En outre, beaucoup d'hôtels de catégorie supérieure appliquent des rabais très avantageux le week-end.

Petits budgets

Les lieux d'hébergement bon marché ne sont guère attrayants et n'incluent aucune prestation. Le prix de la chambre ne comprend pas le petit déjeuner et beaucoup d'endroits n'assurent d'ailleurs aucun service de restauration.

Hostal Derby (carte p. 244 ; ☎ 952 22 13 01 ; Calle San Juan de Dios 1 ; s/d 27/40 €). Installé dans un immeuble de bureaux, cet *hostal* loue de grandes chambres d'un bon rapport qualité/prix, dont certaines donnent sur le port.

Hostal Aurora II (carte p. 242 ; ☎ 952 22 40 04 ; Calle Cisneros 5 ; s/d 20/36 €). Relativement récent, il occupe une maison rénovée dotée de chambres de taille respectable. Un cran en dessous, l'**Hostal Aurora I** (carte p. 242 ; ☎ 95 222 40 04 ; Calle Muro Puerta Nueva ; s/d 20/36 €) se tient à deux pas de la Calle Puerta Nueva.

Hostal El Cenachero (carte p. 242 ; ☎ 952 22 40 88 ; Calle Barroso 5 ; s/d 29/46 €). Cette modeste pension, gaie et accueillante, loue des chambres d'une agréable simplicité, avec moquette et douche. On n'y sert aucun repas.

Hostal Pedregalejo (carte p. 242 ; ☎ 952 29 32 18 ; hosped@spa.es ; Calle Conde de las Navas 9 ; s/d 41/58 €). Près de la plage, à 4 km à l'est du centre, cet autre hostal familial possède de jolies chambres et un petit café, où commander un petit déj, moyennant finance. Seul inconvénient : l'endroit est excentré.

Instalacion Juvenil Málaga (carte p. 242 ; ☎ 952 30 85 00 ; www.inturjoven.com ; Plaza Pío XII n°6 ; B&B moins de 26 ans basse/haute saison 9,05 €/13,75 €, plus de 26 ans basse/haute saison 12,25/18,35 €). À 1,5 km à l'ouest du centre, l'auberge de jeunesse de Málaga dispose de 110 places, la plupart dans des chambres doubles modernes, souvent équipées de sdb. Le bus n°18, qui suit l'Avenida de Andalucía depuis l'Alameda Principal, vous dépose pratiquement à la porte.

En haute saison, quand la plupart des endroits affichent complet, vous pouvez vous rabattre sur l'**Hostal Larios** (carte p. 244 ; ☎ 952 22 54 90 ; Calle Marqués de Larios 9 ; s/d 35/45 € ; 🗙) ou l'**Hostal Cisneros** (carte p. 242 ; ☎ 952 21 26 33 ; Calle Cisneros 7 ; s/d 24/48 €), qui jouissent d'une situation centrale.

Catégorie moyenne

Hotel Don Curro (carte p. 244 ; ☎ 952 22 72 00 ; www.hoteldoncurro.com ; Calle Sancha de Lara 7 ; s/d 65/92 € ; 🅿 🗙). Très fréquenté, cet hôtel reçoit une importante clientèle d'hommes d'affaires à l'air sérieux, d'où ses allures d'entreprise. Il n'en est pas moins central, confortable, efficace et pratique pour entrer et sortir de la ville. Chambres spacieuses et bien aménagées.

Hostal Victoria (carte p. 244 ; ☎ 952 22 42 23 ; Calle Sancha de Lara 3 ; d basse/haute saison 50/80 € ; 🗙). Son emplacement central et son personnel avenant en font une adresse prisée de longue date. Les chambres, nettes et confortables, pourvues d'une sdb avec baignoire, se classent au-dessus de la moyenne des *hostales*.

Hotel Venecia (carte p. 242 ; ☎ 952 21 36 36 ; fax 952 21 36 37 ; Alameda Principal 9 ; s/d 58/72 € ; 🖂). Du côté sud de l'Alameda, un hôtel de 40 chambres tout confort. Personnel affable.

Hotel Carlos V (carte p. 244 ; ☎ 952 21 51 20 ; fax 952 21 51 29 ; Calle Císter 10 ; s/d 29,95/62,36 € ; 🖂). Le Carlos V connaît un succès non démenti en raison de sa situation dans une vieille rue ventée derrière la cathédrale. Malgré l'aspect un peu triste de l'intérieur, les chambres, sommaires, sont propres.

Hotel Sur (carte p. 242 ; ☎ 952 22 48 03 ; www.hotelsur.com ; Calle Trinidad Grund 13 ; s/d 60/69 € ; P 🖂). Une autre option raisonnable, juste au sud de l'Alameda. Le hall reste assez grandiose, mais les chambres commencent à se décrépir. L'atmosphère est calme et détendue. Le parking est un atout supplémentaire.

Hotel Los Naranjos (carte p. 242 ; ☎ 952 22 43 16 17 ; www.hotel-losnaranjos.com ; Paseo de Sancha 35 ; s/d 67,50/98,50 € ; P 🖂). D'un rouge plutôt voyant, cet hôtel abrite des chambres propres mais sans attrait, à l'est des arènes en allant vers les plages. Celles qui donnent côté façade ont un balcon laissant entrevoir un coin de mer.

Hotel California (carte p. 242 ; ☎ 952 21 51 65 ; california@spa.es ; Paseo de Sancha 17 ; s/d 54/78 € ; P 🖂). À un km à l'est du centre et proche de la plage. Une entrée fleurie engageante donne accès à 28 chambres de bonne taille. On peut se faire servir le petit déj.

Catégorie supérieure

AC Málaga Palacio (carte p. 244 ; ☎ 952 21 51 85 ; www.ac-hotels.com ; Calle Cortina del Muelle 1 ; d basse/haute saison 122/180 € ; P 🖂 🖷). Cet hôtel chic de 15 étages offre une vue sensationnelle sur l'animation du front de mer. Sa conception d'une élégante modernité et ses excellentes installations (dont une piscine sur le toit et une salle de gym entièrement équipée) le rangent à la première place des établissements de luxe de Málaga.

Hotel Cortijo La Reina (carte p. 242 ; ☎ 951 01 40 00 ; www.hotelcortijolareina.com ; Carretera Málaga-Colmenar ; s/d 90/120 € ; P 🖂 🖷). Un *cortijo* (ferme) de style andalou, à 30 min en voiture au nord de la ville. Perché à 800 m d'altitude, il jouit d'une belle vue sur les vallées alentour

et renferme des chambres somptueuses avec lits à baldaquin et tissus précieux. Certaines installations sont adaptées aux personnes en fauteuil roulant. Sa situation s'avère très pratique pour explorer le Parque Natural Montes de Málaga.

Hotel Larios (carte p. 244 ; ☎ 952 22 22 00 ; www.hotel-larios.com ; Calle Marqués de Larios 2 ; d semaine/week-end 144/115 € ; 🖂). Cet établissement Art déco désuet occupe une immense surface à l'angle de la Plaza de la Constitución. Ses tons de violet foncé, de rouge sombre et de brun lui confèrent un charme suranné. Le service est un peu raide.

Parador Málaga Gibralfaro (carte p. 242 ; ☎ 952 22 19 02 ; www.parador.es en espagnol ; s/d 99/124 € ; P 🖂 🖷). Bénéficiant d'une situation exceptionnelle sur le Gibralfaro, ce parador remporte la palme de l'hébergement à Málaga. Les chambres offrent une vue spectaculaire depuis leur terrasse. On peut simplement venir dîner dans l'excellent restaurant-terrasse (p. 250).

OÙ SE RESTAURER

La spécialité de Málaga est le poisson rapidement frit dans l'huile d'olive. La *Fritura malagueña* se compose de divers poissons, d'anchois et de calamars. Les soupes froides sont très courantes. En dehors du célèbre gazpacho (tomates, poivrons, concombre, ail, chapelure, citron et huile) et de la *sopa de ajo* (soupe à l'ail), pensez à goûter la *sopa de almendra con uvas* (soupe d'amandes aux raisins). Les tapas font généralement honneur au jambon. Les restaurants de Málaga proposent une cuisine de qualité à des prix corrects, qui satisfont leurs habitués.

La Casa del Ángel (carte p. 244 ; ☎ 952 60 87 50 ; Calle Madre de Dios 29 ; plats 14-16 € ; 🕒 20h à tard). Un restaurant extraordinaire qui abrite la collection d'œuvres d'art considérable de son propriétaire. Imaginé par Ángel Garó, l'intérieur combine une série d'éléments inhabituels : arches Renaissance, poutres apparentes, plafonds ornés de fresques, pavement en carrelage ancien, murs peints dans des tons chauds d'orange et d'ocre. La cuisine, tout aussi somptueuse, mêle les saveurs andalouses, arabes et internationales. L'intime Salón Cervantes, avec ses lourds rideaux rouges et ses doubles portes-fenêtres donnant sur le Teatro Cervantes, est l'endroit de choix pour dîner. Réservations obligatoires.

Café de Paris (carte p. 242 ; ☎ 952 22 50 43 ; Calle Velez-Málaga 8 ; menu de Mercado 38 € ; ☺ 13h-17h et 21h-0h30 mar-sam). Le chef José Carlos García, étoilé au Guide Michelin, préside à la destinée de cet établissement prisé, établi de longue date dans le quartier huppé de La Malagueta. Le décor parisien très fin de siècle invite à de longs déjeuners somnolents. Réservation obligatoire.

Parador Málaga Gibralfaro (carte p. 242 ; ☎ 952 22 19 02 ; www.parador.es en espagnol ; menu 24 €). Niché au milieu des pins et surplombant l'Alcazaba, le port et la baie, ce restaurant en terrasse procure une expérience gastronomique inoubliable dans un cadre des plus romantiques. La carte excelle dans la cuisine andalouse avec, pour spécialité, la *fritura de pescaítos a la malagueña* (petits poissons frits de Málaga). Salle à manger classique avec poutres apparentes, chaises à haut dossier et lourdes nappes. Idéal pour couronner en beauté une visite de Málaga.

Rojo (carte p. 244 ; ☎ 952 22 74 86 ; Calle Granada 44 ; plats 20 € ; ☺ 8h30-0h30 mar-sam). Un nouveau venu dans le milieu de la restauration, en plein cœur de la vieille ville. Meublé de banquettes rouges qui tranchent avec ses nappes blanches, le Rojo attire une clientèle de jeunes cadres, séduits par l'excellence de sa carte sans prétention. Réservation recommandée.

Clandestino (carte p. 234 ; ☎ 952 21 93 90 ; Calle Niño de Guevara 3 ; plats 8 € ; ☺ 13h-1h). Cette cantine branchée nichée dans une petite rue sert de très bons repas. Les amateurs de glace opteront pour la succulente Doña Blanca (2,70 €). Ambiance musicale house.

Mesón Astorga (carte p. 242 ; ☎ 952 34 68 32 ; Calle Gerona 11 ; plats 15-20 € ; ☺ 13h-17h et 20h30-0h30 lun-sam). Ses viandes et ses poissons délicieux valent à ce petit restaurant animé une réputation bien méritée. Une des rares tables de choix dans la partie ouest de la ville, aux abords de la gare routière.

El Yamal (carte p. 242 ; ☎ 952 21 20 46 ; Calle Blasco de Garay 7 ; plats 8 € ; ☺ 13h-17h). Détendez-vous en dégustant de savoureuses spécialités marocaines (poisson, poulet, couscous aux légumes…) présentées dans des plats à tajine traditionnels.

Café Central (carte p. 244 ; Plaza de la Constitución ; platos 6-8,50 €). Un café très populaire sur la principale place piétonne. Le déjeuner type se compose d'une assiette de *rosada frita* (merlu frit) accompagnée d'une bière.

Choisissez bien votre table (quelque part au milieu), ou vous risquez fort d'être dérangé par un musicien vous jouant la sérénade.

El Jardín (carte p. 244 ; ☎ 952 22 04 19 ; Calle Cañón 1 ; platos combinados 4,20-7,50 € ; ☺ 9h-24h lun-jeu, 9h-14h et 17h-24h ven-sam, 17h-24h dim. À côté du jardin planté de palmiers de la cathédrale, ce café animé de style viennois se remplit rapidement le week-end en raison des concerts. Meubles chics et cadres en imitation feuille d'or composent le décor.

Café Moka (carte p. 244 ; ☎ 952 21 40 02 ; Calle San Bernardo El Viejo 2 ; petit déj 1,60 €). Juste en retrait de l'artère principale, dissimulé derrière l'Hotel Don Curro, ce petit café rétro animé reçoit surtout une clientèle espagnole. Un must pour le petit déjeuner (vers 10h), mais il fait rapidement le plein, comme au déjeuner (15h) d'ailleurs.

Fruits de mer

Restaurante Antonio Martín (carte p. 242 ; ☎ 952 22 73 98 ; Playa de la Malagueta ; plats 7-14 € ; ☺ 13h-17h et 21h-0h30 tlj mars-oct, lun-sam nov-avr). Sur la plage, avec une vaste terrasse face à la mer, voici l'un des meilleurs établissements de poisson de la ville. On peut y croiser des célébrités. Réservation recommandée.

Adolfo (carte p. 242 ; ☎ 952 60 19 14 ; Paseo Marítimo Picasso 12 ; repas de 2 plats 21 € ; ☺ 13h30-17h et 20h30-1h lun-sam). Une autre table chic dans le quartier cossu de La Malagueta, qui prépare une gamme de plats méditerranéens inventifs, telles les goûteuses *patas de cangrejo* (pinces de crabe). Réservation requise.

Abuela María (carte p. 242 ; ☎ 952 29 96 87 ; Calle Salvador Allende 15 ; plats 20 € ; ☺ 13h-17h et 21h-1h). À l'extrémité de la ville du côté d'El Palo, ce restaurant fusion est un véritable bijou, hautement prisé par les gens du cru. Le chef Juan Manuel Rodríguez, a travaillé pendant deux ans avec Martín Berasategui, le génie de la nouvelle cuisine espagnole.

Mesón El Chinitas (carte p. 244 ; ☎ 952 21 09 72, 952 22 64 40 ; Calle Moreno Monroy 4-6 ; plats 8,40-15 € ; ☺ 12h-0h). À essayer, en faisant abstraction des vilains portraits qui vous fixent pendant que vous dînez. La carte décline un choix de mets axés sur les poissons, dont une sole Picasso parsemée de cubes de fruits.

Parmi les autres tables réputées d'El Palo, signalons **Casa Pedro** (carte p. 242 ; ☎ 952 29 00 13 ; Quitapenas 121, Paseo Marítimo Picasso ; plats 20 € ; ☺ 13h-17h et 20h30-0h30) et le **Restaurante Tintero** (carte p. 242 ; ☎ 607-607586 ; Carretera Almería 99 ; assiettes 4 € ;

LA ROUTE DES TAPAS

Les plaisirs de Málaga sont dans l'ensemble modérés, simples et bon marché. L'un des plus appréciables consiste à faire, sans se presser, la tournée des nombreux bars à tapas et des vieilles bodegas (bars à vin traditionnels). L'été, ceux-ci restent ouverts de la fin de la matinée à minuit, voire au-delà.

Antigua Casa de Guardia (carte p. 242 ; ☎ 952 21 46 80 ; Alameda Principal ; tapas 1-1,50 €, raciones 4-6 €, vin au verre 0,80 €). Cette vénérable taverne sert du vin doux de Málaga depuis 1840. Goûtez le *seco* (sec) brun foncé, qui ressemble à du xérès, ou le *Lágrima Trasañejo* au nom romantique ("larmes antiques"), accompagné d'énormes gambas.

Gorki (carte p. 244 ; ☎ 952 22 14 66 ; Calle Strachan 6 ; platos 5-7 €). Un lieu haut de gamme très prisé, avec une terrasse sur le trottoir et un intérieur où des barriques font office de tables et de tabourets. Longue carte de vins espagnols et de fromages corsés, comme le *manchego*. Essayez le *judias liebre* (civet de lièvre aux haricots blancs) qui tient bien au corps.

La Rebana (carte p. 244 ; Calle Molina Lario 5 ; tapas 2,10 €, raciones 4,50 €). En face du Puerto Oscura, ce bar à tapas (bruyant) est un endroit épatant pour boire un verre, avant ou après un dîner au restaurant attenant. Les boiseries sombres et une galerie en fer forgé créent une atmosphère particulière.

La Posada Antonio (carte p. 244 ; Calle Granada 33; tapas 1,80 €, plats 8-16 €). Bien que l'endroit ait les proportions d'une grange, vous aurez du mal à dénicher une table après 23h, tant les gens du cru l'apprécient. Si vous aimez les portions de viande grasse pantagruéliques, vous aurez votre compte ; la copieuse *paletilla cordero* (épaule de mouton) revient à 12,60 €.

Rincón Chinitas (carte p. 244 ; Pasaje de Chinitas ; tapas 2,10 €, raciones 4,50 €). Un minuscule local où goûter de robustes *raciones* de fritures. Ses beignets de crevettes sont délectables.

Bodega la Quitapeñas (carte p. 244 ; ☎ 952 29 01 29 ; Calle Sánchez Pastor 2 ; tapas 2,10 €). Au coin de la rue en venant du Chinitas, vous tomberez sur ce petit bar où de jeunes *malagueños* refont le monde en fumant comme des pompiers.

Pepa y Pepe (carte p. 244 ; Calle Calderería ; tapas 1,10-1,50 €, raciones 3,60-4,10 €). Dans un environnement cosy, les dîneurs dévorent à belles dents des *calamares fritos* (calamars frits) et des poivrons grillés.

⏲ 12h30-1h), où les plats de fruits de mer sont apportés par des serveurs auxquels vous devez crier votre commande (criez fort si vous voulez mangez le plat bien chaud).

Cuisine végétarienne

El Vegetariano de la Alcazabilla (carte p. 242 ; ☎ 952 21 48 58 ; Calle Pozo del Rey 5 ; plats 6-8 € ; ⏲ 13h30-16h et 21h-23h lun-sam). Un lieu qui conjugue cuisine de qualité, service accueillant et atmosphère décontractée. N'oubliez pas de laisser une trace de votre passage sur les murs jaunes couverts de graffitis.

El Vegetariano de San Bernardo (carte p. 244 ; ☎ 952 22 95 87 ; Calle Niño de Guevara ; plats 6-8 € ; ⏲ 13h30-16h et 21h-23h lun-sam). Très semblable au précédent, cet établissement bénéficie toutefois d'une situation plus centrale, à deux pas de la Calle Granada.

OÙ BOIRE UN VERRE
Bars

Les bars se concentrent autour de la Plaza de la Merced, dans le nord-est, jusqu'à la Calle Carretería, au nord ouest, sur la Plaza Mitjana (officiellement Plaza del Marqués Vado Maestre) et la Plaza de Uncibay.

Bodegas El Pimpi (carte p. 244 ; ☎ 952 22 89 90 ; Calle Granada 62 ; ⏲ 19h-2h). Véritable institution, ce petit dédale de salles et de mini-patios arbore des murs tapissés de photos de célébrités et d'affiches de tauromachie, ainsi que des barriques signées par des personnalités (dont Tony Blair). Son vin doux et sa musique rythmée attirent une clientèle désireuse de s'amuser.

Puerta Oscura (carte p. 244 ; Calle Molina Lario 5; cocktails 4 € ; ⏲ 18h à très tard). Un lounge à cocktails intime, avec de luxueux fauteuils en velours et des alcôves – parfait pour débuter la soirée. Ouvert jusqu'à 5 h quand il y a du monde l'été, il programme parfois de la musique *live*. Tenue assez chic de rigueur.

El Cantor de Jazz (carte p. 244 ; ☎ 952 22 28 54 ; Calle Lazcano 7 ; cocktails 4 € ; ⏲ 19h-2h mar-sam). Des parquets bien cirés, de beaux portraits de musiciens de jazz et un piano qui ne demande qu'à être utilisé (parfois, le jeudi).

Calle de Bruselas (carte p. 242 ; ☎ 952 60 39 48 ; Plaza de la Merced 16 ; ⏲ 11h-2h). Un bar belge rétro fréquenté par une clientèle bohème. Café classique, le jour, avec des tables en terrasse sur la place, le soir, sa salle obscure prend vie grâce à des concerts.

O'Neill's (carte p. 244 ; ☎ 952 60 14 60 ; Calle Luis de Velázquez 3 ; ☯ 12h à tard). Ce pub des plus rudimentaires affiche son identité irlandaise en passant du U2 sans arrêt. Espagnols, expatriés et touristes rendent l'ambiance très animée. Le personnel est sympathique.

Cafés

Café Museo Picasso (carte p. 244 ; ☎ 952 22 50 43; Palacio de Buenavista, Calle San Agustín 8 ; café 1,20 €, pâtisseries 2,50 €). Dirigé par le jeune chef José Carlos García (du Cafe de Paris), cet excellent établissement prépare le meilleur café noir de la ville. Les pâtisseries sont exquises et le ravissant patio à l'arrière du musée justifie à lui seul le déplacement.

Café Lepanto (carte p. 244 ; Calle Marqués de Larios 7 ; glaces 2,80 €). Ce lieu bruyant, fréquenté par des habitués, se trouve Calle Marqués de Larios, une rue piétonne qui est un peu le Regent St de Málaga. La *confitería* (confiserie) la plus sélecte de la ville propose de délicieux *pasteles* (gâteaux), à une clientèle de *malagueños* soignés.

La Tetería (carte p. 244 ; Calle San Agustín 9 ; thé spécial 1,85 € ; ☯ 16h-24h). Vous aurez le choix entre quantité de thés classiques ou aromatisés, de la menthe poivrée au mélange *"antidepresivo"*, d'infusions, de cafés et de jus de fruits. Asseyez-vous dehors pour contempler, en face, la jolie église .

OÙ SORTIR

Les vacanciers qui veulent faire la fête s'attardent sur la côte, aussi, les bars de Málaga sont-ils surtout fréquentés par la population locale. Pour vous tenir au fait des manifestations, consultez, le vendredi ,la rubrique *Evasión* du journal *Sur*, ainsi que le mensuel gratuit *Qué Hacer?*

Clubs

Les week-ends à la belle saison, les vieilles rues étroites au nord de la Plaza de la Constitución débordent de vie alors qu'en semaine, le quartier est mort.

Sala Karma (carte p. 244 ; ☎ 952 22 05 03 ; Calle Luis de Velázquez 5 ; ☯ 23h-3h jeu-sam). L'éclairage tamisé et les prix élevés vont de pair avec une clientèle chic d'un certain âge. On peut aussi se déhancher sur la piste.

Siempre Así (carte p. 244 ; Calle Convalecientes 5 ; ☯ 23h-3h30 jeu-sam). Flamenco, rumba et rock latino, pour une clientèle un peu snob.

Liceo (carte p. 244 ; Calle Beatas 21 ; ☯ 19h-3h jeu-sam). Un superbe hôtel particulier transformé en bar musical. Les étudiants s'y pressent après minuit. D'autres salles vous attendent en haut de l'escalier en colimaçon.

La Botellita (carte p. 244 ; Calle Álamos 36 ; ☯ 22h-3h jeu-sam). Une clientèle jeune et passablement éméchée hante ce bar proche de la Plaza de la Merced, envahi de mignonnettes d'alcool.

Warhol (carte p. 244 ; Calle Niño de Guevara ; ☯ 23h à tard jeu-sam). Repaire élégant de noctambules gays, où des DJ coiffés de dreadlocks mixent de la musique funky. Autre adresse homo, le **Sodoma** (carte p. 244 ; Calle Juan de Padilla 15 ; ☯ 23h à tard jeu-sam), où la house se déchaîne.

Théâtre

Teatro Cervantes (carte p. 244 ; ☎ 952 22 41 00 billets, www.teatrocervantes.com en espagnol ; Calle Ramos Marín s/n). Installé dans un palais, il a rouvert après rénovation et présente un bon programme de musique, de danse et de théâtre.

Cinéma

Sur les affiches dans la rue et dans le journal *Sur*, vous trouverez la liste des films qui passent dans les cinémas de Málaga. Billets à moitié prix le mercredi soir.

Albéniz Multicines (carte p. 242 ; ☎ 952 21 58 98 ; Calle Alcazabilla 4). Une vaste Cinemateca Municipal qui projette des films étrangers sous-titrés en espagnol, à 22h, presque tous les soirs.

Manifestations sportives

Le club de football de Málaga a réussi à se classer en milieu de tableau de la Primera Liga, la première division espagnole. L'équipe joue à l'**Estadio de la Rosaleda**, non loin du Río Guadalmedina, à 2 km au nord du centre-ville. La saison principale dure de septembre à mai.

ACHATS

El Corte Inglés (carte p. 242 ; Avenida de Andalucía). Du chocolat au costume sur mesure, on trouve de tout dans ce grand magasin situé dans le prolongement ouest de l'Alameda Principal.

Almazul (carte p. 244 ; à hauteur de la Calle San Agustín) propose un choix d'articles en céramique faits main. Pour dénicher de savoureuses spécialités de Málaga (et pour faire des achats tard le soir), rien de mieux que le traiteur **Ultramarinos Zoillo** (carte p. 244 ; Calle Granada 65).

Un **marché aux puces** (carte p. 242 ; Paseo de los Martiricos) a lieu le dimanche près de l'Estadio de la Rosaleda.

El Yeti (carte p. 244 ; Calle Carreteria 71) et **Deportes La Trucha** (carte p. 244 ; Calle Carreteria 100) offrent une gamme étendue d'articles de camping et de matériel d'escalade.

DEPUIS/VERS MÁLAGA
Avion
L'**aéroport** de Málaga (carte p. 242 ; ☎ 952 04 88 38), principal point d'accès en Andalousie depuis l'étranger, est situé à 9 km au sud-ouest du centre-ville. Il accueille nombre de compagnies de charters. La plupart des transporteurs aériens ont leur bureau à l'aéoport, mais **Iberia** (carte p. 244 ; ☎ 902 40 05 00 ; www.iberia.es ; Calle Molina Lario 13) en possède un, également, dans le centre-ville.

Reportez-vous p. 430 pour toute information sur les vols internationaux. Iberia et Spanair desservent quotidiennement Madrid et Barcelone. Air Europa rallie aussi Madrid. Iberia (ou sa filiale Air Nostrum) assure des vols directs à destination de Melilla, Valencia, Bilbao, Santiago de Compostela et Palma de Mallorca. Air Europa effectue la liaison avec Bilbao et Palma. Enfin, Spanair dessert plusieurs villes, avec une correspondance à Madrid ou Barcelone.

Bateau
Trasmediterránea (carte p. 242 ; ☎ 952 06 12 18, 902 45 46 45 ; www.trasmediterranea.com ; Estación Marítima, Local E1) dessert (sauf le dimanche de mi-septembre à mi-juin) Melilla (passager/voiture 29/150 €, 7 heures 30, 1/j).

Bus
La **gare routière** (carte p. 242 ; ☎ 952 35 00 61 ; Paseo de los Tilos) se trouve à 1 km au sud-ouest du centre. Des bus fréquents sillonnent la côte et plusieurs rallient quotidiennement des villes de l'intérieur, comme Antequera (4,55 €, 50 min, 12/j), Nerja (3,15 €, 1 heure, 17/j) et Ronda (8,40 €, 14/j). Parmi les autres destinations, citons Sevilla (13,05 €, 2 heures 30, 12/j), Córdoba (10,45 €, 2 heures 30,

5/j), Granada (8,30 €, 1 heure 30, 16/j) et Madrid (17,95 €, 6 heures, 7/j). Il existe aussi un service de bus pour la France, le Portugal et le Maroc. La gare comprend un café sommaire et des toilettes correctes.

Pour la Costa del Sol, des bus réguliers partent de l'Avenida Manuel Agustín Heredia (carte p. 242), à destination de Torremolinos (0,90 €, 30 min), Benalmádena Costa (1,30 €) et Fuengirola (2,10 €, 1 heure).

Voiture
Plusieurs agences locales et internationales (dont Avis et Hertz) ont des comptoirs à l'aéroport. Vous les trouverez en bas de la rampe, dans le hall de récupération des bagages, ou à l'extérieur du hall des arrivées.

Train
La **gare ferroviaire Málaga-Renfe** (carte p. 242 ; ☎ 952 36 02 02 ; www.renfe.com ; Explanada de la Estación) est située au coin de la rue en sortant de la gare routière. Des trains réguliers partent tous les jours depuis/vers Córdoba (classe touriste 14-19,50 €, 1ʳᵉ classe jusqu'à 23 €, 2 heures 30) et Sevilla (13,15 €, 2 heures 30, 5/J). Pour Granada (12 €, 2 heures 30), il n'y a pas de liaison directe, mais vous pouvez vous y rendre en changeant à Bobadilla. Il en est de même pour Ronda (7,90 €, 1 heure 30-2 heures).

Des *Talgo 200* font quotidiennement l'aller-retour avec Madrid (47-79 €, 4 heures 30, 4/j). Un train moins rapide part tous les jours en fin de matinée pour la capitale (35 €, 6 heures 30). Valencia (45,50 €, 8 heures 30-9 heures 30, 2/j) et Barcelona (44-121 €, 13 heures, 2/j) sont également desservies.

TRANSPORTS LOCAUX
Desserte de l'aéroport
Un taxi de l'aéroport jusqu'au centre-ville coûte environ 10 ou 11 €.

Le bus n°19 en direction du centre-ville (1 €) part de l'arrêt City Bus devant le hall des arrivées, toutes les 30 min environ, de 7h à 24h, et fait halte aux gares ferroviaire et routière de Málaga. Pour vous rendre à l'aéroport, vous pouvez prendre ce bus à l'extrémité ouest du Paseo del Parque, et devant les gares, à peu près toutes les demi-heures à partir de 6h30 jusqu'à 23h30. Le trajet dure approximativement 20 min.

L'arrêt Aeropuerto sur la ligne de train Málaga–Fuengirola est à 5 min de marche du terminal de l'aéroport ; suivez les panneaux depuis le hall des départs. Des trains circulent toutes les demi-heures de 7h à 23h45 et s'arrêtent à la gare Renfe de Málaga (1,20 €, 11 min), ainsi qu'à la gare Málaga–Centro, sur la rive du Río Guadalmedina. Les départs de la ville vers l'aéroport et au-delà ont lieu toutes les demi-heures de 5h45 à 12h30.

Bus

Des bus pratiques sillonnent la ville (0,90 € pour les trajets dans le centre), notamment le n°11 pour El Palo, le n°34 pour El Pedregalejo et El Palo, et le n°35 pour le Castillo de Gibralfaro. Tous partent de l'Avenida de Cervantes. Le bus MalagaTour (p. 247) constitue aussi une option.

Voiture

Les aires de stationnement commodes, comme celle de la Plaza de la Marina, sont plutôt chères (1,35 €/h, 21,35 €/24 heures). On trouve des places avec parcmètre dans la rue, par exemple au sud de l'Alameda Principal (1,55 €/ 90 min). Certains parkings s'avèrent toutefois beaucoup plus avantageux (il faut donner 1 € à la personne chargée de la surveillance). Le grand **parking** (carte p. 242) derrière El Corte Inglés est gratuit la nuit, mais n'offre pas de bonnes conditions de sécurité : vous risquez de vous faire fracturer votre véhicule.

Taxi

Une course dans le centre, gares ferroviaire et routière comprises, revient à quelque 3,50 €. Attendez-vous à payer 5 € jusqu'au Castillo de Gibralfaro.

LA COSTA DEL SOL

La Costa del Sol s'étire le long du littoral de Málaga comme une sorte de mur de gigantesques pièces montées. Sa recette tient en quelques mots : soleil, plages, une mer chaude et des forfaits touristiques bon marché, sans oublier une vie nocturne trépidante et des distractions en abondance.

Ces stations balnéaires étaient à l'origine, et jusque dans les années 1950, des villages de pêcheurs, dont il ne reste pas grand-chose aujourd'hui. Projet franquiste lancé dans le but de développer une Andalousie trop pauvre, la Costa del Sol a vu tout son espace libre implacablement construit. Avec près de 40 terrains de golf, plusieurs marinas, d'écoles d'équitation et une kyrielle de plages offrant toutes sortes d'activités nautiques, la côte attire une foule de vacanciers hédonistes qui contribuent d'année en année à son essor.

UNE VIE DE MISÈRE

J'ai ramassé de l'*esparto* (une variété d'herbe) dans toutes les montagnes de la côte ; à Nerja, à Mijas, à Casares. Il faut être né là pour travailler dans la montagne. Le ramassage de l'esparto peut paraître facile, mais il n'en est rien. La montagne change à chaque moment de l'année. Elle est pleine de trous et de crevasses recouverts en quelques semaines ; on doit savoir où mettre les pieds. Je suis allée aussi loin que Granada et Córdoba pour cueillir de l'esparto. Au cours de ces trajets, il fallait dormir sous les arbres, dans les montagnes, même à Noël, quand le temps était trop froid pour cela. À la fin, nous avons réussi à économiser environ 300 ou 400 pesetas en nous privant de nourriture.

Carmen Escalona

Cette illustration de la pauvreté et des difficultés matérielles, présentée par Carmen Escalona au musée d'art populaire de Mijas (voir p. 259), donne un aperçu de la vie rurale en Andalousie il y a seulement 40 ans. Les descriptions personnelles et évocatrices de Carmen montrent la misère d'un village reculé où les grands propriétaires terriens et l'Église s'enrichissaient sur le dos d'une grande partie de la population, qui peinait à survivre. Elles jettent aussi la lumière sur la popularité traditionnelle des républicains dans le sud. Aujourd'hui, difficile de concilier cette existence humble (la maison familiale de Carmen n'a l'électricité que depuis l'année dernière) avec l'excès qui règne sur la Costa del Sol.

Comment s'y rendre et circuler

Une ligne ferroviaire pratique relie Málaga et son aéroport à Torremolinos (1,20 €), Arroyo de la Miel (1,20 €) et Fuengirola (1,90 €). Des bus desservent aussi Málaga depuis les villes côtières : Torremolinos (0,90 €), Benalmádena Costa (1,30 €) et Fuengirola (2,10 €).

L'Autopista del Sol AP7, passant par Fuengirola, Marbella, San Pedro de Alcántara et Estepona, facilite énormément les déplacements le long de la Costa del Sol, à condition d'en payer le prix (à Pâques et de juin à septembre 11,20 € Málaga–Estepona ; d'octobre à mai 6,90 €).

Beaucoup de villes se réfèrent à leur point kilométrique pour donner leur localisation. Ces chiffres augmentent d'ouest en est : Ainsi, sur l'A7 (sans péage), parallèle à l'AP7, Estepona se trouve au Km 155 et le centre de Marbella au Km 181. En dehors des marqueurs kilométriques, la signalisation la plus utile de l'A7 est incontestablement le panneau "Cambio de Sentido", indiquant que vous pouvez changer de direction pour retourner à une bifurcation que vous avez manquée. Ne laissez pas les conducteurs impatients vous obliger à rouler trop vite pour votre sécurité. En allant à une allure régulière, vous ne devriez pas rencontrer de problème. Attention toutefois aux autres automobilistes et aux chats et chiens errants sur la route, ainsi qu'aux piétons ivres. Dans toutes les stations balnéaires, des agences locales louent des voitures à des tarifs avantageux (130-150 € la semaine, tout compris).

TORREMOLINOS ET BENALMÁDENA

Torremolinos 51 000 habitants
Benalmádena 40 000 habitants

Des villes nouvelles des années 1960 sur un site ensoleillé, voilà à peu près à quoi se résument les deux hauts lieux touristiques de la Costa del Sol. Cette jungle d'immeubles en béton, débutant à 5 km au sud-ouest de l'aéroport de Málaga, a été conçue pour entasser le maximum de vacanciers dans le plus petit espace possible. Même en hiver, les piétons bloquent par leur nombre les rues étroites derrière les plages principales, bordées d'une ribambelle de boutiques de souvenirs et d'agences immobilières.

Figure de proue de l'explosion du tourisme de masse des années 1950 et 1960,

Torremolinos (Torrie) a perdu du terrain au profit d'autres stations balnéaires, mais tente à présent de retrouver un second souffle. L'agréable promenade sur le front de mer, le Paseo Marítimo, qui s'étire désormais sur près de 7 km, donne une certaine cohésion et un vague cachet à la ville.

À 7 km au sud-ouest de Torremolinos, la station plus fade de Benalmádena se divise en trois secteurs distincts : Benalmádena Costa, Benalmádena Pueblo et Arroyo de la Miel (un faubourg vivant, rempli de restaurants et de commerces).

Nettement au-dessus de Torremolinos, Benalmádena Pueblo conserve un joli centre historique composé de ruelles pavées, dont la charmante place centrale, la Plaza de España, aux balcons fleuris. Situé à flanc de colline, l'endroit offre une belle vue sur le littoral et souvent davantage de fraîcheur en été. En contrebas, la marina est en passe de devenir, avec ses restaurants chics, le lieu nocturne le plus animé de la côte.

Orientation

La route principale qui traverse Torremolinos depuis le nord-est (c'est-à-dire depuis l'aéroport de Málaga) s'appelle d'abord la Calle Hoyo, puis devient l'Avenida Palma de Mallorca après avoir dépassé la Plaza Costa del Sol. La Calle San Miguel, principale voie piétonne, s'étend quasiment sur les 500 m qui séparent la Plaza Costa del Sol de la plage centrale, la Playa del Bajondillo. La gare routière se situe dans la Calle Hoyo et la gare ferroviaire dans l'Avenida Jesús Santos Rein, une rue piétonne croisant la Calle San Miguel, à 200 m de la Plaza Costa del Sol. Au sud-ouest de la Playa del Bajondillo, autour d'un petit rond-point, se trouve la Playa de la Carihuela, l'ancien quartier des pêcheurs, délimité à l'arrière par des immeubles généralement plus bas.

L'extrémité sud-ouest de Torremolinos rejoint la portion côtière de Benalmádena. De là, en montant sur environ 2 km, l'on arrive à la partie de Benalmádena baptisée Arroyo de la Miel, avec son village (Pueblo), à l'ouest.

Renseignements

NUMÉROS D'URGENCE

Policía Local (☎ 952 38 14 22 ; Calle Rafael Quintana 28, Torremolinos)

Policía Nacional (☎ 952 38 99 95 ; Calle Skal 12, Torremolinos). Commissariat principal.

ACCÈS INTERNET

Cyber Café (☎ 952 05 86 87 ; Avenida Los Manantiales 4, Torremolinos ; 1 €/30 min ; ☺ 9h-22h)
Miramar (☎ 952 57 75 75 ; Avenida del Puerto, Benalmádena Costa, Benalmádena ; 1,80 €/30 min ; ☺ 11h-23h lun-ven, 14h-18h sam-dim). Son emplacement surplombant le port en fait un endroit pittoresque pour se détendre tout en envoyant des e-mails.

SERVICES MÉDICAUX

Urgences de la Croix-Rouge (☎ 952 37 37 27 ; Calle María Barrabino 16, Torremolinos)
Sanatorio Marítimo (☎ 952 38 18 55 ; Calle del Sanatorio 5, Torremolinos). Principal hôpital de Torremolinos.

ARGENT

Les stations balnéaires comportent, dans leurs principales artères commerçantes piétonnes, quantité de banques avec DAB.

POSTE

Bureau de poste. Benalmádena (Avenida Antonio Machado 20 ; ☺ 8h30-20h30 lun-ven, 8h30-14h sam) ; Torremolinos (Avenida Palma de Mallorca 23 ; ☺ 8h30-20h30 lun-ven, 8h30-14h sam)

OFFICE DU TOURISME

Office du tourisme de Benalmádena (☎ 952 44 24 94 ; www.benalmadena.com en espagnol ; Avenida Antonio Machado 10, Torremolinos ; ☺ 9h30-14h30). Sur la route qui part de Torremolinos.
Office du tourisme de Torremolinos (☎ 952 37 95 12 ; www.ayto-torremolinos.org en espagnol ; Plaza Pablo Picasso ; ☺ 9h-13h30 lun-ven). Il fournit un ensemble de brochures sur les parcs d'attractions et une liste des manifestations du mois. Des kiosques d'information sont également disséminés en ville et près de la plage.

À voir et à faire

Tout se résume aux bars et aux plages. "Torrie" est en effet une station balnéaire où les vacanciers à la recherche de bon temps font la fête sans mesure dans la **Calle San Miguel**, illuminée de néons, et bronzent sur de vastes étendues de sable. À l'exception de la seule **Torre de los Molinos** (Tour des moulins), une tour de guet arabe du XIVe siècle, il n'y a vraiment pas grand-chose à voir. En revanche, les activités ne manquent pas. Comme le reste de la Costa del Sol, la ville s'est spécialisée dans les **parcs à thème** (voir *La Costa del Sol pour les enfants*, p. 258) et les **sports aquatiques**. Elle accueille en outre moult **festivals** de musique et de danse,

le plus souvent gratuits, tout au long de l'été (renseignements auprès des offices du tourisme).

Pour autant, les gens ne semblent pas se lasser de la bonne vieille promenade du front de mer qui, dans le cas de Torremolinos, s'étend sur plusieurs kilomètres depuis la **Playa de Bajondillo**. Elle se prolonge jusqu'au secteur plus chic de **La Carihuela**, le village de pêcheurs d'origine qui approvisionnait autrefois Málaga. Celui-ci a gardé des traces de son modeste passé, et offre un bon choix de restaurants de poisson.

Plus à l'ouest, l'adorable **Benalmádena Pueblo** présente un aspect moins tape-à-l'œil. Avec ses balcons décorés de géraniums et ses étroites ruelles, il offre un peu de répit à l'écart de l'agitation festive qui règne en permanence sur la côte. Un petit musée municipal, le **Museo Arqueológico** (☎ 952 44 85 93 ; Avenida Juan Peralta 49 ; entrée libre ; ☺ 10h-14h et 16h-19h lun-ven) expose des objets de l'âge du bronze et du Moyen-Âge. Une vue magnifique se déploie depuis la minuscule église perchée au sommet du village. À Benalmádena Costa, un **téléphérique** (☎ 952 19 04 82 ; www.teleferico-benalmadena.com en espagnol ; Esplanade Tívoli s/n ; adulte/enfant aller-retour 10/7 € ; ☺ 10h30 à tard mars-oct) vous transporte en haut des collines, d'où l'on peut redescendre par deux chemins balisés. Une montée en téléphérique pour profiter de la vue, suivie d'une promenade et d'un bon repas dans le pueblo (village), avant de redescendre sur la côte dans l'après-midi, constituent une sympathique excursion.

Des **croisières en bateau** à Fuengirola et à Málaga (3-4/j pour chaque destination) partent du Puerto Deportivo de Benalmádena. Pour réserver une place, contactez **Costasol Cruceros** (☎ 952 44 48 81 ; aller-retour 11 €).

Manifestations annuelles

Torremolinos accueille une série d'événements, dont un championnat de danse de salon, un carnaval, le festival des Verdiales (danses folkloriques), la Semaine sainte, les Croix de mai, et le Jour du touriste (sic). La manifestation la plus importante est cependant la **Romería de San Miguel** (29 sept). À cette occasion, un pittoresque défilé de *gitanos*, de danseurs de flamenco et de chevaux andalou se déroule dans les rues de Torremolinos, s'achevant par une nuit de danse, de beuverie et de grillades au barbecue dans la forêt derrière la ville.

Où se loger

La Costa del Sol regorge littéralement de chambres à tous les prix. Néanmoins, pour éviter les recherches fastidieuses, mieux vaut réserver longtemps à l'avance en saison (juil, août et, dans certains endroits, sept). En dehors de cette période, le prix des chambres baisse considérablement. La côte compte une quinzaine de camping (renseignements auprès des offices du tourisme).

La Fonda Benalmádena (☎/fax 952 56 82 73 ; www.123casa.com/hotels/benalmadendahotellafonda. htm ; Calle Santo Domingo 7, Benalmádena Pueblo, Benalmádena ; s/d 60/82 € ; 🍴 🎮). Les chambres spacieuses de ce lieu charmant s'organisent autour de patios mauresques, rafraîchis par des fontaines. Le restaurant (ci-contre), qui dépend d'une école de traiteurs, prépare une excellente cuisine à prix doux.

Hotel Miami (☎ 952 38 52 55 ; www.residencia-miami.com ; Calle Aladino 14, Torremolinos ; d 37/57 € ; 🍴 🎮). À 100 m de plage de La Carihuela, cette jolie villa andalouse, construite dans les années 1950 par Manolo Blascos (cousin de Picasso) pour la danseuse de flamenco Lola Medina, propose des chambres joliment décorées et une superbe piscine au milieu d'un jardin tropical.

Hotel Tarik (☎ 952 38 23 00 ; www.hoteltarik. com ; Paseo Marítimo 49, Torremolinos ; s/d 55/85 € ; 🅿 🍴 🎮). Un vaste bâtiment de style andalou, sur le front de mer devant une longue plage sablonneuse. Les espaces communs arborent de beaux zelliges marocains mais les chambres, modernes et très confortables, n'ont pas beaucoup de cachet.

Hostal Flor Blanco (☎ 952 38 20 71 ; Pasaje de la Carihuela 4, Torremolinos ; d 40 € ; 🍴). À quelques mètres de la plage de La Carihuela, cet accueillant petit hostal loue 12 chambres avec vue sur la mer. Réservation conseillée.

Red Parrot (☎ 952 37 54 45 ; www.theredparrot. net ; Avenida Los Manantiales 4, Torremolinos ; s/d 36/42 € ; 🍴). Une adresse centrale et récemment rénovée. Les chambres confortables (avec ventil.) sont distribuées autour d'un patio.

Hotel El Pozo (☎ 952 38 06 22 ; Calle Casablanca 2, Torremolinos ; s/d 32/62 € ; 🍴). Situé dans le centre de Torremolinos, El Pozo abrite 28 chambres spacieuses.

Où se restaurer

Les amateurs de fruits de mer seront comblés à Torremolinos, notamment dans les nombreux restaurants de la Playa del Bajondillo, bordée de palmiers. Cependant, les meilleures tables de poisson, ainsi que l'animation nocturne, se concentrent plutôt sur La Carihuela et Benalmádena Costa.

Restaurant El Roqueo (☎ 952 38 49 46 ; Calle Carmen 35, Torremolinos ; plats 18 €). Doté d'une large terrasse, cet établissement chic a gardé une ambiance de cantine de bord de mer, sympathique et animée. La *dorada a la plancha* (dorade grillée) est un délice.

Casa Juan (☎ 952 38 41 06 ; Calle San Gine's 20, Torremolinos ; plats 4,50-15 €). La Carihuela compte plusieurs restaurant de poissons et de fruits de mer de premier ordre. Celui-ci prépare de succulents poissons "à la *malagueña*". Attaquez-vous à un beau homard, ou à un poisson accompagné de riz.

Casa Gauquín (☎ 952 38 45 30 ; Calle Carmen 37, Torremolinos ; plats 4,50-15 €). Le cousin du Casa Juan mitonne lui aussi de savoureux poissons, ainsi que des tapas et propose une formule à la carte plus onéreuse, que vous apprécierez mieux encore sur la terrasse.

El Bodegón del Muro (☎ 952 56 85 87 ; Calle Santo Domingo 23, Benalmádena Pueblo, Benalmádena ; plats 15 €). Adresse idéale pour une pause déjeuner paisible après avoir arpenté les ruelles du pueblo. Sa carte, originale, et une vue spectaculaire sur la côte, la distinguent nettement de la concurrence.

Restaurant La Fonda (☎/fax 952 56 82 73 ; www.123casa.com/hotels/benalmadendahotellafonda. htm ; Calle Santo Domingo 7, Benalmádena Pueblo, Benalmádena ; plats 7,50-16 €). Très bien situé près de la Plaza de España, au centre du pueblo, le restaurant de l'hôtel La Fonda (ci-dessus) se révèle excellent. Fabuleuse terrasse et ravissant patio rempli de plantes.

Bodega Quitapeñas (Cuesta del Tajo, Torremolinos). Niché près de la tour, ce bar à tapas très animé, doté d'une petite terrasse, a la cote auprès des Espagnols pour ses délicieuses tapas et *raciones* (tapas qui font un repas) à base de fruits de mer (4,50-6 €). Le **Bar La Bodega** (Calle San Miguel 40, Torremolinos) est similaire.

Où sortir

Le centre de la vie nocturne s'est déplacé de Torremolinos vers l'ouest, au Puerto Deportivo (marina) de Benalmádena Costa, agrémenté de plusieurs bars chics (et touristiques). Torrie reste cependant animée et dispose d'une scène gay florissante dans la Calle Nogalera, près de l'Avenida Jesús Santos Rein. Une gigantesque rave gay a également lieu en août.

PROVINCIA DE MÁLAGA

Atrevete (Avenida Salvador Allende ; ☽ 20h-5h). On se bouscule sur les deux pistes de danse cosy de ce club de salsa sexy, situé à La Carihuela.

Fun Beach (☎ 952 05 23 97 ; Avenida Palma de Mallorca 7 ; ☽ 20h-6h). Peut-être la plus grande discothèque d'Europe. Les huit immenses pistes de danse sont bondées.

Discoteca Palladium (☎ 952 38 42 89 ; Avenida Palma de Mallorca 36 ; 8 € ; ☽ 22h-7h mi-mars–mi-oct). Dans ce lieu gigantesque, on danse frénétiquement autour d'une étonnante piscine au son d'une musique assourdissante, au milieu des ballons et dans un bain de mousse. Amusement garanti.

Disco Kiu (Plaza Sol y Mar, Benalmádena Costa). Une autre discothèque géante qui organise des soirées "mousse". Le code vestimentaire n'est pas strict, mais les hommes portent généralement une chemise.

Depuis/vers Torremolinos

De Torremolinos, depuis l'arrêt situé Avenida Palma de Mallorca, à l'angle de la Calle Antonio Girón, des bus locaux partent pour Benalmádena Costa (0,80 €, 15 min, tous les quarts d'heure), Málaga (0,90 €, 30 min, tous les quarts d'heure), Benalmádena Pueblo (0,80 €, 40 min, toutes les demi-heures) et Fuengirola (1 €, 30 min, toutes les demi-heures). Il existe également une ligne Málaga–Benalmádena (1,30 €, 40 min, toutes les demi-heures).

De la **gare routière** (☎ 952 38 24 19 ; Calle Hoyo, Torremolinos), des bus vont à Marbella (2,90 €, 1 heure, 14/j), ainsi qu'à Ronda, Estepona, Algeciras, Tarifa, Cádiz et Granada.

Des trains relient Torremolinos à peu près toutes les 30 min, de 5h30 à 22h30, au départ de Málaga (1 €, 20 min) et de l'aéroport (0,85 €, 10 min), puis continuent vers Benalmádena–Arroyo de la Miel et Fuengirola (1 €, 20 min).

FUENGIROLA

57 000 habitants

À 18 km de Torremolinos, cette station balnéaire offre une ambiance plus familiale, malgré une concentration encore plus dense. Des immeubles ont envahi le front de mer et les plages.

Orientation et renseignements

Les rues étroites des quelques pâtés de maisons situés entre la plage et l'Avenida Matías Sáenz de Tejada (la rue de la gare routière) constituent ce qui reste de la vieille ville, avec la Plaza de la Constitución au centre. La gare ferroviaire se trouve à une rue de là, sur l'Avenida Jesús Santos Rein.

LA COSTA DEL SOL POUR LES ENFANTS

Il existe sur la côte un nombre croissant d'activités destinées aux enfants de tous âges. Présentons d'abord le plus grand parc d'attractions, et le plus ancien, le **Tivoli World** (☎ 952 57 70 16 ; www.tivolicostadelsol.com ; Avenida de Tivoli ; entrée 4,50 € ; ☽ 11h-21h jan-mars ; 16h-1h avr-mai et mi-sept–oct ; 17h-2h juin et début sept ; 18h-2h30 juil-août, 11h-21h dim nov-déc). Outre d'innombrables manèges et autres divertissements (payants), il propose chaque jour de la musique, de la danse et des spectacles pour enfants. Le parc est à 5 min à pied de la gare ferroviaire Benalmádena–Arroyo de la Miel. Pour les enfants, un billet "Supertivolino" (15 €) donne un accès illimité à plus de 30 attractions.

Autre possibilité, le toujours populaire **Aquapark** (☎ 952 46 04 04 ; Calle Cuba 10 ; adulte/enfant 12,60/8,40 € ; ☽ 10h-18h mai, juin et sept, 10h-19h juil-août), juste en retrait de l'A7 à Torremolinos, offre divers toboggans. Comparable mais moins cher, le **Parque Acuático Mijas** (☎ 952 46 04 09 ; www.aquamijas.com ; adulte/enfant 13,50/8 € ; ☽ 10h30-17h30 mai, 10h-18h juin, 10h-19h juil-août, 10h-20h sept), à côté de la bretelle qui contourne Fuengirola sur l'A7, comprend un mini-parc réservé aux tout petits.

Dans le même registre, **SeaLife** (☎ 952 56 01 50 ; www.sealife.es en espagnol ; Puerto Deportivo ; adulte/enfant 8/6,60 € ; ☽ 10h-20h juin, 10h-24h juil-août, 10h-18h sept-mai), à Benalmádena, organise des jeux et permet d'assister au repas du plus grand regroupement de requins d'Europe.

Pour les enfants plus âgés, essayez **Quad Bike Rentals** (☎ 676-771120 ; www.rentaquad.com ; Carretera de Coín s/n ; adulte/enfant 50/40 € ; ☽ 10h au coucher du soleil), au port de Fuengirola, qui loue des quads à l'heure ou à la journée, ou même le **Jardín de las Águílas Falconry Centre** (☎ 952 56 82 39 ; Castillo de las Águílas ; adulte/enfant 5,80/4 € ; spectacles ☽ 13h, 19h et 20h juin-sept, 13h et 17h oct-mai), à Benalmádena Pueblo. Les réductions s'appliquent d'ordinaire aux enfants entre 4 et 12 ans, les plus petits bénéficiant d'une entrée gratuite.

L'**office du tourisme** (☎ 952 46 74 57 ; Avenida Jesús Santos Rein 6 ; ☿ 9h30-14h et 16h30-19h lun-ven, 10h-13h sam) est à côté de la gare ferroviaire.

À voir et à faire

On peut passer une bonne soirée à l'**Hipódromo Costa del Sol** (☎ 952 59 27 00 ; jours de course 5 €, entrée libre autrement ; ☿ 22h-3h sam juil-sept, 11h30-16h dim oct-juin), le principal champ de courses d'Andalousie, non loin de l'A7 à l'extrémité sud-ouest de Fuengirola. Également digne d'intérêt, le plus grand **marché** (Avenida Jesús Santos Rein) de la côte, se tient rituellement chaque mardi sur le champ de foire.

Manifestations annuelles

Au cours du **Día de la Virgen del Carmen** (16 juillet), la fête majeure, 120 volontaires portent un socle pesant surmonté d'une somptueuse statue de la Vierge, lors d'une procession de deux heures entre l'église de Los Boliches et la mer.

Où se loger

Parmi les dizaines d'hôtels de Fuengirola, voici quelques-uns des plus attrayants.

Hostal Italia (☎ 952 47 41 93 ; fax 95 246 19 09 ; Calle de la Cruz 1 ; s/d 40/53 € ; ☒). Cet établissement économique accueillant vous attend au cœur de l'animation, à deux pâtés de maisons de la plage, avec des chambres propres et confortables.

Hotel Puerto (☎ 952 66 45 03 ; Calle Marbella 34 ; s/d 42/59 € ; ☒ ☒). Un imposant trois-étoiles sur la plage de Fuengirola, avec des balcons offrant une belle vue sur la mer et une piscine sur le toit.

Las Islas (☎ 952 47 55 98 ; Calle Canela 12, Torreblanca del Sol ; d 75 € ; ☒ ☒). Les sympathiques Ghislaine et Hardy Honig dirigent ce havre de paix et de bon goût, juste à l'est de Fuengirola. Douze chambres d'hôtes confortables sont disséminées dans un luxuriant jardin tropical. L'hôtel se double d'un excellent restaurant.

Où se restaurer

La Calle Moncayo et la Calle de la Cruz, à un pâté de maisons en retrait du Paseo Marítimo, sont envahies de restaurants internationaux médiocres. Le Paseo Marítimo lui-même et le Puerto Deportivo (la marina) abritent quantité d'autres tables bon marché.

Lizzaran (☎ 952 47 38 29 ; Avenida Jesús Santos Rein 1 ; raciones 4-15 €). Une adresse espagnole bienvenue au milieu du nombre écrasant d'enseignes chinoises et italiennes de Fuengirola. Goûtez les sardines salées ou les *pinxos* (pain garni) au jambon.

Restaurante Portofino (☎ 952 47 06 43 ; Paseo Marítimo 29 ; plats 10,50-30 €). La carte, internationale, comprend toutes sortes de plats classiques de poisson, dont une sole aux épinards, et de délicieux coquillages. Un des meilleurs choix de la ville.

Cafetería Costa del Sol (☎ 952 47 17 09 ; Calle Marbella 3 ; rosquillas 2,10 €). Installé sous l'auvent rayé, vous pourrez déguster un délicieux petit déjeuner. Les *rosquillas* (petits pains grillés) au jambon et au fromage sont exquises.

Où sortir

Une multitude de pubs et de discothèques peu engageants bordent le Paseo Marítimo, tandis que plusieurs bars musicaux et night-clubs se regroupent en face du Puerto Deportivo. La ville compte aussi quelques bars branchés.

Cotton Club (Avenida Condes San Isidro 9). Cet excellent bar attire une clientèle décontractée qui apprécie l'ambiance ainsi que les bœufs du jeudi et les spectacles de café-théâtre organisés certains soirs.

Aux extrémités opposées de la Plaza de la Constitución, l'**Irish Times** et la **Cafetería** s'animent le soir avec une clientèle essentiellement espagnole. Le patio de l'Irish Times est particulièrement agréable lors des chaudes nuits d'été.

Depuis/vers Fuengirola

De la **gare routière** (☎ 952 47 50 66), des bus fréquents partent pour Torremolinos (1 €, 30 min), Málaga (2,10 €, 1 heure), Marbella (2,05 €, 1 heure) et Mijas (0,90 €, 25 min).

Fuengirola est desservie par les mêmes trains que Torremolinos (2 € depuis Málaga ou l'aéroport).

MIJAS

52 000 habitants / 428 m

L'histoire de Mijas se confond avec celle de la Costa del Sol. Modeste pueblo à l'origine, elle est à présent devenue la deuxième ville de la côte et la plus riche de la province. Artistes et écrivains bohèmes vinrent s'installer à Mijas à partir des années 1950. Depuis, l'urbanisation a gagné les collines environnantes, mais l'endroit a conservé une partie de son charme. L'effet est cependant quelque peu gâché par les nuées des touristes estivaux. En revanche, le calme serein de l'hiver lui sied à merveille.

Renseignements

Pour obtenir des informations sur les sites, les activités et les manifestations à Mijas et dans les environs, une visite s'impose à l'**office du tourisme** (☎ 952 48 58 20 ; www.mijas.es ; Plaza Virgen de la Peña s/n ; ◷ 9h-14h et 16h-19h lun-ven oct-mars, 9h-14h et 17h-20h lun-ven avr-sept, 10h-14h sam toute l'année).

À voir et à faire

Mijas accueille le musée d'art populaire le plus intéressant de la côte, la **Casa Museo de Mijas** (☎ 952 59 03 80 ; Calle Málaga ; entrée libre ; ◷ 10h-14h et 16h-19h sept-mars, 17h-20h avr-juin, 18h-21h juil-août). Situé du côté gauche de la place principale, il a été créé par Carmen Escalona, qui le dirige toujours. Ses modèles réduits artistiques, accompagnés d'objets et d'explications, illustrent parfaitement le mode de vie de la région il y a 40 ans. L'endroit enchantera les enfants.

La **Plaza de Toros** (☎ 952 48 52 48 ; corridas 45-85 € ; ◷ 10h-14h), tente de recréer l'arène qui constituait jadis l'épicentre de la cité.

À noter aussi la grotte de la **Virgen de la Peña,** où la Vierge serait apparue à deux bergers en 1586. Située au bord de la falaise dans un jardin, elle jouit de vues splendides. De là, un **sentier panoramique** serpente à travers les flancs verticaux de la ville. Lors de la procession annuelle du 8 septembre, une statue de la Vierge est montée 2 km plus haut à l'**Ermita del Calvario**, une minuscule chapelle construite par les carmes. Des croix en fer noir marquent le sentier qui traverse la forêt. Des "ânes-taxis" (7 €) effectuent le trajet depuis le centre-ville.

Mijas est réputée pour ses sites d'**escalade** (surtout l'hiver), avec une centaine de voies niveau 5–7.

Où se loger

Mijas compte quantité de bons établissements de catégorie supérieure, tel le sompteux **Hotel Mijas** (☎ 952 48 58 00 ; Plaza de la Constitución ; s/d 92/113 € ; P ⊠ ⚐), de style andalou, doté de remarquables installations, dont un centre d'équitation, des courts de tennis et un équipement d'hydromassage. De même le sélect **Beach House** (☎ /fax 952 49 45 40 ; www.beachhouse.nu ; Urbanisation El Chaparral ; d 125/140 €, d avec vue sur la mer 175 € ; P ⚐).

On trouve néanmoins quelques perles en milieu de gamme : la **Casa El Escudo de Mijas** (☎ 952 59 11 00 ; www.el-escudo.com ; Calle Trocha de los Pescadores 7 ; s basse/haute saison 40/70 €, d basse/haute saison 50/80 €), soignée, avec de jolis murs de couleur, du mobilier en fer forgé et des sdb carrelées, ainsi que deux excellents B&B, **Finca Blake** (☎ /fax 952 59 04 01 ; www.fincablake. com ; Carretera de Mijas, Km 2 ; d 78-90 €) et **Casa Kay** (☎ /fax 952 48 57 91 ; www.anit.es/casa kay ; Urbanisation Las Lomas de Mijas ; s/d 35/70 € ; P ⚐). Les sites web expliquent comment s'y rendre.

Les voyageurs à petit budget ne seront pas déçus à l'accueillant **Hostal La Posada** (☎ 952 48 53 10 ; Calle Coin 47 ; d 37 € ; ⊠), qui pratique des tarifs modérés.

Où se restaurer

On trouve des dizaines de restaurants à Mijas, les plus dignes d'intérêt étant **El Mirlo Blanco** (☎ 952 48 57 00 ; Paseo Marítimo 29 ; plats 16-35 €), de style basque, et le **El Padrastro** (☎ 952 48 50 00 ; Paseo del Compás ; plats 15-30 €), où goûter de la haute cuisine méditerranéenne. Ce dernier trône sur une falaise qui surplombe la Plaza Virgen de la Peña, d'où l'on a une vue spectaculaire.

Depuis/vers Mijas

Des bus fréquents partent de Fuengirola (0,90 €, 25 min).

MARBELLA
116 000 habitants

Véritable star de la Costa del Sol, Marbella occupe en permanence le devant de la scène, sans se départir de sa classe. Entre les années 1950 et 1980, elle a été la destination en vogue des rois du pétrole, des stars du cinéma et de la mode, des golden boys, des magnats du commerce et de la finance, qui firent construire de luxueux pied-à-terre, pour voir et se faire voir en compagnie de jeunes beautés.

Dans les années 1980, la prolifération rapide des faubourgs ternit quelque peu l'éclat de Marbella, entraînant son déclin touristique. Au début des années 1990, Jesús Gil y Gil, un homme d'affaires de droite flamboyant et controversé, devint maire et entreprit de rétablir l'image de la ville. Avec l'aide d'une police aux méthodes notoirement musclées, il débarrassa les rues des petits délinquants, des prostituées et des drogués. Gil a également encouragé le développement de l'immobilier et courtisé les milliardaires les plus en vue, y compris des russes aux fortunes suspectes, qui déferlent depuis peu sur la Costa. Réélu en 1995 et en 1999, il a été interdit d'exercer toute fonction publique, dans le cadre d'une avalanche de poursuites judiciaires pour une série de malversations, notamment le détournement de 27 millions d'euros appartenant à la municipalité au profit de l'équipe de football de l'Atlético Madrid (dont il était président).

Gil a fini par être incarcéré en avril 2002. Remis en liberté sous caution quelques jours plus tard, il démissionna de son mandat de maire et s'est entouré d'une armada d'avocats jusqu'à sa mort, survenue le 14 mai 2004.

Aujourd'hui, les plages de Marbella sont propres, les touristes sont revenus, et bien que les célébrités qui le fréquentent soient plutôt de seconde zone, le front de mer de Puerto Banús brille encore de quelque éclat. La ville garde son pouvoir de séduction, même pour les plus blasés.

Orientation

L'A7, qui traverse la ville, prend le nom d'Avenida Ramón y Cajal, puis devient l'Avenida Ricardo Soriano plus loin à l'ouest. Conduire dans la vieille ville frise parfois le cauchemar à cause du système compliqué de rues à sens unique (voir la carte de Marbella). La vieille ville se concentre autour de la Plaza de los Naranjos, au nord de l'Avenida Ramón y Cajal. La gare routière se trouve du côté nord de la rocade de Marbella, à 1,2 km au nord de la Plaza de los Naranjos.

Renseignements

NUMÉROS D'URGENCE

Policía Nacional (☎ 091 ; Avenida Doctor Viñals). Le commissariat principal, au nord de la ville.

ACCÈS INTERNET

American Donats (☎ 952 86 42 62 ; Calle Carlos Mackintosh ; 1 €/30 min ; ☻ 9h-22h). Un cybercafé à la page près de la plage.
Internet-Zone (Calle Padre Enrique Cantos 4 ; 1 €/30 min ; ☻ 10h-24h). Non loin de l'Avenida Miguel Cano.

SERVICES MÉDICAUX

Centro de Salud Leganitos (☎ 952 77 21 84 ; Plaza Leganitos ; ☻ 8h-17h lun-ven, 9h-17h sam). Pour les soins médicaux de première urgence.

Farmacia Mingorance (☎ 952 77 50 86 ; Avenida Ricardo Soriano 44). Grande pharmacie ouverte 24h/24.
Hospital Europa (☎ 952 77 42 00 ; Avenida de Severo Ochoa). Hôpital à 1 km à l'est du centre-ville.

ARGENT

Nombre de banques munies de distributeurs jalonnent les principales rues commerçantes piétonnes.

POSTE

Poste (Calle de Jacinto Benavente ; ☻ 8h30-20h lun-ven, 8h30-14h sam).

OFFICE DU TOURISME

Office du tourisme municipal (☎ 952 77 14 42 ; Glorieta de la Fontanilla ; ☻ 9h-20h ou 21h). Le principal office du tourisme, sur le front de mer.
Office du tourisme (☎ 952 82 35 50 Plaza de los Naranjos ; ☻ 9h-20h ou 21h). Très utile, on y trouve quantité d'informations sur Marbella, dont la brochure *Verano Cultural* concernant les manifestations culturelles, ainsi que le bimensuel *Marbella Día y Noche* (www.guiamarbella.com).

À voir

À l'écart des plages, le pittoresque **Casco Antiguo** (vieille ville), bien ordonné, présente un ensemble de maisons blanches intactes, dont les balcons débordent de géraniums. On peut facilement passer une matinée à explorer ses agréables ruelles remplies de magasins à la mode. Au cœur de ce plaisant dédale se tient la charmante **Plaza de los Naranjos**, épicentre de la vieille ville, qui date de 1485. L'**ayuntamiento** (hôtel de ville) du XVIᵉ siècle borde son côté nord. À l'opposé se dresse une fontaine installée sur la place en 1504 par le premier maire chrétien. Non loin, l'**Iglesia de la Encarnación** (Plaza de la Iglesia ; entrée libre ; ☻ horaires des offices) fut commencée au XVIᵉ siècle et remaniée dans le style baroque.

Un peu plus loin à l'est, le **Museo del Grabado Español Contemporáneo** (musée de la gravure contemporaine espagnole ; Calle Hospital Bazán s/n ; 2,50 € ; ☻ 10h-14h et 17h30-20h30 lun-sam) expose des œuvres de Picasso, Joan Miró et Salvador Dalí, entre autres. Juste au nord, dans des rues comme la Calle Arte et la Calle Portada, vous découvrirez des vestiges des anciens **remparts musulmans**.

La véritable artère branchée de Marbella est l'Avenida Ramón y Cajal, décorée de sculptures farfelues de Dalí. En traversant

PROVINCIA DE MÁLAGA

MARBELLA

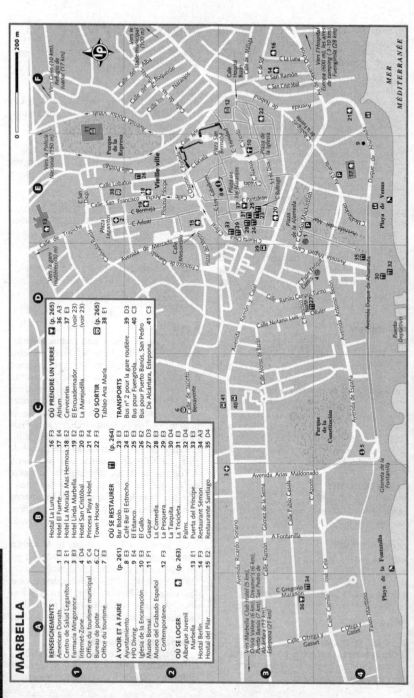

RENSEIGNEMENTS
American Donuts	1	E3
Centro de Salud Leganitos	2	E1
Farmacia Mingorance	3	B3
Internet-Zone	4	D4
Office du tourisme municipal	5	C4
Bureau de poste	6	C2
Office du tourisme	7	E3

À VOIR ET À FAIRE (p. 261)
Ayuntamiento	8	E3
H3O Diving	9	E4
Iglesia de la Encarnación	10	E3
Museo Bonsai	11	F1
Museo del Grabado Español Contemporáneo	12	F3

OÙ SE LOGER (p. 263)
Albergue Juvenil Marbella	13	E1
Hostal Berlín	14	F3
Hostal del Pilar	15	E2

Hostal La Luna	16	F3
Hotel El Fuerte	17	E4
Hotel La Morada Mas Hermosa	18	E2
Hotel Linda Marbella	19	E2
Hotel San Cristóbal	20	D4
Princesa Playa Hotel	21	F4
Town House	22	E3

OÙ SE RESTAURER (p. 264)
Bar Botolo	23	E3
Café Bar El Estrecho	24	E3
El Estanco	25	E2
El Gallo	26	E2
Gaspar	27	D3
La Comedia	28	E3
La Pesquera	29	E3
La Tasquita	30	D4
La Tricicleta	31	D4
Palms	32	D4
Puerta del Príncipe	33	E3
Restaurant Sémon	34	A3
Restaurant Santiago	35	D4

OÙ PRENDRE UN VERRE (p. 265)
Atrium	36	A3
Cervecerías	37	E3
El Encuadernador		(voir 23)
La Marejadilla		(voir 23)

OÙ SORTIR (p. 265)
Tablao Ana María	38	E1

TRANSPORTS
Bus n° 2 pour la gare routière	39	D3
Bus pour Fuengirola	40	C3
Bus pour Puerto Banús, San Pedro De Alcántara, Estepona	41	C3

la Plaza de la Alameda et le passage pour piétons en marbre, vous déboucherez sur les plages. La **Playa de Venus**, très centrale, juste en contrebas de l'Avenida del Mar et à l'est du Puerto Deportivo, ressemble aux autres plages de la Costa. Si vous cherchez plus d'espace et moins de monde, essayez la **Playa de la Fontanilla** qui s'étend sur 800 m à l'ouest de la Glorieta de la Fontanilla ou, mieux encore, jusqu'à la **Playa de Casablanca**, d'une longueur de 2 km, dans le prolongement de la Playa de la Fontanilla.

À faire

Marbella est un endroit divertissant pour passer des vacances car elle offre toutes sortes d'activités bien organisées. **H2O Diving** (☎ 952 77 82 49, 60 936 00 45 ; Paseo Marítimo ; ☷ 10h-14h et 17h-20h avr-sept) propose des cours de plongée PADI (420 €), loue des bateaux et permet, entre autres, de pratiquer le ski nautique et le kitesurf (en fonction du vent). Hors saison estivale, téléphonez à l'avance.

Le Parque de la Represa, au nord-est de la vieille ville, abrite une jolie aire de jeux pour les jeunes enfants, et le charmant **Museo Bonsai** (☎ 952 86 29 26 ; adulte/enfant 3/1,50 € ; ☷ 10h-13h30 et 16h30-19h30), consacré à l'art japonais des arbres miniatures.

Manifestations annuelles

Feria de San Bernabé (11 juin). Une semaine de festivités spectaculaires en l'honneur du saint patron de la ville.

Castillo de Cante Flamenco (août). Le festival de chant flamenco débute le 1er ou le 2e samedi d'août à Ojén, à 10 km au nord-ouest de Marbella, et permet d'entendre de grands noms.

Où se loger
PETITS BUDGETS

La forte demande en matière d'hébergement n'a hélas pas conduit à l'ouverture de charmants B&B ni de petits hôtels. Vous devrez donc choisir parmi les *hostales* sommaires de la vieille ville et les immenses complexes grand luxe du front de mer.

Hostal del Pilar (☎ 952 82 99 36 ; hostal@marbella-scene.com ; Calle Mesoncillo 4 ; d 40 €). Tenu par des Britanniques, cet établissement accueillant et très prisé, situé tout près de la Calle Peral, possède un bar avec un billard, une terrasse sur le toit où il fait bon prendre le soleil, ainsi qu'une cheminée pour les mois plus frais. Les prix varient selon la saison.

Hostal Berlin (☎ 952 82 13 10 ; fax 952 82 66 77 ; Calle San Ramón ; s/d/tr 35/45/60 € ; ☷ ☐). Très agréable et proche de la plage, le Berlin dispose de bonnes installations, dont un café-bar qui sert un petit déj (2,50 €). Le patron, des plus serviables, viendra même vous chercher à la gare routière, située à plusieurs kilomètres sur les hauteurs de la ville. Au-delà de quatre jours, on peut négocier une réduction.

Albergue Juvenil Marbella (☎ 952 77 14 91 ; fax 952 86 32 27 ; Calle Trapiche 2 ; dort moins/plus de 26 ans 14/18,40 €, d 25,70 €). Cette grande auberge de jeunesse moderne compte 140 lits répartis dans des chambres pour une à quatre personnes, dont la moitié avec sdb. De loin l'hébergement le plus économique de Marbella, et d'une situation assez centrale.

La Calle San Ramón et la Calle San Cristóbal, regorgent de petits *hostales* corrects et bon marché. Signalons aussi le délicieux **Hostal La Luna** (☎ 952 82 57 78 ; Calle La Luna 7 ; d 52 €), dont les balcons des chambres (avec ventil.) surplombent un patio.

CATÉGORIE MOYENNE

Dans la catégorie au-dessus des *hostales*, vous débourserez au moins 70 € en été pour une chambre double.

Town House (☎ 952 90 17 91 ; www.townhouse. nu ; Calle Alderete 7 ; d basse/haute saison 95/120 € ; ☷). Ce superbe hôtel à l'atmosphère intime, décoré de mobilier chic, occupe une maison de ville de quatre étages comprenant neuf chambres et une fabuleuse terrasse propice à la détente. Il s'agit d'une bonne affaire, mais réservez longtemps à l'avance pour profiter de son charme.

Hotel La Morada Mas Hermosa (☎ 952 92 44 67 ; www.lamoradamashermosa.com ; Calle Montenebros 16A ; s/d 68/85 € ; ☷). Un petit hôtel charmant dans la vieille ville. Garnies de lits en fer forgé et de draps blancs à l'ancienne, les cinq chambres doubles sont très demandées. Mieux vaut donc réserver, même hors saison.

Hotel San Cristóbal (☎ 952 77 12 50 ; www.hotel sancristobal.com ; Avenida Ramón y Cajal 3 ; s/d 58/90 € ; ☷). Voici un des hôtels haut de gamme les moins onéreux bénéficiant de toutes les commodités requises. Pour éviter l'avenue bruyante, demandez une chambre donnant sur l'arrière ou sur le côté.

Hotel Linda Marbella (☎ 952 85 71 71 ; linda marbellasl@terra.es ; Calle Ancha 21 ; s/d 50/80 € ; ☷). Fiable et central, cet hôtel loue des chambres sans prétention aux couleurs pastel.

CATÉGORIE SUPÉRIEURE
Princesa Playa Hotel (☎ 902 11 77 51 ; www.prin cesa playa.com ; Avenida Duque de Ahumada s/n ; studios 82/127 € ; apt basse/haute saison 94/160 € ; ⓟ ⊠ ⊠). Cette résidence hôtelière composée d'appartements offre un rapport qualité/prix très avantageux pour un hébergement sur le front de mer, avec une vue superbe.

Hotel El Fuerte (☎ 952 86 15 00 ; www.hotel-el fuerte.es ; Avenida El Fuerte s/n ; d basse/haute saison 125/170 € ; ⓟ ⊠ ⊠). Un gigantesque complexe de 263 chambres doté de jardins et de toutes les commodités, dont une salle de gym, des courts de tennis, un sauna et un accès à la plage. Les chambres avec vue sur la mer coûtent plus cher.

Marbella Club Hotel (☎ 952 82 22 11 ; www. marbella club.com ; Carretera de Cádiz 178 ; d basse/haute saison 250/425 € ; ⓟ ⊠ ⊠). Un des hôtels ultra-luxueux et très discrets qui furent les fers de lance du tourisme haut de gamme à Marbella. Situé à l'ouest de la ville dans de merveilleux jardins, le club bénéficie de toutes les installations possibles et imaginables (accessibles, pour certaines, aux fauteuils roulants). Le terrain de golf (accès au green 110 €) est très beau.

Où se restaurer
On peut très bien dîner à Marbella en évitant les établissements tape-à-l'œil qui servent des portions congrues. La ville compte en effet quelques authentiques bars à tapas et plusieurs restaurants à la mode qui élaborent une excellente cuisine d'un bon rapport qualité/prix.

Restaurant Sémon (☎ 952 77 77 96 ; Calle Gregorio Marañón s/n ; buffet 20 € ; ⊙ 10h30-16h). Ce fantastique traiteur catalan, avec un espace restaurant, s'avère l'endroit idéal pour déjeuner d'un délicieux buffet. On peut aussi y faire un petit déj tardif composé d'un café et d'un assortiment de pâtisseries ou de biscuits maison. Vu le succès du lieu, il est essentiel de réserver en été.

La Tricicleta (☎ 952 85 76 86 ; Calle San Lázaro ; plats 14-20 ; ⊙ 19h30-24h lun-sam fév-déc). Installé dans une ruelle, ce restaurant comporte une salle à manger rustique au rez-de-chaussée et une terrasse étonnante sur le toit. Il s'agit d'une excellente adresse. Pour vous en convaincre, goûtez donc le magret de canard flambé au Jerez accompagné d'une sauce aux cinq poivres. Les végétariens pourront également y satisfaire leur appétit.

La Comedia (☎ 952 77 64 78 ; Calle San Lázaro ; plats 15-25 € ; ⊙ 19h30-24h mar-dim). Tenue par deux Suédois, cette table branchée au décor minimaliste propose une carte internationale qui lui vaut des critiques élogieuses et une clientèle d'habitués.

Gaspar (☎ 952 77 00 78 ; Calle Notario Luis Oliver 19 ; plats 20 €). Un restaurant familial d'un bon rapport qualité/prix, juste en retrait du front de mer, où l'on mange aussi bien des *raciones* que des repas complets, à arroser d'un grand choix de vins. L'endroit possède une petite bibliothèque pittoresque.

Restaurante Santiago (☎ 952 77 00 78 ; Paseo Marítimo 5 ; repas de deux plats 25 €). Une des institutions du front de mer, où déguster des plats de fruits de mer gastronomiques dans un cadre élégant. Choisissez une table en terrasse et contemplez les palmiers de la Playa de Venus.

Puerta del Príncipe (☎ 952 77 49 64 ; Plaza de la Victoria ; plats 10-25 € ; ⊙ 10h30-13h30). Toujours bondée, cette succursale d'une chaîne à succès affiche une carte axée sur les viandes de qualité à prix doux. Sous le regard d'une imposante tête de taureau empaillée, vous pouvez commander un chateaubriand (pour deux) qui arrivera tout fumant sur votre table dans un plat en terre.

La Pesquera (☎ 952 77 53 02 ; Plaza de la Victoria ; plats 10-35 € ; ⊙ 10h30-13h30). Situé à côté du précédent, cet établissement un peu plus chic est spécialisé dans les poissons.

El Gallo (☎ 952 82 79 98 ; Calle Lobatos 44 ; plats 4-8 € ; ⊙ 13h-16h30 et 19h-23h mer-lun). Dans les rues pittoresques du vieux Marbella, ce restaurant andalou traditionnel, très couleur locale, mitonne de délicieuses spécialités de poisson.

Le Café Bar El Estrecho (Calle San Lázaro 12 ; tapas 1,10 €), **El Estanco** (☎ 952 92 40 11 ; Calle Buitrago 24 ; tapas/raciones 1,50/8 €) et le **Bar Botolo** (☎ 952 82 69 50 ; Calle San Lázaro ; tapas 1,80 €) sont trois bons établissements où savourer des tapas variées et un café fort et épais. N'hésitez pas à jouer des coudes pour entrer.

Les restaurants se succèdent sans désemparer sur le Paseo Marítimo, le long du front de mer, et sur le sable de la Playa de Venus. Si vous ne supportez pas les corps bronzés, optez pour le **Palms** (salades à partir de 6 €) ou **La Tasquita** (plats 8-10 €), qui sert des fruits de mer grillés ou frits.

LA REINE DE LA NUIT

Olivia Valere (☎ 95 282 88 61 ; www. oliviavalere.com ; Carretera de Istán ; entrée sept-juil/août 30/42 € ; ☉ 24h-6h30). Si un night-club incarne à lui seul la branchitude de Marbella, c'est bien celui d'Olivia Valere. Inspiré de l'Alhambra de Granada (p. 318), il dissimule un décor intérieur digne des Mille et Une Nuits, avec des pistes de danse en forme de patios reliés les uns aux autres, des fontaines, des colonnes dorées et de superbes bars obscurs. Son restaurant chic, le **Babilonia** (plats 18-30 € ; ☉ 20h30-3h), sert une délicieuse cuisine internationale. Tous ceux qui séjournent à Marbella doivent absolument inclure dans leur programme ce lieu des plus extravagants.

Où boire un verre

Le célèbre Puerto Deportivo de Marbella, qui regroupe quantité de bars, devait rouvrir fin 2004 suite à des rénovations de grande ampleur. Sinon, la Calle Pantaleón, dans la vieille ville, abrite une série de *cervecerías* (bars à bière). Ceux qui aiment se montrer préfèrent toutefois la Calle Camilo José Cela et la Calle Gregorio Marañón.

El Encuadernador (☎ 952 86 58 92 ; Calle San Lázaro 3). Caché dans une ruelle pittoresque de la vieille ville, le "Relieur" a des allures d'authentique bar à bières qui lui valent des clients fidèles. Vous pouvez commencer ici la soirée par quelques mousses avant de dîner à La Comedia, de l'autre côté de la rue, puis d'aller dans une discothèque.

La Marejadilla (Calle San Lázaro). Juste à côté du précédent, ce bar permet de continuer la tournée.

Atrium (☎ 952 82 85 89 ; Calle Gregorio Marañón 11). Dans un quartier chic et résidentiel, juste derrière la plage, ce lieu un rien prétentieux a la faveur des *marbellíes* (habitants de Marbella) aisés qui viennent y prendre un verre le soir tard.

Où sortir

Les discothèques connues sont regroupées dans la clinquante marina de Puerto Banús – voir p. 266.

Tablao Ana María (☎ 952 77 56 46 ; Plaza Santo Cristo 4/5 ; 19 € ; ☉ 20h30 à tard mar-dim jan-oct). En matière de flamenco sur la Costa del Sol,

voici un spectacle relativement authentique monté par une ancienne vedette de la danse. Réservations nécessaires.

Achats

Si vous recherchez un maillot de bain pailleté, vous trouverez votre bonheur à Marbella. Les rues de la vieille ville abondent en boutiques rutilantes, qu'il s'agisse de magasins de vêtements, d'artisanat ou d'antiquités. Un marché très animé se tient le lundi matin aux alentours du terrain de football de l'Estadio Municipal, à l'est de la vieille ville.

Depuis/vers Marbella

Des bus pour Fuengirola (2,05 €, 1 heure), Puerto Banús (0,95 €, 20 min) et Estepona (1,85 €, 1 heure) partent environ toutes les 30 min de l'Avenida Ricardo Soriano. Des services sont également assurés depuis la **gare routière** (☎ 952 76 44 00), au nord de la ville. Des bus fréquents desservent Málaga (direct 4,30 €, 45 min) et quelques-uns relient chaque jour Ronda (4,25 €, 1 heure 30), Ojén (0,90 €, 30 min), Sevilla (13,25 €, 3 heures 45), Granada (direct 12,35 €, 2 heures 45), Córdoba (14,60 €, 5 heures), Algeciras (direct 5,30 €, 1 heure) et Cádiz (direct 13,80 €, 2 heures 30).

Transports locaux

Au départ de la gare routière, le bus n°7 (0,85 €) va jusqu'à l'**arrêt Fuengirola/Estepona** (Avenida Ricardo Soriano), non loin du centre-ville. Dans le sens inverse, prenez le bus n°2 Avenida Ramón y Cajal (au coin de la Calle Huerta Chica). Pour vous rendre à pied de la gare routière au centre, franchissez le pont au-dessus de la voie et descendez la Calle de Trapiche qui mène à l'Albergue Juvenil Marbella, puis traversez la Calle Salvador Rueda et suivez la Calle Bermeja.

ENVIRONS DE MARBELLA
Ojén et ses alentours

À 8 km au nord de Marbella, parmi les eucalyptus et les vergers d'agrumes, le minuscule pueblo d'**Ojén** constitue un bon point de départ pour explorer l'arrière-pays vallonné de la Costa del Sol. Le séduisant hôtel-restaurant **Refugio de Juanar** (☎ 952 88 10 00 ; www.juanar.com ; Sierra Blanca s/n, Ojén ; d basse/haute saison 95/108 € ; ⓟ ⌧ ⌖), à 12 km au nord de Marbella, en retrait de l'A355, occupe une jolie demeure rurale au milieu des châtaigniers et des *pinsapos*, sur le site du pavillon de chasse du vieux Larios. Vous pouvez déjeuner dans son excellent restaurant, spécialisé dans le gibier, avant de vous lancer sur les chemins de randonnée. Certaines des installations sont prévues pour les personnes en fauteuil roulant.

Les sentiers sont clairement balisés et l'hôtel vous fournira une carte fiable. Au bout d'une tranquille ascension jusqu'à 3 000 m d'altitude, vous atteindrez le **mirador** (point de vue) qui surplombe le littoral et permet, par temps clair, d'entrevoir les côtes africaines. Les marcheurs enthousiastes peuvent ensuite redescendre par les sentiers en direction d'Ojén ou vers l'ouest jusqu'au village d'Istán. Après quoi, vous aurez peut-être envie de faire une halte au **Museo del Vino Málaga** (☎ 952 88 14 53 ; Calle Carrera 39, Ojén ; entrée libre ; ☽ 11h-15h et 18h-22h juil-oct, 11h-20h nov-juin), où l'on peut goûter et acheter du bon vin de Málaga, dans la plus ancienne distillerie de la région.

Puerto Banús

La portion de littoral qui s'étend à l'ouest de Marbella a été baptisée **La Milla d'Oro** (le mille d'or), en raison du nombre de propriétés ultra-luxueuses qui s'y trouvent – dont le Marbella Club Hotel (p. 264) et Mar Mar, le domaine du roi Fahd d'Arabie saoudite. Le long de cette bande côtière, à 7 km de Marbella, **Puerto Banús** possède la marina la plus clinquante de la Costa del Sol. Accueillant d'énormes palais flottants, celle-ci est protégée par des grilles de sécurité interdisant l'entrée aux véhicules indésirables.

Proche de la tour de contrôle, à l'extrémité ouest du port – où sont amarrés les bateaux les plus luxueux –, l'**Aquarium de Puerto Banús** (☎ 952 81 87 67 ; adulte/enfant 4,80/3,60 € ; ☽ 11h-18h) reste ouvert la majeure partie de l'année (mais peut fermer lun- ven en hiver). Petit extra : vous pouvez plonger dans les aquariums pour nager avec les raies, les homards et les petits requins.

En allant vers l'extrémité ouest de la marina, on découvre plusieurs bars élégants : le **Salduba Pub** (☎ 952 81 10 92 ; Calle de Ribera) et le **Sinatra Bar** (Calle de Ribera) figurent parmi les plus courus.

Dreamer's (☎ 952 81 20 80 ; www.dreamers-disco. com; Carretera de Cádiz 175, Río Verde) vous attend à la périphérie est de Puerto Banús. Tribal house, vocal house, light shows et bongo beats, ce lieu où officient à tour de rôle de bons DJs comblera les amateurs de house.

Estepona
48 000 habitants

Ayant su maîtriser son développement, Estepona reste une cité balnéaire agréable. Une longue promenade borde la **Playa de la Rada**, la plage principale. Son immense étendue de sable, ses eaux pures et son atmosphère décontractée en font un endroit approprié pour les familles, d'autant que la plage comporte une aire de jeux pour les enfants. Les plages autour d'Estepona ont la cote auprès des surfeurs débutants.

RENSEIGNEMENTS

L'**office du tourisme** (☎ 952 80 09 13 ; www.infoestepona.com ; Avenida San Lorenzo 1 ; ☽ 9h-18h lun-ven, 9h-13h30 sam) se situe dans le centre-ville.

À VOIR ET À FAIRE

Le parc safari **Selwo Aventura** (☎ 952 79 21 50 ; www.selwo.es ; adulte/enfant 18/12 € ; ☽ 10h-18h oct-mai, 10h-20h juin-sept), à 6 km à l'est d'Estepona, héberge 200 espèces d'animaux exotiques. Vous pouvez en observer certains à pied, d'autres à bord de 4x4. Pour y accéder depuis Estepona, la meilleure solution consiste à prendre un taxi. Un bus direct part tous les jours de Málaga et dessert Torremolinos, Fuengirola et Marbella (téléphonez à Selwo pour plus de renseignements).

Pour les adultes, le **Happy Divers Club** (☎ 952 88 90 00 ; www.happy-divers-marbella.com ; Atalaya Park Hotel, Carretera de Cádiz) organise des week-ends de voile et de plongée. De son côté, **Adventure-rebound Spain** (☎ 952 79 18 57 ; www.adventurebound spain.com; Apartado de Correo 638) propose des excursions en VTT et des treks.

Derrière la plage, la charmante **Plaza de las Flores**, cœur d'Estepona, et bordée de cafés, rappelle le *casco antiguo* de Marbella. Une flotte de pêche relativement importante et une vaste marina se partagent le port, au-delà du phare, tout à fait à l'ouest de la ville. Un **marché aux poissons** animé se tient chaque matin, mais il est déjà pratiquement terminé vers 7h. Le **marché couvert** (Calle Castillo) mérite également le détour.

OÙ SE LOGER ET SE RESTAURER

Les hébergements dans le centre d'Estepona sont en nombre limité. À l'exception de l'Hotel El Molino, ceux cités ici bénéficient d'une situation centrale.

Hotel El Molino (☎ 952 79 10 85 ; www.estepona-molino.com ; Camino la Lobilla ; s/d 53/73,80 € ; Ⓟ 🐾). Oasis de calme au milieu de la frénésie de la côte, le superbe El Molino occupe un bâtiment de style hacienda entouré de plantations luxuriantes, à deux pas de la plage. Les enfants sont les bienvenus et un service de baby-sitting permet aux parents de dîner en tête-à-tête sous les étoiles (28 €). Le prix inclut le petit déj. Magnétoscope et chaîne stéréo dans les chambres. On n'a plus envie de partir.

Hotel Aguamarina (☎ 952 80 61 55 ; fax 95 280 45 98 ; Avenida San Lorenzo 32, s/d petit déj inclus 54,50/76,50 € ; 🐾). Les chambres, récemment rénovées sont confortables. La couleur bleu-vert de l'extérieur choque un peu.

Hostal Pilar (☎ 952 80 00 18 ; pilarhos@anit.es ; Plaza de las Flores 22 ; s/d 25/45 € ; 🐾). Un sympathique *hostal* à l'ancienne, agréablement situé sur la verdoyante Plaza de las Flores.

Pensión La Malagueña (☎ 952 80 00 11 ; Calle Castillo 1 ; s/d 25/49 €). Cette pension (à côté de l'Hostal Pilar) loue de confortables chambres avec ventilateur.

La Plaza de Las Flores, très appréciée des étudiants, regroupe quelques bars et restaurants à tapas. La vie nocturne se concentre sur la marina, qui compte une flopée de bars très fréquentés, comme **Christopher Columbus** (☎ 952 80 56 25 ; Puerto Deportivo).

DEPUIS/VERS ESTEPONA

La **gare routière** (☎ 952 80 02 49 ; Avenida de España) se tient 400 m à l'ouest sur le front de mer. Des bus desservent Fuengirola, Torremolinos et Málaga (5,80 €, 2 heures, 11/j). Entre 6h40 et 22h30, un bus part toutes les demi-heures pour Marbella (1,85 €, 1 heure). Il existe aussi des liaisons avec Algeciras (2,95 €, 1 heure, 10/j) et Cádiz (11,10 €, 3 heures 30, 2/j).

L'ARRIÈRE-PAYS

La région qui s'étend à l'intérieur de la province de Málaga présente un paysage escarpé d'une beauté austère, parsemé de *pueblos blancos* (villages blancs) romantiques. Au-delà des montagnes, la campagne verdoyante débouche sur un échiquier de plaines marécageuses. Rien à voir avec l'effervescence touristique de la côte.

RONDA
35 000 habitants / 744 m

Encerclée par les somptueuses montagnes de la Serranía de Ronda, dont elle tire son nom, la ville de Ronda se dresse sur un site spectaculaire, de part et d'autre d'une gorge appelée El Tajo, profonde de 100 m. Fondée au IXe siècle av. J.-C., elle figure parmi les cités les plus anciennes d'Espagne. Sa vieille ville, La Ciudad (la ville), remonte en grande partie à la période musulmane, époque à laquelle cet important foyer culturel abritait de nombreux palais et mosquées. Sa richesse en tant que relais commercial suscitait la convoitise des bandits et des profiteurs de tout poil, d'où un passé romanesque et haut en couleur illustré par le folklore espagnol.

À la fin du XIXe siècle, Ronda fut l'objet d'un engouement romantique, attirant nombre d'artistes et d'écrivains étrangers, dont Alexandre Dumas, Rainer Maria Rilke, Ernest Hemingway et Orson Welles. Aujourd'hui, l'endroit a conservé tout son intérêt et reçoit un flot d'excursionnistes en provenance de la Costa del Sol, à une heure de là, qui doublent sa population en été. C'est dans la lumière chaude du soir et au début du printemps ou à la fin de l'automne, quand le tourisme décroît, que l'on apprécie le mieux ses attraits.

Orientation

La Ciudad se dresse du côté sud de la gorge d'El Tajo. À l'issue de la Reconquista ("reconquête chrétienne"), en 1485, la levée de nouveaux impôts obligea ses habitants à s'établir dans une nouvelle cité, El Mercadillo (le marché), située au nord. Trois ponts enjambent la gorge : le principal, le Puente Nuevo, relie la Plaza de España à la Calle de Armiñán. À l'ouest, les deux parties de Ronda sont interrompues brusquement par les falaises plongeant dans la vallée du Río Guadalevín qui coule en contrebas. Les lieux intéressants se concentrent pour la plupart dans La Ciudad ; les hôtels, les restaurants, ainsi que les gares routière et ferroviaire sont regroupés dans El Mercadillo.

Renseignements
LIBRAIRIES

Comansur (☎ 952 87 86 67 ; Calle Lauría 30). Vend des cartes SGE de la région au 1/50 000.

RONDA

0 _____ 300 m

A **B** **C** **D**

Vers Pangea Active Natural (250 m),
l'Hôtel Fuente de la Higuera (7 km),
Ronda la Vieja (16 km), Almargo Stables (18 km),
El Tejar (18 km), Cueva de la Pileta (19 km),
Sierra de Grazalema (20 km), Arcos de la
Frontera (86 km), Sevilla (132 km)

Gare
ferroviaire

Avenida de Andalucía

Plaza Concepción
García Redondo

Paseo de
las Inglesas

Calle de San José

Calle Lauria

Plaza del
Ahorro

Iglesia de
la Merced

Alameda
del Tajo

Vers l'Hospital general
Básico (200 m),
El Burgo (26 km),
Coín (62 km),
Antequera (87 km)

Iglesia de
los Descalzos

Pasaje de
Correos

Plaza de
los Descalzos

C José
Aparicio

Plaza
Teniente Arce

El Mercadillo

Plaza del
Socorro

Plaza
Carmen
Abela

Iglesia de Nuestra
Señora del Socorro

Paseo de
Blas Infante

Calle Nueva

Calle Ermita

Calle Villanueva

Iglesia de Nuestro
Padre Jesú's

Calle Real

La Ciudad

Puente
Árabe

Arroyo

Plaza María
Auxiliadora

Plaza del
Campillo

Puente
Árabe

Plaza
Mondragón

Plaza
Duquesa
de Parcent

Vers Ermita
de la Virgen
de la Cabeza
(4 km)

Iglesia del
Espíritu Santo

Plaza
Arquitecto Pons
Sorolla

Barrio de
San
Francisco

Vers le Camping El Sur (2 km),
Gaucín (39 km), Jimena
de la Frontera (62 km),
Algeciras (102 km)

Vers San Pedro de
Alcántara, la Costa
Del Sol (47 km)

Puente Nuevo	16	B4
Puente Viejo	17	B4
Puerta de Almocábar	18	B6
Puerta de Carlos V	19	A6

OÙ SE LOGER 🏠 (p. 271)

Alavera de los Baños	20	B5
EnFrente Arte	21	C4
Hostal González	22	D3
Hotel Arunda II	23	B1
Hotel Colón	24	A2
Hotel La Goyesca	25	C2
Hotel Montelirio	26	A4
Hotel Morales	27	B2
Hotel Polo	28	B2
Hotel San Francisco	29	C3
Hotel San Gabriel	30	A4
La Casona de la Ciudad	31	B5
Parador de Ronda	32	A3

OÙ SE RESTAURER 🍴 (p. 273)

Bar Restaurant Almocábar	33	B6
Bar-Galería EnFrente Arte	(voir 21)	
Casa María	34	A6
Casa Santa Pola	35	B4
El Molino	36	B3
Faustino	37	B3
Relax Café-Bar	38	B3
Restaurante Albacara	(voir 26)	
Restaurante del Escudero	39	A3
Restaurante Pedro Romero	40	A3
Restaurante Tragabuches	41	A3
Shafar	42	B3

OÙ PRENDRE UN VERRE 🍷 (p. 274)

Bodega La Esquina	43	B3
Bodega San Francisco	44	A6
Café Las Bridas	45	B5
El Choque Ideal	46	B5
Lechuguita	47	B3

TRANSPORTS

Bicicletas Jesús Rosado	48	C2
Gare routière	49	B1

DIVERS

Minarete de San Sebastián	50	B5
Puerta de la Exijara	51	B4

RENSEIGNEMENTS

Ayuntamiento	1	A5
Central Cibercafé	2	B3
Comansur	3	C2
Office du tourisme municipal	4	A3
Bureau de poste	5	A3
Policía Local	(voir 1)	
Regional Tourist Office	6	A3

À VOIR ET À FAIRE (p. 269)

Baños Árabes	7	B5
Casa del Rey Moro	8	B4
Galería de Arte	9	B2
Iglesia de Santa María La Mayor	10	A5
La Mina	(voir 8)	
Museo del Bandolero	11	B5
Museo Taurino	(voir 15)	
Palacio de Mondragón	12	A5
Palacio del Marqués de Salvatierra	13	B4
Pangea Active Nature	(voir 13)	
Plaza de España	14	A3
Plaza de Toros	15	A3

NUMÉROS D'URGENCE

Policía Local (☎ 952 87 13 69 ; Plaza Duquesa de Parcent s/n). Le commissariat est installé dans l'*ayuntamiento*.

Policía Nacional (☎ 952 87 10 01 ; Avenida de Jaén s/n)

ACCÈS INTERNET

Central Cibercafé (☎ 952 87 98 39 ; Calle Los Remedios 26 ; 1,50 €/30 min ; ☿ 16h à tard). Un cybercafé couru, équipé de six ordinateurs rapides.

SERVICES MÉDICAUX

Hospital General Básico (☎ 95 287 15 41 ; El Burgo Rd), à 1 km du centre-ville, le long de la route d'El Burgo.

ARGENT

Les banques et les DAB se trouvent principalement Calle Virgen de la Paz (en face de l'arène) et Plaza Carmen Abela.

POSTE

Bureau de poste (Calle Virgen de la Paz 18-20 ; ☿ 9h-20h lun-ven, 9h-14h sam)

OFFICE DU TOURISME

Office du tourisme municipal (☎ 952 18 71 19 ; turismo@ronda-e.com ; Paseo de Blas Infante ; ☿ 9h30-18h30 lun-ven, 10h-14h et 15h-18h30 sam-dim). Le personnel serviable et avenant fournit une foule d'informations sur la ville et la région.

Office du tourisme régional (☎ 649-965338 ; www. andalucia.org ; Plaza de España 1 ; ☿ 9h-19h lun-ven, 10h-14h sam). Sur la place principale.

À voir

LA CIUDAD

Enjambant l'impressionnante gorge et le Río Guadalevín ("rivière profonde"), le majestueux **Puente Nuevo** est le monument emblématique de Ronda (vous pourrez mieux le contempler depuis le Camino de los Molinos qui court au fond de la gorge). Ce pont sépare la ville nouvelle de la vieille ville entourée de remparts massifs, accessible par deux portes : la Puerta de Almocábar, construite au XIIIᵉ siècle par les Arabes comme entrée principale de la forteresse, et la Puerta de Carlos V datant XVIᵉ siècle. À l'intérieur des murailles, le tracée de l'ancienne médina demeure pratiquement intact, formant un dédale de ruelles. Celles-ci doivent leur cachet aux demeures Renaissance des familles aristocratiques dont les ancêtres participèrent à

la reconquête de la ville, en 1485, aux côtés de Fernando el Católico.

Presque toutes ces bâtisses portent encore le blason des nobles auxquelles elles appartenaient, comme le **Palacio de Mondragón** (☎ 952 87 84 50 ; Plaza Mondragón ; adulte/tarif réduit 2/1 € ; ☿ 10h-18h lun-ven, 10h-15h week-end et fêtes). Édifié en 1314 pour Abomelic, gouverneur de Ronda, le palais a gardé ses cours intérieures et ses fontaines, notamment l'impressionnant patio mudéjar – dont l'arc en fer à cheval conduit dans un jardin au sommet d'une falaise d'où la vue est superbe.

Juste à côté, l'**Iglesia de Santa María La Mayor** (☎ 952 87 22 46 ; Plaza Duquesa de Parcent ; 2 € ; ☿ 10h-18h nov-mars, 10h-20h avr-oct), très ornementée, occupe l'emplacement de l'ancienne mosquée de Ronda. À l'entrée de l'église, un arc couvert d'inscriptions arabes faisait partie du *mihrab* de la mosquée (niche orientée vers La Mecque indiquant le sens de la prière). Classé monument historique, l'édifice offre une débauche de styles et d'ornements. Les immenses stalles en cèdre du chœur divisent la nef en deux parties, l'avant réservé à la noblesse, l'arrière au peuple.

Juste en face de l'église, l'insolite **Museo del Bandolero** (☎ 952 87 77 85 ; Calle de Armiñán 65 ; 2,70 € ; ☿ 10h-18h oct-mars, 10h-20h avr-sept) est consacré au banditisme, qui fit autrefois la renommée du centre de l'Andalousie. On constate sur des gravures anciennes que, lorsque les jeunes *bandoleros* ne périssaient pas de la main des autorités, fusillés, pendus ou garrottés, ils se poignardaient mutuellement dans le dos, au propre comme au figuré.

En empruntant l'étroite Calle Marqués de Salvatierra, vous déboucherez sur le petit **Puente Viejo** (vieux pont), qui surplombe la rivière à l'endroit où elle s'engouffre dans la gorge. Juste avant de l'atteindre, vous passerez devant le **Palacio del Marqués de Salvatierra**, gigantesque palais dont la construction nécessita de démolir 42 maisons. Propriété des descendants du Marqués de Moctezuma, gouverneur de l'Amérique du Sud, il arbore un portail décoré de sculptures représentant des Indiens. Le palais et les antiquités qu'il contient sont parfois accessibles au public (renseignez-vous auprès de l'office du tourisme).

LES ROMERO, COMBATTANTS DE RONDA

Ronda peut, à juste titre, s'enorgueillir d'être le berceau de la tauromachie. Elle possède une école d'équitation, appelée la Maestranza, où l'aristocratie espagnole apprenait à monter à cheval et s'entraînait à combattre en affrontant des taureaux. Ainsi naquit la corrida.

La légende veut que l'un de ces combats ayant mal tourné – le cavalier avait chuté et risquait de se faire encorner –, Francisco Romero (vers 1698), le héros local, descendit dans l'arène sans une seconde d'hésitation et détourna l'attention du taureau en agitant son chapeau. À la génération suivante, son fils Juan introduisit la *cuadrilla* (l'équipe soutenant le matador), composée de deux ou trois banderilleros à pied et d'autant de picadors (cavaliers armés de pics). Il réalisa ainsi le mariage des pratiques de la noblesse (qui combattait à cheval) et des dangereuses corridas populaires qui se déroulaient lors des fêtes sur la grand-place de chaque ville.

Toutefois, c'est finalement le célèbre Pedro Romero (1754–1839), dont la carrière se solda par la mort de 5 000 taureaux, qui inventa les règles et les passes gracieuses, presque dansées, de la corrida moderne, toujours connue sous le nom d'Escuela Rondeña (école de Ronda). Il introduisit en particulier l'usage de la *muleta* (variante du chapeau de son grand-père), célèbre cape rouge utilisée pour capter l'attention de la bête.

Plus récemment, en 1932, Ronda a également vu naître le plus grand matador ibère, en la personne du charismatique Antonio Ordóñez. Celui-ci fit ses débuts à 19 ans dans les arènes madrilènes de Las Ventas et fut immortalisé par Hemingway dans *L'Été dangereux*.

La famille Ordóñez a d'ailleurs inauguré la corrida *Goyesca*, qui se tient chaque année, début septembre, en hommage à Pedro Romero, et à laquelle participent les meilleurs matadors d'Espagne. Pendant l'affrontement, ces derniers portent l'habit de lumière guindé du XIXe siècle, que Goya a immortalisé dans ses portraits de Romero. Pour assister au spectacle du samedi, le plus prisé des trois jours de corrida, il faut réserver vos billets au moins deux mois à l'avance. Les tarifs s'échelonnent entre 65 € pour une place au soleil (*sol*) et 110 € pour une place à l'ombre (*sombra*).

Pour profiter d'une vue encore plus spectaculaire, quittez le Puente Viejo en suivant la Calle Marqués de Salvatierra, puis montez à droite la Calle Santo Domingo jusqu'à la **Casa del Rey Moro** (☎ 952 18 72 00 ; Calle Santo Domingo 17 ; adulte/enfant 4/2 € ; ◷ 10h-19h). Ici, des jardins en terrasse donnent accès à **La Mina**, un escalier souterrain de l'époque musulmane, taillé dans la roche, qui descend jusqu'à la rivière au fond de la gorge. Ces 300 marches permirent à Ronda de s'approvisionner en eau lorsqu'elle fut attaquée. C'est aussi par là que les soldats chrétiens forcèrent le passage pour pénétrer dans la ville, qu'ils investirent en 1485. Restez prudent car l'escalier est raide, mal éclairé et très humide à certains endroits. Près de la rivière, les **Baños Árabes** (bains maures ; ☎ 952 87 08 18 ; Hoyo San Miguel ; 2 € ; ◷ 10h-18h lun-ven, 10h-15h sam-dim), presque intacts, remontent aux XIIIe et XIVe siècles.

Pour descendre dans la gorge (une bonne marche matinale), prenez le long sentier abrupt qui part de la Plaza del Campillo. Le jeu en vaut vraiment la chandelle et, au printemps, la vallée en contrebas forme un tapis de fleurs. Plus loin se tient l'**Ermita de la Virgen de la Cabeza** (renseignez-vous auprès de l'office du tourisme).

EL MERCADILLO

Rendue célèbre par le roman *Pour qui sonne le glas*, la **Plaza de España** se déploie de l'autre côté du Puente Nuevo. Au chapitre 10, Ernest Hemingway raconte comment, au début de la guerre civile, les "fascistes" d'une petite ville furent rassemblés dans l'*ayuntamiento* (hôtel de ville). Frappés avec des fléaux et livrés à la vindicte populaire, ils durent passer entre deux rangées d'habitants, avant d'être précipités du haut de la falaise. Cet épisode barbare a été inspiré par des évènements qui se déroulèrent à Ronda. Le Parador de Ronda (p. 273) occupe désormais cet hôtel de ville de triste mémoire.

À proximité, l'élégante **Plaza de Toros** (☎ 952 87 41 32 ; Calle Virgen de la Paz s/n ; 5 € ; ◷ 10h-18h oct-mars, 10h-20h avr-sept) est le haut lieu des corridas. Inaugurée voilà près de deux siècles, elle figure parmi les arènes les plus anciennes et les plus réputées d'Espagne, et a accueilli quelques-unes des grandes manifestations de l'histoire de la tauromachie (voir l'encadré p. 270). Construite par Martín Aldehuela, elle est unanimement admirée pour la couleur tendre de son grès et ses galeries à arcades. Mesurant 66 m de diamètre, il s'agit aussi de l'arène la plus vaste et la plus dangereuse qui, pourtant, ne peut contenir que 5 000 spectateurs (un chiffre minuscule comparé aux 50 000 places de l'arène de Mexico). En juillet, elle accueille une formidable série de concerts et des représentations d'opéra (détails à l'office du tourisme).

Sur place, le **Museo Taurino**, récemment rénové et agrandi, expose toutes sortes de souvenirs – les habits de lumière maculés de sang de Pedro Romero et de la vedette des années 1990 Jesulín de Ubrique, ainsi que des photos de visiteurs célèbres, tels Orson Welles et Ernest Hemingway, dont le roman *Mort dans l'après-midi* illustre la tension et la peur régnant dans l'arène.

Derrière la Plaza de Toros, le **Paseo de Blas Infante** débouche sur des vues grandioses du sommet de la falaise et de l'**Alameda del Tajo**, le luxuriant parc voisin (aire de jeux pour les jeunes enfants).

BARRIO DE SAN FRANCISCO

À l'extérieur des remparts de La Ciudad, le **Barrio de San Francisco** correspond à l'ancien cimetière musulman de la ville. Au XVe siècle, les marchands établirent là un petit marché, afin de ne pas avoir à payer le droit d'entrée excessif pour pénétrer dans Ronda. S'ensuivit la construction d'auberges et de tavernes, puis d'un nouveau quartier. Aujourd'hui, le Barrio est toujours réputé pour ses bons vieux bars à tapas.

À faire

Ronda constitue un endroit propice pour pratiquer de multiples activités de plein air, dont beaucoup sont proposées par des gîtes ruraux (voir l'encadré p. 272). À Ronda même, la société **Pangea Active Nature** (☎ 952 87 34 96 ; www.pangea-ronda.com ; Calle Dolores Ibarruri 4) offre un catalogue allant des randonnées pédestres avec guide, au VTT, en passant par le kayak, les formules aventure et les circuits en 4x4. En matière d'excursions, vous pouvez opter pour une journée de spéléologie (69 €/pers), une randonnée de cinq jours (495 €/pers) ou une escapade de sept jour à vélo (695 €/pers), le tout en demi-pension.

Pour des treks à cheval, avec guide, contactez **Almagro Stables** (☎ 952 18 40 53, 660-458890 ; Calle Nacimiento 38, Montecorto). Comptez 35 € pour deux heures ou 60 € pour une demi-journée, avec pique-nique au déjeuner.

Ronda a toujours été un repaire d'artistes. La **Galería de Arte** (☎ 952 19 04 90 ; www.ronda-art.com ; Calle Pozo 11) dispense des cours d'art et expose à la vente des œuvres d'artistes contemporains locaux. Monica et Andrew, qui dirigent la galerie, se feront un plaisir de vous fournir toute information à ce sujet ou d'organiser l'expédition de vos achats.

Circuits organisés

Si vous souhaitez une visite guidée vivante de Ronda, faites appel à la pétillante **Teresa Montero Verdú** (☎ 952 87 21 02, 609-879406), native du coin et pleine d'enthousiasme. Un circuit d'une journée pour deux personnes revient à 80 €.

Manifestations annuelles

Fête-Dieu (premier jeudi après la Trinité). Des corridas et des réjouissances se déroulent après une procession au cours de laquelle une croix de 900 kg est transportée sur 6 km à travers la ville.

Feria de Pedro Romero (deux premières semaines de septembre). Grandes festivités incluant l'important Festival de Cante Grande, consacré au flamenco, qui culminent avec les Corridas Goyesca, en hommage au légendaire matador Pedro Romero (voir p. 270).

Où se loger
PETITS BUDGETS

Ronda possède des hôtels de charme parmi les plus remarquables de la province.

Hotel San Francisco (☎ /fax 952 87 32 99 ; Calle María Cabrera 18 ; s/d 25/45 € ; ✖). Meilleure option sans doute de la catégorie petit budget, cet ancien hostal fraîchement rénové pour atteindre le confort d'un hôtel réserve un accueil chaleureux. Petit déj compris.

Hotel Morales (☎ 952 87 15 38 ; fax 952 18 70 02 ; Calle de Sevilla 51 ; s/d 21/39 € ; ✖). Petit et sympathique, avec des murs tapissés de cartes de la région, le Morales loue 18 chambres agréables et dispose d'un espace réservé aux vélos. Le personnel est une mine d'informations sur la ville et les parcs naturels alentour.

Hotel Colón (☎ 952 87 43 78 ; hotelcolon@ronda.net ; Calle Pozo ; s/d 34,50/43 € ; ✖). Un hôtel bon marché d'une propreté impeccable. Demandez une chambre avec terrasse sur le toit.

LES GÎTES RURAUX DE RONDA

La belle campagne qui entoure Ronda a attiré un grand nombre d'entrepreneurs individuels qui ont transformé des maisons traditionnelles en superbes gîtes ruraux. Si vous êtes motorisé, vous avez tout intérêt à loger dans ces *cortijos* (fermes) qui proposent souvent un tas de prestations, telles que randonnées guidées, promenades à cheval et cuisine typique. Le site régional **www.serraniaronda. org** donne des informations sur l'hébergement rural. Sinon, essayez **www.rusticblue.com**. Nous vous recommandons les adresses suivantes :

D'abord l'**Hotel Fuente de la Higuera** (☎ 952 11 43 55 ; www.hotellafuente.com ; Partido de los Frontones, Ronda ; d/suite de luxe 135/260 € ; P ✕ ⛱), une élégante villa de style colonial, dotée d'un intérieur contemporain, donnant sur une vaste oliveraie. Les installations conviennent aux personnes en fauteuil roulant.

El Tejar (☎ 952 18 40 53 ; eltejar@mercuryin.es ; Calle Nacimiento 38, Montecorto ; oct-avr d 65 €, mai-sept location d'une maison 720 €/sem ; P ✕ ⛱). Ici, Guy Hunter-Watts, un marcheur expérimenté, peut vous guider à travers la campagne environnante, tandis que sa compagne Emma supervise les randonnées à cheval d'Almagro Stables. Pendant l'été, vous devez impérativement louer la maison entière.

Si vous aimez les atmosphères cosmopolites et les paysages hors du temps, choisissez **El Nobo** (☎ 952 15 13 03 ; www.elnobo.co.uk ; Apartado 46, Gaucín ; d 115 €, villa pour 4 pers 1 400 €/sem ; P ✕ ⛱) ou l'**Hotel Casablanca** (☎ /fax 952 15 10 19 ; Calle Teodoro de Molina 12, Gaucín ; s/d 48/96 € ; P ✕ ⛱), qui proposent des excursions d'une journée à Tanger.

Les gastronomes choisiront **La Almuña** (☎ 952 15 12 00 ; fax 952 15 13 43 ; Apartado 20, Gaucín ; s/d 55/110 € ; P ✕ ⛱), accueillant et convivial, où l'on peut déguster des produits cultivés sur place.

Hostal González (☎ 952 87 14 45 ; Calle San Vicente de Paúl 3 ; s/d 10/16 €). Voici un *hostal* d'un excellent rapport qualité/prix qui renferme six chambres doubles et des sdb communes. Tenu par un vieux couple avenant, il nous a été recommandé par des lecteurs.

Hotel Arunda II (☎ 952 87 25 19 ; Calle José María Castelló Madrid 10 ; s/d 25/43 € ; P ✕). Proche des gares routière et ferroviaire, cet hôtel loue des chambres correctes (petit déj et taxes inclus). Garage à disposition.

CATÉGORIE MOYENNE

Hotel San Gabriel (☎ 952 19 03 92 ; www.hotelsangabriel.com ; Calle José M Holgado 19 ; s/d 68/82 € ; ✕). Dans cette ravissante demeure ancienne, antiquités et photographies de corridas et de célébrités donnent un aperçu de l'histoire de Ronda. Un immense escalier en acajou débordant de fougères, une salle de billard, un salon cosy rempli de livres et un cinéma avec dix fauteuils en velours rouge rescapés du théâtre de Ronda occupent les lieux. Les hôtes, membres de la famille Pérez, se montrent charmants et discrets.

Alavera de los Baños (☎ 952 87 91 43 ; www.andalucia.com/alavera ; Hoyo San Miguel s/n ; s/d 50/85 € ; ✕ ⛱). Voisin des bains maures, l'hôtel reprend le thème hispano-mauresque en matière de décor et propose une cuisine nord-africaine inspirée (surtout d'excel-

lents plats végétariens). Préférez une des chambres de la terrasse qui ouvrent sur un petit jardin luxuriant.

Hotel Polo (☎ 952 87 24 47 ; hpolo@ronda.net ; Calle Mariano Soubirón 8 ; s/d 50/80 € ; P ✕). Une famille sympathique veille sur ce gracieux bâtiment du XIXe siècle à l'intérieur clair et lumineux. La plupart des chambres, élégantes et hautes de plafond, disposent de portes-fenêtres donnant sur un balcon. Les espaces communs, tel le salon de style colonial, sont joliment meublés. À noter aussi un restaurant espagnol servant une cuisine copieuse, ainsi qu'un parking bien pratique.

Hotel La Goyesca (☎ 952 19 00 49 ; www.ronda.net/usuar/hotelgoyesca ; Calle Infantes 39 ; s/d 48/67,50 €). Un petit établissement organisé autour d'une cour plantée de géraniums. Très soucieux du bien-être de la clientèle, les propriétaires ont su créer un havre de paix au cœur d'une ville pourtant fort animée.

EnFrente Arte (☎ 952 87 90 88 ; www.enfrentearte.com ; Calle Real 40 € ; s/d 45/90 € ; ✕ ▢ ⛱). Ici, les hôtes bénéficient d'un large éventail de commodités dans un décor moderne dernier cri. Le bar, la salle de divertissement, la piscine, le patio fleuri, le sauna et la vue fabuleuse sur le Parque Natural Sierra de la Nieves en font une nouvelle adresse de choix. Le prix inclut le petit déj, le buffet du déjeuner et toutes les boissons.

La Casona de la Ciudad (☎ 952 87 95 95 ; www.lacasonadelaciudad.com ; Calle Marqués de Salvatierra 5 ; d 91 € ; P ⌗ ▢ ▣). Un autre hôtel attrayant de la vieille ville, rempli de meubles et de tableaux anciens, qui dispose de grandes chambres décorées avec goût et d'une belle gamme d'équipements.

CATÉGORIE SUPÉRIEURE

Hotel Montelirio (☎ 952 87 38 55 ; www.hotelmontelirio.com ; Calle Tenorio 8 ; s/d 100/150 € ; ⌗ ▣). Jouissant d'une vue magique embrassant la gorge d'El Tajo, ce nouvel hôtel occupe un palais intelligemment réaménagé qui abrite des suites somptueuses. Le salon a conservé son splendide plafond mudéjar et ouvre sur une terrasse avec piscine. Fantastique restaurant sur place (voir p. 273).

Parador de Ronda (☎ 952 87 75 00 ; ronda@parador.es ; Plaza de España s/n ; s/d 96/120 € ; P ⌗ ▢ ▣). Surplombant également la gorge mais en retrait derrière une large terrasse, ce parador offre un hébergement de luxe, avec des chambres bien équipées, et des prestations impeccables.

Où se restaurer

La cuisine typique de Ronda se compose de solides plats montagnards, notamment des ragoûts (appelés *cocido, estofado* ou *cazuela*), des spécialités à base de truite (*trucha*), de lapin de garenne (*conejo*), de perdrix (*perdiz*), de cailles (*codorniz*) et de queue de taureau (*rabo de toro*).

Restaurante Albacara (☎ 952 16 11 84 ; Calle Tenorio 8 ; plats 25-30 €). Probablement la meilleure de Ronda, cette nouvelle table a élu domicile dans les anciennes écuries de la maison Montelirio, tout au bord de la gorge. Elle affiche une carte somptueuse et un choix de vins étendu.

Restaurante Tragabuches (☎ 952 19 02 91 ; Calle José Aparicio 1 ; plats 15-20 € ; ☽ 13h30-15h30 mar-dim, 20h-22h30 mar-sam). Totalement différent des restaurants "rustiques" présents partout, voici un lieu moderne et sélect allant de pair avec une carte innovante. Le chef, Daniel García, étoilé par le guide Michelin en 1998, continue de préparer une *cocina creativa*. Que diriez-vous de pieds de porc aux calamars et aux graines de tournesols ?

Bar Restaurant Almocábar (☎ 952 87 59 77 ; Calle Ruedo Alameda 5 ; plats 6-14 € ; ☽ 13h30-17h et 20h-1h mer-lun). Installé dans le Barrio San Francisco, un très bon bar à tapas dont l'authenticité n'a pas été compromise par les nuées de touristes qui investissent les hauteurs de la ville. Le soir, son succès est tel que vous aurez du mal à entrer. Nous vous conseillons de réserver pour le restaurant si vous ne voulez pas simplement faire une halte au bar.

Casa Santa Pola (☎ 952 87 92 08 ; Calle Santo Domingo 3 ; menus/plats 15/30 €). Aménagé dans une vieille demeure aristocratique de trois étages, cette casa se distingue par son cadre pittoresque et une belle vue sur El Tajo. Le soir, ses petites salles à manger intimes sont éclairées aux chandelles. Les côtelettes d'agneau rôties sont un must. Les vendredi et samedi soir, le flamenco est à l'honneur.

Restaurante del Escudero (☎ 952 87 13 67 ; Paseo de Blas Infante 1 ; menu 15 € ; ☽ 13h30-15h30 mar-dim, 20h-22h30 mar-sam). Le frère du Tragabuches, proche de la Plaza de Toros, se trouve dans un jardin attrayant qui le rend populaire en été. Le menu est sympathique et les prix sont plus raisonnables qu'au Tragabuches.

Restaurante Pedro Romero (☎ 952 87 11 10 ; Calle Virgen de la Paz 18 ; plats 9-15 €). Face aux arènes, ce restaurant apprécié célèbre la corrida et mitonne des plats typiques de Ronda. L'endroit idéal pour goûter le *rabo de toro* (ragoût de queue de taureau).

Casa María (☎ 952 87 62 12 ; Calle Ruedo Alameda 27 ; raciones 6-15 € ; ☽ 13h-17h et 19h30-1h mar-dim). S'il n'attire pas autant les foules que l'Almocábar, voisin, cet établissement mérite néanmoins le détour jusqu'au Barrio pour ses fruits de mer d'un bon rapport qualité/prix. Quand il y a du monde, l'ambiance est particulièrement bon enfant.

Relax Café-Bar (☎ 952 87 72 07 ; Calle Los Remedios 27 ; pâtes et plats au four 5,50 € ; ☽ 13h-16h et 20h-24h lun-ven). Dans une ville où domine les plats de viande, deux Anglaises préparent un grand choix de plats végétariens savoureux tels que salades, soupes, spécialités mexicaines et sandwiches originaux.

Shafar (Calle Ermita 2 ; ☽ 20h-24h). Dans une salle minuscule, vous achèterez ici pour 2 € de goûteux *shawarmas* (viande grillée dans du pain) à emporter, parfaits pour un en-cas nocturne après quelques verres. À noter : le shawarma au curry.

Faustino (☎ 952 19 03 07 ; Calle Santa Cecilia ; raciones 4,50-8 € ; ☽ 11h-1h mar-dim). Un bar à tapas traditionnel du centre-ville qui accueille une clientèle bruyante, essentiellement masculine. La viande et le machisme y règnent en maîtres.

El Molino (☎ 952 87 52 49 ; Calle Molino 6 ; menu 9 €).
Réputé pour ses pizzas et ses pâtes, El Molino sert aussi d'excellents petits déjeuners
variés, comme le *desayuno americano* (petit
déjeuner américain) – copieuse formule à
7,20 €. Espace d'accès à Internet à l'étage.

Où sortir

El Choque Ideal (☎ 952 16 19 18 ; www.elchoqueideal.
com ; Espíritu 9 ; ◷ 9h30-3h fév-oct, 13h-1h nov-jan).
Un nouveau café super, avec une vue
fantastique, qui programme un tas de manifestations, des concerts aux films projetés
sur la terrasse.

La modeste vie nocturne de Ronda se
concentre Calle Los Remedios, à la **Bodega
La Esquina** (Calle Los Remedios 22), à la **Lechuguita**
(Calle Los Remedios 25) et au **Café Las Bridas** (Calle Los
Remedios 18), qui accueille parfois des concerts
de flamenco ou de rock. L'animation bat
également son plein le soir au **Relax Café-Bar**
(☎ 952 87 72 07 ; Calle Los Remedios 27 ; ◷ 13h-16h et
20h-24h lun-ven), de même qu'au **Bar-Galería En-
Frente Arte** (☎ 952 87 90 88 ; www.enfrentearte.com ;
Calle Real 40), qui passe souvent de la musique
live. En bas dans le Barrio San Francisco,
l'ambiance est assurée par la **Bodega San
Francisco** (Calle Ruedo Alameda), à condition de
pouvoir se frayer un chemin à l'intérieur.

Depuis/vers Ronda
BUS
La gare routière se situe Plaza Concepción
García Redondo 2. **Comes** (☎ 952 87 19 92) dessert
Arcos de la Frontera (7 €, 2 heures), Jerez de la
Frontera (8,90 €, 3 heures) et Cádiz (11,80 €,
2 heures) jusqu'à cinq fois par jour, ainsi que
Gaucín, Jimena de la Frontera et Algeciras
(8 €, 1 heure 30, 1/j). **Los Amarillos** (☎ 952 18 70
61) se rend à Sevilla (8,40 €, 2 heures 30, 5/j)
via Algodonales, à Grazalema (1,95 €, 35 min,
2/j), et à Málaga (7,90 €, 2 heures, 4/j) *via* Ardales. **Portillo** (☎ 952 87 22 62) assure la liaison
avec Málaga (7,85, 1 heure 30, 4/j) *via* San
Pedro de Alcántara et Marbella.

TRAIN
La **gare ferroviaire de Ronda** (☎ 952 87 16 73 ; Avenida
de Andalucía) se trouve sur la magnifique ligne de
chemin de fer reliant Bobadilla et Algeciras.
Des trains partent pour Algeciras (5,85 €,
direct 15,50 €, 1 heure 45, 6/j) *via* Gaucín et
Jimena de la Frontera. Le pittoresque parcours justifie à lui seul le trajet. D'autres trains
desservent Granada (10,50 €, 3 heures, 3/j)

via Antequera, Málaga (7,90 €, 1 heure 30-
2 heures, 1/j lun-sam), Córdoba (16-20,50 €,
2 heures 30, 2/j) et Madrid (de jour 49,50 €,
4 heures 30 ; de nuit 32 €, 9 heures). Pour
Sevilla, changez à Bobadilla ou à Antequera.

Transports locaux
BICYCLETTE
Bicicletas Jesús Rosado (☎ /fax 95 287 02 21, ☎ 637-
457756 ; jrosado@ronda.net ; 87 Plaza del Ahorro 1) loue
des VTT bien équipés pour 2,40 € l'heure
et 9 € la journée.

BUS
Un kilomètre à peine sépare la gare ferroviaire des différents hébergements de Ronda.
Des minibus de la municipalité relient toutes
les demi-heures l'Avenida Martínez Astein
(en face de la gare) à la Plaza de España, mais
le trajet peut très bien s'effectuer à pied.

VOITURE ET MOTO
Se garer à Ronda s'avère une entreprise difficile. Il existe cependant un certain nombre de
parkings souterrains, et certains hôtels disposent de places de parking à l'usage des clients.
Les parkings facturent environ 1 € de l'heure
ou 12 € pour une durée de 12 à 24 heures. Les
taxis attendent sur la Plaza Carmen Abela.

DÉTOUR : TORRECILLA

L'ascension du **Torrecilla** (1 919 m), point
culminant de la moitié ouest de l'Andalousie,
constitue la randonnée la plus intéressante
dans la Sierra de las Nieves. Pour cela, il faut
partir de l'Área Recreativa Los Quejigales, à
10 km à l'est par une route non goudronnée
donnant sur l'A376, la route Ronda–San
Pedro de Alcántara. À l'embranchement,
12 km après Ronda, des panneaux indiquent
"Parque Natural Sierra de las Nieves". De Los
Quejigales, vous gravirez une pente bien
raide sur 470 m, par le couloir de **Cañada de
los Cuernos**, parsemé de sapins espagnols,
jusqu'au col du **Puerto de los Pilones**. Vient
ensuite une portion relativement plate,
suivie du dénivelé final de 230 m jusqu'au
sommet, où vous serez récompensé par une
vue somptueuse. La marche prend environ
cinq heures au total. La carte IGN/Junta de
Andalucía *Parque Natural Sierra de las Nieves*
(1/50 000) indique le chemin à suivre, ainsi
que d'autres itinéraires.

ENVIRONS DE RONDA
Serranía de Ronda

Les montagnes de la **Serranía de Ronda**, qui enserrent la ville au sud et au sud-est, ne sont ni les plus hautes, ni les plus spectaculaires d'Andalousie. Elles figurent en revanche parmi les plus belles. Toutes les routes qui les traversent constituent autant d'itinéraires pittoresques entre Ronda et le sud de la province de Cádiz, Gibraltar ou la Costa del Sol. **Cortés de la Frontera**, surplombant la vallée du Guadiaro, et **Gaucín**, qui fait face à la vallée de la Sierra Crestellina, représentent les haltes les plus attirantes sur ce trajet.

À l'ouest de la Serranía de Ronda s'étendent les parcs naturels sauvages de la **Sierra de Grazalema** (p. 197) et de **Los Alcornocales** (p. 221). Les possibilités de pratiquer la randonnée et le cyclotourisme ne manquent pas. L'office du tourisme de Ronda vous fournira des détails à ce sujet ainsi que des cartes.

Ronda la Vieja

La cité romaine d'**Acinipo** vous attend à **Ronda la Vieja** (☎ 630-429949 ; entrée libre ; ☾ 10h-17h ou 18h mar-dim), au nord, en retrait de l'A376. Ces ruines relativement bien conservées, dont un théâtre en partie reconstruit, s'inscrivent dans un cadre magnifique où la vue embrasse la campagne environnante. Vous pourrez flâner plusieurs heures sans vous lasser parmi les vieilles pierres en tentant de localiser les thermes et les forums antiques.

Cueva de la Pileta

À 20 km au sud-ouest de Ronda la Vieja se trouve l'une des grottes les plus anciennes d'Andalousie, la **Cueva de la Pileta** (☎ 952 16 73 43 ; adulte/enfant/étudiant 6,50/2,50/3 € ; visites toutes les heures ☾ 10h-13h et 16h-18h, téléphonez pour plus de détails). La visite guidée à la lumière des bougies révèle, dans la pénombre, des peintures paléolithiques d'il y a 20 000 à 25 000 ans, représentant des chevaux, des chèvres et des poissons. De splendides stalactites et stalagmites complètent l'ensemble. La visite est assurée par l'un des membres de la famille Bullón, dont l'aïeul découvrit les peintures en 1905. Le groupe étant limité à 25 personnes, vous devrez peut-être attendre votre tour.

Benaoján est le village le plus proche du site accessible par les transports publics.

Son unique lieu d'hébergement est un superbe moulin à eau reconverti, le **Molino del Santo** (☎ 952 16 71 51 ; www.molinodelsanto. com ; Barriada Estación s/n ; d B&B/demi-pension 76/99 € ; ☾ mi-fév-mi-nov), où l'on sert aussi un remarquable déjeuner.

La grotte se situe à 4 km au sud de Benaoján, à quelque 250 m de la route Benaoján-Cortes de la Frontera. Le bus n'allant pas plus loin que le village, vous devrez disposer de votre propre véhicule pour rejoindre le site. Un panneau indique où tourner. Deux bus Los Amarillos (en semaine) et jusqu'à quatre trains quotidiens couvrent la ligne Ronda-Benaoján. Des sentiers relient la localité à Ronda et aux villages de la vallée du Guadiaro.

Parque Natural Sierra de las Nieves

Au sud-est de Ronda, le **Parque Natural Sierra de las Nieves**, d'une superficie de 180 km², est réputé pour ses massifs de *pinsapos* (sapins espagnols), très rares, et pour sa faune, qui comprend quelque 1 000 ibex et différentes espèces d'aigles. La neige (*nieve*), qui donne son nom à ces montagnes, tombe généralement de janvier à mars. El Burgo, petit village reculé mais attrayant, à 10 km au nord de Yunquera, sur l'A366, constitue un bon point de départ pour visiter l'est et le nord-est du parc. Pour tout renseignement, adressez-vous à l'**office du tourisme** de Yunquera (☎ 952 48 25 01 ; Calle del Pozo 17 ; ☾ 8h-15h mar-ven), ou à l'**ayuntamiento** d'El Burgo (☎ 952 16 00 02).

Le **Camping Conejeras** (☎ 619-180012 ; 1 pers, tente et voiture 7,25 € ; ☾ oct-juin, sam-dim juil-sept), à 800 m de l'A376 sur la route de Los Quejigales, et le **Camping Pinsapo Azul** (☎ 952 48 27 54 ; Yunquera 29410 ; 1 pers, tente et voiture 7,80 € ; ☾ avr-oct ; ☛), à Yunquera, offrent un hébergement agréable. Dans une demeure restaurée d'El Burgo, la charmante petite **Posada del Canónigo** (☎ 952 16 01 85 ; Calle Mesones 24 ; s/d 37,30/52 €) se double d'un bon restaurant. La direction peut vous renseigner sur les sentiers de randonnée ou organiser des promenades à cheval.

Pour conjuguer spiritualité et beauté du cadre, séjournez au **Molino del Rey** (☎ 952 48 00 09 ; www.molinodelrey.info/ihome.htm ; Valle de Jorox, E-29567, Alozaina ; stage d'une semaine 640 €/pers ; ☛ ☛), un ancien moulin à eau où des professeurs du réputé centre Triyoga de Londres amènent leurs groupes pour pratiquer l'hatha yoga et l'ashtanga yoga. Dominant le parc de la Sierra de las Nieves, l'endroit dispose d'une salle de yoga, de grottes de méditation et d'un bon restaurant végétarien.

Des bus de la compagnie **Sierra de las Nieves** (☎ 952 87 54 35) circulent entre Málaga et Ronda (7,50 €, 2 heures 30, 2-3/j) *via* Yunquera et El Burgo.

ARDALES ET EL CHORRO

Ardales 2 700 habitants / 450 m
El Chorro 100 habitants / 200 m

À 50 km au nord-ouest de Málaga, le Río Guadalhorce se faufile à travers l'impressionnante Garganta del Chorro (la gorge d'El Chorro), appelée aussi le Desfiladero de los Gaitanes. D'une longueur de 4 km, celle-ci descend à 400 m de profondeur et ne mesure par endroits que 10 m de large. Ses parois de grès abruptes et ses faces rocheuses en font le site favori des amateurs d'escalade en Andalousie, avec des centaines de voies équipées.

La gorge est traversée par la principale voie ferrée qui rallie Málaga (via 12 tunnels et 6 ponts), mais aussi par un sentier, le Camino (ou Caminito) del Rey (le chemin du roi), baptisé ainsi car Alphonso XIII l'emprunta pour inaugurer le barrage hydroélectrique du Guadalhorce en 1921. Sur de longues portions, le sentier laisse place à une passerelle en béton, à flanc de paroi, jusqu'à 100 m au-dessus de la rivière. Il a été officiellement fermé en 1992 et, en 2000, des trous béants dans le sol l'ont rendu impraticable, sauf pour les grimpeurs. Vous pouvez toutefois admirer la gorge et le chemin en marchant le long de la voie ferrée.

L'agréable et paisible bourgade d'Ardales, pôle principal de la région, constitue une base commode pour l'explorer. Beaucoup de gens préfèrent toutefois se rendre dans le hameau d'El Chorro, haut lieu de l'escalade planté au milieu d'un paysage spectaculaire et surréaliste de rochers à pic.

À voir et à faire

À 6 km d'Ardales trône le pittoresque **Embalse del Conde del Guadalhorce**, un immense réservoir réputé pour la pêche à la carpe, au bord duquel s'étend le vaste camping du Parque Ardales.

VERTIGE ET SENSATIONS FORTES

La **Finca La Campana** (☎ /fax 952 11 20 19 ; www.el-chorro.com ; lits superposés 10 €, d 24 €, appartement pour 2–8 per 34-80 € ; ⊠ ⊇), juste à la sortie d'El Chorro, n'est pas seulement un lieu d'hébergement formidable. C'est aussi un club pour ceux qui partagent la même addiction à l'adrénaline. Dirigée par un couple de grimpeurs aguerris, Jean-Bernard et Christine Hofer, elle attire les adeptes de l'escalade.

La Finca décline un large éventail d'activités et dispense des cours d'escalade, du niveau débutant aux stages pour grimpeurs confirmés (40 €/pers par groupes de deux ou quatre). L'ascension en groupe du Camino del Rey se révèle riche en émotions fortes. Ce chemin à demi effondré n'est en effet accessible que par une descente en rappel, et l'escalade qui suit longe la rivière jusqu'à El Chorro, offrant tout au long des vues impressionnantes. Comptez cinq heures au total, moyennant 40 € que vous ne regretterez pas.

Si les centaines de parcours d'escalade possibles à El Chorro ne vous tentent pas, pourquoi ne pas essayer le kayak en eau vive ? La saison débute en juin et se termine en septembre. Durant cette période, le **Río Genil**, surnommé localement l'Amazonas, est rempli de tourbillons. La sortie de niveau 2 comprend des manœuvres sur le cours d'eau, la négociation des remous et la traversée de la rivière. Il existe aussi un stage de niveau 4 pour les kayakistes plus avancés (stage d'un/deux jours 60/100 €).

Juste à l'extérieur d'El Chorro, l'ensemble de grottes d'Aguilas permet également de tester son énergie et son sang-froid. Une descente en rappel de 70 m conduit à un beau réseau de galeries remplies d'étonnantes formations rocheuses. La formule exigeante d'une journée inclut des plongées à travers deux siphons (50 €/pers).

Ceux qui préfèrent les activités tranquilles loueront un VTT (10 €, casque, nécessaire de réparation et carte compris) pour explorer la ravissante campagne alentour, ou se prélasseront simplement au bord de la piscine.

Pour rejoindre la Finca, suivez les panneaux placés derrière les Apartamentos La Garganta, à El Chorro. Durant la saison d'escalade, d'octobre à mars, mieux vaut réserver, car l'endroit affiche complet.

DÉTOUR : BOBASTRO

Au IXᵉ siècle, la région accidentée d'El Chorro hébergeait une sorte de Robin des Bois andalou, Omar ibn Hafsun, qui résista aux armées de Córdoba pendant près de 40 ans, depuis sa forteresse perchée sur les hauteurs de **Bobastro**. À une époque, son territoire s'étendait de Cartagena au détroit de Gibraltar.

D'après la légende, l'homme se convertit au christianisme (devenant ainsi mozarabe) et construisit l'**Iglesia Mozárabe**, où il fut enterré en 917. À L'issue de la conquête de Bobastro par Córdoba en 927, on exhuma sa dépouille pour la crucifier devant la Mezquita de Córdoba.

Le petit édifice est désormais en ruine, mais le charmant itinéraire que l'on emprunte à pied ou en voiture pour s'y rendre mérite le déplacement. Au départ d'El Chorro, prenez la route qui remonte la vallée depuis le côté ouest du barrage et, au bout de 3 km, tournez à l'embranchement pour Bobastro. Environ 3 km plus haut, un panneau marqué "Iglesia Mozárabe" indique le sentier de 500 m qui aboutit aux vestiges de l'église ; la perspective s'y révèle magnifique. Vous pourrez boire des rafraîchissements au **Bar La Mesa** (☺ juin-sept), à 2,5 km de là en montant, d'où la vue à 360° embrasse la campagne.

À Ardales même, deux petits musées se consacrent principalement à la **Cueva de Ardales**, un ensemble de grottes comparable à la Cueva de la Pileta. Pour une visite guidée de deux heures (4,80 €) à la Cueva de Ardales (de mai à octobre), contactez l'**ayuntamiento** (☎ 952 45 80 87) une ou deux semaines à l'avance. La grotte renferme 60 peintures et gravures d'animaux réalisées au paléolithique, entre 18 000 et 14 000 av. J.-C., ainsi que des traces de présence humaine et de sépultures postérieures (de 8 000 à 3 000 av. J.-C environ).

Vous pouvez également obtenir des informations sur la grotte au **Museo de la Historia y las Tradiciones** (☎ 952 45 80 46 ; A357 ; 1,20 € ; ☺ 10h30-14h et 17h-20h mar-dim), qui expose par ailleurs des objets des époques romaine et musulmane. Attenant à la Plaza de San Isidro, dans le centre, le **Museo Municipal Cueva de Ardales** (Plaza Ayuntamiento ; 0,70 € ; ☺ 10h30-14h et 16h-18h mar-dim nov-mai, 10h30-14h

et 17h-19h mar-dim juin-oct) présente des reproductions des peintures et des sculptures rupestres découvertes.

Jouissant d'un environnement spectaculaire, le hameau d'El Chorro, très animé, concentre la majorité des activités pratiquées dans la région. **Aventur El Chorro** (☎ 649-249444), près de la gare ferroviaire, organise des sorties d'escalade et loue des VTT (1,80 € de l'heure environ). Le **Camping El Chorro** (fermé pour travaux à l'heure où nous rédigeons) propose aussi des vélos à un prix équivalent. Pour bénéficier d'une foule d'activités et faire des rencontres sympathiques, rien de tel cependant que la **Finca La Campana** (voir *Vertige et sensations fortes* p. 276).

À 9 km à l'est d'El Chorro, la Valle de Abdalajís est le grand centre de parapente en Andalousie. Le **Club-Escuela de Parapente** (☎ 952 48 91 80 ; Calle Sevilla 4, Valle de Abdalajís) dispense des cours.

Où se loger et se restaurer

Apartamentos La Garganta (☎ 952 49 51 19 infor macion@lagarganta.com ; appartement pour 5 pers 72 € ; ✗ ✈). La meilleure option d'El Chorro, dans un ancien moulin à grain, se compose de petits appartements et d'un restaurant de qualité.

Pensión Estación (☎ 952 49 50 04 ; s/d 21/24 €). À la gare d'El Chorro, cette *pensión* loue quatre chambres impeccables. Le Restaurante Estación, également appelé Bar Isabel, est un point de ralliement apprécié des grimpeurs qui viennent y déguster des *platos combinados* (entre 3,50 € et 4,50 €).

Camping El Chorro (☎ /fax 952 49 52 95 ; adulte/enfant 3,20/2 €, tente 1,75-3 €). Aménagé au milieu des eucalyptus, à 350 m du village en allant vers les gorges, ce camping peut accueillir 150 personnes. Il était fermé pour rénovation lors de notre enquête. Un peu plus loin sur les coteaux boisés (prenez à gauche à l'entrée du camping), l'**Albergue** (adulte 9,60 € petit déj compris) possède de belles chambres bien entretenues.

Parque Ardales (☎ 952 11 24 01 ; 2 pers, tente et voiture 9 €, appartement pour 4 pers 64 €). Sur les bords de l'Embalse del Conde del Guadalhorce, le parc abrite un grand terrain de camping attrayant et ombragé, ainsi que des appartements.

La Posada del Conde (☎ 952 11 24 11 ; Pantano del Chorro ; s/d 48/64 €). De l'autre côté du barrage par rapport à Ardales, ce nouvel établissement loue de jolies chambres donnant sur le réservoir. Son excellent restaurant prépare des grillades délicieuses (14-16 €).

Pensión Bobastro (☎ 952 45 91 50 ; Plaza de San Isidro 13 ; s/d 12/24 €). Une pension dans le centre d'Ardales, où on a l'impression de séjourner dans une charmante famille d'accueil. D'une propreté impeccable, les chambres, avec une sdb commune, sont confortables.

Il n'y a pas d'autres tables à El Chorro que le Restaurante Estación et La Garganta. Une supérette du village approvisionne les campeurs. Les restaurants qui bordent le réservoir au-delà du Parque Ardales attirent du monde le week-end. À Ardales même, les établissements, outre les restaurants des hôtels mentionnés plus haut, sont peu nombreux.

Bar El Casino (Plaza de San Isidro ; raciones 4-6 €). Un des principaux bars de la ville – goûtez les délicieux *huevos con bechamel* (œufs durs à la béchamel) ou les *pimientos rellenos de ternera* (piments farcis au veau), tous deux enrobés de chapelure et frits.

Bar El Mellizo (Plaza de San Isidro ; tapas 0,90 €). Ce lieu de rendez-vous du centre, très prisé de la population locale, fait toujours le plein et jouit d'une bonne ambiance.

Depuis/vers Ardales et El Chorro

Los Amarillos relie Málaga et Ronda (8,40 €, 14/j) dans les deux sens, avec quatre bus *via* Ardales ; en revanche, aucune ligne n'assure de service pour El Chorro.

Des trains desservent El Chorro depuis Málaga (3,30 €, 45 min, 3/j, sauf dim et fêtes). Vous pouvez également atteindre le village depuis Ronda (4,80 €, 70 min, 1/j sauf dim et fêtes) ou Sevilla. L'aller-retour dans la journée n'est possible qu'au départ de Ronda (sauf les ven, dim et fêtes). Vérifiez les horaires, susceptibles de changer.

En voiture, lorsque vous venez de Málaga, quittez l'A357 pour la route d'Antequera, l'A343, près de Pizarra. À environ 4 km au nord de Pizarra, prenez à gauche la direction d'Álora et d'El Chorro. La route se fraie un passage étroit entre les maisons, avant de déboucher sur une voie parsemée de nids-de-poule qui mène à El Chorro. De Málaga, vous pouvez aussi poursuivre sur l'A357 jusqu'au croisement d'Ardales. Bifurquez alors à droite sur la MA444 (le réservoir s'étend sur votre gauche), puis

5 km plus loin environ, tournez à droite vers El Chorro (suivez le panneau). En provenance d'Ardales, une route en partie non goudronnée suit, sur 20km en direction du sud-ouest, la vallée reculée de Turón jusqu'à El Burgo (voir p. 275).

ANTEQUERA

42 000 habitants / 577 m

Cette ville de province assoupie, hérissée de trente clochers dominant ses toits de tuiles rouges, recèle l'un des patrimoines historiques les plus riches d'Andalousie.

Au néolithique et à l'âge du bronze, entre 2500 et 1800 av. J.-C., les habitants de la région érigèrent certains des plus grands dolmens (chambres funéraires faites d'énormes rochers) d'Europe. De par sa situation stratégique, Antequera devint par la suite une cité romaine puis une ville musulmane, avant d'être reconquise par les Castillans. Les vestiges éparpillés de ces trois périodes composent une somptueuse mosaïque architecturale – les opulents monuments baroques étant les plus significatifs et conférant à la ville son caractère. L'essor du commerce favorisa la prospérité d'Antequera, qui vécut son âge d'or aux XVIe et XVIIe siècles, et fut alors un foyer du courant humaniste espagnol. Aujourd'hui, les autorités locales travaillent dur pour restaurer et préserver cet héritage unique.

Orientation

Du haut de la colline, les ruines de l'Alcazaba, la forteresse musulmane, dominent la ville. En descendant vers le nord-ouest, on arrive à la Plaza de San Sebastián, d'où part la rue principale, la Calle Infante Don Fernando, vers le nord-ouest également.

Renseignements

De nombreuses banques et DAB bordent la Calle Infante Don Fernando.

Antakira (Calle Barrero 20 ; 1,80 €/h ; ☢ 10h30-14h et 16h30-1h lun-jeu, jusqu'à 2h ven, 11h-15h et 16h30-2h sam, 16h30-1h dim). Accès Internet.

Hospital General Básico (☎ 952 84 40 01 ; Calle Infante Fernando 67)

Librería y Papelería (Infante Don Fernando 15). Cartes et livres sur la région.

Office du tourisme municipal (☎ 952 70 25 05 ; www.turismoantequera.com ; Plaza de San Sebastián 7 ; ☢ 10h-14h et 17h-20h lun-sam, 10h-14h dim). Personnel avenant mais informations limitées.

Policía Local (☎ 95 284 20 00 ; Carretera Málaga s/n)
Policía Nacional (☎ 95 284 12 89 ; Calle
San Bartolomé 8)
Poste (Calle Nájera 26 ; ☉ 9h-20h lun-ven, 9h-14h sam)

À voir

Privilégiée à l'époque musulmane par les émirs de Granada, Antequera est surmontée d'un **Alcazaba** qui offre une vue panoramique sur la ville. L'accès principal à la forteresse, au sommet de la colline, se fait depuis la Plaza de San Sebastián, en montant les marches de la Cuesta de San Judas, avant de franchir une porte impressionnante, l'**Arco de los Gigantes**, construite en 1585 avec des pierres gravées d'inscriptions romaines. De l'Alcazaba lui-même, il ne reste pas grand-chose, mais l'ensemble a été aménagé en un jardin en terrasses où flotte un parfum de pinède. Vous pourrez peut-être visiter la **Torre del Homenaje** (entrée libre), fermée au moment où nous écrivons (renseignez-vous auprès de l'office du tourisme). On découvre de là des vues splendides, notamment vers le nord-est et la **Peña de los Enamorados** (le rocher des amoureux).

Juste au-dessous de l'Alcazaba, la **Colegiata de Santa María la Mayor** (Plaza Santa María ; entrée libre ; ☉ 10h-14h et 16h30-18h30 mar-ven, 10h30-14h sam, 11h30-14h dim), vaste collégiale du XVIᵉ siècle, joua un rôle important au sein du mouvement humaniste andalou à cette époque. Elle arbore une superbe façade Renaissance, de belles colonnes de pierre cannelées à l'intérieur, et un plafond mudéjar *artesonado*. Des concerts de qualité s'y déroulent à l'occasion.

En bas dans la ville, la fierté du **Museo Municipal** (Plaza del Coso Viejo ; visite toutes les heures 3 € ; ☉ 10h-13h30 mar-sam, 11h-13h30 dim) est une splendide statue romaine en bronze de 1,40 m, l'*Efebo*. Découverte dans une ferme des alentours dans les années 1950, c'est probablement la plus belle sculpture romaine trouvée en Espagne. Le musée expose également des objets issus d'une villa romaine d'Antequerra où fut exhumé, en 1998, un superbe ensemble de mosaïques.

À 150 m à l'est du Museo Municipal, le **Museo Conventual de las Descalzas** (Plaza de las Descalzas ; visite guidée obligatoire 2,40 € ; ☉ 10h-13h30 et 17h-18h30 mar-ven, 10h-12h sam-dim), installé dans le couvent des Carmelitas Descalzas

(carmélites aux pieds nus), datant du XVIIᵉ siècle, permet de découvrir les pièces maîtresses du riche héritage d'Antequera en matière d'art religieux. Parmi les œuvres exceptionnelles figurent un portrait de sainte Thérèse d'Ávila (qui fonda au XVIᵉ siècle l'ordre des Carmelitas Descalzas) par Lucas Giordano, un buste de la Dolorosa réalisé par Pedro de Mena et la *Virgen de Belén*, sculpture de La Roldana.

Ceux que l'architecture et l'art religieux laissent indifférents seront malgré tout impressionnés par l'**Iglesia del Carmen** (Plaza del Carmen ; 1,30 € ; ☉ 10h-14h et 16h-19h lun-sam, 10h-14h dim) et son magnifique retable churrigueresque du XVIIIᵉ siècle. Sculpté en pin rouge (non peint) par l'*antequerano* Antonio Primo, il est orné de statues d'anges, œuvres de Diego Márquez y Vega, ainsi que de saints, papes et évêques signés José de Medina.

Le **Dolmen de Menga** et le **Dolmen de Viera** (entrée libre ; ☉ 9h-15h30 mar, 9h-15h mer-sam, 9h30-14h30 dim), datant de 2500 ans av. J.-C. environ, se trouvent à un kilomètre du centre-ville, dans une petit parc boisé en bordure de la route qui part vers le nord-est pour rejoindre l'A45. De la Plaza de San Sebastián, centrale, descendez la Calle Encarnación et suivez les panneaux. Les habitants de l'âge du cuivre ont transporté des dizaines d'énormes rochers depuis les collines environnantes afin de bâtir ces chambres funéraires. Les structures de pierres étaient ensuite recouvertes de tumulus de terre, ce qui supposait des travaux d'une ampleur impressionnante.

Menga, le plus imposant – 25 m de long et 4 m de haut – se compose de 32 dalles, dont la plus grande pèse 180 tonnes. En plein été, le soleil, qui se lève derrière la Peña de los Enamorados au nord-est, éclaire directement l'entrée du dolmen. Situé un peu plus loin de la ville, une troisième sépulture, le **Dolmen del Romeral** (entrée libre ; ☉ 9h-15h30 mar, 9h-15h mer-sam, 9h30-14h30 dim), remonte à une époque postérieure (vers 1800 av. J.-C.) et se compose de pierres plus petites. Continuez sur 2,5 km après Menga et Viera en traversant une zone industrielle, puis tournez à gauche en suivant les panneaux "Córdoba, Sevilla". Au bout de 500 m, tournez à gauche au rond-point et suivez l'indication "Dólmen del Romeral" sur 200 m.

Manifestations annuelles

La **Real Feria de Agosto** (mi-août) célèbre la récolte avec force corridas, danses et défilés.

Où se loger

La Posada del Torcal (☎ 952 03 11 77 ; Villanueva de la Concepcion ; d basse/haute saison 120/180 € ; P ⚇ ⚉). En dehors de la ville, près d'El Torcal, ce formidable *cortijo* perché sur une hauteur panoramique dispose de chambres et d'installations luxueuses, dont des courts de tennis et une piscine avec vue. Des randonnées à cheval sont également organisées.

Parador de Antequera (☎ 952 84 02 61 ; antequera@parador.es ; Paseo García del Olmo s/n ; s/d 70/88 € ; P ⚇). Dans un quartier calme au nord des arènes et non loin de la gare routière, ce parador confortablement aménagé s'inscrit au milieu de plaisants jardins offrant une belle perspective.

Hotel San Sebastián (☎ /fax 952 84 42 39 ; Plaza de San Sebastián 5 ; s/d 25/39 € ; ⚇). Très central et joliment rénové, cet hôtel possède au rez-de-chaussée un bar-restaurant hétéroclite (un cadre rustique de style espagnol et des jeux électroniques sur fond de musique pop ininterrompue) où goûter du bon poisson.

Hotel Colón (☎ 952 84 00 10 ; www.castelcolon.com ; Calle Infante Don Fernando 31 ; s/d 25/40 € ; P ⚇ ⚉). Tout en coins et recoins, le Colón loue des chambres réparties autour d'une cour intérieure fleurie. Les prix augmentent en août, à Noël et à Pâques.

Hotel Castilla (☎ 952 84 30 90 ; www.hotelcastilla deantequera.com en espagnol ; Calle Infante Don Fernando 40 ; s/d 25/39 € ; ⚇). Des chambres propres et correctes, avec TV, vous attendent en ce lieu doublé, au rez-de-chaussée, d'un sympathique bar à tapas.

Hostal Manzanito (☎ 952 84 00 14 ; Calle Calzada 25 ; s/d 20,50/28 €). Cette adresse accueillante, à 400 m au nord-est de la Plaza de San Sebastián, près du marché, propose des chambres douillettes ordinaires et deux petites simples.

Camas El Gallo (☎ 952 84 21 04 ; Calle Nueva 2 ; s/d 18/35 €). Une bonne adresse centrale, dotée de chambres convenables et bien tenues ainsi que d'un restaurant apprécié.

Où se restaurer

Les spécialités locales d'Antequera sont la *porra antequerana*, une soupe froide qui ressemble au gazpacho sans adjonction d'eau, le *bienmesabe* (littéralement "que je trouve bon"), sorte de gâteau de Savoie, et l'*angelorum,* un dessert composé de meringue, de biscuit et de jaune d'œuf. Antequera est aussi l'une grandes capitales du *mollete* (petit pain), servi au petit déjeuner.

Restaurante La Espuela (Calle San Agustín 1 ; ☽ 13h-16h et 20h-23h mar-dim ; plats 6-14 €). Située dans un cul-de-sac à hauteur de la Calle Infante Don Fernando, cette adresse est connue pour ses plats traditionnels de sanglier, de gibier et de queue de taureau.

Restaurante La Espuela Plaza (☎ 952 70 30 31 ; Calle Infante Don Fernando ; plats 5-12 €). Établi de longue date, ce restaurant installé dans les arènes, à l'extrémité nord-ouest de la Calle Infante Don Fernando, propose une cuisine similaire à celle de La Espuela.

Bar Castilla (☎ 952 84 30 90 ; Calle Infante Don Fernando 40 ; platos combinados 4 €). Ce bar-restaurant populaire et animé sert des tapas et des repas d'un bon rapport qualité/prix. Généreuses portions de poulet ou de porc avec des frites.

El Angelote (☎ 952 70 34 65 ; Plaza Cosa Viejo ; plats 5-15 € ; ☽ 12h-17h et 19h-23h mar-dim). Après la visite du musée, pourquoi ne pas rejoindre ce sombre petit bar à tapas de la jolie Plaza Cosa Viejo ? La carte fait la part belle aux spécialités d'Antequera.

Comment s'y rendre et circuler

La **gare routière** (Calle Sagrado Corazón de Jesús) se trouve au nord, à 1 km du centre. **Automóviles Casado** (☎ 952 84 19 57) assure des liaisons avec Málaga (4,55 €, 50 min, 12/j). **Alsina Graells** (☎ 952 84 13 65) rallie Sevilla (Prado de San Sebastián ; 9,90 €, 2 heures, 6/j), Granada (6,20 €, 1 heure 30, 5/j), Córdoba (7,45 €, 1 heure 30, 3/j) et Almería (16,15 €, 4 heures 30, 5/j). Pour toute information, contactez la **gare routière d'Antequera** (☎ 952 84 32 26).

La **gare ferroviaire** (☎ 952 84 32 26 ; Avenida de la Estación) est située à 1,5 km au nord du centre. Deux à quatre trains quotidiens partent depuis/vers Granada (5,85-6,55 €, 1 heure 30, 6/j), Sevilla (10,60 €, 1 heure 45, 3/j), et Ronda (4,95 €, 1 heure 15, 3/j). Pour Málaga ou Córdoba, changez à Bobadilla (1,40 €, 15 min, 3/j).

La circulation à Antequera s'avère parfois cauchemardesque. Les agents chargés du stationnement sévissent. N'oubliez pas de leur acheter un ticket lorsque vous vous

---

DÉTOUR : EL LUCERO

La randonnée la plus exaltante de La Axarquía est probablement celle qui conduit au sommet du vertigineux **El Lucero** (1 779 m). Par temps clair, vous découvrirez des vues stupéfiantes jusqu'à Granada d'un côté et jusqu'aux montagnes du Maroc de l'autre. Cette ascension ardue de 1 150m au départ de Cómpeta demande une journée entière. Commencez par monter sur la gauche le sentier qui passe au-dessus du terrain de football de Cómpeta. Après 1 heure 30 de marche, vous passerez en contrebas d'une cabane de surveillance des incendies, juchée sur la colline de La Mina. Faites 400 m après le virage vers la cabane et tournez à droite par une brèche dans la roche (il n'y a pas de panneau, mais l'endroit se repère aisément). Ce chemin mène en une heure à **Puerto Blanquillo** (1 200 m), d'où un sentier gravit les 200 m restant jusqu'à **Puerto de Cómpeta**.

Un kilomètre plus bas, après une carrière, le chemin menant au sommet (1 heure 30) part sur la droite et traverse le lit d'un torrent ; il est signalé par un panneau et une carte. Au sommet d'El Lucero, vous verrez les ruines d'un poste de la Guardia Civil, construit pour repérer les rebelles anti-franquistes après la guerre civile.

Il est possible de monter en voiture jusqu'au col de Puerto Blanquillo, par une piste de montagne accidentée qui débute à Canillas de Albaida, un village à 2 km au nord-ouest de Cómpeta.

---

garez dans la rue (0,60 €/h). Il existe un parking souterrain sous la Calle Diego Ponce, au nord de la Plaza de San Sebastián (1 €/h ou 12 € pour 12 à 24 heures). Des taxis attendent vers le milieu de la Calle Infante Don Fernando. Vous pouvez aussi appeler le ☎ 952 84 10 08.

ENVIRONS D'ANTEQUERA
Paraje Natural Torcal de Antequera

Au sud d'Antequera se dressent les étranges et merveilleuses formations rocheuses du **Paraje Natural Torcal de Antequera**. Cette zone de 12 km², hérissée de colonnes calcaires noueuses et dentelées, formant des fonds marins il y a 150 millions d'années, s'élève désormais à une altitude de 1 336 m (El Torcal). Pour obtenir des cartes et des informations générales sur le parc, rendez-vous au **Centro de Recepción** (☎ 952 03 13 89 ; 🕓 10h-14h et 15h-17h nov-mai, 10h-14h et 16h-18h juin-oct), qui présente aussi un document audiovisuel sur la géologie des lieux. Les visiteurs venus à l'improviste ne sont autorisés à emprunter qu'un seul sentier de randonnée, balisé sur 1,5 km, la Ruta Verde, qui commence et se termine à proximité du centre d'information. Pour une sortie plus spectaculaire, vous devez opter pour un circuit guidé qui suit les itinéraires "rouge" et "jaune". Réservez un guide en téléphonant au préalable ou renseignez-vous à l'office du tourisme d'Antequera.

Le trajet ne peut s'effectuer qu'avec un véhicule personnel ou en taxi (impossible de faire l'aller-retour dans la journée en bus). D'Antequera, empruntez la C3310 en direction de Villanueva de la Concepción. Au bout de 12 km, prenez à droite la route qui monte et conduit, 4 km plus loin, au centre d'information. L'aller-retour en taxi, avec une heure d'arrêt à El Torcal, coûte 18 €. Mieux vaut toutefois demander à l'office du tourisme d'organiser la course.

Laguna de Fuente de Piedra

La **Laguna de Fuente de Piedra** s'étend à 20km au nord-ouest d'Antequera. Quand il n'est pas à sec, il s'agit du plus grand lac naturel d'Andalousie. C'est aussi l'un des deux sites de reproduction en Europe du flamant rose (l'autre étant la Camargue). Après un hiver humide, jusqu'à 20 000 couples s'y reproduisent. Les oiseaux arrivent en janvier ou février, les petits naissent en avril et en mai et ils restent ici ensemble jusque vers le mois d'août. À cette époque, le lac, rarement profond de plus d'un mètre, ne contient pas assez d'eau pour les abreuver tous. D'autant que les flamants partagent les lieux avec quelque 170 autres espèces d'oiseaux.

Au **Centro de Información Fuente de Piedra** (☎ 952 11 17 15 ; 🕓 10h-14h et 16h-18h), en bordure du lac, le personnel vous conseillera sur les meilleurs endroits pour observer les oiseaux. Vous pourrez y acheter de bonnes cartes et louer les indipensables jumelles (1,45 € les 45 min).

Non loin de là, le réputé **Caserío de San Benito** (☎ 952 11 11 03 ; Carretera Córdoba-Málaga Km 108 ; plats 5-14 € ; 🕓 12h-17h et 20h-24h mar-dim) invite à une pause déjeuner de qualité.

PROVINCIA DE MÁLAGA

Installé dans une ancienne ferme joliment aménagée et remplie d'antiquités, il propose des plats traditionnels cuisinés d'une manière exquise.

Des bus circulent entre Antequera et le village de Fuente de Piedra (0,90 €, 4/j). En voiture, prenez l'A354 en direction de Sevilla, puis dirigez-vous vers le nord-ouest le long de l'*autovía* A92 (autoroute sans péage) jusqu'à l'embranchement signalé par un panneau.

L'EST DE MÁLAGA

La côte à l'est de Málaga, parfois surnommée la Costa del Sol Oriental, est moins développée que celle qui s'étend vers l'ouest. Dans cette partie du littoral, la banlieue de Málaga se prolonge en une série de stations balnéaires plutôt ternes – Rincón de la Victoria, Torre del Mar, Torrox Costa –, qui succèdent à d'immenses serres recouvertes de plastiques avant de rejoindre la ville de Nerja, investie par les Britanniques.

Vers l'intérieur des terres, la belle région de La Axarquía, aux reliefs escarpés, abrite des villages de montagne à cheval sur la province de Granada. En 1999, cette zone montagneuse de 406 km² a été déclarée Parque Natural Sierras de Tejeda, Almijara y Alhama. Elle compte de formidables itinéraires de randonnée qui restent encore largement à découvrir.

LA AXARQUÍA

La Axarquía se creuse en profondes vallées bordées de terrasses et de canaux d'irrigation qui remontent à l'époque musulmane. Pratiquement tous les villages éparpillés sur les flancs des collines, plantées d'oliviers, d'amandiers et de vignes, datent de cette période. Les paysages sauvages et inaccessibles, en particulier autour de la Sierra de Tejeda, servaient de bastions aux *bandoleros* qui sévissaient dans les montagnes. Aujourd'hui, la splendeur de son cadre naturel, les villages blancs intacts, le vin doux fortement alcoolisé (à base de raisins séchés au soleil) et les belles randonnées à entreprendre au printemps et en automne, constituent les principaux attraits de cette contrée.

La "capitale" de La Axarquía, **Vélez Málaga**, à 4 km au nord de Torre del Mar, est une cité active mais sans grand intérêt, en dehors du château musulman restauré

sur les hauteurs. De Vélez, l'A335 passe au nord par le réservoir d'Embalse de la Viñuela et monte à travers le **Boquete de Zafarraya**, une faille impressionnante au cœur de la montagne, en direction de Granada. Chaque jour, un bus emprunte cette route entre Torre del Mar et Granada (dans les deux sens).

L'un des paysages les plus grandioses de La Axarquía se déploie autour des plus hauts villages, **Alfarnate** (925 m) et **Alfarnatejo** (858 m), au sud desquels se dressent des rochers escarpés, tels le Tajo de Gomer et le Tajo de Doña Ana.

Sur la route de Loja, au nord d'Alfarnate, la **Venta de Alfarnate** (☎ 952 75 93 88 ; Antigua Carretera de Málaga-Granada ; plats 7,20-15 € ; ⏱ 11h-19h mar-jeu et dim, 11h-24h ven-sam), qui date de 1690, est vraisemblablement la plus vieille auberge d'Andalousie. Elle contient toutes sortes de souvenirs de ses anciens hôtes, dont certains furent des bandits qui hantaient les collines. Sur le plan culinaire, l'endroit est réputé pour ses *huevos a la bestia*, assortiment montagnard d'œufs frits et de charcuterie (9 €).

Vous pouvez obtenir des renseignements sur La Axarquía aux offices du tourisme de Málaga, Nerja, Torre del Mar et Cómpeta. Les marcheurs doivent demander la brochure sur les randonnées dans le Parque Natural Sierras de Tejeda, Almijara et Alhama. **Rural Andalus** (☎ 952 27 62 29) – voir p. 424 – et le site web **Rustic Blue** (www.rusticblue.com) fournissent des détails sur les maisons et appartements à louer pour tous les budgets.

Les meilleures cartes de randonnées sont les suivantes : *Mapa Topográfico de Sierra Tejeda* et *Mapa Topográfico de Sierra Almijara*, de Miguel Ángel Torres Delgado, toutes deux au 1/25 000. Parmi les guides utiles, citons le guide espagnol *Sendas y Caminos por los Campos de la Axarquía* (Interguías Clave).

Comares
1 300 habitants

Comares ressemble à un capuchon de neige recouvrant le sommet d'une montagne. Sur une route interminable, virage après virage, on aperçoit le village en contrebas d'un véritable jardin supendu. Depuis un petit parking, un escalier tortueux mène au village. Suivez les marques de pas en céramique disposées au sol qui vous conduiront, par d'étroits chemins sinueux, devant l'Iglesia de la Encarnación et, plus loin, aux ruines du château et à un remarquable cimetière en hauteur. Comares, qui fut l'un des fiefs d'Omar ibn Hafsun (voir p. 277), semble aujourd'hui plutôt fier de son isolement. On y découvre une vue saisissante sur La Axarquía.

Vers l'intérieur du village, le **Mirador de la Axarquía** (☎ 952 50 92 09 ; Calle Encinillas s/n ; d 40 €) constitue le meilleur hébergement, avec ses chambres de type studio d'un bon rapport qualité/prix et son sympathique bar-restaurant qui sert de savoureuses grillades (6 €) sur une splendide terrasse. On peut aussi se loger à l'**Hotel Atalaya** (☎ 952 50 92 08 ; Calle Encinillas 4 ; s/d 24/42 €), à l'entrée du village. Son restaurant propose surtout des viandes (entre 4,25 et 9,60 €).

Le centre du village abrite deux bars accueillants. En suivant les empreintes de pas en céramique, vous parviendrez au **Centro de Medicina Natural** (Calle Agua), dont le petit café prépare de délicieux en-cas végétariens (3-6 €).

En semaine, un seul bus quitte Málaga pour Comares à 18h et repart à 7h le lendemain (1,90 €).

Cómpeta
3 200 habitants / 625 m
Les plus hautes montagnes de la région s'élèvent à l'est du Boquete de Zafarraya. Le village de Cómpeta constitue une excellente base pour séjourner dans La Axarquía. Il produit l'un des meilleurs vins locaux. La populaire **Noche del Vino** (nuit du vin) a lieu le 15 août et présente un programme de flamenco et de sevillana sur la Plaza Almijara centrale ; le vin coule alors à flots, gratuitement et à volonté.

Le récent **office du tourisme** (☎ 951 51 60 60 ; Avenida de la Constitución ; ☾ 10h-14h mer-dim), avec un parking à proximité, se trouve au pied du centre du village. **Marco Polo** (Calle José Antonio 3), tout près de la Plaza Almijara, vend des livres en plusieurs langues, ainsi que des cartes et des guides de randonnée espagnols.

L'office du tourisme fournit des informations sur les activités dans la région, notamment sur l'équitation à **Los Caballos del Mosquín** (☎ 608-658108 ; www.caballos-mosquin.com), à 2 km de Cómpeta, juste au-dessus du village voisin de Canillas de Albaida. On peut également prendre des cours d'espagnol à la **Santa Clara Academia de Idiomas** (☎ 952 55 36 66 ; www.santaclara-idiomas.com ; Calle Andalucía 6) ; le site web indique les tarifs.

Le site **Cómpeta Direct** (www.competa direct.com) indique les maisons et les chambres à louer. Sinon, vous pouvez essayer le charmant **Las Tres Abejas** (☎ 952 55 33 75 ; www.lastresabejas.com ; Calle Panaderos 43 ; B&B s/d 35/45 €), à environ 150 m au-dessus de la Plaza Almijara. Le principal trois-étoiles de Cómpeta, l'**Hotel Balcón de Cómpeta** (☎ 952 55 35 35 ; www.hotel-competa.com ; Calle San Antonio 75 ; d basse/haute saison 56,80/63,10 € ; ☒ ☎), dispose de confortables chambres avec balcon, d'un bar restaurant, d'un bar et de courts de tennis.

Pour déguster de la cuisine espagnole de qualité, ne manquez pas **El Pilón** (Calle Laberinto ; plats 9-15 €) ou l'excellent **Museo del Vino** (Avenida Constitución ; raciones 6 €), véritable caverne d'Ali Baba de l'artisanat et des produits régionaux, où savourer des *raciones* de jambon, de saucisses et de fromage, accompagnées de vin tiré au tonneau. À côté, le **Restaurante Asador Museo del Vino** (Avenida Constitución ; plats 6-15 €) prépare d'excellentes viandes grillées. Autre table de choix, le **Cortijo Paco** (☎ 952 55 36 47 ; Avenida Canillas 6 ; plats 9-15 €). Depuis sa terrasse, on contemple la mer, au loin.

Trois bus quotidiens circulent entre Málaga et Cómpeta *via* Torre del Mar.

NERJA
18 000 habitants
À 56 km à l'est de Málaga, avec la Sierra de Tejuda, Almijara et Alhaina en arrière-plan, Nerja, la plus ancienne des villes de la côte, présente aussi plus de caractère que les autres, comme Rincón de la Victoria, Torre del Mar et Torre Costa. Rendue célèbre dans les années 1980 par la série télévisée *Verano Azul* (été bleu), et considérablement construite depuis l'essor du tourisme, elle conserve néanmoins un air de vacances permanent et connaît un succès croissant auprès des vacanciers.

Orientation
Les bus s'arrêtent sur la route principale, à la limite nord du centre-ville. La Plaza Cantarero se trouve juste en contrebas, à un

peu plus de 500 m du Balcón de Europa et de l'office du tourisme (descendez la Calle Pintada).

Renseignements

De nombreux distributeurs de billets sont disséminés en ville.

DiGi Iberica (Calle San Miguel 243 ; 1 €/30 min ; ◐ 10h30-17h30 lun-ven, 11h15-18h30 sam, 18h-22h dim). Accès Internet.

Hospital Comarcal de la Axarquía (☎ 952 54 16 00 ; Calle El Tomillar, Torre del Mar). Il n'y a pas d'hôpital à Nerja. Le principal hôpital de la région est situé à Torre del Mar.

Med Webc@fe (Calle Málaga ; 0,90 €/15 min ; ◐ 10h-24h). Accès Internet.

Office du tourisme municipal (☎ 952 52 15 31 ; www.nerja.org ; ◐ 10h-14h et 17h30-20h30 lun-sam, 10h-14h dim). Distribue quantité de brochures utiles.

Nerja Book Centre (Calle Granada 30). Livres d'occasion et location de vidéos.

Policía Local (☎ 952 52 15 45 ; Calle Carmen 1). Dans l'*ayuntamiento*.

Poste (Calle Cristo 6 ; ◐ 9h-20h lun-ven, 9h-14h sam). À une courte distance au nord de l'office du tourisme.

WH Smiffs (Calle Almirante Ferrandíz). Librairie installée dans une petite galerie partant de la poste.

À voir et à faire

Le centre s'organise autour du **Balcón de Europa**, point de vue bâti sur les fondations d'un ancien fort, qui s'avance au-dessus des eaux bleues profondes. La charmante promenade du **Paseo de los Carabineros** (actuellement fermé pour raisons de sécurité) part de là, pour rejoindre la plus grande et la plus belle plage de la ville, la **Playa Burriana**.

Nerja ne possède pas de sites remarquables. En revanche, des marchés animés s'y déroulent les mardi et dimanche matin le long de la Calle Almirante Ferrandíz. Par ailleurs, les activités ne manquent pas. Ainsi, le **Club Nautique Nerja** (☎ 952 52 46 54 ; Avenida Castilla Pérez 2) organise des cours de plongée (plongée avec guide/cours PADI en pleine mer 40/360 €), des treks à cheval (40 € pour deux heures) et des randonnées guidées. Il loue aussi des VTT (15/75 € par jour/semaine) et des scooters (27/139 € par jour/semaine). Sinon, **Scuba Nerja** (☎ 952 52 72 51 ; Playa Burriana), sur la plage, propose des plongées à des prix identiques.

Où se loger

En été, les meilleures chambres sont souvent réservées au moins deux mois à l'avance. Nerja compte également un certain nombre d'appartements à louer ; renseignez-vous à l'office du tourisme.

Hotel Nerja Princess (☎ 952 52 89 86 ; www.hotelnp.com ; Calle Los Huertos 46 ; s/d 61/90 € ; **P** **❄** **☎**). Un excellent hôtel avec une grande piscine, au cœur de la vieille ville. Modernes et confortables, ses chambres bien équipées s'agrémentent de balcons donnant sur des rues pittoresques.

Hotel Carabeo (☎ 952 52 54 44 ; www.hotelcarabeo.com ; Calle Carabeo 34 ; d/ste petit déj compris 66/185 € ; **P** **❄** **☎**). Sur le front de mer, ce petit hôtel familial de caractère, rempli d'antiquités, dispose d'agréables jardins en terrasses et d'un bon restaurant. Sans oublier la piscine sur une terrasse regardant la mer.

Hostal Marissal (☎ 952 52 01 99 ; www.marissal.net ; Balcón de Europa ; d basse/haute saison 45/60 € ; **❄**). Ce charmant nouvel *hostal* qui surplombe le Balcón de Europa nous a été recommandé par des lecteurs. Il offre la vue sur la mer, un rapport qualité/prix intéressant, des chambres confortables ainsi qu'un bon restaurant.

Hostal Lorca (☎ 952 52 34 26 ; hostallorca@teleline.es ; Calle Méndez Núñez 20 ; d 47 € ; **☎**). Un hostal de charme, avec des chambres douillettes impeccables, dirigé par un couple de Hollandais chaleureux, qui sont une mine d'informations sur la région et des chemins de randonnée.

Hotel Plaza Cavana (☎ /fax 952 52 40 00 ; Plaza Cavana 10 ; s/d 77/107 € ; **P** **❄** **☎**) Avec son intérieur pêche et vert menthe rappelant *La Croisière s'amuse*, il s'agit probablement de l'établissement le plus élégant du centre. Entre autres installations, son parking se révèle bien utile.

Hotel Paraíso del Mar (☎ 952 52 16 21 ; Calle Prolongación de Carabeo ; d basse/haute saison 60/94 € ; **P** **❄** **☎**). À l'est de Nerja, le long d'une des plus belles plages, la Playa Carabeo, cet hôtel jouit d'une vue sur la mer, d'un accès privé à la plage et d'un spa.

● **Hostal Mena** (☎ 952 52 05 41 ; Calle El Barrio 15 ; s/d 23/36,50 €). À une courte distance à l'ouest de l'office du tourisme, on trouve ici des chambres impeccables (dont certaines regardant la mer), ainsi qu'un agréable jardin.

En été, quand l'activité hôtelière est au plus haut, vous pourrez essayer le plaisant

NERJA

Hostal Alhambra (☎ 95 252 21 74 ; hmarazul@tiscali. es ; Calle Antonio Millón 12 ; s/d 32/44 €) ou sur l'**Hostal Marazul** (☎ 952 52 41 91 ; Avenida del Mediterráneo ; d basse/haute saison 40/47 € ; 🎇).

Où se restaurer

Merendero Ayo (☎ 952 52 12 53 ; Playa Burriana ; plats 5-9 €). Sur la plus belle plage de Nerja, vous pouvez déguster en plein air une paella cuisinée devant vous et vous faire resservir gratuitement. L'endroit est tenu par Ayo, l'homme qui a découvert les grottes de la Cueva de Nerja.

El Ancladero (☎ 952 52 19 55 ; Playa El Capistrano ; plats 7-12 €). Un endroit fantastique, perché sur une falaise au-dessus d'une ravissante plage. Vaste choix de fruits de mer et programme de flamenco le samedi soir. Idéal aussi pour un après-midi de farniente.

Casa Luque (Plaza Cavana 2 ; plats 10 €). Attrayant et sans prétention, cet établissement idéalement situé, sur la pittoresque Plaza Cavana, se distingue par une magnifique terrasse panoramique, une carte méditerranéenne raffinée et un supplément de cachet.

A Taste of India (☎ 952 52 00 43 ; Calle Carabeo 51 ; plats 10-12 €). Certes, il existe des choix plus typiquement espagnols. On savoure cependant ici de délicieuses spécialités de Goa, dont des curries au lait de coco cuisinés sous vos yeux.

Osteria di Mamma Rosa (☎ 952 52 12 62 ; Edificio Corona, Calle Chaparil ; plats 8-14 €). En activité depuis 20 ans, ce restaurant continue de servir de la bonne cuisine locale, notamment de fameux hors-d'œuvre et desserts maison.

Restaurant el Puente (Calle Carretera 4 ; raciones 4 €) La nourriture, des tapas à 1 € et toutes sortes de plats copieux, compense ici un emplacement peu commode à l'ouest de la ville, là où la route de Málaga franchit le Río Chillar.

Où sortir

Le **Centro Cultural Villa de Nerja** (☎ 952 52 38 63 ; Calle Granada 45) affiche une programmation ambitieuse de musique classique, de flamenco, de jazz et de théâtre, accueillant des artistes du monde entier. Il possède également une salle de cinéma où les nouveautés sont projetées en espagnol.

PROVINCIA DE MÁLAGA

La vie nocturne se concentre sur la bien nommée Tutti-Frutti Plaza, qui regroupe les discothèques, et sur la Calle Antonio Millón, juste à côté. Vous terminerez peut-être la nuit en haut de la rue, au **Shambles Bar** (Calle Antonio Millón), qui se revendique comme "le plus grand de Nerja". L'animation ne démarre vraiment qu'après minuit.

Comment s'y rendre et circuler

Alsina Graells (☎ 952 52 15 04 ; A7) assure des liaisons en bus depuis/vers Málaga (3,15 €, 1 heure, 17/j), Almúnécar (2,10 €, 30 min, 8/j), Almería (12,50 €, 2 heures 30, 5/j) et Granada (14,25 €, 1 heure 30, 3/j). Les rues de Nerja sont très étroites – les conducteurs qui se retrouvent dans le centre-ville peuvent garer leur voiture dans un **parking souterrain** (de 1 à 24 heures 0,90/21,60 €) non loin de la Calle La Cruz.

ENVIRONS DE NERJA

En continuant vers l'est, la côte, plus accidentée, offre des paysages somptueux. Si vous êtes motorisé, vous y découvrirez quelques belles plages que l'on atteint par des pistes qui bifurquent de l'A7. La **Playa de Cantarriján**, à la frontière de la province de Granada, et la **Playa del Cañuelo**, juste avant, figurent parmi les meilleures, avec deux restaurants ouverts uniquement l'été.

La grande attraction touristique de la région est la **Cueva de Nerja** (☎ 952 52 95 20 ; adulte/enfant 5/2,50 € ; 🕙 10h-14h et 16h-18h30), à 3 km à l'est de la ville, tout près de l'A7. Cette énorme grotte de 4 km de long, hérissée de stalactites et de stalagmites, reçoit l'été un flot de visiteurs. Creusée par l'eau il y a environ cinq millions d'années, elle fut habitée par des chasseurs de l'âge de la pierre. Ne manquez pas la gigantesque colonne centrale de la salle du Cataclysme qui, avec ses 32 m, détient le record du monde. Chaque mois de juillet, des vedettes espagnoles et internationales de la danse et de la musique se produisent ici, dans le cadre du **Festival Cueva de Nerja** (programme à l'office du tourisme de Nerja).

À 7 km au nord de Nerja, et relié par plusieurs bus quotidiens (sauf le dimanche), le ravissant village de **Frigiliana** serait, dit-on, le plus beau de La Axarquía. L'**office du tourisme** (☎ 952 53 42 40 ; www.frigiliana.com ; Plaza del Ingenio) organise des visites guidées (5€/pers à 10h15 et 12h30) qui partent devant ses locaux. El Fuerte, la colline surplombant le village, fut le théâtre de la défaite sanglante des Maures de La Axarquía, lors de leur rébellion de 1569. Certains d'entre eux auraient préféré se jeter dans le vide plutôt qu'être capturés ou tués par les Espagnols. On peut atteindre le site en suivant les rues jusqu'en haut de Frigiliana, puis en empruntant une piste de terre.

Provincia de Córdoba

Presque écrasée par un héritage musulman d'une richesse incomparable, la province de Córdoba associe un romantisme oriental à une bonne dose de réalisme moderne. Son fascinant passé de capitale d'Al-Andalus (territoires de l'Espagne médiévale sous autorité musulmane), où vivaient une cour fastueuse et des califes cultivés et puissants, n'a jamais cessé d'attirer les touristes. Car tous, tel Washington Irving, Richard Ford et Théophile Gautier, veulent découvrir ce territoire de légende.

Site vers lequel tout le monde converge et dont l'importance ne se dément pas, la Mezquita de Córdoba, est l'un des plus beaux joyaux de l'architecture islamique du monde et son exemple le plus remarquable en Occident, au regard des innovations techniques et esthétiques dont il témoigne. Et si les Musulmans n'ont pas réussi à conserver la péninsule Ibérique, leur culture continue, ironiquement, à influencer la vie quotidienne andalouse. La dernière décennie a d'ailleurs vu un grand retour vers ce prestigieux passé, avec l'ouverture de nombreux salons de thé de style arabe, de restaurants et d'hôtels d'inspiration orientale.

Une mer d'oliviers entoure la cité de Córdoba, et un impressionnant patchwork de petites bourgades – labyrinthes islamiques repliés sur eux-mêmes ou sites baroques et extravagants – invite à de belles excursions à travers la province. Caractérisée par ses hautes montagnes et ses basses plaines, elle se targue de produire les vins, les huiles, les charcuteries et les fromages les plus fameux d'Andalousie.

À NE PAS MANQUER

- Se laisser envoûter par la *Mezquita* (p. 293), joyau de l'architecture islamique.

- Flâner dans le dédale des allées de la *Judería* (p. 296) de Córdoba, et admirer les patios secrets de la ville, durant le festival de **Cruces de Mayo** (p. 299).

- Siroter un verre de thé à la menthe après s'être relaxé dans les somptueux **Hammam Baños Árabes** (p. 298).

- Parcourir les ruines de la *Medina Azahara* et se transporter au Moyen Âge (p. 295).

- Explorer *Priego de Córdoba* (p. 309) et ses fantaisies baroques.

- Faire une escapade dans les magnifiques montagnes du *Parque Natural Sierras Subbéticas* (p. 307) ou dans les collines boisées du **Parque Natural Sierra de Hornachuelos** (p. 306).

Parque Natural
Sierra de
Hornachuelos

Medina ★   ★ Córdoba
Azahara

Parque Natural
Sierras Subbéticas

★ Priego de
Córdoba

POPULATION :	TEMPÉRATURES MOYENNES :	ALTITUDE :
1,14 MILLION D'HABITANTS	JAN/ AOÛT 11°C/27°C	55 m–1 570 m

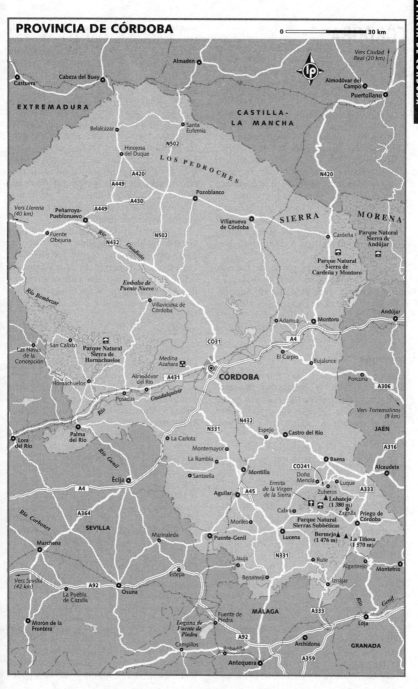

PROVINCIA DE CÓRDOBA

0 — 30 km

Vers Ciudad Real (20 km)

Castuera

Cabeza del Buey

Almadén

Almodóvar del Campo

Puertollano

EXTREMADURA

CASTILLA-LA MANCHA

Belalcázar

Santa Eufemia

Hinojosa del Duque

N502

LOS PEDROCHES

A420

A449

A430

Pozoblanco

N420

Vers Llerena (40 km)

Peñarroya-Pueblonuevo

A449

Villanueva de Córdoba

SIERRA MORENA

Fuente Obejuna

N432

Río Guadiato

N502

Cardeña

Parque Natural Sierra de Andújar

Parque Natural Sierra de Cardeña y Montoro

Río Bembézar

Embalse de Puente Nuevo

Villaviciosa de Córdoba

Adamuz

Montoro

Andújar

Las Navas de la Concepción

San Calixto

Parque Natural Sierra de Hornachuelos

Medina Azahara

El Carpio

Bujalance

Porcuna

A306

Hornachuelos

Almodóvar del Río

A431

CO31

CÓRDOBA

Guadalquivir

Posadas

Río

Vers Torremolinos (8 km)

Lora del Río

Palma del Río

N331

N432

Espejo

Castro del Río

JAÉN

Río Genil

La Carlota

Montemayor

Baena

A316

Alcaudete

Écija

La Rambla

Montilla

CO241

Doña Mencía

Luque

A333

A4

Santaella

Aguilar

A45

Ermita de la Virgen de la Sierra

Zuheros

Lobatejo (1 380 m)

Zagrilla

Priego de Córdoba

A364

SEVILLA

Moriles

Cabra

Parque Natural Sierras Subbéticas

Marchena

Marinaleda

Puente-Genil

Lucena

Bermejo (1 476 m)

La Tiñosa (1 570 m)

Río Corbones

Vers Sevilla (42 km)

Jauja

N331

Rute

Algarinejo

Montefrío

A92

La Puebla de Cazalla

Estepa

Ósuna

Benamejí

Iznájar

Río Genil

Morón de la Frontera

Fuente de Piedra

MÁLAGA

A333

Loja

Laguna de Fuente de Piedra

A92

Campillos

Bobadilla

Archidona

GRANADA

Antequera

A359

CÓRDOBA

319 000 habitants / 110 m

Érigée sur une boucle du Río Guadalquivir, Córdoba domine une petite région rurale, et semble à la fois provinciale et raffinée. Cela n'a rien d'étonnant, si l'on considère la campagne environnante, couverte de plantations d'oliviers fort anciennes (dont l'huile était déjà prisée des marchands phéniciens). Quant à la ville elle-même, elle est réputée pour son trésor architectural, la Mezquita, symbole d'une culture islamique ostentatoire et sophistiquée. Le labyrinthique quartier médiéval attenant à la Mezquita exerce la plus grande fascination sur les visiteurs, et les allées fleuries qui serpentent incitent à d'interminables promenades.

Assoupie la majeure partie de l'année, Córdoba s'éveille de mi-avril à mi-juin. Le ciel est toujours bleu et la chaleur supportable à ce moment de l'année. Les arbres et les patios de la ville croulent alors sous le feuillage et les fleurs, et Córdoba organise la plupart de ses grandes fêtes.

HISTOIRE

Fondée en 152 av. J.-C., la colonie romaine de Corduba devint la capitale de la province de Baetica, qui couvrait la majeure partie de l'Andalousie actuelle. Ce grand centre culturel romain vit naître deux célèbres écrivains latins : Sénèque et Lucain.

En 711, Córdoba tomba aux mains des envahisseurs musulmans qui en firent la capitale islamique de la péninsule Ibérique. C'est ici qu'en 756, Abd ar-Rahman Ier s'imposa en tant qu'émir indépendant d'Al-Andalus et fonda la dynastie des Omeyyades. Córdoba – comme Al-Andalus en général – connut son heure de gloire sous Abd ar-Rahman III (912–961), qui se proclama calife en 929 (titre des successeurs de Mahomet), marquant la longue indépendance d'Al-Andalus vis-à-vis des califes abbassides de Bagdad.

Córdoba était à cette époque la plus grande ville de toute l'Europe occidentale, avec une population, estime-t-on, de 100 000 à 500 000 habitants. Son économie florissante reposait sur l'agriculture, grâce aux terres bien irriguées de l'arrière-pays, et sur les productions de ses artisans, no-

tamment réputés pour leur habileté dans le travail du cuir, du métal, du textile et des carreaux émaillés. D'étincelantes mosquées, de superbes patios et jardins, des fontaines, des aqueducs et des bains publics constellaient la cité. La cour d'Abd ar-Rahman III attirait des érudits juifs, arabes et chrétiens. L'université de la ville, sa fameuse bibliothèque, ses observatoires et bien d'autres institutions faisaient de Córdoba un centre intellectuel, dont l'influence sur toute l'Europe chrétienne se fit sentir encore bien des siècles plus tard. Le savant le plus remarquable de cette époque fut Abulcasis (936–1013), auteur d'une encyclopédie médicale en trente volumes, souvent considéré comme le père de la chirurgie.

Conservé dans la Mezquita, un os provenant du bras de Mahomet devint une arme psychologique contre les chrétiens qui, en retour, vouèrent un culte à Santiago (saint Jacques). Córdoba s'imposa comme lieu de pèlerinage pour les musulmans qui ne pouvaient se rendre à La Mecque ou à Jérusalem.

Vers la fin du Xe siècle, Al-Mansour (Almanzor), sanglant général dont les raids vers le nord semaient la terreur dans l'Espagne chrétienne, s'empara du pouvoir alors aux mains des califes. Après la mort de son fils Abd al-Malik, en 1008, le califat sombra dans l'anarchie. Les prétendants rivaux au titre de calife, les troupes berbères et les armées chrétiennes de Castille et de Catalogne s'affrontèrent pour s'emparer de son butin. La cité fut pillée par les Berbères et, en 1031, le califat omeyyade s'effondra.

Al-Andalus éclata alors en une multitude de *taifas* (petits royaumes). Córdoba se retrouva dans le *taifa* de Sevilla en 1069 et, dès lors, vécut dans l'ombre de cette ville, tout en perpétuant ses traditions intellectuelles. Au XIe siècle, les poètes philosophes Ibn Hazm (qui écrivait en arabe) et Judah Ha-Levi (qui écrivait en hébreu) passèrent tous deux une partie importante de leur vie à Córdoba. Au XIIe siècle, la ville vit naître les deux plus célèbres savants d'Al-Andalus, le musulman Averroès (1126–1198) et le juif Moïse ben Maïmon (connu sous le nom de Maimonide ; 1135–1204). De ces deux philosophes aux multiples talents, on retient surtout les efforts pour concilier leur foi avec le rationalisme aristotélicien.

Tandis qu'Averroès occupa de hautes fonctions à Córdoba et à Sevilla auprès des Almohades, Maimonide fuit leur persécution et passa une grande partie de sa vie en Égypte.

En 1236, lorsque Córdoba fut conquise par Fernando III de Castilla, la plupart de ses habitants s'enfuirent. Reléguée au rang de cité provinciale, elle ne retrouva son éclat qu'à la fin du XIXe siècle, avec le développement de l'industrie. La Córdoba chrétienne avait toutefois vu naître l'un des plus grands poètes espagnols, Luis de Góngora (1561–1627).

ORIENTATION

La cité médiévale, immédiatement au nord du Guadalquivir, forme un labyrinthe de rues étroites autour de la Mezquita, à faible distance du fleuve. À l'intérieur de la vieille ville, la zone nord-ouest de la Mezquita constituait la *Judería* (quartier juif) ; le quartier musulman s'étendait à l'est et au nord de l'édifice ; quant au quartier mozarabe (chrétien), il se trouvait plus loin, au nord-est.

La place principale de Córdoba, la Plaza de las Tendillas, s'étend à 500 m au nord de la Mezquita, les grandes rues commerçantes se déployant au nord et à l'ouest. Les gares routière et ferroviaire se situent à 1 km au nord-ouest de la Plaza de las Tendillas.

RENSEIGNEMENTS
Librairies
Luque Libros (☎ 957 47 30 34 ; Calle José Cruz Conde 19). Vend des plans de la ville et des cartes Michelin à moitié prix environ par rapport aux boutiques pour touristes entourant la Mezquita. Cartes CNIG, SGE et Editorial Alpina.

Urgences
Ambulance (☎ 957 21 79 03, 957 29 55 70).
Policía Nacional (Police nationale ; ☎ 95 747 75 00 ; Avenida Doctor Fleming 2). Commissariat principal.

Accès Internet
Ch@t (Calle Claudio Marcelo 15 ; 1,80 €/h ; ◷ 10h-13h et 17h-21h30 lun-ven, 10h-14h sam). Grand cybercafé efficace dans la ville nouvelle.
Mundo Digital (Calle del Osario 9 ; ◷ 10h-14h et 17h-22h lun-ven, 11h-14h et 17h-22h sam-dim). Tarifs comparables à ceux de Ch@t.
Pilar del Potro (Calle Lucano 12 ; 1 €/30 min ; ◷ 10h-13h et 17h-22h). Pratique, installé dans l'Hostal Pilar.

HEURES D'OUVERTURE

Ne vous fiez pas aux horaires d'ouverture des sites touristiques de Córdoba. Adressez-vous aux offices du tourisme. La plupart des lieux à visiter, à l'exception de la Mezquita, sont fermés le lundi. En hiver, les monuments ferment généralement une à deux heures plus tôt qu'en été.

Consigne
La principale **gare routière** possède une consigne (3 €/j ; ◷ 8h-20h lun-ven) avec des casiers. Il en existe aussi une à la gare ferroviaire (horaires similaires).

Services médicaux
Hospital Cruz Roja (Hôpital de la Croix-Rouge ; ☎ 957 29 34 11 ; Avenida Doctor Fleming s/n). Hôpital le plus central.
Hospital Reina Sofia (☎ 957 21 70 00 ; Avenida de Menéndez Pidal s/n). À moins de 2 km au sud-est de la Mezquita.

Argent
La plupart des banques et des DAB se trouvent dans la ville moderne, autour de la Plaza de las Tendillas et de l'Avenida del Gran Capitán. Les gares routière et ferroviaire disposent aussi de DAB.

Poste
Bureau de poste (Calle José Cruz Conde 15 ; ◷ 8h30-20h30 lun-ven, 9h-14h sam).

Informations touristiques
Kiosque d'information touristique (◷ 10h-14h et 16h30-20h lun-ven). À la gare ferroviaire.
Office du tourisme municipal (☎ 957 20 05 22 ; Plaza de Judá Leví ; ◷ 8h30-14h30 lun-ven). Quelques rues à l'ouest de l'office du tourisme régional.
Office du tourisme régional (☎ 957 47 12 35 ; Calle de Torrijos 10 ; ◷ 9h30-20h lun-sam, 10h-14h dim avr-juil, ◷ 9h30-19h lun-sam, 10h-14h dim août-mars). Installé dans une chapelle du XVIe siècle, face à la partie ouest de la Mezquita.

À VOIR ET À FAIRE

Tous les sites de Córdoba se situent dans une zone compacte au nord du Río Guadalquivir, et les lieux touristiques sont regroupés autour de la Mezquita et de la Judería voisine. Directement au nord de la Mezquita, la Plaza Tendillas et le quartier

CÓRDOBA

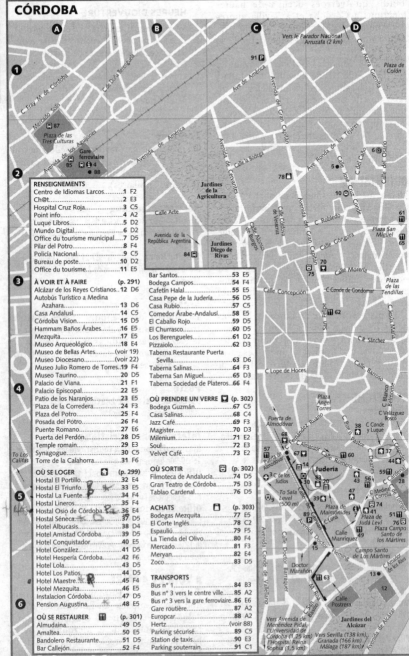

Vers le Parador Nacional Arruzafa (2 km)

Plaza de Colón

Plaza de las Tres Culturas

Gare ferroviaire

Mercado de Córdoba

Jardines de la Agricultura

Calle Arte

Avenida de la República Argentina

Jardines Diego de Rivas

Plaza San Miguel

Calle Moreria

Plaza de las Tendillas

Plaza Angel Torres

Puerta de Almodóvar

Judería

Plaza de Mainónides

Plaza de Judá Leví

Plaza Campo Santo de los Mártires

Campo Santo de Los Mártires

Jardines del Alcázar

Calle Postrera

RENSEIGNEMENTS

Centro de Idiomas Larcos	1 F2
Ch@t	2 E3
Hospital Cruz Roja	3 C5
Point info	4 A2
Luque Libros	5 D2
Mundo Digital	6 D2
Office du tourisme municipal	7 D5
Pilar del Potro	8 F4
Policía Nacional	9 C5
Bureau de poste	10 D2
Office du tourisme	11 E5

À VOIR ET À FAIRE (p. 291)

Alcázar de los Reyes Cristianos	12 D6
Autobús Turístico a Medina Azahara	13 D6
Casa Andalusí	14 C5
Córdoba Vision	15 D5
Hammam Baños Árabes	16 E5
Mezquita	17 E5
Museo Arqueológico	18 E4
Museo de Bellas Artes	(voir 19)
Museo Diocesano	(voir 22)
Museo Julio Romero de Torres	19 F4
Museo Taurino	20 D5
Palacio de Viana	21 F1
Palacio Episcopal	22 E5
Patio de los Naranjos	23 E5
Plaza de la Corredera	24 F3
Plaza del Potro	25 F4
Posada del Potro	26 F4
Puente Romano	27 E6
Puerta del Perdón	28 D5
Temple romain	29 E3
Synagogue	30 C5
Torre de la Calahorra	31 F6

OÙ SE LOGER (p. 299)

Hostal El Portillo	32 E4
Hostal El Triunfo	33 E4
Hostal La Fuente	34 F4
Hostal Lineros	35 F4
Hostal Osio de Córdoba	36 E4
Hostal Séneca	37 D5
Hotel Albucasis	38 D4
Hotel Amistad Córdoba	39 D5
Hotel Conquistador	40 E5
Hotel González	41 D5
Hotel Hesperia Córdoba	42 F6
Hotel Lola	43 D5
Hotel Los Patios	44 D5
Hotel Maestre	45 F4
Hotel Mezquita	46 E5
Instalacion Córdoba	47 D5
Pension Augustina	48 E5

OÙ SE RESTAURER (p. 301)

Almudaina	49 D5
Amaltea	50 E5
Bandolero Restaurante	51 D5
Bar Callejón	52 F4
Bar Santos	53 E5
Bodega Campos	54 F4
Cafetín Halal	55 E5
Casa Pepe de la Judería	56 E5
Casa Rubio	57 C5
Comedor Árabe-Andalusí	58 E5
El Caballo Rojo	59 E5
El Churrasco	60 D5
Los Berengueles	61 D2
Pizzaiolo	62 D3
Taberna Restaurante Puerta Sevilla	63 D6
Taberna Salinas	64 F3
Taberna San Miguel	65 D3
Taberna Sociedad de Plateros	66 F4

OÙ PRENDRE UN VERRE (p. 302)

Bodega Guzmán	67 C5
Casa Salinas	68 C4
Jazz Café	69 F3
Magister	70 D3
Milenium	71 E2
Soul	72 E3
Velvet Café	73 E2

OÙ SORTIR (p. 302)

Filmoteca de Andalucía	74 D5
Gran Teatro de Córdoba	75 D3
Tablao Cardenal	76 E5

ACHATS (p. 303)

Bodegas Mezquita	77 E5
El Corte Inglés	78 C2
Espaduú	79 F5
La Tienda del Olivo	80 F4
Mercado	81 F3
Meryan	82 E4
Zoco	83 D5

TRANSPORTS

Bus n° 1	84 B3
Bus n° 3 vers le centre ville	85 A2
Bus n° 3 vers la gare ferroviaire	86 E6
Gare routière	87 A2
Europcar	88 A2
Hertz	(voir 88)
Parking sécurisé	89 C5
Station de taxis	90 E3
Parking souterrain	91 C1

To Los Califas

To Sala Level (500 m)

Vers Avenida de Menéndez Pidal, l'Universidad de Córdoba (1,25 km) et l'Hospital Reina Sophia (1,5 km)

Vers Sevilla (138 km), Granada (166 km), Málaga (187 km)

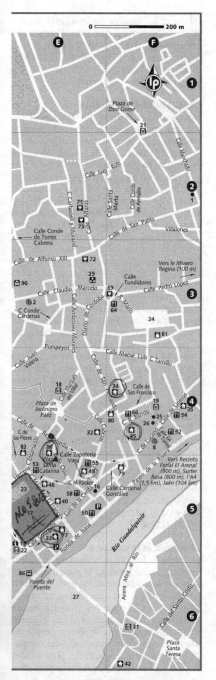

commercial animé rassemblent la majorité des boutiques et des entreprises.

La plupart des gens prennent une bonne demi-journée pour visiter la grande mosquée, puis un ou deux jours pour explorer les musées et les palais de la ville, tous situés à une petite distance en direction du nord-est. Une autre excursion incontournable est celle des ruines de la cité-palais de Medina Azahara, à 8 km à l'ouest de Córdoba.

Mezquita

Avec l'Alhambra de Granada (p. 318), la **Mezquita** de Córdoba (Mosquée ; ☎ 957 47 05 12 ; adulte/enfant 6,50/3,25 €, ☯ 10h-19h lun-sam avr-oct, 10h-18h lun-sam nov-mars, 9h-10h45 et 13h30-18h30 dim ; messes à 11h, 12h et 13h), symbole de l'Andalousie musulmane, glorifie un passé médiéval "parfait". Magnifiquement décorée, elle évoque une époque luxueuse et raffinée où musulmans, juifs et chrétiens vivaient ensemble et enrichissaient leur cité et ses environs de leurs cultures diverses et vivantes. La réalité s'avérait certainement moins glorieuse, la Córdoba médiévale étant probablement un foyer de conflits de religions et de classes. La Mezquita n'en demeure pas moins captivante, malgré les innombrables touristes qui menacent de submerger cet idéal romantique.

L'entrée à la Mezquita est gratuite de 9h à 10h du lundi au samedi et de 9h à 11h le dimanche, aux heures où la messe est célébrée dans la cathédrale centrale. Toutefois, vous ne pourrez accéder à la cathédrale que si vous assistez à l'office dans son intégralité. Le reste de la Mezquita n'est pas éclairé pendant ce temps-là. Cela vaut également la peine de faire le tour de l'extérieur la nuit, quand les lumières mettent en relief les portes merveilleusement ouvragées.

HISTOIRE

À l'origine, le site était occupé par l'Église de saint Vincent. Les chroniques arabes racontent comment Abd ar-Rahman Ier en racheta la moitié pour la dédier aux prières du vendredi de la communauté musulmane. Devenue très vite trop petite, il acheta la seconde moitié de l'édifice en 784, afin d'ériger une nouvelle mosquée. Des éléments provenant de ruines romaines et wisigothes furent incorporés à la structure. On prétend souvent qu'Abd ar-Rahman Ier dessina lui-même les plans de la mosquée, avec l'aide d'architectes syriens. Quoi qu'il en soit, elle fut ouverte aux prières en 785, mais Abd ar-Rahman II (821–852) et Al-Hakim II (dans les années 960) l'étendirent ultérieurement vers le sud pour répondre à l'accroissement de la population de Córdoba. Al-Hakim II ajouta le *mihrab* (niche de prières) actuel et, pour remédier au manque de lumière, fit construire devant le mihrab plusieurs coupoles percées de baies. Sous Al-Mansour, d'autres ajouts, du côté est, firent perdre au mihrab sa position centrale sur le mur sud.

Ce que l'on voit aujourd'hui correspond à la structure musulmane finale, si ce n'est qu'elle a subi une altération majeure : l'implantation, au XVIe siècle, d'une cathédrale en plein milieu, d'où une terme fréquemment utilisé de "Mezquita-Catedral". Les parties ajoutées sous Abd ar-Rahman II et Al-Mansour furent en partie détruites pour édifier la cathédrale, dont la construction prit quelque 250 ans (1523–1766). Celle-ci témoigne donc d'une variété de styles et de goûts architecturaux, de la fin de la Renaissance en passant par le platéresque jusqu'à l'extravagant baroque espagnol.

Pour plus de détails sur les qualités architecturales et l'importance de la Mezquita, reportez-vous à la p. 72.

ORIENTATION ET RENSEIGNEMENTS

L'entrée principale se fait par la **Puerta del Perdón**, une porte mudéjare du XIVe siècle qui donne sur la Calle Cardenal Herrero. La billetterie se situe immédiatement après l'entrée, dans le ravissant Patio de los Naranjos (cour des orangers), d'où une petite porte mène dans la Mezquita. À côté de la Puerta del Perdón se dresse une tour des XVIe et XVIIe siècles qui recouvre les vestiges du minaret initial.

Un dépliant offert aux touristes contient une carte détaillant clairement les étapes de la construction de l'édifice. La mosquée d'origine, commencée au VIIIe siècle par Abd ar-Rahman Ier et achevée par son fils Hisham Ier, correspond aux douze premières travées est-ouest à l'intérieur de l'édifice. Elle s'étendait sur un peu plus de la moitié de la surface actuelle, dans le sens ouest-est. Le mihrab est visible tout de suite en entrant, sur le mur opposé (sud). Au centre de la Mezquita se dresse la grande cathédrale chrétienne, orientée

est-ouest et entourée de tous côtés par des allées de colonnes et d'arcades d'inspiration nettement plus islamique. Juste au bout à droite (ouest) de la cathédrale, l'approche du mihrab est marquée par des arcades à la fois plus solides et plus élaborées.

LA MOSQUÉE-CATHÉDRALE

L'originalité de la Mezquita tient au fait que son architecture a rompu avec celle des monuments antérieurs – à savoir la Coupole du Rocher à Jérusalem et la Grande Mosquée de Damas, au plan vertical, en forme de nef –, formant un espace horizontal infiniment étendu et d'une somptueuse simplicité. C'est ici que fut réalisé le lieu initial destiné aux prières musulmanes (habituellement une cour ouverte), transformé en une zone de 22 784 m2 où les hommes pouvaient prier côte à côte sur l'*argamasa* (mélange rouge et compact de chaux éteinte et de sable). Un toit plat, orné d'or et de motifs multicolores, les protégeait du soleil. Il était à l'origine soutenu par 1 293 colonnes (il n'en reste que 856) qui imitaient de manière spectaculaire une forêt de palmiers. L'ensemble formait réellement une mezquita – "un endroit où se prosterner".

Des 19 portes, qui éclairaient sans doute l'intérieur du bâtiment, une seule demeure aujourd'hui. Elle laisse entrer la lumière dans l'intérieur obscur, atténuant l'effet des voussoirs rouges et blancs des doubles arcades. Des ajouts chrétiens ultérieurs, telle la masse compacte de la cathédrale, au centre, et la cinquantaine de chapelles sur les bords, ferment et obscurcissent davantage l'espace. À l'opposée de la porte d'entrée, sur le mur sud de la mosquée, les bas-côtés vous orientent vers la *qibla* (direction de la Mecque) et le plus grand trésor de la mosquée, le mihrab, construit par Al-Hakim II.

Le mihrab et la maksura

La travée en face du mihrab et celles situées de chaque côté forment la *maksura*, où les califes et leur suite venaient prier (l'endroit est aujourd'hui entouré d'une clôture à claire-voie). Chacune des trois travées de la maksura est surmontée d'une coupole en pierre en forme d'étoile et percée de baies. En raison de leur poids, ces coupoles reposent sur des arcades plus solides et plus sophistiquées. Malgré la profusion

COUPOLE DU PLAISIR ET CENTRE DU POUVOIR

Selon la légende, Abd ar-Rahman III construisit ce palais-cité, la *Medina Azahara* (en arabe, Madinat al-Zahra ; ☎ 957 32 91 30 ; Carretera Palma del Río ; non-ressortissant de l'UE 1,50 €, gratuit pour les ressortissants de l'UE ; 🕙 10h-20h30 mar-sam de mai à mi-sept ; 10h-18h30 mar-sam de mi-sept à avr ; 10h-14h dim toute l'année) à l'intention de sa favorite. Comme les montagnes couvertes de neige de sa Syrie natale manquaient à son aimée, il lui promit de faire en sorte qu'il neige pour elle. Il fit donc entourer sa nouvelle cité d'amandiers et de cerisiers, dont les fleurs blanches duveteuses jonchaient le sol comme de la neige.

Si l'on fait fi de la légende, on imagine aisément qu'Abd ar-Rahman voulait probablement imiter la dynastie rivale des Abbassides de Bagdad, en érigeant un nouvel ensemble royal aussi opulent à l'extérieur de Córdoba. La construction commença en 936 et les chroniques rapportent des statistiques stupéfiantes : 10 000 ouvriers réussirent à mettre en place 6 000 blocs de pierre par jour, les murs extérieurs s'étendant sur 1 518 m d'ouest en est et sur 745 m du nord au sud.

Il paraît presque inconcevable qu'une telle cité, construite en 40 ans, n'eut qu'une durée de vie de 30 ans, avant que l'usurpateur Al-Mansour ne transfère le siège du gouvernement vers un nouvel ensemble palatial, en 981. Puis, entre 1010 et 1013, l'Azahara fut victime du vandalisme des soldats berbères. Au cours des siècles ultérieurs, ses ruines furent pillées à plusieurs reprises, pour en récupérer des matériaux de construction. Seul un dixième de la cité a été fouillé à ce jour.

Situé au pied de la Sierra Morena, l'ensemble se divise en trois terrasses : le palais du calife se trouvant sur la plus élevée, qui dominait autrefois la cour et la ville. L'itinéraire de visite passe par l'authentique porte nord de la cité, pour accéder au *Dar al-Wuzara* (la maison des vizirs), puis au plus grandiose édifice du site, le **Salón de Abd ar-Rahman III**. L'intérieur de cette salle du trône a été considérablement restauré : son stuc finement sculpté et ses motifs végétaux ont été soigneusement réparés pour recouvrir à nouveau la majorité de la surface des murs. Elle donne un aperçu du luxe de la cour, dont on dit qu'elle était décorée de carrelage d'or et d'argent, avec des salons interrompus par des arcades d'ivoire et d'ébène qui contrastaient avec les murs en marbre multicolore. Au centre du salon, pour un effet spécial, une boule était remplie de mercure, de sorte que lorsqu'on la faisait rouler, la lumière qui s'y reflétait rejaillissait sur la décoration étincelante.

Pour vous rendre au site en voiture, suivez les panneaux en descendant l'Avenida de Medina Azahara qui quitte Córdoba vers l'ouest et mène à l'A431. La Medina Azahara est indiquée à 8 km du centre-ville. Sur place, le parking est gratuit, mais souvent complet. Essayez de venir avant 11h pour éviter les cars.

Un aller-retour en taxi coûte 24 €, vous allouant une heure pour découvrir le site. Vous pouvez réserver une visite en car (pour plus de renseignements, voir p 298). En bus, l'arrêt le plus proche est la Cruce de Medina Azahara (carrefour de la Medina Azahara), l'embranchement qui part de l'A431, après quoi il faut encore marcher 3 km, en montant un peu, avant d'arriver au site. Avec le bus municipal n°0-1, il faut descendre à l'arrêt *cruce* – Le bus part de l'extrémité nord de l'Avenida de la República Argentina.

de décoration, ces ingénieuses arcades sont subtilement entremêlées pour former les éléments les plus robustes de la structure. L'effet décoratif, qui n'est pas seulement fonctionnel, permet également d'attirer le regard des fidèles vers le mihrab, centre des prières et porte symbolique du paradis.

Utilisant quelque 1,6 tonne de cubes de mosaïque en or, les artisans de Córdoba – formés par un maître envoyé de Constantinople par l'empereur chrétien Nicéphore Phocas – décorèrent l'ensemble de la maksura avec des motifs floraux et des inscriptions du Coran. Dans le mihrab, la coupole,

un seul bloc de marbre blanc sculpté en forme de coquillage (symbole du Coran), servait à amplifier la voix de l'imam à l'intérieur de ce vaste espace. Dans cette section réservée aux prières du calife, l'art du califat de Córdoba a atteint son apogée, et nombre des effets décoratifs furent utilisés dans l'extravagant palais d'Abd ar-Rahman III, à Medina Azahara (voir *Coupole du plaisir et centre du pouvoir*, ci-dessus).

Le Patio de los Naranjos et le minaret

À l'extérieur de la mosquée, la cour verdoyante entourée de murs et sa fontaine étaient le lieu des ablutions rituelles précédant les prières. Quant aux murs à arcades, ils donnaient sur la vieille ville, à l'époque pleine d'animation. Et, couronnant majestueusement l'ensemble, le minaret, dont le sommet s'élevait à 48 m (il n'en reste que 22 m), faisait résonner l'appel à la prière dans toute la cité. Aujourd'hui enchâssé dans sa cellule du XVIᵉ siècle, le minaret d'origine devait alors ressembler quelque peu à la Giralda (p. 95) de Sevilla, qui en était presque une copie. De fait, l'influence du minaret de Córdoba s'est reflétée dans les minarets édifiés ultérieurement dans tout le monde islamique d'Occident.

La cathédrale

Après la Reconquista (reconquête chrétienne) de 1236, la Mezquita ne subit que des modifications mineures, tel l'ajout de la céramique mudéjare, vers 1370, à la **Capilla Real** (neuf travées au nord et une à l'est du mihrab, aujourd'hui dans la cathédrale) mozarabe et almohade. Au XVIᵉ siècle, le roi Carlos Iᵉʳ autorisa (contre la volonté du conseil de la ville de Córdoba) la destruction du centre de la Mezquita pour y ériger la **Capilla Mayor** (l'autel) et le *coro* (chœur). Cependant, en découvrant le résultat, le roi comprit son erreur et s'exclama : "Ce que vous avez bâti aurait pu être construit n'importe où, par n'importe qui, mais vous avez détruit quelque chose d'unique au monde".

La Capilla Mayor abrite un riche retable du XVIIᵉ siècle en marbre rouge et en jaspe ; le chœur possède de belles stalles en acajou, sculptées au XVIIIᵉ siècle par Pedro Duque Cornejo.

Si l'on considère l'ensemble de l'édifice comme une cathédrale, la forêt de colonnes et d'arcades constitue un cadre magnifique pour les structures centrales. Si on l'aborde comme une mosquée, les ajouts chrétiens détruisent toute sa conception d'ensemble.

Environs de la Mezquita

En face de la Mezquita, à proximité de l'office du tourisme régional, le **Palacio Episcopal** (palais épiscopal ; Calle de Torrijos), ancien hôpital de San Sebastian, a été reconverti en centre de conférences. Situé dans une charmante villa de style isabelin, avec un patio intérieur, il accueille des expositions (souvent de poterie régionale), gratuites si vous avez un billet pour la Mezquita. On y

trouve également le **Museo Diocesano** (musée Diocesan ; ☎ 957 49 60 85 ; 1,20 € ; ◷ 9h30-15h), consacré à une collection d'art religieux. Vous y remarquerez des sculptures médiévales en bois d'une rare beauté, dont la *Virgen de las Huertas* du XIIIᵉ siècle.

Au sud-ouest de la Mezquita, en descendant la Calle Amador de los Ríos, vous parviendrez à la forteresse de l'**Alcázar de los Reyes Cristianos** (palais des rois chrétiens ; ☎ 957 42 01 51 ; Campo Santo de los Mártires s/n ; mar-jeu, sam-dim 2 € ; gratuit le ven ; ◷ 10h-14h et 16h30-18h30 mar-sam de mi-oct à avr, 10h-14h et 17h30-19h30 mar-sam mai, juin et de sept à mi-oct, 8h30-14h30 mar-sam juil et août ; 9h30-14h30 dim et jrs fériés toute l'année). Construit au XIIIᵉ siècle par Alfonso X sur des vestiges romains et arabes, il servit à l'origine de palais pour Fernando et Isabel. De 1490 à 1821, il devint le siège de l'Inquisition, avant de devenir une prison, qui ne ferma qu'en 1951. Ajoutés au XVᵉ siècle, ses vastes jardins en terrasse, agrémentés de bassins avec des poissons, de fontaines, d'orangers, de fleurs et d'arbustes, figurent parmi les plus beaux d'Andalousie. On y voit de superbes vestiges, tels que mosaïques, sarcophages en marbre et statues romaines. L'Alcázar lui-même, très altéré, abrite d'anciens bains royaux, les Baños Califales.

Situé sur les rives du Guadalquivir, le palais domine le **Puente Romano**, un pont romain restauré qui faisait autrefois partie des anciens murs médiévaux. Ces murs atteignaient, dit-on, 22 km de long. De nos jours, la circulation est très dense sur ce pont et les trottoirs sont étroits. De l'autre côté de la rivière, l'austère **Torre de la Calahorra** (☎ 957 29 39 29 ; Puente Romano s/n ; adulte/enfant 4/2,50 € ; ◷ 10h-14h et 16h30-20h30 mai-sept, 10h-18h oct-avr) est la plus ancienne tour défensive de la cité. Utilisée comme prison pour la noblesse de Córdoba au XVIIIᵉ siècle, puis comme école pour les femmes au XIXᵉ siècle, elle abrite aujourd'hui le curieux "musée vivant d'Al-Andalus", où effectuer un circuit multimédia (en espagnol) complété de maquettes et de films.

Judería

Des archives remontant au IIᵉ siècle attestent de la présence d'une communauté juive en Espagne. Persécutés par les Wisigoths, ils s'allièrent aux musulmans après les conquêtes arabes. Au Xᵉ siècle, les juifs faisaient partie des membres les plus dynamiques de la société, occupant des postes d'administrateurs, de docteurs, de juristes, de philosophes, de poètes et de fonctionnaires. Avant de s'enfuir à Fez pour échapper à la persécution, Maimonide, l'un des plus grands théologiens juifs, récapitula les enseignements du judaïsme et acheva son œuvre maîtresse, la *Mishne Torah,* qui codifie toute la loi juive. Il partit ensuite en Égypte, où il devint médecin du sultan Saladin. La situation de la Judería (le quartier juif), à proximité de la Mezquita et des centres du pouvoir, illustre l'importance de la communauté.

Bien que très rétréci, l'ancien quartier juif s'étend à l'ouest et au nord-ouest de la Mezquita, pratiquement jusqu'au début de l'Avenida del Gran Capitán. Il est fait d'un dédale de ruelles étroites et de petites places bordées d'édifices blanchis à la chaux, aux fenêtres grillagées d'où s'échappe une profusion de fleurs, et aux portes en fer forgé qui laissent entrevoir des patios à la végétation exhubérante (voir *Le cœur caché de Córdoba,* p. 299). La rue la plus célèbre du quartier s'appelle la **Calleja de las Flores** (l'allée des fleurs) et offre une vue magnifique sur le clocher de la Mezquita encadré des murs de l'étroite allée.

Construite en 1315, la **Sinagoga** (Synagogue ; Calle de los Judíos 20 ; non-ressortissant de l'UE 0,30 € ; gratuit pour les ressortissants de l'UE ; 9h30-14h et 15h30-17h30 mar-sam, 9h30-13h30 dim et jrs fériés) est un superbe petit édifice médiéval. À l'étage subsistent la galerie des femmes, ainsi que d'extravagantes décorations en stuc, dont des inscriptions en hébreu et des motifs mudéjars complexes représentent des étoiles et des plantes. Quant à la **Casa Andalusí** (Calle de los Judíos 12 ; 2,50 € ; 10h30-20h mai-sept ; 10h30-19h oct-avr), une demeure du XIIᵉ siècle, elle attire les visiteurs, avec un charmant patio orné d'une fontaine, une mosaïque romaine cachée dans sa cave, sans oublier les diverses expositions essentiellement consacrées à la culture islamique médiévale de Córdoba.

Non loin, le **Museo Taurino** (musée taurin ; 957 20 10 56 ; Plaza de Maimónides ; mar-jeu, sam et dim 3 €, gratuit le ven ; 10h-14h et 16h30-18h30 mar-sam oct-avr ; 10h-14h et 17h30-19h30 mar-sam mai, juin, sept et oct ; 8h30-14h30 mar-sam juil et août ; 9h30-14h30 dim et jrs fériés toute l'année), hébergé dans une demeure du XVIᵉ siècle, met en scène la gloire des grands matadors de Córdoba.

Certaines salles sont consacrées à El Cordobés et Manolete. On peut même voir la dépouille du malheureux Islero, le taureau qui blessa à mort le vénéré Manolete, à Linares, en 1947.

Le nord-est de la Mezquita

L'excellent **Museo Arqueológico** (957 47 40 11 ; Plaza de Jerónimo Páez 7 ; non-ressortissant de l'UE 1,50 €, gratuit pour les ressortissants de l'UE ; 15h-20h mar, 9h-20h mer-sam, 9h-15h dim et jrs fériés) de Córdoba occupe une demeure Renaissance qui fut le site d'une villa romaine. Il renferme une remarquable collection d'objets ibériques, romains et musulmans, et donne un bon aperçu de la Córdoba pré-islamique. Un lion en pierre, couché, occupe la place d'honneur dans la section ibérique. La période romaine est bien représentée, avec de grandes mosaïques, des pierres tombales de gladiateurs, d'élégantes céramiques et des coupes en verre coloré. À l'étage, consacré à la Córdoba médiévale, on peut notamment découvrir un cerf en bronze (offert à Abd ar-Rahman III par l'empereur byzantin Constantin VII) qui ornait autrefois l'une des fontaines de la Medina Azahara.

Le musée le plus fréquenté est sans conteste le **Museo Julio Romero de Torres** (957 49 19 09 ; Plaza del Potro 1 ; mar-jeu, sam et dim 3 €, gratuit le ven ; 10h-14h et 16h30-18h30 mar-sam de mi-oct à avr, 10h-14h et 17h30-19h30 mar-sam de mai, juin et sept à mi-oct, 8h30-14h30 juil et août, 9h30-14h30 dim et jrs fériés toute l'année), consacré au peintre cordouan Julio Romero de Torres (1880-1930), très aimé à Córdoba. Le musée, ancien studio de l'artiste, contient ses meubles et ses bibelots, ainsi que les portraits qui le distinguent, représentant des nus sensuels, lourds de symbolisme sexuel, comme l'illustre parfaitement sa voluptueuse *Ofrenda al Arte del Toreo* (offrande à l'art de la tauromachie).

Dans le même bâtiment, le **Museo de Bellas Artes** (Plaza del Potro 1 ; non-ressortissant de l'UE 1,50 €, gratuit pour les ressortissants de l'UE ; 15h-20h mar, 9h-20h mer-sam, 9h-15h dim et jrs fériés) expose une collection d'œuvres d'artistes essentiellement cordouans.

L'ancien hôpital de la charité, qui héberge les deux musées ci-dessus, occupe une situation de choix sur la célèbre **Plaza del Potro** (place du poulain). Celle-ci connut ses heures de gloire aux XVIᵉ et XVIIᵉ siècles, lorsqu'elle servit de repaire aux marchands et aux aventuriers. Dans *Don Quichotte,* Miguel de Cervantes, qui vécut un temps dans une rue voisine, évoque la place comme un "repaire de voleurs". Au centre se dresse une ravissante fontaine en pierre du XVIe siècle, surmontée d'un poulain (*potro*). Du côté ouest de la place, la **Posada del Potro** (☎ 957 48 50 18 ; Plaza del Potro 10 ; gratuite ; ☺ 10h-14h et 17h-20h lun-ven août-mai) est installée dans une auberge datant de 1435, immortalisée dans l'œuvre de Cervantes. Cette *posada* pittoresque, organisée autour d'une petite cour avec des animaux, présente souvent d'intéressantes expositions d'œuvres d'art, d'objets artisanaux et de photographies.

Au nord de la Plaza del Potro, la belle **Plaza de la Corredera**, du XVIIe siècle, fut à l'époque romaine le site de l'amphithéâtre de la ville. Plus tard, elle servit pour les courses de chevaux et les combats de tauromachie. L'Inquisition y dressa également ses bûchers. Aujourd'hui entièrement restaurée, la place accueille des concerts de rock et d'autres évènements (renseignez-vous à l'office du tourisme). Un petit marché aux fruits s'y tient tous les jours. Le samedi, un marché aux puces très animé attire surtout les habitants du coin, avec des vêtements d'occasion, des articles ménagers et autre bric-à-brac.

À quelque 500 m au nord de la place se dresse un impressionnant palais Renaissance, le **Palacio de Viana** (☎ 957 49 67 41 ; Plaza de Don Gome 2 ; tout l'ensemble/patios uniquement 6/3 € ; ☺ 9h-14h lun-ven, 10h-13h sam juin-sept, 10h-13h et 16h-18h lun-ven, 10h-13h sam oct-mai). Au printemps, il fait bon visiter ses 12 magnifiques patios et son jardin à la française (une balade de 30 minutes environ). Le palais était occupé par les Marqueses de Viana jusqu'à il y a une vingtaine d'années. Le billet d'entrée comprend une visite guidée d'une heure des salles (remplies d'objets d'art et d'antiquités), ainsi que l'accès aux patios et au jardin.

Pour un voyage agréable dans le passé, pourquoi ne pas essayer les bains arabes, récemment rénovés, les **Hammam Baños Árabes** (☎ 957 48 47 46 ; www.hammamspain.com/cordoba en espagnol ; Calle Corregidor Luis de la Cerda ; bain/bain et massage 12/16 € ; ☺ 10h-12h, 14h-16h, 18h-20h et 22h-0h). Au temps de sa gloire, Córdoba possédait 60 de ces merveilleux bains de vapeur, où l'on passe d'un bain chaud à un bain tiède puis froid, e avant un délicieux massage aux huiles essentielles. Maillot de bain de rigueur, car la nudité est interdite. Après cette expérience relaxante et épuisante, la tradition veut que l'on sirote un thé à la menthe sucré, accompagné d'une pâtisserie orientale… dans le joli salon de thé, décoré de carreaux zelliges iridescents. Réservation obligatoire pour les bains et les massages.

Plaza de las Tendillas et environs

La place principale de Córdoba n'en finit pas de séduire avec son horloge aux carillons de flamenco, ses fontaines exubérantes et une statue équestre de Gonzalo Fernández de Córdoba – un homme du cru qui réussit à s'élever au rang de "El Gran Capitán", chef militaire des monarques catholiques. Les rues qui partent de la place sont les principales zones commerciales. La Calle Conde de Gondomar conduit, à l'ouest, à la longue et large Avenida del Gran Capitán. Si son architecture n'a rien de notable, elle fait cependant figure de *paseo* (promenade), fort animé dès les derniers rayons du soleil. À l'est de la place, Calle Claudio Marcelo, un **temple romain** partiellement restauré a conservé 11 de ses colonnes.

Cours de langue

Centro de Idiomas Larcos (☎ 957 47 11 03 ; www. larcos.net ; Calle Manchado 9). Bonne école privée, stages d'espagnol d'une à deux sem voire plus, avec différentes options d'hébergement. Formule standard de 2 sem de cours à 257 €, et 2 sem de location d'un appt pour 156 €.
Universidad de Córdoba (☎ 957 21 81 33 ; www. uco.es/webuco/ceucosa/lenguas en espagnol ; Edificio E U Enfermería, Avenida de Menéndez Pidal, 5 planta, 14071 Córdoba). Pour tout renseignement sur les cours au mois (sauf en août), contactez le Servicio de Lenguas Modernas y Traducción Técnica, à l'université. Tarif des cours : 365 €. Hébergement en résidence universitaire (480 €), dans des familles (480 €), ou en colocation (180 €).

CIRCUITS ORGANISÉS

Plusieurs hôtels proposent des excursions à la Medina Azahara. Vous pouvez aussi contacter les société suivantes :
Autobús Turístico a Medina Azahara (☎ 902 20 17 74 ; Campo Santo de los Mártires ; 5 € ; ☺ circuits 11h mar-ven, 10h et 11h sam-dim). Service similaire à celui de Córdoba Vision, qui se rend à la Medina. Le tarif comprend une visite guidée de 3 heures et une brochure illustrée sur le site.
Córdoba Vision (☎ 957 23 17 34 ; Doctor Marañón 1 ; 10 € ; ☺ circuits hiver/été 16h/18h mar-sam, 10h30

LE CŒUR CACHÉ DE CÓRDOBA

Derrière de lourdes portes en bois ou des grilles en fer forgé se dissimulent des lieux enchanteurs typiquement cordouans. Depuis des siècles en effet, les patios de Córdoba offrent une ombre bienfaisante dans la chaleur caniculaire de l'été, un havre de paix et de tranquillité, un coin où se retrouver et bavarder.

Ces patios tirent leur origine du mégaron de la Grèce antique et de l'atrium romain, auxquels on ajouta une fontaine centrale. Cette tradition fut perpétuée par les Arabes, pour qui la cour intérieure était un espace où les femmes menaient leur vie de famille et accomplissaient leurs tâches ménagères. Les cours sont ornées de plantes en pots – suivant la pratique des nomades du désert qui transportaient ainsi les plantes lors de leurs migrations – et d'inévitables vignes.

Durant la première quinzaine de mai, vous remarquerez dans les rues et les ruelles des panneaux indiquant "patio", vous invitant à pénétrer dans ces sites fermés au public le reste de l'année. Fleuris à profusion, ils atteignent à cette époque le summum de leur beauté. La plupart des patios participent au concours annuel primé, le *Concurso de Patios Cordobeses*. L'office du tourisme vous fournira une carte des patios ouverts à la visite. Certains des plus remarquables se situent près de la Calle San Basilio, quelque 400 m au sud-ouest de la Mezquita. Lors du concours, les patios sont généralement accessibles du lundi au vendredi, de 17h à minuit, ainsi que les samedi et dimanche, de 12h à minuit. L'entrée est habituellement gratuite, mais vous verrez parfois une coupelle pour les dons.

---

sam-dim). Visite guidée de 3 heures à la Medina Azahara, commentée en espagnol, en français et en anglais. Entrée comprise dans le prix. Le bus part de l'Avenida del Alcázar, devant l'Alcázar de los Reyes Cristianos. Circuit combinant la visite de la ville et de la Medina, 30 €.

FÊTES ET FESTIVALS

Le printemps et le début de l'été sont riches en manifestations à Córdoba.

Semana Santa (Semaine sainte). Tous les soirs pendant la Semaine sainte, des processions arborant jusqu'à 12 *pasos* (images religieuses portées sur des plates-formes) sillonnent la ville, en suivant la *carrera oficial* (parcours officiel) – Calle Claudio Marcelo, Plaza de las Tendillas, Calle José Cruz Conde – entre 20h et minuit. La *madrugada* (aube) du Vendredi saint, lorsque six *pasos* empruntent la *carrera* entre 4h et 6h, est le temps fort de cette Semaine sainte.

Cruces de Mayo (Croix de mai ; début mai). Places et patios s'ornent de croix fleuries surmontant des étals de tapas et de vin, prétexte à des réjouissances gustatives dans une ambiance festive, au son de la musique.

Concurso de Patios Cordobeses (concours des patios de Córdoba ; première quinzaine de mai). Pendant le concours annuel des patios (voir encadré ci-dessus), se déroule un programme culturel chargé qui, tous les 3 ans (le prochain aura lieu en 2007), inclut le Concurso Nacional de Arte Flamenco, important concours de flamenco.

Feria de Mayo (Fête de mai ; dernière semaine de mai et premiers jours de juin). Des festivités en continu, marquées par des concerts, une grande foire dans le quartier d'El Arenal, au sud-est du centre-ville, et la principale saison tauromachique dans les arènes de Los Califas, à Gran Vía Parque.

Festival Internacional de Guitarra (Festival international de guitare ; fin juin-début juillet). Deux semaines consacrées à la guitare, avec concerts de musique classique, flamenco, rock, blues et autres genres. De grands guitaristes se produisent le soir dans les Jardines del Alcázar.

OÙ SE LOGER

Les hébergements sont nombreux à Córdoba, et souvent construits autour des jolis patios qui font la fierté de la ville. Beaucoup se concentrent autour de la Mezquita, les moins chers se trouvant plutôt dans les rues à l'est. La liste qui suit ne représente qu'une sélection. Pendant les principales festivités, il est indispensable de réserver. Córdoba attirant de plus en plus de visiteurs tout au long de l'année, les chambres simples à prix modéré sont difficiles à trouver. D'une façon générale, les tarifs baissent entre novembre et mi-mars et, dans certains établissements, pendant les grosses chaleurs de juillet et août. Le parking (quand l'hôtel en possède) revient à environ 10-12 €/j.

Petits budgets

Presque tous les *hostales* (simples pensions ou petits hôtels) cités ici offrent aussi, à moindre prix, des chambres sans sdb.

Hostal Lineros (☎ 957 48 25 17 ; www.hostallineros38.com ; Calle de Lineros 38 ; s/d/ste 30/49/90,15 €). À proximité de la Plaza del Potro, des superbes bains arabes et du meilleur restaurant de la ville, Bodegas Campos (p. 302), cet

58 €

hostal dispose d'un emplacement idéal mais aussi de splendides chambres d'inspiration musulmane situées dans une villa mudéjare. *Salon de té* dans la cour intérieure.

Hostal Séneca (☎ /fax 957 47 32 34 ; Calle Conde y Luque 7 ; s/d petit déj compris 44/46 €). Charmante et accueillante villa dotée d'un patio pavé et agrémenté de plantes. La maison, ancienne, comporte 12 chambres de dimensions et de configurations différentes.

Hostal La Fuente (☎ /fax 957 48 78 27 ; hostalla fuente@terra.es ; Calle de San Fernando 51 ; d 45 € ; ⓟ ⊠). Dans une demeure restaurée du XIXe siècle, un *hostal* qui propose 40 chambres convenables mais petites, avec TV et chauffage. On peut se dégourdir les jambes dans la cour. Le petit déjeuner, correct, coûte 3 €.

Hotel Maestre (☎ 957 47 24 10 ; www.hotel-maestre.com ; Calle Romero Barros 4 ; s/d 30/50 €, app 58 € ; ⓟ ⊠). Chambres joliment meublées, pourvues de tout le confort moderne. Le personnel parle anglais. Les mêmes propriétaires dirigent un *hostal* de qualité équivalente dans la même rue (n°16) et louent quelques appartements décorés avec goût pouvant accueillir jusqu'à 4 personnes.

Hostal Osio de Córdoba (☎ /fax 957 48 51 65 ; Calle Osio 6 ; d 40 € ; ⊠). Des chambres épatantes à prix très raisonnables. Des lecteurs ont recommandé cette demeure rénovée comptant deux patios.

Hostal El Portillo (☎ /fax 957 47 20 91 ; Calle Cabezas 2 ; s/d 18/30 €). Récemment rafraîchi, El Portillo est devenu très cosy. Les chambres possèdent des balcons et le personnel, chaleureux, fera tout pour vous être agréable.

Pension Augustina (☎ 957 47 08 72 ; Calle Zapateria Vieja 5 ; s/d 17/30 €). Un *hostal* simple, familial et à l'ancienne, avec un patio verdoyant. Les chambres simples sont impeccables.

Instalacion Juvenil Córdoba (☎ 957 29 01 66, réservations 902 51 00 00 ; www.inturjoven.com ; Plaza de Judá Leví s/n ; moins de 26 ans basse/haute saison 9,05/13,75 €, plus de 26 ans basse/haute saison 13,75/18,75 € ; ⊠ ▯). Parfaitement située dans la Judería, l'auberge de jeunesse de Córdoba peut loger jusqu'à 167 pers, en chambres doubles ou triples, et en dortoirs de 4 ou 5 lits, tous avec sdb. L'une des ailes du bâtiment occupe un ancien couvent du XVIe siècle.

Hostal El Triunfo (☎ 957 49 84 84 ; reservas@ htriunfo.com ; Calle Corregidor Luis de la Cerda 79 ; s/d 29/55 € ; ⓟ ⊠). Du côté sud de la Mezquita, El Triunfo loue 70 chambres, dont certaines (peut-être un peu bruyantes) donnent sur la Mezquita. Il y a aussi un agréable bar et un restaurant.

Catégorie moyenne

Hotel Lola (☎ 957 20 03 05 ; www.hotelconencantolola.com ; Calle Romero 3 ; d basse/haute saison 75/108 € ; ⓟ ⊠). Hôtel familial réellement charmant, situé dans la Judería. Art déco et antiquités se combinent dans les chambres décorées différemment. En outre, vous pouvez siroter une boisson de votre mini-bar sur la terrasse du toit qui domine le clocher de la Mezquita.

Hotel González (☎ 957 47 98 19 ; hotelgonzalez-@wanadoo.es ; Calle Manriquez 3 ; d basse/haute saison 49/66 € ; ⊠). Installé dans un bâtiment où a vécu l'artiste préféré de Córdoba, Julio Romero de Torres, l'Hotel González compte 16 chambres spacieuses. Son restaurant sert des repas dans le joli patio fleuri.

Hotel Los Patios (☎ 957 47 83 40 ; www.lospatios.net ; Calle Cardenal Herrero 14 ; d basse/haute saison 36/84 € ; ⊠). Chose étonnante pour un établissement faisant face à la Mezquita, Los Patios a conservé son caractère et offre un hébergement d'un bon rapport qualité/prix. Il compte aussi un restaurant convenable où goûter des spécialités locales.

Hotel Albucasis (☎ /fax 957 47 86 25 ; Calle Buen Pastor 11 ; s/d 45/72 € ; ⓟ ⊠). Dans la Judería, à l'écart de l'agitation touristique, un hôtel tranquille et tout confort. Les chambres pimpantes, sans prétention, sont organisées autour d'une cour originale.

Hotel Mezquita (☎ 957 47 55 85 ; hotelmezquita@wanadoo.es ; Plaza Santa Catalina 1 ; s/d 36/69 € ; ⊠). Juste en face du côté est de la Mezquita, l'hôtel du même nom, installé dans une belle demeure du XVIe siècle, abrite 21 chambres correctes.

Catégorie supérieure

À Córdoba, les établissements de cette catégorie ont souvent du mal à rivaliser (sur le plan du caractère et de l'emplacement) avec les *hostales* et les petits hôtels meilleur marché. Cependant, si vous ne voulez pas rester coincé dans les embouteillages, ou si vous ne passez qu'un ou deux jours, ils peuvent représenter une bonne solution.

Hotel Conquistador (☎ 957 48 11 02 ; www.jpmoser.com/hotelconquistador.html ; Calle Magistral González Francés 15 ; d 118/141 € ; ⓟ ⊠). Élégant hôtel de

102 chambres, du côté est de la Mezquita. Le mieux situé de sa catégorie, cet établissement tout confort loue des chambres décorées avec goût.

Hotel Amistad Córdoba (☎ 957 42 03 35 ; www. nh -hoteles.com ; Plaza de Maimónides 3 ; s/d 106/130 € ; P X ⬛). Occupant deux demeures du XVIIIᵉ siècle agrémentées de patios mudéjars d'origine, l'Amistad Córdoba fait désormais partie de la chaîne NH, qui pourvoit à tous les services nécessaires, y compris la garde d'enfants et l'accès Internet.

Parador Nacional Arruzafa (☎ 957 27 59 00 ; cordoba@parador.es ; Avenida de la Arruzafa s/n ; d 113,30 € ; P X 🛋). Très moderne, à 3 km au nord du centre-ville, sur le site même de l'ancien palais d'été d'Abd ar-Rahman Iᵉʳ. Ce parador est situé dans des jardins verdoyants où furent plantés les premiers palmiers d'Europe. Quelques chambres sont adaptées aux personnes en fauteuils roulants.

Hotel Hesperia Córdoba (☎ 957 42 10 42 ; www. hoteles.hesperia.es ; Avenida de la Confederación s/n ; d 115/135 € ; P X 🛋). De l'autre côté de la rivière, son bar sur le toit offre de belles vues sur la Mezquita et le Puente Romano. Bien qu'un peu défraîchi, l'hôtel propose quantité de prestations. Certaines chambres sont adaptées aux personnes handicapées.

OÙ SE RESTAURER

Présenté sur pratiquement tous les *menús* (repas à prix fixe) cordouans, le *salmorejo* est un épais *gazpacho* (soupe froide à base de tomates, poivrons, concombre, ail, pain, citron et huile) parsemé de petits morceaux d'œufs durs. Le *rabo de toro* (ragoût de queue de taureau) revient souvent aussi. Certains restaurants haut de gamme affichent sur leur carte des spécialités d'Al-Andalus, telle la soupe à l'ail avec des raisins, l'agneau au miel, les aubergines frites et la viande farcie aux dattes et aux pignons. Le vin local, de Montilla ou de Moriles, ressemble au xérès. Il se décline également en *fino*, *amontillado* ou *oloroso* (voir p. 81). Il existe aussi un vin doux issu du cépage Pedro Ximénez.

Petits budgets

Córdoba est fière de ses *tabernas* (tavernes) – bars animés où l'on peut généralement aussi se restaurer. En s'éloignant un peu vers l'est ou le nord de la Mezquita, les petits budgets et les curieux dénicheront les bons endroits.

Taberna San Miguel (☎ 957 47 01 66 ; Plaza San Miguel 1 ; tapas 1,50 €, media raciones 3-6 € ; 🕐 fermé le dim et en août). Cette institution existe depuis 1880. El Pisto (le tonneau), comme on l'appelle ici, est l'une des *tabernas les plus animées de* la ville. Vous aurez là un grand choix de plats, à arroser d'un moriles bon marché servi en pichet au bar.

Taberna Sociedad de Plateros (☎ 957 47 00 42 ; Calle de San Francisco 6 ; tapas/raciones 2/8 € ; 🕐 fermé le dim). Dirigé par la guilde des orfèvres (Sociedad de Plateros), ce restaurant réputé, installé dans un ancien couvent, régale ses hôtes d'alléchantes tapas, dans un patio aéré installé sous une verrière.

Taberna Salinas (☎ 957 48 01 35 ; Calle Tundidores 3 ; tapas/raciones 2/8 € ; 🕐 fermé le dim et en août). T*aberna* historique dans le quartier effervescent de la Plaza de la Corredera. Datant de 1879, le vaste restaurant du patio se remplit vite, et l'ambiance y est très gaie.

Comedor Árabe Andalusí (Calle Alfayatas 6 ; bocadillos 2,80 €). Les clients sont accueillis par un éclairage tamisé, de la musique arabe et d'appétissants *bocadillos* (petits pains blancs longs et garnis) au falafel. Une adresse à ne pas manquer.

Bar Callejón (Calle Enrique Romero de Torres ; platos combinados 3-6 €, menú 7,20 €). Dans la rue piétonne, les tables en terrasse donnent sur la Plaza del Potro. On y mitonne de succulentes omelettes (4,30 €) et de nombreux plats de poisson.

Cafetín Halal (Calle de Rey Heredia 28 ; plat principal 5-8 €). Autre cafétéria de style oriental, au cœur du centre culturel islamique : plats épicés, souvent végétariens, et grand choix de cocktails non alcoolisés.

Bar Santos (Calle Magistral González Francés 3 ; tapas/ raciones 0,90/3 €). Bien que petit, ce bar fait des affaires avec ses *bocadillos*, tapas et *raciones* (repas de tapas), le tout arrosé d'un verre de sangria.

Pizzaiolo (☎ 957 48 64 33 ; Calle San Felipe 5 ; pizza ou pâtes 4-8 €). Cette adresse a figuré dans le *Livre Guinness des records* pour sa carte, la plus longue du monde (pas moins de 360 plats toujours disponibles). L'endroit est clair et joyeux, mais on n'y atteint pas des sommets gastronomiques.

Catégorie moyenne

Casa Pepe de la Judería (☎ 957 20 07 44 ; Calle Romero 1 ; plat principal 9-15 €). Très couru des habitants, qui restent dans son bar jusque tard dans la nuit. Commencez par un verre (gratuit) de montilla dans le patio, avant d'entamer les spécialités de la maison, dont la queue de taureau à la cordouane ou les filets de gibier.

El Churrasco (☎ 957 29 08 19 ; Calle Romero 16 ; plat principal 12 € ; 🕒 fermé en août). Parmi les meilleurs restaurants de Córdoba, où déguster une cuisine généreuse, en bénéficiant d'un service attentif. Entre autres plats de viande, citons le *churrasco* (viande grillée à la sauce piquante) – ici un filet de porc grillé accompagné de sauce orientale (9,60 €).

Almudaina (☎ 957 47 43 42 ; Plaza Campo Santo de los Mártires 1 ; plat principal 10-14 €). Dans une demeure du XVIe siècle, un élégant restaurant décoré de bois sombre et de nappes damassées, où règne une bonne ambiance. On vous régalera d'une excellente cuisine traditionnelle, dans des salles à manger séparées ou un patio couvert de lierre.

Taberna Restaurante Puerta Sevilla (☎ 957 29 73 80 ; Calle Postrera 51 ; plat principal 8,50-15 € ; 🔀). Cet établissement merveilleusement animé se cache dans l'ombre de la Puerta Sevilla, avec un joli patio encadré de vieux créneaux d'où dégringolent des plantes. Divisé en salons intimes, l'intérieur s'avère aussi attrayant et les plats sont présentés avec art. Parmi les spécialités, les tacos de *bacalao* (morue) et le canard à la crème caramel figurent en bonne place.

Bandolero Restaurante (☎ 957 47 64 91 ; Calle de Torrijos 6 ; raciones 2,50-8 €, plat principal 9-14 €). Face au côté ouest de la Mezquita, un joli bar orné d'*azulejos* (carrelage), où l'on sert de copieuses *media raciones* (demi-portions). Vous pouvez vous asseoir au fond, dans le patio du restaurant ou au bar.

Los Berengueles (☎ 957 47 28 28 ; Calle Conde de Torres Cabrera 7 ; plat principal 7-14 €). En plus d'un splendide décor d'*azulejos*, ce restaurant de poisson dispose d'un comptoir où choisir son poisson frais ou de grosses crevettes.

Amaltea (☎ 957 49 19 68 ; Ronda de Isasa 10 ; plat principal 6-10 €). L'endroit est spécialisé dans la cuisine et le vin biologiques, d'où un choix de plats végétariens : une délicieuse salade verte avec de l'avocat et des noix, ou du taboulé libanais. Une oasis dans un désert végétarien.

Casa Rubio (☎ 957 42 08 53 ; Puerta de Almodóvar 5 ; plat principal 7-15 €). Juste à l'intérieur de la porte Almodóvar, ce bar très fréquenté, orné d'arcades en fer à cheval inspirées par la

Mezquita, offre les tapas habituelles et possède un restaurant à l'étage. On y déguste des spécialités locales, dont le *flamenquin* (veau ou porc frit), le *salmorejo* (gazpacho à la tomate) et le *cordero a la miel* (agneau au miel).

Catégorie supérieure

Bodega Campos (☎ 957 49 75 00 ; Calle Lineros 32 ; tapas/raciones 5/11 €, plat principal 13-19 € ; 🕒 fermé le dim soir). Cette bodega (cave à vin) à la mode possède d'immenses tonneaux en chêne et fabrique son propre montilla. On profite là d'une cave, d'un bar à vin et d'un restaurant, situés dans des salles communicantes. Le restaurant est bondé de *cordobeses* (habitants de Córdoba) tirés à quatre épingles, qui viennent pour des repas fabuleux. Pour une soirée moins chère, mais tout aussi agréable, essayez les grandes assiettes de tapas du bar.

El Caballo Rojo (☎ 957 47 53 75 ; Calle Cardenal Herrero 28 ; plat principal 10,20-17,70 €). Un endroit spacieux, animé et prisé pour ses spécialités mozarabes et ses plats roboratifs, comme le ragoût aux haricots blancs. À l'étage, la terrasse donne sur la Mezquita.

OÙ PRENDRE UN VERRE ET SORTIR
Bars, clubs et discothèques

Les magazines *Qué hacer en Córdoba?* et *Welcome & Olé!*, distribués gratuitement par l'office du tourisme, de même que le quotidien *Córdoba*, fournissent les informations sur les manifestations du moment. Des annonces relatives aux groupes passant en concert sont affichées dans les bars musicaux et à l'Instalacion Juvenil Córdoba (p. 300). Les concerts commencent vers 22h et sont généralement gratuits. La plupart des bars de la vieille ville ferment vers minuit.

Les bars les plus animés de Córdoba sont surtout concentrés dans les nouveaux quartiers de la ville, et ouvrent leurs portes vers 23h le week-end. Il ne se passe généralement pas grand-chose en début de semaine.

Bodega Guzmán (Calle de los Judíos 7). Non loin de la Sinagoga, l'alcool coule à flots dans ce bar des plus courus à l'atmosphère animée. Visitez le musée de tauromachie et ne partez pas sans avoir goûté le montilla *amargoso* tirée au tonneau.

Casa Salinas (Calle Fernández Ruano). Un bar à tapas confortable où goûter, bien sûr, tapas et montilla. Spectacles de flamenco proposés régulièrement.

Magister (Avenida del Gran Capitán 2). Une clientèle un peu plus âgée fréquente, sur fond de musique soporifique, le Magister. Et la bière est brassée sur place. Cinq variétés aux agréables saveurs sont proposées : les blondes *rubia* et *tostada*, les brunes *caramelizada* et *morenita*, et la *especial*, qui change selon les saisons.

Jazz Café (☎ 957 47 19 28 ; Calle Espartería s/n ; ☺ 8h-tard). Des parquets carrelés de noir et de blanc, un bar sombre avec des effets scintillants et des photos de grands noms du jazz comme Roberta Flack, Miles Davis et King Curtis, tel est le cadre de ce fabuleux établissement sans chichi. C'est aussi l'endroit rêvé pour un café en fin de matinée, loin des foules de touristes. Sans parler des concerts de jazz et des *jam sessions*.

Soul (☎ 957 49 15 80 ; Calle de Alfonso XIII 3 ; ☺ 9h-3h lun-ven et 10h-3h sam-dim). Défile ici une clientèle branchée et bohème, qui raffole de l'atmosphère rétro et de la musique d'avant-garde. Bon café et toasts (1,50 €) pour le petit déjeuner.

Surfer Rosa (☎ 957 75 22 72 ; Feria El Arenal 4 ; ☺ 23h-tard jeu-sam). Un entrepôt au bord du fleuve, dans le Recinto Ferial El Arenal (où a lieu la Feria de Mayo), où écouter une bonne musique et assister à des concert live, gratuits quelques fois.

Sala Level (Calle Antonio Maura 58 ; billet 9 € ; ☺ 20h-tard). À l'ouest du centre-ville, dans la banlieue de Ciudad Jardín, ce lieu plein de vie accueille, lui aussi, des concerts. Tarifs variables.

Dans le périmètre de l'université ont fleuri quantité de petits cafés, comme le **Velvet Café** (Calle Alfaros 29), dans le style des années 1960, ou le **Milenium** (Calle Alfaros 33), bar gay très fréquenté qui passe de bons morceaux de musique house.

Flamenco

Tablao Cardenal (☎ 957 48 33 20 ; www.tablaocardenal.com ; Calle de Torrijos 10 ; 16,80 € ; ☺ 22h30-tard). On vibre, et les talons claquent, dès que le spectacle de flamenco commence. Vous pouvez assister aux représentations, de qualité variable, dans le patio en plein air. Des guitaristes et des danseurs ont également coutume de se produire régulièrement.

Théâtres et cinémas

Gran Teatro de Córdoba (☎ 957 48 02 37, billets ☎ 901 24 62 46 ; www.teatrocordoba.com en espagnol ; Avenida del Gran Capitán 3). Propose un programme riche d'évènements, allant de concerts et représentations théâtrales aux festivals de danse ou de cinéma.

Filmoteca de Andalucía (☎ 957 47 20 18 ; www.cica.es/filmo en espagnol ; Calle Medina y Corella 5 ; billet 0,90 € ; ☺ fermé sam et dim matin et juil-août). Situé à l'extrémité d'une petite cour, ce cinéma d'art et d'essai projette régulièrement des films étrangers sous-titrés.

ACHATS

Córdoba est réputée pour ses articles en cuir repoussé (*cuero repujado*) et ses bijoux en argent (en particulier en filigrane). Les magasins où acheter ce genre d'artisanat se concentrent autour de la Mezquita. Dans la Judería, **Zoco** (Calle de los Judíos), qui regroupe des ateliers/salles d'expositions, propose aussi de l'artisanat de qualité, mais plus cher. Pour les objets en cuir repoussé, essayez **Meryan** (☎ 95 747 59 02 ; Calleja de las Flores). Vous y trouverez un portefeuille ou une paire de mules pour 9-12 €.

Des boutiques chics, telle **Espauliú** (Calle Cardenal González 3), vendent des bijoux modernes en argent et vous pouvez acheter des articles remarquablement réalisés au nouveau **Museo Regina** (Plaza Luis de Venegas 1 ; 3 € ; ☺ 10h-15h et 17h-20h), qui présente des expositions consacrées aux bijoux en argent.

La ville compte aussi nombre d'excellentes épiceries fines, notamment le somptueux **Bodegas Mezquita** (Calle Corregidor Luis de la Cerda 73), qui offre une large sélection d'huiles d'olive, de jambons et de vins. De même, **La Tienda del Olivo** (☎ 95 747 44 95 ; Calle de San Fernando 124B) propose des savons à base d'huile d'olive, ainsi que des huiles d'olive extra-vierges, idéales pour préparer des tapas. Pour des produits frais et une agréable balade, le **Mercado** (Plaza de la Corredera) est un endroit formidable.

La Calle José Cruz Conde est la rue centrale la plus chic. L'incontournable **El Corte Inglés** (Avenida del Gran Capitán) devrait satisfaire n'importe quel besoin.

DEPUIS/VERS CÓRDOBA
Bus

La **gare routière** (☎ 957 40 40 40 ; Plaza de las Tres Culturas) se cache derrière la gare ferroviaire.

La principale compagnie, Alsina Graells, dessert Sevilla (8,60 €, 1 heure 45, 10/j), Granada (10,65 €, 3 heures, 9/j) et Málaga (10,45 €, 2 heures 30, 5/j). Ses bus relient aussi Carmona (6,75 €, 2 heures), Antequera (7,45 €, 1 heure 30, 3/j), Cádiz (18,35 €, 3 heures, 1-2/j), et Almería (20,10 €, 5 heures, 1/j). Bacoma rallie Baeza (8,25 €) et Úbeda (8,75 €). Transportes Ureña dessert Jaén (6,70 €, 1 heure 30, 7/j), et Secorbus affrète des bus pour Madrid (10,85 €, 4 heures 30, 6/j).

Empresa Carrera dessert le Sud, avec plusieurs bus quotidiens vers Priego de Córdoba (5,95 €, 1 heure 15) et Cabra (4,30 €), ainsi que vers Zuheros (4,30 €, 1 heure, au moins 2/j), Rute et Iznájar.

Voiture

Parmi les sociétés de location, citons **Avis** (☎ 957 47 68 62 ; Plaza de Colón 32), **Europcar** (☎ 957 40 34 80) et **Hertz** (☎ 957 40 20 60), les deux dernières étant situées à la gare ferroviaire.

Train

La **gare ferroviaire** (☎ 957 40 02 02 ; www.renfe. com ; Avenida de América), très moderne, se trouve à 1 km au nord-ouest de la Plaza de las Tendillas

Une dizaine de trains régionaux Andalucía Exprés (7 €, 1 heure 30) et AVE (24 €, 45 min) desservent Sevilla. Depuis/vers Madrid, vous avez le choix entre les AVE circulant tous les jours (43-48 € en *turista* – 2e classe –, 1 heure 45) et le train de nuit, l'*Estrella* (26 € en place assise, 6 heures 15).

Plusieurs trains se rendent à Málaga (classe touriste 14-19,50 €, 1ère classe jusqu'à 23 €, 2 heures 30) et à Barcelona (48-76 €, 10 heures 30, 4/j) et il existe un service pour Jaén (7,65 €, 1 heure 30, 1/j). Pour Granada (14 €, 4 heures), il faut changer à Bobadilla.

TRANSPORTS LOCAUX
Bus

Les bus municipaux coûtent environ 1 €. Le bus n°3, qui part de la rue située entre les gares ferroviaire et routière, rejoint la Plaza de las Tendillas, puis descend la Calle de San Fernando, 300 m à l'est de la Mezquita. Au retour, vous pouvez le prendre dans Ronda de Isasa, juste au sud de la Mezquita, ou Avenida Doctor Fleming.

Voiture et moto

Le système de circulation à sens unique et la difficulté pour se garer dans la vieille ville ne facilitent pas les déplacements en voiture dans Córdoba. Le parking payant autour de la Mezquita et le long de la rive est délimité par le marquage bleu. Les tarifs s'élèvent à 0,30 € les 30 min ou 1,30 € les 2 heures, entre 9h et 21h. Le stationnement est gratuit en dehors de ces horaires. Un parking se situe de l'autre côté de la rivière, mais il n'est peut-être pas prudent d'y laisser votre véhicule toute une nuit. L'espace clos sous la Mezquita, à côté de la Puerta del Puente, est une bonne option (payante) pour vous garer. Toutefois, il n'est pas très sûr la nuit. Vous trouverez une aire de stationnement sécurisée à proximité de l'Avenida Doctor Fleming, moyennant 1/6/12/45 € pour 1 heure/1 nuit/12 heures/24 heures. Le parking souterrain de l'Avenida de América pratique les mêmes tarifs.

Les itinéraires qui mènent à bon nombre d'hôtels et d'*hostales* sont bien signalisés et les panneaux "P" indiquent les établissements qui possèdent un parking. Une place de parking à l'hôtel revient à 10-12 €.

Taxi

Dans le centre-ville, les taxis attendent à l'angle nord-est de la Plaza de las Tendillas. Le prix de la course depuis les gares ferroviaire et routière jusqu'à la Mezquita se monte à quelque 5 €.

LE NORD DE CÓRDOBA

La Sierra Morena se dresse, à pic, au nord de Córdoba puis ondule à travers le nord de la province. Des collines vert foncé et de minuscules *pueblos* (villages), où les gens travaillent dur, caractérisent cette campagne vallonnée préservée de la fièvre touristique du Sud. La route principale, la CO31/N432, part vers le nord-ouest jusqu'en Extremadura.

LOS PEDROCHES

Los Pedroches est une zone faiblement peuplée, ponctuée çà et là de hameaux en granit, d'affleurements rocheux et de vastes pâturages boisés (*dehesa*). La région est remplie de chênes verts et, tout comme Jabugo dans la province de Huelva (voir

p. 167), produit un excellent *jamón ibérico de bellota* – jambon issu des petits porcs noirs qui se nourrissent de glands qui donnent à la viande son goût de noisette. Salé et séché pendant une période de six à douze mois, le jambon rose foncé qui en résulte est généralement servi en tranches très fines, avec du pain et du montilla. Vous pouvez le goûter dans n'importe quel village de Los Pedroches.

Deux sites à ne pas manquer, hors des sentiers touristiques les plus fréquentés, sont les châteaux de **Belalcázar** et de **Santa Eufemia**. Les deux bourgades disposent d'*hostales* simples et bon marché.

Le **Castillo de los Sotomayor**, qui se dessine au-dessus du lointain Belalcázar, compte parmi les fortifications les plus étranges d'Andalousie. Dominé par une énorme tour de guet mal équilibrée, et accolé à un palais Renaissance qui fut ajouté plus tardivement, il fut construit au XVe siècle à l'emplacement d'un ancien fort musulman. Le château étant une propriété privée, vous ne pourrez le visiter, mais il offre cependant une vision spectaculaire au milieu des petites collines. Le seul endroit où se loger à Belalcázar est l'**Hostal La Bolera** (☎ 957 14 63 00 ; Calle Padre Torrero 17 ; s/d 14/28 €), très simple, qui possède aussi un restaurant, mais il existe aussi quantité de café-bars autour de la Plaza de la Constitución.

À 26 km à l'est de Belalcázar, dans un paysage totalement désert, Santa Eufemia est le village le plus septentrional d'Andalousie. Le **Castillo de Miramontes**, édifice musulman à l'origine, qui domine le village au nord, est une ruine à l'état pur mais il offre une vue panoramique absolument stupéfiante. Pour y monter, tournez en direction de l'ouest à partir de la N502, au niveau de l'Hostal La Paloma, dans le village ; au bout de 1 km, tournez à droite au panneau "Camino Servicio RTVE". De là, il ne vous reste plus qu'à grimper sur 1,5 km jusqu'au château. L'**office du tourisme** (☎ 957 15 82 29 ; Plaza Mayor 1 ; ◷ 9h-14h30 lun-ven), situé dans l'*ayuntamiento* (hôtel de ville), fournit une brochure qui indique 2 promenades, l'une menant au château et l'autre à l'*ermita* (chapelle). Pour un hébergement confortable, réservez, dans le village, à l'**Hostal La Paloma** (☎ 957 15 82 42 ; Calle Calvario 6 ; s/d 12/24 €). On y sert également un *menú* d'un bon rapport qualité/prix (8 €).

À l'extrémité est de Los Pedroches s'étend le **Parque Natural Sierra de Cardeña y Montoro**, un domaine montagneux et boisé, qui constitue l'un des derniers refuges andalous du loup et du lynx.

Les bus desservent la plupart des villages de Los Pedroches depuis Córdoba mais, pour visiter la région en toute liberté, vous aurez besoin d'un véhicule.

L'OUEST DE CÓRDOBA

ALMODÓVAR DEL RÍO
7 100 habitants / 123 m

À 22 km de Córdoba en descendant la vallée du Guadalquivir, **Almodóvar del Río**, couronnée par un château, est une ville agricole agréable et animée. Un **office du tourisme** (☎ 957 63 50 14 ; Calle Vicente Aleixandre 3 ; ◷ 9h-14h et 16h-20h lun-ven, 10h-14h sam-dim d'avr à oct ; 9h-14h et 16h-19h lun-ven, 10h-14h sam et dim nov-mars) se situe à l'angle de la charmante Plaza de la Constitución, centrale.

L'attrait principal (et incontournable) d'Almodóvar est son **château** (☎ 957 63 51 16 ; 3 € ; gratuit le mer aprés-midi pour les ressortissants de l'UE ; ◷ 11h-14h30 et 16h-20h, ferme à 19h oct-mars) à huit tours, monumental et sinistre, que l'on aperçoit à des kilomètres à la ronde. Érigé en 740, il doit en grande partie son allure actuelle à la reconstruction post-Reconquista. Pedro Ier ("le Cruel") s'en servit pour entreposer ses richesses, parce que c'était un château inexpugnable. Aujourd'hui encore, ses murs impressionnants donnent toujours l'impression qu'il reste imprenable. Malheureusement, il a été presque trop restauré par son propriétaire, le Marqués de la Motilla, et est rempli d'objets incongrus, notamment des mannequins informes portant des menottes. Les tours – qui portent des noms tels que "les cloches", "l'école" et "le tribut" –sont chacune riches d'histoire. Des panneaux fournissent des renseignements en espagnol et en anglais.

Si vous êtes motorisé, le meilleur chemin pour y accéder (en évitant le centre d'Almodóvar, très encombré) est d'ignorer les panneaux indiquant le Centro Urbano à la bifurcation à l'entrée de la ville. Tournez plutôt à droite et suivez la rocade de l'A431, signalant Posadas et Palma del Río. Un grand parking se trouve en contrebas du château, mais vous pouvez continuer en voiture en prenant le chemin d'accès sinueux et rocailleux (il n'y a pas d'aire de stationnement officielle, mais vous pouvez vous garer). Depuis le château, il est très facile de rejoindre la vieille ville à pied.

Hostal San Luis (☎ 957 63 54 21 ; Carretera Palma del Río ; s/d 23/38 €). L'établissement borde l'A431, près de l'embranchement pour Almodóvar, en venant de Córdoba. Il dispose de chambres correctes dans un bâtiment séparé, jouxtant le restaurant animé. Vous pouvez commander de copieux *platos combinados* ("plats garnis" de fruits de mer, d'omelette ou de viande, avec garniture) au prix de 5-6 €. Ne vous laissez pas impressionner par les nombreux camions garés à l'extérieur. Dans la catégorie opposée, l'**Hospedería de San Francisco** (☎ 957 71 01 83 ; www.casasypalacios. com ; Avenida Pio XII 35 ; d basse/haute saison 89/104 € ; P ⛽ ⛽), à Palma del Rio, à 30 km au sud-ouest, propose un hébergement de luxe dans un ancien monastère du XVᵉ siècle organisé autour d'un superbe patio Renaissance.

Vous trouverez plusieurs bons restaurants à Almodóvar. Le **Bar Tapón** (Calle Antonio Espín 18 ; plat principal 5 €), un peu plus haut que l'office du tourisme, concocte de bons plats de viande, dont la *carne de monte* ("viande de la montagne" : gibier local, chevreuil ou sanglier). **La Taberna** (☎ 957 71 36 84 ; Calle Antonio Machado 24 ; plat principal 9-18 € ⊗ fermé le lun de sept à

juin, fermé le dim en juil, fermé en août) appartient à la gamme au-dessus et prépare de savoureux plats de viande ou de poisson.

Autocares Pérez Cubero (☎ 957 68 40 23) affrète des bus depuis/vers Córdoba (1,50 €, 30 min, au moins 5/j).

HORNACHUELOS ET LE PARQUE NATURAL SIERRA DE HORNACHUELOS

Le joli village d'Hornachuelos est l'endroit idéal pour profiter durant quelques jours des charmes apaisants du **Parque Natural Sierra de Hornachuelos**, un territoire vallonné de 672 km2 dans la Sierra Morena, au nord-ouest d'Almodóvar del Río. Couvert de forêts de chênes verts, de chênes-lièges et de frênes, le parc est entrecoupé de plusieurs vallées fluviales bordées de saules magnifiques. Réputé pour ses aigles et autres rapaces, il abrite notamment la deuxième colonie de vautours moines d'Andalousie.

Plein d'attraits, le village d'Hornachuelos se dresse au-dessus d'un petit réservoir – un endroit charmant pour les pique-niques. L'**office du tourisme** (☎ 957 64 07 86 ; Carretera San Calixto ; ⊗ 8h-15h jeu-mar, 8h-15h et 16h-18h mer) occupe le complexe sportif de la Carretera de San Calixto, la rue principale, qui part vers l'ouest depuis le centre. De la Plaza de la Constitución, une ruelle, La Palmera, dont la chaussée est ornée d'un joli palmier

---

LE NECTAR AMBRÉ

À des kilomètres à la ronde à travers la *campiña* (campagne) vallonnée s'étendent les vignobles de Pedro Ximénez, qui donne le fameux vin de la région, le montilla. Dans un sol trempé de pluie, sous un soleil éblouissant, le raisin pousse dans des conditions qui détruiraient toute autre vigne. Et ce sont justement ces conditions particulières qui donnent à la Montilla ses saveurs inhabituelles, allant d'un liquide clair et sec au goût d'olive jusqu'à un épais breuvage sombre et sucré.

Considéré à l'origine comme un type de riesling, la légende veut que le cépage Ximénez ait été importé dans la région au XVIᵉ siècle par un Allemand nommé Peter Seimens (d'où le nom espagnol de Pedro Ximénez). Il donne un vin extrêmement doux que l'on compare toujours au xérès, ce qui irrite les négociants en vin. La différence fondamentale entre le xérès et le montilla est leur teneur en alcool. En effet, si l'on ajoute de l'alcool au xérès, les raisins du montilla acquièrent leur propre niveau d'alcool (15 %) et leur douceur des fortes températures estivales auxquelles ils sont soumis lorsqu'on les met à sécher. Laissés s'assombrir au soleil, les raisins produisent un moût épais et doré quand ils sont écrasés. Le liquide qui en résulte vieillissait traditionnellement dans d'immenses *tinajas* en terre-cuite, aujourd'hui remplacées par des cuves en acier. Le vin clair et bien formé devient le *fino* couleur de paille ; les vins sombres et ambrés au goût de noisette sont à l'origine de l'*amontillado* ; et les vins qui ont du corps s'appellent *oloroso*. Les vins vieillissent ensuite à l'aide du système *solera*, dans lequel les crus les plus récents sont mélangés aux plus anciens pour vinifier le vin nouveau.

Vous pouvez visiter les *Bodegas Alvear* (☎ 957 66 40 14 ; Avenida María Auxiliadora 1 ; visite guidée avec dégustation semaine/week-end 3,95/2,95 € ; ⊗ boutique 10h-14h lun-sam), à Montilla, mais téléphonez pour réserver. Les visites ont lieu à 12h30 du lundi au samedi.

en mosaïque de pierre, conduit à l'**Iglesia de Santa Maride las Flores** et à un **mirador** dans le Paseo Blas Infante.

À près de 1,5 km au nord-ouest d'Hornachuelos, sur la route en direction de San Calixto, le **Centro de Visitantes Huerta del Rey** (☎ 957 64 11 40 ; 🕑 10h-14h et 16h-19h lun-ven, 10h-19h sam) présente une exposition intéressante sur la région et sa faune, et vend des produits locaux, notamment du miel. Vous y trouverez des renseignements sur les nombreux sentiers de randonnées qui partent du centre. Vous pouvez également réserver une **promenade guidée** (☎ 957 33 82 33, 617-237700), louer des vélos ou prévoir des balades à cheval. Un bar-restaurant, juste à côté du parking du centre, propose des plats entre 5-9 €.

Hostal El Álamo (☎ 957 64 04 76 ; www.hostalelalamo.com ; Carretera Comarcal 141, appelé aussi Carretera de San Calixto ; s/d 48/59,50 € ; 🅿 🐕). Situé sur la route principale, à l'ouest du centre, cet *hostal* possède des chambres propres et agréables, ainsi qu'un bar-restaurant animé dans une unité séparée. Le restaurant affiche un *menú* à 6,90 €. L'*hostal* peut organiser un certain nombre d'activités, dont des randonnées équestres, pédestres ou en VTT.

Casa Rural El Melojo (☎ 957 64 06 29 ; Plaza de la Constitución 15 ; d 55 €). Au cœur du village d'Hornachuelos, cette maison traditionnelle loue de confortables chambres. Importantes réductions accordées aux groupes.

Au sud de la route qui mène au village, le **Bar Casa Alejandro** (Avenida Guadalquivir 4 ; raciones 3,60 €) remporte un vif succès auprès de la population locale. Les murs sont recouverts de trophées de chasse et la tête de cheval empaillée qui sort d'une colonne du bar semble terriblement vivante.

Autocares Pérez Cubero (☎ 957 68 40 23) assure la liaison depuis/vers Córdoba (3,20 €, 50 min, 4 bus/j lun-ven, 1-2/j sam et dim).

LE SUD DE CÓRDOBA

Du XIIIe au XVe siècle, le sud de la province de Córdoba se trouvait à cheval sur la frontière entre les zones chrétiennes et musulmanes, et nombre de villes et de villages sont couronnés par d'immenses châteaux forts. Le sud-est, montagneux et magnifique, est appelé **La Subbética**, du nom de la chaîne du Sistema Subbético qui traverse cette partie de la province. Les 316 km2 de montagnes, de canyons et de vallées boisées qui constituent le **Parque Natural Sierras Subbéticas** (www.subbetica.org en espagnol) offrent de bonnes possibilités de randonnées. La carte *Parque Natural Sierras Subbéticas* du CNIG au 1/50 000 se révèle fort utile, mais mieux vaut se la procurer avant d'arriver dans la région (voir p. 417). Le **Centro de Visitantes Santa Rita** (☎ 957 33 40 34 ; A340) est situé de façon assez peu commode à 10 km à l'est de Cabra.

La frontière sud de la région est délimitée par l'**Embalse de Iznájar**, un lac de retenue long et irrégulier dominé par le village d'Iznájar (voir *Un petit coin de paradis*, p. 309). Vous pouvez effectuer de belles randonnées autour du lac. Dans la partie nord du parc se trouvent un certain nombre de villages charmants ; Zuheros et Priego de Córdoba figurent parmi les plus ravissants.

BAENA
18 000 habitants

Niché au milieu des champs d'oliviers qui s'étendent à l'infini, le modeste bourg de Baena est réputé dans toute la province pour son huile d'olive de qualité supérieure – qui bénéficie de sa propre Denominación de Origen (DO, domaine qui produit en permanence des huiles de qualité supérieure). D'où d'immenses cuves installées à la périphérie de la ville, et la possibilité d'effectuer une visite guidée de la meilleure fabrique d'huile de la province.

Le petit **office du tourisme** (☎ 957 67 19 46 ; Calle Domingo de Henares s/n ; 🕑 9h-14h et 17h-20h mar-ven, 10h-14h sam et dim) fournit peu de renseignements, mais essaie d'être aussi utile que possible. On y trouve plusieurs brochures et une bonne carte de la bourgade.

Le principale attrait de Baena est son **musée de l'huile d'olive** (☎ 957 69 16 41 ; www.museoaceite.com ; 1,50 € ; Calle Cañada 7 ; 🕑 9h-14h et 16h-18h lun-ven, 10h-14h sam), consacré à l'histoire et à la production de l'huile du cru. Des présentations audiovisuelles (en espagnol) expliquent les méthodes de production et les diverses utilisations. Dégustation et vente de cette huile réputée dans la boutique du musée.

Pour découvrir la meilleure huilerie en activité dans la province de Córdoba, visitez **Núñez de Prado** (☎ 957 67 01 41 ; Avenida de Cervantes s/n ; gratuit ; 🕑 9h-14h et 16h-18h lun-ven, 9h-13h sam),

DÉTOUR : RANDONNÉES À ZUHEROS

Derrière le village de Zuheros se trouve une spectaculaire gorge rocheuse, le *Cañon de Bailón*, que traverse un agréable itinéraire circulaire d'un peu plus de 4 km (environ 3-4 heures).

Pour emprunter ce sentier, rendez-vous au *Mirador de Bailón*, juste en-dessous du côté sud-ouest de Zuheros, à l'endroit où tourne brusquement la route d'accès C0241 qui vient de la bifurcation Doña Mencía de l'A316. Vous apercevrez un petit parking, et la gorge est juste en face du *mirador*. Depuis l'entrée du parking – en tournant le dos à la gorge –, empruntez le large sentier rocailleux qui monte vers la gauche. Suivez ce chemin sinueux jusqu'au sommet de la colline, puis tournez à gauche le long du versant qui surplombe la gorge. Le sentier redescend 500 m plus loin et la vallée de Bailón s'ouvre entre des murs de pierre. Le chemin traverse le lit caillouteux de la rivière puis, 1 km plus loin, apparaît une route en pierre qui descend et retraverse la rivière. Quelques mètres avant d'atteindre ce point de passage, tournez à gauche et empruntez le chemin qui semble à peine marqué au début. Il devient beaucoup plus net après avoir serpenté devant un grand arbre et, en hauteur à droite, un pinacle tordu en pierre.

Continuez de grimper puis, quand le chemin redevient plat, prenez à gauche à travers les arbres pour atteindre un superbe *point de vue*. Poursuivez votre marche sur un sentier très net qui passe devant quelques pancartes du *Parque Natural* et mène jusqu'à la route qui monte à la Cueva de los Murciélagos. Tournez à gauche et suivez la route qui descend à Zuheros.

où Paco Núñez de Prado en personne vous fera visiter les installations. La famille possède quelque 90 000 oliviers et sa méthode de culture biologiquedonne un produit de très bonne qualité. À la différence d'autres producteurs, on n'utilise pas ici de techniques de pointe ; les olives sont encore soigneusement cueillies à la main, pour éviter de les abîmer et de les rendre acides, avant d'être broyées dans les anciennes meules en pierre. L'usine est renommée pour sa *flor de aceite*, l'huile qui suinte naturellement des olives concassées. Il faut approximativement 11 kg d'olives pour obtenir 1 l d'huile. Vous pourrez en acheter à des prix intéressants dans la boutique de l'usine.

Baena compte aussi plusieurs églises pittoresques des XVIe et XVIIe siècles, ainsi qu'un petit **musée archéologique** (☎ 957 66 50 10 ; Casa de la Tercia, Calle Beato Domingo de Henares 5 ; 0,90 € ; ☺ 10h-13h et 18h-20h mar-ven, 10h-13h sam).

Vous trouverez ici de bons *hostales* et hôtels. La meilleure option pour petits budgets, la nouvelle **Albergue Ruta del Califato** (☎ 957 69 23 59 ; Calle Coro 7 ; par pers lit/lit et demi-pension 15/24,20 €), à proximité de l'Iglesia de Santa María, possède des dortoirs très confortables, un bon bar-restaurant, et offre des vues splendides. Dans la catégorie au-dessus, citons la somptueuse **Casa Grande** (☎ 957 67 19 05 ; www.lacasagrande.es/hotelbaena/hotelbaena.htm en espagnol ; Avenida Cervantes 35 ; s/d 45/78 € ; ☒), une ancienne demeure aujourd'hui rénovée.

ZUHEROS ET SES ENVIRONS
850 habitants / 625 m

Se dressant au-dessus de la *campiña* (campagne) au sud de la C031, Zuheros occupe un site spectaculaire à l'abri d'une montagne escarpée. On y accède par une route très raide avec une série de virages en épingles à cheveux. La bourgade s'avère un point de départ idéal pour explorer le sud de la province. Vous obtiendrez tous les renseignements utiles à **Turismo Zuheros** (☎ 957 69 47 75 ; Carretera Zuheros-Baena s/n ; ☺ 9h-14h et 17h-20h), petit office à l'entrée de Zuheros sur la route de Baena.

L'office du tourisme fournit moult brochures et renseignements sur les randonnées et la location de vélos. Un **point d'information du parc** (☎ 957 33 52 55), ouvert de temps à autre en été, se trouve à quelques centaines de mètres en remontant la route vers la Cueva de los Murciélagos. On peut se garer facilement sur le parking, au cœur du village, au pied du château.

Zuheros jouit d'une atmosphère agréablement décontractée. Tout le long de l'escarpement ouest sur lequel il s'étend, des *miradors* (belvédères) offrent de magnifiques vues sur les rochers calcaires qui surplombent le village, formant une superbe toile de fond au **château**. L'âge et la dégradation de la maçonnerie grossière ont donné une belle patine à cet édifice hérité de l'époque musulmane, qui surplombe un pinacle. Non loin apparaissent l'**Iglesia de**

los Remedios, ancienne mosquée et, immédiatement en face, le **musée archéologique** (☎ 957 69 45 45 ; Mirador, Zuheros ; château et musée 1,80 € ; ☺ 10h-14h et 17h-20h avr- sept ; 10h-14h et 16h-19h oct-mars), qui renferme des objets intéressants découverts dans la Cueva de los Murciélagos. Des visites guidées ont lieu toutes les heures.

Zuheros est également réputée pour son fromage et il y a une fabrique de fromage biologique sur la route à l'entrée du village. Vous pouvez y acheter plusieurs variétés de fromages locaux, tous délicieux – certains au poivre ou à la cendre de bois –, ainsi que des jambons entiers, du vin, de l'huile d'olive et du miel.

À quelque 4 km au-dessus du village, se trouve la **Cueva de los Murciélagos** (cave des chauves-souris ; ☎ 957 69 45 45 ; 3,70 € ; ☺ visites guidées 12h et 17h30 lun-ven d'avr à sept, 12h30 et 16h30 lun-ven d'oct à mars, 11h, 12h30, 14h et 17h30 sam et dim toute l'année, visites supplémentaires sam et dim été/hiver 18h30/16h), qui fut habitée par des hommes de Néanderthal il y a plus de 35 000 ans. La grotte mérite une visite pour ses peintures rupestres de la période néolithique (6000–3000 av. J.-C.). En hiver, les heures d'ouverture peuvent varier. L'incroyable montée vers la grotte serpente et tourne dans les montagnes en offrant des vues spectaculaires depuis des *miradors*. L'un d'eux jouit même d'une vue aérienne vertigineuse sur la ville.

Hotel Zuhayra (☎ 957 69 46 93 ; Calle Mirador 10 ; s/d 37/47 € ; ☒ ☒). Un excellent point de départ pour explorer la région. Juan Ábalos, le chaleureux propriétaire (qui parle anglais) peut vous fournir toutes sortes de renseignements sur les itinéraires de randonnées et les promenades guidées. Les clients ont gratuitement accès à la piscine du village et peuvent participer à des ateliers de peinture ou de fabrication de fromage. Le restaurant de l'hôtel sert de bon repas (4-9 €).

Les nouveaux **Apartamentos de Turismo Rural** (☎ 957 69 45 27 ; Calle Mirador 2 ; app pour 4 60 € ; ☒), juste en face du château, constituent une autre bonne option, recommandée par les lecteurs pour leur bon rapport qualité/prix. Les hôtes proposent aussi des excursions. Sur la même place se trouve l'accueillante **Mesón Los Palancos** (☎ 95 769 45 38 ; Calle Llana 43 ; raciones 3 €).

Empresa Carrera (☎ 957 40 44 14) affrète des bus depuis/vers Córdoba (4,30 €, 1 heure, au moins 2/j).

PRIEGO DE CÓRDOBA
23 000 habitants / 650 m

Au XVIIIe siècle, la Subbética était renommée pour son industrie de la soie, dont nombre de petites bourgades tirèrent leur richesse. C'est le cas de Priego de Córdoba, ville assez importante agrémentée d'élégantes demeures du XVIIIe siècle, d'extravagantes églises baroques et de beaux

---

UN PETIT COIN DE PARADIS

Au sud de Priego de Córdoba, perché sur un magnifique promontoire au-dessus d'un grand réservoir, s'étend le pueblo isolé d'**Iznájar**, dominé par son château musulman. Malgré la pauvreté de la région, c'est un lieu d'une beauté et d'une tranquillité exceptionnelles, où admirer un paysage merveilleux et vous livrer à toutes sortes d'activités de plein air.

Sur le réservoir, la **plage de Valdearenas** accueille le terrain de camping le plus pittoresque de la région, le **Camping La Isla** (☎ 957 53 30 73 ; www.camping-laisla.com en espagnol ; adulte/tente/voiture 4/3,60/3,60 € ; ☒). Le **Club Nautico** (☎ 957 53 43 04), non loin, loue des petits canots et des canoës et dispense quantité de cours à partir de son yacht-club.

Deux formidables hôtels de campagne offrent un hébergement à la hauteur de ce cadre. Le **Cortijo La Haza** (☎ 957 33 40 51 ; www.cortijolahaza.com ; Adelantado 119 ; s/d 60/70 €), en-dehors du village, occupe une ferme andalouse vieille de 250 ans, meublée de manière typique avec des lits en fer forgé et un mobilier rustique. Là, les terrasses bénéficient de jolies vues. Consultez le site Internet pour obtenir des informations détaillées (et un plan) sur l'itinéraire à suivre. Sinon, dans le village, le nouveau **Cortijo de Iznájar** (☎ 957 53 48 84 ; www.cortijodeiznajar.com ; Valdearenas s/n ; s/d 60/75 € ; ☒ ☒ ☒) jouit d'un emplacement impressionnant au-dessus du réservoir, et l'on projette de lui adjoindre un spa.

Étant donné la beauté champêtre et l'isolement de ce petit coin d'Andalousie, il n'est pas étonnant d'y trouver l'un des hôtels les plus huppés d'Espagne – **La Finca Bobadilla** (☎ 958 32 18 61 ; www. la-bobadilla.com ; Loja, Granada ; s/d 181/264 € ; ☒ ☒ ☒), à 20 km au sud d'Iznájar.

édifices municipaux. Les rues incroyablement étroites du Barrio de La Villa (l'ancien quartier arabe) convergent toutes vers le superbe Balcón de Aldarve, avec sa promenade en hauteur et ses vues splendides sur le Río Salado. Deux des plus hauts pics de la province, **La Tiñosa** (1 570 m) et **Bermejo** (1 476 m), se dressent au sud-ouest.

Orientation et renseignements

La Plaza de la Constitución, place principale fort animée de Priego, rejoint le petit carrefour que forme la Plaza Andalucía. L'**office du tourisme** (☎ 957 70 06 25 ; Calle del Río 33 ; ⏲ 10h-13h30 et 17h-19h30 mar-sam, 10h-13h dim), très utile, se trouve à quelques minutes à pied au sud de la Plaza de la Constitución. L'infatigable responsable, José Mateo Aguilera, est une mine de renseignements et l'office occupe un édifice historique assez intéressant.

À voir et à faire

L'architecture élégante de la ville lui vaut la réputation de capitale du baroque de Córdoba. Les bâtiments se caractérisent par des murs blanchis à la chaux et une maçonnerie dorée. On se perd facilement dans les rues pavées, en se déplaçant d'une magnifique église baroque à une autre.

L'église la plus célèbre est la **Parroquia de la Asunción** (Calle Plaza de Abad Palomino), avec une remarquable **chapelle Sagrario** (sacristie) où une incroyable profusion de stuc blanc s'élance vers la magnifique coupole. La sacristie (à l'écart de la travée du côté gauche) et le *retablo* (retable), très orné, représentent le summum du baroque andalou et sont aujourd'hui considérés comme des monuments nationaux. Citons également l'**Iglesia de San Francisco** (Calle Buen Suceso) et l'**Iglesia de la Aurora** (Carrera de Álvarez), dont la confrérie organise une procession dans les rues de la ville tous les samedis à minuit, en jouant de la guitare et en chantant des hymnes en l'honneur de La Aurora (Notre Dame de l'Aurore). Toutes les églises ouvrent habituellement de 11h à 13h.

La plupart des monuments de Priego se situent à 200 m au nord-est de la Plaza de la Constitución. Pour y accéder, suivez la Calle Solana et traversez la Plaza San Pedro. Au croisement avec la Calle Doctor Pedrajas, vous pouvez tourner à gauche et visiter les **Carnicerías Reales** (gratuits ; ⏲ 10h-13h et 17h-19h), des abattoirs très bien conservés remontant

au XVIe siècle. Ils possèdent un patio intérieur et un magnifique escalier en pierre, et accueillent souvent des expositions de peinture. Tournez à droite dans la Calle Doctor Pedrajas pour atteindre la Plaza de Abad Palomino, où admirer la Parroquia de la Asunción. Au nord de la place, le **castillo** de Priego est une forteresse arabe érigée au IXe siècle sur les fondations d'un édifice romain, qui fut reconstruite au XVIe siècle. Propriété privée fermée au public, le château fit l'objet de fouilles archéologiques qui mirent au jour, entre autres, une douzaine de boulets de canon en pierre.

Au-delà du château, on aboutit à un dédale de ruelles tortueuses du **Barrio de La Villa**, où les cascades de géraniums en pot égaient les murs blanchis à la chaux, notamment Calle Real et Plaza de San Antonio. D'autres jolies ruelles descendent du cœur du *barrio* au Paseo de Adarve, où apprécier les vues imprenables sur la campagne vallonnée et les montagnes. À l'extrémité sud du *barrio*, le ravissant Paseo de Colombia, agrémenté de fontaines, de plates-bandes et d'une élégante pergola, s'étire jusqu'à un superbe **mirador**.

À l'extrémité opposée de la ville, vous verrez l'extraordinaire fontaine de Priego, la **Fuente del Rey** (fontaine du roi ; Calle del Río), du XIXe siècle. L'eau jaillit de 180 orifices et s'écoule successivement dans trois bassins. La fontaine est ornée de sculptures classiques de Neptune et Amphitrite. Quand le niveau de l'eau recouvre pudiquement Neptune, les habitants de Priego de Córdoba savent que la récolte sera bonne. On imaginerait plus cette fontaine à Versailles que dans une bourgade provinciale d'Andalousie. Elle trône sur une petite place verdoyante où il fait bon flâner l'après-midi. Derrière la Fuente del Rey, se trouve la **Fuente de la Virgen de la Salud**, datant de la fin du XVIe siècle, moins imposante mais ajoutant à la délicieuse tranquillité de la place. Si vous montez l'escalier à gauche de la Fuente de la Virgen de la Salud, vous pouvez marcher jusqu'à l'**Ermita del Calvario**, d'où la vue est magnifique.

Le **Museo Histórico Municipal** (☎ 957 54 09 47 ; Carrera de las Monjas 16 ; gratuit ; ⏲ 10h-14h mar-ven, 11h-14h sam et dim), à l'ouest de la Plaza de la Constitución, mérite également une visite. Ses expositions imaginatives couvrent essentiellement l'archéologie locale, du paléolithique à l'époque médiévale. Le musée organise des circuits archéologiques dans la région.

Où se loger

Les hôtels, peu nombreux à Priego, affichent rarement complet.

Posada Real (☎ 957 54 19 10 ; Calle Real 14 ; d petit déj compris 39 € ; P 🛏 🍴). Une splendide maison ancienne. Juan López Calvo et sa famille ont restauré avec amour les quatre chambres (toutes dotées de balcon) et un appartement, en les décorant d'antiquités et de meubles confortables. En été, le petit déjeuner est servi dans le pittoresque patio.

Villa Turística de Priego (☎ 957 70 35 03 ; www. villaturisticadepriego.com ; Aldea de Zagrilla s/n ; app/chalet pour 2 pers 65/105 € ; P 🛏 🍴). À 7 km au nord de Priego, sur la route de Zagrilla, cette villa moderne, de style musulman, dispose de 52 chalets indépendants aménagés autour d'un patio et de jardins. L'établissement organise promenades guidées, balades à cheval et en VTT.

Río Piscina (☎ 957 70 01 86 ; Carretera Monturque-Alcalá La Real Km 44 ; d 44 € ; P 🛏 🍴). À l'extrémité est de la ville, le Rio Piscina dispose de chambres confortables et de bonnes installations, dont des courts de tennis.

Hostal Rafi (☎ 957 54 70 27 ; htelrafi@arrakis.es ; Calle Isabel La Católica 4 ; s/d 20/32 € ; 🍴). À l'est de la Plaza de la Constitución, cet établissement loue des chambres agréables, situées au-dessus d'un restaurant très fréquenté (plat principal 6-9 €).

Où se restaurer

Priego compte quelques bons restaurants, dont celui de l'Hostal Rafi (voir ci-dessus).

Balcón del Adarve (☎ 957 54 70 75 ; Paseo de Colombia 36 ; plat principal 8-12 €). Merveilleusement situé au-dessus de la vallée, c'est à la fois un bon bar à tapas et un excellent restaurant. Parmi ses spécialités, citons le *solomillo de ciervo al vino tinto con Grosella* (filet de cerf avec une sauce aux groseilles et au vin rouge) et le *salmón en supremas a la naranja* (saumon et sauce à l'orange).

El Aljibe (☎ 957 70 18 56 ; Calle de Abad Palomino ; raciones 4-9 €, menú 6,75 €). À côté du Castillo, on profite ici d'une jolie terrasse. Le sol du rez-de-chaussée est en partie en verre pour offrir au regard d'anciens bains musulmans.

Bar Cafetería Río (Calle Río; raciones 6-11 €). Un établissement central et animé, où goûter des *revueltos* (œufs brouillés), du poisson ou de la viande. Les propriétaires dirigent également la **Pizzería-Bagueteria Varini** (Calle Torrejón 7), à l'angle de la rue. Au programme : un grand choix de pizzas (à partir de 8 €), de pâtes (à partir de 4 €) et de baguettes.

Comment s'y rendre et circuler

Le centre de Priego peut se transformer en cauchemar pour la circulation. Un parking se trouve juste à côté des terrains de football et de basket-ball, Calle Cava, au nord de la Plaza de la Constitución. Une autre petite aire de stationnement se situe sur la Plaza Palenque, le long de la Carrera de las Monjas, la rue qui part vers l'est de la Plaza de la Constitución.

La gare routière de Priego est installée Calle Nuestra Señora de los Remedios, à côté de la Calle San Marcos, à 1 km environ à l'ouest de la Plaza de la Constitución. Le bus n°1, au départ de la Plaza Andalucía, vous y emmènera. **Empresa Carrera** (☎ 957 40 44 14) assure la liaison, entre autres, avec Córdoba (5,95 €, 1 heure 15, 12/j lun-ven, 5/j sam-dim), Granada, Cabra.

Provincia de Granada

Aucune autre ville n'incarne le romantisme et le mystère de l'Espagne musulmane comme Granada, ultime enclave de la civilisation hispano-mauresque dont la dynastie nasride illustra de manière splendide les deux cent cinquante dernières années d'existence. Nul autre monument ne dégage autant de sensualité orientale que l'Alhambra, cet extravagant palais au cœur des sublimes jardins du Generalife. La cité a également eu la chance d'être érigée au rang de mythe par l'auteur américain Washington Irving dans ses *Contes de l'Alhambra* en 1823 et de susciter ainsi un engouement nouveau. S'il existe une destination incontournable en Andalousie, la voici. Mais Granada ne se résume pas à son monument-phare. c'est aussi le fascinant Albayzín, l'ancien quartier mauresque, de grands édifices chrétiens comme la Capilla Real Monasterio de la Cartuja, des bars à tapas bondés, une scène culturelle dynamique et des restaurants situés dans un cadre exceptionnel. Par ailleurs, on aurait tort de dédaigner la province alentour. Les sommets enneigés de la Sierra Nevada invitent à pratiquer le ski et l'escalade. Les superbes vallées légendaires des Alpujarras, refuge du dernier roi maure, Boabdil, après la perte de Granada, attirent les randonneurs. Sans oublier l'*Altiplano* (haut plateau) du nord-est, où des gens vivent encore dans des habitations troglodytiques, ni la Costa Tropical méditerranéenne, propice à la détente.

PROVINCIA DE GRANADA

À NE PAS MANQUER

- Admirez l'**Alhambra** (p. 318) et le **Generalife** (p. 323), le merveilleux palais et les jardins mythiques de la dernière dynastie musulmane d'Espagne

- Explorez le dédale de l'**Albayzín** (p. 326), le vieux quartier musulman de Granada, lorsque le coucher du soleil embrase l'Alhambra

- Visitez la **Capilla Real** de Granada (p. 323) où reposent les Rois Catholiques

- Profitez de la vie nocturne en faisant la tournée des **bars** (p. 335) et des **clubs** (p. 336) animés de Granada

- Randonnez dans les superbes et mystérieuses vallées des **Alpujarras** (p. 345) ou dans la **Sierra Nevada** (p. 341) aux sommets couverts de neige

- Faites l'expérience des grandes festivités de Granada que sont la **Semana Santa** (p. 330), la **Feria de Corpus Christi** (p. 330) et le **Festival Internacional de Música y Danza** (p. 330)

- Découvrez le gracieux palais qui se cache derrière la façade sévère du **Castillo de La Calahorra** (p. 340)

| POPULATION : 828 000 HABITANTS | TEMPÉRATURES MOYENNES JAN/AOÛT 11°C/27°C | ALTITUDE : 0 m–3 479 m |

PROVINCIA DE GRANADA

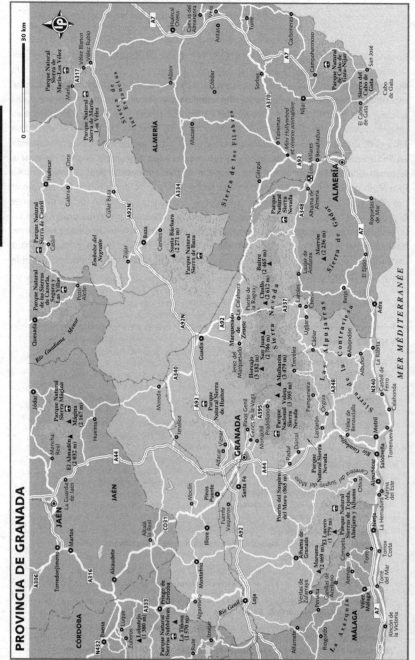

GRANADA

238 000 habitants / 685 m

Personne n'échappe au charme de Granada. Le palais-forteresse de l'Alhambra perché sur la colline de Sabika au milieu de somptueux jardins et le vieux quartier Albayzín sont les lieux incontournables de tout voyage en Andalousie. Granada recèle en outre un grand nombre de monuments de premier ordre édifiés après la Reconquista, et le site même de la ville avec, en arrière-plan, la Sierra Nevada souvent couronnée de neige, offre un spectacle grandiose. La végétation est un ravissement dans cette Andalousie généralement grillée par le soleil.Granada n'attire pas forcément les touristes mais aussi de nombreux étudiants, espagnols et étrangers, à qui elle doit sa vie culturelle intense et ses nuits animées.

HISTOIRE

Granada fut tout d'abord une colonie ibère nommée Elibyrge ou Illiberis. Sous l'empire romain, la ville fut baptisée Illiberia Florentia. En 711, les forces arabes prirent la ville aux Wisigoths avec l'aide de la communauté juive, qui vivait dans une cité au pied de l'Alhambra appelée Garnata al-Jahud, d'où vient le nom de Granada (*Granada* est également le mot espagnol signifiant grenade, fruit qui figure sur les armes de la ville).

Au XIIIᵉ siècle, quand l'État almohade, alors à la tête d'Al-Andalus (parties de la péninsule Ibérique contrôlées par les arabes), s'effondra, un potentat secondaire, Mohammed ibn Nasr, réussit à établir un émirat indépendant, connu sous le nom d'émirat nasride, avec Granada pour capitale. Après la chute de Córdoba (1236) et de Sevilla (1248) aux mains de la Castille chrétienne, les musulmans cherchèrent refuge à Granada. S'étendant du détroit de Gibraltar jusqu'à l'est d'Almería, l'émirat nasride devint le dernier bastion d'Al-Andalus. Ibn Nasr fit de l'Alhambra une cour royale, une forteresse et un palais fastueux d'où les Nasrides dirigèrent l'émirat pendant plus de 250 ans. Tout au long de leur règne, ils surent jouer des rivalités entre la Castille et l'Aragón (les principaux États chrétiens de la péninsule Ibérique) et cherchèrent également une aide auprès des souverains mérénides du Maroc. Par ailleurs, les Nasrides payèrent un tribut à la Castille jusqu'en 1476. Sous leur férule, Granada devint une des cités les plus riches et les plus peuplées de l'Europe médiévale. Elle devait sa prospérité aux talents de ses innombrables marchands et artisans, en particulier sous les émirs Yousouf Iᵉʳ et Mohammed V, au XIVᵉ siècle.

L'économie commença à stagner au XVᵉ siècle ; les souverains s'adonnaient à une vie de plaisirs entre les murailles de l'Alhambra, et de violentes rivalités surgirent entre les prétendants à la succession. L'une des factions soutenait l'émir Abu al-Hassan et sa concubine favorite Zoraya (une chrétienne originaire du nord),

PROVINCIA DE GRANADA

LE BONO TURÍSTICO GRANADA

Le laissez-passer touristique de Granada, le Bono Turístico Granada (22,50 €), donne accès à plusieurs monuments importants de la ville – l'Alhambra, la cathédrale, la Capilla Real, les monastère de La Cartuja et de San Jerónimo, et le Parque de las Ciencias –, neuf trajets en bus municipal, un pass d'une journée pour prendre le bus City Sightseeing Granada et des réductions dans divers hôtels, restaurants et musées. C'est un investissement avantageux pour ceux qui restent plusieurs jours.

Vous pouvez vous le procurer à la billetterie de l'Alhambra, de la Capilla Real ou du Parque de las Ciencias ; à la banque **Caja Granada bank** (Plaza Isabel La Católica 6 ; ☾ 8h30-14h15 lun-ven) au prix, un peu plus élevé, de 24,50 € ; en téléphonant à la **ligne d'information Bono** (☎ 902 10 00 95 ; paiement par carte de crédit) ou, enfin, par Internet sur le site www.caja-granada.es (en espagnol).

Après l'achat de votre Bono, vous disposez d'une demi-heure pour pénétrer dans le Palacio Nazaríes, à l'instar de tous les billets d'entrée à l'Alhambra.

Si vous séjournez deux nuits ou plus dans l'un des hôtels participant au projet Bono Turístico, vous pourrez bénéficier d'un Bono gratuit par chambre double payée au tarif plein. La liste de ces établissements (pour la plupart des trois ou quatre-étoiles) est disponible en téléphonant à la ligne d'information Bono et sur le site Internet at www.granadatur.com.

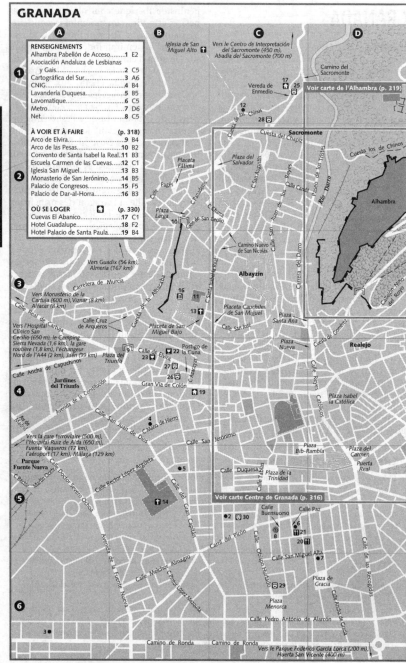

GRANADA

Ⓐ   **Ⓑ**   **Ⓒ**   **Ⓓ**

RENSEIGNEMENTS
Alhambra Pabellón de Acceso........1 E2
Asociación Andaluza de Lesbianas
  y Gais...................................2 C5
Cartográfica del Sur......................3 A6
CNIG..4 B4
Lavandería Duquesa......................5 B5
Lavomatique.................................6 C5
Metro...7 D6
Net..8 C5

À VOIR ET À FAIRE   **(p. 318)**
Arco de Elvira...............................9 B4
Arco de las Pesas........................10 B2
Convento de Santa Isabel la Real..11 B3
Escuela Carmen de las Cuevas....12 C1
Iglesia San Miguel.......................13 B3
Monasterio de San Jerónimo........14 B5
Palacio de Congresos...................15 F5
Palacio de Dar-al-Horra...............16 B3

OÙ SE LOGER 🏠 **(p. 330)**
Cuevas El Abanico.......................17 C1
Hotel Guadalupe.........................18 F2
Hotel Palacio de Santa Paula.......19 B4

Iglesia de San Miguel Alto

Vers le Centro de Interpretación del Sacromonte (450 m), Abadía del Sacromonte (700 m)

Camino del Sacromonte

Vereda de Enmedio

Voir carte de l'Alhambra (p. 319)

Sacromonte

Cuesta del Chapiz

Cuesta los de Chinos

Placeta Fátima

Plaza del Salvador

C San Agustín

C San Juan de los Reyes

Paseo de los Tristes

Río Darro

Pagés

C Panaderos

C Charca

Calle Candil

Alhambra

Placeta Larga

Cno de San Cecilio

Camino Nuevo de San Nicolás

Calle San Juan de los Reyes

Carrera del Darro

Albayzín

Vers Guadix (56 km), Almería (167 km)

Carretera de Murcia

Cuesta de la Alhacaba

Cuesta los de Chinos

Vers Monasterio de la Cartuja (600 m), Víznar (8 km), Alfacar (8 km)

Calle Real de Cartuja

Vers l'Hospital Clínico San Cecilio (650 m), le Camping Sierra Nevada (1,6 km), la gare routière (1,8 km), l'échangeur Nord de l'A44 (2 km), Jaén (99 km)

Calle Cruz de Arqueros

Placeta de San Miguel Bajo

Placeta Cauchiles de San Miguel

Calle San José

Plaza Santa Ana

Plaza Nueva

Cuesta de Gomérez

Realejo

Calle Ancha de Capuchinos

Jardines del Triunfo

Plaza del Triunfo

Calle de Elvira

Postigo de la Cuna

Gran Vía de Colón

Avenida de la Constitución

Calle San Juan de Dios

C Mano de Hierro

Calle San Jerónimo

Plaza Isabel la Católica

Calle Reyes Católicos

Vers la gare ferroviaire (500 m), l'Hospital Ruiz de Alda (650 m), Fuente Vaqueros (17 km), l'aéroport (17 km), Málaga (129 km)

Parque Fuente Nueva

C Rector Martín Ocete

Doctor Severo Ochoa

Calle del Gran Capitán

Calle Rector López Argüeta

Plaza Bib-Rambla

Plaza del Carmen

Puerta Real

Calle Duquesa

Plaza de la Trinidad

Voir carte Centre de Granada (p. 316)

Calle Buensuceso

Calle Paz

Avenida de la Fuente Nueva

Carril del Picón

Calle Obispo Hurtado

Calle San Miguel Alta

Calle de las Recogidas

Calle Melchor Almagro

Cristo López Mezquita

Plaza de Gracia

Plaza Menorca

Calle Pedro António de Alarcón

Calle Ancha de Gracia

Camino de Ronda   Camino de Ronda

Vers le Parque Federico García Lorca (200 m), Huerta San Vicente (400 m)

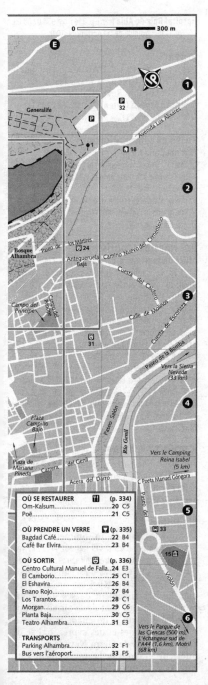

OÙ SE RESTAURER (p. 334)
Om-Kalsum	20	C5
Poë	21	C5

OÙ PRENDRE UN VERRE (p. 335)
Bagdad Café	22	B4
Café Bar Elvira	23	B4

OÙ SORTIR (p. 336)
Centro Cultural Manuel de Falla	24	E3
El Camborio	25	C1
El Eshavira	26	B4
Enano Rojo	27	B4
Los Tarantos	28	C1
Morgan	29	C6
Planta Baja	30	C5
Teatro Alhambra	31	E3

TRANSPORTS
Parking Alhambra	32	F1
Bus vers l'aéroport	33	F5

l'autre défendait Boabdil, le fils d'Abu al-Hassan et d'Aixa. En 1482, Boabdil se rebella, déclenchant une guerre civile très confuse. Les armées des Rois Catholiques profitèrent de la situation pour envahir Granada. Après avoir fait prisonnier Boabdil en 1483, les chrétiens lui extorquèrent la promesse de leur abandonner une grande partie de l'émirat s'ils l'aidaient à reconquérir Granada. Après la mort d'Abu al-Hassan en 1485, Boabdil parvint à prendre le contrôle de la ville. Les chrétiens envahirent alors le reste de l'émirat, dévastant les campagnes. En 1491, ils firent le siège devant Granada. Au bout de huit mois, Boabdil accepta de livrer la cité en contrepartie des vallées des Alpujarras, de 30 000 pièces d'or et de la reconnaissance de la liberté religieuse et politique de ses sujets. Le 2 janvier 1492, Isabel et Fernando, vêtus à la mode musulmane, entraient en grande pompe dans Granada.

La ville fut bientôt le cadre de persécutions religieuses. Peu après sa chute, les juifs furent expulsés d'Espagne. Quant aux musulmans, l'acharnement contre eux conduisit à des révoltes dans l'ancien émirat, et ils furent eux aussi chassés du pays au début du XVIIe siècle. C'est ainsi que Granada perdit une grande partie de ses élites, avant de décliner irrémédiablement. Il fallut attendre les années 1830 pour que l'intérêt passionné qu'elle suscita chez les romantiques contribue enfin à sa renaissance. S'ensuivit la restauration de son patrimoine mauresque et l'essor du tourisme.

ORIENTATION

Les deux rues principales du centre, la Gran Vía de Colón et la Calle Reyes Católicos, se croisent Plaza Isabel La Católica. De cette place, la Calle Reyes Católicos conduit au sud-ouest jusqu'à la Puerta Real, un carrefour important, et au nord-est jusqu'à la Plaza Nueva. De là, la Cuesta de Gomérez rejoint l'Alhambra, perché sur une colline. L'Albayzín s'étend au nord de la Plaza Nueva, sur la colline qui fait face à l'Alhambra, de l'autre côté de la vallée du Río Darro. Le vieux quartier juif, le Realejo, se situe au pied du versant sud de la colline de l'Alhambra.

Des quartiers plus récents s'étirent vers le sud et l'ouest. Depuis la Puerta Real, l'Acera del Darro, une grande artère, part vers le sud-est jusqu'au Río Genil. La gare routière (au nord-ouest) et la gare ferroviaire (à l'ouest) sont excentrées mais desservies par de nombreux bus.

RENSEIGNEMENTS
Librairies
Cartográfica del Sur (carte p. 316 ; ☎ 958 20 49 01 ; Calle Valle Inclán 2). Juste à côté du Camino de Ronda ; guides en espagnol et un excellent choix de cartes.
Metro (carte p. 316 ; ☎ 958 26 15 65 ; Calle Gracia 31). Livres sur l'Espagne, nombreux ouvrages en français .

Urgences
Policía Nacional (carte p. 324 ; ☎ 958 80 80 00 ; Plaza de los Campos). Poste de police le plus central.
Déclarations de vol (☎ 902 10 21 12). Service polyglotte.

Accès Internet
Grâce à la présence de 60 000 étudiants, les cybercafés de Granada appliquent des tarifs bon marché (1 € de l'heure pour la plupart) et des horaires étendus.
Internet Elvira (carte p. 324 ; Calle de Elvira 64 ; 1,60 €/h, étudiants 1 €/h)
N@veg@web (carte p. 324 ; Calle Reyes Católicos 55). Grand centre Internet proche de la Plaza Isabel La Católica, avec service de fax et de photocopie.
Net Realejo (carte p. 324 ; Plaza de los Girones 3) ; Plaza de la Trinidad (carte p. 316 ; Calle Buensuceso)

Internet
Ayuntamiento de Granada (www.granada.org en espagnol). Le site Internet de la mairie de Granada propose de bonnes cartes et quantité d'informations sur les activités et les hébergements, ainsi que de nombreux liens. Pour obtenir des renseignements touristiques cliquez sur "La Ciudad".
Turismo de Granada (www.turismodegranada.org). Ce site de qualité émanant de l'office du tourisme de la province couvre la ville et les centres d'intérêt de la région.

Laveries
Lavandería Duquesa (carte p. 316 ; Calle Duquesa 24 ; ⏰ 9h30-14h et 16h30-21h lun-ven, 9h30-14h sam). Nettoyage et séchage 10 €.
Lavomatique (carte p. 316 ; Calle Paz 19 ; ⏰ 10h-14h lun-sam et 17h-20h lun-ven). Lavage 5 € ; séchage 3 €.

Services médicaux
Ces deux hôpitaux centraux disposent d'un service d'urgence efficace :
Hospital Clínico San Cecilio (carte p. 316 ; ☎ 958 02 32 17 ; Avenida del Doctor Oloriz 16)

Hospital Ruiz de Alda (carte p. 316 ; ☎ 958 02 00 09, 958 24 11 00 ; Avenida de la Constitución 100)

Argent
Les banques et les DAB abondent sur la Gran Vía de Colón, la Plaza Isabel La Católica et la Calle Reyes Católicos.
American Express (carte p. 324 ; ☎ 958 22 45 12 ; Calle Reyes Católicos 31).

Poste et communications
Expendeduría No 37 (carte p. 324 ; Acera del Casino 15). Si vous avez seulement besoin de timbres, évitez la queue à la poste en vous rabattant sur ce tabac (*estanco*) au coin de la rue.
Poste principale (carte p. 324 ; Puerta Real s/n ; ⏰ 8h30-20h30 lun-ven, 9h30-14h sam). Il y a souvent de longue files d'attente.

Informations touristiques
Office du tourisme provincial (carte p. 324 ; ☎ 958 24 71 28 ; www.turismodegranada.org ; Plaza de Mariana Pineda 10 ; ⏰ 9h-21h lun-ven, 10h-14h et 16h-19h sam, 10h-15h dim mai-sept ; 9h-20h lun-ven, 10h-13h sam, 10h-15h dim oct-avr). Très proche de la Puerta Real. L'équipe aimable distribue des plans gratuits et de nombreux prospectus sur Granada et sa province.
Office du tourisme régional Plaza Nueva (carte p. 324 ; ☎ 958 22 10 22 ; Calle Santa Ana 1 ; ⏰ 9h-19h lun-sam, 10h-14h dim et fêtes) ; Alhambra (carte p. 319 ; ☎ 958 22 95 75 ; bâtiment de la billetterie de l'Alhambra, Avenida del Generalife s/n ; ⏰ 8h-19h30 lun-ven, 8h-14h30 et 16h-19h30 sam-dim mars-oct ; 8h-18h lun-ven, 8h-14h et 16h-18h sam-dim nov-fév, 9h-13h fêtes). Informations sur l'Andalousie.

À VOIR ET À FAIRE
On peut rejoindre à pied la plupart des sites depuis le centre-ville. Vous pouvez également prendre un bus si vous en avez assez de grimper.

Alhambra
Dominant Granada du sommet d'une colline, l'**Alhambra** (carte p. 319 ; ☎ 902 44 12 21 ; www.alhambra-patronato.es ; entrée/tarif retraité UE/Generalife uniquement 10/5/5 € ; ⏰ 8h30-20h mars-oct ; 8h30-18h nov-fév ; fermé 25 déc et 1er jan) est un lieu féerique. Le dépouillement de ses imposantes murailles rouges peut décevoir au premier abord. Pourtant, cette citadelle nichée au milieu des ormes et des cyprès, qui se détache sur fond de Sierra Nevada, recèle un intérieur grandiose. Le ravissement est à son comble lorsqu'on découvre le Palacio

Nazaríes (palais nasride), sublimement décoré, et le Generalife, les jardins de l'Alhambra. Dans l'un comme dans l'autre, l'eau est traitée comme un élément artistique. Même à l'extérieur de l'Alhambra, le bruissement de l'eau et la végétation font évader le flâneur à mille lieues des réalités de ce monde.

Le flot ininterrompu des touristes (une moyenne de 6 000 par jour) nuit malheureusement à cette tranquillité. Aussi vaut-il mieux prévoir la visite dès l'ouverture, en fin d'après-midi ou la nuit, un moment magique (voir p. 320).

Le site de l'Alhambra comporte deux parties principales, le Palacio Nazaríes et l'Alcazaba (citadelle). Il englobe aussi le Palacio de Carlos V, l'Iglesia de Santa María de la Alhambra, deux hôtels (p. 332), une librairie/boutique de souvenirs et de superbes jardins, dont le magnifique Generalife.

Une petite cafétéria jouxte la billetterie et une autre se trouve devant l'Alcazaba, mais il n'y a nulle part où se restaurer à l'intérieur de l'Alhambra hormis dans les deux hôtels.

HISTOIRE

Le nom Alhambra dérive de l'arabe *al-qa-la'at al-hamra* (château rouge). Le premier palais fut érigé par Samuel Ha-Nagid, le grand vizir juif de l'un des sultans zirides du XIᵉ siècle (dont la propre forteresse se situait dans l'Albayzín). Aux XIIIᵉ et XIVᵉ siècles, les Nasrides en firent un palais forteresse jouxtant une petite cité dont ne subsistent que des ruines. Le fondateur de la dynastie nasride, Mohammed ibn Yousouf ibn Nasr, s'établit au sommet de la colline en agrandissant et fortifiant l'Alcazaba. Ses successeurs, Yousouf Iᵉʳ (1333–1354) et Mohammed V (1354–1359 et 1362–1391), édifièrent le Palacio Nazaríes, joyau de l'Alhambra.

Après la Reconquista, les Rois Catholiques entreprirent la restauration du Palacio Nazaríes. En même temps, la mosquée du palais fut remplacée par une église et l'on commença la construction du Convento de San Francisco (aujourd'hui transformé en parador). Carlos Iᵉʳ, petit-fils des Rois Catholiques, fit détruire une aile du Palacio Nazaríes, afin de dégager un espace suffisant

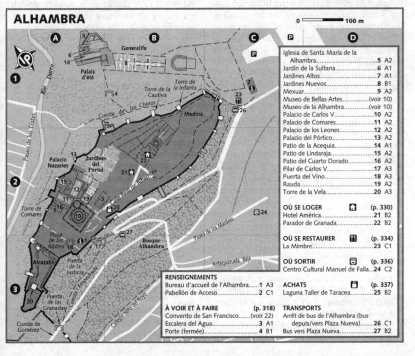

ALHAMBRA

0 — 100 m

Iglesia de Santa María de la Alhambra	......5 A2
Jardín de la Sultana	......6 A1
Jardines Altos	......7 A1
Jardines Nuevos	......8 B1
Mexuar	......9 A2
Museo de Bellas Artes	...(voir 10)
Museo de la Alhambra	...(voir 10)
Palacio de Carlos V	......10 A2
Palacio de Comares	......11 A2
Palacio de los Leones	......12 A2
Palacio del Pórtico	......13 A2
Patio de la Acequia	......14 A1
Patio de Lindaraja	......15 A2
Patio del Cuarto Dorado	......16 A2
Pilar de Carlos V	......17 A3
Puerta del Vino	......18 A3
Rauda	......19 A2
Torre de la Vela	......20 A3

OÙ SE LOGER (p. 330)
Hotel América..................21 B2
Parador de Granada..................22 B2

OÙ SE RESTAURER (p. 334)
La Mimbre..................23 C1

OÙ SORTIR (p. 336)
Centro Cultural Manuel de Falla..24 C2

RENSEIGNEMENTS
Bureau d'accueil de l'Alhambra......1 A3
Pabellón de Acceso..................2 C1

À VOIR ET À FAIRE (p. 318)
Convento de San Francisco......(voir 22)
Escalera del Agua..................3 A1
Porte (fermée)..................4 B1

ACHATS (p. 337)
Laguna Taller de Taracea..........25 B2

TRANSPORTS
Arrêt de bus de l'Alhambra (bus depuis/vers Plaza Nueva)......26 C1
Bus vers Plaza Nueva..................27 B2

pour bâtir un immense palais Renaissance, le Palacio de Carlos V.

Au XVIIIᵉ siècle, l'Alhambra fut abandonné aux pillards et aux mendiants. Sous l'occupation napoléonienne, il servit de caserne et échappa de peu à la démolition. En 1870, il fut classé monument national à la suite de l'immense vague d'intérêt suscitée par les écrivains romantiques. Washington Irving écrivit ses merveilleux *Contes de l'Alhambra* durant un séjour au Palacio Nazaríes dans les années 1820. Depuis lors, l'Alhambra a été considérablement restauré. Pour en savoir plus sur ses caractéristiques architecturales, reportez-vous p. 75.

ENTRÉE

Certaines parties de l'Alhambra sont accessibles sans billet : les espaces ouverts autour du Palacio de Carlos V et sa cour intérieure, la Plaza de los Aljibes devant l'Alcazaba, et la Calle Real de la Alhambra. En revanche, les sites-vedettes – le Palacio Nazaríes et les Jardines del Partal attenant, l'Alcazaba et le Generalife – ne se visitent qu'à certaines heures et sur présentation d'un billet. Le nombre d'entrées est en outre limité à 5 600 ou 6 600, suivant le jour de la semaine. En dehors de toute réservation, quelque 2 000 billets sont vendus chaque jour à la billeterie de l'Alhambra mais, pendant les périodes les plus prisées (semaine de Pâques, juillet, août et septembre), ils sont rapidement épuisés et vous devrez faire la queue dès 7h. Sachez que la demande est très forte entre avril et octobre. En hiver, vous pouvez obtenir un billet presque immédiatement, quels que soient le jour et l'heure de votre visite.

Il est donc vivement recommandé de réserver vos billets (commission de 0,90 €). Vous pouvez le faire jusqu'à un an à l'avance et selon l'une des trois modalités suivantes :

- Sur place dans toutes les agences de la banque BBVA (plus de 4 000 succursales en Espagne, ainsi qu'à Paris, Londres, Milan et New York). Cette méthode vous évitera de faire la queue au guichet de l'Alhambra. Vous trouverez une agence **BBVA** (🕒 8h30-14h15 lun-ven toute l'année et 8h30-13h sam oct-mars) à Granada sur la Plaza Isabel La Católica.
- Le site www.alhambratickets.com fournit des informations en espagnol, en français et en anglais sur les billets d'entrée à l'Alhambra.
- Par téléphone à la **Banca Telefónica BBVA** (depuis l'Espagne ☎ 902 22 44 60, depuis l'étranger ☎ 00-34-91 537 91 78 ; 🕒 8h-17h55).

Pour effectuer vos réservations par Internet ou par téléphone, vous aurez besoin d'une carte Visa, MasterCard ou Eurocard. Vous recevrez un numéro de dossier que vous devrez montrer, avec une pièce d'identité ou la carte de crédit avec laquelle vous avez réglé les entrées, lors du retrait des billets au guichet de l'Alhambra le jour de la visite. Vous devrez peut-être faire la queue. Sachez que vous ne pouvez pas réserver par Internet, par téléphone ou dans une agence BBVA pour le jour même. Vous ne pouvez pas non plus acheter de billet à l'avance à la billetterie de l'Alhambra.

Votre billet définit un créneau horaire d'une demi-heure pendant lequel vous devez entrer dans le Palacio Nazaríes ; une fois à l'intérieur, vous pouvez rester aussi longtemps que vous le désirez. Autre subtilité concernant l'entrée dans le Generalife ou l'Alcazaba : vous pouvez prendre un *billete de mañana* (billet de matinée), valable jusqu'à 14h, ou un *billete de tarde*, pour entrer après 14h. Là encore, vous êtes libre ensuite de vous attarder à l'intérieur comme bon vous semble. Si vous achetez votre billet directement au guichet en haute saison, il est possible que votre plage horaire pour pénétrer dans le Palacio Nazaríes débute plusieurs heures plus tard, et si vous avez un billet pour l'après-midi, vous ne pourrez pas entrer dans l'Alcazaba ou le Generalife avant 14h.

Le Palacio Nazaríes est ouvert pour des **visites nocturnes** (🕒 22h-23h30 mar-sam mars-oct, 20h-21h30 ven-sam nov-fév). Pour ces visites, 400 billets sont disponibles chaque soir, aux mêmes tarifs qu'en journée. La billetterie ouvre une demi-heure avant et ferme une demi-heure après l'ouverture du monument. Les réservations s'effectuent exactement de la même manière que pour les visites en journée.

DEPUIS/VERS GRANADA
Bus

Les bus n°30 et 32, qui partent de la Plaza Nueva toutes les 5 à 9 min, de 7h15 à 23h, montent la Cuesta de Gomérez jusqu'à la billetterie de l'Alhambra (à l'extrémité est du momument. Ils retournent à la Plaza Nueva *via* un arrêt près de la Puerta de la Justicia. Le n°32 continue ensuite son itinéraire dans l'Albayzín.

Voiture et moto
Les panneaux indiquant "Alhambra" sur les routes à l'approche de Granada vous conduiront après quelques détours aux **parkings** de la citadelle (1,35/13,50 € par heure/jour), non loin de l'Avenida de los Alixares, un peu avant la billetterie.

À pied
Deux chemins principaux mènent à l'Alhambra, nécessitant 20 à 30 min de marche depuis la Plaza Nueva.

Le premier chemin, la **Cuesta de los Chinos**, monte depuis le Paseo de los Tristes et arrive à quelque 50 m de la billetterie. Cette dernière occupe le Pabellón de Acceso (pavillon d'accès), qui renferme aussi un bureau d'information touristique et une librairie. Depuis le pavillon, vous pouvez entrer dans le Generalife et, de là, accéder aux autres parties du monument.

Le second itinéraire emprunte la **Cuesta de Gomérez**, qui conduit à la Puerta de las Granadas (porte des grenades), construite par Carlos Ier, et au Bosque Alhambra (bois de l'Alhambra). Juste après la porte, suivez la Cuesta Empedrada, à gauche, jusqu'à une belle fontaine Renaissance, le **Pilar de Carlos V**. Si vous avez déjà votre billet, vous pouvez bifurquer vers la gauche après la fontaine et pénétrer dans l'Alhambra par l'austère **Puerta de la Justicia** (porte de la justice). Érigée par Yousouf Ier en 1348, celle-ci tenait lieu, à l'origine, d'entrée principale. L'**office du tourisme de l'Alhambra** se trouve non loin de cette porte. Pour atteindre la billetterie, continuez à l'extérieur des murailles de l'Alhambra après le Pilar de Carlos V sur environ 600 m.

ALCAZABA
De l'Alcazaba subsistent essentiellement les remparts et plusieurs tours, dont la plus importante et la plus haute, la **Torre de la Vela** (tour de guet). Là, un escalier étroit mène à la terrasse supérieure d'où l'on jouit d'une vue splendide. En janvier 1492, les croix et les bannières de la Reconquista furent hissées en haut de la tour. La cloche de la tour ne résonne actuellement que pendant les fêtes. Jadis, elle sonnait pour veiller au contrôle du système d'irrigation de la Vega, la plaine sur laquelle s'étend Granada. L'un des donjons de l'Alhambra se dresse à l'intérieur de la muraille est de l'Alcazaba.

PALACIO NAZARÍES
Véritable joyau de l'Alhambra, ce palais nasride est l'édifice mauresque le plus impressionnant d'Europe. Avec ses pièces et ses patios aux proportions parfaites, ses murs revêtus de stuc subtilement ouvragé, ses superbes mosaïques, ses plafonds en bois sculpté, ses coupoles aux *muqarnas* (alvéoles ou stalactites) élaborées, et ses motifs symboliques et géométriques fascinants, il forme un surprenant contraste avec l'austérité de l'Alcazaba. Des inscriptions arabes, et notamment "*Wa la galiba illa Allah*" ("Il n'y a d'autre vainqueur qu'Allah"), se répètent à l'infini sur le revêtement en stuc qui, tout comme les boiseries, était initialement peint de couleurs vives.

Mexuar
Cette salle, par laquelle on accède normalement au palais, date du XIVe siècle. Elle servait de salle du conseil ministériel et d'antichambre pour les personnes qui sollicitaient une audience auprès de l'émir. Le public n'était pas admis au-delà. Cette pièce a connu bien des aléas – au XVIe siècle, elle devint une chapelle – et comporte aussi bien des motifs chrétiens que musulmans. Elle donne, tout au bout, sur l'Oratorio (salle de prière), une petite pièce somptueusement décorée qui surplombe le Río Darro.

Patio del Cuarto Dorado
Du Mexuar, on passe dans ce patio, agrémenté d'une petite fontaine et, sur la gauche, dans le Cuarto Dorado (chambre dorée). C'est là que les émirs rencontraient leurs sujets. Le lieu tire son nom du magnifique plafond en bois, doré et décoré sous les Rois Catholiques. L'autre côté du patio donne accès au Palacio de Comares, dont la façade est superbement ornée de mosaïques, de stuc et de bois sculpté.

Palacio de Comares
Construite pour Yousouf Ier, cette partie du Palacio Nazaríes était la résidence privée de l'émir. Ses salles s'organisent autour du

Patio de los Arrayanes (patio des myrtes), dont le nom vient des haies qui flanquent son bassin rectangulaire et ses fontaines. Les pièces latérales constituaient probablement les quartiers des femmes de l'émir. Des portiques, formés de colonnes en marbre soutenant des arcades finement sculptées, se dressent aux deux extrémités du patio. En franchissant le portique nord, à l'intérieur de la Torre de Comares, on pénètre dans la **Sala de la Barca** (salle de la barque), dont le remarquable plafond en bois prend la forme d'une coque de bateau renversée. Cette salle débouche sur le **Salón de Comares**, aussi appelé Salón de los Embajadores (salon des ambassadeurs), un salon carré où les émirs auraient mené leurs négociations avec les émissaires chrétiens. Les murs en stuc sont couverts d'inscriptions en l'honneur d'Allah, et la merveilleuse coupole en marqueterie se compose de plus de 8 000 morceaux de cèdre dessinant des étoiles, représentation des sept paradis de l'islam à travers lesquels l'âme s'élève avant d'atteindre le huitième (au centre) où réside Allah.

L'extrémité sud du patio est, hélas, dans l'ombre des murs du Palacio de Carlos V.

Palacio de los Leones

Depuis le Patio de los Arrayanes, on se rend au palais des lions, une autre résidence privée à l'intérieur du palais, construit dans la seconde moitié du XIVe siècle sous Mohammed V, à l'époque où l'émirat grenadin avait atteint son apogée politique et artistique. De nombreux autres bâtiments du Palacio Nazaríes ont été redécorés à cette époque. Selon certaines sources, le Palacio de los Leones abritait le harem royal.

Les pièces du palais entourent le célèbre **Patio de los Leones** (cour des lions), au centre duquel se dresse une fontaine où l'eau jaillit de la gueule de douze lions. Sculptée spécifiquement pour ce lieu, la fontaine était initialement peinte de couleurs vives et surtout couverte d'or.

Le Palacio de los Leones symbolise le paradis musulman, qui se divise en quatre parties séparées par des rivières (représentées ici par les rigoles qui se croisent au centre de la fontaine). De fines colonnes (124) de marbre soutiennent les galeries qui bordent le patio, notamment, ses ravissants pavillons sur les côtés est et ouest.

Quatre salles entourent le patio. La **Sala de los Abencerrajes**, qui ouvre du côté sud, entra dans la légende car elle fut le théâtre de l'assassinat des membres de la noble famille Abencerraj, qui soutint Boabdil dans la lutte de pouvoir au sein du palais et dont le chef aurait osé courtiser Zoraya, la favorite d'Abu al-Hassan. La haute coupole en forme d'étoile à huit branches est entièrement sculptée de muqarnas.

À l'extrémité est du patio, on accède à la **Sala de los Reyes** (salle des rois). Le plafond aux caissons tapissés de cuir, est orné de peintures attribuées à des artistes chrétiens du XIVe siècle, probablement originaires de Gênes. Cette salle doit son nom aux peintures du centre du plafond, qui représentent dix émirs nasrides. Au nord du patio, on pénètre dans la **Sala de Dos Hermanas** (salle des deux sœurs), sans doute baptisée ainsi à cause des deux dalles de marbre blanc situées de part et d'autre de sa fontaine. C'était probablement la salle de la favorite de l'émir. Elle est surmontée d'une magnifique coupole à muqarnas où resplendissent l'étoile centrale et les 5 000 alvéoles minuscules figurant les constellations. Dans le fond, la **Sala de los Ajimeces** se dote d'un petit balcon merveilleusement décoré, le **Mirador de Lindaraja**. À travers les fenêtres basses du mirador, les occupants de la pièce pouvaient profiter de la vue sur l'Albayzín et la campagne tout en restant allongés sur des ottomanes et des coussins.

Autres parties

Après la Sala de Dos Hermanas, un couloir traverse les **Estancias del Emperador** (chambres de l'empereur), bâties pour Carlos Ier dans les années 1520 et habitées plus tard par Washington Irving. De là, on descend dans le **Patio de la Reja** (patio de la grille), qui mène au délicieux **Patio de Lindaraja**, créé à l'origine comme jardin secondaire du Palacio de los Leones. Dans le coin sud-ouest du patio se trouve l'entrée (ouverte seulement de temps à autre) du **Baño de Comares**, les bains du Palacio de Comares, composés de trois salles éclairées par des lucarnes en forme d'étoile.

Le Patio de Lindaraja donne sur les **Jardines del Partal**, une série de jardins en terrasses aménagés au début du XXe siècle que bordent différents bâtiments anciens, diversement conservés. Le petit **Palacio del**

Pórtico (palais du portique), datant du règne de Mohammed III (1302–1309), est le palais le plus ancien de l'Alhambra. Vous pouvez sortir des Jardines del Partal par la porte qui fait face au Palacio de Carlos V (après le site du **Rauda**, le cimetière des émirs), ou continuer sur le chemin qui mène au Generalife et qui longe les remparts de l'Alhambra, ainsi que plusieurs tours.

PALACIO DE CARLOS V

Cet immense palais Renaissance est l'édifice chrétien le plus important de l'Alhambra. Commencé en 1527 par Pedro Machuca, un architecte de Tolède ancien élève de Michel-Ange, il fut financé par les taxes imposées aux morisques (musulmans convertis) de la région de Granada. Les fonds se raréfièrent après la rébellion des morisques en 1568, et le palais resta sans toit jusqu'au début du XXe siècle. Trois portiques constitués de paires de colonnes cannelées avec, à leur pied, des scènes de bataille en bas-relief, ornent la façade principale, à l'ouest. Ce monument carré cache une étonnante cour ronde de deux étages entourée de 32 colonnes. Cette cour ronde au sein d'une structure carrée est le seul exemple espagnol de plan Renaissance symbolisant l'unité de la terre et du ciel.

Le bâtiment abrite deux musées. Au rez-de-chaussée, le **Museo de la Alhambra** (☎ 958 02 79 00 ; entrée libre ; ⏰ 9h-14h30 mar-sam) recèle une fabuleuse collection d'objets d'art islamique provenant de l'Alhambra, des provinces de Granada et de Cordoba. Les explications figurent en espagnol et en anglais. Les fleurons du musée sont l'élégant "vase" de l'Alhambra décoré de gazelles et la porte de la Sala de Dos Hermanas.

Le **Museo de Bellas Artes** (musée des Beaux Arts ; ☎ 958 22 48 43), à l'étage, était fermé pour travaux en 2004, mais ses collections ne devraient pas changer. Vérifiez les horaires auprès de l'office du tourisme de l'Alhambra. Il possède un ensemble de peintures et de sculptures ayant trait à Granada, en particulier une Vierge à l'enfant en bois (vers 1547) de Diego de Siloé, diverses œuvres du XVIIe siècle d'Alonso Cano, dont l'*Ecce Homo* aux allures très modernes, ainsi que des portraits et des paysages par des peintres grenadins du début XXe siècle, José María López Mezquita et Rodríguez Acosta.

AUTRES BÂTIMENTS CHRÉTIENS

L'**Iglesia de Santa María de la Alhambra**, construite entre 1581 et 1617, occupe l'emplacement de l'ancienne mosquée du palais. Le **Convento de San Francisco**, aujourd'hui aménagé en hôtel (Parador de Granada, p. 334), fut érigé sur le site d'un petit palais musulman. Les dépouilles d'Isabel et de Fernando reposèrent dans l'actuel patio du parador, avant leur transfert à la Capilla Real alors en chantier.

GENERALIFE

Le nom signifie "jardin de l'architecte". Ces jardins étagés à flanc de colline en face de l'Alhambra forment une composition esthétique et apaisante d'allées, de patios, de bassins, de fontaines, de haies taillées et d'arbres vénérables. À la saison des fleurs, une variété infinie de nuances complètent ce tableau idyllique. Le palais d'été des souverains musulmans se dresse dans l'angle le plus éloigné de l'entrée. Pour s'y rendre, il faut traverser les **Jardines Nuevos** (nouveaux jardins) du Generalife, conçus au XXe siècle. À l'intérieur du palais, le **Patio de la Acequia** (cour du canal d'irrigation) abrite un long bassin bordé de parterres de fleurs et de fontaines du XIXe siècle dont les courbes sensuelles font écho aux arcades des portiques à chaque bout. De là, on passe au **Jardín de la Sultana** (jardin de la sultane), presque aussi ravissant, où s'élève un cyprès vieux de 700 ans. C'est à cet endroit qu'Abu al-Hassan aurait surpris sa favorite, Zoraya, en compagnie du chef de la famille Abencerraj. Cet incident provoqua les assassinats perpétrés dans la Sala de los Abencerrajes du Palacio Nazaríes. Plus haut, les **Jardines Altos** (jardins hauts) résonne du frais clapotis de l'**Escalera del Agua** (escalier d'eau), une volée de marches sur laquelle l'eau tombe en cascade.

Capilla Real

Attenante à la cathédrale, la **Capilla Real** (chapelle royale ; carte p. 324 ; ☎ 958 22 92 39 ; www.capillarealgranada.com ; Calle Oficios ; 3 € ; ⏰ 10h30-13h et 16h-19h avr-oct, 10h30-13h et 15h30-18h30 nov-mars, à partir de 11h dim toute l'année, fermé Vendredi saint) est le fleuron de l'architecture chrétienne de Granada. Édifiée dans le style gothique isabelin par les Rois Catholiques pour leur servir de mausolée, elle ne fut achevée qu'en 1521. Leurs dépouilles furent donc conser-

PROVINCIA DE GRANADA

CENTRE DE GRANADA

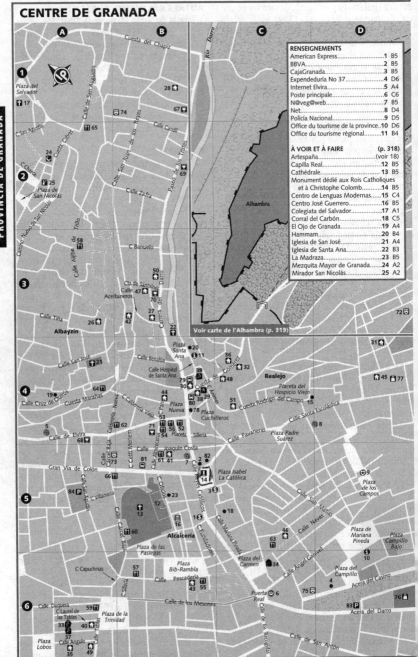

Voir carte de l'Alhambra (p. 319)

vées temporairement dans le Convento de San Francisco (p. 323).

Les monarques, ainsi que trois de leurs parents, reposent dans de simples cercueils en plomb dans la crypte située sous le chœur, au-dessous de leurs cénotaphes en marbre. Une grille en fer forgé doré, chef-d'œuvre réalisé en 1520 par Maestro Bartolomé, de Jaén, sépare la nef du chœur. Les cercueils sont, de gauche à droite, ceux de Felipe El Hermoso (Philippe le Beau, mari de la fille des Rois Catholiques, Juana la Loca), de Fernando, d'Isabel, de Juana la Loca (Jeanne la Folle) et de Miguel, l'aîné des petits-enfants d'Isabel et Fernando.

Les gisants en marbre, au-dessus de la crypte, ont été offerts par Carlos Ier en hommage à ses parents et grands-parents. Le moins élevé des deux monuments, représentant Isabel et Fernando, est dû à Domenico Fanceli, un sculpteur toscan. Il porte une inscription latine qui glorifie les souverains pour avoir vaincu l'islam et mis un terme à l'hérésie. L'autre monument, dédié à Felipe et Juana, est plus élevé, apparemment parce que Felipe était le fils de l'empereur germanique Maximilien. C'est l'œuvre de Bartolomé Ordóñez, de Burgos, en 1520.

Quant au retable plateresque du chœur (1522), richement orné et doré, son auteur s'appelle Felipe de Vigarni. Remarquez les figures orantes d'Isabel (en bas à droite, portant le nom d'Elisabeth) et de Fernando (en bas à gauche), attribuées à Diego de Siloé, et les bas-reliefs peints au-dessous, illustrant la défaite des musulmans et leur conversion au christianisme. Le cardinal Cisneros est également représenté.

La sacristie contient un petit musée remarquable qui expose l'épée de Fernando, le sceptre et la couronne en argent d'Isabel, ainsi que sa collection personnelle d'œuvres d'art, surtout des pièces flamandes, mais aussi un Botticelli (*Prière au jardin des Oliviers*). Vous verrez aussi deux belles statues des Rois Catholiques en prière, dues à Vigarni.

Cathédrale

La **cathédrale** (carte p. 324 ; ☎ 958 22 29 59 ; 2,50 € ; ☽ 10h45-13h30 et 16h-20h lun-sam, 16h-20h dim, fermeture à 19h tlj nov-mars), d'architecture gothique et Renaissance, jouxte la Capilla Real, mais on y accède par la Gran Vía de Colón.

Commencée en 1521, sa construction fut dirigée de 1528 to 1563 par Diego de Siloé et ne s'acheva qu'au XVIIIᵉ siècle. C'est Alonso Cano qui dessina au XVIIᵉ siècle la façade principale, donnant sur la Plaza de las Pasiegas, dotée de quatre puissants arcs-boutants carrés formant trois baies voûtées. De Siloé réalisa également les statues de la somptueuse Puerta del Perdón, sur la façade nord-ouest, ainsi qu'une grande partie de l'intérieur de la cathédrale, en particulier la Capilla Mayor, avec sa coupole, ses ors et ses peintures. Les statues priantes des Rois Catholiques (de part et d'autre au-dessus du maître-autel) sont l'œuvre de Pedro de Mena au XVIIᵉ siècle. Au-dessus des monarques, les bustes d'Adam et Ève furent exécutés par Cano. Ne manquez pas non plus, dans le musée de la cathédrale, la superbe sculpture de Cano, *San Pablo*, et l'ostensoir doré gothique offert à Granada par Isabel La Católica.

La Madraza

En face de la Capilla Real subsiste une partie de l'ancienne université musulmane, **La Madraza** (carte p. 324 ; Calle Oficios). Très altéré, avec sa façade baroque peinte, l'édifice a conservé une salle de prière à la coupole octogonale ornée d'entrelacs en stuc et de jolies mosaïques. Le bâtiment fait actuelle-ment partie de l'université, mais vous pouvez y jeter un coup d'œil s'il est ouvert.

Centro José Guerrero

Dans la même rue que La Madraza, le **Centro José Guerrero** (musée d'art ; carte p. 324 ; ☎ 958 22 51 85 ; www.centroguerrero.org ; Calle Oficios 8 ; entrée libre ; ⏱ 11h-14h et 17h-21h mar-sam, 11h-14h dim) est consacré à l'artiste le plus connu originaire de Granada, l'expressionniste abstrait José Guerrero (1914–1991), né dans la ville mais devenu célèbre à New York dans les années 1950. Ce centre, qui a ouvert ses portes en 2000, présente une collection permanente des toiles spectaculaires et colorées du pein-tre, ainsi que des expositions temporaires de qualité.

Alcaicería, Plaza Bib-Rambla et Plaza de la Trinidad   carte p 324

L'**Alcaicería**, ancien marché maure de la soie reconstruit au XIXᵉ siècle, est aujourd'hui un ensemble de boutiques pour touristes. Il reste toutefois charmant à contempler dans

la lumière et le calme du petit matin. Les bâtiments, séparés par d'étroites ruelles, se trouvent juste au sud de la Capilla Real. Au sud-ouest de l'Alcaicería, la vaste **Plaza Bib-Rambla** accueille des restaurants et des étals de fleurs. Au centre se dresse une fontaine portant des statues de géants. Cette place a été le théâtre de joutes, de combats de taureaux, et de bûchers sous l'Inquisition. La Calle Pescadería et la Calle de los Meso-nes, piétonnières, mènent, au nord-ouest, à la verdoyante **Plaza de la Trinidad**, une autre place animée.

Corral del Carbón

La façade mauresque et l'arc en fer à cheval élaboré du **Corral del Carbón** (carte p. 324 ; Calle Mariana Pineda), un ancien caravansérail du XIVᵉ siècle, ne passent pas inaperçus. Le bâtiment a été par la suite transformé en auberge pour charbonniers (d'où son nom actuel qui signifie "cour du charbon") puis en théâtre. D'importants travaux entrepris en 2004 prévoient d'y installer des bureaux administratifs et une boutique d'artisanat d'État, Artespaña.

Albayzín   carte p. 316

Il faut absolument aller vous promener dans les fascinantes ruelles escarpées de l'ancien quartier musulman de Granada. L'Albayzín s'étend sur la colline qui fait face à l'Alhambra, de l'autre côté de la val-lée du Darro. C'est là que naquit Granada avec l'implantation d'une colonie ibère au VIIᵉ siècle av. J.-C. Ce fut également le lieu de résidence des émirs avant la cons-truction de l'Alhambra au XIIIᵉ siècle. Son nom est hérité des musulmans de Baeza (province de Jaén), qui se réfugièrent dans ce quartier en 1227, après la conquête de la ville par les chrétiens. Devenu un quartier résidentiel très peuplé avec 27 mosquées, il resta musulman quelques décennies après la Reconquista en 1492. De cette époque subsistent encore des remparts, des citernes, des portes, des fontaines et des maisons. Par ailleurs, nombre d'églises et d'habitations intègrent des vestiges isla-miques. L'Albayzin est très prisé par les étudiants étrangers qui vivent à Granada. Il est très agréable de s'y promener à pied, mais, pour plus de sûreté, cantonnez-vous aux artères principales après la tombée de la nuit.

Les bus n°31 et 32 relient la Plaza Nueva à l'Albayzín (Paseo de los Tristes, Cuesta del Chapiz, Plaza del Salvador, Plaza de San Nicolás, Placeta de San Miguel Bajo, Arco de Elvira) et *vice versa*. Ils passent toutes les 7 à 9 min environ. Le n°32 poursuit sa route en faisant un crochet par l'Alhambra avant de revenir en sens inverse et circule de 7h20 à 23h. Le n°31 fait un détour par Sacromonte, à mi-chemin, 8 fois par jour et circule de 7h30 à 22h05.

PROMENADE À PIED   carte p. 327

Le circuit proposé autour de la vallée du Darro et de l'Albayzín au départ de la Plaza Nueva devrait vous prendre 4 ou 5 heures en comptant les visites de certains sites et la pause pour le repas.

La Plaza Nueva s'étire au nord-est jusqu'à la Plaza Santa Ana, où se dresse l'**Iglesia de Santa Ana (1)**, dont le clocher intègre le minaret d'une ancienne mosquée (le cas se reproduit dans plusieurs églises de l'Albayzín). Arrêtez-vous dans l'étroite Carrera del Darro pour voir les **Baños Árabes El Bañuelo (2** ; ☎ 958 02 78 00 ; Carrera del Darro 31 ; entrée libre ; ☻ 10h-14h mar-sam), bains du XIᵉ siècle et l'un des plus vieux édifices de Granada. Plus loin, le **Museo Arqueológico**

(**3** ; musée archéologique ; ☎ 958 22 56 40 ; Carrera del Darro 43 ; 1,50 €, gratuit ressortissants de l'UE ; ☻ 15h-20h mar, 9h-20h mer-sam, 9h-14h30 dim) occupe la Casa de Castril, un hôtel particulier Renaissance. Il présente des objets mis au jour dans la province, datant du paléolithique jusqu'à la période musulmane, accompagnés d'explications en espagnol. On peut également admirer des amulettes égyptiennes apportées par les Phéniciens.

Juste après le musée, la Carrera del Darro devient le Paseo de los Tristes (appelé aussi Paseo del Padre Manjón) où des cafés et des restaurants installent des tables à l'extérieur. La vue sur les fortifications de l'Alhambra qui se dessinent dans le ciel en fait l'endroit idéal pour une pause. De là, plusieurs venelles étroites montent vers l'Albayzín. Vous pouvez emprunter la Calle Candil, qui mène à la Placeta de Toqueros où se situe le club de flamenco **Peña de la Platería (4)** (voir *À la rencontre du flameco authentique*, p. 336).

Si vous tournez à droite en haut de la Placeta de Toqueros, à gauche à la bifurcation suivante, puis encore à gauche, vous déboucherez sur le Carril de San Agustín. Prenez à gauche et, 100 m plus loin, vous verrez un embranchement à 90° sur la droite. Continuez sur 200 m (en montée, au départ) pour atteindre la Plaza del Salvador, dominée par la **Colegiata del Salvador** (**5** ; ☎ 958 27 86 44 ; 0,75 € ; ☻ 10h-13h et 16h-19h30 lun-sam avr-oct, 10h30-12h30 et 16h30-18h30 lun-sam nov-mars), une église du XVIᵉ siècle située à l'emplacement de la grande mosquée de l'Albayzín. Le patio de la mosquée, fermé sur trois côtés par des arches en fer à cheval, a été conservé à l'extrémité ouest de l'église. De là, la Calle Panaderos part vers l'ouest pour aboutir à la **Plaza Larga (6)**, entourée de bars animés.

Quittez la Plaza Larga par l'**Arco de las Pesas (7)**, une impressionnante porte de l'époque musulmane dans les remparts du XIᵉ siècle de l'Albayzín, et tournez dans la première rue à gauche, le Callejón de San Cecilio. Vous arriverez au **Mirador San Nicolás (8)**, qui offre une vue fantastique sur l'Alhambra et la Sierra Nevada. Nous vous conseillons de refaire cette balade au coucher du soleil (vous ne pourrez plus vous perdre !). Attention, quel que soit le moment de la journée, soyez vigilant : des voleurs adroits et très bien organisés agissent dans le quartier.

PROMENADE À PIED	
Distance	5,5 km
Durée	4-5 heures

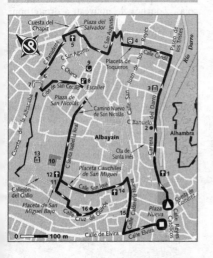

LA MONTAGNE SACRÉE DE GRANADA

Vous avez besoin d'air frais ? Montez alors jusqu'à Sacromonte, le mystérieux quartier des *gitanos* (gitans) qui s'étend sur le versant nord de la vallée du Darro, au nord-est de l'Albayzín. Cet espace en grande partie naturel offre le spectacle grandiose de l'Alhambra, de la Sierra Nevada et de l'Albayzín. Un mur d'enceinte de l'époque nasride serpente sur la colline, au-dessus de la zone habitée de Sacromonte contiguë à l'ancien quartier musulman. Nombre d'habitations sont des grottes creusées à flanc de coteau depuis le XVIIIe siècle et occupées principalement par des gitans. Une promenade peut vous conduire jusqu'à la iglesia de San Miguel Alto, au sommet de la colline, où vous profiterez de perspectives splendides. Veillez toutefois à rallier le secteur habité avant la tombée de la nuit.

Au-delà de la partie construite, quelque 700 m plus haut au-dessus de la vallée du Darro, l'**Abadía del Sacromonte** (carte p. 316 ; 2,50 € ; ☻ 11h-15h et 16h-18h mar-dim), du début du XVIIe siècle, renferme un musée dédié à l'art grenadin. L'abbaye porte le nom de Sacromonte (montagne sacrée) car les restes présumés de San Cecilio et d'autres martyrs paléochrétiens furent découvert dans une grotte voisine à la fin du XVIIe siècle, ce qui motiva la construction de l'édifice.

Le **Centro de Interpretación de Sacromonte** (carte p. 316 ; ☎ 958 21 51 20 ; Barranco de los Negros s/n ; www.sacromontegranada.com ; ☻ 10h-14h et 17h-21h mar-ven, 10h-21h sam-dim été, 10h-14h et 16h-19h mar-ven, et 10h-19h sam-dim hiver) contribue aussi à justifier le trajet jusqu'à Sacromonte. Ce musée ethnographique et environnemental varié, doublé d'un centre artistique, s'inscrit au milieu d'un vaste terrain planté de végétaux de toutes sortes. Des grottes aménagées montrent l'ancien mode de vie des gitans et leurs techniques artisanales – travail des métaux, poterie, tissage, vannerie, etc. Des commentaires racontent des légendes liées à l'endroit. À noter aussi des expositions d'art et un atelier d'herboristerie. Les mercredi et vendredi, de juin à septembre, le centre organise à partir de 22h un programme de flamenco, avec de la musique, de la danse et des films. Le bus de Sacromonte dessert l'école de flamenco Venta El Gallo, à 250 m de la grotte-discothèque El Camborio (p. 337). Montez ensuite le Barranco de los Negros en suivant les panneaux jusqu'au centre. Comptez environ 200 m de montée.

Le bus n°31 (voir p. 327) passe par le Camino del Sacromonte huit fois par jour. Les horaires sont affichés aux arrêts de bus.

Certaines grottes dans le Camino del Sacromonte, la rue principale de Sacromonte, ou à proximité accueillent des spectacles de flamenco onéreux destinés aux touristes et des discothèques animées (voir p. 337).

L'une de leurs tactiques consiste à distraire les voyageurs en organisant des numéros de flamenco improvisés. Une seconde consiste, pour le passager arrière d'une moto, à se lever pour attraper au passage les sacs posés sur les murs latéraux du mirador.

La nouvelle **Mezquita Mayor de Granada** (9 ; ☎ 958 20 23 31 ; ☻ jardins 11h-14h et 18h-21h30), première mosquée de l'Albayzín construite depuis 500 ans, se tient juste à l'est du Mirador San Nicolás, à l'angle de la Cuesta de las Cabras, pour accueillir la population musulmane grandissante de Granada. Inaugurée en 2003, elle comprend un centre islamique et des jardins ouverts au public avec une vue imprenable sur l'Alhambra. Cette politique de libre accès a désamorcé une certaine opposition à la création d'un lieu de culte musulman dans la ville.

Descendez l'escalier près de l'extrémité sud du mirador, tournez à droite et suivez la rue jusqu'au Camino Nuevo de San Nicolás. Tournez de nouveau à droite pour atteindre plus bas le **Convento de Santa Isabel la Real** (10 ; ☎ 958 27 78 36 ; Calle Santa Isabel la Real 15 ; 5 € ; ☻ visite guidée 16h30 ven, 10h et 11h30 sam), fondé en 1501 et doté d'une chapelle gothique. Quelques pas en contrebas, sur la **Placeta de San Miguel Bajo (11)**, les cafés et les restaurants en terrasse constituent un lieu tout indiqué pour se reposer en grignotant ou en buvant quelque chose. L'**Iglesia de San Miguel (12)**, sur la place, est une autre église édifiée sur l'emplacement d'une ancienne mosquée. Quittez la Placeta de San Miguel Bajo par le Callejón del Gallo et tournez à droite au bout de cette petite ruelle pour rejoindre la porte du **Palacio de Dar- al-Horra** (13 ; Callejón de las Monjas s/n ; entrée libre ; ☻ 10h-14h lun-ven) datant du XVe siècle, la demeure d'Aixa, la mère de Boabdil, dernier roi de Granada. Avec son patio, son bassin, ses portails à arcades, ses plafonds à caissons et ses frises d'inscriptions décoratives, il est comparé à un Alhambra miniature.

Revenez à la Placeta de San Miguel Bajo et dirigez-vous vers la Placeta Cauchiles de San Miguel, qui devient la Calle San José et où s'élève le bel **Alminar de San José** (14 ; minaret de San José) rescapé de la mosquée du XIᵉ siècle qui se trouvait à cet endroit avant la construction, au XVIᵉ siècle, de l'Iglesia de San José. La Calle San José croise le haut de la **Calle Calderería Nueva (15)**, jalonnée de *teterías* (salons de thé arabes) et de boutiques d'artisanat dégageant une atmosphère bohème. Vous pouvez vous offrir un thé ou descendre la rue pour rejoindre la Calle de Elvira et revenir à la Plaza Nueva.

Sinon, de la Placeta de San Miguel Bajo, empruntez la Calle Cruz de Quirós, parallèle à la Placeta Cauchiles de San Miguel. Quelque 200 m plus loin se tient **El Ojo de Granada** (16 ; ☎ 958 20 24 73 ; www.elojodegranada. com ; 5 € ; ☽ 10h30-20h30 juin-août, 10h30-18h30 mars-mai, sept-oct, 10h30-17h30 nov-fév) qui projette des vues de Granada à 360°, commentées en espagnol, en français et en anglais.

Monasterio de San Jerónimo

Situé à 500 m à l'ouest de la cathédrale, le **Monasterio de San Jerónimo** (carte p. 316 ; ☎ 958 27 93 37 ; Calle Rector López Argüeta 9 ; 3 € ; ☽ 10h-13h30 et 16h-19h30 avr-oct, 10h-13h30 et 15h-18h30 nov-mars), datant du XVIᵉ siècle, recèle de superbes sculptures en pierre ainsi qu'une église magnifiquement décorée. Dans le cloître, ne manquez pas les deux beaux portails platteresque sculptés par l'architecte principal du monastère, le talentueux Diego de Siloé. L'église, mêlant les styles gothique isabelin et Renaissance, abonde en sculptures aux couleurs vives tant sur l'imposant retable que sur les immenses voûtes à son extrémité est. Devant le retable, au pied des marches, se trouve la pierre tombale d'El Gran Capitán (grand capitaine) Gonzalo Fernández de Córdoba, le bras droit militaire des Rois Catholiques. De splendides statues qui le représentent en prière avec son épouse, la Duquesa de Sesa, encadrent le retable.

Monasterio de la Cartuja

Un autre bijou architectural, le **Monasterio de la Cartuja** (☎ 958 16 19 32 ; Paseo de la Cartuja ; 3 € ; ☽ 10h-13h et 16h-20h avr-oct, 10h-13h et 15h30-18h nov-mars, jusqu'à 12h dim toute l'année), acces-

sible par le bus n°8 depuis la Gran Vía de Colón, vous attend à 2 km au nord-ouest du centre. Le monastère, qui arbore une imposante façade extérieure en pierre de couleur sable, fut édifié entre le XVIᵉ et le XVIIIᵉ siècle. Il est très réputé pour son intérieur baroque fastueux, notamment le Sagrario (sanctuaire), derrière le maître-autel, qui allie différents marbres de couleur – rouge, noir, blanc et bleu gris –, des colonnes à chapiteau doré, une profusion de sculptures et une coupole peinte de superbes fresques. À gauche du maître-autel, la Sacristía (sacristie), ultime expression du baroque espagnol tardif, présente un décor surchargé de stuc et de marbre brun et blanc de Lanjarón. Les meubles de la sacristie, recouverts et incrustés d'acajou, d'ébène, d'ivoire, de nacre et d'argent, créés par Fray José Manuel Vázquez au XVIIIᵉ siècle, constituent un chef-d'œuvre de la marqueterie grenadine.

Huerta de San Vicente

Federico García Lorca, natif de la province de Granada, résidait l'été et écrivit certaines de ses œuvres à la **Huerta de San Vicente** (☎ 958 25 84 66 ; Calle Virgen Blanca s/n ; 1,80 €, gratuit mar ; entrée uniquement avec visites guidées en espagnol ; ☽ 10h-12h30 et 16h-19h mar-dim oct-mars, 10h-13h et 17h-20h avr-juin, 10h-15h juil-août), une maison située à 15 min à pied du centre-ville et autrefois entourée de vergers. Aujourd'hui, le **Parque Federico García Lorca** l'isole de la circulation, pour tenter de restituer à ce lieu la tranquillité qui inspira le poète.

La maison a conservé une partie du mobilier d'origine, dont le bureau et le piano de l'écrivain, certains de ses dessins et des objets lui ayant appartenu. Des expositions retracent sa vie et son œuvre. Un dessin insolent de Dalí représentant une femme blonde aux cheveux courts fumant la pipe retient particulièrement l'attention. Pour vous y rendre en venant de la Puerta Real, descendez la Calle de las Recogidas sur 700 m et prenez la première à gauche, la Calle Virgen Blanca.

Hammam

Ce **hammam** (carte p. 324 ; ☎ 958 22 99 78 ; www. hammamspain.com/granada en espagnol ; Calle Santa Ana 16 ; bain/ avec massage 13/20 € ; ☽ 10h-23h) occupe une demeure ancienne juste en amont de l'office du tourisme régional.

Rien ne manque au décor et à l'ambiance mauresques : mosaïques à motifs géométriques, arcades et ornements travaillés, fragrance des huiles essentielles flottant dans l'air et fond musical apaisant. Les bains comprennent des bassins d'eau chaude et d'eau froide, et proposent diverses sortes de massages. Ceux qui ont oublié leur maillot de bain peuvent en louer un sur place. Une *teteria* sert du thé jusqu'à 15h et il y a aussi un restaurant sur le toit.

Parque de las Ciencias

Le **Parque de las Ciencias** (☎ 958 13 19 00 ; Avenida del Mediterráneo s/n ; adultes/moins de 18 ans musée 4/3 €, planétarium 1,80/1,50 € ; ☺ 10h-19h mar-sam, 10h-15h dim, fermé 15-30 sept), un musée moderne et divertissant consacré aux sciences, se tient à 2 km au sud du centre-ville (bus n°1, 4, 5, 10 ou 11). Il abrite de multiples expositions interactives et une salle pour les enfants illustrant les principes scientifiques de base.

COURS DE LANGUE ET DE FLAMENCO

Avec tous ses attraits et la jeunesse de sa population, Granada est une ville idéale pour qui veut étudier l'espagnol. Elle compte également plusieurs écoles de danse espagnole. L'office du tourisme provincial fournit la liste des divers établissements d'enseignement. Pour en savoir plus, consulter les sites Internet www.granadaspanish.org, www.spanishcourses.info et www.granadainfo.com.

Centro de Lenguas Modernas (centre de langues modernes ; carte p. 324 ; ☎ 958 21 56 60 ; www.clm-granada.com ; Placeta del Hospicio Viejo s/n). Le département des langues modernes de l'université de Granada, dans le quartier historique du Realejo, offre différents niveaux de cours de langue et de civilisation espagnoles, allant des cursus intensifs pour débutants aux stages pour professeurs d'espagnol. Les enseignants sont hautement qualifiés. Les programmes intensifs de langue, à tous les niveaux, durent au minimum dix jours (40 heures, 328 €).

Escuela Carmen de las Cuevas (carte p. 316 ; ☎ 958 22 10 62 ; www.carmencuevas.com ; Cuesta de los Chinos 15, Sacromonte). Cette école privée jouit d'une bonne réputation. Elle dispense des cours de langue et de civilisation espagnoles, et de flamenco (danse ou guitare). Tous les niveaux sont représentés. Deux semaines de cours intensifs de langue (stage de 30 heures) reviennent à 273 €.

CIRCUITS ORGANISÉS

Cicerone Cultura y Ocio (☎ 670-541669). Circuits pédestres (2 heures 30, 10 €) partant chaque jour de la Plaza del Carmen, devant l'*ayuntamiento*.

City Sightseeing Granada (☎ 902 10 10 81). Itinéraire touristique en bus à impériale, qui comprend 15 arrêts en dehors des sites principaux, dont la cathédrale et l'Alhambra. Le ticket (10 €) reste valable 24h pendant lesquelles vous pouvez monter et descendre où vous voulez. Il existe aussi un mini-bus effectuant un parcours plus limité. Le même ticket peut être utilisé pour prendre l'un et l'autre.

Granavisión (☎ 902 33 00 02). Visites guidées de l'Alhambra et du Generalife (38 €), circuits historique de Granada (43 €) et excursions dans la province.

MANIFESTATIONS ANNUELLES

Semana Santa (Semaine sainte) – Cette célébration constitue, avec celle du Corpus Christi (voir plus loin), la fête majeure de Granada. Des bancs installés sur la Plaza del Carmen permettent d'assister aux processions.

Día de la Cruz (jour de la Croix ; 3 mai). Places, patios et balcons sont ornés de croix de fleurs (les Cruces de Mayo). Cavaliers et danseuses de *sevillanas* (danses traditionnelles proches du flamenco) en robes à pois ajoutent au pittoresque.

Feria de Corpus Christi (Fête-Dieu ; fin mai 2005, mi-juin 2006). Fête foraine, boisson, sevillanas et corridas sont les temps forts de cette semaine de fête.

Festival Internacional de Música y Danza (fin juin-début juil). Une manifestation de deux semaines et demie consacrée à la musique classique et à la danse. De nombreux spectacles se déroulent dans le Palacio Nazaríes, le Generalife, le Palacio de Carlos V et d'autres sites historiques. Les places sont en vente en mai à la **billeterie du festival** (☎ 958 22 18 44 ; Corral del Carbón, Calle Mariana Pineda s/n). Vous pouvez aussi vous connecter sur le site www.granadafestival.org.

OÙ SE LOGER

Les hébergements sont disséminés partout dans le centre, notamment autour de la Plaza Nueva. Des demeures de l'Albayzín réhabilitées, souvent avec vue sur l'Alhambra, fournissent des logements de charme de catégorie moyenne ou supérieure.

Trouver une chambre à Granada ne pose pas de problème, sauf durant la Semana Santa et à Noël, et à condition de réserver de mars à octobre. Les places de parking, quand elles existent, coûtent entre 8 et 10 € par jour. Pour les appartements à louer, consultez le site www.granada.info.com.

Petits budgets

En période d'affluence, les établissements affichent souvent complet dès midi, surtout ceux de la Cuesta de Gomérez. La plupart conservent plus ou moins les mêmes tarifs tout au long de l'année, à part pour quelques jours à Pâques.

PRÈS DE LA PLAZA NUEVA Carte p. 324

Oasis Backpackers' Hostel (☎ 958 21 58 48 ; www. oasisgranada.com ; Calle Rodrigo del Campo 13 ; dort 16,65 € ; 🖳). Cette adresse formidable, à seulement 200 m de la Cuesta de Gomérez, s'adresse aux vrais routards. Le tuyau s'ébruitant rapidement, réservez à l'avance pour profiter des atouts de l'endroit : situation centrale, personnel enjoué, accès Internet gratuit, terrasse sur le toit, coffres-forts individuels et tournée des bars à tapas.

Une demi-douzaine d'hostales (pensions bon marché) se concentrent le long de la Cuesta de Gomérez, entre la Plaza Nueva et l'Alhambra.

Hostal Landázuri (☎ /fax 958 22 14 06 ; Cuesta de Gomérez 24 ; s/d/tr/q 28/45/50/60 € ; s/d avec sdb commune 20/28 € ; 🅿). Cette adresse bon enfant peut s'enorgueillir de sa terrasse donnant sur l'Alhambra. Les 20 chambres, bien chauffées en hiver, ont été rafraîchies et quelques-unes disposent d'une TV. Les triples et les quadruples sont vastes, claires et confortables. Couvre-feu à 1h en semaine (un peu plus tard le week-end).

Hostal Britz (☎ /fax 958 22 36 52 ; Cuesta de Gomérez 1 ; s/d 32/42 €, avec sdb commune 19/29 €). Accueil sympathique et diligent. Les 22 chambres de bonne taille sont impeccables, avec chauffage, double vitrage, boiseries et jolis couvre-lits. Il y a un ascenseur.

Hostal Venecia (☎ 958 22 39 87 ; Cuesta de Gomérez 2 ; chambre 32 € ; s/d/tr/q avec sdb commune 15/28/39/52 €). Les propriétaires de cette pension particulièrement accueillante offrent tous les matins une infusion relaxante aux clients. L'atmosphère est chaleureuse et décontractée en hiver, avec musique d'ambiance et encens. Les neuf chambres avec ventil. au plafond, affichent chacune un décor différent.

Hostal Navarro Ramos (☎ 958 25 05 55 ; Cuesta de Gomérez 21 ; s/d 22/31 €, avec sdb commune 16/21 €). Quinze chambres sobres, nettes et agréables dans un environnement calme. Le bâtiment reste frais en été et le chauffage fonctionne de 18h à 24h en hiver.

L'**Hostal Austria** (☎ 958 22 70 75 ; www.hostal-austria.com ; Cuesta de Gomérez 4 ; s/d/tr/q 35/45/60/70 € ; 🅿 🛇) et l'**Hostal Viena** (☎ /fax 958 22 18 59 ; Calle Hospital de Santa Ana 2 ; s/d 35/45 €, avec sdb commune 25/37 €) sont tenus par la même famille hispano-autrichienne. Le premier, une bâtisse rénovée de plusieurs étages, avec de belles mosaïques traditionnelles, propose les meilleures chambres. Modernisées, ces dernières sont agrémentées de jolies portes et volets en bois.

Les rues entre la Calle de Elvira et la Gran Vía de Colón, à l'ouest de la Plaza Nueva, abritent d'autres hostales à considérer si vous avez du mal à vous loger.

PLAZA BIB-RAMBLA
ET ALENTOURS Carte p. 324

Certaines des nombreuses pensions de ce quartier sont occupées par des étudiants

PROVINCIA DE GRANADA

ATTENTION ! RÈGLES DE CONDUITE À GRANADA

L'accès des véhicules au secteur de la Plaza Nueva, et par conséquent aux rues étroites montant de la Plaza Nueva à l'Alhambra et à l'Albayzín, est restreint par des piliers (*pilonas*) noirs surmontés d'une lumière rouge, qui bloquent certaines artères à des moments précis de la journée. Les riverains et autres personnes autorisées utilisent une carte spéciale qui, insérée dans un boîtier, commande la rétractation du poteau et permet le passage d'un unique véhicule. Quand vous verrez le panneau *"Obstáculos en calzada a 20 metros"*, vous devrez contourner la rue. Il existe toutefois une exception : si vous résidez dans un hôtel des abords de la Plaza Nueva, pressez à côté du poteau le bouton correspondant au nom de l'établissement pour entrer en contact avec la réception qui commandera la rétractation de l'obstacle.

Mieux vaut vous renseigner à l'avance auprès de votre hôtel sur les places de parking. Certains établissements disposent de leur propre installation qu'ils facturent au minimum 7,50 € par jour. Sinon, il existe des garages souterrains comme le **Parking San Agustín** (carte p. 316 ; Calle San Agustín ; 1/16 € par h/j), non loin de la Gran Vía de Colón, et le **Parking Plaza Puerta Real** (carte p. 324 ; Acera del Darro ; 1/10 € par h/j), ainsi que des aires de stationnement à l'Alhambra (voir p. 321).

pendant l'année universitaire. Les adresses suivantes devraient avoir des chambres libres tout au long de l'année.

Hostal Lisboa (☎ 958 22 14 14 ; www.lisboaweb. com ; Plaza del Carmen 27 ; s/d 32/44 €, s avec sdb commune 19/29 €). À quelques rues au sud de la Plaza Nueva, cette adresse accueillante dotée de 28 chambres bien tenues, est affiliée à l'Hostal Britz (p. 331). Les murs sont ternes, mais des carreaux bleus et blancs égaient les sdb. Les chambres, équipées d'un ventil., sont chauffées en hiver. La plupart surplombent la place ou la Calle Navas.

Hostal Sevilla (☎ 958 27 85 13 ; Calle Fábrica Vieja 18 ; ch 32 €, s/d avec sdb commune 16/25 €). Une famille sympathique propose ici 14 chambres chauffées, bien tenues et agrémentées de belles mosaïques et de jolis abat-jour.

Hostal Zurita (☎ 958 27 50 20 ; Plaza de la Trinidad 7 ; ch 36 €, s/d avec sdb commune 18/30 € ; **P** **✗**). Accueil agréable et propreté irréprochable. Les 14 chambres coquettes chauffées en hiver, ont presque toutes un petit balcon.

Hostal Meridiano (☎ /fax 958 25 05 44 ; hostalmeridiano@telefonica.net ; Calle Angulo 9 ; ch 37 €, s/d avec sdb commune 18/30 €, appt 4-/6 pers 35/40 € ; **P** **✗**). Ancienne résidence étudiante modernisée, gérée par un couple serviable, attentif aux besoins des voyageurs. Six des 18 jolies chambres comprennent une sdb. Les autres disposent d'une sdb commune pour deux. Au salon, l'accès à Internet est gratuit.

Hostal Lima (☎ 958 29 50 29 ; Calle Laurel de las Tablas 17 ; s/d 30/36, ch avec réfrig. 40 €, ste 2 pers 52 € ; **P** **✗**). Dans une rue latérale tranquille, cette adresse offre un décor lumineux, des lits en cuivre garnis de matelas fermes. Chauffage en hiver et TV.

SACROMONTE
Cuevas El Abanico (carte p. 316 ; ☎ /fax 958 22 61 99, 608-848497 ; www.el-abanico.com ; Vereda de Enmedio 89, Sacromonte ; s/d/tr 58/58/73 €, grotte de 2 ch pour 4 pers 88 € ; **P**). Les cinq appartements troglodytiques avec chauffage, cuisine, sdb, eau chaude et terrasse situés dans le quartier gitan de Sacromonte sont confortables et constituent un hébergement résolument différent. Location pour deux nuits minimum.

CAMPING
Granada dispose d'un camping de 66 places en ville et d'une demi-douzaine d'autres, tous accessibles en bus, à quelques kilomètres du centre.

Camping Sierra Nevada (carte p. 316 ; ☎ 958 15 00 62 ; Avenida de Madrid 107 ; adulte/tente/voiture 4,80/5,45/5,45 € ; **✗**). Vers la gare routière, à 2,5 km au nord-ouest du centre, ce terrain dispose de sanitaires propres, et d'une laverie. Il est desservi par le bus n°3, qui part de la Gran Vía de Colón, dans le centre.

Camping Reina Isabel (carte p. 316 ; ☎ 958 59 00 41 ; Carretera Granada–La Zubia Km 4 ; adulte/tente/voiture 4/4/4 € ; **✗**). À quelque 5 km vers le sud de Granada, ce terrain bien entretenu est équipé de bons sanitaires. Prenez la sortie "La Zubia" depuis la rocade Ronda Sur.

Catégorie moyenne
Sauf mention contraire, les hôtels cités figurent sur la carte p. 324.

PRÈS DE LA PLAZA NUEVA
Hotel Puerta de las Granadas (☎ 958 21 62 30 ; www.hotelpuertadelasgranadas.com ; Calle Cuesta de Gomérez 4 ; s/d 72/90 €, chambre supérieure 100-180 € ; **✗** **▣**). Ce bâtiment du XIXᵉ siècle a été réaménagé dans un style moderne minimaliste, avec des persiennes en bois et un mobilier élégant. Les chambres les plus luxueuses possèdent des fenêtres d'où l'on peut contempler de sublimes perspectives sur l'Alhambra et les toits de la vieille ville. Les prix baissent de manière significative en milieu de semaine. L'hôtel est équipé d'un ascenseur.

Hotel Anacapri (☎ 958 22 74 77 ; www.hotelanacapri.com ; Calle Joaquín Costa 7 ; s/d 78/105 € ; **✗**). Proches de la Plaza Nueva, ces 49 chambres sont agréables avec couvre-lits fleuris, sol en liège et TV satellite. Son patio du XVIIIᵉ siècle abrite des palmiers et des chaises en rotin. Le petit déjeuner buffet coûte 7,50 € . Accueil avenant.

Hotel Maciá Plaza (☎ 958 22 75 36 ; www.maciahoteles.com ; Plaza Nueva 4 ; s/d 50/73 € ; **P** **✗** **▣**). Un des quatre établissements du même nom à Granada. Celui-ci, qui bénéficie d'un emplacement exceptionnel, loue 44 chambres douillettes au décor plaisant. Optez pour une double donnant sur la place (les simples sont petites). Les tarifs baissent à 50 € la double le week-end en hiver et en juillet-août.

ALHAMBRA
Hotel América (carte p. 319 ; ☎ 958 22 74 71 ; www.hotelamericagranada.com ; Calle Real de la Alhambra 53 ; s/d 70/106 € ; **☾** mars-nov ; **✗**). Divinement

situé dans l'enceinte de l'Alhambra, ce bâtiment du XIXᵉ siècle ne compte hélas que 17 chambres, d'où la nécessité de réserver. On peut en outre bien déjeuner dans son patio à la végétation luxuriante.

Hotel Guadalupe (carte p. 316 ; ☎ 958 22 34 23 ; www.hotelguadalupe.es ; Avenida Los Alixares s/n ; s/d 76/104 € ; P ✖). Pratiquement au seuil de l'Alhambra, cette adresse bien tenue comprend 42 chambres spacieuses joliment aménagées, avec vue sur la forteresse ou la charmante oliveraie située en retrait.

ALBAYZIN

Casa del Capitel Nazarí (☎ 958 21 52 60 ; www. hotel casacapitel.com ; Cuesta Aceituneros 6 ; s/d 73/91 € ; ✖ 🖳). Cette ancienne demeure reconvertie en hôtel est organisée autour d'un patio du XVIᵉ siècle bordé de balcons en bois et de colonnades. Il doit son nom au chapiteau nasride en marbre de l'une des colonnes. Pour le reste, le décor est sans chichi.

Casa del Aljarife (☎ /fax 958 22 24 25 ; www.granada info.com/most ; Placeta de la Cruz Verde 2 ; chambre 95 € ; ✖). Cette maison du XVIᵉ siècle magnifiquement restaurée comporte quatre chambres spacieuses très originales et un ravissant patio où il fait bon petit-déjeuner par temps chaud. Les gérants ont le sens du service.

Hotel Zaguán (☎ 958 21 57 30 ; www.hotelzaguán. com Carrera del Darro ; s 50 €, ch 64-100 € ; ✖ 🖳). Installé dans une demeure du XVIᵉ siècle relevée de ses ruines, il propose 13 chambres toutes différentes, dont certaines regardent le Río Darro. Un bar-restaurant fonctionne sur place.

REALEJO

Hotel Molinos (☎ 958 22 73 67 ; www.eel.es/molinos ; Calle Molinos 12 ; s/d 50/73 € ; P ✖). Dans l'agréable quartier du Realejo, ce petit établissement propre et soigné n'a que 9 chambres. Il a jadis figuré dans le Livre Guinness des records comme l'hôtel le plus étroit du monde. La terrasse offre une vue panoramique.

Hostal La Ninfa (☎ 958 22 79 85 ; Campo del Príncipe s/n ; s/d 45/65 € ; ✖). Une adresse rustique, également dans le Realejo, couverte à l'extérieur comme à l'intérieur, d'étoiles en céramique peintes de couleurs vives. les dix chambres cosy, bien tenues, donnent sur un joli hall d'entrée où l'on sert le petit déjeuner.

PLAZA BIB-RAMBLA ET ALENTOURS

Hotel Reina Cristina (☎ 958 25 32 11 ; www.hotelreina cristina.com ; Calle Tablas 4 ; s/d 66/98 € ; P ✖). Juste en retrait de la Plaza de la Trinidad, cet hôtel particulier du XIXᵉ siècle, rénové, fut la propriété de la famille Rosales, des amis de Lorca. Le poète y passa ses derniers jours avant d'être arrêté et assassiné par les nationalistes durant la guerre civile. Chambres très confortables, avec TV sat., et bon restaurant.

Hotel Navas (☎ 958 22 59 59 ; www.hotelesporcel. com ; Calle Navas 22 ; s/d 72/96 € ; ✖). Très correcte, cette enseigne du centre-ville d'importance moyenne ne présente pas d'attrait particulier. Ses 44 chambres aux tons pastel, donnant toutes sur l'extérieur, sont dotées d'une TV sat. et d'un coffre-fort. Les prix baissent en juillet-août.

Hotel Los Tilos (☎ 958 26 67 12 ; www.hotellostilos. com ; Plaza Bib-Rambla 4 ; s/d 41/65 € ; ✖). Il fournit des chambres douillettes (26 doubles de taille respectable et quatre petites simples), certaines surplombant la place. La mini-terrasse sur le toit offre une jolie vue panoramique. Le buffet du petit déjeuner revient à 5 €.

Catégorie supérieure
ALHAMBRA

Parador de Granada (carte p. 319 ; ☎ 958 22 14 40 ; www.parador.es ; Calle Real de la Alhambra s/n ; s/d 182/228 € ; P ✖). Aménagé dans l'ancien monastère, qui accueillit temporairement les sépultures des Rois Catholiques, ce parador est devenu le plus cher d'Espagne. Il allie la richesse de son histoire avec le charme de sa situation au sein de l'Alhambra. Réservez à l'avance.

ALBAYZIN

Le quartier recèle des hôtels ravissants dans des décors somptueux. comptez environ 10 € pour le petit déjeuner.

Casa Morisca Hotel (carte p. 324 ; ☎ 958 22 11 00 ; www.hotelcasamorisca.com ; Cuesta de la Victoria 9 ; s/d intérieur 90/119 €, extérieur 120/150 € ; ✖). Installé dans une demeure du XVᵉ siècle, autour d'un patio agrémenté d'un bassin et de galeries en bois, cet établissement possède 14 chambres assez petites mais dotées d'un charme indéniable.

Hotel Carmen de Santa Inés (carte p. 324 ; ☎ 958 22 63 80 ; www.carmensantaines.com ; Placeta de Porras 7 ; s/d 95/105 €, ch avec salon 125-200 € ; ✖). Dans une ancienne maison mauresque agrandie aux XVIe et XVIIe siècles, les 9 chambres de cet hôtel sont décorées de meubles anciens. Le joli patio donne sur un jardin de myrtes et d'arbres fruitiers orné de fontaines.

Hotel Palacio de Santa Inés (carte p. 324 ; ☎ 958 22 23 62 ; www.palaciosantaines.com ; Cuesta de Santa Inés 9 ; ch 80-105 €, avec salon 128-225 € ; 🐕). Cet édifice du début du XVIe siècle abrite 35 chambres et sa réception occupe un patio Renaissance. Trouvez d'abord une place de stationnement avant de vous y rendre à pied, ou en taxi.

PLAZA ISABEL LA CATÓLICA

Hotel Palacio de Santa Paula (carte p. 316 ; ☎ 902 29 22 93 ; www.ac-hotels.com ; Gran Vía de Colón ; ch à partir de 205 € ; 🅿 🐕 🖥). Ce beau cinq-étoiles luxueux englobe un ancien couvent du XVIe siècle, plusieurs maisons du XIVe siècle avec patios et balcons en bois, et une demeure bourgeoise du XIXe siècle, l'ensemble aménagé dans un style contemporain. Les chambres bénéficient de tous les raffinements. À noter, le centre de remise en forme, avec sauna et bains turcs.

OÙ SE RESTAURER

Après avoir visité l'Alhambra et arpenté le dédale de l'Albayzín, il est temps de découvrir d'autres attraits de Granada : ses bars à tapas et ses restaurants. Parmi les plats locaux roboratifs figurent les typiques *rabo de toro* (queue de taureau), *habas con jamón* (fèves au jambon) et *tortilla Sacromonte*, une savoureuse omelette (à la cervelle de veau et aux testicules de taureau !). Selon une coutume propre à Granada, les bars servent gracieusement des tapas avec les boissons (attention à la ligne !). Ces petits plats varient d'un établissement à l'autre, allant des simples olives à des préparations élaborées. L'intérêt consiste à dénicher les bars qui correspondent à vos goûts. Pour les tapas, les meilleurs secteurs comprennent les rues proches de la Calle de Elvira (près de la Plaza Nueva), celles au sud de la cathédrale et la Calle Navas. Pour dîner en terrasse, dirigez-vous vers la Plaza Nueva, le Paseo de los Tristes et la Plaza Bib-Rambla. Si vous prisez les *teterías* où flottent des parfums d'encens, la pittoresque Calle Calderería Nueva offre l'embarras du choix.

Enfin, dîner en terrasse dans un restaurant de l'Albayzín, avec une vue théâtrale

sur l'Alhambra illuminé la nuit, constitue une expérience magique.

Près de la Plaza Nueva   Carte p. 324

Café Central (☎ 958 22 97 06 ; Calle de Elvira ; tapas 1,95 €, raciones 4,20-8,50 €). Un café sans chichi en face de la Plaza Nueva, idéal pour prendre l'expresso corsé (1,60 €) qui vous réveillera le matin.

Al Andalus (☎ 958 22 67 30 ; Calle de Elvira ; plats 3-6 €). Cuisine du Moyen-Orient et sandwiches aux falafels (3 €).

Bodegas Castañeda (Calle Almireceros ; tapas 1,60-2,20 €). Très appréciée, cette adresse propose une nourriture raffinée dans un cadre de bodega (bar à vin traditionnel). Goûtez à la tortilla espagnole et à l'*alioli* (aïoli).

Antigua Bodega Castañeda (Calle de Elvira ; plats 6,90-13,50 €). On y sert du "Costa", un vin côtier puissant de la Sierra de Contraviesa, au tonneau, à consommer avec quelques *montaditos* (3,20-4,40 €), des tranches de pain garnies d'ingrédients variés.

Vía Colón (☎ 958 22 98 42 ; Gran Vía de Colón 13 ; plats 10-17 € ; 🕒 8h-1h). Décoré d'anges et de chérubins, ce café-bar élégant et très prisé propose des crêpes, du café et des en-cas, ainsi que des plats comme le délicieux *jamón ibérico de bellota* (jambon fabriqué avec des porcs nourris aux glands ; 16,95 €). Vous pouvez aussi vous attabler sur la terrasse à côté de la cathédrale.

Jamones Castellano (angle Calle Almireceros et Calle Joaquín Costa). Cette épicerie vend des produits de base pour les pique-niques. Achetez quelques tranches de *jamón serrano* (jambon cru de montagne) et du fromage pour faire vos propres *bocadillos* (sandwiches).

Pour les fruits et les légumes frais, rendez-vous au **Mercado Central San Agustín** (Calle San Agustín), un grand marché couvert une rue à l'ouest de la cathédrale.

Respirez l'arôme persistant des herbes et épices qui émane des boutiques installées le long de la cathédrale, dans la Calle Cárcel Baja. Les énormes sacs sont remplis de toutes sortes d'aromates, de la camomille au safran.

Alhambra   Carte p. 319

Parador de Granada (☎ 958 22 14 40 ; Calle Real de Alhambra s/n ; sandwiches à partir de 5,05 € ; 🕒 11h-23h). Dans le somptueux décor de ce parador d'exception, vous dégusterez un repas savoureux ou un onctueux chocolat chaud

(2,05 €) tout en contemplant l'Alhambra. Une expérience inoubliable.

La Mimbre (☎ 958 22 22 76 ; angle Paseo del Generalife et Cuesta de los Chinos ; menú turístico 17,50 €). Installé sous les murailles de l'Alhambra, les touristes viennent naturellement à lui. La nourriture est correcte. Le patio verdoyant offre une agréable détente après la visite de la forteresse.

Albayzín

Le labyrinthe de ses ruelles cache une profusion de petits restaurants, jusque derrière des portes cochères sans enseigne.

Kasbah (carte p. 324 ; Calle Calderería Nueva 4 ; thé 1,80-2,40 €). Imprégnez-vous de l'atmosphère de ce salon de thé éclairé aux chandelles et laissez-vous tenter par un thé arabe spécial recouvert de crème (2,40 €), accompagné d'une crêpe au chocolat et à la crème (2,30 €). Après quoi, il ne nous restera plus qu'à somnoler sur les banquettes recouvertes de coussins.

Tetería As-Sirat (carte p. 324 ; Calle Calderería Nueva 4 ; thé 2-3 €). Un petit salon de thé en face de la Kasbah où l'encens chatouille les narines. Parmi l'étonnant choix de breuvages figurent un cocktail Cleopatra (2,75 €) et une infusion à la mangue (2 €), qui se marient à merveille avec une crêpe à l'orange et au miel (3 €).

Restaurante Arrayanes (carte p. 324 ; ☎ 958 22 84 01 ; Cuesta Marañas 4 ; plats 7-17 € ; ☽ à partir de 20h). Cette table marocaine appréciée mitonne un délicieux tajine d'agneau aux pruneaux et aux amandes (10 €) dans un cadre authentique. Elle ne sert pas d'alcool.

El Agua (☎ 958 22 33 58 ; Plaza Aljibe de Trillo 7 ; fondues 13,95-18,80 € par pers, minimum 2 pers ; ☽ 13h30-15h30 et 20h-23h30 mer-lun , 20h-23h30 mar). Vous apprécierez de plonger des morceaux de jambon dans le fromage, tout en admirant la vue fabuleuse sur l'Alhambra. À la fin de la soirée (et après la fondue au chocolat), vous regagnerez vos pénates comblé et rassasié.

Terraza las Tomasas (carte p. 324 ; ☎ 958 22 41 08 ; Carril de San Agustín 4 ; plats 16-20 € ; ☽ 13h30-15h30 lun-mar, 13h30-15h30 et 20h30-23h mer-sam). Ce restaurant chic réserve une agréable surprise car il jouit d'une vue magnifique sur l'Alhambra. La cuisine est excellente et le service ne souffre aucun reproche. Les plats, comme la tortilla Sacromonte (9 € en entrée), sont savoureux.

Plaza Bib-Rambla et alentour

Café Bib-Rambla (carte p. 324 ; ☎ 958 71 00 76 ; Plaza Bib-Rambla 3 ; plats à partir de 8 €). Piétonnière et parfumée par des étals de fleurs, la Plaza Bib-Rambla offre un cadre paisible pour dîner en plein air. Asseyez-vous par exemple dans ce café et commandez une tortilla espagnole bien soufflée (9,50 €).

Cunini (carte p. 324 ; ☎ 958 25 07 77 ; Plaza de Pescadería 14 ; menu 17,85 €). La terrasse de ce somptueux restaurant de fruits de mer résonne du bruit des couverts et des discussions des convives.

Guerrero (carte p. 324 ; ☎ 958 28 14 60 ; Plaza de la Trinidad 7 ; raciones 5,40-6,60 €). Le sol jonché de serviettes en papier atteste du succès de ce café-bar. Essayez un de ses gros *bocadillos* au jambon et au fromage (2,10 €).

Poë (carte p. 316 ; Calle Paz ; boisson et tapa 1,50 €). On sert dans ce bar branché de copieuses portions de tapas gratuites, tel le ragoût de poulet à la polenta, dans de petits bols en terre cuite. Le personnel jovial contribue à mettre l'ambiance.

Om-Kalsum (carte p. 316 ; Calle Jardines 17 ; boisson et tapa 1,80 €). Ceux qui effectuent la tournée des bars peuvent se rendre ici en sortant de Poë et déguster des tapas d'inspiration arabe. Les plats sont tous très savoureux.

Los Diamantes (carte p. 324 ; ☎ 958 22 70 70 ; Calle Navas 26 ; media raciones 6 €). Bruyant et enfumé, l'endroit mijote de la bonne cuisine destinée à une clientèle sophistiquée. Les amateurs de poisson doivent absolument goûter les *boquerones* (anchois ; raciones 8 €).

OÙ BOIRE UN VERRE

Les danseurs de flamenco qui claquent des talons, les hippies qui trinquent et les étudiants fêtards font vibrer Granada. La meilleure rue pour boire un verre est la Calle de Elvira, mais d'autres bars branchés longent le Río Darro au pied de l'Albayzín, tandis que le Campo del Príncipe attire une foule plus raffinée.

La **Bodega Castañeda** (p. 334) et l'**Antigua Bodega Castañeda** (p. 334) comptent parmi les adresses les plus attrayantes. L'alcool coule à flot et les clients se pressent. Vous trouverez d'autres bars animés sur la Placeta Sillería et contre la Calle Joaquín Costa.

La Taberna del Irlandés (carte p. 324 ; Calle Almireceros). Entre bar espagnol et pub irlandais, cette taverne mêle alcools locaux et saveurs internationales. Que vous buviez de la Tetley's

PROVINCIA DE GRANADA

À LA RENCONTRE DU FLAMENCO AUTHENTIQUE

Il est difficile de voir du flamenco en dehors des spectacles produits pour les touristes mais, parmi ces représentations certaines sont tout à fait dignes d'intérêt et attirent autant les Espagnols que les étrangers. La qualité dépend des interprètes. S'il s'agit de grands professionnels de Granada, vous passerez une soirée mémorable. Sinon, vous risquez d'être déçu.

Los Tarantos (carte p. 316 ; ☎ 958 22 45 25 en journée, 958 22 24 92 en soirée ; Camino del Sacromonte 9 ; 21 €) organisent des représentations frénétiques dans une grotte bondée. Les spectacles du vendredi et du samedi à minuit drainent moins d'étrangers, la plupart des groupes en voyage organisé préférant celui de 22h. Pour y assister, vous pouvez réserver en passant par un hôtel ou une agence de voyages. N'oubliez pas de porter des chaussures de danse si vous souhaitez vous asseoir dans les premiers rangs : vous serez entraîné sur la scène avant même de vous en rendre compte ! Quelques autres établissements de flamenco occupent les grottes du Sacromonte, mais certains n'offrent que de médiocres prestations.

Peña de la Platería (carte p. 324 ; ☎ 958 21 06 50 ; Placeta de Toqueros 7). Avec son grand patio extérieur, voici une adresse pour les vrais afficionados, dissimulée dans le dédale de l'Albayzín. Optez pour le spectacle de 22h30 le jeudi ou le samedi.

Eshavira (carte p. 316 ; ☎ 958 29 08 29 ; www.eshavira.com ; Postigo de la Cuna 2). Ce local enfumé organise, certains soirs, des représentations de flamenco. Consultez le site Internet pour connaître le programme.

En été, les nuits flamenco du **Centro de Interpretación de Sacromonte** (voir *La montagne sacrée de Granada*, p. 328) méritent le détour. Les danseurs et chanteurs de flamenco se produisent aussi dans d'autres lieux plus huppés de Granada .

Bitter ou du vin de la côte espagnole, vous risquez de ne plus marcher droit en repartant.

El Círculo (carte p. 324 ; Calle de Elvira). Un des trésors de la Calle de Elvira. Ce bar à tapas calme et sans prétention dégage un vague air rétro. On peut toutefois déplorer le manque de places assises, surtout après quelques verres.

Bagdad Café (carte p. 316 ; Coca de San Andrés ; 🕒 à partir de 18h). Sa situation, dans une ruelle sale, et son allure décrépite ne décourageront pas ceux qui veulent découvrir la scène alternative locale. Tendez l'oreille pour entendre les rythmes martelés qui résonnent derrière la porte noire et pénétrez à l'intérieur de cet antre très tendance.

Café Bar Elvira (carte p. 316 ; Calle de Elvira 85 ; 🕒 à partir de 12h). Ce lieu à la mode où l'on sert de généreuses rasades d'alcool attire les foules.

La Fontana (carte p. 324 ; Carrera del Darro 19 ; 🕒 à partir de 12h). Un lieu populaire, en face du premier pont qui enjambe le Río Darro et au pied de l'Alhambra. Vous pourrez jouer au billard en écoutant des ballades rock et vous extasier en sortant devant le spectacle de la citadelle.

Casa 1899 (carte p. 324 ; Paseo de los Tristes ; 🕒 à partir de 12h). Cette taverne s'avère bien plus

gaie que de nom de sa rue (la promenade des malheureux). Elle propose un large éventail de liqueurs et de vins espagnols dans une atmosphère de bodega.

El Rincón de San Pedro (carte p. 324 ; Carrera del Darro 12 ; 🕒 à partir de 12h). Les murs turquoise et les tuiles d'ardoise de ce bar à la mode lui donnent un côté relaxant en harmonie avec les clapotis du Río Darro qui passe à ses pieds. Installé devant un gin tonic rafraîchissant (4,50 €), vous apercevrez à travers les portes à l'arrière, l'écran de verdure qui s'étend au pied de l'Alhambra.

OÙ SORTIR

En vente dans les kiosques, l'excellent mensuel *Guía de Granada* (0,85 €) recense les endroits où sortir et ceux où se restaurer, bar à tapas compris.

Nombre de musiciens amateurs se recrutent parmi les nombreux étudiants de la ville, qui donnent des concerts en divers endroits. Surveillez les affiches et les tracts annonçant les concerts et les spectacles de flamenco authentique. La feuille bihebdomadaire *Yuzin* dresse la liste des multiples lieux de concerts, parmi lesquels les discothèques où des DJ passent les derniers morceaux du moment.

Dans le hall de **La Madraza** (carte p. 324 ; Calle Oficios), en face de la Capilla Real, un tableau d'affichage annonce les manifestations culturelles.

Night-clubs

AUTOUR DE LA PLAZA NUEVA

Granada 10 (carte p. 324 ; Calle Cárcel Baja ; 6 € ; ☺ à partir de 24h). Pour rester éveillé jusqu'au bout de la nuit en compagnie d'une foule chahuteuse, entrez dans cette discothèque dont la popularité ne se dément pas. Parmi ses attraits, les tenues moulantes de la clientèle, et l'implantation du lieu, dans l'enceinte d'un superbe cinéma. Mieux vaut vous habiller de manière élégante.

El Eshavira (carte p. 316 ; ☎ 958 29 08 29 ; Postigo de la Cuna 2 ; www.eshavira.com ; ☺ à partir de 22h). Descendez une ruelle lugubre qui part de la Calle Azacayas et bataillez avec l'imposante porte d'entrée. Ce café illustre bien la tendance actuelle, à Granada, des lieux sombres et enfumés, diffusant cool jazz et flamenco endiablé.

Enano Rojo (carte p. 316 ; Calle de Elvira 91 ; ☺ à partir de 22h). Le lieu, un peu glauque, se reconnaît au champignon qui lui sert d'emblème. Le week-end, le public branché vient écouter du jazz et du funk. L'ambiance s'échauffe plus lentement en semaine.

AILLEURS

Planta Baja (carte p. 316 ; Calle Horno de Abad 11 ; www.planta-baja.com ; ☺ 12h30-6h mar-sam). Ce bar ravira les accros d'acid jazz et de lounge. Vous pourrez entendre ici les DJ Toner et Vadim de retour à la vieille école avec leurs séances de hip-hop et de funk.

Morgan (carte p. 316 ; Calle Obispo Hurtado 15 ; ☺ à partir de 1h mar-sam) Le programme varie entre house, deep, funky et soulful house.

El Príncipe (carte p. 324 ; Campo del Príncipe ; 10 € environ). Cette discothèque attire une clientèle tirée à quatre épingles de célibataires et de jeunes filles qui aiment faire la fête. Aftershave et chorégraphies élaborées exigées !.

El Camborio (carte p. 316 ; ☎ 958 22 12 15 ; Camino del Sacromonte 47 ; 6 € ; ☺ à partir de 23h sam-dim). Le choc des musiques actuelles dans un cadre préhistorique. L'une des deux pistes de danse occupe une grotte.

Concerts et Théâtre

Centro Cultural Manuel de Falla (carte p. 319 ; ☎ 958 22 00 22 ; Paseo de los Mártires s/n). Proche de l'Alhambra, ce temple du classique présente des concerts hebdomadaires de musique orchestrale.

Le **Teatro Alhambra** (carte p. 316 ; ☎ 958 22 04 47 ; Calle de Molinos 56) et le **Teatro Isabel La Católica** (carte p. 324 ; ☎ 958 22 15 14 ; Acera del Casino), plus central, programment en continu des pièces de théâtre et des concerts (parfois du flamenco).

ACHATS

Granada est réputée pour sa *taracea* (marqueterie), utilisée sur des boîtes, des tables, des échiquiers, etc. Les plus belles pièces comportent des incrustations de coquillages, d'argent ou de nacre. Des artisans travaillent dans la boutique Laguna Taller de Taracea (carte p. 319), en face de l'Iglesia de Santa María, à l'Alhambra. Entre autres productions artisanales présentes à Granada, citons le cuir estampé, les guitares, le fer forgé, le cuivre ou le laiton ouvragé, la vannerie, les textiles et, bien sûr, les poteries, que l'on peut voir notamment à l'Alcaicería, dans l'Albayzín et la Cuesta de Gomérez. Le magasin d'État Artespaña, dans le Corral del Carbón (p. 326), offre également du choix.

Les connaisseurs auront peut-être envie d'acheter une guitare fabriquée par **Manuel L Bellido** (carte p. 324 ; Calle Molinos). Vous pouvez admirer le *guitarrero* à l'œuvre à travers la vitrine de l'atelier.

Dans le secteur de la Plaza Nueva (carte p. 324), des marchands de bijoux installés sur les trottoirs côtoient des boutiques de vêtements ethniques.

Pour les achats courants, les vêtements à la mode et les chaussures espagnoles toujours superbes, fréquentez la Calle de los Mesones, une rue piétonnière, ou **El Corte Inglés** (carte p. 324 ; Acera del Darro).

DEPUIS/VERS GRANADA

Avion

Iberia (carte p. 324 ; ☎ 958 22 75 92 ; Plaza Isabel La Católica 2) assure des vols quotidiens depuis/ vers Madrid et Barcelone.

Bus

La **gare routière** de Granada (carte p. 316 ; Carretera de Jaén) se situe à près de 3 km au nord-ouest du centre-ville. Tous les services de bus partent de là, sauf pour certaines destinations proches comme Fuente Vaqueros (p. 338). **Alsina**

Graells (☎ 958 18 54 80) dessert Córdoba (10,65 €, 3 heures, 9/j), Sevilla (16,45 €, 3 heures direct, 10/j), Málaga (8,30 €, 1 heure 30 direct, 16/j) et Las Alpujarras (voir p. 345), Guadix (4,05 €, 1 heure, jusqu'à 14/j), Baza (7,15 €, 2 heures, jusqu'à 8/j) et Mojácar (14,65 €, 4 heures, 2/j). Alsina couvre les destinations de la province de Jaén et des côtes de Granada, Málaga et Almería, ainsi que Madrid (13,40 €, 5-6 heures, 10-13/j).

Alsa (☎ 902 42 22 42 ; www.alsa.es) relie les villes du littoral méditerranéen jusqu'à Barcelona (58,10-69,35 €, 7-10 heures, 5/j) et de nombreuses destinations internationales.

Voiture et moto

La location de voiture revient cher. **ATA Rent A Car** (carte p. 324 ; ☎ 958 22 40 04 ; Plaza Cuchilleros 1) propose de petits modèles moyennant 71/83/219 €. pour 1/2/7 jours.

Train

La **gare** (carte p. 316 ; ☎ 958 20 40 00 ; Avenida de Andaluces) se trouve à 1,5 km à l'ouest du centre, près de l'Avenida de la Constitución. Quatre trains desservent chaque jour Sevilla (17,65 €, 3 heures) et Almería (11,80 €, 2 heures 15) *via* Guadix, et six relient Granada à Antequera (5,85-6,55 €, 1 heure 30). Trois trains se rendent à Ronda (10,50 €, 3 heures) et Algeciras (15,75 €, 4-4 heures 30). Pour Málaga (12 €, 2 heures 30) ou Córdoba (14 €, 4 heures), prenez le train à destination d'Algeciras et changez à Bobadilla (7 €, 1 heure 30). Il existe cinq liaisons quotidiennes avec Linares/Baeza (9,45-18 €, 3 heures) et une ou deux pour Madrid (28,50-45 €, 6 heures), Valencia (40-62 €, 7 heures 30-8 heures) et Barcelona (49-125 €, 12-14 heures 30).

TRANSPORTS LOCAUX
Desserte de l'aéroport

L'**aéroport** (carte p. 316 ; ☎ 902 40 05 00) est situé à 17 km à l'ouest de la ville, par l'A92. Au moins 5 bus (3 €) de la compagnie **Autocares J González** (☎ 958 49 01 64) font quotidiennement la navette entre l'aéroport et l'arrêt proche du Palacio de Congresos. Ils passent par le centre dans la Gran Vía de Colón, où les horaires sont affichés à l'arrêt de bus en direction de l'aéroport, en face de la cathédrale.

Comptez entre 18 et 20 € pour une course en taxi.

Bus

Les bus urbains coûtent 0,90 €. Les offices du tourisme vous fourniront un plan de leurs itinéraires. Le laissez-passer Bono Turístico (voir p. 315) comprend 9 trajets en bus.

Le bus n°3 relie la gare routière à la Gran Vía de Colón, dans le centre. Pour rejoindre le centre depuis la gare ferroviaire, marchez tout droit jusqu'à l'Avenida de la Constitución et prenez le bus n°4, 6, 7, 9 ou 11 qui roule vers la droite (est). Depuis le centre (Gran Vía de Colón) vers la gare ferroviaire, prenez le bus n°3, 4, 6, 9 ou 11.

Taxi

Les taxis stationnent Plaza Nueva. La plupart des courses en ville reviennent entre 4,50 et 7,50 €. Pour commander un taxi, contactez **Teleradio taxi** (☎ 958 28 06 54).

ENVIRONS DE GRANADA

Autour de Granada se déploie une plaine fertile, **La Vega**, où alternent plantations de peupliers et cultures variées – de la pomme de terre au maïs en passant par le melon et le tabac. La Vega a toujours joué un rôle essentiel pour la ville. Elle fut aussi un sujet d'inspiration pour Federico García Lorca, qui naquit et mourut ici. Le **Parque Federico García Lorca**, un parc mémorial entre les villages de Víznar et d'Alfacar (à environ 2,5 km de chaque localité), correspond au site présumé où Lorca et des centaines d'autres personnes auraient été assassinés et enterrés par les nationalistes au début de la guerre civile.

FUENTE VAQUEROS

La maison où naquit Lorca en 1898, dans ce village situé à 17 km à l'ouest de Granada, est devenue le **Museo Casa Natal Federico García Lorca** (☎ 958 51 64 53 www.museogarcialorca.org ; Calle Poeta Federico García Lorca 4 ; 1,80 € ; ☯ visites guidées toutes les heures 10h-13h et 17h-19h mar-dim avr-juin ; 10h-14h et 18h-20h mar-dim juil-sept ; 10h-13h et 16h-18h mar-dim oct-mars). Ce lieu ressuscite l'âme du poète, avec des photos, des affiches, des costumes des pièces qu'il écrivit et dirigea, ainsi que des peintures illustrant ses poèmes. Un petit film le montre en pleine activité, durant une tournée avec le Teatro Barraca.

DÉTOUR : ORCE

Le poussiéreux village d'Orce, dans l'Altiplano, revendique le titre de "berceau de l'humanité européenne". Il se fonde pour cela sur la découverte, à Venta Micena en 1982, d'un fragment d'os fossilisé, vieux de 1 à 2 millions d'années. Celui-ci ferait partie du crâne d'un bébé *Homo erectus*, l'ancêtre de l'*Homo sapiens*, constituant ainsi le plus ancien reste humain en Europe. De nombreux sceptiques mettent toutefois en cause l'hypothèse de cet "hombre de Orce", avançant que l'os pourrait provenir d'un cheval ou d'un cerf datant de moins d'un million d'années. Quoi qu'il en soit, Orce peut s'enorgueillir de posséder les traces de présence humaine les plus anciennes d'Espagne sous la forme d'outils de pierre datant de 1,3 millions d'années.

Au cours des quatre derniers millions d'années, la majeure partie de la Hoya de Baza, cette cuvette désormais aride de la région de Baza-Orce, formait un lac. Les animaux sauvages qui venaient se désaltérer, étaient attaqués par des prédateurs plus gros, comme en témoignent les os fossilisés de dizaines d'espèces – mammouths, rhinocéros, tigres à dents de sabre, hippopotames, hyènes géantes, loups, ours, éléphants, buffles… –, vieux de 1 à 2 millions d'années, que l'on a dégagés à Venta Micena et dans les environs.

Une sélection intéressante de pièces exhumées, notamment d'énormes dents de mammouths et une réplique du fragment de l'"hombre de Orce" (l'original est conservé sous clé à l'hôtel de ville d'Orce), est exposée au **Museo de Prehistoria y Paleontología** (☎ 958 74 61 01 ; 1,50 € ; 🕙 11h-14h mar-dim toute l'année, 18h-20h mar-dim juin-sept, 16h-18h mar-dim oct-mai), aménagé dans un château de l'époque musulmane, à côté de la place centrale.

Orce peut faire l'objet d'un détour sur la route entre Granada/Guadix/Baza et le secteur de Los Vélez, dans le nord de la province d'Almería (p. 412). Sur l'A92N, à 18 km à l'est de Baza, prenez l'A330 en direction de Huéscar. Au bout de 23 km, suivez vers l'est la SE34 qui mène à Orce, 6 km plus loin.

María, premier village de Los Vélez, vous attend 30 km à l'est d'Orce. En traversant les plaines désertes qui séparent les deux localités, il faut imaginer que des mammouths, des tigres à dents de sabre et des éléphants peuplaient jadis ce paysage.

Des bus de la compagnie **Ureña** (☎ 958 45 41 54) desservent Fuente Vaqueros (1,10 €, 20 min) au départ de l'Avenida de Andalucés, devant la gare ferroviaire de Granada. Lors de la rédaction de ce guide, ils partaient de Granada à 9h et à 11h, puis toutes les heures entre 13h et 20h (sauf à 16h) en semaine, et à 9h, 11h, 13h et 17h le week-end et les jours fériés.

EST DE GRANADA

Au nord-est de Granada, l'A92 traverse une région montagneuse et boisée, qui forme le Parque Natural Sierra de Huétor, avant de parcourir un paysage de plus en plus aride. Après Guadix, l'A92 se dirige au sud-est vers Almería et passe par le Marquesado de Zenete, au pied du flanc nord de la Sierra Nevada, tandis que l'A92N part vers le nord-est à travers l'Altiplano, ces "hautes plaines" de Granada qui offrent de superbes panoramas sur le nord de la province dAlmería et d'où émergent, ici et là, des montagnes.

GUADIX
20 000 habitants / 915 m

C'est une pratique très répandue à l'est de Granada, que d'élire domicile dans des grottes. Guadix, à 55 km de Granada, est connue pour ses habitations troglodytiques, les plus importantes de la province ; 3 000 personnes ont choisi ce mode de vie.

Renseignements
L'**office du tourisme** (☎ 958 66 26 65 ; Carretera de Granada s/n ; 🕙 9h-15h lun, 9h-16h mar-ven, 10h-14h sam) se trouve sur la route de Granada en quittant le centre-ville.

À voir
Au centre, une belle **cathédrale** de grès (2 € ; 🕙 10h30-13h et 14h-19h lun-sam, 9h30-13h dim) construite entre le XVIe et le XVIIIe siècles sur le site de l'ancienne mosquée principale, dans un mélange de styles gothique, Renaissance et baroque. La **Plaza de las Palomas**, toute proche, resplendit en s'illuminant la nuit.

Non loin vers le sud s'ouvre l'entrée d'un château arabe des Xe et XIe siècles, l'**Alcazaba** (Calle Barradas 3 ; 1,20 € ; 🕙 11h-14h et 16h-18h30 mar-sam, 10h-14h dim). La vue du château porte jusqu'au principal quartier troglodytique, la Barriada de las Cuevas, à 700 m au sud.

Une habitation troglodytique typique du XVIe siècle est dotée d'un mur de façade blanchi à la chaux tout autour de l'entrée, d'une cheminée, d'une antenne de télévision et de tout le confort moderne à l'intérieur. Certaines possèdent de nombreuses pièces. Il y règne tout au long de l'année une température agréable voisine de 18°C. Le **Cueva Museo Municipal** (☎ 958 66 08 08 ; Plaza de Padre Poveda ; 1,35 € ; ☺ 10h-14h et 16h-18h lun-sam, 10h-14h dim et fêtes), dans la Barriada de las Cuevas, met en scène la vie originale des troglodytes.

Où se loger et se restaurer

Cuevas Pedro Antonio de Alarcón (☎ 958 66 49 86 ; www.andalucia.com/cavehotel ; Barriada San Torcuato ; s/d/ q 36,90/55,65/88,25 € ; ☺ ☒). Cet hôtel propose des appartements troglodytiques confortables ainsi qu'une piscine et un restaurant, à 3 km du centre-ville, le long de la route de Murcia en direction de l'A92 (guettez les panneaux "Alojamiento en Cuevas").

Hotel Comercio (☎ 958 66 05 00 ; www.hotel comercio.com ; Calle Mira de Amezcua 3 ; s 42,80 €, d 54,55-64,20 € ; ☒). Cet établissement central établi de longue date a été entièrement rénové, il y a quelques années. Les chambres sont très douillettes et le restaurant prépare un grand choix de spécialités espagnoles à prix moyens.

Hotel Mulhacén (☎ 958 66 07 50 ; www.hotelmul hacen.com ; Avenida Buenos Aires 41 ; s/d 29,50/37,60 €, chambres supérieures 33,40/42,70 € ; ☺ ☒). Une adresse simple sur la route de Murcia, à 600 m du centre.

Depuis/vers Guadix

Guadix se situe à environ 1 heure de Granada (bus 4,05 €, train 5,55 €) et 1 heure 30 d'Almería (bus 6,85 €, train 6,15-14 €). Elle est desservie chaque jour depuis ces deux villes par au moins neuf bus et quatre trains, dans les deux sens. Il existe au minimum deux bus quotidiens à destination de Baza (3,25 €, 1 heure) et Mojácar (10,50 €, 3 heures). La **gare routière** (☎ 958 66 06 57 ; Calle Concepción Arenal) se tient près de l'Avenida Medina Olmos, à 700 m environ au sud-est du centre-ville. La gare ferroviaire se trouve en retrait de la route de Murcia, à 2 km environ au nord-est du centre.

MARQUESADO DE ZENETE

Cette région plutôt plate et désolée entre Guadix et la Sierra Nevada était un centre agricole prospère à l'époque musulmane. Après la Reconquista, elle fut offerte en récompense au cardinal de Mendoza, premier conseiller des Rois Catholiques pendant la guerre contre Granada. Son fils illégitime, Rodrigo de Mendoza, en devint le premier *marqués* (marquis).

La ville principale, **Jerez del Marquesado**, constitue le point de départ de certaines ascensions des pics de la Sierra Nevada. À 13 km à l'est de Jerez, le **Castillo de La Calahorra** (3 € ; ☺ 10h-13h et 16h-18h mer ou sur rendez-vous avec le gardien Antonio Trivaldo ☎ 958 67 70 98) se dresse au-dessus du village de **La Calahorra**. Le château fut construit entre 1509 et 1512 par Rodrigo de Mendoza, lequel, durant sa vie agitée, passa un moment en Italie où il tenta, en vain, de s'attirer les faveurs de Lucrèce Borgia. Extérieurement très sobre, avec ses deux tours d'angle surmontées d'un dôme et ses murs dépouillés, l'édifice encercle une cour Renaissance italienne dotée d'un escalier en marbre de Carrare. Au moins deux hostales et un hôtel se trouvent dans le village de La Calahorra, d'où l'A337 se dirige vers le sud et franchit le **Puerto de la Ragua**, un col menant aux Alpujarras.

BAZA

21 000 habitants / 850 m

Cette "ville marché" située à 44 km au nord-est de Guadix, remonte à l'époque des Ibères. La belle Plaza Mayor est dominée par l'**Iglesia Concatedral de la Encarnación**, du XVIe siècle. L'**office du tourisme** (☎ 958 86 13 25 ; Plaza Mayor 2 ; ☺ 10h-14h et 16h-18h30 sauf fêtes) occupe les mêmes locaux que le **Museo Municipal** (☎ 958 70 35 55 ; 1,20 € ; ☺ 10h-14h et 16h-18h30 sauf jours fériés). Ce musée expose une collection archéologique comprenant une copie de la *Dama de Baza*, statue grandeur nature d'une déesse ibère découverte dans la région en 1971 (l'originale est conservée au Museo Arqueológico Nacional de Madrid).

Cuevas Al Jatib (☎ 958 34 22 48 ; www.aljatib. com ; Arroyo Cúrcal s/n ; grotte 2 pers 75-95 €, grotte 4 ou 6 pers 89-143 € ; ☺). Ce mini complexe hôtelier troglodytique, situé à la lisière de la ville, compte 5 appartements (tous avec cheminée et cuisine équipée), un hammam, un salon de thé, un restaurant, une grotte de jeux destinée aux enfants et un logement adapté pour les personnes handicapées. Sinon, vous pouvez vous rabattre sur l'accueillant **Hostal Anabel** (☎ 958 86 09 98 ; *Calle María de Luna s/n ; s/d 22/38 € ;* 🔀), à environ 500 m au sud de la Plaza Mayor.

La **gare routière** (☎ 958 70 21 03 ; *Calle Reyes Católicos*) se trouve à 200 m au nord de la Plaza Mayor. Une quinzaine de bus desservent quotidiennement Guadix (3,25 €, 1 heure) et Granada (7,15 €, 2 heures) ainsi que Vélez Rubio (3,65 €, 1 heure 30).

SIERRA NEVADA

Enneigé presque toute l'année, le massif de la Sierra Nevada, dominé par le Mulhacén (3 479 m), point culminant de l'Espagne, forme un superbe arrière-plan au sud-est de Granada. Il s'étire sur 75 km d'ouest en est, de Granada jusque dans la province d'Almería.

La partie occidentale de la Sierra Nevada rassemble les sommets les plus élevés (3 000 m et plus). Son versant nord a vu s'installer les stations de ski les plus méridionales d'Europe. Quand la saison le permet, la chaîne montagneuse et ses vallées (notamment les Alpujarras, au sud) constituent un cadre merveilleux pour la randonnée. *Walking in Spain*, de Lonely Planet, décrit 8 jours de randonnée dans la Sierra Nevada et les Alpujarras.

Les meilleures cartes de la région sont *Sierra Nevada, La Alpujarra* (1/40 000), publiée par Editorial Alpina, et *Sierra Nevada* (1/50 000), d'Editorial Penibética. Chacune s'accompagne d'une brochure décrivant des itinéraires de randonnée à pied, à VTT ou à ski de fond.

La période idéale pour pratiquer la randonnée en haute montagne s'étend de début juillet à début septembre, seuls mois sans couverture neigeuse totale en altitude et au temps relativement stable. Malheureusement, elle ne coïncide pas avec les mois les plus agréables dans les vallées (voir p. 345). La période de fin juin-début juillet et la première quinzaine de septembre constituent un bon compromis. La Sierra Nevada est un massif plutôt rude et les températures en altitude sont en moyenne inférieures de 14ºC à celles relevées dans les plus hauts villages des Al-

pujarras. Soyez donc toujours bien équipé et prêt à supporter les nuages, la pluie et des vents forts et glacés.

La plupart des zones les plus élevées de la Sierra Nevada font partie des 862 km² du Parque Nacional Sierra Nevada, le plus vaste des douze parcs nationaux espagnols. Ce milieu de haute altitude tout à fait original abrite environ 2 100 des 7 000 espèces végétales recensées dans le pays, en particulier des variétés endémiques de crocus, de narcisse, de chardon, de trèfle, de pavot et de gentiane.

C'est aussi là que se concentre la principale population de bouquetins d'Andalousie (environ 5 000 têtes) et, en été, vous en croiserez sûrement au-dessus de 2 800m.

Entourant le parc national à une altitude inférieure, le Parque Natural Sierra Nevada couvre une zone de 848 km² moins protégée.

ESTACION DE ESQUI SIERRA NEVADA

L'A395 relie Granada à la station de ski de la Sierra Nevada, au pied de hauts sommets.

La **station de ski** (☎ 902 70 80 90 ; www.sierranevadaski.com) de Pradollano, à 33 km de Granada, présente des constructions modernes disgracieuses et une forte affluence le week-end et pendant les vacances durant la saison des sports d'hiver (elle affiche alors une vie nocturne trépidante). Cependant, la qualité de ses installations et de ses pistes lui a permis d'accueillir les championnats du monde de ski alpin en 1996 et d'organiser chaque année une compétition de la coupe du monde. Ses conditions climatiques et d'enneigement s'avèrent souvent meilleures que celles des stations espagnoles plus septentrionales.

Renseignements

Une dizaine de kilomètres avant la station de ski, le **Centro de Visitantes El Dornajo** (☎ 958 34 06 25 ; ⏱ 10h-14h et 18h-20h avr-sept, 10h-14h et 16h-18h oct-mars) fournit quantité d'informations sur la Sierra Nevada et vend des cartes.

À faire

La saison de ski dure normalement de décembre à avril ou début mai. Les prix de l'hébergement et des remontées (forfaits 23-33 €/j) baissent durant les périodes promotionnelles, en début et en fin de saison. Ils atteignent leur maximum pendant les fêtes de fin d'année, les vacances et les week-ends de janvier à mars.

La station compte 67 pistes de descente sur un total de 76 km : 4 pistes noires (très difficiles), 31 rouges (difficiles), 24 bleues (faciles) et 8 vertes (très faciles). La plus élevée part presque du sommet du Veleta (3 392 m), deuxième plus haut pic de la Sierra Nevada. Des téléphériques (10 € aller-retour pour les piétons) montent de Pradollano (2 100 m) à Borreguiles (2 645 m), où d'autres remonte-pentes mènent encore plus haut. Il existe aussi des pistes de ski de fond et une aire de snow-board au-dessus de Borreguiles.

La location de skis et de chaussures dans les nombreuses boutiques spécialisées de la station coûte 21 € par jour. La location d'un snow-board et de chaussures revient à 24 €. On trouve sur place plusieurs écoles de ski et de surf (week-end de stage - 6 heures, 57 €.).

Où se loger et se restaurer

La station comprend une vingtaine d'hôtels, hostales ou appartements hôteliers, dont les chambres doubles tournent autour de 80 € minimum. Il est en outre toujours conseillé de réserver. Si vous venez pour skier, vous avez intérêt à prendre un forfait et à réserver au moins deux semaines à l'avance en appelant la station ou en vous connectant sur son site Internet. La formule incluant l'hébergement en demi-pension pour 2 nuits et le forfait ski pour 2 jours vaut 150 € par personne.

Hors saison, seuls quelques hôtels et restaurants restent ouverts.

El Lodge (☎ 958 48 06 00 ; www.ellodge.com ; Calle Maribel 8 ; ch 214 € ; 🕑 toute l'année ; 🅿). Ce luxueux hôtel de 20 chambres, en pin finlandais, donne l'impression de loger dans une cabane en rondins. Il s'accompagne d'un bon restaurant basque.

Hotel Ziryab (☎ 958 48 05 12 ; www.cetursa.es ; Plaza de Andalucía ; ch 118,35 € ; 🕑 fin nov–début mai ; 🅿 🐾). Un vaste établissement (147 chambres) haut de gamme au pied de la station, dont l'architecture en pierre et bois n'est pas vilaine.

Albergue Juvenil Sierra Nevada (☎ 958 48 03 05 ; Calle Peñones 22 ; adultes/moins de 26 ans petit déj compris en saison 18,35/13,75 €, reste de l'année 12,25/9,05 €). Située sur les hauteurs de la station, l'auberge de jeunesse propose 341 places en chambres doubles et quadruples, dont six doubles à l'usage des handicapés. Malheureusement, le retour

après la tournée des bars de la station ressemble à une véritable expédition !

Voici également deux adresses légèrement plus onéreuses :

Hostal El Ciervo (☎ 958 48 04 09 ; www.eh.etursa.es ; Edificio Penibético ; chambre 84 € ; 🕑 déc-avr)

Hotel Apartamentos Trevenque (☎ 958 48 08 62 ; www.cetursa.es ; Plaza de Andalucía 6 ; chambre 105 € ; 🕑 toute l'année ; 🅿)

Pour vous sustenter, vous n'aurez qu'à choisir parmi les 30 restaurants variés de la station et les neuf autres installés plus haut sur les pistes.

Depuis/vers la station de ski

Pendant la saison de ski, la compagnie **Autocares Bonal** (☎ 958 46 50 22) assure trois liaisons quotidiennes (quatre le week-end) entre la gare routière de Granada et la station (aller/et retour 3,60/6,60 €, 1 heure). Hors saison, il n'y a plus qu'un bus quotidien (9h au départ de Granada, 17h au départ de la station). En taxi depuis Granada, comptez environ 40 €.

LE MULHACÉN ET LE VELETA

Au sud-est de la station de ski s'élèvent les deux plus hauts sommets de la Sierra Nevada : le Mulhacén (3 479 m) et le Veleta (3 395 m), dont les cimes restent enneigées même en été. Ils couronnent le haut de la vallée de la Poqueira, dans les Alpujarras, sur le versant sud du massif. Le Mulhacén, point culminant de l'Espagne continentale, abrite en son faîte un petit sanctuaire et une chapelle sans toit, à quelques mètres d'un à-pic de 500 m plongeant jusqu'à la cuvette de la Hoya de Mulhacén. Par temps clair, les paysages lointains de la Sierra de Cazorla et du Rif marocain offrent une perspective extraordinaire.

Une route monte dans la Sierra Nevada depuis la station de ski jusqu'à **Capileira**, le village le plus élevé de la vallée de Poqueira. Toutefois, elle est fermée aux véhicules ne disposant pas d'une autorisation spéciale entre Hoya de la Mora (2 550 m), à quelque 3 km au-dessus de Pradollano, et Hoya del Portillo (2 150 m), 12 km au-dessus de Capileira. De fin juin à fin octobre (en fonction de l'enneigement), le Parque Nacional Sierra Nevada met en place une navette, le Servicio de Interpretación Ambiental Altas Cumbres (Service d'interprétation environnemental des hauts sommets), qui permet

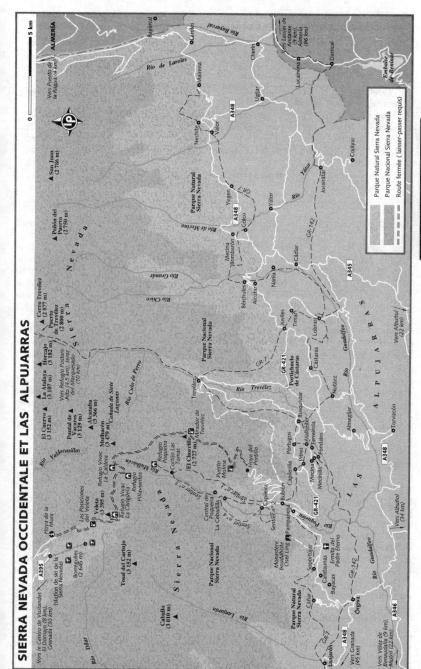

SIERRA NEVADA OCCIDENTALE ET LAS ALPUJARRAS

0 — 5 km

Parque Natural Sierra Nevada

Parque Nacional Sierra Nevada

Route fermée (laisser-passer requis)

Vers le Centro de Visitantes
El Dornajo (8 km),
Granada (30 km)

A395

Vers Velez de
Benaudalla (9 km),
Motril (22 km)

Vers Granada
(45 km)

A346

A348

Vers Albuñol
(34 km)

A348

A345

Vers Albuñol
(22 km)

Darrical

Vers Laujar de
Andarax (9 km),
Almería (86 km)

Embalse
de Beninat

Vers Puerto de
la Ragua (4 km)

ALMERÍA

Ayacoral

Laroles

Río Boayacal

Río de Laroles

Mairena

Cherín

Ugíjar

Válor

Nechite

A348

GR-7

Yegen

Yátor

Río

Jorairátar

GR-142

Lucainena

Cojáyar

San Juan
(2796 m)

Peñón del
Puerto (2750 m)

S i e r r a   N e v a d a

Cerro Trevélez
(2877 m)

Puerto
de Trevélez
(2800 m)

Horcajo
(3182 m)

La Atalaya
(3107 m)

Vers Refugio Postero
Alto (4,5 km), Jerez
del Marquesado
(10 km)

El Cuervo
(3152 m)

Río
Valdecasillas

Alcazaba
(3366 m)

Puntal de
Vacares
(3129 m)

Mulhacén
(3479 m)

Cañada de Siete
Lagunas

Río Culo de Perro

Río Chico

Río Grande

Río de Mecina

Medina
Bombarón

Golco

Válor

Cádiar

Narila

Bérchules

Alcútar

Juviles

Timar

GR-7

A348

Parque Natural
Sierra Nevada

Parque Nacional
Sierra Nevada

Trevélez

Río Trevélez

Portichuelo
de Cástaras

GR-421

Lobras

Cástaras

Nieles

Busquístar

Almegíjar

Notáez

Torvizcón

L A S   A L P U J A R R A S

Río Guadalfeo

Río
Poqueira

Refugio Vivac
La Caldera

Refugio Vivac
La Caldera

Refugio Vivac
La Cañada

Refugio
Villavientos

Cortijo Las
Tomas

El Chorrillo
(2727 m)

Mirador de
Trevélez

Puente
Molina

Hoya del
Portillo

Capileira

Pórtugos

Mecina
Fondales

Ferreirola

Fondales

Busquístar

Atalbéitar

Sierra   Nevada

Veleta
(3395 m)

Las Posiciones
del Veleta

Refugio Vivac
La Carihuela

Sentier n° 3

Sentier n° 2

Central de
Poqueira
La Cebadilla

Bubión

Pampaneira

Río

Poqueira

GR-421

Hoya de la
Mora

Borreguiles
(2645 m)

Tosal del Cartujo
(3152 m)

Parque Nacional
Sierra Nevada

Caballo
(3010 m)

Río
Lanjarón

Río
Dílar

Lanjarón

A348

Parque Natural
Sierra Nevada

GR-7

Monastère
bouddhiste
Osel Ling

Cástaras

Soportújar

Carataunas

Bayacas

Cáñar

Órgiva

Ermita del
Padre Eterno

GR-142

Río Guadalfeo

A346

(station de ski de la
Sierra Nevada)

LES JOIES DE LA NEIGE ET DE LA GLACE

La station de ski n'est pas réservée uniquement aux skieurs. On y pratique aussi le patin à glace (7,50 € de l'heure, location de patin comprise), le traîneau à chiens (40 € par pers la demi-heure), les raquettes (34 € pour 2 heures), et le toboggan dans des tubes géants (15 € la demi-heure). N'oubliez pas de vous vêtir en conséquence.

Le téléphérique Al-Andalus est accessible aux fauteuils roulants, et les handicapés peuvent louer des équipements de ski spéciaux près de sa station supérieure.

Hors saison de sports d'hiver, le **programme Sierra Nevada Activa** (www.sierranevadaactiva.com) propose un tas d'activités, dont une excursion en VTT jusqu'à Trevélez (une journée 78 €) ou sur la côte (2 jours 170 €), un trek de 4 jours sur plusieurs pics de plus de 3 000 m (346 €), une journée de randonnée équestre à destination de la Cañada de Siete Lagunas (80 €) et du canyoning sur le Río Verde, au-dessus d'Almuñécar (75 €/j).

En hiver, des circuits de ski de fond et des ascensions avec guides vers les hauts sommets sont également possibles.

---

aux marcheurs d'accéder aux sommets de la chaîne. Elle emprunte la route sur environ 6 km depuis Hoya de la Mora (vers les Posiciones del Veleta, à 3 020 m), et sur près de 21 km depuis Capileira (vers le Mirador de Trevélez, à 2 680 m). Les billets (aller/et retour sur les deux itinéraires 4/6 €) sont disponibles aux bureaux d'information du parc national à **Hoya de la Mora** (☎ 630 95 97 39 ; 8h30-14h30 et 15h30-19h30 pendant la saison) et à **Capileira** (☎ 958 76 34 86, 686-414576 ; ☻ 9h-14h et 16h30-19h30 toute l'année).

À l'arrivée, vous avez le choix entre plusieurs itinéraires fort intéressants. Les bureaux d'information du parc national distribuent des dépliants les décrivant. Au départ des Posiciones del Veleta, vous pouvez effectuer une marche d'environ 4 km jusqu'au sommet du Veleta (1 heure 30, 370 m de dénivelé), une randonnée de 14 km jusqu'au sommet du Mulhacén (4-5 heures) ou un parcours de 15 km (5-6 heures) pour rejoindre le Mirador de Trevélez (en évitant les sommets). De ce dernier, il faut à peu près 3 heures de marche pour accéder en haut du Mulhacén (6 km, montée de 800 m). Vous pouvez aussi rallier la **Cañada de Siete Lagunas**, un bassin parsemé de lacs au pied du versant oriental du Mulhacén (1 heure 30-2 heures).

Quatre refuges de haute montagne vous accueilleront pour la nuit si vous envisagez une randonnée de plusieurs jours.

Le **Refugio Poqueira** (☎ 958 34 33 49 ; 8,20 €/ pers ; petit déj/dîner 3,50/10 € ; ☻ toute l'année) est une installation moderne de 87 places, avec restaurant et douches chaudes, à 2 500 m d'altitude, vers le haut de la vallée de Po-

queira. Réservez quelques jours à l'avance si possible. Vous pouvez accéder au refuge en marchant pendant 4 km depuis le Mirador de Trevélez (1 heure environ). Sinon, suivez le Río Mulhacén sur 2,3 km depuis la route au bas du versant ouest du Mulhacén, puis tournez pour emprunter une piste vers le sud-est ; le refuge se trouve 750 m plus loin.

Vous pouvez également dormir dans trois *refugios vivac*, des abris en pierre ou en brique qui disposent d'une douzaine ce couchages sommaires. Ils sont gratuits et ouverts en permanence, mais il est possible de réserver. Le **Refugio Vivac La Caldera** se situe au pied du versant ouest du Mulhacén, à 1 heure 30 de marche du Refugio Poqueira. Pour atteindre le **Refugio Pillavientos**, prévoyez 20 min de marche le long de la route partant du Refugio La Caldera vers le sud-ouest. Le **Refugio Vivac La Carigüela** se tient au Collado del Veleta (3 200 m), le col en contrebas du Veleta.

Le camping sauvage n'est autorisé qu'à partir de 1 600 m d'altitude, à au moins 50 m des lacs de haute montagne, et 500 m des refuges avec personnel et des chemins pour véhicules. Vous devez en informer auparavant les autorités du parc par e-mail, fax ou courrier ; vérifiez le dernier règlement en date dans un bureau d'information.

Vous pouvez, bien entendu, rejoindre les refuges et les hautes altitudes sans utiliser le bus effectuant la navette. De Capileira, le sentier n°3, signalé par des marques jaunes (voir p. 347), monte la vallée de Poqueira jusqu'à Cortijo Las Tomas, qui se trouve à 45 min du Refugio Poqueira. La randonnée depuis Capileira dure, au total, environ 5 heures. Vous pouvez également emprunter l'itinéraire au départ de Trevélez. Dirigez-vous vers le nord-ouest jusqu'à la Cañada de Siete Lagunas ; puis montez jusqu'au Mulhacén par la crête rocheuse Cuesta del Resuello (environ 7 heures de marche depuis Trevélez).

MONACHIL
1 000 habitants / 810 m
Ce joli village des contreforts de la Sierra, à 6 km au sud-est de Granada, constitue un haut lieu de l'alpinisme dans la région, grâce à la présence des gorges spectaculaires de **Los Cahorros**, juste à l'est. On dénombre dans la région 300 voies classiques et sportives. Avec leurs chutes d'eau et leur pont suspendu, les gorges s'avèrent également propices à de courtes randonnées. Monachil abrite le tour opérateur britannique **Ride Sierra Nevada** (☎ 958 50 16 20 ; www.ridesierranevada.com), recommandé pour les circuits en VTT.

Vingt bus quotidiens en semaine, dix le samedi et quatre le dimanche desservent Monachil (0,75 € ,15 min) au départ de Granada, depuis le Paseo del Salón.

LAS ALPUJARRAS

Le long du versant sud de la Sierra Nevada s'étire, sur 70 km, un paysage accidenté, succession de vallées connue sous le nom de Las Alpujarras, ou La Alpujarra, qui forme l'une des contrées les plus pittoresques d'Andalousie. Ses flancs arides, entaillés de profonds ravins, sont parsemés de villages blancs qui, tels des oasis, s'étendent au milieu de jardins, de vergers et de bois arrosés par des torrents rapides. C'est une région qui se prête merveilleusement à la randonnée et qui constitue le point de départ d'excellents itinéraires d'ascension dans la Sierra Nevada.

Malgré l'afflux récent de touristes en provenance du nord de l'Europe (surtout des Britanniques), les Alpujarras demeurent un monde à part, mystérieux et hors du temps. Les témoignages du brillant passé musulman sont omniprésents, dans les villages de style berbère avec leurs ruelles sinueuses bordées de maisons à deux niveaux (le rez-de-chaussée sert encore souvent d'étable et

de réserve) coiffées d'un toit plat, comme dans le système de culture en terrasse et d'irrigation des terres.

L'A348 est la route principale pour rejoindre les Alpujarras depuis l'ouest. Cette route (appelée C333 sur certains panneaux) part de la N44, à 34 km au sud de Granada. La GR421 se dirige vers le nord depuis l'A348 juste à l'ouest d'Órgiva et serpente le long des versants nord des Alpujarras, rejoignant l'A348 quelques kilomètres au nord de Cádiar.

De nombreux villages des Alpujarras se trouvent dans le Parque Natural Sierra Nevada. En revanche, il n'y en a aucun à l'intérieur du Parque Nacional Sierra Nevada.

Histoire
À l'époque musulmane, les Berbères qui avaient immigré dans les Alpujarras introduisirent l'élevage du ver à soie (qui se nourrit de feuilles de mûrier). Le fil obtenu en dévidant les cocons constituait la matière première des ateliers prospères d'Almería, au Xe et XIe siècles, et, plus tard, de la Granada nasride. Avec l'agriculture irriguée, cette industrie nourrissait au XVe siècle une population dépassant probablement les 150 000 habitants, répartie dans quelque 400 villages et hameaux.

Lorsqu'en 1492, Boabdil capitula devant les Rois Catholiques, il reçut les Alpujarras pour fief personnel. Il s'établit à Laujar de Andarax, dans l'est des Alpujarras (province d'Almería), avant de partir pour l'Afrique l'année suivante. La tolérance religieuse promise par les chrétiens céda bientôt le pas aux conversions forcées et aux expropriations qui entraînèrent en 1500 des révoltes musulmanes dans l'ancien émirat de Granada, en particulier dans les Alpujarras. Après l'échec de leur rébellion, les musulmans durent choisir entre la conversion et l'exil. Nombre d'entre eux se convertirent (ceux qu'on allait appeler les morisques), mais le plus souvent de manière purement formelle. En 1567, Felipe II promulga un décret particulièrement répressif interdisant l'usage des noms, des costumes et même de la langue arabes. Ceci déclencha en 1568 une nouvelle révolte menée par un morisque des Alpujarras du nom d'Aben Humeya. Les deux années de violente guérilla qui s'ensuivirent ne s'achevèrent qu'avec l'intervention de Don Juan d'Autriche, chargé par son demi-frère Felipe d'écraser l'insurrection, et avec l'assassinat d'Aben Humeya par son cousin Aben Abou.

Presque toute la population des Alpujarras fut déportée en Castille et dans l'ouest de l'Andalousie. Quelque 270 villages et hameaux furent repeuplés par des chrétiens venus du nord de l'Espagne, les autres furent abandonnés. Au fil des siècles, l'industrie de la soie déclina et les bois des Alpujarras furent remplacés par l'exploitation minière et la culture des céréales.

Randonnée

Les meilleures périodes pour marcher dans les Alpujarras se situent entre avril et mi-juin, et de mi-septembre à début novembre, quand les températures ne sont ni trop élevées ni trop basses et que la végétation offre ses couleurs les plus éclatantes.

Une multitude de belles randonnées relient les villages de la vallée ou grimpent dans la Sierra Nevada. Deux longs sentiers balisés passent par les Alpujarras. Le GR-7 traverse l'Europe, de Tarifa (province de Cádiz) jusqu'en Grèce. Vous pouvez le suivre en traversant les Alpujarras de la province de Granada, depuis Laroles jusqu'à Lanjarón. Comptez une semaine de marche. Le GR-142, long de 144 km, relie Lanjarón à Fiñana sur le versant nord de la Sierra Nevada dans la province d'Almería.

LES ÉCRIVAINS BRITANNIQUES DANS LES ALPUJARRAS

Dans les années 1920, l'Anglais Gerald Brenan s'installa dans le village de Yegen avec "beaucoup de livres et un peu d'argent" pour échapper au poids des traditions britanniques. Son ouvrage intitulé *South From Granada* décrit de manière fascinante ce qui était alors un coin très reculé d'Espagne pétri de superstitions, où se rendirent Virginia Woolf et d'autres écrivains. Un autre Anglais, Chris Stewart, s'est installé dans les années 1990 comme éleveur de moutons près d'Órgiva. Ses best-sellers, *Driving over Lemons* et *A Parrot in the Pepper Tree*, racontent dans un style divertissant la vie actuelle d'un étranger dans les Alpujarras.

Pour des informations concernant les cartes, voir p. 327.

Où se loger et se restaurer

Mieux vaut réserver si vous venez durant la Semana Santa ou de juin à septembre. De nombreux villages offrent la possibilité de louer des appartements et des maisons pour de courts séjours ; renseignez-vous auprès des offices du tourisme ou consultez le site Internet de **Turgranada** (www.turgranada.com).

La cuisine simple des Alpujarras, se compose de plats rustiques, de bonne viande, et de truites de la région. Trevélez est réputé pour son *jamón serrano*, mais les autres villages produisent également d'excellents jambons. Le *plato alpujarreño* consiste en pommes de terre frites servies avec œufs frits, saucisse, jambon et parfois du boudin noir. Son prix tourne habituellement autour de 6 €.

Le vin "Alpujarras" ou "Costa", corsé et plutôt âpre, provient de la Sierra de la Contraviesa, sur le versant sud des Alpujarras.

ÓRGIVA

5 100 habitants / 725 m

Principale agglomération de l'ouest des Alpujarras, Órgiva est peu coquette mais particulièrement animée. Le jeudi matin, les gens du pays et la communauté internationale (qui compte beaucoup de marginaux et d'adeptes du New Age) descendent pour acheter ou vendre des légumes, des bijoux artisanaux, etc., sur le pittoresque marché qui se tient dans la partie haute de la ville, le Barrio Alto.

Reconnaissable à ses tours jumelles, l'**Iglesia de Nuestra Señora de la Expectación** (Plaza García Moreno), à côté des feux de signalisation du centre, date du XVIe siècle. L'**arrêt de bus Alsina Graells** (Avenida González Robles 67) se situe environ 300 m plus bas. Vous trouverez des banques et des DAB sur la Plaza García Moreno et ses alentours.

Où se loger et se restaurer

Hotel & Hostal Mirasol (☎ 958 78 51 08/59 ; Avenida González Robles 5 et 3 ; s/d hostal 17,10/27,80 €, hôtel 32,10/42,80 €). Proches du pont sur le Río Chico, du côté ouest de la ville, les chambres sobres de l'hostal – murs blanchis et carrelage – offrent un confort correct. Celles de l'hôtel, plus grandes et plus récentes, sont équipées d'une TV.

Hotel Taray (☎ 958 78 45 25 ; www.turgranada. com/hoteltaray ; A348 Km 18,5 ; chambre à partir de 72,45 € ; Ⓟ 🐾 🛋). Dans un environnement rural, à 1,5 km au sud du centre, sur l'A348 en direction du Río Guadalfeo, le meilleur hôtel de la ville loue de jolies chambres aux tons pastel dans des bâtiments typiques des Alpujarras. Il possède un restaurant et une vaste piscine agréable au fond d'un long jardin planté de gazon.

Camping Órgiva (☎ 958 78 43 07 ; www.descu brela alpujarra.com ; A348 Km 18,9 ; adulte/tente/voiture 4,15/3,95/3,30 € ; cabines et bungalows à partir de 34,45 € ; Ⓟ 🛋). Ce terrain de camping, à 2km du centre, sur l'A348 en direction du Río Guadalfeo, dispose d'une belle piscine et d'un restaurant très abordable, mais il manque un peu d'espace.

Mesón Casa Santiago (Plaza García Moreno ; plats 6-12 €). Une adresse au cœur de la ville pour se régaler de viande grillée, à l'intérieur ou en terrasse.

Café Baraka (Calle Estación 12A ; en-cas et plats légers 2-3 €). Des parfums d'épices s'échappent de ce café agréablement spacieux jouxtant le parking municipal, dans la partie haute de la ville. Venez ici pour siroter une infusion ou un milk-shake accompagné d'un *shawarma* (viande rôtie à la broche, tranchée et servie en sandwich dans un pain pita).

PAMPANEIRA, BUBIÓN ET CAPILEIRA

Pampaneira 340 habitants / 1 050 m
Bubión 360 habitants / 1 300 m
Capileira 570 habitants / 1 440 m
Ces villages accrochés à flanc de montagne au-dessus du profond ravin Barranco de Poqueira, se succèdent entre 14 et 20 km au nord-est d'Órgiva et comptent parmi les plus ravissants, les plus spectaculaires et les plus touristiques des Alpujarras. Les maisons en pierre, blanchies à la chaux, semblent se hisser les unes au-dessus des autres pour ne pas dégringoler au fond du précipice. Ombragées par des balcons fleuris, leurs venelles grimpent en serpentant. Le plus haut des trois, Capileira, offre une excellente base de randonnées.

Renseignements

Vous verrez des DAB juste devant l'entrée du parking de Pampaneira, ainsi qu'à **La General** (Calle Doctor Castilla), à Pampileira.
Ciber Monfí Café Morisco (voir *Où se loger et se restaurer*, p. 348). Cybercafé à Bubión.

Punto de Información Parque Nacional de Sierra Nevada (☎ 958 76 31 27 ; Plaza de la Libertad, Pampaneira ; 🕙 10h-15h dim-lun, 10h-14h et 17h-19h mar-sam, 16h-18h uniquement, de mi-oct à Pâques). Nombreuses informations sur les Alpujarras et la Sierra Nevada ; vente de livres et de cartes.
Servicio de Interpretación de Altos Cumbres (☎ 958 76 34 86, 686-414576 ; 🕙 9h-14h et 16h30-19h30 environ). À côté de l'artère principale de Capileira ; renseignements sur le parc national et les Alpujarras.

À voir et à faire

Ces trois villages, comme bien d'autres dans les Alpujarras, abritent de solides **églises mudéjares** du XVIe siècle (🕙 ouvertes aux heures de la messe, affichées sur la porte). On y trouve aussi des petits **ateliers de tissage**. À Bubión, l'intéressant **Taller del Telar** (Calle Santísima Trinidad ; 🕙 11h-14h30 et 17h-20h30) appartient à un Français qui possède d'anciens métiers à tisser de Granada. Ne manquez pas la **Casa Alpujarreña** (Calle Real ; 1,80 € ; 🕙 11h-14h dim-jeu, 11h-14h et 17h-19h ven, sam et fêtes), à côté de l'église de Bubión. C'est un passionnant petit musée populaire installé dans une maison villageoise qui n'avait pas été restaurée depuis les années 1950, jusqu'à sa récente transformation en musée. Il donne un merveilleux aperçu de la vie d'autrefois dans les Alpujarras.

RANDONNÉES

Huit chemins longs de 4 à 23 km (2 à 8 heures de marche), balisés par des poteaux de couleur, sillonnent le magnifique **Barranco de Poqueira**. Bien que leur point de départ puisse sembler difficile à repérer, ils sont signalisés et figurent sur la carte Editorial Alpina (voir p. 341). La plupart des itinéraires partent de Capileira.

L'itinéraire n°2 démarre à Capileira au bout de la Calle Cerezo et accomplit un circuit de 4 km qui descend dans la vallée avant de remonter au village. Toujours depuis Capileira, l'itinéraire n°4 (8 km, 3 heures 30) vous mène au hameau de La Cebadilla, puis redescend sur le versant ouest de la vallée et remonte jusqu'à Capileira. Vous trouverez le point de départ au nord du village ; 125 m après le dernier bâtiment, empruntez le chemin qui part sur la droite. L'itinéraire n°3 poursuit l'ascension de la vallée de La Cebadilla à Cortijo Las Tomas (comptez une demi-heure de marche sur une pente abrupte pour atteindre le

Refugio Poqueira) et revient à Capileira par un chemin élevé sur le flanc est de la vallée (la boucle complète en partant du village, fait 19 km, soit 8 heures de randonnée). **Nevadensis** (☎ 958 76 31 27 ; www.nevadensis. com), dans le centre d'information de Pampaneira, organise des randonnées et des trekkings, menés par des guides expérimentés, dont un circuit associant l'approche du Mulhacén en 4x4 et son ascension à pied, moyennant 35 € par personne.

AUTRES ACTIVITÉS
La compagnie locale Nevadensis (ci-dessus), très expérimentée, organise des activités guidées dans la région, dont des balades à cheval, des randonnées en VTT ou en raquettes, de l'escalade et du canyoning. Pour monter à cheval, nous vous recommandons aussi **Rafael Belmonte** (☎ /fax 958 76 31 35 ; www. ridingandalucia.com) et **Dallas Love** (☎ 958 76 30 38 ; dallaslove@arrakis.es), basés à Bubión. Tous deux proposent des randonnées pouvant durer une semaine. Avec **Horizonte Vertical** (☎ /fax 958 76 34 08 ; www.granadainfo.com/hv ; Calle Nivel 6, Bubión), vous pourrez pratiquer le parapente au-dessus de paysages époustouflants.

Où se loger et se restaurer
PAMPANEIRA
Hostal Ruta del Mulhacén (☎ 958 76 30 10 ; www. ruta delmulhacen.com ; Avenida Alpujarra 6 ; s 25-35 €, d 30-45 €). La plupart des chambres douillettes de cette pension, à l'entrée du village, ont un balcon et, pour certaines, une terrasse privative dominant la vallée.

Hostal Pampaneira (☎ 958 76 30 02 ; Avenida Alpujarra 1 ; s/d 25/36 €). En face du précédent, il est dirigé par une aimable villageoise. Il offre des chambres propres et de bonne taille ainsi qu'une table d'un excellent rapport qualité/prix, le **Restaurante Alfonso** (truite 5,50 €, menu 9 €).

Restaurante Casa Diego (☎ 958 76 30 15 ; Plaza de la Libertad 3 ; plats 5-9 €). Avec sa charmante terrasse à l'étage, il s'agit du meilleur des trois restaurants autour de la place. La truite au jambon et le jambon avec des œufs figurent parmi les plats les moins chers.

BUBIÓN
Hostal Las Terrazas (☎ 958 76 30 34 ; www.terrazas alpujarra.com ; Plaza del Sol 7 ; s/d 21,40/28,90 €, appt 2/4/6 pers 48,15/58,85/77,05 €). Juste au-dessous de la rue principale, cette adresse accueillante

propose des petites chambres proprettes décorées de jolis tissus et de meubles en pin, et quelques appartements.

Ciber Monfí Café Morisco (☎ 958 76 30 53 ; www. cibermonfi.com ; Calle Alcalde Pérez Ramón 2 ; plats légers 3-4 € ; ☽ fermé mar-mer). Cette vieille maison du village reconvertie en salon de thé-bar sert de la cuisine nord-africaine. Avec son agréable terrasse-jardin, son accès Internet, son feu de bois en hiver et ses concerts en soirée le week-end, c'est sans doute le meilleur établissement de la vallée de Poqueira. Goûtez au *plato Monfí* (10 €), constitué d'une brochette de légumes, de porc ou de poulet, accompagnée de riz, de semoule et de salades.

CAPILEIRA
Cortijo Catifalarga (☎ 958 34 33 57 ; www. catifalarga.com ; Carretera de Sierra Nevada ; s 48,15 €, d 64,20-92 €, appt à partir de 77 € ; plats 6-12 € ; P). L'allée de 500 m qui mène à cette ancienne ferme merveilleusement rénovée – et bien indiquée – débouche à 750 m du haut du village, sur la route de la Sierra Nevada. Le style se veut rustique, avec des poutres en châtaignier, du carrelage et des tapis marocains. Quelques chambres ont l'avantage d'avoir une terrasse privative. Vous pourrez vous attabler à l'intérieur ou dehors pour goûter une cuisine aux influences multiples : andalouse, catalane, arabe, végétarienne et autres. La vue sur les environs est magnifique et des concerts ont lieu certains soirs.

Mesón Poqueira (☎ 958 76 30 48 ; Calle Doctor Castilla 11 ; s/d 18/24 €, appt pour 2/4/6 pers 48/80/90 €). Deux frères dirigent les lieux, situés juste en retrait de la rue principale et qui comportent des chambres sobres de taille correcte, un bar et un restaurant.

Hostal Atalaya (☎ 958 76 30 25 ; www.hostal atalaya.com ; Calle Perchel 3 ; s/d avec vue 22/34 €, sans vue 17/30 €, petit déj inclus). Non loin de l'adresse précédente, un accueil amical et une foule d'informations attendent les voyageurs. Les chambres sont agréables et sans prétention.

Finca Los Llanos (☎ 958 76 30 71 ; www.hotelfinca losllanos.com ; Carretera de Sierra Nevada ; s/d 45/72 € ; P ☏). Des chambres d'un goût sûr, avec sol en terre cuite, tissus rustiques et téléphone, ainsi qu'un restaurant, une piscine et une bibliothèque, vous attendent au sommet du village.

Campileira (☎ 958 76 34 19 ; Carretera de Sierra Nevada ; dort 11,75 €, d 26,75 €, camping par pers/emplacement 3,40/6,40 € ; petit déj/dîner 2,15/8,55 € ; Ⓟ). À quelque 500 m du haut du village, sur la route de la Sierra Nevada, vous bénéficierez ici de dortoirs propres dans un vaste bâtiment en pierre, de douches chaudes, de repas bon marché et d'emplacements de camping aménagés sur une terrasse plantée d'herbe. Une vue fabuleuse couronne le tout.

Restaurante Ibero-Fusión (☎ 958 76 32 56 ; Calle Parra 1 ; salades 5-8,50 €, plats 7-10 € ; ☽ 19h-22h45). Installée en contrebas de l'église, cette table vous changera de la cuisine traditionnelle des Alpujarras. Elle mêle en effet les spécialités andalouses, arabes et indiennes, avec de nombreux plats végétariens. Couscous, *dhal* (soupe de lentilles) et dinde saharienne aux pommes et aux dattes font partie de la carte.

Bar El Tilo (☎ 958 76 31 81 ; Plaza Calvario ; raciones 4-6 €). Ses raciones sont avantageuses : melon et jambon ou *patatas a lo pobre* (plat de pommes de terre aux poivrons et à l'ail).

Achats

Ces trois villages recèlent quantité de boutiques d'artisanat qui vendent, entre autres, des tapis en coton très colorés, typiques des Alpujarras. À Capileira, **J Brown** (☎ 958 76 30 92 ; Calle Doctor Castilla) propose, à des prix compétitifs, des vêtements faits main en cuir ou en daim, notamment des gilets à partir de 50 €.

PITRES ET LA TAHA
Pitres 450 habitants / 1 250 m

Presque aussi charmants que les villages des gorges de Poqueira, Pitres est pourtant nettement moins touristique. Les cinq jolis hameaux de la vallée en contrebas – **Mecina**, **Mecinilla**, **Fondales**, **Ferreirola** et **Atalbéitar** – sont regroupés au sein d'une commune appelée La Taha, un nom arabe qui rappelle l'époque où les Alpujarras étaient divisées en 12 unités administratives, les *tahas*. Entre ces hameaux, d'anciens chemins traversent des bois et des vergers luxuriants, bercés par le clapotis incessant des torrents, qui évoquent un passé lointain. À quelques minutes de marche en aval de Fondales, un pont de l'époque musulmane franchit la gorge du Río Trevélez, juste à côté d'un moulin en ruine de la même période (demandez le *puente árabe*).

Où se loger et se restaurer

Sierra y Mar (☎ 958 76 61 71 ; www.sierraymar.com ; Calle Albaicín, Ferreirola ; s/d petit déj inclus 28/48 €). Les 9 chambres individuelles de cette pension ravissante, nichée dans le petit village merveilleusement paisible de Ferreirola, s'organisent autour de plusieurs patios et jardins. Installés ici depuis les années 1980, les sympathiques propriétaires, danois et italien, parlent plusieurs langues et se montrent très obligeants, notamment quand il s'agit d'organiser des randonnées dans la région.

L'Atelier (☎ 958 85 75 01 ; www.ivu.org/atelier ; Calle Alberca 21, Mecina ; s/d 28,50/42 €, s/d petit déj inclus 30/45 € ; ☽ restaurant 19h-23h mer-lun). Gérée par un Français accueillant, cette pension aménagée dans une maison villageoise séculaire comprend 6 chambres et une galerie d'art. Elle sert des plats végétariens raffinés et des cours de cuisine végétarienne s'y déroulent.

Balcón de Pitres (☎ 958 76 61 11 ; www.balcondepitres.com ; Carretera GR421 Km 51, Pitres ; adulte/tente/voiture 5,35/5,35/4,80 €, chalets et bungalows à partir de 45 € ; Ⓟ ☙). Ce camping à l'ouest de Pitres, au-dessus de la route principale, bénéficie d'un terrain ombragé assez spacieux, avec un honnête restaurant bon marché et de jolis chalets en bois.

Refugio Los Albergues (☎ 958 34 31 76 ; Pitres ; dort 7-8 € ; ☽ fermé mi-déc–mi-fév). À 200 m de la GR421, du côté ouest de Pitres, ce petit gîte pour randonneurs (signalisé) dispose d'une cuisine équipée, de douches chaudes et de toilettes extérieures. Le propriétaire, un Allemand avenant, vous fournira une foule de renseignements sur les randonnées possibles. Il y a aussi une chambre double (avec/sans chauffage 21/24 €).

El Jardín (☎ 689-633529 ; Calle Escuelas Viejas, Pitres ; plats 6,50-8 € ; ☽ 19h-22h30 mar-ven, 12h-23h sam-dim, Semana Santa–oct). Dirigé par des Anglais, cet excellent restaurant végétarien agrémenté d'un joli jardin ombragé se dresse à 200 m à l'est de la place de Pitres. La carte énonce des plats élémentaires comme les lasagnes ou les crêpes fourrées, ainsi que des recettes plus exotiques comme le brie Curaçao, un mariage irrésistible de brie, de fruits tropicaux et de légumes accompagné d'une sauce au poivron rouge et de noix de coco.

Hotel Albergue de Mecina (☎ 958 76 62 41 ; www.ocioteca.com/hotelmecina ; Calle La Fuente s/n, Mecina ; chambre 64,20 € ; Ⓟ ☙). Ses 21 chambres modernes et confortables, aménagées avec goût, conservent quelques détails du style traditionnel des Alpujarras.

TREVÉLEZ
800 habitants / 1 476 m

Niché dans une fissure à flanc de montagne, presque aussi impressionnante que les gorges de Poqueira, Trevélez sert de point de départ aux ascensions des pics de la Sierra Nevada. Réputé pour sa production de *jamón serrano* (les jambons viennent de loin pour sécher à l'air montagnard), le village se proclame également le plus haut du pays, bien que d'autres localités puissent prétendre à ce titre. Néanmoins, comme elle englobe le Mulhacén, la commune de Trevélez est bien la plus haute de l'Espagne continentale.

Une profusion d'échoppes de souvenirs et de jambon bordent la rue principale, mais il suffit de se promener sur les hauteurs pour découvrir ce village bien vivant, si typique des Alpujarras. La banque La General, juste au-dessus de la route principale, dispose d'un DAB.

Où se loger et se restaurer

Hotel La Fragua (☎ 958 85 86 26 ; Calle San Antonio 4 ; s/d 23/35 €). Bien que les chambres meublées de pin soient confortables, vous risquez d'être réveillé si un groupe de randonneurs prend le départ à 6h du matin. L'établissement, bien signalé, se tient vers les hauteurs de la ville, à 200 m de la Plaza Barrio Medio. Son restaurant, le **Mesón La Fragua** (plats 6-9 €), à proximité, prépare des mets originaux comme la perdrix aux noix, la glace à la figue et le délicieux *solomillo* (filet de porc), sans oublier de bons plats végétariens.

Camping Trevélez (☎ /fax 958 85 87 35 ; www.campingtrevelez.org ; Carretera Trevélez-Órgiva Km 1 ; adulte/tente/voiture 3,50/3/3 € ; cabines pour 2/4 pers à partir de 16,50/36,50 € ; P ⚑). Le terrain s'étend sur des terrasses arborées, à flanc de coteau, à 1 km de Trevélez. Il comprend un **restaurant** honnête (plats végétariens 2,50-4 €, viandes et poissons 6-7,50 €) et ses propriétaires sont sensibles à la protection de l'environnement.

Hotel Pepe Álvarez (☎ 958 85 85 03 ; www.andalucia.co.uk ; Plaza Francisco Abellán s/n ; s/d 23/41 €). Près de la route principale au pied du village, il loue des chambres dont certaines jouissent d'une terrasse dominant une place animée.

Mesón Joaquín (☎ 958 85 89 04 ; GR421 ; menu 3 plats 7 €). Voici une autre bonne adresse, dans la partie ouest du village. Attention toutefois à ne pas vous cogner aux jambons qui pendent à l'intérieur.

Restaurante González (☎ 958 85 85 31 ; Plaza Francisco Abellán s/n ; plats 5-13 €). Situé près de la route principale, au pied du village, il mitonne une cuisine d'un bon rapport qualité/prix, notamment de la truite, du jambon, le *plato alpujarreño* et d'autres spécialités locales.

L'EST DE TREVÉLEZ

À 7 km au sud de Trevélez, la GR421 franchit un col bas, le Portichuelo de Cástaras, et tourne vers l'est dans un paysage plus dénudé. Seules quelques oasis de verdure entourent les villages. Les parties centrale et orientale des Alpujarras revêtent autant de caractère que les villages de l'ouest, mais elles attirent beaucoup moins de touristes.

Bérchules
800 habitants / 1 350 m

Ce village à 17 km de Trevélez s'inscrit dans une verte vallée qui s'enfonce profondément dans des collines propices à de belles randonnées.

L'**Hotel Los Bérchules** (☎ 958 85 25 30 ; www.hotel berchules.com ; Carretera s/n ; s/d 30/41 € ; plats 6-11 € ; P), est situé à proximité de la route principale, dans le bas de Bérchules. Les chambres sont propres et claires (toutes avec baignoire), la bibliothèque du salon douillet est remplie de livres sur l'Espagne, et la table s'avère la meilleure du village (goûtez l'agneau à la menthe). Le personnel efficace vous aidera à organiser toutes sortes d'activités.

La Posada (☎ 958 85 25 41 ; www.laposadaberchules.com ; Plaza del Ayuntamiento 7 ; avec sdb individuelle/commune 18/15 € par pers) a été aménagée par Miguel, originaire du village, dans une solide bâtisse offrant un hébergement simple et confortable. L'endroit s'adresse surtout aux randonneurs, mais tout le monde peut y loger. Petits déjeuners et dîners végétariens.

Cádiar
1 600 habitants / 850 m

Au bord du Río Guadalfeo, à 8 km au sud de Bérchules, Cádiar est l'un des plus gros bourgs des Alpujarras. L'**Alquería de Morayma** (☎ /fax 958 34 32 21 ; www.alqueriamorayma.com ; d 57-67 €, appartement pour 4 pers 88-98 € ; P ⚑), 2 km au sud du village, en retrait de l'A348 en direction d'Órgiva, présente un charme indéniable. Cette ancienne ferme restaurée abrite 19 chambres et appartements confortables, tous différents, et décorés d'objets d'art et d'artisanat ravissants. Elle bénéficie en outre d'une vue superbe sur les environs qui se prêtent à de belles randonnées. On trouve également sur place un excellent restaurant à prix modérés et une bibliothèque riche en informations sur les Alpujarras. L'Alquería accueille par ailleurs des cours de tai-chi, reiki, yoga et d'autres disciplines.

Yegen
400 habitants / 1 100 m
Yegen, où l'écrivain britannique Gerald Brenan s'installa dans les années 1920, est situé à 12 km à l'est de Bérchules. La vallée en contrebas revêt parfois un aspect lunaire. Une plaque désigne la **maison de Brenan**, près de la place du village. Plusieurs **itinéraires de randonnée** sont balisés, notamment le Sendero de Gerald Brenan, long de 2 km.

El Rincón de Yegen (☎ 958 85 12 70 ; www.aldearural.com/elrincondeyegen ; s/d 25/36 € ; appt pour 4 pers 65 € ; plats 7-13 € ; P 🐕), à la lisière est du village, possède des chambres confortables et un bon restaurant pratiquant des prix moyens. Laissez-vous tenter par les poires au vin Contraviesa nappées de chocolat chaud.

Válor
800 habitants / 900 m
Aben Humeya, le chef de la rébellion de 1568, naquit à Válor, 5 km au nord-est de Yegen. C'est là que se déroulent aujourd'hui les principales fêtes des Moros y Cristianos dans les Alpujarras. Les 14 et 15 septembre, de midi jusque dans la soirée, des "armées" en costumes d'époque se livrent à grand bruit à des batailles acharnées.

Mairena
300 habitants / 1 050 m
Le village de Mairena, à 6 km de Válor, a su rester intact et jouit, grâce à son altitude élevée, de panoramas somptueux. **Las Chimeneas** (☎ 958 76 03 52 ; www.alpujarra-tours.es ; Calle Amargura 6 ; d petit déj inclus 60 € ; dîner 15 € ; 🖥 🐕) occupe une ravissante maison typique, rénovée dans un style sobre par ses jeunes propriétaires britanniques. Très attentionnés, ces derniers proposent des randonnées guidées à pied, en VTT, à cheval, des "excursions peinture" et bien d'autres activités encore. Ils servent des repas savoureux préparés avec des produits locaux biologiques. Avec un peu de chance, ils pourront venir vous chercher à Granada ou à Guadix.

À l'est de Mairena, l'A337 franchit la Sierra Nevada au Puerto de la Ragua, un col à 2 000 m d'altitude (il est parfois bloqué par la neige en hiver), et rejoint La Calahorra (p. 340).

DEPUIS/VERS LES ALPUJARRAS
Les bus desservant les Alpujarras dépendent d'**Alsina Graells** (Granada ☎ 958 18 54 80 ; Órgiva ☎ 958 78 50 02 ; Málaga ☎ 95 234 17 38 ; Almería ☎ 950 23 51 68). Au départ de Granada, il existe trois liaisons quotidiennes avec Órgiva (3,60 €, 1 heure 30), Pampaneira (4,40 €, 2 heures), Bubión (4,80 €, 2 heures 15), Capileira (4,80 €, 2 heures 30) et Pitres (4,80 €, 2 heures 45). Deux bus continuent ensuite jusqu'à Trevélez (5,65 €, 3 heures 15) et Bérchules (6,70 €, 3 heures 45). Pour le retour, des bus quittent Bérchules à 5h et 17h, et Pitres à 15h30.

Alsina relie aussi Granada à Cádiar (6,15 €, 3 heures), Yegen (6,95 €, 3 heures 30) et Válor (7,25 €, 3 heures 45), trois fois par jour. La compagnie assure aussi une ligne Málaga–Órgiva (8,30 €, 3 heures 15, 1/j sauf dim) et Almería–Bérchules (7 €, 3 heures 45, 1/j).

LE LITTORAL

Le littoral de la province de Granada, côte déchiquetée et bordée de falaises, s'étire sur 80 km. La N340 en montagnes russes ne cesse de zigzaguer entre ses villes et villages clairsemés, donnant à voir un paysage impressionnant. Cette région a été baptisée Costa Tropical, car des cultures de climats chauds telles que l'anone, l'avocat ou la mangue, sont développées sur la plaine côtière dès qu'elle s'élargit un peu. À l'est de Motril, les montagnes plongent souvent directement dans la mer, créant ainsi d'excellents sites de plongée (notamment autour des villes de **Calahonda** et de **Castell de Ferro**, malgré une urbanisation disgracieuse et des plages de galets). À l'ouest de Motril, la côte devient moins escarpée et recèle trois localités dotées de plages agréables.

SALOBREÑA

11 000 habitants

Les maisons blanches de Salobreña, blotties en haut d'un rocher, surgissent entre la N340 et la mer. Un imposant château de l'époque musulmane couronne la ville, une longue et large plage de sable noire se déploie à ses pieds. Tranquille tout au long de l'année, la bourgade s'anime soudain au mois d'août.

Orientation et renseignements

L'Avenida García Lorca, qui part de la N340, conduit 200 m plus loin à un **office du tourisme** (☎ 958 61 03 14 ; Plaza de Goya ; ☼ 9h30-13h30 et 16h-19h mar-sam) bien utile. L'arrêt des bus Alsina Graells se tient à l'opposé (en diagonale) de l'office du tourisme. La plage est à 1 km de là.

À voir et à faire

En grimpant 20 min à pied depuis l'office du tourisme, on accède au **Castillo Árabe** (château arabe ; 2,55 € Museo Histórico compris ; ☼ Castillo et Museo 10h30-13h30 et 16h-20h), qui date du XIIe siècle mais occupe un site fortifié dès le Xe siècle. Ce château servait de résidence d'été aux émirs de Granada. La légende raconte que Mohammed IX y enferma ses trois filles Zaida, Zoraida et Zorahaida. Washington Irving rapporte cette histoire dans les *Contes de l'Alhambra*. À l'intérieur, l'Alcazaba a conservé en grande partie sa structure nasride et accueille de nombreuses manifestations culturelles. On peut marcher sur des sections du chemin de ronde. Juste en contrebas se dresse l'**Iglesia de Nuestra Señora del Rosario**, une église mudéjare du XVIe siècle dotée d'un élégant clocher et d'un étonnant portail voûté. Le **Museo Histórico** (Plaza del Ayuntamiento) est installé plus bas, dans l'ancien hôtel de ville.

La vieille ville musulmane, limitée sur un côté par des falaises abruptes, s'étend au pied du château, de même que le **mirador** du Paseo de las Flores.

Il est possible d'atteindre en voiture les hauteurs de la ville (suivez les panneaux "Casco Antiguo" et "Castillo Árabe"), mais vous aurez sans doute du mal à vous garer. Sinon, un bus urbain partant de la ville basse monte jusqu'à l'Iglesia de Nuestra Señora del Rosario plusieurs fois par jour, excepté le dimanche.

La longue **plage** de Salobreña est divisée par un affleurement rocheux, El Peñón. Du sable gris recouvre sa partie est, La Playa de la Charca, tandis que la Playa de la Guardia, à l'ouest, est constituée de galets.

Où se loger

Hostal San Juan (☎ 958 61 17 29 ; www.hotel-san juan.com ; Calle Jardines 1 ; d 42 € ; ☒). En pénétrant dans ce lieu impeccable, dans une rue calme à 400 m de l'office du tourisme, les hôtes découvrent un séduisant salon-patio, avec des mosaïques sur les murs et des plantes vertes. D'une propreté irréprochable, les chambres sont équipées de lits en fer forgé. Une vaste terrasse sur le toit couronne l'ensemble.

Hotel Avenida (☎ 958 61 15 44 ; www.hotelaven idatropical.com ; Avenida Mediterráneo 35 ; d petit déj inclus 85,60 € ; ⓟ ☒ ▣). Entre le centre-ville et la plage, ce nouvel établissement destiné à une clientèle familiale compte 30 chambres d'un confort sobre, avec téléphone, TV sat., baignoire et coffre-fort. Ses installations comprennent un restaurant, un bar élégant, un jacuzzi et un solarium.

Pensión Mari Carmen (☎ 958 61 09 06 ; Calle Nueva 30 ; s/d 20/39 € , d avec sdb commune 24 € ; ☒) À 10 min à pied en montant de la Plaza de Goya, cette pension renferme des chambres propres et lumineuses, meublées de pin, avec parfois une terrasse privative. La terrasse commune permet de contempler la beauté du paysage.

Où se restaurer et boire un verre

Les restaurants, les *chiringuitos* (paillotes) en bordure de plage, les bars et les lieux nocturnes abondent sur le front de mer.

Restaurant El Peñón (☎ 958 61 05 38 ; Paseo Marítimo s/n ; plats 6-12 € ; ☼ fermé lun). Proche du gros rocher éponyme qui coupe la plage en deux, il prépare des plats de fruits de mer et de viande à des prix raisonnables. Vous pouvez vous attabler dehors quasiment au-dessus des vagues.

Restaurante Tropical (☎ 958 61 25 84 ; Paseo Marítimo ; plats 7,50-15 € ; ☼ fermé mar). . Juste à l'angle du front de mer et de l'artère venant de la ville, cette populaire terrasse couverte attire les amateurs de viandes, servies avec toutes sortes de sauces, notamment à l'ananas et au curry.

Nous vous recommandons aussi les deux adresses suivantes :

Restaurante Travesía (☎ 958 61 26 72 ; Calle Antequera 4 ; pizzas et pâtes 6-9 € ; ☼ fermé lun). Sa vue panoramique vous attend à deux min de marche depuis le bas de l'escalier du château.

DÉTOUR : CARRETERA DEL SUSPIRO DEL MORO

Si vous aimez les routes de montagnes étroites et sinueuses, vous pouvez rejoindre Granada en empruntant la spectaculaire Carretera del Suspiro del Moro depuis Almuñecar, et vous arrêter éventuellement pour une randonnée. Sur la route principale (N340) qui traverse Almuñecar, tournez en direction du centre au rond-point jouxtant le kiosque d'information touristique. Après le McDonald's sur votre gauche, suivez la rue qui part à droite et prenez le premier embranchement à droite, la Calle Suspiro del Moro (vous apercevrez peut-être un petit panneau "Otívar" indiquant la direction). La route passe sous la N340 et s'éloigne d'Almuñecar pour monter la vallée du Río Verde. Vous atteindrez le village d'Otívar au bout de 13 km. Dès lors, gardez un œil sur le kilométrage.

D'Otívar, la route grimpe en serpentant sans fin et donne à voir des paysages sublimes et des à-pics toujours plus vertigineux et déchiquetés. Après 1 000 m de dénivelé sur 13 km, la route se stabilise à son altitude la plus élevée pendant les 7 km suivants.

À 16 km d'Otívar, le Sendero Río Verde, un sentier de randonnée balisé de 7,35 km, débute du côté ouest de la route. Cet itinéraire en boucle de 3 heures 30 descend de près de 400 m dans la profonde vallée du Río Verde, offrant de jolies vues et de bonnes chances d'apercevoir des ibex. Au point culminant de la route, 3,5 km plus loin, un autre sentier balisé se dirige vers le Pico de Lopera (1 485 m), 2,5 km à l'ouest. Au-delà, le paysage est dans l'ensemble moins rude et l'on commence, au bout de 15 km environ, à entrevoir les pics souvent enneigés de la Sierra Nevada vers l'est.

À 35 km d'Otívar, prenez à gauche la route marquée "Suspiro del Moro" et vous déboucherez cinq minutes plus tard devant le restaurant du même nom ; Granada se trouve 12 km au nord. Vous voilà au Puerto del Suspiro del Moro (le col du soupir du Maure), où, d'après la légende, Boabdil se serait retourné une dernière fois en direction de Granada, lors de son exil en 1492. Des panneaux indiquent le chemin du retour vers Granada.

La Bodega (☎ 958 82 87 39 ; Plaza de Goya ; menu 8 €, viandes et poissons 10-20 €). Tables en terrasse et service soigné, à côté de l'office du tourisme.

Depuis/vers le littoral

Alsina Graells (☎ 958 61 25 21) assure au moins six bus quotidiens à destination d'Almuñecar (0,95 €, 20 min), Granada (4,90 €, 1 heure), Málaga (6,15 €, 1 heure 30) et Nerja (2,95 €, 40 min), plus quatre autres pour Almería (7,40 €, 1 heure 30) et un pour Órgiva (2,75 €, 30 min, sauf dim).

ALMUÑECAR

23 000 habitants

À 15 km à l'ouest de Salobreña, Almuñecar cache derrière des abords peu amènes un charmant vieux quartier entourant un château du XVIe siècle. Très fréquentée par les touristes espagnoles et habitée par une communauté croissante d'Européens du Nord, c'est une station vivante et abordable, avec des plages de galets.

Histoire

Au VIIIe siècle av. J.-C., les Phéniciens implantèrent ici une colonie – appelée Ex ou Sex –, afin de se procurer à l'intérieur des terres de l'huile et du vin pour en faire le commerce. La Sexi Firmum Iulium fut fondée en 49 av. J.-C. Sur ce site débarqua également de Damas en 755 Abd ar-Rahman Ier pour créer l'émirat de Córdoba. Par la suite, la ville servit de forteresse afin d'assurer la protection de l'émirat de Granada sur le littoral. C'est ici encore qu'en 1493, Boabdil, dernier roi maure de Granada, quitta l'Espagne pour l'Afrique du Nord avec 1 130 de ses fidèles.

Orientation et renseignements

La gare routière se tient juste au sud de la N340, la route traversant la partie nord d'Almuñecar. La Plaza de la Constitución, la place principale de la vieille ville, n'est qu'à quelques minutes à pied au sud-ouest. Un lacis de ruelles étroites, jalonnées de galeries et de boutiques intéressantes, s'étend au sud et au sud-est de la place.

Un rocher, le Peñón del Santo, sépare le bord de mer en deux : à l'ouest la Playa de San Cristóbal, la plus belle (sable gris et petits galets) ; à l'est, la Playa Puerta del Mar.

Un **kiosque d'information touristique** (☎ 958 63 11 25 ; Avenida Fenicia ; ⏱ 10h-14h et 17h-20h, 16h-19h en oct-avr) donne sur la rue qui part de la gare routière près du rond-point sur la N340. L'**office du tourisme principal** (☎ 958

63 11 25 ; www.almunecar.info ; Avenida Europa s/n ; 10h-14h et 17h-20h, 16h-19h en oct-avr) se situe dans le Palacete de La Najarra, à 1 km au sud-ouest du kiosque et du rond-point, juste derrière la Playa de San Cristóbal.

À voir et à faire

Juste derrière le Peñón del Santo, une volière, le **Parque Ornitológico Loro-Sexi** (958 63 02 80 ; adulte/enfant 2/1,40 € ; 11h-14h et 17h-19h, environ 16h-18h en oct-avr), abrite des oiseaux tropicaux. Le **Castillo de San Miguel** (958 63 12 52 ; adulte/enfant 2/1,40 € Museo Arqueológico compris ; 10h30-13h30 et 17h-19h30 mar-sam, 10h30-13h30 dim, environ16h-18h30 en oct-avr), vers l'intérieur, en haut de la colline, a été élevé par les conquérants chrétiens sur des fortifications romaines et arabes. Après une rude montée par des ruelles sinueuses menant à l'entrée (du côté nord), la beauté de la vue vous récompensera de vos efforts. Le château abrite en outre un petit musée informatif. Le **Museo Arqueológico** (958 63 12 52 ; Calle Málaga ; 10h30-13h30 et 17h-19h30 mar-sam, 10h30-13h30 dim, environ 16h-18h30 en oct-avr), quelques rues au nord-est, est aménagé dans un réseau de galeries souterraines romaines du Ier siècle baptisé Cueva de Siete Palacios. Il expose des pièces phéniciennes, romaines et arabes, ainsi qu'une amphore égyptienne vieille de 3 500 ans, probablement amenée par les Carthaginois. À 100 m de l'office du tourisme principal par l'Avenida de Europa, dans le **Parque Botánico El Majuelo** (entrée libre ; 9h-22h), subsistent les vestiges d'une conserverie de poisson carthaginoise et romaine, la **Factoría de Salazones de Pescado**. Le parc accueille la seule manifestation de jazz estivale d'Andalousie, le **Festival de Jazz en la Costa** international, qui a lieu la première quinzaine de juillet.

On peut pratiquer le parapente, la planche à voile, la voile, l'équitation, le vélo et le canyoning à Almuñécar et ses environs, de même qu'à La Herradura (p. 355), toute proche. Le site Internet de l'office du tourisme fournit les informations nécessaires.

Où se loger

Une quarantaine d'hôtels, hostales ou appartements de vacances sont disponibles en ville.

Hotel Casablanca (958 63 55 75 ; www.almunecar.info/casablanca ; Plaza San Cristóbal 4 ; s/d 44,95/64,20 € ;). Surplombant le Peñón del Santo et pratiquement en face du monument dédié à Abd ar-Rahman Ier sur la Playa de San Cristóbal, le Casablanca dispose de 36 belles chambres, décorées de beaux meubles artisanaux, avec soit un balcon, soit une baie vitrée panoramique.

Hotel California (958 88 10 38 ; www.hotelcaliforniaspain.com ; Carretera N340 Km 313 ; s/d 33/48 € ;). Ici, le bar, le salon, le restaurant et la terrasse d'influence hispano-mauresque dominent la ville et la mer depuis une hauteur proche de la N340, à l'extrémité nord-ouest d'Almuñécar. Le sympathique jeune couple anglo-belge qui dirige l'établissement a su créer une atmosphère et un style différent de l'ordinaire. Les dix chambres colorées ont toutes un balcon. Le propriétaire, parapentiste expérimenté, propose des forfaits pour pratiquer ce sport comprenant hébergement, petit déjeuner, location de voiture, guide et prise en charge à l'atterrissage moyennant 400 € environ par personne et par semaine.

Hostal Plaza Damasco (/fax 958 63 01 65 ; Calle Cerrajeros 16 ; s 20-30 € , d 36-60 €). Cette pension joliment carrelée et fleurie, d'une propreté impeccable, vous attend dans la partie plus ancienne du centre-ville. Les prix de ses 17 chambres, toutes pourvues d'une baignoire, dépendent de la saison.

Hostal Altamar (958 63 03 46 ; Calle Alta del Mar 21 ; s 16-25 € , d 30-50 €). Située dans une rue étroite de la vieille ville jalonnée de cybercafés, il comporte des chambres simples mais douillettes dans les tons de marron et blanc et un salon-cafétéria où l'on peut prendre le petit déjeuner. Les tarifs varient suivant la saison.

Où se restaurer

La Galería (958 63 41 18 ; Paseo Puerta del Mar 3 ; plats 13-18 € , menus déj 15 et 25 € ; fermé mer), au-dessus de la Playa Puerta del Mar, à l'extrémité est de la ville, est un restaurant élégant tenu par un jeune chef belge talentueux. La carte affiche du canard, des viandes et des poissons savoureux, ainsi que des recettes inventives comme les lasagnes au foie gras et aux champignons sauvages.

La Trastienda (Plaza Kelibia ; canapés 4-5 €). Pour grignoter des tapas, mettez le cap sur la Plaza Kelibia, une place piétonnière de la vieille ville bordée de bars avec terrasse. Les succulents canapés au saumon, au caviar ou au fromage s'accompagnent ici d'une délicieuse salade. L'endroit sert aussi des *tablas* (assiettes) de charcuterie, de fromage ou de poisson fumé entre 6 et 10 €.

Restaurante Calabre (☎ 958 63 00 80 ; Playa de San Cristóbal ; plats 9-15 € ; ☺ fermé mar). Les amateurs de fruits de mer et de plage apprécieront cette table à l'extrémité est de la Playa de San Cristóbal. Vous aurez le choix entre la terrasse en plein air et la salle vitrée, agréable quand le temps fraîchit. Sachez que les prix de certains mets sont indiqués au kilo.

Où sortir et boire un verre

Les nuits d'été, la Plaza Kelibia et les bars le long de la Playa Puerta del Mar débordent d'animation jusqu'à l'aube. La **Casa de la Cultura** (☎ 958 83 86 05 ; Calle Angustias Viejas) accueille concerts, pièces de théâtre, lectures de poésie et ciné-club.

Depuis/Vers Almuñécar

De la **gare routière** (☎ 958 63 01 40 ; Avenida Juan Carlos I n°1), au moins six bus par jour desservent Almería (8,40 €, 2 heures), Granada (5,95 €, 1 heure 30), La Herradura (0,70 €, 15 min), Málaga (5,20 €, 1 heure 30), Nerja (2,10 €, 30 min) et Salobreña (0,95 €, 20 min). Il existe aussi une liaison quotidienne (sauf dim) avec Órgiva (3,30 €, 1 heure 45).

LA HERRADURA
4 300 habitants

Les adeptes du parapente viennent de loin dans cette petite station balnéaire, 7 km à l'ouest d'Almuñécar, dotée notamment de sources chaudes dans les collines qui bordent sa jolie baie en fer à cheval. La ville est réputée localement pour ses sports nautiques et ses restaurants de bord de mer. Sa plage, bien abritée, grouille de monde en juillet-août. Quelques kilomètres à l'ouest, en descendant une route latérale sur 1 km après le promontoire du Cerro Gordo, vous déboucherez sur une plage où le maillot n'est pas obligatoire, la Playa Cantarriján. En face, tout au bout de la Punta de la Mona, qui forme le côté est de la baie, s'étend un charmant port de plaisance, la Marina del Este.

Orientation et renseignements

L'arrêt des bus Alsina Graells se tient tout en haut de la Calle Acera del Pilar, sur la N340. La rue descend vers le sud, jusqu'au front de mer, le Paseo Andrés Segovia (également appelé Paseo Marítimo), qui longe la baie. Vous trouverez un **kiosque d'information touristique** (☺ 10h-14h et 17h-19h lun-ven ; 10h-14h sam) à l'ouest du carrefour. Il s'agit d'une annexe de l'office du tourisme d'Almuñécar dont le site Internet (www.almunecar.info) couvre aussi La Herradura.

Activités sportives

Pour les locations, les sorties et les cours, contactez :

Buceo La Herradura (☎ 958 82 70 83 ; www.buceola herradura.com ; Marina del Este). Plongée.

Club Adventure (☎ 958 64 07 80 ; www.club-adventure.com ; Calle Olmos 3). Parapente, canyoning, VTT.

Club Nautique (☎ 958 82 75 14 ; www.clubnautique. com ; Marina del Este). Plongée, voile.

Granada Sub (☎ 958 64 02 81 ; www.granadasub.com ; Paseo Andrés Segovia 6). Plongée.

Ocio Aventura (☎ 958 81 61 85 ; www.ocioaventura. com ; angle Calle San Miguel Bajo et Calle Dulcinea, Armilla, Granada). Parapente, canyoning, escalade.

Windsurf La Herradura (☎ 958 64 01 43 ; www.wind surflaherradura.com ; Paseo Andrés Segovia 34). Parapente, kite-surfing, canoë-kayak.

Parmi les meilleurs sites de plongée, citons les environs de la Punta de la Mona et du Cerro Gordo, respectivement aux extrémités est et ouest de la baie, et les Grutas de Cantarriján, un peu plus loin à l'ouest.

Où se loger

Hotel Sol Los Fenicios (☎ 958 82 79 00 ; www.tryp net.com ; Paseo Andrés Segovia ; s 69-128 € ; d 94,50-174 € ; **P ☒ ☎**). Le plus bel hôtel de la ville, vers l'extrémité est de la plage, se compose de 42 chambres autour d'un patio intérieur. Presque toutes regardent la mer et son pourvues d'une terrasse ou d'un balcon. Les tarifs dépendent de la saison. Les terrasses du restaurant et du café-bar donnent aussi sur la plage.

Nous vous recommandons également :

Hostal La Caleta (☎ 958 82 70 07 ; Paseo Andrés Segovia s/n ; d 60-72 €). Situé vers l'extrémité est de la plage et doublé d'un bon restaurant.

Hostal Peña Parda (☎ 958 64 00 66 ; Paseo Andrés Segovia 65 ; d 48 €). À la limite ouest de la plage, avec un restaurant de qualité.

Nuevo Camping La Herradura (☎ 958 64 06 34 ; Paseo Andrés Segovia ; 2 adultes, tente et voiture 20 €). Un camping assez sommaire, face à l'extrémité ouest de la plage.

Où se restaurer

La plupart des restaurants du Paseo Andrés Segovia servent de la bonne cuisine à des prix raisonnables. Les boissons génèrent de meilleurs bénéfices….

Mesón El Tinao (☎ 958 82 74 88 ; Edificio Bahía II, Paseo Andrés Segovia ; plats 12-20 € ; ☺ fermé lun). Excellentes spécialités des Alpujarras et quelques plats inhabituels comme le canard aux framboises.

El Chambao de Joaquín (☎ 958 64 00 44 ; Paseo Andrés Segovia ; paella sam-dim 6 €). La Paella est mijotée dans une poêle géante et servie à 14h30 le samedi et le dimanche dans le jardin de l'établissement à l'extrémité est de la plage. Réservation indispensable pour le dimanche.

Chiringuito La Sardina (☎ 958 64 01 11 ; Paseo Andrés Segovia ; plats 9-16 €). C'est un endroit de choix pour manger des fruits de mer, directement sur la plage.

Depuis/vers La Herradura

De nombreux bus Alsina Graells desservent l'est et l'ouest de la côte, mais seuls quelques-uns se rendent à Granada. Ils relient La Herradura à Almería (8,60 €, 3 heures 30, 5/j), Almuñécar (0,70 €, 15 min, 10/j), Granada (6,15 €, 2 heures, 5/j), Málaga (4,55 €, 1 heure 45, 6/j) et Nerja (1,40 €, 20 min, 10/j).

Provincia de Jaén

Jaén (ha-*en*) se caractérise moins par la culture et les habitudes du grand Sud que par celles de sa voisine du Nord, Castilla-La Mancha. Le col de Desfiladero de Despeñaperros – une trouée dans la Sierra Morena à la frontière nord de Jaén –, constitue, depuis des temps immémoriaux, la voie d'accès à l'Andalousie et la barrière entre le Nord et le Sud. C'est aussi dans cette province que le Río Guadalquivir prend sa source. Il démarre dans les montagnes du Parque Natural de Cazorla et descend vers le sud-ouest *via* Córdoba et Sevilla, jusqu'à la côte atlantique.

Jaén est aussi la capitale de l'olive en Espagne – les arbres argentés couvrent presque la moitié des terres arables et constituent l'essentiel de l'agriculture régionale. La production d'olives et la culture du blé, de l'orge et du seigle représentent une grande ressource économique pour la province, mais le secteur a connu des jours meilleurs. Les villes de la Renaissance, Úbeda et Baeza, parlent d'un passé illustre, où les familles aristocrates frayaient avec la cour royale et dépensaient des fortunes dans des projets municipaux somptueux. Néanmoins, le manque de développement et la persistance d'une économie avant tout agraire, contrôlée par quelques familles de riches propriétaires, ont entraîné une dépression économique et un appauvrissement. Il s'agit là du revers de la médaille dû au tourisme ; alors que la Costa del Sol attire des visiteurs par millions et profite de retombées économiques extraordinaires, Jaén dépérit dans l'ombre. Cependant, les attraits naissants du Parque Natural de Cazorla, sans doute le plus beau de toutes les régions montagneuses d'Andalousie, et le charme pittoresque des cités historiques attirent les voyageurs les plus curieux.

À NE PAS MANQUER

- L'élégance et la touche aristocratique des cités Renaissance, **Úbeda** (p. 373) et **Baeza** (p. 368)

- Une randonnée à pied ou en VTT dans les superbes montagnes du **Parque Natural de Cazorla** (p. 381)

- Un aperçu de la vie urbaine dans la modeste **Jaén** (p. 360) et la vie de château dans le **Castillo Santa Catalina** (p. 364), le *parador* le plus impressionnant d'Andalousie

- Les splendides châteaux de **Jaén** (p. 363), **Baños de la Encina** (p. 368), **Cazorla** (p. 378) et **Segura de la Sierra** (p. 384)

- Les produits les plus authentiques d'Andalousie – **poterie** et **alfa** (p. 378), **bols en bois d'olivier** (p. 372), **antiquités** (p. 378) et **huile d'olive** (p. 360)

Segura de la Sierra ★

Baños de la Encina ★

Parque Natural de Cazorla

Baeza ★ ★ Úbeda

Cazorla ★

Jaén ★

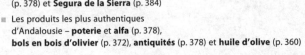

| ▪ POPULATION : 648 000 HABITANTS | ▪ TEMPÉRATURES MOYENNES : JAN/AOÛT 9°C/25°C | ▪ ALTITUDE : 323 m–2 167 m |

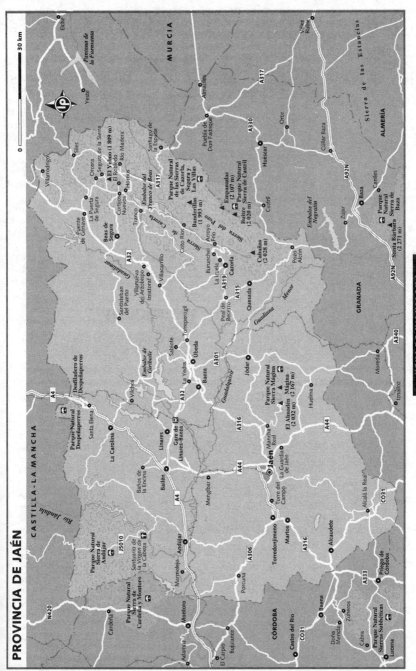

PROVINCIA DE JAÉN

JAÉN

116 000 habitants / 575 m

Capitale de la province et voie d'accès au Sud, Jaén est avant tout une ville marchande animée, qui doit sa grandeur à son importance stratégique dans la Reconquista (reconquête chrétienne). La cité fut un sujet de discorde entre les musulmans de Granada et les Castillans du Nord, jusqu'à ce que l'émir au pouvoir, Mohammed ibn Yusuf ibn Nasr, parvienne à un accord avec Fernando III (El Santo ; le Saint) en 1247. Cet accord stipulait qu'Ibn Nasr verserait un tribut à condition que le monarque chrétien respecte les frontières de son royaume. En 1492, Jaén fut le théâtre de la campagne victorieuse contre l'émirat de Granada.

Des siècles de déclin suivirent la Reconquista et nombre de *jiennenses* (habitants de Jaén) émigrèrent vers les colonies espagnoles – d'où l'existence d'autres Jaén au Pérou et aux Philippines. Aujourd'hui, Jaén abrite une population appauvrie qui doit se battre pour joindre les deux bouts (un quart des familles de Jaén vivent avec moins de 100 € par mois). C'est seulement depuis les années 1960 que la ville enregistre une forte croissance, et l'ouverture de sa première université, en 1993, lui a donné un nouvel élan.

ORIENTATION

Le vieux Jaén, avec ses petites rues sinueuses, est blotti au pied du Cerro de Santa Catalina, colline boisée et couronnée d'un château qui surplombe le côté ouest de la ville. La cathédrale monumentale de Jaén est située à proximité de l'extrémité sud de la vieille ville. De là, la Calle de Bernabé Soriano descend vers le nord-est en direction de la Plaza de la Constitución, centre de la ville nouvelle, où des palmiers en métal s'éclairent à la nuit tombée.

Depuis la Plaza de la Constitución, la Calle Roldán y Marín, renommée le Paseo de la Estación, mène au nord-ouest vers la gare ferroviaire, à 1 km. Il s'agit de l'artère principale de la ville. La gare routière est située à proximité du Paseo de la Estación, à 250 m au nord de la Plaza de la Constitución.

RENSEIGNEMENTS
Librairies

Librería Metrópolis (Calle del Cerón 17). Idéale pour acheter des cartes et des guides (en espagnol).

HUILE ESSENTIELLE

À Jaén, l'*aceituna* (olive) est reine. Vous sentirez l'odeur astringente caractéristique de l'*aceite de oliva* (huile d'olive) dans presque toute la région. Plus de 40 millions d'*olivos* (oliviers) occupent en effet les collines de la province, envahissant la moindre parcelle de terre arable. Un tiers de la province de Jaén – soit plus de 4 500 km² – est consacré aux *olivares* (oliveraies). Chaque année, ces oliviers produisent en moyenne 900 000 tonnes d'olives, dont la plupart sont transformées en 200 000 tonnes d'huile d'olive. Jaén fournit ainsi la moitié de l'huile d'olive d'Andalousie, soit un tiers de la production espagnole et 10% du volume mondial. Choisissez la meilleure huile Verde Mágina *virgen extra* (extra vierge), ne serait-ce que pour digérer ces statistiques.

Les olives sont récoltées de fin novembre à janvier. Partiellement mécanisée, la cueillette consiste surtout à tendre des filets sous les arbres et à faire tomber les fruits à coups de bâton. La plupart des oliveraies de Jaén (et d'Andalousie) appartiennent à quelque grands propriétaires, ce qui se traduit par un taux de chômage à Jaén qui passe de 10% pendant la récolte à près de 45% en été. Un cueilleur d'olives gagne environ 30 €/jour.

Une fois récoltées, les olives sont transportées jusqu'au pressoir, où elles sont réduites en une purée, d'abord pressée puis filtrée. Des machines modernes et des cuves en acier inoxydable ont remplacé les presses actionnées par des mules et les tapis en alfa. L'huile jugée d'assez bonne qualité pour être consommée tout de suite est vendue en tant qu'*aceite de oliva virgen* (huile d'olive vierge) – il s'agit du premier choix, la meilleure étant la *virgen extra*. L'*aceite de oliva refinado* (huile d'olive raffinée) est fabriquée à partir d'une huile de moindre qualité. La simple *aceite de oliva* est un mélange d'huile vierge et d'huile raffinée. Comptez environ 5 € pour une bouteille de 750 ml de Verde Mágina *virgen extra* et 11 € pour 2,5 l. Des boutiques spécialisées vendent de l'huile de qualité à Jaén (p. 366), Baeza (voir p. 372) et Úbeda (p. 378).

Urgences

Policía Municipal (Police municipale ; ☎ 953 21 91 05 ; Carrera de Jesús). Juste derrière l'*ayuntamiento* (hôtel de ville).

Policía Nacional (Police nationale ; ☎ 953 26 18 50 ; Calle del Arquitecto Berges)

Accès Internet

Cyber Cu@k (Calle de Adarves Bajos 24 ; 1 €/30 min ; ⏲ 10h30-12h30 et 17h30-24h). Près de la Plaza de Toros.

Ressources Internet

Vous trouverez une foule d'informations utiles en français à l'adresse www.promo-jaen.es et sur le site de l'*ayuntamiento*, www.aytojaen.es.

Services médicaux

Hospital Ciudad de Jaén (☎ 953 29 90 00 ; Avenida del Ejército Español). Le principal hôpital général.

Croix-Rouge (Cruz Roja ; ☎ 953 25 15 40 ; Calle Carmelo Torres). Soins d'urgence.

Argent

Ce ne sont pas les banques ni les DAB qui manquent autour de la Plaza de la Constitución et dans la Calle Roldán y Marín.

Poste

Bureau de poste principal (Plaza de los Jardinillos ; ⏲ 8h30-20h30 lun-ven, 9h30-14h sam).

Renseignements touristiques

Office du tourisme régional (☎ 953 19 04 55 ; otjaen@andalucia.org ; Calle de la Maestra 13 ; ⏲ 10h-19h lun-ven oct-mars, 10h-20h lun-ven avr-sept, 10h-13h sam, dim et jours fériés toute l'année). Personnel bien renseigné et polyglotte proposant une multitude de brochures gratuites sur la ville et la province.

À VOIR

Au cœur de la ville, sur la Plaza de Santa Maria, se dresse la principale attraction de Jaén, la cathédrale, au nord de laquelle s'étend la vieille ville, labyrinthe de ruelles pittoresques. Les deux musées les plus intéressants sont situés au nord de la cathédrale : le Palacio de Villardompardo Calle Martínez Molina, et le Museo Provincial dans la rue principale, le Paseo de la Estación. Comptez un jour ou deux pour explorer comme il se doit leurs collections et la cathédrale. Vous pouvez aussi passer une matinée entière à visiter le Castillo de Santa Catalina, en enchaînant sur un excellent déjeuner dans son restaurant.

Cathédrale

Pendant plus de cent ans après la Reconquista, les chrétiens utilisèrent l'ancienne mosquée pour la pratique de leur culte. C'est seulement au XVIe siècle que les ambitieux projets de construction d'une immense **cathédrale** (☎ 953 23 42 33 ; Plaza de Santa María ; ⏲ 8h30-13h et 16h-19h lun-sam oct-mars ; 8h30-13h et 17h-20h lun-sam avr-sept ; 9h-13h et 17h-19h dim et jours fériés toute l'année) virent le jour, dont Andrés de Vandelvira (qui se chargea aussi de construire nombre de fabuleux édifices à Úbeda et à Baeza) fut l'architecte principal.

Aujourd'hui, la magnifique cathédrale à deux tours domine la ville entière – on peut admirer sa grandeur et son opulence depuis le château haut perché de Santa Catalina (voir p. 364). La **façade sud-ouest**, sur la Plaza de Santa María, n'a été terminée qu'au XVIIIe siècle. D'ordonnancement plutôt baroque que Renaissance, elle s'orne d'une série de statues sculptées par le sévillan Pedro Roldán. Néanmoins, la taille et la solidité globales des structures internes et externes expriment leur origine Renaissance à travers les immenses voûtes arrondies et les groupes de colonnes corinthiennes qui lui confèrent une grande puissance.

L'obscurité qui règne dans l'édifice donne de l'intensité aux offices qui s'y déroulent. Juste derrière le principal autel, la **Capilla del Santo Rostro** abrite la Reliquia del Santo Rostro de Cristo, étoffe que sainte Véronique aurait utilisée pour essuyer le visage du Christ lors de sa montée au Calvaire. La Reliquia aurait été rapportée de Constantinople à Jaén au XIVe siècle. Une copie peinte remplaça l'original au cours des guerres napoléoniennes. La peinture et l'étoffe furent toutes deux dérobées pendant la guerre civile espagnole, avant de se retrouver cachées dans un garage parisien. Le vendredi, à 11h30 et à 17h, de longues files de fidèles viennent baiser la relique. Vous pouvez visiter le **Museo Catedral** (musée de la cathédrale ; 3 € ; ⏲ 10h-13h et 16h-19h mar-sam), dans le mausolée situé au-dessous du chapitre, pour admirer une profusion de peintures et d'objets religieux.

Nord de la Cathédrale

D'étroites allées pentues disparaissent dans un labyrinthe au nord-ouest de la cathédrale. La Calle de la Maestra, la Calle Madre de Dios et la Calle Martínez Molina

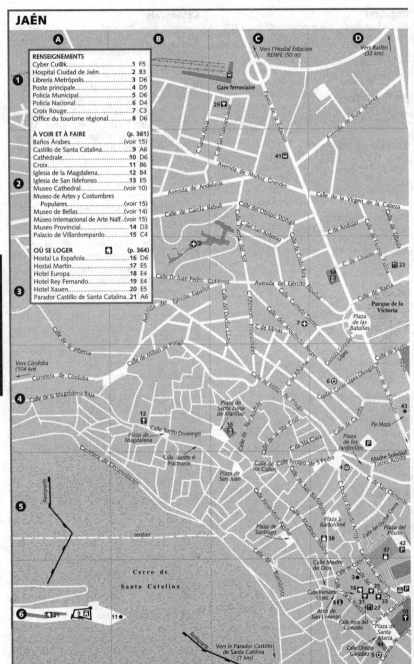

JAÉN

A **B** **C** **D**

Vers l'Hostal Estación
RENFE (50 m)

Vers Bailén
(33 km)

Gare ferroviaire

RENSEIGNEMENTS
Cyber Cu@k...........................1 F5
Hospital Ciudad de Jaén............2 B3
Librería Metrópolis..................3 D6
Poste principale.......................4 D5
Policía Municipal......................5 D6
Policía Nacional.......................6 D4
Croix Rouge...........................7 C3
Office du tourisme régional.........8 D6

À VOIR ET À FAIRE   (p. 361)
Baños Árabes.......................(voir 15)
Castillo de Santa Catalina..........9 A6
Cathédrale............................10 D6
Croix..................................11 B6
Iglesia de la Magdalena............12 B4
Iglesia de San Ildefonso............13 E5
Museo Cathedral..................(voir 10)
Museo de Artes y Costumbres
  Populares.........................(voir 15)
Museo de Bellas....................(voir 14)
Museo Internacional de Arte Naïf..(voir 15)
Museo Provincial....................14 D3
Palacio de Villardompardo.........15 C4

OÙ SE LOGER   (p. 364)
Hostal La Española..................16 D6
Hostal Martín........................17 E5
Hotel Europa.........................18 E4
Hotel Rey Fernando..................19 E4
Hotel Xauen.........................20 E5
Parador Castillo de Santa Catalina..21 A6

C Santa Alicia
C de San Francisco Javier
29
Paseo de la Estación
Avenida de Ruiz Jiménez
41
Avenida de Muñoz Grandes
Calle de la Virgen de la Cabeza
Calle de García Rebull
Avenida de Andalucía
Calle del Obispo Stúñiga
C de Andújar
Calle de la Puerta del Sol
Calle de San Antonio
C de Fermín Palma
C de Ubeda
Calle Dr Juan Pedro Gutiérrez
Calle de Chato Rey
C de Linares
22
Avenida del Ejército Español
14
C de Baeza
Parque de la Victoria
Calle del Doctor Luzón
Calle Carmelo Torres
Plaza de las Batallas
Avenida del Ejército Español
Calle del Arquitecto Berges
C de Minas
7
C Alféreces Provisionales
Calle de la Alberca
Calle de Millán de Priego
Calle Alhama
Comandante González López
6
Paseo de la Estación
Calle de Santo
Vers Córdoba
(104 km)
Carretera de Córdoba
Capitán Cortés López Obregón
43
Calle de la Magdalena Baja
Calle de Millán de Priego
Calle de Castilla
Pje Maza
Plaza de los Jardinillos
12
Plaza de Santa Luisa de Marillac
15
Calle de San Andrés
Calle de la Sta Cruz
Plaza de Santo Domingo
Calle de Sta Clara
P
Plaza de Magdalena
Madre Soledad Torres Acosta
Calle Juanito el Practicante
Calle de Calle Arroyo de S Pedro
los Caños
Plaza de San Juan
4
Calle de San Bartolomé
C de San Clemente
Calle Almendros Aguilar
Doctor Eduardo Arroyo
Ramparts
Plaza S Bartolomé
Calle Martínez Molina
Calle Colón
Plaza del Pósito
42
37
sentier
Plaza de Santiago
Calle de Buvacusta
38
P
**Cerro de
Santa Catalina**
Calle Madre de Dios
Calle de Colón
35
3
Calle del Carmen
33
Plaza del
16
31
Calle Bernardo López
8
23
Calle las Campanas
21
9
11
Ramparts
Arco de San Lorenzo
Calle Arco del Consuelo
44
Plaza de Santa María
Vers le Parador Castillo
de Santa Catilina
(1 km)
Calle Obispo González
5
10

PROVINCIA DE JAÉN

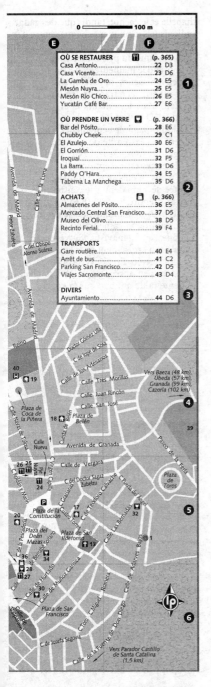

mènent au cœur de l'ancien quartier musulman. Rejoignant la Calle Aguilar, la Calle Madre de Dios passe sous l'**Arco de San Lorenzo** et grimpe jusqu'au **Palacio de Villardompardo** (Palais Villardompardo ; ☎ 953 23 62 92 ; Plaza de Santa Luisa de Marillac ; citoyen hors UE 1,50 €, citoyen de l'UE gratuit ; 🕑 9h-20h mar-ven, 9h30-14h30 sam et dim, fermé jours fériés). Ce superbe palais Renaissance accueille deux musées et les plus grands bains arabes d'Espagne. Des brochures, disponibles en français, fournissent des informations sur les bains et les musées.

Cet ensemble, le plus intéressant de Jaén, renferme l'une des plus fascinantes collections d'objets et de vestiges archéologiques réunis sous un même toit en Andalousie. La visite (fléchée) du palais passe d'abord devant des ruines romaines, avant de s'enfoncer dans l'édifice pour rejoindre les **Baños Árabes** (bains arabes). Les bains du XIᵉ siècle, qui communiquent entre eux par des arcs en fer à cheval, sont très bien conservés. Après la Reconquista, se méfiant de ce qu'ils considéraient comme une habitude décadente, les chrétiens les reconvertirent en tannerie. Lorsque le Conde (Comte) de Villardompardo fit construire un palais à cet emplacement au XVIᵉ siècle, les travaux ensevelirent les bains. Ils ne furent redécouverts qu'en 1913.

Une fois sorti des bains, vous pourrez visiter les nombreux salons du palais et parcourir les différentes salles d'exposition du **Museo de Artes y Costumbres Populares** (musée des arts et traditions populaires). La collection se révèle superbe et l'on peut facilement lui consacrer une matinée entière, à passer en revue les témoignages de la difficile vie rurale : fabrication de chaussures, construction pré-industrielle, tissage, dentelle, quincaillerie et tous les aspects du foyer andalou. Le musée traite aussi des détresses actuelles de la majorité des habitants de la province.

Dernière réalisation en date dans le *palacio*, le **Museo Internacional de Arte Naïf** (musée international d'art naïf) consacre une part importante de ses expositions à l'œuvre et à la collection du fondateur du musée, Manuel Moral, originaire de la province de Jaén. La vie villageoise et rurale est un thème récurrent, et les tableaux de Haïti font partie des plus colorés.

PROVINCIA DE JAÉN

La plus vieille église de Jaén, l'**Iglesia de la Magdalena** (Calle Santo Domingo ; entrée libre ; ☺ 9h-12h30 et 17h-20h), se dresse à quelques minutes de marche du Palacio de Villardompardo. Mosquée à l'origine, elle est aujourd'hui ornée d'une façade et d'un intérieur gothiques. La tour, ancien minaret, fut restaurée au XVIe siècle. Ne manquez pas le remarquable retable. Derrière l'église, vous verrez un joli patio musulman couvert de pierres tombales romaines et orné d'un bassin qui servait lors des ablutions rituelles, avant les prières, à l'époque musulmane.

Le **Museo Provincial** (☎ 953 25 06 00 ; Paseo de la Estación 27 ; citoyen hors UE 1,50 €, citoyen de l'UE gratuit ; ☺ 15h-20h mar, 9h-20h mer-sam, 9h-15h dim) présente la plus belle collection espagnole de sculptures ibériques du Ve siècle av. J.-C. Découvertes à Porcuna, les sculptures révèlent une nette influence grecque, dans la fluidité et la grâce de leurs formes. Chaque année, de nouvelles découvertes viennent rejoindre la collection et ce musée est en passe de devenir le principal musée d'art ibérique du pays. Les autres expositions incluent une collection d'objets romains et musulmans : céramiques, mosaïques et sculptures. Le billet d'entrée au musée permet également de visiter, à l'étage, le **Museo de Bellas Artes**, qui expose une série plus que médiocre d'œuvres espagnoles du XIXe et du XXe siècles.

À quelque 200 m au nord-est de la cathédrale, l'immense **Iglesia de San Ildefonso** du XIIIe siècle (Plaza de San Ildefonso ; entrée libre ; ☺ 8h30-12h et 19h-20h), consacrée à la sainte patronne de la ville, la Virgen de la Capilla, est la deuxième plus grande église de la ville. Une inscription gravée au bas de la façade extérieure (nord-est) marque l'endroit où la Vierge serait apparue, le 10 juin 1430. Son image, très vénérée, orne l'intérieur d'une chapelle consacrée. Vous pouvez réserver une visite guidée gratuite auprès de la **Guide Organisation** (☎ 953 25 44 42).

Castillo de Santa Catalina

Perché tout en haut du Cerro de Santa Catalina, mont escarpé entouré de falaises surplombant la ville, le **castillo** de Jaén (☎ 953 12 07 33 ; 3 € ; ☺ 10h-14h et 17h-21h mar-dim avr-sept, 10h-14h et 15h30-19h mar-dim oct-mars), ancienne forteresse musulmane, trône à un emplacement spectaculaire. À l'intérieur du château, un itinéraire fléché parcourt le donjon, la chapelle et le cachot, tandis que des gadgets audiovisuels expliquent chaque centre d'intérêt – le meilleur (et le plus amusant) étant l'hologramme du prisonnier enchaîné dont on apprend le malheureux destin aux mains des envahisseurs napoléoniens. Un film assez superficiel retrace également l'histoire de Jaén, mais les enfants apprécieront les lunettes 3D et le film ne dure que 15 min (version espagnole seulement). Derrière le château, à l'extrémité de la crête, se dresse une grande **croix**. De là, la vue sur la ville et les oliveraies est exceptionnelle.

Si vous n'êtes pas motorisé pour la montée de 4 km depuis le centre-ville, vous pouvez prendre un taxi (6 €) ou grimper à pied (environ 40 min depuis le centre-ville) en partant de la cathédrale pour rejoindre la Calle de Buenavista. Suivez cette rue jusqu'à son croisement avec la Carretera de Circunvalación. Prenez cette dernière sur la droite et, peu après, empruntez le chemin en pente raide qui part sur la gauche.

FESTIVALS

Semana Santa (Semaine sainte). Fêtée en grandes pompes, avec défilés des membres de 13 *cofradías* (confréries) dans la vieille ville. Les festivités atteignent leur apogée aux premières heures du Vendredi saint.

Feria y Fiestas de San Lucas (10-18 oct). Il s'agit de la plus grande fête célébrée à Jaén, avec concerts, foire, corridas et autres réjouissances, jusqu'à la San Lucas, le 18 octobre.

OÙ SE LOGER

Les hôtels de Jaén sont assez médiocres et les hébergements petit budget très simples. Vous risquez par ailleurs d'être gêné par les moustiques de mai à octobre – n'oubliez pas un anti-moustiques. Les tarifs augmentent légèrement pendant la Semana Santa et la Feria y Fiestas de San Lucas. Certains hôtels proposent un parking, moyennant quelque 7 à 10 €/jour.

Parador Castillo de Santa Catalina (☎ 953 23 00 00 ; www.parador.es en espagnol ; d 113,30 € ; P ✖ ☎).Voici un hébergement très pittoresque. Ce parador, qui fait partie du site du château de Santa Catalina, offre un décor exceptionnel, dont des couloirs voûtés et d'immenses cheminées lui conférant une atmosphère théâtrale. Les chambres, très cosy, disposent de lits à baldaquin, de touches décoratives musulmanes et de tous les équipements nécessaires. Le restaurant, excellent, mérite une visite même si vous ne séjournez pas à l'hôtel.

Hotel Rey Fernando (☎ 953 25 18 40 ; Plaza de Coca de la Piñera 5 ; s/d 48/61 € ; Ⓟ Ⓧ). Moderne, confortable et joliment aménagé, le Rey Fernando est assorti d'un charmant bar à tapas et d'un immense restaurant. Une véritable aubaine pour les visiteurs de Jaén.

Hotel Europa (☎ 953 22 27 00 ; www.husa.es ; Plaza de Belén 1 ; s/d 34/56,50 € ; Ⓟ Ⓧ). Faisant tout pour sortir de la catégorie petits budgets, l'Hotel Europa propose des chambres correctes, avec TV, et coffre-fort ! Idéalement placé si vous possédez un véhicule, à proximité de l'Avenida de Granada.

Hotel Xauen (☎ 953 24 07 89 ; www.hotelxauenjaen. com ; Plaza del Deán Mazas 3 ; s/d 40/55 € ; Ⓟ Ⓧ Ⓛ). Plus central que le précédent et apprécié des hommes d'affaires, le Xauen propose de bons équipements et des chambres bien décorées – si l'on passe outre les fauteuils en cuir des années 1970 dans le foyer.

Hostal Estacion RENFE (☎ 953 27 46 14 ; Plaza de Jaénpor la Paz s/n ; s/d 28,50/36 € ; Ⓟ Ⓧ). Situé en face de la gare ferroviaire, ce nouvel *hostal* (maison d'hôtes ou petit hôtel) à l'extérieur peu engageant, offre cependant des chambres assez convenables et confortables pour un court séjour, ainsi qu'un bon restaurant.

Hostal Martín (☎ 953 24 36 78 ; Calle Cuatro Torres 5 ; s/d 20/30 €). Niché dans une étroite ruelle à l'est de la Plaza de la Constitución, cet *hostal* petit budget, très simple, abrite des chambres correctes, sans sdb. Il est néanmoins très bien situé, non loin des meilleures adresses nocturnes.

Hostal La Española (☎ 953 23 02 54 ; Calle Bernardo López 9 ; s/d 26/32 €). Un hébergement petit budget à proximité de la cathédrale, au cœur de la vieille ville. L'intérieur arbore un style gothique plutôt lugubre avec un escalier en colimaçon grinçant et un mobilier terne ; en outre, l'accueil n'est pas des plus chaleureux. Il est installé à proximité de bons bars à tapas – vous aurez certainement besoin de vous remonter le moral avec quelques verres de *vino tinto* (vin rouge).

OÙ SE RESTAURER

La ville de Jaén n'ayant rien d'une ville huppée, les restaurants sont rares. La plupart des *jiennenses* se sustentent dans les bars à tapas, authentiques et pleins de charme.

Les meilleurs bordent les Calles del Cerón, Arco del Consuelo et Bernardo López, non loin de la cathédrale. On en trouve aussi dans la petite Calle Nueva, à proximité de la Calle Roldán y Marín.

Casa Vicente (☎ 953 23 28 16 ; Calle Francisco Martín Mora ; menú 30 €). Installée dans une demeure restaurée avec patio, la Casa Vicente est l'un des meilleurs restaurants de la ville. Il comprend un excellent bar où prendre un verre accompagné de tapas, à moins de préférer le patio ou la salle intérieure (préférable en hiver), pour déguster des spécialités comme le *cordero mozárabe* (agneau au miel et aux épices).

Parador Castillo de Santa Catalina (☎ 953 23 00 00 ; www.parador.es en espagnol ; menú 23 €). Remontez le temps dans ce restaurant où l'on dîne dans une salle à manger médiévale, avec armures et grandes tapisseries murales. L'ambiance est solennelle, le service impeccable et le menu traditionnel.

Casa Antonio (☎ 953 27 02 62 ; Calle de Fermín Palma 3 ; menú 30 €). Une excellente adresse qui se dispute la palme des meilleurs restaurants avec la Casa Vicente. On y goûte des spécialités de la région, avec une touche plus moderne.

Taberna La Manchega (☎ 953 23 21 92 ; Calle Bernardo López 12 ; platos combinados 4 € ; Ⓧ 10h-17h et 20h-1h mer-lun). Un bar plus que centenaire et très couru, notamment en raison de sa salle à manger pleine de caractère, dans un ancien cellier. Il offre une atmosphère animée et sans prétention, ainsi que de savoureux plats (à prix doux).

Mesón Río Chico (☎ 953 24 08 02 ; Calle Nueva 2 ; menú 8 €). Établissement de premier ordre, très réputé. Au sous-sol, la *taberna* (taverne) propose de délicieuses tapas et *raciones* (portion de tapas équivalant à un plat) de viande, des *revueltos* (œufs brouillés) et du poisson. Vous trouverez un restaurant plus cher à l'étage.

La Gamba de Oro (☎ 953 24 17 46 ; Calle Nueva 5 ; raciones 3-6 €). Un peu plus loin dans la rue, voilà un superbe restaurant de poisson. Des paniers sont placés au pied des tables pour jeter les coquilles vides. Comptez 4 à 8 € pour une sélection de poissons frits.

Mesón Nuyra (☎ 953 27 31 31 ; Pasaje Nuyra s/n ; plats principaux 10-14 €). Niché dans un passage qui donne dans la Calle Nueva, ce petit restaurant rustique, un peu plus formel, permet de se régaler de plats bien cuisinés à un bon prix.

Yucatán Café Bar (Calle de Bernabé Soriano ; platos combinados 5 €). Ce café moderne et de renom sert un petit déjeuner à 2,50 €, ainsi que des sandwiches et des burgers pour environ 2 €.

OÙ SORTIR ET BOIRE UN VERRE

Jaén organise nombre d'excellentes manifestations culturelles (peu fréquentées par les touristes), accueillant des artistes locaux ou nationaux. L'office du tourisme publie un programme mensuel des cinémas, concerts, spectacles de danse et pièces de théâtre.

Les amateurs de tapas ne manqueront pas de faire un tour dans la Calle Nueva. Quant à l'animation nocturne, elle se concentre plus loin, près de la gare ferroviaire et de l'université – les étudiants ajoutent un peu d'animation.

Taberna La Manchega (☎ 953 23 21 92 ; Calle Bernardo López 12 ; ☽ 10h-17h et 20h-1h mer-lun). Une *taberna* qui existe depuis les années 1880, accessible par la Calle Arco del Consuelo et par la Calle Bernardo López.

Bar del Pósito (Plaza del Pósito 10). Un agréable bar culturel installé sur une charmante petite place près de la Calle de Bernabé Soriano. Peut-être aurez-vous l'occasion d'écouter un poète réciter des vers.

Une bonne ambiance règne également au bar **El Azulejo** (Calle de Hurtado 8).

Iroquai (☎ 953 24 36 74 ; Calle de Adarves Bajos 53). Au programme : concerts de rock, blues, flamenco ou fusion le jeudi (regardez les affiches), et bonne musique le reste du temps.

Paddy O'Hara (Calle de Bernabé Soriano 30). On trouve ici tous les signes extérieurs d'un bar irlandais en terre étrangère, avec une musique d'ambiance qui n'a rien de traditionnel (pop). Et l'on s'y régale néanmoins de savoureuses tapas.

Chubby Cheek (☎ 953 27 38 19 ; Calle de San Francisco Javier 7). Très prisé d'une population un peu moins jeune, ce bar propose des concerts de jazz pratiquement tous les week-ends.

Au nord-ouest de la cathédrale, plusieurs vieux bars très conviviaux jalonnent la Calle del Cerón et les étroites Calles Arco del Consuelo et Bernardo López, dont **La Barra** (Calle del Cerón 7) et **El Gorrión** (Calle de Arco del Consuelo 7).

ACHATS

Les principales artères commerçantes sont la Calle Roldán y Marín, le Paseo de la Estación et la Calle de San Clemente (près de la Plaza de la Constitución). L'huile d'olive d'appellation Jaén peut s'acheter au **Almacenes del Pósito** (Plaza del Pósito) ou au **Museo del Olivo** (Calle Martínez Molina 6). Un grand *mercadillo* (marché aux puces) se tient le jeudi matin au **Recinto Ferial** (palais des expositions ; Avenida de Granada), au nord-est de la Plaza de la Constitución. Sans oublier le vaste et moderne **Mercado Central San Francisco** (Calle de los Álamos), où sont vendus toutes sortes de produits frais.

DEPUIS/VERS JAÉN
Bus

Depuis la **gare routière** (☎ 953 25 01 06 ; Plaza de Coca de la Piñera), les bus Alsina Graells desservent Granada (6,25 €, 1 heure 30, 14 départs/jour), Baeza (3,15 €, 45 min, 11/j du lun au sam), Úbeda (3,75 €, 1 heure 15, 12/j du lun au sam) et Cazorla (6,50 €, 2 heures, 2/j). La ligne Ureña rejoint Córdoba (6,70 €, 1 heure 30, 7/j) et Sevilla (15,25 €, 3 heures, 3 à 5/j). D'autres bus partent pour Málaga (13,90 €, 1/j), Almería (25,85 €, au moins 1/j), Madrid (19,20 €, 5/j du lun au sam) et bien d'autres petites villes de la province.

Voiture et moto

Jaén est à 92 km au nord de Granada via l'A44. Cette route continue jusqu'à Bailén où elle rejoint l'A4 qui relie Córdoba à Madrid. Pour vous rendre à Córdoba, prenez l'A306 en passant par Porcuna.

Viajes Sacromonte (☎ 953 22 22 12 ; Paseo de la Estación 12), dans le Pasaje Maza, est une agence de location de voitures, ainsi qu'une agence de voyage. **Avis** (☎ 953 28 09 37 ; Avenida de Madrid) et **Atesa** (☎ 953 28 16 40 ; Calle Ortega Nieto 9) ont aussi des antennes locales.

Train

La **gare ferroviaire** de Jaén (☎ 953 27 02 02 ; www.renfe.com ; Paseo de la Estacíon) est située à l'extrémité d'une ligne secondaire et on ne compte que 5 départs/jour en général. Un train part à 8h pour Córdoba (7,65 €, 1 heure 30, 1 départ/jour), Sevilla (14,70 €, 3 heures, 1/j) et Cádiz (22 €, 4 heures 45, 1/j). Une ligne dessert aussi Madrid (19,90 €, 4 heures, 4/j).

TRANSPORTS LOCAUX

Un **arrêt de bus** (Paseo de la Estación) se trouve au sud de la gare ferroviaire : le bus n°1 vous conduira à la Plaza de la Constitución, point central des bus urbains (1 €).

Conduire un véhicule à Jaén n'est pas si simple, en raison des sens uniques et de la densité du trafic. Si vous aboutissez dans le centre, vous disposerez d'un parking souterrain au niveau de la Plaza de la Constitución, et du **Parking San Francisco** (près de la Calle de Bernabé Soriano) à côté de la cathédrale. Comptez 0,90 €/h ou 12 €/24 heures.

Les taxis attendent Plaza de la Constitución, Plaza de San Francisco, près de la cathédrale, ainsi qu'aux gares routière et ferroviaire. Appelez **Radio Taxis** (☎ 953 22 22 22).

NORD DE JAÉN

La route (A4) qui quitte l'Andalousie en direction de Madrid traverse une campagne sans intérêt particulier au nord de Jaén, jusqu'à ce que les collines de la Sierra Morena se profilent à l'horizon. Plus loin se dresse le Desfiladero de Despeñaperros, (col de la victoire sur les chiens). On dit que les vainqueurs chrétiens de la bataille de Las Navas de Tolosa (1212) auraient précipité nombre de leurs ennemis musulmans des falaises.

L'aspect grandiose du col n'apparaît vraiment qu'à la dernière minute, lorsque la route venant du sud descend brutalement à pic entre d'impressionnants rochers et des pentes boisées pour couper à travers des tunnels et des gorges.

PARQUE NATURAL DESPEÑAPERROS

Si la route et le rail ont un peu entamé le charme du Desfiladero de Despeñaperros, le site reste cependant l'un des plus sauvages de tout le pays. Si vous êtes dans les parages, quelques endroits à proximité de l'autoroute méritent le détour.

Avec ses forêts épaisses de pins, de chênes verts et de chênes-lièges d'où surgissent des falaises abruptes, la région du col est désormais un parc naturel hébergeant des cerfs et des sangliers, ainsi que des loups et des lynx. Aucun bus ne dessert le parc. Principal centre d'information, le **Centro de Visitantes Puerta de Andalucía** (☎ 953 66 43 07 ; Carretera Santa Elena a Miranda del Rey ; ⊙ 10h-14h et 16h-20h avr-sept ; 10h-14h et 15h-19h oct-mars), à la lisière de **Santa Elena**, petite ville au sud du col, fournit cartes et renseignements sur les randonnées alentour.

DÉTOUR : PARQUE NATURAL SIERRA DE ANDÚJAR

À 31 km au nord d'Andújar sur la J-5010, le **Santuario de la Virgen de la Cabeza** (XIIIᵉ siècle), caché dans le Parque Natural Sierra de Andújar, accueille l'une des plus grandes célébrations religieuses du pays, la Romería de la Virgen de la Cabeza. Le tombeau d'origine fut détruit pendant la guerre civile par 200 franquistes qui prirent possession du lieu. Il ne fut "libéré" qu'en mai 1937, après 8 mois de bombardements républicains acharnés.

Le dernier dimanche d'avril, près d'un million de personnes se rassemblent vers 11h pour assister au transport d'une petite statue de la Vierge Marie – appelée La Morenita (la brunette) – à travers le Cerro del Cabezo, pendant 4 heures. Il s'agit d'une fête animée et passionnée : des enfants et des vêtements sont portés au-dessus de la foule pour arriver jusqu'aux prêtres qui leur font toucher le manteau de la vierge.

Deux petits *hostales* (maisons d'hôte ou petits hôtels), l'**Hotel la Mirada** (☎ 953 54 91 11 ; d 50 €) ou la **Pensión Virgen de la Cabeza** (☎ 953 12 21 65 ; d 35 €), non loin du sanctuaire, constituent un bon point de départ pour explorer le parc de 740 km² – qui compterait la plus grande étendue de végétation naturelle de la Sierra Morena. Rempli de chênes à feuillage persistant, le parc accueille des élevages de taureaux, ainsi qu'une importe faune, dont quelques loups, des lynx, des sangliers, des cerfs, des mouflons et différents oiseaux de proie. Pour plus d'informations, contactez le **Centro de Visitantes** (☎ 953 54 90 30), au Km 12 sur la route qui va d'Andújar au Santuario de la Virgen de la Cabeza, et l'**office du tourisme** d'Andújar (☎ 953 50 49 59 ; Plaza de Santa María ; ⊙ 8h-14h mar-sam juil-sept, 10h-14h et 17h-20h oct-juin).

Des bus relient chaque jour Jaén à Andújar (3,80 €, 4 départs/jour), d'autres vont d'Andújar au sanctuaire le samedi et le dimanche.

Point de départ idéal pour explorer le parc, Santa Elena compte quelques boutiques, bars et cafés. L'**Hotel El Mesón de Despeñaperros** (☎ 953 66 41 00 ; fax 953 66 41 02 ; meson@serverland. com ; Avenida de Andalucía 91 ; s/d 25/38,60 €), à l'extrémité nord de la bourgade, propose des chambres confortables et un restaurant très fréquenté. À La Carolina, à 12 km au sud de Santa Elena, **La Perdiz** (☎ 953 66 03 00 ; www.nh-hoteles.es en espagnol ; Autovía de Andalucía, salida Km.268 ; s/d 74/79 € ; P ⊠ ▢ ⊠), plus sophistiquée, fait partie de la chaîne NH et offre tous les équipements nécessaires, au cœur de superbes jardins.

Le **Camping Despeñaperros** (☎ 953 66 41 92 ; campingdesp@navegalia.com ; camping pour 2 pers, une tente et une voiture 12 €) dispose d'un superbe emplacement, dans une pinède, et le sympathique propriétaire peut vous conseiller sur les randonnées dans la région. Vous pouvez aussi contacter directement un guide (☎ 610-282531).

Plusieurs bus au départ de Jaén desservent en semaine La Carolina, d'où 4 ou 5 bus de la **La Sepulvedana** (☎ 953 66 03 35) partent pour Santa Elena, en semaine uniquement. Renseignez-vous sur les horaires.

BAÑOS DE LA ENCINA

L'une des plus belles forteresses d'Andalousie, le **Castillo de Burgalimar** (☎ 953 61 32 00 ; entrée libre ; ⊠ 9h-20h), domine la paisible cité de Baños de la Encina, à quelques kilomètres au nord de l'impersonnelle Bailén. Édifié en 967 sur ordre du calife Cordoban Al-Hakim II, le château comprend 14 tours et un imposant donjon auquel on accède par un portail en double arc de fer à cheval. À l'intérieur, un parapet sans protection (pour les cœurs bien accrochés !) entoure les murailles, offrant de superbes vues sur la campagne. Le château est tombé aux mains des chrétiens en 1212, juste après la bataille de Las Navas de Tolosa. Pour en savoir plus – et trouver les clés de la forteresse, rendez-vous à l'**office du tourisme** (☎ 953 61 41 85 ; Callejón del Castillo 1 ; ⊠ 8h30-14h lun-ven).

Des demeures anciennes et quelques églises – dont l'**Ermita del Cristo del Llano**, avec sa spectaculaire décoration rococo qui rappelle l'Alhambra de Granada (p. 318) – bordent les vieilles rues de Baños. Le **Restaurante Mirasierra** (Calle Bailen 6 ; plats principaux 6-8 €) sert de bons plats de poisson et de viande.

EST DE JAÉN

BAEZA
15 000 habitants / 790 m

Surplombant de vastes étendues de terres fertiles, et appelée par les Romains "Beatia", qui signifie "heureuse" ou "chanceuse", Baeza (ba-*eh*-thah) est la petite sœur d'Úbeda (à 9 km seulement). À elles deux, ces cités représentaient la tête de pont de l'avancée chrétienne contre la Granada musulmane.

Baeza fut l'une des premières villes andalouses à tomber aux mains des chrétiens (1227), mais il ne reste plus grand chose de son héritage musulman, après des années d'influence castillane. La richesse de son architecture contredit néanmoins la croyance selon laquelle l'Andalousie ne présente que peu d'intérêt hors l'ère musulmane. Ici en effet, quelques riches familles ont laissé une collection impressionnante d'églises Renaissance et d'édifices municipaux parfaitement conservés.

Orientation et renseignements

La Plaza de España et le large Paseo de la Constitución, qui s'étend au sud-ouest, constituent le cœur de la ville.

La gare routière est à 700 m à l'est de la Plaza de España, dans l'Avenida Alcalde Puche Pardo.

L'**office du tourisme** (☎ 953 74 04 44 ; otbaeza@andalucia.org ; Plaza del Pópulo ; ⊠ 9h-18h lun-ven, 10h-13h et 16h-18h sam oct-mars, 9h-19h lun-ven, 10h-13h et 17h-19h sam avr-sept, 10h-13h dim toute l'année), où trouver une foule d'informations, occupe un bel édifice du XVIᵉ siècle de la Plaza del Pópulo, au sud-ouest du Paseo de la Constitución. Pour consulter Internet, rendez-vous chez **Speed Informatica** (Portales Tundidores 2 ; 1,80 €/h ; ⊠ 10h30-14h et 17h30-20h), du côté nord du Paseo de la Constitución. La poste est située dans la Calle Julio Burell.

Vous disposerez de banques et de DAB dans le Paseo de la Constitución et à l'est de la Plaza de España, dans la Calle San Pablo.

À voir

Tous les sites majeurs de Baeza se concentrent autour de la Plaza de España, centrale, et par extension, de la Plaza de la Constitu-

BAEZA

0 ———— 200 m

RENSEIGNEMENTS	Iglesia de la Santa Cruz............12 B4	**OÙ SE RESTAURER** (p. 372)
Bureau de poste.........................1 C3	Palacio de Jabalquinto..............13 B4	Cafeteria Mercantil....................22 B3
Speed Informatica.....................2 A3	Plaza del Pópulo.......................14 A3	Mesón Restaurante La Góndola....23 A3
Office du tourisme....................3 A3	Puerta de Jaén.........................15 A3	Restaurante El Sali....................24 B3
	Seminario Conciliar de San Felipe	Restaurante Palacete Santa Ana....25 B2
À VOIR ET À FAIRE (p. 368)	Neri......................................16 A4	Restaurante Vandelvira..............26 B2
Antigua Carnicería.....................4 A3	Départ des visites guidées........(voir 30)	
Antigua Universidad....................5 B3	Torre de los Aliatares...............17 B3	**OÙ PRENDRE UN VERRE** (p. 372)
Arco de Villalar........................6 A3		Bar Arcediano..........................27 B3
Ayuntamiento...........................7 B3	**OÙ SE LOGER** (p. 371)	Bar Pacos...............................(see 21)
Casa del Pópulo......................(voir 3)	Hostal Comercio.......................18 B3	Burladero................................28 B3
Cathédrale..............................8 A4	Hostal El Patio.........................19 A3	
Convento de San Francisco........9 B2	Hotel Palacete Santa Ana...........20 B2	**OÙ SORTIR** (p. 372)
Fuente de los Leones................10 A3	Hotel Puerta de la	Café Central Teatro...................29 B3
Fuente de Santa María...............11 A4	Luna....................................21 A4	Restaurante Palacete Santa Ana....(see 25)
		ACHATS (p. 372)
		La Casa del Aceite.....................30 A3
		TRANSPORTS
		Gare routière............................31 D3
		Taxi.......................................32 B3
		DIVERS
		Iglesia de San Pablo...................33 C3

ción. Vous pouvez les visiter tranquillement en une journée. Les horaires d'ouverture de certains édifices sont aléatoires ; mieux vaut vous renseigner à l'office du tourisme.

PASEO DE LA CONSTITUCIÓN ET ENVIRONS

Des églises couleur miel et d'immenses palais caractérisent l'ensemble du centre historique de Baeza, faisant de la **Torre de los Aliatares** (Tour des Aliatares), Plaza de España, l'un des derniers vestiges de la Bayyasa (comme l'appelaient les musulmans). La tour a survécu à l'ordre de démolition des fortifications de la cité, donné par Isabel la Católica en 1476, pour mettre fin aux querelles entre les familles nobles

Benavide et Carvajal. La petite Plaza de España, centre de la ville, rejoint l'interminable **Paseo de la Constitución**, bordé de cafés, qui fut autrefois la place du marché et des arènes de Baeza.

Sur la Plaza del Pópulo se trouve l'ancienne entrée de la ville, la **Puerta de Jaén** (Porte de Jaén), reliée à l'immense **Arco de Villalar** (Arc de Villalar). Érigé par Carlos Ier en 1526 pour commémorer la victoire contre une grave insurrection en Castilla qui avait menacé de renverser son trône, cet arc domine la **Plaza del Pópulo**, aussi appelée Plaza de los Leones, en référence à la **Fuente de los Leones** (Fontaine aux lions) en son centre. La fontaine, constituée de sculptures du village ibérique et romain de

PROVINCIA DE JAÉN

Cástulo, est couronnée par une statue qui représenterait Imilce, princesse ibérique et épouse du célèbre général carthaginois Hannibal. Du côté sud de la place s'élève la charmante **Casa del Pópulo** du XVIe siècle, de style plateresque (genre décoratif, avec des ornements argentés), qui abritait autrefois le palais de justice, et aujourd'hui l'office du tourisme de Baeza. Du côté est de la place se trouve l'**Antigua Carnicería** (ancien abattoir), un bel édifice doté d'une galerie Renaissance qui serait l'une des plus élégantes au monde !

Si vous franchissez la Puerta de Jaén, longez ensuite le **Paseo de las Murallas**, un chemin contournant les remparts de la vieille ville, presque jusqu'à la cathédrale. De là, vous apprécierez pleinement la position fantastique de Baeza, perchée sur son escarpement abrupt.

PLAZA DE SANTA MARÍA

Cette place agréable ressemble aux autres places de la ville, entourée de demeures anciennes et d'églises et destinée à jouer un rôle religieux et civique, comme en témoigne le **Seminario Conciliar de San Felipe Neri**, situé du côté nord de la place, qui abrite désormais l'Universidad International de Andalucía.

Suite à la Reconquista, la mosquée fut bien sûr transformée en **cathédrale** (Plaza de Santa María ; entrée libre, dons bienvenus ; 🕑 10h30-13h et 16h-18h oct-mars, 10h30-13h et 17h-19h avr-sept), ouvrant ainsi la voie à la transformation de la cité en joyau castillan. La cathédrale même est un mélange esthétique de différents éléments, même si le style général est purement Renaissance, avec sa **façade principale** sur la Plaza Santa María. L'élément le plus ancien de la cathédrale est la **Puerta de la Luna** (Porte de la Lune), gothico-mudéjar, à son extrémité ouest, coiffée d'une belle rosace gothique du XIVe siècle.

Vous admirerez un magnifique retable baroque derrière l'autel principal, ainsi qu'une crucifixion romano-gothique du XIIIe siècle, au-dessus du retable de la Capilla del Sagrario, adjacente. À l'ouest, la grille fermant l'**Antiguo Coro** (ancien chœur) figure parmi les plus belles œuvres de Maestro Bartolomé, le maître du fer forgé à Jaén, au XVIe siècle. À droite de la grille, vous pouvez glisser une pièce dans une fente, à côté d'un tableau sans intérêt. Le

tableau coulisse alors bruyamment pour révéler un vaste ostensoir en argent du XVIIIe siècle, la **Custodia del Corpus**, utilisé lors des processions de la Fête-Dieu à Baeza.

À l'extérieur, sur la jolie place, s'élève la belle **Fuente de Santa María**, fontaine construite sous forme d'arc de triomphe miniature en 1569, par le *baezano* (habitant de Baeza) Ginés Martínez.

PLAZA SANTA CRUZ

En bas de la Cuesta San Felipe Neri se dresse la demeure la plus fascinante de Baeza, le **Palacio de Jabalquinto** (Plaza Santa Cruz ; entrée libre ; 🕑 10h-14h et 16h-18h jeu-mar, patio uniquement). Ce palais, qui aurait été construit au début du XVIe siècle pour l'un des membres de la famille Benavides, possède une magnifique façade dans le flamboyant style isabélin gothique. Le patio est en rénovation depuis quelque temps, mais vous pourrez vous imprégner de son caractère grandiose en observant les colonnes de marbre Renaissance, les arcs à deux niveaux et l'élégante fontaine. Sur le côté, ne manquez pas la somptueuse cage d'escalier baroque.

En face du palais, la minuscule **Iglesia de la Santa Cruz** (Plaza Santa Cruz ; entrée libre ; 🕑 11h-13h30 et 16h-18h lun-sam, 12h-14h dim) fut l'une des premières églises construites en Andalousie après la Reconquista. C'est aussi l'une des rares en Andalousie, à avoir été bâtie dans le style roman. Ses portails en arc arrondi et ses absides semi-circulaires lui confèrent un style unique. Des traces de l'ancienne mosquée, antérieure à l'église subsistent à l'intérieur. Horaires d'ouverture fluctuants.

Juste à côté du Palacio de Jabalquinto, l'**Antigua Universidad** (l'ancienne université ; ☎ 953 74 01 54 ; Calle del Beato Juan de Ávila ; entrée libre ; 🕑 10h-13h et 16h-18h jeu-mar), fondée en 1538 fut, à l'époque, un foyer progressiste face aux grandes familles conservatrices de Baeza. Fermée en 1824, elle abrite, depuis 1875, un *instituto de bachillerato* (lycée). Le patio principal, avec ses beaux arcs Renaissance, est ouvert au public, de même que la salle de classe dans laquelle le poète Antonio Machado (voir p. 47) enseigna le français de 1912 à 1919.

NORD DU PASEO DE LA CONSTITUCIÓN

Un peu plus au nord du Paseo, l'**Ayuntamiento** (hôtel de ville ; ☎ 953 74 01 54 ; Pasaje del Cardenal Benavides 9) possède une magnifique façade plateresque. Les quatre baies finement sculptées à l'étage supérieur sont séparées par les armoiries de Felipe II (au milieu), du magistrat Juan de Borja (qui fit construire l'édifice), et de celles de la ville. L'édifice servait à l'origine de tribunal et de prison (entrées respectives à droite et à gauche).

À quelques minutes de marche de l'*ayuntamiento*, le **Convento de San Francisco** (Calle de San Francisco) a fait l'objet d'une restauration controversée. Chef d'œuvre d'Andrés de Vandelvira, il servait de chapelle funéraire à la famille Benavides. Dévasté par un tremblement de terre et pillé par les troupes françaises au début du XIXe siècle, il est aujourd'hui partiellement restauré, et l'on peut voir, du côté est, des colonnes marquant la forme du dôme autour d'un espace agrémenté de gravures Renaissance. Le cloître, occupé par le Restaurante Vandelvira (p. 372), vaut également le détour.

À faire
Des randonnées à cheval peuvent être organisées par l'Hotel Hacienda La Laguna (ci-contre).

Circuits organisés
Pópulo Servicios Turísticos (☎ 953 74 43 70 ; Plaza de los Leones 1 ; adulte/enfant de moins de 12 ans 6 €/gratuit ; ⏰ 10h et 17h lun-sam, 11h dim). Des visites guidées (2 heures) de Baeza partent en face de l'office du tourisme. La visite n'a rien d'extraordinaire en soi (et mieux vaut bien maîtriser l'espagnol), mais vous ne pourrez être qu'enchanté par l'histoire et la richesse de chaque édifice. Certains préféreront néanmoins s'imprégner de l'atmosphère de la ville par eux-mêmes.

Fêtes et festivals
Semana Santa (Semaine sainte). Grande fête pittoresque agrémentée de processions religieuses.
Feria (mi-août). Joyeux défilé de *gigantones* (géants en papier-mâché), de feux d'artifice et une immense fête foraine.
Romería del Cristo de la Yedra (7 oct). L'image de la Virgen del Rosell est portée depuis l'Iglesia de San Pablo à travers les rues de la ville, suivie par une foule en liesse. L'après-midi, une procession colorée de cavaliers défile derrière la Vierge jusqu'au village de La Yedra, à 4 km au nord, où les festivités se poursuivent.

Où se loger
Certains tarifs augmentent de quelques euros de juin à septembre.

Hotel Puerta de la Luna (☎ 953 74 70 19 ; www.hotelpuertadelaluna.com ; Calle Canónigo Melgares Raya s/n ; d lun-jeu/ven-dim 95/110 € ; P X R). Une superbe demeure, très luxueuse, empreinte de caractère, qui offre un large éventail d'installations. Le patio pavé mudéjar (où l'on sert le petit déjeuner), avec ses haies impeccables, conduit à de somptueux salons avec cheminée. Les chambres sont parées de meubles anciens et de draps damassés. On peut également profiter d'un beau restaurant, d'un bar original, d'un bain turc, d'une station thermale, d'une salle de sport et d'une bibliothèque.

Hotel Palacete Santa Ana (☎ /fax 953 74 16 57 ; info@palacetesantaana.com ; Calle Santa Ana Vieja 9 ; s/d 42/66 € ; X). Cet hôtel élégant occupe une demeure du XVIe siècle. Les chambres sont joliment meublées et les salons, les salles à manger et les entrées sont de véritables galeries d'art. Le restaurant du même nom (voir plus loin) est géré par le même propriétaire.

Hotel Hacienda La Laguna (☎ 953 76 51 42 ; www.ehlaguna.com/hotel en espagnol ; Puente del Obispo s/n ; d basse/haute saison 58/64 € ; P X 🖥 R). Une immense hacienda à 10 minutes de route de Baeza. Le complexe abrite son propre musée consacré à l'huile d'olive – le Museo de la Cultura del Olivo (p. 372) – et possède 18 chambres au mobilier élégant, ainsi qu'un excellent restaurant, La Campana, qui vaut le détour, même pour un repas. Le ranch comprend aussi une écurie où louer des chevaux.

Hospedería Fuentenueva (☎ 953 74 31 00 ; www.fuentenueva.com ; Paseo Arco del Agua s/n ; s/d 43/72 € ; X R). Cette ancienne prison de femmes a été transformé en charmant petit hôtel, tout en tons orangé et rose saumon. Les 12 chambres sont vastes, confortables et lumineuses, avec des sdb modernes en marbre. Petit déj. compris.

Hostal Comercio (☎ 953 74 01 00 ; Calle San Pablo 21 ; d 30-35 €). Un endroit un peu sombre, et qui craque çà et là, mais l'accueil y est chaleureux et les chambres, bien que désuètes, s'avèrent correctes. Certaines disposent même d'une entrée personnelle. Le poète Antonio Machado a séjourné dans la chambre 215 en 1912.

Hotel Juanito (☎ 953 74 00 40 ; juanito@juanitobaeza.com ; Paseo Arco del Agua s/n ; s/d 34/54 € ; X). L'emplacement n'a rien d'idéal, à proximité d'une station essence et en face du terrain de football de Baeza. Néanmoins, les chambres sont confortables, chauffées et dotées d'une TV. Et le restaurant (voir ci-dessous) est l'un des plus cotés de la province.

Hostal El Patio (☎ 953 74 02 00 ; fax 953 74 82 60 ; Calle Conde Romanones 13 ; d avec sdb 28 €). L'*hostal* le moins cher de Baeza occupe une belle demeure du XVIIe siècle avec un patio couvert. L'ensemble dégage un charme désuet, même si certaines chambres manquent de fraîcheur et de luminosité. Les moins chères n'ont pas de sdb.

Où se restaurer

Baeza offre un vaste éventail de restaurants de bonne qualité et l'office du tourisme fournit une petite brochure (en espagnol uniquement) sur les bars à tapas.

Restaurante Vandelvira (☎ 953 74 81 72 ; Calle de San Francisco 14 ; plats principaux 7-16 € ; ☯ fermé dim soir et lun). Occupant une partie de l'ancien Convento de San Francisco (p. 371), ce restaurant chic a beaucoup de caractère. La salade de pâté de perdrix ou le *solomillo al carbón* (steak grillé au feu de bois) figurent parmi les must.

Restaurante Juanito (☎ 953 74 00 40 ; Paseo Arco del Agua s/n ; plats principaux 30 € ; ☯ fermé dim soir et lun soir). Les propriétaires, Juan Antonio Salcedo et son épouse Luisa, préparent des plats traditionnels de Jaén depuis une quarantaine d'années dans cet établissement reconnu. Certains clients viennent de loin, mais la popularité se paie et le service laisse parfois à désirer.

Cafetería Mercantil (Portales Tundidores 18, Paseo de la Constitución ; raciones 6-9 €). La vaste terrasse de ce café animé donne dans le Paseo. Particulièrement appréciable le matin ou en début de soirée. C'est l'occasion ou jamais de goûter des *criadillas* (testicules de taureau ou d'agneau) ou des *sesos* (cervelles) !

Restaurante Palacete Santa Ana (☎ 953 74 16 57 ; Calle Escopeteros 12 ; menú/à la carte 15/24 €). Un restaurant imposant, doublé d'un complexe de bars, qui occupe plusieurs étages et appartient au même propriétaire que l'hôtel du même nom. On y savoure des spécialités régionales, arrosées d'huile d'olive locale. Réservation obligatoire.

Mesón Restaurante La Góndola (☎ 953 74 29 84 ; Portales Carbonería 13, Paseo de la Constitución ; plats principaux 8-14 €). Un très bon restaurant couleur locale, où apprécier la lueur du feu de bois et l'odeur des grillades qui émane de

derrière le bar, sans parler de la qualité du service et de la cuisine. Essayez les *patatas baezanas*, délice végétarien aux pommes de terre sautées et aux champignons.

Restaurante El Sali (☎ 953 74 13 65 ; Pasaje del Cardenal Benavides 15, menú/à la carte 12/30 € ; ☯ fermé mer). Une superbe terrasse en face de l'imposant *ayuntamiento*. Au programme : beaucoup de poisson frais et le *pipirrana* local (*jamón* – jambon – et légumes).

Où prendre un verre et sortir

La vie nocturne à Baeza se limite généralement à quelques bars animés.

Burladero (Calle de la Barbacana s/n). Un bar de charme où il fait bon prendre un verre.

Bar Arcediano (☎ 953 74 81 84 ; Calle de la Barbacana s/n ; raciones 7-10 €). Autre adresse intéressante du même côté de la rue que le Burladero.

Bar Pacos (☎ 953 74 70 19 ; Calle Canónigo Melgares Raya 7 ; raciones 6-9 €). Un établissement plus élégant dans l'Hotel Puente de la Luna.

Café Central Teatro (☎ 953 74 43 55 ; Calle Obispo Narvaez 19). Organise des concerts live.

Restaurante Palacete Santa Ana (☎ 953 74 16 57 ; Calle Escopeteros 12). Excellentes soirées flamenco.

Achats

Pour une huile d'olive de qualité, rendez-vous à **La Casa del Aceite** (Paseo de la Constitución 9) qui propose aussi d'autres produits comme du savon, des céramiques et des bols en bois d'olivier. Autre adresse à retenir : le **Museo de la Cultura del Olivo** (☎ 953 76 51 42 ; Complejo Hacienda la Laguna, Puente del Obispo ; adulte/enfant 2,50/1,50 € ; ☯ 10h30-13h30 et 16h30-19h mardim), situé en dehors de Baeza, dans l'Hotel Hacienda La Laguna (p. 371).

Comment s'y rendre et circuler

Au départ de la **gare routière** (☎ 953 74 04 68 ; Paseo Arco del Agua), des bus Alsina Graells partent chaque jour pour Jaén (3,15 €, 45 min, 11 départs/jour), Úbeda (0,75 €, 30 min, 15/j) et Granada (9,10 €, 5/j). Certaines lignes desservent aussi Cazorla (3,40 €, 2 heures 15, 2/j), Córdoba (8,25 €), Sevilla (16,40 €) et Madrid (18,80 €).

La gare ferroviaire la plus proche est celle de **Linares-Baeza** (☎ 953 65 02 02), à 13 km au nord-ouest de la ville. Des trains quotidiens prennent la direction de Granada, Córdoba, Seville, Málaga, Cádiz, Almería, Madrid et Barcelona. Les bus sont en correspondance

ÚBEDA

| 0 | 200 m |

		A		B		C		D

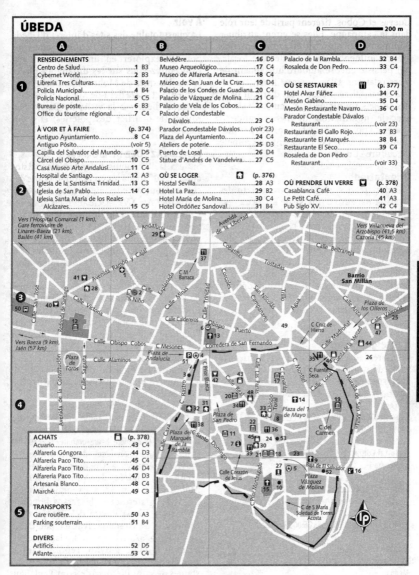

PROVINCIA DE JAÉN

avec la plupart des trains du lundi au samedi. Un taxi jusqu'à la gare coûte 12 €.

Les possibilités de stationnement à Baeza restent assez limitées, mais il existe des emplacements autour du Paseo de la Constitución et dans le Pasaje del Cardenal Benavides. Des taxis attendent dans le Paseo de la Constitución.

ÚBEDA

33 000 habitants / 760 m

Sophistiquée et imposante, Úbeda (*ou*-be-dah) devint, comme sa rivale Baeza, un rempart castillan lors de l'inexorable marche chrétienne vers le Sud. Lorsque Fernando III reconquit l'Andalousie musulmane, des familles aristocrates, telles les Molina, de la

Cuevas et Cobos, tirèrent parti de leur rôle dans la campagne. Elles se virent attribuer d'immenses propriétés et exercèrent une grande influence sur l'architecture locale, qui persiste encore aujourd'hui. Jouant de leurs relations à la cour castillane, ces familles gaspillèrent beaucoup d'argent dans des projets municipaux et, au XVIe siècle, avec la nomination de Don Francisco Cobos au poste de secrétaire privé (premier ministre, en fait), Úbeda devint un symbole de culture et de pouvoir.

Orientation

La plupart des richesses architecturales – raison majeure d'une visite à Úbeda – se concentrent dans le dédale d'étroites ruelles sinueuses et sur les vastes places de la vieille ville, au sud-est. Les hébergements les plus économiques et la gare routière sont situés à 1 km environ, dans la terne ville nouvelle, qui s'étend à l'ouest et au nord. Les meilleurs logements se trouvent dans le *casco antiguo* (vieux quartier). La Plaza de Andalucía marque la limite entre les deux parties de la ville.

Renseignements

Nombre de banques et de DAB bordent la Plaza de Andalucía et la Calle Rastro.
Centro de Salud (Centre médical ; ☎ 953 02 86 00 ; Calle Explanada s/n). Dans la ville nouvelle, avec un service d'urgence.
Cybernet World (Calle Niño 22 ; 1 €/30 min ; ◷ 11h-14h et 16h30-22h).
Beaucoup d'ordinateurs et beaucoup d'adolescents.
Hospital Comarcal (☎ 953 02 82 00 ; Carretera de Linares Km 1).
Le principal hôpital, à la lisière nord-ouest de la ville.
Librería Tres Culturas (☎ 953 75 26 25 ; Calle Rastro 7).
Vend une sélection de cartes, dont des cartes de Cazorla et quelques guides.
Policía Municipal (☎ 953 75 00 23 ; Plaza de Andalucía).
Installée dans le centre.
Policía Nacional (☎ 953 75 03 55 ; Plaza Vázquez de Molina).
Occupe l'Antiguo Pósito.
Bureau de poste (Calle Trinidad 4 ; ◷ 8h30-14h30 lun-ven, 9h30-13h sam).
Office du tourisme régional (☎ 953 75 08 97 ; otubeda@andalucia.org ; Calle Baja del Marqués 4 ; ◷ 9h-14h45 et 16h-19h lun-ven, 10h-14h sam). Situé dans le Palacio Marqués de Contadero, du XVIIIe siècle, dans la vieille ville.

À voir

La quasi totalité des sites d'intérêt d'Úbeda sont situés dans le *casco antigua*, que vous pourrez explorer en un ou deux jours. Concentrez-vous sur les différentes places (Plaza Vazquez de Molina, Plaza del Ayuntamiento et Plaza del 1 de Mayo) et réservez quelques heures à la visite du Barrio San Millán (le quartier des poteries) et à vos achats.

PLAZA VÁZQUEZ DE MOLINA

Suite à la Reconquista, les familles aristocratiques d'Úbeda jouèrent tout de suite des coudes pour accéder au pouvoir à la cour castillane. Au XVIe siècle, Francisco de los Cobos y Molina obtint le poste de secrétaire privé du Roi Carlos Ier et fut ensuite remplacé par son neveu, Juan Vázquez de Molina. Exposés aux influences culturelles de la Renaissance italienne qui s'infiltraient alors en Espagne, et bénéficiant de la richesse et des privilèges de leurs postes, les membres de la famille Molina se consacrèrent à des projets municipaux d'autoglorification dans leur ville natale. Ils financèrent ce que l'on tient aujourd'hui comme le meilleur exemple de l'architecture Renaissance en Espagne, poussant le critique d'art catalan et philosophe Eugenio D'Ors (1881–1954) à comparer plus tard Úbeda aux villes italiennes de Ferrara et de Brescia.

La pureté du style Renaissance apparaît nettement dans la **Capilla del Salvador del Mundo** (☎ 953 75 81 50 ; entrée du côté sud ; adulte/enfant 2,25/1 € , dernière heure gratuite ; ◷ 10h-14h et 16h30-19h), première des nombreuses œuvres exécutées à Úbeda par le célèbre architecte Andrés de Vandelvira (voir *Maître d'œuvre* p. 375). Exemple éminent du style platéresque, la **façade principale** est inspirée de la Puerta del Perdón de la cathédrale de Granada, réalisée par Diego de Siloé (p. 325). Le portail, classique, est surmonté d'une gravure représentant la transfiguration du Christ, flanquée des statues de saint Pierre et de saint Paul. Sous l'arcade se dressent des statues de dieux grecs sculptées par l'artiste français Esteban Jamete – une touche Renaissance qui aurait été inconcevable quelques décennies plus tôt. De nuit, la façade prend un relief en 3 dimensions.

À l'intérieur, la sacristie est ornée de sculptures symboliques que l'on doit aussi

MAÎTRE D'ŒUVRE

Né en 1509 à Alcaraz (en Castille-La Mancha), à 150 km au nord-est d'Úbeda, Andrés de Vandelvira fut le grand initiateur de la Renaissance dans la province de Jaén. Influencé par l'architecte pionnier Diego de Siloé, Vandelvira réalisa une série de somptueux édifices en pierre à Úbeda, Baeza et Jaén qui, tous, constituent une illustration remarquable de l'architecture Renaissance en Espagne. Son œuvre s'articule autour de trois phases importantes : les constructions ornementales du début de la Renaissance, de style plateresque (genre décoratif avant tout, avec des effets argentés), comme la **Capilla del Salvador del Mundo** (p. 374), avec une prédilection pour les blasons sculptés. Plus pur et plus classique, le **Palacio de Vázquez de Molina** (ci-dessous) fut construit ultérieurement. Enfin, pour son dernier ouvrage, l'**Hospital de Santiago** (p. 376 ; achevé en 1575, l'année de sa mort), Vandelvira fit preuve d'une sobriété égalant celle de Juan de Herrera, qui conçut El Escorial (près de Madrid), apogée du style austère, caractéristique de la fin de la Renaissance espagnole.

à Jamete. Ayant travaillé à Fontainebleau, Jamete a donné une touche française à la sacristie, avec d'énormes festons et médaillons couronnés par l'immense dôme orné d'une fresque inspirée de la Capilla Mayor de Granada (voir p. 325). Le retable principal de l'église, réalisé par Alonso de Berruguete, fut endommagé au cours de la guerre civile, et une seule statue, la *Transfiguración del Monte Tabor* (Transfiguration sur le Mont Thabor), est encore d'origine. Les autres ont néanmoins été minutieusement restaurées.

Il ne s'agit pas d'une église paroissiale typique, mais de la chapelle funéraire privée de la famille Cobos (leur crypte se trouve sous la nef) – symbole de la richesse de Francisco qui, à une époque, excéda celle du Roi Carlos Ier. Aujourd'hui, l'église est toujours détenue par les Duques de Medinaceli de Sevilla, descendants des Cobos, et l'une des plus grandes familles de propriétaires d'Andalousie.

L'ensemble de la place (180 m de long), avec ses nombreuses œuvres architecturales, appartenait en fait à cette famille. Juste à côté de la Capilla se dresse le **Palacio del Condestable Dávalos**, ancienne demeure des chapelains. Partiellement restaurée au XVIIe siècle, cette demeure est aujourd'hui le parador le plus luxueux d'Úbeda (p. 377). À l'ouest, l'immense **Palacio de Vázquez de Molina** (☎ 953 75 04 40 ; 🕑 10h-14h et 17h-21h), aujourd'hui l'*ayuntamiento* d'Úbeda, fut construit par Vandelvira pour Juan (neveu de Francisco et successeur au poste de secrétaire privé), dont on peut voir les armoiries au-dessus de la porte d'entrée. La sobre façade, d'inspiration italienne, présente des proportions harmonieuses. Le **Museo de Alfarería Artesana** (1,80 € ; 🕑 10h30-14h et 17h-19h mar-sam, 10h30-14h dim) est consacré à la poterie de couleur verte d'Úbeda, artisanat remontant à l'ère musulmane.

En face du Palacio de Vázquez de Molina s'élève l'ancienne mosquée d'Úbeda, devenue l'**Iglesia Santa María de los Reales Alcázares**, même si les cloîtres pittoresques marquent le site de la fontaine aux ablutions musulmane. L'église est fermée depuis plusieurs années pour restauration – renseignez-vous auprès de l'office du tourisme pour connaître sa date de réouverture. Juste à côté, vous pourrez voir le **Cárcel del Obispo** (prison de l'évêque), où on enfermait les nonnes qui sortaient du droit chemin. Il s'agit aujourd'hui d'un tribunal. Sous les arbres se dresse une **statue d'Andrés de Vandelvira**, à qui l'on doit les plus belles œuvres d'Úbeda. Face à la grand-place, l'**Antiguo Pósito** du XVIe siècle, à l'origine entrepôt public de céréales, abrite désormais un poste de police.

À l'est de la place, en parcourant 150 m dans la Baja de El Salvador, un **mirador** (belvédère) offre une belle vue sur les oliveraies et, au loin, sur les montagnes enneigées de Cazorla.

NORD DE LA PLAZA DE VÁZQUEZ DE MOLINA

Au nord de la place principale d'Úbeda, un labyrinthe de rues sinueuses donnent sur plusieurs places élégantes, chacune bordée de demeures anciennes et d'églises. La première est la **Plaza del Ayuntamiento**, dominée du côté nord-ouest par le **Palacio de Vela de los Cobo**. Ce palais peut être visité (entrée libre) en réservant au préalable auprès de l'office du tourisme.

Parmi les plus belles demeures de la ville figure aussi le **Palacio de los Condes de Guadiana**, datant du XVIIe siècle, à trois pâtés de maisons en remontant la Calle Real (autrefois principale rue commerçante d'Úbeda), avec de fines sculptures autour de ses fenêtres et balcons. Pour découvrir une demeure typique, visitez la **Casa Museo Arte Andalusí** (☎ 619-076132 ; Calle Narvaez 11 ; 1,50 € ; 🕑 10h30-14h30 et 16h-20h30), qui a ouvert ses portes récemment, où voir de nombre d'antiquités. Des spectacles de flamenco y sont organisés le samedi soir, à partir de 22h.

Au nord-est de la Plaza del Ayuntamiento, la Plaza del 1 de Mayo, encore plus vaste, fut autrefois la place du marché et l'arène de la ville. C'est là que l'Inquisition dressa ses bûchers. Les seigneurs de la cité contemplaient ce "spectacle" depuis la galerie de l'**Antiguo Ayuntamiento** (ancien hôtel de ville), à l'angle sud-ouest. Du côté nord de la place, l'**Iglesia de San Pablo** (entrée libre ; 🕑 19h-21h) arbore un splendide portail de style gothique tardif (1511).

Tout de suite au nord de l'Iglesia de San Pablo, une demeure mudéjare du XIVe siècle héberge le **Museo Arqueológico** (☎ 953 75 37 02 ; Calle Cervantes 4 ; entrée libre ; 🕑 15h-20h mar, 9h-20h mer-sam, 9h-15h dim), avec des collections d'archéologie allant du néolithique à l'époque musulmane. Un deuxième musée, plus petit, le **Museo de San Juan de la Cruz** (☎ 953 75 06 15 ; Calle del Carmen ; 1,20 € ; 🕑 11h-13h et 17h-19h mar-dim), est dédié au mystique, poète et réformateur religieux du XVIe siècle, saint Jean de la Croix, qui fonda l'ordre monastique dissident des Carmelitos Descalzos (carmes déchaussés). Son but : retrouver l'austérité et la vie contemplative originelle que les carmes traditionnels avaient perdues.

Le musée occupe l'Oratorio de San Juan de la Cruz, où saint Jean mourut de la gangrène en 1591. Dans une cellule de moine reconstituée, saint Jean est assis à son bureau – peut-être en train de songer au "côté obscur de l'âme". À proximité, un cabinet contient ses lettres, ainsi que deux de ses doigts ! Les visites, en espagnol, sont faites par des moines et durent environ une demi-heure.

Au nord du musée, l'impressionnante **Puerta de Losal** conduit au **Barrio San Millán**, célèbre quartier des potiers d'Úbeda, avec

des **ateliers de poterie** Calle Valencia. En tournant à gauche au niveau de la porte et en descendant la Calle Fuente Seca, puis la Calle Cruz de Hierro, on rejoint la Corredera de San Fernando en passant devant la baroque **Iglesia de la Santísima Trinidad**. On arrive alors au dernier projet architectural de Vandelvira, l'**Hospital de Santiago** (☎ 953 75 08 42 ; Calle Obispo Cobos ; entrée libre ; 🕑 8h-15h et 16h-22h lun-ven, 11h-15h et 18h-22h sam et dim). Achevé en 1575, cet édifice sobre et imposant, souvent qualifié d'Escorial de l'Andalousie, abrite aujourd'hui le centre culturel d'Úbeda, avec une bibliothèque, une école de danse municipale et une salle d'exposition.

Circuits organisés

Artificis (☎ 953 75 81 50 ; adulte/enfant 6 €/gratuit ; 🕑 visites 11h et 17h, visite en sus à 18h de juin à sept). Visite de 2 heures des monuments d'Úbeda (commentaires en espagnol). Appelez à l'avance pour réserver une visite en français. Excursions à Baeza, ville voisine.

Atlante (☎ 953 79 34 22 ; adulte/enfant 6 €/gratuit ; 🕑 visites 11h et 17h, visite en sus à 18h de juin à sept). Visites similaires à celles d'Artificis. Une excursion combinée d'Úbeda et de Baeza coûte 10 €, visites théâtrales (hiver/été 19h/22h).

Fêtes et festivals

Semana Santa (Semaine sainte). Confréries solennelles, processions religieuses et nombreuses représentations.

Festival Internacional de Música y Danza Ciudad de Úbeda (mai). Différents spectacles de musique et de danse pendant tout le mois de mai.

Fiesta de San Miguel (du 27 sept au 4 oct). Célèbre la capture de la ville, en 1233, par Fernando III, avec moult feux d'artifice, défilés, concerts, festival de flamenco, corridas, etc.

Où se loger

Bien que sans grand attrait, les hébergements petit budget d'Úbeda restent très corrects ; par ailleurs, des hôtels confortables et de caractère occupent, pour la plupart, d'anciens palais.

Palacio de la Rambla (☎ 953 75 01 96 ; Plaza del Marqués de la Rambla 1 ; d/ste avec petit déj 99,50/112 €). Autrefois propriété de la Marquesa de la Rambla, ce magnifique palais comprend 8 superbes chambres dotées de meubles d'époque. Le patio orné de lierre, très romantique, est réservé aux clients. Petit-déj possible dans la chambre. Fermé en juil/août.

Parador Condestable Dávalos (☎ 953 75 03 45 ; www.parador.es en espagnol ; Plaza Vázquez de Molina ; s/d 106/119 € ; Ⓟ 🔣). Un splendide parador dans le plus beau quartier d'Úbeda, donnant sur la magnifique Plaza Vázquez de Molina. L'hôtel même est un monument historique, autrefois le Palacio del Deán Ortega. Aménagé de façon très confortable, avec de luxueuses installations, il possède également le meilleur restaurant de la ville.

Hotel María de Molina (☎ 953 79 53 56 ; www. hotel-maria-de-molina.com en espagnol ; Plaza del Ayuntamiento ; s/d 52/83,50 € ; 🔣). Un bel hôtel qui occupe un palacio du XVIᵉ siècle sur la pittoresque Plaza del Ayuntamiento. Les chambres bien aménagées sont disposées autour d'un patio traditionnel et le restaurant est d'excellente qualité.

Rosaleda de Don Pedro (☎ 953 79 51 47 ; www. husa.es ; Calle Obispo Toral 2 ; d 57 € ; Ⓟ 🔣 🔣). Installations trois-étoiles au cœur de la vieille ville pour cet hôtel qui appartient à la chaîne Husa. À disposition : un restaurant réputé (voir ci-après), ainsi que la seule piscine du centre historique. Certaines installations sont prévues pour les personnes handicapées.

Hotel Ordóñez Sandoval (☎ 953 79 51 87 ; Calle Antonio Medina 1 ; s/d 53/66 € ; Ⓟ). Maison de famille d'Amalia Perez Ordóñez, ce *palacio* du XIXᵉ siècle abrite aujourd'hui trois vastes chambres d'hôte. Amalia, très sympathique, se soucie du confort de ses clients et fera tout pour se faire comprendre, même si vous parlez très mal espagnol.

Hostal Sevilla (☎ 953 75 06 12 ; Avenida Ramón y Cajal 9 ; s/d 20/33 €). Le meilleur choix parmi les *hostales* d'Úbeda (tous dans le même quartier). Cet agréable *hostal* tenu par une famille offre un bon rapport qualité/prix et les chambres sont chauffées.

Hotel La Paz (☎ 953 75 08 48 ; www.hotel-lapaz. com en espagnol ; Calle Andalucía 1 ; s/d 35/54 € ; 🔣). Situé dans un quartier anonyme de la ville nouvelle, La Paz a tout d'un horrible édifice des années 1960. Les chambres se révèlent néanmoins confortables et bien aménagées, avec un joli mobilier en pin.

Où se restaurer

Parador Condestable Dávalos (☎ 953 75 03 45 ; Plaza Vázquez de Molina ; plats principaux 12-17 €, menú 25 €). Un restaurant réputé, à juste titre, pour ses délicieuses spécialités. Malgré des prix élevés, il s'agit du meilleur restaurant de la

ville et, même hors saison, la salle à manger est animée. Essayez les spécialités locales : le *carruécano* (poivrons verts fourrés à la perdrix) ou le *cabrito guisado con piñones* (chevreau à la vapeur accompagné de pignons de pin).

Mesón Restaurante Navarro (☎ 953 79 06 38 ; Plaza del Ayuntamiento 2 ; raciones 4-9 €, plats principaux 8-14 €). Souvent enfumé et bruyant, le Navarro est néanmoins l'une des fameuses tables de la ville. On vient y déguster des tapas au bar ou, en été, goûter, sur la plaza, une sélection d'excellents *raciones* et *bocadillos* (longs pains fourrés) allant de 1,50 € à 4,50 €. La pancarte n'indique que "Mesón Restaurante".

Restaurante El Seco (☎ 953 79 14 52 ; Calle Corazón de Jesús 8 ; menú 12 €). Donnant sur une jolie place couverte d'orangers de la vieille ville, El Seco affiche des prix corrects. Les plats y sont très honorables, notamment la *carne de monte* (chevreuil en général), accompagnée d'une sauce tomate riche, ou la truite légèrement grillée avec un assortiment de légumes.

Restaurante El Gallo Rojo (☎ 953 75 20 38 ; Calle Manuel Barraca 3 ; plats principaux 9-12 €). À l'extrémité nord de l'Avenida Ramón y Cajal, voici l'un des meilleurs restaurants de la ville nouvelle. Le *menú* offre un bon rapport qualité/prix et vous pourrez dîner à l'extérieur.

Mesón Gabino (☎ 953 75 75 53 ; Calle Fuente Seca ; plats principaux 6-10 €). Un superbe cellier aux vieux piliers en pierre. Bon point de chute dans le quartier des potiers, pour se restaurer copieusement (salades, œufs).

Restaurante El Marqués (☎ 953 75 72 55 ; Plaza del Marqués de la Rambla ; platos combinados 8-12 € ; 🕙 14h-16h mar-ven, 14h-16h et 20h30-23h sam et dim). Géré par l'hôtel María de Molina (voir ci-contre), ce vaste restaurant avec ses voûtes en pierre et ses fenêtres à vitraux sert des spécialités locales, tel un agneau au four avec des légumes frais, ou du saumon aux asperges. En été, on dîne sur la jolie place pavée.

La **Rosaleda de Don Pedro** (☎ 953 79 51 47 ; www.husa.es ; Calle Obispo Toral ; menú 20 €) et l'**Hotel Alvar Fáñez** (☎ 953 79 60 43 ; Calle Juan Pasquau 5 ; menú 20 €) abritent de bons restaurants. Tous deux proposent des plats de montagne – poisson d'eau douce, un grand choix de légumes et de copieux plats de viande.

PROVINCIA DE JAÉN

Où prendre un verre et sortir

La paisible cité d'Úbeda n'a pas une vie nocturne des plus agitées et, hors saison, la plupart des jeunes traînent dans les pizzerias et les cybercafés. La ville nouvelle est plus animée.

Le Petit Café (Avenida Ramón y Cajal 26). Un élégant café réputé qui s'anime en fin d'après-midi. Les différents thés, cafés et cocktails de fruits sont accompagnés d'un grand choix de *tortas* (tartes), biscuits, pâtisseries et crèmes glacées.

Le **Casablanca Café** (☎ 953 79 27 88 ; Redonda de Santiago) a tout d'un bar américain des années 1960/1970 : juke-box, bibelots américains, lumières rétro, immense table de billard et ancienne pompe à essence créent une ambiance singulière. L'atmosphère est beaucoup plus calme le dimanche et le lundi soir, bercée par d'interminables chansons tristes.

Pub Siglo XV (Calle Prior Blanca 5). Seul bar de la vieille ville, ce pub sympathique organise des spectacles de flamenco et des concerts. Il ferme de temps en temps en basse saison.

Achats

Le vernis vert typique des jolies poteries d'Úbeda et les traditionnels tapis aux motifs colorés tissés dans l'alfa (*ubedíes*) datent de l'époque musulmane. Le quartier des potiers compte encore trois fours d'époque (il n'en reste que six dans toute l'Espagne).

Plusieurs ateliers vendent leurs articles dans le barrio San Millán, au nord-est de la vieille ville, et les potiers sont souvent heureux d'expliquer les techniques ancestrales qu'ils utilisent. Parmi celles-ci : l'ajout de noyaux d'olives au feu, pour augmenter la chaleur et obtenir un vernis plus brillant. L'**Alfarería Paco Tito** (Calle Valencia 22, Calle Fuente Seca 17 ou Plaza del Ayuntamiento 12) est le plus grand atelier, mais d'autres valent aussi le détour dans la même rue, tout comme l'**Alfarería Góngora** (Cuesta de la Merced 32). Vous pouvez trouver des petites poteries, plus faciles à transporter, à partir de 6 €.

Pour les tapis et les paniers en alfa (à partir de 5 €), allez chez **Artesanía Blanco** (Calle Real 47), dans la vieille ville. L'**Acuario** (Calle Real 61) vend de beaux objets anciens et de jolis carreaux de céramique. Vous trouverez de l'huile d'olive en vente dans les boutiques et les supermarchés de la ville.

Les principales rues commerçantes sont la Calle Mesones et la Calle Obispo Cobos, entre la Plaza de Andalucía et l'Hospital de Santiago.

Comment s'y rendre et circuler

BUS

La **gare routière** (☎ 953 75 21 57 ; Calle San José 6) est située dans la ville nouvelle. Les bus Alsina Graells desservent Baeza (0,75 €, 30 min, 15 départs/jour), Jaén (3,75 €, 1 heure 15, 12/j du lun au sam), Cazorla (2,95 €, 45 min, jusqu'à 10/j) et Granada (9,70 €, 7/j). Les lignes Bacoma rejoignent Córdoba (8,75 €, 4/j) et Sevilla (16,95 €, 4/j). D'autres bus partent pour Málaga (17,40 €) et Madrid (18,35 €), ainsi que pour de petites villes de la province de Jaén.

VOITURE ET MOTO

Un parking souterrain se trouve sous la Plaza de Andalucía (1 heure 1 €, 12 heures 8 €). Vous pouvez vous garer gratuitement dans les rues étroites de la vieille ville et dans les rues qui partent de la Plaza de Andalucía, même si vous aurez du mal à trouver une place rapidement.

TRAIN

La gare la plus proche est **Linares-Baeza** (☎ 953 65 02 02), à 21 km au nord-ouest de la ville, que vous pouvez rejoindre en prenant un bus en direction de Linares. Pour plus d'informations sur les trains, voir p. 372.

CAZORLA

8 200 habitants / 836 m

Ville rurale moderne et animée, Cazorla s'avère très séduisante. À mi-chemin entre le calme paysage de plaines et les reliefs tourmentés de montagnes entrecoupées de vallées qui se déploient vers le nord et l'est, la bourgade constitue le principal point d'accès au Parque Natural de Cazorla. Les premières falaises spectaculaires du parc, baptisées **Peña de los Halcones** (pic des faucons), surplombent la ville.

Cazorla devient très fréquentée durant les vacances en Espagne et les week-ends, du printemps à l'automne.

Orientation

L'A319, en provenance de l'ouest, débouche à Cazorla via la Calle Hilario Marco. Cette route se termine sur la Plaza de la

Constitución, place principale (très congestionnée) de la partie la plus récente de la ville. La deuxième place est la Plaza de la Corredera, à 150 m au sud de la Plaza de la Constitución. On y accède par la Calle Doctor Muñoz, artère majeure de la ville, étroite et bordée de boutiques. Des ruelles encore plus étroites et sinueuses mènent à la Plaza de Santa María, 300 m plus loin en direction du sud-est, cœur de la vieille ville, juste au pied du château et de la falaise.

Renseignements

Plusieurs banques et DAB se trouvent entre la Plaza de la Constitución et la Plaza de la Corredera.

Centro de Salud Dr José Cano Salcedo (Centre médical ; ☎ 953 72 10 61 ; Calle Ximénez de Rada 1)

Kiosque d'information touristique (Calle Hilario Marco ; ☽ 10h-14h et 17h-21h été, 10h-14h et 16h-20h hiver). Situé à l'entrée de la ville quand on arrive de l'ouest par l'A310, sur la droite juste après le grand virage.

Office du tourisme municipal (☎ 953 71 01 02 ; Paseo del Santo Cristo 17 ; ☽ 10h-13h et 17h30-20h). À 200 m au nord de la Plaza de la Constitución. Informations sur le parc et la ville.

Policía Local (Police locale ; ☎ 953 72 01 81). Dans l'*ayuntamiento*, juste à côté de la Plaza de la Corredera.

Bureau de poste (Calle Mariano Extremera 2 ; ☽ 8h30-14h30 lun-ven, 9h30-13h sam). Derrière l'hôtel de ville, non loin de la Plaza de la Corredera.

Quercus (☎ 953 72 01 15 ; www.excursionesquercus. com en espagnol ; Plaza de la Constitución 15 ; ☽ 10h-14h lun-ven, 10h-14h et 17h-20h sam et dim). Cet organisme privé fournit des renseignements touristiques et vend cartes, guides en espagnol et souvenirs. Il propose aussi des excursions dans le parc.

À voir

L'histoire de Cazorla, comme celle de la province de Jaén, est étroitement liée à de riches familles de propriétaires. Place centrale très animée et centre administratif de la ville, la **Plaza de la Corredera** est dominée par l'élégant **ayuntamiento** et sa tour-horloge. Des rues partent vers le sud jusqu'au **Balcón de Zabaleta**. Ce petit *mirador* (belvédère) offre de superbes vues sur Cazorla et le **Castillo de la Yedra** (château du lierre).

Ce château spectaculaire est d'origine romaine, même s'il fut surtout construit par les musulmans, avant d'être restauré au XVᵉ siècle après la Reconquista. Suite à une dernière restauration, très onéreuse, la forteresse abrite désormais le **Museo**

del Alto Guadalquivir (musée du haut Guadalquivir ; citoyen hors UE 1,50 €, citoyen UE gratuit ; ☽ 15h-20h mar, 9h-20h mer-sam, 9h-15h dim et jours fériés), méli-mélo d'art et d'artisanat local. À découvrir, entre autres : la reconstitution d'une cuisine traditionnelle, des modèles d'anciens moulins à huile et une chapelle ornée d'une crucifixion romano-byzantine grandeur nature. Le chemin le plus court pour rejoindre le château depuis la **Plaza de Santa María** consiste à prendre la rue à droite des ruines de l'**Iglesia de Santa María**. Cette église fut construite par Vandelvira et dévastée par les troupes napoléoniennes, en représailles à la résistance tenace de Cazorla. Elle accueille aujourd'hui des concerts en plein air.

La Plaza de Santa María est propice à la flânerie en début de soirée, au milieu des tables de café ombragées par de vénérables platanes, qui dominent la **Fuente de las Cadenas**, une fontaine de 400 ans.

Festivals

La Caracolá (14 mai). Le saint patron de la ville, San Isicio (apôtre chrétien lapidé à Cazorla par les Romains), est transporté de l'Ermita de San Isicio à l'Iglesia de San José.

Fiesta de Cristo del Consuelo (17-21 septembre). Feux d'artifice et foires animent la fête annuelle de Cazorla. Le premier jour, une peinture du XVIIᵉ siècle du Cristo del Consuelo (Christ de la Miséricorde), œuvre sauvée lors de la destruction de l'église par les troupes napoléoniennes, est transportée à travers la ville.

Où se loger

CAZORLA

Molino la Farraga (☎ 953 72 12 49 ; www.molinolafar raga.com ; Calle Camino de la Hoz s/n ; d 64 € ; ☒). Un peu au-dessus de la Plaza de Santa María, l'ancien moulin de La Farraga est installé sur un versant boisé sillonné de rivières. À l'intérieur, la sobriété est de mise avec de sombres couleurs acajou – qui changent du mobilier en pin plutôt kitsch de la plupart des *casas rurales* (gîtes ruraux).

Villa Turística de Cazorla (☎ 953 71 01 00 ; Ladera de San Isicio ; villa 2/4 pers 70/120 € ; ⓟ ☒ ☒). Charmant village touristique de style andalou comprenant 32 villas confortables avec salon et terrasse. L'endroit offre de jolies promenades, dans le parc alentour, ainsi qu'une piscine et une aire de jeu.

Albergue Juvenil Cazorla (☎ 953 72 03 29 ; www. inturjoven.com ; Plaza Mauricio Martínez 6 ; haute saison moins de 26 ans/plus de 26 ans 13,75/18,35 € ; ☒).

Une auberge de jeunesse impeccable dans un couvent du XVIe siècle, 200 m au-dessus de la Plaza de la Corredera. Elle peut accueillir 120 personnes dans des chambres pour 2 à 6 personnes, la plupart avec sdb collective.

Hotel Ciudad de Cazorla (☎ 953 72 17 00 ; Plaza de la Corredera 9 ; s/d avec petit déj 59/70,75 € ; P ⊠ ⊠). Un nouvel hôtel dont le décor ne s'intègre pas bien à la Plaza de Corredera, selon certains. Il offre néanmoins 35 chambres modernes dotées de tous les équipements.

Hotel Guadalquivir (☎ 953 72 02 68 ; www. hguadalquivir.com en espagnol ; Calle Nueva 6 ; s basse/haute saison 27/30,50 €, d basse/haute saison 37/42 € ; ⊠). Bon marché et chaleureux, le Guadalquivir loue de confortables chambres équipées, avec mobilier en pin, TV et chauffage. Les simples manquent un peu d'espace mais on vient ici pour le rapport qualité/prix et la situation.

Camping Cortijo San Isicio (☎ 953 72 12 80 ; 3,50/3/2,50 € par pers/tente/voiture ; ⊙ mars-oct). Un camping agréable installé au milieu des pins, non loin de la route de Quesada, à 4 km au sud-ouest du centre de Cazorla. Il ne peut accueillir que 54 personnes. La route d'accès est étroite et sinueuse.

LA IRUELA

Vous pourrez aussi loger dans le village voi-sin de Iruela, à 1 km de Cazorla en direction du parc.

Hotel de Montaña Riogazas (☎ 953 12 40 35 ; www.riogazas.com en espagnol ; Carretera de La Iruela al Chorro Km 4.5 ; s/d 45,50/61,75 € ; P ⊠ ⊠). Un établissement de charme dans un joli décor rural. L'hôtel étant affilié à Quercus, il peut organiser tous types d'excursions.

Hotel Sierra de Cazorla (☎ 953 72 12 25 ; www. hotelsierradecazorla.com en espagnol ; Travesía del Camino de La Iruela 2 ; s/d 45,50/61,75 €, apt 2-4 pers 67,30 €, 4-6 pers 81,60 €, 6-8 pers 94 € ; P ⊠ ⊠). Un immense hôtel moderne, heureusement pris dans un superbe décor. La piscine est splendide, à l'ombre d'une montagne escarpée. L'hôtel gère aussi les appartements Don Pedro, qui comprennent 1, 2 ou 3 chambres et peuvent accueillir jusqu'à 8 personnes. Un excellent rapport qualité/prix pour les groupes. Les appartements sont lumineux et aérés, ce qui est appréciable en été. Lorsqu'il pleut, il fait un peu plus froid, mais certains appartements sont équipés d'une cheminée. Le mobilier est correct et les installations

confortables, même si la décoration n'est pas des plus "tendance".

Où se restaurer

À la fin de l'été ou en automne, après la pluie, les habitants se précipitent dans les bois pour cueillir de gros champignons comestibles délicieux qu'ils appellent *níscalos*. Si votre restaurant en propose, goûtez-les.

Restaurante La Sarga (☎ 953 72 15 07 ; Plaza del Mercado s/n ; plats principaux 8-12 €, menú 18 € ; ⊙ fermé sept). La meilleure table de Cazorla, où goûter des spécialités locales bien préparées, ainsi du gibier, comme la *caldereta de gamo* (ragoût de chevreuil) ou les *lomos de venado con miel* (chevreuil au miel).

La Cueva de Juan Pedro (Plaza de Santa María ; raciones 9 €). Dans ce restaurant ancien, avec poutres et tresses d'ail et de piments séchés, on se régale d'une cuisine typique de Cazorla : *conejo* (lapin), *trucha* (truite), *rin-rán* (assortiment de morue salée, de pommes de terre et de poivrons rouges séchés), *jabalí* (sanglier), *venado* (chevreuil), et même du mouflon. Tous ces plats sont disponibles en *raciones*, accomodées de diverses façons.

Mesón Don Chema (☎ 953 72 00 68 ; Calle Escaleras del Mercado 2 ; plats principaux 7-9 €). En bas d'une allée donnant sur la Calle Doctor Muñoz, cette adresse chaleureuse mitonne des plats traditionnels, tels les *huevos cazorleña*, ragoût composé d'œufs durs et de chorizo accompagnés de légumes.

Plusieurs bars situés sur les trois places principales de Cazorla servent de bonnes tapas et *raciones*. Au **Bar Las Vegas** (Plaza de la Corredera 17 ; raciones 6 €), tentez la *gloria bendita* (gloire bénie), *revuelto* (œufs brouillés) aux crevettes et aux poivrons. On y sert aussi les meilleures *tostadas* (pain toasté agrémenté de différents ingrédients) de la ville.

La Montería (Plaza de la Corredera 18) prépare des tapas de *choto con ajo* (veau à l'ail), et le *plato olímpico* (l'assiette olympique) permet de goûter un assortiment de tapas. Parmi les autres bars à tapas, citons : le **Café-Bar Rojas** (Plaza de la Constitución 2), plutôt animé, et la plus discrète **Taberna Quinito** (Plaza de Santa María 6).

Un **marché** se tient tous les jours sur la Plaza del Mercado, juste au-dessous de la Plaza de la Constitución.

Comment s'y rendre et circuler

Alsina Graells assure des liaisons quotidiennes depuis/vers Úbeda (2,95 €, 45 min, jusqu'à 10 départs/jour), Jaén (6,50 €, 2 heures, 2/j) et Granada (11,85 €, 3 heures 30, 2/j). L'arrêt principal à Cazorla est la Plaza de la Constitución ; l'office du tourisme fournit les horaires. Quelques bus relient Cazorla à Coto Ríos (3,05 €, 2/j du lun au sam), dans le parc. Ils marquent un arrêt à Arroyo Frío et à Torre del Vinagre.

Un parking se trouve sur la Plaza del Mercado.

PARQUE NATURAL DE CAZORLA

Principale attraction de Cazorla, et l'un des plus beaux sites de toute la province,

le très boisé Parque Natural de las Sierras de Cazorla, Segura y Las Villas (son nom complet) s'étend sur 2 143 km². Il s'agit du plus grand parc naturel d'Espagne et ses chaînes de montagne escarpées – bien que d'altitude moyenne – sont d'une grande beauté, tout comme l'immense lac artificiel de 20 km. C'est là que le Río Guadalquivir, le plus long fleuve d'Andalousie, prend sa source, entre la Sierra de Cazorla et la Sierra del Pozo, au sud du parc, se déroulant vers le nord jusqu'au lac, d'où il coule vers l'ouest pour rejoindre l'Atlantique.

Parmi les nombreux attraits du parc figurent de merveilleuses randonnées, des villages pittoresques et la possibilité de voir davantage d'animaux sauvages en liberté

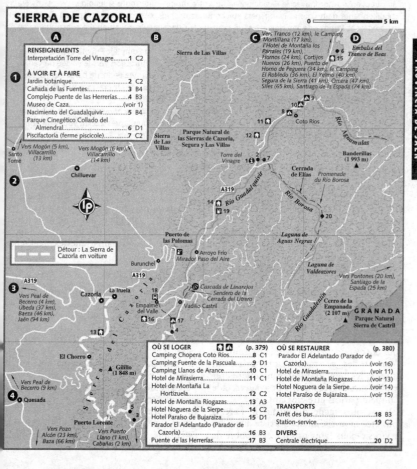

PROVINCIA DE JAÉN

SIERRA DE CAZORLA

0 — 5 km

RENSEIGNEMENTS
Interpretación Torre del Vinagre.........**1** C2

À VOIR ET À FAIRE
Jardin botanique...................................**2** C2
Cañada de las Fuentes..........................**3** B4
Complejo Puente de las Herrerías.....**4** B3
Museo de Caza..............................(voir 1)
Nacimiento del Guadalquivir..............**5** B4
Parque Cinegético Collado del
　Almendral..**6** D1
Piscifactoría (ferme piscicole)............**7** C2

Sierra de Las Villas

Vers Tranco (12 km), le Camping Montillana (17 km), l'Hotel de Montaña los Parrales (19 km), Hornos (24 km), Cortijos Nuevos (26 km), Puerto de Horno de Peguera (34 km), le Camping El Robledo (36 km), El Yelmo (40 km), Segura de la Sierra (41 km), Orcera (47 km), Siles (65 km), Santiago de la Espada (74 km)

Embalse del Tranco de Beas

Sierra de Las Villas

Santo Tomé

Vers Mogón (5 km), Villacarrillo (13 km)
Vers Mogón (6 km), Villacarrillo (14 km)

Chilluevar

Parque Natural de las Sierras de Cazorla, Segura y Las Villas

Torre del Vinagre

Coto Ríos

Río Aguamulas

Banderillas (1 993 m)

Cerrada de Elías
Promenade du Río Borosa

Río Guadalquivir

Río Borosa

Détour : La Sierra de Cazorla en voiture

Puerto de las Palomas

Laguna de Aguas Negras

Burunchel
Arroyo Frío
Mirador Paso del Aire

Laguna de Valdeazores
Vers Pontones (20 km), Santiago de la Espada (25 km)

Vers Peal de Becerro (4 km), Úbeda (37 km), Baeza (46 km), Jaén (94 km)

Cazorla
La Iruela
Cascada de Linarejos – Sendero de la Cerrada del Utrero
Empalme del Valle
Vadillo Castril

Cerro de la Empanada (2 107 m)
GRANADA
Parque Natural Sierra de Castril

El Chorro

Gilillo (1 848 m)

Vers Peal de Becerro (9 km)

Quesada

Puerto Lorente

Vers Pozo Alcón (23 km), Baza (66 km)
Vers Puerto Llano (1 km), Cabañas (2 km)

OÙ SE LOGER	(p. 379)
Camping Chopera Coto Ríos.............**8**	C1
Camping Fuente de la Pascuala..........**9**	D1
Camping Llanos de Arance...............**10**	C1
Hotel de Mirasierra..........................**11**	C1
Hotel de Montaña La Hortizuela......**12**	C2
Hotel de Montaña Riogazas.............**13**	A3
Hotel Noguera de la Sierpe.............**14**	C2
Hotel Paraíso de Bujaraiza..............**15**	D1
Parador El Adelantado (Parador de Cazorla)..**16**	B3
Puente de las Herrerías...................**17**	B3

OÙ SE RESTAURER	(p. 380)
Parador El Adelantado (Parador de Cazorla)...................................(voir 16)	
Hotel de Mirasierra......................(voir 11)	
Hotel de Montaña Riogazas..........(voir 13)	
Hotel Noguera de la Sierpe...........(voir 14)	
Hotel Paraíso de Bujaraiza...........(voir 15)	

TRANSPORTS	
Arrêt de bus...................................**18**	B3
Station-service...............................**19**	C2

DIVERS	
Centrale électrique.........................**20**	D2

DÉTOUR : LA SIERRA DE CAZORLA EN VOITURE

Cet itinéraire de 60 km constitue une bonne introduction aux zones du parc proches de Cazorla. Il emprunte essentiellement des routes non goudronnées tout à fait accessibles en voiture (malgré quelques nids-de-poule). Comptez 2 heures pour le trajet – plus longtemps si vous faites des haltes et pique-niquez en chemin.

Rendez-vous d'abord à La Iruela, et tournez à droite dans la Carretera Virgen de la Cabeza juste après l'entrée du village. Après 700 m environ, vous atteindrez le point de vue de **Merenderos de Cazorla**, avec de superbes panoramas sur Cazorla. Continuez sur 4 km, passez devant l'Hotel de Montaña Riogazas, avant d'arriver, quelque 7 km plus loin, à la gorge d'**El Chorro**, site où observer des vautours fauves et des percnoptères d'Égypte.

Au-delà d'El Chorro, ignorez la piste bifurquant sur la droite et poursuivez jusqu'au col de **Puerto Lorente**. Après 12 km, prenez la route de droite, à l'embranchement : à 200 m, un panneau "Nacimiento del Guadalquivir" indique le fleuve sur votre gauche. Sur la rive opposée, une plaque marque la source officielle du Guadalquivir. En période sèche, vous verrez peut-être le petit cours d'eau sortir de terre. La route continue au-delà du Nacimiento vers l'aire de pique-nique **Cañada de las Fuentes**.

Depuis la Cañada de las Fuentes, retournez au carrefour juste avant le Nacimiento et prenez la direction du nord, avec le Guadalquivir sur votre droite – une route splendide, avec la rivière bouillonnante d'un côté et les rochers aux contours déchiquetés tout autour. Après 11 km, vous rejoindrez le **Puente de las Herrerías**, un pont sur le Guadalquivir, qui aurait été construit en une nuit sur l'ordre d'Isabel la Católica durant l'une de ses campagnes contre Granada. La route redevient alors goudronnée. 3 km plus loin, après le vaste terrain de camping Complejo Puente de las Herrerías, prenez à gauche au carrefour en T. À 400 m de là, en face de la bifurcation vers le village de Vadillo Castril, part le **Sendero de la Cerrada del Utrero**, une belle randonnée pédestre balisée qui dessine une boucle de 2 km passant devant d'imposantes falaises, la **Cascada de Linarejos** et un petit barrage sur le Guadalquivir – l'occasion rêvée de se dégourdir les jambes.

Environ 1 km après la bifurcation pour Vadillo Castril, un embranchement part sur la gauche vers le Parador El Adelantado (à 5 km par la route goudronnée), puis, après 2,5 km vous arrivez à la bifurcation pour Empalme del Valle. De là, rejoignez Cazorla (17 km).

que presque partout ailleurs en Andalousie. Cerfs, daims, sangliers, mouflons et bouquetins abondent (en partie parce qu'ils sont protégés, pour la chasse). Sur certaines routes, on peut même croiser un cerf ou un sanglier. Quelque 140 espèces d'oiseaux nichent dans le parc, dont plusieurs types d'aigles, de vautours et de faucons. On tente même d'y réintroduire le majestueux gypaète barbu.

Les meilleures saisons pour visiter le parc sont le printemps et l'automne, lorsque la végétation se pare de ses plus belles couleurs. En hiver, le parc est souvent recouvert de neige. Si vous partez en randonnée, équipez-vous correctement, prévoyez suffisamment d'eau et des vêtements appropriés. En altitude, les températures sont inférieures de plusieurs degrés à celles des vallées, et le vent peut parfois être cinglant.

Il est plus facile de visiter le parc si vous êtes motorisé, mais il existe aussi des services de bus (voir p. 387), et nombre de lieux d'hébergement dans le parc. Pour les zones les plus reculées, vous pouvez vous joindre à des excursions organisées.

Très fréquenté par les touristes espagnols, le parc attire près de 600 000 visiteurs par an – dont 50 000 pendant la Semana Santa. Les autres périodes d'affluence se situent en juillet et août, ainsi que les week-ends d'avril à octobre.

Renseignements

Le principal centre d'information du parc se trouve à Torre del Vinagre (p. 384). Des offices du tourisme saisonniers sont installés à Cortijos Nuevos, Hornos, Santiago de la Espada, Segura de la Sierra, Orcera et Siles. Les offices du tourisme de Cazorla fournissent aussi des informations sur le parc.

Le guide Lonely Planet *Walking in Spain* détaille trois des meilleures randonnées de Cazorla. Les hispanophones peuvent se procurer *Senderos de Pequeño Recorrido – Parque Natural de Cazorla* de Justo Robles Álvarez.

UNE SUPERBE RANDONNÉE

La randonnée la plus célèbre du Parque Natural de Cazorla remonte le Río Borosa et traverse de somptueux paysages. Elle passe une gorge et deux tunnels (pensez à emporter une lampe-torche) avant d'arriver à deux superbes lacs – une ascension de 12 km depuis Torre del Vinagre, avec 500 m de dénivelé. Ce n'est pas sans raison que cette randonnée de 24 km, qui dure environ 7 heures (aller-retour, sans compter les pauses) est très fréquentée, en particulier le week-end et les jours fériés.

Une route signalée "Central Eléctrica", à l'est de l'A319, en face du centre d'information Centro de Interpretacion Torre del Vinagre, traverse le Guadalquivir après 500 m environ. Puis, 1 km plus loin, elle atteint un centre de **pisciculture** (*piscifactoría*), avec un parking à proximité. Le départ de la randonnée est indiqué sur votre droite, juste après la *piscifactoría*.

La randonnée commence sur une route non goudronnée qui traverse à plusieurs reprises la rivière, où les truites abondent. Après 4 km, lorsque la route commence à monter sur la gauche, partez vers la droite. Suivez ce superbe sentier sur 1,5 km à travers la vallée, qui va en se rétrécissant jusqu'à devenir une gorge (la **Cerrada de Elías**). Le chemin se prolonge alors par une passerelle en bois, avant de déboucher à nouveau sur la piste. Suivez celle-ci sur 3 km jusqu'à la petite **Central Eléctrica**.

Le sentier passe entre la centrale électrique et la rivière et traverse une passerelle. Suivez le panneau "Nacimiento de Aguas Negras, Laguna de Valdeazores". Après environ 1,5 km de montée, le chemin s'oriente vers la gauche et grimpe en zigzag jusqu'à un **tunnel** percé dans la falaise, qui permet à l'eau de dévaler jusqu'à la centrale électrique. Traversez le tunnel jusqu'à un étroit passage séparé du lit du torrent par une barrière (5 min). Vous marcherez un peu à l'air libre avant d'entrer dans un **deuxième tunnel** (1 min), pour ressortir juste au-dessous du barrage de la **Laguna de Aguas Negras**, charmant petit réservoir entouré d'arbres et de collines. Traversez le barrage pour rejoindre l'autre rive du lac, puis marchez durant 1 km environ, et vous atteindrez un lac naturel de taille similaire, la **Laguna de Valdeazores**.

Vous pouvez partir pour la journée au départ de Cazorla si vous prenez le bus jusqu'à Torre del Vinagre (voir p. 387). Pensez à emporter suffisamment d'eau avec vous.

Les meilleures cartes sont la *Sierra de Cazorla* d'Editorial Alpina au 1/40 000, qui couvre le tiers sud du parc (5,40 €) et la *Sierra de Segura*, qui couvre les deux tiers nord (7,40 €). Une sélection d'itinéraires pédestres et de VTT sont décrits dans les brochures qui accompagnent les cartes. Quercus édite aussi une excellente carte routière (1/100 000) du parc, *Parque Natural de las Sierras de Cazorla, Segura y Las Villas* (2,70 €), qui décrit tous les centres d'intérêt.

Vous pourrez essayer d'obtenir carte *Sierra de Cazorla* auprès du centre d'information de la Torre del Vinagre (p. 384) ou dans certaines boutiques de Cazorla, mais rien n'est moins sûr. Voir p. 417 pour savoir où acheter vos cartes avant votre départ.

Sud du parc

Le parc commence à quelques centaines de mètres à l'est de Cazorla, en haut de la colline. Les sentiers et les routes non goudronnées traversent les forêts de pins, les prairies, les rochers escarpés et les vallées de la Sierra de Cazorla, offrant de belles balades, à pied ou en voiture. Les changements d'altitude très rapides, du sommet du **Cerro de la Empanada** à 2 107 m, pour redescendre ensuite à 460 m, révèlent des paysages spectaculaires très variés.

Artère principale en provenance de l'est de Cazorla, l'A319 pénètre dans le parc au niveau de Burunchel, à 7 km de Cazorla. Elle remonte ensuite pendant 5 km jusqu'au col Puerto de las Palomas (1 200 m) avec, un peu plus loin, le **Mirador Paso del Aire**. Après 5 km d'une route sinueuse en redescendant la colline, apparaît Empalme del Valle, où l'A319 prend la direction du nord, vers **Arroyo Frío**, pour rejoindre le Guadalquivir.

Une autre route au niveau d'Empalme del Valle conduit à la source du célèbre fleuve, près de **Cañada de las Fuentes** (voir l'encadré *Détour : la Sierra de Cazorla en voiture*). De là, continuez sur 8 km jusqu'au Cabañas (2 028 m), l'un des plus hauts sommets du parc. Il vous faudra marcher 2 heures aller-retour depuis Puerto Llano, et le parcours contourne l'extrémité sud de la colline pour s'approcher du sommet et offrir une superbe vue depuis le sud-est.

D'autres randonnées vous attendent dans la partie sud du parc, dans la **Sierra del Pozo**, au-dessus de la rive est de la vallée supérieure du Guadalquivir, et dans le **Barranco del Guadalentín**, une profonde vallée plus à l'est, où la faune est particulièrement riche. Un véhicule est indispensable pour s'y rendre.

Si vous continuez sur l'A319 depuis Arroyo Frío, la route descend la vallée du Guadalquivir jusqu'à Torre del Vinagre, où se situe le **Centro de Interpretación Torre del Vinagre** du parc (Centre d'information ; ☎ 953 71 30 40 ; Carretera del Tranco Km 51 ; 🕙 11h-14h et 17h-20h avr-sept, 11h-14h et 16h-19h oct-mars). Pavillon de chasse construit dans les années 1950 pour l'élite espagnole (dont le Général Francisco Franco), il présente aujourd'hui une exposition sur l'écologie du parc, et dispose de toilettes (les seules du parc facilement accessibles au public). Un bâtiment annexe abrite le **Museo de Caza** (musée de la chasse ; entrée libre ; 🕙 11h-14h et 17h-20h avr-sept, 11h-14h et 16h-19h oct-mars), avec une foule d'animaux empaillés et de bois de cerfs. Pour une bouffée d'air frais, rendez-vous au **jardin botanique** consacré à la flore du parc, dont certaines espèces uniques et rares.

Derrière Torre del Vinagre se trouvent Coto Ríos et le début du réservoir **Embalse del Tranco de Beas**. C'est là que s'arrêtent la plupart des visiteurs en provenance de Cazorla. La plupart des hébergements du parc sont concentrés le long de la route qui monte jusqu'à ce site, d'où part la randonnée la plus appréciée, qui remonte le Río Borosa (voir l'encadré *Une superbe randonnée*). Le bus en provenance de Cazorla ne va pas plus loin et vous devrez être motorisé pour explorer le reste du parc.

Nord du parc

Depuis Coto Ríos, la route longe l'immense réservoir, un trajet magnifique par beau temps. À 7 km au nord de Coto Ríos, entre l'A319 et le réservoir, s'étend le **Parque Cinegético Collado del Almendral**, vaste réserve naturelle abritant bouquetins, mouflons et cerfs. Un chemin d'1 km mène du parking aux trois *miradors* où vous verrez peut-être des animaux – surtout au crépuscule ou à l'aube. En continuant 15 km au nord, l'A319 traverse le barrage, près du petit village de Tranco. Au-delà, la vallée s'élargit et les collines deviennent moins escarpées.

À 12 km au nord du barrage de Tranco, l'A319 arrive à un carrefour en T, depuis lequel l'A317 serpente sur 4 km jusqu'à Hornos, village juché au sommet d'une falaise. Environ 10 km au nord-est de Hornos, sur l'A317, se trouve le carrefour de **Puerto de Horno de Peguera**. En montant 1 km au nord vers Siles, un chemin longeant des maisons en ruine conduit au sommet d'**El Yelmo** (1 809 m), l'une des montagnes les plus remarquables de la partie nord du parc. Pour gagner le sommet, comptez 5 km et 360 m de dénivelé. Au bout de 1,75 km, le chemin se scinde en deux : laissez la voie de gauche qui descend vers El Robledo et Cortijos Nuevos et prenez à droite. Les flancs et le sommet d'El Yelmo offrent un panorama superbe. Vous verrez sans doute des vautours fauves planant dans le ciel... ainsi que des adeptes du parapente et du deltaplane, le week-end et pendant les vacances. Bien qu'étroite, la route est accessible aux voitures, mais aussi aux randonneurs (comptez 6-7 heures aller-retour).

SEGURA DE LA SIERRA

Incontestablement le village le plus spectaculaire du parc, Segura de la Sierra est perché sur une colline, à 1 000 m d'altitude, dominée par un **château** musulman. Il se situe à 20 km au nord d'Hornos en prenant à l'est depuis l'A317, 4 km après Cortijos Nuevos. Malgré la petite distance à parcourir, la route abrupte et très sinueuse paraît sans fin. Caractérisé par son héritage musulman, le village, qui remonte à l'époque phénicienne, devint l'un des fronts de défense chrétiens lors de la victoire sur les musulmans en 1214.

Dans la partie haute du village, l'**office du tourisme** (☎ 953 12 60 53 ; 🕙 10h30-14h et 18h30-20h30) est installé à côté de la Puerta Nueva, l'une des quatre portes de la Saqura musulmane. Les deux principaux sites, le **château** et le **Baño Moro** (bain musulman), sont ouverts toute la journée et toute l'année, mais mieux vaut vérifier à l'office du tourisme (surtout pour le château).

On peut rejoindre le château, au sommet du village, à pied ou en voiture. À pied, prenez l'étroite Calle de las Ordenanzas del Común, sur la droite après l'**Iglesia de Nuestra Señora del Collado**, une église paroissiale. Après quelques minutes de marche, vous atteindrez la minuscule arène de Segura (qui a accueilli de célèbres toréadors, tel Enrique Ponce, au cours du festival d'octobre); le chemin du château se trouve sur la droite. En montant, vous aurez de superbes vues sur la campagne alentour et, si vous grimpez en haut du donjon à trois niveaux du château, vous pourrez admirer El Yelmo, à environ 5 km au sud/sud-ouest. Vous allez en voiture presque jusqu'au sommet, en passant devant l'église paroissiale et en contournant le village.

L'autre centre d'intérêt de Segura, le **Baño Moro**, est situé juste à côté de la Plaza Mayor. Construit vers 1150, probablement pour le souverain local, Ibn ben Hamusk, il comprend trois salles élégantes (froide, tempérée et chaude), avec des arcades en fer à cheval et une cave voûtée percée de lucarnes. Non loin de là, se dresse la **Puerta Catena**, la mieux préservée des quatre portes musulmanes de la ville ; de là, un sentier, le GR-147, rallie le village isolé de **Río Madera** (une descente de 15 km).

Circuits organisés

Différentes sociétés proposent des excursions jusqu'aux endroits les moins accessibles du parc, et des activités, comme l'équitation et le VTT. La majorité des hôtels et des campings du parc mettent sur pied ce type d'excursions. Voici les principaux voyagistes :

Quercus (☎ 953 72 01 15 ; www.excursionesquercus. com en espagnol ; Plaza de la Constitución 15, Cazorla). Excursions en 4x4, avec des guides qui parlent français, depuis le bureau de Cazorla et depuis Torre del Vinagre, jusqu'aux *zonas restringidas* (zones où les véhicules ne sont pas autorisés). Prix : 19 €/pers pour une demi-journée ou 33 € pour une journée complète. Également : randonnées guidées et sorties de *"caza fotográfica"* (safari photo). On peut aussi les contacter en passant par le centre d'information de Torre del Vinagre.

TurisNat (☎ 953 72 13 51 ; www.turisnat.org en espagnol ; Paseo del Santo Cristo 17, Cazorla). Excursions en 4x4 similaires. Comptez 21 €/pers pour une demi-journée et 45 €/pers pour une journée complète.

Tierraventura (☎ 953 72 20 11 ; www.tierraventura cazorla.com en espagnol ; Calle Ximénez de Rada 17, Cazorla). Activités multi-aventure, dont le quad, le canoë, la randonnée et l'escalade.

Excursiones Bujarkay (☎ 953 71 30 11 ; www.swin. net/usuarios/jcg ; Calle Borosa 81, Coto Ríos). Randonnées, sorties en 4x4, VTT et à cheval, avec des *guías nativos* (guides locaux). Tarifs sur le site de la société, qui dispose aussi d'un kiosque au bord de la route, à Arroyo Frío.

Où se loger et où se restaurer

Le parc offre de nombreux hébergements, mais peu en catégorie petit budget, excepté la dizaine de campings (contactez l'office du tourisme de Cazorla). Pendant les périodes d'affluence, mieux vaut réserver à l'avance. Le camping est interdit en dehors des terrains officiels, qui ne respectent pas toujours leur calendrier d'ouverture. D'octobre à avril, appelez à l'avance ou renseignez-vous auprès de l'un des offices du tourisme. La plupart des restaurants du parc – à l'exception des petits cafés en bord de route – font partie des hôtels ou des *hostales*. Pour connaître les hôtels et terrains de camping du parc, allez sur le site www. turismoencazorla.com (en espagnol).

Hotel Noguera de la Sierpe (☎ 953 71 30 21 ; Carretera del Tranco Km 44.5 ; s/d 63/97 € ; P 🗶 🖳). Cette halte préférée des chasseurs regorge d'animaux empaillés et de photos des exploits du propriétaire. Surplombant un lac pittoresque, l'hôtel occupe un *cortijo* (manoir) et dispose aussi de cinq chalets indépendants (un chalet pour 4 pers coûte 130 €). On peut y faire de l'équitation, car il y a une écurie (première demi-heure gratuite, puis 12 €/h), et dîner dans un bon restaurant rustique.

Hotel Paraíso de Bujaraiza (☎ 953 12 41 14 ; www.paraisodebujaraiza.com en espagnol ; Carretera del Tranco Km 59 ; s/d 50/60 € ; P 🗶 🖳). Un charmant petit hôtel, situé juste au-dessus du lac, qui possède sa propre plage, où louer des canoës. Les chambres sont agréables et confortables, et le site idéal pour une pause déjeuner car le restaurant donne sur l'immense étendue d'eau.

Parador El Adelantado (Parador de Cazorla ; ☎ 953 72 70 75 ; www.parador.es en espagnol ; at end of JF7094, near Vadillo Castril ; s/d 80,90/97,10 € ; P 🗶 🖳). L'un des *paradores* les moins charmants (fait partie des Paradores de Turismo, chaîne d'hôtels de luxe, qui occupent souvent des édifices historiques), même s'il est installé dans une pinède, avec un agréable jardin et une piscine. Seules 9 des 33 chambres offrent une belle vue – veillez à en bénéficier.

Hotel de Montaña La Hortizuela (☎ 953 71 31 50 ; Carretera del Tranco Km 53 ; s/d 33/55 € ; P 🗶 🖳). Un chaleureux hôtel de 27 chambres, dans un cadre paisible à 1 km de la route principale, en bas d'un chemin signalé. Les chambres sont cosy et le restaurant de bonne qualité, avec un menú à 9 €. Prenez la bifurcation à 2 km au nord de Torre del Vinagre.

Los Enebros (☎ 953 72 71 10 ; Carretera del Tranco Km 37, Arroyo Frío ; s/d 48/78 €, apt 4/12 pers 93/153 € ; P X R). À l'extrémité nord d'Arroyo Frío, ce complexe touristique comprend un hôtel, des appartements, des chalets et un petit terrain de camping. L'hébergement est un peu sommaire, réservé aux amoureux de la nature, mais nombre d'activités vous attendent, de l'équitation à la randonnée en passant par le canoë. Sans oublier deux piscines et une aire de jeu. Certaines installations sont adaptées aux personnes handicapées.

El Parral (☎ 953 72 72 65 ; Carretera del Tranco Km 37, Arroyo Frío ; apt 4 pers 40,30 € ; P X R). Voici un autre complexe de charmants appartements en location. Ils sont tous dotés de vastes chambres, d'une cuisine bien équipée et d'une sdb, ainsi que d'une terrasse avec vue.

Hotel de Mirasierra (☎ 953 71 30 44 ; www.hotelmirasierra.com en espagnol ; Carretera del Tranco Km 51 ; s/d 30/45 € ; P X R). Un établissement moderne et meilleur marché, où trouver des chambres correctes, sans plus. Le restaurant a bonne réputation, à juste titre, notamment pour une étape déjeuner.

Bar El Cruce (☎ 953 49 50 03 ; Puerta Nueva 27, Hornos ; s/d 12/24 €). À l'entrée du village d'Hornos, ce bar chaleureux (belle terrasse avec jardin) sert de bons plats et propose des chambres correctes. On peut vous renseigner sur des appartements à louer.

Hotel de Montaña Los Parrales (☎ 953 12 61 70 ; www.turismoencazorla.com/parrales.html en espagnol ; Carretera del Tranco Km 78 ; s/d 25/35 € ; P X). Au nord de Tranco, sur la route qui mène à Hornos, voici un hôtel plein de charme et très bien situé, au-dessus du réservoir. L'intérieur est décoré avec goût, dans les tons bleu et jaune, et la salle de restaurant est très agréable. On peut y réserver différentes activités gérées par Excursions Bujarkay.

Vous trouverez quelques hébergements à Segura de la Sierra. Mieux vaut réserver à l'avance le week-end et pour les vacances d'été.

Albergue Jorge Manrique (☎ 953 48 04 14 ; Calle Francisco de Quevado 1, Segura de la Sierra ; d sans/avec sdb 22/19 € ; X). L'unique hôtel de Sierra de la Segura, très agréable, propose des tarifs pour tous les budgets, avec de nouveaux

studios. On y prépare des paniers déjeuner pour les randonneurs.

Los Huertos de Segura (☎ 953 48 04 02 ; anton peer@arrakis.es ; Calle Castillo 11, Segura de la Sierra ; apt 2/4 pers 54/60 € ; P X). Excellents studios et appartements, avec de superbes vues. Les sympathiques propriétaires connaissent les circuits organisés et les randonnées de la région.

Les meilleurs restaurants de Segura sont **El Mirador Messia de Leiva** (Calle Postigo 2 ; menú 8 €), dans le haut de la ville, près de Los Huertos, et **La Mesa Segureña** (☎ 953 48 21 01 ; www.lamesadesegura.com en espagnol ; Calle Postigo 13, Segura de la Sierra ; plats principaux 7-12 € ; ☽ fermé dim soir et lun), tenu par l'artiste Ana María. La Mesa Segureña loue aussi de beaux appartements bon marché pour 2 nuits minimum (studio 54 €, appt 2 chambres 84 €).

CAMPING

Complejo Puente de las Herrerías (☎ /fax 953 72 70 90 ; près de Vadillo Castril ; 4/3,60/3,60 € par pers/tente/voiture, cabines 2/12 pers 43,60/143,40 € ; P X R). Le plus grand terrain de camping du parc, qui peut accueillir un millier de personnes. Il compte également un petit hôtel (11 chambres doubles), et des bungalows, ainsi qu'un restaurant. L'équitation, le canoë, le canyoning et l'escalade peuvent se pratiquer dans les environs. L'arrêt de bus de l'Empalme del Valle n'est pas très éloigné : suivez le Sendero de El Empalme del Valle (1,5 km), puis le Sendero de la Fuente del Oso (1,4 km).

Juste à côté de l'A319, trois campings de taille moyenne s'étendent à proximité du Guadalquivir : le **Camping Chopera Coto Ríos** (☎ 953 71 30 05 ; 2 pers, tente et voiture 12,80 €), avec un terrain plutôt exigu mais ombragé, non loin de la petite route qui mène à Coto Ríos ; le **Camping Llanos de Arance** (☎ 953 71 31 39 ; 2 pers, tente et voiture 15,30 €), de l'autre côté du Guadalquivir ; et le **Camping Fuente de la Pascuala** (☎ 953 71 30 28 ; 2 pers, tente et voiture environ 13,90 €), au bord de l'A319. À Tranco, le terrain de camping le plus proche, le **Camping Montillana** (☎ 953 12 61 94 ; 3,20/3,40/4,55 € par pers/tente/voiture), est situé à 4 km au nord de la ville. Pour camper à proximité de Segura de la Sierra, recherchez le **Camping El Robledo** (☎ 953 12 61 56 ; Segura de la Sierra ; 3,35/4,20/3,35 € pers/tente/voiture), à quelque 4 km à l'est de Cortijos Nuevos, sur une route qui monte jusqu'à El Yelmo.

Comment s'y rendre et circuler
BUS
Deux bus quotidiens (sauf dim) de la société **Carcesa** (☎ 953 72 11 42) relient la Plaza de la Constitución de Cazorla à l'Empalme del Valle (1,20 €, 30 min), Arroyo Frío (1,60 €, 45 min), Torre del Vinagre (3,05 €, 1 heure) et Coto Ríos (3,05 €, 1 heure et 10 min). Horaires à jour à l'office du tourisme ou chez Quercus (p. 385).

Aucun bus ne relie la partie nord du parc au centre ni au sud et il n'y a pas de bus en direction de Segura de la Sierra. Néanmoins, venant de Jaén, de Baeza ou d'Úbeda, un bus Alsina Graells va jusqu'à La Puerta de Segura (départ chaque jour de Jaén à 9h30, et retour de La Puerta à 15h). Depuis La Puerta, la meilleure solution est de prendre un **taxi** (☎ 953 48 08 30, 619-060409) jusqu'à Segura de la Sierra (12 €).

VOITURE ET MOTO
Parmi les routes rejoignant le parc, citons l'A319 depuis Cazorla, des routes qui vont vers le nord depuis Villanueva del Arzobispo et Puente de Génave sur l'A32, ainsi que l'A317 jusqu'à Santiago de la Espada depuis Puebla de Don Fadrique (dans le nord de la province de Granada). Vous trouverez au moins sept stations-service dans le parc.

Provincia de Almería

La fascination et le mystère qu'exerce l'Andalousie reposent avant tout sur son passé riche et complexe, héritage de presque 900 ans de domination et d'intégration musulmane. Et si l'on tente, dans toute la région, de faire perdurer ce passé en restaurant avec art ses trésors historiques, la province d'Almería fait figure d'exception avec, pour seul monument notoire, l'immense Alcazaba. Cette partie la plus orientale de l'Andalousie est pourtant la plus proche de l'Afrique du Nord, à la fois par son emplacement et par sa culture.

La ville d'Almería, capitale côtière, est presque une extension du Maroc, avec ses panneaux en espagnol et en arabe, et ses ferries remplis de travailleurs immigrés qui débarquent sur le front de mer et dans la Calle Real. Le nom "Almería" viendrait de l'arabe *al-mariyya* (le mirador), en référence au gigantesque Alcazaba. Certains pensent néanmoins que l'étymologie serait plutôt liée au terme *al-miraya* (le miroir) – Almería serait donc le reflet de l'Afrique du Nord.

Avec plus de 3 000 heures d'ensoleillement annuel, Almería est la province la plus aride d'Espagne. À l'intérieur des terres, la région boisée des Alpujarras comprend une succession de chaînes de montagne séparées par des vallées au fond desquelles les rivières sont souvent asséchées. À l'est, ces montagnes arides rencontrent la péninsule du Cabo de Gata. Là, ce ne sont que succession de plages magnifiques – des calanques en fait, qui se cachent entre de spectaculaires falaises – et de promontoires ponctués d'agréables stations balnéaires.

À NE PAS MANQUER

- Parcourir la spectaculaire péninsule du **Cabo de Gata** (p. 401) en profitant des plages les plus sauvages de la province d'Almería
- S'imprégner de l'ambiance décontractée d'**Agua Amarga** (p. 406)
- Plonger dans le passé musulman de la province à **Alcazaba** (p. 391)
- Mettre un casque et partir à la découverte des splendides grottes de **Cuevas de Sorbas** (p. 399)
- Se divertir dans le village traditionnel de **Mojácar** (p. 406), jouxtant une station balnéaire animée
- Apprécier le contraste entre les paysages boisés des **Alpujarras** almériennes (p. 399) et les montagnes arides de la région de **Tabernas** (p. 399)

PROVINCIA DE ALMERÍA

POPULATION :	TEMPÉRATURES MOYENNES :	ALTITUDE :
546 000 HABITANTS	JAN/AOÛT 13°C/25°C	0 m–2 609 m

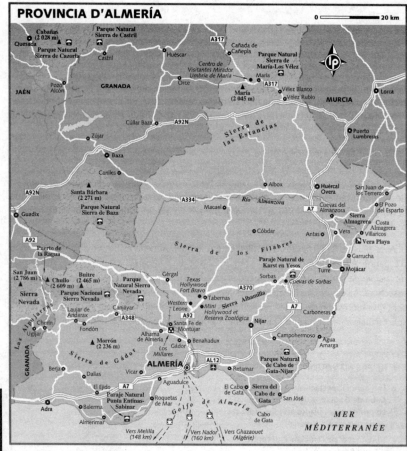

ALMERÍA

177 000 habitants

L'Alcazaba (citadelle), la grande forteresse qui domine Almería, reste le témoin majeur de ses lointains jours de gloire, lorsque les négociants affluaient d'Égypte, de Syrie, de France et d'Italie. Port du califat de Córdoba, la cité devint rapidement le plus grand centre de commerce d'Al-Andalus. Principal point d'attache de la flotte des Omeyyades et de son amiral, elle était alors plus riche que n'importe quel autre port maritime andalou.

Aujourd'hui, le château en ruine est le dernier vestige de ce glorieux passé. Après la Reconquista (reconquête chrétienne), la ville entama un long et douloureux déclin, les ports de l'Atlantique et des Amériques lui volant la vedette. En 1658, après un tremblement de terre dévastateur, on n'y dénombrait plus que 500 habitants. Quoi qu'il en soit, à l'heure actuelle, la population travaille d'arrache-pied pour redresser la barre en tirant parti de la florissante *plasticultura* (voir *La mer de plastique* p. 400) et en développent des stations balnéaires qui puissent rivaliser avec la Costa del Sol.

ORIENTATION

La ville moderne et la vieille ville se situent de part et d'autre de la Rambla de Belén, un *paseo* aménagé au milieu de l'Avenida de Federico García Lorca.

Spacieuse promenade jalonnée de canaux, de fontaines, de palmiers et de sculptures spectaculaires, la Rambla de Belén descend en pente douce vers la mer, en suivant le cours d'une ancienne rivière asséchée. À l'est de la Rambla de Belén s'étend le quartier commercial d'Almería, dénué de tout intérêt architectural. À l'ouest se trouve le centre-ville avec la cathédrale, l'Alcazaba, ainsi que les rues et les places les plus anciennes et les plus charmantes. Principale artère de la vieille ville, le Paseo de Almería part en diagonale de la Rambla de Belén vers le nord et conduit à un carrefour très fréquenté appelé la Puerta de Purchena. Les gares routière et ferroviaire sont côte à côte dans la Carretera de Ronda, quelques centaines de mètres à l'est de l'extrémité de la Rambla de Belén, côté mer.

RENSEIGNEMENTS
Librairies
El Libro Picasso (☎ 950 23 56 00 ; Calle Reyes Católicos 17 et 18). Une excellente librairie qui comporte deux boutiques séparées de part et d'autre de la rue. Vaste choix de livres et de cartes en tout genre.

Urgences
Policía Local (Police municipale ; ☎ 950 21 00 19 ; Calle Santos Zárate 11). Juste à côté de la Rambla de Belén.
Policía Nacional (Police nationale ; ☎ 950 22 37 04 ; Avenida Mediterráneo 201). Située à l'extrémité nord de l'Avenida Frederico García Lorca.
Croix-Rouge (Cruz Roja ; ☎ 950 22 22 22). À contacter si vous avez besoin d'une ambulance.

Accès Internet
Café La India (☎ 950 26 88 21 ; Paseo Marítimo 87 ; ☺ 8h-2h ; 1,80 €/h). Un peu loin du centre, à 1,5 km de la Rambla, mais l'un des cybercafés les plus performants de la ville.
Voz y Datos (gare routière, Carretera de Ronda ; 2 €/h ; ☺ 9h-14h et 16h30-20h30 lun-ven, 9h30-14h sam). Deux ordinateurs à disposition dans la gare routière.

Services médicaux
Hospital Torrecárdenas (☎ 950 01 61 00 ; Pasaje Torrecárdenas). Le principal hôpital public, à 4 km au nord-est du centre-ville.

Argent
Quantité de banques bordent le Paseo de Almería et une Banco de Andalucía avec DAB se trouve dans la gare routière.

Poste
Bureau de poste (Plaza de Juan Cassinello 1 ; ☺ 9h-20h lun-ven et 9h-13h30 sam). Juste à côté du Paseo de Almería.

Informations touristiques
Office du tourisme municipal (☎ 950 28 07 48 ; Rambla de Belén, Avenida de Federico García Lorca s/n ; ☺ 10h-13h et 17h30-19h30 lun-ven, 10h-12h sam). Situé en sous-sol et pas très bien indiqué, il peut fournir des informations très utiles . Son personnel est sympathique.
Office du tourisme régional (☎ 950 27 43 55 ; Parque de Nicolás Salmerón s/n ; ☺ 9h-19h lun-ven, 10h-14h sam et dim). Dispose de nombreuses brochures et des plaquettes gratuites.

À VOIR
Principale attraction d'Almería, l'immense Alcazaba vaut bien qu'on lui consacre une demi-journée. La vieille ville s'étale au pied de son flanc est, et accueille la majorité des cafés et des bars. Parmi les autres centres d'intérêt figurent la cathédrale, au sud, ainsi que les collections archéologiques de la Biblioteca Pública et de l'Archivo Histórico Provincial, à l'est.

La plage d'Almería, située à un bon kilomètre de l'agglomération, est souvent bondée en été. Mieux vaut partir pour un jour ou deux dans le Parque Natural Cabo de Gata-Níjar (p. 401), facilement accessible depuis la ville.

Alcazaba
L'**Alcazaba** (☎ 950 27 16 17 ; Calle Almanzor s/n ; citoyen hors UE 1,50 €, citoyen UE gratuit ; ☺ 10h-14h et 17h-20h mai-sept ; 9h30-13h30 et 15h30-19h oct-avr, fermé 25 déc et 1er janv) est une gigantesque forteresse qui domine la ville depuis ses falaises abruptes. Construit au Xe siècle par Abd ar-Rahman III, le calife le plus puissant d'Al-Andalus, ce simple "mirador" a transformé le port maritime en une métropole d'importance et un lieu florissant pour le commerce. Si elle n'a rien d'une Alhambra (p. 318) – les tremblements de terre et les ravages du temps ont eu raison de sa splendeur – la citadelle reste néanmoins imposante.

L'Alcazaba comporte trois enceintes. La plus basse, le **Primer Recinto**, abritait à l'origine le campement militaire. Les demeures, bains, réserves d'eau et autres installations ont été remplacés par des jardins. Depuis les remparts, on aperçoit

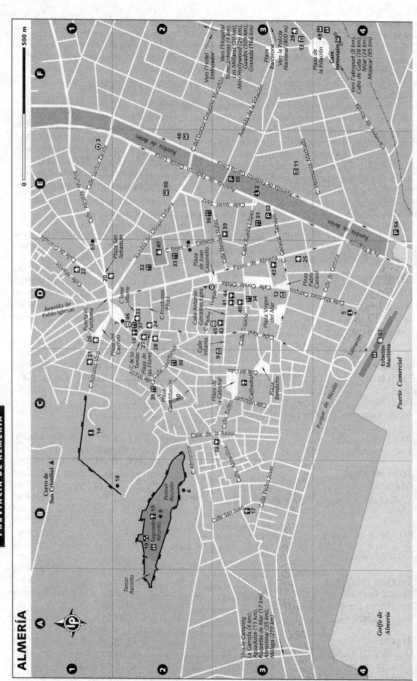

ALMERÍA

0 — 500 m

Vers l'Hôtel Embajador
Vers l'Hôpital Torrecárdenas (4 km),
Los Millares (20 km),
Mini Hollywood (25 km),
Guadix (109 km),
Granada (166 km)

Plaza Barcelona
Vers la Policía Nacional (800 m)

Plaza de la Estación
Gare ferroviaire

Vers Telecport (8 km),
Cabo de Gata (28 km),
Níjar (34 km),
Mojácar (85 km)

Avenida de la Estación

C. Hermanos Machado

Rambla de Belén

Calle del Doctor Gregorio Marañón

Avenida de Federico García Lorca

Calle Javier Sanz

Calle de Federico García Lorca

Calle Santos Zárate

Calle Alcalde Muñoz

Calle de Granada

Calle Marcos

Avenida de Pablo Iglesias

Puerta de Purchena

Plaza San Sebastián

Rambla del Obispo Orberá

Plaza San Sebastián

C. Reyes Católicos

Plaza de Juan Cassinello

C. Tenor Iribarne

C. de las Tiendas

C Martín

Plaza del Carmen

C Fructuoso Pérez

Plaza de las Flores

Calle Aguilares

Calle Antonio González Egea

Calle Real

Plaza Constitución

Calle Infanta

Calle del Clubo

Plaza de la Catedral

Calle Velázquez

Calle Eduardo Pérez

Calle de la Reina

C Almanzor

Calle Beidú

Calle Pedro Jover

Calle San Juan

Calle de Nicolás

Calle Martínez Campos

Paseo de Almería

Plaza Pablo Cazard

Plaza Virgen del Mar

Calle Conde Ofalia

Calle María Núñez

Calle Rueda López

Calle Gerona

Av. R. Ancin

Calle General Tamayo

Av R. Ancin

Salmerón

Estación Marítima

Parque de Nicolás Salmerón

Catedral

Plaza Bendicho

Calle Trajano

Golfo de Almería

Puerto Comercial

Cerro de San Cristóbal

Primer Recinto

Segundo Recinto

Tercer Recinto

Vers le Camping
La Garrofa (4 km),
Aguadulce (11 km),
Roquetas de Mar (17 km),
Almerimar (35 km),
Málaga (219 km)

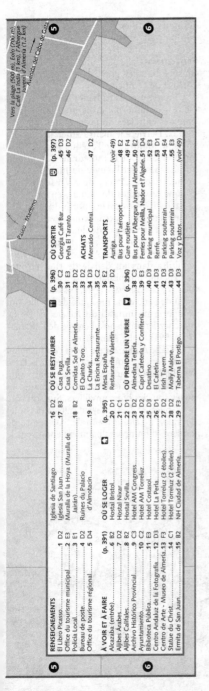

la **Muralla de la Hoya** (ou Muralla de Jairán), construite au XIe siècle par Jairán, premier souverain du *taifa* d'Almería. Cette longue muraille descend la vallée sur le versant nord de l'Alcazaba et remonte le Cerro de San Cristóbal, colline aride dominée par une église en ruine et une immense **statue du Christ**.

Le **Segundo Recinto** formait le cœur de l'Alcazaba. On peut voir du côté nord les vestiges du palais des souverains musulmans, le **Palacio de Almotacín**, du nom d'Almotacín, sous le règne duquel (1051–1091) l'Almería médiévale connut son apogée. La **Ventana de la Odalisca** (fenêtre de l'odalisque) fait référence à une légende qui dit qu'une jeune esclave s'y serait défenestrée pour suivre dans la mort son amant, un prisonnier chrétien précipité par cette même fenêtre alors qu'il cherchait à s'enfuir.

Vous découvrirez également les **Aljibes Califales** (citernes califales), ainsi qu'une chapelle, l'**Ermita de San Juan**, ancienne mosquée transformée par les Reyes Católicos (Rois Catholiques).

Au sommet de l'Alcazaba, dans le **Tercer Recinto**, se trouve une forteresse rajoutée par les Rois Catholiques. Elle a été bien restaurée et offre, depuis ses remparts, de fabuleuses vues sur la ville et la mer.

Musées

Fermé au public depuis 1993, le Museo Arqueológico présentait une remarquable collection qui provenait de fouilles archéologiques effectuées dans la région de Los Millares. Renseignez-vous à l'office du tourisme pour connaître les dernières informations à ce sujet. En effet, l'intégralité de la collection devrait être transférée sur un nouveau site mais, en attendant, elle est répartie entre la **Biblioteca Pública** (Calle Hermanos Machado ; entrée libre ; 9h-14h lun-ven, 9h30-13h30 sam) et l'**Archivo Histórico Provincial** (Calle Infanta 12 ; entrée libre ; 9h-14h30 lun-ven). La première accueille des vestiges préhistoriques et le second des collections d'objets ibériques et romains.

Pour découvrir la collection d'œuvres d'art permanente de la ville, visitez le **Centro de Arte – Museo de Almería** (950 26 64 80 ; Plaza Barcelona ; entrée libre ; 11h-14h et 18h-21h lun-ven, 18h-21h sam, 11h-14h dim), qui présente aussi des expositions temporaires.

À FAIRE

Une longue plage de sable s'étend le long du Paseo Marítimo, au sud-est de la ville, mais elle n'a rien d'extraordinaire. Vous pouvez cependant vous adresser à **Eolo** (☎ 950 26 17 35, 670-391480 ; www.eolo-wind.com ; Avenida del Cabo de Gata 185) pour participer à différentes excursions et explorer les falaises vertigineuses et les plages du Parque Natural Cabo de Gata-Níjar. La société organise toutes sortes de sorties guidées en kayak, planche à voile ou catamaran, (de 39 à 90 €). Vous pouvez également vous contenter de louer le matériel (1 heure/1 journée pour 9/30 €) et demander à Eolo de venir vous l'apporter dans le parc.

PROMENADE À PIED

À part l'Alcazaba, Almería compte peu de monuments, mais ses rues ne manquent pas de charme. L'artère principale, qui part du sud vers l'Alcazaba, la Calle de la Reina, séparait autrefois l'ancienne médina musulmane du quartier de La Musalla, à l'origine un vaste verger. Tournez à droite Calle Bailén et marchez 150 m avant d'arriver à la monumentale **cathédrale** d'Almería (**1** ; Plaza de la Catedral ; 2 € ; ⊙ 10h-17h lun-ven, 10h-13h sam), qui fait face à une succession de gigantesques palmiers. Avec

PROMENADE À PIED	
Distance	2,6 km
Durée	3-4 heures

ses murs fortifiés et ses six énormes tours, elle pouvait résister aux incessantes attaques des pirates. Ne manquez pas le **Sol de Portocarrero** (Calle del Cubo), du XVIᵉ siècle, un superbe soleil gravé dans la pierre sur le côté est de l'édifice.

L'intérieur de la cathédrale, vaste et spacieux – dominé par trois grandes nefs –, joue des entrelacs du jaspe et des marbres locaux. Derrière le maître-autel, la chapelle abrite le tombeau de l'évêque Diego Villalán, fondateur de la cathédrale. Son gisant, au nez cassé, est l'œuvre de Juan de Orea, architecte et sculpteur du XVIᵉ siècle, tout comme les stalles du chœur, en noyer, et la Sacristía Mayor. Une porte du mur sud donne sur une petite cour Renaissance remplie d'arbustes et de fleurs.

Revenez vers la Calle de la Reina et empruntez la Calle Almedina, qui vous conduira dans un dédale de rues étroites de l'époque musulmane jusqu'à l'**Iglesia San Juan** (**2** ; Calle San Juan ; ⊙ horaires des messes). Il s'agit de l'ancienne mosquée de la ville, qui comporte un mihrab du XIᵉ siècle. De là, marchez 5 min jusqu'à l'entrée de l'**Alcazaba** (**3** ; p. 391), Calle Almanzor.

La Calle Almanzor part vers l'est jusqu'au site de l'ancien souk arabe, devenu la **Plaza Constitución** (**4** ; ou Plaza Vieja), charmante place du XVIIᵉ siècle bordée d'arcades et noyée sous les bougainvilliers. Sur son côté nord-ouest se dresse l'**ayuntamiento** (**5** ; hôtel de ville), à l'allure théâtrale. Au centre de la place, d'immenses palmiers entourent le

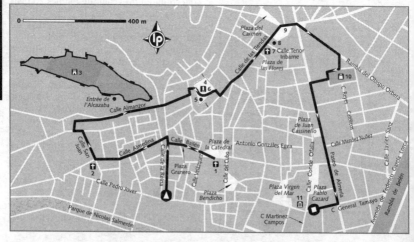

blanc **Monumento a los Colorgos** (6 ; monument aux manteaux rouges), élevé à la mémoire des 24 libéraux exécutés en 1824 pour avoir pris part à une rébellion contre le gouvernement despotique de Fernando VII.

Depuis la place, remontez la Calle de las Tiendas sur quelque 300 m, pour découvrir un autre chef d'œuvre de Juan de Orea, l'**Iglesia de Santiago** (7 ; église de saint Jean ; Calle de las Tiendas ; ☻ horaires des messes), avant d'arriver aux **Aljibes Árabes** (8 ; citernes arabes ; ☎ 950 27 30 39 ; Calle Tenor Iribarne 20 ; entrée libre ; ☻ 10h-14h lun-ven), très bien conservés. Ils furent édifiés par Jairán au XIᵉ siècle pour alimenter la cité en eau. Un peu plus loin, Calle de las Tiendas, vous arriverez à l'ancienne porte de la ville, la **Puerta de Purchena** (9), où Al-Zagal, dernier dirigeant musulman d'Almería , capitula devant les Chrétiens en 1490. Il s'agit aujourd'hui d'un carrefour très fréquenté au cœur de la ville moderne.

Pour faire une pause déjeuner, descendez la Rambla de Obispo Orbera sur quelque 200 m depuis la porte et tournez à droite Calle de los Reyes Católicos pour rejoindre le **mercado central** (10 ; marché couvert ; ☻ 8h-14h), un marché haut en couleurs. Vous trouverez de quoi vous restaurer à proximité, chez Comidas Sol de Almería (p. 396) ou El Quinto Toro (p. 396), par exemple. Une fois repu, descendez le Paseo de Almería sur 500 m, tournez à droite dans la Calle General Tamayo, pour déboucher, un pâté de maisons plus loin, sur le **Centro Andaluz de la Fotografía** (11 ; ☎ 950 00 27 00 ; Calle Conde Ofalia 30 ; entrée libre ; ☻ 11h-14h et 18h-21h lun-ven, 19h-22h sam). Il s'agit du premier musée de la photographie andalou, hébergé dans un charmant couvent du XVIIIᵉ siècle. Les expositions sont intéressantes et valent le détour.

FÊTES ET FESTIVALS
La **Feria de Almería** (fin août) se déroule sur dix jours et dix nuits – musique, corridas, manèges, expositions et ambiance de fête sont au programme.

OÙ SE LOGER
Petits budgets
Hostal Sevilla (☎ 950 23 00 09 ; Calle de Granada 23 ; s/d avec petit déj 32,10/48,15 € ; ☒). Le meilleur des *hostales* (maisons d'hôte ou petits hôtels) de sa catégorie. Un lieu chaleureux qui dispose de chambres impeccables (TV).

Hostal Bristol (☎ 950 23 15 95 ; Plaza San Sebastián 8 ; s/d 30/40 €). Un établissement un peu plus délabré mais au confort douillet et un peu désuet, avec une entrée ornée d'*azulejos* (faïences) et des chambres correctes.

Hotel La Perla (☎ 950 23 88 77 ; fax 950 27 58 16 ; Plaza del Carmen 7 ; s/d 45/60 € ; ☒). Cet hôtel récemment rénové offre un bon rapport qualité/prix. Si tout n'a pas été refait à neuf, les chambres restent confortables.

Hostal Nixar (☎ /fax 950 23 72 55 ; Calle Antonio Vico 24 ; s/d 27/44,50 €). À l'ombre de la Muralla de la Hoya, un *hostal* bien aménagé, dont le décor un peu triste est compensé par l'accueil. Il faut sonner pour entrer, même en pleine journée.

Albergue Juvenil Almería (☎ 950 26 97 88 ; fax 950 27 17 44 ; Calle Isla de Fuerteventura s/n ; moins de 26 ans/plus de 26 ans 13,75/18,75 €). Propre et bien tenu, l'Albergue peut accueillir 170 personnes, essentiellement en chambres doubles. Elle se situe à 1,5 km à l'est du centre-ville, près du stade, et à trois pâtés de maisons au nord de l'Avenida del Cabo de Gata. Prenez le bus nº1 "Universidad", qui part de l'extrémité est de la Rambla del Obispo Orbera, et demandez au chauffeur de vous indiquer l'arrêt pour l'*albergue* ou le stade.

Camping La Garrofa (☎ 950 23 57 70 ; www. lagarrofa.com ; camping par pers/tente/voiture 3,80/3,80/3,80 € ; bungalow basse/haute saison 40/75 € ; ☻ toute l'année). En bordure de mer, à 4 km à l'ouest d'Almería, sur la route d'Aguadulce, un agréable camping qui loue aussi des bungalows avec deux chambres (pouvant accueillir jusqu'à 5 personnes) et propose différentes activités.

Catégorie moyenne et supérieure
Dans cette catégorie, les chambres disposent de la TV satellite, de la clim. en été et du chauffage en hiver.

Hotel AM Torreluz (☎ 950 23 49 99 ; www. amtorreluz.com ; Plaza de las Flores 5 ; s/d 68,80/91,45 € ; ☒ ☒ ☒). Cet hôtel quatre-étoiles se distingue par sa décoration de cuivre et de marbre, ainsi que par un immense escalier. Très confortable, il fait l'unanimité chez les hommes d'affaires. Notez que la direction n'a rien à voir avec celles de ses voisins homonymes (les Hotels Torreluz deux et trois-étoiles). Réduction allant jusqu'à 40% appliquée le week-end.

Hotel AM Congress (☎ 950 23 49 99 ; www. amtorreluz.com ; Plaza de las Flores 5 ; s/d 55,50/59,60 € ;

(P) (X)). Semblable à l'AM Torreluz, le Congress est un tout nouvel hôtel trois-étoiles situé dans un quartier animé de la vieille ville. Il fournit un service plus que correct, avec une touche "business".

Gran Hotel Almería (☎ 950 23 80 11 ; www.granhotelalmeria.com ; Avenida Reina Regente 8 ; s/d 108/135 € ; (P) (X) (🐾)). Cet hôtel situé en bord de mer se remarque de loin. Malgré ses quatre étoiles et un site web qui promet un service "impeccable", il n'égale pas l'AM Torreluz. L'emplacement se révèle néanmoins exceptionnel et les chambres, modernes et cosy, offrent une superbe vue sur la mer.

Hotel Torreluz (☎ 950 23 43 99 ; www.torreluz.com ; Plaza de las Flores 2 & 3 ; s/d 2 étoiles 38,80/57,30 €, 3 étoiles 55,50/74 € ; (P) (X)). Deux hôtels contigus mais distincts dépendant de la même direction, sur la très belle Plaza de las Flores. L'ambiance paraît un peu austère, mais les tarifs sont très raisonnables et les chambres bien équipées. La réception se trouve dans l'hôtel trois-étoiles.

NH Ciudad de Almería (☎ 950 18 25 00 ; nhciudaddealmeria@nh-hotels.com ; Calle Jardín de Medina s/n ; d 80-131 € ; (P) (X)). Cet établissement au décor minimaliste, qui fait partie d'une chaîne d'hôtels, est bien aménagé. Juste en face des gares ferroviaire et routière.

Hotel Costasol (☎ /fax 950 23 40 11 ; www.hotelcostasol.com ; Paseo de Almería 58 ; s/d 51,50/70,90 € ; (X)). Un hôtel de catégorie moyenne plutôt ordinaire avec des chambres tout confort et un service chaleureux. Il est installé en plein centre, avec un parking municipal à proximité (7 €/jour).

OÙ SE RESTAURER

Restaurante Valentín (☎ 950 26 44 75 ; Calle Tenor Iribarne 19 ; plats principaux 10-15 € ; (🕙) fermé lun et sept). Situé à l'écart, ce petit restaurant au service stylé sert une cuisine savoureuse dans un décor chaleureux. Pour la *langosta* (langouste), comptez 52 €.

La **Casa Sevilla** (☎ 950 27 29 12 ; Calle Rueda López ; menu 24 € ; (🕙) fermé dim et 1er-15 août). Dans la Galería Almericentro (galerie commerçante), une maison remarquable où il est agréable de découvrir une délicieuse cuisine et du bon vin andalous (ses propriétaires tiennent aussi La Vinoteca, juste à côté). Parmi les spécialités, citons le *bacalao a la almeriense* (morue à la sauce tomate piquante) et le bœuf argentin. Vous aurez le choix entre 8 000 bouteilles de vin.

Comidas Sol de Almería (Calle Circunvalación, Mercado Central ; menu 8,30 € ; (🕙) fermé dim). Un petit restaurant original en face du marché couvert. Au déjeuner, les clients du marché viennent faire leur choix parmi quantité de plats, tous copieux. Un vaste patio orné de lauriers-roses vous attend à l'arrière.

La Encina Restaurante (☎ 950 27 34 29 ; Calle Marín 3 ; menu 26 € ; (🕙) fermé dim). Non loin de l'Alcazaba, La Encina est un charmant petit établissement qui régale ses hôtes de copieuses spécialités espagnoles, avec une touche de créativité. Une adresse à retenir.

Casa Puga (Calle Jovellanos 7 ; tapas 1 €). En matière de bar à tapas, vous ne trouverez guère mieux à Almería. Les vieilles bouteilles de vin qui garnissent les étagères et les *azulejos* au mur en disent déjà long sur l'ambiance.

El Quinto Toro (☎ 950 26 15 21 ; Calle de los Reyes Católicos ; tapas 1,80 €). Près du marché, ce bar à tapas à l'atmosphère chaleureuse s'est constitué une clientèle fidèle.

Mesa España (☎ 950 27 49 28 ; Calle Mendez Nuñez 19 ; tapas 1,80 €, fondue 18,15 €). Un bar à tapas/restaurant très fréquenté. Vous pourrez vous installer au comptoir ou sur les banquettes rouges à l'arrière. Venez le soir de préférence, et goûtez la fondue.

La Charka (☎ 950 25 60 45 ; Calle Trajano 8). Un bar à tapas très réputé et très animé. Les portions de tapas ne sont pas très copieuses, mais il s'agit de l'endroit idéal pour grignoter avant d'aller faire la fête dans un autre bar.

OÙ PRENDRE UN VERRE

Capri Cafetería y Confitería (☎ 950 23 76 85 ; Calle Méndez Nuñez 14). Pour faire une pause après une longue journée de balade, venez déguster ici de délicieuses pâtisseries ou un granita.

Almedina Tetería (Calle Almedina ; (🕙) 11h-23h mer-dim). Vous pouvez préférer un thé à la menthe à l'Almedina, qui propose également de bons couscous et des tatouages au henné.

Molly Malone (Paseo de Almería 56 ; (🕙) 8h-23h). Malgré une façade très classique, un agréable bar décoré de boiseries et de vieilles affiches de théâtre londonien jaunies par la fumée de cigarette. Une bonne adresse pour le petit déjeuner (2,50 €).

Desatino (Calle Trajano 14 ; (🕙) 20h-tard le soir). Un bar tendance aux vitres teintées où écouter de la rumba cubaine. La clientèle arrive assez tard.

La Charka (☎ 950 25 60 45 ; Calle Trajano 8). Ce bar à tapas minuscule mais réputé est en face du Desatino.

Parmi les autres bars très courus de la Calle Antonio González Egea, signalons **El Cafetín**, l'**Irish Tavern** et la **Taberna El Postigo**.

OÙ SORTIR
Une dizaine de bars proposant de la musique live sont regroupés entre le bureau de poste et la cathédrale. Certains ouvrent en fin d'après-midi.

La Peña El Taranto (☎ 950 23 50 57 ; Calle Tenor Iribarne 20), dans les anciennes Aljibes Árabes (citernes arabes), reste la meilleure boîte de flamenco de la ville. Des spectacles (20 €) ont souvent lieu le week-end. Renseignez-vous par téléphone ou rendez-vous à l'office du tourisme.

Georgia Café Bar (☎ 950 25 25 70 ; Calle Padre Luque 17 ; ☽ 20h-tard le soir). Il règne une formidable ambiance dans ce bar qui existe depuis plus de 20 ans et où passent parfois des musiciens de jazz. Même la musique d'ambiance est excellente.

DEPUIS/VERS ALMERÍA
Avion
L'**aéroport** (☎ 950 21 37 00 ; www.aena.es) d'Almería accueille des charters en provenance de plusieurs pays européens. Des services réguliers desservent Barcelona, Madrid et Melilla sur **Iberia** (☎ 950 21 37 90 ; www.iberia.com). Pour des vols internationaux à prix intéressants, adressez-vous à des agences comme **Viajes Cemo** (aéroport ☎ 950 21 38 47 ; Roquetas de Mar ☎ 950 33 35 02) ou **Tarleton Direct** (aéroport ☎ 950 21 37 70 ; Mojácar ☎ 950 47 22 48 ; Roquetas de Mar ☎ 950 33 37 34).

Bateau
Depuis l'Estación Marítima, **Trasmediterránea** (☎ 950 23 61 55, 902 45 46 45 ; www.trasmediterranea.es) effectue la traversée depuis/vers Melilla (8 heures) trois fois par jour du mardi au vendredi, deux fois par jour du samedi au lundi, de juin à septembre, et une fois par jour d'octobre à mai. Le tarif passager le moins cher en *butaca* (place assise) revient à 29 € l'aller simple ; pour le transport d'une voiture, comptez un minimum de 122,50 € avec un petit modèle. Les compagnies marocaines **Ferrimaroc** (☎ 950 27 48 00 ; www.ferrimaroc.com), **Comarit** (☎ 950 23 61 55 ; www.comarit.com en espagnol) et **Limadet** (☎ 950 27 07 71)

desservent Nador, la ville marocaine voisine de Melilla, à des tarifs et des fréquences similaires. Les tarifs vont de 26,80 à 31 € pour un aller simple (adulte) et de 126,48 à 137 € pour un véhicule.

Vous pouvez acheter vos billets à l'Estación Marítima.

Bus
Tous les jours, de la **gare routière** (☎ 950 26 20 98) des bus partent pour Guadix (6,85 €, 1 heure 14, 9 départs/jour), Granada (9,40 à 16,80 €, 2 heures 15, 10/j), Málaga (13,55 €, 3 heures 15, 10/j), Sevilla (26,70 €, 5 heures, 2/j) et Murcia (4,65 €, 2 heures 30, au moins 10/j). Des bus desservent chaque jour Madrid (21 €, 7 heures, 5/j), Jaén (25,85 €, 5 heures, 1 ou 2/j), Córdoba (20,10 €, 5 heures, 1/j) et Valencia (30,20 à 37,35 €, 8 heures 30, 5/j). Pour les bus en direction des autres villes de la province d'Almería, reportez-vous à la rubrique *Depuis/vers...* correspondant à votre ville de destination.

La gare routière est bien entretenue et propose un service très efficace. Vous y trouverez des toilettes propres, un DAB, un accès Internet (p. 391) et des consignes automatiques (4,50 €/jour), ainsi qu'une succursale de l'agence Renfe, où acheter vos billets de train, et un **bureau d'information** (☽ 6h45-22h45).

Train
Dans le centre-ville, vous pouvez acheter vos billets à l'**agence Renfe** (☎ 950 23 18 22 ; www.renfe.es ; Calle Alcalde Muñoz 7 ; ☽ 9h30-13h30 lun-ven et 9h30-13h sam), ainsi que dans la **gare ferroviaire** (☎ 902 24 02 02). Des trains directs desservent Granada (11,80 €, 2 heures 15, 4/j), Sevilla (28,25 €, 5 heures 30, 4/j) et Madrid (31 à 36,50 €, 6 heures 45 à 10 heures, 2/j). Tous les trains passent par Guadix (6,15 à 14 €, 1 heure 15 à 1 heure 45).

TRANSPORTS LOCAUX
Depuis/vers l'aéroport
L'aéroport se situe à 8 km à l'est d'Almería par l'AL12 ; le bus n°20 "Alquián" (0,80 €) effectue la navette entre la ville (à l'extrémité ouest de la Calle del Doctor Gregorio Marañón) et l'aéroport toutes les 30 à 45 min de 7h à 22h30, et moins fréquemment les samedi et dimanche. Il effectue le trajet inverse toutes les 30 à 45 min de 7h à 22h08 du lundi au vendredi et de 7h à 23h03 le samedi et le dimanche.

Voiture et moto

Plusieurs agences de location de voitures sont installées en ville. Avis, Europcar et Hertz disposent d'un comptoir à l'aéroport. Une compagnie locale bon marché, **Auriga** (☎ 902 20 64 00 ; www.aurigacar.com), dispose d'une succursale dans la gare routière.

Comme dans la plupart des villes andalouses, il est difficile de stationner dans les rues d'Almería. Comptez 0,20 € pour 30 min de stationnement et 1,05 € pour une heure. Néanmoins, il existe de grands parkings souterrains sous la Rambla de Belén et du côté est de la Rambla. Le tarif se monte à 1 € pour une heure et à 10 € pour 24 heures.

Taxis

Il y a des stations de taxi (☎ 950 22 61 61 ; taxis de nuit ☎ 950 42 5757) au niveau de la Puerta de Purchena et du Paseo de Almería, ainsi que devant les gares routière et ferroviaire.

NORD D'ALMERÍA

LOS MILLARES

Seuls les férus d'archéologie apprécieront la visite de **Los Millares** (☎ 608-903404 ; entrée libre ; ☒ 9h30-16h mar-sam avr-sept, 10h-14h mer-sam oct-mars), à 20 km au nord-ouest d'Almería, entre les villages de Gádor et de Santa Fé de Mondújar. Les transports publics étant quasiment inexistants, et le site étant à 1,5 km de marche de la route principale, il est nécessaire de disposer d'un véhicule pour se rendre sur place.

Le site couvre 19 ha et s'étire sur 1 km de long entre le Río Andarax et la Rambla de Huéchar. Il fut probablement occupé entre 2700 et 1800 av. J.-C., durant une période où le Río Andarax était navigable depuis la mer. Sa population, qui maîtrisait l'art des métaux, comptait peut-être jusqu'à 2 000 personnes dans les périodes les plus fastes. Elle chassait, élevait des animaux domestiques et cultivait la terre. Elle connaissait, entre autres, les techniques de la poterie et des bijoux. Certaines découvertes indiquent qu'elle entretenait des rapports commerciaux avec d'autres parties de la Méditerranée.

Quatre tracés de murs défensifs (qui témoignent des agrandissements successifs du village) délimitent le site. À l'intérieur subsistent les vestiges des maisons de pierre

typiques de la période. À l'extérieur de la zone d'habitation, on peut aussi voir les vestiges (et certaines reconstructions) de tombes à galeries du néolithique et de la période précédant l'âge du bronze : des chambres voûtées auxquelles on accède par une galerie basse.

Ne vous laissez pas dissuader par le panneau, apposé sur la maison du gardien en bordure de route, spécifiant qu'il faut s'adresser à la Delegación de Cultura de Almería pour avoir l'autorisation de pénétrer sur le site. Néanmoins, avant d'entreprendre la visite de Los Millares, assurez-vous qu'il y aura bien quelqu'un dans la **maison du gardien** (☎ 608 95 70 65) pour vous ouvrir. Depuis Almería, prenez l'A92 au nord vers Benahadux, puis suivez l'A348 en direction du nord-ouest. Des panneaux indiquent l'embranchement pour Los Millares peu avant Alhama de Almería.

NÍJAR ET SORBAS

Source d'inspiration de Federico García Lorca pour sa pièce de théâtre *Noces de sang*, la petite bourgade de Níjar est aussi réputée pour ses poteries vernissées, parmi les plus belles et les plus originales d'Andalousie, ainsi que pour ses *jarapas*, pittoresques couvertures confectionnées avec des bandes de tissu de coton.

Partant de l'extrémité de la Calle García Lorca, l'artère principale, l'étroite Calle Carretera mène au cœur du vieux Níjar jusqu'à la **Plaza la Glorieta** et l'église de **Santa María de la Anunciación**. Après la Plaza la Glorieta, en remontant la Calle Colón, on débouche sur la charmante **Plaza del Mercado**, ornée d'un immense platane au centre et d'une superbe fontaine en céramique bleue avec des grosses têtes de poissons.

Les possibilités d'hébergement restent limitées mais l'**Hostal Asensio** (☎ 950 36 10 56 ; Calle Parque 2 ; s/d 18/36 €) loue d'agréables chambres très lumineuses. Savourez des plats bon marché au **Café Bar La Curva** (Calle Parque ; platos combinados 6 €), à l'opposé en diagonale de l'Hostal Asensio. Pour un repas plus pittoresque, choisissez le **Café Bar Glorieta** (Plaza la Glorieta ; plato combinados 4,80 €) ou, de l'autre côté de la place, le **Bar Restaurante El Pipa** (Plaza la Glorieta ; bocadillos 2,40 €).

Les boutiques et les ateliers vendant des poteries et des couvertures bordent la rue principale, la Calle García Lorca, et la Calle Las Eras, dans le **Barrio Alfarero** (quartier des potiers). **La Tienda de los Milagros** (Calle Lavadero 2) est l'atelier du céramiste britannique Matthew Weir et de son épouse, où l'on trouve des *jarapas* de grande qualité. Si vous recherchez une épicerie fine typique de la région, rendez-vous à **La Pita** (☎ 950 36 03 43 ; Calle Parque s/n), et pour admirer du mobilier de jardin très stylé en fer forgé et d'énormes pots en terre cuite, visitez l'entrepôt **Knupfer. Leiber** (☎ 950 38 01 10 ; Calle García Lorca 11).

Níjar est desservie par deux bus quotidiens (un seul le samedi), cependant leurs horaires ne permettent pas d'effectuer l'excursion dans la journée depuis Almería. Si vous êtes motorisé, Níjar est à 4 km au nord de l'A7, à 31 km au nord-est d'Almería. Il existe des emplacements pour stationner tout au long de la Calle García Lorca, mais repérez bien les panneaux d'interdiction.

Vous rejoindrez un autre village de potiers, Sorbas, à quelque 34 km de Níjar par une jolie route qui traverse les montagnes de la Sierra de Alhamilla. Le bourg est perché au bord d'une spectaculaire gorge calcaire dans le Paraje Natural de Karst en Yesos, où l'érosion a créé, en plusieurs millions d'années, les superbes **Cuevas de Sorbas** (☎ 950 36 47 04 ; www.cuevasdesorbas.com ; adulte/en-

fant 10,50/6,50 € ; ☉ visites guidées 10h-20h avr-oct). Vous pouvez participer à d'excellentes visites guidées (casque et torche compris), en vous adressant à l'**office du tourisme** (☎ 950 36 44 76 ; Calle Terraplén 9 ; ☉ 10h30-14h30 mer-dim) ou au **Centro de Visitantes Los Yesares** (☎ 950 36 44 81 ; Calle Terraplén s/n ; ☉ 11h-14h et 17h-20h). Tous deux sont situés sur la route qui mène au centre-ville. Les excursions ne sont organisées que sur demande et il faut réserver au moins la veille.

La seule possibilité d'hébergement se réduit à l'**Hostal Sorbas** (☎ 950 36 41 60 ; s/d 25/40 € ; P), dans la rue principale. Pour vous restaurer, choisissez la **Cafetería Caymar** (Plaza de la Constitución ; tapas 1,80 €) ou le bon **Restaurante el Rincón** (☎ 950 36 41 52 ; Plaza de la Constitución ; plats principaux 8-14 €), tous deux installés sur la charmante place principale.

Des bus font l'aller-retour entre Almería et Sorbas (3,40 €, 1 heure 45, 4 départs du lundi au vendredi).

LAS ALPUJARRAS

À l'ouest de la petite ville thermale d'Alhama de Almería, l'A348 remonte en zigzaguant la vallée d'Andarax pour s'enfoncer dans les Alpujarras alméria nnes (reportez-vous à Las Alpujarras p. 399).

VILLES DU FAR WEST

Au nord de Benahadux, le paysage prend l'aspect d'un désert creusé de canyons et hérissé de rochers, semblables à ceux de l'Ouest américain. Dans les années 1960 et 1970, les réalisateurs de films ont profité de cette similitude pour tourner là des dizaines de westerns, dont *Le bon, la brute et le truand*. Les gens du pays jouaient des Indiens, des hors-la-loi ou des soldats de la cavalerie américaine, tandis que Clint Eastwood, Raquel Welch et Charles Bronson tenaient les premiers rôles. Les cinéastes viennent désormais moins souvent, mais trois décors de villes du Far West sont restés intacts, transformés en attractions touristiques.

Mini Hollywood (☎ 950 36 52 36 ; adulte/enfant 17/9 €, le billet inclut la Reserva Zoológica ; ☉ 10h-21h avr-oct, 10h-19h mar-dim nov-mar), à 25 km d'Almería sur la route de Tabernas, est le plus connu de ces sites. C'est aussi le plus cher, mais si vous avez de jeunes enfants, vous ne regretterez pas la visite en voyant leurs yeux ébahis devant ce décor plus vrai que nature. À 12h et 17h (ainsi qu'à 20h de mi-juin à mi-sept) ont lieu une attaque de banque, une fusillade et une pendaison. Juste à côté, la **Reserva Zoológica** accueille des lions, des éléphants et une centaine d'autres espèces de la faune africaine et ibérique.

À 3 km en direction de Tabernas, puis à quelques minutes sur une piste qui part vers le nord, **Texas Hollywood Fort Bravo** (☎ 950 16 54 58 ; www.texashollywood.com ; adulte/enfant 10,50/6,50 € ; ☉ 10h-22h) vante sa ville de western, son fort à palissade, son village mexicain et ses tipis indiens. **Western Leone** (☎ 950 16 54 05 ; 9 € ; ☉ 9h30-coucher du soleil avr-sept, 9h30-coucher du soleil sam et dim toute l'année) se situe sur l'A92, à environ 1 km au nord de la bifurcation de l'A370. Tous deux ont servi de lieux de tournage pour certains des films réalisés à Mini Hollywood, mais ils conservent un aspect plus authentique, même s'ils sont moins bien entretenus (à l'instar de la piste qui y mène où mieux vaut rouler lentement).

Le paysage, d'abord étonnamment aride, avec des lignes de crête en dents de scie totalement dénudées qui s'étendent à perte de vue, devient de plus en plus verdoyant à mesure que l'on approche de Fondón, où se trouve le petit **Camping Puente Colgante** (☎ 950 51 42 90 ; camping par pers/tente/voiture 2/2/2 € ; ⏱ toute l'année).

Vous pouvez obtenir des informations sur les itinéraires de randonnée et les refuges de la Sierra Nevada, dans la partie nord de Las Alpujarras, auprès du **Centro de Visitantes Laujar de Andarax** (☎ 950 51 35 48 ; ⏱ 10h30-14h30 jeu et ven, 10h30-14h30 et 18h-20h sam et dim), juste à l'ouest de Laujar de Andarax sur l'A348.

Laujar de Andarax
1 800 habitants / 920 m

L'agréable "capitale" des Alpujarras almériennes accueillit brièvement Boabdil, le dernier émir de Granada, lorsqu'il perdit sa ville. Laujar de Andarax fut aussi le quartier général d'Aben Humeya, le premier chef de la rébellion morisque de 1568–1570, jusqu'à son assassinat par son cousin Aben Abou. Aujourd'hui, c'est là que l'on produit le meilleur vin de la province.

À VOIR ET À FAIRE
Pour découvrir le *vino* (vin) local, rendez-vous au **Cooperativo Valle de Laujar** (⏱ 8h30-12h et 15h30-19h30 lun-sam), où vous pourrez goûter les vins et les digestifs produits sur place et acheter des produits de la région. La coopérative est à 2 km à l'ouest de la ville par l'A348.

Laujar de Andarax n'a rien d'exceptionnel en soi, mais l'élégante **Casa Consistorial** (hôtel de ville) vaut le détour. Située sur la Plaza Mayor de la Alpujarra, elle est dotée d'une façade à triple arcature couronnée d'un beffroi à girouette très caractéristique. La grande **Iglesia de la Encarnación**, construite en brique au XVIIe siècle, possède une tour carrée qui ressemble à un minaret, et abrite un somptueux retable doré.

Une route indiquée depuis le village mène, 1 km au nord, à **El Nacimiento**, une succession de cascades nichées dans une vallée profonde et escarpée. Deux restaurants se situent à proximité. Les chutes sont prises d'assaut le week-end par les habitants de la région qui se disputent les barbecues installés sous les arbres. Il est possible d'acheter de la viande et du bois sur place, mais la plupart des visiteurs viennent équipés.

Ces chutes constituent un point de départ pour de belles randonnées. Le Centro de Visitantes pourra vous renseigner.

OÙ SE LOGER ET OÙ SE RESTAURER
Hostal Fernández (☎ 950 51 31 28 ; Calle General Mola 2 ; s/d 16/31 €). Cet *hostal* sympathique donne sur la Plaza Mayor de la Alpujarra et sur la

LA MER DE PLASTIQUE

Les agriculteurs de la province d'Almería ont réussi, grâce à des serres en polyéthylène irriguées par des aquifères souterrains, à transformer un littoral désertique en l'une des plus vastes régions d'horticulture intensive d'Europe. Une exploitation qui, depuis les années 1970, a apporté une richesse incalculable à une partie de la province. En effet, la ville d'Ejido, à l'ouest d'Almería, possède le plus grand nombre de succursales de banques par habitant de toute l'Espagne.

Mais le revers de la médaille est bien là : des paysages enlaidis, des nappes phréatiques en danger et 20 000 tonnes par an de déchets non biodégradables. En outre, El Ejido, la capitale de cette curieuse "plasticultura", souffre de tensions considérables entre les Espagnols et les travailleurs marocains, sur qui repose actuellement l'industrie horticole sous plastique.

L'enjeu économique de cette industrie est tel que le gouvernement, dirigé par le Partido Popular (PP ; 1996–2004), avait pour projet de détourner les eaux du Río Ebro, au nord de l'Espagne, pour irriguer la région. Inquiets du sort du delta d'Ebro, les habitants de la région et les écologistes s'y opposèrent violemment. Le projet est en suspens depuis l'arrivée au gouvernement du Partido Socialista Obrero Español (PSOE), mais une immense usine de désalinisation est en cours de construction à Carboneras, sur la côte est d'Almería, pour garantir la rentabilité de cette région désertique.

Pour faire votre propre opinion, vous pouvez participer à l'étrange excursion organisée par **Hola-Almeria** (☎ 627 46 03 01 ; sergitocv@yahoo.es ; visites en anglais et en espagnol 15 €), lors de laquelle vous visiterez une coopérative d'El Ejido, qui vend des légumes, avant de voir les serres alentour et de déguster des tapas sur la plage de Balerma.

vallée. Il abrite un bon restaurant (plats principaux 9 €), où déguster aussi des vins locaux.

Hotel Almirez (☎ 950 51 35 14 ; almihost@larural. es ; s/d 32/42 €). À 1 km à l'ouest du bourg sur l'A348, cet hôtel moderne et bien situé dispose d'un bar et d'un vaste restaurant qui affiche un menu à 8,40 €.

Le **Fonda Nuevo Andarax** (☎ 950 51 31 28 ; Calle General Mola 4 ; d 33 € ; raciones 3,50 €) est un bar très fréquenté, et l'on peut également y louer des chambres, à l'étage.

DEPUIS/VERS LAUJAR DE ANDARAX

Un bus part tous les jours, sauf le samedi, à 9h de la gare routière d'Almería en direction de Laujar (4,70 €, 1 heure 15, 1 départ/jour). Au retour, il quitte Laujar à 15h45. Pour rejoindre les Alpujarras de la province de Granada depuis Laujar, vous devez prendre un bus vers Berja, puis un autre vers Ugíjar ou au-delà.

COSTA DE ALMERÍA

OUEST D'ALMERÍA

Aux abords d'Almería, **Aguadulce**, à 11 km, et **Roquetas de Mar**, 17 km plus loin sur la côte, sont deux stations balnéaires assez banales qui vivent surtout du tourisme organisé. Différentes activités nautiques y sont proposées, notamment de la planche à voile à Roquetas. Plus à l'ouest, **Almerimar**, fréquentée par des vacanciers espagnols, offre les meilleurs sites de planche à voile de la côte méditerranéenne andalouse.

Les zones humides du **Paraje Natural Punta Entinas-Sabinar**, entre Roquetas et Almerimar, sont propices à l'observation des grands flamants et d'autres oiseaux aquatiques (environ 150 espèces recensées) - Une vaste zone à l'ouest d'Almería - comme une autre un peu moins vaste à l'est - est envahie de serres sous plastique (voir La mer de plastique p. 400).

PARQUE NATURAL CABO DE GATA-NÍJAR

À l'est d'Almería, les spectaculaires montagnes volcaniques et arides de la Sierra del Cabo de Gata plongent dans les eaux turquoise de la péninsule du Cabo de Gata. Quelques unes des plages les plus sublimes et les moins fréquentées d'Es-

pagne se nichent entre les falaises et les caps du Parque Natural Cabo de Gata-Níjar. Avec seulement 100 mm de pluie par an, le Cabo de Gata est la région la plus sèche d'Europe. Ce qui n'empêche pas l'existence d'une faune et d'une flore d'une remarquable diversité, adaptées à cet environnement aride et salin. Seuls quelques villages dispersés, aux maisons cubiques blanchies à la chaux, ponctuent ce paysage sauvage et authentique.

On peut longer à pied la côte sur 61 km depuis Retamar (à l'est d'Almería) en contournant le Cabo de Gata par le sud, puis en allant au nord-est jusqu'à Agua Amarga. Méfiez-vous toutefois, l'été, du manque d'ombre (l'itinéraire est décrit dans *Walking in Spain* publié par Lonely Planet). Vous serez là en pleine nature car la région est restée très sauvage et vous traverserez de superbes paysages totalement isolés.

Mieux vaut réserver à l'avance pour vous loger à Pâques, en juillet ou en août dans tout le Cabo de Gata. Le camping n'est autorisé que sur les terrains officiels.

La carte IGN *Cabo de Gata-Níjar Parque Natural* au 1/50 000 est celle qui convient le mieux pour la région. Voir p. 406 pour savoir comment accéder aux différents villages de la péninsule.

Renseignements

Situé sur la route en provenance d'Almería, à 2,5 km avant Ruescas, le **Centro de Interpretación Las Amoladeras** (☎ 950 16 04 35 ; Carretera Cabo de Gata-Almería, Km 7 ; ☉ 10h-14h et 17h30-21h de mi-juil à mi-sept ; 10h-15h mar-dim de mi-sept à mi-juil) est le principal centre d'information du Parque Natural Cabo de Gata-Níjar, qui couvre les 60 km de côte bordant le Cabo de Gata, plus une large bande de l'arrière-pays. Le centre présente des expositions sur la faune, la flore et les activités humaines de la région, et fournit des renseignements touristiques et des cartes.

El Cabo de Gata

Officiellement appelé San Miguel de Cabo de Gata, El Cabo de Gata est le principal village sur le versant ouest du promontoire. En été, la plage de sable est fréquentée par quantité de visiteurs venus d'Almería pour la journée mais, hors saison, le site, balayé par les vents, reste désert.

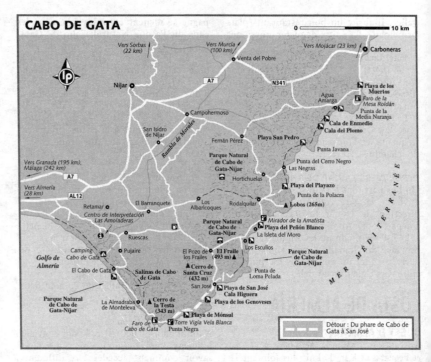

CABO DE GATA

Au sud du village s'étendent les **Salinas de Cabo de Gata**, des marais salants. Au printemps, quantité de grands flamants et d'autres oiseaux aquatiques y font escale lors de leur migration depuis l'Afrique jusqu'aux sites de nidification plus au nord. Fin août, on peut voir arriver jusqu'à un millier de flamants. L'automne, quantité d'oiseaux migrateurs font à nouveau une pause ici avant de repartir vers le sud. Pour les observer, le mieux est de se tenir dans la partie bordée de palissades en bois, à côté de la route, à 3 km au sud du village.

Un autre endroit propice à l'observation des flamants se situe à 2 km au nord-ouest du village, près d'un petit lagon où la rivière **Rambla de Morales** rejoint la plage.

Vous pouvez explorer cette région infiniment plate et sans relief en louant un vélo (2 heures/1 journée 4/13 €) à El Cabo de Gata, auprès de l'**Oficina de Información** (☎ 950 38 00 04 ; Avenida Miramar 88 ; ✆ 10h-14h30 et 17h30-21h).

OÙ SE LOGER ET OÙ SE RESTAURER
Camping Cabo de Gata (☎ /fax 950 16 04 43 ; camping par pers/site 4/7,35 € ; bungalow 6 € ; ✆ toute l'année ; P ☲). Ce terrain de camping hors pair est installé près de la plage, à 2 km en contrebas d'une petite route au sud-ouest de Ruescas. Il est doté de toutes les installations nécessaires, dont un restaurant, et dispose de 250 places.

Blanca Brisa (☎ /fax 950 37 00 01 ; www.blancabrisa. com ; Las Joricas 49 ; s/d 38,50/64,50 € ; P). Un grand hôtel moderne couleur pêche, à l'entrée du village, qui possède des chambres confortables et un restaurant correct (l'un des seuls de la ville). Les *platos combinados* coûtent quelque 5 €.

Hostal Las Dunas (☎ 950 37 00 72 ; Calle Barrio Nuevo 58 ; s/d 38,50/55 € ; P). Dans cet *hostal* tenu par une famille, les hôtes disposent de chambres modernes et bien tenues dotées de superbes balcons en marbre.

El Naranjero (☎ 950 37 01 11 ; Calle Iglesia 1 ; plats principaux 9,50-25 € ; ✆ fermé dim). Situé à l'entrée du village, El Naranjero voit défiler les gens du cru qui viennent là se régaler de poissons et de fruits de mer, spécialités de la maison.

La Goleta (☎ 950 37 02 15 ; plats principaux 5-20 € ; ✆ fermé lun oct-juin et nov). Un établissement merveilleusement situé, sur le front de mer, à l'extrémité sud de la ville, qui sert de bons fruits de mer. Les tables sont installées sous un chapiteau, sur la plage, et les vues sont superbes en été.

Faro de Cabo de Gata et environs

Le village de La Almadraba de Monteleva semble totalement perdu au milieu des vastes étendues de sel récolté dans les *salinas* (marais salants). L'immense clocher de l'**Iglesia de las Salinas** paraît insolite, dans un paysage désert qui s'étend à perte de vue.

Plus au sud, la côte est beaucoup plus découpée et escarpée, et la route serpente en montant le long des falaises pour atteindre le **Faro de Cabo de Gata**, le phare situé à la pointe méridionale du promontoire. De là, un *mirador* offre de beaux panoramas sur les reliefs découpés de l'**Arrecife de las Sirenas** (récif des sirènes).

Un **kiosque d'information** (🕑 10h-14h et 16h30-20h30 mai-sept, 10h-15h oct-avr) peut vous renseigner sur le parc, mais ses horaires sont aléatoires hors saison. Vous pourrez y obtenir des renseignements sur les sorties en bateau autour de la péninsule organisées par **El Cabo a Fondo** (réservations ☎ 637 44 91 70) – une bonne occasion de découvrir le très beau littoral.

San José

Comme Mojácar Playa (p. 406), San José est une version almérienne de la Costa del Sol. Cela dit, la station balnéaire reste charmante, avec des constructions de taille raisonnable et une agréable petite marina. Le Parque Natural Cabo de Gata-Níjar étant à proximité, ce ne sont pas les acti-vités qui manquent dans la région, attirant nombre d'Espagnols pendant les vacances et le week-end. La bourgade s'étend en bordure d'une petite baie sablonneuse et son port, situé à son extrémité est, rappelle que San José était à l'origine un village de pêcheurs.

Si vous venez en voiture depuis El Cabo de Gata, dirigez-vous vers l'intérieur des terres, puis prenez la direction de l'est vers Ruescas. Après 61 km environ, vous atteindrez la route San José–Níjar. Tournez à droite et poursuivez sur 7 km avant d'arriver à San José.

ORIENTATION ET RENSEIGNEMENTS

La route qui vient du nord devient l'artère principale de la ville, l'Avenida de San José, qui mène à la plage sur la gauche (Playa de San José). Vous y trouverez un **bureau d'information sur le parc naturel et centre d'accueil des visiteurs** (☎ 950 38 02 99 ; 🕑 10h-14h et 17h-21h30 lun-sam, 10h-14h dim), qui vend des cartes ainsi que toute une série de livres, de souvenirs et d'objets d'artisanat, et c'est également sur cette Avenida de San José que se tient la plus forte concentration de boutiques et de cafés, juste avant la Plaza Génova, la place centrale.

Toujours sur l'Avenida de San José, dans le centre du village, vous verrez une banque Caja Rural, un DAB et un supermarché Spar. Pour dénicher de bons livres d'occasion ou obtenir des informations locales, vous pouvez aller chez **David le bouquiniste** (Avenida de San José ; 🕑 10h30-14h et 17h-22h sam-jeu), au-dessus de la petite boutique marocaine de cadeaux, Aladino.

DÉTOUR : DU FARO DE CABO DE GATA À SAN JOSÉ

Aucune route ne relie le Faro de Cabo de Gata à San José, mais un superbe chemin de randonnée pédestre/cycliste longe le littoral sur 8,5 km. Prenez l'embranchement de gauche au Café Bar El Faro, celui qui grimpe jusqu'à la **Torre Vigía Vela Blanca**, tour de guet du XVIIIᵉ siècle perchée sur des falaises à 200 m de haut et s'ouvrant sur des vues impressionnantes.

Juste avant la tour, un sentier descend jusqu'à la **Playa de Mónsul**, à environ 3 km de là, plage de sable isolée qui a pour toile de fond d'imposants affleurements volcaniques. Le caractère volcanique du site contribue à la beauté des fonds marins, qui raviront les amateurs de snorkelling. Quelque 2,5 km plus loin s'étend la **Playa de los Genoveses**, une large bande de sable doré aux eaux peu profondes entourée de deux promontoires rocheux et d'un champ de plantes grasses. Si vous continuez à longer le chemin sur 4 km, vous arriverez à la grande baie de San José et à sa station balnéaire.

Voir *Walking in Spain* de Lonely Planet pour découvrir d'autres possibilités de randonnées sur le littoral du Cabo de Gata.

À FAIRE

Le bureau d'information vous indiquera où louer des vélos, faire de l'équitation, ou encore des promenades en bateau, des circuits en 4x4 ou de la plongée. Pour l'équitation, réservez une leçon de 45 min (21,05 €) au **Cortijo el Sotillo** (ci-dessous) ou partez à l'aventure jusqu'à la Playa de los Genoveses (44,65 €, 2 heures 30) ou jusqu'au Parque Natural (62,50 €, 3 heures 30). **Eolo** (☎ 950 26 17 35, 670-391480 ; www.eolo-wind.com ; Avenida del Cabo de Gata 185, Almería) organise également des excursions jusqu'au Parque Natural.

OÙ SE LOGER

Hostal Doña Pakyta (☎ 950 61 11 75 ; fax 950 61 10 62 ; Calle del Correo ; d avec vue sur la mer basse/haute saison 115/151 € ; P ⊠). Le hall du Doña Pakyta vous plonge immédiatement dans l'ambiance maritime avec d'immenses baies vitrées qui donnent sur la mer. Les vastes chambres sont également décorées de bleu et de blanc. Demandez-en une avec terrasse (celles sans terrasse coûtent 10 € de moins) pour profiter de la splendide vue.

L'**Hostal Sol Bahía** (☎ 950 38 03 07 ; fax 950 38 03 06 ; Avenida de San José ; d basse/haute saison 35/60 € ; ⊠) et son jumeau, l'**Hostal Bahía Plaza** (Avenida de San José), juste en face dans le centre de San José, disposent de 34 chambres agréables et propres (avec TV) dans des bâtiments modernes.

Hotel Cortijo el Sotillo (☎ 950 61 11 00 ; Carretera Entrada a San José s/n ; s basse/haute saison 66/100 €, d basse/haute saison 90/124 € ; P ⊠ ⊠). Cet établissement qui a tout d'un ranch propose d'excellentes installations, et des leçons d'équitation (voir ci-dessus). La demeure, un authentique *cortijo* du XIXe siècle, dispose d'un très bon restaurant où goûter de la cuisine régionale.

Albergue Juvenil de San José (☎ 950 38 03 53 ; fax 950 38 02 13 ; Calle Montemar s/n ; bunks 8 € ; avr-sept). Voici une sympathique auberge de jeunesse, qui ne dépend pas de l'Inturjoven mais de la municipalité. Elle ouvre aussi entre Noël et le jour de l'an, de même que pour les week-ends prolongés. Pour vous y rendre, prenez la route du Camping Tau et tournez à droite après avoir traversé un lit de rivière asséché, puis prenez la première à gauche vers la colline.

Camping Tau (☎ /fax 950 38 01 66 ; e@parque natural.com ; camping par adulte/enfant/tente/caravane 4/3,50/4,75/5,50 € ; avr-sept). Ce terrain de camping ombragé à 250 m de la plage, très

apprécié des familles, compte 185 places. Pour y accéder, suivez le panneau "Tau" sur la gauche du Camino de Cala Higuera, en arrivant à San José par le nord.

Si vous avez du mal à trouver un logement en haute saison, essayez l'**Hostal Costa Rica** (☎ 950 38 01 03 ; fax 950 38 00 59 ; Avenida de San José ; basse/haute saison 51,35/64,20 € ; ⊠), établissement impeccable situé dans la rue principale, à côté de l'Hostal Sol Bahía.

Quantité d'appartements sont à louer (renseignez-vous à l'office du tourisme ou guettez les panneaux), souvent facturés 18 € seulement la journée pour deux personnes, pour un court séjour hors saison, mais tablez plutôt autour de 60 € en juillet/août.

OÙ SE RESTAURER

La Gallineta (☎ 950 38 05 01 ; Pozo de los Frailes ; plats principaux 8-18 € ; 20h-tard le soir mar-dim, fermé de mi-jan à fin fév). Un élégant petit restaurant à 4 km au nord de San José qui sert une cuisine internationale. Goûtez les crevettes à la purée de mangue (7,50 €) ou le filet de bœuf accompagné d'une épaisse sauce Pedro Ximénez (18 €).

Hotel Cortijo el Sotillo (☎ 950 61 11 00 ; Carretera Entrada a San José s/n ; plats principaux 8-14 €). L'immense salle de restaurant du *cortijo* s'avère souvent comble et bruyante, mais les clients sont toujours satisfaits (certains déjeunent encore à 17h). Vous pourrez savourer des spécialités régionales qui vous changeront des fruits de mer. Mieux vaut réserver.

Mesón El Tempranillo (☎ 950 38 00 59 ; Puerto de San José 6-7 ; plats principaux 9-15 €). Un bon restaurant de poisson à proximité du port, où manger à l'extérieur, dans la véranda ombragée qui donne sur la plage.

Restaurante El Emigrante (☎ 950 38 03 07 ; Avenida de San José ; plats principaux 6-12 €). Tenu par le même propriétaire que les *hostales* Bahía (ci-dessus), l'Emigrante n'a rien d'extraordinaire mais il s'agit d'une valeur sûre, en centre-ville. Le petit déjeuner avec jus d'orange, toasts et café coûte 3 €.

La Cueva (☎ 950 38 01 54 ; Puerto Deportivo 3, 4 & 5 ; plats principaux 8-14 €), à côté de **Mesón** El Tempranillo, sert aussi du bon poisson.

TRANSPORTS LOCAUX

On peut facilement stationner sur l'Avenida de San José, du côté nord de la plage principale, et sur le port. Pour appeler un taxi, composez le ☎ 950 38 97 37 ou le ☎ 608 05 62 55.

De San José à Las Negras

La côte accidentée au nord-est de San José ne laisse la place qu'à deux petits villages, un vieux fort isolé et quelques plages, avant le bourg un peu plus important de Las Negras, à 17 km à vol d'oiseau. La route s'enfonce souvent dans l'arrière-pays.

Le hameau de **Los Escullos** possède une petite plage, en majeure partie sablonneuse, et un vieux fort restauré, le Castillo de San Felipe. On peut y accéder à pied depuis San José par un chemin qui part de la route menant à la Cala Higuera. **La Isleta del Moro**, à 1 km en direction du nord-est, est un minuscule village de pêcheurs installé dans la partie ouest d'une vaste baie. La Playa del Peñón Blanco s'étend à l'est.

De là, la route grimpe jusqu'au **Mirador de la Amatista**, un bon point de vue, avant de partir vers l'intérieur après l'ancien site d'exploitation aurifère de Rodalquilar. Passé le village, vous trouverez à 1 km la bifurcation pour la **Playa del Playazo**, que l'on rejoint par une piste de 2 km. Cette belle plage de sable s'étend entre deux caps, dont l'un est couronné les fortifications de la Batería de San Ramón (devenue une résidence privée). Les marcheurs peuvent continuer en longeant la côte jusqu'au Camping La Caleta et Las Negras.

Petite bourgade en bordure d'une plage de galets qui s'étire vers un promontoire massif de roche volcanique – la Punta del Cerro Negro – **Las Negras** est un lieu plaisant.

OÙ SE LOGER ET OÙ SE RESTAURER

Hotel Los Escullos (☎ 950 38 97 33 ; d avec petit déj basse/haute saison 51/85 € ; ⊠). Un petit hôtel près de la plage qui loue des chambres correctes, avec TV. Son restaurant propose quelques plats (8 à 15 €).

Camping Los Escullos (☎ 950 38 98 11 ; camping pour 2 pers, tente, voiture et raccordement électrique 18,70 € ; ☽ toute l'année ; P ☒). Ce vaste terrain peu ombragé s'étend à 900 m de la plage de Los Escullos. On peut louer des vélos sur place et profiter d'une piscine, d'un restaurant et d'une épicerie.

Casa Café de la Loma (La Isleta del Moro ; s/d 30/42 € sept-juil, s/d 36/48 € août). Perché sur une petite colline qui surplombe le village, cet

DÉTOUR : DE LAS NEGRAS À AGUA AMARGA

Aucune route ne longe ce littoral bordé de falaises, partie la plus isolée du Cabo de Gata, mais les marcheurs peuvent suivre un sentier de 11 km qui monte et descend (4 à 5 heures). La **Playa San Pedro**, à 1 heure de marche de Las Negras, abrite un hameau en ruine avec un château, où vivaient encore il n'y a pas si longtemps deux ou trois dizaines de hippies. Du hameau, vous marcherez encore 1 heure 30 pour atteindre **Cala del Plomo**, où vit une autre petite communauté. À 30 min de Cala del Plomo, la petite plage de **Cala de Enmedio** constitue une halte agréable, avant d'atteindre, en 1 heure environ, Agua Amargua.

établissement chaleureux offre une superbe vue. Un restaurant, ouvert l'été, propose un menú standard et des plats végétariens.

Le plus grand village de cette partie de la côte est Las Negras, où l'on trouve de bons hostales, un terrain de camping et un ou deux restaurants.

Hostal Isleta del Moro (☎ 950 38 97 13 ; fax 950 38 97 64 ; s/d 21/43 €). Cet *hostal* bénéficie d'un magnifique emplacement, au-dessus du port de La Isleta de Moro. Vous pourrez aussi manger de bons fruits de mer dans son restaurant.

Hostal Arrecife (☎ 950 38 81 40 ; Calle Bahía 6, Las Negras ; s/d 26/38 €). Un petit *hostal* très bien tenu dans la rue principale de Las Negras. Les chambres sont calmes et certaines ont un balcon avec vue sur la mer.

Camping La Caleta (☎ 950 52 52 37 ; camping par adulte/enfant/tente/voiture 4,60/3,45/4,50/4,75 € ; ☽ toute l'année ; P ☒). Situé à 1 km au sud, dans une crique, ce camping où l'ombre est rare dispose cependant d'une belle piscine.

Pour le reste, l'hébergement consiste surtout en des locations saisonnières de maisons ou d'appartements, mais vous verrez aussi des panneaux indiquant des chambres à louer. Pour vous restaurer, essayez le **Restaurante La Palma** (☎ 950 38 80 42 ; plats principaux 5-10 €), qui donne sur la plage et sert d'excellents poissons à prix doux, dans une ambiance musicale décontractée.

Pizza y Pasta (☎ 950 38 80 97 ; Calle San Pedro ; plats principaux 5-6 € ; ☽ mars-nov) est un sympathique restaurant italien avec patio. Une fois repu,

PROVINCIA DE ALMERÍA

traversez la route jusqu'au **Cerro Negro** (Calle San Pedro), qui ne désemplit pas, pour siroter une bière fraîche.

Agua Amarga

Localité la plus septentrionale du versant est du Cabo de Gata, Agua Amarga offre une ambiance décontractée qui attire de plus en plus de jeunes. Avec ses rues sablonneuses et ses boutiques de surf, elle ressemble plus à une station balnéaire à la mode qu'à un village de pêcheurs.

Des bateaux sont à louer le long de la plage de sable, et la route de Carboneras, qui monte vers l'est, débouche à 3 km sur un embranchement menant en haut d'une falaise, où le **Faro de la Mesa Roldán** (1,25 km) jouit de vues exceptionnelles. Depuis le parking situé à côté de la bifurcation, vous pouvez descendre à pied jusqu'à une plage naturiste, la **Playa de los Muertos**.

Si vous souhaitez rejoindre Agua Amarga par la route depuis Las Negras, passez par Hortichuelas, à l'intérieur des terres. Au niveau de l'arrêt de bus situé du côté est de la route à Fernán Pérez, prenez la route goudronnée en direction du nord-est sur 10 km jusqu'à la N341. Tournez à droite vers Agua Amarga.

OÙ SE LOGER ET OÙ SE RESTAURER

miKasa (☎ 950 13 80 73 ; www.hotelmikasa.com ; Carretera Carboneras s/n ; d basse saison 80-138 €, d haute saison 157-174 € ; P ✗ ☎). Un établissement chic caractérisé par une élégance sobre. Au programme : des nattes en coco, des chaises à bascule coloniales, des balcons discrets et de chaleureuses chambres qui attirent quantité de madrilènes le week-end. Les deux piscines, les jacuzzi et la petite station thermale rendent le séjour encore plus agréable.

Hotel Family (☎ 950 13 80 14 ; fax 950 13 80 70 ; Calle La Lomilla ; d sans/avec vue sur la mer 70/100 €). De l'autre côté de la bourgade par rapport au miKasa, cet hôtel sans prétention installé au milieu des arbres est tenu par Michèle et René. L'endroit est réputé pour son excellent menú (16 €), composé de quatre plats.

Hostal Restaurante La Palmera (☎ 950 13 82 08 ; Calle Aguada s/n ; d basse/haute saison 70/80 € ; ✗). Cet hostal en bord de mer propose 10 chambres agréables, le tarif dépendant de la vue. Son fameux restaurant (plats principaux 6,60 à 15 €) dispose d'une belle terrasse dominant la plage.

Hotel El Tio Kiko (☎ 950 13 80 80 ; www.eltiokiko.com ; Calle Embarque ; d basse/haute saison 135/150 € ; P ✗ ☎). Un hôtel haut de gamme de style mexicain qui jouit de belles vues sur la baie.

La Villa (☎ 950 13 80 90 ; Carretera Carboneras s/n ; plats principaux 18-20 € ; ✆ 8h30-tard, fermé mer). Situé juste à côté du miKasa et tout aussi élégant, ce restaurant est tenue par la même famille. On y goûte un menú international de qualité, inspiré des nombreux voyages des propriétaires. On peut prendre son repas à l'extérieur, autour de l'agréable piscine.

Café Bar La Plaza (☎ 950 13 82 14 ; Calle Ferrocarril Minero ; platos combinados 5,50 €). Installé sur la place du village, voici un établissement sobre très apprécié des habitants. La soupe de poissons fait partie des spécialités locales.

Depuis/vers Agua Amarga

Des bus relient Almería à El Cabo de Gata (2,10 €, 30 min, 10 départs/jour), San José (2,40 €, 1 heure 15, 4/j du lun au sam), Las Negras (3,40 €, 1 heure 15, 1/j du lun au sam) et Agua Amarga (3,70 €, 1 heure 15, 1/j du lun au ven). Pour vous procurer les horaires des bus, adressez-vous aux offices du tourisme d'Almería ou à la gare routière.

Vous devez être motorisé pour vous rendre à Faro de Gata, ou bien louer un vélo à El Cabo de Gata auprès de l'**Oficina de Información** (☎ 950 38 00 04 ; Avenida Miramar 88 ; ✆ 10h-14h30 et 17h30-21h). Si vous parcourez le parc en voiture, la seule station-service se situe à mi-chemin sur la route Ruescas–San José. On trouve à San José deux ou trois loueurs de voitures.

MOJÁCAR

5 900 habitants

Mojácar regroupe deux agglomérations : le vieux Mojácar Pueblo, dédale de maisons blanches perchées sur une hauteur à 2 km à l'intérieur des terres, et le nouveau Mojácar Playa, station balnéaire moderne qui s'étire sur une étroite bande de 7 km. Même si le Pueblo est envahi par les touristes, il a conservé son caractère pittoresque. Mojácar Playa se présente comme une succession d'hôtels, d'appartements, de magasins, de bars et de restaurants. Heureusement, les constructions sont relativement basses.

Une longue et belle plage borde la ville et, l'été, l'animation bat son plein avant de ralentir d'octobre à Pâques.

Du XIIIᵉ au XVᵉ siècle, Mojácar Pueblo se trouvait à la frontière orientale de l'émirat de Granada et subit plusieurs attaques chrétiennes, dont un tristement célèbre massacre en 1435, avant de tomber aux mains des Rois Catholiques en 1488. Isolée dans une contrée parmi les plus reculées d'Espagne, la cité était quasi abandonnée et tombait en ruine quand, au milieu du XXᵉ siècle, le maire commença à attirer des artistes, en leur offrant, entre autres, des titres de propriété.

Orientation

Mojácar est divisé en deux quartiers : la Playa, front de mer touristique et le Pueblo, le vieux village situé en hauteur. Pour rejoindre le Pueblo depuis la Playa, tournez vers l'intérieur des terres au rond-point situé à côté de l'immense centre commercial, le Parque Comercial. Des bus font régulièrement l'aller-retour entre le Pueblo et la Playa.

Renseignements

Mojácar Pueblo, Banesto et Unicaja (de l'autre côté de la place) disposent de DAB, de même que la Banco de Andalucía, dans le Parque Comercial.

Centro Médico (Centre médical ; ☎ 950 47 51 05 ; Parque Comercial, Mojácar Playa ; 10h-13h et 17h30-20h). Tous types de soins.

Kiosque d'information (☎ 950 47 87 26 ; Paseo del Mediterráneo, Mojácar Playa ; 10h-14h et 17h-19h30 lun-ven, 10h30-13h30 sam avr-sept). En face du Parque Comercial.

Policía Local (☎ 950 47 20 00 ; Calle Glorieta, Mojácar Pueblo). Dans le même bâtiment que l'office du tourisme.

Bureau de poste (Calle Glorieta, Mojácar Pueblo ; 12h30-14h30 lun-ven et 10h-12h sam). Dans le même bâtiment que l'office du tourisme.

Tinta y Papel (☎ 950 47 27 92 ; Centro Comercial, Plaza Nueva, Mojácar Pueblo). Située au premier étage du centre commercial, cette papeterie vend des cartes de la région et quelques guides.

Tito's (☎ 950 61 50 30 ; Playa de las Ventánicas, Mojácar Playa ; 3 €/h ; 10h-20h30, fermé en cas de pluie). Un cybercafé en plein air qui donne sur l'une des plages de Mojácar Playa.

Office du tourisme (☎ 950 47 51 62 ; fax 950 61 51 63 ; info@mojacar.es ; Calle Glorieta, Mojácar Pueblo ; 10h-14h et 17h-19h30 lun-ven, 10h30-13h30 sam). Office du tourisme très efficace situé tout de suite au nord de la Plaza Nueva.

À voir et à faire

Rien de mieux pour découvrir le Pueblo que de s'aventurer dans ses venelles tortueuses surmontées de balcons couverts de fleurs, tout en s'attardant dans les boutiques d'artisanat. Les terrasses du **Mirador del Castillo**,

LE DERNIER SOUPIR DU MAURE

Expulsés des hauteurs de Granada en 1492, les derniers musulmans andalous migrèrent vers l'est dans les vallées des Alpujarras d'Almería et de Granada, à Mojácar, Murcia et Valencia. Néanmoins, le siècle suivant, ils durent choisir entre se convertir à la chrétienté ou partir pour l'Afrique du Nord.

Pendant l'Inquisition, on interdit même à la communauté musulmane de lire ou d'écrire en arabe et, dans les années 1490, des conversions massives furent entreprises. Si nombre de musulmans renièrent leur foi (ils furent surnommés moriscos), cette conversion resta superficielle et différentes révoltes éclatèrent au fil des ans. En 1609, l'Inquisition décida d'expulser officiellement les moriscos et, en quelques années, environ 300 000 d'entre eux (3 millions pour certains), Espagnols musulmans, durent quitter Al-Andalus.

Les réfugiés n'étaient autorisés à emporter que les effets qu'ils pouvaient transporter sur leur dos, et ils arrivèrent aux ports "fatigués, souffrants, perdus, épuisés, tristes, confus, honteux, en colère, dépités, irrités, las, assoiffés et affamés", comme le nota le Père Áznar Cardona. Les enfants de moins de sept ans n'eurent pas le droit de se rendre directement en terre musulmane, obligeant nombre de familles à les abandonner à des orphelinats chrétiens. L'arrivée des réfugiés sur leur terre d'accueil ancestrale fut difficile – habillés à l'européenne, la plupart ne parlant plus un mot d'arabe, ils furent baptisés les "chrétiens de Castille".

Lorsque le photographe Kurt Hielscher arriva à Mojácar au début du XXᵉ siècle, les femmes étaient encore vêtues de noir et portaient un voile. Un panneau à l'entrée du village indiquait "Mojácar, royaume de Granada", comme si rien n'avait changé au cours des 400 dernières années.

tout en haut du village, offrent de superbes panoramas. D'allure massive, l'**Iglesia de Santa María** (Calle Iglesia), au sud de la Plaza Nueva, date de 1560. Calle La Fuente, la **Fuente Mora** (la fontaine maure) offre un bel exemple de l'art hispano-mauresque alliant l'utile et l'esthétique, et ce malgré quelques remaniements. Une inscription rappelle la noble supplique présentée en 1488 par Alavez, le dernier gouverneur musulman de la cité, aux Rois Catholiques qui venaient de la renverser, leur demandant d'autoriser les musulmans de Mojácar à demeurer dans leurs maisons.

Outre la grande et longue plage de sable de Mojácar Playa, un chapelet de plages plus retirées s'étendent au sud de bourg. Au-delà de **Torre de Macenas** – tour fortifiée du XVIIIᵉ siècle –, certaines plages sont réservées aux naturistes. En ce qui concerne les activités sportives, tel le canoë, la voile ou le ski nautique (20 € par séance), et la location de matériel de planche à voile (12 €/h), adressez-vous au **Samoa Club** (☎ 666-442263, 950 47 84 90 ; Playa de las Ventánicas, MojácarPlaya), sur l'une des plages de Mojácar Playa. Pour partir à l'aven-ture en quad (35 €/h) dans les montagnes de Cabrera, contactez **Mojácar Quad Treks** (☎ 600 25 83 85, 637 92 55 05 ; Paseo del Mediterráneo).

Fêtes et festivals

Moros y Cristianos (le week-end le plus proche du 10 juin). Remet en scène la conquête de Mojácar par les chrétiens et donne lieu à des danses, des processions et d'autres festivités.

Où se loger
MOJÁCAR PUEBLO

Hostal Mamabel's (☎ /fax 950 47 24 48 ; www.mamabels.com ; Calle Embajadores 5 ; d/ste 65/87 €). Un charmant petit hôtel situé à la lisière du Pueblo. Décorées avec goût, les chambres donnent toutes sur la mer et certaines bénéficient d'une terrasse.

La Fonda del Castillo (☎ 950 47 30 22 ; www.el-castillomojacar.com ; Mirador del Castillo ; d 48-54 € ; 🔲). Dans cet *hostal* isolé un peu délabré mais néanmoins plein de caractère, les chambres (et les sdb) sont impeccables et offrent toutes une vue magnifique. Quelques chambres sont situées au-dessus du bar de l'établissement, le Café Bar Mirador del Castillo

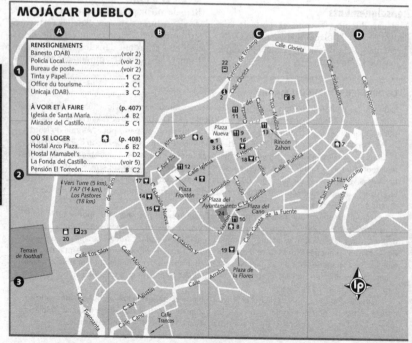

MOJÁCAR PUEBLO

RENSEIGNEMENTS
Banesto (DAB)..................................(voir 2)
Policía Local....................................(voir 2)
Bureau de poste..............................(voir 2)
Tinta y Papel.....................................**1** C2
Office du tourisme............................**2** C1
Unicaja (DAB)....................................**3** C2

À VOIR ET À FAIRE   (p. 407)
Iglesia de Santa María.....................**4** B2
Mirador del Castillo.........................**5** C1

OÙ SE LOGER   (p. 408)
Hostal Arco Plaza............................**6** B2
Hostal Mamabel's............................**7** D2
La Fonda del Castillo....................(voir 5)
Pensión El Torreón..........................**8** C2

(p. 410), et d'autres autour d'une cour intérieure agrémentée d'une piscine.

Hostal Arco Plaza (☎ 950 47 27 77 ; fax 950 47 27 17 ; Calle Aire Bajo 1 ; s/d 42/54 € ; ⊠). Juste à côté de la Plaza Nueva, cet *hostal* loue 16 chambres (avec TV) peintes dans des tons pastel. Le personnel est très sympathique et efficace.

Pensión El Torreón (☎ 950 47 52 59 ; Calle Jazmín 4 ; d avec sdb collective 50 €). Un autre *hostal* de charme, dans un quartier animé du Pueblo. On dit à Mojácar que le fameux Walt Disney serait né dans cette maison, d'une liaison secrète entre une jeune fille du village et un riche propriétaire. Les 5 chambres de la pension offrent une superbe vue depuis leurs balcons couverts de bougainvilliers.

MOJÁCAR PLAYA
La plupart des établissements bordent le Paseo del Mediterráneo, la route qui longe la plage.

Hotel Río Abajo (☎ 950 47 89 28 ; www.mojacar. info/rio-abajo/en espagnol ; Calle Río Abajo ; d basse/haute saison 45,10/57,10 € ; Ⓟ ⊠). Niché au milieu des arbres dans un quartier résidentiel à proximité des Lagunas del Río Aguas, voilà l'hôtel le plus calme de la Playa. Les jardins abritent 19 chalets bleus et blancs, avec accès direct à la plage de sable. Un endroit rêvé pour les enfants, qui pourront même faire de la balançoire.

Hotel Felipe San Bernabé (☎ 950 47 82 02 ; fax 950 47 27 35 ; Playa Las Ventanicas ; d basse/haute saison 45/66 € ; Ⓟ ⊠). Dans un tout autre style, un hôtel chic (d'un bon rapport qualité/prix) qui propose des chambres bien tenues. Situé à proximité de l'une des plus belles plages du coin, cet établissement compte également un excellent restaurant (ci-dessous).

Parador de Mojácar (☎ 950 47 82 50 ; www.parador. es ; Paseo Mediterráneo ; s/d 78,60/98,40 € ; Ⓟ ⊠ ⊠). Quelques centaines de mètres au sud du Parque Comercial, ce parador appartient à la chaîne de luxe Paradores de Turismo. L'édifice, moderne, est entouré de jolis jardins ; le parcours de golf n'est pas loin.

Hotel El Puntazo (☎ 950 47 82 65 ; Paseo del Mediterráneo 257 ; 3 étoiles d basse/haute saison 59,80-115,70 €, 1 étoile d basse/haute saison 45-56,90 € ; Ⓟ ⊠ ⊠). Sous ce nom figurent deux hôtels contigus mais distincts, qui dépendent de la même direction. Les chambres sont modernes et confortables (bien que sans caractère) et de nombreuses activités sont proposées.

Où se restaurer
El Horno (☎ 950 47 24 48 ; Calle Embajadores 5, Mojáca Pueblo ; menú 12,90 €, plats principaux 10,50-16 €). Cet élégant restaurant qui dépend de l'Hostal Mamabel's (p. 408) passe pour le meilleur de Mojácar avec, entre autres, un savoureux couscous. Sans oublier de superbes vues. Une adresse à retenir.

La Taberna (☎ 647 72 43 67 ; Plaza del Cano 1, Mojácar Pueblo ; tapas & platos combinados à partir de 4 €). Un merveilleux petit restaurant composé d'un labyrinthe de petites salles propices aux dîners intimes. Les tapas sont délicieuses, tout comme les plats végétariens et l'énorme kebab.

Hotel Restaurante Felipe San Bernabé (☎ 950 47 82 02 ; Playa Las Ventanicas, Mojácar Playa ; plats principaux 11-16 €). Ici, dans ce somptueux restaurant de style classique, le décor est planté dans des tons vert et blanc que ne déparent ni les nappes d'un blanc immaculé ni les grands verres à vin qui ornent les tables. La cuisine espagnole, de haut vol, est à la hauteur, et l'on peut savourer différents poissons ou goûter des tapas à un prix raisonnable dans la partie bar.

OÙ SE RESTAURER	🏠 (p. 409)
Cafeteria Morales	9 C2
El Horno	(voir 7)
La Taberna	10 C2
Pizzeria Pulcinella	11 C1
Restaurante El Viento del Desierto	12 B2
Sinaloa Fanny's	13 C2

OÙ PRENDRE UN VERRE	🍷 (p. 410)
Bar La Sartén	14 B2
Budú Pub	15 B2
Caipirinha Caipirosa	16 C2
La Muralla	17 B2
Reggae Azul Marino	18 C2
Time & Place	19 C3

OÙ SORTIR	(p. 410)
Café Bar Mirador del Castillo	(voir 5)
ACHATS	
Marché du mercredi	20 A3
TRANSPORTS	
Arrêt des bus Fuente	21 F2
Bus local pour Mojácar Playa	22 C1
Parking principal	23 A3
DIVERS	
Ayuntamiento (Hôtel de Ville)	24 C2

Los Pastores (☎ 950 46 80 02 ; Cortijo Cabrera, Turre ; plats principaux 9-16 € ; ☺ fermé lun). Si cet établissement n'est pas facile d'accès, vous ne regretterez pas vos efforts. Pour le week-end, réservez deux jours à l'avance. Le cadre est chaleureux et la cuisine excellente – pâtes maison, daurade grillée, grosses crevettes –, doublée d'une belle sélection de vins. Depuis Mojácar, prenez la direction de l'*autovía* A7 (voie rapide sans péage). Tournez à gauche (en passant sous une grande porte en pierre) après, au panneau qui indique Cortijo Grande. Continuez sur 8 km en passant devant le golf et montez jusqu'à Cabrera au sommet de la colline. Quelques panneaux indiquent le restaurant en chemin.

Restaurante El Viento del Desierto (Plaza Frontón, Mojácar Pueblo ; plats principaux 5-6 €). Situé juste à côté de l'église, un restaurant marocain d'un bon rapport qualité/prix, qui remporte un franc succès auprès des habitants pour ses plats originaux, à côté des traditionnels filet de porc aux champignons et lapin à la moutarde.

Sinaloa Fanny's (☎ 950 47 22 73 ; Rincón Zahori, Mojácar Pueblo ; plats principaux 7,80 € ; ☺ fermé mer oct-mai). Un restaurant mexicain tenu par l'adorable Steve, habitant de Mojácar depuis 20 ans. On y vient aussi pour profiter d'un choix inégalé de tequilas, d'un accès Internet, d'un billard et de superbes terrasses.

Maskó (☎ 950 47 22 47 ; Parque Comercial, Mojácar Playa ; ☺ 8h-tard le soir). Un véritable café à l'italienne, où siroter bien sûr un très bon café, et goûter pâtisseries, gâteaux, glaces, sandwiches ou en-cas. Un établissement aux horaires très étendus qui ne désemplit pas.

Pour vous restaurer à bas prix, optez pour la charmante **Pizzeria Pulcinella** (Cuesta del Castillo, Mojácar Pueblo ; pizzas 6 €, pâtes à partir de 6,50 €), qui offre une belle vue sur la Playa. Pour le petit déj (de 2,50 à 3 €) – quand tous les autres sont fermés – essayez la **Cafetería Morales** (Plaza Nueva, Mojácar Pueblo).

Où prendre un verre et sortir

Des concerts de musique classique et de jazz, ainsi que des pièces de théâtre ont lieu dans le **Café Bar Mirador del Castillo** (☎ 950 47 30 22 ; Mirador del Castillo, Mojácar Pueblo ; ☺ 11h-23h minimum). Parmi les bars animés de Mojácar Pueblo, signalons le mexicain **Caipirinha Caipirosa** (Calle Horno), le **Reggae Azul Marino** (Calle Enmedio), le **Budú Pub** (Calle Estación Nueva) et, juste à côté, **La Muralla** (Calle Estación Nueva), qui offre une très belle vue depuis sa terrasse. Pour

le plaisir de bavarder en s'attardant autour d'une table, l'élégant **Time & Place** (Plaza de la Flores) reste ouvert jusqu'à l'aube, tandis que le **Bar la Sartén** (Calle Estación Nueva), où règne une ambiance du tonnerre, ferme encore plus tard. Tous les bars n'ouvrent qu'à 20h.

Vous pouvez aussi vous installer sur le front de mer dans le bar du moment, **La Mar Salada** (Paseo del Mediterráneo 62, Mojácar Playa ; ☺ 10h-tard le soir lun-ven, 11h-tard le soir sam) ou le **Tito's** (☎ 950 61 50 30, Playa de las Ventánicas ; ☺ avr-oct), dont la réputation n'est plus à faire, et qui organise parfois des concerts.

Depuis/vers Mojácar
BUS

Les bus longue distance s'arrêtent au Parque Comercial et à la station Fuente, au pied de Mojácar Pueblo. L'office du tourisme vous communiquera les horaires.

Chaque jour, des bus **Alsa Enatcar** (☎ 902 42 22 42 ; www.alsa.es) relient, dans les deux sens, Mojácar à Murcia (8,70 €, 2 heures 30, 4 départs/jour), Almería (5,50 €, 1 heure 45, 2/j), Granada (14,65 €, 4 heures, 2/j) et Madrid (29,15 €, 8 heures, 2/j). Un bus dessert Málaga tous les jours sauf le dimanche et les jours fériés. Pour Almería, Granada et Murcia, les billets s'achètent dans le bus. Pour Málaga et Madrid, il faut réserver dans une agence de voyages, par exemple **Viajes Cemo** (☎ 950 47 28 35 ; Paseo del Mediterráneo, Mojácar Playa), à 2 km au sud du Parque Comercial (arrêt de bus Pueblo Indalo). Des bus vers Alicante, Valencia et Barcelona partent de Vera, à 16 km au nord, qui est desservie quotidiennement par plusieurs bus au départ de Mojácar (1,20 €, 50 min, 9/j).

VOITURE ET MOTO

Mojácar se situe à 14 km à l'est de l'A7. Une route côtière magnifique serpente vers l'agglomération depuis Agua Amarga et Carboneras au sud.

Transports locaux

Une navette locale (0,75 €) dessert les extrémités sud et nord de Mojácar Playa, puis retourne vers le Parque Comercial, le Pueblo (avec un arrêt au niveau de l'office du tourisme), puis revient à la *playa*. Le bus passe toutes les demi-heures de 9h à 23h30, d'avril à septembre, et toutes les heures de 9h30 à 19h30, d'octobre à mars. Comptez 15 minutes de trajet jusqu'au Pueblo.

À Mojácar Playa, le stationnement s'effectue surtout sur la route principale qui longe la mer. À Mojácar Pueblo, mieux vaut se diriger vers le grand parc de stationnement, Plaza Rey Alabez, en suivant l'Avenida de Paris, qui est à sens unique. Le mercredi, ce n'est pas possible car le marché occupe la place. Il est même déconseillé de laisser sa voiture sur ce parking le mardi soir. Cette nuit-là et le mercredi toute la journée, le stationnement est transféré sur le stade de foot voisin. Les taxis (☎ 950 47 81 84) attendent Plaza Nueva. Plusieurs loueurs de voiture jalonnent Mojácar Playa.

VERA ET ENVIRONS
6 400 habitants / 102 m

Longtemps négligée, la bande de littoral qui s'étend entre Mojácar et la lisière de la province de Murcia attire de plus en plus de vacanciers. Nudistes ou non, ils viennent surtout pour les grandes plages de sable situées de part d'autre du Río Almanzora. C'est l'un des plus grands sites naturistes d'Europe et les complexes hôteliers (appartements, villas et hôtels) ne cessent de se développer. Plus au nord s'étend la sombre et fascinante Costa Almagrera, à l'ombre des austères montagnes de la Sierra Almagrera, où visiteurs et gens du pays se font nettement plus rares.

De Mojácar à Cuevas de Almanzora

À 5 km au nord de Mojácar, on arrive au port de pêche de **Garrucha**. Le site n'a rien de spectaculaire, mais il règne une pittoresque animation aux abords du port que borde un petit groupe de délicieux restaurants, tel le **Restaurante Rincón del Puerto** (☎ 950 13 30 42 ; Puerto Deportivo s/n ; raciones 6-10 €). Les plages s'étendent vers l'entrée sud du bourg. Le cosmopolite **Hotel Tikar** (☎ 950 61 71 31 ; www.hoteltikar.com ; Carretera Garrucha-Vera s/n ; d 89/115 € ; P ⊠), qui dispose d'un excellent restaurant et de chambres modernes dans des tons orange et bleu, est le meilleur du coin, bien qu'un peu éloigné de la plage.

Juste après Garrucha, la route principale bifurque vers l'intérieur des terres en direction de **Vera**. Hormis son élégante **Iglesia de la Encarnación**, la bourgade même n'offre que peu d'intérêt. En face de l'église, une charmante place piétonne constitue un havre de paix au milieu des rues envahies par la circulation. Vera est soumise à un système de circulation à sens unique compliqué. Mieux vaut donc, si vous avez l'intention

de vous y arrêter dans la matinée, quand l'activité bat son plein, stationner en lisière de la bourgade et circuler à pied.

Pour vous amuser avec vos enfants, rendez-vous au **Parque Acuático Vera** (☎ 950 46 73 37 ; www.aquavera.com en espagnol ; Carretera Vera-Villaricos ; adulte/enfant 13/8 € ; ⊗ 11h-18h du 18 mai à fin juin et du 1er au 17 sept, 10h30-19h30 juil et août). Les enfants seront également heureux de jouer aux troglodytes à **Cuevas de Almanzora**, une bourgade animée qui vit de l'agriculture, à 6 km au nord de Vera. Les grottes, aussi appelées **Cuevas del Calguerín** (☎ 950 45 66 51, 639 10 19 48 ; 5 € ; ⊗ visites guidées 11h, 14h, 16h et 21h, en espagnol uniquement), sont creusées sur plusieurs niveaux dans une falaise calcaire, en lisière nord de la bourgade (suivez les panneaux indiquant "Cuevas Históricas"). Si le prix est un peu élevé, la visite reste fascinante. Vous aurez un aperçu de la vie des troglodytes dans quelques-unes des 8 600 grottes (dont certaines sont habitées toute l'année).

L'autre grande attraction du cru est l'élégant **Castillo Marqués de Los Vélez**, au cœur de la ville, qui abrite un **Museo Arqueológico** et le **Museo Antonio Manuel Campoy** (☎ 950 45 80 63 ; entrée libre ; ⊗ 10h-13h30 et 17h-20h mar-sam, 10h-13h30 dim). Ce dernier présente une incroyable sélection d'œuvres provenant de l'extraordinaire collection privée d'Antonio Manuel Campoy, un enfant de Cuevas qui fut l'un des plus fameux critiques d'art espagnols du XXe siècle.

Cuevas n'offre guère de possibilités d'hébergement, hormis le vaste **Cuatro Vientos** (☎ 950 45 62 28 ; Avenida Atrales 21 ; s/d 20/40 € ; P ⊠), en face de la gare routière, qui loue des chambres correctes.

Vera Playa et la Sierra Almagrera

Sur le littoral, Vera Playa englobe de belles plages situées de part et d'autre de l'embouchure du Río Almanzora et profite joyeusement du naturisme. Les constructions fleurissent, gigantesques et sans caractère. Des complexes comme le **Vera Playa Club** (☎ 950 46 74 75 ; Carretera de Garrucha a Villaricos ; d à partir de 180 €) et d'autres résidences aussi onéreuses barrent l'accès à la plage depuis la route principale, même s'il subsiste des accès publics.

Le grand **Camping Almanzora** (☎ /fax 950 46 74 25 ; Carretera de Garrucha a Villaricos ; camping par adulte/enfant/tente/voiture 4/3,40/4/3,87 €) offre le choix entre une *zona naturista* et une *zona textiles* pour ceux qui préfèrent rester vêtus, même si la plage rassemble gaiement tout ce beau monde.

Un peu plus au nord, le plaisant village de Villaricos vous fait retrouver brusquement le charme des constructions traditionnelles. Il possède une plage de galets et un joli petit port du côté nord. Juste à côté, le **Diving Vivariva** (☎ 950 46 75 72 ; Puerto de la Esperanza 7) organise des cours et des stages de plongée dans les eaux cristallines du littoral d'Almagrera. Comptez 45 € pour la location d'un bateau avec matériel de plongée, et 85 € pour une initiation à la plongée.

L'**Hostal Restaurante Playa Azul** (☎ 950 46 70 75 ; Calle Barea 62 ; s/d 24/48 €) est un petit hôtel bien tenu doté de chambres avec balcon et réputé pour son excellent restaurant. L'**Hostal Restaurante Don Tadeo** (☎ /fax 950 46 71 05 ; Calle Baria 37 ; s/d 24/36 €), en cours de rénovation au moment de la rédaction de ce guide, est aussi une adresse à retenir.

Pour s'aventurer encore plus au nord, il faut être motorisé. La route serpente durant 8 km entre la côte et les pentes arides de la Sierra Almagrera. Ces sombres monts schisteux ont été exploités pour leurs gisements d'argent, de plomb, de bauxite et de fer, entre 1830 et 1950. Toute cette côte dégage surtout un sentiment d'isolement jusqu'à ce que la route atteigne le village d'El Pozo del Esparto. Au-delà, San Juan de los Terreros est la dernière station balnéaire avant la frontière avec la province de Murcia.

Depuis/vers Vera

Quantité de bus circulent entre Almería et Vera (6 €, 2 heures 45, 10 départs/jour) et entre Mojácar, Garrucha (0,80 €, 30 min, 9/j) et Vera (1,20 €, 50 min, 9/j). Plusieurs bus relient aussi Mojácar, Vera et Cuevas de Almanzora (2,05 €, 15 min), mais aucun bus régulier ne dessert Villaricos et la côte d'Almagrera au nord. En juillet-août, il existe quelques rares services entre Villaricos et Vera. Les horaires changeant chaque année, renseignez-vous à la **gare routière de Vera** (☎ /fax 950 39 04 10).

LOS VÉLEZ

VÉLEZ BLANCO ET ENVIRONS

2 300 habitants / 1 070 m

À 60 km de Vera, la fascinante région de Los Vélez s'organise autour de trois petites villes – Vélez Rubio, Vélez Blanco et María – dominées par les superbes montagnes de la Sierra de María. Une bonne partie des zones naturelles sont protégées dans le Parque Natural Sierra de María-Los Vélez. Avec son château spectaculaire surplombant ses toits de tuiles, Vélez Blanco est sans conteste la bourgade la plus intéressante.

Renseignements

À Vélez Blanco, le **Centro de Visitantes Almacén del Trigo** (☎ 950 41 53 54 ; Avenida del Marqués de los Vélez ; ☾ 10h-14h mar, jeu et dim, 10h-14h et 16h-18h ven et sam) vous fournira des renseignements sur les itinéraires de randonnées, les refuges et les autres possibilités de la région. Le centre se trouve dans la partie nord de la ville. Si vous arrivez en voiture par le sud, le plus simple consiste à continuer sur la route principale qui contourne Vélez Blanco pour entrer dans l'agglomération par le nord. Il existe un autre centre de visiteurs du parc naturel, le **Centro de Visitantes Mirador Umbría de María** (☎ 950 52 70 05), à 2 km à l'ouest de María par l'A317, qui affiche des horaires similaires.

À Vélez Blanco, vous trouverez une poste, Calle Clavel, et un DAB au début de la Calle Vicente Sánchez, à l'extrémité est de l'artère principale, la Calle La Corredera.

À voir

L'imposant château qui surplombe Vélez Blanco, le **Castillo de los Fajardo** (☎ 607 41 50 55 ; adulte/enfant 1/0,50 € ; ☾ 11h-14h et 17h-19h lun, mar, jeu et ven, 11h-16h sam, dim et jours fériés), semble un prolongement naturel du rocher sur lequel il est perché. Il fait face, au-dessus des toits de tuile du village, à la Muela, une montagne aux allures de sphinx. Le château fut édifié au XVIe siècle sur un ancien fort musulman. L'intérieur est nu, ses propriétaires ayant été contraints de vendre le mobilier et les autres éléments décoratifs (dont le superbe Patio de Honor en marbre), en 1904, au millionnaire américain George Blumenthal. Mais ne désespérez pas : vous pourrez admirer ce merveilleux patio lors de votre prochain passage à New York, où il a été reconstruit dans le Metropolitan Museum of Art !

C'est un plaisir de se promener à pied dans Vélez Blanco, ne serait-ce que pour son merveilleux dédale de rues où découvrir de jolies maisons. Arrivé au bout de la grand-rue bordée d'arbres, la Calle La Corredera, vous montez la Calle Vicente Sánchez pour rejoindre le château. En chemin remarquez la Calle Palacio, la première à gauche, bel exemple de l'élégante architecture privée de Vélez Blanco, avec ses avancées de tuiles et ses balcons en fer forgé.

Au sud de Vélez Blanco, en venant de Vélez Rubio, des panneaux indiquent la **Cueva de los Letreros** (A317 ; entrée libre), une ancienne grotte abritant les plus remarquables peintures rupestres de la région, parmi plusieurs séries vieilles de 7 000 ans. On y voit notamment une figure anthropomorphique, surnommée Indalo, aujourd'hui reprise un peu partout dans la province en signe de porte-bonheur. Pour les observer de plus près, adressez-vous au **Centro de Visitantes Almacén del Trigo** (☎ 950 41 53 54 ; Avenida del Marqués de los Vélez ; ☽ 10h-14h mar, jeu et dim, 10h-14h et 16h-18h ven et sam) et convenez d'une heure où l'on vous ouvrira la grille de fer qui barre l'accès au site. Depuis l'A317, empruntez le chemin de terre indiqué sur 500 m, puis marchez pendant 10 minutes.

Perché dans les hautes terres, le modeste petit bourg de **María** occupe un beau site, avec pour toile de fond l'impressionnante Sierra de María, et constitue une bonne base pour explorer les montagnes. Il faut y aller au printemps, quand les vergers d'amandiers qui l'entourent sont en pleine floraison.

À environ 6 km à l'ouest de María, l'A317 se dirige au nord vers un haut plateau et le village reculé de **Cañada de Cañepla**, avant de continuer par une route panoramique dans le Parque Natural de Cazorla (p. 381).

Où se loger et où se restaurer

Hostal La Sociedad (☎ 950 41 50 27 ; Calle Corredera 5, Vélez Blanco ; d 30 €). Situé dans le centre de Vélez Blanco, cet *hostal* possède des chambres agréables, sous la même direction que le **Bar Sociedad** (Calle Corredera ; tapas 1,50 €, menu 9 €), juste de l'autre côté de la rue.

Hotel Velad Al-Abyadh (☎ 950 41 51 09 ; www. hotelvelad.com ; Calle Balsa Parra 28, Vélez Blanco ; s/d avec vue 58/64 € ; ℗ ⚜). À l'entrée de Vélez Blanco quand on vient de Vélez Rubio, cet hôtel rustique abrite de confortables chambres – la plupart jouissant de vues magnifiques –, ainsi qu'un restaurant assez réputé.

Casa de los Arcos (☎ 950 61 48 05 ; Calle San Francisco 2, Vélez Blanco ; d/ste 45/64,30 €). À proximité du bureau d'information de Vélez Blanco, cette demeure ancienne comprend de belles chambres rénovées qui font face à une superbe gorge. L'hôtel organise des excursions (ouvertes à tous) à la Cueva de los Letreros.

Mesón el Molino (☎ 950 41 50 70 ; Calle Curtidores 1, Vélez Blanco ; plats principaux 12-15 € ; ☽ fermé jeu soir). Niché tout au fond d'une étroite ruelle du centre de Vélez Blanco, ce superbe restaurant plaira surtout aux amateurs de viande, avec ses pièces de bœuf crues et ses jambons suspendus. Un cours d'eau traverse le patio en petites cascades. À table, vous aurez le choix entre la perdrix, le colin, le canard ou encore le steak.

Restaurante Los Vélez (Calle Balsa Parra 15, Vélez Blanco ; plats principaux 8-10 €), installé dans la même route que l'Hotel Velad Al-Abyadh, satisfera tous les appétits.

Voici les deux meilleurs hôtels de Vélez Rubio et María, même s'il est préférable de séjourner à Vélez Blanco, si possible.

Hotel Jardín (☎ 950 41 01 06 ; N342, Vélez Rubio ; s/d 18/30 €). Un immense bâtiment des années 1960, sur l'ancienne route principale, à l'extrémité est de Vélez Rubio. Même s'il manque cruellement de charme, il reste le meilleur hôtel de la bourgade et dispose d'un bar chaleureux où vous pourrez vous restaurer.

Hotel Sierramaría (☎ 950 41 71 26 ; www. hotelsierra maria.com ; Paraje la Moratilla, María ; s/d 36/58 €). Le Sierramaría est un grand hôtel moderne qui bénéficie de vues superbes sur la montagne. Pour y accéder, il faut tourner à gauche juste avant l'Hostal Torrente.

Depuis/vers Los Vélez

Alsina Graells (☎ 968 29 16 12) relie Vélez Rubio à Granada (9,40 €, 3 heures 30, 3/j), Guadix (6,85 €, 2 heures 30, 3/j) et Murcia (6,60 €, 2 heures 15, 4/j).

Des bus **Enatcar** (☎ 902 42 22 42) partent d'Almería en direction de Vélez Rubio (10 €, 2 heures 15, 1/j), Vélez Blanco (10,25 €, 2 heures 30, 1/j) et María (10,70 €, 2 heures 30, 1/j).

Autobuses Giménez García (☎ 968 44 19 61) assure la liaison entre María et Vélez Blanco, Vélez Rubio et Lorca.

À Vélez Rubio, l'arrêt de bus se situe Avenida de Andalucía, à la hauteur du carrefour proche de l'Hostal Zurich.

Carnet pratique

ACCÈS INTERNET

La plupart des voyageurs souhaitent consulter leur courrier électronique sur des sites comme **Yahoo** (www.yahoo.fr) ou **Hotmail** (www.hotmail.com), ou encore le service e-mail de Lonely Planet, **ekno global communication service** (www.ekno.lonelyplanet.com). Toutes les villes d'Andalousie abritent des cybercafés et proposent en général un tarif de 2 €/h.

Pour ceux qui voyagent avec leur ordinateur portable ou de poche, quelques chambres d'hôtels sont désormais équipées d'une connexion Internet. Rien ne dit, cependant, que votre modem fonctionnera à l'étranger. Il est préférable de vous procurer un modem "international" fiable, avant votre départ, ou bien d'acheter un modem local pour un séjour prolongé.

PRATIQUE

- L'Espagne utilise le système métrique pour les poids et les mesures.

- Comme ailleurs en Europe continentale, les décimales sont indiquées par une virgule et les milliers par des points.

- La plupart des cassettes vidéo préenregistrées vendues dans le commerce utilisent le système PAL. Ce format est incompatible avec le système NTSC utilisé en Amérique du Nord.

- Le courant électrique fonctionne sous 220 V/50 Hz et les prises sont dotées de deux fiches rondes, comme dans le reste de l'Europe continentale.

- Parmi les principaux quotidiens nationaux, le libéral *El País* est un journal à la rigueur et au sérieux incontestables. La plupart des grandes villes andalouses disposent de leurs propres quotidiens.

- Des dizaines de stations de radio commerciales envahissent la bande FM, mais vous préférerez peut-être les stations de la RNE (Radio Nacional de España) : RNE3 diffuse une vaste sélection de musique pop et RNE2 est une radio classique. *El País* publie un guide des fréquences locales dans sa rubrique *Cartelera*.

- Si vous allumez la TV dans votre chambre d'hôtel, vous verrez probablement 6 ou 8 chaînes dont les chaînes publiques TVE1 et TVE, les chaînes indépendantes nationales Antena 3 et Tele 5 et quelques chaînes locales. Vous pourrez aussi voir une profusion de chaînes satellite internationales dans certains hôtels.

Pour en savoir plus, consultez le site www.teleadapt.com.

Pour connaître quelques sites recommandés sur l'Andalousie et l'Espagne, disponibles enn espagnol mais aussi en français, reportez-vous p. 12.

ALIMENTATION

Les sections *Où se restaurer* des grandes villes et agglomérations de ce guide sont divisées en catégories petits budgets, catégorie moyenne et catégorie supérieure. Les adresses petits budgets proposent un plat principal à moins de 8 €, les établissements de catégorie moyenne servent des plats entre 8 et 14 € et les restaurants de catégorie supérieure préparent des spécialités à plus de 14 €.

Pour plus de renseignements sur la cuisine andalouse, voir p. 77.

AMBASSADES ET CONSULATS
Ambassades et consulats espagnols

Voici une sélection de consulats et d'ambassades d'Espagne à l'étranger :

Belgique Bruxelles (☎ 02-230 03 40 ; Wetenschapsstraat 19)

Canada Ottawa (☎ 613-747 2252 ; www.embaspain.ca ; 74 Stanley Ave, Ontario K1M 1P4) ; Consulats : Montréal (☎ 514-935 5235) ; Toronto (☎ 416-977 1661)

France Paris (☎ 01 44 43 18 00 ; www.amb-espagne.fr ; 22 Ave Marceau, 75381, Cedex 08) ; Consulats : Paris (☎ 01 44 29 40 00 ; www.cgesparis.org ; 165 Blvd Malesherbes, 75840) ; Lyon (☎ 04 78 89 64 15) ; Marseille (☎ 04 91 00 32 70) ; Toulouse (☎ 05 34 31 96 60)

Maroc Rabat (☎ 07-633900 ; ambespma@mail.mae.es ; Rue Aïn Khalouiya, Rte Des Zaërs Km 5.3, Suissi) ; Consulats : Casablanca (☎ 02-220752) ; Tanger (☎ 09-937000)

Portugal Lisbonne (☎ 213-472 381 ; embesppt@correo.mae.es ; Rua do Salitre 1, 1269) ; Consulats : Lisbonne (☎ 213-472 792 ; Rua do Salitre 3, 1269) ; Porto (☎ 225-363 915) ; Vila Real de Santo António (☎ 281-544 888)

Suisse Berne (☎ 031-350 52 52; ambespch@mail.mae.es; Kalcheggweg 24)

Ambassades et consulats étrangers en Espagne

Toutes les ambassades sont regroupées à Madrid, mais de nombreux pays disposent également d'un consulat en Andalousie, principalement à Sevilla. Voici quelques ambassades et consulats :

Belgique Madrid (☎ 91 577 63 00 ; madrid@diplobel.org ; Paseo de la Castellana 18)

Canada Madrid (☎ 91 423 32 50 ; www.canada-es.org ; Calle de Núñez de Balboa 35) ; Consulat : Málaga (Carte p. 242 ; ☎ 952 22 33 46 ; 1er étage, Plaza de la Malagueta 2)

France Madrid (☎ 91 423 89 00 ; www.ambafrance-es.org ; Calle Salustiano Olózaga 9) ; Consulat : Sevilla (Carte p. 102 ; ☎ 954 29 32 00 ; www.consulfrance-seville.org ; Plaza de Santa Cruz 1)

Maroc Madrid (☎ 91 563 10 90 ; www.maec.gov.ma/madrid/Calle de Serrano 179) ; Consulats : Algeciras (Carte p. 223 ; ☎ 956 66 18 03 ; Calle Teniente Maroto 2) ; Sevilla (Carte p. 92 ; ☎ 954 08 10 44 ; Pabellón de la Naturaleza, Camino de los Descubrimientos s/n, Isla de la Cartuja)

Portugal Madrid (☎ 91 782 49 60 ; www.embajada portugal-madrid.org ; Calle Pinar 1) ; Consulats : Madrid (☎ 91 577 35 85 ; Calle Lagasca 88) ; Sevilla (Carte p. 92 ; ☎ 954 23 11 50 ; Avenida del Cid 1)

Suisse Madrid (☎ 91 436 39 60; www.eda.admin.ch/madrid ; Edificio Goya, Calle Núñez de Balboa 35, piso 7)

ARGENT

La monnaie espagnole est l'euro (€). En Andalousie, vous n'aurez aucune difficulté à utiliser votre carte de crédit, qui vous permettra de régler vos achats et de retirer des espèces aux *cajeros automáticos* (DAB), qui sont très répandus. Si vous le pouvez, emportez plusieurs cartes de crédit qui vous éviteront de vous retrouver à sec en cas de perte. Les visiteurs originaires d'un pays n'appartenant pas à la zone euro ont tout intérêt à payer leurs achats avec une carte de crédit ou une carte à débit immédiat. Les retraits dans les DAB sont également plus avantageux que le change de chèques de voyage ou de devises étrangères. Voir l'intérieur du quatrième de couverture pour connaître les taux de change pour le dollar canadien et le franc suisse.

Voir p. 10 pour avoir une idée du coût de la vie en Andalousie.

Argent liquide et chèques de voyage

Vous pourrez changer de l'argent liquide et des chèques de voyage dans la quasi totalité des banques et bureaux de change. Les banques ne manquent pas et offrent en général les meilleurs taux. Les bureaux de change – souvent indiqués par le mot *cambio* (change) – sont surtout fréquents dans les stations balnéaires. Ils sont en général ouverts plus longtemps et le service y est plus rapide, mais les taux de change sont moins intéressants.

Les chèques de voyage bénéficient généralement d'un taux de change légèrement supérieur à celui pratiqué pour les espèces, mais l'opération ne s'avère pas plus avantageuse en raison des frais facturés à l'achat des chèques. Les chèques de voyage Thomas Cook, Visa et American Express (Amex) sont acceptés un peu partout et bénéficient d'une assurance de remplacement efficace. Les bureaux Amex changent leurs chèques de voyage en argent liquide sans commission, mais vous aurez plus intérêt à vous rendre dans une banque ou un bureau de change car les taux y sont souvent plus favorables.

En règle générale, plus vous changez d'argent, plus vous obtiendrez un taux intéressant. Pensez à vous renseigner sur la commission et assurez-vous que les taux affichés sont bien ceux du jour (les taux affichés ne sont peut-être pas à jour). La commission varie en fonction du nombre de chèques ou de la somme que vous souhaitez changer. Elle s'élève en général à 2 ou 3%, avec un minimum de 4 ou 5 €. Les lieux proposant un change "sans commission" offrent souvent des taux inintéressants. Si vous demandez des chèques représentant de grosses sommes (l'équivalent de 100 €, par exemple), les frais de commission par chèque seront moindres.

En Espagne, vous pourrez rarement utiliser vos chèques de voyage pour réaliser vos achats directement.

Cartes de crédit

Tous les établissements n'acceptent pas les paiements par carte de crédit. Vous pourrez régler par carte dans les hôtels et restaurants de catégorie moyenne ou supérieure, ainsi que dans les grandes boutiques ; mais vous ne pourrez pas l'utiliser partout. Il se peut que l'on vous demande de présenter votre passeport lors d'un paiement par carte.

Si l'on tient compte des différentes commissions, frais de fonctionnement, écarts de taux de change et autres sommes extorquées par les banques, les visiteurs qui ne proviennent pas de l'UE auront tout intérêt à régler leurs achats par *tarjeta de crédito* (carte de crédit) ou bien à retirer de l'argent auprès d'un DAB, en deuxième choix. Le change de chèques de voyage ou d'argent liquide (les dollars, par exemple) reste moins intéressant.

Veillez à vous munir des numéros à composer à cas de perte ou de vol de votre carte.

Pourboires

Selon la loi espagnole, le service doit être inclus dans les prix figurant sur les cartes des restaurants, le pourboire étant laissé à l'appréciation du client – la plupart des gens laissent quelques pièces lorsqu'ils sont satisfaits : 5% suffisent habituellement. Les portiers d'hôtel se satisfont généralement d'1,50 €. Il est inutile de laisser un pourboire aux chauffeurs de taxi, mais vous pouvez toujours arrondir la course à la somme supérieure.

Taxes et remboursements

En Espagne, la TVA est connue sous le nom d'IVA (prononcez "iba", *impuesto sobre el valor añadido*). Elle s'élève à 7% dans les hôtels et les restaurants et elle est généralement comprise (mais pas toujours) dans les prix affichés. Sur les articles de détail et la location de voiture, l'IVA est de 16%. En règle générale, les prix indiqués dans ce guide tiennent compte de l'IVA. Certains hébergements n'appliquent pas d'IVA si vous réglez en espèces. Pour vous assurer qu'un prix inclut l'IVA, demandez : "*¿ Está incluido el IVA ?*".

Les visiteurs qui ne résident pas dans un pays de l'UE ont droit à un remboursement des 16% de l'IVA sur leurs achats d'un montant supérieur à 90,15 € dans n'importe quel magasin, pourvu qu'ils quittent l'UE sous trois mois. Demandez au magasin en question de vous fournir une facture faisant apparaître le prix et l'IVA de chaque article, ainsi que le nom et l'adresse du vendeur et de l'acheteur. Présentez ensuite la facture et les biens au bureau des douanes de l'aéroport ou du port par lequel vous sortez du territoire de l'UE. L'officier tamponnera alors votre facture et vous devrez la remettre à une banque de l'aéroport ou du port concerné afin d'obtenir votre remboursement. Certains magasins proposent une procédure légèrement simplifiée *via* des services de remboursement tels que **Global Refund** (www.globalrefund.com) ou **Premier Tax Free** (www.premiertaxfree.com).

ASSURANCE

Il est conseillé de prendre une assurance voyage qui vous couvrira en cas de vol ou de perte de vos bagages et en cas de problèmes de santé. Demandez conseil à votre voyagiste. Lisez attentivement l'intégralité de votre contrat : certaines polices excluent les "sports à risque" comme la plongée, la moto ou même la randonnée. Préférez une assurance qui règlera directement vos frais

LUXE À L'ANCIENNE

Les paradores (le terme officiel est *Paradores de Turismo*) font partie d'une chaîne de 89 hôtels de grande classe répartis dans tout le pays (dont 16 en Andalousie). Nombre d'entre eux, tels ceux de Carmona, Jaén, Úbeda et Granada, sont installés dans des édifices historiques – châteaux, demeures ou monastères – pour un séjour féerique. Les chambres simples/doubles en basse saison sont disponibles à partir de 63/80 € dans les paradores les moins chers et en haute saison, comptez 95/120 € – et même plus au Parador de Granada (p. 333), qui est le plus cher d'Espagne. Vous pourrez profiter d'offres spéciales et il existe des réductions pour les plus de 60 ans et les 20 à 30 ans. Consultez les offres à l'adresse www.parador.es ou en contactant le service de réservation des Paradores de Turismo, la **Central de Reservas** (☎ 91 516 66 66 ; fax 91 516 66 57 ; Calle Requena 3, 28013 Madrid) ou l'une de ses 20 agences de réservation à l'étranger (coordonnées sur le site Internet).

médicaux, ce qui vous évitera d'avancer des sommes qui ne vous seraient remboursées qu'à votre retour. Dans ce cas, veillez à conserver tous les documents nécessaires. Assurez-vous aussi que votre police couvre les frais d'ambulance ou de rapatriement d'urgence jusqu'à votre domicile.

Souscrivez une assurance au plus tôt car, si vous la faites une semaine avant votre départ, vous risquez de découvrir, par exemple, que vous n'êtes pas couvert contre les retards dus à une grève.

Si vous avez réglé votre billet d'avion par carte de crédit, vous bénéficiez en général d'une assurance voyage limitée et vous pouvez demander le remboursement de votre billet si le voyage n'a pas lieu.

Voir p. 441 pour plus d'informations sur l'assurance maladie et p. 438 pour en savoir plus sur les assurances automobiles.

CARTES

La carte Michelin au 1/400 000, *Andalucía*, est parfaite pour organiser l'ensemble du voyage et circuler sur place. Une nouvelle version est publiée chaque année et on peut se la procurer en Andalousie car elle est distribuée dans de nombreux points de vente

– dans les stations essence et les librairies, par exemple.

Les cartes fournies par les offices du tourisme sont en général suffisantes pour vous repérer dans les villes, de même que celles qui figurent dans les annuaires téléphoniques, qui comprennent un index des principales artères. Si vous préférez un plan plus détaillé, procurez-vous l'un des guides espagnols Telstar, Escudo de Oro, Alpina ou Everest, qui intègrent un index des rues – disponibles dans les librairies. Pensez cependant à vérifier leur date de publication.

Sur Internet, **Multimap** (www.multimap.com) et **Il n'y a qu'une Andalucía** (www.andalucia.com) proposent des plans des villes andalouses avec une fonction de recherche par nom de rue.

Pour vos randonnées en Andalousie, choisissez les meilleures cartes du marché. Le Centro Nacional de Información Geográfica (CNIG), maison d'édition de l'Instituto Geográfico Nacional (IGN), a publié des cartes *Mapa Guía* des parcs nationaux et naturels, en général à l'échelle 1/50 000 ou 1/100 000. Le CNIG couvre aussi les trois quarts de l'Andalucía dans ses cartes *Mapa Topográfico Nacional* au 1/25 000, souvent récentes. Le CNIG et le Servicio Geográfico del Ejército (SGE, Service géographique de l'armée) publient tous les deux une série au 1/50 000 ; celle du SGE, la *Serie L*, est généralement la plus à jour (la majorité ont été mises à jour depuis leur première publication dans les années 1990). Les cartes CNIG portent l'appellation CNIG, IGN, ou les deux.

La Junta de Andalucía, gouvernement régional d'Andalucía, publie aussi des cartes d'Andalousie, dont la série *Mapa Guía* sur les parcs naturels et nationaux. Elles sont récentes et disponibles un peu partout, et conviennent surtout au tourisme en voiture, à l'échelle 1/75 000. Leur couverture est verte, contrairement à celle des *mapas guía* du CNIG qui est rouge ou rose. La Junta édite aussi des cartes au 1/10 000 et au 1/20 000 qui couvrent toute l'Andalousie, mais vous aurez du mal à les trouver dans le commerce.

Les meilleures cartes pour partir en randonnée dans la Sierra Nevada, Las Alpujarras, le Parque Natural de Cazorla et la région du Cabo de Gata sont les cartes au 1/40 000 et 1/50 000 publiées par Editorial Alpina.

Il est préférable d'acheter vos cartes à l'avance pour éviter d'avoir à les chercher sur place. Une fois en Espagne, adressez-vous aux librairies de voyage et aux boutiques spécialisées : reportez-vous aux différents chapitres de ce guide. **LTC** (Carte p. 102 ; ☎ 954 42 59 64 ; ltc-mapas@sp-editores.es ; Avenida Menéndez Pelayo 42-44, 41003 Sevilla) est la meilleure boutique de cartes d'Andalousie et vend la plupart des cartes de la Junta, du SGE et du CNIG.

Le **CNIG** (www.cnig.es) dispose de points de vente dans les capitales des huit provinces andalouses, notamment :

Granada (Carte p. 316 ; ☎ 958 90 93 20 ; Avenida Divina Pastora 7 et 9)

Málaga (Carte p. 242 ; ☎ 952 21 20 18 ; Calle Ramos Carrión 48)

Sevilla (Carte p. 92 ; ☎ 955 56 93 20 ; Avenida San Francisco Javier 9, Edificio Sevilla 2, 8°, módulo 7)

CARTES DE RÉDUCTION

Les étudiants, les enseignants et les jeunes peuvent obtenir des réductions non négligeables sur les trajets en avion et autres et des tarifs préférentiels dans certains musées, sites touristiques et lieux de divertissement.

La carte ISIC (International Student Identity Card), pour les étudiants à plein temps, et ITIC (International Teacher Identity Card), pour les enseignants à plein temps, est délivrée par les universités et les organismes de voyage pour étudiants tels que STA Travel.

Toute personne de moins de 26 ans peut obtenir une carte Euro<26 (Carnet Joven en Espagne), disponible en Europe quelle que soit votre nationalité, ou bien une carte International Youth Travel Card (IYTC ou GO25), disponible dans le monde entier. Elles offrent des réductions similaires à l'ISIC et sont délivrées dans la majorité des organismes ci-dessus. Les détenteurs de la carte Euro<26 peuvent bénéficier, entre autres, en Andalousie, de 20 à 25% de réduction sur de nombreux billets de train, de 20% de réduction sur certains trajets en ferry, de 10 à 20% sur certains voyages en bus avec les sociétés Alsa, Socibus, Secorbus et Daibus, de 10 à 15% de réduction dans de nombreux hôtels, de 10% sur certaines locations de voiture et de réductions dans certains musées.

Pour en savoir plus, consultez les sites www.istc.org et www.euro26.org. Vous pouvez obtenir ces cartes en Andalousie auprès d'**Asatej Viajes** (Carte p. 102 ; ☎ 902 44 44 88 ; www.asatej.com en espagnol ; Calle O'Donnell 3, Sevilla).

CLIMAT

Il existe une nette différence entre le climat du littoral et celui de l'intérieur du pays. À l'intérieur, l'hiver peut être très rigoureux de novembre à février et l'été s'avère étouffant en juillet et août. Sur les côtes, les températures sont plus modérées en hiver et plus supportables en été. Avec les vents constants qui proviennent de l'océan Atlantique, l'Andalousie occidentale est plus humide que l'est.

Le climat andalou est moins prévisible qu'on ne le croit. Seuls juin, juillet et août échappent en général à la pluie. L'hiver (de novembre à février) peut s'avérer sec et chaud (renforçant ainsi le risque de sécheresse) ou sujet à la pluie, avec le risque d'inondation.

Pour obtenir des conseils sur les meilleures périodes pour visiter l'Andalousie, voir p. 9.

COURS

Prendre des cours en Andalousie est une formidable façon d'enrichir ses connaissances, mais aussi de rencontrer des gens et de s'impliquer dans la vie locale. La plupart des universités et écoles qui proposent des cours de langue (voir p. 419) offrent aussi des cours sur l'histoire, la littérature et la culture espagnoles.

Activités en plein air

Ce ne sont pas les activités qui manquent en Andalousie. Vous pourrez prendre des cours de snowboard, de ski, de planche à voile, de kitesurf, d'escalade, de plongée, etc. Voir le chapitre *Activités sportives* (p. 64) pour en savoir plus.

Danse

L'Andalousie est la région de la danse par excellence. Il s'agit du lieu idéal pour les professionnels qui souhaitent aiguiser leur talent ou pour les débutants désireux de s'essayer au flamenco ou à d'autres danses. Voir les sections *Cours* de Sevilla (p. 111) et de Granada (p. 330) pour plus d'infor-

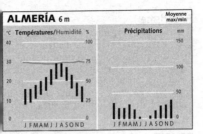

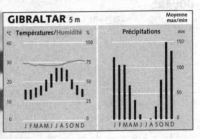

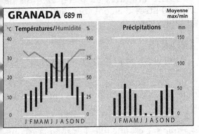

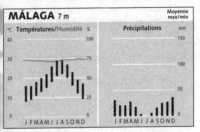

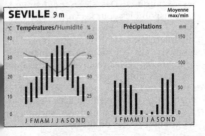

mations sur les cours de danse et/ou de guitare espagnole. Le magazine *El Giraldillo* (disponible dans les offices du tourisme) publie des annonces proposant des cours de danse.

Langue

L'enseignement de l'espagnol aux étrangers connaît un essor constant en Andalousie et les écoles de langue sont chaque jour plus nombreuses. L'**Instituto Cervantes** (www.cervantes.es, en espagnol) propose des informations très complètes sur les cours d'espagnol en Andalousie. Avec des succursales dans plus de 30 villes du monde, cet institut promeut la langue espagnole et les cultures des pays hispanophones. Il se consacre avant tout à l'enseignement de l'espagnol et propose bibliothèques et services de renseignements.

Spanish Directory (www.europa-pages.com/spain) est une ressource Internet fiable sur les cours de langue.

Sevilla (p. 90), Granada (p. 315) et Málaga (p. 241) sont les villes d'Andalousie les plus appréciées pour apprendre l'espagnol, mais on trouve aussi des écoles dans d'autres villes tout aussi intéressantes telles que Cádiz (p. 173) et Córdoba (p. 290), et même dans des villages de montagne : Cómpeta (p. 283) dans la province de Málaga. Les sections Cours de ce guide indiquent les universités recommandées et les offices du tourisme pourront vous renseigner sur les écoles de langue de leur région.

Les cours universitaires durent en général un trimestre, mais peuvent s'étendre sur deux semaines à un an. Les écoles de langue privées proposent en général des calendriers plus souples. La majorité des écoles s'adressent aux étudiants de tous niveaux (débutants compris). De nombreux cours abordent aussi la culture espagnole.

L'université offre souvent les meilleurs tarifs, avec des sessions de quatre semaines comprenant 20 heures hebdomadaires pour environ 500 à 600 €. De nombreux établissements proposent un logement en famille, en résidence universitaire ou en appartement pour environ 300 € par mois sans repas, ou bien 700 à 1 000 € par mois en pension complète. La colocation est souvent la solution la moins chère : environ 180 € par mois.

Avant de choisir un cours, pensez à demander s'il est intensif ou non (un concept qui varie d'une école à l'autre) et renseignez-vous sur les effectifs des classes, le type d'étudiants et l'obligation ou non de participer à des activités annexes. Les recommandations des anciens étudiants comptent beaucoup dans le choix d'une école. Pensez aussi à demander si le cours débouchera sur un diplôme officiel. Les Diplomas Oficiales de Español como Lengua Extranjera (DELEs) sont des qualifications reconnues par le ministère espagnol de l'Éducation et des Sciences (un débutant doit suivre environ 40 heures de cours pour atteindre le premier niveau du DELE).

Vous pourrez prendre des cours particuliers : consultez les tableaux d'affichage des universités et des écoles de langue ou bien les petites annonces de la presse locale. Comptez environ 15 €/h pour un cours particulier.

DÉSAGRÉMENTS ET DANGERS

L'Andalousie est un endroit plutôt sûr. Soyez néanmoins attentif aux risques de vol (il s'agit souvent de menus larcins, mais il est très contrariant de se faire voler son passeport, son argent ou son appareil photo).

Veillez à ne garder que peu d'argent liquide sur vous, en préférant la carte de crédit ou les chèques de voyage. Si vous disposez d'un coffre-fort dans votre logement, utilisez-le. Si vous devez transporter de l'argent dans la rue, portez une banane discrète ou dissimulez votre portefeuille sous vos vêtements. Attention aux personnes qui vous approcheraient de trop près, en toute situation. Lorsque vous retirez de l'argent à un distributeur, ignorez toute personne qui se proposerait de vous aider, même si votre carte est restée coincée dans le distributeur.

Les risques de vol sont plus élevés dans les stations balnéaires et dans les grandes villes. Prenez surtout garde aux pickpockets, aux vols à l'arrachée et dans les voitures. Ne laissez jamais rien en vue dans votre véhicule. En cas de vol ou de perte d'un objet de valeur, et si vous souhaitez vous faire rembourser par votre assurance, vous devez déposer une plainte dans un commissariat de police et demander une copie de la plainte.

Terrorisme

Il arrive que l'organisation terroriste basque, l'ETA, soit responsable d'attentats et de meurtres en Andalousie, comme partout en Espagne. Le pays a aussi été victime d'autres formes de terrorisme. Avant votre départ, vous pouvez vous renseigner auprès du ministère des Affaires étrangères (www.diplomatie.gouv.fr).

DOUANE

Les voyageurs arrivant en Espagne et venant de pays n'appartenant pas à l'Union européenne ont le droit d'importer en duty-free 2 litres de vin, 1 litre d'alcool fort et 200 cigarettes ou 50 cigares. Les personnes voyageant à l'intérieur de l'Union européenne n'ont plus droit aux achats détaxés depuis 1999. En payant des taxes, on peut importer et exporter des articles entre l'Espagne et d'autres pays de l'UE : 110 litres de bière, 90 litres de vin, 10 litres d'alcool fort, 800 cigarettes et 200 cigares.

ENFANTS

L'Andalousie se prête bien aux voyages avec les enfants. Vous trouverez tout ce dont vous avez besoin et, d'une manière générale, les Andalous adorent les enfants. Tout enfant dont les cheveux ne sont pas noir de geai se verra qualifier de *rubio* (blond) – *rubia* si c'est une fille. Les enfants accompagnés sont les bienvenus dans la plupart des hôtels et dans la majorité des cafés, bars et restaurants. Les petits Andalous se couchent tard et on voit souvent, lors des fiestas, de très jeunes enfants gambader dans les rues à 2 ou 3h du matin. Un rythme qui sera sans doute difficile à suivre pour vos propres enfants.

Dans les hôtels, vous devriez pouvoir trouver un *cuna* (lit de bébé) sans problème. Les chaises hautes sont rares dans les restaurants. Des sièges pour enfants sont disponibles pour les voitures de location (à demander lors de votre réservation sur Internet), mais ils sont plus rares dans les taxis. Les Andalous n'appliquent pas toujours les règles relatives à l'utilisation des sièges pour enfants et au port de la ceinture de sécurité, même si les habitudes changent progressivement avec des mesures de surveillance renforcées, surtout sur les grandes routes du littoral.

Quelques hôtels de luxe sont dotés de structures pour les jeunes enfants. Les locaux destinés à changer les nourrissons restent rares, cependant, et peu de femmes donnent le sein en public, même si une attitude discrète ne pose aucun problème.

Outre l'attrait évident qu'offrent les plages, les terrains de jeu sont relativement nombreux en Andalousie. Les parcs aquatiques et les aquariums ne manquent pas dans la région, surtout dans la province de Málaga et sur la Costa del Sol : voir l'itinéraire *L'Andalousie pour les enfants* p. 258. Les plus petits seront fascinés par la faune et la flore : dauphins, singes, chevreuils, vautours et sangliers – consultez l'itinéraire Observation de la faune et la flore (p. 16) pour connaître les différents sites recommandés.

Les enfants un peu plus âgés peuvent s'essayer à la planche à voile dans différentes stations de la Costa del Sol, à La Herradura (p. 355) et à Roquetas de Mar (p. 401), sur la côte méditerranéenne, où les vents sont souvent plus cléments et donc plus adaptés aux débutants que la côte atlantique. Les plus intrépides choisiront de pratiquer la planche à voile ou le kite-surf sur le site venté de Tarifa ou sur la côte de Cádiz (voir p. 214). Les surfeurs fréquentent El Palmar (voir p. 207). Voir le chapitre Activités sportives en Andalousie (p. 64) pour d'autres idées.

Les enfants bénéficient de tarifs réduits ou de la gratuité à l'entrée de nombreux sites touristiques et musées. Les moins de 4 ans voyagent gratuitement à bord des trains espagnols et les 4-11 ans paient en général 60% du tarif adulte. Le guide Lonely Planet *Travel with Children* fournit de nombreux conseils pratiques, ainsi que de multiples anecdotes rapportées par des auteurs de Lonely Planet ou d'autres voyageurs.

FÊTES ET FESTIVALS

Les Andalous donnent libre cours à leur amour des couleurs, du bruit, de la foule, de la reconstitution historique, des tenues élégantes et de la fête dans d'innombrables et exubérantes fiestas locales. Tous les ans, chaque petit village et chaque quartier (*barrio*) organise plusieurs festivals, tous possédant un charme particulier. Fiestas et fêtes religieuses sont toujours célébrées dans la plus grande allégresse.

RENSEIGNEZ-VOUS

Pour obtenir différentes informations sur l'Espagne avant de partir, consultez le ministère des Affaires étrangères de votre pays :

Belgique ; (☎ 02 501 8111 ; www.diplobel.bel
Canada (☎ 800 267 8376 ; www.fac-aec.gc.ca)
France (☎ 01 43 17 53 53 ; www.diplomatie.gouv.fr)
Suisse ; (☎ 031 322 21 11 ; www.admin.ch)

Une fois sur place, restez au fait de l'actualité grâce aux nombreux journaux internationaux vendus un peu partout. Si vous devez remplacer votre passeport perdu ou volé, contactez votre ambassade ou votre consulat.

Dans la plupart des villes, la principale *feria* annuelle se déroule en été, avec concerts, défilés, feux d'artifice, corridas, champs de foire, danses et festivités tout au long de la nuit.

Vous trouverez des informations sur les principales fêtes locales dans les différentes rubriques de ce guide et les offices du tourisme peuvent vous fournir des informations détaillées. Voici une liste de manifestations exceptionnelles :

Janvier
Día de los Reyes Magos (fête des rois ; 6 janvier). Les enfants reçoivent des cadeaux rappelant les présents rapportés par les rois mages à l'enfant Jésus ; dans de nombreuses villes, les Reyes Magos *cabalgatas* (cavalcades) envahissent les rues en jetant des bonbons à la foule.

Février/mars
Carnaval. Défilés avec déguisements et réjouissances dans de nombreuses villes (le plus fou est celui de Cádiz). Le Carnaval se termine en général un mardi, 47 jours avant le dimanche de Pâques.

Mars/avril
Semana Santa (Semaine sainte). La plus grande fête du calendrier religieux espagnol : la semaine qui précède le dimanche de Pâques. Des défilés d'images saintes somptueusement ornées, de longues files de pénitents (*nazarenos*) et d'immenses foules dans la plupart des villes, agglomérations et villages. Dans les grandes villes, des processions ont lieu tous les jours du dimanche des Rameaux au dimanche de Pâques. Les fêtes de Sevilla sont les plus réputées ; Málaga,

Granada, Córdoba, Arcos de la Frontera, Jaén, Baeza et Úbeda organisent aussi de grandes processions spectaculaires.

Mai

Cruces de Mayo (croix de mai ; autour du 3 mai). Des croix sont installées sur les places et patios de nombreuses villes, notamment à Granada et Córdoba. Elles sont décorées de fleurs et donnent lieu à l'apparition temporaire de bars, stands de nourriture, spectacles de danse et de musique.

Juin

Hogueras de San Juan (feux de la Saint Jean ; 23 juin). Les feux de joie et les feux d'artifice, surtout sur les plages, sont au cœur de cette fête qui se déroule au solstice d'été ; à cette occasion, plusieurs milliers de personnes campent sur les plages d'Andalousie.

Juillet

Día de la Virgen del Carmen (16 juillet). Fête célébrant la sainte patronne des pêcheurs, où l'image de la Virgen del Carmen est plongée dans la mer ou exposée sur une flottille de petits bateaux, dans de nombreuses villes côtières.

HANDICAPÉS

Certains offices du tourisme espagnols à l'étranger (voir p. 425) fournissent une circulaire d'informations élémentaires qui comporte des adresses utiles pour les voyageurs handicapés et peuvent vous renseigner sur les logements accessibles.

L'accessibilité aux fauteuils roulants est en progrès en Andalousie : de nouveaux bâtiments sont désormais aux normes. Le guide en espagnol pour les personnes handicapées, *Guía Valinet* (vendu sur le site www.valinet.org) donne une liste de 321 hôtels espagnols recommandés, la plupart se trouvant en Andalousie. De nombreux hôtels de catégorie moyenne et supérieure ont aménagé leurs chambres et leurs accès et la plupart des auberges de jeunesse andalouses proposent des chambres adaptées. Néanmoins, l'accessibilité est encore rare dans les autres établissements petit budget.

Certaines plages sont équipées pour accueillir des personnes handicapées. Fuengirola (dans la province de Málaga), par exemple, a aménagé deux plages avec des douches et des chaises longues spécialement adaptées, des toilettes et un parking réservés et prévu la mise à disposition de fauteuils roulants en aluminium. Le site Web www.mma.es/en/costas/guia_playas fournit des renseignements en espagnol sur l'équipement de centaines de plages.

En France, l'**AFP** (Association des paralysés de France ; 17 bd Blanqui, 75013 Paris ; ☎ 01 40 78 69 00, fax 01 45 89 40 57 ; www.apf.asso.fr) peut vous fournir des informations sur les voyages accessibles.

Deux sites Internet, dédiés aux personnes handicapées mettent régulièrement à jour une rubrique voyage et dispensent toutes sortes de renseignements utiles. Il s'agit de **Yanous** (www.yanous.com) et de **Handica** (www.handica.com).

HÉBERGEMENT

Les rubriques *Où se loger* des grandes villes sont divisées en plusieurs catégories dans ce guide : petits budgets, catégorie moyenne et catégorie supérieure. La catégorie petits budgets indique les établissements proposant une chambre double pour moins de 60 €, la catégorie moyenne concerne les chambres doubles entre 60 et 110 € et la catégorie supérieure celles de plus de 110 €..

Les établissements petits budgets comprennent les hôtels les moins chers, ainsi que la plupart des *hostales, hospedajes* et *pensiones* (tous types de maisons d'hôte), auberges et terrains de camping. Les chambres agréables et confortables ne manquent pas : on trouve de plus en plus de logements avec salle de bains privée (avec au moins des WC, un lavabo et une douche ou une baignoire). Toutes les adresses répertoriées dans ce guide proposent des salles de bains privées, sauf mention contraire.

La catégorie moyenne regroupe les chambres un peu plus grandes, mieux aménagées et un peu plus confortables. Les salles communes et les installations sont aussi en général plus spacieuses et mieux équipées – piscine, jardin, salon, bar, café, restaurant, etc. Les hôtels de catégorie supérieure proposent des installations et des services de plus haut niveau. Les catégories moyenne et supérieure regroupent de nombreux établissements dotés d'une architecture hors du commun (des palais d'époque aux hôtels minimalistes ultra modernes) ou d'un emplacement spectaculaire – ces logements de caractère sont ceux qui vous marqueront certainement le plus.

La plupart des établissements proposent des prix différents pour la haute saison (*temporada alta*), la moyenne saison (*temporada media*) et la basse saison (*temporada baja*).

La notion de haute saison varie selon les lieux et chaque hôtel semble avoir sa propre définition des saisons, mais elle correspond souvent à l'été. Sur la côte, la haute saison couvre juillet/août ; à l'intérieur des terres, elle s'étend sur mai, juin et septembre car les températures sont plus agréables. Les fêtes de fin d'année, la Semana Santa (Semaine sainte) et les fêtes locales, qui attirent beaucoup de visiteurs, font aussi partie de la haute saison en général – voire de la saison de pointe (*temporada extra*).

La basse saison court de novembre à février et la moyenne saison correspond aux périodes intermédiaires.

Sauf mention contraire, les tarifs des chambres indiqués dans ce guide correspondent à ceux de la haute saison, aussi aurez-vous sans doute d'agréables surprises si vous voyagez à d'autres moments. Les écarts de prix entre basse et haute saison varient d'un endroit à l'autre : vous paierez peut-être 40% de moins en hiver dans un hôtel, contre 10% de moins dans un autre.

Les prix sont souvent affichés à la réception des hôtels en fonction des saisons mais de nombreux établissements, en particulier les moins chers, modulent leurs prix en fonction de la demande et certains proposent un prix inférieur à celui indiqué dans ce guide, ce qui arrive souvent, ou supérieur, ce qui est plus rare.

En basse saison, il est inutile de réserver à l'avance, mais en moyenne et haute saison, la réservation devient indispensable si vous ne voulez pas perdre des heures à chercher une chambre. Il suffit souvent de passer un coup de fil en précisant votre heure d'arrivée. Il se peut que l'on vous demande votre numéro de carte de crédit : les hôtels tiennent ainsi à s'assurer que la réservation soit ferme.

Auberges de jeunesse

Les quelque vingt *albergues juveniles* d'Andalousie (à ne pas confondre avec les *hostales*), sont pour la plupart affiliées à l'**Inturjoven** (Instalaciones y Turismo Joven ; ☎ réservations 902 51 00 00 ; www.inturjoven.com), l'orga-

nisme officiel des auberges de jeunesse en Andalousie qui, dans l'ensemble, recense des établissements modernes, disposant de chambres à deux lits, ainsi que de dortoirs à lits superposés. Bien qu'elles soient souvent prises d'assaut par des groupes scolaires bruyants, elles offrent un hébergement correct à bas prix. La plupart des chambres sont dotées d'une salle de bains privée. Les auberges n'offrent pas la possibilité de cuisiner, mais leurs *comedores* (salles à manger) servent souvent des repas bon marché. Vous pouvez réserver dans n'importe quelle auberge affiliée sur le site Inturjoven, par téléphone ou directement auprès de l'auberge.

Les tarifs pour un lit dans une auberge Inturjoven, petit déjeuner compris, en basse/moyenne/haute saison sont de 9,05/11,65/13,75 € pour les jeunes de moins de 26 ans et de 12,25/16,20/18,35 € pour les plus de 26 ans. La définition des différentes saisons varie d'une auberge à l'autre.

Il faut une carte de membre pour accéder aux auberges de jeunesse. Si vous n'en avez pas, vous pouvez acheter une carte Hostelling International (HI), valable jusqu'au 31 décembre de l'année en cours, dans n'importe quelle auberge Inturjoven ou dans l'une des 140 auberges du Red Española de Albergues Juveniles (REAJ), branche espagnole de l'HI. Avec la carte HI, vous réglez par versements de 3,50 € pour chaque nuitée, jusqu'à hauteur de 21 €. (soit pour six nuits).

Les auberges internationales restent rares en Andalousie. On n'en compte pour l'instant que quelques-unes à Granada et à Cádiz.

Campings

L'Andalousie compte plus de 130 campings officiels. Certains sont bien placés, dans des bois, aux abords des plages ou des rivières, et d'autres sont nichés à proximité d'une grande route à la sortie d'une agglomération. Aucun n'est situé près d'un centre-ville.

Les terrains de camping sont officiellement classés en 1ere catégorie (1ªC), 2e catégorie (2ªC) ou 3e catégorie (3ªC). Les installations peuvent être simplement correctes ou très bonnes, toutefois certains campings peuvent se révéler bruyants et bondés. Même un terrain de 3e catégorie est censé posséder des douches chaudes,

des prises électriques et un point de restauration. Les meilleurs terrains offrent des piscines chauffées, un supermarché, un restaurant, un service de laverie et une aire de jeu pour les enfants. Certains peuvent accueillir moins de 100 personnes, alors que d'autres sont conçus pour plus de 5 000 visiteurs.

Dans les campings, les tarifs s'entendent en général par personne, par tente et par véhicule – en général 3 ou 4 € pour chacun. Les enfants bénéficient souvent d'un tarif réduit. Certains terrains ferment d'octobre à Pâques.

À quelques exceptions près – par exemple sur de nombreuses plages et zones protégées – le camping en dehors des terrains est toléré (mais pas à moins d'1 km des terrains officiels). Le plus souvent, des panneaux indiquent les zones où le camping sauvage est interdit. Vous aurez bien évidemment besoin d'une autorisation pour camper sur un terrain privé.

Casas Rurales

De plus en plus de *casas rurales* proposent des logements dans la campagne andalouse. Ces *casas rurales* sont en général des maisons de village ou des fermes rénovées et confortables, avec quelques chambres seulement. Certaines servent des repas, d'autres ne fournissent que le logement, et d'autres encore permettent de cuisiner. Les tarifs varient en général de 15 à 25 € par personne et par nuit.

Les offices du tourisme fournissent des brochures sur les hébergements ruraux et peuvent vous orienter vers les agences où effectuer une réservation. **Rural Andalus** (☎ 952 27 62 29 ; www.ruralandalus.es ; Calle Montes de Oca 18, 29007 Málaga) rassemble environ 450 gîtes ruraux et hôtels. Particulièrement bien implantée dans la province de Málaga, cette organisation propose des adresses partout en Andalousie. **Red Andaluza de Alojamientos Rurales** (Réseau andalou de logements ruraux ; www.raar.es) propose quelque 300 possibilités d'hébergement. **Rustic Blue** (☎ 958 76 33 81 ; www.rusticblue.com ; Barrio la Ermita, 18412 Bubión, Granada) offre un vaste éventail de maisons de campagne, de fermes et de maisons de village, surtout à l'intérieur des terres, dans les provinces de Granada et de Málaga (Las Alpujarras, La Axarquía, Ronda, etc.).

Hospedajes, Hostales et Pensiones

Ces logements sont avant tout des maisons d'hôte bon marché, souvent situées en ville, avec 6 à 12 chambres. Ne confondez pas les *hostales* avec les auberges de jeunesse. Ils offrent en général un meilleur confort que les *hospedajes* et les *pensiones*, et les meilleurs *hostales* sont d'aussi bonne qualité que les hôtels petit budget, voire de catégorie moyenne. Néanmoins, ils servent rarement des repas.

La plupart des chambres sont dotées d'une salle de bains privée, bien que certains établissements proposent encore des salles de bains communes.

Hôtels

Parmi les *hoteles*, on trouve aussi bien des établissements proposant des chambres doubles à 30 € que des hôtels de luxe demandant jusqu'à 300 €. Ils sont officiellement classés d'une à cinq étoiles en fonction de leurs équipements. Les établissements, même les moins chers, sont souvent dotés d'un restaurant.

L'Andalousie compte de charmants petits hôtels occupant parfois de vieilles maisons de ville pleines de caractère ou de vastes demeures campagnardes avec d'agréables jardins et bassins. Le cadre y est souvent pittoresque et le service soigné.

Certains hôtels proposent différents tarifs en fonction des chambres – standard, suites, avec ou sans terrasse, intérieures ou extérieures. Les familles trouveront aisément des chambres pour 3, 4 pers ou plus, et les tarifs par pers sont nettement inférieurs à ceux d'une simple/double. En général, les chambres doivent être libérées à midi.

Sachez qu'*una habitación doble* (une chambre double) peut être équipée d'un grand lit (*cama matrimonial*) ou de deux petits lits (*camas individuales*). Précisez votre choix, le cas échéant.

Locations

Des appartements, des villas et des maisons, généralement bien équipés, sont à louer un peu partout en Andalousie. Un appartement d'une seule chambre pouvant accueillir 2 ou 3 pers ne coûte parfois que 25 € par nuit, quoique les prix demandés atteignent plus souvent le double, et bien davantage encore en haute saison. Ces solutions sont néanmoins à considérer si vous comptez vous attarder plusieurs jours : le prix forfaitaire qui s'applique alors revient moins cher que le tarif journalier.

Les offices du tourisme et leurs sites vous procureront des listes des locations. Voir aussi Casas Rurales (p. 424) pour un hébergement dans la campagne andalouse.

HEURE LOCALE

Toute l'Espagne continentale est à l'heure GMT plus une heure en hiver, et plus deux heures pour l'heure d'été, qui va du dernier dimanche de mars au dernier dimanche d'octobre. La plupart des pays d'Europe occidentale appartiennent au même fuseau horaire à l'exception, entre autres, de la Grande-Bretagne, de l'Irlande et du Portugal. Ajoutez une heure à l'heure de ces trois pays pour obtenir l'heure espagnole.

L'Espagne a en général 6 heures d'avance sur la côte est américaine, et 9 heures d'avance sur la côte pacifique.

Le Maroc est à l'heure GMT toute l'année, soit deux heures de moins qu'en Espagne pendant l'heure d'été espagnole, et une heure de moins le reste du temps.

Pour en savoir plus, voir Fuseaux horaires p. 446.

HEURES D'OUVERTURE

Les banques ouvrent en général de 8h30 à 14h du lundi au vendredi et de 9h à 13h le samedi, et les bureaux de poste de 8h30 à 20h30 du lundi au vendredi et de 9h à 13h30 le samedi. Les horaires varient cependant en fonction des régions et des saisons.

La plupart des magasins et des bureaux non-gouvernementaux (agences de voyage, compagnies aériennes et voyagistes) ouvrent de 9/10h à 13h30/14h et de 17h à 20/21h du lundi au samedi, bien que certains ferment le samedi après-midi. Les supermarchés, les grands magasins et les *centros comerciales* (vastes centres commerciaux) sont en général ouverts toute la journée, de 9h à 21h, du lundi au samedi.

Les restaurants ouvrent leurs portes de 12h30/13h30 à 15h30/16h et le soir de 19h30/20h30 à 23/24h. La plupart ferment au moins un jour par semaine (souvent le lundi).

HOMOSEXUALITÉ

En Andalousie, le milieu gay et lesbien est particulièrement actif à Málaga, Torre-molinos, Sevilla et Granada, mais toutes les grandes villes abritent des bars ou des discothèques pour homosexuels. Certains réceptionnistes d'hôtels ont du mal à comprendre que deux personnes du même sexe souhaitent partager un lit double. Pour éviter toute complication ou perte de temps, suivez ce conseil d'une voyageuse lesbienne : l'un des membres du couple prend la chambre avant que l'autre ne se présente.

Consultez les sites Internet www.gayinspain.com, www.guiagay.com (en espagnol) et www.cogailes.org pour obtenir une liste des bars, clubs, discothèques, plages, librairies et associations. Gayinspain et Cogailes disposent également d'un service d'annonces. Cogailes est le site de la **Coordinadora Gai-Lesbiana** (☎ 932 98 00 29), organisation gay et lesbienne dont le siège se trouve à Barcelone et qui met gratuitement à disposition une ligne téléphonique d'information (☎ 900 60 16 01, tous les jours de 18h à 22h).

L'**Asociación Andaluza de Lesbianas y Gais** (Carte p. 316 ; Calle Lavadero de las Tablas 15, Granada) a mis en place le **Teléfono Andaluz de Información Homosexual** (☎ 958 20 06 02). La **Federación Colega** (www.colega web.net), qui œuvre pour la solidarité, les droits homosexuels et pour une plus grande tolérance à leur égard, est implantée dans les huit capitales provinciales d'Andalousie.

La loi andalouse permet aux couples gays et hétérosexuels de s'inscrire officiellement en tant que couple auprès de l'administration afin de bénéficier d'avantages en matière d'impôts et de sécurité sociale. Parmi les 400 couples inscrits à Sevilla entre 2000 et 2004, 65 sont des couples homosexuels. Certains couples accompagnent les formalités d'inscription d'une cérémonie ou d'une fête qui s'apparente à un mariage.

OFFICES DU TOURISME
Offices du tourisme espagnols

Toutes les villes, et même certains villages d'Andalousie disposent au moins d'un *oficina de turismo* (office du tourisme). Le personnel est en général bien informé et de plus en plus apte à vous renseigner dans une langue étrangère. Les offices du tourisme regorgent en général de brochures. Les horaires d'ouverture sont très variables.

Les offices du tourisme d'Andalousie sont gérés par la municipalité, par un organisme

CARNET PRATIQUE

local ou par le gouvernement de la province ou de la communauté autonome, telle la Junta de Andalucía. Il existe parfois plusieurs offices du tourisme dans certaines grandes villes, chacun proposant des informations sur le territoire qu'il représente. Le service de la Junta de Andalucía chargé de l'environnement, la Consejería de Medio Ambiente, possède des bureaux d'information dans de nombreuses zones écologiquement protégées (les *parques naturales* par exemple).

Vous trouverez les coordonnées des offices du tourisme les plus pertinents dans les différents chapitres de ce guide.

L'organisme touristique national espagnol est **Turespaña** (☎ 91 343 36 46, informations touristiques ☎ 901 30 06 00 ; www.spain.info ; Calle José Lázaro Galdiano 6, 28036 Madrid). L'autorité touristique d'Andalousie est la **Consejería de Turismo, Comercio y Deporte** de la Junta de Andalucía (Carte p. 92 ; ☎ 955 06 51 00 ; www.juntadeandalucia.es/turismocomercioydeporte, informations touristiques www.andalucia.org ; Torretriana, Isla de la Cartuja, 41092 Sevilla).

Offices du tourisme à l'étranger
Vous pouvez obtenir des renseignements sur l'Andalousie auprès des offices du tourisme espagnols de 23 pays, parmi lesquels :
Canada (☎ 416-961 3131 ; www.tourspain.toronto. on.ca ; Suite 3402, 2 Bloor St W, Toronto M4W 3E2)
France (☎ 01 45 03 82 57 ; www.espagne.infotourisme. com ; 43 rue Decamps, 75784 Paris, Cedex 16)
Portugal (☎ 21-354 1992 ; lisboa@tourspain.es ; Avenida Sidónio Pais 28-3° Dto, 1050-215 Lisbonne)

Les coordonnées des autres offices du tourisme figurent sur le **site de Turespaña** (www.spain.info).

SIN NÚMERO (S/N)

On a parfois du mal en Andalousie à repérer un hôtel, un café ou un office du tourisme car tous les édifices ne sont pas numérotés. En effet, l'abréviation s/n, que vous verrez sur certaines adresses, signifie *sin número* (sans numéro). Certaines adresses sont également repérées par rapport aux bornes kilométriques des autoroutes – par exemple, "Carretera N340 Km 55" signifie que l'adresse est située au niveau de la borne Km 55 de l'autoroute N340.

POSTE
En 2004, l'envoi d'une carte postale ou d'une lettre pesant jusqu'à 20 g coûte 0,52 € depuis l'Espagne vers un autre pays européen et 0,77 € vers le reste du monde. Un courrier recommandé ("*certificado*") coûte 2,19 € supplémentaires. Pour le service *urgente* – votre courrier arrive 2 ou 3 jours plus tôt – comptez environ 2 € de plus à l'international.

Vous trouverez des timbres dans la plupart des *estancos* (bureaux de tabac portant l'enseigne "Tabacos" en lettres jaunes sur fond marron), ainsi que dans les *oficinas de correos* (bureaux de poste). Vous pouvez poster votre courrier dans les boîtes aux lettres jaunes installées dans les rues (*buzones*) ou dans les bureaux de poste. Comptez une semaine de délai pour un courrier envoyé vers un autre pays d'Europe occidentale, 10 jours pour l'Amérique du Nord et 2 semaines vers l'Australie et la Nouvelle-Zélande.

Vous pouvez vous faire adresser du courrier en poste restante (Lista de Correos) dans toutes les villes qui disposent d'un bureau de poste ; le nom de la province doit suivre celui de la ville. Il sera expédié au bureau de poste principal de la ville, sauf mention contraire sur l'adresse. Munissez-vous de votre passeport afin de récupérer votre courrier. En Espagne, les adresses espagnoles comportent un code postal à cinq chiffres, grâce auquel le courrier arrive, en principe, un peu plus vite.

PROBLÈMES JURIDIQUES
L'article 17 de la Constitution espagnole stipule que toute personne arrêtée doit immédiatement être informée, de manière intelligible, de ses droits et du motif de son arrestation. Si vous êtes arrêté, vous aurez le droit d'être assisté par un avocat pendant les interrogatoires ou les enquêtes judiciaires. Si vous ne disposez pas d'un avocat, vous devez recevoir l'aide d'un avocat commis d'office. En outre, la police est souvent obligée d'informer immédiatement le consulat du pays d'origine de la personne arrêtée. En cas d'arrestation, vous devrez rester en cellule jusqu'à ce qu'une déclaration officielle soit émise, bien qu'en vertu de l'article 17, cette dernière ne soit pas obligatoire. Dans les 72 heures suivant l'arrestation, la personne doit passer devant

un juge ou être relâchée. Un avocat destiné à protéger les droits de la personne arrêtée, et si nécessaire un interprète, doivent être présents lors de l'exposé des faits et lors du passage devant le juge.

Drogue

Les lois espagnoles sur les stupéfiants ont été durcies en 1992. La seule drogue légale est le cannabis, mais seulement pour une consommation personnelle – c'est-à-dire en très petite quantité. La consommation en public de toute drogue est illégale. Il est très fortement déconseillé de fumer du cannabis dans une chambre d'hôtel ou une maison d'hôtes, par exemple.

Les voyageurs qui entrent en Espagne en venant du Maroc, surtout s'ils arrivent en voiture, doivent s'attendre à une fouille minutieuse.

Police

Il existe en Espagne trois grands corps de police. La **Policía Nacional** (Police nationale ; ☎ 091) est présente dans les villes, avec des unités spéciales de lutte contre le trafic de drogue, le terrorisme, etc. D'autres se chargent des tâches administratives dans des *comisarías* ressemblant à des bunkers. La **Policía Local** (Police locale ou municipale ; ☎ 092), aussi appelée Policía Municipal, est contrôlée par les mairies et traite avant tout les questions de moindre importance telles que le stationnement, la circulation et la réglementation municipale. Les policiers portent un uniforme bleu et blanc. Habillés de vert, les agents de la **Guardia Civil** (Garde civile ; ☎ 062) surveillent les routes, les campagnes, les villages et les frontières internationales.

En cas de nécessité, peu importe la police à laquelle vous vous adresserez, bien que la Policía Local soit souvent la plus serviable.

TÉLÉPHONE ET FAX

L'Espagne n'a pas d'indicatifs régionaux. Tous les numéros comportent 9 chiffres, qu'il suffit de composer directement quel que soit l'endroit où vous vous trouvez dans le pays. Si vous appelez l'Espagne depuis l'étranger, composez votre code d'accès international suivi du code de l'Espagne ☎ 34, puis les 9 chiffres du numéro local. Le code d'accès international depuis l'Espagne est le ☎ 00.

Tous les numéros de téléphone fixe espagnols commencent par ☎ 9. Les numéros qui commencent par ☎ 6 sont des téléphones mobiles.

L'Andalousie est dotée de nombreuses cabines téléphoniques (de couleur bleue) qui, si elles ne sont pas en dérangement, sont simples à utiliser, aussi bien pour un appel local qu'international. Elles acceptent les pièces et/ou *tarjetas telefónicas* (cartes téléphoniques) émises par la compagnie nationale Telefónica. Ces cartes coûtent 6 ou 12 € et sont vendues dans les bureaux de poste et les *estancos*. Les cabines à pièces à l'intérieur des bars et des cafés – souvent de couleur verte – sont souvent un peu plus chères que les cabines installées dans les rues. Les appels depuis les chambres d'hôtels coûtent en général beaucoup plus cher : chaque établissement imposant des tarifs différents, renseignez-vous à l'avance.

Appels en PCV et renseignements

Composez le ☎ 1009 pour entrer en contact avec un opérateur national, y compris pour *una llamada por cobro revertido* – un appel en PCV.

Pour un appel international en PCV *via* un opérateur du pays de destination, composez les numéros suivants :
Belgique (☎ 900 99 00 32)
Canada (☎ 900 99 00 15)
France (☎ 900 99 00 33)
Suisse (☎ 900 99 00 41)
Les codes des autres pays sont souvent affichés dans les cabines.

Pour obtenir les renseignements téléphoniques espagnols, composez le ☎ 11822 ; l'appel coûte 0,22 €, puis 0,01 € par seconde.

Pour les renseignements téléphoniques internationaux, composez le ☎ 11825 ; l'appel coûte 1 €, puis 0,75 € par minute.

Fax

La plupart des bureaux de poste principaux proposent un service de télécopie : l'envoi d'une page coûte environ 1,50 € à l'intérieur de l'Espagne, 6,20 € partout ailleurs en Europe et 12 € vers l'Amérique du Nord. Les tarifs sont néanmoins plus intéressants dans certaines boutiques ou bureaux qui portent l'enseigne "Fax Público".

Tarifs

Un appel local de 3 minutes depuis une cabine coûte environ 0,10 €. Comptez 0,30 € si vous appelez une autre ville de la même province, 0,45 € vers les autres provinces espagnoles et environ 1 € vers les téléphones mobiles espagnols (dont les numéros commencent par ☎ 6). Toutes ces communications coûtent 10% à 20% moins cher (et environ 30% pour les appels vers les portables) de 20h à 8h du lundi au vendredi, et toute la journée le samedi et le dimanche. Un appel de 3 minutes vers les autres pays de l'UE ou vers l'Amérique du Nord coûte environ 1 €.

Les appels vers les numéros espagnols commençant par ☎ 900 sont gratuits. Pour les numéros commençant par ☎ 901 à ☎ 906, les tarifs varient. Comptez environ 0,35 € pour 3 minutes d'appel vers un ☎ 902.

Les appels depuis les lignes privées coûtent environ 25% moins cher que les appels depuis les cabines publiques.

Il existe différentes cartes téléphoniques à prix réduit, en particulier pour les appels internationaux. La plupart ne sont pas des cartes à puce mais fonctionnent *via* des numéros d'accès spécifiques. Si vous envisagez d'en acheter une, étudiez attentivement les tarifs (y compris les taxes telles que l'IVA) et renseignez-vous bien sur les endroits où vous pourrez l'utiliser.

Téléphones mobiles

Les Espagnols sont des inconditionnels des *teléfonos móviles* (téléphones mobiles). Une multitude de boutiques vendent des téléphones, aussi bien dans les rues que dans les centres commerciaux, et si vous restez plus de quelques jours dans le pays, vous pouvez envisager de vous en procurer un. Amena, Movistar et Vodafone sont des marques réputées et couramment utilisées. Renseignez-vous néanmoins sur les offres promotionnelles afin d'éviter les mauvaises surprises.

Si vous avez l'intention d'utiliser votre propre téléphone mobile en Espagne, vérifiez auprès de votre opérateur que votre téléphone est équipé d'un service international et demandez les tarifs des appels vocaux et des SMS. Pensez aussi à demander combien vos appelants devront payer.

VACANCES

L'année administrative espagnole compte 14 jours fériés – certains sont nationaux, d'autres locaux. La liste des jours fériés est variable d'une année à l'autre. Si un jour férié tombe un week-end, il se peut qu'il soit reporté au lundi. S'il se situe à proximité d'un week-end, les Espagnols – à l'instar des Français – s'accordent souvent un pont (*puente*).

Les deux principales périodes pendant lesquelles les Espagnols prennent des vacances sont la Semana Santa (la Semaine sainte, qui précède le dimanche de Pâques) et les six semaines qui vont de mi-juillet à fin août. Les stations balnéaires affichent alors souvent complet et le trafic routier est saturé.

Voici les 9 jours fériés nationaux :

Año Nuevo (jour de l'an) 1er janvier
Viernes Santo (Vendredi saint) 25 mars 2005, 14 avril 2006
Fiesta del Trabajo (fête du Travail) 1er mai
La Asunción (Assomption) 15 août
Fiesta Nacional de España (fête nationale) 12 octobre
Todos los Santos (Toussaint) 1er novembre ; en hommage aux morts
Día de la Constitución (jour de la Constitution) 6 décembre
La Inmaculada Concepción (fête de l'Immaculée Conception) 8 décembre
Navidad (Noël) 25 décembre

En outre, les gouvernements régionaux fixent généralement 3 jours fériés supplémentaires et les conseils municipaux 2 autres. Les 3 jours fériés régionaux sont répartis comme suit en Andalousie :

Epifanía (Épiphanie) ou **Día de los Reyes Magos** (fête des Rois) 6 janvier
Día de Andalucía (jour de l'Andalousie) 28 févier
Jueves Santo (Jeudi saint) 24 mars 2005, 13 avril 2006

Les fêtes suivantes sont souvent choisies par les mairies :

Corpus Christi (Fête-Dieu) 26 mai 2005, 15 juin 2006
Día de San Juan Bautista (fête de Saint-Jean-Baptiste, jour de la fête du roi Juan Carlos 1er) 24 juin
Día de Santiago Apóstol (fête de Saint-Jean-l'Apôtre, saint patron de l'Espagne) 25 juillet

VISA

Les citoyens de l'UE et de la Suisse n'ont besoin que de leur passeport ou de leur carte d'identité pour pouvoir entrer en Espagne.

Les ressortissants de nombreux autres pays, dont le Canada n'ont pas besoin d'un visa pour des séjours de 90 jours maximum mais doivent présenter leur passeport.

Au moment de la rédaction de ce guide, les voyageurs des nationalités suivantes doivent obtenir un visa afin de se rendre en Espagne : Afrique du Sud, Russie, Maroc, Inde et Pakistan. Renseignez-vous auprès d'un consulat espagnol bien à l'avance si vous pensez que vous avez besoin d'un visa. Le visa touristique émis, si nécessaire, est le visa Schengen, valable non seulement pour l'Espagne mais aussi dans les 14 autres pays qui ont signé les accords de Schengen abolissant les contrôles aux frontières entre ces pays en l'an 2000. Voici les autres pays de l'espace Schengen : Allemagne, Autriche, Belgique, Danemark, Finlande, France, Grèce, Islande, Italie, Luxembourg, Norvège, Pays-Bas, Portugal et Suède. Pour faire une demande de visa, vous devez vous présenter en personne dans un consulat de votre pays d'origine.

VOYAGER EN SOLO
Malheureusement pour les voyageurs solitaires, une chambre simple coûte souvent bien plus que la moitié du prix d'une chambre double. Ceux qui disposent d'un budget serré peuvent séjourner dans des auberges de jeunesse, qui ont aussi l'avantage de fournir de potentiels compagnons de route et des conseils souvent utiles. Néanmoins, les véritables auberges pour routards, qui réunissent des voyageurs internationaux et non des groupes d'adolescents, sont plutôt rares : Granada et Cádiz abritent deux des meilleures auberges du genre – Oasis Backpackers' Hostel (p. 330) et Quo Qadis (p. 178).

Même si les Andalous sont réputés sociables, il se peut que les voyageurs solitaires se sentent exclus. Il ne faut pas s'attendre à ce que les habitants cherchent à faire connaissance avec tous les étrangers de passage et les hébergements andalous ne favorisent pas, en règle générale, la rencontre d'autres visiteurs. Les bars peuvent s'avérer un bon point de rencontre, mais les femmes devront rester sur leurs gardes. La situation est un peu différente néanmoins au centre-ville de Málaga, de Granada et de Sevilla. Bien évidemment,

si vous êtes sociable, plein d'assurance et si vous parlez un peu espagnol, vous vous en sortirez sans problème.

Si vous voyagez seul, surveillez vos bagages lorsque vous êtes sur la route.

VOYAGER SEULE
La parité hommes/femmes semble bien respectée en Espagne. De façon générale, les femmes travaillent, contribuent à nourrir leur foyer, gèrent leur argent de façon autonome et prennent part aux décisions familiales. L'égalité sexuelle s'est avérée plus tardive que dans d'autres pays occidentaux et les femmes espagnoles affichent désormais une assurance surprenante. De nombreuses femmes occupent des postes à haute responsabilité dans tous les secteurs. La plupart des jeunes femmes savent parfaitement se défendre toutes seules, ce qui ne veut pas dire, hélas, que les abus n'existent pas.

Les hommes de moins de 35 ans, qui ont grandi pendant l'ère post-franquiste, affichent des idées et un comportement moins machiste que leurs aînés.

Les voyageuses devront être prêtes à ignorer les regards appuyés, les sifflements et autres commentaires déplacés, bien que le harcèlement soit en fait assez rare. En cas de besoin, criez *"socorro"* ("à l'aide"). Fiez-vous à votre bon sens de façon générale pour déterminer où vous pouvez vous rendre seule. Évitez les coins de plage ou de campagne isolés, ainsi que les ruelles désertes la nuit. Les zones inhabitées du quartier Sacromonte de Granada, par exemple, sont à proscrire. Il est absolument déconseillé à une femme seule de faire de l'auto-stop – tout autant d'ailleurs qu'à deux femmes seules.

Si le monokini et les tenues légères sont *de rigueur* dans de nombreuses stations du littoral, les Espagnoles s'habillent de façon plus discrète partout ailleurs. Dans toutes les provinces, le siège de la police nationale abrite un Servicio de Atención a la Mujer (SAM, service d'aide aux femmes). La **Comisión de Investigación de Malos Tratos a Mujeres** (Commission d'enquête sur les mauvais traitements infligés aux femmes ; numéro d'urgence ☎ 900 10 00 09 ; ⏱ 9h-21h lun-ven, 9h-15h sam) met à disposition une ligne téléphonique pour les femmes victimes de violences physiques dans toute l'Espagne.

Transports

DEPUIS/VERS L'ANDALOUSIE

VOIE AÉRIENNE
Aéroports et compagnies aériennes

Le principal aéroport international d'Andalousie est celui de Málaga. Certains vols internationaux ont pour destination Almería, Sevilla, Jerez de la Frontera ou Gibraltar. L'aéroport de Granada ne dessert que des vols intérieurs.

Parmi les compagnies aériennes qui desservent l'Andalousie (les numéros mentionnés ici sont valables pour

---

ATTENTION, TOUT CHANGE

Les informations contenues dans ce chapitre sont particulièrement sujettes aux changements. Renseignez-vous directement auprès de votre compagnie aérienne ou de votre agence de voyages pour comprendre les conditions des tarifs (et du billet que vous achèterez). N'oubliez pas qu'il existe des règlements en matière de sécurité pour les voyages internationaux. Soyez prudent avant de dépenser de vos sous ! Les renseignements dans ce chapitre doivent être considérés comme de simples indications et ne vous dispensent pas de mener votre propre enquête !

---

téléphoner depuis l'Andalousie ou l'Espagne), citons :

Air Canada (www.aircanada.com ; code AC ; ☎ 91 563 93 01 ; base Toronto)

Air Europa (www.air-europa.com ; code UX ; ☎ 902 40 15 01 ; base Madrid)

Air France (www.airfrance.com ; code AF ; ☎ 901 11 22 66 ; base Paris)

Air Nostrum voir Iberia.

Air Plus Comet (www.aircomet.com ; code MPD ; ☎ 91 203 63 00 ; base Madrid)

Air-Berlin (www.airberlin.com ; code AB ; ☎ 901 11 64 02; base Palma de Mallorca)

Alitalia (www.alitalia.it ; code AZ ; ☎ 902 10 03 23 ; bases Milan, Rome)

Basiq Air (www.basiqair.com ; code HV ; ☎ 902 11 44 78 ; bases Amsterdam, Rotterdam)

Brussels Airlines (www.flysn.com ; code SN ; ☎ 902 90 14 92 ; base Bruxelles)

Germanwings (www.germanwings.com ; code 4U ; ☎ 91 514 08 25 ; base Cologne)

Iberia (www.iberia.com ; code IB ; ☎ 902 40 05 00 ; base Madrid)

Hapag-Lloyd (www.hlf.de ; code X3 ; ☎ 902 48 05 00 ; bases Munich, Stuttgart)

Hapag-Lloyd Express (www.hlx.com ; code X3 ; ☎ 902 02 00 69 ; base Cologne)

LTU (www.ltu.de ; code LT ; ☎ 901 33 03 20 ; bases Düsseldorf, Munich)

Lufthansa (www.lufthansa.com ; code LH ; ☎ 902 22 01 01 ; base Francfort)

Portugália Airlines (www.flypga.com ; code NI ; ☎ 952 04 88 38 ; base Lisbonne)

Regional Air Lines (code FN ; ☎ 952 04 82 02 ; base Casablanca)

Royal Air Maroc (www.royalairmaroc.com ; code AT; ☎ 91 548 78 00 ; base Casablanca)

Spanair (www.spanair.com ; code JK ; ☎ 902 13 14 15 ; bases Barcelona, Madrid)

Swiss (www.swiss.com ; code LX ; ☎ 901 11 67 12 ; base Zurich)

Transavia (www.transavia.com ; code HV ; ☎ 902 11 44 78 ; base Amsterdam)

Virgin Express (www.virgin-express.com ; code TV ; ☎ 902 88 84 59 ; base Bruxelles)

Billets

Les tarifs les plus compétitifs se trouvent bien souvent en consultant Internet (sur les sites des agences de voyages ou directement sur ceux des compagnies aériennes). Il peut

TAXE DE SORTIE

Les tarifs des vols sont toujours donnés taxes incluses. Le montant des taxes dépend de l'aéroport de départ et de l'aéroport d'arrivée. Il se situe généralement entre 8 et 20 € par vol.

néanmoins s'avérer utile de prendre contact avec quelques agences de voyages afin de connaître les offres du moment.

Les agences locales ci-dessous proposent généralement des tarifs intéressants pour les vols au départ d'Andalousie, notamment des billets de dernière minute ou en stand-by. Toutes possèdent un comptoir à l'aéroport de Málaga :

Flightline (☎ 902 20 22 40 ; www.flightline.es)
Servitour (☎ 902 40 00 69 ; www.servitour.es)
Travelshop (☎ 95 246 42 27 ; www.thetravelshop.com)
Jetez également un coup d'œil sur les publicités dans la presse locale en langue étrangère.

Ailleurs en Europe

Hormis pour les trajets très courts, il sera plus économique de se rendre en Andalousie par avion plutôt que par voie terrestre.

DEPUIS/VERS LA FRANCE

Le prix des billets à tarif réduit ou sur vol charter démarre aux alentours de 200-250 € pour un aller-retour Paris-Málaga ou Paris-Sevilla. Air France et Iberia assurent des vols directs. Air Europa propose des tarifs avantageux sur des liaisons avec changement à Madrid.

Vous pouvez vous adresser aux agences de voyages suivantes :

Anyway (☎ 0892 893 892 ; www.anyway.fr)
Nouvelles Frontières (☎ 0825 000 747 ; www.nouvelles-frontieres.fr)
OTU Voyages (www.otu.fr) Le spécialiste du voyage pour les jeunes et les étudiants.
Voyageurs du Monde (☎ 01 40 15 11 15 ; www.vdm.com)

DEPUIS/VERS LA BELGIQUE

Parmi les compagnies aériennes ne prévoyant qu'un service minimum figurent Basiq Air (assurant la liaison entre Amsterdam ou Rotterdam et Málaga) et Virgin Express (Bruxelles-Málaga). Vous pouvez, de plus, consulter les tarifs proposés par

Brussels Airlines (Bruxelles-Sevilla) et Transavia (depuis Amsterdam, Rotterdam ou Maastricht vers Málaga, Sevilla ou Almería).

DEPUIS/VERS LA SUISSE

Toutes les liaisons desservies par la compagnie helvétique Swiss figurent sur le site www.swiss.com (Genève-Málaga). La compagnie a adopté des tarifs proches des compagnies *low cost* tout en maintenant une classe Affaires et un service de qualité.

DEPUIS/VERS LE PORTUGAL

Portugália Airlines assure un vol direct quotidien entre Lisbonne et Málaga. Si vous ne souhaitez qu'un billet aller, le bus s'avère beaucoup plus avantageux. Pour un aller-retour, en revanche, le choix de l'avion peut se justifier.

Depuis/vers le Maroc

Regional Air Lines assure des vols directs au départ de Málaga vers Tanger (tous les jours) et Casablanca (plusieurs fois par semaine). Iberia propose des vols directs quotidiens depuis Melilla, l'enclave espagnole sur la côte marocaine, à destination de Málaga, Almería et Granada.

Depuis/vers le reste de l'Espagne

Le choix de l'avion peut se justifier si vous êtes pressé, spécialement pour les longs trajets ou les allers-retours.

La compagnie nationale Iberia assure des vols directs quotidiens (plusieurs vols par jour dans certains cas) depuis Madrid et Barcelona vers tous les aéroports andalous, ainsi que de Bilbao et Valencia à Sevilla et Málaga. Vous pouvez rallier toutes les villes andalouses depuis tous les aéroports espagnols en prenant une correspondance à Madrid ou à Barcelona. Sur Iberia, par exemple, comptez 100/150 € l'aller/et retour régulier entre Madrid et Sevilla. Pour Barcelona-Málaga, prévoyez environ 120/230 €.

Les trajets sans escale que propose Air Europa comprennent Madrid-Málaga, Barcelona-Sevilla, Palma de Mallorca-Granada, Palma de Mallorca-Sevilla et Bilbao-Málaga. Spanair organise des vols Barcelona-Málaga, Madrid-Jerez de la Frontera, Madrid-Málaga, Madrid-Sevilla et Palma de Mallorca-Málaga. Ces deux compagnies permettent des connexions à Madrid desservant de nombreuses autres villes espagnoles. Leurs tarifs sont les mêmes que ceux d'Iberia mais comportent des offres spéciales.

Depuis/vers le Canada

Au moment de la rédaction de ce guide, seule la compagnie espagnole Air Plus Comet proposait, deux fois par semaine, des vols directs entre l'Amérique du Nord et l'Andalousie (New York-Málaga). Les compagnies Delta, Continental, American Airlines, Air Canada, Iberia, British Airways, Air France, Lufthansa, Air Europa et Spanair assurent de nombreux vols avec une correspondance à Madrid ou dans une autre ville européenne. Un vol *via* Barcelona, Londres, Paris ou Francfort n'est pas forcément plus onéreux qu'un vol *via* Madrid. En réservant longtemps à l'avance, vous devriez obtenir un aller-retour New York-Málaga aux alentours de 700 $US en basse saison (1 000 à 1 200 $US en haute saison). Le prix d'un aller-retour entre Montréal ou Toronto et Málaga se situe entre 1 000 et 1 700 $US. Comptez environ 200 $US de plus pour un vol depuis une ville sur la côte pacifique. Tous ces prix seront fortement majorés si vous ne réservez qu'une semaine ou deux avant le départ.

Travel Cuts (☎ 800 667 2887 ; www.travelcuts.com) est le principal organisme de voyages pour étudiants canadiens. Si vous souhaitez réserver en ligne un billet au départ du Canada, essayez les sites www.expedia.ca et www.travelocity.ca.

VOIE TERRESTRE
Bus

Choisir le bus pour se rendre en Andalousie n'est souvent pas plus avantageux que de prendre l'avion, sauf si vous venez du Portugal. Depuis le reste de l'Espagne, le bus est plus économique ou plus rapide que le train sur certains trajets, mais cela dépend des cas.

Voici les principales compagnies de bus desservant l'Andalousie :

Alsa (☎ 902 42 22 42 ; www.alsa.es)
Alsina Graells (☎ 902 33 04 00 ; www.alsinagraells.es en espagnol)
Anibal (☎ 902 36 00 73 ; www.anibal.net en espagnol)
Continental Auto (☎ 902 33 04 00 ; www.continentalauto.es en espagnol)

Daibus (☎ 902 27 79 99 ; www.daibus.es en espagnol)
Dainco (☎ 95 490 78 00 ; www.dainco.es)
Damas (☎ 959 25 89 00 ; www.damas-sa.es en espagnol)
Eurolines (www.eurolines.com) France (☎ 08 36 69 52 52) ; Allemagne (☎ 069 7903219) ; Espagne (☎ 902 40 50 40) Regroupe 30 compagnies de bus de différents pays.
Eva Transportes (au Portugal ☎ 289-899 700 ; www.eva-bus.com)
La Sepulvedana (☎ 91 530 48 00 ; www.lasepulvedana.es en espagnol)
Secorbus/Socibus (☎ 902 22 92 92 ; www.socibus.es en espagnol)

AILLEURS EN EUROPE

Les bus Eurolines se rendent dans plusieurs villes andalouses depuis la France, la Suisse et la Belgique. C'est la compagnie espagnole Alsa qui fait office d'agent Eurolines sur une grande partie de ces itinéraires. Un trajet Paris-Granada, par exemple, revient à 115/210 € l'aller/aller-retour (24 heures dans chaque sens).

Eurolines/Alsa assure l'essentiel des liaisons entre le Portugal et l'Andalousie et propose des services quotidiens entre Lisbonne, au départ du Terminal Rodoviário Arco do Cego, et Sevilla (35 €, 7 heures 30) *via* Evora et Badajoz, et Málaga (51 €, 9 heures) *via* Faro, Huelva, Sevilla, Cádiz, Algeciras et les localités de la Costa del Sol. Anibal assure trois liaisons par semaine entre Lisbonne et Málaga (47 €, 12 heures) *via* Evora, Badajoz, Sevilla, Cádiz, Algeciras et la Costa del Sol. Les bus Damas/Eva Transportes relient également trois fois par semaine Lisbonne à Sevilla (28 €, 4 heures 30) *via* Beja, Serpa et Aracena et, deux fois par jour, Lagos à Sevilla (17 €, 5 heures 30) *via* Albufeira, Faro et Huelva.

DEPUIS/VERS LE MAROC

Eurolines et Alsa assurent plusieurs liaisons hebdomadaires depuis Sevilla, la Costa del Sol, Málaga, Granada et Jaén vers Casablanca, Marrakech, Fès et d'autres villes du Maroc , *via* les ferries Algeciras-Tanger. Le tarif entre Málaga et Marrakech (19 à 20 heures) s'élève à 85/140 € aller/aller-retour.

DEPUIS/VERS LE RESTE DE L'ESPAGNE

Au départ de Madrid, la compagnie de bus Secorbus/Socibus dessert Cádiz, Córdoba, Huelva, Jerez et Sevilla ; Daibus rallie Málaga, la Costa del Sol et Algeciras ; Continental Auto dessert Granada et La Sepulvedana rallie Jaén. La plupart de ces bus partent de l'**Estación Sur de Autobuses** (☎ 91 468 42 00 ; Calle Méndez Álvaro ; métro Méndez Álvaro) à Madrid. Pour un trajet de Madrid à Sevilla, Granada ou Málaga, par exemple, prévoyez 6 heures de voyage et comptez 13 à 18 €. Un trajet Barcelona-Granada dure entre 7 et 10 heures pour un coût de 60 à 70 €.

Les liaisons entre Barcelona, Valencia et Alicante, sur la côte méditerranéenne, et Almería, Granada, Jaén, Córdoba et Sevilla sont principalement assurées par Alsa et par des filiales telles Bacoma et Enatcar. Le deuxième grand itinéraire vers l'Andalousie, assuré par Alsa et Dainco, consiste à rallier Sevilla et Cádiz depuis le nord-ouest de l'Espagne (Galicia, Asturias et Cantabria), *via* la Castilla y León et l'Extremadura.

Tous ces services sont assurés au moins une fois par jour, souvent plusieurs fois.

Voiture et moto

Reportez-vous p. 437 afin de savoir quels sont les documents requis pour passer un véhicule en Andalousie et obtenir des informations générales sur la conduite dans cette région et dans le reste de l'Espagne. Il n'existe en général aucun contrôle d'immigration ni des douanes lorsque l'on pénètre sur le territoire espagnol par voie terrestre depuis la France ou le Portugal.

Les principales routes espagnoles sont en bon état. Il est théoriquement possible de se rendre en Andalousie en une journée, quel que soit l'endroit du pays où vous vous trouvez. Attention : la numérotation d'un grand nombre de routes nationales a été modifié en 2004. Il est possible que les cartes que l'on trouve dans le commerce ne soient pas toutes à jour. Dans ce guide, seule la nouvelle numérotation est employée.

La A4/AP4 est la principale route nationale reliant Madrid à Córdoba, Sevilla et Cádiz. À Bailén, des embranchements permettent de se rendre à Jaén, Granada, Almería ou Málaga.

Si vous venez des ports de Santander, Bilbao ou d'Irún, à la frontière française, le chemin le plus court consiste à gagner Burgos, puis à parcourir une ligne droite de 240 km pour atteindre Madrid. Les principales routes Irún-Bilbao et Bilbao-Burgos sont payantes (environ 12 €).

La AP7/A7 descend de La Jonquera, sur la frontière française, jusqu'à Almería en longeant la côte. Entre La Jonquera et Almería, comptez environ 45 € de frais d'autoroute. Les autres routes, non payantes, sont encombrées et lentes. Le tronçon entre Alicante et Almería est néanmoins gratuit. La bifurcation de l'A92N, non payante, permet de rejoindre Granada et Málaga. Il est possible de se rendre de Barcelona à Málaga en 8 heures, mais prévoyez plutôt 11 heures de voyage.

La A66/AP66/N630 descend depuis Gijón, sur la côte nord espagnole, vers Sevilla en traversant la Castilla y León et l'Extremadura.

Train

Les compagnies des chemins de fer assurant des liaisons avec l'Andalousie sont les suivantes :

Caminhos de Ferro Portugueses (chemins de fer portugais ; au Portugal ☎ 808 208 208 ; www.cp.pt)

Renfe (Red Nacional de los Ferrocarriles Españoles, Compagnie nationale des chemins de fer espagnols ; en Espagne ☎ 902 24 02 02 ; www.renfe.es)

SNCF (36 35 ; www.sncf.com)

AILLEURS EN EUROPE

Depuis la France, tous les trains à destination de l'Andalousie prévoient au moins une correspondance (en général à Madrid). Le seul train direct entre la France et Madrid est le *trenhotel* n°409, un train couchettes qui part de la gare de Paris-Austerlitz pour arriver à Madrid-Chamartín. Un billet couchette régulier coûte aux alentours de 110/190 € (aller/et retour). Les trains au départ de Madrid (en général depuis la gare d'Atocha) vous mèneront dans la plupart des grandes villes andalouses en quelques heures, moyennant 28 à 65 €.

Aucune ligne ferroviaire ne relie le Portugal à l'Andalousie, mais les trains longent l'Algarve jusqu'à Vila Real de Santo António, où un ferry vous attend pour traverser le Río Guadiana jusqu'à Ayamonte en Andalousie.

Vous pouvez aller de Lisbonne à Sevilla, ou inversement, en 16 heures, avec une correspondance (et une attente de 4 à 5 heures la nuit) à Cáceres dans l'Extremadura espagnole. Un train part vers 22h quotidiennement de la gare Santa Apolónia à Lisbonne. Un aller Sevilla-Lisbonne en classe *turista* (2ᵉ classe) coûte 49,65 €.

TRANSPORTS

Des trains directs assurent au moins trois fois par semaine la liaison entre certaines localités suisses et Barcelone, d'où vous pourrez prendre une correspondance pour une ville andalouse.

DEPUIS/VERS LE RESTE DE L'ESPAGNE

La compagnie nationale de chemins de fer Renfe assure un service rapide et fiable vers l'Andalousie au départ de Madrid et des villes de la côte méditerranéenne. De la plupart des autres villes du pays, il ne faut pas plus d'une journée pour rejoindre l'Andalousie en train. Le train le plus rapide est l'AVE (Alta Velocidad Española), qui parcourt les 471 km séparant Madrid de Sevilla *via* Córdoba en 2 heures 30 environ, atteignant jusqu'à 280 km/h.

La plupart des trains longue distance disposent de voitures de 1re et 2e classe (respectivement *preferente* et *turista*). Les trains interrégionaux standard s'appellent *diurnos*. Les autres, plus confortables, les InterCity, s'arrêtent moins souvent et sont un peu plus chers. Dans la catégorie supérieure, montez à bord du Talgo 200, qui emprunte la ligne à grande vitesse AVE sur un tronçon de son trajet et dessert des villes comme Málaga, Cádiz, Huelva et Algeciras. Prendre l'AVE sur la ligne Madrid-Córdoba-Sevilla est l'option la plus rapide, mais aussi la plus chère. Les trains de nuit se divisent en deux catégories : l'*estrella* (avec places assises, couchettes et wagons-lits) et le *trenhotel* (un train couchettes aérodynamique, confortable et assez cher).

Sur la plupart des trains, il est inutile de réserver à l'avance, mais sur les lignes fréquentées, cela est préférable. Le tarif dépend tout d'abord du type de train, de la classe et, parfois, de l'heure du départ. Voici quelques exemples d'allers simples en classe *turista* :

Trajet	Prix (€)	Durée (h)
Barcelona-Granada	49	12-14
Cáceres-Sevilla	14,65	5¾
Madrid-Córdoba	26-43	1¾-6¼
Madrid-Málaga	32,50-54	4¼-7¼
Madrid-Sevilla	51-65	2¼-3¼

Le prix d'un billet aller-retour est généralement inférieur de 20% à celui de deux billets aller. Les enfants de moins de 4 ans voyagent gratuitement, ceux de moins de 11 ans (12 ans sur certains trains) bénéficient d'une réduction de 40% en place assise et en couchette. Les titulaires de la carte Euro<26 (voir p. 418) peuvent prétendre à une réduction d'au moins 20% dans les trains grandes lignes et les trains régionaux.

VOIE MARITIME
Depuis/vers le Maroc

Vous pouvez prendre le bateau pour l'Andalousie depuis les ports marocains de Tanger ou Nador, ainsi que de Ceuta ou Melilla (deux enclaves espagnoles sur la côte marocaine). Les liaisons sont les suivantes : Melilla-Almería, Nador-Almería,

DISTANCES KILOMÉTRIQUES

	Almería	Barcelona	Bilbao	Cádiz	Córdoba	Gibraltar	Granada	Huelva	Jaén	Madrid	Málaga	Sevilla
Almería	---											
Barcelona	809	---										
Bilbao	958	620	---									
Cádiz	484	1284	1058	---								
Córdoba	332	908	796	263	---							
Gibraltar	346	1124	1110	127	314	---						
Granada	166	868	829	297	166	256	---					
Huelva	516	1140	939	219	232	291	350	---				
Jaén	228	804	730	367	104	336	99	336	---			
Madrid	563	621	395	663	400	714	434	632	335	---		
Málaga	219	997	939	265	187	127	129	313	209	544	---	
Sevilla	422	1046	933	125	138	197	256	94	242	538	219	---

Melilla-Málaga, Tanger-Gibraltar, Tanger-Algeciras, Ceuta-Algeciras et Tanger-Tarifa. Toutes ces traversées embarquent générale-ment des passagers et des véhicules. Les liaisons se font le plus souvent au départ ou à destination d'Algeciras. On compte en principe au moins 16 passages par jour entre Algeciras et Tanger (1 heure 15 à 2 heures 30) et 16 autres entre Algeciras et Ceuta (35 min). Le nombre de traversées augmente durant la haute saison estivale (de mi-juin à mi-sept.), lorsque des cen-taines de milliers d'expatriés marocains rentrent dans leur pays pour les vacances. Durant cette période, il arrive que seuls les ressortissants de l'Union européenne ou les personnes y résidant légalement, puissent emprunter la liaison Tanger-Tarifa.

Si vous vous rendez au Maroc pour la pre-mière fois, nous vous conseillons de débar-quer plutôt à Ceuta ou à Melilla qu'à Tanger. La présence d'escrocs en tous genres dans le port de Tanger rend l'arrivée dans cette ville plutôt pénible ; il est beaucoup plus facile de débarquer à Ceuta ou à Melilla. Le passage de la frontière marocaine s'effectue ensuite plus simplement à partir de Melilla que de Ceuta, mais les traversées vers Melilla durent jusqu'à 8 heures et restent beaucoup moins fréquentes que celles vers Ceuta (une par jour seulement depuis Almería ou Málaga la plus grande partie de l'année). Le billet passager en place assise coûte à peine plus cher pour Melilla que pour Algeciras ou Ceuta, mais la traversée s'avère plus onéreuse si vous voulez une cabine ou si vous passez une voiture.

La compagnie publique espagnole **Trasmedi-terránea** (www.trasmediterranea.es ; Espagne ☎ 902 45 46 45 ; Tanger ☎ 039-931142) est la mieux implantée. Elle assure les liaisons depuis Tanger et Ceuta vers Algeciras, ainsi que depuis Melilla vers Málaga et Almería. Au départ d'Algeciras, on trouve deux autres transporteurs importants, **EuroFerrys** (☎ 956 65 11 78 ; www.euroferrys.com) et **Bu-quebus** (☎ 902 41 42 42), ce dernier n'assurant des traversées qu'au départ de Ceuta. Il n'existe guère de différence de prix entre les com-pagnies concurrentes. Au départ d'Algeciras, comptez environ 26 € pour Tanger et 21 € pour Ceuta. Deux personnes à bord d'une petite voiture devront débourser quelque 130 € pour Tanger et 150 € pour Ceuta.

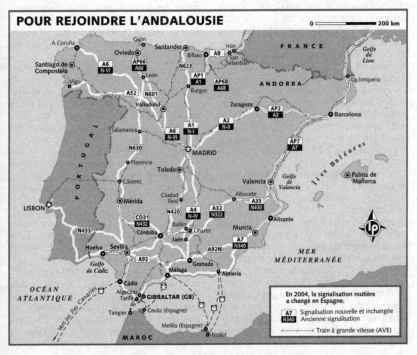

POUR REJOINDRE L'ANDALOUSIE

Si vous voulez passer une voiture à Pâques ou au mois d'août, réservez longtemps à l'avance. Si vous effectuez la traversée depuis le Maroc jusqu'à l'Espagne avec votre véhicule, préparez-vous à des fouilles minutieuses à Ceuta ou Melilla et lors du débarquement.

D'autres informations sont traitées aux rubriques *Depuis/vers Algeciras* (p. 224), *Almería* (p. 397), *Gibraltar* (p. 236), *Málaga* (p. 253) et *Tarifa* (p. 220).

COMMENT CIRCULER

AVION

Il n'existe pas de vols directs entre les différentes villes andalouses.

BICYCLETTE

Avec ses paysages attrayants et ses reliefs variés, l'Andalousie se prête idéalement au cyclisme. De nombreuses routes de campagne peu fréquentées, pour la plupart en bon état, permettent aux cyclotouristes d'éviter les grands axes. La circulation routière ne présente pas de danger particulier. Veillez néanmoins à prévoir une distance de sécurité car les Espagnols adorent la vitesse au volant. Loin des routes bitumées, les adeptes du VTT trouveront à leur disposition des milliers de kilomètres de pistes, dont d'anciennes voies ferrées reconverties par des cyclistes et des randonneurs. Les excursions d'une journée et le cyclotourisme sont particulièrement appréciables au printemps et à l'automne, lorsque les conditions météorologiques sont plus supportables. Sur le cyclisme et le VTT en Andalousie, voir aussi p. 69.

Si vous en avez assez de pédaler, vous pouvez envisager de prendre votre vélo dans le bus (on vous demandera généralement de démonter la roue avant). Pour le train, en revanche, vous devrez remplir plusieurs conditions. Sur les trajets longue distance, il faut voyager de nuit en wagon-lit ou en couchette, mais aussi démonter les pédales et ranger le vélo dans un logement prévu à cet effet. Moins stricts, les trains régionaux ne disposent pas toujours de place pour le transport des bicyclettes. Renseignez-vous bien avant d'acheter votre billet. Vous pouvez charger votre vélo dans des *cercanías* (trains de banlieue).

On trouve de plus en plus facilement des vélos à louer dans les grandes villes, les stations côtières et les villes et villages de l'intérieur qui attirent les touristes. Il s'agit le plus souvent de VTT (*BTT, bicis todo terreno*). Les prix vont de 10 à 20 €/ jour. Si vous préférez acheter un VTT, attendez-vous à payer au minimum 200 € pour un engin de qualité convenable dans un magasin spécialisé d'une ville moyenne. Vous trouverez des vélos moins chers dans les hypermarchés et les grands magasins, entre autres.

Il existe peu de pistes cyclables le long des grands axes routiers. Les cyclistes sont néanmoins autorisés à rouler de front, par deux. Le port du casque est obligatoire en dehors des agglomérations.

BUS

Les bus, pour la plupart modernes, confortables et peu onéreux, desservent à peu près la totalité des villes et des villages d'Andalousie. Les bus grimpent le long d'improbables routes de montagne afin de relier les villages perdus à la ville la plus proche. Il existe des services quotidiens relativement fréquents entre les grandes villes. Le samedi et le dimanche, le service est parfois réduit (et même nul dans certains cas) sur les lignes moins fréquentées.

La plupart des grandes villes possèdent une *estación de autobuses* (gare routière) où s'arrêtent tous les bus assurant un service longue distance. Dans les villages, il arrive que les bus partent d'une rue ou d'une place ne portant aucune indication. N'hésitez pas à vous renseigner auprès de la population locale. Reportez-vous à l'encadré p. 438 pour connaître les principales compagnies de bus assurant un service en Andalousie.

Durant la Semaine sainte, et en juillet-août, il est conseillé d'acheter les billets longue distance la veille du départ. Sur quelques trajets, un aller-retour revient moins cher que deux allers simples ; de même, les jeunes de moins de 26 ans doivent toujours avoir le réflexe de se renseigner sur les réductions auxquelles ils peuvent prétendre.

Vous trouverez dans l'encadré ci-dessus le tarif (aller simple) et la durée de quelques-uns des principaux trajets. Pour plus de renseignements, reportez-vous aux rubriques *Comment circuler* des villes de ce guide.

VOITURE ET MOTO

La qualité du réseau routier andalou et les faibles coûts de la location rendent ces modes de déplacement pratiques et attrayants.

Transport de véhicule

Un véhicule personnel en Andalousie n'a d'intérêt que si vous prévoyez de rester dans la région deux semaines au minimum. Vous n'aurez aucune difficulté à trouver de l'essence (environ 0,90 €/l en Espagne). En cas de panne, toutes les petites villes et de nombreux villages ont un garage.

Si vous voyagez avec votre propre véhicule, munissez-vous de votre permis de conduire, d'un justificatif de propriété, d'un contrôle technique et d'une attestation d'assurance ou d'une carte verte (voir *Assurance*, p. 437). Procurez-vous également auprès de votre assureur un formulaire européen de constat d'accident qui, en cas de besoin, pourra simplifier les démarches.

Permis de conduire

Tous les permis de conduire délivrés par l'Union européenne (de couleur rose ou rose et vert) sont acceptés en Espagne. Les autres permis étrangers sont censés être accompagnés d'un permis de conduire international (dans la pratique, un permis national suffit pour louer une voiture et peut être présenté à la police de la route). Le permis de conduire international, d'une validité de 12 mois, est délivré par les associations automobiles de votre pays.

Location

Si vous prévoyez de louer une voiture en Andalousie, il est préférable d'organiser votre réservation avant le départ.

En général, les sociétés locales disposant d'un comptoir à l'aéroport de Málaga ou sur la Costa del Sol pratiquent les tarifs les plus intéressants. Ainsi, une petite voiture 2 portes avec clim. est proposée à 110-120 € environ la semaine, en août (environ 100 € par semaine en janvier). Un véhicule 4 portes vous coûtera 130-140 € en août (120 € en janvier). Nombre de ces sociétés locales offrent un service de réservation en ligne. À votre arrivée, vous n'aurez plus qu'à vous présenter au comptoir de l'agence, situé dans l'enceinte ou juste à l'extérieur de l'aéroport. En général, les prix de location

augmentent lorsqu'on s'éloigne des *costas* (côtes) fréquentées par les touristes.

Les agences locales suivantes sont toutes établies de longue date et possèdent des comptoirs à l'aéroport de Málaga (et, pour la plupart, dans d'autres villes côtières) :

Centauro (☎ 902 10 41 03 ; www.centauro.net) 250€

Crown Car Hire (☎ 952 17 64 86 ; www.crowncarhire.com)

Helle Hollis (☎ 952 24 55 44 ; www.hellehollis.com) 246€

Holiday Car Hire (☎ 952 24 26 85 ; www.holidaycarhire.com)

Niza Cars (☎ 952 23 61 79 ; www.nizacars.es)

Vous trouverez une liste des agences de location de voitures (classement par villes) sur le site Internet de **Turespaña** (www.spain.info), l'organisme national chargé du tourisme en Espagne.

Au lieu de vous adresser directement à un loueur local, vous pouvez consulter les offres de sociétés de courtage en ligne comme **Holiday Autos** (www.holidayautos.co.uk), **Transhire** (www.transhire.com), **Carjet** (www.carjet.com) ou **Sunny Cars** (www.sunnycars.de, www.sunnycars.nl). Intermédiaires entre les clients et les agences locales, ces sociétés proposent un large choix de véhicules et de lieux de location. Elles ont l'avantage de garantir un certain niveau de prestations, notamment en matière d'assurance. Le prix global est un peu supérieur à celui dont vous vous seriez acquitté dans une agence locale.

Troisième option, souvent la plus onéreuse : la location auprès des grandes compagnies internationales, où la qualité du service demeure assurée :

Avis (en Espagne ☎ 902 13 55 31 ; www.avis.com)

Europcar (en Espagne ☎ 902 10 50 30 ; www.europcar.es en espagnol)

Hertz (en Espagne ☎ 902 40 24 05 ; www.hertz.es)

National/Atesa (en Espagne ☎ 902 10 01 01 ; www.atesa.es)

Vous devez avoir au moins 21 ans (voire 23 ans pour certaines compagnies) et détenir un permis de conduire depuis 1 an minimum (parfois 2 ans). De nombreuses compagnies facturent des frais supplémentaires si vous avez moins de 25 ans.

Il est plus simple, et souvent obligatoire, de payer avec une carte de crédit.

Où que vous envisagiez votre location, assurez-vous d'avoir bien compris ce qui est inclus dans le prix. Certaines agences

TRANSPORTS

ne facturent pas les sièges de sécurité pour enfant ou ajoutent gratuitement d'autres personnes à la liste des conducteurs autorisés, mais ce n'est pas le cas général. Vous trouverez ci-après quelques conseils sur l'assurance de la voiture de location.

Assurance

Une assurance véhicule au tiers est le minimum requis en Espagne et dans toute l'Europe. Si vous résidez dans l'UE, votre assurance auto comporte probablement une garantie au tiers s'appliquant dans tous les pays de l'Union. Renseignez-vous auprès de votre assureur pour savoir si vous êtes couvert pour les frais médicaux et d'hospitalisation et pour les dommages au véhicule. Il vous faudra peut-être vous acquitter d'un supplément si vous souhaitez bénéficier des mêmes garanties que dans votre pays. Vous pouvez également souscrire une assurance prévoyant une assistance en cas de panne du véhicule.

Document international délivré gratuitement par votre assureur, la carte verte vous permet de prouver que vous avez souscrit à l'assurance minimum exigée légalement dans le pays que vous visitez. Elle n'est pas indispensable si vous possédez un certificat d'assurance attestant cette garantie, mais offre l'avantage d'être identifiable par les autorités et la police du pays étranger.

Si vous louez un véhicule en Andalousie, l'assurance de base fournie par l'agence de location ne comporte certainement qu'une simple garantie au tiers. Il vous faudra peut-être souscrire auprès du loueur une garantie complémentaire vous couvrant en cas de vol du véhicule, de dommages résultant d'une collision ou d'un acte de vandalisme et de blessures ou décès du conducteur ou des passagers. Quoi qu'il en soit, étudiez soigneusement les conditions de votre contrat de location avant de le signer.

État des routes

L'Espagne affiche l'un des taux de mortalité sur les routes les plus élevés d'Europe. Ce chiffre s'explique notamment par un grand nombre d'excès de vitesse. Les automobilistes espagnols roulent vite, en particulier sur les *autovías* (route à quatre voies gratuite) et ce, même en cas de circulation intense.

PARKING

Aux heures de bureau (de 9h à 14h et de 17h à 20h, *grosso modo*, en semaine, ainsi que le samedi matin), on a souvent du mal à trouver une place de stationnement. Vous serez souvent contraint d'utiliser des parkings en sous-sol ou à étages, assez bien indiqués et présents dans la plupart des villes. Ils s'avèrent toutefois assez onéreux (en général autour de 1 € l'heure ou de 10 à 15 € les 24h). Votre véhicule sera mieux protégé dans l'un de ces parkings que dans la rue. Les hôtels disposant d'un parking facturent en principe ce service, à des tarifs similaires à ceux des parkings souterrains.

Les lignes bleues sur la chaussée signifient généralement que vous devez payer à un parcmètre proche durant les heures de bureau (en général autour de 0,50 €/h). Les lignes jaunes indiquent une interdiction de stationner, souvent ignorée, en dépit du risque réel d'enlèvement du véhicule (environ 60 €).

Code de la route

Comme partout en Europe continentale, vous roulerez à droite et dépasserez par la gauche. Pour conduire, vous devez être

PRINCIPALES COMPAGNIES DE BUS

Compagnie	Site (en espagnol)	Téléphone	Principales destinations
Alsina Graells	www.alsinagraells.es	☎ 902 33 04 00	Almería, Córdoba, Granada, Jaén, Málaga, Sevilla
Casal	-	☎ 954 99 92 90	Aracena, Carmona, Sevilla
Comes	-	☎ 902 19 92 08	Algeciras, Cádiz, Granada, Jerez, Málaga, Ronda, Sevilla
Damas	www.damas-sa.es	☎ 959 25 89 00	Huelva, Sevilla
Linesur	www.linesur.com	☎ 954 98 82 20	Algeciras, Écija, Jerez, Sevilla
Los Amarillos	www.losamarillos.es	☎ 902 21 03 17	Cádiz, Jerez, Málaga, Ronda, Sevilla
Portillo	-	☎ 956 65 10 55	Algeciras, Costa del Sol, Málaga, Ronda
Transportes Ureña	-	☎ 957 40 45 58	Córdoba, Jaén, Sevilla

PRINCIPAUX TRAJETS EN BUS

Trajet	Tarif aller (€)	Durée (h)	Distance (km)	Fréquence (/j)
Granada-Almería	9,40	2¼	166	10
Málaga-Cádiz	18,05	6	265	4
Málaga-Córdoba	10,45	2½	187	5
Málaga-Granada	8,65	2	129	18
Málaga-Sevilla	13,05	2½	219	12
Sevilla-Cádiz	9,30	1½	125	11
Sevilla-Córdoba	8,60	1½	138	10
Sevilla-Granada	16	3	256	10
Sevilla-Huelva	6,10	1¼	94	18

âgé d'au moins 18 ans. Les ceintures de sécurité à l'arrière, si elles sont adaptées, doivent être bouclées. Les enfants de moins de 3 ans doivent être assis dans des sièges de sécurité pour enfant. Le taux d'alcool au volant est limité à 0,05% (0,03% pour les conducteurs dont le permis date de moins de 2 ans), des tests d'alcoolémie sont parfois effectués. La police procède également à des contrôles de manière inopinée ; il est toujours préférable d'avoir ses papiers sur soi. Les étrangers non-résidents peuvent être mis à l'amende sur-le-champ pour infraction à la circulation. Vous pouvez contester en écrivant (en n'importe quelle langue) à la Jefatura Provincial de Tráfico (*Direction de la circulation provinciale*) et, si votre réclamation est retenue, vous serez remboursé, mais n'y comptez pas trop. Les coordonnées des directions de la circulation de chacune des provinces sont disponibles sur le site de la **Dirección General de Tráfico** (www.dgt.es). Cliquez sur la rubrique "Direcciones y Teléfonos", puis sur "Donde Realizar Trámites" et sélectionnez la province vous concernant.

La vitesse maximale est de 50 km/h en ville, de 90 ou 100 km/h sur les routes principales, et de 120 km/h sur les *autopistas* (autoroutes à péage) et *autovías*.

La réglementation espagnole vous oblige à être équipé de deux triangles de présignalisation (devant être placés à une distance de 100 m à l'avant et à l'arrière du véhicule si vous vous arrêtez sur la chaussée) et d'un gilet réfléchissant, à enfiler si vous quittez votre véhicule et descendez sur la chaussée ou sur la bande d'arrêt d'urgence en dehors d'une agglomération.

L'usage du téléphone portable est interdit au volant.

TRANSPORTS LOCAUX

Les villes importantes disposent d'un service de bus efficace, mais vous n'en aurez la plupart du temps pas l'utilité dans la mesure où la distance entre le lieu d'hébergement, les distractions et les principales gares routières et ferroviaires se parcourt aisément à pied. Tous les aéroports andalous, à l'exception de celui de Jerez, sont reliés par un bus au centre-ville. Málaga est aussi desservie par un train. Les distances entre l'aéroport de Gibraltar, le centre-ville et la station de bus de La Línea de la Concepción, en Espagne, se parcourent aisément à pied.

Les taxis ne manquent pas en ville et de nombreux villages en possèdent un ou deux. Les prix sont raisonnables (une course de 3 km revient à environ 3 €) mais les trajets vers/depuis l'aéroport sont un peu plus chers. Une course en ville coûte environ 0,60 €/km. Le pourboire n'est pas obligatoire, mais vous pouvez toujours arrondir le prix de la course.

TRAIN

La **Renfe** (☎ 902 24 02 02 ; www.renfe.es), la compagnie nationale des chemins de fer espagnols, dispose d'un réseau étendu et efficace reliant les principales villes et de nombreux villages d'Andalousie. Sur de nombreux itinéraires, les trains sont au moins aussi pratiques, rapides et bon marché que les bus.

Sur certains itinéraires – comme Córdoba-Málaga, Córdoba-Sevilla-Cádiz ou Córdoba-Ronda-Algeciras – vous pouvez opter pour des trains longue distance reliant l'Andalousie et les autres régions d'Espagne (pour plus de renseignements sur ces trains, voir p. 434). Le plus souvent, vous utiliserez les trains *regionales*

TRANSPORTS

TRANSPORTS

PRINCIPAUX TRAJETS EN TRAIN

Trajet	Tarif aller (€)	Durée (h)	Distance (km)	Fréquence (/j)
Granada-Almería	11,80	2¼	166	4
Málaga-Cádiz	21,25	5-6	265	5 (correspondances à Bobadilla et Dos Hermanas)
Málaga-Córdoba	14-19	2½	187	9
Málaga-Granada	12	2½	129	3 (correspondance à Bobadilla)
Málaga-Seville	13,15	2½	219	5
Seville-Cádiz	8,40-22,50	1½	125	9
Seville-Córdoba	7-25	¾-1½	138	21
Seville-Granada	17,65	3¼	256	4
Seville-Huelva	6,40-15,50	1½	94	4

ou *cercanías*, dotés d'une seule classe et moins onéreux. Les premiers relient les villes andalouses entre elles, avec des arrêts en chemin dans certaines villes. Ils sont répartis en trois catégories : le Tren Regional Diésel (TRD), l'Andalucía Exprès (AE), moins rapide mais un peu moins cher, et les modestes trains régionaux (R), un peu plus lents et moins chers encore. Quant aux cercanías, ils relient Sevilla, Málaga et Cádiz à leurs banlieues et aux villes voisines.

Le service ferroviaire est satisfaisant, avec au moins 3 trains directs (souvent davantage) dans les deux sens, sur les trajets suivants : Algeciras-Ronda-Bobadilla-Antequera-Granada, Córdoba-Málaga, Málaga-Torremolinos-Fuengirola, Sevilla-Jerez de la Frontera-El Puerto de Santa María-Cádiz, Sevilla-Córdoba, Sevilla-Huelva, Sevilla-Bobadilla-Málaga et Sevilla-Antequera-Granada-Guadix-Almería.

En dehors de ces lignes, le service ferroviaire est peu fréquent et les trajets obligent souvent à des changements dans la petite gare de Bobadilla, dans le centre de l'Andalousie, où les lignes en provenance de Sevilla, Córdoba, Granada, Málaga et Algeciras convergent. Toutefois, avec un peu de persévérance, vous vous apercevrez qu'un nombre surprenant de destinations sont accessibles en train, notamment Jaén, la Sierra Norte de la province de Sevilla, et la Sierra de Aracena.

L'encadré ci-dessus indique le tarif (aller simple) et la durée de quelques-uns des principaux trajets (dans certains cas, le tarif est fonction du type de train). Pour plus d'informations, reportez-vous à la rubrique *Comment circuler* des villes présentées dans ce guide.

Santé

Un guide sur la santé peut s'avérer utile. *Les Maladies en voyage*, du Dr Éric Caumes (Points Planète), *Voyages internationaux et santé*, de l'Organisation mondiale de la santé (OMS), et *Saisons et climats*, de Jean-Noël Darde (Balland) sont d'excellentes références.

AVANT LE DÉPART

ASSURANCES ET SERVICES MÉDICAUX

Il est conseillé de souscrire à une police d'assurance qui vous couvrira en cas d'annulation de votre voyage, de vol, de perte de vos affaires, de maladie ou encore d'accident. Les assurances internationales pour étudiants sont en général d'un bon rapport qualité/prix. Lisez avec la plus grande attention les clauses en petits caractères : c'est là que se cachent les restrictions.

Vérifiez notamment que les "sports à risques", comme la plongée, la moto ou même la randonnée ne sont pas exclus de votre contrat, ou encore que le rapatriement médical d'urgence, en ambulance ou en avion, est couvert. De même, le fait d'acquérir un véhicule dans un autre pays ne signifie pas nécessairement que vous serez protégé par votre propre assurance.

Vous pouvez contracter une assurance qui réglera directement les hôpitaux et les médecins, vous évitant ainsi d'avancer des sommes qui ne vous seront remboursées qu'à votre retour. Dans ce cas, conservez avec vous tous les documents nécessaires.

Attention ! Avant de souscrire une police d'assurance, vérifiez bien que vous ne bénéficiez pas déjà d'une assistance par votre carte de crédit, votre mutuelle ou votre assurance automobile. C'est bien souvent le cas.

Conseil

Si vous suivez un traitement de façon régulière, n'oubliez pas votre ordonnance (avec le nom du principe actif plutôt que la marque du médicament, afin de pouvoir trouver un équivalent local, le cas échéant). De plus, l'ordonnance vous permettra de prouver que vos médicaments vous sont légalement prescrits, des médicaments en vente libre dans certains pays ne l'étant pas dans d'autres.

SANTÉ SUR INTERNET

Il existe de très bons sites Internet consacrés à la santé en voyage. Avant de partir, vous pouvez consulter les conseils en ligne du Ministère des Affaires étrangères (www.france.diplomatie .fr/voyageurs) ou le site très complet du Ministère de la Santé (www.sante.gouv.fr). Sur les maladies rares, vous pouvez vous informer sur le site www.orpha.net, constitué d'une encyclopédie en ligne rédigée par des experts européens. Vous trouverez, d'autre part, plusieurs liens sur le site de Lonely Planet (www.lonelyplanet.fr), à la rubrique *Ressources*.

VACCINS

Aucun vaccin n'est exigé pour entrer en Espagne. Il est toutefois important de faire la différence entre les vaccins recommandés lorsque l'on voyage dans certains pays et ceux obligatoires. Au cours des dix

> ### AVERTISSEMENT
> La santé en voyage dépend du soin avec lequel on prépare le départ et, sur place, de l'observance d'un minimum de règles quotidiennes. Les risques sanitaires sont généralement faibles si une prévention minimale et les précautions élémentaires d'usage ont été envisagées avant le départ.

SANTÉ

SANTÉ AU JOUR LE JOUR

La température normale du corps est de 37°C ; deux degrés de plus représentent une forte fièvre. Le pouls normal d'un adulte est de 60 à 80 pulsations par minute (celui d'un enfant est de 80 à 100 pulsations ; celui d'un bébé de 100 à 140 pulsations). En général, le pouls augmente d'environ 20 pulsations à la minute avec chaque degré de fièvre.

La respiration est aussi un bon indicateur en cas de maladie. Comptez le nombre d'inspirations par minute : entre 12 et 20 chez un adulte, jusqu'à 30 pour un jeune enfant et jusqu'à 40 pour un bébé, elle est normale. Les personnes qui ont une forte fièvre ou qui sont atteintes d'une maladie respiratoire grave (pneumonie par exemple) respirent plus rapidement. Plus de 40 inspirations faibles par minute indiquent en général une pneumonie.

dernières années, le nombre de vaccins inscrits au registre du Règlement sanitaire international a beaucoup diminué. Seul le vaccin contre la fièvre jaune peut encore être exigé pour passer une frontière, parfois seulement pour les voyageurs qui viennent de régions contaminées. Faites inscrire vos vaccinations dans un carnet international de vaccination que vous pourrez vous procurer auprès de votre médecin ou d'un centre.

Planifiez vos vaccinations à l'avance (au moins six semaines avant le départ), car certaines demandent des rappels ou sont incompatibles entre elles. Même si vous avez été vacciné contre plusieurs maladies dans votre enfance, votre médecin vous recommandera peut-être des rappels contre le tétanos ou la poliomyélite. Les vaccins ont des durées d'efficacité très variables ; certains sont contre-indiqués pour les femmes enceintes.

Voici les coordonnées de quelques centres de vaccination à Paris :

Hôtel-Dieu Vaccins obligatoires en France : centre gratuit de l'Assistance publique (☎ 01 42 34 84 84), 1 parvis Notre-Dame, 75004 Paris. Vaccins pour les voyageurs : centre payant (☎ 01 45 82 90 26), 15-17 rue Charles Bertheau, 75013 Paris.
Assistance publique voyages, service payant de l'hôpital de la Pitié-Salpêtrière (☎ 01 45 85 90 21), 47 bd de l'Hôpital, 75013 Paris.

Institut Pasteur (☎ 01 45 68 81 98), 209 rue de Vaugirard, 75015 Paris.
Air France, centre de vaccination (☎ 01 43 17 22 00), aérogare des Invalides, 2 rue Robert Esnault Pelterie, 75007 Paris.

Il existe de nombreux centres en province, en général liés à un hôpital ou un service de santé municipal. Vous pouvez obtenir la liste de ces centres de vaccination en France en vous connectant sur le site Internet www.dfae.diplomatie.fr, émanant du ministère des Affaires étrangères.

PENDANT LE VOYAGE

MAL DES TRANSPORTS

Pour réduire les risques d'avoir le mal des transports, mangez légèrement avant et pendant le voyage. Si vous êtes sujet à ces malaises, essayez de trouver un siège dans une partie du véhicule où les oscillations sont moindres : près de l'aile dans un avion, au centre sur un bateau et dans un bus. Évitez de lire et de fumer. Tout médicament doit être pris avant le départ ; une fois que vous vous sentez mal, il est trop tard.

THROMBOSES VEINEUSES PROFONDES

Les trajets en avion, principalement du fait d'une immobilité prolongée, peuvent favoriser la formation de caillots sanguins dans les jambes (thrombose veineuse profonde ou TVP). Le risque est d'autant plus élevé que le vol est plus long. Ces caillots se résorbent le plus souvent sans autre incident, mais il peut arriver qu'ils se rompent et migrent à travers les vaisseaux sanguins jusqu'aux poumons, risquant alors de provoquer de graves complications.

Généralement, le principal symptôme est un gonflement ou une douleur du pied, de la cheville ou du mollet d'un seul côté, mais pas toujours. La migration d'un caillot vers les poumons peut se traduire par une douleur à la poitrine et des difficultés respiratoires. Tout voyageur qui remarque l'un de ces symptômes doit aussitôt réclamer une assistance médicale.

Pour prévenir le développement de thrombose veineuse profonde durant un vol long-courrier, buvez en abondance des boissons non alcoolisées, évitez de fumer,

TROUSSE MÉDICALE DE VOYAGE

Veillez à emporter avec vous une petite trousse à pharmacie (nous vous conseillons de la transporter en soute) contenant quelques produits indispensables. Certains ne sont délivrés que sur ordonnance médicale.

- des **antibiotiques**, à utiliser uniquement aux doses et périodes prescrites, même si vous avez l'impression d'être guéri avant. Chaque antibiotique soigne une affection précise : ne les utilisez pas au hasard. Cessez immédiatement le traitement en cas de réactions graves
- un **antidiarrhéique** et un **réhydratant**, en cas de forte diarrhée, surtout si vous voyagez avec des enfants
- un **antihistaminique** en cas de rhumes, allergies, piqûres d'insectes, mal des transports – évitez de boire de l'alcool
- un **antiseptique** ou un désinfectant pour les coupures, les égratignures superficielles et les brûlures, ainsi que des pansements gras pour les brûlures
- de l'**aspirine** ou du **paracétamol** (douleurs, fièvre)
- une **bande Velpeau** et des **pansements** pour les petites blessures
- une **paire de lunettes de secours** (si vous portez des lunettes ou des lentilles de contact) et la copie de votre ordonnance
- un **produit contre les moustiques**, un écran total, une pommade pour soigner les piqûres et les coupures et des comprimés pour stériliser l'eau
- une **paire de ciseaux** à bouts ronds, une **pince à épiler** et un **thermomètre à alcool**
- une petite trousse de **matériel stérile** comprenant une seringue, des aiguilles, du fil à suture, une lame de scalpel et des compresses
- des **préservatifs**

SANTÉ

pratiquez des compressions isométriques sur les muscles des jambes (c'est à dire faites jouer les muscles de vos jambes lorsque vous êtes assis) et levez-vous de temps à autre pour marcher dans la cabine. Vous pouvez également prévoir des chaussettes de contention.

EN ANDALOUSIE

SERVICES MÉDICAUX

Pour obtenir une ambulance, appelez le ☎ 061. Si vous avez besoin de recevoir des soins en urgence, mieux vaut vous rendre aux urgences (*urgencias*) de l'hôpital le plus proche.

En Andalousie, les soins médicaux se révèlent facilement accessibles et de bonne qualité. Vous trouverez des médicaments en vente libre dans les pharmacies (*farmacias*), où vous pourrez également demander conseil si besoin. Le système des pharmacies de garde (*farmacias de guardia*) fonctionne de manière à ce que chaque quartier dispose

en permanence d'une officine ouverte. Lorsqu'une pharmacie est fermée, le nom de la plus proche est indiqué sur la porte.

AFFECTIONS LIÉES À L'ENVIRONNEMENT
Coup de chaleur

Cet état grave, parfois mortel, survient quand le mécanisme de régulation thermique du corps ne fonctionne plus : la température s'élève alors de façon dangereuse. De longues périodes d'exposition à des températures élevées peuvent vous rendre vulnérable au coup de chaleur. Évitez l'alcool et les activités fatigantes lorsque vous arrivez dans un pays à climat chaud.

Les symptômes : un malaise général, une transpiration faible ou inexistante et une forte fièvre (39 à 41°C). Là où la transpiration a cessé, la peau devient rouge. La personne qui souffre d'un coup de chaleur est atteinte d'une céphalée lancinante et éprouve des difficultés à coordonner ses mouvements ; elle peut aussi donner des signes de confusion mentale ou d'agressivité. Enfin, elle délire et est en proie à des convulsions. Il faut absolument hospitaliser le malade. En attendant les secours, installez-le à l'ombre, ôtez-lui ses vêtements, couvrez-le d'un drap ou d'une serviette mouillés et éventez-le continuellement.

Coup de soleil

Sur les plages ou en altitude, les coups de soleil sont fréquents, même par temps couvert. Utilisez un écran solaire et pensez à couvrir les endroits qui sont habituellement protégés, les pieds par exemple. Si les chapeaux fournissent une bonne protection, n'hésitez pas à appliquer également un écran total sur le nez et les lèvres. Les lunettes de soleil s'avèrent souvent indispensables.

Froid

L'excès de froid est aussi dangereux que l'excès de chaleur, surtout lorsqu'il provoque une hypothermie. Si vous faites une randonnée en haute altitude, prenez vos précautions.

L'hypothermie a lieu lorsque le corps perd de la chaleur plus vite qu'il n'en produit et que sa température baisse. Le passage d'une sensation de grand froid à un état dangereusement froid est étonnamment rapide quand vent, vêtements humides, fatigue et faim se combinent, même si la température extérieure est supérieure à zéro. Le mieux est de s'habiller par couches : soie, laine et certaines fibres synthétiques nouvelles sont tous de bons isolants. N'oubliez pas de prendre un chapeau, car on perd beaucoup de chaleur par la tête. La couche supérieure de vêtements doit être solide et imperméable, car il est vital de rester au sec. Emportez du ravitaillement de base comprenant des sucres rapides, qui génèrent rapidement des calories, et des boissons en abondance.

Symptômes : fatigue, engourdissement, en particulier des extrémités (doigts et orteils), grelottements, élocution difficile, comportement incohérent ou violent, léthargie, démarche trébuchante, vertiges, crampes musculaires et explosions soudaines d'énergie. La personne atteinte d'hypothermie peut déraisonner au point de prétendre qu'elle a chaud et de se dévêtir.

Pour soigner l'hypothermie, protégez le malade du vent et de la pluie, enlevez-lui ses vêtements s'ils sont humides et habillez-le chaudement. Donnez-lui une boisson chaude (pas d'alcool) et de la nourriture très calorique, facile à digérer. Cela devrait suffire pour les premiers stades de l'hypothermie. Néanmoins, si son état est plus grave, couchez-le dans un sac de couchage chaud. Il ne faut ni le frictionner, ni le placer près d'un feu ni lui changer ses vêtements dans le vent. Si possible, faites-lui prendre un bain chaud (pas brûlant).

Insolation

Une exposition prolongée au soleil peut provoquer une insolation. Symptômes : nausées, peau chaude, maux de tête. Dans ce cas, il faut rester dans le noir, appliquer une compresse d'eau froide sur les yeux et prendre de l'aspirine.

Diarrhée

Le changement de nourriture, d'eau ou de climat suffit à la provoquer ; si elle est causée par des aliments ou de l'eau contaminés, le problème est plus grave. En dépit de toutes vos précautions, vous aurez peut-être la "turista", mais quelques visites aux toilettes sans aucun autre symptôme n'ont rien d'alarmant. La déshydratation est le danger principal lié à toute diarrhée, particulièrement chez les enfants. Ainsi le premier traitement consiste à boire beaucoup : idéalement, il faut mélanger huit cuillerées à café de sucre et une de sel dans un litre d'eau. Sinon du thé noir léger, avec peu de sucre, des boissons gazeuses qu'on laisse se dégazéifier et qu'on dilue à 50% avec de l'eau purifiée, sont à recommander. En cas de forte diarrhée, il faut prendre une solution réhydratante pour remplacer les sels minéraux. Quand vous irez mieux, continuez à manger légèrement. Les antibiotiques peuvent être utiles dans le traitement de diarrhées très fortes, en particulier si elles sont accompagnées de nausées, de vomissements, de crampes d'estomac ou d'une fièvre légère. Trois jours de traitement sont généralement suffisants, et on constate normalement une amélioration dans les 24 heures. Toutefois, lorsque la diarrhée persiste au-delà de 48 heures ou s'il y a présence de sang dans les selles, il est préférable de consulter un médecin.

Coupures, piqûres et morsures
COUPURES ET ÉGRATIGNURES

Les blessures s'infectent très facilement dans les climats chauds et cicatrisent difficilement. Coupures et égratignures doivent être traitées avec un antiseptique et du désinfectant cutané. Évitez si possible bandages et pansements, qui empêchent la plaie de sécher.

PIQÛRES

Les piqûres de guêpe ou d'abeille sont surtout dangereuses pour les personnes chez qui elles provoquent une grave réaction allergique (ou anaphylaxie).

Dans les régions boisées, prenez garde aux chenilles poilues marron-rouge des papillons de pins, occupant des nids argentés dans les pins et qui ont pour habitude de se déplacer en longues files. Toucher les poils de ces chenilles processionnaires provoque une réaction allergique de la peau fort irritante.

La piqûre de certains mille-pattes d'Andalousie est très désagréable, mais nullement fatale. Mieux vaut éviter particulièrement les mille-pattes striés, par exemple, de rayures noires et jaunes.

À la mer, vous n'aurez en général aucun mal à repérer la présence de méduses qui apparaissent toujours en colonie. Dans ce cas, mieux vaut éviter de se baigner car leurs tentacules provoquent des piqûres.

Le seul serpent venimeux relativement répandu en Espagne est la vipère à nez plat. Cette créature à la tête triangulaire mesure tout au plus 75 cm et des zigzags sont dessinés sur sa peau grise. Elle vit dans les endroits secs et rocailleux, à l'écart des êtres humains. Sa morsure pouvant être fatale, elle doit être soignée à l'aide d'un sérum que les hôpitaux des grandes villes gardent toujours en stock.

Les piqûres des moustiques espagnols ne sont pas porteurs du paludisme. Par ailleurs, des phlébotomes sévissent du côté des plages méditerranéennes. Les piqûres de ces insectes provoquent de grosses démangeaisons et peuvent parfois entraîner une maladie de peau rare, la leishmaniose cutanée. La meilleure précaution contre les phlébotomes et les moustiques consiste à éviter de se faire piquer en utilisant un produit antimoustiques.

Les piqûres de scorpion sont très douloureuses, mais celles des scorpions espagnols ne sont pas mortelles.

Vérifiez que vous n'avez pas attrapé de tiques si vous vous êtes promené dans des endroits où des moutons et des chèvres viennent paître, car les piqûres de ces insectes provoquent dans certains cas des infections cutanées ou d'autres maladies plus graves.

Eau

L'eau du robinet est, en règle générale, potable en Espagne. Toutefois, à Málaga, de nombreux habitants préfèrent ne prendre aucun risque et achètent de l'eau minérale. Ne buvez pas l'eau des rivières ni des lacs car elle pourrait contenir des bactéries ou des virus susceptibles de provoquer des diarrhées ou des vomissements.

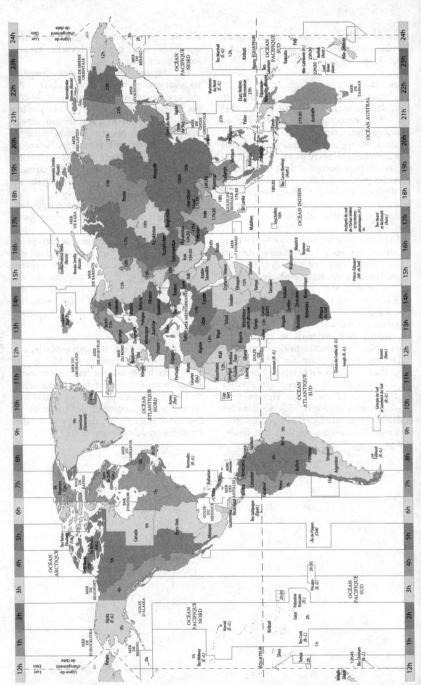

Langue

L'espagnol, ou plus précisément le castillan (*castellano*), est parlé dans toute l'Andalousie. Vous trouverez probablement plus de personnes parlant un peu le français ou l'anglais dans les grandes villes et les régions touristiques. On vous réservera souvent un accueil plus chaleureux si vous essayez de communiquer en espagnol.

PRONONCIATION ANDALOUSE

La prononciation de l'espagnol ne pose pas de grandes difficultés et elle est assez proche de la graphie.

Néanmoins, rares sont les Andalous à prononcer le castillan comme dans d'autres parties de l'Espagne ou comme il est enseigné. Les accents locaux varient également, mais si vous appliquez les règles suivantes, vous ne devriez pas rencontrer trop de problèmes pour vous faire comprendre.

Voyelles

e   se prononce "é"

u   se prononce "ou" ; muet après un **q** et dans les combinaisons de lettres **gue** et **gui**, sauf s'il porte un tréma (comme dans *argüir*), auquel cas il se prononce "w"

y   se prononce comme un **i** à la fin d'un mot ou lorsqu'il est utilisé tout seul comme conjonction de coordination

Consonnes

À quelques exceptions près, la prononciation des consonnes se rapproche de celle du français.

L'alphabet espagnol comprend en plus la lettre **ñ**. Les consonnes **ch**, **ll** et **ñ** sont généralement considérées comme des lettres à part. Les agglomérats **ch** et **ll** sont désormais classés par ordre alphabétique, respectivement aux lettres **c** et **l**, mais la lettre **ñ** est toujours traitée comme une consonne à part et figure après la lettre **n** dans les dictionnaires.

b   se prononce "v" comme dans "van" ; ou (moins fréquemment) "b" comme dans "bout", quand il est placé au début d'un mot ou précédé d'une nasale telle **m** ou **n**

c   se prononce "s" devant "e" ou "i" (et non comme le "s" sifflant qui ressemble au "th" anglais), et "k" devant toutes les autres lettres

ch   comme dans "tchin-tchin"

d   comme en français lorsqu'il est placé en début de mot ou précédé d'un **l** ou d'un **n** ; sinon il se prononce comme le "th" anglais et parfois pas du tout – ainsi, *partido* (découpé) se dit "partio"

g   comme en français lorsqu'il est placé en début de mot ou devant un **a**, un **o** et un **u** ; lorsqu'il précède un **e** ou un **i**, il se prononce comme "la jota" de manière gutturale et aspirée, comme "a*ch*tung" en allemand

h   toujours muet

j   la "jota", son guttural comme dans "a*ch*tung" en allemand

ll   "l" mouillé comme dans "paille", mais souvent proche du "j" en Andalousie

ñ   nasalisé comme dans "pagne"

q   comme dans "coq" ; toujours suivi par un **u** muet puis d'un **e** (comme dans "que") ou d'un **i** (comme dans "aquí")

r   roulé ; plus long et plus marqué en début de mot ou devant un autre "r"

s   ne se prononce souvent pas du tout, notamment à la fin d'un mot ; ainsi, *pescados* (poissons) est prononcé *pecao* en Andalousie

v   comme le **b**

x   comme dans "taxi" lorsqu'il est placé entre deux voyelles et comme le "s" de "soie" quand il précède une consonne

z   se prononce comme le "s" (et non comme le "s"sifflant du castillan classique) ; souvent muet à la fin d'un mot

Syllabes accentuées

Dans ce guide de conversation, la syllabe accentuée d'un mot apparaît en caractères italiques dans sa retranscription phonétique. L'accent est, en général, placé sur l'antépénultième dans un mot se terminant par une voyelle ou par la consonne **n** ou **s**. Dans les autres cas, la dernière syllabe porte l'accent. Ainsi, *vaca* (vache) et *caballos* (chevaux) sont-ils accentués sur l'avant-dernière syllabe, tandis que *ciudad* (ville) et *infeliz* (malheureux) sont accentués sur la dernière.

La présence d'un accent écrit signifie que la syllabe est accentuée et est presque toujours réservée aux mots échappant aux règles ci-dessus, par exemple *sótano* (cave) et *porción* (portion).

GENRE ET NOMBRE

En espagnol comme en français, tous les noms ont un genre, aisément identifiable grâce à certaines règles (même s'il existe quelques exceptions). En général, les noms féminins se terminent par un **a** ou par les combinaisons **ción**, **sión** ou **dad**. Une autre terminaison indique, en principe, qu'il s'agit d'un nom masculin. Les adjectifs s'accordent en genre avec le nom qu'ils qualifient (masculin/féminin : **o/a**). Dans ce guide de conversation, si un nom possède à la fois une forme masculine et une forme féminine, la première sera séparée de la seconde par une barre oblique (exemple : *perdido/a*).

Un nom ou un adjectif se terminant par une voyelle prend un **s** au pluriel. S'il se finit par une consonne, la terminaison **es** marque le pluriel.

HÉBERGEMENT

Je cherche...	*Estoy buscando...*
Où y a-t-il... ?	*¿Dónde hay...?*
un hôtel	*un hotel*
une pension	*una pensión/residencial/ un hospedaje*
une auberge de jeunesse	*un albergue juvenil*

Je voudrais une chambre...	*Quisiera una habitación...*
double	*doble*
simple	*individual*
avec des lits jumeaux	*con dos camas*

EFFECTUER UNE RÉSERVATION

(par téléphone ou par courrier)

À...	*A...*
De...	*De...*
Date	*Fecha*
J'aimerais réserver...	*Quisiera reservar...*
(voir les différents types de chambre/lit sous la rubrique *Hébergement*)	
au nom de...	*en nombre de...*
pour les nuits du...	*para las noches del...*
carte de crédit...	*tarjeta de crédito...*
numéro	*número*
date d'expiration	*fecha de vencimiento*
Pouvez-vous me confirmer...	*Puede confirmar...*
la disponibilité	*la disponibilidad*
le prix	*el precio*

Combien cela coûte-t-il par... ?	*¿Cuánto cuesta por...?*
nuit	*noche*
personne	*persona*
semaine	*semana*

Le petit déjeuner est-il compris ?	*¿Incluye el desayuno?*
Puis-je voir la chambre ?	*¿Puedo ver la habitación?*

Elle ne me plaît pas.	*No me gusta.*
Elle me plaît. Je vais la prendre.	*OK. La alquilo.*
Je pars maintenant.	*Me voy ahora.*

pension complète	*pensión completa*
salle de bains privée/	*baño privado/*
commune	*compartido*
trop cher	*demasiado caro*
moins cher	*más económico*
remise	*descuento*

CONVERSATION ET PHRASES UTILES

Lorsque l'on s'adresse à des personnes que l'on connaît ou qui sont plus jeunes, il est courant d'employer le tutoiement (*tú*) au lieu de la forme de politesse *Usted*. C'est cette dernière forme que nous employons dans tous les cas dans ce guide.

Salut	*Hola.*
Bonjour (matin)	*Buenos días.*
Bonjour (après-midi)	*Buenas tardes.*
Bonsoir/Bonne nuit	*Buenas noches.*
Au revoir	*Adiós.*
Salut/À bientôt	*Hasta luego.*
Oui	*Sí.*
Non	*No.*
S'il vous plaît	*Por favor.*
Merci	*Gracias.*
Merci beaucoup	*Muchas gracias.*
De rien/Je vous en prie	*De nada.*

Excusez-moi   *Perdón/Discúlpeme.*
(avant de demander un renseignement, par exemple)
Désolé(e)   *Lo siento.*
(en s'excusant)
Pardon   *Permiso.*
(si vous souhaitez passer devant quelqu'un, par exemple)

Comment ça va ?	*¿Qué tal?*
Comment vous appelez-vous ?	*¿Cómo se llama Usted?/ ¿Cómo te llamas?*
Je m'appelle...	*Me llamo...*
Enchanté(e)	*Mucho gusto.*
D'où venez-vous ?	*¿De dónde es/eres?*
Je viens de...	*Soy de...*
Où logez-vous ?	*¿Dónde está alojado? ¿Dónde estás alojado?*
Puis-je prendre une photo ?	*¿Puedo hacer una foto?*

SE DIRIGER

Comment puis-je aller à...?	*¿Cómo puedo llegar a...?*
Est-ce loin ?	*¿Está lejos?*
Allez tout droit	*Siga/Vaya derecho.*
Tournez à gauche	*Doble a la izquierda.*
Tournez à droite	*Doble a la derecha.*
Je suis perdu/e	*Estoy perdido/a.*

Pouvez-vous me le montrer (sur la carte) ?
¿Me lo podría indicar (en el mapa)?

ici	*aquí*
là-bas	
avenue	*avenida*
rue	*calle/paseo*
feux de signalisation	*semáforos*
nord	*norte*
sud	*sur*
est	*este*
ouest	*oeste*

PANNEAUX

Entrada	Entrée
Salida	Sortie
Abierto	Ouvert
Cerrado	Fermé
Información	Renseignements
Prohibido	Interdit
Prohibido Fumar	Interdiction de fumer
Comisaría	Poste de police
Servicios/Aseos	Toilettes
Hombres	Hommes
Mujeres	Femmes

SANTÉ

Je suis malade	*Estoy enfermo/a.*
J'ai besoin de voir un médecin	
	Necesito un médico.

URGENCES

Au secours !	*¡Socorro!*
Au feu !	*¡Incendio!*
Allez-vous en !	*¡Vete!/¡Fuera!*
Appelez... !	*¡ Llame a...!*
une ambulance	*una ambulancia*
un médecin	*un médico*
la police	*la policía*
C'est une urgence	*Es una emergencia.*
Pouvez-vous m'aider, s'il vous plaît ?	*¿Me puede ayudar, por favor?*
Je suis perdu/e	*Estoy perdido/a.*
Où se trouvent les toilettes ?	*¿Dónde están los baños?*

Où se trouve l'hôpital ?	*¿Dónde está el hospital?*
Je suis enceinte	*Estoy embarazada.*
Je suis vaccinée	*Estoy vacunado/a.*
Je suis allergique aux (à)...	*Soy alérgico/a a...*
antibiotiques	*los antibióticos*

LANGUE

la pénicilline	la penicilina
fruits secs	las frutas secas
cacahuètes	los cacahuetes
Je suis...	Soy...
asthmatique	asmático/a
diabétique	diabético/a
épileptique	epiléptico/a
J'ai...	Tengo...
une forte toux	tos
la diarrhée	diarrea
mal à la tête	un dolor de cabeza
la nausée	náusea

COMMUNIQUER

Parlez-vous français ?	¿Habla/Hablas francés?
Quelqu'un parle -t-il français ?	¿Hay alguien que hable francés?
Je (ne) comprends (pas)	Yo (no) entiendo.
Comment dit-on... ?	¿Cómo se dice...?
Que signifie... ?	¿Qué quiere decir...?
Pouvez-vous... s'il vous plaît ?	¿Puede..., por favor?
répéter	repetirlo
parler plus	hablar más
lentement	despacio
l'écrire	escribirlo

NOMBRES

1	uno
2	dos
3	tres
4	cuatro
5	cinco
6	seis
7	siete
8	ocho
9	nueve
10	diez
11	once
12	doce
13	trece
14	catorce
15	quince
16	dieciséis
17	diecisiete
18	dieciocho
19	diecinueve
20	veinte
21	veintiuno
30	treinta
31	treinta y uno
40	uarenta

50	cincuenta
60	sesenta
70	setenta
80	ochenta
90	noventa
100	cien
101	ciento uno
200	doscientos
1 000	mil
5 000	cinco mil

FAIRE SES COURSES

Je voudrais acheter...	Quisiera comprar...
Je regarde simplement.	Sólo estoy mirando.
Puis-je voir cela ?	¿Puedo mirar(lo/la)?
Combien cela coûte-t-il ?	¿Cuánto cuesta?
C'est trop cher pour moi.	
Es demasiado caro para mí.	
Pouvez-vous diminuer le prix ?	
¿Podría bajar un poco el precio?	
Cela ne me plaît pas.	No me gusta.
Je prends cela.	Lo llevo.

Acceptez-vous... ?	¿Aceptan...?
les cartes de crédit	tarjetas de crédito
les chèques de voyage	cheques de viajero

moins	menos
plus	más
grand	grande
petit	pequeño/a

Je cherche...	Estoy buscando...
le distributeur de billets	el cajero automático
la banque	el banco
la librairie	la librería
la pharmacie	la farmacia
l'ambassade	la embajada
la laverie	la lavandería
le marché	el mercado
la poste	los correos
le supermarché	el supermercado
l'office du tourisme	la oficina de turismo

À quelle heure est-ce que cela ouvre ?
¿A qué hora abre/cierra?
Je voudrais changer de l'argent/
Quiero cambiar dinero/
des chèques de voyage.
cheques de viajero.
Quel est le taux de change ?
¿Cuál es el tipo de cambio?
Je voudrais téléphoner en...
Quiero llamar a...

courrier par avion	*correo aéreo*
lettre	*carta*
courrier recommandé	*correo certificado*
timbres	*sellos*

TEMPS ET DATES

Quelle heure est-il ?	*¿Qué hora es?s*
Il est 13 heures.	*Es la una.*
Il est 19 heures.	*Son las siete.*
minuit	*medianoche*
midi	*mediodía*
14 heures 30	*dos y media*
maintenant	*ahora*
aujourd'hui	*hoy*
cette nuit	*esta noche*
demain	*mañana*
hier	*ayer*
lundi	*lunes*
mardi	*martes*
mercredi	*miércoles*
jeudi	*jueves*
vendredi	*viernes*
samedi	*sábado*
dimanche	*domingo*
janvier	*enero*
février	*febrero*
mars	*marzo*
avril	*abril*
mai	*mayo*
juin	*junio*
juillet	*julio*
août	*agosto*
septembre	*septiembre*
octobre	*octubre*
novembre	*noviembre*
décembre	*diciembre*

SE DÉPLACER
Transports publics

À quelle heure	*¿A qué hora*
part/arrive... ?	*sale/llega...?*
le bus	*el autobus*
l'avion	*el avión*
le bateau	*el barco*
le train	*el tren*
l'aéroport	*el aeropuerto*
la gare ferroviaire	*la estación de tren*
la gare routière	*la estación de autobuses*
l'arrêt de bus	*la parada de autobuses*
la consigne à bagages	*la consigna*
le taxi	*taxi*

le guichet	*la taquilla*
Le... est en retard.	*El... está retrasado.*
Je voudrais un billet pour...	*Quiero un billete a...*
Ce taxi est-il libre ?	*¿Está libre este taxi?*

Combien coûte la course jusqu'à... ?
¿Cuánto cuesta hasta...?
Pouvez-vous mettre le compteur s'il vous plaît ?
Por favor, pong el taxímetro.

un billet...	*un billete de...*
aller	*ida*
aller-retour	*ida y vuelta*
1re classe	*primera clase*
2e classe	*segunda clase*
étudiant	*estudiante*

Transports privés
Je voudrais louer

un/une...	*Quisiera alquilar...*
4x4	*un todoterreno*
voiture	*un coche*
moto	*una moto*
vélo	*una bicicleta*

Est-ce la route qui mène à... ?
¿Se va a... por esta carretera?
Où puis-je trouver une station-service ?
¿Dónde hay una gasolinera?

Le plein, s'il vous plaît.	*Lleno, por favor.*
Je voudrais (20) litres.	*Quiero (veinte) litros.*
gas-oil	*diesel*
super	*gasolina normal*
essence	*gasolina*
sans plomb	*gasolina sin plomo*

(Combien de temps) Puis-je me garer ici ?
¿(Por cuánto tiempo) Puedo aparcar aquí?

PANNEAUX DE SIGNALISATION

Acceso	Entrée
Aparcamiento	Parking
Ceda el Paso	Cédez le passage
Despacio	Lent
Desvío	Déviation
Dirección Única	Sens unique
Frene	Ralentir
No Adelantar	Dépassement interdit
Peaje	Péage
Peligro	Danger
Prohibido Aparcar/	Stationnement interdit
No Estacionar	
Prohibido el Paso	Sens interdit
Vía de Accesso	Bretelle de sortie

LANGUE

Où doit-on payer ?	*¿Dónde se paga?*
Je cherche	
un mécanicien.	*Necesito un mecánico.*
La voiture est tombée	
en panne (à...).	*El coche se ha averiado (en...).*
La moto	
ne démarre pas.	*No arranca la moto.*
J'ai un pneu à plat.	*Tengo un pinchazo.*
Je suis en panne	
d'essence.	*Me he quedado sin gasolina.*
J'ai eu un accident.	*He tenido un accidente.*

VOYAGER AVEC DES ENFANTS

Je recherche...	*Necesito...*
Auriez-vous... ?	*¿Hay...?*
un siège auto	*un asiento de seguridad*
pour enfant	*para bebés*

un service de	*un servicio de*
garde d'enfants	*cuidado de niños*
un menu	*un menú*
pour enfants	*infantil*
une garderie	*una guardería*
des couches (jetables)	*pañales (de usar y tirar)*
une baby-sitter	*un canguro*
parlant français	*(de habla francesa)*
du lait en poudre	*leche en polvo*
une chaise haute	*una trona*
un pot	*un orinal de niños*
une poussette	*un cochecito*

Puis-je allaiter	*¿Le molesta que dé de pecho*
ici ?	*aquí?*
Les enfants	
sont-ils admis ?	*¿Se admiten niños?*

Également disponible :
Spanish Phrasebook

Glossaire

Vous trouverez p. 85 un glossaire culinaire afin de vous familiariser avec quelques noms de plats et de boissons. Le chapitre Langue p. 447 comporte un certain nombre d'expressions utiles et vous présente des généralités sur la langue espagnole.

alameda – avenue ou *paseo* plantée (ou initialement plantée) de peupliers (*álamo*)
albergue juvenil – auberge de jeunesse, à ne pas confondre avec *hostal*
alcázar – forteresse de l'époque musulmane
artesonado – plafond comportant des caissons en bois aux motifs entrelacés
autopista – autoroute à péage
autovía – route à quatre voies, gratuite
AVE – Alta Velocidad Española ; train à grande vitesse entre Madrid et Séville
ayuntamiento – hôtel de ville, mairie
azulejo – carreau de faïence

bahía – baie
bailaor/a – danseur/euse de flamenco
bandolero – bandit
barrio – quartier (d'une ville)
biblioteca – bibliothèque
bici todo terreno (BTT) – vélo tout terrain (VTT)
bodega – cave à vin ; signifie également établissement vinicole ou bar à vin traditionnel
buceo – plongée sous-marine
bulería – chanson flamenco au rythme enlevé
buzón – boîte aux lettes (jaune)

cabalgata – cavalcade, défilée
cajero automático – distributeur automatique de billets (DAB)
calle – rue
callejón – ruelle
cama individual – lit pour une personne
cama matrimonial – lit pour deux personnes
cambio – change et monnaie
campiña – campagne (en général cultivée)
campo – campagne, champs
cantaor/a – chanteur/euse de flamenco
cante jondo – littéralement "chant profond", l'essence du flamenco
capilla – chapelle
capilla mayor – chapelle principale où se trouve le maître-autel d'une église
carnaval – carnaval, période de parades costumées et de divertissements, avant le Carême

carretera – route, route nationale
carril de cicloturismo – route adaptée au cyclotourisme
carta – menu
casa de huéspedes – pension de famille
casa rural – ferme, maison à la campagne ou dans un village louant des chambres
casco – littéralement "casque", désigne la partie ancienne d'une ville (*casco antiguo*)
castellano – castillan : langue officielle de l'Espagne, parlée à l'origine en Castille
castillo – château
caza – chasse
cercanía – train local desservant les banlieues et les villes voisines
cerro – colline
cervecería – brasserie
chiringuito – buvette, souvent en extérieur
choza – cabane traditionnelle au toit en chaume
Churrigueresque – style architectural baroque très chargé, qui doit son nom aux frères Alberto et José Churriguera
cofradía – voir *hermandad*
colegiata – collégiale
comedor – réfectoire
comisaría – commissariat (dépend de la Policía Nacional)
consigna – consigne à bagages
converso – juif converti au christianisme pendant le Moyen Âge
copla – chant flamenco
cordillera – chaîne montagneuse
coro – chœur d'une église, au centre de la nef
corrida de toros – corrida
cortes – parlement
cortijo – propriété à la campagne
costa – côte (bord de mer)
coto – réserve de chasse
cruce – croix
cuenta – addition
cuesta – côte, pente (d'une colline, d'une route ou d'une rue)
custodia – ostensoir (réceptacle destiné à contenir l'hostie consacrée)

dehesa – pâturage boisé de chênes verts
Denominación de Origen – Appellation d'origine contrôlée, réservée aux vins provenant de domaines où une haute qualité de production a été maintenue sur une longue période
diurno – train longue distance standard
duende – inspiration, esprit, émanant des grands maîtres du flamenco

duque – duc
duquesa – duchesse

embalse – réservoir, lac de retenue
ermita – ermitage ou chapelle
escalada – escalade
estación de autobuses – gare routière
estación de esquí – station de ski
estación de ferrocarril – gare ferroviaire
estación marítima – gare maritime
estanco – bureau de tabac
estrella – train de nuit avec places assises, couchettes et wagons-lits

farmacia – pharmacie
faro – phare
feria – foire ; foire commerciale ou fête organisée dans une ville ou un village
ferrocarril – chemin de fer
fiesta – festival, jour férié ou fête
finca – propriété à la campagne, ferme
flamenco – désigne la musique ou la danse flamenco(mais désigne aussi un Flamand)
fonda – pension modeste, avec restaurant
frontera – frontière
fuente – fontaine, source

gitano – gitan (rom)
Guardia Civil – Garde civile (équivalent de la gendarmerie) ; intervient en milieu rural, sur les routes et aux frontières. Les agents ont un uniforme vert.
guía nativo – guide local

hermandad – confrérie (certaines sont ouvertes aux femmes), en particulier celle participant à une procession religieuse ; synonyme de *cofradía*
hospedaje – pension de famille
hostal – maison d'hôtes simple, ou petit hôtel ; à ne pas confondre avec une auberge de jeunesse (*albergue juvenil*)
hotel – hôtel

infanta – princesse non héritière
infante – prince non héritier
IVA – *impuesto sobre el valor añadido* ; taxe sur la valeur ajoutée (TVA)

judería – quartier juif de l'Espagne médiévale
Junta de Andalucía – gouvernement exécutif de l'Andalousie

latifundia – grande propriété terrienne
lavandería – laverie
levante – vent de l'est
librería – librairie
lidia – art de combattre les taureaux à pied

lista de correos – poste restante
lucio – étang des marais de Doñana

madrugada – les "premières heures", à partir de 3h du matin jusqu'à l'aube, tranche horaire particulièrement animée dans certaines villes espagnoles !
marismas – marais
marisquería – restaurant de poissons
marqués – marquis
medina – mot arabe signifiant ville ou centre-ville
mercadillo – marché aux puces
mercado – marché
mezquita – mosquée
mihrab – niche indiquant la direction de La Mecque dans une mosquée
mirador – poste d'observation
morisco – morisque, musulman converti au christianisme dans l'Espagne médiévale
moro – maure ou musulman (au Moyen Âge)
movida – vie nocturne dans les bars et les discothèques qui a émergé dans les villes espagnoles après la mort de Franco ; synonyme de *marcha, una zona de movida* correspond à un quartier animé où les jeunes gens aiment à se réunir pour boire un verre et se distraire
mozárabe – mozarabe ; chrétien vivant sous l'autorité musulmane dans l'Espagne médiévale
Mudejar – musulman vivant sous l'autorité chrétienne dans l'Espagne médiévale ; par extension, désigne un style architectural
muelle – quai ou jetée
muladí – ou *muwallad* ; chrétien converti à l'islam au Moyen Âge

nazareno – pénitent participant aux processions de la Semaine sainte
nieve – neige
nuevo – nouveau

oficina de correos – bureau de poste
oficina de turismo – office du tourisme
olivo – olivier

palacio – palace
palo – littéralement bâton ; désigne également les différents types de chant flamenco
panadería – boulangerie
papelería – papeterie
parador – luxueux hôtel de la chaîne Paradores de Turismo, souvent aménagé dans un édifice historique
paraje natural – réserve naturelle
parque nacional – parc national
parque natural – parc naturel
paseo – avenue, cours, promenade
paso – littéralement "un pas" ; plate-forme servant à transporter une statue lors d'une procession religieuse

peña – club ; généralement de supporters de football ou d'*aficionados* du flamenco *(peña flamenca)*, parfois un restaurant organisant des soirées dansantes
pensión – pension de famille
pescadería – poissonnerie
picadero – écurie
pícaro – tricheur (aux dés ou aux cartes) ; coquin
pinsapar – forêt de sapins
pinsapo – sapin
piscina – piscine
plateresque – style architectural du début de la Renaissance, caractérisé par des façades richement ornementées
playa – plage
plaza de toros – arène
Policía Local – police locale ; également appelée *Policía Municipal*. Sous la tutelle de la municipalité, la police locale traite essentiellement des questions mineures (stationnement, circulation et règlements municipaux). Les agents sont vêtus d'uniformes bleus et blancs.
Policía Municipal – police municipale ; voir *Policía Local*
Policía Nacional – police nationale ; compétente en milieu urbain. Certaines brigades sont chargées des affaires de stupéfiants, de criminalité, etc.
poniente – vent d'ouest
pozo – puits
preferente – voiture 1e classe d'un train longue distance
provincia – province ; l'Espagne est divisée en cinquante provinces
pueblo – village, ville
puente – pont
puerta – portail ou porte
puerto – port ou col montagneux
puerto deportivo – port de plaisance
punta – pointe, cap

quinto real – quinte royale : 20% de l'or du Nouveau Monde auquel avait droit la couronne espagnole

rambla – cours d'eau
Reconquista – Reconquête chrétienne de la péninsule Ibérique menée contre les musulmans (du VIIIe au XVe siècle)
refugio – abri ou refuge, notamment en montagne, pour les randonneurs
regional – train reliant les villes andalouses entre elles
reja – grille, en particulier grille en fer forgé d'une fenêtre ou, dans une église, marquant la séparation entre le chœur et la nef
Renfe – Red Nacional de los Ferrocarriles Españoles, réseau ferroviaire espagnol
reserva – réserve
reserva nacional de caza – réserve de chasse nationale
reserva natural – réserve naturelle

retablo – retable
ría – estuaire
río – rivière, fleuve
romería – pèlerinage ou procession
ronda – route périphérique d'une ville

s/n – *sin numero* (sans numéro), apparaît sur certaines adresses
sacristía – sacristie, partie de l'église où sont conservés les vêtements sacerdotaux et les objets sacrés
salina – lagon salé
Semana Santa – Semaine sainte, semaine précédant le dimanche de Pâques
sendero – sentier
sevillana – danse andalouse populaire, sévillane
sierra – chaîne montagneuse
Siglo de Oro – siècle d'or : apogée de la culture espagnole, du XVIe au XVIIe siècle

taberna – taverne
tablao – spectacle de flamenco
taifa – l'un des petits royaumes que comptait l'Espagne sous domination musulmane aux XIe et XIIe siècles
taquilla – guichet
taracea – marqueterie
tarjeta de crédito – carte de crédit
tarjeta telefónica – carte téléphonique
teléfono móvil – téléphone portable
temporada alta – haute saison
temporada baja – basse saison
temporada extra – très haute saison
temporada media – intersaison
terraza – terrasse (tables installées à l'extérieur d'un café ou d'un restaurant)
tetería – salon de thé à la mode orientale, avec sièges bas et table basse ronde
tienda – boutique ou tente
tocaor/a – guitariste flamenco
torre – tour
trenhotel – train couchettes aérodynamique et assez cher
turismo – tourisme, voiture particulière ; *el turismo* signifie parfois l'office du tourisme
turista – voiture 2e classe d'un train longue distance

v.o. – *versión original* ; version originale
v.o.s. – *versión original subtítulada* ; version originale sous-titrée en espagnol
valle – vallée

zoco – grand marché dans les villes musulmanes
zona de protección – zone protégée
zona restringida – zone où les véhicules sont normalement interdits

En coulisses

À PROPOS DE L'OUVRAGE

John Noble et Susan Forsyth ont écrit les deux premières éditions du guide *Andalousie*, avant d'être rejoints par Des Hannigan et Heather Dickson pour la troisième édition. Cette quatrième édition est l'œuvre de John Noble, Susan Forsyth, Paula Hardy et Heather Dickson.

UN MOT DE L'ÉDITEUR

Cette quatrième édition en français du guide consacré à l'Andalousie a été coordonnée par Maja Brion-Raphaël. Christian Deloye a réalisé la maquette, sous la houlette de Jean-Noël Doan. Nos plus vifs remerciements vont à Rose-Hélène Lempereur et à Christiane Mouttet pour leur contribution au texte. Juliette Stephens a réalisé le travail d'indexation et de renvoi de pages. Adrian Persoglia était chargé de la cartographie, assisté de Hunor Csutoros, Jim Ellis, Joelene Kowalski Jacqui Saunders et Daniel Fennessy. Les cartes ont été adaptées en français par Corinne Holst. Quentin Frayne a écrit le chapitre *Langue* et Csanad Csutoros a réalisé les graphiques de température. La couverture, conçue par Annika Roojun, a été adaptée en français par Corinne Holst.

Enfin, *muchas gracias* à Marie Barriet-Savev, Cécile Bertolissio, Émilie Esnaud, Branka Grujic et Michel Macleod pour avoir accompagné et facilité le travail de tous. Sans oublier Debra Herman, à Melbourne, et Clare Mercer et Elllie Cobb, à Londres.

Traduction Christine Bouard, Béatrice Catanese, Aline Chmakotine, Frédérique Hélion-Guerrini.

UN MOT DES AUTEURS

John Noble Merci aux hôteliers de la Sierra Norte de Sevilla pour leur hospitalité et aux chaleureux habitants de Cádiz. Merci aussi à Gabbi Wilson et à son équipe pour leur soigneux et difficile travail de révision, fort précieux, et bravo pour avoir su relever le défi en donnant à ce guide son nouveau "look". Je tiens également à remercier Marion Byass et les cartographes qui ont réalisé de formidables cartes (dernier cri, elles aussi). Mes derniers remerciements, mais non les moindres, vont à Susan, Izzy et Jack qui ont le mérite de partager la vie d'un auteur de Lonely Planet !

Susan Forsyth De nombreux remerciements à tout le personnel des offices du tourisme rencontré à l'occasion de cette nouvelle édition du guide *Andalousie*. J'adresse un merci tout particulier à Karen Abrahams de Casas Karen et à Zoe de l'Hotel Madreselva, tous deux à Los Caños de Meca, ainsi qu'à Alan et Pepa de la Casa n°6 à El Puerto de Santa María. À mes enfants, Isabella (14 ans) et Jack (12 ans), *muchísimas gracias* pour tous ces dimanches passés à la maison pendant que Maman travaillait. Merci à John Noble, co-auteur et coordinateur, pour ses efforts herculéens. Au moins n'ai-je jamais cessé d'assurer les repas !

Paula Hardy Merci à toutes les personnes ayant participé à la collecte des renseignements : des lecteurs qui nous ont fait part de tuyaux et de critiques fort utiles à l'équipe chargée de la production, à l'autre bout de la chaîne.

LES GUIDES LONELY PLANET

Tout commence par un long voyage : en 1972, Tony et Maureen Wheeler rallient l'Australie après avoir traversé l'Europe et l'Asie. À l'époque, on ne disposait d'aucune information pratique pour mener à bien ce type d'aventure. Pour répondre à une demande croissante, ils rédigent le premier guide Lonely Planet, écrit sur le coin d'une table.

Depuis, Lonely Planet est devenue le plus grand éditeur indépendant de guide de voyage dans le monde et dispose de bureaux à Melbourne (Australie), Oakland (États-Unis) et Londres (Royaume-Uni).

La collection couvre désormais le monde entier et ne cesse de s'étoffer. L'information est aujourd'hui présentée sur différents supports, mais notre objectif reste constant : donner des clés au voyageur pour qu'il comprenne mieux les pays qu'il visite.

L'équipe de Lonely Planet est convaincue que les voyageurs peuvent avoir un impact positif sur les pays qu'ils visitent, pour peu qu'ils fassent preuve d'une attitude responsable. Depuis 1986, nous reversons un pourcentage de nos bénéfices à des actions humanitaires, à des campagnes en faveur des droits de l'homme et, plus récemment, à la défense de l'environnement.

Ma gratitude va à Heather Dickson qui m'a sollicitée et s'est montrée disponible pour répondre à mes interrogations et apaiser mes angoisses. Je remercie également John Noble qui m'a apporté son soutien et ses conseils d'auteur-coordinateur. À toutes les personnes sur le terrain, en particulier aux offices du tourisme de Jaén, de Málaga et d'Almería, de sincères remerciements pour le temps qu'ils m'ont consacré et les réponses qu'ils m'ont patiemment apportées à mes innombrables questions. Merci à Raphael Serrano pour tous les potins sur les côtes andalouses. Je remercie aussi Virginia Irurita, Theresa Montero, Juan Antonio Llorente, Sarah Jaboor, ainsi qu'Elka Azopardi, la reine des offices du tourisme. Enfin, merci à mon père et à ma sœur qui accueillent toujours à bras ouverts l'aventurière de la famille.

À NOS LECTEURS

Merci aux nombreux voyageurs qui ont pris la peine de nous écrire leur expérience andalouse en compagnie du guide Lonely Planet :

A Frédéric Auguste **B** Gilles Barbier, Kheira Belkacem, Katia Brenier **C** Béatrice Cassieu **D** Christine Delalande, Alex Desvoyes, Florence Diaz **E** Michel Echivard **F** Nicole Fayat **G** Luc Gagnon, Claude Gimenez, Michel Pierre Glauser, Philippe Glorennec, Annie Gomez, Sandrine et Lionel Grand **L** P. Lehot **M** JP Martinent, Sophie Mathey, Jean-Louis Mazert, Stéphane Melin, David Morton, Christophe Moulin **R** Olivier Roy **S** Jacques Sabido, Sonia Sereno **T** Famille Thomas, Annie et Christian Tingry **V** Jean-Marc Vallée.

VOS RÉACTIONS ?

Vos commentaires nous sont très précieux et nous permettent d'améliorer constamment nos guides. Notre équipe lit toutes vos lettres avec la plus grande attention. Nous ne pouvons pas répondre individuellement à tous ceux qui nous écrivent, mais vos commentaires sont transmis aux auteurs concernés. Tous les lecteurs qui prennent la peine de nous communiquer des informations sont remerciés dans l'édition suivante, et ceux qui nous fournissent les renseignements les plus utiles se voient offrir un guide.

Pour nous faire part de vos réactions et prendre connaissance de notre catalogue, de notre revue d'information et des mises à jour, consultez notre site web : ⌨ www.lonelyplanet.fr.

Nous reprenons parfois des extraits de votre courrier pour les publier dans nos produits, guides ou sites web. Si vous ne souhaitez pas que vos commentaires soient repris ou que votre nom apparaisse, merci de nous le préciser. Pour connaître notre politique en matière de confidentialité, connectez-vous à notre site.

Index

Index

Les références des cartes sont
indiquées en **gras**

ENCADRÉS

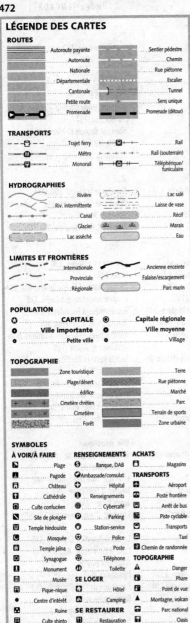

LÉGENDE DES CARTES

ROUTES

Autoroute payante · Sentier pédestre
Autoroute · Chemin
Nationale · Rue piétonne
Départementale · Escalier
Cantonale · Tunnel
Petite route · Sens unique
Promenade · Promenade (détour)

TRANSPORTS

Trajet ferry · Rail
Métro · Rail (souterrain)
Monorail · Téléphérique/funiculaire

HYDROGRAPHIES

Rivière · Lac salé
Riv. intermittente · Laisse de vase
Canal · Récif
Glacier · Marais
Lac asséché · Eau

LIMITES ET FRONTIÈRES

Internationale · Ancienne enceinte
Provinciale · Falaise/escarpement
Régionale · Parc marin

POPULATION

⊙ **CAPITALE** · ◉ **Capitale régionale**
◉ **Ville importante** · ◉ Ville moyenne
○ Petite ville · ○ Village

TOPOGRAPHIE

Zone touristique · Terre
Plage/désert · Rue piétonne
édifice · Marché
Cimetière chrétien · Parc
Cimetière · Terrain de sports
Forêt · Zone urbaine

SYMBOLES

À VOIR/À FAIRE	RENSEIGNEMENTS	ACHATS
Plage	Banque, DAB	Magasins
Pagode	Ambassade/consulat	**TRANSPORTS**
Château	Hôpital	Aéroport
Cathédrale	Renseignements	Poste frontière
Culte confucéen	Cybercafé	Arrêt de bus
Site de plongée	Parking	Piste cyclable
Temple hindouiste	Station-service	Transports
Mosquée	Police	Taxi
Temple jaïna	Poste	Chemin de randonnée
Synagogue	Téléphone	**TOPOGRAPHIE**
Monument	Toilette	Danger
Musée	**SE LOGER**	Phare
Pique-nique	Hôtel	Point de vue
Centre d'intérêt	Camping	Montagne, volcan
Ruine	**SE RESTAURER**	Parc national
Culte shinto	Restauration	Oasis
Temple sikh	**BOIRE UN VERRE**	Col
Ski	Bar	Sens du courant
Culte taoïste	Café	Gîte d'étape
Vignoble	**SORTIR**	Point culminant
Zoo, ornithologie	Spectacle	Rapide

Note : tous les symboles ne sont pas utilisés dans cet ouvrage

---

Andalousie 4

Traduit de l'ouvrage _Andalucía 4th edition_, janvier 2005
© Lonely Planet Publications Pty Ltd

Traduction française : © Les Presses-Solar-Belfond
12, avenue d'Italie 75627 Paris cedex 13
☎ 01 44 16 05 00
📧 bip-lonely_planet@psb-editions.com
🖥 www.lonelyplanet.fr

Dépôt légal
Février 2005
ISBN 2-84070-262-2

Imprimé par Hérissey, Évreux, France